NJW Praxis

im Einvernehmen mit den Herausgebern der NJW
herausgegeben von
Rechtsanwalt Felix Busse

Band 12

Vorläufiger Rechtsschutz im Verwaltungsstreitverfahren

von

Prof. Dr. Klaus Finkelnburg

Rechtsanwalt und Notar a. D. in Berlin
Präsident des Verfassungsgerichtshofs des Landes Berlin a. D.

Prof. Dr. Matthias Dombert

Rechtsanwalt und Fachanwalt für Verwaltungsrecht in Potsdam
Richter des Verfassungsgerichts des Landes Brandenburg a. D.

Dr. Christoph Külpmann

Richter am Bundesverwaltungsgericht in Leipzig

7. Auflage 2017

C.H.BECK

Zitierweise: Finkelnburg/Dombert/Külpmann Vorl. Rechtsschutz Rn.

www.beck.de

ISBN 978 3 406 68541 5

Wilhelmstraße 9, 80801 München
Druck: Druckhaus Nomos
In den Lissen 12, 76547 Sinzheim

Satz: Druckerei C. H. Beck, Nördlingen
(Adresse wie Verlag)

Gedruckt auf säurefreiem, alterungsbeständigem Papier
(hergestellt aus chlorfrei gebleichtem Zellstoff)

Vorwort der 7. Auflage

Der vorläufige Rechtsschutz prägt die Verwaltungsgerichtsbarkeit.

Im Jahr 2015 gingen – ohne die Massenverfahren des Hochschulzulassungsrechts – rund 63000 Eilverfahren bei den erstinstanzlichen Verwaltungsgerichten ein. Dies sind mehr als ein Viertel aller Eingänge. Die Beteiligten suchen ihren Rechtsschutz in Eilverfahren, auch wenn die Dauer der Hauptsacheverfahren in den letzten Jahren rückläufig gewesen ist. Die nackten Zahlen reichen indes nicht aus, die Bedeutung des vorläufigen Rechtsschutzes zu beschreiben. In wichtigen Bereichen des Verwaltungsrechts, zu nennen sind das Asylrecht, das Hochschulzulassungsrecht, das Versammlungsrecht oder der beamtenrechtliche Konkurrentenstreit, fällt im Eilverfahren faktisch auch die Hauptsacheentscheidung. Dies verlangt nach sicheren prozessualen Leitlinien.

Die VwGO stellt mit den §§ 80 bis 80b, 123 und 47 Abs. 6 VwGO ein Rechtsschutzsystem zur Verfügung, das sich in der Praxis bewährt hat. Verbleibende Regelungslücken hat die gerichtliche Praxis geschlossen. Darüber zu informieren ist Aufgabe dieses Buches. Wir hoffen, dass die neue Auflage wie ihre Vorgänger wohlwollend aufgenommen wird.

Berlin/Potsdam/Leipzig, im Februar 2017

Klaus Finkelnburg *Matthias Dombert* *Christoph Külpmann*

Bearbeiterverzeichnis

Matthias Dombert: .... §§ 3–31, 59, 60
Klaus Finkelnburg: .... §§ 1, 2, 32–38, 58
Christoph Külpmann: .... §§ 39–57, 61–65

Inhaltsübersicht

Inhaltsverzeichnis

Dritter Teil: Die aufschiebende Wirkung

Vierter Teil: Der vorläufige Rechtsschutz in der praktischen Anwendung

Abkürzungsverzeichnis

aA	anderer Ansicht
aaO	am angegebenen Ort
AbfG	Gesetz über die Vermeidung und Entsorgung von Abfällen
ABl.	Amtsblatt
abl.	ablehnend
abw.	abweichend
AbwAG	Abwasserabgabengesetz
aE	am Ende
AEG	Allgemeines Eisenbahngesetz
ÄndG	Änderungsgesetz
aF	alte Fassung
AFWoG	Gesetz zum Abbau der Fehlsubventionierung und Mietverzerrung im Wohnungswesen
AG	Amtsgericht
AgrarR	Agrarrecht
AGS	Anwaltsgebühren Spezial
AGVwGO	Ausführungsgesetz zur VwGO
Alt.	Alternative
aM	anderer Meinung
amtl.	amtlich
Anh.	Anhang
Anm.	Anmerkung
AnwBl.	Anwaltsblatt
AöR	Archiv des öffentlichen Rechts
ArbGG	Arbeitsgerichtsgesetz
ArchPF	Archiv für das Post- und Fernmeldewesen
Art.	Artikel
AS	Amtliche Sammlung
AsylG	Asylgesetz
AtG	Atomgesetz
AtVfG	Atomrechtliche Verfahrensverordnung
AuAS	Ausländer- und Asylrecht Schnelldienst
AufenthG	Aufenthaltsgesetz
Aufl.	Auflage
AuslG	Ausländergesetz
AWG	Außenwirtschaftsgesetz
BAföG	Bundesausbildungsförderungsgesetz
BAG	Bundesarbeitsgericht
BAnz.	Bundesanzeiger
BauGB	Baugesetzbuch
BauNVO	Baunutzungsverordnung
BauO	Bauordnung (der Länder)
BauR	Baurecht
Bay./bay.	Bayern/bayerisch
BayBZ	Bayerische Beamtenzeitung
BayDGH	Bayerischer Dienstgerichtshof
BayObLG	Bayerisches Oberstes Landesgericht
BayVBl.	Bayerische Verwaltungsblätter
BayVerfGH	Bayerischer Verfassungsgerichtshof
BB	Betriebs-Berater
BBauG	Bundesbaugesetz
BBesG	Bundesbesoldungsgesetz

BBG	Bundesbeamtengesetz
BBodSchG	Bundes-Bodenschutzgesetz
Bbg., bbg.	Brandenburg, brandenburgisch
Bd.	Band
BDO	Bundesdisziplinarordnung
BDSG	Bundesdatenschutzgesetz
Begr.	Begründung
Berl.	Berliner
Beschl.	Beschluss
BezG	Bezirksgericht
BFH	Bundesfinanzhof
BFHE	Sammlung der Entscheidungen des Bundesfinanzhofs
BGB	Bürgerliches Gesetzbuch
BGBl.	Bundesgesetzblatt
BGH	Bundesgerichtshof
BGHSt	Entscheidungen des Bundesgerichtshofs in Strafsachen
BGHZ	Entscheidungen des Bundesgerichtshofs in Zivilsachen
BImSchG	Bundes-Immissionsschutzgesetz
BLG	Bundesleistungsgesetz
BlGWB	Blätter für Grundstücks-, Bau- und Wohnungswesen
BNatSchG	Bundesnaturschutzgesetz
BPersVG	Bundespersonalvertretungsgesetz
BRAGO	Bundesgebührenordnung für Rechtsanwälte
BRAO	Bundesrechtsanwaltsordnung
Brem./brem.	Bremen/bremisch
BR-Drs.	Bundesratsdrucksache
BRRG	Beamtenrechtsrahmengesetz
BRS	Baurechtssammlung
BSeuchG	Bundesseuchengesetz
BSG	Bundessozialgericht
BSGE	Sammlung der Entscheidungen des Bundessozialgerichts
BSHG	Bundessozialhilfegesetz
BStBl.	Bundessteuerblatt
BT-Drs.	Bundestagsdrucksache
BtMG	Gesetz über den Verkehr mit Betäubungsmitteln
Buchholz	Sammel- und Nachlagewerk der Rechtsprechung des Bundesverwaltungsgerichts
BVerfG	Bundesverfassungsgericht
BVerfGE	Sammlung der Entscheidungen des Bundesverfassungsgerichts
BVerfGG	Gesetz über das Bundesverfassungsgericht
BVerwG	Bundesverwaltungsgericht
BVerwGE	Sammlung der Entscheidungen des Bundesverwaltungsgerichts
BW/bw.	Baden-Württemberg/baden-württembergisch
BWVBl.	Baden-Württembergisches Verwaltungsblatt
BWVPr	Baden-Württembergische Verwaltungspraxis
ChemG	Chemikaliengesetz
DAR	Deutsches Autorecht
DB	Der Betrieb
ders.	derselbe
Diss.	Dissertation
DNotZ	Deutsche Notarzeitschrift
DÖD	Der öffentliche Dienst
DÖV	Die öffentliche Verwaltung
DRiG	Deutsches Richtergesetz
DRiZ	Deutsche Richterzeitung
Drs.	Drucksache
DSchG	Denkmalschutzgesetz (der Länder)
DStR	Deutsches Steuerrecht
DtZ	Deutsch-Deutsche Rechts-Zeitschrift

DV .... Deutsche Verwaltung
DVBl. .... Deutsches Verwaltungsblatt
DVO .... Durchführungsverordnung
DVP .... Deutsche Verwaltungspraxis
DWW .... Deutsche Wohnungswirtschaft
EFG .... Entscheidungen der Finanzgerichte
EG .... Einführungsgesetz
EGH .... Ehrengerichtshof der Rechtsanwaltskammer
EGGVG .... Einführungsgesetz zum Gerichtsverfassungsgesetz
EGMR .... Europäischer Gerichtshof für Menschenrechte
EGZPO .... Gesetz betr. die Einführung der Zivilprozessordnung
EinigungsV .... Einigungsvertrag
EMRK .... Europäische Menschenrechtskonvention
EnSichG .... Energiesicherungsgesetz
EntlastG .... Gesetz zur Entlastung der Gerichte in der Verwaltungs- und Finanzgerichtsbarkeit
Entsch. .... Entscheidung
entspr. .... entsprechend
Entw. .... Entwurf
EnWG .... Energiewirtschaftsgesetz
Erl. .... Erläuterung
ErstG .... Erstattungsgesetz
ESVGH .... Entscheidungen des Bad.-Württ. und des Hess. Verwaltunsgerichtshofs
ET .... Energiewirtschaftliche Tagesfragen
EuGH .... Gerichtshof der Europäischen Gemeinschaften
EuGRZ .... Europäische Grundrechte-Zeitschrift
EuR .... Europarecht
EWG .... Europäische Wirtschaftsgemeinschaft
EWGV .... Vertrag zur Gründung einer Europäischen Wirtschaftsgemeinschaft
EWR .... Europäischer Wirtschaftsraum
F. .... Fassung
FamRZ .... Zeitschrift für das gesamte Familienrecht
FeV .... Fahrerlaubnisverordnung
FEVS .... Fürsorgerechtliche Entscheidungen der Verwaltungs- und Sozialgerichte
f./ff. .... folgende
FG .... Finanzgericht
FGO .... Finanzgerichtsordnung
FinDAG .... Finanzdienstleistungsaufsichtsgesetz
FlurbG .... Flurbereinigungsgesetz
Fn. .... Fußnote
FreizügG/EU ...... Gesetz über die allgemeine Freizügigkeit von Unionsbürgern
FS .... Festschrift
FStrG .... Bundesfernstraßengesetz
G .... Gesetz, Gericht
GastG .... Gaststättengesetz
Gb. .... Gerichtsbescheid
GBl. .... Gesetzblatt
GebG .... Gebührengesetz
GebO .... Gebührenordnung
GmSOGB .... Gemeinsamer Senat der Obersten Gerichtshöfe des Bundes
GenTG .... Gentechnikgesetz
GewArch. .... Gewerbearchiv
GewO .... Gewerbeordnung
GG .... Grundgesetz
GjS .... Gesetz über die Verbreitung jugendgefährdender Schriften
GKG .... Gerichtskostengesetz
GO, GemO .... Gemeindeordnung
GrundE .... Das Grundeigentum
Grdz./Grundz. .... Grundzüge

GSG .... Gerätesicherheitsgesetz
GVBl. .... Gesetz- und Verordnungsblatt
GVG .... Gerichtsverfassungsgesetz
HandwO .... Handwerksordnung
Hess./hess. .... Hessen/hessisch
HessLPlanG .... Hessisches Landesplanungsgesetz
HessVGRspr. ...... Rechtsprechung der Hessischen Verwaltungsgerichte
HGB .... Handelsgesetzbuch
hM .... herrschende Meinung
Hmb./hmb. .... Hamburg/hamburgisch
HRG .... Hochschulrahmengesetz
HRR .... Höchstrichterliche Rechtsprechung
HypBG .... Hypothekenbankgesetz
idF .... in der Fassung
InfAuslR .... Informationsbrief Ausländerrecht
IÖD .... Informationsdienst Öffentliches Dienstrecht
iVm .... in Verbindung mit
JA .... Juristische Arbeitsblätter
JBlSaar .... Justizblatt Saar
JMBl. .... Justizministerialblatt
JR .... Juristische Rundschau
Jura .... Juristische Ausbildung
JurBüro .... Das Juristische Büro
JuS .... Juristische Schulung
JVBl. .... Justizverwaltungsblatt
JW .... Juristische Wochenschrift
JZ .... Juristenzeitung
KAG .... Kommunalabgabengesetz
KG .... Kammergericht
KHG .... Krankenhausgesetz
KMK HSchR ...... Informationen zum Hochschulrecht
KostRspr. .... Kostenrechtsprechung
krit. .... kritisch
KrWG .... Kreislaufwirtschaftsgesetz
KStZ .... Kommunale Steuerzeitschrift
KV .... Kostenverzeichnis
KWG .... Gesetz über das Kreditwesen
LAG .... Lastenausgleichsgesetz, Landesarbeitsgericht
LBeschG .... Landbeschaffungsgesetz
LBO .... Landesbauordnung
LG .... Landgericht
LKV .... Landes- und Kommunalverwaltung
LM .... Lindenmaier-Möhring, Nachschlagewerk des Bundesgerichtshofs
LMBG .... Lebensmittel- und Bedarfsgegenständegesetz
Ls. .... Leitsatz
LSG .... Landessozialgericht
LuftVG .... Luftverkehrsgesetz
LuftSiG/LuSiG .... Luftsicherheitsgesetz
LVwG .... Landesverwaltungsgesetz
LVwVG .... Landesverwaltungsvollstreckungsgesetz
LwVG .... Gesetz über das gerichtliche Verfahren in Landwirtschaftssachen
m. .... mit
MBl. .... Ministerialblatt
MBO .... Musterbauordnung
MDR .... Monatszeitschrift für Deutsches Recht
MMR .... MultiMedia und Recht
MRVO Nr. 165 ... Verordnung Nr. 165 der Militärregierung über die Verwaltungsgerichtsbarkeit in der britischen Zone
MuFG .... Milch- und Fettgesetz

MuW .... Markenschutz und Wettbewerb
MV .... Mecklenburg-Vorpommern
mwN .... mit weiteren Nachweisen
Nds./nds. .... Niedersachsen/niedersächsisch
NdsRPfl. .... Niedersächsische Rechtspflege
NdsVBl. .... Niedersächsische Verwaltungsblätter
nF .... neue Fassung, neue Folge
NJ .... Neue Justiz
NJW .... Neue Juristische Wochenschrift
NordÖR .... Zeitschrift für Öffentliches Recht in Norddeutschland
NStZ .... Neue Zeitschrift für Strafrecht
NStZ-RR .... NStZ-Rechtsprechungs-Report Strafrecht
NuR .... Natur und Recht
nv .... nicht veröffentlicht
NVwVG .... Niedersächsisches Verwaltungsvollstreckungsgesetz
NVwZ .... Neue Zeitschrift für Verwaltungsrecht
NVwZ-RR .... Neue Zeitschrift für Verwaltungsrecht-Rechtsprechungsreport
NW .... Nordrhein-Westfalen/nordrhein-westfälisch
NWVBl. .... Nordrhein-Westfälische Verwaltungsblätter
NZV .... Neue Zeitschrift für Verkehrsrecht
NZWehrR .... Neue Zeitschrift für Wehrrecht
O. .... Ordnung
o. .... oben
ÖffBauR .... Öffentliches Baurecht
OHG .... offene Handelsgesellschaft
OLG .... Oberlandesgericht
OLGE/OLGR .... Entscheidungen/Rechtsprechung der Oberlandesgerichte
OrdensG .... Gesetz über Titel, Orden und Ehrenzeichen
OVG .... Oberverwaltungsgericht
OVGE .... Entscheidungen des Oberverwaltungsgerichts (Berlin, Lüneburg, Münster)
OWiG .... Gesetz über Ordnungswidrigkeiten
PartG .... Parteiengesetz
PassG .... Passgesetz
PatG .... Patentgesetz
PBefG .... Personenbeförderungesgesetz
PersR .... Der Personalrat
PersVG .... Personalvertretungsgesetz
Pr. OVG .... Preußisches Oberverwaltungsgericht
RdA .... Recht der Arbeit
RdE .... Recht der Energiewirtschaft
RDJB .... Recht der Jugend und des Bildungswesens
RdL .... Recht der Landwirtschaft
Recht .... Das Recht
RG .... Reichsgericht
RGBl. .... Reichsgesetzblatt
RGZ .... Entscheidungen des Reichsgerichts in Zivilsachen
RhPf./rhpf. .... Rheinland-Pfalz/rheinland-pfälzisch
RiA .... Recht im Amt
Rn. .... Randnummer
ROG .... Raumordnungsgesetz
Rpfl. .... Der deutsche Rechtspfleger
RPVGG .... Rheinland-Pfälzisches Gesetz über die Verwaltungsgerichtsbarkeit
Rspr. .... Rechtsprechung
RVG .... Rechtsanwaltsvergütungsgesetz
RVO .... Reichsversicherungsordnung
S. .... Satz, Seite
s. .... siehe
Saarl./saarl. .... Saarland/saarländisch
Sachs./sächs. .... Sachsen/sächsisch

SächsVBl.	Sächsische Verwaltungsblätter
SchfG	Schornsteinfegergesetz
SchiffsBG	Schiffsbankengesetz
SchlH/schlh.	Schleswig-Holstein/schleswig-holsteinisch
SchlHAnz.	Schleswig-Holsteinische Anzeigen
SchutzberG	Schutzbereichsgesetz
SchwbG	Schwerbehindertengesetz
SeeUG	Gesetz über die Untersuchung von Seeunfällen
Sen.	Senat
SG	Sozialgericht/Soldatengesetz
SGB	Sozialgesetzbuch
SGG	Sozialgerichtsgesetz
Slg.	Sammlung
so	siehe oben
SöR	Schriften zum öffentlichen Recht
SOG	Gesetz zum Schutz der öffentlichen Sicherheit und Ordnung
SozR	Sozialrecht, Rspr. und Schrifttum, bearb. von den Richtern des BSG
SPE nF	Sammlung schul- und prüfungsrechtlicher Entscheidungen, Neue Folge (seit 1985)
StGB	Strafgesetzbuch
StGH	Staatsgerichtshof
StGHG	Gesetz über den Staatsgerichtshof
StPO	Strafprozessordnung
str.	streitig
stRspr	ständige Rechtsprechung
StT	Der Städtetag
StUG	Stasi-Unterlagengesetz
StVG	Straßenverkehrsgesetz
StVO	Straßenverkehrsordnung
StVollzG	Strafvollzugsgesetz
StVZO	Straßenverkehrszulassungsverordnung
su	siehe unten
Thür./thür.	Thüringen/thüringisch
ThürVBl.	Thüringische Verwaltungsblätter
ThürVGRspr.	Rechtsprechung der Thüringischen Verwaltungsgerichte – Beilage zum Staatsanzeiger
TierSchG	Tierschutzgesetz
TierSG	Tierseuchengesetz
ua	unter anderem/und andere
Übers.	Übersicht
UPR	Umwelt- und Planungsrecht
Urt.	Urteil
UZwG	Gesetz über den unmittelbaren Zwang bei Ausübung öffentlicher Gewalt durch Vollzugsbeamte des Bundes
VAG	Versicherungsaufsichtsgesetz
VBlBW	Verwaltungsblätter für Baden-Württemberg
VD	Verkehrsdienst
VereinsG	Vereinsgesetz
Verf.	Verfassung
VerfGH	Verfassungsgerichtshof
VerfO EuGH	Verfahrensordnung des Europäischen Gerichtshofs
VerkBl.	Verkehrsblatt
VerkMitt.	Verkehrsrechtliche Mitteilungen
VermG	Vermögensgesetz
VerkPBG	Verkehrswegeplanungs-Beschleunigungsgesetz
VersAufsG	Versicherungsaufsichtsgesetz
VersR	Versicherungsrecht
Verw	Die Verwaltung
VerwArch	Verwaltungsarchiv

VerwP	Die Verwaltungspraxis
VerwRspr.	Verwaltungsrechtsprechung (bis 1981)
VG	Verwaltungsgericht
VGG	Gesetz über die Verwaltungsgerichtsbarkeit (amerikanische Zone)
VGH	Verwaltungsgerichtshof
VGH nF	Amtliche Sammlung von Entscheidungen des Bayerischen Verwaltungsgerichtshofs, Neue Folge
VGHBW-Ls	Leitsatzübersicht in VBlBW
vgl.	vergleiche
VIZ	Zeitschrift für Vermögens- und Investitionsrecht
VO	Verordnung
Voraufl.	Vorauflage
Vorb.	Vorbemerkung
VR	Verwaltungsrundschau
VRS	Verkehrsrechtssammlung
VVDStRL	Veröffentlichungen der Vereinigung der Deutschen Staatsrechtslehrer
VwGO	Verwaltungsgerichtsordnung
VwGO-ÄndG	Änderungsgesetz zur Verwaltungsgerichtsordnung
VwKostG	Verwaltungskostengesetz
VwPO	Verwaltungsprozessordnung (Entwurf)
VwVfG	Verwaltungsverfahrensgesetz
VwVG	Verwaltungsvollstreckungsgesetz
VwZG	Verwaltungszustellungsgesetz
VwZVG	Bayerisches Verwaltungszustellungs- und Vollstreckungsgesetz
WaStrG	Bundeswasserstraßengesetz
WBO	Wehrbeschwerdeordnung
WHG	Wasserhaushaltsgesetz
WissR	Wissenschaftsrecht
WM	Wertpapiermitteilungen
WPflG	Wehrpflichtgesetz
WRP	Wettbewerb in Recht und Praxis
ZAR	Zeitschrift für Ausländerrecht und Ausländerpolitik
ZBR	Zeitschrift für Beamtenrecht
ZDG	Zivildienstgesetz
ZfB	Zeitschrift für Bergrecht
ZfBR	Zeitschrift für deutsches und internationales Baurecht
ZfE	Zeitschrift für das Fürsorgewesen
ZfSch	Zeitschrift für Schadensrecht
ZfSH/SGB	Zeitschrift für Sozialhilfe und Sozialgesetzbuch
ZMR	Zeitschrift für Miet- und Raumrecht
ZPO	Zivilprozessordnung
ZRP	Zeitschrift für Rechtspolitik
ZTR	Zeitschrift für Tarifrecht
ZUM	Zeitschrift für Urheber- und Medienrecht/Film und Recht
ZUR	Zeitschrift für Umweltrecht
zust.	zustimmend
ZVS	Zentralstelle für die Vergabe von Studienplätzen
ZZP	Zeitschrift für Zivilprozess

Abgekürzt zitiertes Schrifttum

Bader/Funke-Kaiser/Stuhlfauth/von Albedyll	Verwaltungsgerichtsordnung, Kommentar, 6. Aufl., 2015
BLAH	Baumbach/Lauterbach/Albers/Hartmann, Zivilprozessordnung, 75. Aufl., 2016
Baur	Studien zum einstweiligen Rechtsschutz, 1967
Burkholz	Der Untersuchungsgrundsatz im verwaltungsgerichtlichen Eilverfahren, 1988
Eyermann	Verwaltungsgerichtsordnung, Kommentar, 14. Aufl., 2014
Hartmann	Kostengesetze – KostG, Kommentar, 47. Aufl., 2017
HK-VerwR	Fehling/Kastner/Störmer (Hrsg.), Verwaltungsrecht, VwVfG – VwGO – Nebengesetze, 4. Aufl., 2016
Kopp/Schenke	Verwaltungsgerichtsordnung, Kommentar, 22. Aufl., 2016
Leipold	Grundlagen des einstweiligen Rechtsschutzes, 1971
Palandt	Bürgerliches Gesetzbuch, Kommentar, 76. Aufl., 2017
Pietzner/Ronellenfitsch	Das Assessorexamen im Öffentlichen Recht, Verwaltungsprozess, Verwaltungsverfahren und Widerspruchsverfahren, 13. Aufl., 2014
Redeker/v. Oertzen (fortgeführt von M. Redeker/Kothe/von Nicolai)	Verwaltungsgerichtsordnung, Kommentar, 16. Aufl., 2014
Rohmeyer	Geschichte und Rechtsnatur der einstweiligen Anordnung im Verwaltungsprozeß, 1967
Schoch	Vorläufiger Rechtsschutz und Risikoverteilung im Verwaltungsrecht, 1988
Schoch/Schneider/Bier	Verwaltungsgerichtsordnung, Loseblatt, Stand: Februar 2016
Sodan/Ziekow	Verwaltungsgerichtsordnung, Kommentar, 4. Aufl., 2014
Stein/Jonas	Zivilprozessordnung, Kommentar, 22. Aufl., 2013
Ule	Verwaltungsgerichtsbarkeit, 2. Aufl., 1962
Ule	Verwaltungsprozeßrecht, 9. Aufl., 1987
Zöller	Zivilprozessordnung, 31. Aufl., 2016

Erster Teil: Das System des vorläufigen Rechtsschutzes in der Verwaltungsgerichtsbarkeit

§ 1 Die verfassungsrechtlichen Grundlagen des vorläufigen verwaltungsgerichtlichen Rechtsschutzes

Der vorläufige verwaltungsgerichtliche Rechtsschutz ist kein Geschenk des Gesetzgebers, das er nach Belieben gewähren, einschränken oder wieder entziehen kann, sondern ist Verfassungsgebot. Er ist eine Ausprägung des in Art. 19 Abs. 4 S. 1 GG enthaltenen grundgesetzlichen Gebots effektiver Rechtsschutzgewährung. 1

I. Art. 19 Abs. 4 S. 1 GG als verfassungsrechtliche Grundlage des verwaltungsgerichtlichen Rechtsschutzes

Nach Art. 19 Abs. 4 S. 1 GG steht jedem, der sich durch die öffentliche Gewalt in seinen Rechten verletzt fühlt, der Rechtsweg offen. Ähnlich dem aus dem Rechtsstaatsprinzip des Art. 20 Abs. 3 GG in Verbindung mit Art. 2 Abs. 1 GG ableitbaren grundrechtlichen Anspruch auf die Gewährung effektiven Rechtsschutzes in Zivilsachen durch die Zivilgerichtsbarkeit,[1] gewährt Art. 19 Abs. 4 S. 1 GG für den Bereich der vollziehenden Gewalt ein Grundrecht auf umfassenden und effektiven gerichtlichen Rechtsschutz. Diese grundgesetzliche Garantie umfasst den Zugang zu den Gerichten, eine umfassende tatsächliche und rechtliche Prüfung des Streitbegehrens, eine verbindliche Entscheidung durch das Gericht[2] und die Möglichkeit, vorab vorläufigen Rechtsschutz zu erhalten. Die Ausgestaltung dieser Gewährleistung erfolgt durch den Gesetzgeber insbesondere in den Prozessordnungen, wie VwGO, SGG und FGO. Wird verfahrensrechtlich ein Instanzenzug gewährt, erstreckt sich die Rechtsschutzgarantie des Art. 19 Abs. 4 S. 1 GG auch auf das Rechtsmittel. Deshalb darf der Zugang zur Rechtsmittelinstanz nicht im Wege der Auslegung verfahrensrechtlicher Vorschriften von unerfüllbaren oder unzumutbaren Voraussetzungen abhängig gemacht werden, die den Zugang in sachlich nicht zu rechtfertigender Weise erschweren.[3] Der Rechtsschutz gegenüber der vollziehenden Gewalt, den Art. 19 Abs. 4 S. 1 GG gewährt, muss, so lassen sich die von der verfassungsgerichtlichen Rechtsprechung entwickelten Anforderungen zusammenfassen, effektiv sein.[4] Verwaltungs-, Sozial- und Finanzgerichtsbarkeit[5] gewähren einen solchen Rechtsschutz und erfüllen damit das Rechtsschutzgebot des Art. 19 Abs. 4 S. 1 GG. 2

II. Der vorläufige verwaltungsgerichtliche Rechtsschutz als Ausfluss von Art. 19 Abs. 4 S. 1 GG

1. Verwaltungsgerichtlicher Rechtsschutz, der hier allein in den Blick genommen wird, ist nur effektiv, nur dann tatsächlich wirksam, wenn er verhindern kann, dass durch 3

[1] Zu diesem „Rechtsschutzgewährungsanspruch" BVerfGE 94, 166 (226) = NVwZ 1996, 678 sowie BVerfGE 112, 185 (207); 88, 118 (123).

[2] So BVerfGE 112, 185 (207); 107, 395 (401); 85, 337 (345); 54, 277 (291).

[3] BVerfGE 112, 185 (208); 78, 88 (99); 77, 275 (284); 74, 228 (234); 63, 45 (70).

[4] So BVerfGE 113, 273 (310); ferner BVerfGE 104, 220 (231); 96, 27 (39); 67, 43 (58); 8, 274 (236).

[5] Sowie die ordentlichen Gerichte in einigen wenigen ihnen zugewiesenen Fällen, wie beispielsweise nach Art. 14 Abs. 3 S. 4 und Art. 34 S. 3 GG und subsidiär nach Art. 19 Abs. 4 S. 2 GG.

behördliches Handeln irreparable Tatsachen geschaffen werden, bevor die behördliche Maßnahme einer umfassenden tatsächlichen und rechtlichen richterlicher Prüfung unterzogen worden ist. Deshalb enthält Art. 19 Abs. 4 S. 1 GG auch ein verfassungsrechtliches Gebot zur Gewährung vorläufigen Rechtsschutzes, wenn ohne vorläufigen Rechtsschutz schwere und unzumutbare, anders nicht abwendbare Nachteile entstehen könnten, deren nachträgliche Beseitigung nach einem Obsiegen in der Hauptsache nicht oder kaum noch möglich wäre:[6] die Abrissverfügung ist vollzogen, der Ausländer ist abgeschoben, das Semester, für das die Zulassung begehrt wird, ist längst vorbei, wenn schließlich die Entscheidung in der Hauptsache ergeht.

4 2. In welcher Form der verfassungsrechtlich gebotene vorläufige Rechtsschutz zu gewähren ist, entscheidet der Gesetzgeber. Art. 19 Abs. 4 S. 1 GG macht hierfür keine Vorgaben. Die VwGO hat sich für ein „gemischtes System" vorläufigen Rechtsschutzes entschieden:[7] Bei der Anfechtung von Verwaltungsakten tritt aufschiebende Wirkung ein (§ 80 Abs. 1 VwGO) oder kann vom Gericht der Hauptsache angeordnet oder wiederhergestellt werden (§§ 80 Abs. 5, 80a, 80b VwGO). Soweit die aufschiebende Wirkung nicht greift (§ 123 Abs. 5 VwGO), kann das Gericht der Hauptsache vorläufigen Rechtsschutz durch einstweilige Anordnung gewähren (§ 123 Abs. 1 VwGO und § 47 Abs. 6 VwGO).

5 3. Das System vorläufigen Rechtsschutzes, das die VwGO gegenüber den Akten der vollziehenden Gewalt in den §§ 80, 80a, 80b, 123 VwGO und 47 Abs. 6 VwGO zur Verfügung stellt, genügt den verfassungsrechtlichen Anforderungen des Art. 19 Abs. 4 S. 1 GG, auch wenn es nicht schlechthin und ausnahmslos vorläufigen Rechtsschutz gewährt. Art. 19 Abs. 4 S. 1 GG lässt es zu, mit Blick auf überwiegende öffentliche Belange den Rechtsschutzanspruch des Einzelnen einstweilen zurückzustellen (vgl. insbesondere § 80 Abs. 2 S. 1 Nr. 4 VwGO), um unaufschiebbare Maßnahmen in die Wege leiten zu können.[8] Allerdings bleiben auch dann Verwaltungsbehörden und Gerichte den verfassungsrechtlichen Bindungen des Art. 19 Abs. 4 S. 1 GG unterworfen.[9] So ist notfalls bis zur endgültigen Entscheidung im Eilverfahren durch einen vorläufigen Beschluss – sog. „Hängebeschluss" – der Behörde aufzugeben, vorerst, bis zur endgültigen Entscheidung im Eilverfahren, von Vollstreckungsmaßnahmen abzusehen.[10]

6 4. Bei Auslegung und Anwendung der §§ 80, 123 VwGO muss stets das verfassungsrechtliche Gebot effektiver Rechtsschutzgewährung des Art. 19 Abs. 4. S. 1 GG beachtet werden. Dies bedeutet insbesondere:

- Wägt das Verwaltungsgericht im Rahmen seiner Entscheidung das Interesse des Antragstellers an der Gewährung vorläufigen Rechtsschutzes und das öffentliche Interesse an der Vollziehung der getroffenen Verwaltungsentscheidung gegeneinander ab, hat es in seine Abwägung die Folgen einzustellen, die mit der Versagung vorläufigen Rechtsschutzes für den Antragsteller verbunden wären. Je schwerer die sich daraus ergebenden Belastungen wiegen, je geringer die Wahrscheinlichkeit ist, dass sie im Falle des Obsiegens in der Hauptsache rückgängig gemacht werden können, umso weniger darf das Interesse an einer vorläufigen Regelung oder Sicherung der geltend gemachten Rechtsposition zurückgestellt werden,[11] es sei denn, dass ausnahmsweise überwiegende be-

---

[6] BVerfGE 46, 166 = NJW 1978, 693; ferner BVerfGE 94, 166 (216) = NVwZ 1996, 678; 93, 1 (13) = NVwZ 1995, 1197 (Ls.) = NJW 1995, 2477; 79, 69 = NVwZ 1989, 352 L = NJW 1989, 827.

[7] Die Verfassungsgerichtsbarkeit, die allerdings nicht unter Art. 19 Abs. 4 S. 1 GG fällt, kennt als Form des vorläufigen Rechtsschutzes nur die einstweilige Anordnung des § 32 BVerfGG.

[8] So wörtlich BVerfGK 11, 241 (250) unter Bezugnahme auf BVerfGE 35, 382 (402); 51, 268 (284); 65, 1 (70 f.); 69, 220 (228).

[9] BVerfG, NVwZ 2014, 363.

[10] BVerfG, aaO.

[11] BVerfGE 79, 69 (74) = NJW 1989, 827; 69, 315 (363) = NJW 1985, 2395; 67, 43 (58) = NJW 1984, 2028; 65, 1 (70) = NJW 1984, 419; 35, 382 (402) = NJW 1974, 227.

sonders gewichtige Gründe es rechtfertigen, im Interesse des allgemeinen Wohls den Rechtsschutzanspruch des Einzelnen zurück zu stellen.[12]

- Stellt das Verwaltungsgericht bei seiner Entscheidung über die Gewährung vorläufigen Rechtsschutzes auf die Erfolgsaussichten des Antragstellers in der Hauptsache ab, ist es gehalten, notfalls über eine nur summarische Prüfung hinauszugehen und die Sach- und Rechtslage in der Hauptsache so eingehend zu prüfen, dass es die Erfolgsaussichten hinreichend verlässlich prognostizieren kann.[13]
- Diese Verpflichtung kann soweit gehen, dass es sich „mit berechtigten Zweifeln an der Verfassungsmäßigkeit und damit Gültigkeit von entscheidungserheblichen Normen sowie mit den Möglichkeiten ihrer verfassungskonformen Auslegung und Anwendung auseinander zu setzen hat".[14] Erweist sich dies als im Verfahren des vorläufigen Rechtsschutzes nicht leistbar, können die Gerichte, wie das BVerfG ausdrücklich hervorhebt, statt dessen ihre Entscheidung auf der Grundlage einer Folgenabwägung ohne Berücksichtigung der Erfolgsaussichten in der Hauptsache treffen.

§ 2 Das System des vorläufigen verwaltungsgerichtlichen Rechtsschutzes

Die VwGO gewährt durch die aufschiebende Wirkung der §§ 80, 80a, 80b VwGO und die einstweilige Anordnung des § 123 VwGO und des § 47 Abs. 6 VwGO vorläufigen Rechtsschutz gegenüber allen Maßnahmen der vollziehenden Gewalt, gegen die nach § 40 Abs. 1 VwGO der Verwaltungsrechtsweg offen steht. 7

I. Der vorläufige verwaltungsgerichtliche Rechtsschutz vor Erlass der VwGO

Bis zum Erlass der VwGO im Jahre 1960 war das Recht der Verwaltungsgerichtsbarkeit und damit auch das des vorläufigen verwaltungsgerichtlichen Rechtsschutzes besatzungs- und landesrechtlich zersplittert.[15] 8

1. Eine aufschiebende Wirkung der Anfechtungsklage sowie von Einspruch und Beschwerde als den Vorläufern des heutigen Widerspruchs kannten die Verwaltungsgerichtsgesetze der amerikanischen (§ 51 VGG) und der britischen Zone (§ 51 MRVO Nr. 165), des Saarlandes (§ 45 VwG), von Rheinland-Pfalz (§§ 21, 43 VGG) sowie das BVerwGG (§ 29). Ähnlich war die Rechtslage in Baden, in Württemberg-Hohenzollern und in Berlin. Die Aussetzung der Vollziehung war damit in den Verfahrensordnungen anerkannt und galt als bewährtes Instrument des vorläufigen Rechtsschutzes. 9

2. Weniger gesichert war das Rechtsinstitut der einstweiligen Anordnung. Ausdrückliche Regelungen fanden sich nur in Rheinland-Pfalz (§ 64 VGG) und in § 30 BVerwGG. Die Verwaltungsgerichtsgesetze der Länder der amerikanischen Zone und des Saarlandes enthielten generelle Verweisungen auf die ZPO und eröffneten damit den Weg zu einer entsprechenden Anwendung der §§ 935, 940 ZPO, der von den Verwaltungsgerichten 10

[12] BVerfGE 93, 1 (14) = NVwZ 1995, 1197 (Ls.) = NJW 1995, 2477; 65, 1 (20 f.); BVerfGK 3, 222 (226); 5, 328 (334); 5, 196 (202).

[13] BVerfGE 67, 43 (62) = NJW 1984, 2028; 79, 69 (75) = NJW 1989, 827 = NVwZ 1989, 352 (Ls.); 94, 166 (216) = NVwZ 1996, 678.

[14] So ausdrücklich BVerfG (Kammerentscheidung) NVwZ 1997, 479 (480).

[15] Zur Entwicklung der aufschiebenden Wirkung in den nach 1945 erlassenen Verwaltungsgerichtsgesetzen der Länder *Wieseler,* Der vorläufige Rechtsschutz gegen Verwaltungsakte, 1967, S. 113 ff.; zur Entwicklung der einstweiligen Anordnung in dieser Zeit *Rohmeyer,* Geschichte und Rechtsnatur der einstweiligen Anordnung im Verwaltungsprozess, 1967, S. 55 ff., jeweils mit eingehenden Nachweisen.

nach anfänglichem Zögern auch gegangen wurde. Die Verwaltungsgerichte der britischen Zone, in deren MRVO Nr. 165 eine Verweisung auf die ZPO fehlte, standen der einstweiligen Anordnung zunächst ablehnend gegenüber, ließen sie dann aber, auch im Hinblick auf Art. 19 Abs. 4 S. 1 GG, praeter legem zu. Ihre Übernahme in das verwaltungsgerichtliche Normenkontrollverfahren wurde dagegen allgemein abgelehnt. In der Sozial- und Finanzgerichtsbarkeit hat sich die einstweilige Anordnung nur zögernd und zeitlich deutlich später als in der Verwaltungsgerichtsbarkeit entwickelt.

II. Der vorläufige verwaltungsgerichtliche Rechtsschutz der VwGO im Überblick

11 1. Die VwGO gewährt vorläufigen Rechtsschutz gegenüber der vollziehenden Gewalt in zwei Formen, die in ihrer Grundstruktur seit 1960 unverändert geblieben sind:[16] Gegenüber belastenden, rechtsgestaltenden und feststellenden Verwaltungsakten sowie beim Verwaltungsakt mit drittbelastender Doppelwirkung wird nach §§ 80, 80a, 80b VwGO vorläufiger Rechtsschutz durch eine vom Betroffenen selbstbewirkte oder durch eine vom Gericht der Hauptsache angeordnete oder wiederhergestellte aufschiebende Wirkung von Widerspruch und Anfechtungsklage gewährt. In den von §§ 80 und 80a VwGO nicht erfassten Fällen (vgl. § 123 Abs. 5 VwGO) [17] wird vorläufiger Rechtsschutz durch einstweilige Anordnung nach § 123 VwGO gewährt. Durch diese Abgrenzung wird ein lückenloses System vorläufigen Rechtsschutzes geschaffen, und zwar entweder nach §§ 80 ff. VwGO oder nach § 123 VwGO. Die §§ 80 ff. VwGO sind die speziellen Regelungen, die § 123 VwGO verdrängen, wenn es um die Aussetzung der Vollziehung eines Verwaltungsakts geht. § 123 VwGO erhält durch seinen Abs. 5 die Funktion einer Auffangnorm, die auf alle Fälle vorläufigen Rechtsschutzes anzuwenden ist, die nicht von den §§ 80 ff. VwGO erfasst werden.[18] Beide Rechtsschutzformen, die aufschiebende Wirkung und die einstweilige Anordnung, bilden damit ein aufeinander abgestimmtes System des vorläufigen Rechtsschutzes, das ungeachtet der normativen Unterschiede der beiden Rechtsschutzformen auf dem gemeinsamen Ziel beruht, dem von dem Handeln der vollziehenden Gewalt Betroffenen effektiven vorläufigen Rechtsschutz gewähren zu können.

12 2. Gegenüber belastenden, rechtsgestaltenden und feststellenden Verwaltungsakten sowie beim Verwaltungsakt mit drittbelastender Doppelwirkung (§ 80 Abs. 1 S. 1 und 2 VwGO) ist der vorläufige Rechtsschutz darauf gerichtet, vor Eintritt der Bestandskraft des Verwaltungsakts, in der Regel also vor Abschluss des Hauptsacheverfahrens, eine Vollziehung des Verwaltungsakts zu verhindern, da sie irrevisible Tatsachen schaffen könnte. Sofern § 80 Abs. 2 VwGO die aufschiebende Wirkung nicht ausschließt, kann der Betroffene die Vollziehung des Verwaltungsakts bereits dadurch verhindern, dass er Widerspruch oder Anfechtungsklage erhebt, mit deren Einlegung kraft Gesetzes aufschiebende Wirkung eintritt (§ 80 Abs. 1 S. 1 VwGO). Hat der Rechtsbehelf nach § 80 Abs. 2 VwGO keine aufschiebende Wirkung, muss der Betroffene gerichtlichen Rechtsschutz in Anspruch nehmen. Das Gericht der Hauptsache kann nach §§ 80 Abs. 5, 80a Abs. 3 VwGO auf Antrag die aufschiebende Wirkung des eingelegten Rechtsbehelfs anordnen, wenn diese kraft Gesetzes ausgeschlossen ist (§ 80 Abs. 2 S. 1 VwGO Nr. 1 bis 3), oder

[16] Trotz vielfacher gesetzlicher Änderungen der §§ 80 ff., 123 in der verfahrensrechtlichen Ausgestaltung im Einzelnen. Diese Änderungen werden hier nicht im Zusammenhang dargestellt, sondern in die Erörterung der verfahrensrechtlichen Einzelfragen einbezogen.

[17] Zu § 123 Abs. 5 heißt es in der Begründung des 4. VwGOÄndG (BT-Drs. 11/7030, 31), Absatz 5 stelle klar, dass einstweilige Anordnungen nicht statthaft sind, solange einstweiliger Rechtsschutz aufgrund der aufschiebenden Wirkung eines Rechtsbehelfs gewährt werden könne.

[18] VGH Mannheim NVwZ 1996, 406 (L) = NJW 1996, 538.

es kann sie wiederherstellen, wenn die Behörde die sofortige Vollziehung des Verwaltungsakts angeordnet hat (§§ 80 Abs. 2 S. 1 Nr. 4, 80a Abs. 1 Nr. 1, Abs. 2 VwGO). Bei der Anforderung öffentlicher Abgaben und Kosten darf es die aufschiebende Wirkung allerdings erst anordnen, wenn zuvor die Behörde die Aussetzung der Vollziehung ganz oder teilweise abgelehnt hat (§ 80 Abs. 6 S. 1 VwGO). In den übrigen Fällen des § 80 Abs. 2 VwGO hat der Betroffene die Wahl, ob er zunächst bei der Behörde nach § 80 Abs. 4 VwGO die Aussetzung der Vollziehung des Verwaltungsakts beantragt, oder ob er sich unmittelbar an das Gericht wendet.

3. Gegenüber allen sonstigen behördlichen Maßnahmen, die dem Betroffenen eine **13** Belastung auferlegen oder eine Begünstigung versagen, wird vorläufiger Rechtsschutz durch das Gericht in Form einer einstweiligen Anordnung nach § 123 VwGO gewährt. Hier ist es das Ziel des vorläufigen Rechtsschutzes, unzumutbare Nachteile abzuwehren, solange das Hauptsacheverfahren noch nicht rechtskräftig abgeschlossen ist. Auch vorbeugender Rechtsschutz durch vorbeugende Feststellungs- oder Unterlassungsklage,[19] der sich gegen Belastungen durch behördliches Handeln oder Unterlassen richtet, die noch nicht eingetreten sind, aber unmittelbar bevorstehen, kann durch einstweilige Anordnung gesichert werden.[20]

4. Ein Vergleich des vorläufigen Rechtsschutzes nach §§ 80, 80a, 80b VwGO einerseits **14** und nach § 123 VwGO andererseits zeigt, dass sich die beiden Rechtsschutzformen in ihrer verfahrensrechtlichen Ausgestaltung deutlich voneinander unterscheiden. Den vorläufigen Rechtsschutz nach § 80 Abs. 1 VwGO kann der Betroffene selbst durch Widerspruch oder Anfechtungsklage herbeiführen. Nur wenn die aufschiebende Wirkung kraft Gesetzes oder behördlicher Anordnung (§ 80 Abs. 2 VwGO) ausgeschlossen ist, muss er gerichtliche Hilfe in Anspruch nehmen. Die einstweilige Anordnung erfordert hingegen stets die Anrufung des Gerichts. Unterschiede bestehen in der Darlegungslast, im Beurteilungsmaßstab, auch wenn in beiden Rechtsschutzformen eine Abwägung des öffentlichen und des privaten Interesses vorzunehmen ist, im Entscheidungsinhalt und im Haftungsrisiko, das nur bei der einstweiligen Anordnung besteht (§§ 123 Abs. 3 VwGO, 945 ZPO). Trotz dieser Unterschiede sieht das BVerfG beide Formen des vorläufigen Rechtsschutzes unter verfassungsrechtlichen Gesichtspunkten als gleichwertig an, da auch der aus der Sicht des Betroffenen sprödere § 123 VwGO „geeignet ist, einen im Sinne des Art. 19 Abs. 4 GG ausreichenden effektiven vorläufigen Rechtsschutz zu gewähren".[21] Diese Beurteilung ändert jedoch nichts daran, dass der Betroffene verfahrensrechtlich im Anordnungsverfahren einen schwereren Stand als im Aussetzungsverfahren hat.

---

[19] Zum vorbeugenden Rechtsschutz durch Feststellungs – oder Unterlassungsklage BVerwGE 40, 323 (327).

[20] OVG Münster NVwZ-RR 1995, 278.

[21] BVerfGE 51, 268 (285) = NJW 1980, 35; ebenso VGH München NVwZ-RR 1993, 355; NVwZ 1986, 398 (399).

Zweiter Teil: Die einstweilige Anordnung nach § 123 VwGO

A. Allgemeines

§ 3 Vorbemerkung

Die Feststellung früherer Auflagen gilt fort: Die Rechtsprechung zu § 123 VwGO ist nach wie vor von einer Prüfung in „eingefahrenen Gleisen“ geprägt. Soweit in früheren Auflagen in den Erläuterungen zu § 123 VwGO in Bezug auf den Begriff des Vorwegnahmeverbots bemängelt worden ist, es gebe bei den Verwaltungsgerichten keine rechtsgrundsätzlichen Überlegungen zu den rechtsdogmatischen Grundlagen ihrer Beurteilung, die Entscheidungspraxis werde vielmehr von unterschiedlichen Lösungsansätzen der Obergerichte bestimmt, die Berechtigung hergebrachter Rechtsüberzeugungen werde nicht einmal mehr kritisch hinterfragt, gilt diese Feststellung auch weiterhin. Bei kaum einem Institut des Verwaltungsprozessrechts klaffen die praktische Normanwendung und die Befassung mit ihren dogmatischen Grundlagen so weit auseinander wie bei der einstweiligen Anordnung. Dabei zeigt sich die Rechtsprechung vielfach in zweifacher Hinsicht gegenüber anderen Begründungsansätzen resistent. Sie hat einmal gegenüber Herleitung und Durchdringung des § 123 VwGO in der Rechtswissenschaft, daneben aber auch in einigen Fällen gegenüber der Rechtsprechung des *BVerfG* ein dogmatisches Eigenleben entwickelt, bei dem vielfach die ungeprüfte Übernahme von Prüfungsparametern auffällt, zudem aber auch ein deutliches Auseinanderklaffen der Handhabung der einzelnen Verwaltungs- und Oberverwaltungsgerichte festzustellen ist. Dies erschwert in der Praxis die Beurteilung der Erfolgsaussichten von einstweiligen Anordnungsanträgen und berührt damit das Prinzip der Rechtssicherheit. 15

Dieses Defizit ist gerade im Zusammenhang mit Fragen des einstweiligen Rechtschutzes mit großer Sensibilität zu sehen. Wenn das Rechtsstaatsprinzip es verbietet, für den jeweiligen Antragsteller Schranken zu errichten, die eine Rechtsverwirklichung unangemessen erschweren oder gar ausschließen[1], bedeutet dies, dass auch in rechtlicher Hinsicht bei Gewährung einstweiligen Rechtschutzes nach § 123 VwGO – ergänzend zu nennen ist bereits hier § 47 Abs. 6 VwGO – Klarheit über die formellen wie materiellen Anforderungen zum Erlass einer einstweiligen Anordnung bestehen muss. Die nachstehenden Anmerkungen sollen hierzu beitragen: zum einen soll nachstehend ein aktueller Überblick über das Rechtsinstitut der einstweiligen Anordnung in der Praxis der Verwaltungsgerichte gegeben werden, zum anderen soll aber auch der Versuch unternommen werden, die dogmatischen Grundlagen der einstweiligen Anordnung nachzuzeichnen. Entsprechend der Zielsetzung der Schriftenreihe wird der Schwerpunkt auf die Darstellung und Erläuterung der Rechtsprechung gelegt. Dies drängt sich umso mehr auf, als rechtswissenschaftliche Auseinandersetzungen mit Fragen der einstweiligen Anordnung in den letzten Jahren selten geworden sind, ja sich seit Erscheinen der letzten Auflage kaum eine solche Auseinandersetzung finden lässt. Die Bedeutung älterer rechtswissenschaftlicher Vorarbeiten wird dadurch noch einmal verstärkt. Zum Verständnis der rechtsdogmatischen wie rechtssystematischen Grundlagen des vorläufigen Rechtschutzes 16

[1] *Finkelnburg*, Festgabe BVerwG, S. 171.

im Verwaltungsprozessrecht bleiben Monographien wie die von *Schoch*[2] oder die Erläuterungen der einschlägigen Vorschriften durch die eingeführten Kommentierungen[3] auch weiterhin für die verwaltungsgerichtliche Praxis unentbehrlich.

§ 4 Grundsätzliches zu § 123 VwGO

Schrifttum: *Cremer,* Gemeinschaftsrecht und deutsches Verwaltungsprozessrecht – zum dezentralen Rechtsschutz gegenüber EG-Sekundärrecht, Verw 37, 165 (2004); *Finger,* Der Zugang zur deutschen Verwaltungsgerichtsbarkeit unter gemeinschaftsrechtlichem Einfluss, JA 2005, 228; *Fromont,* Die Annäherung der Verwaltungsgerichtsbarkeit in Europa – Die Befugnisse des Verwaltungsrichters gegenüber der Verwaltung, Festgabe 50 Jahre Bundesverwaltungsgericht 2003, S. 93; *Groß,* Konvergenzen des Verwaltungsrechtsschutzes in der Europäischen Union, Verw 33, S. 415–434 (2000); *ders.,* Ökonomisierung der Verwaltungsgerichtsbarkeit und des Verwaltungsprozessrechts, Verw 34, 371 (2001); *Hauser,* Vorläufiger Rechtsschutz, Deutsches Verwaltungsrecht unter europäischem Einfluss 2002, S. 107 ff.; *Huber,* Die Europäisierung des verwaltungsgerichtlichen Rechtschutzes, BayVBl 2001, 577; *Kruse,* Vorläufiger Rechtsschutz aufgrund verfassungsrechtlicher Bedenken gegen eine entscheidungserhebliche Norm, NZS 1999, 595; *Pitschas,* Reform des sozialgerichtlichen Verfahrens, SGb 1999, 385; *Pöcker,* Rechtsschutzfragen bei Verteilungsentscheidungen der öffentlichen Hand – Anmerkung zu BVerfG, Beschluss vom 15.8.2002 – Az. 1 BvR 1790/00, NVwZ 2003, 688; *Raabe,* Wo drückt der Schuh? – Handlungsbedarf im Verwaltungsprozessrecht, ZRP 2004, 108, *Schwarze,* Europäische Rahmenbedingungen für die Verwaltungsgerichtsbarkeit, NVwZ 2000, 241; *Spieth/Hamer,* Eilrechtsschutz gegen behördliche Zuteilungsentscheidungen im Rahmen des Emissionshandels, DVBl 2005, 1541; *Stern,* Die Einwirkung des europäischen Gemeinschaftsrechts auf die Verwaltungsgerichtsbarkeit, JuS 1998, S. 769–776; *Weber,* Entwicklungen im europäischen Verwaltungsrecht, Öffentliche Verwaltung in Europa/Symposium aus Anlass des 60. Geburtstages von Prof. Dr. Hans-Werner Rengeling 1999, S. 35 ff.

I. Regelungsanlass und Regelungsinhalt

17 Mit § 123 VwGO soll die aus Art. 19 Abs. 4 GG resultierende Verpflichtung des Gesetzgebers zu einer tatsächlich wirksamen Kontrolle für all die Fälle umgesetzt werden, bei denen einstweiliger Rechtsschutz nicht durch §§ 80, 80a VwGO gewährleistet wird.[4] Der Vorschrift kommt damit im System des einstweiligen Rechtsschutzes eine Komplementärfunktion zu. Effektiver Rechtsschutz gegenüber Verwaltungshandeln verlangt nach der Rechtsprechung des BVerfG nicht nur Schutz, „wenn jemand geltend macht, durch die öffentliche Gewalt mittels einer belastenden Maßnahme in seinen Rechten verletzt zu sein – Anfechtungssache – sondern „auch bei der Unterlassung oder Ablehnung einer beantragten Amtshandlung – Vornahmesache –“.[5] Auch außerhalb des Anwendungsbereiches der §§ 80, 80a VwGO soll dem Bürger damit ein substantieller Anspruch auf eine möglichst wirksame gerichtliche Kontrolle zustehen[6] und damit vor allem der Schaffung vollendeter Tatsachen gerade für die Fälle vorgebeugt werden, die nicht mehr rückgängig gemacht werden können.[7]

18 Verfassungsrechtlich geschuldet ist auch im Verfahren nach § 123 VwGO eine vollständige Nachprüfung des Behördenhandelns in rechtlicher und tatsächlicher Hinsicht.

[2] *Schoch,* Vorläufiger Rechtsschutz und Risikoverteilung im Verwaltungsrecht, 1988; *Leipold,* Grundlagen des einstweiligen Rechtsschutzes im zivil-, verfassungs- und verwaltungsgerichtlichen Verfahren, 1971; *Baur,* Studien zum einstweiligen Rechtsschutz, 1971.

[3] Zu § 123 s. etwa Kopp/*Schenke* VwGO, 22. Aufl. 2016; *Puttler* in Sodan/Ziekow, VwGO, 4. Aufl. 2014; *Schoch* in Schoch/Schneider/Bier VwGO, 30. EL. Februar 2016.

[4] BVerfG DVBl. 2003, 1524; Beschl. v. 12.3.2003 – 2 BvR 996/02; NVwZ 2003, 200; NVwZ 2002, 1230; BVerfG Beschl. v. 24.3.2009 – 2 BvR 2347/08.

[5] BVerfGE 46, 166 (178); 79, 69 (75); 94, 166 (216).

[6] BVerfG NVwZ 1999, 1330; BVerfGE 77, 275 (284); 40, 272 (275).

[7] BVerfG Beschl. v. 12.9.2016 – 1 BvR 1630/16; NJW 2002, 3691, BVerfGE 93, 113; BVerfG Beschl. v. 28.9.2009 – 1 BvR 1702/09.

Rechtliche Schwierigkeiten bei dieser Nachprüfung sind kein hinreichender Grund, den durch Art. 19 Abs. 4 GG gewährleisteten Rechtsschutz einzuschränken.[8] Entscheidend ist, dass die Prüfung im Verfahren des Eilrechtsschutzes eingehend genug ist, um den Antragsteller vor erheblichen und unzumutbaren, anders weder abwendbaren noch reparablen Nachteilen effektiv zu schützen.[9] Dies gilt vor allem mit Blick auf die Folgen. Je schwerer die sich daraus ergebenden Belastungen wiegen, je geringer die Wahrscheinlichkeit ist, dass sie im Falle des Obsiegens in der Hauptsache rückgängig gemacht werden können, umso weniger darf das Interesse an einer vorläufigen Regelung oder Sicherung der geltend gemachten Rechtsposition zurückgestellt werden. [10]

II. Zum Aufbau des § 123 VwGO

Bereits der Aufbau des § 123 VwGO lässt erkennen, dass sich die Bestimmung an die Regelungen der einstweiligen Verfügung im Zivilprozess (§§ 935, 940 ZPO) anlehnt. § 123 Abs. 1 VwGO normiert die für das verwaltungsgerichtliche Streitverfahren vorgesehenen Arten der einstweiligen Anordnung, nämlich die § 935 ZPO nachgebildete Sicherungsanordnung (§ 123 Abs. 1 S. 1 VwGO) und die in § 123 Abs. 1 S. 2 VwGO angesprochene und § 940 ZPO nachempfundene Regelungsanordnung. Absatz 1 macht damit gleichzeitig deutlich, dass die im Zivilprozess zulässige Leistungsanordnung als eigenständige Anordnungsart nicht vorgesehen ist. 19

§ 123 Abs. 2 VwGO bestimmt die Gerichtszuständigkeiten, während § 123 Abs. 3 VwGO wiederum die inhaltliche Nähe zur einstweiligen Verfügung des Zivilprozesses deutlich werden lässt, indem bestimmte Normen – beispielsweise die Schadensersatznorm des § 945 ZPO – für das Verwaltungsstreitverfahren adaptiert werden. Die Bestimmung des § 123 Abs. 4 VwGO ist durch das 4. VwGOÄndG[11] eingefügt worden und legt den Beschluss als gerichtliche Entscheidungsform fest. 20

§ 123 Abs. 5 VwGO grenzt den Anwendungsbereich der Vorschrift von den §§ 80, 80a VwGO ab und macht dadurch den Auffangcharakter der Vorschrift gegenüber dem insoweit vorrangigen Rechtschutz der aufschiebenden Wirkung deutlich. 21

B. Die Zulässigkeitsvoraussetzungen des Anordnungsverfahrens

§ 5 Allgemeines

Schrifttum: *Gatz,* Vorläufiger Rechtsschutz nach § 123 VwGO, ZAP Fach 19, 559 (2002); *Zacharias,* Ausgewählte Grundfragen des vorläufigen Rechtsschutzes im Verwaltungsprozess, JA 2002, 345.

I. Unterscheidung zwischen Zulässigkeit und Begründetheit des Anordnungsantrags

Wie im Klageverfahren sind auch im Anordnungsverfahren Zulässigkeit und Begründetheit des gestellten Antrags zu unterscheiden.[1] Die Gerichte dürfen, wie sich zB aus 22

---

[8] BVerfGE 84, 34 (55); 101, 106, 132; BVerwG NJW 2002, 3691; BVerfG Nichtannahmebeschluss vom 6.7.2016 – 1 BvR 1705/15, Rn. 17; BVerfGE 79, 69 (74); 94, 166 (216).

[9] BVerfG Beschl. v. 8.9.2014 – 1 BvR 23/14.

[10] BVerfG Beschl. v. 12.9.2016 – 1 BvR 1630/16.

[11] Gesetz zur Änderung der VwGO – 4. VwGOÄndG – vom 17.12.1990 (BGBl. I 2809), im Folgenden 4. VwGOÄndG.

[1] BVerwG NVwZ 1988, 828; OVG Bautzen SächsVBl. 1997, 215; OVG Greifswald NVwZ-RR 1994, 334; OVG Hamburg NJW 1987, 1215 (1216); VGH Kassel NVwZ 1987, 919; OVG Schleswig NJW 1997, 2536.

§§ 17, 17a GVG entnehmen lässt, in der Sache erst dann entscheiden, wenn bestimmte verfahrensrechtliche Zulässigkeitsvoraussetzungen erfüllt sind. Dem entsprechen unterschiedliche Rechtskraftwirkungen, die eintreten, wenn der Antrag als unzulässig oder als unbegründet abgelehnt wird.[2] Maßgebend hierfür sind prozessökonomische Gründe. Eine Sachentscheidung soll nur dann ergehen, wenn das Verfahrensrecht die Überprüfung der materiellen Rechtslage ausdrücklich eröffnet. Art. 19 Abs. 4 S. 1 GG gebietet nicht, hiervon für das Anordnungsverfahren abzuweichen.

23 Der Vorrang der Zulässigkeitsprüfung besteht allerdings nicht ausnahmslos. Ist die Zulässigkeit eines Antrags zweifelhaft und lässt sich zugleich erkennen, dass das Antragsbegehren in der Sache offensichtlich unbegründet ist, so können – mit Ausnahme der Rechtswegbestimmung – prozessökonomische Gründe dafür sprechen, die Zulässigkeit dahinstehen zu lassen und den Antrag aus materiell-rechtlichen Erwägungen abzulehnen. Dies ist für das Klageverfahren in einigen höchstrichterlichen Entscheidungen angenommen worden[3] und gilt auch für die Verfahren des vorläufigen Rechtsschutzes. Mit dem verfassungsrechtlichen Gebot zur Verfahrensbeschleunigung wäre es nicht zu vereinbaren, in Eilsachen schwierige Zulässigkeitsfragen zeitaufwändig zu klären, auf die es im Ergebnis nicht ankommt.[4] Eine eingehende Zulässigkeitsprüfung kann vielmehr dem späteren Klageverfahren vorbehalten bleiben, das durch eine ablehnende Sachentscheidung im Anordnungsverfahren nicht präjudiziert wird.

II. Die einzelnen Zulässigkeitsvoraussetzungen

24 Zu den Zulässigkeitsvoraussetzungen, die entweder für alle Rechtsschutzformen der VwGO oder speziell für das Anordnungsverfahren[5] gelten, gehören:

- das Bestehen der deutschen Gerichtsbarkeit,[6]
- die Zulässigkeit des Verwaltungsrechtswegs,
- die sachliche und örtliche Zuständigkeit des angerufenen Gerichts,
- die Statthaftigkeit des Anordnungsverfahrens,
- die Beteiligten- und Prozessfähigkeit,[7]
- die Prozessführungsbefugnis,[8]
- die Ordnungsmäßigkeit des Antrags,
- die Antragsbefugnis,
- das Fehlen von Verfahrenshindernissen,
- das allgemeine Rechtsschutzbedürfnis.

---

[2] BVerwG NVwZ 1982, 193.

[3] BVerwG DÖV 1968, 214; BGH NJW 1978, 2031.

[4] VGH Kassel DÖV 1968, 139; OVG Saarlouis AS 13, 186.

[5] Vgl. zB OVG Greifswald NVwZ-RR 1994, 334; VGH München BayVBl. 1993, 243; VGH München Beschl. v. 26.11.2009 – M 11 E 09.3538.

[6] VGH Kassel NJW 1989, 470 (473).

[7] Beispiele: VG Regensburg Beschl. v. 20.7.2016 – RN 3 E 16.886 – (Gemeinderat); VG Schleswig Beschl. v. 22.1.2016 – 3 B 8/16 – (Ortsverband einer Partei); VG Bremen Beschl. v. 11.11.2015 – 2 V 1678/15 – (Prozessfähigkeit eines ausländischen Antragsstellers im Inlandsprozess); VG Freiburg Beschl. v. 30.7.2014 – 4 K 1531/14 – (Geschäftsunfähigkeit); VG Trier Beschl. v. 26.8.2013 – 1 L 838/13.TR – (Ratsmitglied); VGH Kassel NuR 2006, 239 (Bürgerinitiative); OVG Lüneburg Beschl. v. 17.3.2005 – 8 ME 6/05 – (GmbH i. G.); VG Weimar Beschl. v. 23.6.2003 – 4 E 584/03.We – (Gerichtspräsidium); OVG Hamburg NVwZ-RR 1994, 587 u. OVG Lüneburg DVBl. 1989, 114 (Hochschulorgane); VGH Mannheim, ESVGH 46, 50 (Elternbeirat); VGH Kassel NVwZ 1987, 919 (Ortsbeirat); OVG Bautzen NVwZ-RR 1997, 665; DVBl. 1997, 1287 (1289) (Ratsmitglied); OVG Koblenz NVwZ-RR 1995, 411 (412) (Einwohnerantrag); OVG Bautzen Sächs.VBl. 1997, 215 (216) (Bürgerbegehren).

[8] OVG Hamburg NVwZ-RR 1994, 587; OVG Münster NJW 2008, 1755 (1757).

In welcher Reihenfolge die Zulässigkeitsvoraussetzungen zu prüfen sind, ist für das Klageverfahren umstritten.[9] Die VwGO enthält keine ausdrücklichen Regelungen,[10] ein sachlogischer Vorrang einzelner Voraussetzungen lässt sich – mit Ausnahme des Zugangs zu den Verwaltungsgerichten – nicht eindeutig feststellen. Für die Praxis ist dieser Meinungsstreit ohne Bedeutung. Die Verpflichtung zu prozessökonomischem Verhalten zwingt die Gerichte, einen Antrag als unzulässig abzulehnen, wenn auch nur eine Zulässigkeitsvoraussetzung fehlt. Dies wird die Voraussetzung sein, deren Fehlen sich ungeachtet ihrer Stellung in einer Rangfolge am einfachsten feststellen lässt.[11] Für das Anordnungsverfahren, das noch mehr als das Klageverfahren auf eine beschleunigte Abwicklung angewiesen ist, gelten diese Erwägungen in gleichem Maße. 25

§ 6 Die Zulässigkeit des Verwaltungsrechtsweges

Schrifttum: *Cranshaw,* Rechtsweg bei Streitigkeiten über die Vergabe öffentlicher Aufträge – Anmerkung zu VG Leipzig, Beschluss vom 6.9.2005 – 5 K 1018/05, jurisPR-InsR 24/2006 Anm. 5; *Stern,* Die Einwirkung des europäischen Gemeinschaftsrechts auf die Verwaltungsgerichtsbarkeit, JuS 1998, 769; *Trautner,* Eröffnung des Verwaltungsrechtsweges bei Auftragsvergabe unterhalb der Schwellenwerte, VergabeR 2006, 355.

Für den Erlass einstweiliger Anordnungen ist die strenge Akzessorietät zwischen Hauptsacheverfahren und einstweiligem Rechtsschutz zu beachten.[12] Sie zeigt sich zunächst bei der Zuständigkeit des angerufenen Gerichtes. 26

I. Erfordernis des Verwaltungsrechtsweges

Da für das Verfahren nach § 123 VwGO die allgemeinen Grundsätze des Hauptsacheverfahrens gelten, kommt der Erlass einer einstweiligen Anordnung nur in Betracht, wenn auch der Verwaltungsrechtsweg eröffnet ist.[13] § 40 VwGO gilt nicht nur für das Hauptsacheverfahren, sondern für jede andere selbstständige Verfahrensart.[14] Davon geht auch die – über § 173 VwGO zur Anwendung kommende – Vorschrift des § 17a GVG aus, die die Entscheidung über die Zulässigkeit des Rechtsweges für sämtliche Streitigkeiten innerhalb einer Gerichtsbarkeit regelt.[15] Aus der Zulässigkeit des Verwaltungsrechtswegs folgt demnach die Zulässigkeit aller Rechtsschutzformen der VwGO und damit auch die Befugnis zum Erlass einstweiliger Anordnungen nach § 123 Abs. 1 VwGO.[16] 27

II. Zur Bestimmung des Verwaltungsrechtsweges

1. § 40 VwGO

Von der Zulässigkeit des Verwaltungsrechtsweges für das Klageverfahren hängt ab, ob das Anordnungsverfahren vor den Verwaltungsgerichten geführt werden kann. Die Voraussetzungen des § 40 VwGO sind nach allgemeinen Grundsätzen zu bestimmen. Ob 28

[9] VGH Mannheim NVwZ-RR 2003, 159; OVG Münster NJW 2001, 698.

[10] BVerwGE 49, 221.

[11] So zB BVerwG NVwZ 1994, 370; VGH Kassel NVwZ 1996, 683; NJW 1996, 474 (479); VGH Mannheim NJW 1997, 1866; VGH München NVwZ-RR 1996, 267.

[12] VGH München NVwZ 2000, 210; OVG Lüneburg DVBl. 2010, 1058.

[13] VGH Mannheim NVwZ-RR 2003, 159; OVG Münster NJW 2001, 698; VGH Mannheim DÖV 2006, 177 – keine einstweilige Anordnung bei innerkirchlichem Streit; OVG Saarland Beschl. v. 3.8.2010 – 3 B 205/10.

[14] BVerwG NVwZ 1994, 370; VGH Kassel NVwZ-RR 1996, 1866; VGH Mannheim NJW 1997, 1866.

[15] VGH Mannheim VGHBW, – Ls 1993, Beilage 9 Blatt 18.

[16] ZB VGH Mannheim ESVGH 36, 241.

eine Streitigkeit öffentlich-rechtlich oder privatrechtlich ist, richtet sich, wenn eine ausdrückliche gesetzliche Rechtswegzuweisung fehlt, daher nach der Natur des Rechtsverhältnisses, aus dem der im Rechtsstreit geltend gemachte Anspruch hergeleitet wird.[17] Im Eilverfahren nach § 123 VwGO kommt es insoweit auf das zu sichernde Recht in der Hauptsache an.[18] Öffentlich-rechtlich sind Streitigkeiten, wenn sie sich als Folge eines Sachverhaltes darstellen, der nach öffentlichem Recht zu beurteilen ist. Der Charakter des zu Grunde liegenden Rechtsverhältnisses bemisst sich nach dem erkennbaren Ziel des Rechtsschutzbegehrens und den vom Antragsteller vorgetragenen Behauptungen tatsächlicher Art. Maßgeblich ist allein die wirkliche Natur des behaupteten Rechtsverhältnisses, nicht dagegen die rechtliche Qualifizierung des geltend gemachten Anspruchs durch den Antragsteller selbst.[19] Dabei kann faustformelartig davon ausgegangen werden, dass Rechtsschutzbegehren, die – beispielsweise im Wege einstweiligen Rechtsschutzes – auf bestehendes oder vermeintliches öffentliches Recht gestützt werden und darauf gerichtet sind, einem Träger öffentlicher Verwaltung ein bestimmtes Verhalten zu ge- oder verbieten, im Zweifel als öffentlich-rechtlich zu qualifizieren sind, weil den Zivilgerichten die Möglichkeit zu entsprechenden Entscheidungen fehlt.[20] Für die Eröffnung des Rechtswegs ist es unerheblich, mit welchem Inhalt eine einstweilige Anordnung ergehen müsste. Der Rechtsweg bleibt auch dann eröffnet, wenn vom Antragsteller gegenüber der Behörde zivilrechtlich wirkende Maßnahmen begehrt werden.[21] Sind die Voraussetzungen des § 40 VwGO nicht gegeben, scheidet der Erlass einer einstweiligen Anordnung aus, so etwa, wenn die Justitiabilität der Hauptsache fehlt[22] oder es sich um eine Streitigkeit verfassungsrechtlicher Art handelt.[23] Daneben kommt die Anwendung des § 123 VwGO dann nicht in Betracht, wenn die Streitigkeit anderen, beispielsweise den Zivilgerichten zugewiesen ist.[24]

29 Umgekehrt hat sich das einstweilige Rechtsschutzbegehren nach § 123 VwGO zu beurteilen, wenn eine ausdrückliche Zuweisung in die Zuständigkeit der Verwaltungsgerichte gegeben ist (vgl. zB §§ 54 BeamtStG, 126 BRRG, 54 BAföG, 23 Abs. 1 InVorG, 6 Abs. 1 S. 1 VZOG). Da es sich hierbei ausnahmslos um öffentlich-rechtliche Streitigkeiten nichtverfassungsrechtlicher Art handelt, kommt diesen Regelungen gegenüber § 40 Abs. 1 VwGO nur deklaratorische Bedeutung zu. Auch soweit sie nicht generell auf

---

[17] BVerfG DVBl. 2010, 1037 (1038); BGH NVwZ 2009, 1054; OVG Hamburg Beschl. v. 17.10.2013 – 3 SO 119/13 – Hausverbot –; OVG Münster NVwZ-RR 2012, 415; OVG Münster NJW 2001, 698; BVerwG BVerwGE 75, 109; NJW 1994, 2968.

[18] Dazu etwa OVG Hamburg Beschl. v. 17.10.2013 – 3 So 119/13; OVG Bremen NordÖR 2013, 264 – Hausverbot –; VGH Mannheim NVwZ-RR 2003, 159; VG München Beschl. v. 6.9.2016 – M 7 E 16, 3951; ähnlich VG Berlin Beschl. v. 8.9.2014 – 1 L 63/14; VG München Beschl. v. 6.9.2016 – M 7 E 16.3951.

[19] Vgl. BVerwG BVerwGE 94, 71, BVerwG Beschl. v. 29.5.1995 – 5 B 132/94.

[20] OVG Münster NJW 2001, 698.

[21] VG Weimar LKV 2000, 165 – Sicherung der Grundstücksrückgewähr durch Sicherungsvormerkung.

[22] Etwa bei nicht justitiablen Gnadenakten BVerfGE 25, 352 (361); BVerwG NJW 1983, 187 (201), s. auch VG München Urt. v. 19.12.2013 – M 22 K 12, 106.

[23] BVerwG BVerwGE 109, 258; OVG Saarlouis Beschl. v. 5.11.2002 – 1 W 29/02.

[24] S. dazu §§ 13 GVG, 63 Abs. 4 GWB, 223 Abs. 1 BRAO, 111 BNotO; Der Angehörige eines Verstorbenen, der ohne das Wissen dieses Angehörigen auf Veranlassung eines anderen Angehörigen bereits eingeäschert wurde, kann den Träger des Gemeindefriedhofs nicht mit Erfolg im Wege der einstweiligen Anordnung auf Unterlassung der Beisetzung der Urne in Anspruch nehmen. Der Streit der Angehörigen über das privatrechtliche Recht der Totenfürsorge ist zunächst auf dem Zivilrechtsweg auszutragen, dazu VGH Mannheim Beschl. v. 10.11.2016 – 1 S 1663/16; s. auch OVG Münster NVwZ-RR 2013, 415 – Wegenutzungsvertrag nach § 46 EnWG; OVG Münster NZA-RR 2010, 433 – Rechtsweg zu den ArbG; zur Abgrenzung bei Streitigkeiten in Vergabeverfahren unterhalb der Schwellenwerte: BVerwG Beschl. v. 21.5.2007 – 6 B 10.07.

b) Rechtsanspruch. Über den Wortlaut des § 123 Abs. 1 S. 2 VwGO hinaus muss sich für den Antragsteller aus dem streitigen Rechtsverhältnis ein Rechtsanspruch ergeben.[58] Das Erfordernis eines Rechtsanspruches wird aus §§ 123 Abs. 3 VwGO, 920 Abs. 2 ZPO abgeleitet. Danach ist neben dem Anordnungsgrund ein Anordnungsanspruch glaubhaft zu machen. Da § 920 Abs. 2 ZPO nicht zwischen den beiden Formen der einstweiligen Anordnung differenziert, wird daraus gefolgert, dass auch der Erlass einer Regelungsanordnung von der Glaubhaftmachung eines Anordnungsanspruchs abhängt.[59] Dem ist im Ergebnis zuzustimmen. Zwar kann zweifelhaft sein, ob sich die Notwendigkeit eines Rechtsanspruchs ohne weiteres aus der Verweisung auf § 920 Abs. 2 ZPO ableiten lässt. Da § 123 Abs. 3 VwGO lediglich eine entsprechende Anwendung dieser Vorschrift vorsieht, könnte sich die Verpflichtung zur Glaubhaftmachung nur auf das streitige Rechtsverhältnis beziehen.[60] Dagegen spricht aber der Sinn und Zweck des Anordnungsverfahrens. Mit dem Verfahren nach § 123 VwGO geht es darum, eine Zwischenregelung für die Zeit bis zur rechtskräftigen Entscheidung in der Hauptsache zu treffen. Es soll verhindert werden, dass bedingt durch die unausweichliche Laufzeit eines Hauptsacheverfahrens dem Antragsteller unzumutbare Nachteile entstehen, die nicht mehr oder nur schwer rückgängig gemacht werden können.[61] Prägender Gedanke des einstweiligen Rechtsschutzverfahrens nach § 123 VwGO ist es, die Effektivität der Hauptsacheentscheidung dadurch zu sichern, dass die Hauptsacheentscheidung offen gehalten wird.[62] Die Prüfung des Anordnungsanspruches im einstweiligen Rechtsschutzverfahren hat damit die Erfolgsaussichten im Hauptsacheverfahren in den Blick zu nehmen, darf aber in den rechtlichen Anforderungen hinsichtlich des Anordnungsanspruches über das Hauptsacheverfahren nicht hinausgehen.[63] Soll aber das Verfahren nach § 123 VwGO das Hauptsacheverfahren entscheidungsfähig halten, kann die Regelungsanordnung nicht allgemein der Sicherung des Rechtsfriedens dienen. Vielmehr muss sie sich auf die Sicherung einer gefährdeten Rechtsposition beziehen, die in einem künftigen Klageverfahren verwirklicht werden soll.[64] Dem entspricht, dass den Erlass einer einstweiligen Anordnung nur verlangen kann, wer antragsbefugt ist. Muss der Antragsteller entsprechend § 42 Abs. 2 VwGO eine Gefährdung eigener Rechte geltend machen können, so schließt dies von vornherein aus, vorläufigen Rechtsschutz in Bezug auf ein Rechtsverhältnis zu gewähren, aus dem sich keine regelungsfähige Rechtsposition ergibt.[65] 125

Rechtsanspruch im Sinne dieser Auffassung ist der Anspruch, der in einem künftigen Hauptsacheverfahren geltend gemacht werden soll.[66] Der Anordnungsanspruch hängt regelmäßig davon ab, welche Erfolgsaussichten im Hauptsacheverfahren bestehen.[67] Dies kann jeder Anspruch sein, der zum Gegenstand einer Hauptsacheklage mit Ausnahme

[58] VG München Beschl. v. 11.10.2016 – M 5 E 16.3321; OVG Berlin OVGE BE 17, 134; VGH Kassel NJW 1989, 470; OVG Koblenz NVwZ-RR 1990, 322; OVG Lüneburg DVBl. 1974, 881; VGH Mannheim NVwZ 1987, 1101; VGH München BayVBl. 1995, 470; NJW 1994, 2308; OVG Münster NVwZ-RR 1995, 146; NVwZ-RR 1992, 474; NJW 1982, 2517; OVG Schleswig NVwZ-RR 1992, 387.

[59] So insbes. OVG Münster NJW 1982, 2517.

[60] VGH Mannheim NVwZ-RR 1996, 218.

[61] *Puttler* in Sodan/Ziekow VwGO § 123 Rn. 77.

[62] *Puttler* in Sodan/Ziekow VwGO § 123 Rn. 77.

[63] BVerfG NVwZ 2003, 200; BVerfG NVwZ – RR 2009, 453 (456).

[64] OVG Schleswig NVwZ-RR 1992, 387; *Schoch* in Schoch/Schneider/Bier VwGO § 123 Rn. 69f.

[65] VGH Mannheim DVBl. 1978, 274.

[66] OVG Greifswald NVwZ-RR 1999, 542; VGH Kassel NVwZ 1997, 310; OVG Münster NVwZ-RR 1995, 147; NJW 1982, 2517; OVG Magdeburg NJW 1996, 2387; OVG Schleswig NVwZ-RR 1992, 387; BFHE 153, 229 (230), 152, 407; BFHE 148, 440.

[67] BVerfG NVwZ 2003, 200; NVwZ – RR 2009, 453 (456); Beschl. v. 11.6.2003 – 2 BvR 1724/02; Beschl. v. 12.3.2003 – 2 BvR 996/02; BVerwG NVwZ 1988, 828; OVG Koblenz NVwZ 2004, 110.

der Anfechtungsklage gemacht werden kann. Regelungsfähig sind damit alle Ansprüche, die auf den Erlass eines Verwaltungsakts, auf eine rechtsfehlerfreie Ausübung eines Ermessens- oder Beurteilungsspielraums, auf ein schlichthoheitliches Handeln oder Unterlassen oder auf eine Feststellung gerichtet sind.

126 Die Anforderungen, die an die Darlegung des Anordnungsanspruches zu stellen sind, haben sich an der Rechtsschutzgarantie des Art. 19 Abs. 4 GG auszurichten. So dürfen etwa im Zusammenhang mit baurechtlichem Nachbarschutz die Anforderungen nicht so streng gestaltet werden, dass der Nachbar vor vollendeten Tatsachen steht. Dementsprechend genügt der Antragsteller seiner Darlegungslast, wenn absehbar ist, dass das Vorhaben gegen nachbarschützende öffentlich-rechtliche Vorschriften verstößt.[68] Der antragstellende Nachbar muss wenigstens die Möglichkeit einer Verletzung in eigenen (Nachbar-)Rechten aufzeigen.

2. Regelungsgrund

127 Eine Regelungsanordnung kann nach § 123 Abs. 1 VwGO erlassen werden, wenn dies zur Abwendung wesentlicher Nachteile, zur Verhinderung drohender Gewalt oder aus anderen Gründen nötig erscheint. Diese Tatbestandsmerkmale machen deutlich, dass die begehrte Regelung für den Antragsteller dringend sein muss.[69] Sie werden gemeinhin als Anordnungsgrund bezeichnet.[70] Aus dem Wortlaut des § 123 Abs. 1 VwGO folgt, dass ihr Anwendungsbereich damit nicht fest umschrieben ist. Über die beiden beispielhaft erwähnten Anwendungsfälle hinaus kann eine Regelungsanordnung auch aus weiteren – vom Gesetz nicht festgelegten – Gründen ergehen. Dadurch wird den Gerichten ein Wertungsspielraum eröffnet, der allerdings nicht schrankenlos ist. Es muss sich um Gründe handeln, die gleichermaßen gewichtig und bedeutsam wie die Abwendung wesentlicher Nachteile oder die Verhinderung drohender Gewalt sind.[71] Ob der Anordnungsgrund im Sinne von § 123 Abs. 1 VwGO gegeben ist, ist dabei in jedem Stadium des Verfahrens zu prüfen.

128 Mit der Dringlichkeit[72] oder Eilbedürftigkeit der begehrten vorläufigen Regelung steht ein spezifisches Merkmal des Eilverfahrens in Rede.[73] Dabei differenziert manchmal die Praxis der Verwaltungsgerichte zwischen den einzelnen Tatbestandsmerkmalen des § 123 Abs. 1 VwGO nicht[74], teilweise wird auf die gesetzlichen Tatbestandmerkmale gar nicht mehr abgestellt.[75]

129 a) Eine vorläufige Regelung ist nötig, wenn besondere Gründe gegeben sind, die es als unzumutbar erscheinen lassen, den Antragsteller zur Durchsetzung seines Anspruchs auf

[68] OVG Greifswald BauR 2003, 1710; OVG Bautzen NVwZ 1997, 922; VGH Mannheim BauR 1995, 219; OVG Münster Beschl. v. 23.9.1996 – 11 B 2017/96; aA OVG Münster NVwZ 1998, 218.

[69] OVG Greifswald Beschl. v. 18.3.2004 – 2 M 212/03; VG Lüneburg Beschl. v. 27.10.2016 – 5 B 141/16.

[70] OVG Greifswald aaO.

[71] VGH Kassel RdL 1986, 330; NJW 1967, 219; VGH Mannheim ZBR 1974, 344; VGH München BayVBl. 1989, 657; BFHE 154, 31; 152, 407; 152, 50; 148, 440; OVG Magdeburg Beschl. v. 17.2.2006 – 1 M 25/06; OVG Greifswald ZBR 2003, 143; Beschl. v. 18.3.2004 – 2 M 212/03, 2 O 121/03; VGH München Beschl. v. 17.6.2008 – 3 CE 08.884.

[72] OVG Bautzen Beschl. v. 8.11.2016 – 2 B 260/16; VGH Kassel NVwZ-RR 1995, 33; NVwZ-RR 1993, 386; OVG Koblenz NVwZ-RR 1993, 381.

[73] BVerfGE 93, 1 (14); OVG Münster NVwZ-RR 1993, 234; BVerfG Beschl. v. 17.8.1999 – 2 BvR 2276/98.

[74] S. nur OVG Lüneburg NVwZ-RR 2004, 258. Anders hingegen VG Lüneburg Beschl. v. 27.10.2016 – 5 B 141/16; VG München Beschl. v. 7.10.2016 – M 8 E 16.4224; VG Ansbach Beschl. v. 25.10.2016 – AN 1 E 16.00971; VG Dresden Beschl. v. 24.9.2014 – 5 L 649/14.

[75] S. etwa OVG Bremen NordÖR 2005, 252; VGH Kassel NVwZ-RR 2005, 330; VGH München Beschl. v. 11.5.2005 – 4 CE 04.3137.

das Hauptsacheverfahren zu verweisen.[76] Anders als bei § 123 Abs. 1 S. 1 VwGO, der einseitige Zustandsveränderungen durch den Antragsgegner verhindern will, sind es hier die abträglichen Folgen des Zeitablaufs auf die Verwirklichung des Regelungsanspruchs, die die Notwendigkeit einer vorläufigen Regelung begründen.[77] Hierfür genügt nicht jeder unwiederbringliche Zeitverlust, insbesondere nicht der zeitliche Nachteil, der für jedermann mit einem durch mehrere Rechtszüge geführten Hauptsacheverfahren verbunden ist.[78] Es müssen sich vielmehr darüber hinausgehende Belastungen feststellen lassen, die die Dringlichkeit der Regelung begründen.[79] Dabei muss es sich um solche Nachteile handeln, die nicht bereits eingetreten sind, sondern erst noch bevorstehen.[80] Ob sie gegeben sind, richtet sich nach den näheren Umständen des Einzelfalls,[81] die daraufhin zu überprüfen sind, ob für den Antragsteller die Zumutbarkeitsgrenze überschritten ist.[82]

Bei der Feststellung des Anordnungsgrundes wird je nach materiellem Regelungs- 130
bereich ein strenger Maßstab angelegt. Dies gilt vor allem bei Anträgen auf Zulassung zum Studium. Die Rechtsprechung lässt sich von der Erwägung leiten, dass ein Antragsteller, der im Eilverfahren die vorläufige Zulassung zum Studium erreicht, bis zum rechtskräftigen Abschluss des Hauptsacheverfahrens einem Studenten gleich gestellt wird, der durch das Zulassungsverfahren seinen Studienplatz erhalten hat. Dem Antragsteller des einstweiligen Anordnungsverfahrens wird auf diese Art und Weise ermöglicht, Prüfungen und sonstige Studienleistungen abzulegen. Diese Möglichkeit bleibt ihm auch dann erhalten, wenn er im Hauptsacheverfahren unterliegt. Im Hinblick auf „das knappe Gut Ausbildung" lehnt die Rechtsprechung es ab, rechtmäßig erbrachte Studienleistungen rückwirkend entfallen zu lassen.[83] Einen „erheblichen Nachteil" verneint die Rechtsprechung, wenn der Antragsteller die Möglichkeit hat, statt des im Wege einstweiliger Anordnung begehrten Zwischenergebnisses die Prüfung im nächsten Semester zu wiederholen.[84] Auch das Begehren, von den Verpflichtungen einer HundeVO freigestellt zu werden, rechtfertigt kein Abweichen von dem geforderten strengen Maßstab. Die beeinträchtigenden Folgen des vorgeschriebenen Maulkorb- und Leinenzwangs sind regelmäßig nicht so schwerwiegend, als dass sie bei Anwendung des gebotenen strengen Maßstabs den Erlass einer einstweiligen Anordnung rechtfertigen könnten.[85]

b) Der Erlass einer Regelungsanordnung (§ 123 Abs. 1 VwGO) kommt dann nicht in 131
Betracht, wenn dem Antragsteller zuzumuten ist, die Durchführung des Verwaltungsverfahrens bei der Behörde einschließlich eines eventuellen Widerspruchsverfahrens abzuwarten, solange dies nicht unverhältnismäßig lange dauert. Der Weg der einstweiligen Anordnung ist bei verhältnismäßiger, dem Prüfungsaufwand entsprechender Verfahrensdauer daher zur Erreichung einer Gaststättenerlaubnis nach § 2 Abs. 1 S. 1 GastG grund-

[76] Hierzu OVG Schleswig InfAuslR 1993, 18.

[77] OVG Lüneburg NJW 1985, 2347; OVG Bautzen Beschl. v. 25.2.2009 – 4 B 249/09.

[78] OVG Greifswald Beschl. v. 18.3.2004 – 2 M 212/03; NZA-RR 2003, 628.

[79] BVerfGE 93, 1 (15); VGH Kassel GewArch. 1996, 115; NVwZ-RR 1995, 33; NVwZ-RR 1992, 361; NVwZ 1992, 194; OVG Koblenz NJW 1997, 2342; VGH München BayVBl. 1996, 26; NVwZ-RR 1994, 398; OVG Münster NVwZ-RR 1992, 234; NVwZ-RR 1992, 387.

[80] Vgl. hierzu zB OVG Bautzen NVwZ-Beilage 1995, 25; VGH München BayVBl. 1996, 84; OVG Schleswig NVwZ-RR 1995, 45.

[81] VGH Kassel NVwZ-RR 1995, 35; OVG Münster NVwZ-RR 1995, 666; VGH München NVwZ-RR 1994, 398.

[82] OVG Lüneburg NVwZ 1989, 1085; VGH Kassel NVwZ-RR 1995, 33 (35).

[83] Zu dieser – von der Vorwegnahme der Hauptsache geprägten – Rechtsprechung s. OVG Schleswig Beschl. v. 9.6.2004 – 3 NB 1/04; OVG Greifswald NVwZ-RR 1994, 334.

[84] OVG Münster DVBl. 2001, 825.

[85] BVerfG NVwZ 2000, 1408; OVG Hamburg Beschl. v. 24.4.2001 – 2 Bs 11/01; Beschl. v. 9.2.2001 – 2 Bs 360/00; OVG Lüneburg NVwZ 2000, 1440.

sätzlich nicht geeignet.[86] Angenommen wurde die Dringlichkeit hingegen, wenn existentielle wirtschaftliche Belange des Antragstellers auf dem Spiel stehen.[87] Auch persönliche Umstände können die Eilbedürftigkeit begründen.[88]

132 c) Über die Dringlichkeit der begehrten Regelung entscheiden die Gerichte ausschließlich aufgrund der individuellen Interessenlage des Antragstellers. Sie stellen fest, welchen Nachteilen er ausgesetzt wäre, wenn die Regelung nicht erlassen würde.[89] Dabei wird auch geprüft, ob der Antragsteller die zu erwartenden Nachteile selbst herbeigeführt hat. Beruht die Zwangslage, in die er geraten ist, auf eigenen Versäumnissen oder Fehleinschätzungen oder hat er bewusst auf eigenes Risiko gehandelt, so kann dies grundsätzlich nicht zu seinen Gunsten berücksichtigt werden.[90] Die Rechtsprechung folgt dem Grundsatz der Selbstwiderlegung. Ein Antragsteller gibt zu erkennen, dass eine einstweilige Anordnung für ihn nicht „nötig" ist, wenn er – beispielsweise im Zusammenhang mit der Zulassung zum Studium – den Antrag auf Erlass einer einstweiligen Anordnung nicht so früh stellt, dass im Falle einer für ihn positiven Gerichtsentscheidung der Antragserfolg überhaupt noch sinnvoll ausgenutzt werden kann, beispielsweise ein sinnvolles Studium im fraglichen Semester überhaupt noch möglich ist.[91]

133 d) Teilweise berücksichtigt die Rechtsprechung neben dem Interesse des Antragstellers am Erlass der begehrten Anordnung entgegenstehende Belange des Antragsgegners, der Allgemeinheit oder unmittelbar betroffener Dritter.[92] Dies ist dann von Bedeutung, wenn sich eine den Antragsteller begünstigende Regelung nachteilig auf andere schutzwürdige öffentliche oder private Interessen auswirkt. Daher kann es bei der vorhandenen Interes-

---

[86] VGH München GewArch. 2004, 491; s. auch VGH München v. 1.3.2002 – 22 CE 02.369.

[87] VGH Mannheim Beschl. v. 21.4.2004 – 6 S 17/04.

[88] VGH Kassel Beschl. v. 24.6.1996 – 10 TG 2557/95 (Zusammenleben mit schwangerer Ehefrau aus Gründen der Familienzusammenführung).

[89] Beispiele für eine fehlende Dringlichkeit: VGH München Beschl. v. 21.10.2016 – 9 C 16.524 – (Auskunft über Kosten durch Fortnahme von Pferden); OVG Hamburg NVwZ 1987, 610 (612) (Veröffentlichung allgemein bekannter Tatsachen in einem Ausschussbericht); VGH Kassel NJW 1995, 1629 (1631) (geringe Wirkung einer amtlichen Äußerung); VGH Kassel DVBl. 1993, 57; OVG Schleswig NVwZ 1994, 805 (806) (Möglichkeit einer nahen Wiederholungsprüfung); VGH Kassel NJW 1997, 2790; NJW 1995, 1170; VGH Mannheim NJW 1994, 2372 (geringfügige Erschwernisse bei Auflösung eines Postamts); OVG Münster, NWVBl. 1994, 137 (138) (keine Verschlechterung beruflicher Chancen); NVwZ 1993, 1123 (geringfügige Erhöhung eines Studentenschaftsbeitrags); OVG Bautzen, RdL 1992, 307; VGH Mannheim RdL 1990, 252 (Einschränkung einer Freizeitbeschäftigung); OVG Koblenz DÖV 1991, 215 (Möglichkeit der Rückkehr an den bisherigen Wohnort); OVG Münster NVwZ-RR 1993, 234 (Zumutbarkeit eines baulichen Vorhabens).

[90] VG München Beschl. v. vom 12.1.2009 – M 1 E 09.73 – (selbstverschuldete Dringlichkeit durch verspätetes Vorgehen gegen die Anordnung der Kaminkehr und Durchführung der Feuerstättenschau); OVG Greifswald NVwZ-RR 1994, 334 (335); OVG Hamburg NVwZ-RR 1998, 314; NVwZ-RR 1992, 22; VGH Kassel NVwZ-RR 1994, 92 (verspätete Einreichung eines Zulassungsantrags); VGH Kassel DVBl. 1993, 57; DVBl. 1984, 279; VGH Kassel NVwZ-RR 1992, 361 (Verfügbarkeit einer gleichwertigen Ersatzschule); VGH Kassel NVwZ 1995, 612 (Nichtbeachtung drohender Importbeschränkungen); VGH Mannheim NVwZ-RR 1995, 490; RdL 1990, 252 (voreilige Investitionen); NVwZ-RR 1992, 380 (381) (verzögerte Einleitung des Hauptsacheverfahrens); VGH München NVwZ-RR 1992, 302 (zu späte Einleitung des Anordnungsverfahrens) BayVBl. 1990, 564 (jahrzehntelange Hinnahme eines faktischen Zustands). Anders VGH Kassel NVwZ 1992, 503. Zu den Anforderungen an die Antragsteller, die Verwaltung und die Fachgerichte, eine außergerichtliche Einigung zu erreichen, vgl. BVerfGE 93, 1 (14); BVerfG NJW 2010, 2268, 2269.

[91] VGH München Beschl. v. 27.4.2005 – 7 CE 05.10 057, 10 058, 10 059, 10 060, 10 113; OVG Schleswig Beschl. v. 9.6.2004 – 3 NB 1/04; VGH Mannheim NVwZ-RR 2002, 752; OVG Greifswald NVwZ-RR 1999, 542; OVG Hamburg NVwZ-RR 1992, 225.

[92] VG Ansbach Beschl. v. 10.11.2015 – AN 5 E 15.01600; dazu auch. VGH Mannheim DVBl. 1995, 160 NVwZ 1987, 1101; OVG Berlin OVGE 19, 157; OVG Bremen NJW 1976, 772; VGH Kassel NVwZ-RR 1993, 386; OVG Koblenz NVwZ-RR 1990, 98; VGH München NVwZ-RR 1990, 99; OVG Münster NWVBl 1993, 63; VG Frankfurt/Main NVwZ – RR 2003, 375.

senabwägung auch darum gehen, unverhältnismäßige Belastungen anderer zu vermeiden.[93] Die Befugnis hierzu wird dem Tatbestandsmerkmal „nötig erscheint" entnommen, das Raum für eine auf den Regelungsgrund begrenzte Interessenabwägung lässt.[94] Die Berücksichtigung schutzwürdiger Drittinteressen kann nach der Rechtsprechung des BVerfG dabei so weit gehen, dass von der Gewährung vorläufigen Rechtsschutzes abzusehen ist. Dies ist dann der Fall, wenn dem Interesse des Antragstellers „ausnahmsweise überwiegende, besonders gewichtige Gründe entgegenstehen".[95] Die Rechtsprechung führt damit eine Korrekturmöglichkeit für den Fall ein, dass der an sich gebotene Erlass einer einstweiligen Anordnung unverhältnismäßige Belastungen für die Allgemeinheit oder für einzelne Dritte nach sich ziehen würde. Die Einbeziehung entgegenstehender Interessen in die Prüfung des Anordnungsgrundes[96] bedeutet allerdings keine zusätzliche Interessenabwägung.

Wann der Rechtsschutzanspruch des einzelnen ausnahmsweise hinter den öffentlichen Belangen zurücktreten muss, ist eine Frage des Einzelfalls. Allgemein lässt sich aber aus dem Zweck der Rechtsschutzgarantie und dem Verfassungsgrundsatz der Verhältnismäßigkeit herleiten, dass der geltend gemachte Rechtsschutzanspruch umso stärker ist, je gewichtiger die dem Antragsteller auferlegte Belastung ist und je mehr die Maßnahme der Verwaltung Unabänderliches bewirkt.[97] Hierbei ist darauf zu achten, dass das Gewicht der betroffenen Belange hinreichend sorgfältig ermittelt wird.[98] Allerdings müssen auch gewichtige öffentliche oder private Belange umso mehr zurücktreten, je höher die festgestellte Erfolgswahrscheinlichkeit ist. Da derartige Interessen in einem späteren Hauptsacheverfahren nicht zu berücksichtigen wären, verlieren sie umso stärker an Gewicht, je sicherer sich die Erfolgsaussichten in der Hauptsache schon im Anordnungsverfahren feststellen lassen. 134

3. Zum Zusammenhang zwischen Regelungsanspruch und Regelungsgrund

Allgemein wird der Regelungsgrund von den Fachgerichten als eigenständiges Tatbestandsmerkmal angesehen. Er bezieht sich ausschließlich auf die Eilbedürftigkeit der Regelung, nicht auch auf die Erfolgsaussichten der Hauptsache. Die spezielle Funktion des Anordnungsgrundes, die Gefährdung der Verwirklichung des Anordnungsanspruchs durch Zeitablauf zu verhindern, lässt es nicht zu, die Begründungselemente von Regelungsanspruch und Regelungsgrund miteinander zu vermischen.[99] Die größte Eilbedürftigkeit vermag unzureichende Erfolgsaussichten in der Hauptsache nicht zu kompensieren, die günstigste Vorausbeurteilung der Hauptsache kann eine fehlende Dringlichkeit nicht ersetzen. Gleichwohl gibt es zwischen beiden Tatbestandsvoraussetzungen einen funktionalen Zusammenhang, der es ermöglicht, bei festgestelltem Regelungsanspruch auf das Vorliegen eines Regelungsgrundes zu schließen, wenn ein Rechtsverlust durch Zeitablauf droht. Dieser Zusammenhang wird nach mittlerweile ständiger Rechtsprechung des BVerfG durch Art. 19 Abs. 4 GG geschaffen. Art. 19 Abs. 4 GG verlangt dann vorläufigen Rechtsschutz, wenn ohne ihn schwere und unzumutbare, anders nicht abwendbare Nachteile entstünden, zu deren nachträglicher Beseitigung die Entscheidung in der Hauptsache nicht mehr in der Lage wäre.[100] Wenn der Antragsteller bei Versagung 135

[93] VGH Kassel NVwZ-RR 1993, 389; VGH Mannheim ESVGH 30, 61; 27, 45 (48).

[94] *Schoch* in Schoch/Schneider/Bier VwGO § 123 Rn. 65, 82; *ders.* S. 1572.

[95] BVerfGE 93, 14; 79, 75; NJW 2010, 2268 (2269).

[96] BVerfGE 79, 78.

[97] BVerfG (Kammerentsch.) NVwZ-Beilage 1996, 19.

[98] BVerfG NVwZ, Beil. 1996, 19; BVerfG Beschl. v. 24.3.2009 – 2 BvR 2347/08.

[99] OVG Lüneburg OVGE 31, 383; VGH Kassel DVBl. 1984, 279; ESVGH 30, 61; OVG Koblenz DÖV 1991, 215; VGH Mannheim ESVGH 27, 47; OVG Münster NVwZ-RR 1993, 234; BFH BFHE 149, 493; 148, 440 (443).

[100] BVerfGE 79, 69 f.; 46, 166 (179); BVerfG Beschl. v. 24.3.2009 – 2 BvR 2347/08 (st.Rspr.).

des einstweiligen Rechtsschutzes allein durch Zeitablauf eine Verletzung in seinen Grundrechten befürchten muss, die durch eine Entscheidung in der Hauptsache zugunsten des Antragstellers nicht mehr beseitigt werden kann, ist nach der Rechtsprechung des BVerfG einstweiliger Rechtsschutz zu gewähren.[101] Geht man davon aus, dass eine Grundrechtsverletzung droht, wenn ohne Gewährung einstweiligen Rechtsschutzes die Vereitelung eines Anspruches des Antragstellers zu befürchten ist, hat dies Auswirkungen auf die Feststellung des Anordnungsgrundes. Er ist mit dem Anordnungsanspruch verknüpft.[102] Wenn mit überwiegender Wahrscheinlichkeit vom Vorliegen eines Anordnungsanspruchs ausgegangen werden kann, das mit einer Vorwegnahme der Hauptsache typischerweise verbundene Fehlentscheidungsrisiko also gering ist, sind an das Vorliegen eines Anordnungsgrundes für den Erlass einer Regelungsanordnung gemäß § 123 Abs. 1 S. 2 VwGO geringere Anforderungen zu stellen.[103] Der Anordnungsgrund verliert durch die Verknüpfung mit dem Anordnungsanspruch zwar nicht rechtlich,[104] wohl aber faktisch weitgehend seine eigenständige Bedeutung. Ist der glaubhaft gemachte Anordnungsanspruch grundrechtsrelevant – dies wird im öffentlichen Recht zumeist der Fall sein[105] – und wird er in seiner Verwirklichung durch Zeitablauf nicht nur geringfügig gefährdet – diese Voraussetzung wird ebenfalls vielfach erfüllt sein[106] – so ist auch ein Anordnungsgrund gegeben, ohne dass es einer spezifischen Prüfung der Eilbedürftigkeit bedarf.[107] Dementsprechend indiziert – beispielhaft genannt – bei der Erteilung von Genehmigungen zur Durchführung von Rettungsdienstleistungen die Glaubhaftmachung eines Anordnungsanspruchs die Glaubhaftmachung eines Anordnungsgrundes, wenn es um eine Konstellation geht, die sich als Existenzgründung darstellt oder mit einer solchen vergleichbar ist. In einem solchen Falle würde sich für den jeweiligen Antragsteller, wenn er die Entscheidung in der Hauptsache abwarten müsste und diese gleich lautend ausfallen würde, die Gefahr einer schwerwiegenden, unumkehrbaren Grundrechtsverletzung realisieren, weil er für einen nicht mehr kompensierbaren Zeitraum in seiner grundrechtlich geschützten unternehmerischen Betätigung erheblich beeinträchtigt wäre.[108]

II. Interessenabwägung als Entscheidungskriterium

136 Aus dem Umstand, dass sich der Erlass einer einstweiligen Anordnung nach dem Vorhergesagten grundsätzlich am Vorliegen eines Anordnungsanspruches auszurichten hat, folgt gleichzeitig, dass eine einstweilige Anordnung – von dieser Voraussetzung losgelöst – nicht schon aufgrund einer bloßen Interessenabwägung des Verwaltungsgerichtes ergehen kann. Entscheidungen, bei denen der Erlass einer Regelungsanordnung aufgrund einer isolierten Interessenabwägung zugelassen worden ist, sind vereinzelt geblieben.[109] Ausgangspunkt für eine Interessenabwägung ist, dass sich aus einem streitigen Rechtsverhältnis im Sinne von § 113 Abs. 1 S. 2 VwGO nicht notwendigerweise eine

[101] BVerfGE 79, 69 f.; 46, 166 (179); BVerfG Beschl. v. 24.3.2009 – 2 BvR 2347/08 (st. Rspr.).

[102] BVerfGE 79, 69 (74) (st. Rspr.).

[103] BVerfGE 79, 69 (74) (st. Rspr.); dazu auch BVerfG NVwZ 2004, 1112 (1114).

[104] Dazu aus der Rechtsprechung OVG Lüneburg OVGE 31, 383; VGH Kassel DVBl. 1984, 279; ESVGH 30, 61; OVG Koblenz DÖV 1991, 215; VGH Mannheim ESVGH 27, 47; OVG Münster NVwZ-RR 1993, 234.

[105] Hierzu *Maurer* JZ 1989, 294.

[106] So auch *Rzepka* BayVBl. 1989, 209.

[107] Umkehren lässt sich diese Feststellung allerdings nicht. Es besteht keine verfassungsrechtliche Notwendigkeit für den Erlass einer einstweiligen Anordnung, wenn der Antragsteller ohne sie erheblichen Nachteilen ausgesetzt wäre, eine in der Hauptsache erhobene Klage aber keine überwiegenden Erfolgsaussichten hätte, VGH Mannheim NVwZ-RR 1991, 192 (195).

[108] VG Aachen Beschl. v. 12.8.2003 – 2 L 663/03; OVG Münster NZV 2001, 444.

[109] OVG Koblenz NVwZ-RR 1995, 411 (414); das BVerfG hat diese Rechtsprechung zu Unrecht als überwiegende Auffassung bezeichnet, s. BVerfGE 51, 268.

regelungsfähige Rechtsposition ergeben müsse.[110] Dies ermögliche es, den Erlass einer Regelungsanordnung von einer Vorausbeurteilung der Hauptsache zu lösen und ihn wie beim Anordnungsverfahren nach § 32 Abs. 1 BVerfGG und beim Aussetzungsverfahren nach § 80 Abs. 5 VwGO[111] auf eine Interessenabwägung zu stützen. Die überwiegende Zahl der Verwaltungsgerichte folgt diesem Ansatz in Übereinstimmung mit der Rechtsprechung des BVerfG nicht.[112] Eine Interessenabwägung wird danach nur in den nachstehend erläuterten Fallgruppen in Betracht kommen. Ihnen ist gemeinsam, dass Gründe des effektiven Rechtsschutzes es erforderlich machen, von einer unter Umständen zeitaufwendigen Prüfung des Anordnungsanspruches abzusehen. Hierbei werden vorausbeurteilende und interessenabwägende Elemente miteinander verknüpft.

1. Interessenabwägung bei offener Hauptsachelage

Eine Interessenabwägung kommt bei einer offenen Hauptsachelage in Betracht.[113] Dies **137**
ist dann der Fall, wenn eine Vorausbeurteilung der Hauptsache in beiden Richtungen offen ist, wenn also ein Erfolg zwar nicht hinreichend sicher ist, aber durchaus als möglich erscheint.[114] In die Abwägung gehen auch hier die unmittelbar berührten öffentlichen und privaten Interessen sowie die Folgen einer stattgebenden oder ablehnenden Entscheidung ein.[115]

2. Abwägung aufgrund Komplexität

Die Rechtsprechung zieht den Erlass einer einstweiligen Anordnung zudem dann in **138**
Betracht, wenn die Komplexität der Sache eine Glaubhaftmachung gravierend erschwert und schwerwiegende und existenzielle Nachteile für den Antragsteller nicht ausgeschlossen werden können.[116]

3. Interessenabwägung wegen qualifizierter Beeinträchtigung hochrangiger Rechtsgüter

Seit das BVerfG in seiner Rechtsprechung zu den Anforderungen an die Gewährung **139**
vorläufigen Rechtsschutzes gefordert hat, auch Fragen des Grundrechtsschutzes einzubeziehen,[117] hat die Rechtsprechung der Verwaltungsgerichte hieraus abgeleitet, dass der Erlass einer einstweiligen Anordnung aufgrund einer Interessenabwägung dann in Betracht kommt, wenn eine „qualifizierte Beeinträchtigung hochrangiger Rechtsgüter" vorliegt.[118] Dies ist zwar nur für den Fall in Betracht gezogen worden, dass es um den Erlass

---

[110] VGH Kassel NJW 1989, 470; VGH Mannheim NVwZ-RR 1996, 218.

[111] BVerfGE 61, 280; OVG Berlin OVGE 17, 37; OVG Münster NVwZ 1992, 68.

[112] S. etwa OVG Münster NVwZ-RR 2002, 583; BVerfG NJW 2003, 1305; Beschl. v. 12.3.2003 – 2 BvR 996/02; NVwZ 1997, 479; Beschl. v. 27.10.1995 – 2 BvR 284/95.

[113] BVerwG NVwZ 1995, 379; Buchholz 402.24 § 2 AuslG Nr. 57 S. 129; OVG Koblenz NVwZ 2004, 363; VGH Kassel NVwZ-RR 2005, 330; NVwZ-RR 2003, 756; OVG Lüneburg NVwZ-RR 2001, 241; OVG Berlin OVGE 17, 154; VGH Kassel NVwZ-RR 1996, 52; NJW 1989, 470; OVG Koblenz NVwZ-RR 1996, 651; NVwZ 1990, 1087; NJW 1978, 2355; VGH Mannheim NVwZ-RR 1995, 490; VGH München BayVBl. 1996, 215; NJW 1994, 2308; NVwZ-RR 1993, 355; BayVBl. 1992, 437; NVwZ-RR 1992, 302; NVwZ 1991, 1099; BayVBl. 1991, 249; NVwZ-RR 1990, 481; NVwZ-RR 1990, 478; NVwZ-RR 1989, 198; DVBl. 1989, 110 (114); OVG Münster NWVBl. 1996, 5.

[114] BVerfG NVwZ 1997, 479; OVG Lüneburg NVwZ-RR 2001, 241; OVG Saarlouis NJW 1979, 830; AS 13, 190.

[115] OVG Berlin OVGE 17, 161; VGH Kassel NJW 1989, 472; OVG Koblenz NVwZ 1990, 1088; VGH München NVwZ-RR 1992, 304.

[116] OVG Münster NVwZ-RR 2002, 583.

[117] BVerfG NVwZ 1997, 480.

[118] OVG Koblenz NVwZ 2004, 363; VG Würzburg Beschl. v. 1.4.2010 – W 5 E 10.239.

einer die Hauptsache vorwegnehmenden und überschreitenden Regelungsanordnung dient, doch lassen sich die Grundsätze auch generell fruchtbar machen. Zu den „hochrangigen Rechtsgütern" hat die Rechtsprechung im Falle eines als Antragsteller auftretenden Zweckverbandes die Wahrung des verfassungsrechtlichen Wirtschaftlichkeitsgebotes gezählt.[119] Dieses Wirtschaftlichkeitsgebot folgt bundesverfassungsrechtlich aus Art. 114 Abs. 2 GG und wurzelt im Gemeinwohlprinzip. Es verpflichtet die Träger öffentlicher Verwaltung zu zweckmäßigem Mitteleinsatz. Dem Antragsteller muss daher aus verfassungsrechtlichen Gründen effektiver Rechtschutz gewährt werden, wenn er durch (potenziell) nichtige oder unanwendbare Vorschriften des einfachen Rechtes zu unwirtschaftlichen Aufwendungen gezwungen wird.[120]

4. Interessenabwägung bei nicht eindeutiger Hauptsachelage

140 Kritisch zu sehen ist die Auffassung, die eine Interessenabwägung bereits bei einer nicht eindeutigen Hauptsachelage vornehmen will,[121] und die die Grundsätze auf das Verfahren nach § 123 Abs. 1 S. 2 VwGO anwendet,[122] die das BVerfG zu § 32 Abs. 1 BVerfGG entwickelt hat. Auf die Aussichten des Hauptsacheverfahrens soll es danach nur dann ankommen, wenn diese offensichtlich sind. Erfolg oder Misserfolg in der Hauptsache müssen schon im Eilverfahren ohne weiteres erkennbar sein.[123] Sie müssen sich aufgrund des festgestellten Sachverhalts nach allgemein anerkannter Rechtsauffassung geradezu aufdrängen. Ist die Hauptsacheklage offensichtlich begründet, wird die begehrte Anordnung in der Regel erlassen, ohne dass weiter geprüft wird, ob sie für den Antragsteller dringlich ist.[124] Ist sie offensichtlich unzulässig oder unbegründet, wird der Antrag abgelehnt.[125] Der Erlass der Anordnung ist nicht notwendig, da ein offenkundig erfolgloses Hauptsacheverfahren nicht entscheidungsfähig gehalten zu werden braucht. Da an die Offensichtlichkeit strenge Anforderungen zu stellen sind, kommt der Erlass einer Regelungsanordnung bei dieser Variante aufgrund einer positiven Vorausbeurteilung der Hauptsache nur in Ausnahmefällen in Betracht.

141 Kennzeichen dieser Spruchpraxis ist es damit, dass das Verwaltungsgericht seine Entscheidung bereits dann aufgrund einer Interessenabwägung treffen kann, wenn die Erfolgsaussichten des Hauptsacheverfahrens nicht offenkundig sind. Die somit nach dieser Auffassung maßgebliche Evidenzprüfung anstelle vertiefter Anspruchsprüfung ist freilich mit Art. 19 Abs. 4 GG schwerlich zu vereinbaren. Sie lässt zudem die Rechtsprechung des BVerfG zu der geforderten eingehenden Prüfung des Anordnungsanspruches außer Betracht. Gerade weil Art. 19 Abs. 4 GG nicht nur das formelle Recht und die theoretische Möglichkeit, die Gerichte anzurufen, sondern auch eine tatsächlich wirksame gerichtliche Kontrolle garantieren will,[126] ist erforderlichenfalls unter eingehender tatsächlicher und rechtlicher Prüfung des im Hauptverfahren geltend gemachten Anspruchs

[119] OVG Koblenz NVwZ 2004, 363.

[120] OVG Koblenz, aaO.

[121] BVerwG NVwZ 1988, 828 BVerwGE 63, 110 BVerwGE 50, 124 BVerwGE 33, 42; OVG Berlin NVwZ 1991, 1198; NVwZ 1991, 899; NVwZ 1982, 319; OVG Hamburg KMK-HSchR 1987, 19; VGH München BayVBl. 1997, 116; BayVBl. 1990, 564; BayVBl. 1987, 82; BayVBl. 1982, 18 (20). Vgl. hierzu auch OVG Münster NVwZ 1992, 68.

[122] S. etwa VG Braunschweig Beschl. v. 27.4.2004 – 4 B 207/04; Beschl. v. 14.1.2004 – 4 B 64/04. So zB ausdrücklich VGH München BayVBl. 1982, 20, BayVBl. 1976, 274.

[123] BVerfG NVwZ 1982, 241; BVerwGE 50, 134; OVG Berlin NVwZ 1982, 319.

[124] So zB BVerwG NVwZ 1988, 828.

[125] BVerwGE 63, 111; 33, 44; OVG Weimar ThürVBl. 2006, 65; VGH München BayVBl. 1987, 82; OVG Bremen NVwZ-RR 1992, 154.

[126] BVerfG NVwZ 2004, 95; BVerfG JuS 2010, 185; vgl. BVerfGE 35, 263 (274); 40, 272 (275); 61, 82 (110 f.); 77, 275 (284); 76, 69 (74 f.); 93, 1 (13); 97, 298 (315); 101, 106 (122 f.); 103, 142 (156) (st. Rspr.).

einstweiliger Rechtsschutz zu gewähren, es sei denn, dass dieser eingehenden Prüfung ausnahmsweise gewichtige – beispielsweise zeitliche – Gründe entgegenstehen.[127] Eine Spruchpraxis, die diese Prüfung nur auf eine Evidenzprüfung beschränkt, um anderenfalls die Möglichkeit einer reinen Interessenabwägung für eröffnet zu halten, lässt sich mit diesen Maßgaben nicht vereinbaren.

5. Keine Abwägung bei negativer Erfolgsprognose

Grundsätzlich ist daher davon auszugehen, dass der Erlass einer einstweiligen Anordnung die Feststellung eines Anordnungsanspruches voraussetzt und eine Abwägung nur dann in Betracht kommt, wenn dem Gericht diese Erfolgsprognose unzumutbar erschwert wird. Hieraus folgt im Umkehrschluss aber gleichzeitig, dass für eine Abwägung dann kein Raum mehr ist, wenn nach der vom Verwaltungsgericht vorzunehmenden Prüfung der Sach- und Rechtslage feststeht, dass die Hauptsache erfolglos bleibt.[128] **142**

III. Rechtsentscheidung

Aus dem Umstand, dass nach § 123 Abs. 1 S. 1 VwGO das Gericht Anordnungen treffen „kann" und § 123 Abs. 1 S. 2 VwGO davon spricht, dass Anordnungen „zulässig ... sind", kann nicht geschlossen werden, dass dem erkennenden Gericht ein materielles Ermessen zukäme. Das Verwaltungsgericht hat eine Rechtsentscheidung selbst dann zu treffen, wenn bei Feststellung des Regelungsgrundes eine Interessenabwägung vorzunehmen ist. Ist die begehrte Anordnung unter Berücksichtigung aller Umstände für den Antragsteller dringlich, ist sie (zwingend) zu erlassen. **143**

IV. Zulässige Regelung

Einen Entscheidungsspielraum können die Verwaltungsgerichte allenfalls in Bezug auf den Inhalt der von ihnen zu treffenden Anordnungen reklamieren. § 123 Abs. 3 VwGO bringt § 938 Abs. 1 ZPO zur Anwendung. Nach § 938 Abs. 1 ZPO bestimmt das Gericht nach freiem Ermessen, welche Anordnungen erforderlich sind. Beide Vorschriften begründen damit für den Richter eine Gestaltungsbefugnis für gerichtliche Zwischenlösungen. Mit ihr wird der Inhalt der einstweiligen Anordnung von den gesetzlich festgelegten Entscheidungsinhalten des Urteils im Hauptsacheverfahren und damit von den Entscheidungsbefugnissen des materiellen Rechts abgekoppelt.[129] **144**

Der Tenor einer einstweiligen Anordnung kann damit auch Regelungen enthalten, die das materielle Recht nicht kennt. So können die Verwaltungsgerichte vorläufige Zulassungen etwa zu mündlichen Prüfungen aussprechen, die das materielle Recht selbst nicht vorsieht.[130] Die durch §§ 123 Abs. 3 VwGO, 938 Abs. 1 ZPO bewirkte richterliche Gestaltungsfreiheit erklärt sich mit Art. 19 Abs. 4 GG. Das endgültige Rechtschutzverfahren soll in der Hauptsache „entscheidungsfähig" gehalten werden,[131] dementsprechend soll der im Hauptsacheverfahren erreichbare Anspruch und das dahinter stehende eigentliche Rechtsschutzziel durch die zu treffende einstweilige Zustandsregelung abgesichert werden.[132] Damit können nach § 123 Abs. 1 S. 2 VwGO alle Maßnahmen getroffen werden, die zur Sicherung des Regelungsanspruches geboten sind. Hierunter fallen zu-

[127] BVerfG NVwZ 2004, 95.

[128] OVG Weimar Beschl. v. 15.6.2005 – 1 EO 678/05.

[129] VGH München Beschl. v. 19.1.2015 – 10 CE 14.1798, 10 C 14.1799; VG Meiningen Beschl. v. 9.5.2005 – 1 E 971/04; VG Schwerin Beschl. v. 17.11.2000 – 7 B 859/00.

[130] VGH Kassel NVwZ-RR 2005, 330; NVwZ-RR 2003, 756; s. auch VG Meiningen Beschl. v. 9.5.2005, – 1 E 971/04 Me.

[131] VG Meinigen aaO, unter Hinweis auf VGH Mannheim DÖV 1980, 612 ff.

[132] Dazu auch VG Schwerin Beschl. v. 17.11.2000 – 7 B 859/00.

standsverbessernde Anordnungen, die der Sicherung von Verpflichtungs-, Leistungs- und Feststellungsbegehren dienen.

Hieraus kann allerdings nicht abgeleitet werden, dass damit eine Lockerung der Bindung des Gerichts vor allem an andere prozessuale Vorgaben stattfinden würde.[133] Der Gestaltungsspielraum, der dem Richter eingeräumt worden ist, bleibt auch bei Erlass einer Regelungsanordnung in mehrfacher Hinsicht begrenzt. Begrenzend wirken vor allem die Aufgaben des einstweiligen Rechtsschutzes und das materielle Verwaltungsrecht.[134] § 88 VwGO analog ist zu beachten, die Anordnung hat sich im Rahmen des Eilantrages zu halten.[135] Zudem darf eine einstweilige Anordnung der gesetzesgebundenen Verwaltung gegenüber nichts rechtlich Unmögliches verfügen, im Übrigen ist zu beachten, dass das Gericht eine „Anordnung" trifft und damit die angeordnete Maßregel vollziehbar sein muss (§ 123 Abs. 3 VwGO iVm §§ 923, 928–932 und 945 ZPO). Zum Wesen einer einstweiligen Anordnung gehört daher ein vollstreckungsfähiger Inhalt.[136]

Eine Grenze soll für den anordnenden Richter auch dadurch geschaffen werden, dass die von ihm angeordnete Maßnahme vorläufig zu sein habe. Das Eilverfahren dürfe – so wird vielfach argumentiert – keine endgültige Wahrung des Status quo bewirken oder eine abschließende Zustandsveränderung herbeiführen.[137] Von der richterlichen Gestaltungsbefugnis sollen Regelungen erfasst sein, bei denen Behörden ungeachtet des ihnen bei der Entscheidung über den materiell-rechtlichen Anspruch gegebenenfalls zustehenden Ermessensspielraums zu einer bestimmten Handlung verpflichtet werden.[138] Zulässig ist es daher auch, wenn im Zusammenhang mit sozialhilferechtlichen Streitigkeiten Gegenstand der Tenorierung nur „Teilleistungen" der Sozialhilfe erfasst werden.[139] Dass die Vorläufigkeit einer Regelung im Beschlusstenor nicht deutlich gemacht wird, ist ohne Belang. Die Vorläufigkeit wird regelmäßig dadurch zum Ausdruck gebracht, dass das Verwaltungsgericht in der Beschlussformel die Wendung benutzt, der jeweilige Antragsgegner werde „im Wege der einstweiligen Anordnung" zu einem bestimmten Verhalten verpflichtet. Diese Wendung in einer Beschlussformel nach § 123 Abs. 1 VwGO ist für den Inhalt der Verpflichtung nicht konstitutiv, soweit sich aus den Beschlussgründen ergibt, dass das Verwaltungsgericht eine einstweilige Anordnung nach § 123 VwGO getroffen hat.[140] Ist es notwendig, Beeinträchtigungen zu unterbinden, die mit der Nutzung eines Grundstückes als Parkplatz für eine nahe gelegene Diskothek und mit dem Parken von Diskothekenbesuchern im Wohngebiet verbunden sind, hält es sich im Rahmen der richterlichen Gestaltungsmacht, wenn nach § 123 Abs. 3 VwGO iVm § 938 Abs. 1 ZPO angeordnet wird, dass das fragliche Grundstück so abgesperrt wird, dass darauf nicht mehr geparkt und es von Fußgängern nicht mehr überquert werden kann.[141] Eine Sperrzeitverlängerung unmittelbar durch einstweilige Anordnung des Gerichts entbehrt einer Rechtsgrundlage und ist durch §§ 123 Abs. 3 VwGO, 938 Abs. 1 ZPO nicht mehr gedeckt.[142] Die vorläufige Erlaubnis zum Betrieb einer Gaststätte kann vom Gericht mit der Einschränkung verbunden werden, das Betreten der Gaststätte durch eine be-

---

[133] Hess StGH NVwZ 1991, 561 (563).

[134] OVG Lüneburg Beschl. v. 26.1.1999 – 12 M 394/99.

[135] → Rn. 227.

[136] VG Koblenz Beschl. v. 25.1.2005 – 7 L 85/05.KO.

[137] Aus der älteren Judikatur OVG Lüneburg OVGE 18, 387; OVG Münster AgrarR 1981, 201: s. aktueller BVerwG ZBR 2005, 314; BVerwG Beschl. v. 14.12.1989 – 2 ER 301.89; BVerwGE 109, 258; OVG Frankfurt (Oder) BauR 2004, 1049; OVG Magdeburg Beschl. v. 21.2.2006 – 2 M 217/05; OVG Münster NJW 1995, 3403; VG Hannover Beschl. v. 23.9.2005 – 11 B 4179/05.

[138] VGH München Beschl. v. 6.8.2003 – 12 CE 03.840, 12 CE 03.1205; streitig, → Rn. 209.

[139] OVG Lüneburg Beschl. v. 26.1.1999 – 12 M 394/99 (Mietkosten).

[140] OVG Lüneburg Beschl. v. 26.1.1999 – 12 M 394/99 (Mietkosten).

[141] OVG Lüneburg BRS 50 Nr. 212.

[142] VGH München UPR 1984, 307.

stimmte Person zu verhindern.[143] Zulässig ist es auch, wenn im Wege einstweiliger Anordnung der Betrieb einer Spielhalle in der Nähe einer Kirche zugelassen wird, dies freilich mit Maßgaben verknüpft wird, die die Störung des Kirchenlebens ausschließen.[144] Im Wege einstweiliger Anordnung kann die Mitwirkung eines fraktionslosen Mandatsträgers in den Ausschüssen einer Kommune zugelassen, gleichwohl auf bestimmte Funktionsbereiche begrenzt werden.[145] Ähnlich wie dies in § 80 Abs. 5 S. 4 VwGO für das Begehren auf Wiederherstellung/Anordnung der aufschiebenden Wirkung vorgesehen ist, ist es auch bei Regelungsanordnungen nach § 123 Abs. 1 S. 2 VwGO möglich, bei der Gewährung vorläufigen Rechtsschutzes Sicherheitsleistungen vorzusehen.[146]

In der Tenorierungspraxis haben sich die nachstehenden Fallgruppen herausgebildet:

1. Befristungen

Um die Vorläufigkeit der vom Verwaltungsgericht zu treffenden einstweiligen Anord- **145**
nung deutlich zu machen, sind befristete Zwischenregelungen auch und gerade im Beamtenrecht zulässig und eingeführte Spruchpraxis gewesen. Solange im Falle einer Beförderungskonkurrenz von Beamten das – möglicherweise Drittrechte verletzende – Stellenbesetzungsverfahren in Bezug auf das Statusamt nicht rechtskräftig abgeschlossen war, darf der Dienstherr keine Beförderung vornehmen, dies ist erforderlichenfalls durch eine Zwischenregelung des Gerichtes festzuschreiben.[147] In Bezug auf das sog. Funktionsamt kann nach aktueller Rechtsprechung des BVerwG etwas anderes gelten. Der Dienstherr ist nach dieser Rechtsprechung berechtigt, die umstrittene Stelle zu vergeben, um für die Dauer des Gerichtsverfahrens eine sog. „Stellenblockade" zu verhindern. Er muss die Auswahlentscheidung aber ggf. nachträglich korrigieren, wenn sie sich im gerichtlichen Verfahren als rechtswidrig erweist.[148]

Von der Gestaltungsbefugnis des Gerichtes erfasst ist auch eine einstweilige Anordnung, mit der zum Vollzug eines Vergleiches dessen Regelungen präzisiert werden.[149] Es ist damit Sache des Verwaltungsgerichtes, beispielsweise festzulegen, welche Maßnahmen zum Schutz des Nachbarn eines öffentlichen Sportplatzes erforderlich sind, um diesen gegen unerwünschten Ballflug zu schützen.[150] Geht es um die Gewährung von Sozialhilfe, findet eine Befristung vielfach und regelmäßig statt.[151]

2. Anordnung vorläufiger Verwaltungsakte

Vom Entscheidungsspielraum der Verwaltungsgerichte gedeckt ist auch die Anordnung **146**
vorläufiger Verwaltungsakte. § 123 Abs. 1 S. 2 VwGO lässt es zu, eine vorläufige Erlaubnis oder Genehmigung auszusprechen.[152] Möglich ist auch die Erteilung eines nur vorläufigen Prüfungsergebnisses anzuordnen[153] oder die vorläufige Zulassung seiner mündli-

[143] VGH Kassel NVwZ 1988, 1149 (1150).
[144] OVG Bremen NVwZ 1990, 780.
[145] OVG Bremen NVwZ 1990, 1195 (1196 f.)
[146] VGH Kassel NVwZ-RR 1989, 507 (508); → Rn. 225.
[147] OVG Saarlouis NVwZ – RR 2006, 956; von der Gestaltungsbefugnis des Gerichtes erfasst ist auch eine einstweilige Anordnung, mit der zum Vollzug eines Vergleiches dessen Regelungen präzisiert werden.
[148] BVerwG Beschl. v. 10.5.2016 – BVerwG 2 VR 2.15 –, dazu von der Weiden, jurisPR-BVerwG 13/2016 Anm. 1, dazu auch *Bracher* DVBl. 2016, 1236.
[149] VG Schwerin Beschl. v. 18.1.2005 – 1 B 795/04.
[150] VG Schwerin Beschl. v. 18.1.2005 – 1 B 795/04.
[151] OVG Berlin Beschl. v. 15.7.2004 – 6 S 117.04, 6 M 38.04; VGH München NVwZ-RR 1991, 441 (442).
[152] OVG Koblenz NVwZ 1990, 1087 (1088).
[153] OVG Schleswig NVwZ 1994, 805.

chen Prüfung auszusprechen.[154] Ist die Erteilung vorläufiger Genehmigungen – wie im Baurecht – dem Fachrecht fremd, fassen die Gerichte den entsprechenden Anordnungsantrag als Gestattungsbegehren auf, bis zur endgültigen Entscheidung über die Genehmigung vorläufig bestimmte tatsächliche Interessen wahrnehmen zu können, soweit dies zur Gewährleistung effektiven Rechtsschutzes notwendig ist. Eine derartige Gestattung wird zur Abwendung wesentlicher Nachteile im Sinne des § 123 Abs. 1 S. 2 VwGO als zulässig und geboten angesehen.[155]

3. Tenorierung vorläufiger Feststellung

147 Aus dem Umstand, dass die einstweilige Anordnung regelmäßig einen vollstreckungsfähigen Inhalt erfordert, wird oftmals abgeleitet, dass der Erlass einer einstweiligen Anordnung in Gestalt einer vorläufigen Feststellung unzulässig sein soll.[156] Eine derartige Beschränkung läuft Art. 19 Abs. 4 GG zuwider.[157] Vorläufige Feststellungen sind damit als zulässig anzusehen. Im Ausländerrecht gehört zu den nach §§ 123 Abs. 3 VwGO, 938 Abs. 2 ZPO erlaubten Maßnahmen die vorläufige Untersagung der Durch- und Umsetzung von Vollstreckungsmaßnahmen.[158]

§ 16 Die Sicherungsanordnung nach § 123 Abs. 1 S. 1 VwGO

Schrifttum: *Bender,* Die einstweilige Anordnung (§ 123 VwGO), VBlBW 1986, 322; *Bickel,* Nochmals – Vorläufiger Rechtsschutz und materielles Verwaltungsrecht, DÖV 1983, 52 f.; *Debus,* Vorläufiger Rechtsschutz des Nachbarn im öffentlichen Baurecht, Jura 2006, S. 487, 493; *Erichsen,* Die einstweilige Anordnung nach § 123 VwGO, Jura 1984, 644; *Huba,* Grundfälle zum vorläufigen Rechtsschutz nach der VwGO, JuS 1990, 984; *Jendrusch,* Bürgerentscheid zur Zahl der hauptamtlichen Beigeordneten?, KommJur 2004, 321; *Krodel,* Die Begründetheit des Antrags auf Erlass einer einstweiligen Anordnung, NZS 2002, 234; *Mückl,* Die einstweilige Anordnung nach § 123 VwGO im System des vorläufigen Rechtsschutzes, JA 2000, 329; *Quaritsch,* Die einstweilige Anordnung im Verwaltungsprozess, VerwArch 51 (1960), 210; *Schoch,* Der verwaltungsprozessuale vorläufige Rechtsschutz (Teil III) – Die einstweilige Anordnung, Jura 2002, 318; *ders.,* Grundfragen des verwaltungsgerichtlichen vorläufigen Rechtsschutzes, VerwArch. 82, 161; *Zacharias,* Ausgewählte Grundfragen des vorläufigen Rechtsschutzes im Verwaltungsprozess, JA 2002, 345.

148 Nach § 123 Abs. 1 S. 1 VwGO kann das Gericht in Bezug auf den Streitgegenstand eine einstweilige Anordnung treffen, wenn die Gefahr besteht, dass durch eine Verände-

[154] VGH Kassel NVwZ-RR 2005, 330; NVwZ-RR 2003, 756; dazu auch BVerwG BVerwGE 94, 352 (356); BVerfG NVwZ 1999, 866.

[155] OVG Bremen NVwZ-RR 2006, 162; NVwZ 1990, 780; *Rolshoven* BauR 2003, 646.

[156] Dagegen OVG Schleswig NVwZ-RR 2000, 616; OVG Münster NVwZ-RR 1997, 310; VGH Mannheim NVwZ 1987, 711; VGH München BayVBl. 1987, 57; OVG Münster NVwZ-RR 1997, 310; VG Koblenz Beschl. v. 25.1.2005 – 7 L 85/05.KO; VG Hamburg Beschl. v. 19.10.2004 – 11 E 4085/04; VG Frankfurt/O. Beschl. v. 19.8.2004 – 4 L 443/04. Dagegen aber zutreffend OVG Münster Beschl. v. 15.8.2016 – 4 B 887/16; Beschl. v. 10.6.2016 – 4 B 504/16; VG Augsburg Beschl. v. 2.11.2016 – Au 5 E 16.1421; VG München Beschl. v. 26.9.2016 – M 7 E 16.1534; VGH Mannheim NJW 2006, 2424; OVG Münster ZLR 2005, 625; VG Karlsruhe NVwZ 2005, 112; OVG Weimar ThürVBl 2005, 110; VG Gießen Beschl. v. 20.4.2004 – 8 G 1769/04; VG Oldenburg NVwZ 2001, 349; OVG Berlin KMK-HSchR 1987, 1073; OVG Bremen NVwZ-RR 1997, 247; OVG Hamburg NJW 1987, 1215; VGH Kassel NJW 1994, 1750; OVG Koblenz NVwZ-RR 1995, 411; VGH München BayVBl. 1996, 665; NJW 1994, 2308. Vgl. weiterhin BVerfGE 71, 305. Offengelassen in VGH Mannheim DVBl. 1996, 110 (111).

[157] BVerfG NVwZ 2003, 856; OVG Münster Beschl. v. 11.4.2005 – 13 B 1959/04; VGH München NJW 1994, 2308; VGH Kassel NJW 1994, 1750; zum Falle einer vorbeugenden Feststellung VG Gießen Beschl. v. 20.4.2004 – 8 G 1769/04.

[158] „Schiebebeschluss", dazu VG Lüneburg Beschl. v. 2.12.2005 – 1 B 62/05; BVerfG NVwZ 1993, 767; s. zu den Zwischenverfügungen → Rn. 296.

rung des bestehenden Zustandes die Verwirklichung eines Rechts des Antragstellers vereitelt oder wesentlich erschwert werden könnte. Diese Form der einstweiligen Anordnung wird allgemein als Sicherungsanordnung bezeichnet.

I. Abgrenzung zu anderen Formen einstweiligen Rechtsschutzes

Bereits oben[159] ist dargestellt worden, dass schon der Wortlaut des § 123 VwGO eine **149** Differenzierung zwischen den beiden Formen der einstweiligen Anordnung – der Regelungs- und der Sicherungsanordnung – erzwingt. § 123 Abs. 1 S. 2 VwGO sieht die Regelungsanordnung als Mittel des einstweiligen Rechtsschutzes vor, wenn es für den Antragsteller darum geht, eine Rechtsposition zu erweitern oder eingeräumt zu erhalten. § 123 Abs. 1 S. 1 VwGO bezweckt demgegenüber den Schutz einer vorhandenen Rechtsposition. Darin ist sie funktional mit der Anordnung oder Wiederherstellung der aufschiebenden Wirkung vergleichbar, die ebenfalls darauf gerichtet ist, rechtsbeeinträchtigende Veränderungen des bestehenden Zustandes zu verhindern.[160] Sie schützt, wenn die Voraussetzungen der Gewährung vorbeugenden vorläufigen Rechtsschutzes erfüllt sind, vor dem Erlass belastender Verwaltungsakte,[161] vor allem aber vor behördlichen Eingriffen durch schlichthoheitliches Verwaltungshandeln, gegen die vorläufiger Rechtsschutz nach §§ 80–80b VwGO nicht statthaft ist.[162] Die Sicherungsanordnung kommt damit (nur) in den Fällen in Betracht, in denen es dem Antragsteller um den Schutz seiner Rechtsstellung vor behördlichen Gefährdungen geht[163]. Damit kommt sie vor allem zur Sicherung von Unterlassungsansprüchen zur Anwendung, vor allem zur Abwehr bei den Konstellationen, bei denen es um Schutz vor behördlichen Maßnahmen ohne Verwaltungsakt-Qualität geht. § 123 Abs. 1 S. 1 VwGO unterfallen damit Unterlassungsansprüche gegenüber allgemeinen behördlichen Verlautbarungen oder verletzenden oder geschäftsschädigenden Äußerungen.[164] § 123 Abs. 1 S. 1 VwGO findet auch Anwendung, wenn es um die Durchführung staatlicher Maßnahmen wie etwa bei Bauarbeiten[165] oder die Untersagung der Durchführung eines Bürgerbegehrens als Vollziehung eines entsprechenden Gemeinderatsbeschlusses,[166] schließlich auch um die Unterlassung einer Abschiebung geht.[167] Angesichts der fehlenden Verwaltungsaktqualität ist die Sicherungsanordnung zudem dann statthafte Rechtsschutzart, wenn Geldforderungen gesichert werden sollen.[168] § 123 Abs. 3 VwGO verweist auf die §§ 928 bis 932 ZPO und damit auf die Vorschriften über die Vollziehung eines dinglichen Arrestes. Auch wenn der VwGO die Rechtsschutzform des Arrestes fremd ist, und §§ 916, 917 ZPO nicht in Bezug genommen werden, muss davon ausgegangen werden, dass § 123 Abs. 1 S. 1 VwGO auch die Rechtsgrundlage für eine einstweilige Anordnung zur Sicherung von Geldforderungen darstellt.[169] Zweifelhaft

---

[159] → Rn. 113.

[160] *Schoch* in Schoch/Schneider/Bier VwGO § 123 Rn. 50, 161; *ders.* (1991), 161.

[161] S. dazu VG München Beschl. v. 7.10.2016 – M 8 E 16.4224; VG Freiburg (Breisgau) Beschl. v. 29.8.2016 – 6 K 2788/16 – Erschließungsarbeiten; OVG Koblenz NVwZ-RR 2007, 47; OVG Münster NVwZ-RR 1993, 234; sowie → Rn. 104 f.

[162] So zB OVG Lüneburg NJW 1994, 746; VGH Mannheim DÖV 1994, 917 (Unterlassung nachrichtendienstlicher Überwachung); ESVGH 46, 50 (Unterlassung der Verlegung einer Schule); OVG Münster NVwZ-RR 1993, 234 (235) (Stilllegung von Bauvorhaben).

[163] OVG Berlin NVwZ 1991, 1198; DÖV 1991, 894 f.; VGH Kassel NVwZ-RR 1993, 386; OVG Berlin NVwZ 2010, 333.

[164] BVerwGE 118, 370; VGH Kassel NVwZ-RR 1994, 512; OVG Münster 1995, 1629; aA VGH München NVwZ 1994, 788; OVG Hamburg NVwZ-RR 1994, 588.

[165] VG Saarland Beschl. v. 20.4.2016 – 5 L 176/16; BVerwG NVwZ 1994, 370.

[166] VGH Kassel NVwZ 1994, 396; OVG Koblenz NVwZ-RR 1995, 411.

[167] VGH Mannheim VBlBW 1993, 152.

[168] VGH Mannheim NVwZ-RR 1989, 588.

[169] VGH Mannheim NVwZ-RR 1989, 588.

kann die Statthaftigkeit der Sicherungsanordnung sein, wenn der Rechtsverwirklichung vor Abschluss des Hauptsacheverfahrens Gefahr droht. Dies ist insbesondere dann problematisch, wenn es darum geht, den Erlass belastender Verwaltungsakte abzuwehren. Unter Hinweis auf die funktionale Vergleichbarkeit mit Anordnung oder Wiederherstellung der aufschiebenden Wirkung, also damit zu §§ 80, 80a VwGO wird zwar nicht die Statthaftigkeit einer Sicherungsanordnung nach § 123 Abs. 1 S. 1 VwGO in Frage gestellt werden können, wohl aber ist regelmäßig zu prüfen, ob das Rechtsschutzbedürfnis für den Erlass einer Sicherungsanordnung besteht. Angesichts des Grundsatzes, dass Verwaltungsrechtsschutz regelmäßig nachträglichen Rechtsschutz bedeutet, ist zu prüfen, ob nicht das Rechtsinstitut der aufschiebenden Wirkung hinreichenden Rechtsschutz bietet und daher dem Antragsteller das Abwarten des Erlasses eines Verwaltungsaktes zugemutet wird.[170] Der Antragsteller hat in diesen Fällen ein qualifiziertes Rechtsschutzbedürfnis darzulegen.[171] Nicht zu verwechseln mit den Sachverhalten, bei denen die Statthaftigkeit einer Sicherungsanordnung deswegen fraglich sein kann, weil eine Rechtsgefährdung des Antragstellers durch den Erlass eines unmittelbar an ihn gerichteten Verwaltungsaktes droht, sind jene Konstellationen, bei denen Rechtsgefährdung Folge des Umstandes ist, dass die Behörde einen Verwaltungsakt zugunsten eines Dritten erlässt. Typisches Beispiel ist der beamtenrechtliche Konkurrentenstreit, bei dem mit der Sicherungsanordnung die Besetzung einer Stelle mit einem Mitbewerber verhindert[172] oder die Beförderung eines Konkurrenten untersagt werden kann.[173]

In Fällen mit Drittbezug liegt ein Fall der statthaften Sicherungsanordnung vor, wenn bei untätig gebliebener Behörde die Gefahr droht, dass ein privater Dritter Rechte des Antragstellers zu verändern versucht. Der Erlass einer Sicherungsanordnung nach § 123 Abs. 1 S. 1 VwGO kommt zudem auch in Betracht, wenn bei Streitigkeiten des öffentlichen Baunachbarrechts der private Dritte ein Vorhaben unter Verletzung nachbarschützender Vorschriften verwirklichen will.[174]

II. Die materiellen Voraussetzungen der Sicherungsanordnung

150 Wenngleich nach dem Wortlaut des § 123 Abs. 1 VwGO zwischen den Erscheinungsformen der einstweiligen Anordnung strikt zu differenzieren ist, sind Parallelen in der Normstruktur und ihrer Anwendung nicht zu übersehen. Auch eine Sicherungsanordnung kann nur erlassen werden, wenn ein Anordnungsanspruch – das Recht, dessen Durchsetzung im Hauptsacheverfahren gefährdet ist – sowie der Anordnungsgrund – die Eilbedürftigkeit der begehrten vorläufigen Sicherung – glaubhaft gemacht worden sind (§§ 123 Abs. 3 VwGO, 920 Abs. 2 ZPO).[175] Dem folgend kommt der Erlass einer einst-

[170] VGH Mannheim NVwZ-RR 2004, 709; VGH Mannheim NVwZ 1994, 801; DVBl. 1994, 1250; VGH München NVwZ-RR 1993, 54; VGH Kassel NVwZ 1989, 171; OVG Saarlouis NVwZ 1990, 687; OVG Schleswig NVwZ 1994, 918; VG Gießen NVwZ-RR 2004, 177.

[171] VGH Mannheim NVwZ-RR 2004, 709; VGH Mannheim GewArch. 1985, 136; VGH München NVwZ-RR, 1993, 54; VG Gießen NVwZ-RR 2004, 177; OVG Münster Beschl. v. 4.1.2010 – 6 B 1116/09.

[172] VGH Kassel NVwZ-RR 1989, 30; OVG Lüneburg NdsVBl. 1995, 179; OVG Münster NJW 1989, 2560; dazu auch OVG Lüneburg NVwZ 1995, 803; OVG Münster NVwZ-RR 1992, 369.

[173] BVerwG DVBl. 1994, 118 (119); OVG Münster NWVBl. 1994, 176; OVG Koblenz NVwZ-RR 1996, 51; s. aber aktuell bei Vergabe von Funktionsämtern BVerwG Beschl. v. 10.5.2016 – BVerwG 2 VR 2.15, dazu von der Weiden, jurisPR-BVerwG 13/2016 Anm. 1, dazu auch *Bracher* DVBl. 2016, 1236.

[174] OVG Berlin UPR 1990, 195; OVG Münster NVwZ RR 1993, 234.

[175] So zB VGH Mannheim Beschl. v. 10.11.2016 – 1 S 1663/16; OVG Bautzen SächsVBl. 1997, 120; SächsVBl. 1997, 84; OVG Greifswald NVwZ 1997, 306; VGH Kassel NVwZ 1997, 310; NVwZ 1996, 721; NVwZ-RR 1994, 511; NVwZ-RR 1996, 49; OVG Koblenz NVwZ-RR 1996, 51; OVG Lüneburg NVwZ-RR 1996, 677; NVwZ-RR 1996, 281; VGH Mannheim VBlBW 2010, 311;

weiligen Anordnung dann in Betracht, wenn die Verwirklichung des Rechtes des Antragstellers durch eine für ihn nachteilige Veränderung des bestehenden Zustandes so erheblich gefährdet wird, dass ihm ein vollständiger oder weitgehender Rechtsverlust droht, wenn er auf den Ausgang des Hauptsacheverfahrens verwiesen wird.

1. Sicherungsanspruch

Der Sicherungsanspruch ist das in seiner Verwirklichung gefährdete Recht.[176] Es muss, 151
wie § 123 Abs. 1 S. 1 VwGO ausdrücklich vorsieht, dem Antragsteller, und nicht einem Dritten zustehen. Da die Anordnung „in Bezug auf den Streitgegenstand" zu treffen ist, ist es mit dem Recht identisch, das im Klageverfahren geltend gemacht wird.[177]

a) Sicherungsfähige Rechte. Was unter „Recht" iSv § 123 Abs. 1 S. 1 VwGO zu 152
verstehen ist, richtet sich nach dem Schutzzweck der Sicherungsanordnung. Sie soll Gefährdungen abwenden, die der Verwirklichung eines Rechts durch Veränderungen des bestehenden Zustands drohen. Dadurch soll eine Entwertung des Rechts durch widerrechtliche Eingriffe verhindert werden, die irreversible Verhältnisse schaffen, bevor das Hauptsacheverfahren geführt worden ist.[178] Recht ist demnach jede subjektive öffentlich-rechtliche Rechtsposition,[179] die beeinträchtigenden Zustandsveränderungen ausgesetzt sein kann.[180] Hierzu können auch Verfahrensrechte gehören, die wie materielle Rechte vor ihrer endgültigen Verwirklichung entwertet werden können.[181]

VBlBW 1997, 141; VBlBW 1997, 146; NJW 1996, 2525; NJW 1996, 2116; VGH München NVwZ-RR 1996, 267; NVwZ-RR 1996, 284; OVG Münster NJW 1996, 3291; NVwZ 1997, 302; NJW 1996, 3355; NVwZ 1996, 495; OVG Schleswig NVwZ-RR 1996, 660; NVwZ 1996, 806; NVwZ-RR 1996, 266; NVwZ 1994, 590. Für VGH Kassel NJW 1997, 2970 genügt bei besonderem Zeitdruck, der eine abschließende Erfolgsprognose nicht zulässt, für die Bejahung des Anordnungsanspruchs, dass der Erfolg in der Hauptsache mindestens ebenso wahrscheinlich wie der Misserfolg ist.

[176] Dazu VG Koblenz Beschl. v. 25.1.2005 – 7 L 85/05.KO; OVG Koblenz Beschl. v. 28.5.2014 – 10 B 10418/14.

[177] BVerwG NVwZ 1994, 370; OVG Greifswald NVwZ 1997, 306; OVG Hamburg KMK-HSchR 1987, 19; OVG Lüneburg InfAuslR 1995, 13; VGH Mannheim NVwZ 1997, 310; NVwZ 1993, 295; OVG Münster NVwZ 1997, 302; OVG Schleswig NVwZ 1994, 590; BFHE 156, 376.

[178] VGH Mannheim ESVGH 36, 241.

[179] BVerwG NVwZ 2001, 89 (Planfeststellung); VG Braunschweig Beschl. v. 14.12.2001 – 6 B 261/01 (straßenrechtliche Widmung); OVG Weimar LKV 2001, 140 (Austritt aus Zweckverband).

[180] VGH Kassel NJW 1997, 2970; VGH München NVwZ-RR 1996, 284; OVG Schleswig NVwZ 1994, 590 (591).

[181] OVG Münster Beschl. v. 21.2.2005 – 6 B 1946/04 (Recht auf ermessensfehlerfreie Entscheidung über Stellenbesetzung); VG Lüneburg Beschl. v. 7.12.2004 – 1 B 73/04 (Auswahlfehler): OVG Schleswig Beschl. v. 6.12.2004 – 3 MB 74/04 (Auswahlentscheidung Hochschullehrer); OVG Münster DÖD 2005, 61 (Verhinderung einer Stellenbesetzung); VG Lüneburg Beschl. v. 7.3.2003 – 1 B 3/03 (Frauenförderung); OVG Frankfurt (Oder) LKV 2003, 229 (Bürgerbegehren); VG Lüneburg Beschl. v. 19.8.2002 – 1 B 38/02 (Auswahlentscheidung nach Beurteilungsgleichstand); VG Potsdam LKV 2003, 296 (Bürgerbegehren): BVerwG DVBl. 1994, 118; VGH Kassel NVwZ-RR 1996, 339; OVG Koblenz NVwZ-RR 1996, 456; VGH Mannheim NJW 1996, 2525; OVG Münster NWBVl. 1994, 178; OVG Schleswig NVwZ-RR 1996, 660 (Anspruch auf ermessensfehlerfreie Bewerberauswahl); StGH Bremen DÖV 1993, 300 (Anspruch auf Ausschreibung öffentlicher Ämter); OVG Berlin InfAuslR 1994, 236; VGH Mannheim NVwZ 1993, 285; VBlBW 1993, 152 (Anspruch auf Abschiebungsschutz); VGH Kassel NVwZ-RR 1994, 511 (Anspruch auf Gegendarstellung); NVwZ-RR 1989, 30 (Anspruch auf Vorstellungsgespräch); VGH München BayVBl. 1994, 500 (Anspruch auf Feststellung des Eintritts der aufschiebenden Wirkung); NVwZ-RR 1990, 99 (Anspruch auf Einberufung einer Ratssitzung); OVG Koblenz NVwZ-RR 1995, 411 (Anspruch auf Beratung eines Einwohnerantrags); OVG Greifswald NVwZ 1997, 306; VGH Kassel NVwZ 1997, 310; NVwZ 1996, 721 (Anspruch auf Durchführung eines Bürgerbegehrens); VGH Kassel NVwZ-RR 1994, 511 (515) (Folgenbeseitigungsanspruch); OVG Schleswig NVwZ 1994, 590 (591) (Mitwirkungsrecht).

153 Sicherungsfähig ist ein Recht insoweit, als es seinen Inhaber berechtigt, drohende widerrechtliche Beeinträchtigungen seines Bestandes oder seiner Ausübung abzuwehren.[182] Sind derartige Eingriffe zu befürchten, muss aus ihm ein öffentlich-rechtlicher Unterlassungsanspruch gegeben sein, der sich entweder unmittelbar aus dem gefährdeten Recht oder aus dem allgemeinen Rechtsgedanken der §§ 1004, 906 BGB herleiten lässt.[183]

154 Zu den Rechten im Sinne von § 123 Abs. 1 S. 1 VwGO, die bei ihrer Gefährdung Unterlassungsansprüche auslösen können, gehören vor allem subjektiv-öffentliche Rechte.[184] Dies sind in erster Linie alle Freiheitsgrundrechte[185] und weiterhin Sonderrechte wie Statusrechte, Körperschafts-, Organschafts- und Mitgliedschaftsrechte[186] sowie sonstige Teilhabe- oder Mitwirkungsrechte. Hinzu kommen rechtlich geschützte (Dritt-)Interessen, die durch einfaches Gesetz begründet werden können.[187]

155 Fraglich ist, ob durch eine Sicherungsanordnung auch Ansprüche gesichert werden können, die auf ein begünstigendes Verwaltungshandeln gerichtet sind (Verpflichtungs-, Bescheidungs-, Leistungsansprüche).[188] Hierbei handelt es sich noch nicht um eingeräumte und ausgeübte Rechtspositionen. Da § 123 Abs. 1 S. 1 VwGO nach dem Vorhergesagten bestandsschützend wirkt, bedeutet dies, dass nur der vorhandene „Bestand" an Rechten Sicherungsansprüche auslöst, mithin nur bereits eingeräumte Rechte als „Recht" im Sinne des § 123 Abs. 1 S. 1 VwGO angesehen werden können.[189] Eine (ergebnisorientierte) Notwendigkeit, den systematischen Unterschied zwischen den verschiedenen Anordnungsformen des § 123 VwGO zu verwischen und den Anwendungsbereich des § 123 Abs. 1 S. 1 VwGO auf für die Fälle zu öffnen, in denen es nicht um die Wahrung, sondern Einräumung von Rechten geht, besteht nicht. Geht es um die Erweiterung von Rechtspositionen des Antragstellers, ist die Regelungsanordnung des § 123 Abs. 1 S. 2 VwGO zur Anwendung zu bringen. Kein Fall der Einräumung, sondern der Sicherung von Rechtspositionen – und damit der Sicherungsanordnung im Sinne des § 123 Abs. 1 S. 1 VwGO – liegt bei Konkurrentenverhältnissen vor, in denen die Verwaltung ein Auswahlermessen hat. Wird die Verwirklichung einer eigenen Bewerbung durch Verfahrensfehler oder durch ermessensfehlerhafte Auswahlerwägungen

---

[182] VGH Mannheim VBlBW 1993, 152; VGH München NVwZ 1995, 793; NVwZ-RR 1993, 177; DVBl. 1992, 452; BayVBl. 1989, 657; OVG Münster NWVBl. 1994, 176; NWVBl. 1994, 167; OVG Schleswig NVwZ 1994, 590.

[183] Vgl. hierzu insbes. VGH Kassel NVwZ-RR 1994, 511; OVG Lüneburg NJW 1995, 900; VGH München NJW 1997, 1181; NVwZ 1994, 787. Zur Sicherungsfähigkeit des Rechts eines Dritten an einer streitbefangenen Sache vor einer drohenden Beeinträchtigung durch Verwaltungszwangsmaßnahmen VGH Kassel NVwZ-RR 1996, 330.

[184] Kopp/*Schenke* VwGO § 123 Rn. 7; *Schoch* in Schoch/Schneider/Bier VwGO § 123 Rn. 72.

[185] So insbes. OVG Hamburg NVwZ 1995, 498; VGH Mannheim NVwZ 1989, 878; NJW 1986, 340 sowie OVG Bautzen SächsVBl 1997, 298; OVG Berlin NVwZ-RR 1989, 125; VGH Kassel NJW 1997, 2970; OVG Koblenz NVwZ-RR 1992, 240, NVwZ 1986, 575; AS 22, 386; OVG Lüneburg NVwZ 1986, 845; VGH Mannheim NJW 1996, 2116 (2117); VGH München NVwZ-RR 1997, 286; NVwZ-RR 1996, 267; OVG Münster NVwZ 1997, 302; NJW 1996, 2114, NJW 1996, 2115, NVwZ-RR 1995, 278; NJW 1995, 1629; OVG Schleswig NJW 1997, 2536; SG Halle (Saale) Beschl. v. 27.7.2010 – S 9 P 32/ 10 ER.

[186] VG Gießen Beschl. v. 15.8.2012 – 8 L 1523/12.GI; OVG Bautzen SächsVBl. 1997, 13; SächsVBl. 2009, 240; OVG Hamburg NJW 1978, 1395; OVG Koblenz NVwZ-RR 1995, 411; OVG Lüneburg OVGE 27, 351; VGH Mannheim ESVGH 36, 241 (248).

[187] OVG Koblenz NVwZ-RR 1992, 240; VGH Mannheim NVwZ-RR 1989, 173; ESVGH 32, 112; VGH München NVwZ-RR 1996, 267; BayVBl. 1992, 437; OVG Schleswig NVwZ 1994, 590.

[188] Kopp/*Schenke* VwGO § 123 Rn. 7; *Bender* VBlBW 1986, 322; *Erichsen* Jura 1984, 646; *Huba* JuS 1990, 984. Ablehnend Redeker/von Oertzen VwGO § 123 Rn. 11 ff.; *Schoch* in Schoch/Schneider/Bier VwGO § 123 Rn. 52; *ders.* S. 1474; *Jakobs* VBlBW 1984, 133. Diese sehen als Recht allein eine bereits eingeräumte Rechtsposition an.

[189] So aber noch 4. Aufl. Rn. 179.

gefährdet, hat der benachteiligte Bewerber aus dem Bewerbungsverfahrensanspruch[190] auch einen sicherungsfähigen Anspruch auf Unterlassung von Auswahlfehlern.[191] Auch der Anspruch auf ermessensfehlerfreie Entscheidung ist damit grundsätzlich sicherungsfähig. [192]

Zu den nach § 123 Abs. 1 S. 1 VwGO sicherungsfähigen Leistungsansprüchen gehören Zahlungsansprüche. Ihre Entwertung kann vor allem durch Unterlassungsgebote verhindert werden, durch die Vermögensverschiebungen, die den Gläubiger benachteiligen, unterbunden werden können. Weiterhin können dingliche Sicherungen eingeräumt werden. Dies wird nicht dadurch ausgeschlossen, dass die VwGO keinen Arrest im Sinne von § 916 ZPO kennt. Anders als §§ 916, 935 ZPO unterscheidet § 123 Abs. 1 VwGO nicht zwischen der Sicherung von Geldforderungen und sonstigen Sicherungen, sondern bildet einen eigenständigen Tatbestand, dessen Anwendungsbereich verfassungskonform zu bestimmen ist.[193] Seiner Auffangfunktion[194] entspricht es, ihn auch auf die Sicherung von Zahlungsansprüchen zu erstrecken.[195] Dadurch erhalten vor allem betroffene Bürger, daneben aber auch öffentliche Rechtsträger[196] die Möglichkeit, Zahlungsansprüche durch Anordnung eines dinglichen Arrests sichern zu lassen. Dass diese Rechtsschutzmöglichkeit in der Praxis kaum genutzt wird, weil es bei der Sicherung von Zahlungsansprüchen gegenüber der öffentlichen Hand zumeist an einem Anordnungsgrund fehlen wird,[197] stellt ihre Notwendigkeit nicht prinzipiell in Frage. 156

b) Prüfungsmaßstab. Auch für die Prüfung des Sicherungsanspruches kann sich das Gericht nicht auf eine bloß summarische Prüfung der Sach- und Rechtslage beschränken. Grundsätzlich gilt auch hier, dass eine eingehende tatsächliche und rechtliche Prüfung des Anspruches geboten ist.[198] Im Zusammenhang mit Sicherungsansprüchen weist die Rechtsprechung aber darauf hin, dass sich angesichts des nach Art. 19 Abs. 4 GG geforderten effektiven Rechtsschutzes je nach Sachmaterie ein herabgestufter Prüfungsmaßstab ergeben kann.[199] Geht es um ein Stellenbesetzungsverfahren, ist nach der Rechtsprechung zu beachten, dass Beförderung und Besetzung der Stelle grundsätzlich nicht mehr rückgängig gemacht werden können. Dementsprechend ist ein Anordnungsanspruch auf Sicherung regelmäßig dann zu bejahen, wenn nach dem im Zeitpunkt der gerichtlichen Entscheidung erkennbaren Sach- und Streitstand nicht mit hinreichender Sicherheit ausgeschlossen werden kann, dass die vom Dienstherren getroffene Auswahlentscheidung zu Lasten des Antragstellers rechtsfehlerhaft ist, weil dessen Bewerbungsverfahrensanspruch keine hinreichende Beachtung gefunden hat. Im konkreten Zusammenhang mit Stellenbesetzungsverfahren reicht es für die Rechtsprechung aus, dass die 157

[190] So für das beamtenrechtliche Ernennungs- und Beförderungsverfahren zB BVerwG DVBl. 1994, 118; VGH Kassel NVwZ 1997, 615; NVwZ-RR 1996, 339; NVwZ-RR 1996, 279; NVwZ-RR 1996, 49; OVG Lüneburg NdsVBl. 1996, 293; NVwZ-RR 1996, 281; VGH Mannheim NJW 1996, 2525; OVG Münster NVwZ 1996, 495; NWVBl 1994, 176; OVG Schleswig NVwZ-RR 1996, 660; NVwZ 1996, 806; NVwZ-RR 1996, 266.

[191] OVG Münster ZBR 2005, 318; Beschl. v. 21.2.2005 – 6 B 1946/04; Beschl. v. 6.8.2004 – 6 B 1226/04; NWVBl. 2002, 111; OVG Schleswig NJW-RR 2001, 854.

[192] VGH Mannheim Beschl. v. 22.12.2000 – 13 S 2540/99; Beschl. v. 13.3.2000 – 13 S 1026/99; VG Hamburg Beschl. v. 16.2.2005 – 6 E 421/05; → Rn. 209, 237.

[193] VGH Mannheim NVwZ-RR 1989, 588; VGH München ZBR 1993, 29.

[194] → Rn. 17; vgl. hierzu auch VGH Mannheim ESVGH 38, 298.

[195] VGH Mannheim ESVGH 38, 297 f.; VGH München ZBR 1993, 30.

[196] VGH Mannheim ESVGH 38, 299.

[197] VGH Mannheim ESVGH 38, 298; Zur Durchsetzung eines dinglichen Arrests (Notwendigkeit eines Erkenntnis – und Vollstreckungsverfahrens) VGH Mannheim ESVGH 38, 299.

[198] Im Zusammenhang mit beamtenrechtlichen Sicherungsansprüchen s. BVerfG NVwZ 2005, 947; BVerwG Urt. v. 17.8.2005 – 2 C 38.04; dem folgend OVG Weimar ThürVBl. 2006, 204.

[199] OVG Weimar ThürVBl. 2006, 204.

Aussichten des Betroffenen, in einem neuen – rechtmäßigen – Verfahren ausgewählt zu werden, zumindest „offen“ sind.[200]

2. Sicherungsgrund

158 Ein Grund, der den Erlass einer Sicherungsanordnung rechtfertigt, liegt vor, wenn die Gefahr besteht, dass durch eine Veränderung des bestehenden Zustands die Verwirklichung eines Rechts des Antragstellers vereitelt oder wesentlich erschwert werden könnte (Sicherungsgrund, Anordnungsgrund).

159 **a) Gefahr.** § 123 Abs. 1 S. 1 VwGO stellt auf die „Gefahr“ einer Vereitelung oder wesentlichen Erschwerung der Rechtsverwirklichung ab. Da die Sicherungsanordnung damit allein vor solchen Beeinträchtigungen schützt, die noch nicht eingetreten sind, sondern erst bevorstehen,[201] in diesem Sinne also stets vorbeugenden vorläufigen Rechtsschutz[202] gewährt, kommt der Erlass einer Sicherungsanordnung nicht mehr in Betracht wenn es bereits zu einer (vollständigen) Rechtsbeeinträchtigung gekommen ist.[203] Die Gefährdung einer Rechtsverwirklichung ist dann nicht mehr möglich.

160 (1) Eine Gefahr für die Rechtsverwirklichung muss objektiv bestehen.[204] Dies ist aufgrund der gegebenen tatsächlichen und rechtlichen Umstände zu beurteilen. Die subjektive Befürchtung des Antragstellers, dass es zu einer Rechtsbeeinträchtigung kommen könnte, reicht nicht aus.[205]

161 (2) Weiterhin muss sich die Gefahr konkret abzeichnen. Es muss zu erkennen sein, dass der Eintritt einer Rechtsbeeinträchtigung unmittelbar bevorsteht.[206] Die abstrakte Möglichkeit, dass es künftig zu einer Gefährdung kommen kann, genügt nicht. So besteht eine konkrete Gefährdung der Durchsetzung eines Anspruchs auf eine ermessensfehlerfreie Auswahlentscheidung erst dann, wenn das beamtenrechtliche Ernennungs- oder Beförderungsverfahren so weit fortgeschritten ist, dass eine anderweitige Besetzung der ausgeschriebenen Stelle abzusehen ist.[207] Dagegen fehlt sie, wenn Nachbarrechte durch die Wiederaufnahme von Bauarbeiten gefährdet werden könnten, gegenwärtig aber keine konkreten Anhaltspunkte dafür vorhanden sind, dass der Bauherr die Arbeiten vor rechtskräftigem Abschluss des Hauptsacheverfahrens fortführen wird.[208] Sie ist noch nicht ersichtlich, solange eine nach Auffassung des Antragstellers rechtswidrig geschlossene Hochschulsatzung noch der Genehmigung durch ein Hochschulgremium bedarf[209] oder nicht mehr zu erwarten, wenn die weitere Veröffentlichung eines beanstandeten

---

[200] BVerfG NVwZ 2004, 95; NVwZ 2003, 200; BVerwG Beschl. v. 20.1.2004 – 2 VR 3.03 – und vom 21.8.2003 – 2 C 14.02; BVerwGE 118, 370.

[201] OVG Berlin UPR 1990, 195; VGH Kassel NVwZ-RR 1991, 171; ESVGH 37, 1; OVG Koblenz NVwZ-RR 1988, 19; VGH Mannheim NJW 1996, 2116; VGH München BayVBl. 1997, 313 NVwZ 1995, 793; OVG Münster NJW 1996, 2114; OVG Schleswig NVwZ 1994, 590.

[202] VGH Koblenz NVwZ-RR 1995, 411; VGH Mannheim NVwZ 1994, 801; OVG Münster NVwZ-RR 1995, 278; VGH Kassel NVwZ-RR 2008, 467; OVG Schleswig NVwZ 1994, 590. Zu den besonderen Voraussetzungen, unter denen vorbeugender vorläufiger Rechtsschutz gewährt wird, → Rn. 104 f.

[203] Unzutreffend deshalb VGH Kassel ESVGH 27, 159 (162), wonach auch eine durch Einbehaltung von Dienstbezügen bereits vollzogene Aufrechnung im Wege einer Sicherungsanordnung rückgängig gemacht werden kann.

[204] OVG Münster NJW 1995, 1629; NJW 1985, 2351.

[205] BVerwG NVwZ 1994, 370; OVG Saarlouis DÖV 1965, 637.

[206] OVG Bremen NJW 1982, 841; VGH Kassel ESVGH 38, 233 (Ls.); OVG Münster NJW 1996, 3291; NJW 1996, 2114.

[207] VGH Kassel NVwZ-RR 1989, 30; NJW 1985, 1103; OVG Münster NVwZ 1996, 495; NVwZ-RR 1995, 278.

[208] OVG Berlin DÖV 1967, 174.

[209] OVG Münster OVGE 28, 55.

Berichts nicht beabsichtigt ist.[210] Wird vorläufiger Rechtsschutz zur Sicherung eines behaupteten Anspruchs auf Unterlassung von ehrverletzenden oder geschäftsschädigenden Äußerungen begehrt, kann eine Sicherungsanordnung nur ergehen, wenn eine Wiederholung der streitbefangenen Äußerungen zu befürchten ist.[211]

b) Gefahr durch Zustandsveränderungen. Die Rechtsverwirklichung soll vor Gefahren geschützt werden, die durch eine „Veränderung des bestehenden Zustandes" bewirkt werden. Die Sicherungsanordnung ist damit darauf gerichtet, allen künftigen tatsächlichen[212] und rechtlichen Veränderungen zu begegnen, die für die Rechtsverwirklichung in einem künftigen Hauptsacheverfahren nachteilig sein können. Hierdurch erhält sie eine abwehrende Funktion. Sie soll den bestehenden Zustand im Interesse des Antragstellers erhalten.[213] Dagegen lässt sie nicht zu, diesen zu seinen Gunsten zu verbessern, da dies über einen Bestandsschutz hinausginge.[214] Vorläufiger Rechtsschutz lässt sich insoweit allein nach § 123 Abs. 1 S. 2 VwGO erreichen, der nicht auf zustandssichernde Maßnahmen begrenzt ist und sich deshalb auch auf das richten kann, was dem Antragsteller nicht entzogen, sondern vorenthalten wird. 162

Die Sicherungsanordnung schützt vor Zustandsveränderungen, die von anderen ausgehen.[215] Dagegen vermag sie die nachteiligen Auswirkungen bloßen Zeitablaufs nicht abzuwenden, da sich die verrinnende Zeit nicht durch sichernde gerichtliche Anordnungen aufhalten lässt.[216] Hierzu bedarf es vielmehr vorausgreifender Regelungen, die sich ebenfalls allein nach § 123 Abs. 1 S. 2 VwGO treffen lassen. 163

c) Gefahr für die Rechtsverwirklichung. Drohende Zustandsveränderungen müssen dazu führen, dass die „Verwirklichung eines Rechts des Antragstellers vereitelt oder wesentlich erschwert" werden könnte. Dies setzt voraus, dass sie Nachteile auslösen, die sich unmittelbar auf die Rechtsverwirklichung im Hauptsacheverfahren auswirken können. Daran fehlt es zB dann, wenn nicht gewährter vorläufiger Rechtsschutz zu einer Schwächung einer vertraglichen Verhandlungsposition führen würde, die mit dem Gegenstand des Hauptsacherechtsstreits in keinem direkten Zusammenhang steht.[217] Im Personenbeförderungsrecht entfaltet der Abschluss der beabsichtigten Finanzierungsvereinbarung auch im Hinblick auf die anstehenden Linienverkehrsgenehmigungsverfahren keine tatsächlichen oder rechtlichen Vorwirkungen, so dass auch insoweit nicht die Gefahr besteht, dass die Verwirklichung eines Rechts des Antragstellers vereitelt oder wesentlich erschwert wird.[218] 164

---

[210] VGH Mannheim NJW 1996, 2116.

[211] OVG Münster NJW 2004, 1611; NJW 1995, 1629.

[212] *Schoch* in Schoch/Schneider/Bier VwGO § 123 Rn. 52.

[213] VG Ausgsburg Beschl. v. 2.11.21016 – Au 5 E 16.1421: der Umstand allein, dass mit einer zwangsweisen Betreibung eines fällig gestellten Zwangsgeldes zu rechnen ist, rechtfertigt eine Eilbedürftigkeit und Notwendigkeit einer vorläufigen Regelung ebenso wenig wie die Höhe, wohl aber die mögliche Kreditgefährdung, dazu auch VGH München Beschl. v. 8.11.2001 – 2 CE 01.2339; zum Sicherungsanspruch bei beamtenrechtlichen Dienstpostenkonkurrenz s. OVG Münster ZBR 2005, 318; OVG Berlin DÖV 1991, 894; NVwZ 1991, 1198; OVG Hamburg KMK-HSchR 1983, 866; VGH Kassel NVwZ-RR 1995, 33; NVwZ-RR 1993, 386; NVwZ-RR 1993, 186; NVwZ-RR 1992, 361; OVG Koblenz NVwZ-RR 1988, 19; VGH Mannheim ESVGH 36, 241; VGH München BayVBl. 1990, 536; BayVBl. 1989, 657; BayVBl. 1982, 18; OVG Münster NVwZ-RR 1993, 234; NJW 1990, 1132; BFH NVwZ-RR 1995, 547; BFHE 147, 487; vgl. ferner noch → Rn. 1364 ff.

[214] So zB OVG Berlin NVwZ 1991, 1198; VGH Kassel NVwZ-RR 1995, 34; NVwZ-RR 1993, 387; *Schoch* in Schoch/Schneider/Bier VwGO § 123 Rn. 50, 52.

[215] *Quaritsch* VerwArch. 51 (1960), 235.

[216] Anders VGH München DVBl. 1979, 81.

[217] VGH Mannheim ESVGH 36, 241. Vgl. hierzu auch VGH Mannheim NVwZ 1994, 397 zu den Auswirkungen gemeindlicher Baumaßnahmen (Bürgerbegehren); VGH Mannheim VBlBW 2010, 311.

[218] VGH Mannheim DÖV 2006, 484.

165 Die drohenden Veränderungen müssen weiterhin so gewichtig sein, dass sie die Rechtsverwirklichung ernstlich gefährden. Unterhalb dieser Schwelle ist die begehrte vorläufige Regelung nicht dringlich. Lässt sich das Recht bei einem Erfolg in der Hauptsache ungehindert durchsetzen, bedarf es keiner vorläufigen Sicherung.[219] Das gleiche gilt, wenn zu erwarten ist, dass die Durchsetzung des Rechts nicht wesentlich behindert wird. Ein gegen die Aufstellung von Wohncontainern gerichteter Unterlassungsanspruch wird in seiner Verwirklichung jedenfalls nicht in erheblichem Maße gefährdet, wenn die Container jederzeit ohne größere Schwierigkeiten wieder entfernt werden können.[220] Das gleiche gilt für die Entrichtung einer geringen Gebühr für ein Semesterticket, deren Rückerstattung ungefährdet erscheint.[221] Ebenso führt die Schließung eines einzelnen Postamts in einem Ballungsgebiet grundsätzlich nicht zu einer ernstlichen Gefährdung etwaiger Rechte der Postbenutzer,[222] die Einberufung des Gemeinderats während der Sommerferien nicht zu einer wesentlichen Einschränkung der Mandatsausübung eines Ratsmitglieds.[223] Umgekehrt kann sich das Gewicht des gefährdeten Rechts darlegungserleichternd auf die Prüfung der Anordnungsvoraussetzungen auswirken: Kann der Antragsteller bei Geltendmachung eines Anspruchs auf Unterlassung ehrverletzender Äußerungen dartun, dass die Schädigung seines Ansehens erheblich wirtschaftliche Folgen haben kann, erfordert der Erlass einer einstweiligen Anordnung nicht den vollen Nachweis einer Wiederholungsgefahr.[224] Hat ein rechtswidriger Eingriff bereits stattgefunden, liegt nach ständiger Rechtsprechung die Gefahr der Wiederholung nahe.[225] Es reicht daher für die Annahme eines Anordnungsgrundes aus, wenn sich eine Wiederholung der streitbefangenen Äußerung nicht mit hinreichender Sicherheit ausschließen lässt.[226]

166 (1) Die Rechtsverwirklichung wird vereitelt, wenn sich das gefährdete Recht im Hauptsacheverfahren nicht mehr durchsetzen lässt.[227] Es muss zu befürchten sein, dass es vorher verloren geht oder leer läuft. So büßt der Bewerber um ein Eingangs- oder Beförderungsamt eigene Ansprüche ein, sobald ein Mitbewerber ernannt wird.[228] Der Anspruch eines Beamten darauf, dass sich sein Dienstherr im Zwangspensionierungsverfahren nicht durch einen Rechtsanwalt vertreten lässt, ist hinfällig, wenn das Verfahren beendet ist.[229] Wer Maßnahmen des Zeugniszwangs ausgesetzt wird, verliert mit deren Vollstreckung ein ihm zustehendes Abwehrrecht.[230]

---

[219] BVerwG NVwZ 1997, 274; VGH Mannheim ESVGH 36, 249; VG Freiburg GewArch. 1981, 223.

[220] OVG Münster NJW 1990, 1132. Vgl. hierzu auch OVG Hamburg NVwZ 1987, 610 (612) (allgemein bekannte Informationen); OVG Münster NVwZ-RR 1993, 234 (235) (Stilllegung von Bauarbeiten).

[221] OVG Münster NVwZ 1993, 1123.

[222] VGH Kassel NJW 1995, 1170.

[223] VGH München NVwZ-RR 1990, 99.

[224] OVG Hamburg NVwZ 2004, 117; Beschl. v. 1.3.1996 – BS III 149/95.

[225] S. etwa VG München Beschl. v. 18.1.2007 – M 17E 06.4154; OVG Bautzen SächsVBl. 2009, 240.

[226] OVG Münster NJW 2004, 1611; NJW 1995, 1629; zur Wiederholungsgefahr s. auch OVG Bremen NVwZ 1999, 211; VGH Kassel NVwZ-RR 2008, 467.

[227] OVG Bautzen NVwZ-RR 1998, 253; OVG Greifswald NVwZ 1997, 306; VGH Kassel ESVGH 46, 81; NVwZ 1996, 721; NVwZ 1994, 396; OVG Koblenz NVwZ-RR 1995, 411; VGH Mannheim NJW 1996, 2525; VGH München BayVBl. 1992, 178; OVG Münster NVwZ-RR 1995, 278; OVG Schleswig NVwZ-RR 1996, 660; DVBl. 1996, 521; NVwZ 1994, 590; NVwZ-RR 1994, 511.

[228] BVerwGE 80, 127; BVerfG NJW 1990, 501; VGH Mannheim VBlBW 1996, 419; OVG Münster NVwZ 1996, 495; OVG Schleswig NVwZ 1996, 806. Vgl. hierzu auch OVG Schleswig NVwZ-RR 1996, 266 (Informationsanspruch); VGH Mannheim Beschl. v. 7.7.2010 – 4 S 1021/10.

[229] OVG Koblenz, AS RP S L 16, 295.

[230] OVG Lüneburg NVwZ 1986, 845.

(2) Die Rechtsverwirklichung wird wesentlich erschwert, wenn zu befürchten ist, dass eine Zustandsveränderung den Erfolg im Hauptsacheverfahren weitgehend entwerten würde.[231] Dies ist nach den besonderen tatsächlichen und rechtlichen Umständen des Einzelfalls aus der Sicht eines verständigen Durchschnittsbetrachters zu beurteilen.[232] Zumeist werden es die faktischen Auswirkungen widerrechtlicher Eingriffe sein, die sich nicht ohne weiteres ungeschehen machen lassen.[233] Vor ihnen muss der Antragsteller in gleichem Maße wie vor drohenden rechtlichen Nachteilen geschützt werden, da auch dies zur Gewährleistung wirksamen Rechtsschutzes durch Art. 19 Abs. 4 S. 1 GG gehört.[234] Baurechtswidrige Vorhaben lassen sich erfahrungsgemäß kaum wieder beseitigen, wenn sie erst einmal abgeschlossen sind.[235] Berufliche oder gewerbliche Beeinträchtigungen sind ebenfalls nur schwer aus der Welt zu schaffen, wenn sie länger andauern.[236] Die Chancen eines Bewerbers um ein Beförderungsamt können sich verschlechtern, wenn der dem Amt zugeordnete Dienstposten schon vor der Auswahlentscheidung einem Mitbewerber übertragen wird, der sich auf diesem Posten bewähren kann.[237] Besonders schwer lassen sich die Nachteile wieder aus der Welt schaffen, die durch Verletzungen des allgemeinen Persönlichkeitsrechts entstehen. Verbreitet die Bundeszentrale für Heimatdienst eine Broschüre mit dem Bild des Antragstellers,[238] gibt die Pressestelle einer Behörde personenbezogene Daten aus den Akten des Sozialamts bekannt[239] oder unterrichtet die Post Dritte über die neue Postanschrift eines Empfängers, der in einer Vollzugsanstalt einsitzt,[240] so lässt sich dies kaum wieder rückgängig machen. **167**

Gegen eine wesentliche Benachteiligung des Antragstellers kann sprechen, wenn dieser den ihn ernstlich belastenden Zustand lange Zeit hingenommen hat und ihn nunmehr, ohne dass neue Gesichtspunkte hinzugekommen sind, als unerträglich empfindet.[241] Gleichermaßen kann ein Anordnungsgrund entfallen, wenn der Antragsteller durch die – zumutbare – Annahme eines Angebotes zum Abschluss eines öffentlich-rechtlichen Vertrages eine störende Behinderung beseitigen kann.[242] **168**

d) Interessenabwägung. Für eine Interessenabwägung im Rahmen des Anordnungsgrundes ist anders als bei der Regelungsanordnung kein Raum, weil der Tatbestand des § 123 Abs. 1 S. 1 VwGO sie nicht eröffnet.[243] Das BVerfG lässt sie gleichwohl zu, wenn es den an sich gebotenen Erlass einer grundrechtsschützenden Sicherungsanordnung versagt, weil dem ausnahmsweise überwiegende, besonders gewichtige Gründe entgegenstehen.[244] **169**

---

[231] *Erichsen* Jura 1984, 650.

[232] VGH Kassel NVwZ-RR 1989, 177.

[233] OVG Münster NJW 1995, 1629. Vgl. hierzu auch OVG Bautzen SächsVBl. 1997, 216 f.

[234] *Schoch* in Schoch/Schneider/Bier VwGO § 123 Rn. 52.

[235] OVG Münster NJW 1985, 2351; VGH Kassel GewArch. 1981, 31; VGH Mannheim NVwZ-RR 1995, 490.

[236] VGH München NVwZ-RR 1996, 267; OVG Münster NJW 1995, 1629.

[237] VGH München NVwZ-RR 2006, 91; OVG Münster, RiA 2005, 40; VGH Kassel NVwZ-RR 1989, 376; OVG Lüneburg DVBl. 1993, 959; VGH Mannheim VBlBW 1994, 68. Anders OVG Koblenz NVwZ-RR 1996, 51; OVG Saarlouis NVwZ 1990, 687. Zum fehlenden Wettbewerbsvorteil bei einer Umsetzung ohne Beförderungschance OVG Lüneburg NVwZ-RR 1996, 677; s. aber auch zum fehlenden Anordnungsgrund, wenn im Falle einer beamtenrechtlichen Dienstpostenkonkurrenz durch Umsetzung oder Versetzung der streitige Dienstposten zugunsten des obsiegenden Antragstellers wieder verfügbar gemacht werden kann OVG Münster ZBR 2005, 318, NVwZ-RR 2003, 50; VG Meinigen Beschl. v. 7.10.2002 – 1 E 503/02.

[238] VG Köln DVBl. 1969, 221.

[239] OVG Bremen NJW 1982, 841.

[240] OVG Koblenz AS RP S L 16, 20.

[241] OVG München BayVBl. 1990, 564; OVG Münster NWVBl 1994, 167.

[242] OVG Schleswig Beschl. v. 16.2.2004 – 1 MB 21/03.

[243] Anders VGH Kassel NJW 1997, 2970; OVG Münster NVwZ 1993, 1123.

[244] BVerfGE 79, 69.

170 Ein kleiner Teil der Gerichte lässt auch den Erlass der Sicherungsanordnung bei nicht eindeutiger[245] oder offener[246] Hauptsachelage aufgrund einer Interessenabwägung zu. Hierbei bleibt unberücksichtigt, dass sich ein solcher Entscheidungsmaßstab aus § 123 Abs. 1 S. 1 VwGO noch weniger als aus § 123 Abs. 1 S. 2 VwGO ableiten lässt.[247]

171 Die vom BVerfG für die Regelungsanordnung eröffnete Möglichkeit einer Folgenabwägung[248] besteht auch für die Sicherungsanordnung. Das BVerfG unterscheidet insoweit nicht zwischen den beiden Formen der einstweiligen Anordnung, sondern stellt, wenn es die Prüfung von Anordnungsanspruch und Anordnungsgrund verlangt, auf die Tatbestandsmerkmale des § 920 Abs. 2 ZPO ab, die beiden Anordnungsformen gemeinsam sind.[249] Damit besteht auch hier aus verfassungsgerichtlicher Sicht die Berechtigung, zugunsten einer Folgenabwägung auf eine eingehende Prüfung der Hauptsachelage zu verzichten, vor allem dann, wenn die hierfür zur Verfügung stehende Zeit nicht ausreicht.

III. Zulässige Sicherungen

172 Ist die Sicherungsanordnung auf die Abwehr nachteiliger Zustandsveränderungen gerichtet, lässt sie ausschließlich Maßnahmen zur Erhaltung der gefährdeten Rechtsposition zu. Hierfür kommen vor allem Unterlassungsgebote in Betracht. Abwehrrechte, die dem Antragsteller zustehen, können dadurch geschützt werden, dass dem Antragsgegner (weitere) Beeinträchtigungen vorläufig untersagt werden.[250] Verpflichtungs- und Leistungsansprüche, deren Verwirklichung der Antragsteller erst anstrebt, lassen sich nur insoweit sichern, als der Antragsgegner verpflichtet wird, bestimmte rechtliche oder tatsächliche Beeinträchtigungen zu unterlassen, die die Einräumung der Rechtsposition behindern oder vereiteln können. So kann der Verlust eines Anspruchs auf fehlerfreie Ausübung des Auswahlermessens in einer beamtenrechtlichen Bewerberkonkurrenz dadurch vermieden werden, dass dem Dienstherrn bis zur Durchführung eines ermessensfehlerfreien Auswahlverfahrens untersagt wird, die ausgeschriebene Stelle anderweitig zu besetzen.[251]

IV. Rechtsentscheidung

173 Die Sicherungsanordnung schützt eine öffentlich-rechtliche Rechtsposition des Antragstellers davor, dass diese vor einer Durchsetzung im Hauptsacheverfahren durch

[245] OVG Berlin NVwZ 1991, 899; VGH München DVBl. 1987, 314.

[246] OVG Berlin OVGE 17, 154; VGH München BayVBl. 1992, 437; BayVBl. 1990, 564; OVG Saarlouis KMK-HSchR 1987, 31. Für eine zusätzliche Interessenabwägung OVG Koblenz NVwZ-RR 1995, 411 (414).

[247] So im einzelnen *Schoch* in Schoch/Schneider/Bier VwGO § 123 Rn. 65. Dieses Missverständnis wird besonders deutlich, wenn der VGH München NVwZ-RR 1993, 54 den Anordnungsanspruch als das überwiegende Interesse des Antragstellers an einer für ihn günstigen vorläufigen Entscheidung ansieht.

[248] → Rn. 118.

[249] BVerfGE 79, 74 f.

[250] OVG Lüneburg NJW 1994, 746; VGH Mannheim DÖV 1994, 917 (nachrichtendienstliche Überwachung); VGH Kassel NVwZ-RR 1989, 175 (Benutzung eines Bolzplatzes); VGH Mannheim NVwZ 1989, 878 (amtlicher Bericht über Jugendsekten); OVG Koblenz NVwZ-RR 1995, 411 (413) (Einwohnerantrag).

[251] VGH Kassel DVBl. 1994, 593; NVwZ-RR 1994, 350; OVG Lüneburg NVwZ-RR 1994, 350; NVwZ 1993, 1124; VGH Mannheim VBlBW 1997, 146; VBlBW 1994, 68; OVG Münster NWVBl. 1994, 176; OVG Schleswig NVwZ-RR 1996, 660; NVwZ 1996, 806; VG München Beschl. v. 22.1.2010 – M 21 E 9.5066; anders bei einer Bewerberkonkurrenz um die Bestellung zum Bezirksschornsteinfegermeister OVG Koblenz GewArch. 1988, 227. Zur Rechtsprechung bei der Vergabe von Funktions-, statt Statusämtern s. aber aktuell BVerwG Beschl. v. 10.5.2016 – BVerwG 2 VR 2.15, dazu von der Weiden, jurisPR-BVerwG 13/2016 Anm. 1, dazu auch *Bracher* DVBl. 2016, 1236.

einseitige tatsächliche oder rechtliche Zustandsveränderungen entwertet wird. In dieser Funktion stellt sich ihr Erlass als eine Rechtsentscheidung dar.[252] Zwar sieht § 123 Abs. 1 S. 1 VwGO vor, dass das Gericht sie erlassen „kann". Damit hat der Gesetzgeber aber ihren Erlass nicht in das Ermessen des Gerichts gestellt, sondern das Gericht lediglich zu ihrem Erlass ermächtigt. Dies ergibt sich bereits aus den einzelnen Tatbestandvoraussetzungen, die eine Ermessensentscheidung nicht zulassen, vor allem aber aus dem Rechtsschutzziel der Sicherungsanordnung. Ist glaubhaft gemacht, dass Rechtspositionen in ihrer Verwirklichung gefährdet sind, kann es im Hinblick auf Art. 19 Abs. 4 S. 1 GG nicht im Ermessen des Gerichts stehen, ob es einer drohenden Rechtsbeeinträchtigung begegnet.

§ 17 Die Vorwegnahme der Hauptsache

Schrifttum: *Bohl,* Zum Rechtsschutz der Gemeinden gegen Flugroutenfestlegungen, Entscheidungsbesprechung zu VGH Kassel, v. 18.4.2001, NVwZ 2001, 764; *Bracher,* Zum einstweiligen Rechtsschutz im verwaltungsgerichtlichen Organstreit, NWVBl. 1994, 413; *Brühl,* Vorläufiger Rechtsschutz im Verwaltungsstreitverfahren, JUS 1995, 919; *Huba,* Grundfälle zum vorläufigen Rechtsschutz nach der VwGO, JuS 1990, 984; *Erichsen,* Die einstweilige Anordnung nach § 123 VwGO, JURA 1984, 644; *Jakobs,* Der vorläufige Rechtsschutz im Prüfungsrecht, VBlBW 184, 129; *ders.*, Eine Magna Jurisprudentia des vorläufigen Rechtsschutzes – Gedanken zu Friedrich Schoch: Vorläufiger Rechtsschutz und Risikoverteilung im Verwaltungsrecht, VBlBW 1990, 451; *Maurer,* Grundrechtsverstoß durch Versagung einstweiligen Rechtsschutzes Verletzung von Art 33 Abs. 3 und Art 4 Abs. 1 GG durch Pflicht zur Eidesleistung bei Kommunalmandat, JZ 1989, 294; *Mückl,* Die einstweilige Anordnung nach § 123 VwGO im System des vorläufigen Rechtsschutzes , JA 2000, 329; *Quaritsch,* Die einstweilige Anordnung im Verwaltungsprozess, VerwArch. 51 (1960), 210, 342; *Rohmeyer,* Geschichte und Rechtsnatur der einstweiligen Anordnung im Verwaltungsprozess, 1967; *Schoch,* Der verwaltungsprozessuale vorläufige Rechtsschutz (Teil III) – Die einstweilige Anordnung, Jura 2002, 318; *ders.,* Grundfragen des verwaltungsgerichtlichen vorläufigen Rechtsschutzes, VerwArch 82 (1991), 161; *Schrader,* Die Vorwegnahme der Hauptsache und das Ermessen im Rahmen des einstweiligen Rechtsschutzes, JuS 2005, 37; *Spieth/ Hamer,* Eilrechtsschutz gegen behördliche Zuteilungsentscheidungen im Rahmen des Emissionshandels, DVBl 2005, 1541; *Urban,* Eingeschränkte Verwerfungskompetenz der Verwaltungsgerichte im Eilverfahren gem. § 123 VwGO, NVwZ 1989, 435; *Vogg,* Einstweilige Feststellungsverfügung?, NJW 1993, 1364; *Wieseler,* Der vorläufige Rechtsschutz gegen Verwaltungsakte, Schriften zum Öffentlichen Recht Bd. 54 (1967), 163; *Zimmerling/Brehm,* Der vorläufige Rechtsschutz im Prüfungsrecht, NVwZ 2004, 651.

Zu den Prüfungskriterien, die in der Praxis der Verwaltungsgerichte überwiegend zu den Voraussetzungen für den Erlass einer einstweiligen Anordnung gezählt werden, gehört das Verdikt, dass die einstweilige Anordnung nicht die Hauptsache vorwegnehmen darf. Das sog. Vorwegnahmeverbot ist in seiner Anwendung durch die Fachgerichte sowohl in seinen Voraussetzungen wie in seiner dogmatischen Herleitung schillernd und von der Rechtsprechung nach wie vor wenig hinterfragt. Allerdings ist nicht zu verkennen, dass vor allem die Beiträge von *Schoch*[253] nicht ohne Wirkung geblieben sind. Vor allem die jüngere Rechtsprechung der Instanzgerichte kennzeichnet das Vorwegnahmeverbot als „unergiebiges Begründungselement" und zählt es daher nicht zu den eigenständigen Prüfungsvoraussetzungen zum Erlass einer einstweiligen Anordnung.[254] 174

[252] So vor allem VGH Mannheim NJW 1976, 1117 (Ls.) und weiterhin OVG Koblenz NJW 1978, 2355. Für eine Ermessensentscheidung insbes. BVerfGE 51, 268 (280); BVerfG NVwZ 2009, 240.

[253] In Schoch/Schneider/Bier VwGO § 123 Rn. 146 ff.; *ders.* S. 740–743, 1395–1402; VerwArch. 82 (1991), 161.

[254] VG Lüneburg Beschl. v. 7.7.2004 – 1 B 49/04.

I. Begriff der Vorwegnahme

175 Ein Antrag ist auf eine Vorwegnahme der Hauptsache im Rechtssinn gerichtet, wenn das Rechtsschutzziel des Anordnungsverfahrens mit dem des Klageverfahrens übereinstimmt[255], also bereits das einstweilige Rechtsschutzverfahren die Rechtsposition vermitteln soll, die der Antragsteller in der Hauptsache anstrebt.[256] Ob dies der Fall ist, lässt sich durch einen Vergleich der in den beiden Verfahren verfolgten Sachanträge ermitteln.[257] Der Antragsteller will eine Vorwegnahme der Hauptsache erreichen, wenn und soweit die im Anordnungsverfahren begehrte Regelung in Inhalt und Wirkung der Entscheidung im Klageverfahren entspricht. Er will bereits jetzt auf Dauer oder wenigstens bis zum Abschluss des Hauptsacheverfahrens so gestellt werden, als ob er in der Hauptsache obsiegt hat. Die faktische Identität der Anträge im einstweiligen Rechtsschutzverfahren und einem – wie aus § 123 Abs. 1 S. 1 VwGO folgt: möglicherweise gedachten – Hauptsacheverfahren ist damit entscheidend,[258] um von einer Vorwegnahme durch das einstweilige Rechtsschutzverfahren ausgehen zu können.[259]

1. Endgültige Vorwegnahme

176 Die Hauptsache wird endgültig vorweggenommen, wenn Anordnungs- und Klageantrag übereinstimmen und die erlassene Regelung nicht unter dem Vorbehalt des Ausgangs des Klageverfahrens steht.[260] Der Antragsteller erreicht in diesem Fall bereits im Anordnungsverfahren das Ergebnis des Hauptsacheverfahrens. Das Klageverfahren ist für erledigt zu erklären, da es mit der vorgezogenen Erfüllung des in der Hauptsache geltend gemachten Anspruchs gegenstandslos geworden ist.[261]

177 In diesem Sinne liegt eine endgültige Vorwegnahme vor, wenn dem Antragsteller die im Klageverfahren begehrte Rechtsposition bereits im Anordnungsverfahren uneingeschränkt und unentziehbar eingeräumt wird.[262] Dies gilt vor allem für solche Regelungen, die aus der Natur der Sache nur endgültig getroffen werden können. Hierzu rechnet die Rechtsprechung die Abhaltung von Wahlen[263] sowie die Neubewertung von Prüfungsleistungen,[264] auch die Zulassung zur mündlichen Prüfung[265] oder zu einem kurz bevor-

---

[255] BVerwG NVwZ 1988, 828; BVerwGE 63, 110; OVG Berlin NVwZ 1991, 1198.

[256] OVG Lüneburg NVwZ-RR 2001, 241.

[257] VGH Kassel NVwZ 1989, 1183.

[258] BVerwG Beschl. v. 26.2.1982 – 1 WB 17/82.

[259] BVerwGE 63, 110.

[260] VG Lüneburg Beschl. v. 27.5.2004 – 1 B 36/04; OVG Schleswig NVwZ-RR 2000, 616; im Übrigen BVerwG NVwZ 1988, 828; OVG Bautzen SächsVBl. 1997, 13; OVG Berlin NVwZ 1991, 1198; VGH Kassel NJW 1989, 477; VGH MannheimVBlBW 1992, 179; NVwZ-RR 1992, 57; NVwZ 1985, 594; VGH München BayVBl. 1990, 536.

[261] VGH Kassel NJW 1989, 477.

[262] BVerwGE 109, 258 (Erteilung Aussagegenehmigung); LKV 2013, 88 (Auskunft zu verdachtsunabhängigen Polizeikontrollen); LKV 2013, 268 (Zugang zu Umweltinformationen); LSG Berlin-Brandenburg Beschl. v. 19.6.2013 – L 25 AS 1137/13 B ER (Grundsicherung für Arbeitssuchende); VGH Kassel NVwZ-RR 2001, 366 (Wiederaufnahme der Wasserversorgung); OVG Berlin NVwZ 1991, 1198; DÖV 1991, 894 (Erteilung eines Vorbescheids); OVG Bremen DÖV 1991, 512 (Weiterleitung eines Asylfolgeantrags); VGH Kassel NJW 1989, 470 (477) (Klärung einer Rechtsfrage); VGH Mannheim VBlBW 1992, 180 (Erteilung einer widerruflichen Baugenehmigung); NJW 1996, 538 (Behandlung als Pressevertreter); VGH München BayVBl. 1990, 536 (Kraftloserklärung einer Bescheinigung); OVG Münster NVwZ-RR 1996, 169 (170) (Genehmigung einer Beitragsordnung); VG Stade Beschl. v. 4.12.1992 – 5 B 80/92 (Erlaubnis einmaliger Jagdausübung in der laufenden Jagdzeit).

[263] VGH Mannheim DVBl. 1984, 276.

[264] VGH Mannheim NVwZ-RR 1989, 478 (479); NVwZ 1985, 595; OVG Münster NVwZ-RR 1995, 329. Vgl. weiterhin VGH Mannheim NVwZ-RR 1992, 419, (Nichtanrechnung eines Prü-

stehenden Volksfest.[266] Eine endgültige Vorwegnahme liegt weiterhin dann vor, wenn die begehrte Anordnung ganz oder teilweise vollzogen werden soll, bevor es zu einer Entscheidung in der Hauptsache kommt und sich die Vollzugsfolgen nicht mehr rückgängig machen lassen. Mit der vollständigen[267] oder fortschreitenden[268] Vollziehung erlangt der Antragsteller einen Vorteil, der nicht nur tatsächlich, sondern auch rechtlich endgültig ist.[269] Die einstweilige Anordnung hat sich mit ihrem Vollzug als Titel erschöpft, weil sie in einem Rechtsmittel- oder Rechtsbehelfsverfahren nicht mehr geändert werden kann. Sie hat damit die gleiche Rechtswirkung wie eine Hauptsacheentscheidung, da sie nicht mehr unter einer auflösenden Bedingung steht. Dieser endgültige Vorteil ist das vom Antragsteller erstrebte und vom Gericht gebilligte Rechtsschutzziel, wenn sich bei ihrem Erlass absehen lässt, dass keine Zeit mehr für wenigstens eine erstinstanzliche Hauptsacheentscheidung bleibt. Beispiele hierfür sind Anordnungen, die sich auf feste Termine beziehen,[270] die Unterlassungsgebote enthalten[271] oder die zeitlich begrenzte Berechtigungen begründen.[272] Dem stehen Anordnungen gleich, durch deren Vollzug zwar keine irreversiblen Verhältnisse geschaffen werden, einer möglichen Rückabwicklung aber von vornherein zwingende öffentliche Belange entgegenstehen.[273] Beispiel für eine Vorwegnahme sind im Beamtenrecht die Fälle der Ernennung, Umwandlung oder Beförderung.[274]

Keine endgültige Vorwegnahme ist dagegen gegeben, wenn der Vollzug der erlassenen Anordnung lediglich faktisch vollendete Tatsachen schafft. So ist die Rückforderung zu Unrecht geleisteter Sozialhilfe zwar rechtlich möglich.[275] Ihre Durchsetzung wird aber fast immer daran scheitern, dass der Hilfeempfänger die Leistungen bestimmungsgemäß **178**

fungsversuchs); NVwZ 1985, 595 (Anrechnung von Studienzeiten). OVG Münster NJW 1988, 89 sieht darüber hinaus jede Neubescheidung als endgültige Regelung an, VGH Kassel ESVGH 42, 216 lehnt dies für Feststellungen ab.

[265] VG Hannover Beschl. v. 29.4.2003 – 6 B 1256/03; VG Saarlouis Beschl. v. 6.9.2016 – 1 L 1392/16.

[266] VG Augsburg Beschl. v. 29.6.2006 – Au 7 E 06.681; VG Darmstadt Beschl. v. 29.6.2016 – 3 L 1154/16.DA.

[267] VGH Kassel ESVGH 42, 216 (221).

[268] So insbes. BVerfGE 79, 74 (77). – Anders *Schoch* in Schoch/Schneider/Bier VwGO § 123 Rn. 155.

[269] VGH Kassel ESVGH 42, 221.

[270] VGH Mannheim Beschl. v. 11.12.2013 – 11 S 2077/13 (Erteilung einer Aufenthaltserlaubnis für termingebundene Ausbildung); VGH Kassel ESVGH 40, 323 (325) (Teilnahme an einem Lehrgang); OVG Lüneburg NJW 1985, 2347 (2348) (Nutzung einer Festhalle); VGH Mannheim NVwZ-RR 1992, 57 (Erlaubniserteilung für eine Veranstaltung); VGH München NVwZ 1985, 287 (Aufnahme eines Tagesordnungspunktes).

[271] OVG Münster NVwZ-RR 1995, 278.

[272] So für die Stundung von Ausbaubeiträgen VG Lüneburg Beschl. v. 27.10.2016 – 5 B 141/16 (Erlaubnis zur Ausübung des ärztlichen Heilberufs); OVG Magdeburg Beschl. v. 9.9.2003 – 2 M 311/03; für die Einräumung von Mitgliedschaftsrechten für eine Wahlperiode, BVerfGE 79, 77; VGH Kassel NVwZ 1992, 506; VGH München BayVBl. 1988, 83 (85); OVG Münster NVwZ 1993, 399. Vgl. weiterhin OVG Bautzen SächsVBl. 1997, 210 (211) (Einrichtung einer Grundschulklasse); VGH Mannheim DVBl. 1995, 160 (161) (Feststellung der Aufnahme in den Krankenhausplan); ESVGH 30, 59 (60) (Genehmigung einer Nebentätigkeit); OVG Münster AgrarR 1981, 201 (Erteilung einer einjährigen Jagdberechtigung); OVG Bremen NVwZ 1990, 780 (Erteilung einer Spielhallenbetriebsgenehmigung); OVG Bautzen SächsVBl. 1997, 268 (270) (Regelung einer Vertretungsbefugnis).

[273] OVG Greifswald NVwZ-RR 1994, 334; OVG Hamburg NVwZ-RR 1992, 22 (erbrachte Studienleistungen). – OVG Bautzen SächsVBl. 1997, 219; OVG Koblenz NVwZ-RR 1988, 19 (Eintragung in die Handwerksrolle). – OVG Saarlouis NVwZ 1992, 281 (282) (Aussetzung einer Wahl).

[274] Die freilich als endgültige Vorwegnahme der Hauptsache von der Rechtsprechung und damit als unzulässig angesehen werden, s. VG Lüneburg Beschl. v. 27.5.2004 – 1 B 36/04.

[275] VGH Kassel NVwZ-RR 1993, 145.

verbraucht hat und über keine sonstigen Mittel verfügt, sie zurückzuzahlen. Ebenso kann die vorläufige Stilllegung eines Betriebes faktisch zu seiner in der Hauptsache begehrten endgültigen Einstellung führen, wenn dadurch seine wirtschaftliche Grundlage erschüttert wird.[276] In derartigen Fällen fehlt es gleichwohl begrifflich an einer endgültigen Vorwegnahme, weil – wie ein Vergleich mit dem Inhalt und der Wirkung der Hauptsacheentscheidung zeigt – rechtlich nur eine vorläufige Regelung getroffen worden ist.[277] Daran wird deutlich, dass nicht die durch den Vollzug geschaffenen tatsächlichen Verhältnisse den Rechtsbegriff der Vorwegnahme bestimmen. Jede Vollzugshandlung führt faktisch zu einer Vorwegnahme, die sich nicht mehr rückgängig machen lässt und damit endgültig ist. Dies wird an der Durchsetzung von Unterlassungsgeboten besonders deutlich. Für die rechtliche Einordnung der Vorwegnahme können deshalb allein die durch den Vollzug der vorläufigen Regelung ausgelösten Rechtsfolgen maßgeblich sein. Diese lassen sich anders als die Tatsachenlage vielfach rückgängig machen und nehmen insoweit die Hauptsache lediglich vorübergehend weg. Damit entscheidet die rechtliche Möglichkeit der Rückabwicklung darüber, ob eine Vorwegnahme endgültig ist oder nicht.

2. Vorläufige Vorwegnahme

179 Bei der vorläufigen Vorwegnahme der Hauptsache sind Antrags- und Klageziel ebenfalls identisch, die erlassene Regelung steht aber unter der auflösenden Bedingung des Ausgangs des Hauptsacheverfahrens.[278] Vorläufigkeit bedeutet damit, dass dem Antragsteller die begehrte Rechtsposition nur auf Zeit eingeräumt wird.[279] Er erhält sie längstens für die Dauer des Hauptsacheverfahrens. Obsiegt er in der Hauptsache, geht sie in eine endgültige Berechtigung über. Geht dagegen das Klageverfahren zu seinen Ungunsten aus, so verliert sie ihre innere Wirksamkeit,[280] die erlangten Rechtsvorteile können rückgängig gemacht werden.[281] Ausbildungsförderung, die zu Unrecht gezahlt worden ist, kann vom Empfänger zurückverlangt werden.[282] Der vorläufig versetzte Schüler muss in seine bisherige Klasse zurückkehren, wenn sich im Klageverfahren herausstellt, dass seine Nichtversetzung rechtmäßig war.[283] Ein vorläufig erteiltes Prüfungszeugnis kann wieder eingezogen werden.[284]

180 Auch die vorläufige Vorwegnahme der Hauptsache ist eine Vorwegnahme im Rechtssinn, wenn sie dem Antragsteller für die Dauer des Klageverfahrens die Rechtsposition vermittelt, die er in der Hauptsache anstrebt.[285] Der Antragsteller wird in diesem Fall

---

[276] VGH Kassel NVwZ 1989, 1183.

[277] VGH Kassel ESVGH 39, 265; VGH Mannheim NVwZ-RR 1992, 57; *Vogg* NJW 1993, 1364.

[278] Beispielsweise OVG Magdeburg Beschl. v. 25.10.2016 – 1 M 124/16; VGH Mannheim Beschl. v. 22.12.2000 – 13 S 2540/99; DVBl. 2000, 1549 – vorläufige Duldung; dazu auch BVerwG NJW 1980, 2208; OVG Hamburg DVBl. 1987, 316; VGH Kassel NVwZ-RR 1993, 666; NVwZ 1991, 695; NVwZ 1990, 391; NVwZ 1989, 1183; OVG Koblenz NVwZ-RR 1988, 19; OVG Lüneburg NVwZ 1983, 106; NVwZ 1989, 1085; VGH Mannheim VBlBW 1986, 21; VGH München GewArch. 1990, 255; OVG Münster NJW 1995, 1632; OVG Saarlouis NVwZ 1992, 281; OVG Schleswig NVwZ-RR 1995, 45.

[279] S. etwa OVG Bremen NVwZ-RR 2006, 162.

[280] → Rn. 359.

[281] BVerwG NVwZ 1985, 905 f.; OVG Hamburg DVBl. 1987, 317; OVG Koblenz NVwZ-RR 1988, 19; *Schoch* S. 743. Zur Möglichkeit der Rückabwicklung bei der Feststellung der Aufnahme in einen Krankenhausplan VGH Mannheim DVBl. 1995, 160 (161).

[282] OVG Hamburg NVwZ 1990, 686; OVG Münster NWVBl 1992, 368.

[283] OVG Lüneburg NVwZ-RR 2004, 258 (vorläufiger Schulbesuch).

[284] VGH München BayVBl. 1996, 215; OVG Schleswig NVwZ 1994, 805 (806).

[285] VG Düsseldorf Beschl. v. 16.8.2016 – 2 L 1717/16 – Unterschreiten der Mindestkörpergröße, Zulassung zum weiteren Auswahlverfahren; OVG Lüneburg NVwZ-RR 2004, 258 – vorläufiger Schulbesuch; OVG Münster Beschl. v. 11.4.2005 – 13 B 1059/04; OVG Bremen NVwZ-RR 2006, 162

nicht nur tatsächlich, sondern aufgrund eines gerichtlichen Titels rechtlich so gestellt, als ob er mit der Klage obsiegt hat.[286] Der Empfänger von Ausbildungsförderung darf über die an ihn geleistete vorläufige Zahlung rechtswirksam verfügen, der vorläufig versetzte Schüler nimmt am Unterricht der nächsthöheren Klasse mit den gleichen Rechten und Pflichten wie seine Mitschüler teil,[287] der vorläufig zugelassene Studienbewerber hat den vollen Rechtsstatus eines Studenten.[288] Nur unter dieser Voraussetzung kann der Antragsteller die ihm eingeräumte Berechtigung so nutzen, dass sie bei einem Erfolg in der Hauptsache ohne weiteres in die angestrebte endgültige Rechtsposition übergehen kann.[289] Dieser Sicherungszweck bedingt eine rechtliche Gleichstellung auf Zeit und schließt damit aus, die vorläufige Vorwegnahme mit dem überwiegenden Teil des Schrifttums[290] als einen rein faktischen Vorgang zu verstehen und sie im Vergleich zur endgültigen Vorwegnahme als ein „minus und aliud" zu betrachten.

3. Faktische Vorwegnahme

Regelungen, die dem Antragsteller lediglich faktische Vorteile einräumen, ohne ihm die **181**
im Hauptsacheverfahren begehrte Rechtsposition zu vermitteln, fallen nicht unter den Rechtsbegriff der Vorwegnahme. In diesen Fällen wird der Antragsteller nicht so gestellt, als ob er in der Hauptsache obsiegt hat, sondern erreicht hier in der Tat nur ein „minus und aliud".[291] Nimmt ein nicht versetzter Schüler lediglich als Gast am Unterricht der nächsthöheren Klasse teil, so hat er nicht die Rechte und Pflichten eines versetzten Schülers und kann damit auch nicht die Anerkennung der von ihm erbrachten Schulzeiten und Schulleistungen erreichen. Das gleiche gilt für einen Studienbewerber, der die laufenden Lehrveranstaltungen besuchen darf, ohne vorläufig als Student eingeschrieben zu werden, oder für einen Prüfling, dem lediglich die bloße Teilnahme an einer Prüfung ermöglicht wird. Derartige faktische Gestattungen stellen sich nicht als Vorwegnahme der Hauptsache dar, da es an der Identität von Anordnungs- und Klagebegehren fehlt.[292] Im Klageverfahren geht es um die Einräumung einer Rechtsposition. Demgegenüber begünstigt eine faktische Vorausregelung den Antragsteller lediglich in tatsächlicher Hinsicht, ohne ihm schon vorab die Rechtsvorteile zu verschaffen, auf die er im Klageverfahren abzielt. Sie greift damit dem Hauptsacheverfahren nicht vor und braucht deshalb auch nicht rückgängig gemacht zu werden, wenn der Antragsteller in der Hauptsache unterliegt.[293]

(einstweilige Gestattung bis zur endgültigen Entscheidung über Erteilung Baugenehmigung); s. auch NVwZ 1990, 780 (Spielhallenerlaubnis); OVG Koblenz Urt. v. 7.12.1995 – 1 B 13 193/95.

[286] BVerwG Buchholz 310 § 123 VwGO Nr. 15 (vorläufige Zuweisung eines Dienstpostens); VGH Kassel NVwZ-RR 1992, 361 (vorläufige Aufnahme in eine Schule); OVG Greifswald NVwZ-RR 1994, 334; OVG Lüneburg NVwZ 1983, 106 (vorläufige Zulassung zum Studium); VGH Mannheim DVBl. 1993, 508 (vorläufige Zulassung zu Lehrveranstaltungen); RdL 1990, 252 (vorläufige Zulassung zur Prüfung); OVG Bremen NJW 1986, 1062. Anders OVG Hamburg DVBl. 1987, 314 (vorläufige Zulassung zum juristischen Vorbereitungsdienst); VGH Kassel NVwZ 1992, 506; NVwZ 1990, 391 (392) (vorläufige Zulassung zur Fraktionsarbeit); OVG Münster NWVBl. 1992, 395 (vorläufiger Kostenzuschuss). Anders OVG Schleswig NJW 1997, 2536.

[287] Ebenso *Huba* JuS 1990, 986 Fn. 35. – Anders *Schoch* S. 743, 746; *Brühl* JuS 1995, 919.

[288] OVG Lüneburg NVwZ 1983, 106; VGH Mannheim DVBl. 1993, 508.

[289] OVG Lüneburg NVwZ 1983, 106; VGH Kassel NVwZ 1992, 506; VGH Mannheim RdL 1990, 252.

[290] *Jakobs* VBlBW 1990, 451; VBlBW 1984, 135 (137) Fn. 58 sowie *Schoch* in Schoch/Schneider/Bier VwGO § 123 Rn. 154; *ders.* VerwArch. 82 (1991), 172; *ders.* S. 443, 445 f., 1408; *Huba* JuS 1990, 986; *Quaritsch* VerwArch. 51 (1960), 348; *Vogg* NJW 1993, 1364; *Wieseler* S. 190.

[291] *Jakobs* VBlBW 1984, 135.

[292] OVG Lüneburg NVwZ 1983, 106; VGH Mannheim RdL 1990, 252.

[293] Zur faktischen Vorwegnahme OVG Koblenz NVwZ 2004, 363 (364); s. auch BVerfG NVwZ 2003, 1112.

182 Faktische Vorausregelungen haben nur eine geringe praktische Bedeutung.[294] Dabei erweist sich, dass die Praxis der Gerichte vielfach von der faktischen Vorwegnahme spricht, in Wirklichkeit aber die für die Dauer des Hauptverfahrens gedachte Einräumung einer Rechtsposition, also vorläufige Vorwegnahme begehrt ist.[295] Tatsächlich erfüllen faktische Vorausregelungen den Sicherungszweck, wenn es um einzelne tatsächliche Sicherungsmaßnahmen geht.[296] Dagegen reichen sie nicht aus, wenn die vorläufige Einräumung einer Rechtsstellung angestrebt wird. Da der Antragsteller nicht so gestellt wird, als ob er in der Hauptsache obsiegt hat, fehlt es an einer Rechtserheblichkeit, die Voraussetzung für die Umwandlung einer vorläufigen in eine endgültige Rechtsposition ist.[297]

II. Zur Zulässigkeit der Vorwegnahme

183 Die Rechtsprechung geht nach wie vor nahezu übereinstimmend von einem prinzipiellen Verbot der Vorwegnahme der Hauptsache in allen ihren Formen einschließlich faktischer Zustandsregelungen aus.[298] Die einstweilige Anordnung darf danach die Grenzen einer vorläufigen Regelung nicht überschreiten, weil anderenfalls über die Erhaltung der Entscheidungsfähigkeit des Klageverfahrens hinaus vollendete Tatsachen geschaffen würden.

1. Die Begründung der Verwaltungsgerichte für ein Vorwegnahmeverbot

184 Das Dogma vom Vorwegnahmeverbot wird offenbar als so tradiert betrachtet, dass vielfach eine Begründung für dieses Prüfungskriterium gar nicht mehr gegeben wird.[299] Wird für die Regelungsanordnung nach § 123 Abs. 1 S. 2 VwGO, die der Regelung eines „vorläufigen" Zustands dient, diese Begrenzung noch aus dem Gesetz hergeleitet, werden für die Sicherungsanordnung nach § 123 Abs. 1 S. 1 VwGO, oft aber auch für beide Anordnungsformen teleologische Gründe angeführt. Aus dem Wesen der einstweiligen Anordnung, die im Unterschied zur Entscheidung des Hauptsacherechtsstreits auf Vor-

---

[294] Anders allerdings *Jakobs* VBlBW 1984, 135–137 u. *Schoch* S. 1408, die den meisten Zwischenregelungen lediglich eine faktische Bedeutung zumessen.

[295] S. etwa OVG Magdeburg Beschl. v. 25.10.2016 – 1 M 124/16; VG Berlin Beschl. v. 6.9.2016 – 2 L 347.16; VG Bremen Beschl. v. 19.8.2016 – 6 V 2267/16; VG Leipzig Beschl. v. 25.7.2002 – 3 K 1625/01; VG Greifswald Beschl. v. 24.6.2002 – 4 B 1292/02; VG Dresden Beschl. v. 6.11.1998 – 5 K 2807/98.

[296] VGH Kassel NJW 1989, 470 (471) (Abgabe vorsorglicher Hinweise); UPR 1987, 197 (Gestattung der vorläufigen Ablagerung von Abfällen); OVG Saarlouis NVwZ-RR 1992, 382 (383) (Weiterleitung eines Asylantrags).

[297] So besonders deutlich VGH Mannheim DVBl. 1993, 508.

[298] OVG Münster Beschl. v. 16.11.2016 – 6 B 891/16; OVG Bautzen Beschl. v. 8.11.2016 – 2 B 260/16; VGH München Beschl. v. 3.11.2016 – 3 CE 16.1812; VG Berlin Beschl. v. 2.11.2016 – 4 L 326.16 A; OVG Lüneburg NVwZ-RR 2004, 258; Beschl. v. 24.3.2000 – 10 M 986/00; OVG Münster Beschl. v. 16.2.2007 – 11 B 896/06.AK; NWVBl. 2006, 302; BauR 2004, 313; VGH Mannheim NVwZ-RR 1997, 679; NVwZ-RR 1996, 681; VGH München NVwZ-RR 2002, 839; NJW 1997, 1181; NJW 1994, 2308; OVG Bautzen SächsVBl. 1997, 268; SächsVBl. 1997, 13; OVG Berlin NVwZ 1991, 1198; OVG Greifswald GewArch. 1996, 76; OVG Hamburg DVBl. 1987, 316; VGH Kassel NVwZ Beil. 1995, 41; NJW 1994, 1750; OVG Koblenz NVwZ-RR 1995, 411; OVG Lüneburg NVwZ 1994, 586; VGH Mannheim NVwZ-RR 1996, 681; NVwZ Beil. 1994, 34; VGH München NJW 1997, 1181; NJW 1994, 2308; OVG Münster NVwZ-RR 1997, 110; OVG Saarlouis NVwZ-RR 1992, 382; OVG Schleswig NVwZ-RR 1995, 664; VG München Beschl. v. 25.1.2010 – M 1 E 09.5805; OVG Bautzen Beschl. v. 19.5.2010 – 1 B 89/10.

[299] S. etwa VG Würzburg Beschl. v. 30.5.2016 – W 3 E 16.459; VG Lüneburg Beschl. v. 29.7.2015 – 6 B 41/15; OVG Bautzen Beschl. v. 16.1.2013 – 2 B 134/12; OVG Schleswig NVwZ-RR 2000, 616; OVG Bremen NVwZ-RR 2006, 162; VG Göttingen Beschl. v. 26.10.2005 – 4 B 181/05; VGH Mannheim DAR 1994, 271; Beschl. v. 17.9.1979 – IX 1986/79; DVBl. 1995, 190; VGH Kassel DVBl. 1989, 413.

läufigkeit angelegt sei,[300] folge das Verbot, die Hauptsache mit der Entscheidung im einstweiligen Rechtsschutz vorwegzunehmen.[301] Obwohl die Zulässigkeit der Vorwegnahme der Hauptsache zu den Grundfragen des Anordnungsverfahrens gehört und die praktische Bedeutung dieses Problems groß ist, haben die Verwaltungsgerichte hierfür bisher kein eigenes Konzept entwickelt. Es gibt keine grundsätzlichen Überlegungen zu den rechtsdogmatischen Grundlagen der Vorwegnahme, zu ihrem rechtssystematischen Standort sowie zu ihren materiell-rechtlichen Voraussetzungen.

2. Die Rechtsprechung des BVerfG

Die dringend gebotene Aufarbeitung dieser Frage hat bisher auch das BVerwG nicht geleistet, sondern sich im Rahmen seiner Zuständigkeit ebenfalls althergebrachter, aber nicht näher begründeter Prüfungsparameter bedient.[302] Deutlicher ist das BVerfG geworden. Es hat sich zwar nach wie vor nicht ausdrücklich mit der Zulässigkeit der Vorwegnahme der Hauptsache im verwaltungsgerichtlichen Anordnungsverfahren befasst, aufbauend auf seinem grundlegenden Beschluss vom 25.10.1988[303] hat es aber auch in späteren Entscheidungen deutlich gemacht, dass es nicht von einem prinzipiellen Vorwegnahmeverbot jedenfalls solange nicht ausgeht, wie dem Antragsteller bei Versagung des einstweiligen Rechtsschutzes nicht eine erhebliche, über Randbereiche hinausgehende Verletzung in seinen Grundrechten, die durch eine der Klage stattgebende Entscheidung in der Hauptsache nicht mehr beseitigt werden kann. Ist dies aber der Fall, ist unter eingehender tatsächlicher und rechtlicher Prüfung des im Hauptsacheverfahren geltend gemachten Anspruchs einstweiliger Rechtsschutz zu gewähren, es sei denn, dass ausnahmsweise überwiegende, besonders gewichtige Gründe entgegenstehen.[304] 185

Verfassungsrechtlicher Ausgangspunkt des BVerfG ist, dass Art. 19 Abs. 4 S. 1 GG nicht nur bei Anfechtungs-, sondern auch bei Vornahmesachen vorläufigen Rechtsschutz verlange, wenn ohne ihn schwere und unzumutbare, anders nicht abwendbare Nachteile entstünden, zu deren nachträglicher Beseitigung die Entscheidung in der Hauptsache nicht mehr in der Lage sei.[305] Ein Vorwegnahmeverbot ist unzulässig, wenn die Rechte des Antragstellers durch die Versagung des einstweiligen Rechtsschutzes endgültig vereitelt würden.[306] Einziges verfassungsrechtlich relevantes Kriterium ist damit die Erforderlichkeit vorläufigen Rechtsschutzes im Einzelfall mit dem Ziel, Grundrechtsverletzungen zu verhindern. Ein mögliches Vorwegnahmeverbot rechtfertigt es nach dieser Rechtsprechung nicht, die Erfordernisse effektiven Rechtsschutzes hintanzustellen. Das BVerfG hat es ausdrücklich gebilligt, dass die von den Verwaltungsgerichten im Hinblick auf Art. 19 Abs. 4 GG entwickelten Grundsätze regelmäßig auf den irreparablen Rechtsverlust oder das Zeitmoment abstellen, wenn eine Entscheidung in der Hauptsache mit hoher Wahrscheinlichkeit zu spät kommt.[307] Ob hierdurch die Hauptsache vorweggenommen wird, hat für das BVerfG keine maßgebliche Bedeutung. In dem von ihm 186

[300] OVG Lüneburg OVGE 18, 387; OVG Münster, AgrarR 1981, 201.

[301] BVerwG ZBR 2005, 314; Beschl. v. 14.12.1989 – 2 ER 301.89; BVerwGE 109, 258; OVG Bautzen Beschl. v. 26.5.2016 – 2 B 308/15; OVG Frankfurt (Oder) BauR 2004, 1049; OVG Magdeburg Beschl. v. 21.2.2006, – 2 M 217/05; OVG Münster NJW 1995, 3403; VG Hannover Beschl. v. 23.9.2005 – 11 B 4179/05.

[302] BVerwG ZBR 2005, 314; Buchholz 310 § 123 VwGO Nr. 15; BVerwGE 109, 258.

[303] BVerfGE 79, 69.

[304] BVerfG Nichtannahmebeschluss vom 12.9.2011 – 2 BvR 1206/11; NJW 2002, 3691; BVerfGE 93, 1; NJW 1995, 950.

[305] BVerfGE 79, 74 sowie BVerfGE 94, 166 (216); 93, 1 (13); 46, 166 (178 f.). Ebenso VGH Kassel ESVGH 42, 216.

[306] BVerfG NJW 1995, 950.

[307] BVerfG NJW 2002, 3691; BVerfGE 93, 1.

entschiedenen Fall hat es die Vorwegnahme bis zur Entscheidung über die Hauptsache zugelassen, weil anderenfalls die Ausübung des beanspruchten Rechts fortschreitend endgültig vereitelt worden wäre.[308] Da es in diesem Zusammenhang die sich geradezu aufdrängende Frage des Bestehens eines Vorwegnahmeverbots nicht erörtert hat, lässt darauf schließen, dass es eine Vorwegnahme der Hauptsache im Anordnungsverfahren verfassungsrechtlich für unbedenklich hält.[309] Dies gilt umso mehr, als es im konkreten Fall die Vorwegnahme selbst angeordnet hat.[310]

3. Die Kritik der Literatur

187 Die Kritik der Literatur gegen die Handhabung des vermeintlichen Vorwegnahmeverbots ist nicht neu. Gegen das von der hM vertretene prinzipielle Vorwegnahmeverbot hat sich früh vor allem *Schoch* gewandt,[311] nachdem bereits *Finkelnburg* es für die Sicherungsanordnung abgelehnt hatte.[312] Der Forderung *Schochs,* dieses Rechtsinstitut als ein nicht begründbares Dogma zu verabschieden,[313] hat sich die Rechtsprechung – freilich ohne auch nur annähernd auf die Einwände der Literatur einzugehen –, bisher widersetzt.

Dabei ist festzustellen, dass der Wortlaut der Norm schon nichts für ein solches Verbot hergibt. Das positive Recht spricht an keiner Stelle von einem Vorwegnahmeverbot.[314] Der Rückgriff auf teleologische Erwägungen – der einstweilige Rechtsschutz sei auf Vorläufigkeit, nicht auf endgültige Regelung angelegt – führt in der Praxis nicht nur zu einer Spruchpraxis, die beliebig wirkt[315], sondern ist von einem grundsätzlichen Missverständnis geprägt:

Regelungszweck des § 123 VwGO ist nicht die Entscheidung der Hauptsache, sondern stets das Offenhalten der Hauptsachentscheidung.[316] Das Offenhalten der Hauptsacheentscheidung wird dadurch erreicht, dass die einstweilige Anordnung insofern vorläufig regelt, als sie nicht endgültig über das vom Antragsteller geltend gemachte Recht entscheidet, sondern nur den Zeitraum bis zur Hauptsacheentscheidung regelt, also insoweit eine endgültige Entscheidung trifft.[317] Ob und inwieweit mit einer einstweiligen Anordnung Folgen verbunden sind, die die Hauptsache erledigt oder deren Wirkungen nicht mehr rückgängig gemacht werden können, hängt stets vom konkreten Fall und dem spezifischen Rechtsschutzbedürfnis des Antragstellers ab – die einstweilige Anordnung bleibt ihrem Charakter nach endgültige Regelung des Zwischenzeitraums.[318]

---

[308] BVerfGE 79, 74 (77).

[309] Ebenso *Maurer* JZ 1989, 295; *Urban* NVwZ 1989, 435. Anders *Schoch* VerwArch. 82 (1991), 171 Fn. 109, der die Entscheidung des BVerfG der hM zurechnet, obwohl sie seinem Lösungsansatz nahe kommt.

[310] BVerfGE 79, 79. Vgl. hierzu auch *Urban* NVwZ 1989, 434 Fn. 13.

[311] *Schoch* in Schoch/Schneider/Bier VwGO § 123 Rn. 146–157; *ders.* VerwArch. 82 (1991), 154, 171–173; *ders.* S. 740–743, 1395–1402. Ebenso *Bracher* NWVBl. 1994, 413; *Huba* JuS 1990, 986; *Jakobs* VBlBW 1990, 451; *Maurer* JZ 1989, 295; *Urban* NVwZ 1989, 435; *Vogg* NJW 1993, 1364.

[312] 2. Aufl. Rn. 163; *Schoch* in Schoch/Schneider/Bier VwGO § 123 Rn. 146 f.; *ders.* S. 1398 (Nachweise). Anders *Huba* JuS 1990, 986 Fn. 33; *Erichsen* Jura 1984, 653 Fn. 114; s. auch *Puttler* in Sodan/Ziekow § 123 Rn. 102 ff.

[313] *Schoch* in Schoch/Schneider/Bier VwGO § 123 Rn. 146 f.; *ders.* S. 1402, 1407. Ebenso bereits *Quaritsch* VerwArch. 51 (1960), 349 („eine prozessuale Legende"); *Leipold* S. 213 f.; *Rohmeyer* S. 180 sowie nunmehr *Bracher* NWVBl. 1994, 413; *Huba* JuS 1990, 986; *Jakobs* VBlBW 1990, 450; *Urban* NVwZ 1989, 435; *Vogg* NJW 1993, 1364.

[314] Ebd. § 123 Rn. 90, 146a.

[315] *Schoch* aaO Rn. 146a.

[316] *Puttler* in Sodan/Ziekow VwGO § 123 Rn. 104.

[317] *Puttler* in Sodan/Ziekow VwGO § 123 Rn. 104; *Schoch* in Schoch/Schneider/Bier VwGO § 123 Rn. 147 f.; VGH Kassel NJW 1984, 37.

[318] *Puttler* aaO Rn. 104

Statt des unbefriedigenden und nicht überzeugenden Rückgriffs auf den angeblichen Normzweck ist den von *Schoch* vorgeschlagenen Gedanken der Verteilung und Minimierung des Fehlentscheidungsrisikos der Vorzug zu geben.[319] Maßgeblich ist eine Vorausbeurteilung der materiellen Rechtslage, die bereits im Anordnungsverfahren hinreichende Klarheit über den voraussichtlichen Ausgang des Hauptsacheverfahrens schafft.[320] Ist im einstweiligen Rechtsschutzverfahren von einem Erfolg des Hauptsacheverfahrens auszugehen, kann also der Antragsteller einen Anordnungsanspruch geltend machen und steht ihm zudem ein Anordnungsgrund zur Seite, hat die einstweilige Anordnung zu ergehen. Alles andere würde dem Gebot effektiven Rechtsschutzes nach Art. 19 Abs. 4 widersprechen. Aus Art. 19 Abs. 4 folgt für die Gerichte eine Verpflichtung zur Gewährleistung effektiven Rechtsschutzes, nicht aber eine Rechtfertigung zur Annahme eines Vorwegnahmeverbotes.[321] 188

III. Die Durchbrechung des Vorwegnahmeverbotes bei der Regelungsanordnung

Wie sehr das Schlagwort vom Vorwegnahmeverbot einer überzeugenden Herleitung und dogmatischen Grundlage entbehrt, macht die Vielzahl der Begründungsansätze deutlich, mit denen die Judikatur die Durchbrechung des Vorwegnahmeverbotes rechtfertigen will. Unter welchen Voraussetzungen eine Vorwegnahme der Hauptsache ausnahmsweise in Betracht kommt, wird von den Verwaltungsgerichten vor allem für Vornahmesachen im Rahmen von § 123 Abs. 1 S. 2 VwGO erörtert. Sie gehen hierbei von den Anforderungen aus, die an den Erlass einer Regelungsanordnung gestellt werden und stimmen darin überein, dass diese bei einer Vorwegnahme der Hauptsache zu steigern sind.[322] In welchem Maß dies zu geschehen hat, wird unterschiedlich beantwortet. 189

1. Vorausbeurteilung der Hauptsache

Die Gerichte, die den Erlass einer Regelungsanordnung von einer positiven Vorausbeurteilung der Hauptsache abhängig machen,[323] lassen eine Vorwegnahme zu, wenn der Antragsteller in der Hauptsache zumindest überwiegende Erfolgsaussichten hat und unzumutbar schweren, anders nicht abwendbaren Nachteilen ausgesetzt wäre, wenn er auf den rechtskräftigen Abschluss des Hauptsacheverfahrens verwiesen werden müsste.[324] 190

---

[319] *Schoch* in Schoch/Schneider/Bier VwGO Vorb. § 80 Rn. 37, § 123 Rn. 149–153; *ders.* VerwArch. 82 (1991), 158, 172; *ders.* S. 1406–1412. Ebenso *Huba* JuS 1990, 986; *Hufen* DÖV 1990, 798; *Jakobs* VBlBW 1990, 450.

[320] Ebd. Vorb. § 80 Rn. 37f., 59, 72, § 123 Rn. 73; *ders.* VerwArch. 82 (1991), 172; *ders.*, S. 1370–1379. Ebenso *v. Golitschek* BayVBl. 1989, 320; *Jakobs* VBlBW 1990, 450; *Kopp* AöR 114, 510f. Zweifelnd *Schenke* NVwZ 1992, 868.

[321] Siehe hier *Puttler* aaO Rn. 105.

[322] Vgl. zB OVG Bautzen SächsVBl. 1997, 217; OVG Hamburg NJW 1987, 1215; OVG Koblenz NVwZ-RR 1988, 19; OVG Schleswig InfAuslR 1993, 18.

[323] → Rn. 116.

[324] Vgl. BVerfG Beschl. v. 12.9.2011 – 2 BvR 1206/11 Rn. 15; BVerwG Urt. v. 18.4.2013 – 10 C 9.12; Beschl. v. 12.4.2016 – 1 WDS-VR 2.16; OVG Münster Beschl. v. 14.11.2016 – 1 B 943/16; Beschl. v. 15.10.2014 – 12 B 870/14; Beschl. v. 19.9.2016 – 5 B 226/14; OVG Bautzen Beschl. v. 26.5.2016 – 2 B 308/15; OVG Saarlouis Beschl. v. 18.1.2006 – 1 W 18/05; OVG Greifswald Beschl. v. 6.9.2005 – 1 M 55/05; GewArch. 1996, 76; LKV 1994, 225f.; VGH Mannheim GewArch. 2005, 260; Beschl. v. 21.4.2004 – 6 S 17/04; OVG Münster Beschl. v. 21.3.2003 – 13 B 290/03; NJW 1995, 3403; NVwZ-RR 1995, 666; DVBl. 1995, 934; NJW 1995, 1632; OVG Lüneburg NVwZ-RR 2001, 241; OVG Bautzen Beschl. v. 23.5.2000 – 2 BS 804/99; SächsVBl. 1997, 219; SächsVBl. 1997, 268; OVG Berlin Beschl. v. 29.4.2002 – 1 S 3.02; NVwZ-RR 1997, 712; OVG Bremen NVwZ 1990, 780; OVG Hamburg Beschl. v. 23.6.1999 – 5 Bs 120/99; NJW 1999, 2754; VGH Kassel NJW 2005, 1963; NVwZ-RR 2005, 330; NVwZ-RR 2001, 366; NVwZ-RR 2000, 787; NVwZ 2000, 92; NJW 1997, 959; NVwZ-RR

191 a) **Regelungsanspruch.** Der nach wie vor größere Teil der Gerichte verlangt für eine Vorwegnahme zumindest überwiegende Erfolgsaussichten in der Hauptsache. In immer stärkerem Maße werden aber an die Vorausbeurteilung höhere Anforderungen gestellt und zwar zumeist eine hohe (= weit überwiegende)[325] und vereinzelt auch eine sehr hohe (= nahezu sichere)[326] Erfolgswahrscheinlichkeit. Dies geschieht entweder allgemein[327] oder vor allem in den Fällen, in denen durch die Vorwegnahme irreversible Verhältnisse geschaffen werden, die das Hauptsacheverfahren ganz oder weitgehend gegenstandslos machen.[328] Auf diese Weise soll das Fehlentscheidungsrisiko so niedrig wie möglich gehalten werden.[329] Der Antragsteller soll im Anordnungsverfahren nur das erhalten, was er aller Voraussicht nach auch in einem späteren Hauptsacheverfahren erreichen kann.[330] Geht es um eine Ermessensentscheidung, gelten gesteigerte Anforderungen. Der Antragsteller muss glaubhaft machen, dass bei ermessensfehlerfreier Entscheidung eine Entscheidung zu seinen Gunsten überwiegend wahrscheinlich ist.[331]

192 Geringere als überwiegende Erfolgsaussichten stehen nach dieser Auffassung der Vorwegnahme der Hauptsache stets entgegen.[332] Dies gilt auch dann, wenn die begehrte Regelung für den Antragsteller besonders eilbedürftig ist. Auch die höchste Dringlichkeit vermag unzureichende Erfolgsaussichten nicht auszugleichen, weil sich hierdurch das Fehlentscheidungsrisiko unvertretbar erhöhen würde.

193 b) **Regelungsgrund. aa) Allgemeine Anforderungen.** Die Vorwegnahme der Hauptsache ist weiterhin davon abhängig, dass der Antragsteller auf sie angewiesen ist, um den durch Art. 19 Abs. 4 S. 1 GG verbürgten effektiven Rechtsschutz zu erlangen. Ihm

---

1996, 325; NVwZ 1995, 612; OVG Magdeburg Beschl. v. 8.8.2001, – 22 M 225/01; OVG Weimar Beschl. v. 10.5.1997 – 2 EO 326/96; OVG Koblenz NVwZ-RR 1996, 460; NVwZ-RR 1990, 99; OVG Lüneburg NVwZ 1994, 586; NVwZ 1992, 79; VGH Mannheim VBlBW 1997, 107; NVwZ-RR 1996, 356; NJW 1996, 538; NVwZ-RR 1996, 681; VGH München BayVBl. 1996, 310; BayVBl. 1995, 470f.; OVG Saarlouis NVwZ 1992, 281; OVG Schleswig NVwZ-RR 1995, 664; NVwZ-RR 1995, 45; NVwZ 1993, 702; NVwZ-RR 1993, 304; VG Schleswig Beschl. v. 28.10.2004 – 11 B 98/03; VG Weimar LKV 2002, 388; VG Meiningen Beschl. v. 30.6.2003 – 8 E 520/03.ME; auch BVerwG *Buchholz* 310 § 123 VwGO Nr. 15 S. 2.

[325] VG Düsseldorf Beschl. v. 16.8.2016 – 2 L 1717/16; VGH Kassel NJW 2005,1963; NVwZ-RR 2001, 366; NVwZ-RR 2000, 787; NVwZ 2000; OVG Bautzen SächsVBl. 1997, 221; OVG Berlin NVwZ-RR 1997, 714; NVwZ Beil. 1997, 54, OVGE 19, 157; OVG Frankfurt (Oder) NVwZ Beil. 1995, 42; OVG Hamburg FamRZ 1994, 774, FEVS 47, 73; NVwZ-RR 1993, 248; FEVS 42, 451; VGH Mannheim NJW 1996, 538; DVBl. 1995, 161 („ein das übliche Maß der Glaubhaftmachung deutlich übersteigender Grad von Offenkundigkeit"); VBlBW 1993, 306; NVwZ-RR 1992, 419; VGH München BayVBl. 1990, 536, NVwZ-RR 1990, 99; OVG Saarlouis NVwZ 1992, 282.

[326] OVG Bautzen SächsVBl. 1997, 217 (218); OVG Greifswald GewArch. 1996, 77; LKV 1994, 225; OVG Schleswig NVwZ-RR 1995, 45; NVwZ-RR 1995, 664; InfAuslR 1993, 19; NVwZ-RR 1993, 31; NVwZ-RR 1993, 304; NVwZ-RR 1992, 388. Vgl. hierzu auch VGH München BayVBl. 1997, 312; BayVBl. 1982, 18.

[327] S. dazu die in → Fn. 77 zitierte Rechtsprechung.

[328] VGH Kassel ESVGH 42, 221; VGH Mannheim NVwZ-RR 1992, 420; OVG Schleswig InfAuslR 1993, 18. Nach BVerwG *Buchholz* 310 § 123 VwGO Nr. 15 S. 2 und daran anschließend OVG Berlin NVwZ 1991, 1198 ist in derartigen Fällen bei der Prüfung der Erfolgsaussichten „ein strenger Maßstab" anzulegen. VGH Mannheim DVBl. 1995, 160 (161) stellt „strenge Anforderungen".

[329] So ausdrücklich OVG Münster NJW 1988, 89; AgrarR 1981, 201. – Anders OVG Schleswig InfAuslR 1993, 19, das die Anforderungen an die Vorausbeurteilung bei drohenden intensiven und endgültigen Grundrechtsverletzungen im Interesse der Gewährleistung effektiven Rechtsschutzes auf eine nur überwiegende Erfolgswahrscheinlichkeit senkt.

[330] Grds. zust. *Schoch* S. 1563, der darin seine Forderung nach einem materiell-akzessorischen Beurteilungsmaßstab jedenfalls im Ergebnis als erfüllt ansieht.

[331] VG Karlsruhe Beschl. v. 15.4.2005 – 10 K 493/05.

[332] VGH Mannheim NVwZ-RR 1991, 195.

müssen unzumutbar schwere, anders nicht abwendbare Nachteile drohen, wenn er auf das Hauptsacheverfahren verwiesen werden würde.[333] Ob eine solche besondere Dringlichkeit gegeben ist, richtet sich nach den näheren Umständen des Einzelfalls.[334] Maßgebend sind für die meisten Gerichte allein die persönlichen Verhältnisse des Antragstellers, nicht auch die Erfolgsaussichten in der Hauptsache.[335] Hierbei kommt es vor allem darauf an, welche Nachteile ihm während der Dauer des Hauptsacheverfahrens entstehen können, wie bedeutsam sie für ihn sind und welche Möglichkeiten er hat, sie auf andere Weise abzuwenden. Gewährt der Antragsteller finanzielle Leistungen für zurückliegende Zeiträume, werden derartige Nachteile regelmäßig nicht anzunehmen sein. Die Rechtsprechung geht regelmäßig davon aus, dass eine Vorwegnahme der Hauptsache in einem solchen Fall nicht in Betracht kommt, weil die Berücksichtigung von Ansprüchen aus der Vergangenheit regelmäßig nicht förderlich/dienlich ist, um gegenwärtige Notlagen zu beheben und andernfalls eintretenden Grundrechtsverletzungen begegnen zu können.[336]

(1) Bei der Ermittlung der voraussichtlichen Dauer des Hauptsacheverfahrens wird 194
regelmäßig davon auszugehen sein, dass bei der gegenwärtigen Belastung der Verwaltungsgerichte für ein durch zwei oder drei Instanzen geführtes Klageverfahren mehrere Jahre benötigt werden.[337] Wesentlich kürzere Verfahrenszeiten sind die Ausnahme. Sie könnten zB dann erreicht werden, wenn das Gericht ein Verfahren aus prozessökonomischen Gründen vorzieht, um mit einer beschleunigten Entscheidung der Hauptsache eine Entscheidung im Anordnungsverfahren entbehrlich zu machen.[338] Das Gleiche gilt, wenn der Anordnungsantrag erst unmittelbar vor dem Abschluss des Klage- oder Beschwerdeverfahrens gestellt wird.[339] In diesen Fällen bedarf es einer Eilentscheidung nicht.

(2) Ob der Antragsteller angesichts der langen Verfahrensdauer schlechthin unzumut- 195
baren Nachteilen ausgesetzt wird, wird einmal danach beurteilt, wie groß die Bedeutung der im Hauptsacheverfahren beanspruchten Rechtsposition für ihn ist.[340] Grundrechte, die nicht nur in Randbereichen berührt werden, haben ein besonderes Gewicht.[341] Zum anderen kommt es darauf an, wie sehr sie in ihrer Verwirklichung gefährdet werden. Die Beeinträchtigungen, die der Antragsteller in tatsächlicher und rechtlicher Hinsicht zu

---

[333] OVG Münster Beschl. v. 16.11.2016 – 6 B 891/16; Beschl. v.14.11.2016 – 1 B 943/16; OVG Bautzen Beschl. v. 8.11.2016 – 2 B 260/16; VG Augsburg Beschl. v. 2.11.2016 – Au 5 E 16.1421; OVG Berlin NVwZ-RR 1997, 712, NVwZ 1991, 1198; OVG Greifswald LKV 1994, 225; NVwZ-RR 1994, 334; VGH Kassel ESVGH 42, 216 NVwZ-RR 1992, 361; VGH Mannheim NVwZ-RR 1997, 629; DVBl. 1995, 160, NJW 1994, 2372; NVwZ-RR 1992, 380; VGH München BayVBl. 1995, 470; BayVBl. 1990, 536; OVG Münster NJW 1995, 3403; DVBl. 1995, 934; NVwZ-RR 1995, 329; OVG Saarlouis ZBR 1995, 47; OVG Schleswig NVwZ-RR 1993, 304; BVerfG Beschl. v. 24.3.2009 – 2 BvR 2347/08; VGH Kassel DVBl. 2010, 130.

[334] VG Gelsenkirchen Beschl. v. 30.6.2016 – 5 L 1490/16; VGH Kassel NVwZ-RR 1995, 33 (35); NJW 1994, 1750; VGH München NVwZ-RR 1994, 398; *Huba* JuS 1990, 989; *Schoch* S. 1569.

[335] S. etwa VGH Mannheim Beschl. v. 21.4.2004 – 6 S 17/04.

[336] OVG Frankfurt (Oder) Beschl. v. 23.3.2005 – 4 B 29/04; VGH München Beschl. v. 16.12.1996 – 12 CE 95.2728; Beschl. v. 23.9.1998 – 12 ZE 98.2194, 12 CE 98.2194; OVG Lüneburg Nds MBl 1995, 872, entg. BVerwGE 92, 1.

[337] OVG Bremen NVwZ 1990, 780; OVG Hamburg DVBl. 1987, 316; VGH Kassel ESVGH 42, 131; VGH München BayVBl. 1995, 470, BayVBl. 1991, 86.

[338] *Schoch* in Schoch/Schneider/Bier VwGO Vorb. § 80 Rn. 14.

[339] VGH Mannheim NVwZ-RR 1989, 478 (479); *Schoch* in Schoch/Schneider/Bier VwGO § 123 Rn. 81.

[340] VGH Kassel ESVGH 42, 131; VGH Mannheim DVBl. 1995, 161; OVG Münster NVwZ 1993, 399, 400; AgrarR 1981, 201. Vgl. auch BVerwG *Buchholz* 402.24 § 2 AuslG Nr. 57 S. 129.

[341] BVerfGE 79, 75; OVG Münster Beschl. v. 14.11.2016 – 1 B 943/16; OVG Magdeburg Beschl. v. 21.6.2016 – 2 M 16/16; VG Gelsenkirchen Beschl. v. 1.6.2016 – 14 L 1284/16; VG Berlin Beschl. v. 27.4.2016 – 6 L 246.16; VG Frankfurt Beschl. v. 10.3.2016 – 7 L 113/16.F; OVG Schleswig Beschl. v. 15.7.2015 – 4 MB 14/15.

erwarten hat, müssen besonders schwerwiegend sein[342]. Dies ist insbesondere dann der Fall, wenn das Abwarten des Hauptsacheverfahrens zu Nachteilen führt, die sich bei einem Erfolg in der Hauptsache weder rückgängig machen noch wiedergutmachen lassen.[343] Je stärker die Rechtsverwirklichung durch Zeitablauf gefährdet wird und je mehr dadurch irreversible Verhältnisse geschaffen werden, desto weniger kann dem Antragsteller zugemutet werden, sich auf den Hauptsacherechtsschutz verweisen zu lassen. Aber auch dann, wenn das Hauptsacheverfahren unverhältnismäßig lang dauert, kann die Zumutbarkeitsgrenze überschritten sein.[344]

196 (3) Nachteile, die der Antragsteller zu erwarten hat, sind auf andere Weise abwendbar, wenn der Antragsteller auf eine gleichwertige Sicherungsmöglichkeit verwiesen werden kann, deren Inanspruchnahme für ihn nicht unzumutbar ist. Dies kann zB dann der Fall sein, wenn er eine Notlage durch anderweitig verfügbare Mittel beheben kann,[345] wenn er das gewünschte Studium an einer anderen als der in Anspruch genommenen Hochschule beginnen oder fortsetzen kann,[346] wenn es bei erfolglosen Prüfungen oder Prüfungsleistungen eine zeitnahe Wiederholungsmöglichkeit gibt[347] oder wenn es ihm möglich und zumutbar ist, einen Vorbereitungsdienst in einem anderen Bundesland aufzunehmen.[348] Dagegen kann der Abbruch eines begonnenen Studiums von ihm nicht ohne weiteres verlangt werden.[349]

197 (4) Der kleinere Teil der Gerichte, der – nunmehr bestätigt durch die Rechtsprechung des BVerfG[350] – im Rahmen des Regelungsgrundes eine Abwägung zwischen den Interessen des Antragstellers und denen des Antragsgegners, der Allgemeinheit und unmittelbar betroffener Dritter für erforderlich hält,[351] lässt eine Vorwegnahme zu, wenn ihre Versagung für den Antragsteller schlechthin unzumutbar wäre. Die dem Antragsteller drohenden Nachteile müssen besonders gewichtig sein und deutlich schwerer wiegen als die entgegenstehenden öffentlichen oder privaten Belange.[352] Geht die Abwägung zu Ungunsten des Antragstellers aus, darf die begehrte Regelung selbst dann nicht erlassen werden, wenn dem Antragsteller ein Verlust des geltend gemachten Anspruchs droht.[353]

---

[342] OVG Münster, Beschl. v. 14.11.2016 – 1 B 943/16; Beschl. v. 15.10.2014 – 12 B 870/14; Beschl. v.19.9.2016 – 5 B 226/14; OVG Bautzen Beschl. v. 26.5.2016 – 2 B 308/15; OVG Münster NVwZ-RR 2007, 60; VGH Mannheim Beschl. v. 12.10.2005 – 11 S 101 105; VG Göttingen Beschl. v. 26.10.2005 – 4 B 181/05; VG Schwerin Beschl. v. 26.9.2005 – 3 B 1260/04 („gravierende Nachteile").

[343] BVerfG (Kammerentsch.) NJW 1995, 950; *Buchholz* 402.24 § 2 AuslG Nr. 57 S. 129; OVG Bautzen SächsVBl. 1997, 13; OVG Berlin NVwZ 1991, 1198; OVG Bremen NVwZ 1990, 780; VGH Kassel NVwZ-RR 1996, 683; InfAuslR 1995, 242; OVG Koblenz NJW 1990, 2016; VGH Mannheim VBlBW 1997, 101; VGH München NVwZ-Beilage 1994, 36; BayVBl. 1992, 178; OVG Münster NVwZ-RR 1991, 561; OVG Schleswig InfAuslR 1993, 18.

[344] Vgl. für Kapazitätsstreitigkeiten BVerfG Beschl. v. 29.6.2016 – 1 BvR 590/15 – juris Rn. 7f; BVerfG Beschl. v. 27.7.2015 – 1 BvR 1560/15 juris Rn. 4; BVerfG Beschl. v. 15.10.2015 – 1 BvR 1645/14 juris Rn. 11.

[345] VGH Mannheim VBlBW 1993, 306. Anders OVG Lüneburg NVwZ 1989, 1085, wenn streitig ist, welcher Sozialhilfeträger zu Leistungen verpflichtet ist.

[346] VGH Mannheim NVwZ 1985, 594.

[347] OVG Hamburg NJW 2007, 2874; VGH Kassel DVBl. 1993, 57; OVG Münster NVwZ-RR 1995, 329; OVG Schleswig NVwZ 1994, 805. Anders VGH Mannheim NVwZ-RR 1995, 329 (Ls.); DVBl. 1993, 1315. → Rn. 1424.

[348] OVG Bremen NJW 1986, 1062. Anders OVG Hamburg DVBl. 1987, 316 und wohl auch OVG Schleswig NVwZ-RR 1995, 279 (281), vgl. auch VG Berlin LKV 2010, 190.

[349] VGH Kassel NVwZ-RR 1991, 199.

[350] BVerfGE 79, 69.

[351] → Rn. 133.

[352] So insbes. VGH Kassel NJW 1997, 2970; VGH Mannheim DAR 1991, 274; NVwZ 1987, 1101; VGH München BayVBl. 1989, 657.

[353] VGH Mannheim ESVGH 30, 59 (61). Vgl. hierzu auch BVerfG BVerfGE 79, 69 (78).

bb) Besondere Fallgruppen. Eine Vorwegnahme der Hauptsache wird regelmäßig in folgenden Fallgruppen angenommen: 198

(1) Existenzgefährdung. Die Vorwegnahme ist notwendig, wenn die soziale, berufliche oder wirtschaftliche Existenzgrundlage des Antragstellers gefährdet ist[354]. Wer nicht aus eigener Kraft für sich sorgen kann, bedarf umgehender Hilfe, um menschenwürdig leben zu können.[355] Wessen Berufsausbildung in Frage gestellt ist, muss unverzüglich gefördert werden, damit keine wertvolle Ausbildungszeit verloren geht. Beispiele hierfür sind die vorläufige Zulassung zum Studium,[356] die Gewährung von Ausbildungsförderung,[357] die vorläufige Zulassung zu einer Prüfung[358] oder zum Vorbereitungsdienst[359] sowie die Bereitstellung notwendiger Lehrmittel[360]. Wessen berufliche oder wirtschaftliche Existenz ernstlich bedroht ist, kann auf die Erteilung einer existenzsichernden vorläufigen Erlaubnis, Genehmigung oder sonstigen Gestattung[361] oder auf die Gewährung finanzieller Unterstützung[362] angewiesen sein. Dass Investitionen durch die Dauer eines Hauptsacheverfahrens gefährdet werden, soll allein nicht ausreichen.[363] Nicht ausreichend zur Vorwegnahme der Hauptsache sind auch die finanziellen Einbußen, die ein geduldeter Ausländer dadurch erleidet, dass er auf die Entscheidung über die begehrte Geschäftserlaubnis wartet.[364] Anders ist dies, wenn besondere Umstände hinzutreten, etwa weil der Ausländer bereits gearbeitet hat und seine Kündigung droht[365] oder der Arbeitgeber ankündigt, den Arbeitsplatz freizuhalten, bevor er eine Ersatzkraft einstellt.[366] Eine Vorwegnahme der Hauptsache kann im Übrigen auch in Betracht kommen, wenn sich durch das Abwarten der Hauptsacheentscheidung die beruflichen Chancen des Antragstellers

---

[354] VG Berlin Beschl. v. 15.10.2015 – 23 L 397.15; VG München Beschl. v. 7.9.2016 – M 8 E 16.3665; OVG Münster Beschl. v. 8.7.2004 – 13 B 1790/03; VG Hannover Beschl. v. 23.9.2005 – 11 B 4179/05; VG Aachen Beschl. v. 12.8.2003 – 2 L 663/03.

[355] OVG Bautzen NVwZ Beil. 1995, 25; SächsVBl. 1994, 113; OVG Berlin NVwZ Beil. 1997, 54; NVwZ Beil. 1996, 20; VGH Kassel NVwZ Beil. 1994, 48; NVwZ-RR 1993, 145; OVG Koblenz DÖV 1991, 215; OVG Lüneburg NVwZ Beil. 1997, 28; VGH Mannheim NVwZ Beil. 1994, 34; NVwZ 1993, 1220; VGH München NVwZ-RR 1996, 211; BayVBl. 1995, 729; BayVBl. 1995, 373; OVG Münster NWVBl. 1995, 140; NVwZ 1993, 202 (203).

[356] VG München Beschl. v. 23.8.2016 – M 3 E Z 16.10002; VG Berlin Beschl. v. 17.6.2016 – 3 L 175.16; OVG Greifswald LKV 1994, 225; OVG Hamburg NVwZ-RR 1992, 22; OVG Lüneburg NVwZ 1983, 106; VGH Mannheim VBlBW 1993, 264; OVG Münster NVwZ-RR 1991, 561 (Aufnahme eines Zweitstudiums).

[357] VG Dresden Beschl. v. 2.4.2015 – 5 L 215/15; VGH Kassel, FamRZ 1992, 1361; VGH Mannheim, FamRZ 1997, 63 (64); OVG Bautzen Beschl. v. 19.5.2010 – 1 B 89/10; anders VG Hannover Beschl. v. 15.10.2015 – 3 B 3898/15 – erstritten wird im Klageverfahren die causa für das Behaltendürfen der Leistung, nicht die Leistung selbst, was dogmatisch einleuchtender sein dürfte.

[358] OVG Bautzen Beschl. v. 8.6.2016 – 2 B 154/15; OVG Münster NWVBl. 1996, 132; OVG Schleswig NVwZ-RR 1993, 30; OVG Weimar ThürVBl. 1996, 135.

[359] VG Saarlouis Beschl. v. 22.9.2015 – 2 L 953/15; VG Ansbach Beschl. v. 11.9.2015 – AN 1 E 15.01439; VG Würzburg Beschl. v. 28.8.2015 – W 1 E 15.787; OVG Bremen NJW 1986, 1062; OVG Hamburg NJW 1991, 1076; DVBl. 1987, 316; VGH Kassel NVwZ-RR 1997, 415; NJW 1997, 959; OVG Schleswig DVBl. 1995, 208.

[360] VGH Mannheim NVwZ-RR 1991, 485 (Bereitstellung von Lehrmitteln); OVG Münster NVwZ-RR 1995, 660 (Schaffung besserer Lernbedingungen).

[361] OVG Bremen NVwZ 1990, 780; VGH Kassel NVwZ-RR 1996, 325; NVwZ 1995, 612; OVG Koblenz NVwZ-RR 1988, 19; VGH Mannheim NVwZ-RR 1995, 261; VGH München NVwZ-RR 1989, 645; VG Münster NWVBL 1988, 240; OVG Bautzen Beschl. v. 17.6.2010 – 3 D 22/09; OVG Münster DVBl. 2009, 1124.

[362] OVG Münster AgrarR 1986, 27.

[363] VG Gera Beschl. v. 6.9.2001 – 4 E 923/01.

[364] VGH Mannheim Beschl. v. 12.10.2005, 11 S 1011/05.

[365] OVG Münster NVwZ-RR 2007. 60; VGH Mannheim Beschl. v. 12.10.2005 – 11 S 1011/05; VG Koblenz NVwZ 2005, 724.

[366] VG Hannover Beschl. v. 14.3.2005 – 2 B 1087/05.

verschlechtern, weil das Berufsbild eine ununterbrochene Berufsausübung verlangt.[367] Eine Existenzgefährdung kann für einen Sportverein zu befürchten – und darzulegen – sein, wenn es um die Überlassung des Sportplatzes einer Gemeinde für Punktspiele geht.[368] Anders ist jedoch zu beurteilen, wenn das geplante Vorhaben von vornherein nicht mit ausreichenden Mitteln oder Sicherheiten ausgestattet ist. Die Existenzgefährdung beruht in solchen Fällen nicht auf der Dauer des Klageverfahrens, sondern in der unzureichenden Mittelausstattung.[369]

199 (2) Termingebundene Ereignisse. Eine Vorwegnahme ist weiterhin dann besonders dringlich, wenn sich die begehrte Regelung auf unmittelbar bevorstehende feste Termine oder Zeiträume bezieht, nach deren Ablauf sie gegenstandslos wird. In derartigen Fällen käme der Hauptsacherechtsschutz auch bei größter Beschleunigung zu spät. Den drohenden Rechtsverlust, dem durch das Hauptsacheverfahren nicht mehr begegnet werden könnte, braucht der Antragsteller nicht hinzunehmen, wenn er auf die begehrte Regelung gerade zu diesem Zeitpunkt angewiesen ist und keine zumutbaren Ausweichmöglichkeiten hat.[370] Feste Termine, auf die sich die Vorwegnahme beziehen kann, sind:

- Wahlen,[371]
- Volkszählungen,[372]
- Fest- und Gedenktage,[373]
- Versammlungen und Veranstaltungen zu einem aktuellen Anlass,[374]
- Sitzungen und Besprechungen,[375]
- Teilnahme an Fernsehdiskussion („Wahlhearing“),[376]
- feste Zeiträume eine Wahlperiode,[377]
- ein bevorstehendes oder fortschreitendes Schuljahr,[378]
- eine bestimmte Jahreszeit,[379]
- eine befristete Verhandlungsdauer,[380]
- eine zeitlich begrenzte Jagdberechtigung,[381]
- Antrag auf Altersteilzeit.[382]

2. Folgenabwägung

200 Können die Gerichte, die die Vorwegnahme der Hauptsache auf eine Vorausbeurteilung der Hauptsache stützen, aus Zeitgründen die Sach- und Rechtslage nicht prüfen,

---

[367] VGH Mannheim Beschl. v. 12.10.2005 – 11 S 1011/05.
[368] VG Gießen Beschl. v. 25.7.2005 – 8G 1560/06.
[369] VG Oldenburg Beschl. v.28.1.2013 – 5 B 5071/12.
[370] OVG Greifswald Beschl. v. 6.9.2005 – 1 M 55/05; s. auch OVG Lüneburg NJW 1985, 2347; OVG Koblenz NJW 1990, 2016; VGH Mannheim ESVGH 30, 59; OVG Münster AgrarR 1981, 201.
[371] VGH München NVwZ 1991, 581.
[372] OVG Münster NWVBl 1988, 18.
[373] OVG Koblenz NJW 1990, 2016; VGH Mannheim NVwZ-RR 1996, 344; NVwZ 1983, 427.
[374] VGH Kassel NVwZ-RR 1994, 651; ESVGH 40, 223; OVG Koblenz AS 20, 11; OVG Lüneburg NVwZ 1994, 586; VGH Mannheim VBlBW 1997, 101; VBlBW 1996, 101; NVwZ-RR 1996, 681.
[375] OVG Bautzen SächsVBl. 1997, 13; VGH Kassel NVwZ 1988, 88; OVG Koblenz AS 22, 386; VGH München NVwZ 1985, 287; VG Hannover NVwZ 1994, 608.
[376] VGH Mannheim NVwZ-RR 1997, 629.
[377] BVerfGE 79, 69; VGH Kassel NVwZ-RR 1997, 308.
[378] VG Aachen Beschl. v. 4.6.2004 – 9 L 466/04; VGH Kassel ESVGH 40, 33, NVwZ-RR 1990, 24; VGH München BayVBl. 1997, 431; BayVBl. 1994, 81; OVG Münster NVwZ-RR 1995, 666. Vgl. hierzu auch VGH München BayVBl. 1996, 26, 27 (bevorstehender Schulabschluss).
[379] VGH Mannheim VBlBW 1997, 107 (Freiluftsaison).
[380] VGH Kassel NVwZ-RR 1996, 683.
[381] VGH München BayVBl. 1996, 310; OVG Münster AgrarR 1981, 201.
[382] VG Lüneburg Beschl. v. 7.7.2004 – 1 B 49/04.

dürfen sie nach der Rechtsprechung des BVerfG – wie oben erläutert – stattdessen aufgrund einer erfolgsunabhängigen Folgenabwägung entscheiden.[383] Sie können in diesem Fall die Hauptsache vollständig oder teilweise vorläufig vorwegnehmen.[384] Ob auf dieser Grundlage auch eine endgültige Vorwegnahme zulässig ist, ist für das Anordnungsverfahren nach § 123 Abs. 1 VwGO bisher nicht entschieden worden.[385]

3. Interessenabwägung

Für die Gerichte, die über den Erlass einer Regelungsanordnung aufgrund einer umfassenden Interessenabwägung entscheiden, stellt sich die grundsätzliche Frage, ob dieser Entscheidungsmaßstab auch für eine Vorwegnahme der Hauptsache gilt. Bedenken bestehen vor allem gegen eine endgültige, das Hauptsacheverfahren erledigende Vorwegnahme, die sich nur dann rechtfertigen ließe, wenn sich bereits im Anordnungsverfahren ergibt, dass der Antragsteller im Hauptsacheverfahren aller Voraussicht nach Erfolg haben wird.[386] Einzelne Gerichte stellen deshalb in diesen Fällen ausschließlich oder in erster Linie auf eine Vorausbeurteilung der Hauptsache ab.[387] Fehlt ein Anordnungsanspruch, kommt daher nach dieser Rechtsprechung eine Interessenabwägung nicht mehr in Betracht.[388] Die meisten Gerichte machen dagegen auch hier die Vorwegnahme von einer Interessenabwägung abhängig, ohne sich mit dieser Grundsatzfrage näher auseinanderzusetzen.[389] Gegenübergestellt werden die Interessen des Antragstellers und der Allgemeinheit, wobei Bedeutung und Dringlichkeit des geltend gemachten Anspruchs besonders zu beachten sein sollen.[390] 201

a) Vorwegnahme bei nicht eindeutiger Hauptsachelage. Die Gerichte, die in eine Interessenabwägung bereits bei einer nicht eindeutigen Hauptsachelage eintreten,[391] lassen eine Vorwegnahme in erster Linie dann zu, wenn der Antragsteller im Hauptsacheverfahren offensichtliche Erfolgsaussichten hat.[392] Bei einer Vorausbeurteilung der Hauptsache, die mit größter Wahrscheinlichkeit im Klageverfahren bestätigt werden wird, überwiegt das Interesse des Antragstellers an einer Vorwegnahme der Hauptsache alle entgegenstehenden Belange.[393] 202

---

383 Vgl. hierzu BVerfG (Kammerentsch.) NVwZ 1997, 479; → Rn. 118.

384 BVerfG NVwZ 1997, 481.

385 Für das Anordnungsverfahren nach § 32 Abs. 1 BVerfGG bleibt für das BVerfG die Folgenabwägung auch dann maßgebend, wenn dem Antragsteller ein Eingriff in Grundrechte droht, der sich nicht mehr rückgängig machen lässt, BVerfGE 94, 166 (217).

386 LKV 2013, 88; LKV 2013, 268; LSG Berlin-Brandenburg Beschl. v. 19.6.2013 – L 25 AS 1137/13 B ER; VG Gießen Beschl. v. 25.7.2005 – 8 G 1560/05; VG Meiningen Beschl. v. 9.5.2005 – 1 E 971/01.

387 So insbes. OVG Münster NJW 1988, 89; VGH München NVwZ-RR 1993, 355; BayVBl. 1982, 18 für eine endgültige Vorwegnahme der Hauptsache. In BVerwGE 50, 124 ist davon angesichts der besonderen Schwierigkeiten des Falles abgesehen worden; in Buchholz 402.24 § 2 AuslG Nr. 57 S. 130 ist diese Frage ausdrücklich offengelassen worden. Auch das BVerfG hält in seiner Rechtsprechung zu § 32 Abs. 1 BVerfGG bei einer Vorwegnahme der Hauptsache eine Prüfung der Erfolgsaussichten für geboten, vgl. BVerfGE 82, 353.

388 OVG Weimar Beschl. v. 15.6.2005 – 1 EO 678/05.

389 S. etwa VG Gießen NVwZ-RR 2004, 177.

390 VG Gießen Beschl. v. 25.7.2005 – 8 G 1560/05.

391 → Rn. 140 f.

392 → *Buchholz* 310 § 123 Nr. 15 S. 2; NVwZ 1988, 828; *Buchholz* 402.24 § 2 AuslG S. 129; BVerwGE 63, 110; 50, 124; 33, 42; VGH München NVwZ-RR 2002, 839; OVG Berlin NVwZ 1991, 1198; NVwZ 1991, 899; VGH München BayVBl. 1982,18; BayVBl. 1979, 371; OVG Münster NVwZ 1992, 68; VG Leipzig Beschl. v. 25.7.2002 – 3 K 1625/01.

393 → *Buchholz* 310 § 123 Nr. 15 S. 2; OVG Münster ZUR 2003, 109.

203 Lassen sich keine eindeutigen Erfolgsaussichten feststellen, wird in eine Interessenabwägung eingetreten. Hierbei werden die jeweils unmittelbar betroffenen Interessen am Erlass oder an der Ablehnung der begehrten Regelung sowie die voraussehbaren Folgen einer stattgebenden oder ablehnenden Entscheidung gegeneinander abgewogen.[394] Auf der Seite des Antragstellers kommt es vor allem auf die Bedeutung und das Gewicht des geltend gemachten Anspruchs, das Ausmaß der Gefährdung der Rechtsverwirklichung sowie auf die Dringlichkeit der begehrten Regelung an.[395] Dagegen werden die Erfolgs- oder Misserfolgsaussichten unterhalb der Schwelle der Offensichtlichkeit allgemein nicht berücksichtigt.[396] Für den Antragsgegner, die Allgemeinheit oder die unmittelbar betroffene Dritte ist festzustellen, welche schutzwürdigen Interessen dem Erlass der begehrten Regelung entgegenstehen sowie in welchem Ausmaß und mit welcher Intensität sie durch eine stattgebende Entscheidung beeinträchtigt werden können.[397] Die Auswirkungen, die der Erlass oder die Ablehnung der Regelung auf die Beteiligten haben, werden im Wege eines hypothetischen Vergleichs ermittelt. Es werden die voraussehbaren Folgen, die eintreten würden, wenn die begehrte Regelung nicht erginge, der Antragsteller aber in der Hauptsache Erfolg hätte, gegen die Nachteile abgewogen, die entstünden, wenn die Regelung erlassen würde, die Hauptsacheklage aber erfolglos bliebe.[398] Ergibt diese Abwägung, dass die Interessen des Antragstellers deutlich überwiegen,[399] kann die begehrte Regelung erlassen werden. Anderenfalls ist sie abzulehnen, da es für den Antragsteller unter Berücksichtigung aller Umstände aus dieser Sicht nicht unzumutbar ist, den Ausgang des Hauptsacheverfahrens abzuwarten.

204 **b) Vorwegnahme bei offener Hauptsachelage.** Die Gerichte, die eine Interessenabwägung erst bei einer offenen Hauptsachelage vornehmen,[400] lassen eine Vorwegnahme in erster Linie dann zu, wenn der Antragsteller zumindest überwiegende Erfolgsaussichten hat und bei einem Abwarten des Hauptsacheverfahrens unzumutbar schweren, anders nicht abwendbaren Nachteilen ausgesetzt wäre.[401] An die Erfolgsaussichten werden teilweise umso höhere Anforderungen gestellt, je weiter die Vorwegnahme reicht.[402]

205 Lassen sich die Aussichten eines Erfolgs oder Misserfolgs in der Hauptsache nicht abschätzen, ist also die Vorausbeurteilung nach beiden Richtungen hin offen, kommt eine Vorwegnahme in Betracht, wenn sich bei Abwägung aller unmittelbar betroffenen öffentlichen und privaten Interessen und den voraussehbaren Folgen einer entgegengesetzten Entscheidung im Hauptsacheverfahren ergibt, dass das Interesse des Antragstellers am

---

394 OVG Saarlouis Beschl. v. 25.10.2016 – 1 B 313/16; VGH München Beschl. v. 5.10.2016 – 22 CS 16.1713; VG Neustadt/Weinstrasse Beschl. v. 20.2.2006 – 4 L 210/06 NW; VG Meiningen Beschl. v. 30.6.2003 – 8 E 520/03; s. auch BVerwG NVwZ 1988, 828; BVerwGE 50, 134–137; OVG Berlin NVwZ 1991, 1198; NVwZ 1991, 899; OVG Hamburg KMK-HSchR 1987, 24; VGH München BayVBl. 1990, 564 (566).

395 BVerwG NVwZ 1988, 828.

396 So zB BVerwG NVwZ 1988, 828; OVG Berlin NVwZ 1991, 899; VGH München BayVBl. 1990, 565. Anders VGH München DVBl. 1986, 1110 (1111); Kopp/*Schenke* VwGO § 123 Rn. 26.

397 BVerwG NVwZ 1988, 828.

398 BVerwGE 50, 134; OVG Berlin NVwZ 1991, 899; NVwZ 1982, 320; OVGE 16, 55; VGH München BayVBl. 1976, 275.

399 So zB VGH München BayVBl. 1979, 373; VG München Beschl. v. 19.7.2016 – M 10 E 16.3015.

400 → Rn. 137.

401 OVG Berlin OVGE 17, 154; OVG Hamburg GewArch. 1990, 217; VGH München NJW 1994, 2308; BayVBl. 1992, 659; NVwZ-RR 1993, 355; BayVBl. 1992, 437; NVwZ-RR 1992, 302; NVwZ 1991, 1099; OVG Saarlouis KMK-HSchR 1987, 31; NJW 1979, 830; OVG Lüneburg GewArch 2009, 76.

402 So zB OVG Saarlouis AS 13, 303.

Erlass der begehrten Regelung deutlich überwiegt.[403] Hier gelten die gleichen Erwägungen wie bei einer nicht eindeutigen Hauptsachelage.[404]

IV. Die Voraussetzungen für die Vorwegnahme der Hauptsache bei der Sicherungsanordnung

Auch bei Erlass einer Sicherungsanordnung stellt sich in aller Regel das Problem einer Vorwegnahme der Hauptsache. Werden Abwehransprüche in ihrer Verwirklichung gefährdet, lässt sich eine wirksame Sicherung grundsätzlich allein dadurch erreichen, dass der Antragsgegner längstens bis zum rechtskräftigen Abschluss des Hauptsacheverfahrens zur Unterlassung der Beeinträchtigung verpflichtet wird. Hierin liegt, wenn sich Anordnungs- und Klagebegehren decken, eine fortschreitende endgültige Vorwegnahme der Hauptsache.[405] **206**

Die hM geht auch für die Sicherungsanordnung von einem grundsätzlichen Vorwegnahmeverbot aus. Die Auffassung *Finkelnburgs,*[406] dieses Verbot gelte für sie nicht, da niemand einen rechtswidrigen Eingriff in seine Rechtsstellung hinzunehmen brauche, hat sich nicht durchgesetzt.[407] Gegen sie spricht aus der Sicht der hM, dass auch die Sicherungsanordnung prinzipiell auf Vorläufigkeit angelegt ist.[408] **207**

Ob die Vorwegnahme im Einzelfall zugelassen werden kann, wird von den Gerichten nach den gleichen Kriterien wie bei der Regelungsanordnung beurteilt. Die Gerichte, die die Vorwegnahme von einer Vorausbeurteilung der Hauptsache abhängig machen, prüfen, ob mit überwiegender oder höherer Wahrscheinlichkeit ein Sicherungsanspruch sowie eine besonders schwerwiegende, nicht anders abwendbare Beeinträchtigung der Rechtsverwirklichung gegeben sind.[409] Die übrigen Gerichte entscheiden aufgrund einer mehr oder weniger weitgehenden Interessenabwägung.[410] **208**

V. Am Beispiel des Anspruches auf Neubescheidung: Die Überschreitung der Hauptsache

Umstritten ist nach wie vor, ob die Hauptsache nicht nur vorweggenommen, sondern sogar noch überschritten werden darf. Ähnlich wie bei Begründung des (angeblichen) Vorwegnahmeverbotes wird auch zur Rechtfertigung eines vermeintlichen Verbotes zur Überschreitung der Hauptsache darauf verwiesen, derartige Regelungen seien dem vor- **209**

---

[403] BVerwG, *Buchholz* 402.24 § 2 AuslG Nr. 57 S. 129; VGH München NVwZ-RR 2002, 839; OVG Berlin OVGE 17, 161; VGH Kassel NJW 1989, 470; OVG Koblenz GewArch. 1979, 340; NJW 1978, 2355; VGH München NVwZ-RR 1992, 304 (auch Berücksichtigung der erkennbaren Erfolgsaussichten); OVG Saarlouis KMK-HSchR 1987, 32; NJW 1979, 831; AS 13, 307.

[404] → Rn. 140.

[405] OVG Bautzen SächsVBl. 1997, 298; VGH München DVBl. 1992, 452; OVG Münster NWVBl. 1996, 447; NVwZ-RR 1995, 278. Anders OVG Schleswig NJW 1997, 2536.

[406] 3. Aufl. Rn. 232; *ders.* NVwZ 1982, 414. Ebenso *Schoch* in Schoch/Schneider/Bier VwGO § 123 Rn. 50; *ders.*, S. 1398 unter Hinweis darauf, dass die Sicherungsanordnung das funktionelle Äquivalent zur aufschiebenden Wirkung darstelle, für die es ein Vorwegnahmeverbot nicht gebe.

[407] Zust. lediglich VGH Kassel ESVGH 27, 159; dagegen VGH Kassel VerwRspr. 25 Nr. 214.

[408] *Redeker/von Oertzen* VwGO § 123 Rn. 16; *Erichsen* Jura 1984, 653 Fn. 114.

[409] BVerwG *Buchholz* § 123 VwGO Nr. 15 S. 4; OVG Bautzen SächsVBl. 1997, 298; NVwZ-RR 1998, 253; OVG Lüneburg NVwZ 1996, 270; OVG Berlin OVGE 19, 157; OVG Greifswald NJW 1997, 306; OVG Hamburg NVwZ 1986, 852; VGH Kassel NJW 1995, 1170; NVwZ-RR 1994, 511; OVG Koblenz NVwZ-RR 1995, 411; AS 22, 386 (390); AS 22, 307; VGH Mannheim NVwZ-RR 1996, 262; NJW 1994, 2372; NVwZ 1989, 878; VBlBW 1986, 21; VGH München BayVBl. 1997, 313; NJW 1997, 1181; NVwZ-RR 1997, 286; DVBl. 1992, 452; BayVBl. 1988, 83; OVG Münster NVwZ 1997, 302; NJW 1996, 3355; NJW 1996, 2114; NJW 1986, 2115.

[410] → Rn. 169 ff.

läufigen Rechtschutz grundsätzlich wesensfremd.[411] Geltend gemacht wird auch, dass der Entscheidungsrahmen des Hauptsacheverfahrens zugleich auch für den Eilrechtsschutz maßgeblich sei.[412] Allerdings kennt auch das „Überschreitungsverbot“ Ausnahmen. Die Rechtsprechung erkennt an, dass bei drohenden erheblichen bzw. irreversiblen Rechtsverletzungen eine Durchbrechung ebenso erfolgen kann, wenn es darum geht, das Klagebegehren entscheidungsfähig zu halten,[413] oder eine irreversible Grundrechtsverletzung droht.[414] Die Frage einer Überschreitung der Hauptsache stellt sich vor allem dann, wenn der Antragsteller sich gegen Behördenentscheidungen wendet, mit denen Anträge ermessens- oder beurteilungsfehlerhaft abgelehnt worden sind. Im Klageverfahren kann der Antragsteller grundsätzlich nur eine Neubescheidung erreichen (§ 113 Abs. 5 S. 2 VwGO). Im Verfahren des einstweiligen Rechtsschutzes will er zumeist so gestellt werden, als ob die Neubescheidung bereits zu seinen Gunsten ergangen ist.

1. Bisheriger Meinungsstand der Rechtsprechung

210 Die wohl noch h. M. sieht einen Anspruch auf Neubescheidung grundsätzlich nicht als sicherungsfähig an.[415] Etwas anderes gilt für sie nur dann, wenn sich der zugrunde liegende materiell-rechtliche Anspruch auf ermessensfehlerfreies Verwaltungshandeln ausnahmsweise zu einem Anspruch auf Erlass des begehrten Verwaltungsakts verdichtet hat.[416] Im Fall einer Ermessensreduzierung auf Null soll unter den Voraussetzungen der Vorwegnahme der Hauptsache eine Regelungsanordnung ergehen können, ohne dass hierdurch die Grenzen des Hauptsacheverfahrens überschritten werden. Das Gleiche gilt für Entscheidungen, bei denen die Verwaltung einen Beurteilungsspielraum bei einer Neubescheidung nur noch zugunsten des Antragstellers ausüben kann.[417] Im Ergebnis führt diese Rechtsprechung dazu, dass vorläufiger Rechtsschutz bei Ermessens- oder Beurteilungsfehlern nur selten gewährt werden kann.

2. Aktuelle Tendenzen in der Rechtsprechung

211 Jüngere Entscheidungen weisen in Übereinstimmung mit der Literatur[418] zunehmend auf das mit Art. 19 Abs. 4 GG nicht zu vereinbarende Rechtsschutzdefizit hin, das dann entsteht, wenn die Gefahr droht, dass der Anspruch auf ermessensfehlerfreie Entscheidung ohne Erlass einer einstweiligen Anordnung untergeht oder seine Durchsetzung jedenfalls unverhältnismäßig erschwert wird und dies die einzige Möglichkeit ist, wirksam Rechtsschutz zu erlangen.[419] Zutreffend wird geltend gemacht, Art. 19 Abs. 4 GG ge-

[411] OVG Koblenz NVwZ 2004, 363.

[412] VG Gießen Beschl. v. 25.8.2003 – 8 G 2988/03.

[413] OVG Münster Beschl. v. 5.2.2016 – 16 B 51/16; VG Gießen Beschl. v. 25.8.2003 – 8 G 2988/03.

[414] VGH München Beschl. v. 18.8.2015 – 9 CE 15.934.

[415] OVG Münster Beschl. v. 25.2.2016 – 1 B 1068/15; VG Bremen Beschl. v. 6.9.2013 – 6 V 987/13; VGH München NVwZ-RR 2002, 839; BVerwGE 63, 110; offengelassen bei OVG Lüneburg NVwZ-RR 2005, 468. Anders hingegen wohl VGH München Beschl. v. 12.10.2016 – 3 CE 16.1188.

[416] BVerwGE 63, 110; VGH Kassel GewArch 2004, 345; VGH München NVwZ-RR 2002, 839; OVG Bautzen SächsVBl. 1995, 107; NVwZ Beil. 1995, 25; OVG Berlin NVwZ 1991, 1198; OVG Hamburg NVwZ-RR 1991, 107; NVwZ-RR 1990, 485; VGH Kassel NJW 1996, 2444; InfAuslR 1993, 369; NVwZ-RR 1993, 145; NJW 1988, 470; NVwZ-RR 1989, 258; OVG Lüneburg UPR 1987, 153 (154); VGH Mannheim NVwZ-RR 1996, 356; VBlBW 1992, 476; VBlBW 1991, 219; VGH München BayVBl. 1992, 659; BayVBl. 1992, 437; NVwZ-RR 1991, 441; GewArch. 1987, 308; OVG Münster FEVS 45, 463; NVwZ Beil. 1995, 20; GewArch. 1994, 494.

[417] OVG Koblenz NVwZ 1990, 1087 (1088).

[418] S. *Schoch* in Schoch/Schneider/Bier VwGO § 123 Rn. 158 ff.; so bereits Voraufl., Rn. 239; Kopp/*Schenke* VwGO § 123 Rn. 28.

[419] VG Karlsruhe Beschl. v. 10.1.2011 – 8 K 1906/10; VGH Mannheim NVwZ 2000 Beil. 11, 122; VG Oldenburg Beschl. v. 5.10.2005 – 12 B 3383/05; Beschl. v. 3.9.2003 – 12 B 1761/03.

währleiste nicht nur das formale Recht, die Gerichte anzurufen, sondern auch die Effektivität des Rechtsschutzes. Ist dies erforderlich, um der Schaffung vollendeter Tatsachen soweit wie möglich zuvor zu kommen, soll auch eine Neubescheidung zum Gegenstand einer einstweiligen Anordnung gemacht werden können.[420] Ein zunehmender Teil der neueren Rechtsprechung hält es daher für zulässig, auch einen Anspruch auf rechtsfehlerfreie Entscheidung im Wege einer Regelungsanordnung zu sichern. Die Gerichte erlassen entweder Regelungen, die das voraussichtliche Ergebnis der Neubescheidung vorwegnehmen oder ordnen die Neubescheidung selbst an. Sie wollen auf diese Weise den vorläufigen Rechtsschutz so gestalten, dass auch bei Ermessens- und Beurteilungsfehlern der durch Art. 19 Abs. 4 S. 1 GG verbürgte wirksame Rechtsschutz geleistet werden kann.[421]

(1) Eine Vorwegnahme des Ergebnisses einer Neubescheidung wird für zulässig gehal- **212** ten, wenn sich über die Rechtsfehlerhaftigkeit der Versagung hinaus mit zumindest überwiegender Wahrscheinlichkeit feststellen lässt, dass die erneute Entscheidung zugunsten des Antragstellers ergehen wird.[422] Hinzukommen muss eine besondere Dringlichkeit. Es muss zu erkennen sein, dass der Antragsteller ohne Gewährung vorläufigen Rechtsschutzes seinen Anspruch auf eine ermessens- oder beurteilungsfehlerfreie Entscheidung verlieren würde und damit rechtsschutzlos gestellt wäre.[423] Einige Gerichte lassen eine derartige Überschreitung der Hauptsache nur dann zu, wenn hierdurch kein endgültiger Zustand geschaffen wird, der sich bei einem Unterliegen des Antragstellers in der Hauptsache nicht mehr rückgängig machen lässt.[424]

Beispiele für eine Überschreitung der Hauptsache sind die gerichtlich angeordneten **213** Verpflichtungen der Verwaltung, eine ermessensfehlerhaft versagte Erlaubnis vorläufig zu erteilen[425] oder einen beurteilungsfehlerhaft nicht versetzten Schüler vorläufig in die nächst höhere Klasse zu versetzen.[426] Derartige Anordnungen werden allerdings häufig daran scheitern, dass sich die behördlichen Erwägungen bei der Ausfüllung des Ermessens- und Beurteilungsspielraums nicht hinreichend sicher erkennen lassen. Dies gilt insbesondere für komplexe Beurteilungsvorgänge und auch dann, wenn die Behörde das ihr eingeräumte Ermessen noch nicht oder nur unvollständig ausgeübt hat.[427]

(2) Lässt sich das Ergebnis einer Bescheidung nicht vorausbeurteilen, kann statt- **214** dessen der Anspruch auf rechtsfehlerfreie Erst- oder Neubescheidung gesichert werden.[428] Die Verwaltung kann im Wege der Regelungsanordnung verpflichtet werden, unter Beachtung der Rechtsauffassung des Gerichts, erneut über den Antrag zu entscheiden.[429] Eine solche Regelung darf, da sie die Hauptsache endgültig vorweg-

[420] Zutreffend unter Hinweis auf BVerfG NJW 2002, 3691 s. VG Oldenburg Beschl. v. 5.10.2005 – 12 B 3383/05; Beschl. v. 3.9.2003 – 12 B 1761/03. So auch VG Köln Beschl. v. 28.6.2016 – 1 L 952/16.

[421] VG Köln Beschl. v. 28.6.2016 – 1 L 952/16; OVG Münster NJW 1988, 89; VG Gelsenkirchen NVwZ-RR 1988, 73; VG Gelsenkirchen Beschl. v. 9.6.2008 – 7 L 581/08.

[422] VGH Kassel NVwZ-RR 1993, 386; OVG Koblenz NVwZ 1990, 1087; AS 21, 160; OVG Lüneburg NVwZ 1996, 270; VGH Mannheim NVwZ-RR 1996, 262; NVwZ-RR 1992, 57; VGH München BayVBl. 1992, 659; NVwZ-RR 1989, 198; OVG Münster NWVBl. 1995, 140; NWVBl. 1994, 176; NVwZ 1988, 269.

[423] OVG Koblenz NVwZ 1990, 1088; OVG Münster NWVBl. 1994, 176; NVwZ 1988, 271; *Schoch* in Schoch/Schneider/Bier VwGO § 123 Rn. 160; *Brühl* JuS 1995, 919.

[424] OVG Koblenz NVwZ 1990, 1088; VGH Mannheim NVwZ-RR 1992, 57.

[425] OVG Koblenz NVwZ 1990, 1088.

[426] VG Frankfurt NVwZ-RR 1990, 248 (249) u. → Rn. 1398 ff.

[427] OVG Berlin OVGE 17, 218.

[428] Hierzu im Einzelnen *Schoch* in Schoch/Schneider/Bier VwGO § 123 Rn. 159 (Nachweise), 160 f.; VerwArch 82 (1991), 173.

[429] Hierzu insbes. VG Meiningen Beschl. v. 31.3.2008 – 1 E 683/07 Me; OVG Münster NJW 1988, 89; NVwZ-RR 1988, 102. Vgl. weiterhin OVG Berlin OVGE 17, 37; offen gelassen in OVGE 17, 218; OVG Hamburg GewArch. 1988, 71; KMK-HSchR 1986, 146; OVG Koblenz NVwZ 1990, 1087; VG Gelsenkirchen NVwZ-RR 1988, 73. Offen gelassen in OVG Bautzen SächsVBl. 1997, 271;

nimmt,[430] allerdings nur dann erlassen werden, wenn sie die einzige Möglichkeit ist, wirksamen Rechtsschutz zu gewährleisten. Reichen vorläufige Maßnahmen aus, so sind diese vorzuziehen, und zwar auch dann, wenn der geregelte Zustand über das im Klageverfahren erreichbare Ergebnis hinausreicht.[431] So ordnet der VGH Mannheim die Neubewertung von Prüfungsleistungen, die er als endgültige Vorwegnahme der Hauptsache ansieht, erst dann an, wenn sich das Antragsbegehren nicht auf andere Weise – etwa durch vorläufige Zulassung zu einer Prüfung oder zum nächsten Prüfungs- oder Ausbildungsabschnitt – sichern lässt.[432]

§ 18 Der Inhalt der einstweiligen Anordnung

Schrifttum: *Bender,* Die einstweilige Anordnung (§ 123 VwGO), VBlBW 1986, 321; *Brühl,* Vorläufiger Rechtsschutz im Verwaltungsstreitverfahren, JuS 1995, 919; *Gatz,* Vorläufiger Rechtsschutz nach § 123 VwGO, ZAP Fach 19, 559 (2002); *Loos,* Vorläufiger Rechtsschutz im Verwaltungsrecht – Das Verfahren nach § 123 VwGO, JA 2001, 871; *Mayen,* Einstweilige Anordnung der Regt als Sonderfall des vorläufigen Verwaltungsakts, CR 2000, 155; *Mückl,* Die einstweilige Anordnung nach § 123 VwGO im System des vorläufigen Rechtsschutzes, JA 2000, 329; *Schrader,* Die Vorwegnahme der Hauptsache und das Ermessen im Rahmen des einstweiligen Rechtsschutzes, JuS 2005, 37; *Wieseler,* Der vorläufige Rechtsschutz gegen Verwaltungsakte, Schriften zum Öffentlichen Recht Bd. 54 (1967), 163; *Wittkowski,* Ansätze zur Lösung praktischer Probleme bei beamtenrechtlichen Konkurrenten Anträgen, NVwZ 1995, 346.

I. Auswahlermessen des Gerichts

215 Das Gericht bestimmt nach freiem Ermessen, welche Anordnungen zu treffen sind, um das Rechtsschutzziel zu erreichen (§§ 123 Abs. 3 VwGO, 938 Abs. 1 ZPO). Damit wird den Gerichten kein Entschließungsermessen eingeräumt, sondern sie werden nur in die Lage versetzt, die Auswahl der einzusetzenden Mittel zu bestimmen. Ihnen kommt eine Gestaltungsbefugnis zu, die in der Lage ist, einen gegebenenfalls der Behörde zukommenden Ermessensspielraum zu verdrängen.[433] Da § 938 Abs. 1 ZPO sich nach der Gesetzessystematik ausschließlich auf diese zweite Stufe der Entscheidungsfindung bezieht, kann das Gericht über die Mittelauswahl allerdings erst dann entscheiden, wenn die Voraussetzungen der einstweiligen Anordnung nach § 123 Abs. 1 VwGO erfüllt sind.[434] Erst wenn geklärt ist, ob eine einstweilige Anordnung erlassen werden darf, stellt sich die weitere Frage, wie dies am wirksamsten geschehen kann.

II. Entscheidungsinhalte

1. Gerichtliche Gestaltungsmöglichkeiten

216 Anders als im Klageverfahren (§ 113 VwGO) sind die Gerichte im Anordnungsverfahren nicht an bestimmte Entscheidungsinhalte gebunden. § 938 Abs. 1 ZPO enthält eine Ge-

---

grundsätzlich ablehnend VGH Mannheim KMK-HSchR 1986, 563; OVG Bautzen Beschl. v. 13.8.2010 – 1 B 152/10; sowie weitere Nachweise bei *Schoch* VerwArch. 82 (1991), 173, einschränkend *Erichsen* Jura 1984, 653, der allein eine Verpflichtung zur Bescheidung für zulässig hält.

[430] OVG Münster NJW 1988, 89. Vgl. hierzu auch VG Gelsenkirchen NVwZ-RR 1988, 74; VGH Kassel DVBl. 2010, 130.

[431] Zust. *Schoch* S. 744.

[432] So zB NVwZ 1985, 594 (595); DVBl. 1983, 597 (599) sowie weiterhin → Rn. 1421.

[433] S. etwa VGH München Beschl. v. 6.8.2003 – 12 CE 03.840; Beschl. v. 2.11.2000 – 12 CE 00.476.

[434] OVG Münster Beschl. v. 11.4.2005 – 13 B 1959/04; VG Schwerin Beschl. v. 18.1.2005 – 1 B 795/04; OVG Bremen NVwZ 1999, 211 f.; OVG Lüneburg BRS 50, 524. Dazu auch *Puttler* in Sodan/Ziekow § 123 Rn. 111.

neralklausel, die in § 938 Abs. 2 ZPO aufgeführten Maßnahmen werden nur beispielhaft erwähnt. Damit haben die Gerichte einen weiten Gestaltungsspielraum, der den Anordnungsinhalt von den gesetzlich festgelegten Entscheidungsinhalten des Klageverfahrens und den Entscheidungsinhalten des materiellen Rechts löst und ihnen die nötige Flexibilität gibt, um möglichst wirksamen vorläufigen Rechtsschutz gewähren zu können.[435] Das Gericht kann daher mit der einstweiligen Anordnung nicht nur hinter dem Antrag zurückbleiben, sondern im Rahmen des ihm zugewiesenen Spielraums auch eine andere geeignete Regelung treffen, solange der in § 938 ZPO genannte – gemäß § 123 Abs. 3 VwGO zu beachtende – „Zweck" gewahrt bleibt.[436] §§ 123 Abs. 3 VwGO iVm 938 ZPO legen damit fest, dass sich der Anordnungsinhalt nicht an §§ 113 Abs. 5, 114 VwGO zu orientieren hat.[437]

Allgemein werden die Gerichte als befugt angesehen, vorläufige Verpflichtungs-, Leis- **217** tungs- und Unterlassungsgebote zu erlassen.[438] Umstritten ist, ob die Gerichte im Wege einstweiliger Anordnung auch vorläufige Feststellungen treffen können.[439] Hiergegen wird eingewandt, Feststellungen seien keine vollstreckungsfähigen Anordnungen und seien deshalb ungeeignet, den Sicherungszweck der einstweiligen Anordnung zu erreichen.[440] Diese formale Betrachtung übersieht, dass § 123 Abs. 1 VwGO für alle Streitsachen gilt, die keine Anfechtungssachen sind (§ 123 Abs. 5 VwGO). Da Art. 19 Abs. 4 S. 1 GG möglichst lückenlosen Rechtsschutz verbürgt, umfasst diese Gewährleistung vorläufigen Rechtsschutzes auch eine Feststellung, wenn anders effektiver Rechtsschutz nicht geleistet werden kann.[441] Im Übrigen muss berücksichtigt werden, dass im Hauptsacheverfahren die Feststellungsklage mit der Leistungsklage weitgehend gleichgestellt wird. Für das Klageverfahren ist anerkannt, dass das Feststellungsbegehren als Ausnahme zu § 43 Abs. 2 S. 1 VwGO jedenfalls gegenüber dem Leistungsbegehren dann gleichrangig ist, wenn die Befolgung des Feststellungsanspruches – wie für Behörden durch Art. 20 Abs. 3 GG angeordnet – mit Sicherheit zu erwarten ist.[442] Für die Verfahren nach § 123 VwGO kann nichts anderes gelten.

Ein Fortsetzungsfeststellungsantrag ist im Verfahren des einstweiligen Rechtsschutzes **218** aber unzulässig[443]. Da § 123 VwGO nur Sicherungszwecke verfolgt, mit ihm aber keine

---

[435] Vgl. VG Sigmaringen Beschl. v. 29.11.2005 – NC 6 K 361/05; VG Meiningen Beschl. v. 15.8.2005 – 1 E 510/05 Me; VG Meiningen Beschl. v. 9.5.2005 – 1 E 971/04 Me; VGH München Beschl. v. 6.8.2003 – 12 CE 03.840 u. 12 CE 03.1205.

[436] HessStGH NVwZ 1991, 562; VG Sigmaringen Beschl. v. 29.11.2005 – NC 6 K 361/05.

[437] VG Sigmaringen Beschl. v. 29.11.2005 – NC 6 K 361/05.

[438] So zB OVG Weimar NVwZ-RR 2004, 206; OVG Berlin NVwZ-RR 2002, 720; OVG Bautzen LKV 1997, 229; OVG Magdeburg NVwZ-RR 2010, 53.

[439] Dagegen VG Koblenz Beschl. v. 25.1.2005 – 7 L 85/05.KO; VG Hamburg Beschl. v. 19.10.2004 – 11 E 4085/04; VG Frankfurt/O. Beschl. v. 19.8.2004 – 4 L 443/04; OVG Schleswig NVwZ-RR 2000, 616; OVG Münster NVwZ-RR 1997, 310; VGH Mannheim NVwZ 1987, 711; VGH München BayVBl. 1987, 57; OVG Münster NVwZ-RR 1997, 310. Dafür: VGH Mannheim Beschl. v. 27.10.2005 – 4 S 1830/05; OVG Münster Beschl. v. 11.4.2005 – 13 B 1959/04; VG Karlsruhe NVwZ 2005, 112; OVG Weimar ThürVBl 2005, 110 ff.; VG Gießen Beschl. v. 20.4.2004 – 8 G 1769/04; VG Oldenburg NVwZ 2001, 349; OVG Berlin KMK-HSchR 1987, 1073; OVG Bremen NVwZ-RR 1997, 247; OVG Hamburg NJW 1987, 1215; VGH Kassel NJW 1994, 1750; OVG Koblenz NVwZ-RR 1995, 411; VGH München BayVBl. 1996, 665; NJW 1994, 2308. Vgl. weiterhin BVerfG NJW 1988; BVerfGE 71, 305. Offengelassen in VGH Mannheim DVBl. 1996, 110, 111; → Rn. 147.

[440] So insbes. VG Koblenz – 7 L 85/05.KO; OVG Koblenz NVwZ 1987, 145.

[441] So insbes. VG Augsburg Beschl. v. 2.11.2016 – Au 5 E 16.1421 – das auf die „heute allgemeine Auffassung" verweist; VGH Kassel ESVGH 42, 219. Zu den Besonderheiten im Wahlprüfungsverfahrens OVG Schleswig NVwZ-RR 2000, 616.

[442] St. Rspr. seit BVerwG BVerwGE 36, 179; BVerwGE 114,61; OVG Greifswald Urt. v. 22.11.2005 – 1 L 496/04.

[443] BVerwG Beschl. v. 23.5.2016 – 1 WDS-VR 8/15; Beschl. v. 25.8.2015 – 1 WDS-VR 4/15; VGH Mannheim Beschl. v. 24.8.2015 – 9 S 1418/15; OVG Greifswald NordÖR 2001, 160; OVG Magdeburg Beschl. v. 23.5.2006 – 1 M 95/06.

endgültige Klärung der Rechtslage erfolgt, besteht ein schutzwürdiges Festsetzungsfeststellungsinteresse nicht.[444]

219 Welche Anordnungen im Einzelnen zu treffen sind, richtet sich nach der Art des Antragsbegehrens und den näheren Umständen des Einzelfalls. In Betracht kommen insbesondere folgende Regelungen:

- die Verpflichtung zur Erteilung vorläufiger Berechtigungen,[445] (Zulassungen, Erlaubnisse, Genehmigungen, Anerkennungen, Zeugnisse, qualifizierte Bescheinigungen, förmliche Duldungen),
- die Verpflichtung zur Gewährung von Leistungen[446] (Bewilligung von Geld- und Sachleistungen),
- die Verpflichtung zur Neubescheidung von Verpflichtungs- und Leistungsbegehren,[447]
- die Verpflichtung zur Vornahme schlichthoheitlicher Handlungen,[448]

---

[444] OVG Greifswald aaO.

[445] *Zulassungen:* VG Düsseldorf Beschl. v. 16.8.2016 – 2 L 1717/16 – (Polizeivollzugsdienst); OVG Münster Beschl. v. 20.7.2016 – 4 B 690/16 – (Wochenmarkt); VG Köln Beschl. v. 28.6.2016 – 1 L 952/16 (Einsatz einer Technologie im Telekommunikationsnetz);VGH Kassel NVwZ-RR 2003, 756; OVG Bautzen Beschl. v. 25.6.2010 – 2 B 85/10 (erneute Prüfungszulassung); OVG Münster NVwZ-RR 2002, 47 (Rettungsdienst); VGH Kassel NVwZ-RR 1993, 386 u. VGH Mannheim NVwZ-RR 1993, 358, 359 (nächsthöhere Schulklasse); VGH Kassel NVwZ-RR 1992, 361 (Gymnasium); VGH Mannheim DVBl. 1983, 597; OVG Schleswig NVwZ-RR 1993, 30 (31); VG Ansbach Beschl. v. 15.4.2010 – AN 2 E 10.00 587 (Abitur); OVG Hamburg NVwZ-RR 1992, 22, VGH Mannheim NVwZ-RR 1992, 419; OVG Münster NVwZ 1993, 1222 (Studium); VGH Mannheim NVwZ-RR 1991, 82 (83) (zahnärztliche Prüfung); VGH Mannheim VBlBW 1981, 395 (juristische Staatsprüfung); OVG Bremen NJW 1986, 1062 u. OVG Hamburg DVBl. 1987, 316 (juristischer Vorbereitungsdienst). *Erlaubnisse:* VG Weimar LKV 2002, 388; VG Hamburg NVwZ-RR 2001, 564; VG Gelsenkirchen Beschl. v. 12.4.2010 – 14 L 322/10 (straßenrechtliche Sondernutzungserlaubnis); VGH Kassel NJW 1996, 2444 (Erlaubnis Arzt im Praktikum); OVG Koblenz NJW 1978, 2355 (ärztliche Berufserlaubnis); VGH München BayVBl. 1983, 406 u. OVG Münster NWVBL 1993, 57, 58 (Fahrerlaubnis); OVG Bremen GewArch. 1994, 431; VGH Kassel NVwZ-RR 1996, 325; NVwZ 1988, 1149; VGH Mannheim GewArch. 1988, 389 (Gaststättenerlaubnis); OVG Bremen NVwZ 1990, 780 (Gewerbeerlaubnis); VGH München BayVBl. 1996, 310; OVG Münster AgarR 1981, 201 (Jagdberechtigung); OVG Münster NJW 1995, 3403 (Anwohnerparkausweis). *Genehmigungen:* VGH Kassel NVwZ-RR 2001, 363 (Anschluss an gemeindliche Wasserversorgung); OVG Lüneburg NVwZ 1994, 80; OVG Koblenz BRS 54, 428 (439), ablehnend OVG Bautzen NVwZ 1994, 81 u. OVG Berlin NVwZ 1991, 1198 (Baugenehmigung, Bauvorbescheid); VGH Kassel NJW 1982, 2459 (Taxigenehmigung); OVG Koblenz NVwZ-RR 1996, 651 (Linienverkehrsgenehmigung); VGH München BayVBl. 1982, 18 (19) (Tarifgenehmigung). *Anerkennungen:* BFHE 146, 392, 394 (Gemeinnützigkeit). *Zeugnisse:* VGH München NVwZ-RR 2005, 254 (vorläufiges Abiturzeugnis); VGH Kassel DVBl. 1993, 57; VGH Mannheim NVwZ 1987, 1014. Vgl. hierzu auch BVerfG DVBl. 1989, 868 (869). *Bescheinigungen:* BVerfG (Kammerentsch.) NJW 1988, 249; BVerfGE 71, 305. *Duldungen:* VGH Kassel NVwZ-RR 1993, 666.

[446] VG Gelsenkirchen Beschl. v. 16.3.2004 – 2 L 575/04 (Familienplanung); VG Düsseldorf Beschl. v. 11.12.2003 – 19 L 3803/03 (Beschulungskostenübernahme); VG Gelsenkirchen Beschl. v. 7.8.2003 – 17 L 1463/03 (Gewährung von Grundleistungen – Asylbewerber); OVG Frankfurt (Oder) Beschl. v. 27.11.2002 – 4 B 196/02 (Unterbringung, Internatskosten); VGH Kassel NVwZ 1987, 621; NJW 1987, 1570; VGH Mannheim VBlBW 1994, 109; VG Gießen NVwZ-RR 1994, 592 (Sozialhilfe); OVG Lüneburg NVwZ 1992, 502; VGH Mannheim NVwZ 1993, 1220; OVG Münster NVwZ 1993, 202 (Obdachlosenunterkunft).

[447] VGH München NVwZ-RR 2002, 839 (Übertragung einer Lehrveranstaltung); BSG NVwZ-RR 2001, 450 (Krankenhauszulassung); VGH Mannheim GewArch. 1987, 63; OVG Münster NJW 1988, 89. → Rn. 144.

[448] *Öffentliche Einrichtungen:* OVG Weimar Beschl. v. 26.10.2004 – 2 EO 1377/04 (kommunale Halle); VGH Mannheim NVwZ 1994, 587 (Festhalle); VG Potsdam LKV 2004, 142 f. (gemeindlicher Schaukasten); OVG Hamburg NJW 1994, 71; VG Hannover NVwZ-RR 1994, 519 (Wahlsendung); VGH Mannheim NVwZ 1994, 598 (Prüfungserleichterung); VGH Kassel NVwZ 1989, 1183 (Anlagenstilllegung); s. auch BVerfGE 79, 69 (79) (Mandatsantritt).

- die Verpflichtung zur Bescheidung von Anträgen und Rechtsbehelfen,[449]
- das Gebot, bestimmte Handlungen (auch den Erlass von Verwaltungsakten) zu unterlassen,[450]
- die Feststellung, dass sich aus einem Rechtsverhältnis bestimmte Rechte oder Pflichten ergeben oder dass bestimmte Anordnungen oder Maßnahmen als rechtmäßig oder rechtswidrig zu behandeln sind.[451]

Richterliche Anordnungen scheiden allerdings aus, wenn der Antragsteller eine ungeeignete Maßnahme begehrt. Kann eine einstweilige Anordnung Verhältnisse nur um den Preis bessern, dass an anderer Stelle neue Unzuträglichkeiten auftreten, die im Ergebnis zu einer verschlechterten Gesamtsituation führen, scheidet der Erlass einer einstweiligen Anordnung aus.[452] 220

2. Nebenbestimmungen

§ 938 Abs. 1 ZPO berechtigt die Gerichte, Nebenbestimmungen (Befristungen, Auflagen, Bedingungen, Sicherheitsleistungen) anzuordnen. 221

(1) Durch Befristungen[453] können laufende Verpflichtungen zeitlich so eingegrenzt werden, dass der Antragsgegner bei einer unabsehbaren Dauer des Hauptsacheverfahrens nicht unverhältnismäßig belastet wird. Das Gericht kann für die Geltung der Regelung einen festen Zeitraum bestimmen.[454] Es kann aber auch den Abschluss des Widerspruchsverfahrens[455] oder des erstinstanzlichen Klageverfahrens[456] als Grenze festlegen. Danach 222

---

[449] OVG Hamburg Beschl. v. 4.11.1996 – Bs II 138/96 – (Erteilung einer Baugenehmigung); s. auch OVG Hamburg GewArch. 1988, 71; GewArch. 1984, 201.

[450] VG Oldenburg NVwZ 2001, 349 (Unterlassen einer Meldung nach der FFH-Richtlinie); OVG Bautzen, LKV 1998, 237 (Unterlassen einer Eingemeindung); BVerwG DVBl. 1994, 118 (Untersagung der Beförderung eines Mitbewerbers); OVG Münster NVwZ-RR 1993, 278 (Untersagung der anderweitigen Besetzung eines Dienstpostens); VGH München NVwZ 1994, 787 (Unterlassung ehrverletzender Äußerungen); VGH München BayVBl. 1990, 564 (565) (Unterlassung von Tiefflügen).

[451] BVerfG NVwZ 2003, 856 (drohendes Bußgeldverfahren); VG Gießen NVwZ-RR 2001, 431 (Feststellung einer baulichen Genehmigungspflicht); BVerfG NJW 1988, 249; BVerwGE 71, 305; OVG Hamburg NJW 1987, 1215; VGH Kassel ESVGH 42, 216; NJW 1989, 470; VGH München NJW 1994, 2308; BayVBl. 1990, 536.

[452] Zur Überschreitung von Grenzwerten der 22. BImSchV für Feinstaubpartikel s. VGH München NVwZ 2005, 1096 (1097); zu straßenverkehrsrechtlichen Maßnahmen als Mittel der Lärmbekämpfung s. auch BVerwG NJW 1986, 2655 (2656).

[453] VG Berlin Beschl. v. 13.9.2013 – 4 L 504/13; OVG Bautzen NVwZ 2004, 1134 (Konkurrentenstreitverfahren); OVG Münster NVwZ-RR 2001, 54 (Erhebung von Zweitwohnungssteuer); VGH München NVwZ-RR 1999, 641; VGH Kassel NVwZ-RR 1996, 325 (Gaststättenerlaubnis); VG Sigmaringen Beschl. v. 18.7.2002 – 4 K 953/01; OVG Bautzen SächsVBl. 1994, 113; OVG Hamburg NVwZ-RR 1995, 118; OVG Lüneburg NVwZ 1992, 502; VGH Mannheim VBlBW 1997, 141; VBlBW 1996, 233; NVwZ 1993, 1220; OVG Münster NVwZ 1993, 202. Zu den Problemen, die sich aus einer fehlenden Befristung ergeben können; OVG Bremen NVwZ-RR 1994, 366. OVG Greifswald LKV 1999, 230 (Übernahme von Unterkunftskosten); OVG Bautzen SächsVBl. 1995, 104 (107); VGH Mannheim VBlBW 1994, 109; VBlBW 1994, 287; VGH München BayVBl 1995, 373 (375) NVwZ-RR 1991, 441 (442) (zeitlich begrenzte Leistung von Sozialhilfe); VGH Mannheim NVwZ 1993, 1221; OVG Münster NVwZ 1993, 203 (vorübergehende Unterbringung eines Obdachlosen); OVG Berlin NVwZ-RR 1997, 712; OVG Bremen NVwZ 1990, 780; VGH Kassel NVwZ 1988, 1149.

[454] OVG Münster NVwZ 1993, 203; OVG Berlin NVwZ 1997, 712; OVG Bremen NVwZ 1990, 780; VGH Kassel NVwZ 1149.

[455] VGH Kassel NVwZ-RR 1996, 325 (Gaststättenerlaubnis); OVG Bremen FEVS 38, 20; VGH Kassel NVwZ-RR 1996, 325; InfAuslR 1993, 369; VG Gießen NVwZ-RR 1994, 593.

[456] VG Meiningen Beschl. v. 15.8.2005 – 1 E 510/05 Me; VG Darmstadt NVwZ-RR 1999, 380; OVG Hamburg NVwZ-RR 1995, 180; VGH Mannheim FamRZ 1987, 1201; VGH München NVwZ-RR 1991, 441.

kann über die Erneuerung der ausgelaufenen Regelung entschieden werden.[457] Fehlt eine eindeutige Befristung, reicht die erlassene Anordnung bis zum rechtskräftigen Abschluss des Hauptsacheverfahrens, wenn sie nicht nachträglich aufgehoben oder abgeändert wird.[458]

223 (2) Auflagen[459] sind wie bei § 80 Abs. 5 VwGO häufig keine selbstständig anfechtbaren und vollstreckbaren Regelungen, sondern spezielle, auf den Zweck des Anordnungsverfahrens zugeschnittene Nebenbestimmungen, deren Nichtbeachtung das Gericht zur Änderung seiner Entscheidung berechtigt.[460]

224 (3) Bedingungen[461] beziehen sich mit aufschiebender oder auflösender Wirkung unmittelbar auf den Bestand der getroffenen Regelung. Unzulässig ist die auflösende Bedingung, dass die erlassene einstweilige Anordnung außer Kraft tritt, wenn der Antragsteller nicht innerhalb einer bestimmten Frist Klage erhebt.[462] Der über § 123 Abs. 3 VwGO entsprechend anwendbare § 926 Abs. 1 ZPO macht die Verpflichtung zur Klageerhebung von einem Antrag des Antragsgegners abhängig und überlässt es damit allein dessen Entscheidung, ob der Antragsteller in das Hauptsacheverfahren gezwungen werden soll. Angesichts der auch im Verwaltungsprozess geltenden Dispositionsmaxime gibt es keinen Grund, hierfür für das Anordnungsverfahren abzuweichen.

225 (4) Voraussetzung für eine nach §§ 123 Abs. 3 VwGO, 921 Abs. 2 S. 2 ZPO zulässige Sicherheitsleistung[463] ist, dass die Vollziehung der einstweiligen Anordnung zu Schäden führen kann, die nach § 945 ZPO zu ersetzen sind.[464] Dient sie der Sicherung einer Geldforderung, ist in ihr nach § 923 ZPO ein Geldbetrag festzusetzen, durch dessen Hinterlegung ihre Vollziehung gehemmt und der Antragsgegner zu einem Antrag auf Aufhebung der vollzogenen Sicherung berechtigt wird.[465] Für Anordnungen, die keine Geldforderung sichern, gilt über § 123 Abs. 3 VwGO, § 939 ZPO.[466] Diese Vorschrift hat keine eigenständige Bedeutung, sondern schränkt den über § 936 ZPO anwendbaren § 927 Abs. 1 2. Alt. ZPO ein.[467] In diesem Rahmen kann dem Antragsgegner nach freiem Ermessen des Gerichts gestattet werden, die Aufhebung der einstweiligen Anordnung gegen Sicherheitsleistung zu erwirken. Da sich nichtvermögensrechtliche Begünstigungen kaum durch eine Sicherheitsleistung ausgleichen lassen werden, wird dies nur in besonde-

---

[457] VGH Mannheim NVwZ 1993, 1221.

[458] BVerfG NVwZ 1997, 479 (481); OVG Hamburg NVwZ-RR 1993, 366; VGH Kassel NVwZ-RR 1993, 145; VGH München NVwZ-RR 1991, 441.

[459] OVG Weimar Beschl. v. 19.9.2000 – 1 EO 133/00; OVG Bremen NVwZ 1990, 780; VGH Kassel NVwZ 1988, 1149; VGH Mannheim NVwZ 1994, 587; *Bender* VBlBW 1986, 324; *Erichsen* Jura 1984, 652.

[460] BVerwG Beschl. v. 2.2.2006 – 10 B 84/05; VGH Kassel NVwZ 1988, 1150. Im Zusammenhang mit § 80 Abs. 5 → Rn. 1002 ff.

[461] OVG Münster Beschl. v. 3.5.2004 – 1 B 333/04; OVG Saarlouis Beschl. v. 7.11.1996 – 9 W 29/96; VG Sigmaringen Urt. v. 18.7.2002 – 4 K 953/01.

[462] Ebenso BFHE 147, 487. Anders VGH Kassel NJW 1987, 1570; OVG Münster OVGE 33, 208; offengelassen in OVG Hamburg FEVS 39, 52.

[463] VGH Kassel NVwZ-RR 1989, 507; OVG Lüneburg FEVS 29, 369; Anordnungsanspruch oder Anordnungsgrund können im verwaltungsgerichtlichen Verfahren nicht durch Sicherheitsleistung (§ 921 Abs. 2 S. 1 ZPO) ersetzt werden, VGH Kassel NVwZ-RR 1989, 507.

[464] OVG Lüneburg Beschl. v. 23.1.2004 – 11 LB 257/03; OLG Köln Urt. v. 30.10.2002 – 6 U 55/02; OVG Münster Beschl. v. 21.8.2001 – 12 B 582/01; Urt. v. 10.10.1996 – 24 A 2781/91; OVG Lüneburg FEVS 29, 371 (Sicherung der Rückzahlung von Sozialhilfe); VGH Mannheim DÖV 1987, 650 (Absicherung eines Schadensrisikos). S. zum Begehren, nach § 123 die Aussetzung eines Bescheides ohne Sicherheitsleistung zu erreichen OVG Weimar NVwZ-RR 2004, 206.

[465] BeckOK ZPO/*Mayer* ZPO § 923 Rn. 3.

[466] *Redeker/von Oertzen* VwGO § 123 Rn. 34.

[467] *Schoch* S. 702.

ren Ausnahmefällen in Betracht kommen. Beispiele aus der Rechtsprechung gibt es hierzu, soweit ersichtlich, nicht.

III. Grenzen der Gestaltung

Auch wenn § 938 Abs. 1 ZPO dem Gericht eine flexibel handhabbare einstweilige Entscheidungsbefugnis einräumt,[468] ist das ihm in § 938 Abs. 1 ZPO eingeräumte „freie Ermessen“ nicht grenzenlos,[469] sondern wird schon nach dem Gesetzeswortlaut durch den Sicherungszweck und das Merkmal der Erforderlichkeit eingeschränkt. Weitere Begrenzungen folgen zum einen aus dem allgemeinen Prozessrecht, zum anderen aber auch aus dem materiellen Recht. **226**

1. Begrenzung durch das Antragsbegehren

Die Gerichte müssen ihre Anordnungen im Rahmen des Antragsbegehrens halten (§ 88 Halbs. 1 VwGO).[470] Bestehen Zweifel darüber, was der Antragsteller erreichen will, muss das wirkliche Rechtsschutzziel ermittelt werden.[471] An die Fassung der gestellten Anträge sind die Gerichte nicht gebunden (§ 88 Halbs. 2 VwGO).[472] Allerdings findet die Bestimmung des § 88 VwGO im Verfahren auf Erlass einer einstweiligen Anordnung nur entsprechende Anwendung, so dass die Handhabung des § 88 VwGO an die Erfordernisse des Eilverfahrens anzupassen ist.[473] Daher kann das Verwaltungsgericht zweckorientiert auch ein vom Antrag abweichendes Aliud in den Tenor mit aufnehmen[474] und im Rahmen des Antragsbegehrens andere als die vom Antragsteller beantragten Anordnungen erlassen, wenn sich hierdurch wirksamerer Rechtsschutz erreichen lässt.[475] Die Praxis geht davon aus, dass ein auf endgültige Entscheidung gerichtetes Begehren regelmäßig als Minus einen Antrag auf eine vorläufige Entscheidung enthält.[476] Ebenso ist es zulässig, offen zu lassen, ob sich das Rechtsschutzbegehren des Antragstellers nach § 123 VwGO oder § 80 Abs. 5 VwGO beurteilt, wenn klar ist, dass durch die beabsichtigte Maßnahme einer Behörde Rechte des Antragstellers betroffen sind.[477] Erforderlich ist aber stets, dass die Gerichte zugunsten des Antragstellers entscheiden. Daran fehlt es, wenn eine Zwischenregelung allein deshalb erlassen wird, um der Verwaltung die Möglichkeit zur Nachbesserung von Verfahrensfehlern zu geben. **227**

---

[468] VG Sigmaringen Beschl. v. 29.11.2005 – NC 6 K 361/05.

[469] OVG Schleswig NVwZ 2006, 363; VG Sigmaringen Beschl. v. 29.11.2005 – NC 6 K 361/05.

[470] VG Sigmaringen Beschl. v. 8.11.2005 – NC 6 K 278/05; OVG Berlin Beschl. v. 12.5.2003 – 3 S 22.02; OVG Berlin Beschl. v. 13.1.2009 – OVG 5 S 21.08; OVG Lüneburg Beschl. v. 14.9.2009 – 5 Me 130/09; VGH MannheimVBlBW 1981, 395.

[471] Dazu etwa VGH Mannheim Beschl. v. 28.9.2016 – 4 S 1578/16; *Redeker/von Oertzen* VwGO § 88 Rn. 1.

[472] VG München Beschl. v. 27.9.2016 – M 11 S 16.3636; VG Frankfurt Beschl. v. 10. 03 2016 – 7 L 113/16.F; OVG Schleswig NVwZ 2006, 363; OVG Weimar NVwZ 2004, 206; NVwZ 2000 Beil. Nr. 4, 38–39; OVG Bautzen SächsVBl. 1998, 61; OVG Bremen NVwZ 1990, 780; VGH Kassel NVwZ-RR 1994, 511; VGH MannheimVBlBW 1981, 395. Ein strengerer Maßstab gilt jedoch bei von Anwälten gestellten Anträgen, vgl. VG Frankfurt Beschl. v. 10.3.2016 – 7 L 113/16.F.

[473] VG München Beschl. v. 27.9.2016 – M 11 S 16.3636; VG Sigmaringen Beschl. v. 8.11.2005 – NC 6 K 278/05.

[474] VG Sigmaringen Beschl. v. 8.11.2005 – NC 6 K 278/05.

[475] VG Sigmaringen Beschl. v. 29.11.2005 – NC 6 K 361/05. Der Antragsteller unterliegt damit auch nicht teilweise, wenn das Gericht eine andere als die beantragte Maßnahme wählt, OVG Bremen NVwZ 1990, 781.

[476] S. dazu VG Schleswig Beschl. v. 17.10.2005 – 9 B 70/05.

[477] OVG Münster Beschl. v. 10.6.2002 – 1 B 755/02.

2. Begrenzung durch das Klagebegehren

228 Da nach dem Wortlaut des § 123 Abs. 1 VwGO eine einstweilige Anordnung nur „in Bezug auf den Streitgegenstand" (S. 1) bzw. nur „zur Regelung eines vorläufigen Zustands in Bezug auf ein streitiges Rechtsverhältnis" (S. 2) ergehen kann, darf das Verwaltungsgericht im Wege einstweiliger Anordnung nicht mehr verfügen als ein Antragsteller im Hauptsacheverfahren zu erlangen vermag.[478] Von diesem Grundsatz kann aber abgewichen werden, wenn erhebliche und irreversible Rechtsverletzungen drohen.[479] Anordnungen, die über den Entscheidungsrahmen des Hauptsacheverfahrens hinausreichen, sind auch dann geboten, wenn der Hauptsacherechtsschutz nicht ausreicht, dass Klagebegehren entscheidungsfähig zu halten.[480]

229 Ein Teil der Rechtsprechung lässt deshalb aus dieser Erwägung eine Überschreitung der Hauptsache vor allem bei Ermessens- und Beurteilungsentscheidungen zu, wenn hierdurch ein sonst drohender Rechtsverlust verhindert werden kann.[481] Im kommunalrechtlichen Zusammenhang kann daher die im Hauptsacheverfahren angestrebte Feststellung der Zulässigkeit eines Bürgerbegehrens dadurch entscheidungsfähig gehalten werden, dass dem Antragsgegner die umstrittene Änderung der Hauptsatzung untersagt wird.[482]

230 Die Abhängigkeit des vorläufigen Rechtsschutzes vom Hauptsacherechtsschutz schließt es aus, einen anderen Anspruch zu sichern als den, der im Klageverfahren zu verfolgen wäre. Regelungen können allein „in Bezug auf den Streitgegenstand" ergehen (§ 123 Abs. 1 S. 1 VwGO) und müssen sich deshalb auf die Sicherung des Anordnungsanspruchs beziehen.[483] Dieser Zusammenhang wird zB dann nicht beachtet, wenn ein Anspruch auf Entlassung aus der Bundeswehr durch die Gewährung von Sonderurlaub gesichert wird[484] oder wenn die Besetzung eines ausgeschriebenen Dienstpostens unterlassen werden soll, solange ein Beurteilungsstreit nicht endgültig entschieden ist.[485]

3. Begrenzung durch den Normzweck

231 Anordnungen müssen sich im Rahmen des Normzwecks halten,[486] der darin besteht, die Durchsetzbarkeit des Anordnungsanspruchs im Klageverfahren zu sichern.[487] Der Normzweck lässt grundsätzlich nur vorläufige Regelungen zu, die die Zeit bis zum Abschluss des Hauptsacheverfahrens überbrücken und die sich für die Zukunft wieder beseitigen lassen, wenn der Antragsteller in der Hauptsache unterliegt.[488] Damit wären irreversible Regelungen nicht vereinbar, die die Entscheidung im Hauptsacheverfahren

---

478 VGH Kassel NVwZ-RR 2003, 462; NJW 1987, 1570; OVG Münster NWVBl. 1996, 70; OVG Saarlouis NVwZ 1986, 769; OVG Koblenz NVwZ 2004, 363; VG Gießen Beschl. v. 25.8.2003 – 8 G 2988/03.

479 VG Gießen Beschl. v. 25.8.2003 – 8 G 2988/03; BVerfG, stattgegebener Kammerbeschluss v. 24.3.2009 – 2 BvR 2347/08.

480 VG Gießen Beschl. v. 25.8.2003 – 8 G 2988/03; LSG Sachsen Beschl. v. 22.8.2005 – L 1B102/05 KR-ER; VGH Kassel DVBl. 2010, 130.

481 → Rn. 209–211.

482 VG Gießen Beschl. v. 1.9.2003 – 8 G 3040/03; Beschl. v. 25.8.2003 – 8 B 2988/03; VGH Kassel Beschl. v. 28.10.1993 – 6 TG 221/93.

483 VG Karlsruhe NVwZ 2005, 112; *Bender* VBlBW 1986, 322; weitergehend VGH Kassel ESVGH 39, 93, 99.

484 VGH Mannheim Beschl. v. 14.3.1979 – XI 226/79.

485 OVG Münster NVwZ-RR 1993, 278.

486 VG Stuttgart Beschl. v. 13.1.2006 – 5 K 2948/05; VG Schleswig Beschl. v. 17.10.2005 – 9 B 70/05; VGH Kassel NVwZ-RR 1993, 666; OVG Koblenz NJW 1978, 2355; VGH Mannheim Beschl. v. 14.3.1979 – XI 226/79.

487 Hierzu im Einzelnen → Rn. 17.

488 LSG Sachsen Beschl. v. 10.11.1998 – L 1 B 67/98 KR-ER.

gegenstandslos machen. Etwas anderes gilt nur dann, wenn vorläufige Regelungen nicht ausreichen, um den durch Art. 19 Abs. 4 S. 1 GG verbürgten effektiven Rechtsschutz zu gewähren. In derartigen Fällen können auch endgültige Maßnahmen getroffen werden, wenn dies die einzige Möglichkeit ist, einen sonst drohenden Rechtsverlust zu vermeiden.[489]

4. Begrenzung durch das materielle Recht

Die Gerichte erlassen nach § 938 Abs. 1 ZPO prozessuale Zwischenregelungen.[490] Sie 232
sind hierbei, wie § 938 Abs. 2 ZPO verdeutlicht, nicht an den Inhalt des Anordnungsanspruchs gebunden, sondern können grundsätzlich alle Regelungen treffen, die geeignet sind, den Sicherungszweck zu erreichen. Aus Sinn und Zweck des effektiven Rechtsschutzes folgt, dass § 938 Abs. 1 ZPO den Entscheidungsinhalt der einstweiligen Anordnung vom gesetzlich vorgesehenen Entscheidungsinhalt lösen kann.[491] Erst diese prinzipielle Loslösung der Gestaltungsmöglichkeiten vom materiellen Recht schafft die Flexibilität, die benötigt wird, um einen auf den Einzelfall zugeschnittenen wirksamen Eilrechtsschutz gewähren zu können.

Das materielle Recht ist allerdings für die gerichtliche Gestaltungsbefugnis insoweit 233
von Bedeutung, als es ihr Grenzen setzt. Die Gerichte dürfen keine Anordnungen erlassen, die gegen ein gesetzliches Verbot verstoßen (§ 134 BGB).[492] Das Gleiche gilt für Regelungen, die der Gesetzeszweck erkennbar ausschließt. Ob dies der Fall ist, muss zumeist durch Auslegung ermittelt werden.[493] So kann zB ein Bauvorbescheid seiner rechtlichen Struktur nach nur endgültig erteilt werden.[494] Ebenso wenig kommt eine vorläufige Ernennung zum Beamten in Betracht; sie wäre mit dem Interesse an der Funktionsfähigkeit der öffentlichen Verwaltung unvereinbar.[495] Schließlich kann zwar durch einstweilige Anordnung die vorläufige Zulassung zur mündlichen Prüfung erreicht[496], nicht aber vorläufige prüfungsrechtliche Beurteilungen abgegeben werden.[497] Innerhalb des Gestaltungsspielraums, den das materielle Recht den Gerichten lässt, dürfen diese frei entscheiden. Sie können auch solche Anordnungen treffen, die das materielle Recht nicht kennt.[498] Daher kommt zwar die Erteilung einer – dem materiellen Recht fremden – „vorläufigen Baugenehmigung" nicht in Betracht,[499] wohl aber wäre – sofern dies zur Gewährleistung effektiven Rechtsschutzes notwendig ist – ein Antrag des Bauherrn mit dem Ziel zulässig, ihm die Fortführung von Bauarbeiten zu gestatten, die Gegenstand eines noch nicht abgeschlossenen (Änderungs-)Genehmigungsverfahrens sind. Derartige Gestattungen werden von der Rechtsprechung auch dann als zulässig und unter Umstän-

[489] Hierzu im Einzelnen → Rn. 209.

[490] LSG Nordrhein-Westfalen Beschl. v. 23.8.2002 – L 10 B 12/02 KA ER; VGH Kassel NVwZ-RR 1993, 666; ESVGH 39, 93, 99; OVG Koblenz NVwZ-RR 1996, 521; NJW 1978, 2355; VGH Mannheim Beschl. v. 14.3.1979 – XI 226/79; VGH München BayVBl. 1983, 406.

[491] VG Meiningen Beschl. v. 9.5.2005 – 1 E 971/04.

[492] *Bender* VBlBW 1986, 325; *Ule* § 67 II 2a; Eyermann/*Happ* VwGO § 123 Rn. 65.

[493] OVG Bremen ZBR 1991, 316 (317).

[494] VG Darmstadt – 2 G 465/03 –, zitiert in VGH Kassel NVwZ-RR 2003, 814; OVG Berlin NVwZ 1991, 1198.

[495] Hierzu im einzelnen *Günther* ZBR 1979, 93 (111).

[496] VG Meiningen Beschl. v. 15.8.2005 – 1 E 510/05 Me; Beschl. v. 9.5.2005 – 1 E 971/04 Me.

[497] VGH Mannheim NVwZ-RR 1991, 82; VBlBW 1981, 395.

[498] OVG Schleswig NVwZ 2006, 363; OVG Bremen NVwZ-RR 2006, 162; OVG Koblenz NVwZ-RR 1996, 521 (523); VGH Kassel NVwZ-RR 1993, 667; OVG Koblenz NVwZ 1990, 1087; VGH Mannheim Beschl. v. 14.3.1979 – XI 226/79; VGH München BayVBl. 1983, 406. Ablehnend OVG Bautzen NVwZ 1994, 81.

[499] OVG Bremen NVwZ-RR 2006, 162; VGH Kassel NVwZ-RR 2993, 814; OVG Bautzen NJW 1994, 783; SächsVBl. 1993, 207.

den sogar geboten angesehen, wenn das materielle Recht keine Ermächtigung zum Erlass einer vorläufigen Genehmigung enthält und diese sogar ausschließt.[500]

5. Begrenzung auf das Erforderliche

234 Die Gerichte dürfen nur solche Anordnungen treffen, die erforderlich sind, um den Sicherungszweck zu erreichen. Dies setzt zunächst voraus, dass geeignete Anordnungen ausgewählt werden. Insbesondere dürfen keine Anordnungen ergehen, die tatsächlich oder rechtlich unmöglich sind.[501] Die Erforderlichkeit geeigneter Maßnahmen ist nach dem konkreten Rechtsschutzziel unter Beachtung des Grundsatzes der Verhältnismäßigkeit und des geringstmöglichen Eingriffs[502] zu beurteilen, die Ausprägungen des verfassungsrechtlichen Übermaßverbots sind.[503] Je höher die Belastungen sind, die dem Betroffenen auferlegt werden sollen, desto sorgfältiger muss geprüft werden, ob der Sicherungszweck nicht auch durch eine geringere Inanspruchnahme erreicht werden kann. Dies gilt vor allem bei einer Vorwegnahme der Hauptsache. So ist es nicht notwendig, die Prüfungsbehörde zur Erteilung eines vorläufigen Prüfungszeugnisses zu verpflichten, wenn die Ausstellung einer eingeschränkten Prüfungsbescheinigung oder die bloße Gestattung der Fortsetzung der Ausbildung nach einer Zwischenprüfung dem Sicherungszweck genügen.[504] Anstelle der Verpflichtung zur Erteilung einer vorläufigen Berufserlaubnis kann die Gestattung der Aufnahme oder der Fortsetzung einer bestimmten ärztlichen Tätigkeit in Betracht kommen,[505] anstelle der Verpflichtung zur Erteilung einer förmlichen Duldung die Verpflichtung der Ausländerbehörde, einstweilen von einer Abschiebung abzusehen.[506] Statt der Unwirksamkeitserklärung eines gerichtlichen Geschäftsverteilungsplans kann die bloße Feststellung genügen, dass dem Plan vorerst nicht nachzukommen sei,[507] statt einer Widerrufsverpflichtung kann ein Unterlassungsgebot ausreichenden Schutz gewähren.[508] In einem beamtenrechtlichen Konkurrentenstreit wird es zur Sicherung des Anspruchs des Antragstellers grundsätzlich ausreichen, die Vergabe nur einer von mehreren ausgeschriebenen Stellen zu untersagen.[509] Auf die aktuelle Rechtsprechung des BVerwG zur Vergabe von Funktionsämtern ist in diesem Zusammenhang aber hinzuweisen.[510] Im Übrigen können Nebenbestimmungen[511] zu einer Verringerung der Belastung des Antragsgegners führen. Hierzu gehört insbesondere die

---

[500] OVG Bremen NVwZ-RR 2006, 162; NVwZ 1990, 780; OVG Koblenz Urt. v. 7.12.1995 – 1 B 13 193/95. Zum öffentlichen Baurecht → Rn. 1276 ff.

[501] VGH München Beschl. v. 2.11.2016 – 10 CE 16.1965; OVG Schleswig NVwZ 2006, 363 (364); NVwZ-RR 2000, 616; Beispiele: auch OVG Bremen UPR 1991, 452; OVG Hamburg DVBl. 1987, 316; VGH Kassel UPR 1987, 1997; VGH Mannheim NVwZ 1994, 587; OVG Münster NVwZ 1993, 1222.

[502] OVG Bremen NVwZ 1991, 1006; OVG Lüneburg BRS 50, Nr. 212; VGH München NVwZ 1995, 793 (798); OVG Münster NJW 1977, 820; Kopp/*Schenke* VwGO § 123 Rn. 28; Vgl. hierzu auch BVerfG NJW 1988, 1577.

[503] *Erichsen* Jura 1984, 652.

[504] VGH Mannheim NVwZ-RR 1991, 82; OVG Münster DVBl. 1994, 1371; vgl. hierzu auch Rn. 1416.

[505] OVG Koblenz AS 15, 105.

[506] VGH Kassel NVwZ-RR 1993, 666.

[507] VGH München NJW 1994, 2308. Ebenso BFH NVwZ 1982, 216 (statt Feststellung der Nichtigkeit eines Bescheides Auferlegung des Verbots, rechtliche Folgerungen aus dem Bescheid zu ziehen).

[508] VGH München NVwZ 1994, 787. Vgl. hierzu auch VGH Kassel NVwZ-RR 1994, 700.

[509] BVerwG DVBl. 1994, 118, 120; VGH Mannheim VBlBW 1997, 146; *Wittkowski* NVwZ 1995, 346. Anders VGH Kassel NVwZ-RR 1996, 49.

[510] BVerwG Beschl. v. 10.5.2016 – BVerwG 2 VR 2.15, dazu von der Weiden, jurisPR-BVerwG 13/2016 Anm. 1, dazu auch *Bracher* DVBl. 2016, 1236

[511] Vgl. im Einzelnen → Rn. 221 ff.

zeitliche Befristung von Verpflichtungs- oder Leistungsgeboten, die nicht in jedem Fall bis zum rechtskräftigen Abschluss des Hauptsacheverfahrens reichen müssen.[512]

6. Begrenzung auf die Hauptbeteiligten

Anordnungen können an den Antragsgegner, daneben aber auch an den Antragsteller gerichtet werden. Dritte dürfen dagegen nicht in Anspruch genommen werden. Sind sie nicht am Anordnungsverfahren beteiligt, gilt dies bereits deshalb, weil sie nicht in das Prozessrechtsverhältnis einbezogen sind und deshalb auch nicht Adressaten gerichtlicher Entscheidungen sein können.[513] Aber auch gegen Dritte, die zum Verfahren beigeladen worden sind (§ 65 Abs. 1 VwGO), dürfen keine Anordnungen ergehen.[514] Der Beigeladene nimmt an einem für ihn fremden Rechtsstreit teil.[515] Der Antragsteller macht keinen Anspruch gegen ihn geltend, stellt keine Anträge gegen ihn und kann deshalb auch keine gerichtliche Entscheidung gegen ihn erwirken. Die Wirkung der Beiladung ist vielmehr darauf beschränkt, dass sich die Rechtskraft der im Anordnungsverfahren getroffenen Entscheidung auch auf den Beigeladenen erstreckt (§ 121 VwGO). Will der Antragsteller auch den Beigeladenen in Anspruch nehmen, so muss er, wenn der Verwaltungsrechtsweg gegeben ist, einen selbstständigen Anordnungsantrag stellen, mit dem er allerdings nur einen Anspruch sichern lassen kann, den er unmittelbar gegen den Beigeladenen hat.[516] 235

Anordnungen können nur in einer stattgebenden Entscheidung getroffen werden. Sie richten sich in erster Linie an den Antragsgegner als Hoheitsträger,[517] können aber – vor allem als Nebenbestimmungen – auch gegen den Antragsteller ergehen. Eine ablehnende Entscheidung lässt keine Anordnungen zu Lasten der Beteiligten zu. Derartige Anordnungen würden sich auf ein künftiges Handeln oder Unterlassen außerhalb des anhängigen Verfahrens beziehen und sind deshalb vom Sicherungszweck der vom Antragsteller beantragten einstweiligen Anordnung nicht gedeckt.[518] 236

7. Begrenzung auf Verpflichtungen der Verwaltung

Bei Verpflichtungs- und Leistungsbegehren verpflichtet das Gericht den Antragsgegner zu einem bestimmten Handeln, kann aber grundsätzlich nicht an seiner Stelle tätig werden.[519] Dies erfordert auch bei einer prozessualen Zwischenregelung der Grundsatz der Gewaltenteilung.[520] Insbesondere dürfen die Gerichte keine Verwaltungsakte erlassen, 237

---

[512] VGH Mannheim NVwZ 1993, 1220 u. → Rn. 222. Vgl. hierzu auch VGH Kassel NVwZ 1995, 612 (614) (Anrechnung zusätzlich zugeteilter Einfuhrkontingente).

[513] VGH Mannheim VBlBW 1990, 335; Kopp/*Schenke* VwGO § 123 Rn. 11a.

[514] VGH Mannheim VBlBW 1990, 335; Eyermann/*Happ* VwGO § 123 Rn. 67; Kopp/*Schenke* VwGO § 123 Rn. 11a; *Brühl* JuS 1995, 919; *Schenke* Rn. 1034. Anders *Bender* VBlBW 1986, 352; *Schoch* in Schoch/Schneider/Bier VwGO § 123 Rn. 163; Voraufl. 217; offengelassen in VGH Kassel NVwZ 1988, 956 (957).

[515] Kopp/*Schenke* VwGO, § 66 Rn. 2, 12; *Redeker/von Oertzen* VwGO § 66 Rn. 3.

[516] VGH Mannheim VBlBW 1990, 335; VGH München BayVBl. 1977, 566 (567). Vgl. hierzu auch VGH Kassel NVwZ 1988, 957.

[517] VG Berlin Beschl. v. 19. August 2016 – 1 L 310.16; VGH München Beschl. v. 13.9.2005 – 11 CS 05.987; VG Oldenburg Beschl. v. 1.7.2004 – 12 B 1203/04; VG Oldenburg Beschl. v. 17.7.2008 – 12 B 1719/08; VGH Mannheim VBlBW 1990, 335. Zu dessen Verpflichtung, auf einen Dritten einzuwirken, VGH Mannheim DVBl. 1995, 927.

[518] Zur vergleichbaren Problematik bei § 80 Abs. 5 VwGO s. OVG Lüneburg NJW 1978, 2523; s. dazu auch → Rn. 1004.

[519] Wie hier VG Berlin, Beschl. v. 13.9.2013 – 4 L 504.13; OVG Münster Beschl. v. 3.5.2004 – 1 B 333/04; Beschl. v. 23.6.1999 – 24 B 407/99; OVG Frankfurt (Oder) Beschl. v. 6.8.2002 – 4 B 110/02; VG Sigmaringen Beschl. v. 8.11.2005 – NC 6 K 278/05.

[520] OVG Münster Beschl. v. 23.6.1999 – 24 B 407/99; Beschl. v. 3.2.1999 – 19 B 1774/98; VGH Mannheim DVBl. 1981, 1011.

sondern geben den zuständigen Behörden deren Erlass auf[521] und sichern die Durchsetzung im Wege der Vollstreckung. Etwas anderes muss allerdings bei besonderer Dringlichkeit gelten. Käme die Umsetzung der gerichtlichen Anordnung durch die Behörde zu spät, darf das Gericht selbst die notwendigen Regelungen treffen, wenn allein auf diese Weise wirksamer Rechtsschutz gewährt werden kann.[522]

D. Das gerichtliche Verfahren im ersten Rechtszug

§ 19 Grundlagen

Schrifttum: *Bäumerich,* Grundlagen der Schutzschrift im Verwaltungsprozess, DVBl. 2015, 352; *Bracher,* Abbau des einstweiligen Rechtsschutzes im Konkurrentenstreit um Funktionsämter, DVBl. 2016, 1236; *Brühl,* Vorläufiger Rechtsschutz im Verwaltungsstreitverfahren, JUS 1995, 919; *Franzke,* Grundstrukturen des Anordnungsverfahrens, NWVBl. 1993, 321; *Glawe,* Der Eilrechtsschutz im Europarecht – ein Überblick, JA 2013, 63; *Huba,* Grundfälle zum vorläufigen Rechtsschutz nach der VwGO, JuS 1990, 984; *Erichsen,* Die einstweilige Anordnung nach § 123 VwGO, Jura 1984, 644; *Günther,* Zum Anwaltszwang im Revisionsverfahren, DVBl. 1988, 1043; *ders.*, Beiladung im vorläufigen Rechtsschutz der Beförderungskonkurrenz, ZBR 2006, 117; *Krodel,* Eilrechtsschutz in der sozialgerichtlichen und anwaltlichen Praxis – hier: Regelungsanordnung, NZS 2014, 653; *Liu,* Die Beiladung in Verfahren des einstweiligen Rechtsschutzes, 2002; *Porsch*; Vorläufiger Rechtsschutz für das Bürgerbegehren „in statu nascendi"?, VBlBW 2013, 208; *Redeker,* Vorläufiger Rechtsschutz im Verwaltungsprozess, AnwBl. 2012, 870; *Wieseler,* Der vorläufige Rechtsschutz gegen Verwaltungsakte, Schriften zum Öffentlichen Recht Bd. 54 (1967), 163.

I. Rechtsnatur des Anordnungsverfahrens

1. Selbstständigkeit des Verfahrens

238 Das Anordnungsverfahren ist ein in formeller Hinsicht selbstständiges gerichtliches Verfahren.[1] Es hat einen eigenen Gegenstand und folgt eigenen Verfahrensregeln. Es wird unabhängig vom Hauptsacheverfahren geführt. Dies ergibt sich insbesondere daraus, dass es schon vor Klageerhebung eingeleitet (§ 123 Abs. 1 S. 1 VwGO) und beendet werden kann (arg. §§ 123 Abs. 3 VwGO, 926 ZPO).[2] Damit kann es sowohl vor als auch neben dem Klageverfahren betrieben werden.

2. Gegenstand des Verfahrens

239 Bereits aus der Funktion des einstweiligen Rechtsschutzes folgt, dass der Gegenstand des Anordnungsverfahrens mit dem des Hauptsacheverfahrens nicht identisch ist.[3] Im Verfahren auf Erlass einer einstweiligen Anordnung geht es nicht darum, über den Anspruch, der später im Klageverfahren verfolgt werden soll, schon jetzt endgültig zu

[521] Gleichbedeutend ist die Verpflichtung der Behörde, den Antragsteller so zu stellen, als ob der ihn begünstigende Verwaltungsakt erlassen worden wäre (VGH Mannheim NVwZ-RR 1992, 57).

[522] *Schoch* in Schoch/Schneider/Bier VwGO § 123 Rn. 163e, *ders.* S. 1673. Für ein Wahlrecht des Gerichts *Finkelnburg,* Zur aufschiebenden Wirkung beim Verwaltungsakt mit Doppelwirkung DVBl. 1977, 677 (679).

[1] BVerfG NVwZ-RR 2005, 442; st. Rspr. s. daneben nur BVerfGE 69, 257 ff.; 59, 63; BGH NJW 2005, 436; VGH Mannheim DÖV 2006, 175; LSG Thüringen Beschl. v. 5.3.2003 – L 3 AL 979/02 ER; BayVerfGH NVwZ-RR 1994, 221; Hess. StGH ESVGH 40, 10; VGH Kassel NVwZ 1988, 956, NJW 1984, 378; OVG Münster DVBl. 1987, 699; BFHE 120, 452.

[2] VG Schleswig Beschl. v. 17.10.2016 – 11 B 25/16; VG München Beschl. v. 28.9.2016 – M 5 E 16.2943; VG Kassel Beschl. v. 16.8.2016 – 1 L 455/16.KS; Kopp/*Schenke* VwGO § 123 Rn. 18.

[3] VG Augsburg, Beschl. v. 2.11.2016 – Au 5 E 16.1421.

entscheiden. Daher ist das Anordnungsverfahren nicht auf die vorläufige Regelung eines endgültigen Zustandes, sondern auf die endgültige Regelung eines vorläufigen Zustandes gerichtet.[4]

Rechtsschutzziel sind daher grundsätzlich lediglich vorläufige Sicherungen oder Regelungen, die das künftige Hauptsacheverfahren entscheidungsfähig halten sollen. Gegenstand des Anordnungsverfahrens ist damit nicht das zu sichernde Recht oder das zu regelnde Rechtsverhältnis, sondern die Gestaltung vorläufiger Sicherungen oder Regelungen.[5] Die Eigenständigkeit des Gegenstandes wirkt sich auf das Verhältnis des Anordnungsverfahrens zum Klageverfahren in mehrfacher Hinsicht aus: **240**

a) Ist die endgültige Entscheidung über den Klageanspruch nicht Gegenstand des Anordnungsverfahrens, so kann die Rechtshängigkeit des Anordnungsverfahrens nicht gleichzeitig zur Rechtshängigkeit des Hauptsacheverfahrens führen.[6] Das Klageverfahren muss vielmehr gesondert anhängig gemacht werden. **241**

b) Die Rechtskraft der im Anordnungsverfahren getroffenen Entscheidung erstreckt sich nicht auf das Hauptsacheverfahren.[7] Das Bestehen eines sicherungs- oder regelungsbedürftigen Anspruchs ist lediglich Voraussetzung und nicht Gegenstand des Anordnungsverfahrens und wird damit nur als Vorfrage geprüft.[8] **242**

c) Der Antragsteller kann nicht vom Anordnungsverfahren in das Hauptsacheverfahren übergehen, da ein Wechsel von einer in eine andere selbstständige Verfahrensart unzulässig ist.[9] Dies gilt auch dann, wenn die Beteiligten dies übereinstimmend beantragen oder wenn prozessökonomische Gründe dafür sprechen. Der Verfahrenswechsel steht nicht zur Disposition der Beteiligten oder des Gerichts.[10] **243**

d) Anordnungsverfahren und Klageverfahren können nicht entsprechend § 93 S. 1 VwGO zur gemeinsamen Verhandlung und Entscheidung verbunden werden,[11] weil dies nur bei gleichartigen Verfahren zulässig ist.[12] Im Übrigen wäre auch eine Bindung des eilbedürftigen Anordnungsverfahrens an das langsamere Hauptsacheverfahren nicht sachdienlich. Reicht der Antragsteller mit dem Anordnungsantrag auch Klage ein und will er eine gemeinsame Verhandlung und Entscheidung erreichen, muss das Gericht die Verfahren entsprechend § 93 S. 2 VwGO durch Beschluss trennen.[13] **244**

Aus den gleichen Erwägungen kommt auch eine Verbindung zur gemeinsamen Verhandlung oder Beweisaufnahme nicht in Betracht. Zulässig ist aber, in beiden Verfahren gleichzeitig zu verhandeln oder Beweis zu erheben, um den Beteiligten und Zeugen eine doppelte Inanspruchnahme zu ersparen.[14] **245**

---

[4] VG München Beschl. v. 7.9.2016 – M 8 E 16.3665; VG Cottbus Beschl. v. 8.8.2016 – 1 L 298/16; Eyermann/*Happ* VwGO § 123 Rn. 1; *Rohmeyer* S. 136; *Schoch* in Schoch/Schneider/Bier VwGO, Vorb. § 80 Rn. 36, § 123 Rn. 61, 149, 154; *ders.* S. 1552 f.

[5] VG Lüneburg Beschl. v. 27.10.2016 – 5 B 141/16; VG Bayreuth Beschl. v. 11.10.2016 – B 5 E 16.572; vgl. weiterhin BVerfG NVwZ 1988, 720; BFHE 166, 114; 146, 7 (9).

[6] Vgl. VG München Beschl. v. 21.7.2011 – M 2 E 11.2982; OVG Greifswald NVwZ 2001, 446; VG Berlin NJW 2001, 3799.

[7] VG Stuttgart Beschl. v. 13.1.2006 – 5 K 2948/05; VG Meiningen Beschl. v. 21.9.2005 – 1 E 492/05 Me; VGH Kassel NJW 1984, 378; OVG Münster NVwZ-RR 1996, 169. Vgl. weiterhin OLG Düsseldorf NJW 1982, 2452.

[8] VG Stuttgart Beschl. v. 13.1.2006 – 5 K 2948/05.

[9] MüKoZPO/*Drescher* ZPO § 920 Rn. 8.

[10] OLG Köln Beschl. v. 20.2.2004 – 23 WLw 3/04; OLG Frankfurt FamRZ 1989, 297.

[11] *Redeker/von Oertzen* VwGO § 93 Rn. 1; anders Kopp/*Schenke* VwGO § 93 Rn. 4.

[12] VGH München Beschl. v. 1.2.2006 – 1 CE 04.734 u. 1 CE 04.791.

[13] VGH Kassel DÖV 1964, 568 (Ls.).

[14] Im Anordnungsverfahren können die im Protokoll des Hauptsacheverfahrens festgehaltenen tatsächlichen Feststellungen zur Glaubhaftmachung herangezogen werden.

II. Anwendbare Verfahrensvorschriften

246 Im erstinstanzlichen Verfahren vor dem VG, dem OVG oder dem BVerwG sind in erster Linie die speziellen Regelungen des Anordnungsverfahrens (§ 123 Abs. 2–5 VwGO), weiterhin die für alle Beschlussverfahren geltenden Vorschriften (§ 122 VwGO) sowie die für sämtliche selbstständigen Verfahren der VwGO vorgesehenen allgemeinen Vorschriften (insbes. §§ 40, 54–67a VwGO) anzuwenden.[15] Da diese Regelungen lückenhaft sind, werden sie durch die für das Klageverfahren im ersten Rechtszug geltenden Vorschriften (§§ 81 ff. VwGO)[16] sowie durch die Regelungen des Arrest- und Verfügungsverfahrens, die nicht über § 123 Abs. 3 VwGO unmittelbar anwendbar sind (§§ 173 VwGO, 916 ff. ZPO), ergänzt, wenn und soweit deren entsprechende Anwendung mit der Rechtsnatur des verwaltungsgerichtlichen Anordnungsverfahrens vereinbar ist.[17]

III. Verfahrensbeteiligte

247 Wer Beteiligter am Anordnungsverfahren ist, ergibt sich aus § 63 VwGO in entsprechender Anwendung. Notwendige Beteiligte sind der Antragsteller und der Antragsgegner (§ 63 Nr. 1, 2 VwGO). Hinzukommen können der vom Gericht zugezogene Beigeladene sowie der Vertreter des Bundesinteresses beim BVerwG oder der Vertreter des öffentlichen Interesses bei allen übrigen Gerichten, falls dies landesrechtlich vorgesehen ist und er von seiner Beteiligungsbefugnis Gebrauch macht (§ 63 Nr. 3, 4 VwGO).

1. Antragsteller, Antragsgegner

248 Wer Antragsteller und Antragsgegner ist, wird durch den gestellten Antrag bestimmt. Ob es sich hierbei um die richtigen Beteiligten handelt, ist für deren formale prozessuale Stellung ohne Bedeutung.[18] Dies ist eine Frage der Aktiv- bzw. Passivlegitimation, die zur Begründetheit des Anordnungsantrags gehört.

249 Wer der richtige Antragsteller und Antragsgegner ist, wird in § 123 Abs. 1 VwGO nicht geregelt, lässt sich aber prinzipiell aus dem Zweck des Anordnungsverfahrens herleiten. Aus der Akzessorietät dieses Verfahrens zum Hauptsacheverfahren folgt, dass die Beteiligten des Anordnungsverfahrens stets die des bereits eingeleiteten oder beabsichtigten Klageverfahrens sind (entspr. § 78 VwGO).[19]

2. Beigeladene

250 Auch im Anordnungsverfahren als selbstständigem Verfahren ist die Beiladung Dritter (§ 65 VwGO) zulässig.[20] § 65 VwGO kommt allerdings nur mit den sich aus dem Charakter eines Eilverfahrens ergebenden Einschränkungen zur Anwendung. Da die Anwendung der Vorschrift mit den in ihr vorgesehenen Verfahrensvoraussetzungen effektiven Rechtsschutz gefährdet, scheidet die Beiladung nach § 65 Abs. 3 S. 1 VwGO in Verfahren des einstweiligen Rechtsschutzes aus.[21]

[15] BGH NJW 2005, 436; VGH Kassel ESVGH 31, 149; Kopp/*Schenke* VwGO, § 122 Rn. 4, § 123 Rn. 19.

[16] Hierzu VGH Kassel NJW 1991, 2099, vgl. VG München, Beschl. v. 15.10.2015 – M 15 E 15.2760.

[17] VG Sigmaringen Beschl. v. 8.11.2005 – NC 6 K 278/05; OLG Düsseldorf NJW 1982, 2452.

[18] Kopp/*Schenke* VwGO § 63 Rn. 3, § 123 Rn. 11a, 18.

[19] BVerwGE 64, 347; OVG Münster DVBl. 1987, 699. Ebenso BFHE 110, 392.

[20] BGH NJW 2005, 436; OVG Greifswald NVwZ 2000, 945; OVG Lüneburg NJW 1978, 1279 (Ls.); VGH Mannheim KMK-HochSchR 1982, 320; VG Aachen Beschl. v. 5.11.2009 – 3 L 456/08.

[21] OVG Greifswald NVwZ 2000, 945.

Die Beiladung muss für das Verfahren auf Erlass einer einstweiligen Anordnung ausdrücklich angeordnet werden (§ 65 Abs. 1 VwGO). Die Beiladung zum Hauptsacheverfahren reicht nicht aus, um den dort Beigeladenen auch am Anordnungsverfahren zu beteiligen.[22] 251

Das Gericht muss die Beiladung so rasch wie möglich anordnen, um dem Beigeladenen, der über den Stand der Sache und den Grund der Beiladung zu unterrichten ist (§ 65 Abs. 4 S. 1 VwGO), Gelegenheit zur Stellungnahme zu geben. Bei äußerster Eilbedürftigkeit darf es auch ohne Beiladung oder Anhörung entscheiden, wenn nur so wirksamer Rechtsschutz gewährt werden kann.[23] Es muss sich allerdings auf die unmittelbar notwendigen Maßnahmen beschränken und darf deshalb grundsätzlich erst dann abschließend entscheiden, wenn eine (notwendige) Beiladung angeordnet und der Beigeladene gehört worden ist.[24] Von einer einfachen Beiladung (§ 65 Abs. 1 VwGO) kann es bei besonderer Eile absehen.[25] 252

3. Vertretung der Beteiligten

Vor dem VG hat auch im Anordnungsverfahren jeder Beteiligte das Recht, sich durch einen Bevollmächtigten vertreten zu lassen (§ 67 Abs. 2 S. 1 VwGO). Ein Vertretungszwang besteht grundsätzlich nicht. In Ausnahmefällen kann das Gericht anordnen, dass ein Bevollmächtigter zu bestellen oder ein Beistand hinzuzuziehen ist (§§ 67 Abs. 2 S. 2, 67a Abs. 1 S. 1 VwGO).[26] 253

Vor dem BVerwG und dem OVG muss sich jeder Beteiligte, der erstinstanzlich einen Antrag auf Erlass einer einstweiligen Anordnung stellt, durch einen Rechtsanwalt oder Rechtslehrer an einer deutschen Hochschule als Bevollmächtigtem vertreten lassen (§ 67 Abs. 1 S. 1 VwGO).[27] Abgesehen vom Behörden- und Vereinigungsprivileg (§ 67 Abs. 1 S. 3–6 VwGO) gilt nach §§ 173, 78 Abs. 3, 920 Abs. 3 ZPO eine Ausnahme dann, wenn der Anordnungsantrag zu Protokoll des Urkundsbeamten der Geschäftsstelle gestellt wird.[28] Diese spezielle Verweisung geht einer entsprechenden Anwendung von § 81 Abs. 1 S. 2 VwGO vor. Für das weitere Verfahren besteht aber auch in diesem Fall Vertretungszwang.[29] Die Diskrepanz, die insoweit zum Aussetzungsverfahren nach § 80 Abs. 5 VwGO besteht, lässt sich nur durch eine Gesetzesänderung beseitigen.[30] Eine entsprechende Anwendung von § 67 Abs. 1 S. 2 VwGO kommt angesichts der eindeutigen Gesetzeslage nicht in Betracht. 254

Jeder Bevollmächtigte bedarf einer schriftlichen Vollmacht (§ 67 Abs. 3 S. 1 VwGO). Für die nachträgliche Vorlage der Vollmachtsurkunde kann das Gericht – auch durch den Vorsitzenden oder den Berichterstatter (§ 87 Abs. 1 S. 2 Nr. 4 VwGO)[31] – eine Frist setzen (§ 67 Abs. 3 S. 2 VwGO). Wird die Vollmacht nicht innerhalb der bestimmten Frist bei Gericht eingereicht, ist der Antrag als unzulässig abzulehnen; die Verfahrens- 255

[22] *Redeker/von Oertzen* VwGO § 65 Rn. 1; anders Kopp/*Schenke* VwGO § 80 Rn. 140 für das Verfahren nach § 80 Abs. 5 mit dem wohl unzutreffenden Hinweis auf BVerwGE 64, 355.

[23] Zu der vergleichbaren Problematik der unterlassenen Anhörung vgl. → Rn. 294 sowie Kopp/*Schenke* VwGO § 65 Rn. 3.

[24] Kopp/*Schenke* VwGO § 123 Rn. 1.

[25] OVG Saarlouis Beschl. v. 25.10.2016 – 1 B 313/16; VGH Kassel NVwZ-RR 1994, 650; VGH Mannheim VBlBW 1985, 254 (255).

[26] Kopp/*Schenke* VwGO § 67 Rn. 48 f.

[27] Zur Verfassungsmäßigkeit des § 67 Abs. 1 aF; BVerwG *Buchholz* 436.36 § 18b BAföG Nr. 5.

[28] BVerwGE (GrS) 12, 119 (123).

[29] *Günther* DVBl. 1988, 1043.

[30] *Günther* DVBl. 1988, 1043.

[31] BVerwG Beschl. v. 25.3.1996 – 4 A 38/95; BVerwGE 71, 20; OVG Weimar Beschl. v. 17.12.1997 – 4 N 1046/97.

kosten sind dem vollmachtlosen Vertreter aufzuerlegen.[32] Eine Heilung durch Vorlage der Vollmacht im Beschwerdeverfahren ist nicht zulässig,[33] wenn eine den Antrag zurückweisende Prozessentscheidung vorliegt. Vor der förmlichen Entscheidung tritt mit Vorlage der Vollmacht Heilung ein.[34]

256 Die Vorlage der Vollmachtsurkunde lässt die Vertretungsbefugnis entstehen.[35] Ihr ist die Vollmachterteilung zu Protokoll des Gerichts gleichgestellt.[36] Die für das Klageverfahren eingereichte Vollmacht erstreckt sich auch auf das Anordnungsverfahren (§§ 173 VwGO, 82 ZPO).[37] Schließt die im Verwaltungsverfahren vorgelegte Vollmacht ein späteres Klageverfahren mit ein, so genügt eine Bezugnahme auf sie, sobald das Gericht nach § 99 VwGO die Verwaltungsvorgänge beigezogen hat.[38]

257 Das Vorliegen einer Vollmacht ist grundsätzlich von Amts wegen zu prüfen, bei einer Vollmachtserteilung an Rechtsanwälte nach §§ 173 VwGO, 88 Abs. 2 ZPO allerdings nur dann, wenn besondere Umstände Anlass bieten, die Bevollmächtigung in Zweifel zu ziehen.[39]

§ 20 Die Einleitung des Verfahrens

Schrifttum: *Bender,* Die einstweilige Anordnung (§ 123 VwGO), VBlBW 1986, 321; *Erichsen,* Die einstweilige Anordnung nach § 123 VwGO, Jura 1984, 644; *Huba,* Grundfälle zum vorläufigen Rechtsschutz nach der VwGO, JuS 1990, 984; *von Coelln,* Verbot einer Vereinsversammlung, Übungsklausur zum Ersten Staatsexamen, VBlBW 2002, 405, 448.

258 Das Anordnungsverfahren kann nur auf Antrag, nicht auch von Amts wegen eingeleitet werden.[40]

I. Adressat des Antrags

259 Der Antrag ist an das sachlich und örtlich zuständige erstinstanzliche Gericht zu richten. Dies ist nach § 123 Abs. 2 S. 1 das Gericht der Hauptsache; hierbei ist zwischen der Zuständigkeit vor und nach Rechtshängigkeit des Klageverfahrens zu unterscheiden, auf dessen Streitgegenstand sich das Anordnungsverfahren bezieht.[41]

[32] BVerwGE 69, 380; OVG Weimar Beschl. v. 18.11.1997 – 4 N 1075/97; OVG Magdeburg Beschl. v. 19.4.2010 – 4 M 73/10; LSG Niedersachsen Urt. v. 19.4.2001 – L 1 RA 227/00; FG Hamburg Urt. v. 8.4.2004 – II 88/03; OVG Weimar Beschl. v. 18.11.1997 – 4 N 1075/97.

[33] BVerwGE (GemS) 69, 380.

[34] BVerwG NVwZ 2004, 718.

[35] *Redeker/von Oertzen* VwGO § 67 Rn. 32 ff.

[36] *Redeker/von Oertzen* VwGO § 67 Rn. 34.

[37] VGH München BayVBl. 1978, 190; OVG Hamburg Beschl. v. 29.4.1985 – Bs I 187/84; OLG Brandenburg Beschl. v. 25.7.2002 – 9 WF 92/02; *Redeker/von Oertzen* VwGO § 67 Rn. 32. Zum Inhalt und Umfang der Vollmacht im Einzelnen *Meissner/Schenk* in Schoch/Schneider/Bier VwGO § 67 Rn. 75.

[38] Einschränkend *Meissner/Schenk* in Schoch/Schneider/Bier VwGO § 67 Rn. 75; *Redeker/von Oertzen* VwGO § 67 Rn. 16.

[39] OVG Lüneburg Beschl. v. 9.5.2007 – 2 LA 415/07; OVG Magdeburg Beschl. v. 18.10 2006 – 1 M 196/06; FG Hamburg Urt. v. 8.4.2004 – II 88/03; VG Potsdam Urt. v. 31.7.2000 – 3 K 3602/97; BVerwG *Buchholz* 310 § 67 VwGO Nr. 85; Buchholz 310 § 67 VwGO Nr. 69; BVerwGE 71, 23; OVG Münster NJW 1993, 3155.

[40] BVerwG Beschl. v. 19.12.2001 – 3 B 33/01.

[41] → Rn. 38 ff.

II. Form des Antrags

Der Antrag bedarf der Schriftform.[42] Der Antragsteller muss ihn entsprechend § 81 Abs. 1 S. 1 VwGO[43] schriftlich bei Gericht stellen, kann ihn aber nach §§ 123 Abs. 3 VwGO, 920 Abs. 3 ZPO auch zur Niederschrift des Urkundsbeamten der Geschäftsstelle geben. Letzteres gilt auch für die erstinstanzliche Antragstellung bei OVG und BVerwG, da § 920 Abs. 3 ZPO als Spezialgesetz zu § 81 Abs. 1 S. 2 VwGO keine Begrenzung auf das VG vorsieht.[44] Auch im einstweiligen Anordnungsverfahren erfordert die vorgeschriebene Schriftlichkeit, dass der Antragsschriftsatz vom Aussteller eigenhändig mit der Namensunterschrift unterzeichnet werden muss. Nur so wird die Verlässlichkeit des Antrages sichergestellt. Antragstellung durch Telegramm, Fernschreiben oder Telefax ist zulässig.[45] Eine E–Mail erfüllt das Schriftformerfordernis jedenfalls dann nicht, wenn sie keine qualifizierte elektronische Signatur im Sinne von § 2 Nr. 3 SigG[46] trägt, ohne die nicht mit der durch § 70 Abs. 1 VwGO gebotenen Sicherheit festgestellt werden kann, ob die betreffende E-Mail vollständig und richtig ist, und ob sie tatsächlich von dem in ihr angegebenen Urheber stammt (vgl. auch § 55a VwGO).[47] Wird ein elektronisches Dokument gleichwohl ausgedruckt und zur Akte genommen, ändert dies nichts an der Unwirksamkeit.[48] **260**

Auf die Schriftform, zu der die eigenhändige Unterschrift des Antragstellers oder seines Bevollmächtigten gehört,[49] kann wegen der Dokumentationsfunktion des Antrags[50] grundsätzlich nicht verzichtet werden. Dies gilt auch bei besonderer Eile. Die modernen Telekommunikationsmedien[51] ermöglichen es jedermann, schriftliche Anträge innerhalb kürzester Zeit bei Gericht zu stellen. Nur in ganz besonders gelagerten Einzelfällen, in denen diese Möglichkeiten nicht gegeben sind, kann es geboten sein, auch einen (fern) mündlich gestellten Antrag genügen zu lassen, wenn anders der durch Art. 19 Abs. 4 S. 1 GG gewährleistete wirksame Rechtsschutz nicht zu erlangen ist.[52] Voraussetzung ist, dass sich das Gericht hinreichend verlässlich über die Verfahrensbeteiligten, den Verfahrensgegenstand sowie über das Rechtsschutzziel unterrichten kann. **261**

III. Inhalt des Antrags

1. Angabe der Verfahrensbeteiligten und des Verfahrensgegenstands

Der Antrag muss entsprechend § 82 Abs. 1 S. 1 VwGO den Antragsteller und den Antragsgegner sowie den Gegenstand des Antragsbegehrens bezeichnen. **262**

---

[42] Zu den Einzelheiten BVerwG NJW 1995, 2121; vgl. auch VG München Beschl. v. 15. 10 2015 – M 15 E 15.2760; VG Frankfurt NJW 2002, 2488; OVG Weimar Beschl. v. 27.4.2000 – 4 ZKO 704/98.

[43] Kopp/*Schenke* VwGO § 81 Rn. 4; *Ortloff/Riese* in Schoch/Schneider/Bier VwGO § 81 Rn. 15; *Schoch* in Schoch/Schneider/Bier VwGO § 123 Rn. 125.

[44] → Rn. 254.

[45] OVG Weimar Beschl. v. 27.4.2000 – 4 ZKO 704/98; dazu übereinstimmend auch BVerwGE 81, 32.

[46] Signaturgesetz v. 16.5.2001 (BGBl I S. 876).

[47] VGH Kassel NVwZ-RR 2006, 377; OVG Lüneburg NVwZ 2005, 470; vgl. auch VG München Beschl. v. 15.10.2015 – M 15 E 15.2760.

[48] VGH Kassel NVwZ-RR 2006, 377; OVG Lüneburg NordÖR 2004, 462; vgl. VG Gera Beschl. v. 27.5.2015 – 2 E 254/15 Ge.

[49] Vgl. VG München Beschl. v. 20.5.2016 – M 26 S 16.1504;VG Frankfurt NJW 2002, 2488; OVG Weimar Beschl. v. 27.4.2000 – 4 ZKO 704/98; OVG Koblenz NVwZ 1997, 593; VGH Mannheim NJW 1996, 3162.

[50] Vgl. VG Frankfurt NJW 2002, 2488; OVG Weimar Beschl. v. 27.4.2000 – 4 ZKO 704/98; OVG Koblenz NVwZ 1997, 593.

[51] OVG Weimar Beschl. v. 27.4.2000 – 4 ZKO 704/98. Zu ihrer Zulässigkeit BVerwG NJW 1995, 2121.

[52] VG Wiesbaden NVwZ 1988, 90.

263 Die Verfahrensbeteiligten müssen so genau bezeichnet werden, dass sich deren Identität eindeutig feststellen lässt.[53] Zur Bezeichnung des Antragsgegners[54] genügt bei Verpflichtungsbegehren stets die Angabe der Behörde, die den beantragten Verwaltungsakt unterlassen hat (§ 78 Abs. 1 Nr. 1 VwGO entspr.). Bei allen übrigen Antragsbegehren ist der Rechtsträger (Bund, Land, Körperschaft) anzugeben, es sei denn, dass das Landesrecht einen Antrag gegen die Behörde selbst zulässt (§ 78 Abs. 1 Nr. 2 VwGO entspr.).

264 Diese Maßgabe verlangt nicht, dass der Rechtsträger der Behörde exakt bezeichnet wird. Allerdings muss der Antragsteller jedoch insoweit hinreichend bestimmte Angaben machen, dass aus der Bezeichnung der in Anspruch zu nehmenden Behörde mit Sicherheit auf den Rechtsträger geschlossen werden kann.[55]

265 Ob bei der Benennung des Antragstellers auch die Angabe der ladungsfähigen Anschrift des Antragstellers erforderlich ist, ist streitig.[56]

266 Auch der Gegenstand des Antragsbegehrens ist so konkret zu bezeichnen, dass das Gericht feststellen kann, worum es dem Antragsteller in der Sache geht.[57] Aus seinem Vorbringen muss zu erkennen sein, dass er eine vorläufige Sicherung oder Regelung begehrt, die sich auf ein bestimmtes Hauptsacheverfahren bezieht.

2. Fassung des Antrags

267 **a) Bestimmtheit.** Die Antragsschrift soll weiterhin einen bestimmten Antrag enthalten (§ 82 Abs. 1 S. 2 VwGO entspr.). Aus ihm soll sich über die Konkretisierung des Gegenstands des Antragsbegehrens hinaus ergeben, welche Entscheidung der Antragsteller vom Gericht erwartet.

268 Die Rechtsprechung verweist darauf, dass die Anforderungen an die Bestimmtheit des Antrages nicht zu hoch angesetzt werden dürfen. Dies wird aus § 123 Abs. 3 VwGO i. V. m. § 938 Abs. 1 ZPO abgeleitet, nach dem das Gericht „nach freiem Ermessen" bestimmt, welche Anforderungen zur Erreichung des Zwecks erforderlich sind. In der Praxis ist es aber ratsam, den Antrag so genau wie möglich zu formulieren, um dem Gericht das Antragsziel zu verdeutlichen. Zwingend geboten ist dies allerdings nicht, da es sich bei der Bestimmtheit des Antrags nicht um eine Zulässigkeitsvoraussetzung handelt.[58] Es genügt, dass sich das Rechtsschutzziel nach Art und Umfang aus dem tatsächlichen Vorbringen des Antragstellers entnehmen lässt (§ 88 VwGO).[59] Es ist Sache des Gerichts, das Antragsbegehren einem der beiden Tatbestände des § 123 Abs. 1 VwGO zuzuordnen.[60]

Ebenso wenig braucht der Antragsteller anzugeben, welche Maßnahmen das Gericht im Einzelnen treffen soll. Hierüber entscheidet dieses im Rahmen des Antragsbegehrens (§ 88 VwGO) nach freiem Ermessen (§§ 123 Abs. 3 VwGO, 938 Abs. 1 ZPO) und ist

[53] OVG Münster Beschl. v. 30.7.2003 – 17 B 1070/03; OVG Magdeburg Beschl. v. 4.12.2003 – 2 M 547/03.

[54] VG Frankfurt Beschl. v. 26.4.2002 – 10 G 1540/02.A.

[55] VG Bayreuth Beschl. v. 2.8.2016 – B 4 E 16.532; VG Frankfurt Beschl. v. 26.4.2002 – 10 G 1540/02.A; Kopp/*Schenke* VwGO § 82 Rn. 3.

[56] Dafür: BVerwG DVBl. 1999, 989; VG München Beschl. v. 18.5.2016 – M 10 E 16.1675; BayVGH Beschl. v. 28.4.2003 – 24 ZB 02.3108; OLG Frankfurt Urt. v. 15.5.2014 – 16 U 4/14; VGH Mannheim NVwZ-RR 2006, 151; OVG Münster Beschl. v. 30.7.2004 – 17 B 1070/03; NVwZ-RR 1997, 390; NVwZ-RR 1994, 124; VG Frankfurt (Oder) Beschl. v. 16.2.2004 – 6 L 567/03; FG Köln Urt. v. 1.4.2004 – 15 K 2970/03.

[57] Kopp/*Schenke* VwGO § 82 Rn. 7; *Ortloff/Riese* in Schoch/Schneider/Bier VwGO § 82 Rn. 6.

[58] OVG Münster OVGE 24, 105.

[59] Zu den Anforderungen an ein Unterlassungsbegehren OVG Münster NVwZ-RR 1995, 278; vgl. auch OVG Saarlouis Beschl. v. 12.9.2016 – 2 B 196/16.

[60] *Schoch* in Schoch/Schneider/Bier VwGO § 123 Rn. 102. → Rn. 104.

deshalb insoweit nicht auf einen Antrag angewiesen.[61] Begehrt der Antragsteller eine Maßnahme, die das Gericht allgemein oder im Einzelfall nicht treffen darf, so ist der Antrag – sofern überhaupt eine zulässige Maßnahme denkbar ist – nicht unzulässig, sondern unbegründet.[62]

Der Vorsitzende oder der Berichterstatter können (§ 82 Abs. 2 VwGO entspr.) Ergänzungen der Antragsschrift verlangen, wenn diese nicht vollständig den Anforderungen des § 82 Abs. 1 VwGO entspricht.[63] Ist der Antrag unklar gefasst, hat der Vorsitzende darauf hinzuwirken, dass er erläutert wird (§ 86 Abs. 3 VwGO entspr.). Lässt sich eine Klarstellung des Antragsziels nicht erreichen, muss das Gericht den gestellten Antrag auslegen. Dabei ist es nicht an die Fassung des Antrags gebunden, sondern kann, solange es sich im Rahmen des Antragsbegehrens hält, das gesamte Vorbringen des Antragstellers würdigen, um das zum Ausdruck gebrachte wirkliche Rechtsschutzziel zu ermitteln (§ 88 VwGO entspr.).[64] **269**

Dem nicht durch einen Anwalt vertretenen Antragsteller wird es in aller Regel darum gehen, vorläufigen Rechtsschutz zu erlangen, ohne sich dabei auf eine bestimmte Rechtsschutzform festzulegen. In diesem Fall darf das Gericht als beantragt ansehen, was ein verständiger und rechtskundiger Antragsteller beantragen würde. Unter dieser Voraussetzung kann es auch einen ausdrücklich auf § 80 Abs. 5 VwGO gestützten Antrag in einen Antrag nach § 123 Abs. 1 VwGO umdeuten.[65] Nur dann, wenn der Antragsteller zu erkennen gibt, dass er unter allen Umständen an dem gestellten Antrag festhalten will, muss es von einer Umdeutung absehen. Über den erklärten Willen auch eines rechtsunkundigen Antragstellers darf es sich nicht hinwegsetzen.[66] **270**

Den von einem anwaltlich vertretenen Antragsteller gestellten Antrag darf das Gericht ebenfalls auslegen, aber grundsätzlich nicht umdeuten.[67] Bestehen Zweifel darüber, in **271**

---

[61] VGH München Beschl. v. 21.10.2016 – 9 CE 16.523; VGH Mannheim Beschl. v. 28.9.2016 – 4 S 1578/16; OVG Berlin Beschl. v. 12.5.2003 – 3 S 22.02; OVG Schleswig NVwZ 2006, 363.

[62] VGH Mannheim ESVGH 10, 73.

[63] *Ortloff/Riese* in Schoch/Schneider/Bier VwGO § 82 Rn. 15–19; Kopp/*Schenke* VwGO § 82 Rn. 13; *Redeker/von Oertzen* VwGO § 82 Rn. 17 f.

[64] BVerwG NVwZ 1993, 62; NVwZ 1982, 193; BVerwGE 60, 144; VGH München Beschl. v. 21.10.2016 – 9 CE 16.523; VGH Mannheim Beschl. v. 28.9.2016 – 4 S 1578/16; OVG Münster Beschl. v. 19.2.2004 – 18 B 522/03; VG Bayreuth Beschl. v. 18.9.2003 – B 2 E 03.1115; VG Frankfurt Beschl. v. 24.1.2003 – 10 G 4753/01; VGH Kassel NVwZ-RR 1994, 511; VGH Mannheim VBlBW 1992, 152; VBlBW 1991, 219; VGH München NJW 1982, 2134; OVG Berlin Beschl. v. 13.1.2009 – OVG 5 S 21.08.

[65] BVerwG NVwZ 1982, 194; VG München Beschl. v. 27.9.2016 – M 11 S 16.3636; OVG Frankfurt (Oder) Beschl. v. 23.3.2005 – 4 B 29/04; OVG Berlin Beschl. v. 12.5.2003 – 3 S 22.02; OVG Weimar DVBl. 2000, 434; VGH München NVwZ-RR 2000, 35; NVwZ-RR 1995, 477; OVG Münster NVwZ-RR 1993, 234; OVG Saarlouis NVwZ-RR 1992, 382; OVG Greifswald GewArch. 1996, 76; OVG Hamburg NVwZ-RR 1993, 53; VGH Kassel InfAuslR 1994, 349; InfAuslR 1993, 369; VGH Mannheim VBlBW 1992, 152; VBlBW 1991, 383; VG Lüneburg Beschl. v. 2.12.2005 – 1 B 62/05; VG München Beschl. v. 20.9.2005 – M 23 S 05.2470; VG Meiningen Beschl. v. 25.7.2005 – 1 E 404/05 Me. Zur Umdeutung eines Antrags nach § 123 Abs. 1 in einen Antrag nach § 80 Abs. 5 VwGO OVG Berlin Beschl. v. 7.9.2004 – 4 S 64.03; VG Dessau Beschl. v. 9.3.2004 – 4 B 16/04; OVG Greifswald NordÖR 2004, 218; OVG Münster Beschl. v. 19.2.2004 – 18 B 522/03; Beschl. v. 24.10.2003 – 13 B 1762/03; Beschl. v. 21.9.2000 – 18 B 1339/00; OVG Berlin Beschl. v. 12.5.2003 – 3 S 22.02; VG Braunschweig Beschl. v. 7.1.2003 – 3 B 363/02; OVG Magdeburg NVwZ-RR 2002, 907; OVG Hamburg Beschl. v. 18.7.2000 – 4 BS 165/00; VGH Kassel NVwZ 1989, 779; VGH Mannheim FEVS 39, 208; VGH München DVBl. 1988, 590; OVG Münster DVBl. 1989, 1013; Rn. 11. Allgemein zur Antragsumdeutung BGH NJW 1983, 2200; anders jedoch VGH München Beschl. v. 5.10.2016 – 22 CS 16.1713, der eine Umdeutung wegen der Beschränkung auf das Beschwerdevorbringen verneint, dem zustimmend: VG Münster Beschl. v. 20.1.2016 – 4 L 39/16.A.

[66] VGH Mannheim NJW 1982, 2460; VGH München NJW 1982, 1474. Offengelassen in BVerwGE 60, 149.

[67] VG Münster Beschl. v. 20.1.2016 – 4 L 39/16.A; VG München Beschl. v. 30.3 2015 – M 8 S 15.261; OVG Münster Beschl. v. 19.2.2004 – 18 B 522/03; OVG Berlin Beschl. v. 12.5.2003 – 3 S 22.02; wohl anders: OVG Weimar Beschl. v. 16.7.1999 – 3 EO 510/99; dem zustimmend OVG

welcher Verfahrensart vorläufiger Rechtsschutz gewährt werden soll, kann es anregen, dass der Antrag nach § 80 Abs. 5 VwGO wegen § 123 Abs. 5 VwGO als Hauptantrag und der Antrag nach § 123 Abs. 1 VwGO als Hilfsantrag gestellt wird.[68] An eine anwaltliche Klarstellung ist es gebunden, auch wenn es die gewählte Rechtsschutzform nicht für statthaft hält. Anordnungsverfahren und Aussetzungsverfahren unterscheiden sich in ihren Voraussetzungen und Rechtsfolgen so erheblich voneinander, dass es dem anwaltlich vertretenen Antragsteller überlassen bleiben muss, für welche Verfahrensart er sich entscheidet.[69]

272 Bei äußerster Eile darf das Gericht von der Erörterung unklarer oder nicht sachdienlicher Anträge absehen, wenn dies erforderlich ist, um noch rechtzeitig in der Sache entscheiden zu können. In diesem Fall kann es einen Antrag nach § 123 Abs. 1 VwGO annehmen, wenn es nach dem erkennbaren Antragsbegehren dessen Zulässigkeit bejaht und wenn keine Anhaltspunkte dafür vorhanden sind, dass der Antragsteller dem von vornherein widersprochen hätte.

273 Ebenso darf es auf die Erörterung der richtigen Verfahrensart verzichten, wenn es auf deren Bestimmung im Ergebnis nicht ankommt.[70] Lässt sich ohne weiteres feststellen, dass der Antrag sowohl nach § 80 Abs. 5 VwGO als auch nach § 123 Abs. 1 VwGO erfolglos bleiben muss, ist eine solche Klärung überflüssig und kann deshalb unterbleiben, ohne die Gewährung wirksamen Rechtsschutzes in Frage zu stellen.

274 **b) Unbedingtheit.** Der Antrag darf als Prozesshandlung nicht unter einer Bedingung gestellt werden.[71] Hierbei handelt es sich um ein ungeschriebenes Zulässigkeitserfordernis, das aus allgemeinen prozessualen Grundsätzen hergeleitet wird. Ein bedingt gestellter Antrag ist damit als unzulässig abzulehnen.

3. Begründung des Antrags

275 Im Antrag sollen die zu seiner Begründung dienenden Tatsachen angegeben werden (§ 82 Abs. 1 S. 3 VwGO entspr.). Dadurch soll das Antragsbegehren über die Bezeichnung seines Gegenstands hinaus präzisiert werden.[72] Dies bezieht sich sowohl auf den Anordnungsanspruch als auch auf den Anordnungsgrund (§§ 123 Abs. 3 VwGO, 920 Abs. 1 ZPO).[73] Weiterhin sind die Beweismittel zu bezeichnen, mit denen die tatsächlichen Angaben glaubhaft gemacht werden sollen (§§ 123 Abs. 3 VwGO, 920 Abs. 2 ZPO).[74] Unzureichende Angaben führen nicht zur Unzulässigkeit des Antrags, da es sich hierbei nicht um Zulässigkeitserfordernisse handelt.[75]

4. Nachbesserung eines ergänzungsbedürftigen Antrags

276 Ein Antrag, der nicht der Schriftform nach § 81 Abs. 1 S. 1 VwGO genügt, kann nicht nachgebessert werden.[76] Er muss neu gestellt werden und wirkt dann ex nunc.

Berlin-Brandenburg Beschl. v. 29.10.2013 – OVG 12 S 106.13, wenn sich das wahre Antragsziel eindeutig erkennen lässt; offengelassen in VG Göttingen Beschl. v. 17.3.2016 – 1 B 35/16.

[68] Hierzu VGH Mannheim VBlBW 1987, 141; VG Frankfurt NVwZ 1982, 52.

[69] S. dazu OVG Münster ZUR 2003, 109; VGH Kassel NVwZ 1995, 33 (34).

[70] BVerwG NVwZ 1997, 274; VGH Mannheim VBlBW 1987, 144; VGH München NJW 1980, 2722.

[71] BVerwG DVBl. 1995, 105; VG Bayreuth Beschl. v. 18.9.2003 – B 2 E 03.1115.

[72] Kopp/*Schenke* VwGO § 82 Rn. 10; *Ortloff/Riese* in Schoch/Schneider/Bier VwGO § 82 Rn. 8; *Erichsen* Jura 1984, 644 f.

[73] *Redeker/von Oertzen* VwGO § 123 Rn. 28.

[74] Hierzu im Einzelnen → Rn. 316 ff.

[75] Kopp/*Schenke* VwGO § 82 Rn. 10.

[76] Kopp/*Schenke* VwGO § 81 Rn. 4; *Ortloff/Ries* in Schoch/Schneider/Bier VwGO § 81 Rn. 9; *Redeker/von Oertzen* VwGO § 81 Rn. 2.

Entspricht der Antrag nicht in vollem Umfang den Anforderungen nach § 82 Abs. 1 VwGO, haben der Vorsitzende oder der Berichterstatter den Antragsteller aufzufordern, ihn innerhalb einer bestimmten Frist zu ergänzen (§ 82 Abs. 2 S. 1 VwGO entspr.). Dies gilt auch für die notwendigen Angaben nach § 82 Abs. 1 S. 1 VwGO, für deren Ergänzung eine Ausschlussfrist gesetzt werden kann (§ 82 Abs. 2 S. 2 VwGO entspr.). Nach fruchtlosem Fristablauf darf das Gericht den Antrag bei unzureichenden Angaben nach § 82 Abs. 1 S. 1 VwGO als unzulässig, im Übrigen als unbegründet ablehnen.[77] Einer Aufforderung zur Nachbesserung bedarf es ausnahmsweise nicht, wenn sämtliche notwendigen Angaben fehlen.[78] Eine Ergänzung kommt begrifflich nur dann in Betracht, wenn der Antrag nicht in vollem Umfang den gestellten Anforderungen entspricht. 277

IV. Zeitpunkt der Antragstellung

Aus dem Wortlaut des § 123 Abs. 1 S. 1 VwGO ergibt sich, dass der Antrag auf Erlass einer einstweiligen Anordnung schon vor Klageerhebung gestellt werden kann. Seine Zulässigkeit hängt damit nicht davon ab, dass das Klageverfahren, auf das er sich bezieht, bereits anhängig gemacht worden ist. 278

Der Antrag nach § 123 VwGO ist nicht fristgebunden. Er muss nicht zu einem bestimmten Zeitpunkt oder innerhalb einer bestimmten Frist gestellt werden,[79] es sei denn, dass spezialgesetzlich etwas anderes bestimmt ist. Ebenso wenig ist erforderlich, dass ein der Klage vorangehendes Verwaltungs- oder Widerspruchsverfahren eingeleitet worden ist.[80]

Nicht mehr zulässig ist der Antrag, wenn er nach bestandskräftiger Beendigung des Verwaltungsverfahrens oder nach rechtskräftigem Abschluss des Klageverfahrens gestellt wird. In diesem Fall fehlt es an einem Rechtsschutzbedürfnis, da die Gewährung vorläufigen Rechtsschutzes nicht mehr erforderlich ist.[81] Ebenso soll nach der Rechtsprechung eine zeitliche Grenze für die Antragstellung durch den Anordnungsgrund gezogen werden können,[82] ohne dass für diese Auffassung der Norm ein Anhaltspunkt entnommen werden könnte: Begehrt danach ein Studienbewerber Eilrechtsschutz, muss sein Antrag bei Gericht so früh eingegangen sein, dass er das begehrte Studium im Bewerbungssemester überhaupt noch mit Erfolg aufnehmen kann. Der Eilantrag muss nach dieser Judikatur daher spätestens am Tage des Vorlesungsbeginns bei Gericht eingegangen sein.[83] Die soll allerdings dann nicht gelten, wenn die Aufnahme des Studiums vom ersten Vorlesungstag an deshalb nicht möglich, weil das Verwaltungsgericht im Interesse einer vergleichsweisen und abschließenden Erledigung der Anträge einen nach Vorlesungsbeginn stattfindenden Erörterungstermin anberaumt. In diesem Fall soll der Anordnungsgrund jedenfalls dann weiterhin anzunehmen sein, wenn die Berücksichtigung von nach dem ersten Vorlesungstag eingegangenen Anträgen die Erledigung der bis 279

---

[77] Kopp/*Schenke* VwGO § 82 Rn. 14; *Redeker/von Oertzen* VwGO § 82 Rn. 21; *Erichsen* Jura 1984, 645.

[78] BVerwG DVBl. 1982, 1000; *Ortloff/Riese* in Schoch/Schneider/Bier VwGO § 82 Rn. 16.

[79] OVG Bremen DVBl. 1991, 1269; VGH Mannheim NVwZ-RR 1997, 629. Zum Gesichtspunkt einer möglichen Verwirkung des Antragsrechtes: OVG Greifswald Beschl. v. 1.9.2004 – 2 M 234/04; OVG Münster Beschl. v. 19.11.2015 – 1 B 980/15.

[80] VGH München BayVBl. 1995, 373; VG Weimar Beschl. v. 9.10.2002 – 4 E 312/02 WE. S. allerdings zum Rechtsschutzbedürfnis auch Rn. 95.

[81] VG Weimar aaO; im Einzelnen → Rn. 98.

[82] S. dazu → Rn. 101.

[83] OVG Greifswald Beschl. v. 22.4.2009 – 1 M 22/09; OVG Hamburg Beschl. v. 5.7.2002 – 3 Nc 6/02; DÖV 1997, 692; NVwZ-RR 1992, 22; OVG Greifswald NVwZ-RR 1994, 334. S. auch OVG Münster NVwZ 1994, 588; OVG Saarlouis NVwZ-RR 2010, 434.

spätestens zum ersten Vorlesungstag eingegangenen Anträge im Erörterungstermin oder durch eine diesem nachfolgende Entscheidung nicht verzögert.[84]

V. Rechtswirkungen der Antragstellung

1. Rechtshängigkeit des Anordnungsverfahrens

280 Bereits mit der Einreichung des Antrags bei Gericht – und nicht erst mit seiner Zustellung an den Antragsgegner – wird das Anordnungsverfahren entsprechend § 90 Abs. 1 VwGO anhängig.[85] Während der Dauer der Rechtshängigkeit ist ein neuer Antrag gleichen Inhalts unzulässig (§§ 173 VwGO, 17 Abs. 1 S. 2 GVG). Ist in dem zuerst anhängig gemachten Verfahren kein bestimmter Antrag gestellt worden, so ist jeder weitere Antrag unzulässig, der auf denselben Gegenstand des Antragsbegehrens zwischen denselben Beteiligten gerichtet ist, gleichgültig, welche Maßnahme im Einzelnen begehrt wird.[86]

2. Keine Rechtshängigkeit des Hauptsacheverfahrens

281 Wegen des andersartigen Rechtsschutzziels des Anordnungsverfahrens wird die Hauptsache mit dem Anbringen des Anordnungsantrags bei Gericht nicht rechtshängig.[87] Eine für die Hauptsache bestehende Widerspruchs- oder Klagefrist wird daher durch die Antragstellung nicht gewahrt. Ebenso wenig kann in einem Anordnungsantrag, der der Behörde innerhalb der Widerspruchsfrist zugestellt wird, ein Widerspruch gesehen werden.[88]

§ 21 Der Ablauf des Verfahrens

Schrifttum: *Bode,* Vorlagepflicht nach Art. 100 GG und vorläufiger Rechtsschutz: Inhalt und Grenzen einstweiliger Anordnungen unter besonderer Berücksichtigung von Massenverfahren im Hochschulzulassungsrecht, VerwArch 2016, 206; *Brühl,* Vorläufiger Rechtsschutz im Verwaltungsstreitverfahren, JUS 1995, 919; *Burkholz,* Der Untersuchungsgrundsatz im verwaltungsgerichtlichen Eilverfahren, 1988; *Cremer,* Gemeinschaftsrecht und deutsches Verwaltungsprozessrecht – zum dezentralen Rechtsschutz gegenüber EG-Sekundärrecht, Verw 37, 165 (2004); *Ekardt/Beckmann,* Sind verwaltungsgerichtliche Hängebeschlüsse zulässig?, VR 2006, 337; *Guckelberger,* Zulässigkeit und Anfechtbarkeit verwaltungsgerichtlicher Hängebeschlüsse, NVwZ 2001, 275; *Finger,* Der Zugang zur deutschen Verwaltungsgerichtsbarkeit unter gemeinschaftsrechtlichem Einfluss, JA 2005, 228; *Fromont,* Die Annäherung der Verwaltungsgerichtsbarkeit in Europa – Die Befugnisse des Verwaltungsrichters gegenüber der Verwaltung, Festgabe 50 Jahre Bundesverwaltungsgericht 2003, S. 93; *Groß,* Konvergenzen des Verwaltungsrechtsschutzes in der Europäischen Union, Verw 33 (2000), S. 415–434; *ders.,* Ökonomisierung der Verwaltungsgerichtsbarkeit und des Verwaltungsprozessrechts, Verw 34 (2001), 371; *Hamann,* Das Kollegialprinzip und der „Einzelrichter" nach der 4. Novelle zur VwGO, VerwArch. 83 (1992), 201 (203); *Hauser,* Vorläufiger Rechtsschutz, Deutsches Verwaltungsrecht unter europäischem Einfluss 2002, S. 107 ff.; *Huba,* Grundfälle zum vorläufigen Rechtsschutz nach der VwGO, JuS 1990, 984; *Huber,* Die Europäisierung des verwaltungsgerichtlichen Rechtschutzes, BayVBl 2001, 577; *Jaeger,* Rechtsschutz im Eilverfahren vor dem Gericht der Europäischen Union (Eug9, IWRZ 2016, 201; *Jannasch,* Einwirkungen des Gemeinschaftsrechts auf den vorläufigen Rechtsschutz, NVwZ 1999, 495; *Koch,* Zur Vorlagepflicht nationaler Gerichte an den EuGH in Verfahren des vorläufigen Rechtsschutzes, NJW 1995, 2331; *Leupold,*

[84] OVG Bautzen Beschl. v. 16.11.2001 – 2 C 4/01.NC; NVwZ-RR 2002, 753 (Aufgabe der bisherigen Rechtsprechung), zu den Auswirkungen auf den Anordnungsgrund → Rn. 130.

[85] *Redeker/von Oertzen* VwGO § 123 Rn. 28. Vgl. im Einzelnen → Rn. 78.

[86] *Baur* S. 82 ff.; Stein/Jonas/*Grunsky* ZPO vor § 935 Rn. 14.

[87] BFHE 146, 9; OLG Düsseldorf NJW 1982, 2452; OLG Frankfurt FamRZ 1989, 296.

[88] Ebenso, allerdings nur für den Einzelfall, VGH Kassel DÖV 1963, 520 (Ls.); OVG Koblenz AS 11, 191 (193).

Keine Letztentscheidungskompetenz des EuGH in Verfahren des einstweiligen Rechtsschutzes, NVwZ 1995, 553; *MacLean,* Die gerichtliche Zwischenverfügung (Hängebeschluss) im Verfahren des einstweiligen Rechtschutzes, LKV 2001, 107; *Schmitt,* Richtervorlagen im Eilverfahren?, 1997; *Schwarze,* Europäische Rahmenbedingungen für die Verwaltungsgerichtsbarkeit, NVwZ 2000, 241; *Stelkens,* Das Gesetz zur Neuregelung des verwaltungsgerichtlichen Verfahrens (4. VwGOÄndG) – Das Ende einer Reform? –, NVwZ 1991, 209; *Stern,* Die Einwirkung des europäischen Gemeinschaftsrechts auf die Verwaltungsgerichtsbarkeit, JuS 1998, 769; *Urban,* Eingeschränkte Verwerfungskompetenz der Verwaltungsgerichte im Eilverfahren gem. § 123 VwGO, NVwZ 1989, 433; *Weber,* Entwicklungen im europäischen Verwaltungsrecht, Öffentliche Verwaltung in Europa/Symposium aus Anlass das 60. Geburtstages von Prof. Dr. Hans-Werner Rengeling 1999, S. 35; s. im Übrigen zum Europarecht auch die Literaturnachweise → vor Rn. 856

Es gehört zu den Aufgaben der jeweils zuständigen Gerichte, organisatorisch sicherzustellen, dass der Betroffene von Möglichkeiten des Rechtsschutzes, den die Rechtsordnung ihm einräumt, in einer den Anforderungen des Art. 19 Abs. 4 GG in Verbindung mit dem Rechtsstaatsprinzip entsprechenden Weise Gebrauch machen kann.[89] Einstweilige Rechtsschutzanträge sind daher „auf der Grundlage eines in jeder Weise beschleunigten Verfahrens mit entsprechend verkürzten Äußerungsfristen und vorgezogener Terminierung grundsätzlich umgehend zu bescheiden".[90] Die Rechtsprechung des BVerfG verpflichtet die Gerichte hierzu sowohl in Bezug auf die Gerichtsorganisation wie auch in Bezug auf die Terminierung im zuständigen Spruchkörper.[91] Die Möglichkeit einer Geschäftsverteilung ohne Ansehen einzelner Sachen ist zu beachten. Sie erlaubt „durchaus abstrakt generelle Regelungen, die eine effektive Weiterbearbeitung von Verfahren sicher stellen, in denen Anträge auf Erlass einer einstweiligen Anordnung noch nicht beschieden sind. Der Hinweis auf die einem Richter zuzubilligende Einarbeitungszeit nach einem Zuständigkeitswechsel entlastet das Gericht nicht von der Erledigung der Eilverfahren".[92] Nach Aufnahme der Spruchtätigkeit in einer neu gegründeten Kammer ist den Verfahren im einstweiligen Rechtsschutz Vorrang einzuräumen.[93] **282**

I. Zuständigkeit des Vorsitzenden oder des Berichterstatters

Für die Vorbereitung des Klageverfahrens sind im Kollegium der Vorsitzende oder der Berichterstatter, ein von ihm bestimmter Richter des Spruchkörpers (§ 82 Abs. 2 S. 1 VwGO), zuständig (§ 87 Abs. 1 S. 1 VwGO). Im Anordnungsverfahren gilt § 87 VwGO entsprechend.[94] Er ist, wie § 161 Abs. 2 VwGO zeigt, nicht zwingend an Verfahren gebunden, in denen aufgrund mündlicher Verhandlung entschieden wird. Außerdem entspricht die mit dieser Vorschrift angestrebte konzentrierte Vorbereitung des Verfahrensabschlusses auch und gerade den Erfordernissen des Eilverfahrens. **283**

Für die einleitende Verfügung ist der Vorsitzende allein zuständig (§ 85 VwGO entspr.),[95] für alle weiteren vorbereitenden Anordnungen neben ihm auch der Berichterstatter (§§ 82 Abs. 2, 87 Abs. 1 S. 1 VwGO). Dass es sich hierbei um eine parallele oder wahlweise Zuständigkeit handelt, ergibt sich sowohl aus dem Gesetzeswortlaut („oder") als auch aus einem Vergleich mit der Zuständigkeitsregelung in § 87a Abs. 1, Abs. 3 VwGO.[96] Eine eigene Zuständigkeit hat der Vorsitzende aus § 86 Abs. 3 VwGO, der für **284**

[89] BVerfG NVwZ-RR 2001, 694.

[90] BVerfG NVwZ-RR 2001, 694.

[91] BVerfG NVwZ-RR 2001, 694.

[92] BVerfG NVwZ-RR 2001, 694.

[93] BVerfG NVwZ-RR 2001, 694.

[94] Kopp/*Schenke* VwGO § 87 Rn. 1; *Ortloff/Ries* in Schoch/Schneider/Bier VwGO § 87a Rn. 15, 17; *Redeker/von Oertzen* VwGO § 87 Rn. 2; *Stelkens* NVwZ 1991, 209.

[95] *Ortloff/Riese* in Schoch/Schneider/Bier VwGO § 85 Rn. 4.

[96] Kopp/*Schenke* VwGO § 87a Rn. 10; *Ortloff/Riese* in Schoch/Schneider/Bier VwGO § 87 Rn. 4; *Redeker/von Oertzen* VwGO § 87 Rn. 3.

ihn eine Hinweis- und Aufklärungspflicht begründet. Soweit Vorsitzender und Berichterstatter nebeneinander tätig werden können, müssen sie sich untereinander abstimmen, damit es nicht zu widersprüchlichen Anordnungen kommt.[97] In der Gerichtspraxis überlässt der Vorsitzende nach Erlass der Einleitungsverfügung in aller Regel dem Berichterstatter die weitere Förderung des Verfahrens.[98]

285 Wer Berichterstatter ist, muss im Geschäftsverteilungsplan der Kammer abstrakt festgelegt sein.[99] Dies gilt nicht nur für die Einräumung der Entscheidungsbefugnisse nach § 6 VwGO, sondern auch für die nach § 87a VwGO, die die Anordnungsbefugnisse nach § 87 VwGO mit einschließen. Der Vorsitzende kann auch sich selbst als Berichterstatter bestimmen. Er muss dies im Interesse einer gleichmäßigen Lastenverteilung in der Kammer sowie im Hinblick auf § 21g Abs. 3 S. 2 GVG in angemessenem Umfang auch tun.[100]

286 Die Zuständigkeit zum Erlass vorbereitender Anordnungen reicht nach § 87 Abs. 1 S. 1 VwGO bis zur Entscheidungsreife. Sie endet, wenn ohne mündliche Verhandlung entschieden wird, mit der Beschlussfassung,[101] sonst mit dem Eintritt in die mündliche Verhandlung.

II. Befugnisse des Vorsitzenden und des Berichterstatters[102]

287 Die Zustellung des Antrags an den Antragsgegner ist Sache des Vorsitzenden (§ 85 S. 1 VwGO entspr.). Er kann sie mit der Aufforderung verbinden, sich schriftsätzlich zu äußern und kann hierzu eine Frist setzen (§ 85 S. 2, 3 VwGO entspr.).[103] Die gleiche Befugnis hat er gegenüber den übrigen Beteiligten (§ 86 Abs. 4 S. 1, 2 VwGO entspr.). Daneben kann er zu Korrekturen und Ergänzungen der gestellten Anträge sowie des Tatsachenvortrags auffordern (§ 86 Abs. 3 VwGO entspr.).

288 Zur weiteren Vorbereitung der Entscheidung können Vorsitzender und Berichterstatter alle erforderlichen Anordnungen treffen, wenn und soweit diese mit dem Charakter des Anordnungsverfahrens vereinbar sind (§ 87 Abs. 1 S. 1 VwGO entspr.). Hierzu gehören insbesondere die in § 87 Abs. 1 S. 2 Nr. 1–6 VwGO aufgeführten Maßnahmen. Neben der Befugnis, die Beteiligten unter Fristsetzung zur Ergänzung und Erläuterung ihres schriftlichen Vorbringens und der Vorlage von Urkunden und sonstigen Gegenständen aufzufordern (§§ 87 Abs. 1 S. 2 Nr. 2, 87b VwGO), ist die Ermächtigung zur Anberaumung eines Termins zur Erörterung des Sach- und Streitstandes sowie zur gütlichen Beilegung des Rechtsstreits (§ 87 Abs. 1 S. 2 Nr. 1 VwGO) von besonderer Bedeutung.

289 Erörterungstermine[104] können gerade in den Verfahren des vorläufigen Rechtsschutzes zur Verfahrensbeschleunigung beitragen. Das Gericht kann den Sachverhalt rascher aufklären und zugleich den Beteiligten Gelegenheit geben, sich zu allen entscheidungserheb-

---

[97] Kopp/*Schenke* VwGO § 87 Rn. 2; *Redeker/von Oertzen* VwGO § 87 Rn. 3.

[98] *Ortloff/Riese* in Schoch/Schneider/Bier VwGO § 87 Rn. 4.

[99] VG Ansbach Beschl. v. 2.4.2009 – AN 1 S 09.00495; OLG Zweibrücken Beschl. v. 18.11.2005 – 3 W 220/05; BSG Urt. v. 10.2.2005 – B 4 RA 26/04 R; OVG Münster Beschl. v. 17.5.2004 – 8 A 4681/03.A; OVG Frankfurt (Oder) Beschl. v. 14.10.2003 – 3 B 177/03. Anders BGH NJW 1993, 1596; OVG Hamburg NJW 1994, 274. Zur Bestimmung des gesetzlichen Richters bei einem überbesetzten Spruchkörper BVerfG NJW 1995, 2703; DVBl. 1997, 765.

[100] Kopp/*Schenke* VwGO § 87a Rn. 10; *Ortloff/Riese* in Schoch/Schneider/Bier VwGO § 82 Rn. 13; *Redeker/von Oertzen* VwGO § 6 Rn. 2; *Hamann*, 83 (1992), 201, 203.

[101] Kopp/*Schenke* VwGO § 87 Rn. 3; *Hamann* VerwArch. 83 (1992), 205 f. Anders *Ortloff/Riese* in Schoch/Schneider/Bier VwGO § 87a Rn. 13 f. (Beginn der Beratung des Kollegiums).

[102] Zu den einzelnen Befugnissen, die sich teilweise überschneiden, vgl. vor allem Kopp/*Schenke* VwGO § 87 Rn. 4; *Ortloff/Riese* in Schoch/Schneider/Bier VwGO § 87 Rn. 8–25; VGH München DÖV 1982, 868; VG Würzburg BayVBl. 1977, 28.

[103] Hierzu im Einzelnen *Ortloff/Riese* in Schoch/Schneider/Bier VwGO § 85 Rn. 6 f.

[104] Hierzu vor allem *Ortloff/Riese* in Schoch/Schneider/Bier, VwGO § 87 Rn. 8–14, 33 sowie *Redeker/von Oertzen* VwGO § 87 Rn. 5.

lichen Umständen in Rede und Gegenrede zu äußern. Auf diese Weise kann ihnen auch in besonders eiligen Fällen ausreichendes rechtliches Gehör gewährt werden. Durch das Rechtsgespräch (§ 104 Abs. 1 VwGO entspr.),[105] die vertiefende Erörterung der tatsächlichen und rechtlichen Aspekte der Streitsache, kann der Entscheidungsprozess gefördert werden. Zugleich lassen sich die Möglichkeiten einer Streitschlichtung, auch über den eigentlichen Verfahrensgegenstand hinaus, ausloten. Hierbei kann von Nutzen sein, dass Erörterungstermine lediglich parteiöffentlich sind.[106] Da ihre Durchführung nicht im Einzelnen geregelt ist, haben die Gerichte die allgemeinen Verfahrensgrundsätze (zB für die Ladung und Protokollierung) zu beachten,[107] im Übrigen bleibt ihnen weitgehende Gestaltungsfreiheit.

III. Freigestellte mündliche Verhandlung

Das vorbereitende Verfahren muss nicht durch eine mündliche Verhandlung abgeschlossen werden. Da im Anordnungsverfahren stets durch Beschluss entschieden wird (§ 123 Abs. 4 VwGO), kann ohne mündliche Verhandlung entschieden werden, da insoweit nichts anderes bestimmt ist (§ 101 Abs. 3 VwGO). 290

Ob mündlich verhandelt wird, entscheidet die Kammer – nicht der Vorsitzende[108] – nach pflichtgemäßem Ermessen.[109] Die Gerichte sehen daher in aller Regel von einer mündlichen Verhandlung ab, da diese im Eilverfahren zu schwerfällig ist. An ihre Stelle tritt, wenn eine unmittelbare Erörterung und Klärung des Sach- und Streitstands erforderlich sind, zumeist der rascher anzuberaumende und leichter zu handhabende Erörterungstermin.[110] Der Tatsache ist Rechnung zu tragen, dass nach der Rechtsprechung des *BVerfG* einstweilige Rechtsschutzanträge „auf der Grundlage eines in jeder Weise beschleunigten Verfahrens mit entsprechend verkürzten Äußerungsfristen und vorgezogener Terminierung grundsätzlich umgehend zu bescheiden" sind.[111] Da das Verfahren nach § 123 VwGO nach seinem gesetzlichen Zuschnitt auf eine zügige Entscheidung ausgerichtet ist, zwingen auch Fragen von grundsätzlicher Bedeutung das Gericht im Eilverfahren nicht dazu, einen Verhandlungstermin anzuberaumen.[112] 291

Wird über den Anordnungsantrag aufgrund mündlicher Verhandlung entschieden, sind die Vorschriften über die obligatorische mündliche Verhandlung im Klageverfahren (§§ 102–106 VwGO) entsprechend anzuwenden, wenn und soweit die Eigenart des Anordnungsverfahrens dies zulässt. 292

IV. Gewährung rechtlichen Gehörs

Auch im Anordnungsverfahren muss das Gericht den Beteiligten das durch Art. 103 Abs. 1 GG verbürgte rechtliche Gehör gewähren.[113] Dies gilt insbesondere dann, wenn 293

---

[105] Zu diesem bisher kaum erörterten Begriff grundlegend *Ortloff* in Schoch/Schneider/Bier VwGO § 104 Rn. 3–59.

[106] BVerwG DVBl. 2001, 726; NVwZ-RR 1989, 167.

[107] *Ortloff/Riese* in Schoch/Schneider/Bier VwGO § 87 Rn. 8.

[108] *Hartmann* in Baumbach/Lauterbach/Albers/Hartmann ZPO § 921 Rn. 3.

[109] BVerwG NVwZ-RR 2004, 77; VG München Beschl. v. 7.7.2016 – M 12 E 16.2879; VGH München NVwZ-RR 2001, 477; VGH Mannheim DÖV 2005, 177; OVG Schleswig NJW 1997, 2536. Dies gilt auch nach einer Beweisaufnahme nach § 96 Abs. 2.

[110] Vgl. hierzu → Rn. 330.

[111] BVerfG NVwZ-RR 2001, 694.

[112] VGH Mannheim DÖV 2006, 177. Die Begründung des VGH Mannheim – die Klärung grundsätzlicher Rechtsfragen sei regelmäßig den Hauptsacheverfahren vorbehalten – verkennt Art. 19 Abs. 4 GG und überzeugt nicht; ausführlich dazu → Rn. 116 f.

[113] BVerfG NJW 2003, 1305; NJW 1998, 1218; BVerfGE 65, 227; VGH Mannheim Beschl. v. 11.4.2016 – 11 S 393/16; OVG Magdeburg, Beschl. v. 19.3.2015 – 1 M 50/15; OVG Weimar NVwZ-

ohne mündliche Verhandlung entschieden wird. Jeder, der an einem gerichtlichen Verfahren beteiligt ist, muss Gelegenheit haben, sich in ausreichendem Maße und unter angemessenen Bedingungen zur Sach- und Rechtslage zu äußern, um auf die bevorstehende gerichtliche Entscheidung Einfluss zu nehmen.[114] Das Gericht ist verpflichtet, das Vorbringen der Beteiligten zur Kenntnis zu nehmen und es in Erwägung zu ziehen.[115] Es darf bei seiner Entscheidung nur solche Tatsachen und Beweisergebnisse bewerten, zu denen die Beteiligten Stellung nehmen konnten.[116] Dies setzt voraus, dass es den Beteiligten das entscheidungserhebliche Prozessmaterial zugänglich gemacht hat.[117]

294 Wegen seiner fundamentalen Bedeutung für das gerichtliche Verfahren muss rechtliches Gehör grundsätzlich auch dann gewährt werden, wenn die Sache besonders eilbedürftig ist. Bleibt keine Zeit für schriftliche Äußerungen, muss das Gericht die Beteiligten mündlich informieren und anhören. Dies kann in einem unverzüglich anberaumten Erörterungstermin geschehen, der notfalls auch an einem Wochenende abzuhalten ist.[118] In seltenen Ausnahmefällen kann von einer vorherigen Anhörung abgesehen werden, wenn dadurch der Zweck der Maßnahme vereitelt oder die Entscheidung zu sehr verzögert würde.[119] Anders als im Arrestverfahren der ZPO kommt eine Überraschung des Antragsgegners im Anordnungsverfahren grundsätzlich nicht in Betracht. Wird die öffentliche Hand in Anspruch genommen, wie dies zumeist der Fall sein wird, ist nicht zu befürchten, dass sie sich ihren Verpflichtungen entziehen wird. Eher kann eine sofortige Entscheidung erforderlich sein, wenn anders wirksamer Rechtsschutz nicht gewährt werden kann.[120] Keine Bedenken bestehen dagegen, auf eine Anhörung zu verzichten, wenn der Anordnungsantrag offensichtlich unzulässig oder unbegründet ist. In diesem Fall werden keine schutzwürdigen Interessen der übrigen Beteiligten berührt, wenn das Gericht den Antrag sofort ablehnt.

Nicht erforderlich ist es allerdings, dass ein Rechtsmittelgegner im Beschwerdeverfahren nach Beschwerdeeinlegung und ohne Kenntnis der Beschwerdegründe einen Rechtsanwalt durch Prozessvollmacht mit der Wahrnehmung seiner Interessen beauftragt. Das Beschwerdegericht prüft die Voraussetzungen nach § 146 Abs. 4 VwGO von Amts wegen. In diesem Stadium des gerichtlichen Verfahrens werden andere Verfahrensbeteiligte regelmäßig nicht angehört, weil dafür kein Anlass besteht, wenn bereits das Vorbringen in der Beschwerde(begründungs)schrift ohne weiteres deren Erfolglosigkeit ergibt.[121] Vor einer durch das Beschwerdegericht selbst veranlassten Anhörung stellt es deshalb für die übrigen Verfahrensbeteiligten im allgemeinen keine nahe liegende oder gar

---

RR 2004, 206; OVG Bautzen NVwZ 2004, 1134; OVG Frankfurt (Oder) Beschl. v. 14.10.2003 – 3 B 177/03; OVG Magdeburg Beschl. v. 19.3.2002 – 2 M 292/01; NVwZ-RR 1998, 694.

[114] BVerfG Beschl. v. 19.10.2004 – 2 BvR 779/04; Beschl. v. 16.3.2004 – 2 BvR 172/01; BVerfGE 94, 166, 207; 86, 133; 65, 233; BVerfG DVBl. 1997, 482; BVerwGE 84, 188 OVG Frankfurt (Oder) NVwZ 2005, 1213; OVG Lüneburg Beschl. v. 24.11.2004 – 9 LA 323/04.

[115] BVerfG DVBl. 2006, 113; NJW 2003, 1305; BVerfGE 86, 145; BVerfG NJW 1993, 1461; NJW 1993, 1319; OLG Dresden Beschl. v. 6.10.2005 – Ss (OWi) 715/05.

[116] BVerfG NVwZ 2002, 1230; Beschl. v. 16.3.2004 – 2 BvR 172/01; Beschl. v. 18.7.2001 – 2 BvR 982/00; BVerfG NJW 1991, 2757; BVerwG NVwZ 2005, 466; VGH München Beschl. v. 19.1.2015 – 10 C 14.1799.

[117] BVerfG NVwZ 2002, 1230; NVwZ 1993, 769; BVerwG NVwZ-RR 2004, 77; OVG Magdeburg NVwZ-RR 1998, 694.

[118] BVerfGE 65, 236.

[119] BVerfG NJW 2004, 2443; BVerfGE 83, 24; 65, 233; 101, 397; vgl. OLG Jena Beschl. v. 30.6.2005 – 9 W 97/05.

[120] Dies gilt zB dann, wenn eine Behörde am Wochenende nicht zu erreichen ist. Zu weitgehend VGH Kassel GewArch. 1984, 68 bei drohenden wirtschaftlichen Nachteilen.

[121] OVG Magdeburg Beschl. v. 19.3.2015 – 1 M 50/15.

angemessene Rechtsverfolgung bzw. Rechtsverteidigung dar, sich bereits in diesem Stadium des Verfahrens anwaltlicher Vertretung zu bedienen.[122]

Im Einzelnen haben für das Anordnungsverfahren folgende Anforderungen Bedeutung: 295

- Das Gericht muss den übrigen Beteiligten den Anordnungsantrag sowie beigefügte Unterlagen zur Kenntnis geben.[123]
- Eine Frist zur Stellungnahme (§ 85 S. 2 VwGO entspr.) ist so zu bemessen, dass einerseits die gebotene Verfahrensbeschleunigung erreicht wird, andererseits vor allem für den Antragsgegner ein Mindestmaß an Zeit für eine Gegenäußerung bleibt.[124]
- Gesetzte Fristen muss das Gericht unter allen Umständen beachten.[125]
- Hat es keine Frist bestimmt, muss es eine angemessene Zeit abwarten, bevor es entscheiden darf.[126] Das gleiche gilt für Gegenäußerungen sowie für die Vorlage neuen Prozessmaterials.[127]
- Führt das Gericht Ermittlungen durch, muss es die Beteiligten hiervon ebenfalls unterrichten und ihnen Gelegenheit geben, Einsicht in beigezogene Unterlagen zu nehmen, sich zum Ermittlungsergebnis zu äußern und zusätzliche Anträge zu stellen.[128]
- Das Gericht hat alle Äußerungen der Beteiligten bis zum Erlass seiner Entscheidung, d. h. bis zur Hinausgabe der Ausfertigung zur Zustellung, zu berücksichtigen.[129]
- Ob die Beteiligten die für sie bestimmten Zusendungen erhalten haben, muss das Gericht überwachen.[130]
- Fehlt es an einer förmlichen Bekanntgabe und lässt sich nicht auf andere Weise feststellen, dass der Empfänger die Zusendung erhalten hat, muss das Gericht bei ihm nachfragen, bevor es entscheiden darf.[131]

V. Zwischenentscheidungen

1. Vorläufige Regelungen aufgrund von Art. 19 Abs. 4 S. 1 GG

Der Antragsteller kann im Anordnungsverfahren auf eine Zwischenregelung des Gerichts angewiesen sein, wenn ihm in der Zeit zwischen Antragstellung und abschließender Entscheidung unzumutbar schwere, anders nicht abwendbare Nachteile drohen. Das Gesetz sieht eine solche Regelung zwar nicht ausdrücklich vor. Rechtsprechung und Schrifttum lassen sie aber aufgrund von Art. 19 Abs. 4 S. 1 GG zu, wenn sie erforderlich ist, effektiven Rechtsschutz zu gewährleisten.[132] Allerdings ist es nicht Aufgabe des Ver- 296

[122] Siehe: OVG LSA, Beschl. v. 6.10.2014 – 1 O 119/14; (Oberverwaltungsgericht des Landes Sachsen-Anhalt, Beschl. v. 19.3.2015 – 1 M 50/15, Rn. 4, juris).

[123] BVerfGE 50, 280; BVerwG NVwZ 2004, 486; VGH Kassel Beschl. v. 3.3.1997 – 12 UZ 4835/96.A.

[124] BVerfG NVwZ 2003, 859; BVerfGE 64, 203; BVerwG 18.1.2006 – 2 B 53/05; BVerwG NVwZ 2005, 466; Beschl. v. 20.4.1999 – 9 B 97/99.

[125] BVerfG NJW 1988, 1773. Vgl. hierzu auch BVerwG NJW 1992, 327; OVG Münster Beschl. v. 27.3.1999 – 3 B 2120/98.

[126] BVerfGE 60, 313; BVerwG NVwZ 2005, 466; NVwZ-RR 1998, 784; BVerfG Beschl. v. 22.12.1992 – 2 BvR 508/92 – hat ein Abwarten von zehn Werktagen als ausreichend angesehen.

[127] BVerfG NJW 1991, 2757; BVerfGE 60, 175; OVG Münster Beschl. v. 27.8.1999 – 3 B 2120/98; BFH Beschl. v. 29.8.2001 – IX B 3/01.

[128] BVerfG NVwZ 1993, 769; NVwZ-RR 1988, 122; OVG Münster NVwZ-RR 2005, 507.

[129] BVerfG NJW 1993, 51; BVerwG NVwZ 2005, 466. Nach BVerwG NVwZ 1989, 860 endet wohl die Berücksichtigungspflicht bereits mit Übergabe des Urteilstenors an die Geschäftsstelle.

[130] BVerfGE 36, 85; BVerfG Beschl. v. 30.4.2010 – 1 BvR 2797/09.

[131] BVerfG NJW 1991, 2757; BVerfGE 65, 235.

[132] OVG Saarlouis Beschl. v. 25.10.2016 – 1 B 313/16; OVG Saarlouis Beschl. v. 26.8.2015 – 2 B 154/15 – OVG Münster Beschl. v. 19.7.2016 – 7 B 715/16; vgl. hierzu auch BVerfG NVwZ-Beil. 1996, 9 zum Erlass eines „Schiebebeschlusses“ im verfassungsgerichtlichen Verfahren.

fahrens auf Erlass einer Zwischenregelung, die Prüfung des Antrags auf vorläufigen Rechtsschutz vorwegzunehmen. Für eine Zwischenregelung nach Art. 19 Abs. 4 GG in Eilrechtsschutzverfahren der vorliegenden Art besteht vielmehr bereits dann ein Bedürfnis, wenn der Antrag auf vorläufigen Rechtsschutz nicht offensichtlich aussichtslos ist und die in diesem Fall gebotene folgenorientierte Interessenabwägung zu dem Ergebnis führt, dass dem Antragsteller die zu erwartende Vollziehung der von ihm für rechtswidrig gehaltenen Verwaltungsentscheidung bis zur Entscheidung über seinen Antrag schlechthin nicht zugemutet werden kann.[133] Hierbei ist allerdings zwischen den beiden Anordnungsformen zu unterscheiden.

297 Zwischenregelungen kommen im Verfahren nach § 123 Abs. 1 S. 1 VwGO in Betracht. Will der Antragsteller die Verwirklichung eines Abwehr- oder Unterlassungsanspruchs sichern lassen, kann er bis zur abschließenden Entscheidung weit reichenden Nachteilen ausgesetzt sein. Beantragt er, die Aushändigung einer beamtenrechtlichen Ernennungsurkunde an einen Mitbewerber zu unterlassen, kann er einen eigenen Ernennungs- oder Bescheidungsanspruch dadurch verlieren, dass die Behörde den Abschluss des Anordnungsverfahrens nicht abwartet, sondern dem Mitbewerber die Ernennungsurkunde sofort übergibt.[134] Ebenso kann ein Unterlassungsanspruch, der sich auf ein aktuelles Handeln richtet, fortlaufend vereitelt werden, solange das Gericht nicht über den Anordnungsantrag entscheidet. In derartigen Fällen lässt Art. 19 Abs. 4 S. 1 GG zur Überbrückung der Zeit bis zum Erlass der abschließenden Entscheidung eine „Veränderungssperre" zu, die verhindert, dass durch Vollzugshandlungen vor Abschluss des Verfahrens vollendete Tatsachen geschaffen werden. Sie sichert den Status quo und entspricht mit diesem Schutzzweck der in Rechtsprechung und Schrifttum weitgehend anerkannten vorläufigen Aussetzung der Vollziehung im Verfahren nach § 80 Abs. 5 VwGO.[135]

298 Dagegen dürften Zwischenregelungen im Verfahren nach § 123 Abs. 1 S. 2 VwGO unzulässig sein. Ein Vorgriff auf die abschließende Entscheidung, die auf die Erweiterung einer Rechtsposition gerichtet ist, lässt sich nicht allein mit der besonderen Dringlichkeit der Regelung für den Antragsteller rechtfertigen, sondern verlangt eine materiell-akzessorische Beurteilung der Hauptsache. In diesem Fall aber kann die begehrte Regelungsanordnung selbst erlassen werden, bei besonderer Eilbedürftigkeit durch den Vorsitzenden (§§ 123 Abs. 2 S. 3, 80 Abs. 8 VwGO).

299 Das Gericht – die Kammer oder der Vorsitzende nach § 80 Abs. 8 VwGO[136] – kann eine Zwischenregelung auf Antrag erlassen.[137] Ihr Erlass kommt nicht schon dann in Betracht, wenn das Gericht sie für zweckmäßig hält, um den Streitstoff klären zu können.[138] Voraussetzung ist vielmehr, dass der begehrte vorläufige Rechtsschutz nicht unzulässig oder offensichtlich aussichtslos ist und der Antragsteller ohne eine Zwischenregelung unzumutbar schweren, anders nicht abwendbaren Nachteilen ausgesetzt wäre.[139] Hierbei hat das Gericht die dem Antragsteller drohenden Beeinträchtigungen gegen die

---

[133] OVG Saarlouis Beschl. v. 25.10.2016 – 1 B 313/16; Beschl. v. 31.3.2015 – 1 B 55/15; OVG Münster Beschl. v. 19.7.2016 – 7 B 715/16; Beschl. v. 26.8.2015 – 2 B 154/15.

[134] BVerwG Beschl. v. 20.1.2004 – 2 VR 0/03; VGH Kassel NVwZ-RR 1995, 302; VG Weimar Beschl. v. 21.10.2003 – 4 E 1073/03.We.

[135] Hierzu insbes. OVG Saarlouis NVwZ-RR 1993, 391; OVG Hamburg NVwZ-RR 1989, 479; NVwZ 1987, 515; OVG Lüneburg NVwZ 1987, 75; VGH München NVwZ 1982, 685.

[136] Der Vorsitzende hat diese Befugnis nur dann, wenn er selbst nach §§ 123 Abs. 2 S. 3, 80 Abs. 8 VwGO entscheidet. Eine Zwischenregelung bis zur Entscheidung der Kammer darf er dagegen nicht treffen, da diese der Kammer vorbehalten ist.

[137] Anders *Redeker/von Oertzen* VwGO § 123 Rn. 37 (auch von Amts wegen).

[138] So aber Kopp/*Schenke* VwGO § 123 Rn. 29; *Redeker/von Oertzen* VwGO § 123 Rn. 37; *Brühl* JuS 1995, 920. – Dagegen *Schoch* in Schoch/Schneider/Bier VwGO § 123 Rn. 164 f.

[139] OVG Weimar Beschl. v. 3.5.2002 – 4 VO 48/02; OVG Berlin NVwZ-RR 1999, 212; OVG Saarlouis Beschl. v. 6.2.1998 – 1 W 33/97; NVwZ-RR 1993, 391.

Belastungen abzuwägen, die den übrigen Beteiligten entstehen können. Der Eintritt der befürchteten Nachteile muss konkret bevorstehen.[140] Daran fehlt es etwa, wenn sich die Behörde von sich aus oder auf Anfrage des Gerichts[141] bereit erklärt, die abschließende Entscheidung abzuwarten. In diesem Fall ist eine Zwischenverfügung unzulässig.[142] Es ist jedoch nicht die Aufgabe des Verfahrens auf Erlass einer Zwischenregelung, die, gegebenenfalls umfangreiche, Prüfung des Antrags auf vorläufigen Rechtsschutz vorwegzunehmen.[143]

Die Zwischenregelung ist damit keine prozessleitende Verfügung nach § 146 Abs. 2 300
VwGO, sondern eine der Aussetzung der Vollziehung entsprechende Anordnung, die sich auf ein außerprozessuales Verhalten des Antragsgegners bezieht. Ob hiergegen die Beschwerde zulässig ist, wird unterschiedlich beurteilt.[144] Die Kostenentscheidung bleibt, da es sich um ein unselbstständiges Zwischenverfahren handelt, der abschließenden Sachentscheidung vorbehalten. Die Anordnung darf nur so lange aufrechterhalten werden, wie dies unter Berücksichtigung der Eilbedürftigkeit des Verfahrens für die Klärung der tatsächlichen und rechtlichen Verhältnisse unbedingt geboten ist.[145] Sie dient ausschließlich der Gewährung effektiven Rechtsschutzes, nicht der Entlastung des Gerichts. Mit Erlass der abschließenden Entscheidung verliert die Zwischenregelung ihre Wirksamkeit, ohne dass es einer besonderen Aufhebung bedarf.

2. Aussetzung des Verfahrens

a) Aussetzung nach § 94 VwGO. Für die Aussetzung des Verfahrens wegen Vor- 301
greiflichkeit (§ 94 VwGO) ist im Anordnungsverfahren grundsätzlich kein Raum, da sie mit der Eilbedürftigkeit des Verfahrens nicht vereinbar ist.[146]

Kommt sie ausnahmsweise in Betracht, entscheidet das Gericht über sie auf Antrag 302
oder von Amts wegen durch beschwerdefähigen Beschluss (§§ 173, 252 ZPO).[147] Eine angeordnete Aussetzung kann das Gericht jederzeit auf Antrag oder von Amts wegen (§§ 173, 150 ZPO) wieder aufheben.[148]

b) Aussetzung und Vorlage nach Art. 100 Abs. 1 GG[149]. Nach Art. 100 Abs. 1 GG 303
hat ein Fachgericht, das ein nachkonstitutionelles entscheidungserhebliches Gesetz für verfassungswidrig hält, das Verfahren auszusetzen und entweder das BVerfG oder das zuständige Landesverfassungsgericht anzurufen. Durch die Vorlagepflicht soll die Autorität des Gesetzgebers gewahrt und verhindert werden, dass sich ein Fachgericht über dessen Willen

---

[140] OVG Saarlouis NVwZ-RR 1993, 391; OVG Saarland Beschl. v. 25.10.2016 – 1 B 313/16, juris.

[141] Zur Gerichtspraxis im Rahmen von § 80 Abs. 5 VwGO → Rn. 918; vgl. VGH Kassel NVwZ 2000, 1318; OVG Weimar Beschl. v. 3.5.2002 – 4 VO 48/02.

[142] OVG Bautzen NVwZ 2004, 1134; dazu auch *Scheffer* NVwZ 2004, 1081.

[143] OVG Saarlouis Beschl. v. 25.10.2016 – 1 B 313/16.

[144] Bejahend etwa OVG Weimar Beschl. v. 3.5.2002 – 4 VO 48/02; VGH München DVBl. 2000, 925; OVG Schleswig Beschl. v. 31.5.2001 – 4 M 38/01; OVG Hamburg NVwZ 1987, 516; VGH Kassel NJW 1996, 475; OVG Saarlouis Beschl. v. 25.10.2016 – 1 B 313/16; OVG Münster Beschl. v. 10.12.2014 – 1 B 1251/14; ausführlich → Rn. 382 f.

[145] OVG Hamburg DÖV 1988, 887; OVG Saarlouis NVwZ-RR 1993, 392.

[146] VGH Kassel VerwRspr. 18 Nr. 94 S. 364; vgl. BVerfG (Kammerentsch.) Beschl. v. 19.7.1996 – 1 BvL 39/95.

[147] BVerwG Beschl. v. 13.9.2005 – 7 B 14/05; VGH Kassel NVwZ-RR 2004, 390; VGH Mannheim NVwZ-RR 2002, 236; OVG Bautzen NVwZ-RR 1998, 339; OVG Münster DÖV 1988, 797.

[148] Kopp/*Schenke* VwGO § 94 Rn. 7; *Redeker/von Oertzen* VwGO § 94 Rn. 4.

[149] Hierzu im Einzelnen *Schoch* S. 1598–1609 sowie Kopp/*Schenke* VwGO § 94 Rn. 9–22; *Urban* NVwZ 1989, 433; Voraufl. Rn. 285. Zur Aussetzung und Vorlage an den EuGH → Rn. 310. sowie OVG Münster NJW 1996, 3291; *Koch* NJW 1995, 2331; *Leupold* NVwZ 1995, 553; *Schoch* in Schoch/Schneider/Bier VwGO § 123 Rn. 127 ff.

hinwegsetzt.[150] Dies gilt auch für die Verfahren des vorläufigen Rechtsschutzes. Auch im Anordnungsverfahren sind die Gerichte grundsätzlich nicht berechtigt, formelle Gesetze als unwirksam zu behandeln, sondern müssen das zuständige Verfassungsgericht anrufen, den begehrten vorläufigen Rechtsschutz also zunächst verweigern.[151] Dem steht nicht entgegen, dass das Anordnungsverfahren ein summarisches Verfahren ist. Wie oben dargestellt ist das Verwaltungsgericht gehalten, unter Umständen eine umfassende Prüfung der Sach- und Rechtslage vorzunehmen und bei gegebenem Anlass in seine Prüfung auch Fragen des Grundrechtsschutzes einzubeziehen.[152] Für sie kann es daher auf die Verfassungsmäßigkeit von Normen, auf die der Anordnungsantrag gestützt wird oder die ihm entgegenstehen, bereits bei der Gewährung vorläufigen Rechtsschutzes ankommen.[153]

304 (1) Das BVerfG hält in Vornahmesachen eine Vorlage vor allem dann für geboten, wenn durch die begehrte Regelung die endgültige Entscheidung vorweggenommen wird und damit etwas gewährt würde, auf das ein im Hauptsacheverfahren durchsetzbarer Anspruch nach Auffassung des angerufenen Gerichts wegen Verfassungswidrigkeit der anspruchsbegründenden Norm nicht besteht.[154] Gleiches soll nach verwaltungsgerichtlicher Auffassung gelten, wenn einstweiliger Rechtsschutz gesetzlich ausgeschlossen ist und es im einstweiligen Rechtsschutzverfahren gerade um den Ausschluss dieses Rechtsschutzes geht.[155] Das Fachgericht darf die Norm nicht gegen die Verfassung anwenden, und zwar auch dann nicht, wenn dies die Rechtsschutzgewährung erschwert oder vereitelt.[156] Dem steht gleich, wenn es wegen der Besonderheit des Verfahrensgegenstands nicht zu einem nachfolgenden Hauptsacheverfahren kommt.[157] In diesem Fall ist bereits im Eilverfahren die Entscheidung des Verfassungsgerichts einzuholen, weil anderenfalls dessen Verwerfungskompetenz von den Fachgerichten wahrgenommen würde.

305 (2) Der Grundsatz, dass auch im Anordnungsverfahren eine Vorlage nach Art. 100 Abs. 1 GG geboten ist, gilt allerdings nicht ohne Ausnahme. Im Einzelfall kann das Fachgericht unter besonderen Umständen von der Vorlage absehen.

306 Dies ist einmal der Fall, wenn die Gewährung vorläufigen Rechtsschutzes dringend erforderlich ist und das Verwerfungsmonopol des Verfassungsgerichts hierdurch nicht berührt wird. Ein Fachgericht ist nicht gehindert, vor der im Hauptsacheverfahren einzuholenden Entscheidung des BVerfG vorläufige Regelungen zu treffen, wenn dies im Interesse eines effektiven Rechtsschutzes geboten erscheint und hierdurch die Hauptsache nicht vorweggenommen wird.[158] Auf diese Weise kann der Eintritt von Nachteilen bis

---

[150] BVerfG NVwZ 2005, 568; NJW 1988, 1902; BVerfGE 63, 131 (141); BVerwG NVwZ 2003, 730; NVwZ 2001, 926.

[151] BVerfGE 63, 141;VGH Mannheim Beschl. v. 17.6.2013 – 6 S 5857/13; OVG Lüneburg Beschl. v. 8.4.1998 – 12 M 1759/98; OVG Berlin NVwZ 1992, 1227; VG Düsseldorf Beschl. v. 20.4.2005 – 1 L 727/05; Beschl. v. 17.3.2005 – 1 L 150/05. Dies offenlassend VG Darmstadt Beschl. v. 21.2.14 – 1 L 1523/13 DA, ablehnend VG Gelsenkirchen Beschl. v. 30.1.2014 – 1 L 1704/13.

[152] BVerfG NJW 2003, 1305; BVerfGE 79, 69; NVwZ 1997, S. 479 → Rn. 116.

[153] BVerfG (Kammerentsch.) NVwZ 1997, 479; VG Sigmaringen Beschl. v. 29.11.2005 – Nc 6 K 361/05; VG Potsdam LKV 2001, 572. Anders, wenn aufgrund Abwägung entschieden wird, s. OVG Berlin NVwZ 1996, 1239.

[154] BVerfG BVerfGE 46, 43 (51); OVG Hamburg NVwZ 1985, 51; VGH München DVBl. 1994, 61 (63). Kritisch *Schoch* in Schoch/Schneider/Bier VwGO § 123 Rn. 129, 129a.

[155] OVG Frankfurt (Oder) Beschl. v. 30.3.1994 – 4 B 7/94. A.

[156] BVerfGE 63, 141 f.; *Urban* NVwZ 1989, 434.

[157] BVerfGE 63, 141; OVG Münster NVwZ 1991, 501; *Schoch* in Schoch/Schneider/Bier VwGO § 123 Rn. 129.

[158] BVerfG NVwZ 1997, 480 (auch im Wege einer Folgenabwägung), s. auch Kammerbeschluss v. 19.7.1996 – 1 BvL 39/95 u. BVerfGE 86, 382 (389); OVG Hamburg NVwZ-RR 2004, 35; OVG Berlin NVwZ 1992, 1228; OVG Greifswald DVBl. 1996, 519 (521); OVG Hamburg NVwZ 1985, 52; VGH München NVwZ 1993, 802; VG Düsseldorf Beschl. v. 20.4.2005 – 1 L 727/05 und Beschl. v. 17.3.2005 – 1 L 150/05.

zum Abschluss des Hauptsacheverfahrens verhindert werden, ohne dass sich das Fachgericht eine ihm nicht zustehende Verwerfungskompetenz anmaßt.

Von einer Vorlage kann weiterhin abgesehen werden, wenn der dadurch verzögerte Abschluss des Anordnungsverfahrens dazu führen würde, dass dem Antragsteller kein effektiver Rechtsschutz mehr gewährt werden kann.[159] Das BVerfG hat dies für den Fall angenommen, dass dem Antragsteller schwerwiegende und irreversible Grundrechtsverletzungen drohen, wenn eine mit großer Wahrscheinlichkeit anspruchsvernichtende Norm angewandt wird.[160] Es hat damit die Bindung der Fachgerichte an Art. 100 Abs. 1 GG zur Wahrung der Effektivität des Rechtsschutzes gelockert, wenn die Gerichte nicht gegen die Verfassung, sondern mit ihr entscheiden.[161] 307

Für dieselbe Fallgruppe gewährt die Rechtsprechung vor allem vorläufigen Rechtsschutz, wenn das Gericht erhebliche Zweifel an der Vereinbarkeit der Norm mit höherrangigem Recht hat oder von der Unvereinbarkeit überzeugt und nach seiner Auffassung damit zu rechnen ist, dass im Hauptsacheverfahren nach einem entsprechenden Vorlagebeschluss und der vom BVerfG zu treffenden Entscheidung der Antragsteller obsiegen würde, und wenn weiterhin ohne den Erlass einer einstweiligen Anordnung eine Durchsetzung des Anspruchs des Antragstellers im Hauptsacheverfahren endgültig vereitelt würde.[162] Dass das OVG von einer Vorlage bereits bei ernstlichen Zweifeln an der Verfassungsmäßigkeit der anspruchsvernichtenden Norm absieht, ist unbedenklich. Zu einer Kollision mit Art. 100 Abs. 1 GG, der die Überzeugung des Gerichts von der Verfassungswidrigkeit verlangt, kommt es in diesem Fall nicht. Der stattdessen entstehende Konflikt mit Art. 20 Abs. 3 GG ist ebenfalls dahin zu lösen, dass Art. 19 Abs. 4 S. 1 GG jedenfalls dann Vorrang hat, wenn es darum geht, den Verlust eines verfassungsmäßigen materiellen Rechts abzuwenden.[163] 308

Das Gericht ordnet die Aussetzung und Vorlage durch Beschluss an, der nicht beschwerdefähig ist.[164] Es kann seine Entscheidung jederzeit auf Antrag oder von Amts wegen ändern.[165] 309

c) Zur Vorlagepflicht nach Art. 267 AEUV. Art. 267 AEUV sieht die Verpflichtung der nationalen Gerichte vor, in bestimmten Verfahrenskonstellationen die Vorabentscheidung des EuGH einzuholen. Die Bestimmung kann auch im Verfahren des einstweiligen Rechtsschutzes, insbesondere das Verfahren nach § 123 VwGO Bedeutung erlangen. Die Frage einer Vorlagepflicht stellt sich immer dann, wenn es um eine Maßnahme auf der Grundlage des europäischen Gemeinschaftsrechtes geht und das Verwaltungsgericht Zweifel an der Ermächtigungsgrundlage hat.[166] War der Gerichtshof mit dieser noch nicht befasst, ist das nationale Gericht befugt, eine einstweilige Anordnung zu erlassen, wenn diese erforderlich ist, um einen schweren und nicht wieder gutzumachenden Schaden auf Seiten des Antragstellers zu vermeiden. In diesem Falle muss bei dem Erlass der einst- 310

[159] *Huba* JuS 1990, 991; *Schoch*, S. 1608 f.; Voraufl. Rn. 285.

[160] BVerfG NVwZ-RR 2005, 442; NVwZ 2002, 1230; NVwZ-RR 1997, 479; BVerfGE 79, 69 (74). Ebenso OVG Schleswig NVwZ-RR 1995, 664; NVwZ 1992, 81.

[161] Hierzu im Einzelnen *Urban* NVwZ 1989, 434 sowie *Maurer* JZ 1989, 294.

[162] VG Schleswig Beschl. v. 17.10.2005 – 9 B 70/05; NVwZ-RR 1995, 665; OVG Münster NWVBl 1992, 401; NVwZ 1992, 1226 (1227) (unter Hinweis auf eine Mitteilung des BVerfG). Ebenso VGH München BayVBl. 1995, 56; VG Sigmaringen Beschl. v. 25.8.2005 – 8 K 1287/05; VG Hannover Beschl. v. 23.9.2005 – 11 B 4179/05; VG Koblenz Beschl. v. 25.1.2005 – 7 L 85/05.KO.

[163] OVG Berlin NVwZ 1992, 1228; hierzu auch VG Berlin LKV 1991, 44, 45.

[164] BVerfG DVBl. 2003, 661; VGH Mannheim NVwZ-RR 2002, 236; OLG Düsseldorf NJW 1993, 411.

[165] BVerwG NJW 1988, 1927 (Ls.).

[166] Das Gericht muss die Gründe für die angenommene Gültigkeit konkret darlegen, EuGH NJW 1996, 1333; s. auch OVG Münster NVwZ 2006, 1076 – keine Vorlage bei Zweifeln an der Auslegung von Gemeinschaftsrecht.

weiligen Anordnung gleichzeitig die Vorlage der Sache zur Beurteilung an den EuGH verbunden sein. Das Interesse der Gemeinschaft ist bei Erlass der einstweiligen Anordnung angemessen zu berücksichtigen. Die Entscheidungen des EuGH oder des EuG sind bei der Prüfung dieser Voraussetzungen zu beachten.[167]

3. Ruhen des Verfahrens

311 Auch wenn die VwGO keine Bestimmungen über das Ruhen des Verfahrens kennt, kann wegen der auch im Verwaltungsprozess geltenden Dispositionsmaxime[168] auch im Verwaltungsstreitverfahren das Ruhen des Verfahrens angeordnet werden (§§ 173, 251 ZPO).[169] Im Anordnungsverfahren kommt es wegen der Eilbedürftigkeit des Verfahrens nur aus wichtigem Grund in Betracht, etwa dann, wenn im Hauptsacheverfahren Vergleichsverhandlungen schweben, die auch das Anordnungsverfahren erledigen können (§§ 173, 251 Abs. 1 S. 1 ZPO).

312 Das Ruhen des Verfahrens ist von den Beteiligten[170] übereinstimmend zu beantragen (§§ 173, 251 Abs. 1 S. 1 ZPO). Über den Antrag entscheidet das Gericht durch beschwerdefähigen Beschluss (§§ 173, 252 ZPO).[171] Die Anordnung des Ruhens kann von ihm von Amts wegen und muss von ihm auf Antrag eines Beteiligten nach Ablauf von drei Monaten wieder aufgehoben werden (§§ 173, 251 Abs. 2 S. 1 ZPO).[172] Das im Eilverfahren geltende besondere Beschleunigungsgebot spricht grundsätzlich dafür, das Verfahren von Amts wegen wieder aufzunehmen, wenn auch nur ein Beteiligter dies verlangt. Die Dringlichkeit der Entscheidung kann im Rahmen des Rechtsschutzbedürfnisses oder des Anordnungsgrundes geprüft werden.

§ 22 Prüfungs- und Beurteilungsgrundsätze

Schrifttum: *Burkholz,* Der Untersuchungsgrundsatz im verwaltungsgerichtlichen Eilverfahren, SÖR Bd. 527 (1988) – mit zust. Bespr. von *Schoch,* NVwZ 1989, 136 u. *Wolf,* BayVBl. 1989, 192; *Gatawis,* Der maßgebliche Zeitpunkt für die Beurteilung der Sach- und Rechtslage im verwaltungsgerichtlichen Verfahren, JA 2003, 692; *Krist,* Zur Frage des Bieterrechtsschutzes unterhalb der Schwellenwerte – Anmerkung zu VG Neustadt (Weinstraße), Beschluss vom 19.10.2005 – Az. 4 L 1715/05, VergabeR 2006, 82; *Kühling,* Vereinfachte Glaubhaftmachung im einstweiligen Rechtsschutz konkurrierender Beamter – Ein wichtiger Baustein auf dem Weg zu einem effektiven Rechtsschutz, NVwZ 2004, 656; *Lippert,* Verwaltungsprozessuale Probleme bei der Vergabe von Studienplätzen im Eilverfahren, DVBl. 1977, 560; *Mückl,* Die einstweilige Anordnung nach § 123 VwGO im System des vorläufigen Rechtsschutzes, JA 2000, 329; *Otte,* Umfang der Sachaufklärungspflicht der Verwaltungsgerichte bei Konkurrentenklagen im einstweiligen Rechtsschutz – Anmerkung zu BVerfG, Beschluss vom 29.7.2003 – Az. 2 BvR 311/03, ZBR 2004, 46; *Otto,* Einstweiliger Rechtsschutz im Bauaufsichtsrecht – Anmerkung zu OVG Greifswald, Beschluss vom 9.4.2003 – Az. 3 M 1/03, NJ 2003, 665; *Philipp,* Besonderheiten des verwaltungsgerichtlichen Verfahrens in sozialrechtlichen Streitigkeiten, BayVBl. 1989, 387 (391) u. NVwZ 1984, 499; *Rotter,* Hilfe zum Lebensunterhalt durch einstweilige Anordnung des Verwaltungsgerichts, NVwZ 1983, 729; *Sattler,* Verwaltungsprozessrecht – Zu den Anforderungen an die Glaubhaftmachung eines Anordnungsanspruches nach § 123 I 1 VwGO bei einer beamtenrechtlichen Auswahlentscheidung – Entscheidungsbesprechung zu BVerfG, Beschluss vom 24.9.2002 – Az. 2 BvR 857/02, JA 2003, 370; *Schoch,* Die vorgezogene Hauptsacheentscheidung bei laufendem Eilverfahren im Asylrecht, NVwZ 1989, 137; *Wolff,* Die Pflicht der Beteiligten im

[167] EuGH NJW 1996, 1333; dazu auch OVG Münster NJW 1996, 3291; *Jannasch* NVwZ 1999, 497.

[168] *Schmid* in Sodan/Ziekow VwGO § 94 Rn. 8.

[169] BVerwG NVwZ-RR 1997, 621; NJW 1962, 1170; OVG Lüneburg NVwZ-RR 2005, 659; NVwZ 2002, 788; OVG Münster NJW 1962, 1931.

[170] OVG Lüneburg NVwZ-RR 2002, 788.

[171] OVG Münster NJW 1962, 1931; *Redeker/von Oertzen* VwGO § 94 Rn. 14, § 146 Rn. 3.

[172] *Redeker/von Oertzen* VwGO § 94 Rn. 14.

Verwaltungsprozess zur Wahrheit und zur Vollständigkeit, BayVBl. 1997, 585; *Zimmerling/Brehm*, Der vorläufige Rechtsschutz im Prüfungsrecht, NVwZ 2004, S. 651.

I. Summarische Prüfung

Zu den in Verfahren nach § 123 VwGO althergebrachten Prüfungsoptionen gehört die Feststellung, es sei vom erkennenden Gericht eine (bloß) summarische Prüfung der Anordnungsvoraussetzungen vorzunehmen.[173] Nur eine solche Prüfung sei möglich und geboten.[174] Das Dogma von der im Eilverfahren „allein gebotenen" summarischen Prüfung[175] erscheint in der Rechtsprechung der Verwaltungsgerichte so tradiert, dass es nur selten erläutert,[176] und vielfach ungeprüft, ja unkritisch verwandt wird. Gemeint ist mit ihm eine lediglich kursorische gerichtliche Prüfung, die wegen der Eilbedürftigkeit des Verfahrens nur überschlägig[177] und weiterhin nur vorläufig, d. h. unter dem Vorbehalt des Ausgangs des Hauptsacheverfahrens,[178] vorgenommen werden soll. Eng verbunden mit der summarischen Überprüfung ist die – mittlerweile aufgegebene[179] – Spruchpraxis, im beamtenrechtlichen Eilverfahren zur Sicherung eines Bewerberanspruchs die Überprüfung dienstlicher Beurteilungen auf offensichtliche Fehler beschränken zu wollen.[180] 313

Im Gesetz findet die Vornahme einer summarischen Prüfung keine Stütze. Dem Wortlaut des § 123 VwGO lässt sich hierzu nichts entnehmen. Zur Rechtfertigung wird daher auf „die Aufgabe des vorläufigen Rechtsschutzes und die Notwendigkeit einer raschen Entscheidung" verwiesen[181]. Wie dargelegt[182] lässt sich diese Auffassung mit der Rechtsprechung des BVerfG nicht vereinbaren. Sie sollte daher aufgegeben werden, denn für eine bloß kursorische, „summarische" Prüfung von Rechtsfragen ist angesichts des von Art. 19 Abs. 4 GG verlangten effektiven Rechtsschutzes in aller Regel kein Raum.[183] Aus dem gleichen Grunde sollten zukünftig auch Begründungselemente entfallen, nach denen die Klärung schwieriger Rechtsfragen dem Hauptsacheverfahren vorbehalten sein soll.[184] Wenn Eilrechtsschutz nach der Rechtsprechung des BVerfG „erforderlichenfalls unter eingehender tatsächlicher und rechtlicher Prüfung des im Hauptsacheverfahren geltend

---

[173] S. etwa BVerfG NJW 1988, 2290; NVwZ-RR 2009, 945; BVerwG, Beschl. v. 23.5.2016 – 1 WDS-VR 8/15; BVerwG DVBl. 1994, 118; OVG Münster Beschl. v. 14.7.2016 – 6 B 649/16; VGH Mannheim Beschl. v. 10.8.2016 – 5 S 852/16; OVG Schleswig Beschl. v. 17.10.2016 – 11 B 25/16; OVG Bautzen Beschl. v. 13.6.2016 – 3 B 111/16; OVG Greifswald LKV 1994, 225; OVG Hamburg NVwZ-RR 1994, 587; VGH Kassel DVBl. 1997, 1008; NVwZ-RR 1995, 33; VGH München Beschl. v. 19.8.2016 – 12 CE 16.1172; OVG Saarlouis NVwZ-RR 1992, 382; OVG Lüneburg Beschl. v. 14.1.2016 – 7 ME 4/16; Oberverwaltungsgericht Berlin-Brandenburg Beschl. v. 7.6.2016 – OVG 6 S 54.15.

[174] S. etwa OVG Berlin NVwZ 1991, 899; VGH Kassel NVwZ-RR 1995, 34; OVG Münster NVwZ-RR 1992, 369.

[175] VGH Kassel NVwZ-RR 1995, 34.

[176] *Schoch* S. 1631.

[177] BVerfG NVwZ-RR 2009, 453; OVG Saarlouis Beschl. v. 25.11.1999 – 9 U 1/99; OVG Hamburg NVwZ-RR 1993, 53; VGH München BayVBl. 1997, 116; OVG Münster NJW 1996, 2115; VG Hamburg Beschl. v. 28.10.1997 – 8 VG 4703/97; VG Lüneburg Beschl. v. 3.11.2005 – 1 B 43/05; VG Mainz Beschl. v. 1.9.2005 – 4 L 515/05.MZ; VG Greifswald Beschl. v. 23.3.2001 – 2 B 2051/00; VG München Beschl. v. 28.6.2010 – M 22 E 09.3373. Vgl. hierzu auch VGH Mannheim DVBl. 1993, 508 (509) (ein Verfahren, „das auf die Verwertung präsenter, dh auch inhaltlich ohne weitere sachverständige Hilfe nachvollziehbarer Beweismittel zugeschnitten ist").

[178] BVerfG NVwZ 1997, 479; OVG Münster NJW 1995, 1632; VG Meiningen Beschl. v. 15.8.2005 – 1 E 510/05 Me; VG Leipzig Beschl. v. 25.7.2002 – 3 K 1625/01.

[179] VGH Mannheim NVwZ-RR 2000, 37.

[180] S. VGH Mannheim NVwZ-RR 2005, 585 unter Hinweis auf BVerfG NVwZ 2004, 95; NVwZ 2003, 200; BVerwG NJW 2004, 870; OVG Berlin NVwZ-RR 2004; OVG Lüneburg NVwZ-2003, 878.

[181] VGH München BayVBl. 2001, 727.

[182] → Rn. 116.

[183] BVerfG Beschl. v. 14.9.2016 – 1 BvR 1335/13; OVG Lüneburg DVBl. 1998, 491.

[184] Kopp/*Schenke* VwGO § 123 Rn. 24.

gemachten Anspruchs" zu gewähren ist,[185] werden damit – wie oben dargelegt[186] – die Anforderungen an die Intensität der richterlichen Prüfung erhöht und eine nur summarische Prüfung etwa des geltend gemachten Anspruchs ausgeschlossen. Da das BVerfG eine „eingehende Prüfung der Sach- und Rechtslage" verlangt,[187] kann dies unter Umständen den Zwang für das erkennende Gericht bedeuten, das Anordnungsverfahren wie ein beschleunigtes Hauptsacheverfahren zu führen, kann aber auch bedeuten, dass sich die Verwaltungsgerichte auch in Verfahren des vorläufigen Rechtsschutzes mit berechtigten Zweifeln an der Verfassungsmäßigkeit und damit Gültigkeit von entscheidungserheblichen Normen sowie mit den Möglichkeiten ihrer verfassungskonformen Auslegung und Anwendung auseinandersetzen zu haben.[188]

314 Eingewandt werden kann nicht, eine umfassende rechtliche Würdigung stelle mit dem damit verbundenen Zeitaufwand die Effektivität des vorläufigen Rechtsschutzes in Frage.[189] Auch Gründe der Arbeitsüberlastung oder unzureichende personelle Ausstattung sind nicht als Grund anzusehen, nur in eine überschlägige, „summarische" Überprüfung der Rechtslage einzutreten.[190] In den Fällen, in denen die Komplexität der auftretenden Rechtsfragen die geforderte eingehende rechtliche Prüfung verhindert, lässt es die Rechtsprechung des BVerfG zu, aufgrund einer erfolgsunabhängigen Folgenabwägung zu entscheiden.[191] Auch die Möglichkeit, durch eine richterliche Zwischenentscheidung Zeit für die geforderte eingehende Prüfung der Rechtslage zu gewinnen, ist zu beachten.[192] Für eine bloß kursorische, „summarische" Prüfung der Rechtslage ist in der Regel daher kein Raum.[193]

315 Anders kann dies in Bezug auf die tatsächlichen Grundlagen der gerichtlichen Eilentscheidung sein. Wenn auf die über § 123 Abs. 3 VwGO entsprechend anwendbare Bestimmung des § 920 Abs. 2 ZPO und den in ihr verwandten Begriff der Glaubhaftmachung verwiesen wird,[194] ist der Begriff der Glaubhaftmachung wie auch in zivilprozessualem Zusammenhang nur auf Tatsachen zu beziehen. Es kann nicht angenommen werden, dass im verwaltungsgerichtlichen Zusammenhang ein anderes Begriffsverständnis als im Zivilprozess Anwendung finden sollte.[195] Die Unterscheidung zwischen der Feststellung des entscheidungserheblichen Sachverhalts und des auf ihn anzuwendenden Rechts ist daher unabdingbar.[196] Die Vornahme einer summarischen Prüfung kann sich daher auch nur auf den beurteilungserheblichen Sachverhalt, also die tatsächlichen Voraussetzungen für Anordnungsanspruch oder Anordnungsgrund beziehen.[197]

II. Tatsachenfeststellung

1. Beweiserleichterung durch Glaubhaftmachung

316 Während im Hauptsacheverfahren das Gericht von der Richtigkeit der entscheidungserheblichen Tatsachen überzeugt sein muss (§ 108 Abs. 1 S. 1 VwGO), also ein so hoher Grad an Wahrscheinlichkeit bestehen muss, dass er nach der Lebenserfahrung der Ge-

[185] BVerfGE 79, 75; 94, 216; Beschl. v. 24.3.2009 – 2 BvR 2347/08; Beschl. v. 6.9.2010 – 1 BvR 2297/10.
[186] → Rn. 116.
[187] NVwZ 1997, 480; NVwZ-RR 2009, 945.
[188] BVerfG NVwZ 1997, 480.
[189] Kopp/*Schenke* VwGO § 123 Rn. 24.
[190] St. Rspr.; s. BVerfGE 88, 118 (124); NJW 2000, 797.
[191] BVerfG NVwZ 1997, 479, → Rn. 116.
[192] OVG Münster Beschl. v. 7.2.2006 – 18 B 191/06; OVG Bautzen NVwZ 2004, 1134; VerfGH Berlin NVwZ 1999, 1333; OVG Saarlouis Beschl. v. 6.2.1998 – 1 W 33/97; NVwZ-RR 1993, 391.
[193] OVG Lüneburg Beschl. v. 2.2.1998 – 12 L 194/ 98.
[194] *Burkholz*, S. 19–22; *Schoch* S. 1638.
[195] Zu § 920 ZPO s. Zöller/*Vollkommer* ZPO § 920 Rn. 8.
[196] Zutreffend OVG Lüneburg DVBl. 1998, 491.
[197] OVG Lüneburg DVBl. 1998, 491.

wissheit gleichkommt,[198] sind im einstweiligen Anordnungsverfahren die entscheidungserheblichen Tatsachen lediglich glaubhaft zu machen (§§ 123 Abs. 3 VwGO, 920 Abs. 2 ZPO). Es gelten also reduzierte Erkenntnisanforderungen. Das Gericht muss nicht von ihrer Richtigkeit überzeugt sein, sondern darf sich mit einer geringeren Richtigkeitswahrscheinlichkeit begnügen.[199] Es genügt ein geringerer Grad der richterlichen Überzeugungsbildung; die Behauptung ist glaubhaft gemacht, sofern eine überwiegende Wahrscheinlichkeit dafür besteht, dass sie zutrifft.[200]

Darüber, wie hoch diese Wahrscheinlichkeit sein muss, sagt § 920 Abs. 2 ZPO nichts **317**
aus. Deshalb muss zur Bestimmung des erforderlichen Wahrscheinlichkeitsgrades auf den Normzweck des § 123 Abs. 1 VwGO zurückgegriffen werden.[201] Durch den Erlass einstweiliger Anordnungen soll das Hauptsacheverfahren entscheidungsfähig gehalten werden.[202] Dies setzt eine positive Vorausbeurteilung der Hauptsache voraus. Nur dann, wenn hinreichende Erfolgsaussichten zu erkennen sind, kann das Fehlentscheidungsrisiko so eingeschränkt werden, dass vorläufige Sicherungen oder Regelungen gerechtfertigt sind. In tatsächlicher Hinsicht bedeutet dies, dass eine weitgehend gesicherte Tatsachengrundlage vorhanden sein muss. Dies ist nicht schon dann der Fall, wenn die Richtigkeit der entscheidungserheblichen Tatsachen lediglich als möglich erscheint, sondern erst dann, wenn deutlich mehr dafür als dagegen spricht, dass sie zutreffen. Sie muss zumindest überwiegend wahrscheinlich sein, wenn die Gewährung vorläufigen Rechtsschutzes zur Sicherung des späteren Hauptsacheverfahrens vertretbar sein soll.[203] Hierüber besteht in Rechtsprechung und Schrifttum im Ergebnis Übereinstimmung.[204] Unterschiedlich wird dagegen beantwortet, ob und wann der Grad der Wahrscheinlichkeit gesteigert werden muss, wenn der Erlass der einstweiligen Anordnung zu einer Vorwegnahme der Hauptsache führt. Ein zunehmender Teil der Gerichte nimmt dies allgemein[205] oder jedenfalls dann an, wenn die Vorwegnahme irreversibel ist.[206]

---

[198] Kopp/*Schenke* VwGO § 108 Rn. 5; *Redeker/von Oertzen* VwGO § 108 Rn. 1.

[199] BVerfG (Kammerentsch.) NVwZ Beil. 1994, 2; OVG Weimar Beschl. v. 15.6.2005 – 1 EO 678/05; VG Gießen NVwZ-RR 2006, 788; VG Meiningen Beschl. v. 9.5.2005 – 1 E 971/04Me; VG Schwerin Beschl. v. 18.1.2005 – 1 B 795/04; VG Berlin Beschl. v. 19.10.2004 – 18 A 404.04.

[200] BGHZ 156, 139; BGH, VersR 1976, 928; NJW 1994, 2898; OVG Lüneburg Beschl. v. 11.6.2010 – 2 ME 186/10; VGH München Beschl. v. 12.4.2010 – 11 CE 10.175.

[201] *Burkholz,* S. 82.

[202] *Burkholz,* S. 57 f.

[203] OVG Münster Beschl. v. 16.11.2016 – 6 B 891/16; VGH München Beschl. v. 2.11.2016 – 10 CE 16.1965; VG Bayreuth Beschl. v. 11.10.2016 – B 5 E 16.572; VG Dresden Beschl. v. 2.8.2016 – 5 L 498/16; s. auch OVG Schleswig NVwZ 1993, 702; NVwZ-RR 1992, 387; zur Bejahung des Anordnungsanspruchs wegen der funktionalen Nähe zum Aussetzungsverfahren entgegen § 920 Abs. 2 ZPO und der hM zu § 80 Abs. 4 S. 3 VwGO, dass der Erfolg des Rechtsbehelfs im Hauptsacheverfahren mindestens ebenso wahrscheinlich ist wie der Misserfolg, VGH Kassel NJW 1997, 2970. VGH Mannheim NVwZ-RR 1995, 490 lässt in nachbarrechtlichen Streitigkeiten ausreichen, dass die Erfolgsaussichten in der Hauptsache zumindest als offen anzusehen sind.

[204] VG Neustadt (Weinstraße) Beschl. v. 29.6.2016 – 3 L 481/16.NW; OVG Münster Beschl. v. 16.11.2016 – 6 B 891/16; VGH München Beschl. v. 2.11.2016 – 10 CE 16.1965; VG Bayreuth Beschl. v. 11.10.2016 – B 5 E 16.572; VG Dresden Beschl. v. 2.8.2016 – 5 L 498/16.

[205] So zB VGH Mannheim NVwZ-RR 2006, 180; VG Hamburg Beschl. v. 17.10.2016 – 17 E 4858/16; VG Köln Beschl. v. 6.10.2016 – 10 L 2242/16; VG Schleswig Beschl. v. 17.10.2005 – 9 B 70/05; VG Oldenburg Beschl. v. 5.10.2005 – 12 B 3383/05; VG Trier Beschl. v. 27.9.2005 – 2 L 859/05; VG Gießen Beschl. v. 21.9.2005 – 8 G 2135/05; VG Mainz Beschl. v. 1.9.2005 – 4 L 515/05.MZ; OVG Greifswald GewArch. 1996, 77; OVG Hamburg NVwZ-RR 1993, 248; OVG Schleswig InfAuslR 1993, 19; VG Düsseldorf Beschl. v. 14.9.2016 – 13 L 2795/16; VG Aachen, Beschl. v. 7.9.2016 – 1 L 351/16; *Schoch* in Schoch/Schneider/Bier VwGO § 123 Rn. 144 f.

[206] BVerwG Buchholz 310 § 123 VwGO Nr. 15 S. 2; VG Hannover Beschl. v. 23.9.2005 – 11 B 4179/05; LSG Sachsen Beschl. v. 19.3.2003 – L 3 B 120/00 AL-ER; VGH Mannheim NVwZ-RR 1992, 419.

2. Glaubhaftmachung und Untersuchungsgrundsatz (§ 86 VwGO)

318 Verpflichtet § 920 Abs. 2 ZPO den Antragsteller zur Glaubhaftmachung, ist dies zunächst als Verpflichtung des Antragstellers zu sehen, den entscheidungserheblichen Sachverhalt umfassend und substantiiert vorzutragen sowie präsente Beweismittel beizubringen. Das Gericht könnte den Antrag ohne weitere Sachprüfung bereits dann ablehnen, wenn das Vorbringen nicht ausreicht. In der Tat nehmen die Gerichte unter Hinweis auf §§ 123 Abs. 3 VwGO, 920 Abs. 2 ZPO eine grundsätzliche Verpflichtung des Antragstellers an, vor allem den Anordnungsanspruch durch präsente Beweismittel glaubhaft zu machen (§§ 123 Abs. 3 VwGO, 920 Abs. 2, 294 Abs. 2 ZPO).[207] Hierbei wird offenbar von einer dem Zivilprozess angenäherten umfassenden Darlegungs- und Beweisführungspflicht des Antragstellers ausgegangen,[208] die durch eine Aufklärungspflicht des Gerichts im Rahmen des Tatsachenvortrags des Antragstellers und seines Angebots an präsenten Beweismitteln lediglich ergänzt wird. Etwas anderes soll dann gelten, wenn dem Antragsteller die Glaubhaftmachung aus Gründen, die er nicht zu vertreten hat, unmöglich oder unzumutbar ist.[209] In derartigen Fällen könnte ohne eine Ermittlung des entscheidungserheblichen Sachverhalts von Amts wegen tatsächlich wirksamer Rechtsschutz nicht gewährt werden.

319 Bereits durch diese Feststellung wird das Spannungsverhältnis deutlich, das durch den in § 86 VwGO geregelten Untersuchungsgrundsatz geschaffen wird. Dieser Grundsatz dient dem öffentlichen Interesse an einer wirksamen Kontrolle des Verwaltungshandelns.[210] Er stellt das Gericht vom Prozessverhalten der Beteiligten frei und überträgt ihm die prinzipielle Verantwortung für die Feststellung des entscheidungserheblichen Sachverhalts.[211] Mit diesem Inhalt gilt er grundsätzlich auch für das Anordnungsverfahren.[212] Wenn § 123 Abs. 3 VwGO die „entsprechende" Anwendbarkeit des § 920 Abs. 2 ZPO anordnet, können hierdurch die zivilprozessualen Bestimmungen aber nur insoweit Geltung beanspruchen, als dies mit den wesentlichen Strukturprinzipien des Verwaltungsprozesses zu vereinbaren ist.[213] Zu den wesentlichen Strukturmerkmalen des Verwaltungsprozesses zählt die Untersuchungsmaxime des § 86 VwGO. Allerdings macht die Abhängigkeit des einstweiligen Rechtsschutzverfahrens vom Hauptsacheverfahren es erforderlich, das Risiko einer unzureichenden Tatsachenfeststellung bereits in diesem Verfahrensstadium so gering wie möglich zu halten.

---

[207] VG Würzburg Beschl. v. 28.8.2015 – W 1 E 15.787; OVG Lüneburg Beschl. v. 8.10.2014 – 7 MS 52/14; OVG Magdeburg Beschl. v. 11.12.2001 – 2 M 442/00; VGH München BayVBl 2001, 727; OVG Bautzen Beschl. v. 27.6.2000 – 2 BS 27/00; VG Sigmaringen Beschl. v. 14.11.2005 – 8 K 1432/05; VG Hamburg Urt. v. 18.5.2001 – 3 VG 1075/2001; OVG Koblenz NVwZ-RR 1990, 98; VGH Mannheim VBlBW 1996, 148; VBlBW 1992, 179; NVwZ 1987, 1014; VGH München BayVBl. 1996, 310; NVwZ-RR 1996, 211; NVwZ-RR 1993, 177; NVwZ-RR 1992, 302; OVG Münster NVwZ 1995, 278; NWVBl. 1994, 137; NVwZ-RR 1993, 318; NVwZ 1993, 202; OVG Schleswig NVwZ 1993, 702.

[208] Zur Annahme einer bloßen Darlegungslast BVerfGE 51, 268; VerfGH Berlin Beschl. v. 29.8.2003 – VerfGH 133/03, 133 A/03; OVG Magdeburg Beschl. v. 11.12.2001 – 2 M 442/00; VG Lüneburg Beschl. v. 13.10.2005 – 1 C 50/05; VG Hamburg Urt. v. 18.5.2001 – 3 VG 1075/2001; VGH München NVwZ-RR 2001, 477 f.; Beschl. v. 15.2.2001 – 10 ZE 01.403; OVG Bautzen Beschl. v. 27.6.2000 – 2 BS 27/00; BFHE 153, 2.

[209] OVG Magdeburg NVwZ-RR 1998, 694; VG Meiningen Beschl. v. 13.12.1996 – 5 E 1006/96.Me; OVG Berlin DVBl. 1977, 647; VGH Kassel ESVGH 26, 200; OVG Schleswig NVwZ 1993, 702; InfAuslR 1993, 19.

[210] *Burkholz,* S. 62.

[211] OVG Magdeburg NVwZ-RR 1998, 694; VGH Kassel NJW 1995, 1107.

[212] VerfGH Berlin Beschl. v. 29.8.2003 – VerfGH 133/03, 133 A/03; VGH München NVwZ-RR 2001, 477; OVG Magdeburg NVwZ-RR 1998, 694; OVG Greifswald LKV 1994, 225; VGH Kassel NJW 1995, 1109.

[213] OVG Magdeburg NVwZ-RR 1998, 694.

320 Der Mitwirkungspflicht des Antragstellers kommt daher auch vor dem Hintergrund einer modifizierten Anwendbarkeit des Untersuchungsgrundsatzes besondere Bedeutung zu. Der Antragsteller ist gehalten, das Gericht von der Wahrscheinlichkeit des behaupteten Anspruchs durch die Vorlage geeigneter Beweismittel (§ 173 VwGO, § 294 ZPO) zu überzeugen.[214]

321 Ihm obliegt es daher, zunächst diejenigen Umstände in den Verwaltungsprozess einzuführen, über die er die „Herrschaft" hat.[215] Insbesondere hinsichtlich derartiger Umstände kann das Gericht sich auch zu Lasten des Antragstellers auf eingereichte Unterlagen stützen, ohne weitere Aufklärungsmaßnahmen einzuleiten.[216] Die Verpflichtung zur Glaubhaftmachung schafft für den Antragsteller somit gesteigerte Darlegungslasten. Geht es etwa um Hochschulzulassungsverfahren, trifft den Antragsteller beispielsweise die Darlegungsverpflichtung, dass der Hochschule Berechnungsfehler unterlaufen sind, die zu einer höheren Aufnahmekapazität führen.[217] Im Umfang der Darlegungslast tritt die Aufklärungspflicht des Gerichts im Anordnungsverfahren zurück.[218] Das Gericht hat den Antragsteller an seinen Ermittlungen zu beteiligen, soweit dies erforderlich ist. Der Antragsteller soll ohnehin in seiner Antragsschrift die für die Begründung des Antragsbegehrens notwendigen Tatsachen und Beweismittel angeben und kann hierzu angehalten werden (§ 82 Abs. 1 S. 3, Abs. 2 VwGO). Das Gericht hat ihn zur Sachverhaltsermittlung heranzuziehen und ihm die Ergänzung unzureichender Angaben aufzugeben (§§ 86 Abs. 1 S. 1, Abs. 3, 87 Abs. 1 S. 2 Nr. 2 VwGO). Gericht und Antragsteller wirken damit bei der Sammlung der entscheidungserheblichen Tatsachen zusammen.[219] Das Verwaltungsgericht hat bei seiner Sachverhaltsaufklärung alle ihm zugänglichen Ermittlungsmöglichkeiten auszuschöpfen, sofern hierfür konkrete Anhaltspunkte ersichtlich sind.[220] Es soll von dieser Verpflichtung lediglich dort entbunden sein, wo die Eilbedürftigkeit einer Sachverhaltsaufklärung entgegensteht.[221] Lässt es der Antragsteller an der ihm möglichen und zumutbaren Mitwirkung fehlen, kann das Gericht den Antrag wegen mangelnder oder unzureichender Verfahrensförderung ohne weitere Sachaufklärung ablehnen.[222]

322 Diese Feststellung gilt auch für die Mitwirkungslast des Antragsgegners. Auch er kann vom Gericht zur Sachverhaltsklärung herangezogen werden.[223] Hinsichtlich anspruchsbegründender Tatsachen, die allein er beibringen kann, hat das Gericht die Möglichkeit, nach § 99 VwGO vorzugehen. Kommt der Antragsgegner der gerichtlichen Aufforderung nicht nach, hat er bei anspruchsvernichtenden oder anspruchshemmenden Tatsachen die prozessualen Folgen der Nichterweislichkeit zu tragen.[224] Geht es um Vorgänge, bei denen der Antragsgegner primärer Wissensträger ist, weil die betreffenden Ereignisse in seine Sphäre fallen, hat der Antragsgegner die Pflicht, sich umfassend zu den vorgetrage-

---

214 VGH München NVwZ-RR 2001, 477.

215 OVG Magdeburg Beschl. v. 11.12.2001 – 2 M 442/00; NVwZ-RR 1998, 694.

216 OVG Bautzen Beschl. v. 27.6.2000 – 2 BS 27/00; OVG Greifswald LKV 1994, 225.

217 VG München Beschl. v. 23.8.2016 – M 3 E Z 16.10002; VG Lüneburg Beschl. v. 2.11.2016 – 6 C 52/16.

218 OVG Magdeburg NVwZ-RR 1998, 694.

219 *Schoch* in Schoch/Schneider/Bier VwGO § 123 Rn. 95, § 80 Rn. 407.

220 BVerfG (Kammerbeschluss) NVwZ 2004, 1112; OVG Münster NVwZ 2000, 704; OVG Greifswald LKV 1994, 226.

221 BVerfG (Kammerbeschluss) NVwZ 2004, 1112.

222 VerfGH Berlin Beschl. v. 29.8.2003 – VerfGH 133/03, 133 A/03; VGH München NVwZ-RR 2001, 477; OVG Greifswald LKV 1994, 226; VGH Kassel NJW 1995, 1109.

223 OVG Münster NVwZ-RR 2005, 749; VG Meiningen Beschl. v. 13.12.1996 – 5 E 1006/96.Me; OVG Greifswald LKV 1994, 226; VGH Kassel NJW 1995, 1109.

224 BVerwGE 118, 370 ff.; VG Gelsenkirchen Beschl. v. 16.9.2004 – 3 L 1930/04; VG Göttingen Beschl. v. 4.2.2004 – 3 B 33/04; OVG Frankfurt (Oder) Beschl. v. 31.5.2002 – 4 B 64/02; zur Verhängung einer Verzögerungsgebühr nach § 34 GKG VGH Kassel NVwZ-RR 1997, 669.

nen Tatsachen zu äußern.[225] Tut er dies nicht, kann das Gericht das Vorbringen des Antragstellers als „unstreitig" ansehen und eine Sachverhaltsaufklärung dahinstehen lassen.[226]

323 Die Sachverhaltsaufklärung des Gerichts beginnt dementsprechend erst dort, wo die Sphären und die Mitwirkungslasten der Beteiligten enden. Die Besonderheiten, die im verwaltungsgerichtlichen Eilverfahren durch den Untersuchungsgrundsatz des § 86 VwGO geschaffen werden, zwingen nicht dazu, für das verwaltungsgerichtliche Verfahren auf den Begriff der Glaubhaftmachung zu verzichten. Obwohl der Begriff der Glaubhaftmachung anders als im Zivilprozess vom Untersuchungsgrundsatz bestimmt wird, kann er – wie dies die angeordnete entsprechende Anwendung von § 920 Abs. 2 ZPO nahe legt – auch im verwaltungsgerichtlichen Verfahren verwandt werden.[227] Glaubhaftmachung kann daher im verwaltungsgerichtlichen Eilverfahren auch bedeuten, dass nicht allein der Antragsteller die entscheidungserheblichen Tatsachen glaubhaft zu machen hat, sondern dass die Sachlage vom Gericht im Zusammenwirken mit den Beteiligten glaubhaft zu machen ist.

3. Umfang der Glaubhaftmachung

324 Glaubhaft zu machen sind sämtliche entscheidungserheblichen Tatsachen. Dies gilt auch für die Tatsachen, die sich auf die Sachentscheidungsvoraussetzungen beziehen,[228] auch wenn § 920 Abs. 2 ZPO dies nicht ausdrücklich vorsieht. Die vom Gesetzgeber gewollte Erleichterung der Tatsachenfeststellung muss sich auch auf sie erstrecken, wenn die Beweiserleichterung ihren Zweck erreichen soll. Dies rechtfertigt auch hier eine entsprechende Anwendung von § 920 Abs. 2 ZPO.

325 Einer Glaubhaftmachung bedarf es ausnahmsweise nicht, wenn Tatsachen offenkundig (allgemeinkundig oder gerichtskundig) sind oder wenn ihr Vorhandensein gesetzlich vermutet wird (§§ 173, 291, 292 ZPO).[229]

4. Mittel der Glaubhaftmachung

326 Zur Glaubhaftmachung reicht die schlichte Darlegung von Tatsachen nicht aus. Geht es etwa um die Anordnung von Lärmschutzmaßnahmen, kann der bloße Hinweis des Antragstellers auf „Lärmexzesse" daher allein den Erlass einer einstweiligen Anordnung nicht rechtfertigen. Der Antragsteller muss vielmehr das „objektivierte Ausmaß der Lärmimmissionen" in seinem Antrag belegen.[230] Hierzu stehen ihm sämtliche Beweismittel zur Verfügung, die auch im Hauptsacheverfahren verwertet werden dürfen (§ 96 Abs. 1 S. 2 VwGO entspr.), sowie zusätzlich die Versicherung an Eides Statt (§§ 123 Abs. 3 VwGO, 920 Abs. 2, 294 Abs. 1 ZPO).[231] Wird eine Versicherung an Eides Statt vorgelegt, ist auf deren Formulierung hinreichende Sorgfalt aufzuwenden.[232] Die Anfor-

---

[225] VG Hamburg Beschl. v. 18.5.2001 – 3 VG 1075/2001; BVerwG DÖV 1987, 744.

[226] VG Hamburg Beschl. v. 18.5.2001 – 3 VG 1075/2001.

[227] → Rn. 318.

[228] VG Regensburg Beschl. v. 20.7.2016 – RN 3 E 16.886; VGH Mannheim VBlBW 2001, 228 ff.; VG Gelsenkirchen Beschl. v. 7.10.2002 – 14 L 2184/02; OVG Bautzen LKV 1995, 121 (Antragsbefugnis).

[229] Hierzu zB Kopp/*Schenke* VwGO § 86 Rn. 5b, § 98 Rn. 22–24.

[230] VG Gießen Beschl. v. 21.9.2005 – 8 G 2135/05.

[231] VG München Beschl. v. 7.9.2016 – M 8 E 16.3665; VGH Mannheim Beschl. v. 27.10.2015 – 4 S 1733/15; VG Gießen Beschl. v. 13.2.2006 – 10 G 115/06; VG Sigmaringen Beschl. v. 14.11.2005 – 8 K 1432/05; Beschl. v. 25.8.2005 – 8 K 1287/05; OVG Lüneburg Beschl. v. 12.7.2000 – 12 M 2544/00; VG Münster Beschl. v. 21.1.2009 – 9 Nc 202/08; OVG Bremen NVwZ 1991, 1006; OVG Lüneburg NVwZ 1992, 502; VGH Mannheim NVwZ-RR 1994, 111; DVBl. 1983, 597; OVG Münster NVwZ 1993, 202.

derungen ergeben sich gemäß § 123 Abs. 3 VwGO aus den Maßgaben der ZPO. Zu beachten ist daher, dass sich eine Versicherung an Eides statt nicht in der Bezugnahme auf einen anwaltlichen Schriftsatz beschränken darf, sondern eine selbstständige Sachdarstellung enthalten muss.[233] Sie kann schriftlich oder mündlich – auch per Telefax – abgegeben werden.[234] Ob eine eidesstattliche Versicherung zur Glaubhaftmachung ausreicht, ist keine Frage der Statthaftigkeit des Beweismittels, sondern betrifft allein die Beweiswürdigung.[235] Hinzu kommen alle sonstigen Erkenntnismittel, aus denen sich Schlüsse auf die Richtigkeit des Tatsachenvortrags ziehen lassen.[236] Hierzu gehören schriftliche oder telefonische Auskünfte von Behörden[237] und Privaten sowie schriftliche Unterlagen ohne Urkundeneigenschaft.[238]

Für die Praxis sind die Verwaltungsvorgänge, aus denen sich zumeist der entschei- 327
dungserhebliche Sachverhalt ergibt, sowie behördliche Auskünfte (§ 99 Abs. 1 VwGO) von besonderer Bedeutung.[239] Das gleiche gilt für die Streitakten eines parallel geführten Hauptsacheverfahrens sowie für die in diesem Verfahren ergangenen, noch nicht rechtskräftigen Entscheidungen, wenn diese voraussichtlich Bestand haben werden.[240]

Den Ermittlungen des Gerichts kann die Eilbedürftigkeit des Verfahrens Grenzen 328
setzen. Ist der Zeitdruck, unter dem das Gericht steht, hoch,[241] kann eine umfassende Klärung des Sachverhalts ausgeschlossen sein. In diesem Fall muss sich das Gericht aus faktischen Gründen mit einer eingeschränkten Feststellung der entscheidungserheblichen Tatsachen begnügen. Es kann bei seiner Entscheidung nur die Tatsachen verwerten, die es vorfindet oder die sich kurzfristig ermitteln lassen. Damit entscheidet letztlich die zur Verfügung stehende Zeit darüber, ob und in welchem Umfang Beweis erhoben werden kann.[242] Bleiben Aufklärungsdefizite, folgt aus Art. 19 Abs. 4 GG, dass das Gericht anstelle der materiell – akzessorischen Prüfung eine erfolgsunabhängige Folgenabwägung vorzunehmen hat.[243]

Generell aber gilt, dass aus dem Charakter des Eilverfahrens nicht geschlossen werden 329
kann, dass nur Beweismittel verwertbar wären, die dem Gericht zur Verfügung stehen oder die kurzfristig verfügbar gemacht werden können. Die Praxis, die bisher unter Hinweis auf § 294 Abs. 2 ZPO eine Beschränkung auf präsente Beweismittel vorgenommen hat,[244] ist nach der neueren Rechtsprechung des BVerfG[245] jedenfalls dann nicht mit Art. 19 Abs. 4 S. 1 GG vereinbar, wenn dem Antragsteller wegen der Dauer des Haupt-

[232] S. etwa VG Gelsenkirchen Beschl. v. 13.2.2004 – 19 L 86/04.

[233] BGH NJW 1988, 2045 ff.

[234] BayObLG NJW 1996, 406.

[235] BVerfG NVwZ Beil. 1994, 2.

[236] Vgl. *Schoch* in Schoch/Schneider/Bier VwGO § 123 Rn. 94; *Böhm* NVwZ 1996, 427.

[237] VGH Mannheim NVwZ 1984, 254.

[238] VG Meiningen Beschl. v. 13.12.1996 – 5 E 1006/96.Me – (Photos); OLG Köln FamRZ 1983, 709 (711) (unbeglaubigte Fotokopien).

[239] *Redeker/von Oertzen* VwGO § 123 Rn. 18; *Schoch* in Schoch/Schneider/Bier VwGO § 123 Rn. 94a.

[240] OVG Hamburg FamRZ 1982, 746 (Ls.) = KMK-HSchR 1981, 515; VGH München NJW 1990, 2576; OVG Münster DVBl. 1994, 1371.

[241] Beispiel: VGH Mannheim DÖV 2006, 177 f.; VG Braunschweig Beschl. v. 15.4.1999 – 6 B 55/99; OVG Bremen DVBl. 1991, 1269; VGH Mannheim VBlBW 1986, 259.

[242] VG Braunschweig Beschl. v. 15.4.1999 – 6 B 55/99; VG Meiningen Beschl. v. 13.12.1996 – 5 E 1006/96.Me; VG Karlsruhe Beschl. v. 25.6.1996 – 12 K 1295/96; VGH Mannheim DVBl. 1993, 509.

[243] BVerfG NVwZ 1997, 480; NVwZ 2005, 927; dazu auch OVG Lüneburg NordÖR 2003, 124; NVwZ-RR 2001, 241.

[244] So aber weiterhin zB VG München Beschl. v. 2.3.2012 – M 18 E 12.815; VG Braunschweig, Beschl. v. 10.4.2002 – 6 B 49/02.

[245] BVerfG, BVerfGE 79, 69; BVerfG (Kammerentsch.) NJW 1995, 950.

sacheverfahrens unzumutbar schwere und irreversible Grundrechtsverletzungen drohen. In derartigen Fällen haben die Gerichte vielmehr über den Anordnungsantrag „erforderlichenfalls unter eingehender tatsächlicher und rechtlicher Prüfung des im Hauptsacheverfahren geltend gemachten Anspruchs“[246] zu entscheiden. Dies bedeutet, dass in einer dem Hauptsacheverfahren angenäherten Beweisaufnahme alle angebotenen oder sonst erkennbaren Beweismöglichkeiten auszuschöpfen sind, wenn anders wirksamer Rechtsschutz nicht gewährleistet ist.[247] Vor allem gilt dies für die Verfahren, die – wie zB ein beamtenrechtlicher Konkurrentenstreit – nach ihrem Abschluss die Durchführung eines späteren Hauptsacheverfahrens gegenstandslos machen.[248]

330 Für die Klärung komplexer und unübersichtlicher Sachverhalte kann sich daher die unverzügliche Anberaumung eines Erörterungstermins[249] anbieten, in dem die Beteiligten gehört, beigebrachte oder vorgeladene Zeugen vernommen, Sachverständige förmlich oder informatorisch angehört sowie Örtlichkeiten in Augenschein genommen werden können.[250] Die Einholung schriftlicher Sachverständigengutachten wird dagegen grundsätzlich nicht in Betracht kommen, da der damit verbundene Zeitaufwand zumeist zu hoch sein wird und außerdem die Einholung von Gegen- oder Obergutachten nach sich ziehen kann.[251]

5. Beweislast

331 Wegen der Geltung des Untersuchungsgrundsatzes (§ 86 Abs. 1 VwGO) kennt der Verwaltungsprozess keine formelle Beweislast im Sinne einer Beweisführungspflicht.[252] Eine materielle Beweislast, die Unerweislichkeit von Tatsachen nach Ausschöpfung aller Beweismittel,[253] gibt es dagegen wegen seiner engen Abhängigkeit vom Hauptsacheverfahren auch im Anordnungsverfahren.[254] Diese trägt grundsätzlich der Antragsteller. Zu seinen Lasten geht, wenn die den Anordnungsanspruch und Anordnungsgrund begründenden Tatsachen nicht glaubhaft gemacht sind.[255] Der Antragsgegner trägt die Beweislast für anspruchsvernichtende oder anspruchshemmende Tatsachen.[256] Steht im einstweiligen Anordnungsverfahren in Bezug auf Sachangaben des Antragstellers und der Antragsgegnerin Aussage gegen Aussage, ohne dass sich die sachlichen Meinungsverschiedenheiten mit der im gerichtlichen Eilverfahren lediglich gebotenen summarischen Prüfung klären lassen, fehlt es auf Seiten des Antragstellers in Bezug auf die betreffenden Sachangaben an der Glaubhaftmachung.[257]

---

[246] BVerfG, BVerfGE 79, 75; BVerfG Beschl. v. 24.3.2009 – 2 BvR 2347/08.

[247] OVG Münster NVwZ 2000, 704 ff.; ebenso Kopp/*Schenke* VwGO § 123 Rn. 31 f.; *Schoch* in Schoch/Schneider/Bier VwGO § 123 Rn. 96, 122. Anders VGH Kassel NVwZ-RR 1994, 511 (514).

[248] VG Lüneburg Beschl. v. 7.12.2004 – 1 B 73/04; VGH Kassel NVwZ 1994, 398 (399) („summarisches Hauptsacheverfahren“); *Schoch* in Schoch/Schneider/Bier VwGO § 123 Rn. 122b. Zu einem Sonderfall, in dem bereits eine höchstrichterliche Entscheidung vorlag, OVG Münster NWVBl. 1996, 190.

[249] Beispiele: VG Gera Beschl. v. 16.12.2015 – 4 E 1073/15 Ge; OVG Münster NVwZ 2000, 704; OVG Greifswald Beschl. v. 1.2.2005 – 3 M 298/04; VG Aachen Beschl. v. 12.8.2003 – 2 L 663/03.

[250] Zu den Möglichkeiten der Sachaufklärung vgl. auch BVerfGE 66, 155 (190).

[251] VG Köln Beschl. v. 18.5.2005 – 1 L 3263/04; VG Meiningen Beschl. v. 30.6.2003 – 8 E 520/03.Me; VG Braunschweig Beschl. v. 15.4.1999 – 6 B 55/99; VGH Kassel NVwZ-RR 1994, 511; VGH Mannheim DVBl. 1993, 508; VGH München BayVBl. 1978, 305.

[252] Hierzu Kopp/*Schenke* VwGO § 108 Rn. 11; *Lippert* DVBl. 1977, 560.

[253] Kopp/*Schenke* VwGO § 108 Rn. 11.

[254] Ablehnend *Burkholz,* S. 92–96. Dagegen *Schoch* NVwZ 1989, 137 unter Hinweis auf den Zusammenhang des Anordnungsverfahrens mit dem materiellen Recht.

[255] *Schoch* in Schoch/Schneider/Bier VwGO § 123 Rn. 97; *Pietzner/Ronellenfitsch,* Assessorexamen, § 58 Rn. 12.

[256] BVerwGE 118, 370 ff.

[257] VGH Kassel DÖV 2004, 966.

III. Rechtliche Beurteilung

Die durch §§ 123 Abs. 3 VwGO, 920 Abs. 2 ZPO ermöglichte Glaubhaftmachung soll die Tatsachenfeststellung erleichtern. Auf Rechtsfragen bezieht sich – wie dargelegt[258] – diese verfahrensbezogene Erleichterung nicht. **332**

IV. Maßgeblicher Beurteilungszeitpunkt

Die Rechtsprechung stimmt darin überein, dass die Voraussetzungen für den Erlass einer einstweiligen Anordnung aufgrund der tatsächlichen und rechtlichen Verhältnisse zu beurteilen sind, die im Zeitpunkt der gerichtlichen Entscheidung bestehen.[259] Dies ist grundsätzlich zutreffend, gilt aber nicht ausnahmslos. **333**

1. Anordnungsanspruch

Da der Anordnungsanspruch mit dem im Hauptsacheverfahren verfolgten Anspruch identisch ist,[260] gelten für den Zeitpunkt seiner Beurteilung die Grundsätze, die für das Klageverfahren entwickelt worden sind. Danach ist für alle Klagearten mit Ausnahme der Anfechtungsklage grundsätzlich die Sach- und Rechtslage im Zeitpunkt der gerichtlichen Entscheidung maßgebend.[261] Etwas anderes gilt dann, wenn sich der geltend gemachte Anspruch kraft ausdrücklicher gesetzlicher Regelung, aus Gründen des prozessualen Bestandsschutzes oder wegen seiner Zweckbestimmung auf einen bestimmten Zeitabschnitt oder Zeitpunkt bezieht.[262] In diesen Fällen sind die tatsächlichen und rechtlichen Verhältnisse maßgebend, die zu diesen Zeiten bestehen, da sie den Streitgegenstand ausmachen (§ 88 VwGO). Beispiele hierfür sind Ansprüche auf Sozialhilfeleistungen oder Ausbildungsbeihilfen, die sich auf einen zurückliegenden Zeitabschnitt beziehen[263] oder Ansprüche auf Zulassung zum Studium, die für ein bestimmtes Bewerbungssemester geltend gemacht werden.[264] **334**

2. Anordnungsgrund

Für die Beurteilung des Anordnungsgrundes kommt es dagegen stets auf die Sach- und Rechtslage im Zeitpunkt der gerichtlichen Entscheidung an.[265] Maßgebend hierfür ist, dass allein eine in diesem Zeitpunkt bestehende Dringlichkeit es rechtfertigt, eine sofortige Regelung zu treffen. Dies gilt umso mehr, wenn hierdurch die Hauptsache ganz oder teilweise vorweggenommen werden soll. Rechtsbeeinträchtigungen, die sich auf zurückliegende Zeitabschnitte oder Zeitpunkte beziehen, lassen sich grundsätzlich im Hauptsacheverfahren klären, ohne dass der Antragsteller unzumutbaren Nachteilen ausgesetzt **335**

---

[258] → Rn. 315.

[259] VG München Beschl. v. 26.10.2016 – M 18 E 16.4415; VG Bayreuth Beschl. v. 11.10.2016 – B 5 E 16.572; VG Augsburg Beschl. v. 5.8.2016 – Au 3 E 16.1082; VG Würzburg Beschl. v. 11.5.2016 – W 4 E 16.463.

[260] → Rn. 119 ff.

[261] Kopp/*Schenke* VwGO § 113 Rn. 29; *Schoch* in Schoch/Schneider/Bier VwGO § 123 Rn. 166.

[262] OVG Magdeburg NJW 1996, 2387; Kopp/*Schenke* VwGO § 113 Rn. 29 ff.

[263] BVerwG NVwZ 1993, 995 (996); Kopp/*Schenke* VwGO § 113 Rn. 97 ff.

[264] BVerwGE 42, 296 (299); OVG Magdeburg NJW 1996, 2387; Kopp/*Schenke* VwGO § 113 Rn. 97.

[265] Vgl. hierzu VG München Beschl. v. 26.10.2016 – M 18 E 16.4415; VG Bayreuth Beschl. v. 11.10.2016 – B 5 E 16.572; VG Augsburg Beschl. v. 5.8.2016 – Au 3 E 16.1082; VG Würzburg Beschl. v. 11.5.2016 – W 4 E 16.463.; Kopp/*Schenke* VwGO § 123 Rn. 27; *Schoch* in Schoch/Schneider/Bier VwGO § 123 Rn. 166 f.

wird.[266] Etwas anderes gilt nur dann, wenn der regelungsbedürftige Sachverhalt bis in die Gegenwart hineinwirkt und dadurch eine akute Dringlichkeit begründet wird. Dies ist etwa dann der Fall, wenn ein Sozialhilfeempfänger einen unverzichtbaren Nachholbedarf hat, der seine gegenwärtige Existenzgrundlage gefährdet, wenn er nicht befriedigt wird.[267] Mit einer solchen Regelung im Einzelfall wird der durch Art. 19 Abs. 4 S. 1 GG verbürgten Wirksamkeit des Rechtsschutzes genügt. Eines generellen Rückgriffs auf frühere Beurteilungszeitpunkte – etwa auf die Antragstellung bei Gericht oder auf die Einleitung des Verwaltungsverfahrens – bedarf es deshalb auch unter diesem Gesichtspunkt nicht.

§ 23 Der Abschluss des Verfahrens durch Sachentscheidung

Schrifttum: *Beutling,* Anwaltsvergütung in Verwaltungssachen, 2004, Rn. 449 ff.; Brehm/*Zimmerling,* Die „neuen" Gerichtskosten im Verwaltungsprozess aus anwaltlicher Sicht, NVwZ 2004, 1207; *Cranshaw,* Rechtsweg bei Streitigkeiten über die Vergabe öffentlicher Aufträge – Anmerkung zu VG Leipzig, Beschluss vom 6.9.2005 – Az. 5 K 1018/05 – jurisPR-InsR 24/2006 Anm. 5; *Ewer/Schürmann,* Zur Zulässigkeit der Zustellung verwaltungsgerichtlicher Eilentscheidungen im Telekommunikationsweg, NVwZ 1990, 33; *Geiger,* Die Tenorierungen verwaltungsgerichtlicher Entscheidungen; JuS 1998, 343; *Goerlich,* Konsentierte Einzelrichter an Verwaltungsgerichten auch im Eilverfahren? NVwZ 1991, 541; *Hamann,* Das Kollegialprinzip und der „Einzelrichter" nach der 4. Novelle zur VwGO, VerwArch. 83 (1992), 201; *Jakobs,* Der vorläufige Rechtsschutz im Prüfungsrecht, VBlBW 184, 129; *Kment,* Grundfälle zur Tenorierung im verwaltungsgerichtlichen Verfahren, JuS 2005, 608; *Korber,* Die vorläufige und formlose (vor allem telefonische) Mitteilung besonders eilbedürftiger verwaltungsgerichtlicher Beschlüsse nach §§ 80 Abs. 5, 123 VwGO, NVwZ 1983, 85; *Mayer,* Die Vergütung nach dem RVG in den Verfahren des vorläufigen Rechtsschutzes nach der VwGO, RVG-Letter 2004, 135; *Roth,* Kein Beginn der Beschwerdefrist bei Zustellung lediglich des Beschlusstenors, NJW 1997, 1966; *Rotter,* Hilfe zum Lebensunterhalt durch einstweilige Anordnung des Verwaltungsgerichts, NVwZ 1983, 729; , NVwZ 1989, 435; *Vogg,* Einstweilige Feststellungsverfügung?, NJW 1993, 1364; *Schmidt,* Die Tenorierung verwaltungsgerichtlicher Entscheidungen im einstweiligen Rechtsschutz erster Instanz, JA 2002, 885; *Stuttmann,* Auswirkungen des neuen Gerichtskostengesetzes auf den Verwaltungsprozess, DVBl. 2004, 681; *Tysper,* Abrechnung von Tätigkeiten im Verwaltungs(prozess)recht, AnwBl 2004, 644; *Wieseler,* Der vorläufige Rechtsschutz gegen Verwaltungsakte, Schriften zum Öffentlichen Recht Bd. 54 (1967), 163; *Zimmer,* Entwicklung des Streitwertrechts in der Verwaltungsgerichtsbarkeit seit 1991, NVwZ 1995, 138.

I. Zuständigkeit im Spruchkörper

1. Zuständigkeit der Kammer

336 Über den Anordnungsantrag entscheidet in der Regel die Kammer. Wird ohne mündliche Verhandlung entschieden, wirken ausschließlich die Berufsrichter mit (§ 5 Abs. 3 S. 2 VwGO), bei einer Entscheidung aufgrund mündlicher Verhandlung auch die ehrenamtlichen Richter (§ 5 Abs. 3 S. 1 VwGO).[268] Bei erstinstanzlichen Entscheidungen des OVG richtet sich die Mitwirkung der ehrenamtlichen Richter nach Landesrecht (§ 9 Abs. 3 S. 1 VwGO).

---

[266] *Philipp* BayVBl. 1989, 387 (391); NVwZ 1984, 499; *Rotter* NVwZ 1983, 729; *Schoch* in Schoch/Schneider/Bier VwGO § 123 Rn. 167.

[267] So zB VG Leipzig Beschl. v. 9.7.2002 – 2 K 808/02; OVG Bautzen SächsVBl. 1994, 113; OVG Hamburg NVwZ 1990, 976; *Schoch* in Schoch/Schneider/Bier VwGO § 123 Rn. 167.

[268] *Redeker/von Oertzen* VwGO § 5 Rn. 3; *Stelkens/Panzer* in Schoch/Schneider/Bier VwGO § 5 Rn. 24 ff.

2. Eilzuständigkeit des Vorsitzenden

In dringenden Fällen kann der Vorsitzende anstelle der Kammer allein entscheiden (§§ 123 Abs. 2 S. 3, 80 Abs. 8 VwGO).[269] 337

Vorsitzender ist der jeweils im Dienst befindliche Vorsitzende, also auch jeder im Geschäftsverteilungsplan des Gerichts vorgesehene Vertreter des ordentlichen Vorsitzenden.[270] Dadurch ist sichergestellt, dass auf jeden Fall ein zur Entscheidung befugter Richter verfügbar ist. 338

Dringlichkeit ist gegeben, wenn es für den Antragsteller unzumutbar ist, die Entscheidung der Kammer wegen der damit verbundenen Verzögerung abzuwarten.[271] Wann dies der Fall ist, entscheidet der Vorsitzende nach pflichtgemäßem Ermessen; dabei ist unbeachtlich, ob er den Antrag für begründet hält oder ihn ablehnen will, da die Dringlichkeit auch aus der dem unterliegenden Antragsteller zustehenden Beschwerdemöglichkeit bejaht werden kann.[272] 339

Der Vorsitzende entscheidet nach den gleichen Verfahrensgrundsätzen wie die Kammer. Insbesondere hat auch er im Rahmen des tatsächlich Möglichen dem Antragsgegner rechtliches Gehör zu gewähren.[273] Er erlässt nach Wegfall des § 80 Abs. 8 S. 2 VwGO einen instanzbeendenden Beschluss,[274] der eine Kostenentscheidung enthält.[275] Weiterhin hat er den Streitwert festzusetzen, da es nunmehr auch insoweit an einer Zuständigkeit der Kammer fehlt.[276] 340

3. Zuständigkeit des Einzelrichters

Anstelle der Kammer oder des Vorsitzenden[277] entscheidet der fakultative Einzelrichter (§ 6 Abs. 1 VwGO), wenn die Kammer die Übertragung der Zuständigkeit auf ihn nach Anhörung der Beteiligten[278] unanfechtbar (§ 6 Abs. 4 S. 1 VwGO) beschlossen hat. Diese Befugnis hat die Kammer schon vor Rechtshängigkeit des Hauptsacheverfahrens.[279] Der Beschluss zur Übertragung des Rechtsstreits muss aber vor der Sachentscheidung durch den Einzelrichter wirksam werden.[280] 341

Der konsentierte Einzelrichter (§ 87a Abs. 2, Abs. 3 VwGO) ist auch im Anordnungsverfahren zulässig.[281] Für das Verfahren vor dem Einzelrichter gelten dieselben Verfahrensvorschriften wie für die Kammer.[282] 342

---

[269] *Redeker/von Oertzen* VwGO § 80 Rn. 58, § 123 Rn. 21; *Schoch* in Schoch/Schneider/Bier VwGO § 123 Rn. 118.

[270] Kopp/*Schenke* VwGO § 4 Rn. 17.

[271] VGH Kassel NVwZ 1994, 398; *Schoch* in Schoch/Schneider/Bier VwGO § 123 Rn. 118. Vgl. hierzu auch VG Lüneburg Beschl. v. 8.1.2007 – 1 B 1/07; VGH München BayVBl. 1991, 118.

[272] VGH Kassel NVwZ 1994, 398.

[273] → Rn. 293 ff.

[274] VGH Kassel NVwZ 1994, 398; *Redeker/von Oertzen* VwGO § 123 Rn. 38.

[275] Kopp/*Schenke* VwGO § 80 Rn. 94.

[276] Kopp/*Schenke* VwGO § 80 Rn. 94.

[277] Kopp/*Schenke* VwGO § 6 Rn. 2; *Schoch* in Schoch/Schneider/Bier VwGO § 80 Rn. 334; *Clausing* in Schoch/Schneider/Bier VwGO § 6 Rn. 7. Ablehnend *Redeker/von Oertzen* VwGO § 6 Rn. 11, § 123 Rn. 15; offengelassen in OVG Münster NVwZ-RR 1994, 619.

[278] Kopp/*Schenke* VwGO § 6 Rn. 19; *Clausing* in Schoch/Schneider/Bier VwGO § 6 Rn. 42.

[279] Kopp/*Schenke* VwGO § 6 Rn. 2. Anders *Redeker/von Oertzen* VwGO § 6 Rn. 11, § 80 Rn. 57a, § 123 Rn. 15 (erst nach Klageerhebung), differenzierend *Clausing* in Schoch/Schneider/Bier VwGO § 6 Rn. 34 ff.

[280] VGH Mannheim Beschl. v. 11.4.2016 – 11 S 393/16.

[281] *Redeker/von Oertzen* VwGO § 87a Rn. 6; *Hamann* VerwArch. 83 (1992), 201 (209). Ablehnend *Goerlich* NVwZ 1991, 541.

[282] Kopp/*Schenke* VwGO § 6 Rn. 30; *Clausing* in Schoch/Schneider/Bier VwGO § 6 Rn. 62 f.

II. Form der Entscheidung

343 Über den Anordnungsantrag entscheidet das Gericht durch Beschluss (§ 123 Abs. 4 VwGO). Dies gilt auch dann, wenn die Entscheidung aufgrund mündlicher Verhandlung getroffen worden ist.[283] Der Beschluss ist stets – schriftlich[284] – zu begründen (§ 122 Abs. 2 S. 2 VwGO). Er ist mit einer Rechtsmittelbelehrung zu versehen (§ 117 Abs. 2 Nr. 6 VwGO entspr.),[285] da er rechtsmittelfähig ist (§ 146 Abs. 4 VwGO).[286]

344 Wird durch einen Sammelbeschluss entschieden, ohne dass eine Verbindung nach § 93 S. 1 VwGO beschlossen worden ist, behalten die einzelnen Verfahren ihre verfahrensrechtliche Selbstständigkeit.[287] Gemeinsam ist lediglich die Begründung der Entscheidungen.

III. Inhalt der Entscheidung

1. Erfolgsloser Antrag

345 Ein Anordnungsantrag, der unzulässig oder unbegründet ist, wird abgelehnt. Eine Ausnahme gilt für Anträge, für die der Verwaltungsrechtsweg nicht gegeben ist oder die an das sachlich oder örtlich unzuständige VG gerichtet worden sind. Diese Verfahren werden verwiesen.

346 **a) Verweisung in den zulässigen Rechtsweg.** Ist der Verwaltungsrechtsweg nicht gegeben, stellt das Gericht dies im Klageverfahren fest und verweist das Verfahren an das zuständige Gericht des zulässigen Rechtswegs (§§ 173 VwGO, 17a Abs. 2 S. 1 GVG). Es entscheidet nach Anhörung der Beteiligten[288] von Amts wegen durch begründeten (§ 122 Abs. 2 S. 2 VwGO) Beschluss, die Kostenentscheidung bleibt der abschließenden Entscheidung vorbehalten (§ 17b Abs. 2 GVG).[289]

347 Wie oben dargelegt[290] gelten diese durch das 4. VwGOÄndG eingeführten Regelungen für die Verfahren des vorläufigen Rechtsschutzes entsprechend.[291] Hierfür spricht der auf Verfahrensvereinfachung und Verfahrensbeschleunigung gerichtete Gesetzeszweck.[292]

---

[283] Kopp/*Schenke* VwGO § 122 Rn. 4; *Redeker/von Oertzen* VwGO § 123 Rn. 36; *Schoch* in Schoch/Schneider/Bier VwGO § 123 Rn. 131.

[284] OVG Münster NVwZ 1988, 370 (Ls.); *Clausing* in Schoch/Schneider/Bier VwGO § 122 Rn. 7; Kopp/*Schenke* VwGO § 122 Rn. 7, § 123 Rn. 31 a. Einschränkend *Redeker/von Oertzen* VwGO § 122 Rn. 4. Vgl. hierzu auch *Schoch* in Schoch/Schneider/Bier VwGO § 123 Rn. 131.

[285] Kopp/*Schenke* VwGO § 122 Rn. 4; *Redeker/von Oertzen* VwGO § 122 Rn. 6.

[286] Vgl. hierzu im Einzelnen → Rn. 378 ff.

[287] OVG Greifswald DÖV 2003, 338; NVwZ-RR 1994, 334; *Schoch* in Schoch/Schneider/Bier VwGO § 123 Rn. 131.

[288] Kopp/*Schenke* VwGO Anh. § 41 Rn. 20; *Redeker/von Oertzen* VwGO Anh. § 41 Rn. 12.

[289] LSG Essen Beschl. v. 23.9.2005 – L 20 B 15/05 SO; VG Dresden Beschl. v. 29.7.2002 – 12 K 1728/02; OVG Greifswald NVwZ 2001, 501; VGH Mannheim NJW 1994, 2500.

[290] → Rn. 27, 34.

[291] OVG Münster NVwZ-RR 2005, 738; VGH Kassel NVwZ 2003, 238; KG Berlin NJW 2002, 1504; OVG Hamburg NVwZ-RR 2000, 842; NordÖR 1999, 251; VGH München NVwZ 1999, 1015; OVG Berlin NVwZ-RR 1998, 464; VG Neustadt (Weinstraße) Beschl. v. 22.2.2006 – 4 L 245/06.NW; VG Münster NWVBl. 2005, 277; VG Düsseldorf Beschl. v. 5.3.2004 – 1 L 82/04; Beschl. v. 5.11.2004 – 1 L 3081/04; OVG Berlin NVwZ 1992, 685; VGH Kassel NJW 1997, 211; NJW 1996, 474; VGH Mannheim NVwZ 1994, 803; NJW 1994, 1362; NJW 1993, 2194; VGH München NJW 1997, 1251; NVwZ 1994, 787; NVwZ-RR 1993, 668; BayVBl. 1993, 309; OVG Münster NVwZ 1994, 178; OVG Schleswig NVwZ-RR 1993, 670; OVG Weimar DÖV 1996, 423. Anders vor allem VGH Kassel NJW 1995, 1170; NVwZ-RR 1994, 515; NVwZ-RR 1994, 511; NJW 1994, 145; OVG Koblenz NVwZ 1993, 381.

[292] So insbes. BVerwG NVwZ 2002, 992; Beschl. v. 15.11.2000 – 3 B 10/00; OVG Koblenz DVBl. 2005, 988; VGH München NJW 1999, 3211. Zur Verfahrensverzögerung durch eine Vorabentscheidung VGH München NVwZ-RR 1993, 668.

§ 17a Abs. 4 S. 4–6 GVG gilt bei einer nur entsprechenden Anwendung für das Beschwerdeverfahren nicht, da die Dreistufigkeit des Verfahrens zu einer unvertretbaren Verfahrensverzögerung führen würde.[293] Gegen den Verweisungsbeschluss des VG ist allein die Beschwerde gegeben (§§ 17a Abs. 4 S. 3 GVG, 146 Abs. 1 VwGO). Die Entscheidung des OVG ist ungeachtet des Hinweises auf § 17a Abs. 4 S. 4 GVG in § 152 Abs. 1 VwGO unanfechtbar.[294] Mit der Rechtskraft des Beschlusses tritt die Bindung des Gerichts ein, an das verwiesen worden ist (§ 17a Abs. 2 S. 3 GVG). Sie schließt sowohl eine Zurückverweisung als auch eine Weiterverweisung aus.[295]

b) Verweisung an das zuständige Gericht. Ist das angerufene Gericht sachlich oder **348** örtlich unzuständig, verweist es das Verfahren nach § 83 S. 1 VwGO in entsprechender Anwendung von § 17a Abs. 2 S. 1 GVG auch im Anordnungsverfahren[296] an das zuständige Gericht. Es entscheidet nach Anhörung der Beteiligten von Amts wegen durch begründeten[297] Beschluss.[298] Die Kostenentscheidung bleibt der abschließenden Entscheidung vorbehalten (§ 17b Abs. 2 GVG). Der Verweisungsbeschluss ist unanfechtbar (§ 83 S. 2 VwGO). Er bindet das Gericht, an das verwiesen worden ist (§ 17a Abs. 2 S. 3 GVG). Rück- oder Weiterverweisungen sind damit grundsätzlich unzulässig.[299]

2. Erfolgreicher Antrag

Ist ein Anordnungsantrag zulässig und begründet, gibt das Gericht ihm statt. Wegen **349** des Entscheidungsinhalts ist es nicht an die gestellten Anträge gebunden, sondern entscheidet nach eigenem Ermessen darüber, welche Anordnungen geboten sind, um den Sicherungszweck zu erreichen (§§ 123 Abs. 3 VwGO, 938 Abs. 1 ZPO).

IV. Nebenentscheidungen

1. Kosten

Da das Anordnungsverfahren ein selbstständiges Verfahren ist, hat das Gericht mit der **350** Entscheidung in der Sache durch Beschluss von Amts wegen über die Verfahrenskosten zu entscheiden (§§ 123 Abs. 4, 161 Abs. 1 VwGO).[300] Es muss regeln, welcher der

---

[293] BVerwG NVwZ 2005, 1201; VGH Mannheim NVwZ-RR 2003, 159; OVG Greifswald NVwZ 2001, 446; VGH München BayVBl. 1993, 310; OVG Münster NVwZ 1994, 179; OVG Weimar DÖV 1996, 424; aA OVG Magdeburg Beschl. v. 18.11.1999 – B 3 S 468/98.

[294] OVG Magdeburg Beschl. v. 23.12.2004 – 3 O 434/04; OVG Münster NVwZ-RR 2004, 795; VGH Mannheim VBlBW 2004, 31; VGH München NuR 2004, 44; VGH Kassel NVwZ 2003, 238; OVG Berlin NJW 1991, 715; VGH München BayVBl. 1993, 310; OVG Münster NVwZ 1994, 178; OVG Weimar DÖV 1996, 424.

[295] Kopp/*Schenke* VwGO Anh. § 41 Rn. 21; *Redeker/von Oertzen* VwGO Anh. § 41 Rn. 7.

[296] OVG Schleswig Beschl. v. 15.12.2003 – 2 MR 18/03; VGH München NVwZ-RR 2003, 74; OVG Magdeburg Beschl. v. 31.5.2000 – 2 R 186/00; VG Greifswald Beschl. v. 23.7.1998 – 2 B 1377/98; VGH Kassel NJW 1997, 211; VGH München BayVBl. 1993, 533 (534) (funktionelle Zuständigkeit); VG Berlin InfAuslR 1994, 381. – Anders VG Schwerin Beschl. v. 2.9.1999 – 7 B 491/99; VGH Kassel NJW 1994, 145.

[297] Vgl. hierzu auch BAG NJW 1994, 1815 (Ls.); LAG Hamburg Beschl. v. 1.8.2005 – 5 Ta 9/05; LAG Hamm Beschl. v. 2.11.2004 – 2 Ta 551/04; VGH München NVwZ-RR 2004, 698.

[298] Kopp/*Schenke* VwGO § 83 Rn. 11, 12; *Redeker/von Oertzen* VwGO § 83 Rn. 2, 5, 12.

[299] Zur Ausnahme bei grob fehlerhafter Rechtsanwendung s. BVerwG NVwZ 2004, 1124; zur Bindungswirkung bei besonders krassen Verstößen gegen die Zuständigkeitsregelungen BVerwG Beschl. v. 17.3.1999 – 1 WB 80/98; BVerwG NVwZ 1993, 770; OVG Greifswald Beschl. v. 27.9.2005 – 3 L 410/04; OVG Hamburg Beschl. v. 21.9.2000 – 5 E 24/00.P; VGH Kassel NVwZ-RR 1996, 611.

[300] *Clausing* in Schoch/Schneider/Bier VwGO § 161 Rn. 3, 5; Kopp/*Schenke* VwGO Vorb. § 154 Rn. 1, 3, § 161 Rn. 1, 3 4; *Redeker/von Oertzen* VwGO § 154 Rn. 1, § 161 Rn. 1.

Beteiligten in welchem Umfang kostenpflichtig ist. Die Kostenentscheidung richtet sich nach §§ 154 Abs. 1, Abs. 3, 155 Abs. 1, 2, 5, 159 VwGO. Sie ist nicht selbstständig anfechtbar (§ 158 Abs. 1 VwGO).

351 Einer Kostenentscheidung bedarf es auch dann, wenn Gerichtsgebührenfreiheit (zB nach § 188 S. 2 VwGO) besteht, da über die Verteilung der außergerichtlichen Kosten entschieden werden muss.[301]

2. Streitwert

352 Das Gericht setzt, sobald die abschließende Entscheidung ergeht, den Streitwert für die Instanz fest (§ 63 Abs. 2 GKG).[302] Hierzu ist es von Amts wegen verpflichtet.[303] Wird der Rechtsanwalt in einem gerichtlichen Verfahren tätig, richtet sich der Gegenstandswert grundsätzlich nach den für die Gerichtsgebühren geltende Vorschriften (§ 23 Abs. 1 S. 1, 2 GKG). Im verwaltungsgerichtlichen Verfahren gelten die §§ 52, 57 GKG. Grundlage der Streitwertfestsetzung ist regelmäßig der Streitwertkatalog für die Verwaltungsgerichtsbarkeit.[304] Er schlägt vor, dass in Verfahren des vorläufigen Rechtschutzes der Streitwert ein Viertel des für das Hauptsacheverfahren anzunehmenden Streitwertes beträgt.[305] In Verfahren des vorläufigen Rechtschutzes, die die Entscheidung in der Sache ganz oder zum Teil vorwegnehmen, kann der Streitwert bis zur Höhe des für das Hauptsacheverfahren anzunehmenden Streitwerts angehoben werden. Das Verwaltungsgericht kann, was in der verwaltungsgerichtlichen Praxis zumeist geschieht,[306] die Wertfestsetzung in die abschließende Entscheidung aufnehmen; einer Vorabentscheidung bedarf es grundsätzlich nicht.[307] Der Beschluss ist wenigstens stichwortartig zu begründen.[308] Er ist gerichtsgebührenfrei, § 1 GKG.[309] Das Gericht muss seinen Beschluss (nunmehr) förmlich zustellen, da seine Entscheidung nach § 63 Abs. 1 S. 3 GKG einem befristeten Rechtsmittel unterliegt.[310] Die Streitwertfestsetzung ist beschwerdefähig, wenn der Wert des Streitgegenstands 200 € übersteigt (§ 68 Abs. 1 S. 1 GKG).[311] Die sechsmonatige Beschwerdefrist läuft ab Rechtskraft der Hauptsacheentscheidung oder der anderweitigen Verfahrenserledigung (§ 68 Abs. 1 S. 3 GKG).[312] Das Beschwerdeverfahren ist gerichtsgebührenfrei, Kosten werden nicht erstattet (§ 68 Abs. 3 GKG). Die Festsetzung kann vom beschließenden Gericht unabhängig von einer Beschwerdeeinlegung innerhalb der Beschwerdefrist von Amts wegen geändert werden (§ 63 Abs. 2 S. 3 GKG); das Verbot der reformatio in peius gilt hier nicht.[313]

353 In den Verfahren, in denen keine Gerichtsgebühren entstehen (vgl. zB §§ 188 S. 2 VwGO, § 2 Abs. 3 GKG) und es deshalb keiner Streitwertfestsetzung bedarf, kann der Gegenstandswert für die anwaltliche Tätigkeit auf Antrag durch Beschluss festgesetzt

[301] Vgl. VG Dessau Beschl. v. 29.12.2005 – 1 B 488/05; VG Weimar Beschl. v. 5.10.2004 – 8 E 6034/04 We; VG Oldenburg Beschl. v. 26.3.2004 – 6 B 1192/04; VG Schleswig Beschl. v. 5.7.2002 – 15 B 21/02; VG Hamburg Beschl. v. 10.2.1999 – 2 VG 403/99.

[302] Zur Bemessung der Höhe des Streitwerts vgl. im Einzelnen → Rn. 506 ff.

[303] Hierzu zB *Zimmer* NVwZ 1995, 138.

[304] In der Fassung der am 7./8.7.2004 in Leipzig beschlossenen Änderungen.

[305] Anm. 1.5.

[306] *Zimmer* NVwZ 1995, 139; Eyermann/*Happ* VwGO § 123 Rn. 70.

[307] OVG Hamburg DVBl. 1996, 1318.

[308] *Hartmann* § 63 GKG Rn. 13, 28; dazu auch BVerfGE 6, 44.

[309] *Hartmann* § 63 GKG Rn. 31.

[310] *Hartmann* § 63 GKG Rn. 32.

[311] VGH Kassel NVwZ-RR 1994, 478; VGH Mannheim JurBüro 1994, 34; VGH München BayVBl. 1994, 92; OVG Münster JurBüro 1993, 167.

[312] Zum Fristbeginn OVG Münster NVwZ-RR 1996, 548.

[313] *Hartmann* § 63 GKG Rn. 43 ff.

werden (§ 33 RVG).[314] Sie ergeht gebührenfrei (§ 33 Abs. 9 RVG) und ist zuzustellen (§ 33 Abs. 3 S. 3 RVG). Beschwerdefähig ist sie, wenn der Beschwerdegegenstand 200 Euro übersteigt (§ 33 Abs. 3 S. 1 RVG). Die Beschwerde ist binnen zwei Wochen nach Zustellung des Beschlusses einzulegen (§ 33 Abs. 3 S. 3 RVG).

Für die Festsetzung des Streitwerts oder Gegenstandswerts ist bis zum Erlass der abschließenden Entscheidung durch die Kammer der Vorsitzende oder der Berichterstatter zuständig (§ 87a Abs. 1 Nr. 4, Abs. 3 VwGO). Danach entscheidet die Kammer in voller Besetzung.[315] Etwas anderes gilt nur dann, wenn die Zuständigkeit des Vorsitzenden oder Berichterstatters nach § 87a Abs. 2, Abs. 3 VwGO begründet[316] oder wenn ein Einzelrichter nach § 6 Abs. 1 VwGO bestellt worden ist. 354

V. Bekanntgabe der Entscheidung

Die ohne mündliche Verhandlung ergangene Entscheidung ist, da sie rechtsmittelfähig ist (§ 146 Abs. 4 VwGO), den Beteiligten zuzustellen (§ 56 Abs. 1 VwGO).[317] Zugestellt wird von Amts wegen nach den Vorschriften des Verwaltungszustellungsgesetzes (§ 56 Abs. 2 VwGO). Bei besonderer Eilbedürftigkeit kann der Entscheidungstenor vorab formlos – vor allem telefonisch oder durch Telefax – bekannt gegeben werden.[318] Voraussetzung ist, dass er von allen beteiligten Richtern unterschrieben und der Geschäftsstelle übergeben worden ist (§ 116 Abs. 2 VwGO entspr.).[319] Die Übermittlung ist in der Verfahrensakte zu vermerken. Mit der Bekanntgabe des Tenors wird die Entscheidung rechtlich existent und kann deshalb schon jetzt mit der Beschwerde angegriffen werden,[320] ohne allerdings die Rechtsmittelfrist in Gang zu setzen.[321] Vollstreckbar ist sie erst, nachdem sie förmlich zugestellt worden ist.[322] 355

Eine aufgrund mündlicher Verhandlung ergangene Entscheidung ist zu verkünden und zuzustellen (§ 116 Abs. 1 VwGO entspr.). Mit der Verkündung ist sie rechtlich existent, die Zustellung hat lediglich für den Lauf der Beschwerdefrist Bedeutung.[323] 356

VI. Rechtswirkungen der Entscheidung[324]

Die gerichtliche Entscheidung ist mit ihrer förmlichen Bekanntgabe sofort vollstreckbar (§ 168 Abs. 1 Nr. 2 VwGO). Die Einlegung der Beschwerde ändert daran nichts. Sie hemmt zwar den Eintritt der formellen Rechtskraft, hat aber keine aufschiebende Wirkung (§ 149 Abs. 1 S. 1 VwGO). 357

---

[314] VG München NVwZ-RR 2003, 907; *Hartmann* § 52 GKG Rn. 3.

[315] Kopp/*Schenke* VwGO § 87a Rn. 4; *Ortloff/Riese* in Schoch/Schneider/Bier VwGO § 87a Rn. 17.

[316] Kopp/*Schenke* VwGO § 87a Rn. 8.

[317] Hierzu *Ewer/Schürmann* NVwZ 1990, 336.

[318] BVerwG NVwZ 2001, 1150; OVG Lüneburg Beschl. v. 2.9.2010 – 11 LA 563/09; VG Düsseldorf Beschl. v. 12.10.2005 – 20 L 1960/05; OVG Münster; Beschl. v. 3.9.2004 – 19 B 1915/04; OVG Bremen DVBl. 1991, 1269; VGH Mannheim VBlBW 1992, 344; NVwZ 1986, 488; NVwZ 1984, 525; *Korber* NVwZ 1983, 85. Ablehnend VGH Mannheim VBlBW 1986, 66.

[319] BVerwG NVwZ 2001, 1150; OVG Lüneburg Beschl. v. 2.9.2010 – 11 LA 563/09; OVG Bautzen SächsVBl. 2004, 260; BFH NVwZ-RR 1996, 360; OVG Bremen DVBl. 1991, 1269; VGH Mannheim NVwZ 1986, 489; NVwZ 1984, 528.

[320] OVG Bautzen SächsVBl. 2004, 260; VGH Mannheim VBlBW 1992, 344; NVwZ 1984, 528; VGH München BayVBl. 1995, 531; Kopp/*Schenke* VwGO § 80 Rn. 98.

[321] VGH Mannheim NVwZ 1989, 584; Kopp/*Schenke* VwGO § 56 Rn. 4, § 56 Rn. 56 Rn. 4; *Roth* NJW 1997, 1966. Anders OVG Hamburg NJW 1996, 1225.

[322] VGH Mannheim NVwZ 1986, 489; Kopp/*Schenke* VwGO § 80 Rn. 98.

[323] Kopp/*Schenke* VwGO § 116, Rn. 1, 6, § 122 Rn. 5.

[324] Hierzu im Einzelnen *Schoch* in Schoch/Schneider/Bier VwGO § 123 Rn. 168–173b.

358 Mit Eintritt der Unanfechtbarkeit erwächst die Entscheidung in formelle und materielle Rechtskraft.[325] Sie kann nur in einem Abänderungsverfahren aufgehoben oder geändert werden.[326]

VII. Geltungsdauer der Entscheidung[327]

359 Die einstweilige Anordnung ist für den Zeitraum wirksam, für den sie erlassen worden ist. Ihre Geltungsdauer kann das Gericht durch Befristungen und Bedingungen ausdrücklich festlegen. Ohne eine solche Bestimmung beginnt ihre Wirksamkeit mit der Zustellung der Entscheidung[328] und endet mit dem Zeitpunkt, zu dem sie ihre Funktion, das Hauptsacheverfahren entscheidungsfähig zu halten, erfüllt hat. Dies ist der Fall, wenn das Hauptsacheverfahren mit oder ohne Sachentscheidung rechtskräftig abgeschlossen worden ist.[329] Das gleiche gilt, wenn sich der Sicherungszweck nicht mehr erreichen lässt. Kann das noch nicht eingeleitete Hauptsacheverfahren aus prozessualen oder verfahrensrechtlichen Gründen nicht mehr geführt werden, erübrigt sich seine weitere vorläufige Sicherung.[330] Die erlassene Anordnung steht damit unter der auflösenden Bedingung des rechtskräftigen Abschlusses oder der Undurchführbarkeit des Hauptsacheverfahrens.[331] Tritt die Bedingung ein, verliert die einstweilige Anordnung nach dem Rechtsgedanken des § 158 Abs. 2 BGB ihre innere Wirksamkeit,[332] Rechte können aus ihr nicht mehr hergeleitet werden.[333] Als Titel entfällt sie damit allerdings noch nicht ohne weiteres, da sie in einem der materiellen Rechtskraft fähigen selbstständigen Verfahren erlassen worden ist. Macht der Antragsteller[334] von ihr weiterhin Gebrauch, muss sie entweder im Beschwerdeverfahren[335] oder vom Eintritt der formellen Rechtskraft an in einem Abänderungsverfahren[336] förmlich aufgehoben werden. Die Rückabwicklung der aus ihrem Vollzug erlangten Rechtsvorteile kann vom Antragsgegner in einem Erstattungs- oder Schadensersatzverfahren,[337] aber auch in einem Leistungs-[338] oder Feststellungsverfahren durchgesetzt werden.

---

[325] Hierzu im Einzelnen → Rn. 79.

[326] Hierzu im Einzelnen → Rn. 486 ff.

[327] Hierzu im Einzelnen *Wieseler*, S. 206–211.

[328] Kopp/*Schenke* VwGO § 123 Rn. 34; *Wieseler*, S. 206.

[329] VG Sigmaringen Urt. v. 18.7.2002 – 4 K 953/01; VGH München BayVBl. 1992, 245; Kopp/*Schenke* VwGO § 123 Rn. 32; *Schoch* in Schoch/Schneider/Bier VwGO § 123 Rn. 168a; *Wieseler*, S. 208.

[330] Kopp/*Schenke* VwGO § 123 Rn. 34.

[331] VG Sigmaringen Urt. v. 18.7.2002 – 4 K 953/01; VGH Mannheim NVwZ 1985, 594; VGH München KMK-HSchR 1980, 203.

[332] Vgl. hierzu insbes. BVerfG (Kammerentsch.) NVwZ 1997, 479; BVerfG NJW 1994, 1601.

[333] BVerfG NVwZ 1997, 481; BVerwGE 94, 352; NJW 1980, 2208; VGH Mannheim NVwZ 1987, 1014; VGH München BayVBl. 1992, 245; OVG Münster NWVBl. 1992, 368; OVG Schleswig NVwZ 1994, 805.

[334] BGHZ 122, 172 (178); NJW 1992, 2297; OVG Hamburg NVwZ-RR 1994, 366; VGH Kassel ESVGH 37, 314 (Ls. 2); VGH München BayVBl. 1996, 215, *Schoch* in Schoch/Schneider/Bier VwGO § 123 Rn. 170. Anders OVG Münster NWVBL 1992, 369; VGH München BayVBl. 1992, 245.

[335] BVerwGE 71, 354; VGH München KMK-HSchR 1980, 203.

[336] OVG Hamburg NVwZ-RR 1994, 367; *Redeker/von Oertzen* VwGO § 123 Rn. 27, 44 f.

[337] Zu den Abänderungsgrundlagen Rn. 486 ff.

[338] Zur Verpflichtung zur Herausgabe einer vorläufig erteilten Zeugnisurkunde aufgrund von § 52 Abs. 2 VwVfG entspr. VGH München BayVBl. 1996, 216.

§ 24 Der Abschluss des Verfahrens ohne Sachentscheidung

Schrifttum: *Burgi,* Die Erledigung des Rechtsstreits in der Hauptsache als Problem der verwaltungsrechtlichen Dogmatik, DVBl. 1991, 193; *Pietzner,* Zur übereinstimmenden Erledigungserklärung im Verwaltungsprozess, VerwArch. 75 (1984), 79; ders., Zur einseitigen Erledigungserklärung im Verwaltungsprozess, VerwArch. 77 (1986), 299.

Das Anordnungsverfahren wird ohne streitige Entscheidung in der Hauptsache abgeschlossen, wenn Hauptbeteiligte vor einer Sachentscheidung verfahrensbeendende Erklärungen abgeben. Hierzu gehört vor allem die Abgabe übereinstimmender Erledigungserklärungen sowie die Zurücknahme des Anordnungsantrags. Hinzu kommen der Verzicht auf den prozessualen Anspruch oder dessen Anerkenntnis sowie der Abschluss eines Vergleichs. **360**

I. Erledigung der Hauptsache

1. Beiderseitige Erledigungserklärungen

Erklären Antragsteller und Antragsgegner das Anordnungsverfahren während seiner Rechtshängigkeit übereinstimmend in der Hauptsache für erledigt, stellt das VG das Verfahren durch Beschluss ein (§ 92 Abs. 2 S. 1 VwGO entspr.) und entscheidet über die Kosten (§ 161 Abs. 2 VwGO).[339] Die Einwilligung sonstiger Beteiligter ist hierfür nicht erforderlich.[340] Die Entscheidung ist unanfechtbar (§ 158 Abs. 2 VwGO entspr.).[341] **361**

Der Einstellungsbeschluss wird nicht von der Kammer, sondern nach § 87a Abs. 1 Nr. 3 VwGO vom Vorsitzenden oder Berichterstatter erlassen. § 87a VwGO bezieht sich zwar allein auf das Klageverfahren, ist aber auch auf die Verfahren des vorläufigen Rechtsschutzes entsprechend anwendbar.[342] Hierfür spricht vor allem der Gesetzeszweck. Soll das Kollegium nicht mit Verfahren belastet werden, in denen nicht mehr in der Sache entschieden werden muss,[343] so gilt dies für sämtliche selbstständigen Verfahren der VwGO, und damit auch für die Eilverfahren. **362**

§ 87a Abs. 1 VwGO iVm Abs. 3 stellt klar, dass es anders als nach §§ 87, 87b VwGO wegen der hier bestehenden Notwendigkeit, den gesetzlichen Richter zu bestimmen, keine parallele oder wahlweise Zuständigkeit des Vorsitzenden oder Berichterstatters gibt.[344] Der Vorsitzende ist entscheidungsbefugt, solange er keinen Berichterstatter bestellt hat. Mit der Bestellung geht die Zuständigkeit auf den Berichterstatter über, der nunmehr anstelle des Vorsitzenden entscheidet. **363**

---

[339] Zur Anwendbarkeit des § 161 Abs. 2 VwGO auf das Anordnungsverfahren zB OVG Frankfurt (Oder) NVwZ 2005, 1213; VG Lüneburg Beschl. v. 3.11.2005 – 1 B 43/05; VG Braunschweig Beschl. v. 8.10.2004 – 6 C 405/04; VG Düsseldorf Beschl. v. 19.10.2004 – 13 L 2671/04; OVG Lüneburg Beschl. v. 6.6.2000 – 4 M 1493/00; VGH Mannheim NVwZ-RR 1992, 442.

[340] OVG Bautzen Beschl. v. 9.4.2002 – 3 BS 143/01; OVG Münster NVwZ-RR 2002, 702; VGH Mannheim VBlBW 1991, 17.

[341] Kopp/*Schenke* VwGO § 158 Rn. 5; *Redeker/von Oertzen* VwGO § 158 Rn. 2.

[342] OVG Münster Beschl. v. 4.3.2005 – 22 E 958/04; OVG Frankfurt (Oder) NVwZ 2005, 1213; OVG Saarlouis Beschl. v. 29.12.2004 – 1 U 3/04; s. auch VGH Mannheim NVwZ 1991, 593 (9. Sen.); NVwZ 1991, 274 (13. Sen.); VGH München NVwZ 1991, 896; anders, wenn sich die Hauptsache erledigt, vgl. VGH Mannheim Beschl. v. 21.11.2006 – 11 S 1918/06.

[343] So die amtl. Begr. zu Art. 1 Nr. 18 (§ 87a), BT-Drs. 11/7030, 27. Vgl. hierzu auch VGH Mannheim NVwZ 1991, 593.

[344] *Ortloff/Riese* in Schoch/Schneider/Bier VwGO § 87a Rn. 25, 32; Kopp/*Schenke* VwGO § 87a Rn. 10.

2. Einseitige Erledigungserklärung

364 Gibt nur einer der beiden Hauptbeteiligten eine Erledigungserklärung ab, muss das Gericht entscheiden, ob die Erledigung eingetreten ist. Hierfür ist die Kammer zuständig, da der Streit über die Erledigung sich nicht nur auf die Kosten beschränkt und deshalb nicht unter § 87a Abs. 1 Nr. 3 VwGO fällt.[345] Die einseitig gebliebene Erledigungserklärung führt zur Erledigungsfeststellung, wenn ausgehend von dem ursprünglichen Antrag objektiv ein erledigendes Ereignis eingetreten ist und die Gegenseite kein beachtliches Interesse an der Klärung der Begründetheit des ursprünglichen Antrags hat. Die Frage, ob der ursprüngliche Antrag erledigt war, ist nicht mehr Gegenstand der gerichtlichen Prüfung.[346]

365 Hat der Antragsteller die Erledigung erklärt und bejaht die Kammer sie, stellt sie die Erledigung durch Beschluss fest und entscheidet nach § 154 Abs. 1 VwGO oder nach § 161 Abs. 2 VwGO über die Kosten.[347] Verneint die Kammer die Erledigung, weist sie den Anordnungsantrag mangels Sachantrags mit der Kostenfolge aus § 154 Abs. 1 VwGO ab.[348]

366 Eine Erledigungserklärung des Antragsgegners führt bei eingetretener Erledigung zur Ablehnung des Anordnungsantrags wegen fehlenden Rechtsschutzbedürfnisses und zu einer Kostenentscheidung nach § 154 Abs. 1 VwGO.[349] Bei fehlender Erledigung ergeht eine Entscheidung in der Sache mit der entsprechenden Kostenfolge.[350]

367 In allen Fällen kann gegen die Entscheidung Beschwerde eingelegt werden, da nicht nur über die Kosten entschieden worden ist.[351]

3. Eintritt der Erledigung

368 Eine Erledigung tritt immer dann ein, wenn ein nach Antragstellung eingetretenes außerprozessuales Ereignis dazu führt, dass dem Rechtsschutzziel die Grundlage entzogen wird, insbesondere – aus welchen Gründen auch immer – die gerichtliche Entscheidung dem Kläger keinen rechtlichen Vorteil mehr bringen kann.[352] Ziel des Anordnungsverfahrens ist die vorläufige Sicherung oder Regelung eines Rechtsanspruchs.[353] Erledigung im prozessualen Sinn bedeutet damit Wegfall der Beschwer, die durch den Antrag beseitigt werden sollte.[354] Ob ein solcher Wegfall eingetreten ist, ist objektiv nach dem Regelungsgehalt der entsprechenden Verwaltungsmaßnahme und nicht etwa

---

[345] VGH Mannheim NVwZ-RR 1992, 442; *Hamann* VerwArch. 83 (1992), 207; *Ortloff/Riese* in Schoch/Schneider/Bier VwGO § 87a Rn. 32; *Redeker/von Oertzen* VwGO § 87a Rn. 4; *Schoch* in Schoch/Schneider/Bier VwGO § 123 Rn. 117.

[346] VGH München Beschl. v. 28.9.2016 – 15 CE 16.1374; VGH München NVwZ-RR 2004, 623; Beschl. v. 18.12.2002 – 7 CE 02.2672.

[347] Zum Meinungsstreit über die Kostenentscheidung in diesem Fall *Clausing* in Schoch/Schneider/Bier VwGO § 161 Rn. 34; Kopp/*Schenke* VwGO § 161 Rn. 20; *Redeker/von Oertzen* VwGO § 107 Rn. 21, § 123 Rn. 48, § 161 Rn. 4; *Burgi* DVBl. 1991, 197.

[348] *Clausing* in Schoch/Schneider/Bier VwGO § 161 Rn. 33; Kopp/*Schenke*VwGO § 161 Rn. 22.

[349] *Clausing* in Schoch/Schneider/Bier VwGO § 161 Rn. 12, Kopp/*Schenke* VwGO § 161 Rn. 26; *Redeker/von Oertzen* VwGO § 161 Rn. 23; *Burgi* DVBl. 1991, 195.

[350] *Redeker/von Oertzen* VwGO § 161 Rn. 23.

[351] Kopp/*Schenke* VwGO § 158 Rn. 8; *Redeker/von Oertzen* VwGO § 158 Rn. 3.

[352] Im Zusammenhang mit § 123 s. BVerwGE 114, 149; BVerwG NVwZ 1989, 48; VGH München Beschl. v. 28.9.2016 – 15 CE 16.1374; OVG Münster Beschl. v. 14.7 2016 – 19 B 95/16; OVG Magdeburg Beschl. v. 3.4.2006 – 2 M 82/06; VG Hannover Beschl. v. 7.1.2004 – 6 B 7272/03; VGH München NVwZ-RR 2004, 623; VGH München NVwZ-RR 2004, 623; OVG Saarlouis Beschl. v. 16.6.1992 – 1 W 28/92.

[353] VG Lüneburg Beschl. v. 27.10.2016 – 5 B 141/16; VG Bayreuth Beschl. v. 11.10.2016 – B 5 E 16.572.

[354] VG München Beschl. v. 1.7.1999 – M 6 E 99.2624.

vom Interesse des Antragstellers her zu beurteilen. Dass der Antragsteller das Interesse am verfolgten Rechtsschutzziel verloren hat, stellt dagegen kein erledigendes Ereignis dar.[355] Fälle der Erledigung sind beispielsweise der Wegfall des Sicherungsbedürfnisses,[356] die Erteilung der Genehmigung während laufenden Anordnungsverfahrens,[357] der Wegfall der Wiederholungsgefahr,[358] die Übertragung der begehrten Stelle bei geltend gemachtem Bewerbungsverfahrensanspruch[359] oder die Vorlage von dienstlichen Beurteilungen nach Konkurrentenantrag.[360] Ein Sicherungs- oder Regelungsbedürfnis entfällt auch, wenn entweder der Antragsteller oder das Objekt, auf das sich das Antragsbegehren bezieht, nicht mehr existent sind.[361] Weiterhin kann es dadurch gegenstandslos geworden sein, dass sich der Anordnungsanspruch nicht mehr durchsetzen lässt.[362] Dieser kann zB durch eine Gesetzesänderung,[363] durch freiwillige Erfüllung durch den Antragsgegner[364] oder durch eine anderweitige unentziehbare Vergabe der begehrten Rechtsposition[365] erlöschen. Im Anordnungsverfahren zur Studienplatzvergabe erledigt sich das Rechtsschutzbegehren selbst dann, wenn der jeweilige Antragsteller eine anderweitige Zulassung zu dem gewünschten Studium erhält, mag diese auch vorläufig und die ihr zugrunde liegende gerichtliche Entscheidung mit der Beschwerde angegriffen sein.[366] Gleiches soll gelten, wenn der jeweilige Antragsteller lediglich einen Teilstudienplatz innehat.[367]

Ebenso kann eine Erledigung durch Wegfall des Anordnungsgrundes eintreten.[368] Dies **369** kann vor allem bei termingebundenen Antragsbegehren der Fall sein.[369] Wird die Zulassung zu einer bestimmten Veranstaltung begehrt, besteht mit der Durchführung der Veranstaltung kein Regelungsbedürfnis mehr. Die Dringlichkeit einer gerichtlichen Anordnung kann entfallen, wenn der Antragsteller die begehrte Leistung außerhalb des Verfahrens erhält.[370]

4. Kein Fortsetzungsfeststellungsantrag

Ist das Anordnungsverfahren in der Hauptsache erledigt, können weder der Antrag- **370** steller noch der Antragsgegner auf einen Fortsetzungsfeststellungsantrag übergehen. § 113 Abs. 1 S. 4 VwGO, der diesen im Klageverfahren auch für Verpflichtungs- und Leistungsbegehren zulässt, ist wegen des andersartigen Streitgegenstandes nicht entspre-

---

[355] VG München Beschl. v. 1.7.1999 – M 6 E 99.2624.

[356] VGH Kassel ESVGH 48, 40; VG Frankfurt (Oder), Beschl. v. 18.3.2013 – 5 L 320/12.

[357] VGH München Beschl. v. 3.2.1998 – 1 CE 96.3499.

[358] VGH München NVwZ-RR 2004, 623.

[359] VGH Kassel NVwZ 1994, 1231.

[360] OVG Saarlouis Beschl. v. 16.6.1992 – 1 W 28/92.

[361] OVG Münster NVwZ 1988, 370; *Clausing* in Schoch/Schneider/Bier VwGO § 161 Rn. 10; *Redeker/von Oertzen* VwGO § 107 Rn. 13; *Burgi* DVBl. 1191, 194.

[362] VGH Mannheim NVwZ-RR 1992, 442.

[363] BVerwG NVwZ 1989, 48; VGH Mannheim VBlBW 2005, 281; VG Göttingen Urt. v. 26.1.2005 – 2 A 184/04.

[364] Zur Erfüllung unter dem Druck der drohenden Vollziehung vgl. OVG Münster NVwZ-RR 1996, 169.

[365] BVerwGE 80, 127; OVG Weimar Beschl. v. 31.1.2005 – 2 EO 1170/03; VG Oldenburg Beschl. v. 26.3.2004 – 6 B 1192/04; OVG Lüneburg Beschl. v. 6.8.1999 – 5 M 4346/98.

[366] OVG Hamburg NVwZ-RR 2006, 797.

[367] OVG Hamburg NVwZ-RR 2006, 797; Beschl. v. 29.3.2000 – 3 Nc 30/00 –, jeweils betr. Teilzulassung im Studiengang Medizin.

[368] So insbes. VGH Mannheim NVwZ-RR 1992, 442. Vgl. hierzu auch VGH Kassel ESVGH 37, 1.

[369] OVG Saarlouis Beschl. v. 27.6.2002 – 2 W 3/02; OVG Hamburg DVBl. 1967, 422.

[370] BVerwG NVwZ 1985, 573; VG Braunschweig Beschl. v. 8.10.2004 – 6 C 405/04 – (Hauptsacheerledigung im NC-Verfahren); OVG Saarlouis NJW 1978, 121 (Zuteilung eines Studienplatzes an einer anderen Hochschule).

chend anwendbar.[371] Im Anordnungsverfahren ist keine bindende Entscheidung über den Anspruch zu erreichen, der in einem künftigen Hauptsacheverfahren verwirklicht werden soll, da lediglich über eine vorläufige Sicherung oder Regelung entschieden wird.[372] Die Beteiligten müssen sich deshalb darauf verweisen lassen, im Hauptsacheverfahren mit einer (positiven oder negativen) Feststellungsklage zu einer Sachentscheidung zu kommen.[373] Dem Antragsgegner bleibt die weitere Möglichkeit, den Antragsteller nach §§ 123 Abs. 3 VwGO, 926 ZPO in das Klageverfahren zu zwingen.

II. Rücknahme des Antrags

371 Der Antragsteller kann den Anordnungsantrag bis zur Rechtskraft der gerichtlichen Entscheidung zurücknehmen (§ 92 Abs. 1 S. 1 VwGO entspr.).[374] Der Einwilligung der übrigen Beteiligten bedarf es hierzu nicht.[375] Das VG stellt durch Beschluss das Verfahren ein (§ 92 Abs. 3 S. 1 VwGO entspr.) und entscheidet über die Kosten (§ 155 Abs. 2, 5 VwGO). Für den Erlass des Einstellungsbeschlusses sind der Vorsitzende oder der Berichterstatter zuständig (§ 87a Abs. 1 Nr. 2, Abs. 3 VwGO entspr.).[376] Der Beschluss ist unanfechtbar (§ 92 Abs. 3 S. 2 VwGO entspr.).

III. Verzicht, Anerkenntnis

372 Verzicht (§ 306 ZPO) und Anerkenntnis (§ 307 ZPO) sind einseitige prozessuale Erklärungen, die ohne Sachprüfung zu einer unstreitigen Beendigung des Verfahrens führen.[377] Sie enthalten das unbedingte und vorbehaltlose Zugeständnis, dass der prozessuale Anspruch nicht besteht bzw. besteht. Im Verwaltungsstreitverfahren sind sie über § 173 VwGO sowohl im Klage-[378] als auch im Anordnungsverfahren entsprechend anwendbar, da dem keine Besonderheiten des Verwaltungsprozessrechts entgegenstehen.[379] In der Praxis der Verwaltungsgerichte haben sie keine Bedeutung. Anstelle eines Verzichts wird der Antragsteller regelmäßig den Antrag zurücknehmen, anstelle eines

---

[371] Heute allgemeine Meinung, vgl. zB BVerwG NVwZ 1995, 586; OVG Münster Beschl. v. 19.2.2013 – 12 B 1259/12; OVG Berlin-Brandenburg Beschl. v. 12.9.2012 – OVG 6 S 33.12; OVG Bautzen Beschl. v. 6.1.2012 – 2 B 304/11; OVG Bautzen Beschl. v. 11.1.2010 – NC 2 B 326/09; OVG Magdeburg Beschl. v. 23.5.2006 – 1 M 95/06; OVG Greifswald NordÖR 2001, 106; VGH Kassel DÖV 2004, 345; OVG Magdeburg Beschl. v. 5.9.2003, – 2 M 381/03; VGH München NVwZ-RR 2003, 121; OVG Saarlouis Beschl. v. 27.6.2002 – 2 W 3/02; OVG Lüneburg Beschl. v. 6.8.1999 – 5 M 4346/98; VG Hamburg Beschl. v. 19.2.1998 – 13 VG 5143/97; VGH Kassel DÖV 1990, 160; VGH Mannheim NVwZ-RR 1992, 442; NVwZ 1988, 747; VGH München BayVBl. 1998, 185; BayVBl. 1986, 758; OVG Münster NVwZ-RR 1996, 169; BFHE 142, 564.

[372] VG München Beschl. v. 7.9.2016 – M 8 E 16.3665; VG Cottbus Beschl. v. 8.8.2016 – 1 L 298/16; OVG Magdeburg Beschl. v. 5.9.2003 – 2 M 381/03; OVG Saarlouis Beschl. v. 27.6.2002 – 2 W 3/02; OVG Greifswald Beschl. v. 14.7.2000 – 2 M 45/00; OVG Lüneburg Beschl. v. 6.8.1999 – 5 M 4346/98; VG Hamburg Beschl. v. 19.2.1998 – 13 VG 5143/97; VGH Kassel DÖV 1990, 160; BFHE 142, 566.

[373] VGH Kassel ESVGH 30, 36; VGH Mannheim NVwZ-RR 1992, 44. Vgl. auch VGH Mannheim VBlBW 1981, 288 (Möglichkeit des Erlasses eines feststellenden Verwaltungsaktes); OVG Magdeburg Beschl. v. 5.9.2003 – 2 M 381/03; OVG Greifswald Beschl. v. 14.7.2000 – 2 M 45/00; VG Hamburg Beschl. v. 19.2.1998 – 13 VG 5143/97.

[374] BVerwG DVBl. 2002, 1048; NVwZ 1991, 60; VG Leipzig SächsVBl 2005, 74; VG Aachen Beschl. v. 7.4.2004 – 2 L 276/04.

[375] VGH Mannheim Beschl. v. 28.9.2016 – 4 S 1578/16; NVwZ 1989, 479.

[376] VG Osnabrück Beschl. v. 7.12.2005 – 1 C 27/05; VGH München NVwZ 1991, 896; *Ortloff/Riese* in Schoch/Schneider/Bier VwGO § 87a Rn. 30; *Schoch* ebd. § 123 Rn. 117.

[377] BeckOK ZPO/*Elzer* ZPO §§ 306, 307 Rn. 1 f.

[378] Kopp/*Schenke* VwGO § 86 Rn. 16, § 107 Rn. 5. Vgl. hierzu auch BVerwG NVwZ 1997, 576.

[379] *Ule* §§ 28 II, 43 I 2.

Anerkenntnisses wird das Verfahren übereinstimmend in der Hauptsache für erledigt erklärt werden.[380]

1. Verzicht

Der vom Antragsteller gegenüber dem Gericht erklärte Verzicht bezieht sich im Anordnungsverfahren auf die Sicherung oder Regelung des Anordnungsanspruchs. Hat das VG noch nicht über eine Anordnung entschieden, weist es den vom Antragsteller gestellten Antrag auf Antrag des Antragsgegners allein aufgrund der Verzichtserklärung ab. Hat es bereits eine Entscheidung erlassen, enthält der Verzicht die prozessuale Erklärung, die getroffene Anordnung nicht zu vollziehen.[381] In diesem Fall kann das VG seine Entscheidung nach §§ 123 Abs. 3 VwGO, 927 ZPO aufheben, wenn der Antragsgegner dies beantragt. 373

2. Anerkenntnis

Das vom Antragsgegner gegenüber dem Gericht erklärte Anerkenntnis muss im Anordnungsverfahren den gesamten prozessualen Anspruch, also sowohl den Anordnungsanspruch als auch den Anordnungsgrund umfassen.[382] In diesem Fall erlässt das VG ohne Sachprüfung die begehrte Anordnung. Ein Anerkenntnis lediglich des Anordnungsanspruchs oder des Anordnungsgrundes kann nicht zu einer Entscheidung nach § 307 ZPO führen, da das VG dann gegen den Zweck des Anerkenntnisses über einen unselbstständigen Teil des prozessualen Anspruchs streitig entscheiden müsste.[383] 374

IV. Vergleich

Ein gerichtlicher Vergleich zur vollständigen oder teilweisen Erledigung des Rechtsstreits kann auch im Anordnungsverfahren in entsprechender Anwendung von § 106 VwGO abgeschlossen werden.[384] Voraussetzung ist, dass die Hauptbeteiligten[385] in einem noch laufenden Verfahren übereinstimmende Prozesserklärungen abgeben. Weiterhin müssen sie befugt sein, über den „Gegenstand des Vergleichs" zu verfügen.[386] Damit können in den Vergleich auch Ansprüche einbezogen werden, die nicht Verfahrensgegenstand sind.[387] Vor allem kann auf diese Weise eine Regelung auch über den Klageanspruch getroffen werden. Die praktische Bedeutung dieser Form der unstreitigen Verfahrensbeendigung ist im Anordnungsverfahren groß. 375

Ein Prozessvergleich kann entweder durch Erklärungen zur Niederschrift des Gerichts oder des beauftragten oder ersuchten Richters (§ 106 S. 1 VwGO) – auch des Vorsitzenden oder Berichterstatters (§ 87 Abs. 1 Nr. 1 VwGO) – oder durch schriftliche Annahme eines gerichtlichen Vergleichsvorschlags gegenüber dem Gericht (§ 106 S. 2 VwGO) geschlossen werden.[388] Der Abschluss des Vergleichs beendet das Verfahren unmittelbar.[389] 376

---

[380] *Ortloff/Riese* in Schoch/Schneider/Bier VwGO § 87a Rn. 31.

[381] BeckOK ZPO/*Elzer* ZPO § 306 Rn. 2.

[382] BeckOK ZPO/*Elzer* ZPO § 307 Rn. 2. Zur Zulässigkeit eines Anerkenntnisurteils BVerwG NVwZ. 1997, 576.

[383] *Hartmann* in Baumbach/Lauterbach/Albers/Hartmann ZPO § 307 Rn. 6.

[384] Kopp/*Schenke* VwGO § 106 Rn. 2; *Ortloff* in Schoch/Schneider/Bier VwGO § 106 Rn. 28.

[385] Der Mitwirkung anderer Beteiligten, auch eines notwendig Beigeladenen, bedarf es nicht, Kopp/*Schenke* VwGO § 106 Rn. 10; *Ortloff* in Schoch/Schneider/Bier VwGO § 106 Rn. 39.

[386] Zur Verfügungsbefugnis Kopp/*Schenke* VwGO § 106 Rn. 12–15.

[387] Amtl. Begr. zu Art. 1 Nr. 21, BT-Drs. 11/7030, 29; Kopp/*Schenke* VwGO § 106 Rn. 5; *Redeker/von Oertzen* VwGO § 106 Rn. 5; *Ortloff* in Schoch/Schneider/Bier VwGO § 106.

[388] Zu den Einzelheiten *Ortloff* in Schoch/Schneider/Bier VwGO § 106 Rn. 34–37.

[389] Kopp/*Schenke* VwGO § 106 Rn. 4; *Redeker/von Oertzen* VwGO § 106 Rn. 11.

377 Ein außergerichtlich vereinbarter Vergleich[390] schließt das Verfahren dagegen nicht ab. Dies ist erst dann der Fall, wenn gegenüber dem Gericht verfahrensbeendende Erklärungen abgegeben werden.[391]

E. Rechtsmittel und Rechtsbehelfe

§ 25 Das Rechtsmittelverfahren

Schrifttum: *Gatz,* Vorläufiger Rechtsschutz nach § 123 VwGO, ZAP Fach 19, 559 (2002); *Hamann,* Zur Zurückverweisung im Verfahren des vorläufigen Rechtsschutzes bei unvollständiger Sachprüfung des Verwaltungsgerichts, DVBl. 1984, 1204; *Kamp,* Das gerichtliche Abänderungsverfahren im einstweiligen Rechtsschutz- insbesondere sein Verhältnis zu Beschwerdeverfahren, NWVBl 2005, 248; *Kerwer,* Rechtsschutz gegen Wiedereinsetzung in den vorigen Stand bei Verletzung des rechtlichen Gehörs, JuS 1997, 592; *Loos,* Vorläufiger Rechtsschutz im Verwaltungsrecht – Das Verfahren nach § 123 VwGO, JA 2001, 871; *Philipp,* Besonderheiten des verwaltungsgerichtlichen Verfahrens in sozialrechtlichen Streitigkeiten, BayVBl. 1989, 387 (391) u. NVwZ 1984, 499; *Roeser/Hänlein,* Das Abänderungsverfahren nach § 80 Abs. 7 VwGO und der Grundsatz der Subsidiarität der Verfassungsbeschwerde, NVwZ 1995, 1082 (1084); *Schulz,* Die Erledigung von Rechtsmitteln, JZ 1983, 331 *Schenke,* Der vorläufige Rechtsschutz zwischen Rechtsbewahrung und Flexibilitätsanforderungen, VBlBW 2000, 56.

Zur Anhörungsrüge und Verfassungsbeschwerde: *Desens,* Die subsidiäre Verfassungsbeschwerde und ihr Verhältnis zur fachgerichtlichen Anhörungsrüge, NJW 2006, 1243; *Guckelberger,* Die Anhörungsrüge nach § 152a VwGO nF, NVwZ 2005, 11; *Schenke,* Außerordentliche Rechtsbehelfe im Verwaltungsprozessrecht nach Erlass des Anhörungsrügengesetzes, NVwZ 2005, 729; *Strietzel,* Die Zulässigkeit von Verfassungsbeschwerden gegen gerichtliche Eilentscheidungen, 1993; *Zuck,* Das Verhältnis von Anhörungsrüge und Verfassungsbeschwerde, NVwZ 2005, 739; *ders.,* Gehört die Anhörungsrüge zum Rechtsweg nach § 90 II 1 BVerfGG?, NVwZ 2006, 1119.

378 Einziges Rechtsmittel gegen Beschlüsse des VG nach § 123 Abs. 1 VwGO ist die Beschwerde (§ 146 VwGO). Die mit dem Inkrafttreten des 6. VwGOÄndG zum 1.1.1997 eingeführte Zulassung der Beschwerde ist nach der Novellierung der VwGO durch das Gesetz zur Bereinigung des Rechtsmittelrechts im Verwaltungsprozess vom 20.12.2001[1] wieder entfallen. Die nunmehr zulassungsfreie Beschwerde ist Rechtsmittel mit Devolutiveffekt, sie eröffnet eine zweite Tatsacheninstanz und dient daher der Überprüfung der angefochtenen Entscheidung in tatsächlicher und rechtlicher Hinsicht.[2] Die Kontrollbefugnis des OVG ist allerdings durch die Maßgaben des § 146 Abs. 4 S. 6 VwGO eingeschränkt.[3]

I. Anwendbare Verfahrensvorschriften

1. Die Sonderregelung des § 146 Abs. 4 VwGO

379 § 146 Abs. 4 VwGO ist an die Stelle des durch das 6. VwGOÄndG geschaffenen Zulassungsverfahrens getreten. Das zulassungsfreie Beschwerdeverfahren führt dazu, dass

[390] Zur neu entwickelten Rechtsfigur „Vergleichsähnliche Erklärungen", der gerade im Eilverfahren Bedeutung zukommt, vgl. im Einzelnen *Ortloff* in Schoch/Schneider/Bier VwGO § 106 Rn. 82–94, insbes. Rn. 89–91, 93.

[391] Kopp/*Schenke* VwGO § 106 Rn. 20; *Ortloff* in Schoch/Schneider/Bier VwGO § 106 Rn. 71; *Redeker/von Oertzen* VwGO § 106 Rn. 18.

[1] BGBl. I S. 3987.

[2] BVerfG NVwZ 2004, 1112; BVerfG Beschl. v. 24.3.2009 – 2 BvR 2347/08; VGH Mannheim NVwZ-RR 2006, 74; OVG Münster Beschl. v. 28.5.2004 – 13 C 20/04 u. Beschl. v. 26.3.2004 – 21 B 2399/03.

[3] Dazu ausführlich → Rn. 403 ff.

das OVG durch die Verfahren des einstweiligen Rechtsschutzes mit Streitgegenständen befasst wird, für die bei nicht zugelassener Berufung der Weg zu ihm versperrt ist. § 146 Abs. 4 VwGO ist als Sonderregelung gegenüber der allgemeinen Vorschrift des § 146 Abs. 1 VwGO anzusehen.

Die Vorschrift findet keine Anwendung, wenn fachgesetzliche Sonderregelungen wie § 23 Abs. 2 InVorG die Beschwerde ausschließen.[4]

2. Allgemein geltende Vorschriften

Das Verfahren vor dem Beschwerdegericht richtet sich nach §§ 147, 149 und 150 VwGO. Da diese Regelungen lückenhaft sind, werden sie durch die sachnahen Vorschriften des Berufungsverfahrens (§§ 125 ff. VwGO) und des erstinstanzlichen Beschluss- und Urteilsverfahrens (§§ 122, 125 Abs. 1 S. 1 VwGO) ergänzt,[5] soweit dem nicht die Eigenart des Eilverfahrens entgegensteht (§ 98 VwGO). Die Regelungen des Beschwerdeverfahrens der ZPO (§§ 567 ff.) können über § 173 VwGO herangezogen werden, wenn unmittelbar oder entsprechend anwendbare Vorschriften der VwGO fehlen.[6] Anwendbar sind damit beispielsweise die Vorschriften über die Beiladung (§ 65 VwGO), den Vertretungszwang (§ 67a VwGO), die Zurücknahme der Beschwerde (§ 126 VwGO), das Verbot der reformatio in peius und die Zurückverweisung.[7] **380**

II. Beschwerdegegenstand

§ 146 Abs. 4 S. 1 VwGO eröffnet das Beschwerdeverfahren seinem Wortlaut nach gegen „Beschlüsse des Verwaltungsgerichts in Verfahren des vorläufigen Rechtsschutzes (§§ 80, 80a und 123 VwGO)“. Klammert man die Aussetzungsverfahren nach §§ 80, 80a VwGO aus[8], kommt § 146 Abs. 4 VwGO für das Anordnungsverfahren zunächst in Betracht bei stattgebenden wie antragsablehnenden Beschlüssen, Beschlüssen im Änderungsverfahren (§ 80 Abs. 7 VwGO analog) oder Beschlüssen mit Fristsetzung zur Erhebung der Hauptsacheklage (§§ 123 VwGO, 926 Abs. 1 ZPO).[9] **381**

1. Anwendbarkeit des § 146 Abs. 4 VwGO auf Zwischenentscheidungen[10]

Fraglich ist, ob dem Antragsteller durch § 146 Abs. 4 VwGO auch die Beschwerdemöglichkeit gegen Zwischenentscheidungen eröffnet ist, mit denen das VG verhindern will, dass vor seiner Entscheidung vollendete Tatsachen geschaffen werden. Während einerseits darauf hingewiesen wird, dass Zwischenentscheidungen in den in § 146 Abs. 4 VwGO genannten Rechtsschutzverfahren ergehen, dementsprechend für sie auch die spezielle Beschwerdemöglichkeit des § 146 Abs. 4 VwGO gelten muss,[11] wird anderer- **382**

---

[4] OVG Berlin DÖV 1993, 297; dazu auch BVerwGE 88, 81.

[5] Eyermann/*Happ* VwGO § 146 Rn. 2; *Meyer-Ladewig/Rudisile* in Schoch/Schneider/Bier VwGO § 146 Rn. 2; Kopp/*Schenke* VwGO § 150 Rn. 4; *Redeker/von Oertzen* VwGO § 126 Rn. 6, 146 Rn. 12; *Bender* VBlBW 1986, 327.

[6] Eyermann/*Happ* VwGO § 146 Rn. 2; *Meyer-Ladewig/Rudisile* in Schoch/Schneider/Bier VwGO § 146 Rn. 2. Anders *Redeker/von Oertzen* VwGO § 146 Rn. 12 (grundsätzlich nicht anwendbar).

[7] OVG Berlin NVwZ 2002, 1267; OVG Magdeburg NVwZ 2002, 1395.

[8] Dazu ausführlich → Rn. 1134 ff.

[9] Dazu → Rn. 474 ff.; VGH München Beschl. v. 22.1.2013 – 1 CS 12.2709; VGH München NVwZ-RR 1998, 685.

[10] Zu Zwischenentscheidungen → Rn. 296 ff.

[11] OVG Berlin Beschl. v. 24.4.2007 – OVG 3 S 33.07; OVG Greifswald Beschl. v. 14.7.2011 – 2 O 97/10; OVG Bautzen NVwZ 2004, 1134; OVG Schleswig Beschl. v. 31.5.2001 – 4 M 38/01; so auch Kopp/*Schenke* VwGO § 146 Rn. 11; s. auch OVG Bautzen Beschl. v. 27.7.2006 – 3 BS 151/06; NVwZ 2004, 1134.

seits eingewandt, wegen ihres „Zwischencharakters" scheide die Anwendung des § 146 Abs. 4 VwGO aus.[12] Letztgenannter Auffassung kann allenfalls dann zugestimmt werden, wenn tatsächlich eine Entscheidung in der Sache nicht getroffen wird, etwa weil dem Gericht die Verwaltungsvorgänge des Antragsgegners nicht vorliegen und/oder Erkenntnismöglichkeiten fehlen und es dem Gericht durch seine Entscheidung ausschließlich darum geht, Zeit zur Klärung des Prozessstoffes zu gewinnen.[13] In diesem Fall liegt keine instanzabschließende Entscheidung vor. Ein Rechtsmittel scheidet in diesem Verfahrensstadium aus und bleibt der Endentscheidung vorbehalten. Etwas anderes kann nur dann gelten, wenn das VG etwa durch Beifügung einer Rechtsmittelbelehrung zum Ausdruck bringt, selbst in der Sache entschieden zu haben.[14]

383 Problematisch bleibt für die Praxis in Fällen von „Hängebeschlüssen" allerdings in jedem Fall, wie den Anforderungen des § 146 Abs. 4 S. 3 VwGO Rechnung getragen werden kann. Da bei derartigen Zwischenentscheidungen im Regelfall eine materiellrechtliche Begründung fehlt, dürfte es schwierig, sein, sich – wie von § 146 Abs. 4 S. 3 VwGO gefordert – mit den Gründen der angefochtenen Entscheidung auseinanderzusetzen.[15]

2. § 146 Abs. 4 VwGO als Möglichkeit der „Untätigkeitsbeschwerde"?

384 § 146 Abs. 4 VwGO wird verschiedentlich als Anknüpfungspunkt gewählt, um Rechtsschutz in den Fällen zu gewähren, in denen ein Verwaltungsgericht entgegen der aus Art. 19 Abs. 4 GG, Art. 6 Abs. 1 EMRK und Art. 13 EMRK abzuleitenden Forderung nach effektivem Rechtsschutz[16] nicht innerhalb angemessener Zeit über einen Antrag nach § 123 VwGO entscheidet.[17] Zur Begründung wird darauf verwiesen, die Unterlassung einer zeitnahen Entscheidung sei der Ablehnung eines Antrages auf vorläufigen Rechtsschutz gleichzusetzen, so dass damit die analoge Anwendung des § 146 Abs. 4 VwGO nahe liege.[18]

385 Die überwiegende Rechtsprechung lehnt dies zu Recht ab.[19] Die Statthaftigkeit einer Beschwerde setzt grundsätzlich das Vorliegen einer förmlichen Entscheidung voraus.[20] Die bloße Untätigkeit kann einer förmlichen Entscheidung nicht gleichgestellt werden. Im Übrigen dürfte – ebenso wie voranstehend bereits bei der Beschwerde gegen Zwischenentscheidungen angemerkt[21] – auch hier problematisch sein, wie angesichts gerichtlicher Untätigkeit und damit einhergehendem „Schweigen" des VG die von § 146 Abs. 4 S. 3 VwGO für die Beschwerdebegründung geforderte substantiierte Auseinandersetzung mit der erstinstanzlichen Entscheidung erfolgen kann.[22]

---

[12] OVG Magdeburg Beschl. v. 19.9.2003 – 2 M 417/03.

[13] So VerfGH Berlin NVwZ 2000, 187; s. auch dazu das Sondervotum *Driehaus/Toepfer* aaO.

[14] S. dazu – allerdings aufgrund mittlerweile überholter Rechtslage – VGH München DVBl. 2000, 925; VGH München Beschl. v. 31.10.2005 – 1 CS 05.2295.

[15] Zu den Anforderungen des § 146 Abs. 4 S. 3 VwGO ausführlich → Rn. 403; nach VGH München Beschl. v. 13.9.2005 – 11 CS 05.987, soll es allerdings ausreichend sein, wenn der Beschwerdeführer überhaupt nur darlegt, warum die Entscheidung in seinem Sinne abgeändert werden muss.

[16] Dazu auch EGMR NJW 2001, 2698 ff. – Kudla/Polen –.

[17] Kopp/*Schenke* VwGO § 146 Rn. 31; dazu auch VGH München NVwZ-RR 1997, 501; OVG Magdeburg Beschl. v. 26.2.2015 – 1 M 12/15; NVwZ 2000, 693 insoweit eine außerordentliche Beschwerde erwägend.

[18] Kopp/*Schenke* aaO.

[19] VGH München Beschl. v.11.5.2016 – 9 C 16.392; OVG Hamburg Beschl. v. 6.11.2015 – 3 So 83/15; VGH Mannheim NVwZ 2003, 1542; OVG Greifswald Beschl. v. 27.11.2003 – 2 O 126/03; OVG Frankfurt (Oder) DVBl. 2001, 314; so auch bereits VGH Kassel DVBl. 1999, 114; OVG Münster NVwZ-RR 1998, 340.

[20] Dazu auch VGH Mannheim NVwZ-RR 2003, 692.

[21] → Rn. 383.

[22] S. aber auch VGH München Beschl. v. 13.9.2005 – 11 CS 05.987.

Auch verfassungsrechtliche Überlegungen können nicht zur analogen Anwendung des § 146 Abs. 4 VwGO führen. Dem dürften schon Aspekte der Rechtssicherheit entgegenstehen. Das Rechtsstaatsprinzip verlangt die Vorhersehbarkeit staatlichen Handelns. Es ist zunächst Aufgabe des Gesetzgebers, das Rechtsschutzsystem näher zu gestalten und die prozessualen Voraussetzungen für Rechtsmittel und Rechtsbehelfe näher festzulegen.[23] Die Prozessordnungen haben dem Rechtsuchenden den Weg zur Überprüfung gerichtlicher Entscheidungen durch eine rechtliche Ausgestaltung des Rechtsmittels in der Prozessordnung vorzuzeichnen, um ihm die Prüfung zu ermöglichen, ob und unter welchen Voraussetzungen der Rechtsbehelf oder das Rechtsmittel zulässig ist.[24] Würde man neben dem gesetzlich ausgeformten Rechtsbehelfssystem weitere außerordentliche Rechtsbehelfe zulassen, besteht das Risiko unnötiger Belastung der Gerichte. Schon um mögliche Rechtsverluste zu vermeiden, wird der Bürger gehalten sein, neben einem außerordentlichen Rechtsbehelf noch andere Rechtsbehelfe oder Rechtsmittel parallel einzulegen.[25] Der Gesetzgeber hat im Rahmen der Novellierung des Beschwerderechtes zudem keinen Anlass gesehen, einen Rechtsbehelf für den Fall gerichtlicher Untätigkeit einzuführen. Er hat vielmehr die Rechtsprechung des BVerfG zu der fachgerichtlichen Abhilfe von Verfassungsverstößen lediglich zum Anlass genommen, die Anhörungsrüge in § 152a VwGO zu regeln.[26] Wegen Fehlens einer planwidrigen Regelungslücke scheidet damit auch die analoge Anwendung des § 152a VwGO auf die Fälle gerichtlicher Untätigkeit aus. 386

Fehlt damit eine ausdrückliche gesetzliche Regelung der fachgerichtlichen Kontrolle für den Fall verzögerter Entscheidungsfindung, kann der Antragsteller im Falle unzumutbarer Verfahrensverzögerung nur auf die Verfassungsbeschwerde verwiesen werden.[27] 387

III. Zulässigkeitsvoraussetzungen

1. Allgemeines

Die Zulässigkeit der Beschwerde hängt davon ab, dass die allgemeinen oder besonderen Sachentscheidungsvoraussetzungen für das Beschwerdeverfahren erfüllt sind.[28] Hierzu gehören die Statthaftigkeit der Beschwerde, die Beschwerdeberechtigung und eine Beschwer des Beschwerdeführers sowie ein Rechtsschutzbedürfnis an der Durchführung des Beschwerdeverfahrens.[29] Das Vorliegen der Zulässigkeitsvoraussetzungen hat das Beschwerdegericht von Amts wegen zu prüfen (§§ 173 VwGO, 574 S. 1 ZPO). Ist der Beigeladene Rechtsmittelführer, muss eine materielle Beschwer des Rechtsmittelführers gegeben sein. Der Beigeladene muss durch die angefochtene Entscheidung in seinen subjektiven Rechten verletzt werden.[30] 388

---

[23] BVerfGE 107, 395; BVerfG Beschl. v. 9.11.2009 – 1 BvR 2298/09; Beschl. v. 28.9.2009 – 1 BvR 1943/09; (st.Rspr).

[24] OVG Greifswald Beschl. v. 7.9.2010 – 1 M 210/09; OVG Berlin NVwZ 2005, 470.

[25] BVerfGE 107, 395 ff.; dem folgend OVG Berlin NVwZ 2005, 470.

[26] AnhörungsrügenG vom 9.12.2004, BGBl. I S. 3220, 3223.

[27] Zur Möglichkeit der Landesverfassungsbeschwerde, die Verletzung des Rechts auf zügiges Verfahren zu rügen BbgLVerfG NVwZ 2003, 1379.

[28] Statt vieler *Rudisile* in Schoch/Schneider/Bier VwGO § 124a Rn. 122.

[29] Zum Erfordernis der Beschwer OVG Bautzen NVwZ 2004, 1134 m. Anmerkung *Scheffer* NVwZ 2004, 1081; zum fehlenden Rechtsschutzbedürfnis bei eingetretener Bestandskraft VGH München Beschl. v. 25.3.2003 – 12 CE 03.1939; s. auch OVG Hamburg NVwZ-RR 2001, 203; BayVerwGH Beschl. v. 17.11.2015 – 9 CS 15.1762.

[30] BVerwG NVwZ-RR 1991, 601; OVG Lüneburg NVwZ-RR 2000, 62; OVG Münster NWVBl. 1998, 450; OVG Lüneburg, Urt. v. 3.12.2014 – 12 LC 30/12.

2. Zum Rechtsschutzinteresse bei eingetretener Erledigung

389 Umstritten ist die Frage, ob das Rechtsschutzinteresse für eine Beschwerde gegeben ist, bei der sich die Hauptsache nach der erstinstanzlichen Entscheidung – beispielsweise durch Zeitablauf[31] –, also „zwischen den Instanzen" erledigt hat, um bei der es nur (noch) darum geht, die Kostengrundentscheidung erster Instanz abgeändert zu sehen. Gegen die Zulässigkeit einer solchen Beschwerde wird zunächst auf § 158 Abs. 1 VwGO verwiesen, nachdem die Anfechtung der Entscheidung über die Kosten unzulässig ist, sich nicht gegen die Entscheidung in der Hauptsache ein Rechtsmittel eingelegt wird.[32] Ein Rechtsschutzinteresse wird dann ausnahmsweise anerkannt, wenn der Rechtsmittelführer ein berechtigtes Interesse an der Feststellung der Unwirksamkeit der erstinstanzlichen Entscheidung in der Sache hat.[33] Der überwiegende Teil der Rechtsprechung und Literatur nimmt das Rechtsschutzbedürfnis für eine zum Zwecke der Erledigungserklärung eingelegte Beschwerde regelmäßig dann an, wenn hierdurch eine günstigere Kostenentscheidung erreicht werden kann.[34] Zutreffend wird darauf verwiesen, dass es in diesen besonderen Fallkonstellationen – anders als im Falle des § 158 Abs. 1 VwGO – nicht darum geht, allein die Kostenentscheidung zu ändern. Maßgeblich ist das Interesse des Rechtsmittelführers, die Unwirksamkeit der angefochtenen Entscheidung herbeizuführen. Erledigt sich die Hauptsache nach Erlass der erstinstanzlichen Entscheidung, aber vor Ablauf der Rechtsmittelfrist, haben die Beteiligten die Möglichkeit, gegenüber dem VG die Hauptsache für erledigt zu erklären. Es kann jedoch unsicher sein, ob auch der Gegner vor Ablauf der Rechtsmittelfrist den Rechtsstreit in der Hauptsache für erledigt erklärt. Die Rechtsmitteleinlegung ist gerade für diesen Fall sinnvoll, um die Unanfechtbarkeit der erstinstanzlichen Entscheidung zu verhindern.[35]

Soweit § 146 Abs. 4 Satz 3 VwGO Anforderungen an die Darlegung in der Beschwerdebegründung fordert, reicht der Hinweis auf die zwischenzeitlich eingetretene Erledigung nach der Rechtsprechung regelmäßig aus.[36]

IV. Einleitung des Beschwerdeverfahrens

1. Beschwerdeeinlegung; Vertretungszwang

390 Die Beschwerde ist nach § 147 Abs. 1 VwGO bei dem Gericht, dessen Entscheidung angefochten wird – in Anordnungsverfahren also bei dem VG –, einzulegen. Die Einlegung hat schriftlich zu geschehen. Für die Anforderung an die Schriftlichkeit gelten im Beschwerdeverfahren keine anderen Anforderungen als für Klage- oder Antragsschriften.[37]

---

[31] Dazu OVG Lüneburg Beschl. v. 8.1.2007 – 7 ME 187/06.

[32] In diesem Sinne OVG Lüneburg Beschl. v. 8.1.2007 – 7 ME 187/06; OVG Saarlouis Beschl. v. 19.1.2016 – 2 B 223/15; OVG Bremen Beschl. v. 23.3.2010 – 2 B 449/09.

[33] OVG Berlin-Brandenburg Beschl. v. 26.8.2016 – OVG 12 S 37.16, OVG 12 L 40.16; OVG Münster NVwZ-RR 2002, 895.

[34] VGH Mannheim NVwZ-RR 2003, 392; OVG Münster NVwZ-RR 2003, 701; OVG Lüneburg NVwZ-RR 1998, 337; *Clausing* in Schoch/Schneider/Bier VwGO § 161 Rn. 19a; Kopp/*Schenke* VwGO § 146 Rn. 42.

[35] OVG Münster NVwZ-RR 2003, 701; OVG Hamburg Beschl. v. 8.5.1995 – Bs VI 19/95; OVG Lüneburg NVwZ-RR 1998, 337; aA wohl OVG Münster NVwZ-RR 2002, 895; OVG Koblenz DVBl. 1987, 851.

[36] OVG Münster NVwZ-RR 2003, 701.

[37] Zur Beschwerdeeinlegung durch Telefax OVG Münster NJW 1991, 1197; durch Telebrief VGH Mannheim Beschl. v. 29.7.1985 – 11 S 955/85; zur Möglichkeit der elektronischen Beschwerdeeinlegung s. § 55a; OVG Bautzen Beschl. v. 19.10.2015 – 5 D 55/14; Bay VGH Beschl. v. 29.12.2011 – 22 C 11.2565.

Die Einlegung der Beschwerde durch Niederschrift des Urkundsbeamten der Geschäftsstelle kommt nicht in Betracht. § 147 Abs. 1 S. 1 VwGO findet insoweit keine Anwendung. Die Einlegung der Beschwerde zur Niederschrift des Urkundsbeamten ist in Verfahren, in denen Vertretungszwang herrscht, trotz der Bestimmung des § 147 Abs. 1 S. 1 VwGO 2. Alt. nicht möglich.[38]

Mit der verwaltungsgerichtlichen Praxis ist davon auszugehen, dass sich der Vertre- 391
tungszwang auf die Einlegung der Beschwerde erstreckt und dies ungeachtet der Tatsache gilt, dass die Beschwerde nach § 146 Abs. 4 VwGO beim Verwaltungsgericht einzulegen ist.[39] Soweit in der Literatur darauf verwiesen wird, die Regelung zur Vertretungsbefugnis in § 67 Abs. 1 S. 2 VwGO spreche von „Beschwerden und sonstigen Nebenverfahren", deute also darauf hin, dass hiermit nicht die „Einlegung . . . der Beschwerde" gemeint sei, so dass es beim allgemeinen Grundsatz des § 67 Abs. 1 S. 1 VwGO bleibe, sind Zweifel am Wortlaut aus teleologischen Gründen zurückzustellen. Mit dem Gesetz zur Bereinigung des Rechtsmittelrechts im Verwaltungsprozess[40] sollte der vorgesehene Vertretungszwang im Interesse eines zügigen und konzentrierten Verfahrensablauf vor dem Oberverwaltungsgericht auch für die Einlegung der zulassungsfreien Beschwerden vorgeschrieben sowie auf alle sonstigen Nebenverfahren erweitert werden, bei denen in der Hauptsache Vertretungszwang besteht.[41] An dieser gesetzgeberischen Intention ist auch im Vermittlungsausschuss festgehalten worden.[42]

Die Beschwerde kann auch durch einen Prozessbevollmächtigten bzw. Rechtsanwalt 392
nicht zur Niederschrift des Urkundsbeamten erklärt werden. In den Fällen, in denen eine Vertretung angeordnet worden ist, sollen Anträge oder Erklärungen gerade nicht durch den Prozessbevollmächtigten zu Protokoll der Geschäftsstelle abgegeben werden können.[43] Diese Möglichkeit soll vor allem rechtsunkundigen Bürgern den Zugang zu Gericht erleichtern, damit ihr Rechtsschutzbegehren nicht wegen formaler Fehler scheitert.[44]

2. Beschwerdefrist

Die Beschwerde ist innerhalb von zwei Wochen nach Bekanntgabe der Entscheidung 393
einzulegen (§ 147 Abs. 1 S. 1 VwGO). Zur Berechnung gelten die allgemeinen Grundsätze. Die Beschwerdefrist kann als gesetzliche Frist nicht verlängert werden (§§ 57 Abs. 2, 224 Abs. 2 ZPO). Wird sie versäumt, kann Wiedereinsetzung in den vorigen Stand beantragt werden.[45]

Der Lauf der zweiwöchigen Beschwerdefrist setzt eine ordnungsgemäße Rechtsmittel- 394
belehrung voraus (§ 58 VwGO). Hieran fehlt es, wenn die Rechtsmittelbelehrung entsprechend § 147 Abs. 1 S. 1 VwGO darauf verweist, die Beschwerde könne „schriftlich oder zur Niederschrift des Urkundsbeamten der Geschäftsstelle" eingelegt werden. Der

---

[38] OVG Schleswig Beschl. v. 14.3.2014 – 2 MB 5/14; OVG Greifswald Beschl. v. 18.5.2006 – 1 M 45/06; Beschl. v. 12.8.2005 – 2 M 93/05; NordÖR 2005, 442 (Ls); dazu auch VGH Mannheim Beschl. v. 1.9.2004 – 12 F 1750/04; NVwZ 2003, 885, VGH München NVwZ 2002, 1391.

[39] OVG Greifswald Beschl. v. 18.5.2006 – 1 M 45/06; VGH Mannheim; Beschl. v. 1.9.2004 – 12 S 1750/04; NVwZ 2003, 885; OVG Lüneburg NVwZ-RR 2003, 691; VGH München NVwZ 2002, 1391; NVwZ-RR 2002, 794; OVG Münster NWVBl. 2004, 469; NVwZ 2002, 885.

[40] BT-Drs. 14/6393.

[41] Vgl. BT-Drs. 14/6854, 2; VGH Mannheim NVwZ 2003, 885; OVG Greifswald Beschl. v. 9.6.2006 – 2 O 155/05.

[42] BT-Drs. 14/7779; dazu VGH Mannheim NVwZ 2003, 885; dazu auch VGH München NVwZ 2002, 1391.

[43] OVG Greifswald Beschl. v. 18.5.2006 – 1 M 45/06.

[44] OVG Greifswald Beschl. v. 18.5.2006 – 1 M 45/06; OVG Hamburg NVwZ-RR 2000, 125.

[45] S. etwa dazu VGH München Beschl. v. 12.7.2005 – 22 CS 05.1699.

Zusatz „schriftlich oder zur Niederschrift" erweckt regelmäßig den Eindruck, dass das Rechtsmittel ohne anwaltliche Vertretung zur Niederschrift eingelegt werde dürfe.[46]

3. Form der Beschwerde

395 § 147 VwGO fordert die ausdrückliche Bezeichnung als Beschwerde nicht. Es reicht aus, dass aus den Darlegungen des Beschwerdeführers erkennbar wird, dass und in welchem Umfang er die angegebene Entscheidung überprüft wissen will.[47] Es soll im Übrigen nach § 146 Abs. 4 S. 3 VwGO genügen, wenn die Beschwerdebegründung einen bestimmten Antrag enthält.[48]

4. Ausschluss der Aussetzung oder Abhilfe durch das VG

396 Wird Beschwerde gegen Beschlüsse nach § 123 VwGO eingelegt, hat das Verwaltungsgericht die Beschwerde dem Oberverwaltungsgericht unverzüglich vorzulegen (§ 146 Abs. 4 S. 5 1. Halbs. VwGO). Das Verwaltungsgericht kann der Beschwerde nicht abhelfen. § 146 Abs. 4 S. 5 2 Halbs VwGO, ordnet an, dass § 148 Abs. 1 VwGO keine Anwendung findet.

397 Dem VG kommt auch keine Befugnis zu, die angefochtene Entscheidung auszusetzen.[49] § 149 Abs. 1 S. 2 VwGO findet bei Beschwerden in Anordnungsverfahren keine Anwendung. Dies ergibt sich zwar nicht aus dem Wortlaut der Norm. § 146 Abs. 4 VwGO nimmt § 149 VwGO von der Anwendung im Beschwerdeverfahren nicht ausdrücklich aus.[50] Doch muss aus systematischen Gründen mit Blick auf den in § 146 Abs. 4 S. 5 VwGO ausdrücklich normierten Ausschluss der Abhilfebefugnis auch geschlossen werden, dass damit auch die Aussetzungsbefugnis nach § 149 Abs. 1 S. 2 VwGO ausgeschlossen sein soll.[51] Eine Abänderung nach § 80 Abs. 7 S. 1 VwGO oder § 927 ZPO[52] bleibt dem VG unbenommen.[53]

Das Verwaltungsgericht muss die Verfahrensakten sofort dem Beschwerdegericht vorlegen (§ 146 Abs. 4 S. 5 VwGO).

5. Beschwerdebegründung

398 Die Beschwerde ist nach § 146 Abs. 4 S. 1 VwGO binnen eines Monats nach Bekanntgabe der Entscheidung zu begründen. Die Begründungsfrist ist nicht verlängerbar.[54] Gegen die Versäumung der Beschwerdebegründungsfrist kann Wiedereinsetzung in den vorigen Stand beantragt werden.[55]

Fraglich ist, ob es zum Beginn des Fristenlaufs ausreicht, wenn lediglich der Tenor der Entscheidung, nicht aber die Gründe mitgeteilt worden sind. Der Wortlaut des § 146 Abs. 4 S. 1 VwGO könnte für ersteres sprechen. Während beispielsweise § 124a Abs. 2 S. 1 VwGO den Fristenlauf an die „Zustellung des Urteils" knüpft, lässt § 146 Abs. 4 S. 1

[46] BVerwG NVwZ 1998, 170; NVwZ 1997, 1211; VGH Mannheim Beschl. v. 1.9.2004 – 12 S 1750/04; OVG Münster NVwZ-RR 2002, 912.

[47] VGH Mannheim NVwZ-RR 1995, 126.

[48] Kopp/*Schenke* VwGO § 147 Rn. 2.

[49] OVG Greifswald NVwZ-RR 2003, 534; OVG Berlin NVwZ 2001, 1424; OVG Weimar NVwZ 1999, 892; aA VG Berlin NVwZ 1997, 514.

[50] S. Kopp/*Schenke* VwGO § 146 Rn. 44.

[51] Kopp/*Schenke* ebd.; zur vergleichbaren Problematik gemäß § 146 aF: OVG Weimar DVBl. 1999, 1003; VGH Mannheim NVwZ 2000, 691 f.; VGH München DVBl. 1999, 1665.

[52] Ausführlich zur Beurteilungsgrundlage bei Abänderungsanträgen → Rn. 486 ff.

[53] S. Kopp/*Schenke* VwGO § 146 Rn. 44.

[54] OVG Münster NVwZ-RR 2003, 389; OVG Saarlouis Beschl. v. 19.1.2016 – 2 B 223/15.

[55] S. etwa dazu VGH München Beschl. v. 12.7.2005 – 22 CS 05.1699; abgelehnt VGH München Beschl. v. 12.9.2016 – 3 CE 16.1015.

VwGO es seiner Formulierung nach zu, dass die Frist bereits mit der Mitteilung des Tenors, nicht erst der Gründe beginnt. Entsprechend dem Regelungszweck ist allerdings eine einschränkende Auslegung vorzunehmen. Nachdem die früher in § 146 Abs. 4 bis 6 VwGO vorgesehene Zulassungsbeschwerde entfallen ist, soll die weiterhin angestrebte Entlastung der Oberverwaltungsgerichte durch die Bestimmungen des § 146 Abs. 4 S. 3, 6 VwGO erreicht werden.[56] Aus ihnen folgt, dass das Beschwerdegericht in der Sache nicht einschränkungslos neu entscheiden darf, sondern Überprüfungsgegenstand ausschließlich die erstinstanzliche Entscheidung und die in Auseinandersetzung mit ihr in der Beschwerde dargelegten Gründe sind.[57] Setzt aber § 146 Abs. 4 S. 4 VwGO zur Zulässigkeit der Beschwerde voraus, dass sich der Beschwerdeführer in ihr mit der angefochtenen Entscheidung auseinandersetzt und auf deren Entscheidungsgründe eingehen muss,[58] kann diesem Erfordernis sinnvoller Weise erst dann Rechnung getragen werden, wenn auch die Entscheidungsgründe des Verwaltungsgerichtes bekannt sind.

Die Beschwerdebegründungsfrist beginnt zudem nur zu laufen, wenn über sie ordnungsgemäß belehrt worden ist. Die Belehrung gehört zu den Erfordernissen, die von § 58 Abs. 1 VwGO erfasst sind.[59]

Die Beschwerdebegründung ist, sofern sie nicht bereits mit der Beschwerde vorgelegt 399
worden ist, nach § 146 Abs. 4 S. 2 VwGO beim Oberverwaltungsgericht einzureichen. Anders als bei Einlegung der Beschwerde (vgl. § 147 Abs. 2 VwGO) hat der Beschwerdeführer bei Begründung der Beschwerde nicht die Wahl zwischen Ausgangs- und Rechtsmittelgericht.[60] Eine Einlegung beim VG genügt selbst dann nicht, wenn sie innerhalb der Zweiwochenfrist des § 147 Abs. 1 VwGO eingereicht wird. Allerdings ist das erstinstanzliche Gericht gehalten, die Beschwerde an das OVG weiterzuleiten.[61] Geht die Begründung anschließend innerhalb der Frist des § 146 Abs. 4 S. 1 VwGO beim OVG ein, ist die Frist gewahrt, ansonsten ist sie versäumt. Es kann aber Wiedereinsetzung in den vorigen Stand in Betracht kommen. Geht der Schriftsatz nämlich so zeitig bei dem mit der Sache ehemals befassten Gericht ein, dass die fristgerechte Weiterleitung an das Rechtsmittelgericht im ordentlichen Geschäftsgang ohne weiteres erwartet werden kann, darf die Partei nicht nur darauf vertrauen, dass der Schriftsatz überhaupt weitergeleitet wird, sondern auch darauf, dass er noch fristgerecht beim Rechtsmittelgericht eingeht. Geschieht dies tatsächlich nicht, so ist der Partei nach der Rechtsprechung des BVerfG Wiedereinsetzung in den vorigen Stand unabhängig davon zu gewähren, auf welchen Gründen die fehlerhafte Einreichung beruht. Mit dem Übergang des Schriftsatzes in die Verantwortungssphäre des zur Weiterleitung verpflichteten Gerichts wirkt sich ein etwaiges Verschulden der Partei oder ihres Prozessbevollmächtigten nicht mehr aus.[62]

Ebenso wie für die Einlegung der Beschwerde gilt auch für ihre Begründung der 400
Vertretungszwang. § 67 Abs. 1 S. 1 VwGO ist zu beachten und die Begründung schriftlich durch einen Rechtsanwalt oder Rechtslehrer an einer deutschen Hochschule mit Befähigung zum Richteramt (§ 67 Abs. 1 S. 1 VwGO) beim OVG einzureichen. Da § 146 Abs. 4 VwGO zur Begründung der Beschwerde besondere rechtliche Kenntnisse und Fähigkeiten erfordert, ist das Erfordernis des Vertretungszwangs schon nach Sinn und

[56] Dazu und zur Entstehungsgeschichte OVG Saarlouis Beschl. v. 10.11.2004 – 1 W 37/04.

[57] OVG Lüneburg Beschl. v. 30.11.2005 – 7 ME 147/05 u. Beschl. v. 6.9.2003 – 12 ME 401/03; VGH Mannheim NVwZ 2002, 883; NVwZ 2002, 1388; VGH Kassel NVwZ-RR 2003, 756.

[58] VGH Mannheim NVwZ 2002, 883; NVwZ 2002, 1388; VGH Kassel NVwZ-RR 2003, 756; VGH Mannheim Beschl. v. 16.12.2003 – 7 S 2465/03.

[59] OVG Bautzen NVwZ-RR 2003, 693.

[60] VGH Mannheim NVwZ-RR 2002, 795.

[61] VGH Mannheim NVwZ-RR 2002, 795; OVG Münster NVwZ-RR 2003, 688: Weiterleitung des Schriftsatzes notfalls per Telefax.

[62] BVerfGE 93, 99; OVG Greifswald Beschl. v. 25.11.2009 – 2 L 147/09; OVG Magdeburg Beschl. v. 4.2.2009 – 2 M 2/09.

Zweck des § 146 Abs. 4 VwGO nahe liegend.[63] Die Mandatsniederlegung des Bevollmächtigten hindert das OVG nicht, das Verfahren weiter zu betreiben, da die Vollmacht bis zur Bestellung eines anderen Bevollmächtigten fortwirkt.[64]

6. Inhalt der Beschwerdebegründung

401 § 146 Abs. 4 S. 3 VwGO schreibt vor, dass die Beschwerdebegründung einen bestimmten Antrag enthalten und die Gründe darlegen muss, aus denen die Entscheidung abzuändern oder aufzuheben ist; die Beschwerdebegründung hat sich zudem mit der angefochtenen Entscheidung auseinanderzusetzen. Die Regelungen sind erst im Vermittlungsverfahren in den Entwurf des Gesetzes zur Bereinigung des Rechtsmittelrechts im Verwaltungsprozess[65] eingefügt worden. Sie stellen einen Kompromiss zwischen dem Regierungsentwurf[66] und dem Gesetzentwurf des Bundesrats[67] dar. Die Bundesregierung hatte in Art. 1 Nr. 14 eine Streichung der Zulassungsbeschwerde in den bisherigen Absätzen 4 bis 6 des § 146 VwGO und damit die Wiederherstellung einer uneingeschränkten Beschwerdemöglichkeit vorgesehen, der Bundesrat hatte in Art. 1 Nr. 11 eine Modifizierung der Zulassungsbeschwerde nach den bisherigen Absätzen 4 bis 6 des § 146 VwGO vorgeschlagen. Unter Berücksichtigung dieser Entstehungsgeschichte ist die vom Gesetzgeber letztlich beschlossene Kompromisslösung nach ihrem Sinn und Zweck dahin zu verstehen, dass sie den Beschwerdeführer dazu veranlassen soll, alle aus seiner Sicht gegen die erstinstanzliche Entscheidung sprechenden Gesichtspunkte fristgerecht vorzutragen, und insoweit den Prüfungsumfang des Beschwerdegerichts einschränkt.[68]

402 **a) Beschwerdeantrag.** Der Beschwerdeantrag setzt sich aus Rechtsmittelantrag und Sachantrag zusammen[69] und muss deutlich machen, inwieweit die Aufhebung bzw. Änderung des in der Beschwerde bezeichneten Beschlusses erstrebt wird.[70] Dem Umstand, dass § 146 Abs. 4 S. 3 VwGO einen „bestimmten Antrag" erfordert, kommt keine eigenständige Bedeutung zu. Anhaltspunkte dafür, dass der Gesetzgeber das Erfordernis des „bestimmten Antrags" in § 146 Abs. 4 S. 3 VwGO rein formell und damit strenger auslegen wollte als in anderen wortgleichen Fällen des Gesetzes – §§ 82 Abs. 1 S. 2, 124a Abs. 3 S. 4, 139 Abs. 4 S. 3 VwGO – lassen sich weder der Entstehungsgeschichte noch dem Zweck des § 146 Abs. 4 S. 3 VwGO entnehmen.[71] Der Antrag braucht daher auch nicht ausdrücklich gestellt zu werden,[72] er braucht auch nicht umfassend oder sachdienlich zu sein, muss jedoch hinreichend klar den Umfang der Beschwerde umreißen.[73] Dem Antrag kommt damit auch im Beschwerdeverfahren die Aufgabe zu, das verfolgte Rechtsschutzziel unmissverständlich zu formulieren und verbindlich festzulegen. Allerdings ist es – anders als nach § 86 Abs. 3 VwGO – im Beschwerdeverfahren nicht die Aufgabe des Gerichts, auf sachdienliche Anträge hinzuwirken und etwaige Unklarheiten zu beseitigen,

---

[63] VGH München Beschl. v. 12.9.2005 – 24 CE 05.2219; BayVBl. 2002, 538; OVG Lüneburg Beschl. v. 30.11.2004 – 2 NB 666/04; VGH Mannheim VBlBW 2004, 483; NVwZ 2003, 885; OVG Münster Beschl. v. 15.8.2003 – 16 B 1516/03.

[64] OVG Münster Beschl. v. 15.8.2003 – 16 B 1516/03.

[65] Gesetz vom 20.12.2001, BGBl. I S. 3987.

[66] BT-Drs. 14/6393.

[67] BT-Drs. 14/6856.

[68] Zur Entstehungsgeschichte auch OVG Münster NVwZ 2002, 1390; VGH Mannheim NVwZ 2002, 1388; NVwZ-RR 2002, 795.

[69] VGH München Beschl. v. 12.8.2004 – 24 CE 04.1958; VGH München Beschl. v. 30.6.2011 – 2 CS 11.824.

[70] VGH München NVwZ 2003, 766; VGH München Beschl. v. 30.6.2011 – 2 CS 11.824.

[71] VGH Mannheim NVwZ 2002, 1388.

[72] VGH Mannheim NVwZ 2002, 1388.

[73] VGH München Beschl. v. 12.8.2004 – 24 CE 04.1958.

sondern es obliegt allein dem Beschwerdeführer klarzustellen, was nach der Entscheidung des Verwaltungsgerichts Gegenstand der Überprüfung des Beschwerdegerichts sein soll.[74]

Eine Antragsänderung im Beschwerdeverfahren wird von der Mehrheit der Verwaltungsgerichte für unzulässig gehalten.[75] Gleiches gilt für die Antragserweiterung.[76]

b) Anforderungen an die Beschwerdebegründung. § 146 Abs. 4 S. 3 VwGO fordert, dass die Beschwerdebegründung sich mit der angefochtenen Entscheidung auseinanderzusetzen und die Gründe darzulegen hat, aus denen die erstinstanzliche Entscheidung abzuändern oder aufzuheben ist. Das Darlegungserfordernis dient dem Ziel, die Oberverwaltungsgerichte durch ein strukturiertes Vorbringen zu entlasten und so eine beschleunigte Abwicklung des Verfahrens zu ermöglichen.[77] 403

Die Tatbestandsmerkmale des „Darlegens" und der „Auseinandersetzung mit der Ausgangsentscheidung" in § 146 Abs. 4 S. 3 VwGO sind nicht strikt voneinander zu trennen.[78] Ein „Darlegen" ohne Befassung mit den Gründen der angefochtenen Entscheidung ist regelmäßig nicht denkbar, die geforderte Auseinandersetzung mit dieser Entscheidung wird mithin impliziert. Der Begriff des „Darlegens" ist in rechtlicher Hinsicht vom Berufungszulassungsrecht vorgeprägt.[79] Er geht über das bloße Benennen von Gründen hinaus und erfordert eine Sichtung und substantielle Erörterung des je nach Zulassungsgrund relevanten Streitstoffs, wobei Maßstab und Bezugspunkt immer die angefochtene Entscheidung ist.[80] In Fällen, in denen rechtliche oder tatsächliche Erwägungen des Verwaltungsgerichts angegriffen werden, hat das Merkmal des Auseinandersetzens daher regelmäßig nur bestätigende (unselbstständige) Bedeutung, während ihm ausnahmsweise eigenständige Relevanz beim Vortrag neuer oder vom Verwaltungsgericht nicht berücksichtigter oder offen gelassener Beschwerdegründe oder in vergleichbaren Fällen zukommen kann.[81] 404

Zur Erfüllung seiner Darlegungspflicht ist es erforderlich ist, dass der Beschwerdeführer mit seinem (fristgerechten) Beschwerdevorbringen die der angefochtenen Entscheidung zugrunde liegenden tragenden Überlegungen, die er in tatsächlicher und/oder rechtlicher Hinsicht für falsch oder unvollständig hält, genau bezeichnet und sodann im Einzelnen ausführt, warum diese unrichtig sind, welche rechtlichen Konsequenzen sich daraus ergeben und was richtigerweise zu gelten hat. Eine – wie hier erfolgte – reine Bezugnahme auf den erstinstanzlichen Vortrag genügt diesen Anforderungen ebenso wenig wie eine schlichte – pauschale – Wiederholung desselben. Dies bedeutet, dass der Beschwerdeführer sich umfassend mit der angefochtenen verwaltungsrechtlichen Entscheidung auseinandersetzen, an deren Begründungstruktur orientieren und auf deren jeweiligen Entscheidungsgründe eingehen muss.[82] Von ihm wird damit eine Prüfung, 405

[74] OVG Lüneburg Beschl. v. 30.11.2004 – 2 NB 666/04; VGH Mannheim NVwZ 2002, 883; VGH Mannheim Beschl. v. 16.12.2003 – 7 S 2465/03.

[75] VGH Mannheim Beschl. v. 18.1.2006 – 11 S 1455/05; OVG Saarlouis Beschl. v. 10.11.2004 – 1 W 37/04; OVG Münster NVwZ-RR 2003, 72; OVG Hamburg NVwZ-RR 2004, 621; NVwZ 2003, 1529; OVG Lüneburg NVwZ-RR 2006, 650; NVwZ-RR 2006, 305; aA VGH München Beschl. v. 13.9.2005 – 11 CS 05.987 und Beschl. v. 9.6.2005 – 11 CS 05.478; OVG Berlin-Brandenburg Beschl. v. 15.9.2016 – OVG 10 S 19.16.

[76] OVG Magdeburg Beschl. v. 5.4.2006 – 2 M 133/06; VGH Mannheim VBlBW 2004, 483; OVG Berlin-Brandenburg Beschl. v. 15.9.2016 – OVG 10 S 19.16.

[77] VGH München Beschl. v. 4.10.2005 – 11 CE 05.2304; OVG Hamburg NVwZ 2003, 1529.

[78] VGH Mannheim NVwZ 2002, 1388; vgl. auch VGH München Beschl. v. 14.9.2016 – 1 CS 16.1436.

[79] Vgl. § 124a Abs. 4 S. 4 VwGO.

[80] VGH Mannheim NVwZ 2002, 1388; s. auch VGH München Beschl. v. 4.11.2016 – 21 CS 16.1907.

[81] VGH Mannheim NVwZ 2002, 1388.

[82] OVG Münster Beschl. v. 16.11.2016 – 6 B 891/16 Rn. 6, juris; Beschl. v. 27.3.2014 – 1 B 265/14, 29.7.2014 – 8 B 741/14; v. 22.5.2014 – 8 B 156/14; v. 13.5.2014 – 8 B 390/14; VGH Mannheim NVwZ

Sichtung und rechtliche Durchdringung des Streitstoffes gefordert, bei der er nicht nur die Punkte zu bezeichnen hat, in denen der Beschluss des Verwaltungsgerichts angegriffen werden soll, sondern auch angeben muss, aus welchen Gründen er die angefochtene Entscheidung in den angegebenen Punkten nicht für tragfähig und unrichtig hält.[83] Es reicht daher nicht aus, die tatsächliche und rechtliche Würdigung der Vorinstanz mit pauschalen Angriffen oder formelhaften Wendungen zu rügen oder auf das erstinstanzliche Vorbringen lediglich Bezug zu nehmen.[84] Unzureichend dürfte es für § 146 Abs. 4 S. 3 VwGO auch sein, wenn der Beschwerdeführer sich mit dem Obersatz begnügt, die Begründung des angefochtenen Beschlusses überzeuge nicht.[85] Geht es darum, die erstinstanzliche Eilentscheidung in Gestalt rechtlicher Rügen anzugreifen, sind Beschwerdegründe im Sinne des § 146 Abs. 4 S. 4, 6 VwGO dargelegt, wenn die jeweils einschlägigen Rechtsfragen zumindest im Ansatz nach dem Stand der im Zeitpunkt der Beschwerdebegründung gängigen Rechtsprechung angesprochen worden sind. Vom Beschwerdeführer wird aber nicht erwartet, auf solche Rechtsänderungen einzugehen, die bei Ablauf der Beschwerdebegründungsfrist weder offenkundig noch hinreichend absehbar waren.[86]

406 Stützt das Verwaltungsgericht sein Ergebnis alternativ auf mehrere Begründungen, muss die Beschwerde alle Begründungen aufgreifen, sich mit diesen auseinander setzen und in Zweifel ziehen. Lässt der Beschwerdeführer eine tragende Begründung unangefochten, so hat er nicht dargelegt, weshalb die Entscheidung des Verwaltungsgerichts zu ändern ist.[87]

407 Auf diese Darlegung kann auch dann nicht verzichtet werden, wenn in Parallelverfahren, die denselben Lebenssachverhalt betreffen, bereits eine Beschwerdebegründung vorgelegt wurde.[88]

408 Es würde die Anforderungen an die Darlegung im einstweiligen Rechtsschutzverfahren allerdings überspannen, wenn man fordern wollte, dass an die Darlegungspflicht in der Beschwerdebegründung die gleichen Anforderungen zu stellen wären wie an eine Revisionsschrift.[89] Die Anforderungen an die Beschwerdebegründung sind „rechtsschutzfreundlich" zu bestimmen.[90] Liegt nur ein bloßer Beschlusstenor vor oder sind die Entscheidungsüberlegungen des Verwaltungsgerichts nur knapp begründet, hat dies Auswirkungen auf den Darlegungsumfang der Beschwerde.[91] Fehlt es an Rechtsausführungen oder tatsächlichen Annahmen des Verwaltungsgerichts, kann vom Antragsteller nicht verlangt werden, dass er sich mit den Ausführungen der Vorinstanz in sachlich substantiierter Weise befasst und sie mit schlüssigen Gegenargumenten in Frage stellt.[92]

2002, 883; NVwZ 2002, 1388; VGH München Beschl. v. 24.3.2016 – 9 CS 16.269; OVG Greifswald Beschl. v. 19.2.2013 – 2 M 127/12.

[83] OVG Lüneburg Beschl. v. 30.11.2004 – 2 NB 666/04; VGH München Beschl. v. 14.9.2016 – 1 CS 16.1436; Beschl. v. 1.8.2016 – 15 CS 16.1106.

[84] OVG Lüneburg Beschl. v. 13.4.2007 – 7 ME 37/07; OVG Magdeburg Beschl. v. 6.3.2015 – 1 M 2/15; VGH Mannheim NVwZ-RR 2006, 74; NVwZ 2002, 883; NVwZ 2002, 797; Beschl. v. 16.12.2003 – 7 S 2465/03; OVG Lüneburg Beschl. v. 10.7.2006 – 2 NB 12/06; Beschl. v. 30.11.2004 – 2 NB 666/04; DÖV 2003, 645; OVG Münster NVwZ 2002, 1390; VGH München Beschl. v. 4.10.2005 – 11 CE 05.2304.

[85] So aber OVG Magdeburg Beschl. v. 1.8.2003 – 2 M 339/03.

[86] VGH Mannheim NVwZ 2005, 722, (Ls.); VGH Mannheim Beschl. v. 8.3.2011 – 10 S 161/09.

[87] OVG Lüneburg Beschl. v. 14.8.2014 – 13 ME 120/14; OVG Lüneburg NVwZ-RR 2006, 650; OVG Greifswald Beschl. v. 7.10.2003 – 1 M 34/03; OVG Schleswig NJW 2003, 158; VGH Mannheim NVwZ 2002, 833; NVwZ 2002, 1388.

[88] VGH Mannheim NVwZ-RR 2004, 391; OVG Saarlouis Beschl. v. 19.11.2007 – 1 A 397/07.

[89] OVG Lüneburg Beschl. v. 6.10.2003 – 12 ME 401/03.

[90] BVerfG NVwZ 2004, 90; s. auch DVBl. 2000, 407; OVG Greifswald Beschl. v. 1.5.2009 – 2 M 68/09.

[91] VGH München BayVBl. 2002, 306.

[92] VGH München Beschl. v. 9.6.2005 – 11 CS 05.478; OVG Schleswig Beschl. v. 23.1.2004 – 3 NB 472/03, 3 NB 494/03.

Vom Erfordernis eingehender inhaltlicher Auseinandersetzung mit der angefochtenen Entscheidung wird auch dann eine Ausnahme gemacht, wenn die Beschwerde eingelegt wird, weil die Hauptsache sich erledigt hat und der Rechtsmittelführer ein erhebliches Interesse daran hat, dass der angefochtene Beschluss für wirkungslos erklärt wird.[93] In diesem Falle reicht es aus, wenn die erstinstanzliche Entscheidung durch den Hinweis auf die zwischenzeitlich eingetretene Erledigung in Frage gestellt wird. Dem Darlegungserfordernis im Sinne des § 146 Abs. 4 Satz 3 VwGO ist damit genüge getan; einer weiteren Darlegung von Gründen, warum die erstinstanzliche Entscheidung keinen Bestand haben kann, bedarf es nicht.[94]

c) Zur Berücksichtigung neuen Vorbringens in der Beschwerdeinstanz. Ob und in welchem Umfang neuer Vortrag im Rahmen des Darlegungsgebotes nach § 146 Abs. 3 VwGO zu berücksichtigen ist, ist umstritten.[95] 409

Präkludiert mit neuem Vorbringen soll der Beschwerdeführer nach einer Auffassung deswegen sein, weil die von § 146 Abs. 4 S. 3 VwGO geforderte „Auseinandersetzung" mit der angegriffenen Entscheidung sich nur auf die „frühere" – im Zeitpunkt der Entscheidung des VG geltende Sach-, Rechts- oder Prozesslage – beziehen könne.[96] „Neue" Umstände sollen nach dieser Auffassung dem Änderungsverfahren vorbehalten bleiben.[97] 410

Andere Beschwerdegerichte wollen neues Vorbringen dann berücksichtigen, wenn die entscheidungserheblichen Tatsachen nach Erlass der erstinstanzlichen Entscheidung eingetreten und innerhalb der Beschwerdebegründungsfrist geltend gemacht worden sind.[98] Die Grenze für eine mögliche Berücksichtigung neuer Tatsachen wird danach durch die Beschwerdebegründungsfrist des § 146 Abs. 4 S. 1 VwGO geschaffen. Umstände, die erst nach Ablauf der Begründungsfrist entstanden sind, bleiben ausgeschlossen.[99] Dieser Auffassung ist der Vorzug zu geben. Bereits dem Wortlaut des § 146 Abs. 4 S. 3 VwGO nach lässt sich eine Differenzierung, ob der Vortrag auf eine Sach- oder Rechtslage gestützt wird, die bereits vor der verwaltungsgerichtlichen Entscheidung bestanden hat oder erst nach ihr entstanden ist, nicht entnehmen. Teleologische Überlegungen kommen hinzu. § 146 Abs. 4 VwGO dient der Beschleunigung der Verfahren auf Gewährung einstweiligen Rechtschutzes und der Entlastung des Oberverwaltungsgerichts. Dem würde es nicht entsprechen, den Beschwerdeführer auf ein neuerliches erstinstanzliches Verfahren zu verweisen, obwohl die erstinstanzliche Entscheidung noch nicht rechtskräftig ist und das Rechtsmittelverfahren eröffnet ist.[100] Jede andere Handhabung würde das OVG dazu zwingen, sehenden Auges eine Entscheidung zu treffen, die sich angesichts zwar fristgerecht geltend gemachter, aber gleichwohl nicht zu berücksichtigender Tatsachenlage als 411

---

[93] Zu den Auswirkungen auf das Rechtsschutzinteresse und die Zulässigkeit der Beschwerde → Rn. 389.

[94] OVG Münster NVwZ-RR 2003, 701; entgegen: OVG Bremen NordÖR 2010, 369.

[95] VGH Mannheim Beschl. v. 8.11.2004 – 9 S 1536/04; für unbeschränkte Berücksichtigung OVG Weimar Beschl. v. 26.11.2003 – 4 EO 627/02.

[96] OVG Magdeburg Beschl. v. 20.12.2004 – 2 M 574/04; Beschl. v. 1.8.2003 – 2 M 339/03; Beschl. v. 31.7.2003 – 2 M 337/03; Beschl. v. 16.6.2003 – 2 N 73/03.

[97] VGH München Beschl. v. 5.10.2016 – 22 CS 16.1713; OVG Magdeburg; Beschl. v. 1.8.2003 – 2 M 339/03; zu dessen rechtlichen Grundlagen → Rn. 486 ff.

[98] VGH Mannheim Beschl. v. 30.11.2010 – 5 S 933/10; Beschl. v. 18.10.2010 – 1 S 2029/10; OVG Saarlouis Beschl. v. 17.7.2006 – 3 X 3/06 ua; VGH Mannheim NVwZ-RR 2006, 74; OVG Lüneburg NordÖR 2006, 249; OVG Münster ÖffBauR 2005, 59; OVG Frankfurt (Oder) NVwZ-RR 2003, 694; OVG Greifswald Beschl. v. 7.10.2003 – 1 M 34/03.

[99] OVG Saarlouis Beschl. v. 17.7.2006 – 3 X 3/06 ua; OVG Weimar Beschl. v. 19.10.2009 – 4 EO 26/09.

[100] OVG Münster ÖffBauR 2005, 59; Beschl. v. 26.3.2004 – 21 B 2399/03; OVG Frankfurt (Oder) NVwZ-RR 2003, 694: OVG Berlin-Brandenburg Beschl. v. 3.3.2006 – OVG 2 S 106.05.

rechtswidrig erweist.[101] Ähnlich urteilt das BVerwG zu der vergleichsweise heran zuziehenden Vorschrift des § 124 Abs. 2 Nr. 1 VwGO. Danach sind in der Berufungsinstanz auch solche Tatsachen zu berücksichtigen, die nach der verwaltungsgerichtlichen Entscheidung eingetreten sind[102] oder vom Verwaltungsgericht deshalb im Zeitpunkt seiner Entscheidung außer Betracht gelassen worden sind, weil sie von den Beteiligten nicht vorgetragen und mangels entsprechender Anhaltspunkte auch nicht von Amts wegen zu ermitteln gewesen sind.[103]

412 Von einer Präklusion ist aber dann auszugehen, wenn der Beschwerdevortrag Tatsachen aufgreift, die nur für das prozessuale Vorbringen „neu" sind, aber bereits zum Zeitpunkt der erstinstanzlichen Entscheidung vorgelegen haben. Ein solcher Fall liegt vor, wenn beispielsweise die den Anordnungsanspruch rechtfertigenden Tatsachen trotz Aufforderung des VG nicht dargelegt worden sind. In diesem Fall ist ein dahingehender Vortrag im Beschwerdeverfahren ausgeschlossen. Eine Berücksichtigung derart „aufgesparter" Gründe scheidet aus, da sich in diesem Falle die Notwendigkeit einer vom Gesetzgeber nicht gewollten erstmaligen und vollständigen Prüfung des Falles stellen würde.[104]

413 § 146 Abs. 4 S. 6 VwGO schränkt allerdings nur den Antragsteller ein. Die obergerichtliche Rechtsprechung geht überwiegend davon aus, dass die Vorschrift des § 146 Abs. 4 S. 6 VwGO das Beschwerdegericht nicht daran hindert, zugunsten des in erster Instanz obsiegenden Beschwerdegegners zu prüfen, ob die fehlerhaft begründete Entscheidung des Verwaltungsgerichts aus anderen Gründen im Ergebnis richtig ist.[105]

V. Ablauf des Beschwerdeverfahrens

1. Verfahrensgrundsätze

414 Auf das Beschwerdeverfahren sind die allgemeinen Verfahrensgrundsätze des Anordnungsverfahrens mit folgenden Besonderheiten anzuwenden:

415 a) **Freigestellte mündliche Verhandlung.** Das Beschwerdegericht kann aufgrund mündlicher Verhandlung entscheiden, muss es aber nicht (§ 101 Abs. 3 VwGO). In aller Regel wird es auf einer Erörterung aus Beschleunigungsgründen verzichten[106] oder sich für den einfacher zu handhabenden Erörterungstermin entscheiden.[107] Wird ein Erörterungstermin anberaumt, ist das Beschleunigungsgebot zu beachten. Einstweilige Rechtsschutzanträge sind nach der Rechtsprechung des BVerfG „auf der Grundlage eines in jeder Weise beschleunigten Verfahrens mit entsprechend verkürzten Äußerungsfristen und vorgezogener Terminierung grundsätzlich umgehend zu bescheiden".[108]

416 b) **Gewährung rechtlichen Gehörs.** Der Beschwerdegegner bedarf des rechtlichen Gehörs. Wirksamer Rechtsschutz ist nur dann gewährleistet, wenn der Beschwerdegegner

[101] OVG Frankfurt (Oder) NVwZ-RR 2003, 694.

[102] BVerwG NVwZ 2004, 744; OVG Lüneburg Beschl. v. 11.11.2009 – 8 LA 16/09; VGH München Beschl. v. 27.2.2008 – 10 ZB 07.1644.

[103] BVerwG NVwZ-RR 2002, 894.

[104] OVG Lüneburg Beschl. v. 13.4.2007 – 7 ME 37/07; OVG Lüneburg Beschl. v. 10.11.2008 – 5 ME 260/08; VGH Mannheim NVwZ-RR 2006, 74; s. auch OVG Weimar Beschl. v. 11.2.2003 – 3 EO 387/02.

[105] VGH Mannheim NVwZ-RR 2006, 75; OVG Münster NVwZ 2002, 1390; OVG Berlin NVwZ 2002, Beil. I 9, 98; VGH Kassel NVwZ-RR 2003, 458; DVBl. 2003, 1284; OVG Weimar Beschl. v. 11.2.2003 – 3 EO 387/02; VGH München NVwZ 2004, 251; anderer Auffassung VGH Kassel Beschl. v. 5.7.2002 – 12 TG 959/02.

[106] OVG Schleswig NJW 1997, 2536.

[107] → Rn. 291 f.

[108] BVerfG NVwZ-RR 2001, 694.

vollständig über das Beschwerdevorbringen unterrichtet wird und ihm einmal Gelegenheit zu einer umfassenden Stellungnahme zur Sach- und Rechtslage gegeben wird.[109] Dies gilt auch dann, wenn keine neuen Tatsachen oder Beweismittel in das Verfahren eingeführt worden sind.[110]

c) Anschlussbeschwerde. Nach h.M. kann im Beschwerdeverfahren entsprechend § 127 VwGO eine (unselbstständige) Anschlussbeschwerde im Rahmen der Beschwerde eingelegt werden.[111] Eine unselbstständige Anschlussbeschwerde muss an eine Beschwerde anschließen, mit der ein anderer Beteiligter die Abänderung der verwaltungsgerichtlichen Entscheidung zu Ungunsten des Anschlussbeschwerdeführers erstrebt, und sich gegen das vom Beschwerdeführer erstrebte Ziel richten.[112] Die Anschlussbeschwerde ist beim OVG einzulegen. Sie ist entsprechend § 146 Abs. 4 S. 3 VwGO zu begründen. Auch für sie ist der Vertretungszwang des § 67 S. 1 VwGO zu beachten. Die unselbstständige Anschlussbeschwerde ist jedoch nicht statthaft, wenn sie sich – bei teilbarem Streitgegenstand – gegen einen anderen Teil der Entscheidung der Vorinstanz richtet als die bereits vorliegende Beschwerde eines anderen Beteiligten.[113] 417

2. Zwischenentscheidungen

Auch im Beschwerdeverfahren kann in jedem Stadium die Aussetzung des Verfahrens nach Art. 100 Abs. 1 GG oder nach Art. 234 EUV[114] sowie das Ruhen des Verfahrens[115] angeordnet werden. Hinzu kommt eine Aussetzungs- und Anordnungsbefugnis des Beschwerdegerichts nach §§ 173 VwGO, 572 Abs. 3 ZPO. 418

a) Aussetzung der Vollziehung. Bereits mit dem Eingang der Beschwerde beim Verwaltungsgericht – also nicht erst mit Vorlage der Beschwerdebegründung – wird die Entscheidungskompetenz in Folge des Devolutiveffekts zum Oberverwaltungsgericht verlagert.[116] Das OVG kann daher als Beschwerdegericht nach §§ 173, 572 Abs. 3 Halbs. 2 ZPO die Vollziehung der angefochtenen Entscheidung aussetzen.[117] Die Aussetzung der Vollziehung der angefochtenen erstinstanzlichen Entscheidung ist eine unselbstständige Zwischenregelung, die die Zeit bis zum Erlass der Beschwerdeentscheidung überbrückt.[118] Im Anordnungsverfahren kann allein die nach § 168 Abs. 1 Nr. 2 VwGO zulässige Vollziehung einer stattgebenden Entscheidung ausgesetzt werden. Für eine ablehnende Entscheidung des VG kommt – abgesehen von der Kostenentscheidung – eine Aussetzung nicht in Betracht, da diese keinen der Vollziehung fähigen Inhalt hat.[119] 419

Dass die Anwendung des § 149 Abs. 1 S. 2 VwGO in § 146 Abs. 4 VwGO anders als die Norm des § 148 Abs. 1 VwGO nicht ausgeschlossen worden ist, ändert hieran nichts. Denn die Nichtanwendbarkeit des § 149 Abs. 1 S. 2 VwGO ist nach dem vorgesagten 420

[109] BVerfG NJW 1991, 2757; BVerfGE 65, 127.
[110] BVerfGE 65, 234.
[111] OVG Hamburg NVwZ-RR 2006,797.
[112] OVG Greifswald, Beschl. v. 7.9.2010 – 1 M 210/09; VGH München Beschl. v. 17.11.2003 – 12 CE 03.2062; OVG Hamburg NVwZ-RR 2005, 544; VGH Mannheim NVwZ 1999, 442; VGH München Beschl. v. 14.10.2003 – 12 CE 03.1817.
[113] VGH München Beschl. v. 27.11.2000 – 2 CS 00.1964; BayVBl. 1997, 405.
[114] → Rn. 303, 310.
[115] → Rn. 311.
[116] VGH Kassel Beschl. v. 6.2.2008 – 8 TG 976/07; OVG Greifswald NVwZ-RR 2003, 534; OVG Weimar NVwZ-RR 1999, 591; VGH Mannheim NVwZ-RR 2010, 416.
[117] Dazu OVG Berlin NVwZ 2001, 1424.
[118] BGH FamRZ 1987, 154; VGH Mannheim NVwZ 1986, 934; VGH München BayVBl. 1985, 22.
[119] OVG Berlin DÖV 1986, 615; VGH Mannheim VBlBW 1987, 26; VBlBW 1980, 21; VGH München NVwZ 1982, 685.

gesetzessystematische Folge der Nichtanwendbarkeit des § 148 Abs. 1 VwGO und braucht daher nicht ausdrücklich normiert werden.

421 Das OVG hat bei seiner Aussetzungsentscheidung entsprechend § 572 Abs. 3 ZPO zu berücksichtigen, dass die Beschwerde grundsätzlich nach § 149 Abs. 1 S. 1 VwGO außer in den dort geregelten Fällen keine aufschiebende Wirkung hat. Aufgrund dieser vom Gesetzgeber vorgegebenen Gewichtung ist für eine einstweilige Aussetzung der Vollziehung des erstinstanzlichen Beschlusses im Beschwerdeverfahren nur ausnahmsweise, nämlich dann Raum, wenn dies aufgrund einer Folgenabwägung dringend geboten erscheint.[120] Dabei sind die Folgen, die einträten, wenn der Beschluss des Verwaltungsgerichts vollzogen würde und das Beschwerdeverfahren später Erfolg hätte, gegenüber den Nachteilen abzuwägen, die entstünden, wenn die Vollziehung ausgesetzt würde und die Beschwerde später zurückgewiesen würde. Abwägungsentscheidend sind damit vor allem die Erfolgsaussichten des Rechtsmittels.[121] Die Aussetzung kann daher vom Beschwerdegericht angeordnet werden, wenn bereits die summarische Überprüfung der angefochtenen Entscheidung ergibt, dass diese offensichtlich fehlerhaft ist, über sie aber noch nicht abschließend entschieden werden kann.[122] Dem Antragsteller darf nicht die Möglichkeit der sofortigen Durchsetzung einer einstweiligen Anordnung belassen werden, mit der das Ergebnis eines Hauptsacheverfahrens vorweggenommen wird, wenn deren Bestand im Beschwerdeverfahren ungewiss ist.[123]

422 Dagegen kommt eine Aussetzung grundsätzlich nicht in Betracht, wenn sich die Erfolgsaussichten der Beschwerde nicht beurteilen lassen und das Gericht Zeit für eine eingehendere Prüfung der Beschwerde gewinnen will.[124] Es liegt bereits eine gerichtliche Entscheidung vor, in der die Sach- und Rechtslage beurteilt worden ist.[125] Etwas anderes kann nur dann gelten, wenn bei Abwägung aller für und gegen die Vollziehung sprechenden Umstände zu erkennen ist, dass die sofortige Durchsetzung der angefochtenen Entscheidung die unterlegenen Beteiligten oder unmittelbar betroffene Dritte unzumutbar belasten würde.[126]

423 Die vom Beschwerdegericht vorzunehmende Abwägung geht aber auch dann zugunsten einer Aussetzung aus, wenn die Folgen der Vollziehung schwerwiegend sind und bei einem Erfolg der Beschwerde nicht mehr rückgängig zu machen wären.[127] In derartigen Fällen kann es zur Gewährleistung wirksamen Eilrechtsschutzes geboten sein, den Abschluss des Beschwerdeverfahrens abzuwarten. Für die im erstinstanzlichen Verfahren unterlegene Behörde werden derart gravierende Nachteile häufig nicht ersichtlich sein.

424 Für eine einstweilige Aussetzung der Vollziehung fehlt das Rechtsschutzbedürfnis, wenn der Gläubiger noch nicht mit der Vollziehung begonnen hat oder wenn die einstweilige Anordnung wegen Ablaufs der Monatsfrist des § 929 Abs. 2 ZPO nicht mehr vollziehbar ist.[128]

425 Das Beschwerdegericht entscheidet durch begründeten (§ 122 Abs. 2 S. 1 VwGO) Beschluss, der unanfechtbar ist (§ 152 Abs. 1 VwGO). Einer Kostenentscheidung bedarf

---

[120] OVG Berlin-Brandenburg Beschl. v. 19.10.2009 – OVG 10 S 58.09; VGH Kassel Beschl. v. 28.11.2005 – 7 Q 2684/05; OVG Greifswald NVwZ-RR 2003, 534; OVG Weimar Beschl. v. 25.4.2001 – 3 ZEO 196/01; NVwZ 1999, 892.

[121] So auch OVG Berlin NVwZ 2001, 1424; OVG Berlin-Brandenburg Beschl. v. 19.10.2009 – OVG 10 S 58.09; OVG Saarlouis Beschl. v. 26.9.2006 – 3 W 14/06.

[122] VGH Kassel NVwZ 1990, 976; OVG Saarlouis Beschl. v. 26.9.2006 – 3 W 15/06.

[123] OVG Berlin NVwZ 2001, 1424; VGH München Beschl. v. 27.11.2015 – 21 CE 15.2183.

[124] VGH Kassel NVwZ 1990, 977.

[125] VGH München NVwZ 1982, 685.

[126] VGH Kassel NVwZ 1990, 977.

[127] So für das Verfahren nach § 80 Abs. 5 VwGO BVerfG NJW 1987, 2219.

[128] VGH Mannheim NVwZ 2000, 691; VGH München Beschl. v. 5.2.1998 – 14 ZE 98.87; LSG Thüringen Beschl. v. 21.11.2007 – L 9 AS 844/07 ER.

es nicht.[129] Es kann seine Entscheidung nach Gewährung rechtlichen Gehörs auf Antrag oder von Amts wegen abändern, solange keine abschließende Beschwerdeentscheidung ergangen ist.[130] Mit der Beendigung des Beschwerdeverfahrens wird die Aussetzung unwirksam, ohne dass es einer förmlichen Aufhebung bedarf.[131]

b) Erlass einer einstweiligen Anordnung. Neben der Aussetzung der Vollziehung hat das Beschwerdegericht nach §§ 173 VwGO, 570 Abs. 3 1. Halbs. ZPO die in der Praxis kaum beachtete Befugnis, vor seiner Entscheidung eine einstweilige Anordnung zu erlassen.[132] Diese Regelung ermöglicht es ihm vor allem, auch bei einer ablehnenden erstinstanzlichen Entscheidung eine Zwischenregelung zu treffen,[133] die sich nach den gleichen Grundsätzen wie bei einer Aussetzung richtet. Im Anordnungsverfahren kann dies geboten sein, wenn der Erlass einer Sicherungsanordnung nach § 123 Abs. 1 S. 1 VwGO zur Sicherung von Unterlassungsansprüchen begehrt wird. Drohen dem Antragsteller während des Beschwerdeverfahrens durch ein außerprozessuales Verhalten der Behörde schwerwiegende irreversible Nachteile, kann das Beschwerdegericht eine „Veränderungssperre" anordnen, die die Behörde daran hindert, vollendete Tatsachen zu schaffen, bevor abschließend über die Beschwerde entschieden worden ist.[134] Auch diese Entscheidung ergeht durch begründeten unanfechtbaren Beschluss (§ 152 Abs. 1 VwGO).[135] **426**

VI. Prüfungs- und Beurteilungsgrundsätze

1. Beurteilungsrahmen/Keine Antragsänderung

Das Beschwerdegericht muss sich bei seiner Prüfung im Rahmen der gestellten Anträge halten (§ 129 VwGO entspr.). Es darf deshalb die angefochtene Entscheidung nicht zum Nachteil des Beschwerdeführers abändern.[136] Eine Antragsänderung im Beschwerdeverfahren wird vom überwiegenden Teil der Rechtsprechung für unzulässig gehalten.[137] **427**

2. Beurteilungsmaßstab

Dem Beschwerdegericht steht allerdings nur ein eingeschränkter Prüfungsmaßstab zur Verfügung. Es ist in seiner Kontrolle wegen des in § 146 Abs. 4 S. 3 VwGO aufgestellten Darlegungserfordernisses und der gesetzlichen Anordnung in § 146 Abs. 4 S. 6 VwGO auf die geltend gemachten Beschwerdegründe beschränkt.[138] Ergibt die Überprüfung des **428**

---

[129] Eyermann/*Happ* VwGO § 149 Rn. 4.

[130] *Meyer-Ladewig/Rudisile* in Schoch/Schneider/Bier VwGO § 149 Rn. 8; Kopp/*Schenke* VwGO § 149 Rn. 4; zur Abänderung nach Beschwerdeentscheidung → Rn. 486 ff.

[131] VGH Mannheim VBlBW 1986, 72; VGH München BayVBl. 1985, 22.

[132] VGH Kassel NVwZ 1992, 195; *Meyer-Ladewig/Rudisile* in Schoch/Schneider/Bier VwGO § 149 Rn. 7; *Schoch* ebd. § 123 Rn. 164; Kopp/*Schenke* VwGO § 149 Rn. 3.

[133] *Meyer-Ladewig/Rudisile* in Schoch/Schneider/Bier VwGO § 149 Rn. 7; Kopp/*Schenke* VwGO § 149 Rn. 3.

[134] *Meyer-Ladewig/Rudisile* in Schoch/Schneider/Bier VwGO § 149 Rn. 7, sowie BVerfG (Kammerentsch.) NJW 1996, 1953 zu § 32 BVerfGG. Eine solche Anordnung wäre in dem vom VGH Kassel, NVwZ 1994, 1231 entschiedenen Fall anstelle eines bloßen Hinweises in Betracht gekommen.

[135] *Meyer-Ladewig/Rudisile* in Schoch/Schneider/Bier VwGO § 149 Rn. 8.

[136] BVerwG DVBl. 1997, 907; Kopp/*Schenke* VwGO § 129 Rn. 1; *Rudisile* in Schoch/Schneider/Bier VwGO § 129 Rn. 5; *Meyer-Ladewig/Rudisile* in Schoch/Schneider/Bier VwGO § 150 Rn. 5.

[137] VGH Mannheim Beschl. v. 18.1.2006 – 11 S 1455/05; OVG Greifswald Beschl. v. 9.7.2009 – 2 M 108/09; OVG Saarlouis Beschl. v. 10.11.2004 – 1 W 37/04; OVG Münster NVwZ-RR 2003, 72; OVG Hamburg NVwZ-RR 2004, 621; NVwZ 2003, 1529; OVG Lüneburg Beschl. v. 30.11.2005 – 7 ME 147/05; aA VGH München Beschl. v. 13.9.2005 – 11 CS 05.987; Beschl. v. 9.6.2005 – 11 CS 05.478.

[138] VGH München Beschl. v. 21.7.2016 – 15 CE 16.1279; OVG Frankfurt (Oder) Beschl. v. 7.1.2004 – 1 B 11/04; LKV 2003, 520; OVG Lüneburg NVwZ-RR 2006, 650; aA VGH Kassel

Beschwerdegerichtes, dass die erstinstanzliche Entscheidung mit den sie tragenden tatsächlichen Erwägungen unzutreffend ist, führt dies allein noch nicht zum Erfolg des Rechtsmittels. Das Beschwerdegericht hat – beispielsweise mit Blick auf Darlegungen des Antragsgegners und insofern unabhängig von den Darlegungen des Beschwerdeführers – in einem nächsten Schritt zu prüfen, ob die angefochtene Entscheidung, deren Begründung sich als fehlerhaft erwiesen hat, aus anderen Gründen im Ergebnis richtig ist.[139] Die Prüfung des Beschwerdegerichts kann sich damit auch auf Aspekte erstrecken, die vom VG bei seiner Entscheidung – aus welchen Gründen auch immer – nicht berücksichtigt worden sind. Der auch von Verfassungs wegen gebotene effektive Rechtsschutz gebietet es dann, wenn die Beschwerde fristgerecht zutreffende Gründe gegen die erstinstanzliche Entscheidung vorgebracht hat, die weitere Prüfung durch das Beschwerdegericht an denselben Maßstäben auszurichten, wie sie auch ohne die Regelung des § 146 Abs. 4 S. 6 VwGO anzuwenden wären.[140]

Ergibt die auf dargelegte Gründe beschränkte Prüfung des Beschwerdegerichts (§ 146 Abs. 4 Satz 3 und 6 VwGO), dass die tragende Begründung des Verwaltungsgerichts die Ablehnung des Antrags auf Gewährung vorläufigen Rechtsschutzes nicht rechtfertigt, hat es umfassend zu prüfen, ob vorläufiger Rechtsschutz nach allgemeinen Maßstäben zu gewähren ist. Dies gilt auch dann, wenn der angegriffene Beschluss unter Verstoß gegen § 108 Abs. 1 Satz 1 VwGO und Art. 103 Abs. 1 GG zustande gekommen und dies mit der Beschwerde geltend gemacht worden ist. Eine isolierte Prüfung, ob der Gehörsverstoß sich auch nach der Rechtsauffassung des Beschwerdegerichts auf eine entscheidungserhebliche Tatsache bezieht und die angegriffene Entscheidung also auf dem Grundrechtsverstoß beruht, hat im Unterschied zum Berufungszulassungsverfahren, zur Beschwerde gegen die Nichtzulassung der Revision und zum Revisionsverfahren zu unterbleiben. Denn im Unterschied zu den genannten Verfahrensarten ist das Beschwerdeverfahren grundsätzlich unmittelbar auf die endgültige Entscheidung über das Rechtsschutzgesuch gerichtet.[141]

3. Maßgeblicher Beurteilungszeitpunkt

429 Nach einhelliger Auffassung der Gerichte hat auch das Beschwerdegericht die Voraussetzungen für den Erlass einer einstweiligen Anordnung nach den tatsächlichen (§§ 173 VwGO, 570 ZPO) und rechtlichen Verhältnissen zu beurteilen, die im Zeitpunkt seiner Entscheidung bestehen.[142]

430 Für die Beurteilung des Anordnungsanspruchs sind hiervon allerdings Ausnahmen zu machen, wenn sich der geltend gemachte Anspruch kraft ausdrücklicher materiell-rechtlicher Regelung, aus Gründen des prozessualen Bestandsschutzes oder wegen seiner

---

NVwZ-RR 2003, 756; OVG Münster NVwZ 2002, 1390: umfassende Prüfung über die Darlegungen in der Beschwerdebegründung hinaus.

[139] OVG Saarlouis Beschl. v. 25.7.2013 – 2 B 357/13.NC, 2 B 357/13.NC; OVG Saarlouis Beschl. v. 17.7.2006 – 3 X 3/06 ua; VGH Mannheim NVwZ–RR 2006, 75.

[140] OVG Münster NVwZ 2002, 1390; vom BVerfG ist diese Rspr. gebilligt worden, s. NJW 2003, 3629.

[141] VGH Mannheim Beschl. v. 11.4.2016 – 11 S 393/16; Beschl. v. 27.2.2014 – 8 S 2146/13 – Beschl. v. 14.3.2013 – 8 S 2504/12; OVG Bautzen Beschl. v. 15.3.2016 – 3 B 302/15; VGH München Beschl. v. 19.1.2015 – 10 C 14.1799.

[142] So insbes. OVG Hamburg NVwZ 1990, 975; FEVS 42, 95 sowie weiterhin OVG Bautzen SächsVBl 1997, 275; SächsVBl 1994, 113 (bei Antragsablehnung); OVG Berlin NVwZ 1985, 756; OVG Bremen FEVS 38, 407; VGH Kassel NVwZ-RR 1994, 525; NVwZ 1993, 284; OVG Lüneburg FEVS 37, 59; OVG Magdeburg NJW 1996, 2387; VGH Mannheim VBlBW 1993, 468; VBlBW 1991, 219 (220); VGH München BayVBl. 1995, 373; NVwZ 1994, 810; BayVBl. 1995, 116; NVwZ-RR 1994, 22; NVwZ 1993, 202.

Zweckbestimmung auf einen anderen Zeitraum oder Zeitpunkt bezieht. Diese Zeiträume oder Zeitpunkte bestimmen, soweit es den Anordnungsanspruch angeht, den Verfahrensgegenstand (§ 88 VwGO) und sind damit für das Beschwerdegericht maßgebend.[143]

Für die Beurteilung des Anordnungsgrundes kommt es dagegen stets auf die Sach- und 431
Rechtslage im Zeitpunkt der Beschwerdeentscheidung an.[144] Die begehrte Anordnung kann vom Beschwerdegericht nur dann erlassen oder aufrechterhalten werden, wenn sie im Zeitpunkt seiner Entscheidung (noch) dringlich ist. Ist dies nicht (mehr) der Fall, so kann der Antragsteller darauf verwiesen werden, den geltend gemachten Anspruch im Hauptsacheverfahren durchzusetzen.

Diese Erwägungen gelten auch dann, wenn sich der Anspruch auf einen zurückliegen- 432
den Zeitraum oder Zeitpunkt bezieht.[145] Der Streitgegenstand des Anordnungsverfahrens zwingt das Beschwerdegericht nicht, die Dringlichkeit für den Zeitraum oder Zeitpunkt festzustellen, auf den sich der Anordnungsanspruch bezieht.[146] Dieser besteht nicht in der vorzeitigen Durchsetzung des Anordnungsanspruches, sondern in der Sicherung der Entscheidungsfähigkeit eines künftigen Hauptsacheverfahrens.[147] Der Anordnungsgrund ist deshalb losgelöst von der Hauptsachelage zu beurteilen und richtet sich allein danach, ob im Zeitpunkt der gerichtlichen Entscheidung ein Sicherungs- oder Regelungsbedürfnis in Bezug auf den Anordnungsanspruch gegeben ist.[148] Als spezifisches Tatbestandsmerkmal des Anordnungsverfahrens soll er sicherstellen, dass vorläufiger Rechtsschutz nicht beliebig, sondern nur dann gewährt wird, wenn und solange er tatsächlich gebraucht wird. Dies erfordert eine gegenwärtige Dringlichkeit, die sowohl vom VG als auch vom Beschwerdegericht festzustellen ist.[149]

VII. Die Entscheidung über die Beschwerde

1. Zuständigkeit im Spruchkörper

Über die Beschwerde gegen Entscheidungen des VG, des Vorsitzenden oder des Be- 433
richterstatters entscheidet das Beschwerdegericht grundsätzlich in voller Besetzung (§ 9 Abs. 3 S. 1 VwGO). Wenn und soweit das Landesrecht nach § 9 Abs. 3 S. 1 Halbs. 2 und 2 VwGO nichts anderes bestimmt, wirken die ehrenamtlichen Richter nicht mit.[150] Im Einverständnis der Beteiligten können entsprechend §§ 87a Abs. 2 und 3 VwGO anstelle des Spruchkörpers der Vorsitzende oder der Berichterstatter entscheiden.[151] Nennenswerte praktische Bedeutung hat diese Regelung nicht. Der fakultative Einzelrichter (§ 6 VwGO) ist auf das Verfahren vor dem VG beschränkt.[152]

Da nach § 150 VwGO das OVG über die Beschwerde entscheidet und an dieser 434
Entscheidung nach § 9 Abs. 3 VwGO drei Berufsrichter mitwirken, können §§ 123

[143] → Rn. 333 ff.

[144] So insbes. OVG Hamburg NVwZ 1990, 976 sowie OVG Berlin-Brandenburg Beschl. v. 26.2.2010 – OVG 9 S 93.09; VGH München Beschl. v. 1.8.2002 – 21 CE 02.950; OVG Bautzen SächsVBl 1994, 114; VGH Kassel NVwZ-RR 1993, 386; InfAuslR 1990, 318; OVG Lüneburg FEVS 38, 445; VGH Mannheim NVwZ-RR 1992, 442; VGH München BayVBl. 1995, 373; NVwZ-RR 1994, 398; BayVBl. 1995, 116; NVwZ-RR 1993, 220; OVG Münster DÖV 1981, 302.

[145] VGH Mannheim NVwZ 1990, 976; OVG Münster DÖV 1981, 302; *Knorr* *DÖV* 1981, 793.

[146] *Schoch* in Schoch/Schneider/Bier VwGO § 123 Rn. 167.

[147] VGH Mannheim NVwZ-RR 1992, 442; sowie weiterhin im Einzelnen → Rn. 333 ff.

[148] *Philipp* NVwZ 1984, 499; *ders.* BayVBl. 1989, 391.

[149] VGH Mannheim NVwZ 1990, 976; vgl. OVG Saarlouis Beschl. v. 26.9.2006 – 3 W 15/06; VGH München Beschl. v. 18.9.2014 – 10 CE 14.1527, 10 C 14.1528.

[150] Kopp/*Schenke* VwGO § 9 Rn. 4.

[151] VGH Mannheim NVwZ 1991, 274; VGH München NVwZ 1991, 896. Zur entspr. Anwendung des § 87a VwGO auch im Beschwerdeverfahren VGH München NVwZ 1991, 896.

[152] Kopp/*Schenke* VwGO § 6 Rn. 2.

Abs. 2 S. 3, 80 Abs. 8 VwGO grundsätzlich nur für das erstinstanzliche Verfahren gelten. Eine Eilzuständigkeit des Vorsitzenden soll es – dogmatisch nicht ganz überzeugend – ausnahmsweise in dringenden Fällen geben können.[153]

2. Form der Entscheidung

435 Über die Beschwerde entscheidet das Beschwerdegericht stets durch Beschluss (§ 150 VwGO). Dies gilt auch dann, wenn es nach § 101 Abs. 3 VwGO aufgrund (freigestellter) mündlicher Verhandlung entschieden hat.[154]

436 Der Beschluss ist grundsätzlich schriftlich zu begründen (arg. § 122 Abs. 2 S. 3 VwGO). Auf eine weitere Begründung kann nur dann verzichtet werden, soweit die Beschwerde aus den Gründen der angefochtenen Entscheidung als unbegründet zurückgewiesen wird (§ 122 Abs. 2 S. 3 VwGO).[155] Hierauf muss in der Beschwerdeentscheidung ausdrücklich hingewiesen werden.[156] Einer Rechtsmittelbelehrung bedarf es wegen § 152 Abs. 1 VwGO nicht.

3. Inhalt der Entscheidung

437 **a) Erfolglose Beschwerde.** Die Beschwerde ist (als unzulässig) zu verwerfen, wenn nicht alle Zulässigkeitsvoraussetzungen erfüllt sind (§§ 173 VwGO, 574 S. 2 ZPO).[157]

438 Sie ist (als unbegründet) zurückzuweisen, wenn sie in der Sache keinen Erfolg hat.[158] Das Gleiche gilt, wenn eine der Zulässigkeitsvoraussetzungen nicht erfüllt ist, die sich ausschließlich auf den Anordnungsantrag beziehen.[159]

439 Die Kostenentscheidung beruht in allen Fällen auf § 154 Abs. 2 VwGO.

440 **b) Erfolgreiche Beschwerde.** (1) Auf eine zulässige und begründete Beschwerde des Antragstellers hebt das Beschwerdegericht in aller Regel die angefochtene ablehnende Entscheidung auf und erlässt die begehrte Anordnung,[160] ggf. unter Anordnung von Nebenbestimmungen.[161] Es kann sich neben der Aufhebung aber auch darauf beschränken, dem VG die erforderlichen Anordnungen zu übertragen (§§ 173 VwGO, 572 Abs. 3 ZPO).[162] Die Kosten des gesamten Verfahrens trägt der Antragsgegner nach § 154 Abs. 1 VwGO.

441 (2) Auf eine zulässige und begründete Beschwerde des Antragsgegners hebt das Gericht die angefochtene zusprechende Entscheidung auf.

442 Waren die Voraussetzungen für den Erlass der begehrten Anordnung von Anfang an nicht gegeben, lehnt es den Antrag mit der Kostenfolge aus § 154 Abs. 1 VwGO ab. Die erstinstanzliche Entscheidung entfällt mit Wirkung ex tunc.[163]

---

[153] OVG Magdeburg Beschl. v. 22.7.1994 – 2 M 51/94; offengelassen von VGH München DÖV 1981, 185. Anders für Personalvertretungsangelegenheiten VGH München BayVBl. 1991, 118.

[154] Zu dieser Möglichkeit auch im Beschwerdeverfahren VGH München NJW 1989, 2491; Kopp/*Schenke* VwGO § 122 Rn. 4.

[155] Zur Möglichkeit der Bezugnahme im Hauptsacheverfahren BVerwG NVwZ 2002, 730 (733).

[156] Kopp/*Schenke* VwGO § 122 Rn. 8.

[157] Kopp/*Schenke* VwGO § 150 Rn. 1; *Rudisile* in Schoch/Schneider/Bier VwGO Vorb. § 124 Rn. 29.

[158] Kopp/*Schenke* VwGO § 150 Rn. 1; *Rudisile* in Schoch/Schneider/Bier VwGO Vorb. § 124 Rn. 29; *Redeker/von Oertzen* VwGO § 150 Rn. 3.

[159] *Guckelberger* in Sodan/Ziekow VwGO § 146 Rn. 43.

[160] Eyermann/*Happ* VwGO § 150 Rn. 1; *Redeker/von Oertzen* VwGO § 150 Rn. 3.

[161] Kopp/*Schenke* VwGO § 150 Rn. 2; *Meyer-Ladewig/Rudisile* in Schoch/Schneider/Bier VwGO § 150 Rn. 5; *Redeker/von Oertzen* VwGO § 150 Rn. 3.

[162] Eyermann/*Happ* VwGO § 150 Rn. 1; *Meyer-Ladewig/Rudisile* in Schoch/Schneider/Bier VwGO § 146 Rn. 2, § 150 Rn. 5.

[163] BVerwG NVwZ 1985, 905; VGH Kassel FEVS 32, 243; vgl. hierzu auch OLG Hamburg MDR 1997, 394.

Sind die Anordnungsvoraussetzungen erst während des Beschwerdeverfahrens weggefallen, so ist zu unterscheiden:[164] 443

Bei einmaligen Verpflichtungen oder Leistungen ist die angefochtene Entscheidung mit Wirkung ex tunc aufzuheben, wenn der Anordnungsgrund entfallen ist, da der Antragsteller in diesem Fall auf das Hauptsacheverfahren verwiesen werden kann.[165] Die Kostenentscheidung beruht auf § 154 Abs. 1 VwGO. 444

Bei fortlaufenden Verpflichtungen oder Leistungen ist die Aufhebung der angefochtenen Entscheidung mit Wirkung ex nunc anzuordnen, sonst ebenfalls ex tunc. Fällt der Anordnungsanspruch weg, ist die Anordnung von diesem Zeitpunkt an aufzuheben. Die Kostenentscheidung folgt in allen Fällen aus § 154 Abs. 1 VwGO. 445

Wegen dieser unterschiedlichen Rechtsfolgen ist es dringend geboten, dass das Beschwerdegericht in seiner Entscheidung klarstellt, von welchem Zeitpunkt an es die angefochtene Entscheidung aufhebt, wenn hierüber Zweifel bestehen können.[166] 446

(3) Neben der Entscheidung in der Sache halten Rechtsprechung und Schrifttum auch im Anordnungsverfahren in entsprechender Anwendung von § 130 VwGO oder nach §§ 173 VwGO, 575 ZPO eine Zurückverweisung des Verfahrens an das VG für zulässig.[167] Über die Zurückverweisung entscheidet das Beschwerdegericht von Amts wegen nach pflichtgemäßem Ermessen.[168] Sie kommt vor allem dann in Betracht, wenn das VG nur über die Zulässigkeit des Anordnungsantrags und damit nicht in der Sache selbst entschieden hat.[169] Dem werden die Fälle gleichgestellt, in denen das VG den Sachverhalt nur unvollständig geprüft hat, weil es in einer rechtlichen Vorfrage eine andere Rechtsauffassung vertreten hat und deshalb nicht zum Kern des Rechtsstreits vorgedrungen ist,[170] oder das erstinstanzliche Verfahren an einem wesentlichen Verfahrensmangel leidet.[171] Voraussetzung hierfür ist aber immer, dass sich die Zurückweisung nicht nachteilig auf die Effektivität der Rechtsschutzgewährung auswirkt.[172] Das Beschwerdegericht hat daher bei seiner Entscheidung vor allem das Interesse des Antragstellers an der Gewährung rechtzeitigen Rechtsschutzes zu berücksichtigen.[173] Je eiliger das Verfahren ist, desto mehr entspricht es pflichtgemäßem Ermessen, dass das Beschwerdegericht die Sache nicht zurückverweist, sondern selbst entscheidet. Dabei kann nicht von Bedeutung sein, dass der Antragsteller ohne Zurückverweisung eine Instanz verliert, wenn es ihm erkennbar um eine rasche Entscheidung geht. Ebenso wenig darf sich das Beschwerdegericht durch eine Zurückverweisung umfangreichen tatsächlichen Ermittlungen entziehen, wenn Eile geboten ist. Es kann in diesem Fall aufgrund einer Folgenabwägung entscheiden.[174] 447

---

[164] Diese Problematik wird kaum erörtert. Sie wird zB offengelassen bei VGH Kassel FEVS 32, 249 und *Philipp* NVwZ 1984, 499 (Fn. 7).

[165] So wohl auch OVG Münster DÖV 1981, 302.

[166] BVerwG NVwZ 1985, 906.

[167] VGH Kassel Beschl. v. 17.1.2013 – 1 B 2038/12; VGH München Beschl. v. 22.11.2006 – 24 CS 06.2501; OVG Berlin NVwZ 1987, 61; VGH Kassel NVwZ-RR 1990, 671; NVwZ 1987, 525; VGH Mannheim VBlBW 1995, 313; NJW 1994, 2372; NVwZ 1992, 799; NJW 1992, 707; NVwZ-RR 1989, 588; DVBl. 1987, 696; OVG Münster NVwZ-RR 1997, 759. Vgl. hierzu auch BVerwG NVwZ-RR 1989, 506.

[168] BVerwG NVwZ-RR 1989, 507; VGH Kassel NVwZ-RR 1990, 672.

[169] OVG Magdeburg Beschl. v. 8.3.2012 – 3 M 27/11; VGH Kassel NVwZ-RR 2003, 756; OVG Berlin NVwZ 1987, 62; VGH Kassel NVwZ 1987, 525; VGH Mannheim NVwZ 1992, 799; DVBl. 1987, 696.

[170] Hierzu im Einzelnen *Hamann* DVBl. 1984, 1204; VGH Kassel NVwZ-RR 1990, 671; VGH Mannheim ESVGH 38, 299. Dagegen insbes. OVG Münster NVwZ-RR 1997, 760.

[171] VGH Kassel NVwZ 1999, 891; VGH Kassel Beschl. v. 17.1.2013 – 1 B 2038/12.

[172] VGH Kassel NVwZ 1999, 891.

[173] OVG Berlin NVwZ 1987, 62; OVG Hamburg NJW 1994, 274 (275); VGH Kassel NVwZ 1994, 398 NVwZ-RR 1990, 672; NVwZ 1987, 525; VGH Mannheim VBlBW 1995, 313; OVG Münster NVwZ-RR 1997, 760.

[174] → Rn. 136 ff.; 169 ff.

448 Beschließt das Beschwerdegericht die Zurückverweisung, hebt es den angefochtenen Beschluss auf und verweist die Sache zur erneuten Entscheidung an das VG zurück. Die Entscheidung über die Kosten des Beschwerdeverfahrens trifft das VG.[175] Es ist grundsätzlich an die Zurückverweisung gebunden, es sei denn, dass diese auf willkürlichen Erwägungen beruht.[176]

449 **c) Teilweise erfolgreiche Beschwerde.** Ist die Beschwerde eines Beteiligten teilweise begründet, ändert das Beschwerdegericht die angefochtene Entscheidung, gibt der Beschwerde in dem begründeten Umfang statt und weist sie im Übrigen zurück.[177] Die Kostenentscheidung folgt aus § 155 Abs. 1 S. 1, 3 VwGO.

450 **d) Nebenentscheidungen. aa) Kosten.** Das Beschwerdegericht entscheidet in dem in der Hauptsache erlassenen Beschluss von Amts wegen auch über die Verfahrenskosten (§§ 123 Abs. 4, 161 Abs. 1 VwGO). Die Kostenentscheidung richtet sich nach §§ 154 Abs. 1–3, 155 Abs. 1, 5, 159 und § 162 Abs. 3 VwGO.

451 **bb) Streitwert.** Das Beschwerdegericht setzt den Streitwert für das Beschwerdeverfahren, sobald es über die Beschwerde entschieden hat, selbst von Amts wegen fest (§ 63 Abs. 2 GKG).[178] Es kann zugleich eine abweichende Streitwertfestsetzung des VG von Amts wegen ändern (§ 63 Abs. 3 GKG),[179] darf aber den Streitwert für das erstinstanzliche Verfahren nicht selbstständig festsetzen, solange das VG eine derartige Entscheidung noch nicht getroffen hat.[180] Ein Verbot der reformatio in peius besteht insoweit nicht.[181] Der Streitwertbeschluss ist unanfechtbar (§§ 68 Abs. 1 S. 4, 66 Abs. 3 S. 3 GKG).[182]

452 Den Gegenstandswert für die anwaltliche Tätigkeit setzt das Beschwerdegericht für die Beschwerdeinstanz auf Antrag durch Beschluss fest (§ 33 Abs. 1 RVG).[183] Die Entscheidung ergeht gerichtsgebührenfrei (§ 33 Abs. 9 RVG). Anders als bei der Wertfestsetzung nach § 32 RVG ist das Gericht des höheren Rechtszuges nicht befugt, bei Festsetzung des Wertes für das eigene Verfahren den Festsetzungsbeschluss der unteren Instanz zu ändern.[184] Die Entscheidung des Beschwerdegerichts ist unanfechtbar (§ 33 Abs. 4 S. 3 RVG).[185]

453 **e) Bekanntgabe der Entscheidung.** Die Beschwerdeentscheidung ist entgegen verbreiteter Gerichtspraxis, für die Kostengründe maßgebend sind, förmlich zuzustellen. Dies folgt aus §§ 119 Abs. 1, 120 Abs. 2 VwGO in entsprechender Anwendung, die den Beginn des Laufs der Zweiwochenfrist für den Antrag auf Berichtigung oder Ergänzung der Entscheidung an die Zustellung knüpfen.[186] Wie im erstinstanzlichen Verfahren kann

---

[175] VGH Mannheim NVwZ 1992, 800; Kopp/*Schenke* VwGO § 150 Rn. 3; *Redeker/von Oertzen* VwGO § 150 Rn. 4, § 130 Rn. 2.

[176] BVerwG NVwZ-RR 1989, 507; *Redeker/von Oertzen* VwGO § 130 Rn. 8.

[177] Eyermann/*Happ* VwGO § 150 Rn. 1; *Redeker/von Oertzen* VwGO § 150 Rn. 3.

[178] *Hartmann* § 63 GKG Rn. 20.

[179] VGH Mannheim NVwZ-RR 1990, 386; Kopp/*Schenke* VwGO § 165 Rn. 10; *Hartmann* § 25 GKG Rn. 38, 47. Vgl. hierzu auch VGH München GewArch. 1993, 496 (auch auf eine Gegenvorstellung hin).

[180] *Hartmann* § 63 GKG Rn. 35.

[181] VGH Mannheim NVwZ-RR 1990, 386; Kopp/*Schenke* VwGO § 165 Rn. 10; *Redeker/von Oertzen* VwGO § 165 Rn. 12.

[182] *Hartmann* § 68 GKG, Rn. 3; *Mayer* in Gerold/Schmidt § 33 RVG Rn. 6, zur Zulässigkeit von Gegenvorstellungen *Hartmann* § 68 GKG Rn. 23 ff.

[183] Hierzu *Kopp/Schenke* VwGO § 189 Rn. 2. Vgl. hierzu auch OVG Münster FEVS 47, 278 (Festsetzung nur für das gerichtliche Verfahren).

[184] *Mayer* in Gerold/Schmidt § 33 RVG Rn. 6.

[185] *Mayer* in Gerold/Schmidt § 33 RVG Rn. 16.

[186] *Redeker/von Oertzen* VwGO § 150 Rn. 3.

auch hier bei besonderer Eile die Entscheidung vorab formlos bekannt gegeben werden.[187]

454 **f) Rechtswirkungen der Entscheidung.** Die Entscheidung des Beschwerdegerichts ist unanfechtbar (§ 152 Abs. 1 VwGO) und damit formell rechtskräftig (§ 121 VwGO). Sie ist auch der materiellen Rechtskraft fähig.[188]

4. Abschluss des Verfahrens ohne Sachentscheidung

455 **a) Rücknahme der Beschwerde oder des Anordnungsantrags.** Der Beschwerdeführer kann die Beschwerde bis zur Rechtskraft der Beschwerdeentscheidung[189] zurücknehmen (§ 126 Abs. 1 VwGO entspr.).[190] Auf die Einwilligung der übrigen Beteiligten ist er nicht angewiesen.[191] Das Gericht stellt durch Beschluss das Beschwerdeverfahren ein (§§ 125 Abs. 1 S. 1 entspr., 92 Abs. 3 S. 1 VwGO) und belastet den Antragsteller mit den Kosten dieses Verfahrens (§§ 126 Abs. 3 S. 2 entspr., 155 Abs. 2 VwGO). Für die Entscheidung sind der Vorsitzende oder der Berichterstatter zuständig (§§ 125 Abs. 1 S. 1 entspr., 87a Abs. 1 Nr. 2, Abs. 3 VwGO).[192] Sie ist unanfechtbar (§ 152 Abs. 1 VwGO).

456 Nimmt der Antragsteller im Beschwerdeverfahren den Antrag zurück, stellt das Beschwerdegericht durch Beschluss das Verfahren ein (§ 92 Abs. 3 S. 1 VwGO entspr.), erklärt die angefochtene Entscheidung für unwirksam (§§ 173 VwGO, 269 Abs. 3 S. 1 ZPO) und legt dem Antragsteller die gesamten Verfahrenskosten auf (§ 155 Abs. 2 VwGO).[193] Auch diese Entscheidung erlassen der Vorsitzende oder der Berichterstatter (§§ 125 Abs. 1 S. 1 entspr., 87a Abs. 1 Nr. 2, Abs. 3 VwGO). Sie ist unanfechtbar (§ 152 Abs. 1 VwGO).

457 **b) Erledigung der Hauptsache.** Erklären Antragsteller und Antragsgegner während des Beschwerdeverfahrens das Anordnungsverfahren übereinstimmend in der Hauptsache für erledigt, stellt das Beschwerdegericht das Verfahren ohne Sachprüfung durch Beschluss ein (§ 92 Abs. 3 S. 1 VwGO entspr.), erklärt die angefochtene Entscheidung für unwirksam (§§ 173 VwGO, 269 Abs. 3 S. 1 ZPO) und entscheidet über die Kosten (§ 161 Abs. 2 VwGO).[194] Einer Einwilligung sonstiger Beteiligter bedarf es hierzu nicht.[195] Die Erledigungserklärungen können auf das Beschwerdeverfahren beschränkt werden, da dieses einen eigenen Streitgegenstand hat.[196] In diesem Fall erwächst die erstinstanzliche Entscheidung in Rechtskraft. Zuständig für die Entscheidung sind der Vorsitzende oder der Berichterstatter (§§ 125 Abs. 1 S. 1 entspr., 87a Abs. 1 Nr. 3, Abs. 3 VwGO).[197] Die Entscheidung ist unanfechtbar (§ 152 Abs. 1 VwGO).

---

[187] Vgl. im Einzelnen → Rn. 355.

[188] Vgl. im Einzelnen → Rn. 79.

[189] OVG Bremen NVwZ 1987, 518 (keine Rücknahme mehr nach fernmündlicher Mitteilung der Beschwerdeentscheidung).

[190] Kopp/*Schenke* VwGO § 146 Rn. 1; *Redeker/von Oertzen* VwGO § 146 Rn. 12.

[191] VGH Mannheim Beschl. v. 28.9.2016 – 4 S 1578/16; NVwZ 1989, 479 (480); *Redeker/von Oertzen* VwGO § 146 Rn. 12.

[192] VGH München NVwZ 1991, 896; Kopp/*Schenke* VwGO § 87a Rn. 2; *Linhart* apf 1993, 83.

[193] VGH München BayVBl. 1991, 760; Kopp/*Schenke* VwGO § 92 Rn. 3.

[194] VGH München Beschl. v. 30.10.2005 – 1 CS 05.2296; OVG Bautzen SächsVBl 1998, 31 (auch zur Kostenverteilung); VGH Mannheim NVwZ 1991, 593; VBlBW 1991, 17; VGH München NVwZ-RR 1991, 29; OVG Münster NWVBl. 1990, 296.

[195] VGH Mannheim VBlBW 1991, 17; VGH München NJW 1996, 2068; Kopp/*Schenke* VwGO § 161 Rn. 15; *Redeker/von Oertzen* VwGO § 107 Rn. 17f.

[196] Hierzu im Einzelnen *Schulz* JZ 1983, 331 u. weiterhin Kopp/*Schenke* VwGO § 161 Rn. 7.

[197] BVerwG BayVBl. 1994, 122; VGH Mannheim NVwZ 1991, 593 (9. Sen.); NVwZ 1991, 274 (13. Sen.) gegen NVwZ 1991, 275 (1. Sen.); Kopp/*Schenke* VwGO § 87a Rn. 2 mwN.

458 Über einen Feststellungsstreit aufgrund einseitiger Erledigungserklärungen des gesamten Verfahrens oder des Beschwerdeverfahrens entscheidet das Beschwerdegericht in voller Besetzung.[198] Die für die Erledigung des erstinstanzlichen Verfahrens entwickelten Grundsätze gelten unter der Berücksichtigung der Besonderheiten des Beschwerdeverfahrens entsprechend.[199] Auch diese Entscheidungen sind unanfechtbar (§ 152 Abs. 1 VwGO).

459 Eine Erledigung der Hauptsache im Beschwerdeverfahren kann aus den gleichen, außerhalb des Streitgegenstandes des Anordnungsverfahrens liegenden Gründen eintreten, die zur Erledigung des erstinstanzlichen Verfahrens führen.[200] Ein spezielles Problem des Beschwerdeverfahrens ist, ob eine Erledigung durch die Vollziehung einer stattgebenden Entscheidung des VG bewirkt werden kann, bevor das Beschwerdegericht entschieden hat. Eine Vollziehung führt nur dann zu einer Erledigung der Hauptsache, wenn sie sich aufgrund der Entscheidung des Beschwerdegerichts nicht mehr rückgängig machen lässt (arg. § 113 Abs. 1 S. 2 VwGO).[201] Hierbei kommt es darauf an, dass sich der eigentliche, der Vollziehung fähige Inhalt der gerichtlichen Anordnung erledigt hat; Neben- und Folgewirkungen haben außer Betracht zu bleiben (arg. § 113 Abs. 1 S. 4 VwGO).[202] Eine Rückabwicklung ist im Anordnungsverfahren nicht mehr möglich, wenn durch die Vollziehung die Hauptsache endgültig vorweggenommen worden ist.[203] Eine solche irreversible Maßnahme, die das Interesse des Antragstellers an der Offenhaltung des Hauptsacheverfahrens entfallen lässt, kommt vor allem bei termingebundenen gerichtlichen Anordnungen in Betracht.[204] Gestattungen oder Zulassungen, die sich auf einen bestimmten Zeitpunkt beziehen, erledigen sich durch Zeitablauf, sobald sie in Anspruch genommen worden sind.[205] Die gerichtliche Anordnung hat sich in ihrer Gestaltungswirkung erschöpft, die erlangten Vorteile können dem Antragsteller nicht wieder entzogen werden. Dagegen erledigen sich Zahlungsverpflichtungen, die sich auf einen bestimmten Zeitpunkt oder Zeitraum beziehen, nicht mit ihrer Vollziehung oder freiwilligen Erfüllung. Sie lassen sich durch Rückerstattung der gezahlten Beträge rückgängig machen, wenn die angefochtene Entscheidung im Beschwerdeverfahren aufgehoben wird.[206]

VIII. Rechtsschutz gegen Beschwerdeentscheidungen

1. Kein weiteres Rechtsmittel

460 Die Beschwerdeentscheidung ist nach § 152 Abs. 1 VwGO unanfechtbar. Damit ist ein weiteres Rechtsmittel kraft Gesetzes ausgeschlossen.[207] Dies gilt auch dann, wenn ein

[198] VGH Mannheim NVwZ-RR 1992, 442.
[199] Vgl. hierzu im Einzelnen → Rn. 364 ff.
[200] Vgl. hierzu im Einzelnen → Rn. 368 f.
[201] OVG Münster NVwZ-RR 1996, 169. Zu der vergleichbaren Problematik bei der Vollziehung eines Verwaltungsakts OVG Hamburg DVBl. 1967, 422; VGH Mannheim VBlBW 1989, 210; VGH München BayVBl. 1986, 402. Zu weitgehend OVG Weimar DVBl. 1997, 1343 (Ls).
[202] So insbes. OVG Hamburg DVBl. 1967, 424; VGH Mannheim (Aufgabe der bisherigen Rspr.) VBlBW 2008, 305 (306); BVerwG NVwZ 2009, 122; Kopp/*Schenke* VwGO § 113 Rn. 103.
[203] OVG Münster NVwZ-RR 1996, 169. Zum Begriff der endgültigen Vorwegnahme → Rn. 176.
[204] BVerwGE 81, 226; *Buchholz* 448.0 § 12 WPfLG Nr. 134 (zeitlich begrenzte Wehrübung); OVG Hamburg DVBl. 1967, 424 (Versammlungsverbot).
[205] Kopp/*Schenke* VwGO § 113 Rn. 103.
[206] BVerwG NVwZ 1985, 905; OVG Berlin FEVS 29, 226 (Ls. 1); VGH Kassel FEVS 32, 243; VGH München NVwZ-RR 1994, 399; BGHZ 94, 268; *Gerhardt* in Schoch/Schneider/Bier VwGO § 113 Rn. 88; Kopp/*Schenke* VwGO § 113 Rn. 103. Anders VGH Mannheim NVwZ-RR 1992, 442.
[207] Hierzu insbes. Kopp/*Schenke* VwGO § 150 Rn. 5; zur Zulässigkeit einer „außerordentlichen" Beschwerde Eyermann/*Happ* VwGO Vor § 124 Rn. 10; Kopp/*Schenke* VwGO § 146 Rn. 4; *Meyer-Ladewig/Rudisile* in Schoch/Schneider/Bier VwGO Vorb. § 124 Rn. 11 f. *Kerwer* JuS 1997, 592 (594 f.). Das BVerwG NVwZ-RR 1996, 422 hat diese Frage offengelassen. Der Ausschluss gilt auch für die weitere Beschwerde nach § 17a Abs. 4 S. 4 GVG, → Rn. 863.

Beteiligter durch die Beschwerdeentscheidung in Grundrechten verletzt wird. Verfassungsrecht gebietet auch in derartigen Fällen nicht, einen weiteren Rechtszug zu eröffnen, da Art. 19 Abs. 4 S. 1 GG keinen Instanzenzug gewährleistet.[208] Eine Möglichkeit, gegen eine verfassungs- oder gesetzwidrige Beschwerdeentscheidung vorzugehen, bieten damit lediglich die nachstehend erläuterten außerordentlichen Rechtsbehelfe.

2. Abänderung der Entscheidung durch das Beschwerdegericht

Einer Abänderung der Beschwerdeentscheidung steht grundsätzlich deren Rechtskraft entgegen.[209] Entscheidungen des OVG können in einstweiligen Rechtsschutzverfahren grundsätzlich nicht angefochten werden (§ 152 Abs. 1 VwGO). Allerdings kommt nach ganz überwiegender Ansicht auch für Beschwerdeentscheidungen eine Abänderung in Betracht.[210] 461

Als Abänderungsgrundlage können §§ 80 Abs. 7, 927 ZPO herangezogen werden.[211] Umstritten ist, welches Gericht als „Hauptsachegericht" anzusehen ist. Geht man nach dem Wortlaut des § 123 Abs. 2 VwGO, ist dies grundsätzlich das VG, nur dann, wenn die Hauptsache beim Berufungsgericht anhängig ist, das OVG. Ein Teil der Rechtsprechung will diese Regelung auch für das Abänderungsverfahren anwenden.[212] Die Gegenmeinung verweist auf Gründe der Prozessökonomie, die es sinnvoller erscheinen lassen, dass das Beschwerdegericht unmittelbar – und nicht erst auf eine spätere Beschwerde hin – über einen Abänderungsantrag befindet.[213] Fasst man die – nachstehend vertretene – analoge Anwendung des § 80 Abs. 7 VwGO als Möglichkeit der gerichtlichen Selbstkorrektur auf, spricht mehr dafür, das Beschwerdegericht – ähnlich wie im Falle des § 152a VwGO – als zuständiges Gericht anzusehen.[214] Eine Abänderung der erlassenen einstweiligen Anordnung durch das Beschwerdegericht kommt vor allem in Betracht, wenn der Beschluss auf irrigen Voraussetzungen beruht oder in offensichtlichem Widerspruch zum Gesetz steht.[215] 462

Eine sofortige Beschwerde zum BVerwG ist ausgeschlossen (§ 152 VwGO). 463

3. Gegenvorstellung

Gegenvorstellungen gegen eine Beschwerdeentscheidung können von einem beschwerten Beteiligten form- und fristlos an das Beschwerdegericht gerichtet werden.[216] Für sie besteht kein Vertretungszwang.[217] Sie sind eine Anregung an das Gericht, seine Entscheidung außerhalb eines förmlichen Rechtsmittel- oder Rechtsbehelfsverfahrens zu 464

---

[208] BVerfG NVwZ 1993, 465; BVerfGE 78, 88; 74, 228 (234).

[209] MwN dazu OVG Magdeburg Beschl. v. 27.7.2002 – B 3 S 391/99.

[210] OVG Schleswig NVwZ-RR 2003, 774; OVG Magdeburg Beschl. v. 27.7.2002 – B 3 S 391/99; OVG Münster NVwZ-RR 1990, 591; OVG Koblenz NVwZ-RR 1991, 390; OVG Hamburg NVwZ-RR 1995, 180; NVwZ-RR 1994, 366; VGH Kassel NVwZ 1993, 284.

[211] OVG Koblenz Beschl. v. 1.7.2015 – 2 B 10498/15 OVG; VG Trier Beschl. v. 14.1.2016 – 1 L 3622/15 TR; zu der hier vertretenen analogen Anwendung des § 80 Abs. 7 VwGO → Rn. 486 ff.

[212] OVG Münster NVwZ-RR 1989, 589; OVG Saarlouis DÖV 1983, 989; so wohl auch VGH Mannheim DVBl. 1995, 929; VGH Kassel NJW 1997, 211; OVG Koblenz NVwZ-RR 1991, 390.

[213] OVG Münster NVwZ-RR 1990, 591.

[214] So OVG Magdeburg Beschl. v. 27.7.2002 – B 3 S 391/99; VGH Mannheim DVBl. 1995, 929; OVG Münster NVwZ 1990, 591; NVwZ-RR 1989, 589; DVBl. 1987, 700; zu § 80 Abs. 7 VwGO als Abänderungsgrundlage → Rn. 486 ff.

[215] VGH München BayVBl. 1972, 130.

[216] VGH Kassel NVwZ 1996, 722; *Meyer-Ladewig/Rudisile* in Schoch/Schneider/Bier VwGO Vorb. § 124 Rn. 20.

[217] *Meyer-Ladewig/Rudisile* in Schoch/Schneider/Bier VwGO Vorb. § 124 Rn. 20. Anders Eyermann/*Happ* VwGO Vor § 124 Rn. 8.

überdenken.[218] Obwohl die Gegenvorstellung aus dem Petitionsrecht des Art. 17 GG abgeleitet wird,[219] kann sie als Anstoß, von Amts wegen tätig zu werden, auch von einer staatlichen Stelle erhoben werden.[220]

465 Ihr Anwendungsbereich ist allerdings beschränkt. Adressat einer Gegenvorstellung kann zunächst nur das Gericht sein, das die zu überprüfende Entscheidung getroffen hat;[221] die Gegenvorstellung ist also im Falle der Abänderung einer Beschwerdeentscheidung an das OVG zu richten. Bedeutung kann sie vor allem haben, um vor Inanspruchnahme verfassungsgerichtlicher Rechtsbehelfe Fachgerichten Gelegenheit zu geben, mögliche Verfahrensgrundrechte zu prüfen.[222] Dem entsprechend kann die Gegenvorstellung generell kein Mittel sein, abgeschlossene Verfahren fortzusetzen oder nicht gegebene Rechtsmittel zu ersetzen.[223] Die Gegenvorstellung ist damit unzulässig, so lange die Entscheidung selbst nicht unanfechtbar geworden ist.[224] Jede andere Auffassung würde gerade im Verfahren des einstweiligen Rechtsschutzes dem Beschleunigungsgedanken widersprechen, der insbesondere § 146 Abs. 4 VwGO zu Grunde liegt.[225] Die Gegenvorstellung kann schon aus diesem Grunde auch kein Mittel sein, verfahrensrechtliche Verfristungen zu unterlaufen.[226]

466 Angesichts dieser Beschränkungen bleibt für ihre Zulässigkeit nur in Ausnahmefällen Raum. Sie ist daher nur zulässig bei offenkundigen Verstößen gegen Verfahrensgrundrechte oder erheblichen prozessualen Fehlern im Zusammenhang mit der vorangegangenen Bescheidung.[227] Die Möglichkeit einer „Selbstkorrektur" zu einer erneuten Sachentscheidung kommt ferner in Betracht, wenn die Entscheidung jeglicher gesetzlicher Grundlage entbehrt.[228] Dabei ist zu beachten, dass einer der wesentlichen Anwendungsbereiche für die Zulässigkeit der Gegenvorstellung – Verletzung des rechtlichen Gehörs durch eine unterlassene und unzureichende Anhörung der durch die Beschwerdeentscheidung beschwerten Beteiligten[229] – aus dem Anwendungsbereich der Gegenvorstellung heraus gefallen ist. Verletzungen des rechtlichen Gehörs sind nach § 152a VwGO binnen zwei Wochen nach Kenntnis der Verletzung zu erheben (§ 152a Abs. 2 S. 2 VwGO).

467 Das Beschwerdegericht hat die beschwerten Beteiligten sachlich zu bescheiden.[230] Wird ihren Verfahrensrügen nicht abgeholfen, kann dies formlos geschehen.[231] Es genügt, wenn sich aus der Mitteilung ergibt, wer mit welchem Ergebnis über die Eingabe entschieden

---

[218] OVG Hamburg Beschl. v. 4.12.2001 – 2 Bf 352/01; Beschl. v. 20.10.2000 – 4 BS 276/00; OVG Magdeburg Beschl. v. 9.2.1998 – F 2 S 810/97; VGH Kassel NJW 1987, 1354; OVG Koblenz NJW 1986, 1706.

[219] BVerwG NVwZ 1991, 266; OVG Magdeburg Beschl. v. 9.2.1998 – F 2 S 810/97; VGH Kassel NJW 1987, 1354.

[220] OVG Magdeburg Beschl. v. 9.2.1998 – F 2 S 810/97.

[221] OVG Weimar Beschl. v. 7.1.1999 – 3 SO 970/98.

[222] BVerfG, BVerfGE 63, 77 (78); 73, 322.

[223] VGH München Beschl. v. 18.11.2013 – 10 CE 13.2387; Beschl. v. 26.2.2004 – 12 C 03.2659 u. 12 C 03.2801.

[224] OVG Hamburg Beschl. v. 20.10.2000 – 4 BS 276/00 auch zur Umdeutung einer Gegenvorstellung in einem Antrag nach § 80 Abs. 7 VwGO.

[225] Dazu näher → Rn. 390, 411.

[226] BVerwG Beschl. v. 13.8.1993 – 11 B 65/93; OVG Münster NVwZ 1998, 387.

[227] VGH München – Beschl. v. 26.2.2004 – 12 C 03.2659 u. 12 C 03.2801; BVerfGE 63, 77 (78); 73, 322; OVG Hamburg Beschl. v. 23.5.2002 – 4 Bs 63/00; Beschl. v. 20.10.2000 – 4 BS 276/00; DÖV 2004, 583.

[228] BVerfG FamRZ 1987, 142; BVerwG NJW 2001, 1294; DVBl. 2002, 1055; OVG Greifswald Beschl. v. 9.10.2009 – 2 O 113/09.

[229] BVerfGE 73, 322; 69, 242; 55, 5; BVerwG NJW 1994, 674; NVwZ-RR 1991, 260.

[230] BVerfGE 73, 327; *Meyer-Ladewig/Rudisile* in Schoch/Schneider/Bier VwGO Vorb. § 124 Rn. 21.

[231] Kopp/*Schenke* VwGO Vorb. § 124 Rn. 9; *Meyer-Ladewig/Rudisile* in Schoch/Schneider/Bier VwGO Vorb. § 124 Rn. 21.

hat; einer besonderen Begründung bedarf es nicht.[232] Soll die Beschwerdeentscheidung aufgehoben oder abgeändert werden, muss dies wie bei ihrem Erlass durch Beschluss geschehen.[233] Zuvor ist den übrigen Beteiligten rechtliches Gehör zu gewähren.[234] Sie sind ausdrücklich auf die Möglichkeit einer Abänderung der Beschwerdeentscheidung hinzuweisen, wenn diese in Betracht gezogen wird. Jede Entscheidung über eine Gegenvorstellung ergeht gebührenfrei.[235] Gegen die Entscheidung des Beschwerdegerichts gibt es keinen weiteren Rechtsbehelf.[236]

4. Anhörungsrüge

Nach § 152a Abs. 1 S. 1 Nr. 1 VwGO kann ein Beteiligter mit der Anhörungsrüge geltend machen, das Gericht habe seinen Anspruch auf rechtliches Gehör verletzt, wenn gegen die Entscheidung im Eilverfahren ein Rechtsmittel nicht gegeben ist.[237] Die Anhörungsrüge ist nach Gesetzeswortlaut und gesetzgeberischem Willem nur bei Verstößen gegen den Anspruch auf rechtliches Gehör statthaft; eine Anwendung auf das Gebot des gesetzlichen Richters (Art. 101 Abs. 1 S. 2 GG) scheidet aus.[238] Die Einführung des § 152a Abs. 1 S. 1 Nr. 1 VwGO geht auf einen Gesetzgebungsauftrag des BVerfG zurück, das BVerfG hatte dem Gesetzgeber aufgegeben, fachgerichtlichen Rechtsschutz gegen Verletzungen des Anspruchs auf rechtliches Gehör bereitzustellen.[239] **468**

Der Antrag nach § 152a Abs. 1 S. 1 VwGO ist innerhalb von zwei Wochen nach Kenntnis von der Verletzung des rechtlichen Gehörs zu stellen. Ist er begründet, wird das Verfahren fortgesetzt (§ 152a Abs. 1 S. 1 VwGO). Solange der Antragsteller von der Möglichkeit des § 152a Abs. 1 VwGO keinen Gebrauch gemacht hat, ist eine Verfassungsbeschwerde, mit deren Verstoß gegen Anspruch auf rechtliches Gehör geltend gemacht wird, wegen des Grundsatzes der Subsidiarität unzulässig.[240] **469**

5. Verfassungsbeschwerde

Wer durch eine Beschwerdeentscheidung des vorläufigen Rechtsschutzes in Grundrechten verletzt wird, kann beim BVerfG Verfassungsbeschwerde erheben (Art. 93 Abs. 1 Nr. 4a GG, § 90 Abs. 1 BVerfGG) und ggf. eine einstweilige Anordnung (§ 32 Abs. 1 BVerfGG) beantragen. Die Verfassungsbeschwerde ist ein außerhalb des Rechtswegs angesiedelter außerordentlicher Rechtsbehelf, der rechtskräftige Entscheidungen der Fachgerichte nur ausnahmsweise in Frage stellen soll.[241] Sie ist auch gegen die Versagung **470**

---

[232] BVerfG (Kammerentsch.) NJW 1992, 30.

[233] Eyermann/*Happ* VwGO Vor § 124 Rn. 8 (nur bei Verletzung von Verfahrensgrundrechten); Kopp/*Schenke* VwGO Vorb. § 124 Rn. 12; *Meyer-Ladewig/Rudisile* in Schoch/Schneider/Bier VwGO Vorb. § 124 Rn. 21.

[234] Eyermann/*Happ* VwGO Vor § 124 Rn. 8; Kopp/*Schenke* VwGO Vorb. § 124 Rn. 12; *Meyer-Ladewig/Rudisile* in Schoch/Schneider/Bier VwGO Vorb. § 124 Rn. 20; *Redeker/von Oertzen* VwGO § 152a Rn. 1.

[235] *Meyer-Ladewig/Rudisile* in Schoch/Schneider/Bier VwGO Vorb. § 124 Rn. 21.

[236] Kopp/*Schenke* VwGO Vorb. § 124 Rn. 13; *Meyer-Ladewig/Rudisile* in Schoch/Schneider/Bier VwGO Vorb. § 124 Rn. 21.

[237] → Rn. 1199; im Übrigen auch VGH München Beschl. v. 18.11.2013 – 10 CE 13.2387.

[238] → Rn. 1200; BT-Drs. 15/3706, 14; BGH NJW 2006, 1978; in diesem Sinne aber OVG Lüneburg NVwZ-RR 2006, 295; NJW 2006, 2506; Beschl. v. 4.3.2008 – 10 LA 62/08; VGH Mannheim NJW 2005, 920; NJW 2009, 2761.

[239] BVerfGE 107, 395 (411 ff.).

[240] → Rn. 1201; BVerwG NJW 2005, 3059 f.; Beschl. v. 30.5.2008 – 1 BvR 27/08; Beschl. v. 9.6.2008 – 2 BvR 947/08; zu den Auswirkungen der Möglichkeit des § 152a Abs. 1 auf das Abänderungsverfahren → Rn. 486 ff., 499.

[241] BVerfG, BVerfGE 94, 166 (214); 80, 40 (45); 78, 58 (68); 77, 381 (400); Beschl. v. 24.9.2009 – 1 BvQ 43/09.

vorläufigen Rechtsschutzes gegeben.[242] Wird die Verletzung von Grundrechten gerade durch die Eilentscheidung gerügt, handelt es sich hierbei um eine selbstständige Beschwer, die sich nicht mit derjenigen durch die spätere Hauptsacheentscheidung deckt.

471 (1) Die Verfassungsbeschwerde ist zulässig, wenn der Rechtsweg zu den Fachgerichten erschöpft ist (§ 90 Abs. 2 S. 1 BVerfGG). Die ist der Fall, wenn Rechtsmittel gegen die angegriffenen Entscheidungen nicht gegeben sind.[243] Dies bedeutet zunächst, dass der Beschwerdeführer sämtliche Rechtsschutzmöglichkeiten des Anordnungsverfahrens ausgeschöpft haben muss.[244] Hierzu gehört neben der Durchführung des Beschwerdeverfahrens, dass der Beschwerdeführer ein zulässiges Aufhebungs- oder Abänderungsverfahren geführt haben muss.[245] Weiterhin wird von ihm verlangt, dass er gegen die Beschwerdeentscheidung erfolglos Gegenvorstellungen erhoben hat, wenn er davon ausgehen kann, dass das Fachgericht seine Entscheidung in entsprechender Anwendung oder nach dem Rechtsgedanken des § 80 Abs. 7 S. 1 VwGO ändern kann.[246]

472 (2) Darüber hinaus ist der Beschwerdeführer gehalten, vor Erhebung der Verfassungsbeschwerde den Hauptsacherechtsschutz in Anspruch zu nehmen, wenn dieser ausreicht, der geltend gemachten verfassungsrechtlichen Beschwer wirksam abzuhelfen.[247] Dies ist regelmäßig dann anzunehmen, wenn mit der Verfassungsbeschwerde ausschließlich Grundrechtsverletzungen gerügt werden, die sich auf die Hauptsache beziehen, wenn die tatsächliche und einfachrechtliche Lage noch nicht ausreichend geklärt ist und wenn dem Beschwerdeführer durch die Verweisung auf das Hauptsacheverfahren keine schweren Nachteile entstehen. Dagegen darf der Beschwerdeführer nicht auf den Hauptsacherechtsschutz verwiesen werden, wenn die Entscheidung von keiner weiteren tatsächlichen oder rechtlichen Aufklärung abhängt und ihm durch die Verweisung ein schwerer und unabwendbarer Nachteil entstünde (§ 90 Abs. 2 S. 2 BVerfGG).[248] Dies ist der Fall, wenn dem Beschwerdeführer ein irreversibler Grundrechtsverlust durch Zeitablauf droht, weil sein Begehren an einen bestimmten Zeitpunkt oder Zeitraum geknüpft ist und danach gegenstandslos wäre.[249] Das gleiche gilt, wenn ihm bei Grundrechtsverstößen aus anderen Gründen unter keinen Umständen zugemutet werden kann, den Ausgang des Hauptsacheverfahrens abzuwarten.[250] Vo-

---

[242] BVerfG Beschl. v. 9.8.2016 – 2 BvR 1287/16; Beschl. v. 6.7.2016 – 1 BvR 1705/15; NVwZ – RR 2016, 846; Beschl. v. 11.6.2006 – 2 BvR 1724/02; BVerfGE 94, 188; 93, 1 (12); 80, 45; 79, 69 (73); 78, 290 (301); 77, 381 (400).

[243] BVerfG Beschl. v. 15.3.2006 – 2 BvR 917/05 u. 2174/05.

[244] BVerfG NVwZ 2003, 981; BVerfGE 94, 188; 93, 12; BVerfG (Kammerentsch.) NVwZ-Beil. 1996, 66 (67); NVwZ 1995, 577; NVwZ 1995, 471; BVerfGE 86, 15 (22); BVerfG (Kammerentsch.) NJW 1991, 415; BVerfGE 80, 45; 79, 73; 77, 401. Zum Verfassungsrechtsschutz gegen die Nichtzulassung einer Beschwerde BVerfG (Kammerentsch.) NVwZ-Beil. 1996, 66 (67); zur Zulässigkeit einer außerordentlichen Beschwerde bei Untätigkeit des Fachgerichts BbgVerfG NVwZ 1997, 785.

[245] BVerfG NJW 1997, 1147; BVerfGE 94, 188; BVerfG InfAuslR 1995, 246 (251); BVerfG (Kammerentsch.) NVwZ 1988, 717; *Roeser/Hänlein* NVwZ 1995, 1082 (1084).

[246] So insbes. BVerfGE 73, 322 (325); 69, 233 (242); ebenso BVerwG NJW 1994, 674. Ablehnend VGH Kassel NJW 1987, 1354.

[247] BVerfG NVwZ 2004, 1112; NVwZ 1995, 577; NVwZ 1995, 471; BVerfGE 93, 12; BVerfG (Kammerentsch.) NJW 1993, 1060; BVerfG NJW 1991, 415; BVerfGE 86, 22; 80, 45; BVerfG NVwZ 1989, 451; BVerfGE 78, 302; 77, 401.

[248] BVerfG NVwZ 1995, 471; BVerfG (Kammerentsch.) NVwZ 1995, 469; NJW 1993, 1061; NJW 1991, 415; BVerfGE 93, 12; 86, 22; 79, 279; 73, 77.

[249] BVerfG BVerfGE 93, 13 (Fortschreiten der Schulausbildung); 79, 279 (Veranstaltungsverbot); 79, 73 (Ablauf einer Wahlperiode); BVerfG (Kammerentsch.) NJW 1995, 2023 (fester Rückreisetermin). Vgl. hierzu auch BVerfG NJW 1993, 1061.

[250] BVerfG NVwZ 1995, 470 (Verzögerung der Berufsausbildung); OVG Magdeburg Urt. v. 22.7.2009 – 3 L 133/09; BVerfG NJW 1993, 1061 (Untersagung kritischer Äußerungen); BVerfGE 74, 51 (56) (drohende Abschiebung).

raussetzung ist, dass die angegriffene Entscheidung auf dem gerügten Grundrechtsverstoß beruht.[251]

Auf den Hauptsacherechtsschutz kann der Beschwerdeführer aber dann nicht verwiesen werden, wenn er eine Grundrechtsverletzung geltend macht, die gerade in der Behandlung seiner Anträge auf vorläufigen Rechtsschutz liegt und im Hauptsacheverfahren nicht mehr ausgeräumt werden kann.[252] 473

§ 26 Die Rechtsbehelfsverfahren

Schrifttum: *Drettmann,* Die Zulässigkeit der Wiederaufnahmeklage im Verfahren auf Erlass einer einstweiligen Anordnung, DVBl. 1985, 888; *Flint,* Wiederaufnahme im einstweiligen Rechtsschutzverfahren, NJ 1999, 332; *Kamp,* Das gerichtliche Abänderungsverfahren im einstweiligen Rechtsschutz- insbesondere sein Verhältnis zu Beschwerdeverfahren, NWVBl 2005, 248; *Loos,* Vorläufiger Rechtsschutz im Verwaltungsrecht – Das Verfahren nach § 123 VwGO, JA 2001, 871; *Schenke,* Der vorläufige Rechtsschutz zwischen Rechtsbewahrung und Flexibilitätsanforderungen, VBlBW 2000, 56; *Schlaeger,* Das Abänderungsverfahren wegen veränderter Umstände im Rahmen von § 123 VwGO, JA 2005, 894.

I. Das Fristsetzungs- und Aufhebungsverfahren nach § 926 Abs. 1 ZPO

1. Rechtsschutzziel

Das Fristsetzungs- und Aufhebungsverfahren nach §§ 123 Abs. 3 VwGO, 926 ZPO gibt dem im Anordnungsverfahren unterlegenen Antragsgegner die Möglichkeit, den Antragsteller in das Klageverfahren zu zwingen.[253] Auf diese Weise kann er im Hauptsacheverfahren das Bestehen des im Anordnungsverfahren gesicherten Klageanspruchs überprüfen lassen und ggf. sowohl eine der materiellen Rechtskraft fähige Entscheidung über den Klageanspruch als auch eine Korrektur des für ihn ungünstigen Ergebnisses des Anordnungsverfahrens erreichen. Hierfür besteht vor allem dann Anlass, wenn die erlassene einstweilige Anordnung zu einer Vorwegnahme der Hauptsache geführt hat, die sich jedenfalls für die Zukunft rückgängig machen lässt.[254] Mit diesem Rechtsschutzziel ist das zweistufig geführte Verfahren ein unselbstständiges Anschlussverfahren des Anordnungsverfahrens.[255] Seine praktische Bedeutung ist gering.[256] 474

2. Das Fristsetzungsverfahren nach § 926 Abs. 1 ZPO

Auf Antrag kann das Gericht dem Antragsteller aufgeben, binnen einer von ihm zu bestimmenden Frist Klage zu erheben (§ 926 Abs. 1 ZPO). Den Antrag, der nicht an eine bestimmte Frist gebunden ist, können der Antragsgegner sowie ein notwendig Beigeladener stellen.[257] Von Amts wegen kann das Gericht dem Antragsteller auch aufgrund von § 938 Abs. 1 ZPO nicht die Klageerhebung aufgeben, da dies mit der 475

[251] Vgl. zB BVerfG NJW 1993, 2793, BVerfGE 86, 133; 81, 123.

[252] BVerfG Beschl. v. 15.3.2006 – 2 BvR 917/05 u. 2174/05; BVerfG NStZ 2004, 223; BVerfGE 69, 315 (340); 80, 40 (45); 104, 65 (79).

[253] Siehe dazu OVG Hamburg VerwRspr. 30 Nr. 211 S. 881; VGH Kassel NJW 1990, 1180. Vgl. auch OLG Düsseldorf WRP 1988, 247; OLG München Urt. v. 10.2.2000 – U (K) 4883/99.

[254] OVG Hamburg VerwRspr. 30 Nr. 211 S. 886.

[255] VGH München NVwZ-RR 1998, 685.

[256] *Schoch* in Schoch/Schneider/Bier VwGO § 123 Rn. 181.

[257] VGH München NVwZ-RR 1998, 685; VGH Kassel NJW 1980, 1180; vgl. OLG Nürnberg Beschl. v. 25.4.2005 – 3 W 482/05; OLG Frankfurt/Main Beschl. v. 8.2.2002 – 6 W 9/02; BGH, Urteil v. 27.1.2010 – VIII ZR 58/09, BGHZ 184, 128–137.

Dispositionsbefugnis, die § 926 Abs. 1 ZPO den Beteiligten einräumt, nicht zu vereinbaren wäre.[258]

476 Ein Antrag auf Anordnung der Klageerhebung setzt die Statthaftigkeit einer solchen Klageerhebung voraus. Geht es um die Rechtmäßigkeit einer Satzung, hat Gegenstand der Fristsetzung der entsprechende Normenkontrollantrag zu sein.[259]

477 Für die Entscheidung über den Antrag ist das „Arrestgericht" zuständig. Dies ist beim verwaltungsgerichtlichen Eilrechtsschutz das Gericht, das für den Erlass der einstweiligen Anordnung zuständig war. Ohne Bedeutung ist, ob es selbst oder erst das Beschwerdegericht die einstweilige Anordnung erlassen hat und wo das Anordnungsverfahren derzeit schwebt.[260]

478 Das Gericht bestimmt die Frist, innerhalb der Klage zu erheben ist, nach pflichtgemäßem Ermessen.[261] Muss der Klageerhebung ein Verwaltungs- oder Widerspruchsverfahren vorangehen, kann es nicht zur Klageerhebung auffordern, sondern muss dem Antragsteller stattdessen eine Frist zur Antragstellung oder zur Erhebung des Widerspruchs setzen.[262] Dem Antrag ist stattzugeben, wenn die formellen Voraussetzungen erfüllt sind. Auf die Erfolgsaussichten kommt es grundsätzlich nicht an. Eine Ausnahme gilt dann, wenn sich feststellen lässt, dass eine Klage wegen eines fehlenden Rechtsschutzbedürfnisses offensichtlich unzulässig wäre.[263] In diesem Fall hätte die Klageerzwingung keinen Sinn, da die vom Antragsgegner erstrebte Klärung der Sach- und Rechtslage im Hauptsacheverfahren nicht zu erreichen ist. Problematisch kann dies vor allem hinsichtlich behördlicher Verpflichtungen sein, die sich durch Zeitablauf endgültig in der Hauptsache erledigt haben. Der Antragsteller kann eine Fortsetzungsfeststellungsklage oder eine allgemeine Feststellungsklage nur dann mit Aussicht auf Erfolg erheben, wenn er ein berechtigtes Feststellungsinteresse hat. Ob ein derartiges Interesse besteht, ist nach den Maßstäben des Klageverfahrens zu beurteilen. Hierbei kommt es allein auf das Feststellungsinteresse des Antragstellers als späterem Kläger an (§§ 113 Abs. 1 S. 4, 43 Abs. 1 VwGO).[264]

479 Ein Fortsetzungsfeststellungsinteresse kann sich – wie auch ansonsten bei § 113 Abs. 1 S. 4 VwGO – aus einer Wiederholungsgefahr ergeben, kann aber auch ohne das eine solche anzunehmen wäre, aus der Schwere eines Grundrechtseingriffs resultieren, dessen Rechtmäßigkeit dann im anzustrengenden Klageverfahren zu klären wäre.[265] Das Feststellungsinteresse lässt sich nicht durch das Interesse des Antragsgegners daran ersetzen, im Klageverfahren eine endgültige Klärung der Sach- und Rechtslage zu erreichen.[266] § 926 ZPO schafft die prozessuale Möglichkeit der Klageerzwingung, lässt aber die

[258] VGH München NVwZ-RR 1998, 685; Kopp/*Schenke* VwGO § 123 Rn. 38; *Schoch* in Schoch/Schneider/Bier VwGO § 123 Rn. 187. Anders BVerwG NJW 1967, 2374.

[259] OVG Magdeburg Beschl. v. 9.6.1994 – 2 M 36/94.

[260] OLG Dresden Beschl. v. 23.10.2003 – 21 U 1294/02; OVG Hamburg VerwRspr. 30 Nr. 211 S. 883; VGH Kassel NVwZ 1990, 391; NJW 1980, 1180.

[261] OVG Hamburg VerwRspr. 30 Nr. 211 S. 883; VGH München NVwZ-RR 1998, 685.

[262] VGH München NVwZ-RR 1998, 685; Kopp/*Schenke* VwGO § 123 Rn. 38; *Schoch* in Schoch/Schneider/Bier VwGO § 123 Rn. 188. Anders VGH Kassel NJW 1980, 1180; dagegen *Pietzner/Ronellenfitsch,* Assessorexamen, § 58 Rn. 22.

[263] OVG Hamburg NVwZ 2004, 117; VGH München NVwZ-RR 1998, 685; OVG Münster OVGE 29, 316; OVG Saarlouis DÖV 1974, 320; *Pietzner/Ronellenfitsch,* Assessorexamen, § 58 Rn. 22; OLG Düsseldorf WRP 1988, 248.

[264] Die Möglichkeit, dass der Antragsteller nach §§ 123 Abs. 3 VwGO, 945 ZPO auf Schadensersatz in Anspruch genommen werden könnte, reicht hierfür nicht aus, so aber OLG München MDR 1992, 864; offengelassen in OVG Hamburg VerwRspr 30 Nr. 211 885.

[265] OVG Hamburg NVwZ 2004, 117: Fall eines Verstoßes gegen den Grundsatz gleicher Wettbewerbschancen im Wahlkampf. Dazu auch: BVerfG NVwZ 1999, 290; NJW 1997, 2163; BVerwG NVwZ 1999, 991.

[266] Zweifelhaft deshalb insoweit OVG Hamburg VerwRspr 30 Nr. 211, 886.

Voraussetzungen unberührt, von denen die Zulässigkeit der Klage abhängt. Als Ausweg bleibt dem Antragsgegner, anstelle des Antrags nach § 926 ZPO eine negative Feststellungsklage zu erheben, wenn er über ein eigenes Feststellungsinteresse verfügt.[267]

Das Gericht entscheidet über den Antrag durch Beschluss (§ 123 Abs. 4 VwGO), der zu begründen ist (§ 122 Abs. 2 S. 1 VwGO). Bei einer stattgebenden Entscheidung braucht keine Kostenentscheidung getroffen zu werden, da diese der Entscheidung im Aufhebungsverfahren nach § 926 Abs. 2 ZPO vorbehalten bleibt. Dagegen ist bei einer ablehnenden Entscheidung über die Kosten des Fristsetzungsverfahrens zu entscheiden. Der Beschluss ist nach § 146 Abs. 1 VwGO mit der Beschwerde anfechtbar,[268] über die das OVG durch Beschluss entscheidet (§ 150 VwGO). § 146 Abs. 2 VwGO ist nicht anzuwenden, da sich der Beschluss nicht in der Fristsetzung erschöpft, sondern seinen eigentlichen Inhalt in der Aufforderung zur Klageerhebung hat.[269] **480**

3. Das Aufhebungsverfahren nach § 926 Abs. 2 ZPO

Wird die gerichtliche Aufforderung zur Klageerhebung nicht befolgt, ist die erlassene einstweilige Anordnung auf Antrag desjenigen, der das Fristsetzungsverfahren geführt hat, aufzuheben (§ 926 Abs. 2 ZPO). Auch dieser Antrag ist nicht fristgebunden. Zuständig für die Entscheidung über den Antrag ist das erstinstanzliche Gericht. Es entscheidet abweichend von § 926 Abs. 2 ZPO nach § 123 Abs. 4 VwGO durch Beschluss, der für alle Entscheidungen im Anordnungsverfahren gilt.[270] Dem Antrag ist stattzugeben, wenn die Klage nicht fristgemäß erhoben oder später zurückgenommen worden ist.[271] Eine Wiedereinsetzung in den vorigen Stand wegen Versäumung der gesetzten Frist ist nicht zulässig.[272] Bei einer Stattgabe erfasst die Kostenentscheidung die gesamten Kosten des Anordnungsverfahrens, da die Aufhebung die erlassene einstweilige Anordnung rückwirkend beseitigt.[273] Bei Abweisung des Aufhebungsantrags wird dagegen lediglich über die Kosten des Aufhebungs- und des vorangegangenen Fristsetzungsverfahrens entschieden.[274] Der Beschluss kann mit der Beschwerde angefochten werden (§ 146 Abs. 1 VwGO), über die das OVG durch Beschluss entscheidet (§ 150 VwGO). **481**

Kommt es zu einer Aufhebung der einstweiligen Anordnung, kann nach §§ 123 Abs. 3 VwGO, 945 ZPO in einem gesonderten Klageverfahren über eine Schadensersatzpflicht entschieden werden, da die erlassene Anordnung von Anfang an ungerechtfertigt war.[275] **482**

Das Aufhebungsverfahren kann neben dem Beschwerdeverfahren geführt werden, da es sich auf einen eigenen Rechtsgrund stützt, der im Beschwerdeverfahren nicht berücksichtigt werden kann.[276] **483**

---

[267] Hierzu BVerfG (Kammerentsch.) NVwZ 1995, 577; vgl. LG Hamburg Urt. v. 26.4.2001 – 315 O 1004/00; OLG Hamburg Beschl. v. 20.12.2001 – 3 U 212/01.

[268] Vgl. OVG Hamburg NVwZ 2004, 117; VGH München NVwZ-RR 1998, 685; OVG Saarlouis, AS 13, 315; Kopp/*Schenke* VwGO § 123 Rn. 36.

[269] OVG Saarlouis, AS 13, 316; OVG Weimar Beschl. v. 3.5.2002 – 4 VO 48/02; Schoch in Schoch/Schneider/Bier VwGO § 123 Rn. 187f.

[270] *Redeker/von Oertzen* VwGO § 123 Rn. 47; *Hartmann* in BeckOK ZPO/*Mayer* ZPO § 926 Rn. 24–26. Anders *Pietzner/Ronellenfitsch,* Assessorexamen, § 58 Rn. 23 (Urteil).

[271] OVG Hamburg VerwRspr. 30 Nr. 211 S. 883; *Redeker/von Oertzen* VwGO § 123 Rn. 47; *Schoch* in Schoch/Schneider/Bier VwGO § 123 Rn. 192.

[272] KG Berlin MDR 1971, 767.

[273] OLG Frankfurt Beschl. v. 17.12.2004 – 21 W 42/04; OLG Naumburg Urt. v. 15.3.2001 – 7 U 46/00; OLG München NJW-RR 1997, 832; OLG Düsseldorf WRP 1988, 248.

[274] BeckOK ZPO/*Mayer* ZPO § 926 Rn. 24–26.

[275] *Schoch* in Schoch/Schneider/Bier VwGO § 123 Rn. 192.

[276] VGH München NVwZ-RR 1998, 685; *Redeker/von Oertzen* VwGO § 123 Rn. 47.

II. Das Aufhebungsverfahren nach § 939 ZPO

484 Nach §§ 123 Abs. 3 VwGO, 939 ZPO kann das Gericht auf Antrag, nicht auch von Amts wegen,[277] nach seinem Ermessen die Aufhebung der einstweiligen Anordnung gegen Sicherheitsleistung gestatten, wenn hierfür besondere Umstände gegeben sind. § 939 ZPO hat keine eigenständige Bedeutung, sondern erschwert die in § 927 Abs. 1 2. Alt. ZPO vorgesehene Möglichkeit der Aufhebung der einstweiligen Anordnung gegen Sicherheitsleistung für Ansprüche, die nicht auf eine Geldzahlung gerichtet sind.[278] Die Abwendungsbefugnis kann in der einstweiligen Anordnung selbst, im Beschwerdeverfahren oder im Abänderungsverfahren nach § 80 Abs. 7 VwGO analog[279] oder § 927 ZPO vorgesehen werden.[280]

485 Besondere Umstände liegen vor, wenn sich der Zweck der einstweiligen Anordnung auch durch eine Sicherheitsleistung erreichen lässt und wenn deren Erlass oder Fortbestand für den Antragsgegner zu unzumutbaren Nachteilen führt.[281] Im Verwaltungsprozess kann die mit einer Regelungsanordnung angestrebte Sicherung in aller Regel nicht durch Sicherheitsleistung bewirkt werden. Bei Individualansprüchen liegt dies in der Natur der Sache, Geldleistungen werden vom Antragsteller zumeist umgehend benötigt. Deshalb hat § 939 ZPO im verwaltungsgerichtlichen Verfahren keine praktische Bedeutung.

III. Das Abänderungsverfahren nach § 80 Abs. 7 VwGO analog

486 In Bezug auf die Abänderung einer einstweiligen Anordnung fehlt eine Vorschrift wie sie in Bezug auf das Aussetzungsverfahren mit § 80 Abs. 7 VwGO vorhanden ist. § 123 Abs. 3 VwGO erwähnt in der Reihe der entsprechend anwendbaren Vorschriften § 927 ZPO nicht. Gleichwohl besteht in Rechtsprechung und Literatur Einigkeit, dass auch eine nach § 123 VwGO erlassene einstweilige Anordnung der Abänderung oder Aufhebung unterliegt.[282]

1. Rechtsschutzziel

487 Das Abänderungsverfahren bietet die Möglichkeit, eine erlassene einstweilige Anordnung vor Beendigung des Hauptsacheverfahrens zu ändern oder aufzuheben. Dies hat es mit dem Beschwerdeverfahren gemeinsam. Abgesehen davon bestehen zwischen beiden Verfahrensarten grundlegende Unterschiede. Das Beschwerdeverfahren ist ein Rechtsmittelverfahren, in dem geprüft wird, ob die erstinstanzliche Entscheidung zu Recht erlassen worden ist.[283] Der Antragsgegner kann vortragen, der Erlass der einstweiligen

[277] OVG Lüneburg NJW 1971, 110; vgl. OLG Hamm, BauR 1993, 115.

[278] *Schoch* S. 1702; *Hartmann* in Baumbach/Lauterbach/Albers/Hartmann ZPO § 939 Rn. 3.

[279] Zur analogen Anwendung des § 80 Abs. 7 VwGO im Anordnungsverfahren → Rn. 486 ff.

[280] BeckOK ZPO/*Mayer* ZPO § 939 Rn. 1.

[281] BeckOK ZPO/*Mayer* ZPO § 939 Rn. 2–3.

[282] OVG Frankfurt (Oder) NVwZ-RR 2003, 694; VG Schleswig Beschl. v. 28.1.2010 – 12 B 92/09; OVG Lüneburg NVwZ 2003, Beil. Nr. I 10, 87–88; Beschl. v. 29.10.2003 – 12 ME 436/03; NVwZ-RR 1992, 388; NVwZ-RR 1990, 591; DVBl. 1987, 699; VG Sigmaringen Beschl. v. 28.5.2002 – 4 K 259/02; VGH Mannheim NVwZ-RR 2002, 908; OVG Berlin NVwZ 1998, 1098; OVG Münster NVwZ-RR 1999, 473; NWVBl. 1993, 172; NVwZ-RR 1992, 388; NVwZ-RR 1990, 591; DVBl. 1987, 699; VG Berlin NVwZ 1997, 514; OVG Hamburg NVwZ-RR 1995, 180; NVwZ-RR 1994, 366; VGH Kassel NVwZ-RR 1996, 713; NVwZ 1993, 284; NVwZ 1990, 977; NJW 1987, 1354; OVG Koblenz NVwZ-RR 1991, 390; OVG Lüneburg NVwZ 1984, 185; VGH Mannheim DVBl. 1995, 929; VGH München BayVBl. 1996, 215; NJW 1985, 879; OVG Saarlouis DÖV 1983, 989 (Ls.); BFH NVwZ-RR 1989, 55, s. auch OVG Münster NWVBl. 1993, 172.

[283] → Rn. 378.

Anordnung sei von vornherein unzulässig oder unbegründet gewesen oder sei es im Lauf des Beschwerdeverfahrens aufgrund veränderter tatsächlicher oder rechtlicher Umstände geworden.[284] Hat er Erfolg, wird die erstinstanzliche Entscheidung einschließlich der Kostenentscheidung aufgehoben und der Antrag abgelehnt. Demgegenüber kommt es im Abänderungsverfahren allein darauf an, ob die einstweilige Anordnung für die Zukunft aufrechtzuerhalten ist. Dieses Verfahren ist damit keine Fortsetzung des Anordnungsverfahrens, kein Rechtsmittelverfahren und kein Wiederaufnahmeverfahren, sondern ein Verfahren eigener Art, in dem es ausschließlich um die Fortdauer der erlassenen einstweiligen Anordnung geht.[285]

Abänderungs- und Beschwerdeverfahren stehen nach einem Teil der Rechtsprechung gleichberechtigt nebeneinander. Die Beschwerdemöglichkeit soll daher das Rechtsschutzinteresse für einen Abänderungsantrag nicht entfallen lassen.[286] 488

2. Abänderungsgrundlage

Umstritten ist allerdings, nach welcher Rechtsgrundlage sich Abänderung oder Aufhebung beurteilen. Während ein Teil der Rechtsprechung § 927 Abs. 2 ZPO analog anwenden will,[287] soll nach anderer Ansicht § 80 Abs. 7 VwGO Beurteilungsgrundlage sein.[288] Teilweise werden beide Vorschriften undifferenziert und nebeneinander genannt,[289] teilweise sollen die §§ 80 Abs. 7 VwGO, 927 ZPO nur dem Rechtsgedanken nach übernommen werden.[290] Die Frage nach der richtigen Beurteilungsgrundlage ist nicht nur von dogmatischem, sondern auch von erheblichem praktischen Interesse. Dabei geht es nicht nur um die Abänderungsvoraussetzungen, sondern auch um die Feststellung des zuständigen Gerichtes. Nach § 927 ZPO ist das Gericht für die Abänderung zuständig, das die einstweilige Anordnung erlassen hatte und nur wenn die Hauptsache anhängig ist, das Gericht der Hauptsache. Nach § 80 Abs. 7 VwGO entscheidet regelmäßig das Gericht der Hauptsache.[291] 489

Neu aufgekommen ist die Diskussion um die Abänderungsvoraussetzungen im Verfahren nach § 123 VwGO durch die Novellierung des § 80 Abs. 7 VwGO. Die für das Aussetzungsverfahren geltende Vorschrift ist durch das 4. Änderungsgesetz zur VwGO vom 17.12.1990[292] neu gefasst worden und sieht nunmehr eine Abänderungsbefugnis vor. Nach § 80 Abs. 7 S. 1 VwGO kann das Gericht der Hauptsache Beschlüsse über Anträge nach Absatz 5 jederzeit ändern oder aufheben. Jeder Beteiligte kann nach § 80 Abs. 7 S. 2 490

[284] OVG Frankfurt (Oder) NVwZ-RR 2003, 694; VGH Mannheim NVwZ-RR 2002, 908; OVG Münster NWVBl 1993, 172; OVG Lüneburg Beschl. v. 18.5.2010 – 8 ME 111/10.

[285] OVG Lüneburg Beschl. v. 29.10.2003 – 12 ME 436/03; VGH Mannheim NVwZ-RR 2002, 908; OVG Lüneburg Beschl. v. 18.5.2010 – 8 ME 111/10; VG Sigmaringen Beschl. v. 28.5.2002 – 4 K 259/02; OVG Koblenz NVwZ-RR 1991, 391; VGH Mannheim DVBl. 1996, 111 (zu § 80 Abs. 7 VwGO); OVG Münster DVBl. 1987, 700; VG Kassel NVwZ-RR 1998.

[286] OVG Koblenz NVwZ-RR 2005, 748; umstritten, → Rn. 1176.

[287] VGH Mannheim DVBl. 1995, 929; OVG Hamburg NVwZ-RR 1995, 180; NVwZ-RR 1994, 367; VGH Kassel NVwZ-RR 1996, 713; NVwZ 1990, 977; OVG Münster NVwZ-RR 1991, 591; OVG Koblenz NVwZ-RR 1991, 390.

[288] BVerfGE 92, 245 (ohne nähere Begründung); VGH Mannheim NVwZ-RR 2002, 908; OVG Lüneburg Beschl. v. 18.5.2010 – 8 ME 111/10; NVwZ 2000, Beil. Nr. 11, 122; OVG Berlin NVwZ 1998, 1093; OVG Münster NVwZ-RR 1999, 473; OVG Lüneburg NVwZ 2003, Beil. I, 10; DÖV 1997, 624; VG Sigmaringen Beschl. v. 28.5.2002 – 4 K 259/02.

[289] OVG Frankfurt (Oder) NVwZ 2003, 694; OVG Schleswig NVwZ-RR 2003, 774; VG Berlin NVwZ 1997, 514.

[290] Hierzu im Einzelnen Eyermann/*Happ* VwGO § 123 Rn. 77; *Schoch* in Schoch/Schneider/Bier VwGO § 123 Rn. 174–177b; *ders.* S. 1702–1704.

[291] Zu den praktischen Konsequenzen der unterschiedlichen Abänderungsgrundlagen *Puttler* in Sodan/Ziekow VwGO § 123 Rn. 18.

[292] BGBl. I S. 2809; s. dazu VGH Mannheim NVwZ-RR 2002, 908.

VwGO die Änderung oder Aufhebung wegen veränderter oder im ursprünglichen Verfahren ohne Verschulden nicht geltend gemachter Umstände beantragen. Der Gesetzgeber hat die Änderung des § 80 VwGO aber nicht zum Anlass genommen, eine Regelung wie § 80 Abs. 7 VwGO für das Anordnungsverfahren zu übernehmen. Ein sachlicher Grund für diese unterschiedliche Behandlung ist nicht ersichtlich.[293] Gleich, ob man § 927 Abs. 1 ZPO weiterhin heranziehen oder zur Beurteilung der Abänderungsbefugnis auf § 80 Abs. 7 VwGO abstellt, ist zur Rechtfertigung einer analogen Anwendung entsprechend allgemeinen Auslegungsgrundsätzen das Vorliegen einer planwidrigen Gesetzeslücke erforderlich.[294] Soweit § 123 Abs. 3 VwGO in der Aufzählung der entsprechend zur Anwendung kommenden Vorschriften der ZPO § 927 ZPO nicht erwähnt hat, ist hierfür ein Redaktionsversehen des Gesetzgebers verantwortlich gemacht worden.[295] Von einem Redaktionsversehen kann nach der Neufassung des § 80 Abs. 7 VwGO nicht mehr die Rede sein.[296] Bei Erlass des Änderungsgesetzes war dem Gesetzgeber der Regelungsbedarf für das Anordnungsverfahren bekannt. Eine planwidrige Regelungslücke muss aber gleichwohl angenommen werden, da nicht festgestellt werden kann, dass sich der Gesetzgeber bei Einführung des § 80 Abs. 7 VwGO bewusst gegen eine Regelung zur Abänderung einstweiliger Anordnungen entschieden hat.[297]

491 Die bei § 123 VwGO damit auftretende Regelungslücke kann allerdings nicht durch die entsprechende Anwendung des § 927 ZPO geschlossen werden. § 927 ZPO wird bei der Verweisung in § 123 Abs. 3 VwGO auf die entsprechend anwendbaren Vorschriften der ZPO nicht erwähnt.[298] Zudem kommt nach § 927 Abs. 1 ZPO eine Abänderung nur unter einschränkenden Voraussetzungen in Betracht. Anders als bei § 80 Abs. 7 S. 1 VwGO ist damit bei § 927 ZPO eine Abänderung von Amts wegen ausgeschlossen. Wollte man § 927 Abs. 1 ZPO auf Beschlüsse nach § 123 VwGO anwenden, würden damit erhebliche Anwendungsunterschiede zur Abänderung des Beschlusses im Aussetzungsverfahren eintreten. Die Folge wären unterschiedliche und mit Art. 19 Abs. 4 GG schwerlich zu vereinbarende Rechtsschutzstandards im System des einstweiligen Rechtsschutzes.[299] Angesichts der in der Praxis immer wieder auftauchenden Schwierigkeiten bei der verfahrensrechtlichen Zuordnung von einstweiligen Rechtsschutzanträgen dürften sie mit dem Gebot der prozessualen Waffengleichheit nicht zu vereinbaren sein.[300]

Um derartige Zufälligkeiten zu vermeiden und auf diese Art und Weise eine gleichen Voraussetzungen folgende Abänderungsmöglichkeit sowohl für die Verfahren nach 80 Abs. 5 wie nach § 123 VwGO zu schaffen, ist damit eine analoge Anwendung des § 80 Abs. 7 VwGO auch für das Verfahren auf Erlass einer einstweiligen Anordnung geboten.

3. Gerichtliches Verfahren

492 **a) Zuständiges Gericht.** Zuständig für die Entscheidung über den Abänderungsantrag ist nach § 80 Abs. 7 S. 1 VwGO das „Gericht der Hauptsache". Das Gericht der Haupt-

[293] Die Gesetzesmaterialien zu § 123 VwGO – amtl. Begr., s. BT-Drs. 11/7030 v. 27.4.1990, 31 – schweigen hierzu. Kritisch *Schoch* NVwZ 1991, 1121.

[294] Dazu BVerfG NJW 2006, 2093; BGHZ 155, 380.

[295] Aus der Rechtsprechung VGH Kassel NVwZ 1990, 977; OVG Münster NVwZ-RR 1991, 591; OVG Koblenz NVwZ-RR 1991, 390. Entgegen: OVG Lüneburg Beschl. v. 18.5.2010 – 8 ME 111/10.

[296] VGH Mannheim NVwZ-RR 2002, 908; OVG Lüneburg Beschl. v. 18.5.2010 – 8 ME 111/10.

[297] Zu diesen Voraussetzungen s. BVerfG NJW 2006, 2093.

[298] VGH Mannheim NVwZ-RR 2002, 908; OVG Lüneburg Beschl. v. 18.5.2010 – 8 ME 111/10.

[299] Zutreffend daher VG Sigmaringen Beschl. v. 28.5.2002 – 4 K 259/02.

[300] Die Rechtsprechung spricht angesichts der Abgrenzungsschwierigkeiten von „verfahrensrechtlichen Zufälligkeiten", s. VGH Mannheim NVwZ-RR 2002, 908; OVG Lüneburg Beschl. v. 18.5.2010 – 8 ME 111/10; VG Sigmaringen Beschl. v. 28.5.2002 – 4 K 259/02; OVG Hamburg Beschl. v. 24.2.2009 – 3 Nc 258/08; VG Meiningen Beschl. v. 7.8.2000 – 2 E 679/00.Me.

sache bestimmt sich in einstweiligen Anordnungsverfahren nach § 123 Abs. 2 S. 2 VwGO. Gericht der Hauptsache ist regelmäßig das Gericht des ersten Rechtszuges und, wenn die Hauptsache im Berufungsverfahren anhängig ist, das Berufungsgericht.

Ist die Hauptsache noch nicht anhängig, ist das Gericht zuständig, das die einstweilige Anordnung erlassen hat, ggf. also auch das Beschwerdegericht.[301] **493**

b) Verfahrensvoraussetzungen. Die hier vertretene Auffassung, nach der sich die Abänderung von Beschlüssen im einstweiligen Anordnungsverfahren nach § 80 Abs. 7 VwGO analog bestimmt, hat zur Konsequenz, dass eine Abänderung in zwei Konstellationen relevant werden kann: Aus § 80 Abs. 7 S. 1 VwGO folgt die Befugnis des Gerichtes der Hauptsache, Beschlüsse jederzeit ändern oder aufheben zu können. § 80 Abs. 7 S. 2 VwGO sieht den Anspruch der Beteiligten auf eine Abänderungsentscheidung für den Fall vor, dass sich Umstände verändert haben oder im ursprünglichen Verfahren ohne Verschulden nicht geltend gemacht worden sind.

(1) Für eine Abänderung von Amts wegen im Sinne des § 80 Abs. 7 S. 1 VwGO bedarf es besonderer formeller oder materieller Voraussetzungen nicht.[302] Hierfür spricht bereits der Wortlaut der Norm. Wenn dem Gericht die Befugnis zugewiesen wird, den in Rede stehenden Beschluss „jederzeit" abzuändern, ist hiermit nicht nur das Fehlen einer zeitlichen Grenze angesprochen,[303] sondern bedeutet auch, dass für die Abänderung keine materiellen Voraussetzungen erfüllt sein müssen. Aus dieser Feststellung kann nicht geschlussfolgert werden, dass damit eine Abänderung in das Belieben des Gerichtes gestellt wäre. Eine Änderungsbefugnis setzt stets voraus, dass die Rechtslage jetzt anders beurteilt wird oder die Interessenabwägung korrekturbedürftig erscheint.[304] **494**

(2) Die Beteiligten des Anordnungsverfahrens haben gemäß § 80 Abs. 7 S. 2 VwGO einen Anspruch auf eine erneute Entscheidung bei veränderten oder im ursprünglichen Verfahren ohne Verschulden nicht geltend gemachten Umständen. **495**

Die notwendige Antragsbefugnis liegt vor, wenn der Antragsteller Umstände im Sinne des § 80 Abs. 7 S. 2 VwGO vorträgt, aus denen sich die Möglichkeit einer Änderung der früheren Eilentscheidung ergibt.[305] § 80 Abs. 7 S. 2 VwGO gleicht insoweit dem Verfahren auf Aufhebung eines Arrestes gemäß § 927 ZPO.[306] Ein Anspruch im Sinne des § 80 Abs. 7 S. 2 VwGO ist gegeben, wenn sich nach Erlass des abzuändernden Beschlusses eine Veränderung der maßgeblichen Sach- und/oder Rechtslage ergeben hat.[307] Hierzu kann eine Änderung der Rechtslage zählen, beispielsweise durch eine Gesetzesände- **496**

[301] VGH Mannheim NVwZ 2006, 219; OVG Magdeburg Beschl. v. 27.7.2002 – B 3 S 391/99; VG Berlin NVwZ 1997, 514; VGH Kassel ESVGH 31, 150; VGH Mannheim VBlBW 1995, 360; OVG Münster (11. Sen.) NVwZ-RR 1990, 591; DVBl. 1987, 700. Anders OVG Magdeburg Beschl. v. 22.8.2003 – 2 M 400/03; VGH Mannheim NVwZ-RR 2002, 908; OVG Lüneburg Beschl. v. 6.10.2000 – 4 M 3126/00; OVG Saarlouis, AS 18, 147; VGH Kassel NJW 1997, 211; NJW 1987, 1354; OVG Koblenz NVwZ-RR 1991, 390; OVG Münster (7. Sen.) NVwZ-RR 1989, 589; Kopp/*Schenke* VwGO § 123 Rn. 36; *Redeker/von Oertzen* VwGO § 123 Rn. 26; *Schoch* in Schoch/Schneider/Bier VwGO § 123 Rn. 179. Sie halten gegen den Gesetzeswortlaut das erstinstanzliche Gericht auch dann für zuständig, wenn das Beschwerdegericht die einstweilige Anordnung erlassen hat.

[302] VGH Mannheim NVwZ-RR 1996, 603; OVG Hamburg NVwZ 1995, 1005; aA VGH Kassel DVBl. 1996, 1320; OVG Münster DVBl. 1999, 998.

[303] In diesem Sinne OVG Münster NJW 1977, 726; VGH Mannheim NVwZ 1987, 625; OVG Koblenz; NJW 1981, 364.

[304] OVG Weimar DVBl. 1999, 480; VG Saarlouis Beschl. v. 2.9.2009 – 10 L 576/09; VGH Kassel DVBl. 1996, 1320; OVG Münster DVBl. 1999, 988 will demgegenüber eine Änderung nur angesichts „gewichtiger Gründe" zulassen.

[305] VGH Mannheim NVwZ-RR 2002, 911; dazu auch BVerwG Beschl. v. 29.11.1999 – 11 VR 13/98.

[306] → Rn. 489 ff.

[307] VGH Mannheim NVwZ-RR 2002, 911; OVG Berlin-Brandenburg Beschl. v. 29.3.2012 – OVG 10 S 17.11.

rung.[308] Als Änderung der maßgeblichen Umstände im Sinne von § 80 Abs. 7 S. 2 VwGO ist auch eine Veränderung der Prozesslage zu werten.[309] Die Änderung der „Beweislage" steht der Änderung der „Sachlage" oder der „Rechtslage" insoweit gleich.[310] Als Veränderung von Umständen sind auch Änderung in den tatsächlichen Verhältnissen zu werten, die die Interessenabwägung des Gerichtes beeinflussen können; sie sind auch in neuen Beweismitteln zu sehen, durch die die bisherige Entscheidung überholt ist und neu überdacht werden muss.[311] Nicht jede Veränderung ist allerdings beachtlich. Die Rechtsprechung verweist auf die begrenzte Rechtskraft der Beschlüsse im Eilverfahren und verlangt mit Blick auf die „innere Festigkeit" von Eilbeschlüssen,[312] dass es sich um eine Veränderung handeln muss, die das bisherige Ergebnis der Interessenabwägung umkehren kann.[313] Der bloße Meinungswandel des Gerichts reicht nicht aus.[314] Die Feststellung einer Veränderung ist von wertenden Elementen geprägt. Ob eine Änderung in diesem Sinne beachtlich ist, soll sich nach der Rechtsprechung aus Gründen der Einzelfallgerechtigkeit, des fairen Verfahrens oder unter Berücksichtigung des Umstandes ergeben können, wie es zur Änderung der Prozesslage gekommen ist. Das Verhalten der Beteiligten im Hauptsacheverfahren kann – etwa im Hinblick auf eine ihnen obliegende Mitwirkung bei der Aufklärung des entscheidungserheblichen Sachverhaltes – in diesem Zusammenhang von Bedeutung sein.[315]

497 (3) Das Abänderungsverfahren ist keiner Frist unterworfen. Eine Antragsfrist ist nicht vorgesehen. Eine Befristung kann sich allerdings aus Fachgesetzen ergeben.[316]

498 (4) Sowohl für die Abänderung von Amts wegen (§ 80 Abs. 7 S. 1 VwGO) wie für die Abänderung nach § 80 Abs. 7 S. 2 VwGO ist allerdings nur Raum, solange das der einstweiligen Anordnung zugrunde liegende Hauptsacheverfahren noch nicht rechtskräftig abgeschlossen ist. Auch insoweit ist also das Verhältnis zwischen dem auf vorläufige Sicherung ausgerichteten Anordnungsverfahren und dem das Rechtsverhältnis endgültig regelnden Hauptsacheverfahren zu beachten.[317] Die Möglichkeit einer Abänderung scheidet auch dann aus, wenn wegen eines Verstoßes gegen das Gebot rechtlichen Gehörs die Möglichkeit der Anhörungsrüge nach § 152a Abs. 1 VwGO besteht.[318]

499 **c) Abschluss des Verfahrens.** Das Gericht entscheidet nach § 123 Abs. 4 VwGO durch Beschluss.[319] Es hat alle im Zeitpunkt seiner Entscheidung vorhandenen tatsächlichen und rechtlichen Umstände zu berücksichtigen und wendet dabei die gleichen Grundsätze wie bei seiner Erstentscheidung nach § 123 Abs. 1 VwGO an.[320]

---

[308] BVerwG NVwZ 1995, 383.

[309] Dazu OVG Greifswald NVwZ-RR 2006, 365; OVG Münster; Beschl. v. 23.5.2003 – 1 B 411/03; OVG Magdeburg Beschl. v. 14.1.1998 – B 2 S 8/98.

[310] OVG Greifswald NVwZ-RR 2006, 365.

[311] OVG Greifswald NVwZ-RR 2006, 365; OVG Münster NVwZ-RR 1999, 473.

[312] VGH Kassel NVwZ-RR 1997, 446; so auch OVG Greifswald NVwZ-RR 2006, 365.

[313] OVG Greifswald NVwZ-RR 2006, 365.

[314] OVG Münster NVwZ 1999, 988.

[315] OVG Greifswald NVwZ-RR 2006, 365.

[316] VGH Kassel NVwZ-RR 2003, 462 (zu §§ 17 Abs. 6a FStrG, 5 Abs. 2 VerkPBG a. F.); BVerwG NVwZ 1999, 650 (§ 20 Abs. 5 AEG aF).

[317] VG Stuttgart Beschl. v. 13.1.2006 – 5 K 2948/05; → Rn. 98.

[318] OVG Lüneburg NVwZ-RR 2006, 295; → Rn. 1201.

[319] Kopp/*Schenke* VwGO § 123 Rn. 38.

[320] So BVerwG NVwZ 1988, 1022; OVG Münster NVwZ 1983, 353 zu § 80 Abs. 6 aF; vgl. auch VG Lüneburg NVwZ-RR 2006, 287; VerfGH Berlin Beschl. v. 28.5.2004 – VerfGH 71/03 und VerfGH 71 A/03; OVG Weimar Beschl. v. 3.3.2004 – 2 EO 419/03; VGH Kassel NVwZ-RR 2003, 462.

Zu beachten ist aber, dass im Abänderungsverfahren nicht retrospektiv die Rechtmäßigkeit des Ausgangsbeschlusses des Verwaltungsgerichts überprüft wird.[321] Das Abänderungsverfahren ist anders als die Beschwerde keine Rechtsmittelentscheidung, sondern ein neues, selbstständiges und zukunftsorientiertes Verfahren des vorläufigen Rechtsschutzes, in dem geprüft wird, ob im jetzigen Zeitpunkt die ursprüngliche Eilentscheidung wegen veränderter oder damals ohne Verschulden nicht geltend zu machender Umstände nach dem Maßstab des § 123 VwGO noch aufrechtzuerhalten oder aber zu ändern ist.[322] Berücksichtigungsfähige „nachträgliche" Änderungen der Sach- oder Rechtslage müssen dabei nach Erlass der Ausgangsentscheidung eingetreten sein, andernfalls sind sie nur bei unverschuldeter Verhinderung rechtzeitiger Geltendmachung beachtlich. 500

Das Abänderungsverfahren ist, soweit sich die jeweils zugrunde gelegten Umstände 501 ändern, beliebig wiederholbar.[323]

Schließen sich an das ursprüngliche Eilrechtsschutzverfahren mehrere Abänderungs- 502 verfahren nach § 80 Abs. 7 S. 2 VwGO an, so ist maßgeblicher Zeitpunkt dafür, ob nachträgliche Änderungen eingetreten sind oder ob sonstige Umstände ohne Verschulden nicht geltend gemacht werden konnten, der Zeitpunkt des jeweils letzten Beschlusses nach § 80 Abs. 7 VwGO[324]. In jedem Verfahren nach § 80 Abs. 7 S. 2 VwGO wird über den jeweiligen Verfahrensgegenstand – Überprüfung des Ausgangsbeschlusses am Maßstab der im Entscheidungszeitpunkt vorliegenden Abänderungskriterien – bindend entschieden; Beschlüsse nach § 80 Abs. 7 S. 2 VwGO erwachsen daher insofern außer in formeller auch in begrenzter materieller (zeitlicher) Rechtskraft. Die Rechtsprechung vergleicht das Verhältnis zwischen Ausgangs- und späteren Abänderungsbeschlüssen mit dem Verhältnis eines behördlichen Ausgangsbescheids und nachfolgenden Wiederaufgreifensentscheidungen nach § 51 Abs. 1 bis 3 VwVfG.[325]

Eine Änderung kommt daher nur für die Zukunft, also vom Eingang des Abänderungs- 503 antrags bei Gericht an, in Betracht. Einer Rückwirkung steht die formelle Rechtskraft der Erstentscheidung entgegen.[326] Neben der Abänderung hat es zusätzlich über den ursprünglich gestellten Antrag zu entscheiden.[327] Da das Abänderungsverfahren ein selbstständiges Verfahren ist, hat das Gericht eine eigenständige Kostenentscheidung zu treffen, die allein die Kosten dieses Verfahrens umfasst.[328] Gegen die Abänderungsentscheidung des VG ist die Beschwerde gegeben (§ 146 Abs. 4 VwGO).[329] Abänderungsentscheidungen des OVG und des BVerwG sind unanfechtbar (§ 152 Abs. 1 VwGO).

---

[321] VGH Mannheim NVwZ-RR 2002, 911.

[322] VGH Mannheim NVwZ-RR 2002, 911; NVwZ-RR 1996, 603.

[323] VGH Mannheim NVwZ-RR 2002, 911; s. aber zu möglichen fachgesetzlichen Fristen VGH Kassel NVwZ-RR 2003, 462 (§ 17 Abs. 6a FStrG, 5 Abs. 2 VerkPBG aF).

[324] VGH Mannheim NVwZ-RR 2002, 911.

[325] VGH Mannheim NVwZ-RR 2002, 911. Für das Änderungsverfahren nach § 80 Abs. 7 S. 1 VwGO, das an keine Tatbestandsvoraussetzungen geknüpft ist, gilt dies allerdings nicht. In diesem Verfahren kann sich das Verwaltungsgericht unbegrenzt über die Rechtskraft vorangegangener Ausgangs – und Abänderungsbeschlüsse hinwegsetzen, wenn hierfür ein Bedürfnis besteht, s. VGH Mannheim NVwZ-RR 2002, 911; BVerwG Buchholz 310 § 80 VwGO Nr. 45.

[326] *Drettmann* DVBl. 1985, 888f.; BeckOK ZPO/*Mayer* ZPO § 927 Rn. 1. Anders BGHZ 122, 172, wonach eine Abänderung der Kostenentscheidung erreicht werden kann, wenn im Hauptsacheverfahren rechtskräftig festgestellt worden ist, dass eine einstweilige Verfügung von Anfang an unberechtigt war.

[327] VGH Mannheim NVwZ-RR 1996, 714; vgl. VerfGH Berlin Beschl. v. 28.5.2004, VerfGH 71/03, VerfGH 71 A/03; VG Kassel NVwZ-RR 1998, 80.

[328] VGH Mannheim NVwZ-RR 1996, 603 zu § 80 Abs. 7 VwGO; vgl. VG Sigmaringen Beschl. v. 18.2.1999 – 1 K 3151/98; Eyermann/*Happ* VwGO § 123 Rn. 80f.; etwas anderes soll ausnahmsweise dann gelten, wenn die Abänderungsgründe von Anfang an bestanden haben, vgl. zB OLG Düsseldorf WRP 1988, 248 (249).

[329] *Meyer-Ladewig*/*Rudisile* in Schoch/Schneider/Bier VwGO § 146 Rn. 13c.

IV. Das Wiederaufnahmeverfahren nach § 153 Abs. 1 VwGO

504 § 153 Abs. 1 VwGO lässt die Wiederaufnahme eines rechtskräftig beendeten Verfahrens nach §§ 578 ff. ZPO zu. Hierzu gehört auch das Anordnungsverfahren.[330] Alle Beschlüsse, die es abschließen, erwachsen in materielle Rechtskraft.[331] Sie regeln einen vorläufigen Zustand endgültig und binden deshalb das Gericht bei gleichbleibenden tatsächlichen und rechtlichen Verhältnissen an seine Entscheidung.[332] Diese dem Klageverfahren weitgehend angenäherte Rechtskraftwirkung rechtfertigt es, § 153 Abs. 1 VwGO auch auf die Wiederaufnahme eines rechtskräftig abgeschlossenen Anordnungsverfahrens anzuwenden. Der Antragsteller ist ausschließlich auf dieses Verfahren verwiesen, die Bindungswirkung einer rechtskräftigen Entscheidung kann nicht im Wege einer einstweiligen Anordnung vorläufig außer Kraft gesetzt werden.[333]

F. Kosten, Vollziehung, Folgenbeseitigung

§ 27 Die Kosten des Anordnungsverfahrens

Schrifttum: *Beutling,* Anwaltsvergütung in Verwaltungssachen, 2004, Rn. 449 ff.; *Brehm/Zimmerling,* Die neuen Gerichtskosten im Verwaltungsprozess aus anwaltlicher Sicht – Höhe der Kosten, Vermeidungsstrategien und Aufklärungspflichten, NVwZ 2004, S. 1207–1209; *Kalkeldey,* Einstweilige Anordnung im sozialgerichtlichen Verfahren – Beantragung von Prozesskostenhilfe – Anmerkung zu LSG Essen, Beschluss vom 19.12.1996 – Az. L 16 Skr 35/96, SGb 1998, S. 284–285; *Mayer,* Die Vergütung nach dem RVG in den Verfahren des vorläufigen Rechtsschutzes nach der VwGO, RVG-Letter 2004, 135; *Stuttmann,* Auswirkungen des neuen Gerichtskostengesetzes auf den Verwaltungsprozess, DVBl. 2004, 681; *Tysper,* Abrechnung von Tätigkeiten im Verwaltungs(prozess)recht, AnwBl 2004, 644; *Zimmer,* Entwicklung des Streitwertrechts in der Verwaltungsgerichtsbarkeit seit 1991, NVwZ 1995, 140.

I. Erstattungsfähige Kosten

505 Im Anordnungsverfahren sind nach Maßgabe der Kostenentscheidung des Gerichts (§ 161 Abs. 1 VwGO)[1] die Kosten erstattungsfähig, die sich auf dieses Verfahren beziehen. Das gilt auch dann, wenn Anordnungs- und Hauptsacheverfahren nebeneinander geführt werden, da das Anordnungsverfahren auch in diesem Fall seine Selbstständigkeit behält.[2] Erstattungsfähig sind nach § 162 Abs. 1 VwGO stets die Gerichtskosten (Gebühren und Auslagen) sowie weiterhin die persönlichen Aufwendungen (Kosten und Auslagen) der Beteiligten, soweit diese zur zweckentsprechenden Rechtsverfolgung oder

[330] VGH Kassel NJW 1984, 378; Eyermann/*Happ* VwGO § 123 Rn. 76; Kopp/*Schenke* VwGO § 123 Rn. 42, § 153 Rn. 5; *Drettmann* DVBl. 1985, 887; *Hufen* § 33 Rn. 23. Anders BVerwG BVerwGE 76, 127; VGH München Beschl. v. 8.7.2003 – 7 B 03.885; OVG Münster NVwZ-RR 2003, 535; VG Dessau Beschl. v. 4.8.1998 – B 1 K 623/97; OVG Hamburg Beschl. v. 12.6.1997 – Bs IV 317/95; vgl. BVerfG NVwZ 1998, Beil. Nr. 1, 1–2; VGH München NJW 1985, 879; VG Kassel NVwZ-RR 1998, 80; anders: *Redeker/von Oertzen* VwGO § 123 Rn. 48, § 153 Rn. 1; *Linhart* apf 1993, 83; *Pietzner/Ronellenfitsch,* Assessorexamen, § 58 Rn. 20; *Reimer* VBlBW 1986, 291 (296); *Schoch* in Schoch/Schneider/Bier VwGO § 123 Rn. 169; *ders.,* S. 1550.

[331] Hierzu im Einzelnen → Rn. 79.

[332] VGH Kassel NJW 1984, 378; *Drettmann* DVBl. 1985, 887. Dagegen vor allem VGH München NJW 1985, 879; *Pietzner/Ronellenfitsch,* Assessorexamen, § 58 Rn. 20; *Schoch* in Schoch/Schneider/Bier VwGO § 123 Rn. 169.

[333] VGH Mannheim Beschl. v. 12.5.1993 – 2 S 732/93.

[1] → Rn. 350.

[2] Eyermann/*J. Schmidt* VwGO § 161 Rn 1; Kopp/*Schenke* VwGO § 162 Rn. 1a.

Rechtsverteidigung notwendig waren. Zu den notwendigen Aufwendungen zählen die gesetzlich vorgesehenen[3] Gebühren und Auslagen eines Rechtsanwalts oder Rechtsbeistands. Sie sind nach § 162 Abs. 2 S. 1 VwGO stets erstattungsfähig, so dass die Notwendigkeit der Aufwendungen auch dann feststeht, wenn sich eine Behörde trotz eigener juristisch ausgebildeter Bediensteter durch einen Rechtsanwalt im Eilverfahren vertreten lässt.[4] Hat der Obsiegende mit dem von ihm beauftragten Rechtsanwalt eine Honorarvereinbarung geschlossen, aufgrund der er eine höhere Vergütung als die gesetzlich vorgesehene schuldet, sind diese Kosten nicht erstattungsfähig. Die außergerichtlichen Kosten des Beigeladenen gehören, wenn das Gericht dies aus Billigkeitsgründen anordnet (§ 162 Abs. 3 VwGO),[5] zu den Kosten des Verfahrens. Die Kosten eines Vorverfahrens sind dagegen nicht erstattungsfähig, da der Erlass einer einstweiligen Anordnung nicht von der Einleitung oder Durchführung dieses Verfahrens abhängt.[6]

II. Streitwertbemessung

(1) Für die Festsetzung des Streitwerts im Anordnungsverfahren ist nach §§ 52 Abs. 1, 506
53 Abs. 3 Nr. 1 GKG ausschließlich das Interesse des Antragstellers am Erlass der beantragten einstweiligen Anordnung maßgebend.[7] Da das Anordnungsverfahren Sicherungsfunktion in Bezug auf ein bestimmtes Hauptsacheverfahren hat, ist zunächst zu ermitteln, welche Bedeutung dieses Verfahren für den Antragsteller hat.[8] In einem weiteren Schritt ist festzustellen, ob der Hauptsachestreitwert auch für das Eilverfahren anzunehmen oder wegen der geringeren Bedeutung der begehrten Sicherung oder Regelung zu vermindern ist.

Grundsätzlich ist davon auszugehen, dass der Streitwert des Anordnungsverfahrens 507
niedriger als der des Hauptsacheverfahrens ist.[9] Er beträgt in der Regel die Hälfte des Hauptsachewerts. Davon war bereits die ältere Rechtsprechung ausgegangen,[10] heute besteht hierüber allgemeine Übereinstimmung.[11] Hieran hat sich auch der für die Verwaltungsgerichtsbarkeit erarbeitete Streitwertkatalog[12] orientiert, der trotz seines lediglich empfehlenden Charakters[13] die gerichtliche Streitwertpraxis maßgeblich beein-

---

[3] *Neumann* in Sodan/Ziekow VwGO § 162 Rn. 63.

[4] *Neumann* in Sodan/Ziekow VwGO § 162 Rn. 57; s. aber auch OVG Lüneburg NVwZ-RR 2004, 155; VG Hannover Beschl. v. 27.2.2009 – 8 C 3934/08; OVG Berlin NVwZ-RR 2001, 613; NVwZ-RR 2001, 614 (Verneinung der Notwendigkeit bei offensichtlichem Verstoß gegen Schadensminderungspflicht).

[5] *Neumann* in Sodan/Ziekow VwGO § 162 Rn. 122 ff.

[6] OVG Koblenz DVBl. 1989, 892 zu § 80 Abs. 5 VwGO; vgl. OVG Magdeburg Beschl. v. 7.9.2009 – 1 M 64/09; VG Frankfurt Beschl. v. 7.5.2003 – 3 G 1996/03; VGH Kassel NVwZ-RR 1999, 346.

[7] Hierzu *Hartmann* § 52 GKG Rn. 4 ff.

[8] Kopp/*Schenke* VwGO Anh. § 164 Rn. 11–19; *Redeker/von Oertzen* VwGO § 165 Rn. 13.

[9] BVerwG Beschl. v. 9.5.2002 – 4 A 46/01; OVG Hamburg AnwBl. 1987, 286. Dagegen grundsätzlich VGH Mannheim KostRsp § 20 GKG Nr. 143; *Ewer* AnwBl 1992, 281 (282). Bsp.: OVG Saarlouis BauR 2006, 2015; OVG Magdeburg Beschl. v. 17.2.2006 – 1 M 25/06.

[10] Vgl. hierzu 4. Aufl. Rn. 546.

[11] VGH Mannheim DÖV 2006, 177; OVG Magdeburg Beschl. v. 20.9.2005 – 1 M 355/05; OVG Münster Beschl. v. 17.6.2005 – 16 B 2710/04; VG Düsseldorf Beschl. v. 12.10.2005 – 20 L 1960/05; VG Schwerin Beschl. v. 26.9.2005 – 3 B 1260/04; VG Osnabrück Beschl. v. 11.7.2005 – 1 B 41/05; VG Gera Beschl. v. 4.7.2005 – 1 E 407/05.Ge; OVG Lüneburg NVwZ-RR 2009, 454; OVG Weimar ThürVBl 2006, 65; OVG Hamburg NVwZ-RR 1993, 108; AnwBl 1987, 286 (287); VGH Kassel GewArch. 1994, 115; AnwBl 1990, 44; OVG Koblenz KostRsp § 20 GKG Nr. 111; VGH München BayVBl. 1998, 209; KostRsp § 20 GKG Nr. 134; OVG Münster KKZ 1993, 100; OVG Schleswig NVwZ-RR 1992, 386.

[12] NVwZ 2004, 1327; DVBl. 2004, 1525; NVwZ 1996, 563.

[13] BVerwG NVwZ-RR 1993, 108; VGH München NVwZ-RR 1996, 543; vgl. OVG Bautzen NJ 2006, 132; BauR 2007, 336; NVwZ-RR 2006, 851; OVG Hamburg NJW 2006, 1367.

flusst.[14] Er sieht in seinem Abschnitt I Nr. 7 als Regelwert für das Anordnungsverfahren die Hälfte des Streitwerts der Hauptsache vor.

508 Ausnahmsweise kann für das Anordnungsverfahren auch ein anderer Streitwert in Betracht kommen. Er kann niedriger liegen, wenn der Antragsteller mit dem Anordnungsantrag weniger als mit der Klage begehrt.[15] Ebenso kann er bis zur Höhe des Streitwerts des Hauptsacheverfahrens angehoben werden, wenn die Entscheidung in der Sache vollständig oder weitgehend vorweggenommen wird.[16] Auch dies deckt sich mit der Empfehlung des Streitwertkatalogs in Abschnitt I Nr. 7.

509 Stellen mehrere Antragsteller einen gemeinsamen Anordnungsantrag, kommt es für die Streitwertfestsetzung darauf an, ob jeder von ihnen die Sicherung eines eigenen Anspruchs verfolgt oder ob sie als Rechtsgemeinschaft handeln. Im ersten Fall sind gesonderte Einzelstreitwerte anzunehmen, die dann zu einem Gesamtstreitwert zusammengefasst werden (§§ 173 VwGO, 5 ZPO entspr.), im zweiten ist ein einheitlicher Streitwert zu bilden (Streitwertkatalog, Abschnitt I Nr. 3, 4).[17]

510 (2) Der Streitwert des Beschwerdeverfahrens bestimmt sich nach § 47 GKG in entsprechender Anwendung. Maßgebend sind die Anträge des Beschwerdeführers (§ 47 Abs. 1 S. 1 GKG),[18] begrenzt durch den Wert des Streitgegenstandes des ersten Rechtszuges (§ 47 Abs. 2 S. 1 GKG).[19] In der Regel werden sich beide Streitgegenstände decken,[20] Abweichungen ergeben sich bei einem teilweisen Unterliegen.[21]

III. Prozesskostenhilfe

511 Für das Anordnungsverfahren kann auf Antrag Prozesskostenhilfe bewilligt werden (§§ 166, 114–127 ZPO).[22] Antragsberechtigt ist neben den Hauptbeteiligten auch der

[14] So zum Anordnungsverfahren zB OVG Weimar NVwZ-RR 2006, 745; VGH München BayVBl. 2005, 315; OVG Hamburg NVwZ-RR 1993, 109; NVwZ-RR 1993, 53. Allgemein *Zimmer* NVwZ 1995, 140.

[15] VGH Kassel AnwBl 1990, 44.

[16] BVerfG NVwZ-RR 1994, 107 (Neufeststellung eines Wahlergebnisses); VG Meiningen Beschl. v. 27.1.2006 – 1 E 766/05.Me; VG Potsdam Beschl. v. 2.8.2005 – 12 L 453/05 (Zurückstellung v. Schulbesuch); OVG Saarlouis Beschl. v. 2.8.2005 – 3 Y 12/05 (Hochschulzulassung; Losverfahren); VG Chemnitz Beschl. v. 17.6.2005 – 3 K 594/05 (öffentlich-rechtlicher Vertrag; Zwangsvollstreckung); OVG Bremen KostRsp § 20 GKG Nr. 117; AnwBl 1987, 553; OVG Münster KostRsp § 20 GKG Nr. 96 (Hochschulzulassung); OVG Bremen KostRsp § 20 GKG Nr. 140 (Gestattung der Wiedereinreise); VGH Kassel GewArch. 1994, 115 (116) (Erteilung einer Gaststättenerlaubnis); NVwZ-RR 1990, 514 (516) (Teilnahme an einer Schulveranstaltung im Ausland); VGH Mannheim GewArch. 1994, 112 (Zulassung zu einem eintägigen Markt); AnwBl 1991, 412 (Änderung der Tagesordnung einer Bürgerversammlung); OVG Münster KKZ 1993, 100 (Einstellung von Vollstreckungsmaßnahmen).

[17] Hierzu im Einzelnen *Hartmann* § 13 GKG Rn. 6; Anh. I B § 13 GKG; Kopp/*Schenke* VwGO Anh. § 189 Rn. 11; sowie VGH Mannheim NJW 1977, 1790 (Ls.); VGH München BayVBl. 1991, 158.

[18] Kopp/*Schenke* VwGO § 165 Rn. 6.

[19] Die ist nicht der in erster Instanz festgesetzte, sondern der aus der Sicht des Beschwerdegerichts objektiv angemessene Streitwert, BVerwG JurBüro 1993, 738.

[20] BVerwG NVwZ-RR 1989, 280; OVG Hamburg NordÖR 2006, 110; BFH Beschl. v. 13.5.2005 – XI E 1/05; VGH Mannheim NVwZ-RR 2006, 151. Weitergehend VGH Kassel NVwZ-RR 190, 223.

[21] OVG Magdeburg Beschl. v. 20.9.2005 – 1 M 355/05; OVG Lüneburg NVwZ-RR 2009, 454; VGH Mannheim NVwZ-RR 1990, 476.

[22] OVG Münster Beschl. v. 31.3.2005 – 6 E 227/05; OVG Lüneburg NVwZ 2005, 470; NVwZ-RR 2005, 860; OVG Münster Beschl. v. 11.7.2000 – 22 E 497/00; VGH Mannheim VBlBW 1996, 148; vgl. auch VG Osnabrück Beschl. v. 7.12.2005 – 1 C 27/05. Die Bewilligung von Prozesskostenhilfe für das Hauptsacheverfahren erstreckt sich nicht auch auf das (selbstständige) Anordnungsverfahren. Zum Verfahren bei einer Vorabentscheidung VGH Kassel NVwZ-RR 1990, 223.

Beigeladene.[23] Der Antrag muss für jede Instanz gesondert gestellt werden (§ 119 S. 1 ZPO), und zwar bis zum Erlass der instanzbeendenden Entscheidung.[24]

1. Bewilligung durch das erstinstanzliche Gericht

Ist das Anordnungsverfahren beim VG anhängig oder muss es dort anhängig gemacht werden, ist Prozesskostenhilfe bei diesem Gericht zu beantragen (§§ 166 VwGO, 117 Abs. 1 S. 1 Halbs. 1 ZPO). Der Antrag braucht nicht durch einen Bevollmächtigten (§ 67 Abs. 1 S. 1 VwGO) gestellt werden, sondern kann vom Antragsteller vor der Geschäftsstelle zu Protokoll erklärt werden (§ 117 Abs. 1 S. 1 Halbs. 2, 78 Abs. 3 ZPO) und kann damit auch unmittelbar bei Gericht angebracht werden.[25] Über den Antrag entscheidet die Kammer oder der Einzelrichter nach § 6 VwGO[26] (§ 127 Abs. 1 S. 2 Halbs. 1 ZPO) nach Anhörung des Antragsgegners (§ 118 Abs. 1 S. 1 ZPO) ohne mündliche Verhandlung durch Beschluss (§§ 146 Abs. 4 VwGO, 127 Abs. 1 S. 1 ZPO). Dies kann gleichzeitig mit der Entscheidung über den Anordnungsantrag geschehen.[27] Der ablehnende Beschluss ist zu begründen (§ 122 Abs. 2 S. 1 VwGO), einer Kostenentscheidung bedarf es nicht (§ 1 GKG).[28] Da er rechtsmittelfähig ist (§ 146 Abs. 4 VwGO), muss er zugestellt werden (§ 56 Abs. 1 VwGO). 512

Entsprechende Grundsätze gelten für die Bewilligung von Prozesskostenhilfe im erstinstanzlichen Verfahren vor dem OVG und dem BVerwG.[29] Die Entscheidung, die vom gesamten Spruchkörper zu treffen ist,[30] ist unanfechtbar (§ 152 Abs. 1 VwGO). 513

2. Bewilligung durch das Rechtsmittelgericht

(1) Die Bewilligung der Prozesskostenhilfe gilt jeweils nur für eine Instanz und muss daher für jede weitere Instanz neu beantragt werden. Da der Antrag zu Protokoll der Geschäftsstelle gegeben werden kann, muss er auch hier nicht durch einen Bevollmächtigten gestellt werden (§ 117 Abs. 1 S. 1 Halbs. 2, 78 Abs. 3 ZPO).[31] Er ist innerhalb der Antragsfrist des § 146 Abs. 4 S. 1 VwGO einzureichen, da nur unter dieser Voraussetzung Wiedereinsetzung in den vorigen Stand wegen Versäumung dieser Frist gewährt werden kann.[32] 514

---

[23] Vgl. VG Freiburg Beschl. v. 23.12.2004 – 1 K 411/04; OVG Greifswald NordÖR 2004, 443; Kopp/*Schenke* VwGO § 166 Rn. 1.

[24] VGH München Beschl. v. 21.10.2016 – 9 CE 16.523; OVG Greifswald NordÖR 2005, 307; OVG Lüneburg DÖV 2005, 34; OVG Berlin Beschl. v. 10.3.2005 – 2 M 4.05; OVG Münster Beschl. v. 21.2.2005 – 16 E 432/04; VG Chemnitz Beschl. v. 30.4.2003 – A 2 K 30 770/00; aA OVG Hamburg NordÖR 2004, 201. Aus der älteren Judikatur s. VGH München BayVBl. 1995, 531 (Bekanntgabe des Tenors genügt).

[25] VGH Mannheim VBlBW 2002, 31; NVwZ 1997, 693; OVG Bautzen Beschl. v. 15.10.1999 – 1 S 489/99.

[26] Kopp/*Schenke* VwGO § 6 Rn. 2, § 166 Rn. 11.

[27] BVerwG NJW 2004, 963; DVBl. 2003, 869; OVG Hamburg DVBl. 1996, 1318; VGH Kassel NVwZ-RR 1990, 223; VGH Mannheim FEVS 44, 475 (476); vgl. VG Mainz Beschl. v. 3.5.2005 – 7 L 115/05.MZ; VG Meiningen Beschl. v. 30.6.2003 – 8 E 520/03.Me; auch Kostengründe stehen dem nicht entgegen, VGH Kassel NVwZ-RR 1990, 224.

[28] Eyermann/*Happ* VwGO § 166 Rn. 42 ff.

[29] Kopp/*Schenke* VwGO § 166 Rn. 11.

[30] VGH Kassel NVwZ 1991, 594; vgl. OVG Münster Beschl. v. 4.3.2005 – 22 E 958/04; OVG Mannheim Beschl. v. 29.10.1998 – A 12 S 1125/97.

[31] BVerwG, Rpfleger 1991, 63 für das Verfahren nach § 132 VwGO; VGH Kassel NVwZ 1998, 203; OVG Lüneburg NVwZ-RR 1997, 761; anders OVG Saarlouis NVwZ 1998, 413; zur Beratungspflicht bei der Aufnahme der Niederschrift *Hartmann* in Baumbach/Lauterbach/Albers/Hartmann ZPO § 117 Rn. 15.

[32] VGH Kassel NVwZ 1998, 203; OVG Koblenz NVwZ-RR 1998, 208; VGH Mannheim VBlBW 1997, 381. Anders bei Gerichtskostenfreiheit VGH Mannheim NVwZ-RR 1997, 502.

515 Über die Bewilligung entscheidet das OVG (§ 127 Abs. 1 S. 2 Halbs. 2 ZPO) in voller Besetzung[33] nach Anhörung des Antragsgegners (§ 118 Abs. 1 S. 1 ZPO) ohne mündliche Verhandlung (§ 127 Abs. 1 S. 1 ZPO) durch Beschluss, der bei Antragsablehnung zu begründen ist.[34] Eine Kostenentscheidung entfällt (§ 1 GKG).[35] Der Beschluss ist nach § 152 Abs. 1 VwGO unanfechtbar.

516 Prozesskostenhilfe für das Bewilligungsverfahren selbst mit dem Ziel der Beiordnung eines Rechtsanwalts kann nicht gewährt werden, da es sich bei diesem Verfahren nicht um Prozessführung im Sinne von § 114 ZPO handelt.[36] Hierdurch wird der Antragsteller nicht rechtsschutzlos gestellt, da er einen Anspruch auf Beratungshilfe hat und damit die Möglichkeit erhält, das Bewilligungsverfahren mit anwaltlicher Unterstützung zu führen.[37]

517 (2) Hat das VG Prozesskostenhilfe für das Anordnungsverfahren versagt, kann der Antragsteller Beschwerde gegen den ablehnenden Beschluss einlegen (§§ 146 Abs. 1, 147 VwGO). Die Beschwerde unterliegt nicht dem Vertretungszwang (§ 67 Abs. 1 S. 2 VwGO).

518 Über die Beschwerde entscheidet das OVG durch Beschluss, der nicht begründet werden muss, wenn dem Antrag stattgegeben oder wenn er einstimmig abgelehnt wird (§§ 166 , 122 ZPO).[38] Gerichtsgebühren fallen an, wenn die Beschwerde erfolglos war (Nr. 5502 des Kostenverzeichnisses Anlage 1 zu § 3 Abs. 2 GKG).[39] Außergerichtliche Kosten werden nicht erstattet (§§ 166, 127 Abs. 4 ZPO). Der Streitwert ergibt sich aus der Summe der Gerichts- und Anwaltskosten für das Zulassungsverfahren.[40]

§ 28 Die Vollziehung der einstweiligen Anordnung

Schrifttum: *Engelhardt/App,* Verwaltungs-Vollstreckungsgesetz, Verwaltungszustellungsgesetz, 4. Aufl. 1996; *Gatz,* Vorläufiger Rechtsschutz nach § 123 VwGO, ZAP Fach 19, 559–566 (2002); *Wettlaufer,* Die Vollstreckung aus verwaltungs-, sozial- und finanzgerichtlichen Titeln zugunsten der öffentlichen Hand, Schriften zum Prozessrecht, Bd. 93 (1989).

519 Nach §§ 123 Abs. 3 VwGO, 928, 936 ZPO sind auf die Vollziehung der einstweiligen Anordnung die Vorschriften über die Zwangsvollstreckung (§§ 167 ff. VwGO) anzuwenden, soweit nicht die ebenfalls entsprechend anzuwendenden §§ 929 ff. ZPO abweichende Regelungen enthalten. Das bedeutet, dass die einstweilige Anordnung grundsätzlich im Wege der Vollstreckung vollzogen wird.

I. Die einstweilige Anordnung als Vollstreckungstitel

520 Die erlassene einstweilige Anordnung ist nach § 168 Abs. 1 Nr. 2 VwGO Vollstreckungstitel. Sie ist, wie sich aus einem Vergleich mit § 168 Abs. 1 Nr. 1 VwGO sowie weiterhin aus §§ 123 Abs. 4, 149 Abs. 1 VwGO ergibt, mit ihrem Erlass sofort vollstreckbar.[41] Die Aufhebung oder Abänderung einer einstweiligen Anordnung, die nach §§ 167

[33] VGH Kassel NVwZ 1991, 594.

[34] OLG Brandenburg MDR 2000, 1095 – in der Ausfertigung für den Gegner sollen die Passagen, die die persönlichen und wirtschaftlichen Verhältnisse des Antragstellers betreffen, weggelassen werden; *Neumann* in Sodan/Ziekow VwGO § 166 Rn. 216; Eyermann/*Happ* VwGO § 122 Rn. 7.

[35] Eyermann/*Happ* VwGO § 166 Rn. 42.

[36] BVerwG, Rpfleger 1991, 63; VGH Mannheim VBlBW 1997, 425; Eyermann/*Happ* VwGO § 166 Rn. 9. Anders OVG Saarlouis NVwZ 1998, 413.

[37] BVerwG Rpfleger 1991, 64; VGH Mannheim VBlBW 1997, 426.

[38] OLG Brandenburg MDR 2000, 1095; *Neumann* in Sodan/Ziekow VwGO § 166 Rn. 226; Eyermann/*Happ* VwGO § 122 Rn. 7.

[39] *Neumann* in Sodan/Ziekow VwGO § 166 Rn. 236; Eyermann/*Happ* VwGO § 166 Rn. 56.

[40] So für das Beschwerdeverfahren VGH München BayVBl. 1987, 572.

[41] BGHZ 120, 73; VG Meiningen Beschl. v. 7.8.2000 – 2 E 679/00.Me.

Abs. 1 VwGO, 708 Nr. 6 ZPO für vorläufig vollstreckbar zu erklären ist, ist Vollstreckungstitel nach § 168 Abs. 1 Nr. 1 VwGO.[42] Eine Vollstreckungsklausel ist grundsätzlich nicht erforderlich (§§ 123 Abs. 3 VwGO, 929 Abs. 1 ZPO). Etwas anderes gilt nur dann, wenn für oder gegen einen anderen als die in der einstweiligen Anordnung genannten Beteiligten vollstreckt werden soll (§ 929 Abs. 1 ZPO) oder wenn sich die Vollstreckung gegen eine nach § 61 Abs. 1 Nr. 2 VwGO beteiligungsfähige Behörde richtet, die nicht selbst Kostenträger sein kann und deshalb über kein vollstreckungsfähiges Vermögen verfügt.[43]

II. Die Vollziehungsfrist nach § 929 Abs. 2 ZPO

Die Vollziehungsfrist von einem Monat, die § 929 Abs. 2 ZPO für die zivilprozessualen Eilverfahren vorsieht, gilt nach § 123 Abs. 3 VwGO für das Anordnungsverfahren entsprechend. Sie beginnt mit der Zustellung von Amts wegen (§ 56 Abs. 2 VwGO) oder der Verkündung der einstweiligen Anordnung.[44] Für einen Teil der Rechtsprechung wird die Monatsfrist allerdings erst dann in Gang gesetzt, wenn für den Vollstreckungsgläubiger zu erkennen ist, dass die unterlegene Behörde der einstweiligen Anordnung nicht nachkommen wird.[45] Begründet wird dies vor allem damit, dass bei einer Behörde grundsätzlich nicht die Gefahr einer Vollstreckungsvereitelung bestehe. Der Vollstreckungsgläubiger habe deshalb im Verwaltungsprozess erst Anlass, mit der Vollstreckung zu beginnen, wenn die Behörde der einstweiligen Anordnung ausnahmsweise nicht folge. Dieser Auslegung steht jedoch entgegen, dass der Normgeber die von der Rechtsprechung hervorgehobene besondere Interessenlage gerade nicht berücksichtigt hat. Vielmehr hat er es auch für den Verwaltungsprozess bei der förmlichen Bekanntmachung der einstweiligen Anordnung als maßgeblichem Zeitpunkt für den Fristbeginn belassen. Dies schließt es aus, ihn durch einen anderen Zeitpunkt zu ersetzen. Abgesehen davon dürfte der spätere Fristbeginn nicht mit dem verfassungsrechtlichen Bestimmtheitsgebot zu vereinbaren sein. Es wird sich nicht immer hinreichend sicher feststellen lassen, ob und ab wann die Behörde zu erkennen gegeben hat, dass sie die ihr obliegenden Verpflichtungen nicht erfüllen will.[46] 521

Die Monatsfrist ist eine gesetzliche Frist.[47] Sie ist von Amts wegen zu beachten[48] und beginnt mit der Zustellung des vollständigen Beschlusses[49] und kann weder verkürzt noch verlängert werden.[50] Lässt sich die formgerechte Zustellung des Beschlusses nicht nachweisen, oder ist der Beschluss unter Verletzung zwingender Zustellungsvorschriften 522

[42] *Pietzner/Möller* in Schoch/Schneider/Bier VwGO § 168 Rn. 17; *Redeker/von Oertzen* VwGO § 168 Rn. 10.

[43] VGH Mannheim NJW 1982, 902; Kopp/*Schenke* VwGO § 171 Rn. 3; *Pietzner/Möller* in Schoch/Schneider/Bier VwGO § 168 Rn. 18, § 171 Rn. 5; *Heckmann* in Sodan/Ziekow VwGO § 168 Rn. 36. Anders OVG Münster DÖV 1987, 653 (Ls.); Eyermann/*Kraft* VwGO § 171 Rn. 5.

[44] VGH München NVwZ-RR 2003, 699; OVG Münster NVwZ-RR 1992, 388; vgl. LG Aachen Urt. v. 7.12.2004 – 41 O 150/04; LAG Thüringen NZA-RR 2001, 347.

[45] OVG Lüneburg, NdsRpfl 1989, 39; VGH Mannheim VBlBW 1984, 150; VG Berlin NJW 1977, 2369 (Ls.); vgl. VGH Kassel Beschl. v. 7.9.2004 – 10 TG 1498/04; VGH München NVwZ-RR 2003, 699. Offengelassen in VGH Kassel NVwZ 1990, 977.

[46] Vgl. hierzu auch BGHZ 120, 87; vgl. VGH Kassel Beschl. v. 7.9.2004 – 10 TG 1498/04; VGH München NVwZ-RR 2003, 699.

[47] OLG Köln Beschl. v. 14.5.2004 – 6 W 52/04; OLG Karlsruhe Urt. v. 23.10.2002 – 6 U 77/02; VG Aachen Beschl. v. 9.7.2001 – 8 M 2/01.

[48] LSG Stuttgart Beschl. v. 11.1.2006 – L 7 SO 4891/05 ER-B; VG Aachen InfAuslR 2001, 517; OLG Köln Urt. v. 31.7.1998 – 6 U 205/97; VGH Kassel ESVGH 39, 312 (Ls.).

[49] VGH Kassel Beschl. v. 7.9.2004 – 10 TG 1498/04; VGH Mannheim NVwZ 1986, 488.

[50] BGHZ 120, 86; VGH Kassel Beschl. v. 7.9.2004 – 10 TG 1498/04; VG Aachen Beschl. v. 9.7.2001 – 8 M 2/01.

zugegangen, bleibt die Monatsfrist gewahrt, wenn der Beschluss der Behörde innerhalb eines Monats tatsächlich zugegangen ist. Der Beschluss gilt dann als zugestellt (§ 189 ZPO). Wird der Behörde vom Gericht zur Erfüllung bestimmter Maßnahmen eine Frist gesetzt, die erst nach Ablauf der Vollziehungsfrist endet, wird der Beginn der Monatsfrist auf das Ende der Erfüllungsfrist hinausgeschoben.[51]

523 Wird sie versäumt, kann nach § 60 VwGO Wiedereinsetzung in den vorigen Stand gewährt werden.[52] Die Verweisung in § 123 Abs. 3 VwGO bezieht sich allein auf § 929 ZPO und lässt damit die Anwendbarkeit der allgemeinen Verfahrensvorschriften der VwGO unberührt. Die Frist wird grundsätzlich nicht schon mit der Zustellung der einstweiligen Anordnung, sondern erst dann gewahrt, wenn mit der Vollstreckung innerhalb eines Monats begonnen wird.[53] Es muss zumindest ein Antrag auf Erlass einer Vollstreckungsanordnung nach §§ 170 Abs. 1 S. 1, 172 S. 1 VwGO gestellt werden, der die Vollstreckung einleitet.[54] Bei einer einstweiligen Anordnung, mit der ein Verbot oder Unterlassungsgebot angeordnet worden ist, liegt davon abweichend nach der neueren Rechtsprechung in der Zustellung der Entscheidung zugleich ein fristwahrender Vollstreckungsakt, wenn diese nach §§ 167 Abs. 1 VwGO, 890 Abs. 2 ZPO mit einer Strafandrohung verbunden ist.[55] Danach ist die weitere Vollstreckung unbefristet zulässig.[56]

524 Die nicht fristgerecht vollzogene einstweilige Anordnung ist im Rechtsmittelverfahren[57] oder im Abänderungsverfahren[58] aufzuheben. Der Vollstreckungsgläubiger trägt die gesamten Verfahrenskosten.[59] Er kann bei Fortbestehen der Anordnungsvoraussetzungen eine neue einstweilige Anordnung gleichen Inhalts erwirken, ohne dass es einer Änderung der Sach- oder Rechtslage bedarf.[60]

III. Die Vollstreckung als Mittel der Vollziehung

1. Vollstreckung zugunsten der öffentlichen Hand

525 Zugunsten der öffentlichen Hand wird nach § 169 VwGO vollstreckt. Die Vollstreckung richtet sich grundsätzlich nach dem Verwaltungsvollstreckungsgesetz des Bundes,

---

[51] VG Meiningen Beschl. v. 7.8.2000 – 2 E 679/00.Me.

[52] BGHZ 120, 86; VGH Kassel Beschl. v. 7.9.2004 – 10 TG 1498/04.

[53] *Pietzner/Möller* in Schoch/Schneider/Bier VwGO § 172 Rn. 37; *Redeker/von Oertzen* VwGO § 123 Rn. 42.

[54] *Hartmann* in Baumbach/Lauterbach/Albers/Hartmann ZPO § 929 Rn. 24.

[55] OVG Bremen Beschl. v. 6.11.1998 – 1 BB 395/98; BGHZ 120, 86; VGH Kassel NVwZ 1990, 977; OVG Münster NJW 1974, 917; *Pietzner/Möller* in Schoch/Schneider/Bier VwGO § 172 Rn. 37; zweifelnd *Schoch* ebd. § 123 Rn. 173 der darauf hinweist, dass sich Unterlassungsgebote und Verbote von selbst vollstrecken. Deshalb könne in der Zuteilung ein fristwahrender Vollzug gesehen werden.

[56] Ebenso genügt die Zustellung einer einstweiligen Anordnung, die auf wiederkehrende Leistungen gerichtet ist, *Hartmann* in Baumbach/Lauterbach/Albers/Hartmann ZPO § 929 Rn. 24, § 936 Rn. 14.

[57] VGH Kassel Beschl. v. 7.9.2004 – 10 TG 1498/04; OLG Frankfurt MDR 1997, 393; BGH, BGHZ 120, 86; VGH Kassel ESVGH 39, 312 (Ls.); OLG Hamburg FamRZ 1988, 521; BeckOK ZPO/*Mayer* ZPO § 929 Rn. 9–12.

[58] VGH Kassel Beschl. v. 7.9.2004 – 10 TG 1498/04; VG Meiningen Beschl. v. 7.8.2000 – 2 E 679/00.Me; OVG Münster NVwZ-RR 1992, 388; OLG Hamburg FamRZ 1988, 521; vgl. OLG Frankfurt NJW-RR 2000, 1236; *Pietzner/Möller* in Schoch/Schneider/Bier VwGO § 168 Rn. 18; *Schoch* ebd. § 123 Rn. 172, 178; zur fehlenden Antragsbefugnis des Drittbetroffenen VGH Kassel NVwZ 1990, 977.

[59] VGH Kassel Beschl. v. 7.9.2004 – 10 TG 1498/04; OLG München Urt. v. 26.2.1998 – 6 U 6085/97; BGHZ 120, 87; OLG Hamburg FamRZ 1988, 523.

[60] VGH Kassel Beschl. v. 7.9.2004 – 10 TG 1498/04; VGH Kassel NVwZ 1990, 977. Offengelassen in VGH Kassel ESVGH 39, 312 (Ls.).

bei Vollstreckungsmaßnahmen im Wege der Amtshilfe von Organen der Länder nach dem Verwaltungsvollstreckungsgesetz des jeweiligen Landes (§ 169 Abs. 1 S. 1, 2 VwGO).[61] Vollstreckungsgegner sind ausschließlich private Vollstreckungsschuldner, gegen Rechtsträger der öffentlichen Hand wird nach §§ 170, 172 VwGO oder nach §§ 167 VwGO, 890 ZPO vollstreckt.[62] Vollstreckungsgericht ist der Vorsitzende des Gerichts des ersten Rechtszuges als obligatorischer Einzelrichter (§ 169 Abs. 1 S. 2 VwGO).[63] Dieser ordnet die erforderlichen Vollstreckungsmaßnahmen durch beschwerdefähigen Beschluss an[64] und behält die Vollstreckung bis zu deren Abschluss unter Kontrolle.[65] Die praktische Bedeutung dieser Vollstreckungsregelungen im Anordnungsverfahren ist gering. Eine Vollstreckung zugunsten der öffentlichen Hand kommt vor allem zur Durchsetzung von Leistungsverpflichtungen in Parteistreitigkeiten in Betracht.[66]

2. Vollstreckung gegen die öffentliche Hand

a) Geldforderungen. Eine einstweilige Anordnung, die die öffentliche Hand zu einer Geldleistung verpflichtet, wird nach § 170 VwGO vollstreckt.[67] Dies gilt auch dann, wenn Rechtsträger öffentlichen Rechts untereinander vollstrecken.[68] 526

Das Gericht des ersten Rechtszugs als Vollstreckungsgericht ordnet auf Antrag des Vollstreckungsgläubigers (§ 81 Abs. 1 VwGO entspr.)[69] die Vollstreckung an (§ 170 Abs. 1 S. 1 VwGO). Einer vorherigen Ankündigung der Vollstreckung sowie der Einhaltung einer Wartefrist bedarf es nicht (§ 170 Abs. 5 VwGO). Liegen die allgemeinen Vollstreckungsvoraussetzungen vor und ist der Vollstreckungsschuldner seiner Zahlungsverpflichtung grundlos nicht nachgekommen,[70] bestimmt das Gericht nach seinem Ermessen die Art und Weise der Zwangsvollstreckung[71] und ersucht die zuständige Stelle um die Vornahme der erforderlichen Vollstreckungshandlungen (§ 170 Abs. 1 S. 2 VwGO). Die Vollstreckung in Sachen, die für die Erfüllung öffentlicher Aufgaben unentbehrlich sind oder deren Veräußerung ein öffentliches Interesse entgegensteht, 527

---

[61] OVG Hamburg Beschl. v. 20.6.2001 – 2 So 24/01; Beschl. v. 5.4.2000 – 5 So 10/00; VGH Mannheim NVwZ-RR 1997, 765; OVG Lüneburg NVwZ-RR 1991, 387; vgl. VG Ansbach Beschl. v. 23.2.2006 – AN 11 V 06.00 728.

[62] BVerfG DVBl. 1999, 1646; VGH Kassel NVwZ-RR 2000, 730; VGH Kassel NJW 1976, 1766 (Ls.); Kopp/*Schenke* VwGO § 169 Rn. 1.

[63] OVG Hamburg Beschl. v. 20.6.2001 – 2 So 24/01; Beschl. v. 5.4.2000 – 5 So 10/00; VG Darmstadt NVwZ-RR 2000, 734; VGH Mannheim NVwZ-RR 2007, 765; VGH Kassel DVBl. 1997, 1355; OVG Lüneburg NVwZ-RR 1991, 387; OVG Münster NJW 1981, 2771.

[64] OVG Lüneburg Beschl. v. 2.8.2001 – 1 O 3654/00; OVG Hamburg Beschl. v. 20.6.2001 – 2 So 24/01; VGH Kassel DVBl. 1997, 1335; OVG Lüneburg NVwZ-RR 1991, 387; VGH Mannheim NVwZ 1993, 73; VGH München BayVBl. 1987, 149; vgl. VGH Kassel Beschl. v. 14.11.1997 – 4 TM 343/97. Anders Kopp/*Schenke* VwGO § 169 Rn. 2, § 167 Rn. 7.

[65] VGH München BayVBl. 1987, 149; Kopp/*Schenke* VwGO § 169 Rn. 7.

[66] Eyermann/*Kraft* VwGO § 169 Rn. 2, zum Verfahren Rn. 12–14; *Redeker/von Oertzen* VwGO § 169 Rn. 3, zum Verfahren Rn. 6–10.

[67] OVG Lüneburg Beschl. v. 19.11.2002 – 12 OB 676/02; VGH Mannheim DÖV 1976, 606 (607) (Ls.); Kopp/*Schenke* VwGO § 170 Rn. 1, § 172 Rn. 1; *Pietzner/Möller* in Schoch/Schneider/Bier VwGO § 170 Rn. 14, § 172 Rn. 15.

[68] VGH Kassel NJW 1976, 1766 (Ls.); *Pietzner/Möller* in Schoch/Schneider/Bier VwGO § 170 Rn. 7; *Schoch* ebd. § 123 Rn. 171.

[69] Zu den Anforderungen, Eyermann/*Kraft* VwGO § 170 Rn. 8; *Redeker/von Oertzen* VwGO § 170 Rn. 4; *Pietzner/Möller* in Schoch/Schneider/Bier VwGO § 170 Rn. 17f.

[70] VGH Mannheim VerwRspr 28, Nr. 57 S. 246.

[71] *Pietzner/Möller* in Schoch/Schneider/Bier VwGO § 170 Rn. 25; *Redeker/von Oertzen* VwGO § 170 Rn. 7, 8.

darf es nicht anordnen (§ 170 Abs. 3 S. 1 VwGO).[72] Es entscheidet durch beschwerdefähigen Beschluss.[73]

528 **b) Erlass von Verwaltungsakten.** Eine einstweilige Anordnung, die den Vollstreckungsschuldner zum Erlass eines Verwaltungsakts, zur Bescheidung oder zur Folgebeseitigung verpflichtet, wird nach § 172 VwGO vollstreckt.[74] Kommt die zuständige Behörde[75] ihr nicht oder nur unzureichend[76] nach, kann das Gericht des ersten Rechtszugs als Vollstreckungsgericht unter Fristsetzung gegen sie ein Zwangsgeld bis zu 10 000 EUR [77] androhen, nach fruchtlosem Fristablauf festsetzen und von Amts wegen vollstrecken (§ 172 S. 1 VwGO). Androhung und Festsetzung müssen vom Vollstreckungsgläubiger entsprechend § 81 Abs. 1 VwGO besonders beantragt werden.[78] Den Antrag auf Androhung des Zwangsgelds kann er abweichend von § 890 Abs. 2 ZPO erst stellen, nachdem die einstweilige Anordnung zugestellt worden ist.[79] Das Gericht ordnet die Festsetzung an, wenn die Vollstreckungsvoraussetzungen erfüllt sind[80] und der Vollstreckungsschuldner seiner Verpflichtung grundlos nicht nachgekommen ist.[81] Die Höhe des Zwangsgeldes bestimmt es konkret nach seinem Ermessen,[82] ein Hinweis auf den gesetzlichen Zwangsgeldrahmen genügt nicht. Lässt die Behörde die gesetzte Frist verstreichen, richtet sich das weitere Verfahren nach § 170 VwGO.[83] Das Gericht setzt auf einen weiteren Antrag des Vollstreckungsgläubigers das angedrohte Zwangsgeld fest und ersucht zugleich die zuständige Stelle um die sofortige Beitreibung. Seine Anordnungen trifft das Gericht durch Beschluss.[84] Da das Zwangsgeld ein Beugemittel ist, muss die

---

[72] *Pietzner/Möller* in Schoch/Schneider/Bier VwGO § 170 Rn. 31; *Redeker/von Oertzen* VwGO § 170 Rn. 10.

[73] OVG Lüneburg Beschl. v. 19.11.2002 – 12 OB 676/02; OVG Münster DÖV 1986, 619 (Ls.); VGH Mannheim NJW 1978, 287; Kopp/*Schenke* VwGO § 170 Rn. 2, 6; *Pietzner/Möller* in Schoch/Schneider/Bier VwGO § 170 Rn. 35. Die Kostenentscheidung richtet sich nicht nach §§ 167 Abs. 1 VwGO, 788 Abs. 1 ZPO sondern nach §§ 154 ff. VwGO; VGH Kassel ESVGH 38, 22; VGH Mannheim VBlBW 1988, 298; NVwZ-RR 2001, 72.

[74] VGH Kassel Beschl. v. 7.9.2004 – 10 TG 1498/04; VG München Beschl. v. 19.1.2004 – M 17 V 03.6985; VGH München NVwZ-RR 2003, 699; NVwZ-RR 1989, 669; NVwZ, 1983, 478.

[75] OVG Berlin NVwZ-RR 2001, 99; VGH Mannheim DVBl. 1977, 211; VGH München NVwZ-RR 1989, 670.

[76] VG Göttingen Beschl. v. 14.7.2005 – 8 D 791/05; VG Hannover NVwZ-RR 2005, 294; VG München Beschl. v. 19.1.2004 – M 17 V 03.6985; OVG Lüneburg, NdsRpfl 1988, 39.

[77] Die Höchstgrenze ist zur Sicherung der Effektivität des Rechtsschutzes durch das RmBereinVpG – von früher 2000 DM – heraufgesetzt worden; vgl. VG Braunschweig Beschl. v. 11.4.2002 – 3 D 59/02.

[78] Kopp/*Schenke* VwGO § 172 Rn. 5; *Pietzner/Möller* in Schoch/Schneider/Bier VwGO § 172 Rn. 25, 29.

[79] VGH München NVwZ-RR 2003, 699; VGH Mannheim NVwZ 1986, 488; NJW 1978, 287; *Pietzner/Möller* in Schoch/Schneider/Bier VwGO § 172 Rn. 30. Anders Kopp/*Schenke* VwGO § 172 Rn. 5.

[80] VG Braunschweig Beschl. v. 11.4.2002 – 3 D 59/02; VGH Mannheim NVwZ-RR 1993, 447; Kopp/*Schenke* VwGO § 172 Rn. 5; *Pietzner/Möller* in Schoch/Schneider/Bier VwGO § 172 Rn. 32.

[81] VG München Beschl. v. 19.1.2004 – M 17 V 03.6985; VGH Mannheim DÖV 1976, 606 (Ls.); *Pietzner/Möller* in Schoch/Schneider/Bier VwGO § 172 Rn. 33–35; *Redeker/von Oertzen* VwGO § 172 Rn. 4. Anders Kopp/*Schenke* VwGO § 172 Rn. 6 (Verschulden erforderlich).

[82] VG München Beschl. v. 19.1.2004 – M 17 V 03.6985; OLG Hamm NJW 1980, 1289; Kopp/*Schenke* VwGO § 172 Rn. 6; *Pietzner/Möller* in Schoch/Schneider/Bier VwGO § 172 Rn. 44.

[83] Kopp/*Schenke* VwGO § 172 Rn. 6; *Redeker/von Oertzen* VwGO § 172 Rn. 7; vgl. hierzu auch OVG Lüneburg DVBl. 1969, 119. Kritisch *Pietzner/Möller* in Schoch/Schneider/Bier VwGO § 172 Rn. 47.

[84] VG München Beschl. v. 19.1.2004 – M 17 V 03.6985; VGH München NVwZ-RR 2003, 699; VGH Mannheim NJW 1978, 287; Kopp/*Schenke* VwGO § 172 Rn. 5, 7; *Pietzner/Möller* in Schoch/Schneider/Bier VwGO § 172 Rn. 52; *Redeker/von Oertzen* VwGO § 172 Rn. 8.

Vollstreckung nach dem Rechtsgedanken des § 15 Abs. 3 VwVG eingestellt werden, sobald sie ihren Zweck erreicht hat.[85] Das Zwangsgeld kann wiederholt angedroht, festgesetzt und vollstreckt werden (§ 172 S. 2 VwGO). Es kann in seiner Höhe gesteigert werden, wenn seine Funktion als Beugemittel dies erfordert.[86]

c) Sonstige Handlungen und Unterlassungen. Alle Leistungsverpflichtungen, die nicht unter §§ 170, 172 VwGO fallen, werden nach § 167 Abs. 1 S. 1 VwGO, 887 ff. ZPO vollstreckt.[87] Hierzu gehören Handlungsgebote wie die Verpflichtung zur Herausgabe von Sachen (§ 882 ZPO) und zur Vornahme vertretbarer oder unvertretbarer Handlungen (§§ 887, 888 ZPO)[88] sowie Duldungs- und Unterlassungsgebote (§ 890 ZPO).[89] 529

Unterlassungsverpflichtungen, die in der Praxis die größte Bedeutung haben, können gegenüber öffentlichen Rechtsträgern nicht durch die Anordnung von Ordnungshaft,[90] sondern allein durch die Verhängung eines Ordnungsgeldes erzwungen werden. Das Gericht des ersten Rechtszuges setzt als Vollstreckungsgericht wegen jeder Zuwiderhandlung auf Antrag des Vollstreckungsgläubigers ein Ordnungsgeld bis zu 250 000 EUR fest (§ 890 Abs. 1 ZPO). Der Festsetzung muss die Androhung eines konkret bestimmten Ordnungsgeldes[91] vorangegangen sein, für die ausreicht, dass eine Zuwiderhandlung als möglich erscheint.[92] Sie muss vom Vollstreckungsgläubiger beantragt werden und kann vom Vollstreckungsgericht anders als nach § 172 VwGO mit der einstweiligen Anordnung verbunden werden (§ 890 Abs. 2 ZPO). Für die Bestimmung der Höhe des Ordnungsgeldes ist das Gewicht des erwarteten Verstoßes[93] unter Beachtung des Grundsatzes der Verhältnismäßigkeit maßgebend. Das angedrohte Zwangsgeld kann festgesetzt werden, wenn die Vollstreckungsvoraussetzungen erfüllt sind[94] und der Vollstreckungsschuldner gegen die ihm im Tenor der einstweiligen Anordnung auferlegten Verpflichtungen verstoßen hat. 530

---

[85] OVG Berlin NVwZ-RR 1999, 411; VGH Kassel NVwZ-RR 1989, 452 (Ls. 5); OVG Lüneburg DVBl. 1969, 119 m. abl. Anm. *Bettermann* DVBl. 1969, 120, soweit es um die Beitreibung von Zwangsgeldern nach Ablauf des Endtermins bei befristeten oder termingebundenen Anordnungen geht; VGH Mannheim DÖV 1996, 792; *Pietzner/Möller* in Schoch/Schneider/Bier VwGO § 172 Rn. 2, 50 f. Anders OVG Münster NVwZ-RR 1993, 671; Kopp/*Schenke* VwGO § 172 Rn. 6a; *Engelhardt/App* § 15 VwVG Anm. 5.

[86] VG Ansbach Urt. v. 21.3.2006 – AN 3 K 04.03 261, AN 3 K 04.03 426; VGH München Urt. v. 2.4.1998 – 12 B 95.3233; VGH Kassel NVwZ-RR 1989, 453; *Pietzner/Möller* in Schoch/Schneider/Bier VwGO § 172 Rn. 48 f.

[87] BGHZ 120, 73; VG Trier Beschl. v. 12.9.2005 – 5 N 116/05; VGH Mannheim NVwZ-RR 2004, 459; VGH München BayVBl 2003, 375; NVwZ 2001, 822 u. Beschl. v. 14.1.1999 – 8 C 98.2131; NVwZ-RR 1989, 669; VGH Mannheim NVwZ-RR 1998, 785; NVwZ-RR 1993, 520; NVwZ-RR 1990, 447; OVG Münster NVwZ-RR 1996, 126. Zweifelnd *Schoch* in Schoch/Schneider/Bier VwGO § 123 Rn. 171, ablehnend *Pietzner/Möller* ebd. § 172 Rn. 16, 18–20 (entspr. Anwendung von § 172); OVG Saarlouis Beschl. v. 14.7.2009 – 2 N 466/09.

[88] VGH München NVwZ 2001, 822; Beschl. v. 14.1.1999 – 8 C 98.2131; VGH Mannheim NVwZ-RR 2004, 459; VGH München BayVBl 2003, 375; OVG Münster Beschl. v. 20.7.1999 – 21 E 424/99; OVG Koblenz NJW 1987, 1221; OVG Münster NVwZ 1992, 897; VG Trier Beschl. v. 12.9.2005 – 5 N 116/05; VG Würzburg Beschl. v. 18.8.2005 – W 2 V 05.777; VG Bayreuth Beschl. v. 9.5.2005 – B 2 V 02.1014.

[89] OVG Berlin NVwZ-RR 2001, 99; OVG Koblenz Beschl. v. 18.10.2007 – 1 E 10 786/07.

[90] VGH München Beschl. v. 30.3.2006 – 15 C 05.2757; VGH Mannheim NVwZ-RR 2003, 71; OVG Münster Beschl. v. 20.7.1999 – 21 E 424/99; VGH Mannheim VBlBW 1995, 191. Vgl. hierzu auch *Pietzner/Möller* in Schoch/Schneider/Bier VwGO § 172 Rn. 18.

[91] VGH Kassel DÖV 2000, 385; OLG Hamm NJW 1980, 1289.

[92] VGH München Beschl. v. 30.3.2006 – 15 C 05.2757; OLG Frankfurt Beschl. v. 21.6.2006 – 16 W 19/00; VGH Mannheim NVwZ-RR 1993, 520; NVwZ-RR 1990, 447; VGH München NVwZ 1983, 479.

[93] Vgl. VGH Mannheim NVwZ-RR 2003, 71; VGH Mannheim NJW 1973, 1519.

[94] Vgl. VGH Mannheim NVwZ-RR 2004, 459; VG Gießen NVwZ-RR 1998, 241; VGH Mannheim NVwZ-RR 1993, 520; NVwZ-RR 1990, 448.

Da sich Unterlassungsgebote häufig nur schwer genau genug umschreiben lassen, dürfen an ihre Bestimmtheit keine überspannten Anforderungen gestellt werden.[95] Umso mehr muss das Gericht darauf achten, dass ein Ordnungsgeld nur bei eindeutigen Verstößen verhängt werden darf.[96] Der festgestellte Verstoß muss vom Vollstreckungsschuldner verschuldet worden sein.[97] Die Festsetzung des Ordnungsgeldes ist nicht nur Beugemittel, sondern zugleich Sanktion für einen Rechtsverstoß, der nach rechtsstaatlichen Grundsätzen eine Schuldfeststellung erfordert.[98] Ein rechtskräftig festgesetztes Ordnungsgeld kann deshalb auch dann noch zugunsten der Staatskasse vollstreckt werden, wenn der öffentliche Rechtsträger nach der Festsetzung seiner Verpflichtung nachgekommen ist oder wenn diese wegen Zeitablaufs oder aus einem sonstigen Grund nicht mehr erzwingbar ist.[99] Alle Vollstreckungsentscheidungen trifft das Gericht des ersten Rechtszuges durch Beschluss.[100]

§ 29 Erstattungs- und Ersatzansprüche

Schrifttum: *Brühl,* Vorläufiger Rechtsschutz im Verwaltungsstreitverfahren, JuS 1995, 916; *Hoof,* Schadensersatzpflicht des unterlegenen Bewerbers in beamtenrechtlichen Stellenbesetzungsverfahren nach erfolglosem Antrag auf einstweiligen Rechtsschutz, DÖV 2005, 234; *Kramer,* Der Verwaltungskostenbeitrag, JA 2006, 197; Kopp/*Schenke,* VwGO, § 113 Rn. 80, § 123 Rn. 42; *Müller,* Schadensersatz bei ungerechtfertigter Inanspruchnahme vorläufigen Rechtsschutzes nach der VwGO, 1998; *Ossenbühl,* Der öffentlich-rechtliche Erstattungsanspruch, NVwZ 1991, 513; *Renck,* Zum Schadensersatz bei Vollstreckung eines zu Unrecht sofort vollziehbaren Verwaltungsaktes, NVwZ 1994, 1177; *ders.,* Verwaltungswirkungen, Rechtsmittelwirkungen und einstweiliger Rechtsschutz, BayVBl. 1994, 161; *Retzlaff,* Schadensersatzanspruch des Bauherrn nach ungerechtfertigter Baueinstellung bei Genehmigungsfreiheit, NJW 1999, 3224; *Rudek,* Schadensersatz für den Beigeladenen nach erfolglosem Antrag des Mitbewerbers auf einstweilige Anordnung im beamtenrechtlichen Konkurrentenverfahren?, NJW 2003, 3531; *Schoch,* Folgenbeseitigung und Wiedergutmachung im öffentlichen Recht, VerwArch 79 (1988), 1; *Vietmeier,* Der einstweilige Rechtsschutz im Baunachbarstreit vor dem Hintergrund von Schadensersatz- und Entschädigungsansprüchen, VR 1992, 272; *H. Weber,* Der öffentlich-rechtliche Erstattungsanspruch, JuS 1986, 29.

531 Ist eine zu Unrecht erlassene einstweilige Anordnung vollzogen worden, kann der Antragsgegner vom Antragsteller die Beseitigung der für ihn nachteiligen Folgen verlangen. Er kann Rückerstattung der erbrachten Leistungen oder Schadensersatz beanspruchen.

I. Erstattungsansprüche

532 Nach der Rechtsprechung des BVerwG hat der Antragsgegner einen materiell-rechtlichen Erstattungsanspruch, der auf Rückgewähr der zu Unrecht erbrachten Leistungen

[95] VGH Mannheim NJW 1976, 590; OVG Münster NWVBl 1995, 135; Beschl. v. 20.7.1999 – 21 E 424/99.

[96] VGH Mannheim DVBl. 1977, 212; vgl. VGH Kassel NVwZ-RR 2006, 531.

[97] BVerfGE 58, 159; OLG Naumburg Beschl. v. 23.3.2005 – 10 W 12/05 (Hs); VGH Mannheim NVwZ-RR 2003, 71; OLG Jena Beschl. v. 2.4.2001 – 6 W 190/01; OVG Berlin NVwZ-RR 1999, 411; VGH Mannheim DVBl. 1977, 212; NJW 1973, 1519; VGH München NVwZ 1983, 479; Kopp/*Schenke* VwGO § 172 Rn. 6; aA VGH München Beschl. v. 30.11.2005 – 1 CE 05.153.

[98] BVerfGE 58, 163; BVerfG Beschl. v. 23.8.210 – 1 BvR 480/10; OLG Jena Beschl. v. 2.4.2001 – 6 W 190/01; aA BVerwG NVwZ 2005, 819; VG Köln GewArch. 2005, 376.

[99] BGH NJW 1983, 1859; VGH Mannheim NJW 1973, 1519; OVG Münster DVBl. 1989, 889; Kopp/*Schenke* VwGO § 172 Rn. 6. Vgl. hierzu auch *Pietzner/Möller* in Schoch/Schneider/Bier VwGO § 172 Rn. 16, 19.

[100] BVerwG DÖV 1986, 248; VGH Mannheim VBlBW 1995, 191; vgl. BGH NJW 2002, 754; OLG Koblenz NJW-RR 2002, 1724.

gerichtet ist.[101] Dieser Anspruch ergibt sich in erster Linie aus spezialgesetzlichen Regelungen.[102] Beamtenbezüge, die aufgrund einer einstweiligen Anordnung bezahlt wurden, sind in entsprechender Anwendung von § 12 Abs. 2 BBesG[103] oder gleichartiger landesrechtlicher Vorschriften, Leistungen der Sozialhilfe oder der Ausbildungsförderung entsprechend § 50 Abs. 1, 2 SGB X[104] oder § 20 Abs. 1 Nr. 4 BAföG[105] zu erstatten. Fehlen Spezialnormen, besteht ein allgemeiner öffentlich-rechtlicher Erstattungsanspruch, der die Rückforderung der Leistungen zulässt, die nach Wegfall des gerichtlichen Titels ohne Rechtsgrund erbracht worden sind.[106]

II. Schadensersatzansprüche[107]

Nach §§ 123 Abs. 3 VwGO, 945 ZPO ist der Antragsteller unabhängig von einem Verschulden[108] zum Schadensersatz verpflichtet, wenn sich der Erlass der einstweiligen Anordnung von Anfang an als ungerechtfertigt erweist. Diese Regelung beruht auf dem allgemeinen Rechtsgedanken, dass der Gläubiger auf eigene Gefahr vollstreckt, wenn der Vollstreckungstitel noch nicht rechtskräftig ist.[109] Eine Schadensersatzpflicht tritt weiterhin dann ein, wenn die einstweilige Anordnung nach § 926 Abs. 2 ZPO aufgehoben wird. Dagegen ist § 945 ZPO nicht anwendbar, wenn die Aufhebung der einstweiligen Anordnung auf einer Versäumung der Vollzugsfrist nach § 929 Abs. 2 ZPO beruht.[110] **533**

1. Schadensersatzpflicht bei ungerechtfertigter einstweiliger Anordnung

Der Erlass einer einstweiligen Anordnung ist von Anfang an ungerechtfertigt, wenn sie bei richtiger Beurteilung der Sach- und Rechtslage nicht hätte erlassen werden dürfen, weil ihre materiellen Voraussetzungen im Zeitpunkt der Entscheidung nicht vorlagen.[111] Dem steht gleich, dass eine für den Erlass der einstweiligen Anordnung maßgebliche Rechtsgrundlage später verfassungsgerichtlich für nichtig erklärt worden ist.[112] Fehlende Sachentscheidungsvoraussetzungen rechtfertigen dagegen eine Schadensersatzpflicht **534**

[101] BVerwGE 71, 354.

[102] *Ossenbühl* NVwZ 1991, 515; Eyermann/*Happ* VwGO § 123 Rn. 86; *Weber* JuS 1986, 29.

[103] BVerwGE 71, 355; *Ossenbühl* NVwZ 1991, 516; *Weber* JuS 1986, 33. Vgl. hierzu auch OVG Lüneburg FEVS 44, 423, 425.

[104] BSG Urt. v. 24.7.2001 – B 4 RA 102/00 R; OVG Münster Beschl. v. 20.7.1999 – 21 E 424/99; LSG NRW Urt. v. 23.9.2004 – L 2 KR 13/04; OVG Münster NWVBl. 1992, 368. Anders OVG Hamburg NVwZ 1990, 686.

[105] VGH Mannheim FamRZ 1977, 354; FamRZ 1976, 718; vgl. OVG Lüneburg Urt. v. 15.10.1998 – 10 L 3025/96; OVG Münster Beschl. v. 20.7.1999 – 21 E 424/99; VG Hamburg Urt. v. 2.7.1998 – 2 VG 228/98. Anders OVG Hamburg NVwZ 1990, 687; OVG Münster NWVBl. 1992, 369.

[106] BVerwGE 71, 85; OVG Berlin Urt. v. 16.4.2002 – 2 B 18.98; OVG Münster Beschl. v. 20.7.1999 – 21 E 424/99; VGH München Urt. v. 19.1.2000 – 19 B 96.518.

[107] Hierzu im Einzelnen *Schoch* in Schoch/Schneider/Bier VwGO § 123 Rn. 193–206.

[108] BGH NJW 1992, 2297; NJW 1990, 122; vgl. OVG Berlin-Brandenburg Urt. v. 23.5.2013 – OVG 5 B 3.10; OLG Stuttgart Urt. v. 9.4.2003 – 3 U 29/01; OLG Köln Urt. v. 30.10.2002 – 6 U 55/02; Kopp/*Schenke* VwGO § 123 Rn. 43; *Schoch* in Schoch/Schneider/Bier, VwGO § 123 Rn. 193; *ders.*, S. 1732.

[109] BGH NJW-RR 2016, 485; BGHZ 120, 261, NJW 1990, 2689; vgl. OLG Stuttgart Urt. v. 9.4.2003 – 3 U 29/01; OLG Köln Urt. v. 30.10.2002 – 6 U 55/02; OLG Hamburg Urt. v. 4.9.2003 – 3 U 27/03; *Schoch* in Schoch/Schneider/Bier VwGO § 123 Rn. 193; *ders.*, S. 1733.

[110] *Hartmann* in Baumbach/Lauterbach/Albers/Hartmann ZPO § 945 Rn. 7. Anders Stein/Jonas/*Grunsky* ZPO § 945 Rn. 34.

[111] BGH NJW 1988, 3268; vgl. KG Berlin Urt. v. 14.10.2005 – 6 U 217/04; LG Kaiserslautern Urt. v. 28.1.2005 – 2 O 458/04; OLG Hamburg Urt. v. 4.9.2003 – 3 U 27/03.

[112] BGHZ 54, 76; vgl. OLG Frankfurt Urt. v. 12.3.1998 – 6 U 40/97.

nicht, da § 945 ZPO allein die Schäden ausgleichen soll, die dem Antragsgegner durch die Sicherung eines nicht begründeten Anordnungsanspruchs entstanden sind.[113]

535 Das Schadensersatzgericht prüft grundsätzlich nach freier Überzeugung, ob die einstweilige Anordnung gerechtfertigt war oder nicht.[114] Es muss nicht den Ausgang des Beschwerdeverfahrens oder des Klageverfahrens über den Anordnungsanspruch abwarten.[115] An bereits ergangene gerichtliche Entscheidungen kann es allerdings gebunden sein. Streitig ist, ob dies für die Aufhebung der einstweiligen Anordnung oder deren Bestätigung im Beschwerdeverfahren gilt.[116] Übereinstimmung besteht dagegen, dass es an die im Klageverfahren über den Anordnungsanspruch ergangene Entscheidung nach § 121 VwGO gebunden ist, wenn diese auf die beim Erlass der einstweiligen Anordnung bestehende Sach- und Rechtslage gestützt worden ist.[117]

2. Schadensersatzpflicht bei Aufhebung nach § 926 Abs. 2 ZPO

536 Die Aufhebung der einstweiligen Anordnung nach § 926 Abs. 2 ZPO ist einzige Voraussetzung für die Entstehung des Schadensersatzanspruchs. An sie ist auch das Schadensersatzgericht gebunden, auf die materielle Rechtslage kommt es nicht an.[118] § 945 ZPO erweist sich damit als das eigentliche Druckmittel, die Klageerhebung zu erzwingen. Der Antragsteller, der der Klageanordnung nicht nachkommt, verliert nicht nur den erstrittenen Titel, sondern läuft darüber hinaus Gefahr, selbst bei ehemals berechtigter einstweiliger Anordnung Schadensersatz leisten zu müssen.

3. Inhalt der Schadensersatzpflicht

537 Nicht jeder durch die einstweilige Anordnung entstandene Schaden ist zu ersetzen. § 945 ZPO begrenzt die Schadensersatzpflicht in doppelter Hinsicht: Nur der dem Gegner, nicht der einem Dritten entstandene Schaden ist zu ersetzen, und nur der durch Vollzug oder Sicherheitsleistung entstandene Schaden, nicht der sonstige Schaden.

538 **a) Begrenzung auf den Schaden des Antragsgegners.** Schadensersatzberechtigt ist nach § 945 ZPO der „Gegner", also derjenige, gegen den die einstweilige Anordnung erlassen worden ist. Der Beigeladene hat diesen Anspruch nicht.[119] Die einstweilige

---

[113] LG Kaiserslautern Urt. v. 28.1.2005 – 2 O 458/04; anders *Hartmann* in Baumbach/Lauterbach/Albers/Hartmann ZPO § 945 Rn. 5, für die Glaubhaftmachung offengelassen in BGH NJW 1990, 122.

[114] Vgl. BGH NJW-RR 1998, 1651; *Redeker/von Oertzen* VwGO § 123 Rn. 49 f.; *Schoch* in Schoch/Schneider/Bier VwGO § 123 Rn. 196.

[115] Vgl. OLG Hamburg Urt. v. 4.9.2003 – 3 U 27/03; *Schoch* in Schoch/Schneider/Bier VwGO § 123 Rn. 196; nach BGH NJW 1993, 863, NJW 1992, 2297 ist dagegen grundsätzlich erst die rechtskräftige Abweisung des Arrest – oder Verfügungsanspruchs Voraussetzung für eine Schadensersatzklage, wenn die ergangene einstweilige Anordnung nicht im Verfahren des vorläufigen Rechtsschutzes aufgehoben worden ist.

[116] Dafür: BGH NJW 1992, 2297; LG Bielefeld Urt. v. 21.11.2001 – 16 O 202/01. Dagegen: OLG Frankfurt Urt. v. 4.3.2004 – 6 U 171/02; *Schoch* in Schoch/Schneider/Bier VwGO § 123 Rn. 196a. Offengelassen in BGH NJW 1994, 2765; BGH Urt. v. 15.1.1998 – I ZR 282/95; OLG Hamburg Urt. v. 4.9.2003 – 3 U 27/03.

[117] BGHZ 122, 172; BGH NJW 1993, 864; NJW 1992, 2298; vgl. OLG Frankfurt Urt. v. 12.3.1998 – 6 U 40/97; Kopp/*Schenke* VwGO § 123 Rn. 43; *Schoch* in Schoch/Schneider/Bier VwGO § 123 Rn. 196. Nach BGH NJW 1989, 106 gilt dies auch, wenn die der einstweiligen Verfügung zugrunde liegende Norm nachträglich als verfassungswidrig aufgehoben worden ist. Hinsichtlich des Anordnungsgrundes kann es dagegen keine Bindung geben, da über ihn im Hauptsacheverfahren nicht entschieden wird, *Schoch* in Schoch/Schneider/Bier VwGO § 123 Rn. 196a.

[118] Vgl. OLG Hamburg Urt. v. 4.9.2003 – 3 U 27/03; *Schoch* in Schoch/Schneider/Bier VwGO § 123 Rn. 196.

[119] BGH NJW 1994, 1413, nicht abgedruckt in BGHZ 124, 237; BGHZ 78, 127, insoweit abgedruckt in NJW 1981, 349; *Schoch* in Schoch/Schneider/Bier VwGO § 123 Rn. 200; *ders.*,

Anordnung ist nicht gegen ihn gerichtet, und er tritt dem Anordnungsverfahren nicht auf der Seite des Antragsgegners bei. § 945 ZPO ist auf ihn auch nicht entsprechend anwendbar. Diese Norm beruht auf dem allgemeinen Rechtsgedanken, dass das Risiko einer noch nicht endgültigen Vollstreckung von dem zu tragen ist, der den Vorteil daraus hat.[120] Der Beigeladene erstrebt aber keine vorgezogene Begünstigung, sondern will die Nachteile abwehren, die ihm durch einen vom Antragsgegner veranlassten vollstreckungsähnlichen Eingriff drohen. Dies entspricht dem Rechtsschutzziel des Aussetzungsverfahrens nach § 80 Abs. 5 VwGO, das nicht zu einer Schadensersatzpflicht führt.[121]

b) Begrenzung auf den durch Vollstreckung oder Sicherheitsleistung entstandenen 539
Schaden. Der Antragsteller hat nur den Schaden zu ersetzen, der dem Antragsgegner aus der Vollziehung der angeordneten Maßnahme oder der zur Anwendung der Vollziehung erbrachten Sicherheitsleistung entstanden ist.[122]

Die einstweilige Anordnung wird vollzogen, wenn der Antragsteller von ihr Gebrauch 540
macht.[123] Dies geschieht zumeist mit den Mitteln des Vollstreckungsrechts.[124] Hierfür genügt, dass mit der Vollstreckung zumindest begonnen worden ist.[125] Vollstreckungsmaßnahmen scheiden dagegen aus, wenn die einstweilige Anordnung eine Gestaltungs- oder Feststellungswirkung hat. In diesem Fall wird sie mit ihrem Erlass vollzogen.[126] Der Vollstreckung steht gleich, dass die Verwaltung bei Handlungsgeboten die sofort vollziehbare einstweilige Anordnung befolgt, ohne hierdurch zu Vollstreckungsmaßnahmen gezwungen worden zu sein.[127] Behörden sind aus rechtsstaatlichen Gründen gehalten, gerichtlichen Anordnungen von sich aus nachzukommen. Damit wäre unvereinbar, wenn sie den Vollziehungsbeginn allein deshalb herbeiführen müssten, um sich einen möglichen Schadensersatzanspruch zu erhalten.[128] Vollzugsschaden kann deshalb auch der Schaden sein, der dadurch entstanden ist, dass eine Behörde die Anordnung im Interesse des Antragstellers freiwillig befolgt. Etwas anderes gilt allerdings dann, wenn der Antragsteller eindeutig zu erkennen gibt, dass er von der Anordnung vorerst keinen Gebrauch machen will, die Behörde sie aber gleichwohl erfüllt. Dies ist der Fall, wenn es über den Erlass der einstweiligen Anordnung hinaus zusätzlicher gerichtlicher Anordnungen bedarf, um die Vollstreckbarkeit zu begründen. Einstweilige Anordnungen, die Unterlassungsgebote enthalten, sind erst dann vollstreckbar, wenn in ihnen selbst oder mit gesondertem Beschluss eine Strafandrohung nach § 890 Abs. 2 ZPO ergangen ist. Solange es an der Androhung und damit an einem vollständigen Vollstreckungstitel fehlt, kann ein Vollzugsschaden nicht eintreten, wenn der Antragsgegner das Gebot von sich aus beachtet.[129]

S. 1745. Anders Kopp/*Schenke* VwGO § 123 Rn. 44; *Pietzner/Ronellenfitsch,* Assessorexamen, § 58 Rn. 24.

[120] Vgl. zu Ersatzansprüchen bei Vollziehung eines Verwaltungsaktes → Rn. 1122 ff.

[121] BVerwG NVwZ 1991, 270; *Schoch* in Schoch/Schneider/Bier VwGO § 80 Rn. 408–410. Vgl. hierzu auch BSG MDR 1996, 847.

[122] OVG Berlin-Brandenburg Urt. v. 23.5.2013 – OVG 5 B 3.10; *Schoch* in Schoch/Schneider/Bier VwGO § 123 Rn. 197.

[123] BGH NJW 1990, 122; vgl. OLG Stuttgart Urt. v. 9.4.2003 – 3 U 29/01; VGH Mannheim NVwZ-RR 2014, 704; NVwZ 2000, 691; OLG Bamberg Beschl. v. 15.4.1998 – 3 W 21/98.

[124] BGH NJW-RR 2015, 541; BGHZ 120, 73; BGH NJW 1990, 122; vgl. OLG Karlsruhe NJW-RR 2003, 1708; LAG Nürnberg NZA-RR 2002, 272; VGH Mannheim NVwZ-RR 2014, 704.

[125] BGHZ 120, 85; BGH NJW 1990, 124.

[126] BeckOK ZPO/*Ulrici* ZPO §§ 928/936 iVm § 704 Rn. 4–5.

[127] Vgl. VGH Mannheim NVwZ 2000, 691; *Redeker/von Oertzen* VwGO § 123 Rn. 53. Dagegen insbes. BGHZ 120, 84; *Schoch* in Schoch/Schneider/Bier VwGO § 123 Rn. 198.

[128] Anders BGHZ 120, 84. Vgl. VGH Mannheim NVwZ 2000, 691.

[129] BGHZ 120, 85; VGH Mannheim NVwZ-RR 2014, 704; vgl. OLG Brandenburg an der Havel Urt. v. 27.5.2013 – 1 U 23/12; OLG Karlsruhe NJW-RR 2003, 1708; *Redeker/von Oertzen* VwGO § 123 Rn. 35. Zweifelnd *Schoch* in Schoch/Schneider/Bier VwGO § 123 Rn. 195.

541 Ein Vollzugsschaden entsteht weiterhin dann nicht, wenn der Schaden nicht durch Vollstreckungshandlungen, sondern bereits durch den Erlass der einstweiligen Anordnung oder durch deren Bekanntwerden bewirkt wird.[130] Deshalb kann der Antragsgegner die ihm im Anordnungsverfahren auferlegten Gerichtskosten und seine eigenen außergerichtlichen Kosten dem Antragsteller nicht über § 945 ZPO aufbürden, wenn er später obsiegt.[131] Dagegen stellen die dem Antragsteller erstatteten Kosten einen Vollzugsschaden dar, und zwar auch dann, wenn sie freiwillig gezahlt wurden, um die Vollstreckung abzuwenden.[132]

542 c) **Art und Umfang des Schadensersatzes.** Für Art und Umfang des Schadensersatzes gelten §§ 249 ff. BGB, die als allgemeine Grundsätze des Schadensersatzrechts auch auf den öffentlich-rechtlichen Schadensersatzanspruch anzuwenden sind.[133] Nach § 254 BGB kann geltend gemacht werden, der Antragsgegner habe schuldhaft Anlass zum Erlass der einstweiligen Anordnung gegeben.[134] Dadurch kann der Schadensersatzanspruch gänzlich entfallen.[135] War eine auf eine Unterlassung gerichtete Anordnung nur wegen Fehlens des Anordnungsgrundes ungerechtfertigt, der Anordnungsanspruch aber gegeben, besteht kein Schadensersatzanspruch. Wer in diesem Fall Schadensersatz verlangt, hat in Wirklichkeit keinen Schaden erlitten, weil ihm das beanstandete Verhalten nach materiellem Recht verboten war. Die Anwendung des § 945 ZPO würde ihm einen von der Rechtsordnung missbilligten Vorteil verschaffen.[136] Die Verjährung des Schadensersatzanspruchs richtet sich nach § 852 BGB.[137]

III. Anspruchskonkurrenz

543 Nach Auffassung des BVerwG schließen sich Erstattungs- und Schadensersatzansprüche nicht gegenseitig aus. Sie sind vielmehr eigenständige Ansprüche, die miteinander konkurrieren können, wenn sie sich in ihren Voraussetzungen und in ihrem Umfang im Einzelfall decken.[138] Der Antragsgegner kann deshalb wählen, welchen Anspruch er geltend macht.

544 Dagegen ist einzuwenden, dass die Geltendmachung materiell-rechtlicher Erstattungsansprüche nicht mit der Rechtsnatur des Anordnungsverfahrens vereinbar ist. Stellt sich die einstweilige Anordnung als prozessuale Zwischenregelung dar, so entspricht dem, auch die Folgenbeseitigung ausschließlich auf eine prozessrechtliche Grundlage zu stüt-

---

[130] BGH NJW-RR 2015, 541; NJW 1988, 3268; vgl. OLG Stuttgart Urt. v. 9.4.2003 – 3 U 29/01; OLG Saarbrücken NJW-RR 1998, 1039; *Schoch* in Schoch/Schneider/Bier VwGO § 123 Rn. 197; *Hartmann* in Baumbach/Lauterbach/Albers/Hartmann ZPO § 945 Rn. 19.

[131] BGHZ 122, 172 (176–178); vgl. OLG Köln Urt. v. 30.10.2002 – 6 U 55/02; *Hartmann* in Baumbach/Lauterbach/Albers/Hartmann ZPO § 945 Rn. 19. Anders Stein/Jonas/*Grunsky* ZPO § 945 Rn. 6.

[132] BeckOK ZPO/*Mayer* ZPO § 945 Rn. 32.

[133] BGH WM 2006, 1211; BGHZ 122, 179; OVG Berlin-Brandenburg Urt. v. 23.5.2013 – OVG 5 B 3.10; VGH Mannheim VBlBW 1984, 87; VBlBW 1983, 309; LG Bielefeld Urt. v. 21.11.2001 – 16 O 202/01; KG Berlin Urt. v. 15.4.1996 – 24 U 4835/93.

[134] BGH NJW-RR 2016, 485; BGHZ 122, 179; vgl. OLG Karlsruhe NJW-RR 2003, 1708; OLG Frankfurt Urt. v. 12.3.1998 – 6 U 40/97; Kopp/*Schenke* VwGO § 123 Rn. 43; *Schoch* in Schoch/Schneider/Bier VwGO § 123 Rn. 197. Zur Schadensminderung unter dem Gesichtspunkt der Vorteilsausgleichung VGH Mannheim VBlBW 1984, 87.

[135] BGH NJW-RR 2016, 485; NJW 1990, 2689; vgl. OLG Frankfurt Urt. v. 12.3.1998 – 6 U 40/97; OLG München Urt. v. 7.3.1996 – 29 U 2314/95.

[136] BGH GRUR 2016, 720, NJW 1994, 2765; vgl. OLG Hamburg Urt. v. 4.9.2003 – 3 U 27/03.

[137] BGH NJW 2003, 2610; NJW 1992, 2297; OLG Stuttgart Urt. v. 9.4.2003 – 3 U 29/01. Offengelassen in OVG Berlin-Brandenburg Urt. v. 23.5.2013 – OVG 5 B 3.10.

[138] BVerwGE 71, 358; 109, 357; BVerwG NVwZ 2006, 835.

zen.[139] Für einen prozessualen Schadensausgleich kommt als Spezialform allein der über § 123 Abs. 3 VwGO anwendbare § 945 ZPO in Betracht.

IV. Prozessuale Geltendmachung

Erstattungs- oder Schadensersatzansprüche können nicht im Anordnungsverfahren, **545** sondern müssen im Klageverfahren verfolgt werden.[140]

Erstattungsansprüche lassen sich von der Behörde durch Leistungsbescheid geltend **546** machen, der auf dem Verwaltungsrechtsweg anzufechten ist.[141]

Schadensersatzansprüche sind stets durch Klage geltend zu machen.[142] Auf welchem **547** Rechtsweg dies zu geschehen hat, ist streitig. Der BGH hält in Übereinstimmung mit einem beachtlichen Teil des verwaltungsrechtlichen Schrifttums den Zivilrechtsweg für gegeben.[143] Er sieht den Anspruch aus § 945 ZPO auch dann als Schadensersatzanspruch des bürgerlichen Rechts an, wenn ihm eine verwaltungsgerichtliche einstweilige Anordnung zugrunde liegt. Dabei verkennt er jedoch, dass der Anspruch seinen Ursprung in einer öffentlich-rechtlichen Streitigkeit hat, deshalb seinerseits öffentlich-rechtlicher Natur ist und damit allein auf dem Verwaltungsrechtsweg verfolgt werden kann.[144]

V. Praktische Bedeutung

Die praktische Bedeutung der Geltendmachung von Erstattungsansprüchen ist erheb- **548** lich, da die Verwaltung bestrebt ist, die aufgrund einer gerichtlichen Anordnung zu Unrecht erbrachten Leistungen zurückzuerhalten. Demgegenüber werden Schadensersatzansprüche kaum erhoben, da den Behörden in aller Regel kein nachweisbarer Schaden entsteht.[145]

G. Die einstweilige Anordnung in verwaltungsgerichtlichen Sonderverfahren

§ 30 Die einstweilige Anordnung im Normenkontrollverfahren

Schrifttum: *Battis/Krautzberger/Löhr,* Gesetz zur Erleichterung von Planungsvorhaben für die Innenentwicklung der Städte (BauGB 2007), NVwZ 2007, 121 (128); *Bohl,* Zum Rechtsschutz der Gemeinden gegen Flugroutenfestlegungen – Entscheidungsbesprechung zu VGH Kassel, Beschluss

---

[139] VGH Mannheim VBlBW 1984, 87; ESVGH 32, 290. Offengelassen in OVG Lüneburg FEVS 44, 423 (428).

[140] Vgl. BGH NJW 2003, 2610; LG Kaiserslautern Urt. v. 28.1.2005 – 2 O 458/04; OLG Hamburg Urt. v. 4.9.2003 – 3 U 27/03.

[141] BVerwGE 71, 357; vgl. VG Braunschweig Urt. v. 6.5.2005 – 5 A 287/05; VGH München Beschl. v. 13.11.2002 – 9 C 02.2279; VGH München Urt. v. 9.3.1999 – 9 B 96.3716.

[142] BVerwG NJW 2002, 2894; OVG Hamburg NVwZ 1990, 686; OVG Lüneburg FEVS 44, 428; vgl. OLG Hamm Urt. v. 8.6.2006 – 18 U 163/05; VGH München Urt. v. 4.8.2005 – 4 B 01.622; VGH München Beschl. v. 27.11.2002 – 12 CE 02.2523; VG Bayreuth Beschl. v. 10.4.2002 – B 5 S 01.605. Anders VGH Mannheim VBlBW 1984, 87; ESVGH 32, 290; unentschieden BVerwGE 71, 358.

[143] So insbes. BGHZ 78, 127 = NJW 1981, 349; OVG Lüneburg FEVS 44, 428; vgl. VG Potsdam Beschl. v. 28.7.1998 – 3 L 205/98; VGH Kassel NVwZ-RR 1998, 434. Ebenso Eyermann/*Happ* VwGO § 123 Rn. 85; Kopp/*Schenke* VwGO § 123 Rn. 45; *Redeker/von Oertzen* VwGO § 123 Rn. 55; *Huba* JuS 1990, 990; *Hufen* § 33 Rn. 22; *Pietzner/Ronellenfitsch,* Assessorexamen, § 58 Rn. 24; *Schenke* Rn. 1041; *Lemke* DVBl. 1982, 989.

[144] BVerwGE 18, 72; VGH Mannheim VBlBW 1984, 87; *Ehlers/Schneider* in Schoch/Schneider/Bier VwGO § 40 Rn. 553.

[145] *Redeker/von Oertzen* VwGO § 123 Rn. 54; *Schoch* in Schoch/Schneider/Bier VwGO § 123 Rn. 194.

vom 18.4.2001 – Az. 2 Q 1064/01, NVwZ 2001, 764; *Erichsen/Scherzberg,* Die einstweilige Anordnung im Verfahren der verwaltungsgerichtlichen Normenkontrolle (§ 47 Abs. 7 VwGO), DVBl. 1987, 168; *Grave,* Vorläufiger Rechtsschutz gemäß § 47 Abs. 7 VwGO, BauR 1981, 156; *Gronemeyer,* Änderungen des BauGB und der VwGO durch das Gesetz zur Erleichterung von Planungsvorhaben für die Innenentwicklung der Städte, BauR 2007, 815; *Grooterhorst,* Einstweilige Anordnung und Nichtvorlagebeschwerde im Normenkontrollverfahren, DVBl. 1989, 1176; *Hahn,* Normenkontrolle von Satzungen nach dem Bundesbaugesetz, JuS 1983, 678; *Karpen,* Einstweiliger Rechtsschutz des Nachbarn im Baurecht, NJW 1986, 881; *Kintz,* Die Normenkontrolle nach § 47 VwGO, JuS 2000, 1099; *König-Ouvrier,* Die Zulässigkeit einstweiliger Anordnungen im verwaltungsgerichtlichen Normenkontrollverfahren, 1977; *Krieger,* Vorläufiger Rechtsschutz gegen Gesamtplanungen, NuR 1983, 257; *Rasch,* Die neueste Rechtsprechung und Literatur zur Normenkontrolle von Bebauungsplänen, BauR 1981, 156; *Schenke,* Die einstweilige Anordnung in Verbindung mit der verwaltungsgerichtlichen Normenkontrolle (§ 47 Abs. 7 VwGO), DVBl. 1979, 169; *Schoch,* Der verwaltungsprozessuale vorläufige Rechtsschutz (Teil III) – Die einstweilige Anordnung, Jura 2002, 318; *Walter,* Einstweilige Anordnung – Anmerkung zu OVG Frankfurt (Oder), Beschluss vom 21.10.2000, Az. 4 B 155/00, NJ 2001, 330; *Zuck,* Die einstweilige Anordnung im Normenkontrollverfahren nach § 47 Abs. 7 VwGO, DÖV 1977, 848.

Zur Rechtslage vor Novellierung des § 47 VwGO durch das Gesetz vom 24.8.1976 (BGBl. I S. 437), aber zu Einzelfragen noch von Bedeutung: *Czermak,* Vorläufiger Rechtsschutz „im" Normenkontrollverfahren?, BayVBl. 1974, 612; *Eckert,* Die einstweilige Anordnung im Verfahren der verwaltungsgerichtlichen Normenkontrolle nach § 47 VwGO, Diss. München 1972; *Engelken,* Einstweilige Regelungen im verwaltungsgerichtlichen Normenkontrollverfahren nach § 47 VwGO, Diss. Heidelberg 1971; *ders.,* Einstweilige Anordnungen nach § 123 VwGO in verwaltungsgerichtlichen Normenkontrollverfahren (§ 47 VwGO)?, DÖV 1971, 331; *Klein/Kupfer,* Die einstweilige Anordnung in verwaltungsgerichtlichen Normenkontrollverfahren gegen Hochschulsatzungen, DÖV 1970, 73; *Klotz,* Normenkontrolle nach § 47 VwGO und einstweilige Anordnung, DÖV 1966, 186.

549 § 47 Abs. 6 VwGO bestimmt, dass einstweilige Anordnungen auch in Verfahren nach § 47 VwGO ergehen können. Nach § 47 VwGO entscheidet das OVG/VGH im Rahmen seiner Gerichtsbarkeit über die Gültigkeit baurechtlicher Satzungen und Rechtsverordnungen und, sofern das Landesrecht dies bestimmt, über die Gültigkeit von anderen im Range unter dem Landesgesetz stehenden Rechtsvorschriften. Die Vorschrift regelt die prinzipale oder – wie vielfach formuliert wird – abstrakte Normenkontrolle.[1]

550 § 47 VwGO war vielfach Gegenstand gesetzlicher Novellierungen.[2] Die Vorschrift verfolgt zwei Regelungsziele. Die prinzipale Normenkontrolle soll zunächst als objektives Beanstandungsverfahren allgemein verbindliche Entscheidungen über die Wirksamkeit von Rechtsvorschriften im Rang unter dem förmlichen Gesetz ermöglichen. Sie gleicht damit der Normenkontrolle des Art. 93 Abs. 1 Nr. 2 GG, §§ 13 Nr. 6, 76 BVerfGG und soll damit Rechtssicherheit schaffen, daneben aber auch verfahrensökonomischen Zielen dienen. Durch die Möglichkeit allgemein verbindlicher Entscheidungen soll auch eine Entlastung der Verwaltungsgerichte erreicht werden. Wie § 47 Abs. 2 S. 1 VwGO deutlich macht, verfolgt § 47 VwGO aber auch subjektive Rechtsschutzzwecke. Der Antrag an das Normenkontrollgericht ist nur zulässig, wenn der Antragsteller geltend macht, durch die Rechtsvorschrift oder deren Anwendung in seinen Rechten verletzt zu sein oder in absehbarer Zeit verletzt zu werden. Die durch das 6. VwGOÄndG eingeführte Vorschrift gleicht die Voraussetzungen der Antragsbefugnis damit § 42 Abs. 2 VwGO an.[3]

---

[1] Zur Nomenklatur und Bedeutungsinhalt Kopp/*Schenke* VwGO § 47 Rn. 1 mwN.

[2] § 47 erhielt durch Gesetz vom 24.8.1976 (BGBl. I S. 2437), vom 8.12.1986 (BGBl. I S. 2191) und vom 17.12.1990 (BGBl. I 2889) sowie durch das 6. VwGOÄndG, das BauROG das RmBereinVpG, das EAG Bau und jüngst das Gesetz zur Erleichterung von Planungsvorhaben für die Innenentwicklung der Städte vom 21.12.2006 (BGBl. I S. 3316, 3320) seine heutige Gestalt; zur Entstehungsgeschichte ausführlich *Ziekow* in *Sodan/Ziekow* § 47 Rn. 1–3.

[3] *Ziekow* in Sodan/Ziekow VwGO § 47 Rn. 144 f.; *Redeker/von Oertzen* VwGO § 47 Rn. 28; *Schenke* NJW 1997, 81.

Dies ändert allerdings nichts daran, dass sich das Instrument der Normenkontrolle weiterhin deutlich vom typischen Verwaltungsstreitverfahren unterscheidet. Nicht individuell – konkret ausgerichtete Entscheidungen und Handlungen der Behörde schaffen den Prüfungsgegenstand, sondern abstrakt – generelle Regelungen können angegriffen werden. Dem subjektivrechtlich ausgerichteten Rechtsschutzzugang steht zudem ein weiterhin objektiv ausgerichtetes Prüfprogramm gegenüber. Das Normenkontrollgericht ist nicht verpflichtet, jede behauptete Rechtsverletzung zu ermitteln und kann die zur Überprüfung gestellte Norm auch aus Gründen verwerfen, die der Antragsteller selbst gar nicht vorgetragen hat.[4] Die Neufassung des § 47 Abs. 2 S. 1 VwGO hat am objektiven Prüfungsmaßstab nichts geändert.[5] Für den – damit nach wie vor spezifischen – Verfahrenstyp des Rechtsschutzes gegenüber Normen übernimmt § 47 Abs. 6 VwGO die Funktion der einstweiligen Anordnung, die bei Einzelakten ansonsten § 123 VwGO zukommt.[6] Da der Normenkontrollantrag keine aufschiebende Wirkung besitzt, soll durch die Möglichkeit der einstweiligen Anordnung die Effektivität der Normenkontrolle erheblich verstärkt werden, indem infolge der mit ihr verbundenen Sicherungsfunktion die Entscheidungsfähigkeit des Hauptsacheverfahrens offen gehalten und verhindert wird, dass die nachfolgende Entscheidung des Normenkontrollgerichts nicht durch Zeitablauf entwertet wird.[7] **551**

Die Funktionen der Normenkontrolle sind im Auge zu behalten, wenn es um die Frage geht, nach welchen Entscheidungskriterien sich die materiellen Voraussetzungen für den Erlass einer einstweiligen Anordnung bestimmen.[8] **552**

I. Die Normstruktur des § 47 Abs. 6 VwGO

§ 47 Abs. 6 VwGO ist von lapidarer Kürze. Das Gericht kann auf Antrag eine einstweilige Anordnung erlassen, wenn dies zur Abwehr schwerer Nachteile oder aus anderen wichtigen Gründen dringend geboten ist. Die Regelung folgt damit einem Konditionalprogramm[9]. Der Erlass einer einstweiligen Anordnung wird im Normenkontrollverfahren dem Wortlaut der Norm nach nur an das Vorliegen von Gründen geknüpft, die nach dem Normverständnis des § 123 VwGO als Anordnungsgründe zu bezeichnen wären[10]. **553**

Welche Voraussetzungen neben den abzuwehrenden schweren Nachteilen oder den geforderten „anderen wichtigen Gründen" ansonsten noch für die Gewährung einstweiligen Rechtsschutzes gegenüber Normen vorliegen müssen, sagt § 47 Abs. 6 VwGO nicht. Die Vorschrift schweigt sowohl zu Zulässigkeitsvoraussetzungen wie zu Fragen nach dem anzuwendenden Verfahren oder gerichtlichen Entscheidungsformen.[11] Die sich damit auftuenden Regelungslücken werden in Rechtsprechung und Literatur auf unterschiedlichem Wege geschlossen. Während in Bezug auf die materiellen Entscheidungsmaßstäbe ein Großteil der verwaltungsgerichtlichen Spruchpraxis sich – wie näher darzulegen sein wird[12] – an § 32 BVerfGG orientiert, besteht jedenfalls insoweit Einigkeit, dass die einstweilige Anordnung im verfassungsgerichtlichen Verfahren jedenfalls nicht in Bezug auf die Zulässigkeitsvoraussetzungen zur Anwendung kommt.[13] Vertreten worden **554**

---

[4] *Panzer* in Schoch/Schneider/Bier VwGO § 47 Rn. 87; BVerwG NVwZ 2003, 621; NVwZ 2002, 83.

[5] BVerwG NVwZ 2001, 431.

[6] *Schoch* in Schoch/Schneider/Bier VwGO § 47 Rn. 130.

[7] OVG Lüneburg NVwZ 2002, 109; OVG Münster NJW 1980, 1013.

[8] Dazu ausführlich → Rn. 591 ff.

[9] So auch *Schoch* in Schoch/Schneider/Bier VwGO § 47 Rn. 132.

[10] In diesem Sinne auch *Schoch* aaO.

[11] *Schoch* in Schoch/Schneider/Bier VwGO § 47 Rn. 132.

[12] → Rn. 591 ff.

[13] *Pietzner/Ronellenfitsch,* Assessorexamen, § 61 Rn. 20.

ist in der Vorauflage, dass es sich angesichts der deutlichen Unterschiede zu § 123 VwGO verbietet, Gesetzeslücken durch Rückgriff auf § 123 VwGO zu schließen.[14] Stattdessen soll die allgemeine Verweisungsnorm des § 173 VwGO Beachtung verdienen, die soweit die VwGO keine Bestimmung über das Verfahren enthält, eine entsprechende Anwendung von GVG und ZPO und damit auch der §§ 935 ff. ZPO gebietet, sofern nicht grundsätzliche Unterschiede des Verfahrens der Normenkontrolle einerseits und des zivilprozessualen Verfahrens andererseits dem entgegenstehen.[15]

555 Signifikante Unterschiede in der Vorschriftenanwendung ergeben sich bei dieser Sichtweise freilich nicht. § 123 Abs. 3 VwGO verweist auf zahlreiche zivilprozessuale Vorschriften aus dem Recht der einstweiligen Verfügung, so dass in Bezug auf Zulässigkeitsfragen viel dafür spricht, die allgemeinen Grundsätze des § 123 VwGO anzuwenden. Dies entspricht auch der Entstehungsgeschichte der Norm. Die Gesetzesbegründung hat „weitere Verfahrensvorschriften" für „nicht erforderlich" gehalten und „wie bisher . . . die Vorschriften des 2. Teils, 7., 9. und nunmehr auch 10. Abschnitts der Verwaltungsgerichtsordnung" für anwendbar erklärt.[16] Damit greifen die §§ 54 ff., 81 ff., 107 ff. VwGO. Vor diesem Hintergrund sind nachfolgend die Zulässigkeitsfragen zu erörtern.

II. Zulässigkeitsvoraussetzungen

556 Wie in jedem gerichtlichen Verfahren ist auch bei der einstweiligen Anordnung des Normenkontrollverfahrens zwischen Zulässigkeit und Begründetheit zu unterscheiden. Die Zulässigkeitsvoraussetzungen sind die verfahrensrechtlichen Anforderungen, die erfüllt sein müssen, damit sich das Gericht mit dem Antragsbegehren befassen und prüfen darf, ob der Erlass einer einstweiligen Anordnung „zur Abwehr schwerer Nachteile oder aus anderen wichtigen Gründen dringend geboten ist."

1. Zuständiges Gericht

557 Der Antrag auf Erlass einer einstweiligen Anordnung ist an das Gericht der Hauptsache zu richten (§ 47 Abs. 6 VwGO). Dies ist grundsätzlich das OVG. Die früher vertretene Auffassung, dass ausschließlich das OVG auch dann zuständig ist, wenn das Normenkontrollverfahren auf Grund einer Nichtzulassungsbeschwerde oder Revision (§§ 132, 133 VwGO) beim BVerwG anhängig ist, mithin die VwGO eine Zuständigkeit des BVerwG zum Erlass einer einstweiligen im Normenkontrollverfahren nicht kennt[17], ist nach Änderung des § 47 VwGO durch das 6. VwGOÄndG[18] aufzugeben. Die Rechtsprechung des BVerwG weist darauf hin, dass sich nach Einführung der Revisionsmöglichkeit für Normenkontrollentscheidungen der Oberverwaltungsgerichte nunmehr auch das Revisionsgericht als in der Hauptsache zuständiges Gericht über den Antrag auf Erlass einer einstweiligen Anordnung gemäß § 47 Abs. 6 VwGO zu entscheiden hat.[19]

2. Antrag

558 Die einstweilige Anordnung ergeht, wie § 47 Abs. 6 VwGO ausdrücklich hervorhebt, nur auf Antrag, niemals von Amts wegen.[20] Der Antrag bedarf analog § 81 Abs. 1 VwGO der Schriftform. Das Gericht ist an ihn nicht gebunden. Es hat wie bei jedem anderen Verwaltungsstreitverfahren auch im Verfahren nach § 47 Abs. 6 VwGO das im Sach-

[14] So in der 6. Aufl. Rn. 554.
[15] Ebd.
[16] BT-Drs. 7/4324, 12.
[17] So noch 4. Aufl. Rn. 601.
[18] Vom 1.11.1996 (BGBl. I S. 1626).
[19] BVerwG ZfBR 2015, 381; NVwZ 1998, 1065; VGH München NVwZ-RR 2010, 44.
[20] BVerwG ZfBR 2015, 381; OVG Magdeburg Beschl. v. 3.7.2006 – 3 R 120/06.

antrag und im gesamten Parteivorbringen zum Ausdruck kommende Rechtsschutzziel zu ermitteln.[21]

3. Beteiligte

a) Antragsteller. Einen Antrag auf Erlass einer einstweiligen Anordnung kann stellen, 559
wer nach § 47 Abs. 2 VwGO befugt ist, einen Normenkontrollantrag zu stellen.[22] Dies setzt Antragsfähigkeit und Antragsberechtigung voraus.

(1) *Antragsfähigkeit* im Normenkontrollverfahren besitzt nach § 47 Abs. 2 S. 1 VwGO 560
jede natürliche oder juristische Person sowie jede Behörde. § 47 Abs. 2 S. 1 VwGO ist damit enger als § 61 VwGO, der die Beteiligungsfähigkeit in Nr. 2 auch nicht rechtsfähigen Vereinigungen gewährt, soweit ihnen ein Recht zustehen kann. Da angesichts der potenziellen Grundrechtsfähigkeit auch nicht rechtsfähiger Vereinigungen eine Verweigerung der Antragsfähigkeit im Normenkontrollverfahren sachlich nicht gerechtfertigt ist, sind durch Rückgriff auf § 61 Nr. 2 VwGO auch nicht rechtsfähige Vereinigungen als antragsfähig im Normenkontrollverfahren und demgemäß im Verfahren auf Erlass einer einstweiligen Anordnung anzusehen.[23]

(2) *Antragsberechtigt,* nämlich berechtigt, im Einzelfall einen Normenkontrollantrag 561
und demgemäß einen Antrag auf Erlass einer einstweiligen Anordnung zu stellen, ist nach § 47 Abs. 2 S. 1 VwGO jede natürliche oder juristische Person,[24] die geltend macht, durch die angefochtene Rechtsvorschrift oder deren Anwendung in ihren Rechten verletzt zu sein oder in absehbarer Zeit verletzt zu werden. § 47 Abs. 2 S. 1 VwGO ist seit der Neufassung durch das 6. VwGOÄndG an § 42 Abs. 2 VwGO angeglichen.[25] Die Zufügung eines Nachteils, der nicht die Qualität einer Rechtsverletzung besitzt, reicht damit für die Stellung eines Normenkontrollantrags nicht aus. § 47 Abs. 2 S. 1 VwGO fordert nicht, dass die Rechtsverletzung tatsächlich gegeben ist. Es reicht aus, dass die Möglichkeit der Rechtsverletzung konkret und plausibel dargelegt wird,[26] § 47 Abs. 6 VwGO verlangt damit keine höheren Anforderungen als § 42 Abs. 2 VwGO.[27] Erforderlich ist, insoweit vergleichbar der allerdings auf die Geltendmachung von Grundrechtsverletzungen beschränkten Rechtssatzverfassungsbeschwerde, eine aktuelle oder virtuelle, eine gegenwärtige oder drohende Rechtsverletzung. In Betracht kommen subjektive Rechte jeder Art.[28] Eine Behörde kann den Normenkontrollantrag stellen, wenn sie die –

[21] OVG Magdeburg Beschl. v. 3.7.2006 – 3 R 120/06, unter Hinweis auf BVerwG Beschl. v. 14.4.2003 – 3 B 141.02.

[22] OVG Greifswald NordÖR 2016, 87; OVG Münster ZUR 2006, 209; Beschl. v. 6.5.2005 – 10 B 2657.04 NE; VGH München Beschl. v. 30.3.2016 – 30.8.2016; Beschl. v. 26.11.2004 – 7 NE 04.3221.

[23] So auch VGH München BayVBl. 1981, 719; VGH Mannheim VBlBW 2014, 468.

[24] Auch solche des öffentlichen Rechts, beispielsweise eine Gemeinde, die sich wegen Beeinträchtigung ihrer Planungshoheit gegen den Bebauungsplan einer Nachbargemeinde wendet. Dazu OVG Lüneburg NVwZ 2006, 246; OVG Weimar UPR 2003, 315; VGH München BauR 2011, 1782; Beschl. v. 5.10.2005 – 1 NE 05.1666; Entsch. v. 24.9.2010 – Vf. 12-VII-10; VGH Mannheim NVwZ 1987, 1088; OVG Magdeburg Urt. v. 14.7.2015 – 3 K 236/13 (Träger der gesetzlichen Krankenversicherung).

[25] Zur alten Rechtslage und dem Nachteilsbegriff *Dürr* DÖV 1990, 136.

[26] BVerwG NVwZ 2015, 1540; VGH München Beschl. v. 30.8.2016 – 1 NE 16.1384; Beschl. v. 26.11.2004 – 7 NE 04.3221; VGH München Beschl. v. 19.8.2016 – 9 NE 16.1512; VGH München Urt. v. 17.6.2010 – 14 N 09.229.

[27] BVerwGE 107, 215; BauR 2008, 2031; OVG Saarlouis Beschl. v. 12.1.2016 – 2 B 220/15; VGH München Beschl. v. 30.8.2016 – 1 NE 16.1384; zweifelhaft daher OVG Magdeburg Beschl. v. 6.10.2004 – 2 R 488/03; Beschl. v. 4.8.2004 – 2 R 31/04.

[28] S. im Zusammenhang mit § 47 Abs. 6 VwGO zu Rechten der Arbeitnehmer bei Erweiterung der Ladenöffnungszeiten nach § 14 Abs. 1 LadSchlG OVG Bremen NVwZ-RR 2005, 814; hingegen zu möglichen Rechten betroffener Unternehmer OVG Bremen NVwZ 2002, 873; Eine Nachbar-

von ihr nicht selbst gesetzte und daher nicht von ihr abänderbare – Rechtsnorm bei der Wahrnehmung ihrer Aufgaben zu beachten, insbesondere anzuwenden oder zu vollziehen hat.[29] Deshalb ist eine Baugenehmigungsbehörde berechtigt, den Antrag auf Überprüfung der Gültigkeit eines von ihr anzuwendenden Bebauungsplans zu stellen.[30]

Zu beachten ist die Verschärfung, die § 47 VwGO durch die seit 1.1.2007 geltende – und durch das Gesetz zur Erleichterung von Planungsvorhaben für die Innenentwicklung der Städte eingeführte[31] – Bestimmung des § 47 Abs. 2a VwGO erfahren hat. Der Normenkontrollantrag einer natürlichen oder juristischen Person, der einen Bebauungsplan oder eine Entwicklungssatzung nach § 34 Abs. 4 S. 1 Nr. 2 BauGB oder eine Ergänzungssatzung nach § 34 Abs. 4 S. 1 Nr. 3 BauGB oder einer Außenbereichssatzung nach § 35 Abs. 6 BauGB zum Gegenstand hat, ist unzulässig, wenn die den Antrag stellende Person nur Einwendungen geltend macht, die sie im Rahmen der öffentlichen Auslegung nach § 3 Abs. 2 VwGO oder im Rahmen der Beteiligung der betroffenen Öffentlichkeit nach §§ 13 Abs. 2 Nr. 2, 13a Abs. 2 Nr. 1 BauGB nicht oder verspätet geltend gemacht hat, aber hätte geltend machen können. Dies gilt nur, wenn auf diese Rechtsfolge im Rahmen der Beteiligung förmlich hingewiesen ist. § 47 Abs. 2a VwGO wird vom Gesetzgeber als Konkretisierung eines allgemeinen Rechtsschutzbedürfnisses angesehen.[32] Sie soll dem Umstand Rechnung tragen, dass bereits im Aufstellungsverfahren Mitwirkungsbefugnisse bestehen, die dazu dienen, die jeweiligen Interessen rechtzeitig dem Abwägungsmaterial hinzuzufügen.[33] Es soll sichergestellt werden, dass sachliche Einwendungen nicht erst im Gerichtsverfahren geltend gemacht werden.[34] Unterbleibt der Hinweis auf die Präklusionswirkung, greift diese nicht.[35] Ebenso kommt § 47 Abs. 2a BauGB dann nicht zur Anwendung, wenn der Antragsteller neben präkludierten Einwendungen auch mindestens eine Einwendung geltend gemacht hat, die nicht von § 47 Abs. 2a BauGB erfasst wird.[36]

562 **b) Antragsgegner.** Da der Normenkontrollantrag nach § 47 Abs. 2 S. 2 VwGO gegen die Körperschaft, Anstalt oder Stiftung zu richten ist, welche die Rechtsvorschrift erlassen hat, ist diese auch Antragsgegner im Verfahren auf Erlass einer einstweiligen Anordnung.[37] § 47 Abs. 2 S. 2 VwGO liegt das Rechtsträgerprinzip zugrunde.[38] Der Antrag auf Außervollzugsetzung eines Bebauungsplans ist deshalb gegen die planende Gemeinde, nicht gegen die Gemeindevertretung zu richten.[39] Eine Behörde, die die angegriffene

---

gemeinde ist in Verbindung mit § 2 Abs. 2 BauGB antragsbefugt, wenn der mit dem Normenkontrollantrag angegriffene Bebauungsplan „unmittelbare Auswirkungen gewichtiger Art" mit sich bringt, dazu OVG Lüneburg NVwZ 2006, 246; OVG Weimar UPR 2003, 315; weniger weitgehend VGH München Beschl. v. 5.10.2005 – 1 NE 05.1666 (Verletzung von § 2 Abs. 2 BauGB reicht aus); ausführlich Kopp/*Schenke* VwGO § 47 Rn. 47 ff. (mwN).

[29] BVerwG NVwZ 2016, 609 (Zweckverband); BVerwGE 81, 307; OVG Greifswald Urt. v. 25.3.2015 – 2 K 22/14 (Gerichtspräsidium); OVG Münster NVwZ-RR 2009, 798; VGH München NVwZ 1983, 481 (Landratsamt, das den Bebauungsplan genehmigt hatte).

[30] OVG Münster, BauR 1978, 209.

[31] Vom 21.12.2006 (BGBl. I S. 3316).

[32] BT-Drs. 16/2494, 18.

[33] BT-Drs. 16/2494, 18; dazu auch *Battis/Krautzberger/Löhr* NVwZ 2007, 121 (128).

[34] BT-Drs. 16/2494, 21.

[35] *Battis/Krautzberger/Löhr* NVwZ 2007, 121 (128).

[36] BT-Drs. 16/3308, S. 25; *Battis/Krautzberger/Löhr* NVwZ 2007, 121 (128).

[37] VGH Kassel BRS 50 Nr. 54; DÖV 1983, 777.

[38] Kopp/*Schenke* VwGO § 47 Rn. 39.

[39] OVG Münster NJW 1980, 1013; anders OVG Lüneburg DVBl. 1999, 1737. Zur Problematik, wenn die Norm im Wege kommunalaufsichtlicher Ersatzvornahme erlassen wurde s. BVerwG NVwZ-RR 1993, 513, das aber ohne nähere Begründung weiterhin von der Gemeinde als Antragsgegner ausgehen will.

Norm lediglich anzuwenden, sie aber nicht erlassen hat, kann nicht als Antragsgegner in das Anordnungsverfahren einbezogen werden.[40] Ein gegen sie gerichteter Antrag auf Erlass einer einstweiligen Anordnung wäre unzulässig. Es bedarf der Einbeziehung der normanwendenden Behörde zur Gewährung effektiven Rechtsschutzes auch nicht, da eine normaussetzende einstweilige Anordnung prinzipiell inter omnes wirkt und daher jede Behörde hindert, die durch einstweilige Anordnung außer Vollzug gesetzte Norm anzuwenden, so lang die einstweilige Anordnung besteht.[41]

c) Sonstige Beteiligte. Bis zum 1.1.2002 war eine Beiladung Dritter im Normenkon- **563**
trollverfahren nicht möglich. Seit diesem Zeitpunkt gilt nach § 47 Abs. 2 S. 4 VwGO, dass auch im Normenkontrollverfahren §§ 65 Abs. 1, 4, 66 VwGO entsprechend anzuwenden sind. Der Gesetzgeber hat die Rechtsprechung des BVerfG[42] zum Anlass der Novellierung genommen. Das BVerfG hatte den bis dahin praktizierten Ausschluss der Beiladung von Grundstückseigentümern, denen die Unwirksamkeitserklärung einer Norm zum Nachteil gereichte, im Hinblick auf Art. 14 GG als verfassungsrechtlich problematisch angesehen. Von der Beiladung zu unterscheiden ist die Äußerungsberechtigung nach § 47 Abs. 2 S. 3 VwGO. Die Vorschrift ist § 77 BVerfGG nachgebildet. Regelungszweck ist es, im Interesse einer effektiven Sachverhaltsaufklärung eine Anhörung Dritter zu ermöglichen.[43]

Die Beteiligung des Vertreters des öffentlichen Interesses am Verfahren ist entspre- **564**
chend allgemeinen Vorschriften auch im Verfahren zum Erlass einer einstweiligen Anordnung möglich.

4. Zeitpunkt des Antrags

Für den Zeitpunkt, zu dem der Antrag auf Erlass einer einstweiligen Anordnung **565**
frühestens gestellt werden kann und spätestens gestellt werden muss, gilt:

a) Antragsfrist. Nach § 47 Abs. 2 S. 1 VwGO kann ein Normenkontrollantrag nur **566**
innerhalb von einem Jahr nach Bekanntmachung der Rechtsvorschrift gestellt werden. Die Vorschrift hat ihre aktuelle Fassung durch das Gesetz zur Erleichterung von Planungsvorhaben für die Innenentwicklung der Städte erhalten.[44] Die bisher geltende Zwei-Jahres-Frist ist vom Gesetzgeber als zu lang empfunden worden.[45] Auch die nunmehr geltende Antragsfrist beginnt mit der Bekanntmachung der Norm.[46] Aus § 58 Abs. 2 VwGO folgt, dass eine Rechtsbehelfsbelehrung nicht vorgesehen ist.[47] § 47 Abs. 2 S. 1 VwGO ist eine echte Ausschlussfrist und kann daher nicht als gesetzliche Frist im Sinne des § 60 VwGO angesehen werden. Eine Wiedereinsetzung in der vorherigen Stand kommt daher nicht in Betracht.[48] Da nach Ablauf der Ein-Jahres-Frist ein Hauptsache-

---

[40] VGH Kassel BRS 50 Nr. 54; aA VGH Mannheim NJW 1977, 1212 mit Anm. *Bickel,* S. 1934.

[41] Zur Wirkung der normaussetzenden einstweiligen Anordnung Rn. 618 ff.

[42] NVwZ 2000, 1283.

[43] Kopp/*Schenke* VwGO § 47 Rn. 42 f.

[44] Vom 21.12.2006 (BGBl. I S. 3316); hierzu s. *Battis/Krautzberger/Löhr* NVwZ 2007, 121 (128); kritisch *Gronemeyer* BauR 2007, 815 (823).

[45] BT-Drs. 16/2496, 17; näher *Gronemeyer* BauR 2007, 815 (823).

[46] Dass die Bekanntmachung der Norm möglicherweise Mängel aufweist, ist in diesem Zusammenhang unerheblich, OVG Berlin-Bbg Beschl. v. 24.5.2016 – OVG 10 S 35.15.; OVG Saarlouis Urt. v. 19.12.2013 – 2 C 338/12; OVG Frankfurt (Oder) NVwZ 2004, 1122; OVG Lüneburg BauR 2010, 1043.

[47] OVG Münster NVwZ-RR 2001, 484.

[48] VGH Mannheim NVwZ-RR 2013, 440; OVG Berlin- Brandenburg NVwZ-RR 2013, 294; OVG Schleswig NordÖR 2001, 29; VGH München BayVBl 2010, 439; näher dazu Kopp/ *Schenke* VwGO § 47 Rn. 83; s. dazu auch BVerwG DVBl. 1999, 1516; Wiedereinsetzung in den vorigen Stand,

antrag nicht mehr gestellt werden kann, scheidet nach diesem Zeitpunkt auch ein Antrag auf Erlass einer einstweiligen Anordnung aus.

567 **b) Zeitpunkt der Antragstellung.** In der Regel wird der Antrag auf Erlass einer einstweiligen Anordnung zugleich mit oder nach dem Normenkontrollantrag gestellt. Notwendig ist dies jedoch nicht. Allerdings fehlt in § 47 Abs. 6 VwGO eine § 123 VwGO entsprechende Regelung, nach der eine einstweilige Anordnung „auch schon vor Klageerhebung“ ergehen kann. Nach hier vertretener Auffassung kommt § 123 VwGO allerdings entsprechend zur Anwendung, so dass die Zulässigkeit eines Antrags auf Erlass einer einstweiligen Anordnung nicht davon abhängig gemacht werden kann, dass bereits ein Hauptsacheverfahren anhängig ist. Für eine derartige Handhabung spricht das Gebot effektiven Rechtsschutzes. Ähnlich wie bei § 32 BVerfGG – der ebenso wie § 47 Abs. 6 VwGO zur Zulässigkeit eines derartigen Vorgehens schweigt – genügt es, dass die begehrte einstweilige Anordnung einen Streit betrifft, der vor das Normenkontrollgericht gebracht werden kann.[49] Wenn es zur Abwehr schwerer Nachteile oder aus anderen wichtigen Gründen dringend geboten ist, kann das OVG daher entsprechend § 123 Abs. 1 S. 1 VwGO auf Antrag eine einstweilige Anordnung bereits vor Anhängigkeit des Normenkontrollverfahrens erlassen.[50] Wegen der Inter-omnes-Wirkung der vollzugsaussetzenden einstweiligen Anordnung und wegen der dann bestehenden Notwendigkeit, einen zögernden Antragsteller über § 173 VwGO, § 926 ZPO in das Normenkontrollverfahren zu zwingen,[51] ist allerdings Zurückhaltung geboten. Eine einstweilige Anordnung vor Anhängigkeit des Normenkontrollantrags kann nur ergehen, wenn dringende Gründe nicht nur für ihren Erlass, sondern auch für ihren Erlass vor Anhängigkeit der Hauptsache streiten. Dies wird nur ausnahmsweise der Fall sein. Im Regelfall ist es dem Antragsteller zuzumuten, zunächst oder gleichzeitig den Normenkontrollantrag zu stellen, bevor er um vorläufigen Rechtsschutz nachsucht.

5. Inhalt des Antrags

568 Für den Inhalt des Antrags auf Erlass einer einstweiligen Anordnung gilt § 82 VwGO entsprechend.[52] Bei seiner Formulierung ist zu berücksichtigen, dass die einstweilige Anordnung des § 47 Abs. 6 VwGO dazu dient, zur Vermeidung schwerer Nachteile oder aus anderen wichtigen Gründen die Wirkung der künftigen Entscheidung im Hauptsacheverfahren zu sichern. Wird dem Normenkontrollantrag stattgegeben, wird die angefochtene Rechtsvorschrift mit dieser Entscheidung für unwirksam erklärt (§ 47 Abs. 5 S. 2 VwGO). Es ist deshalb zu beantragen, die angegriffene oder anzugreifende Rechtsvorschrift ganz oder teilweise bis zur Entscheidung in der Hauptsache außer Vollzug oder außer Wirksamkeit zu setzen.

Eine vorläufige Nichtigerklärung der Rechtsvorschrift kann nicht beantragt werden. Denn eine Rechtsnorm kann nur gültig oder ungültig, aber nicht vorläufig ungültig sein.

---

wenn Verfahren auf Bewilligung der Prozesskostenhilfe zum Säumnis führt: BVerwG NVwZ-RR 2013, 387.

[49] Zu § 32 BVerfGG s. BVerfG BVerfGE 35, 193; 27, 152 (156).

[50] OVG Koblenz GewArch 2014, 131; OVG Münster BRS 50 Nr. 55; VGH MannheimVBlBW 1987, 185; VGH München BayVBl. 1992, 245; BayVBl. 1986, 497 (499). Ebenso *Grave* BauR 1981, 156; *Schenke* DVBl. 1979, 169; *Redeker/von Oertzen* VwGO § 47 Rn. 50; *Ziekow* in Sodan/Ziekow § 47 Rn. 385 f.; aA *Rasch* BauR 1981, 409; *Zuck* DÖV 1977, 848 (850) mit der wenig überzeugenden formalrechtlichen Begründung, da § 47 Abs. 7 VwGO von dem „Gericht“ spreche, setze er ein bereits mit der Sache befasstes Gericht voraus.

[51] Für Anwendbarkeit dieser Vorschrift auch *Schenke* DVBl. 1979, 169; *Grooterhorst* DVBl. 1989, 1176 (1180); *Ziekow* in Sodan/Ziekow § 47 Rn. 385.

[52] *Erichsen/Scherzberg* DVBl. 1987, 168.

Auch die Aussetzung von Verwaltungsakten, die aufgrund der angegriffenen Rechtsvorschrift bereits ergangen sind, kann nach § 47 Abs. 6 VwGO ebenso wenig beantragt werden wie ein an die Behörde gerichtetes Vollzugsverbot.[53]

Droht weiterer Vollzug trotz Aussetzung der Rechtsvorschrift, muss notfalls vorläufiger Rechtsschutz nach § 123 VwGO beim Gericht der Hauptsache beantragt werden. Die Umdeutung eines Antrages auf Erlass einer einstweiligen Anordnung nach § 47 Abs. 6 VwGO in einen Antrag nach § 123 VwGO scheidet aber wegen der fehlenden instanziellen Zuständigkeit des OVG regelmäßig aus.[54] 569

Ein Antrag auf Aussetzung einer künftigen Norm oder auf Aussetzung ihres Inkrafttretens[55] durch einstweilige Anordnung sind unzulässig; begehrt würde nicht vorläufiger Rechtsschutz vor einer Rechtsvorschrift, sondern vorbeugender Rechtsschutz im Normsetzungsverfahren.[56] Denkbar ist hier nur die Inanspruchnahme vorbeugenden Rechtsschutzes durch Unterlassungs- oder vorbeugende Feststellungsklage mit vorläufiger Sicherung oder Regelung durch einstweilige Anordnung nach § 123 VwGO, was jedoch in aller Regel daran scheitert, dass das materielle Recht nur in seltenen Ausnahmefällen einen entsprechenden Unterlassungsanspruch gewährt.[57] 570

Da § 47 Abs. 6 VwGO ausschließlich der Normenkassation vorbehalten ist, kann der Antragsteller mit einer einstweiligen Anordnung auch nicht den Erlass für ihn günstiger Regelungen erreichen. Normergänzungen, gar Normerlass können nicht im Wege des § 47 VwGO erreicht werden.[58] 571

6. Zuständigkeit des angerufenen Gerichts

Ein Antrag auf Erlass einer einstweiligen Anordnung ist nur zulässig, wenn das mit ihm angerufene Gericht für den in der Hauptsache gestellten oder zu stellenden Normenkontrollantrag sachlich und örtlich zuständig ist. Nach § 47 Abs. 1 VwGO ist das OVG grundsätzlich Normenkontrollgericht, örtlich zuständig ist das OVG des Landes, in dem die Körperschaft, Anstalt oder Stiftung, die die angefochtene Rechtsvorschrift erlassen hat, ihren Sitz hat (arg. § 47 Abs. 2 S. 2 VwGO). 572

Das BVerwG ist Gericht der Hauptsache, wenn das Normenkontrollverfahren aufgrund einer Nichtzulassungsbeschwerde oder einer Revision (§§ 132, 133 VwGO) beim BVerwG anhängig ist.[59] Nach Einführung der Revisionsmöglichkeit für Normenkontrollentscheidungen der Oberverwaltungsgerichte kann – wie oben dargelegt [60] – nunmehr auch das Revisionsgericht als in der Hauptsache zuständiges Gericht über den Antrag auf Erlass einer einstweiligen Anordnung gemäß § 47 Abs. 6 VwGO entscheiden.[61] 573

7. Normenkontrollfähige Rechtsvorschrift

Nach § 47 Abs. 6 VwGO kann nur die Aussetzung einer nach § 47 Abs. 1 VwGO normenkontrollfähigen Rechtsvorschrift begehrt werden. Normenkontrollfähig sind die der Gerichtsbarkeit des Normenkontrollgerichts unterliegenden, in § 47 Abs. 1 VwGO 574

---

[53] VGH München Beschl. v. 29.9.2014 – 2 NE 14.1852, BRS 47 Nr. 32.

[54] OVG Magdeburg Beschl. v. 3.7.2006 – 3 R 120/06.

[55] Für die Zulässigkeit der Aussetzung des Inkrafttretens in Ausnahmefällen: *Ziekow* in Sodan/Ziekow VwGO § 47 Rn. 387.

[56] Ähnlich *Erichsen/Scherzberg* DVBl. 1987, 168 (169).

[57] BVerwGE 54, 211.

[58] BVerwG NVwZ 2015, 984; VGH Mannheim DVBl 2014, 119; OVG Magdeburg Beschl. v. 3.7.2006 – 3 R 120/06.

[59] BVerwG ZfBR 2015, 381; BVerwGE 58, 179.

[60] → Rn. 557.

[61] BVerwG, ZfBR 2015, 381; BVerwG NVwZ 1998, 1065; VGH München NVwZ-RR 2010, 44.

genannten untergesetzlichen Normen des Landes- oder Ortsrechts.[62] Gegenüber untergesetzlichen Normen des Bundesrechts ist die Normenkontrolle des § 47 VwGO nicht statthaft, sofern nicht spezialgesetzlich etwas anderes bestimmt ist.[63]

575 **a) Satzungen und Rechtsverordnungen des Baurechts.** Untergesetzliche Normen des Landes- oder Ortsrechts, die der Normenkontrolle nach § 47 VwGO unterliegen, sind insbesondere die Satzungen und Rechtsverordnungen des Baurechts. Dazu gehören:

576 (1) Satzungen, die auf der Grundlage des BauGB erlassen worden sind:[64]

- der Bebauungsplan, auch in der Form eines satzungsvertretenden Gesetzes,[65] und gleichgültig, ob, wie von § 47 Abs. 1 VwGO erwähnt, unter der Geltung des BauGB oder, in § 47 Abs. 1 VwGO nicht mehr erwähnt, aber von ihm mit umfasst, des BBauG erlassen worden sind,[66] ferner der früher nach § 173 Abs. 3 BBauG und jetzt nach § 233 Abs. 3 BauGB übergeleitete Bebauungsplan[67] und der nach dem bisherigen § 246a Abs. 3 S. 3 BauGB als Bebauungsplan geltende, auf der Grundlage des § 11 BauZVO erlassene Bebauungsplan sowie der Bebauungsplan, der gem. § 9 Abs. 4 BauGB teilweise auf Landesrecht beruht.[68] Der Flächennutzungsplan, der keine Rechtsnorm ist,[69] kann nicht mit der Normenkontrolle angegriffen werden.[70] Dies ist allerdings anders, wenn dem – zunächst nur gemeindeintern wirkenden – Flächennutzungsplan vom Gesetzgeber nach außen wirkende Steuerungsfunktion für die Vorhabenszulassung beigemessen wird (Konzentrationsflächen, § 35 Abs. 3 S. 1 Nr. 1 BauGB). Darstellungen im Flächennutzungsplan mit den Rechtswirkungen des § 35 Abs. 3 Satz 3 BauGB (hier: Konzentrationsfläche für Windenergieanlagen) unterliegen in entsprechender Anwendung des § 47 Abs. 1 VwGO der (prinzipalen) Normenkontrolle.[71]
- die Satzung über die Veränderungssperre (§ 16 BauGB);[72]
- die Satzung über die Einführung eines Genehmigungsvorbehalts in Gebieten mit Fremdenverkehrsfunktion (§ 22 BauGB);
- die Vorkaufssatzung (§ 25 BauGB);

---

[62] VGH Mannheim NVwZ-RR 1992, 418.

[63] S. dazu etwa §§ 2 Abs. 3 des Gesetzes über den Bau des Abschnitts Wismar-West – Wismar-Ost der Bundesautobahn A 20 Lübeck-Bundesgrenze (A 11) vom 2.3.1994 (BGBl. I S. 734) und des Gesetzes über den Bau der Südumfahrung Stendal der Eisenbahnstrecke Berlin-Oebisfelde vom 20.10.1993 (BGBl. I S. 1906). Nach ihnen wird abweichend von § 47 Abs. 1 nicht vom OVG, sondern vom BVerwG in Normenkontrollverfahren über die Gültigkeit der in diesen Gesetzen in dem jeweiligen § 2 Abs. 1 vorgesehenen Rechtsverordnungen des Bundesministers für Verkehr entschieden; s. dazu auch die zu den genannten Vorhaben ergangene Rspr.: BVerfG DVBl. 1997, 42; BVerwG NVwZ 2002, 1103.

[64] Daher fällt nicht unter § 47 Abs. 1 Nr. 1 VwGO ein Landschaftsplan, auch wenn für seine Aufstellung das Landesrecht auf die Vorschriften über Bebauungspläne verweist, da Rechtsgrundlage für seinen Erlass das Landschaftsgesetz des Landes und nicht das BauGB ist; OVG Münster NVwZ-RR 1995, 176.

[65] So ausdrücklich BVerfGE 70, 355 zu dem in Hamburg möglichen Bebauungsplan in Gesetzesform.

[66] § 47 VwGO hat seit der Neufassung durch Art. 2 Nr. 9 des Gesetzes über das BauGB vom 8.12.1986 (BGBl. I S. 2191) schlicht und zu eng die Bezugnahme auf das BBauG durch die auf das BauGB. ersetzt, erfasst aber – selbstverständlich – nach wie vor auch Bebauungspläne des BBauG, da es keinen Grund und auch keine Absicht gibt, die auf dem BBauG beruhenden Bebauungspläne ab 1986 von der Normenkontrolle auszuschließen. Im Ergebnis wie hier VGH München BRS 48 Nr. 110.

[67] BVerwG NVwZ 1992, 569 (Ls.); VG Stuttgart Urt. v. 15.2.2012 – 5 K 2779/09.

[68] OVG Koblenz ZfBR 2016, 791; VGH München BRS 48 Nr. 110; OVG Münster NVwZ 1984, 595; aA OVG Saarlouis NVwZ 1983, 42.

[69] Dazu aus der Rechtsprechung BVerwGE 124, 132 (134); 77, 300 (305); 68, 311 (313); NVwZ 1991, 262; DVBl. 2010, 1235.

[70] BVerwG NVwZ 1991, 262.

[71] BVerwG NVwZ 2013, 1011; Urt. v. 26.4.2007 – 4 CN 3/06; VGH München NVwZ-RR 2015, 648.

[72] Dazu *Kuhla* NVwZ 1988, 1084.

– die Klarstellungs-, Entwicklungs- und Ergänzungssatzung (§ 34 Abs. 4 BauGB);
– die Erschließungsbeitragssatzung (§ 132 BauGB);
– die Sanierungssatzung (§ 142 BauGB; s. auch § 162 Abs. 2 BauGB);[73]
– die Entwicklungssatzung (§ 165 Abs. 6 BauGB);
– die Satzung über die Gründung eines Planungsverbandes (§ 205 BauGB);
– die Erhaltungssatzung (§ 172 BauGB).

(2) Rechtsverordnungen aufgrund des § 246 Abs. 2 BauGB: Das sind die in den Stadtstaaten Berlin und Hamburg, die kein kommunales Satzungsrecht kennen, in der Form der Rechtsverordnung getroffenen baurechtlichen Regelungen der vorgenannten Art. 577

(3) Nicht von § 47 VwGO erfasst sind 578

– der Flächennutzungsplan – wie vorstehend erläutert – da er nicht in der Rechtsform der Satzung beschlossen wird
– „Planreife“ schaffende Bebauungsplanentwürfe im Sinne des § 33 BauGB, da diese noch keine Normqualität besitzen[74]
– Feststellungsbeschluss der Gemeindevertretung über die Nichtigkeit eines Bebauungsplanes.[75]

b) Untergesetzliche Vorschriften des Landesrechts. Sofern das Landesrecht dies bestimmt, unterliegen auch andere im Range unter dem Landesgesetz stehende Rechtsvorschriften der Normenkontrolle (§ 47 Abs. 1 Nr. 2 VwGO). 579

Von dieser Ermächtigung haben Baden-Württemberg, Bayern, Brandenburg, Bremen, Hessen, Mecklenburg-Vorpommern, Niedersachsen, Saarland, Sachsen-Anhalt, Schleswig-Holstein und Thüringen umfassend und Rheinland-Pfalz eingeschränkt Gebrauch gemacht, und zwar in ihren jeweiligen Ausführungsgesetzen zur VwGO. Keinen Gebrauch hiervon gemacht haben Berlin, Hamburg und Nordrhein – Westfalen. 580

In den Bundesländern, die die Normenkontrolle eingeführt haben, kommen als Gegenstand der Normenkontrolle untergesetzliche Normen des Landesrechts jedweder Art in Betracht, wie etwa eine Verordnung über Ladenöffnungszeiten,[76] eine Wasserschutzverordnung,[77] eine Sperrbezirksverordnung,[78] eine gemeindliche Satzung über eine Verpackungssteuer,[79] eine kommunale Hauptsatzung,[80] eine Satzung über Kindertagesstättengebühren,[81] eine sozialhilferechtliche Satzung,[82] eine Landschaftsschutzverordnung,[83] eine Baumschutzverordnung,[84] eine Rechtsverordnung nach § 14 LSchG,[85] ein Regionalplan,[86] eine Schulsprengelverordnung,[87] ein Studienplan für die fachwissenschaftliche Ausbildung,[88] eine Kommunalabgabensatzung,[89] Abfallbeseitigungssatzung,[90] Satzung ei- 581

[73] VGH Mannheim BRS 78 Nr. 74 (2011); VGH Kassel Urt. v. 29.10.1991 – 4 N 1815/85.
[74] OVG Berlin-Brandenburg BRS 79 Nr. 70 (2012); OVG Greifswald NordÖR 2000, 37.
[75] VGH Kassel NJW 1987, 1661.
[76] OVG Bremen NVwZ-RR 2005, 814.
[77] VGH München NVwZ-RR 1995, 649.
[78] VGH München Beschl. v. 7.6.2004 – 24 NE 04.266.
[79] BVerwG NVwZ 1995, 59.
[80] VGH Kassel NVwZ 1984, 461.
[81] BVerwG NVwZ 1995, 173.
[82] VGH München Beschl. v. 14.8.2002 – 12 NE 02.1481.
[83] VGH Mannheim NVwZ 1983, 560.
[84] VGH München NVwZ 1986, 951.
[85] OVG Koblenz NVwZ-RR 1996, 201.
[86] VGH München NVwZ 1985, 502; zum Landschaftsplan OVG Münster NVwZ-RR 1995, 176.
[87] VGH München NVwZ-RR 1995, 36.
[88] VGH Mannheim NVwZ 1986, 855.
[89] BVerwG NVwZ 1984, 380.
[90] VGH München NVwZ 1983, 423.

ner evang.-lutherischen Kirchengemeinde über Kindergartengebühren[91], die Geschäftsordnung eines kommunalen Vertretungsorgans[92] sowie Gerichtsorganisationsakte in Form einer Rechtsverordnung.[93]

582 Trotz dieser Vielfalt normenkontrollfähiger Satzungen und Rechtsverordnungen steht in der Praxis die Normenkontrolle gegenüber Bebauungsplänen und Veränderungssperren im Vordergrund. Sie bildet den Gegenstand der meisten zu § 47 VwGO veröffentlichten Entscheidungen.

583 c) **Verwaltungsvorschriften als Gegenstand einstweiliger Anordnungen.** Verwaltungsvorschriften können statthafter Antragsgegenstand sein, soweit sie Bestimmungen enthalten, die darauf gerichtet sind, im Außenverhältnis in Rechte einzugreifen wie sonst Rechtsvorschriften.[94]

584 d) **Nur erlassene Rechtsvorschriften.** Da die Normenkontrolle der richterlichen Feststellung dient, ob ein Rechtssatz gültig oder ungültig ist, ob objektives Recht besteht, kann eine Rechtsnorm, die erst im Stadium ihrer Entstehung ist, nicht Gegenstand einer Normenkontrolle sein.[95] Eine der Normenkontrolle zugängliche Rechtsnorm liegt erst vor, wenn das Normsetzungsverfahren abgeschlossen und die Rechtsvorschrift erlassen ist. Eine Norm ist erlassen, wenn sie aus der Sicht des Normgebers Geltung für sich in Anspruch nimmt.[96] Erst dann ist ein Normenkontrollantrag und demgemäß ein Antrag auf Erlass einer einstweiligen Anordnung statthaft.

585 e) **Noch gültige Rechtsvorschriften.** Normenkontrolle und einstweilige Anordnung sind nur zulässig, solange die angegriffene Norm noch nicht außer Kraft getreten ist. Zeigt die aufgehobene Rechtsvorschrift jedoch noch Rechtswirkungen, weil in der Vergangenheit liegende Sachverhalte nach ihr zu entscheiden sind, bleiben ausnahmsweise Normenkontrolle und einstweilige Anordnung zulässig.[97]

8. Allgemeines Rechtsschutzbedürfnis

586 Auch für Anträge auf Erlass einer einstweiligen Anordnung im Normenkontrollverfahren hat der Antragsteller sein Rechtsschutzinteresse darzulegen. Darunter ist das normativ anerkannte Interesse des Antragstellers zu verstehen, zur Erreichung seines (Rechtsschutz-)Zieles ein Gericht in Anspruch nehmen zu können.[98] Das Rechtsschutzbedürfnis fehlt, wenn der Antragsteller seine Rechtstellung bei einem Erfolg seines Antrages nicht verbessern kann.[99] Im Zusammenhang mit einer einstweiligen Anordnung

---

[91] OVG Lüneburg NVwZ 1987, 315.

[92] VGH Kassel NVwZ 2007, 107.

[93] VGH München NJW 1995, 879.

[94] VGH München Beschl. v. 14.8.2002 – 12 NE 08.1381.

[95] BVerwG NVwZ 1992, 1088; Beschl. v. 23.12.2009 – 8 BN 1/09; VGH Kassel NVwZ 1984, 45; eingehend BauR 1982, 135; ebenfalls eingehend VGH München BayVBl. 1986, 497 betr. Bebauungsplanentwurf; anders OVG Schleswig NVwZ 1994, 916 für den Fall, dass sonst eine nicht wiedergutzumachende Rechtsschutzlücke entstehen würde, was *in concreto* indes verneint worden ist; VGH München Beschl. v. 27.9.2016 – 9 NE 16.1229; OVG Berlin-Brandenburg Beschl. v. 26.9.2012 – OVG 10 S 14.12.

[96] BVerwG NVwZ 1992, 1088; OVG Greifswald NordÖR 2000, 37. Eine Ausnahme gilt nach § 18 Abs. 6 InVorG, der eine einstweilige Anordnung bereits gegenüber der „beschlossenen" Satzung über den Vorhaben- und Erschließungsplan zulässt, s. dazu *Uechtritz* DVBl. 1993, 181.

[97] BVerwGE 56, 172; vgl. auch OVG Lüneburg Urt. v, 25.5.2016 – 4 KN 154/13; VGH Kassel NJW 1973, 1765; OVG Münster BRS 46 Nr. 40.

[98] BVerwG BauR 2004, 1264; OVG Lüneburg NVwZ-RR 2005, 691.

[99] BVerwG BRS 42 Nr. 47; BVerwG Beschl. v. 25.4.2007 – 9 VR 4.07; Urt. v. 29.4.2004 – 3 C 25.03; VG Gelsenkirchen Beschl. v. 25.10.2016 – 7 L 2352/16; OVG Lüneburg NVwZ-RR 2005, 691; so zudem BVerwG Beschl. v. 25.4.2007 – 9 VR 4.07.

im Normenkontrollverfahren wird vielfach die Frage auftauchen, ob das Rechtsschutzinteresse am Erlass einer einstweiligen Anordnung nicht deswegen entfällt, weil dem Antragsteller die Möglichkeiten der §§ 80, 80a VwGO gegenüber den Vollzugsakten zur Seite stehen, die auf der Grundlage der mit einem Normenkontrollverfahren aufzugreifenden Vorschrift erlassen werden. Auszugehen ist davon, dass beide Rechtsschutzformen gleichrangig nebeneinander stehen und beide Rechtsschutzmöglichkeiten vom jeweiligen Antragsteller unabhängig voneinander ergriffen werden können.[100] Die Möglichkeit, sich im Wege eines durch §§ 80, 80a VwGO vermittelten Individualrechtsschutzes gegen eine Baugenehmigung zu wenden, schließt die Rechtsschutzmöglichkeit des § 47 Abs. 6 VwGO gegenüber dem der Baugenehmigung zu Grunde liegenden Bebauungsplanes nicht aus.[101] Beide Rechtsschutzformen betreffen unterschiedliche Streitgegenstände mit einem jeweils unterschiedlichen gerichtlichen Prüfungsprogramm.[102] Ein Antragsteller kann durch einen mit Abwägungsmängeln im Sinne des § 1 Abs. 7 BauGB behafteten Bebauungsplan, nicht aber zugleich durch die auf ihm beruhenden Baugenehmigungen rechtlich betroffen sein, was zur Folge hat, dass ihm zwar die Antragsbefugnis für einen Antrag nach § 47 Abs. 6 VwGO, nicht aber für einen solchen nach §§ 80 Abs. 5, 80a VwGO zur Seite steht.[103] Bei der Prüfung des Rechtsschutzinteresses hat das Gericht eine überschlägige Prüfung vorzunehmen. Ergibt diese Prüfung, dass sich die rechtlichen Möglichkeiten, zum verfolgten Ziel zu kommen, verbessern, darf das Rechtsschutzinteresse nicht verneint werden.[104]

Das grundsätzlich bestehende Gleichrangigkeitsverhältnis soll allerdings dann aufgelöst werden können, wenn sich der Antragsteller durch eine nach § 212a BauGB trotz Widerspruchs vollziehbare Baugenehmigung in seinen Rechten verletzt sieht und bereits zur vorläufigen Wahrung seiner Rechte nach §§ 80a Abs. 3 und Abs. 1 Nr. 2, 80 Abs. 5 VwGO die Anordnung der aufschiebenden Wirkung seines Widerspruchs beantragt hat. In diesem Fall soll ihm mangels Rechtsschutzinteresse nicht die Möglichkeit zur Verfügung stehen, die Verwaltungsgerichtsbarkeit zusätzlich noch mit einem Antrag gemäß § 47 Abs. 6 VwGO in Anspruch nehmen zu können.[105] **587**

Das Rechtsschutzinteresse für einen Antrag nach § 47 Abs. 6 VwGO entfällt auch dann, wenn die Festsetzungen des Bebauungsplanes durch Baugenehmigungen weitgehend umgesetzt sind.[106] Der Erfolg im Normenkontrollverfahren durch Erlass einer einstweiligen Anordnung wirkt sich nur auf den Vollzug des Bebauungsplanes für die Zukunft aus. Die einstweilige Anordnung hat demgemäß für die Vergangenheit keinen Einfluss auf die Rechtmäßigkeit einer vorher erlassen Baugenehmigung.[107] **588**

Dass der Antragsteller die Möglichkeit hat, sich gegen die erteilten Baugenehmigungen nach §§ 80, 80a VwGO zur Wehr zu setzen, ist aber durchaus geeignet, regelmäßig die Annahme eines „schweren Nachteils“ im Sinne des § 47 Abs. 6 VwGO zu verhindern.[108] **589**

---

[100] VGH München Beschl. v. 9.3.2006 – 1 NE 05.2570; Beschl. v. 10.10.2016 – 1 NE 16.1765; NVwZ-RR 2000, 416 entgegen NVwZ-RR 2010, 44.

[101] OVG Hamburg BauR 2007, 1541; OVG Magdeburg Beschl. v. 7.9.2004 – 2 R 240/04.

[102] VGH München NVwZ-RR 2000, 416; OVG Lüneburg NVwZ 2002, 109 entgegen VGH München NVwZ-RR 2010, 44.

[103] OVG Magdeburg Beschl. v. 7.9.2004 – 2 R 240/04.

[104] BVerwG NVwZ 1992, 974.

[105] VGH München Beschl. v. 9.3.2006 – 1 NE 05.2570.

[106] OVG Lüneburg NVwZ-RR 2005, 691.

[107] VGH München Beschl. v. 26.6.2001 – 15 NE 01.1292; BauR 1999, 1275; s. auch Beschl. v. 7.7.2003 – 1 NE 03.984; OVG Lüneburg NVwZ-RR 2005, 691; VGH Mannheim NVwZ-RR 1998, 613; VGH München NVwZ-RR 2010, 44; OVG Münster NVwZ-RR 1997, 1006.

[108] OVG Magdeburg Beschl. v. 7.9.2004 – 2 R 240/04; VGH Mannheim NJW 1977, 1212; DÖV 1997, 556.

III. Begründetheit des Antrags auf Erlass der einstweiligen Anordnung

590 Ein zulässiger Antrag auf Erlass einer einstweiligen Anordnung ist nach § 47 Abs. 6 VwGO begründet, wenn der Erlass der einstweiligen Anordnung zur Abwehr schwerer Nachteile oder aus anderen wichtigen Gründen dringend geboten ist. So einfach der Wortlaut auch strukturiert ist, so sehr schafft er für die Praxis Auslegungs- und damit Anwendungsprobleme. Dies führt dazu, dass über die materiellen Voraussetzungen der einstweiligen Anordnung nach § 47 Abs. 6 VwGO zwischen den Verwaltungsgerichten, erst recht aber zwischen der verwaltungsgerichtlichen Praxis und der rechtswissenschaftlichen Lehre erhebliche Auffassungsunterschiede bestehen. Ausgangspunkt für die unübersehbare Divergenz ist der Umstand, dass sich der Wortlaut des § 47 Abs. 6 VwGO nach der Entstehungsgeschichte an das Regelungsvorbild des § 32 BVerfGG anlehnen will.[109] Hiervon hat sich die überwiegende Praxis in der Vergangenheit nahezu einhellig, gegenwärtig überwiegend leiten lassen. Die Begründetheitsprüfung orientiert sich an herkömmlichen Auslegungsstrukturen zu § 32 BVerfGG und damit an den Voraussetzungen zur Begründetheit der einstweiligen Anordnung im Verfassungsprozessrecht. Zunehmend ist allerdings eine Tendenz in der Rechtsprechung nicht zu übersehen, die sich im Einklang mit gewichtigen Stimmen in der Literatur[110] vom Regelungsvorbild des § 32 BVerfGG löst und stattdessen die Vergleichbarkeit mit der einstweiligen Anordnung nach § 123 VwGO hervorhebt. Der Unterschied zwischen beiden Sichtweisen liegt in der Frage, welche Rolle die Erfolgsaussichten im Hauptsacheverfahren spielen.

1. Herkömmliches Prüfungsschema: das Abwägungsmodell

591 Nach bisher noch herrschender, jedenfalls aber überwiegend praktizierter Auffassung erfolgt die Prüfung der Frage, ob eine einstweilige Anordnung im Normenkontrollverfahren zu erlassen ist, herkömmlich in einer gestuften Schrittfolge, die an die Praxis des BVerfG zu § 32 BVerfGG angelehnt ist.[111] Kennzeichnend für die Entscheidungsfindung ist es hiernach, dass die Erfolgsaussichten des Hauptsacheverfahrens grundsätzlich außer Betracht bleiben sollen und die Gründe, die die Rechtmäßigkeit der angegriffenen oder anzugreifenden Rechtsvorschriften angeführt werden, regelmäßig als irrelevant bezeichnet werden.[112]

592 Ähnlich wie das BVerfG in seinen Entscheidungen im einstweiligen Anordnungsverfahren verfährt, prüft die überwiegende Praxis in einem ersten Schritt die Zulässigkeit des im Hauptsacheverfahrens gestellten oder zu stellenden Normenkontrollantrags.[113] Ist der Normenkontrollantrag offensichtlich unzulässig, wird der Antrag auf Erlass einer einstweiligen Anordnung abgelehnt. Darauf verwiesen wird, dass es für den Antragsteller weder einen „schweren Nachteil" noch insgesamt einen „anderen wichtigen Grund" im Sinne des § 47 Abs. 6 VwGO darstellt, wenn wegen Unzulässigkeit seines Normenkontrollantrages ein Erfolg im Hauptsachverfahren offensichtlich nicht zu erwarten ist, er die Anwendung der angegriffenen oder anzugreifenden Rechtsvorschrift also nicht verhin-

---

[109] *Ziekow* in Sodan/Ziekow VwGO § 47 Rn. 393.

[110] *Schoch* in Schoch/Schneider/Bier VwGO § 47 Rn. 156, 161.

[111] Dazu etwa OVG Frankfurt (Oder) NVwZ-RR 2005, 386; OVG Lüneburg, Beschl. v. 10.5.2016 – 1 MN 180/15, 1 MN 199/15, diese Abwägungspraxis ist immer noch aktuell; OVG Berlin-Brandenburg Beschl. v. 31.10.2016 – OVG 10 S 27.15.

[112] So noch Voraufl. Rn. 614.

[113] S. etwa OVG Berlin-Brandenburg Beschl. v. 31.10.2016 – OVG 10 S 27.15; VGH Mannheim Beschl. v. 26.10.2016 – 6 S 2041/16; OVG Greifswald NordÖR 2005, 163; OVG Magdeburg Beschl. v. 7.9.2004 – 2 R 240/04; OVG Frankfurt (Oder) NVwZ-RR 2005, 386; Beschl. v. 16.12.2003 – 3 B 241/03.NE; offengelassen bei VGH München Beschl. v. 9.3.2006 – 1 NE 0 5.2 570; Beschl. v. 18.2.2004 – 2 NE 03.2379; OVG Saarlouis BauR 2005, 907 (Ls.).

dern kann. Ähnlich verfährt ein Großteil der Praxis, wenn der im Hauptsacheverfahren gestellte oder zu stellende Normenkontrollantrag offensichtlich unbegründet ist. Diese Prüfung wird auf einer zweiten Stufe vorgenommen. Ergibt die summarische Prüfung die offensichtliche Unbegründetheit des Normenkontrollantrages, soll ebenfalls die Tatbestandsvoraussetzung des § 47 Abs. 6 VwGO zu verneinen sein, denn dann stellt es weder einen „schweren Nachteil" noch einen „anderen wichtigen Grund" dar, wenn auch insoweit die Rechtsvorschrift während der Anhängigkeit des Hauptverfahrens weiter angewandt oder vollzogen wird.[114]

Ist der Normenkontrollantrag weder offensichtlich unzulässig noch offensichtlich un- **593** begründet, ist – drittens – zu prüfen, ob die Anwendung der angegriffenen Rechtsvorschrift in der Zeit bis zur Entscheidung des Normenkontrollgerichts in der Hauptsache für den Antragsteller einen „schweren Nachteil" bedeutet oder andere wichtige Gründe den Erlass der Anordnung gebieten. Während der Anordnungsgrund der schweren Nachteile dem Individualrechtsschutz dienen soll, geht es bei der zweiten Tatbestandsalternative um das öffentliche Interesse an der Wirksamkeit der Normenkontrolle, die nicht durch die zwischenzeitliche Schaffung vollendeter Tatsachen ihrer rechtsstaatlichen Funktion beraubt werden soll.

Kennzeichnend für die Abwägungslehre der überkommenen Praxis ist die Ermittlung **594** des „schweren Nachteils" für den Antragsteller. Die Abwägung ist anhand der Folgen vorzunehmen, die voraussichtlich eintreten würden, wenn eine einstweilige Anordnung nicht erginge, der Normenkontrollantrag aber Erfolg hätte.[115] Ergibt dies einen „schweren Nachteil" für den Antragsteller, sind dem die Nachteile gegenüber zustellen, die entstünden, wenn die einstweilige Anordnung erlassen würde, der Normenkontrollantrag aber im Hauptsacheverfahren ohne Erfolg bliebe.[116] Die Gründe, die gegen die Rechtmäßigkeit der angegriffenen oder anzugreifenden Rechtsvorschrift angeführt werden, sollen hierbei außer Betracht zu bleiben.[117] Wegen der weit reichenden Folgen, welche die Aussetzung einer Rechtsvorschrift haben kann, insbesondere wegen der von einer solchen Aussetzung oftmals ausgehenden Rechtsunsicherheit, ist für die Annahme eines „schweren" Nachteils ein strenger Maßstab anzulegen.[118] Dies gilt verstärkt, wenn eine Rechtsnorm außer Vollzug gesetzt werden soll, die sich seit geraumer Zeit in Kraft befindet.[119]

Abgewogen werden demnach die Ergebnisse zweier Hypothesen: Die erste Hypothese **595** unterstellt, dass der Normenkontrollantrag Erfolg hat, das Normenkontrollgericht die Rechtsvorschrift für nichtig erklärt, die einstweilige Anordnung aber gleichwohl nicht erlassen worden ist. Die Folgen, die hierdurch hypothetisch für den im Verfahren des einstweiligen Rechtsschutzes erfolglosen, in der Hauptsache aber erfolgreichen Antragsteller eintreten, werden prognostisch ermittelt: Ob dies für ihn hinnehmbar ist, oder ob

[114] S. zu alldem ausführlich Voraufl. Rn. 614.

[115] So die nach wie vor verwandte Formel, s. dazu OVG Münster ZUR 2006, 209; OVG Lüneburg Beschl. v. 24.11.2003 – 2 MN 334/03; OVG Berlin-Brandenburg Beschl. v. 14.10.2005 – 2 S 111.05; OVG Frankfurt (Oder) NVwZ-RR 2005, 386; VGH Mannheim NVwZ 2001, 827; OVG Berlin-Bbg Beschl. v. 31.10.2016 – OVG 10 S 27.15; VG Mannheim Beschl. v. 26.10.2016 – 6 S 2041/16.

[116] OVG Saarlouis BRS 49 Nr. 36; OVG Bremen ZfW 1992, 374.

[117] OVG Saarlouis NuR 1993, 168; anders VGH Mannheim, der regelmäßig auch prüft, ob die angegriffene Norm offensichtlich ungültig ist. Dies ist wegen der darin liegenden faktischen Festlegung für das Hauptsacheverfahren bedenklich, vgl. etwa GewArch. 1996, 207; NVwZ-RR 1992, 418; OVG Greifswald Beschl. v. 19.7.2016 – 2 M 61/16.

[118] VGH München Beschl. v. 1.7.2004 – 22 NE 03.3026; Beschl. v. 8.4.2013 – 22 NE 13.659; OVG Berlin-Brandenburg Beschl. v. 31.10.2016 – OVG 10 S 27.15; OVG Münster Beschl. v. 15.8.2016 – 4 B 887/16; OVG Saarlouis NuR 1993, 168; BRS 42 Nr. 34; VGH Mannheim GewArch. 1994, 207; NVwZ-RR 1992, 418; NJW 1977, 1212; OVG Münster BRS 36 Nr. 40; OVG Lüneburg BRS 48 Nr. 30; OVG Koblenz NJW 1995, 741.

[119] BVerfGE 4, 198 (200).

hierdurch irreparable und unzumutbare Folgen für ihn eintreten, ist eine Frage des Einzelfalls. Dabei ist auch zu berücksichtigen, ob der Antragsteller durch die Inanspruchnahme von Individualrechtsschutz durch Widerspruch, Anfechtungsklage oder Anträge nach §§ 80, 80a oder 123 VwGO verhindern kann, dass bis zur Entscheidung des Normenkontrollgerichts in der Hauptsache irreparable Zustände entstehen. Dies kann die Annahme schwerer Nachteile durch Normvollzug ausschließen.[120] Insoweit ist die einstweilige Anordnung des § 47 Abs. 6 VwGO quasi subsidiär gegenüber vorläufigem Rechtsschutz nach §§ 80, 80a, 123 VwGO. Allerdings kann es unzumutbar sein, den Antragsteller auf die Inanspruchnahme von vorläufigem Rechtsschutz nach §§ 80, 80a, 123 VwGO zu verweisen, wenn eine Vielzahl von (Bau-)Maßnahmen droht, die nur mit unverhältnismäßigem Aufwand durch Einzelrechtsschutz verhindert werden könnten.[121] Wie die Praxis zeigt, drohen von dem Vollzug einer Rechtsvorschrift während der Anhängigkeit des Normenkontrollverfahrens nur selten irreparable Folgen, so dass es in der Regel zumutbar ist, die Entscheidung in der Hauptsache abzuwarten. Die Hinnahme von Nachteilen, die nicht als „schwer" einzustufen sind, mutet § 47 Abs. 6 VwGO dem Antragsteller zu.[122] Die meisten Anträge auf Aussetzung des Vollzuges einer Rechtsvorschrift durch einstweilige Anordnung haben deshalb nicht zuletzt wegen des Fehlens eines drohenden schweren Nachteils keinen Erfolg.[123]

596 Ergeben sich im Einzelfall Nachteile, die als „schwer" einzustufen sind, da sie den Antragsteller in ganz besonderer Weise beeinträchtigen,[124] wird weiter geprüft, welche Folgen eintreten würden, falls die einstweilige Anordnung erlassen würde, der Normenkontrollantrag später aber erfolglos bliebe. Insbesondere werden die Folgen ermittelt, die dadurch eintreten, dass die angegriffene oder anzugreifende Rechtsvorschrift dann erst geraume Zeit nach ihrem Inkrafttreten vollzogen werden könnte, beispielsweise die Auswirkungen, die durch eine Verzögerung bei der Verwirklichung eines Wohnbauvorhabens oder einer geplanten Gewerbeansiedlung eintreten.[125] Ergibt sich dabei, dass eine vorläufige Außervollzugsetzung der Rechtsvorschrift zu unzumutbaren Folgen für Dritte oder die Allgemeinheit führen würde oder Rechtsverwirrung oder Rechtsunsicherheit bewirken könnte, sind diese Folgen gegen die „schweren Nachteile" abzuwägen, die dem Antragsteller aus einer bis zur Entscheidung in der Hauptsache möglichen Anwendung oder Vollziehung der angefochtenen oder anzufechtenden Rechtsvorschrift entstehen. Überwiegen die Dritten oder der Allgemeinheit bei einer Außervollzugsetzung drohenden Nachteile die Nachteile, die dem Antragsteller bei einer Fortsetzung des Normvollzuges drohen, ist der Erlass der einstweiligen Anordnung nicht „geboten". Hier zeigt sich, dass die einstweilige Anordnung im Normenkontrollverfahren nicht ausschließlich dem Individualrechtsschutz dient, dieser vielmehr zurückzutreten hat, wenn Gründe des Wohls der Allgemeinheit oder die Rechte Dritter dem Erlass der einstweiligen Anordnung entgegenstehen. Aus Gründen des effektiven Rechtsschutzes scheidet der Verweis auf §§ 80, 80a VwGO allerdings dann aus, wenn dies bedeuten würde, dass der Antragsteller sich gegen eine Vielzahl von Einzelakten wenden müsste.[126]

---

[120] Im Ergebnis ebenso VGH München Beschl. v. 14.8.2002 – 12 NE 02.1481; OVG Münster BRS 36 Nr. 40; BRS 35 Nr. 31; BRS 33 Nr. 23; BRS 32 Nr. 26; OVG Saarlouis BRS 38 Nr. 55.

[121] OVG Münster BRS 36 Nr. 40; BRS 35 Nr. 31; OVG Saarlouis DÖV 1985, 74; BRS 38 Nr. 55.

[122] Instruktiv OVG Hamburg BRS 47 Nr. 14 betr. Verkehrslärm.

[123] Zu den seltenen stattgebenden Entscheidungen wegen „schwerer Nachteile" zählen etwa OVG Lüneburg BRS 39 Nr. 44; VGH München BayVBl. 1992, 726; BRS 52 Nr. 41; NJW 1995, 979; VGH Mannheim VBlBW 1987, 185; OVG Bremen ZfW 1992, 374.

[124] OVG Lüneburg BRS 48 Nr. 30 verlangt sogar, dass dem Antragsteller ein „außergewöhnliches Opfer abverlangt wird".

[125] Vgl. dazu etwa OVG Münster BRS 56 Nr. 39; BRS 55 Nr. 32; OVG Saarlouis BRS 49 Nr. 36.

[126] VGH München Beschl. v. 14.8.2002 – 12 NE 02.1481.

2. Jüngere Rechtsprechungstendenzen

Die Analyse der Rechtsprechung zum einstweiligen Anordnungsverfahren bei der Normenkontrolle ergibt, dass eine nähere Begründung für die Voraussetzungen der Begründetheit gar nicht mehr gegeben wird, jedenfalls aber Prüfschemata Anwendung finden, ohne dass deren innere Herleitung näher begründet wird. Für das einstweilige Rechtsschutzverfahren im Zusammenhang mit der Normenkontrolle gelten damit ähnliche Feststellungen, wie sie bereits in Bezug auf die einstweilige Anordnung nach § 123 VwGO zu treffen waren.[127] Die mangelnde dogmatische Herleitung führt dazu, dass von einem immer größeren Teil der Rechtsprechung die Begründetheitsprüfung mit Blick auf die Erfolgsaussichten des Hauptsacheverfahrens ausgerichtet wird. Ganz unterschiedliche Spielarten der Begründung sind festzustellen. Sie reichen von Judikaten, die den Erlass der einstweiligen Anordnung in strikte Anlehnung an § 123 VwGO auch bei § 47 Abs. 6 VwGO nur dann vornehmen, wenn sowohl Anordnungsanspruch wie Anordnungsgrund gegeben sind,[128] über die Rechtsprechung, die den Erlass der einstweiligen Anordnung im Normenkontrollverfahren dann bejaht, wenn die Erfolgsaussichten des Hauptsacheantrags zumindest überblicken lassen,[129] bis hin zu jenen Entscheidungen, die in Folge dieser Auffassung die von der bisherigen Praxis vorgenommene Abwägung nur bei offenem Ausgang des Hauptsacheverfahrens anwenden wollen.[130] Schließlich sind Entscheidungen zu verzeichnen, die die sich auftuenden Meinungsunterschiede ausdrücklich offen lassen.[131] 597

3. Eigene Auffassung

Nimmt man eine Prüfung der Frage vor, ob und inwieweit die Besonderheiten des Normenkontrollverfahrens auch für den einstweiligen Rechtsschutz eine eigene Prüfungsstruktur bedingen, muss auch die herkömmliche Auffassung zunächst konzedieren, dass sich aus dem Wortlaut der Norm das herkömmliche Abwägungsmodell nicht ergibt.[132] Auch die Entstehungsgeschichte des § 47 Abs. 6 VwGO kann ausschlaggebende Bedeutung nicht haben. Die Gesetzesbegründung weist darauf hin, die Fassung zur Schaffung des § 47 Abs. 7 VwGO aF sei an § 32 BVerfGG „angelehnt"; *Schoch* hat zutreffend darauf hingewiesen, dass die herrschende Meinung diesen Hinweis überinterpretiert und es jedenfalls nicht rechtfertigt, auf dieser Bemerkung des Gesetzgebers das gesamte System der einstweiligen Anordnung in der Normenkontrolle aufbauen zu wollen.[133] 598

Will man den dogmatischen Ansatz der überwiegenden Auffassung konsequent durchhalten, muss die bisher praktizierte Auffassung aber nicht nur zur Kenntnis nehmen, dass der Ansatz des BVerfG zum einen methodischer und dogmatischer Kritik ausgesetzt ist,[134] sondern auch berücksichtigen, dass jedenfalls jüngere Entscheidungen des BVerfG 599

[127] → Rn. 184, 313.

[128] OVG Magdeburg Beschl. v. 6.10.2004 – 2 R 488/03; so wohl auch VGH München NVwZ-RR 2000, 416 entgegen NVwZ-RR 2010, 44.

[129] So wohl: BVerwG Beschl. v. 25.2.2015 – 4 VR 5/14, 4 VR 5/14 (4 CN 4/14); VGH München Beschl. v. 10.10.2016 – 1 NE 16.1765. Hier wird in den Erfolgsaussichten des Hauptsacheverfahrens ein wichtiges Indiz gesehen; VGH Kassel NVwZ 2007, 107; NVwZ-RR 2002, 28; NVwZ 2000, 1438; VGH München Beschl. v. 5.10.2005 – 1 NE 05.1666; Beschl. v. 16.6.1999 – 2 NE 98.2592; NVwZ-RR 1990, 352; OVG Münster UPR 2006, 82; NVwZ-RR 2006, 94; BauR 2006, 1696; OVG Lüneburg Beschl. v. 24.11.2003 – 2 MN 334/03.

[130] OVG Magdeburg Beschl. v. 17.9.2004 – 2 R 240/04; Beschl. v. 4.8.2004 – 2 R 31/04.

[131] VGH München Beschl. v. 9.3.2006 – 1 NE 05.2 570; OVG Saarlouis BauR 2005, 907 (Ls.).

[132] So Voraufl. Rn. 612

[133] *Schoch* in Schoch/Schneider/Bier VwGO § 47 Rn. 137.

[134] S. nur *Benda/Klein,* Verfassungsprozessrecht, Rn. 1137 Fn. 70; *Schlaich/Korioth* BVerfGG § 32 Rn. 464; *Schoch* S. 485 ff., 1582 ff.

die erkennbaren Erfolgsaussichten einer Verfassungsbeschwerde im Eilrechtsschutzverfahren keineswegs durchgängig ausblenden, sondern jedenfalls dann berücksichtigen, wenn ein Abwarten bis zum Abschluss des Verfassungsbeschwerdeverfahrens den dem Antragsteller zustehenden Anspruch mit hoher Wahrscheinlichkeit vereiteln würde. Das BVerfG weist darauf hin, dass in der Nichtgewährung von Rechtsschutz der schwere Nachteil für das gemeine Wohl im Sinne des § 32 Abs. 1 BVerfGG liegt, wenn die Prüfung im Eilrechtsschutzverfahren ergibt, dass die Verfassungsbeschwerde offensichtlich begründet wäre.[135] Das BVerfG hat in seiner Spruchpraxis zu § 32 BVerfGG die Erfolgsaussichten der Verfassungsbeschwerde zudem dann in seine Prüfung einbezogen, wenn verwaltungsgerichtliche Beschlüsse betroffen waren, die im Verfahren des einstweiligen Rechtsschutzes ergangen waren und die Entscheidung in der Hauptsache vorwegnahmen.[136] Es ist gleichermaßen zu verfahren, wenn die behauptete Rechtsverletzung bei Verweigerung einstweiligen Rechtsschutzes nicht mehr rückgängig gemacht werden könnte, die Entscheidung in der Hauptsache also zu spät käme.[137]

600 Im Übrigen muss das praktizierte Abwägungsmodell sich auch entgegenhalten lassen, dass jedenfalls bei der Geltendmachung „anderer wichtiger Gründe" im Sinne des § 47 Abs. 6 VwGO eine Prüfung der Erfolgsaussichten auch nach der traditionellen Auffassung stattfindet. In der Praxis sind „andere wichtige Gründe" angenommen worden, wenn im öffentlichen Interesse der weitere Vollzug der angegriffenen oder anzugreifenden Rechtsvorschrift nicht hinnehmbar erscheint.[138] Im Ergebnis wenig überzeugend ist es zudem, wenn zur Rechtfertigung der herkömmlichen Abwägung auf die besondere Struktur des einstweiligen Rechtsschutzes im Normenkontrollverfahren verwiesen und geltend gemacht wird, die Vielzahl der betroffenen Interessen bei Aussetzung des Normenvollzuges unterscheide § 47 Abs. 6 VwGO von der individuell ausgerichteten Entscheidungsstruktur des § 123 VwGO. Übersehen wird hierbei, dass jedenfalls auch nach herrschender Auffassung das Tatbestandsmerkmal der „schweren Nachteile" individualrechtlich ausgerichtet ist, es also bei der „Abwehr schwerer Nachteile" um den Individualrechtsschutz desjenigen geht, der von dem Vollzug einer mit der Normenkontrolle angefochtenen oder anzufechtenden Rechtsvorschrift Rechtsverletzungen erheblicher Art zu befürchten hat.[139] Während § 32 BVerfGG allein Belange des Gemeinwohls berücksichtigt, ist in § 47 Abs. 6 VwGO lediglich die zweite Tatbestandsalternative des „anderen wichtigen Grundes" Gemeinwohlaspekten vorbehalten, so dass damit gerade vor dem Hintergrund des Individualrechtsschutzes das einstweilige Rechtsschutzverfahren in der verwaltungsgerichtlichen Normenkontrolle jedenfalls nicht ausschließlich die Allgemeininteressen im Blick hat. Dass eine antragsentsprechende Aussetzung der Norm nicht nur auf eine bloße Inter-Partes-Wirkung hinausläuft, dass die Aussetzung einer Norm regelmäßig geeignet ist, sich auf eine Vielzahl von Personen und Behörden auszuwirken,[140] ändert nichts daran, dass – wie auch die Novellierung zu § 47 Abs. 2 S. 1 VwGO deutlich macht – auch das Verfahren nach § 47 Abs. 6 VwGO von der individuellen Rechtsschutzfunktion geprägt wird. Sind aber jedenfalls die Strukturunterschiede zwischen § 123 VwGO und § 47 Abs. 6 VwGO damit allenfalls rudimentär ausgeprägt, sprechen Aspekte der Rechtssicherheit und Beurteilungskonstanz dafür, dass die Erfolgsaussichten der Norm bei Entscheidung über die Begründetheit des Anordnungsantrags nicht ohne weiteres hintangestellt werden können.

---

[135] NVwZ 2006, 586; NJW 2004, 2814.

[136] BVerfGE 34, 160 (163); 63, 254; 67, 149 (152).

[137] BVerfGE 46, 160 (164); OVG Lüneburg Beschl. v. 24.6.2015 – 1 MN 39/15.

[138] VGH Kassel BRS 55 Nr. 33; NVwZ-RR 1991, 588; OVG Lüneburg BRS 50 Nr. 53; OVG Lüneburg NVwZ-RR 2004, 332; OVG Greifswald Beschl. v. 15.7.2004 – 3 M 47/04.

[139] VGH Kassel DVBl. 1989, 887; so etwa auch Voraufl. Rn. 612.

[140] OVG Greifswald Beschl. v. 17.10.2000 – 4 M 47/00.

Diese Feststellungen bedeuten, dass § 47 Abs. 6 VwGO den Erlass einer einstweiligen Anordnung gebietet, wenn dem Antragsteller – wie auch bei § 123 VwGO – Anordnungsanspruch und Anordnungsgrund zur Seite stehen. Auch das Normkontrollgericht hat damit im einstweiligen Rechtsschutzverfahren grundsätzlich die Erfolgsaussichten des Hauptsacheverfahrens in den Blick zu nehmen. Der Anordnungsanspruch ist gegeben, wenn sich bei der materiellen Prüfung des Gerichtes die angegriffene Norm als unwirksam erweist.[141] Die Rechtsprechung verlangt hierbei keine – ausschließlich der Hauptsache vorbehaltene – vertiefte Prüfung. Die Erfolgsaussichten müssen sich „überblicken" lassen.[142] Vorgenommen wird vielfach eine lediglich summarische Prüfung.[143] Erweist die summarische Überprüfung, dass die angegriffene oder anzugreifende Norm offensichtlich unwirksam ist, ist ein Anordnungsanspruch gegeben. Die einstweilige Anordnung ist zu erlassen, ohne dass es noch des Nachweises „schwerer Nachteile" für den Fall des Normvollzuges bedarf.[144] 601

Die Rechtsprechung, die die Feststellung des Anordnungsanspruches an einer (lediglich) summarischen Normprüfung ausrichtet, ist kritisch zu sehen. Für die Prüfungstiefe des Gerichts bei Erlass einer einstweiligen Anordnung nach § 47 Abs. 6 VwGO kann nichts anderes gelten als bei Prüfung des § 123 VwGO.[145] Danach ist auch bei § 47 Abs. 6 VwGO die Rechtsprechung des BVerfG zu beachten und auch bei der Normenkontrolle eine „eingehende Prüfung der Sach- und Rechtslage" gefordert.[146] Wenn das BVerfG allgemein fordert, dass der Eilrechtsschutz „erforderlichenfalls unter eingehender tatsächlicher und rechtlicher Prüfung des im Hauptsacheverfahren geltend gemachten Anspruchs"[147] zu gewähren ist, kann dies auch für das Verfahren nach § 47 Abs. 6 VwGO bedeuten, erhöhte Anforderungen an die Intensität der Prüfung des Anordnungsanspruchs zu stellen; dies schließt eine nur summarische Prüfung des geltend gemachten Anspruchs aus. Die Komplexität der Normprüfung kann dieser Feststellung nicht entgegengehalten werden. Wenn Verwaltungsgerichte sich auch in Verfahren des vorläufigen Rechtsschutzes mit berechtigten Zweifeln an der Verfassungsmäßigkeit und damit Gültigkeit von entscheidungserheblichen Normen sowie mit den Möglichkeiten ihrer verfassungskonformen Auslegung und Anwendung auseinandersetzen zu haben,[148] ist nicht ersichtlich, dass – beispielhaft gesagt – die Prüfung der Wirksamkeit eines Bebauungsplanes dahinter zurückbleiben dürfte. Kommt eine solche eingehende Prüfung nicht in Betracht, weil Komplexität oder der zur Verfügung stehende Prüfungszeitraum dies verhindern, ist – ähnlich wie bei § 123 VwGO – dem Normkontrollgericht der Weg in die Abwägung eröffnet. Sie hat sich in diesem Falle an den Tatbestandsmerkmalen des § 47 Abs. 6 VwGO auszurichten und hängt davon ab, ob und inwieweit der Vollzug der angegriffenen oder anzugreifenden Norm für den Antragsteller „zur Abwehr schwerer Nachteile" geboten ist, oder „andere wichtige Gründe" die Aussetzung der Norm rechtfertigen. 602

---

141 VGH München Beschl. v. 16.6.1999 – 2 NE 98.2592; Beschl. v. 5.10.2005 – 1 NE 05.1666; NVwZ-RR 1990, 352; OVG Münster UPR 2006, 82; NVwZ-RR 2006, 94; BauR 2006, 1696; Beschl. v. 6.5.2005 – 10 B 2657/04.NE; OVG Lüneburg Beschl. v. 24.11.2003 – 2 MN 334/03.

142 OVG Münster UPR 2006, 82; NVwZ-RR 2006, 94; VGH München Beschl. v. 2.8.2005 – 14 NE 04.2372; Beschl. v. 16.6.1999 – 2 NE 98.2592; Beschl. v. 5.10.2005 – 1 NE 05.1666; NVwZ-RR 1990, 852; OVG Lüneburg Beschl. v. 24.11.2003 – 2 MN 334/03.

143 S. etwa OVG Münster BauR 2007, 1714; Beschl. v. 9.11.2006 – 7 B 1667/06.NE; OVG Berlin-Brandenburg Beschl. v. 31.10.2016 – OVG 10 S 27.15; VGH München Beschl. v. 10.10.2016 – 1 NE 16.1765; OVG Lüneburg Beschl. v. 24.8.2016 – 12 ME 147/16.

144 OVG Münster ZUR 2006, 209; BauR 2006, 1696; NVwZ-RR 2006, 94.

145 Zur Prüfungstiefe bei § 123 → Rn. 116 ff., 313 ff.

146 BVerfGE 79, 75.

147 BVerfGE 79, 75; 94, 216; Beschl. v. 6.9.2010 – 1 BvR 2297/10.

148 BVerfG NVwZ-RR 2001, 694; NVwZ 1997, 480; dazu auch OVG Lüneburg NordÖR 2003, 124; NVwZ-RR 2001, 241.

4. Folgenabwägung

603 **a) Abwehr schwerer Nachteile.** Der Begriff der „Abwehr schwerer Nachteile" knüpft den Erlass einer einstweiligen Anordnung im Normenkontrollverfahren an engere Prüfungsvoraussetzungen als nach § 123 VwGO.[149] Während nach § 123 Abs. 1 S. 2 VwGO der Erlass einer einstweiligen Anordnung dann in Betracht kommt, wenn die Anordnung „nötig erscheint", ist es erforderlich, dass es im Falle des § 47 Abs. 6 VwGO um die „Abwehr schwerer Nachteile" geht. Die Rechtsprechung leitet hieraus ab, dass Rechte oder rechtlich geschützte Interessen des Antragstellers in ganz besonderem Maße beeinträchtigt werden müssen, anders ausgedrückt ein „endgültiger und nicht wieder gut zu machender Schaden" abzuwehren ist.[150] Der Normenvollzug muss für den Antragsteller einem „Opfer" gleichzusetzen sein.[151] Inkludiert sind von diesem Tatbestandsmerkmal Aspekte des Individualrechtsschutzes. Finanzielle Nachteile sollen hierfür jedenfalls dann nicht ausreichen, wenn sie aus der Dauer eines Hauptsacheverfahrens resultieren.[152] Das Erfordernis „schwerer Nachteile" bedeutet daher auch, dass diejenigen Nachteile, die sich regelmäßig als Folge des Normenvollzuges ergeben, für den Erlass einer einstweiligen Anordnung im Normenkontrollverfahren nicht ausreichen.[153] Das Praxisbeispiel der einstweiligen Aussetzung einer Veränderungssperre nach § 17 BauGB macht dies deutlich. Würden die generell mit diesem Sicherungsinstrument verbundenen Folgen für den Erlass einer einstweiligen Anordnung ausreichen, würde die Aussetzung des Vollzugs zur Regel werden.[154] Die Prüfung der Frage, ob der Erlass der beantragten einstweiligen Anordnung „zur Abwehr schwerer Nachteile dringend geboten ist", erfolgt herkömmlich in einer gestuften Schrittfolge, die der Praxis des BVerfG entlehnt ist, sich aus dem Wortlaut des § 47 Abs. 6 VwGO aber nicht unmittelbar und zwingend ableiten lässt.

604 **b) Wichtiger Grund.** Als zweiten Grund für den Erlass einer einstweiligen Anordnung im Normenkontrollverfahren nennt § 47 Abs. 6 VwGO pauschal und undifferenziert „andere wichtige Gründe". Ihr Vorliegen ist stets zu prüfen, wenn „schwere Nachteile" den Erlass einer einstweiligen Anordnung nicht dringend gebieten. Die konturlose Unbestimmtheit macht diesen Anordnungsgrund zu einem generalklauselartigen Auffangtatbestand, der es dem Normenkontrollgericht ermöglicht, eine beantragte einstweilige Anordnung zu erlassen, wann immer es dies, insbesondere im öffentlichen oder im Interesse der Allgemeinheit für dringend geboten erachtet. Dieser Anordnungsgrund dient, anders als der der Abwehr „schwerer Nachteile", nicht in erster Linie dem Individualrechtsschutz, sondern vor allem dem öffentlichen Interesse an der Wirksamkeit der Normenkontrolle, die nicht durch die zwischenzeitliche Schaffung vollendeter Tatsachen ihrer rechtsstaatlichen Funktion beraubt werden soll. In der Praxis sind „andere wichtige Gründe" namentlich angenommen worden, wenn im öffentlichen Interesse der weitere Vollzug der angegriffenen oder anzugreifenden Rechtsvorschrift nicht hinnehmbar er-

---

[149] OVG Magdeburg Beschl. v. 3.7.2006 – 3 R 120/06; OVG Greifswald Beschl. v. 15.7.2004 – 3 M 77/04; NVwZ-RR 2009, 555; VGH München Beschl. v. 19.8.2016 – 9 NE 16.1512; OVG Greifswald Beschl. v. 19.7.2016 – 2 M 61/16.

[150] OVG Greifswald NordÖR 2006, 206; NordÖR 2005, 163 (unter Hinweis auf BVerfGE 25, 367 [370]); Beschl. v. 15.7.2004 – 3 M 77/04; VGH Kassel NVwZ-RR 2000, 655; BRS 65 Nr. 60; OVG Schleswig NuR 2002, 761; NordÖR 2001, 161; OVG Lüneburg NVwZ-RR 2003, 547.

[151] OVG Schleswig NordÖR 2002, 255.

[152] OVG Greifswald Beschl. v. 15.7.2004 – 3 M 77/04; VGH Kassel BRS 65 Nr. 60; offengelassen OVG Lüneburg Beschl. v. 1.2.2006 – 9 MN 40/05; NVwZ-RR 2003, 547.

[153] OVG Lüneburg Beschl. v. 18.5.2005 – 1 MN 52/05 (Baulärm); OVG Bremen BRS 60 Nr. 48; OVG Berlin UPR 1999, 44; OVG Greifswald Beschl. v. 19.7.2016 – 2 M 61/16.

[154] OVG Greifswald NordÖR 2005,163; Beschl. v. 15.7.2004 – 3 M 77/04.

scheint.[155] Die „anderen wichtigen Gründe" müssen aber von gleichem Gewicht wie die abzuwehrenden „schweren Nachteile" sein.[156] Dies ist insbesondere der Fall, wenn der Normenkontrollantrag mit großer Wahrscheinlichkeit Erfolg haben wird – hier wird der prognostische Blick auf den Ausgang des Hauptsacheverfahrens für zulässig gehalten, was sich mit dem zu schützenden öffentlichen Interesse rechtfertigen lässt – und es im öffentlichen Interesse nicht hinnehmbar ist, dass durch einen weiteren Vollzug der voraussichtlich für ungültig zu erklärenden Rechtsvorschrift vollendete, nicht rückgängig zu machende Tatsachen geschaffen würden:[157] die kurzfristig zu erwartende Verwirklichung des angefochtenen Bebauungsplans führt zu einer irreparablen Zerstörung von Natur und Landschaft, der Bau einer Ortsumfahrung wird begonnen.[158] Auch die kurzfristig erforderliche Ausgabe von erheblichen Haushaltsmitteln oder drohende Rechtsunsicherheit können „wichtige Gründe" für den Erlass einer einstweiligen Anordnung darstellen.[159]

IV. Die gerichtliche Entscheidung

Ist der Antrag auf Erlass einer einstweiligen Anordnung zulässig und liegt ein Anordnungsgrund vor, hat das Normenkontrollgericht die einstweilige Anordnung zu erlassen. Es besitzt insoweit kein Ermessen.[160] Das Wort „kann" in § 47 Abs. 6 VwGO bedeutet die Zuweisung der Kompetenz zum Erlass einstweiliger Anordnungen an das Normenkontrollgericht, nicht die Einräumung richterlichen Ermessens. **605**

Das Normenkontrollgericht entscheidet über den Antrag auf Erlass einer einstweiligen Anordnung entsprechend § 173 VwGO, §§ 936, 921 ZPO nach seinem Ermessen mit oder ohne mündliche Verhandlung.[161] Für die Entscheidung ist der gesamte Spruchkörper zuständig. Eine Vorsitzendenentscheidung, die das Verfahren auf Erlass einer einstweiligen Anordnung nach § 123 VwGO kennt (§§ 123 Abs. 2 S. 3, 80 Abs. 8 VwGO), ist in § 47 Abs. 6 VwGO nicht vorgesehen.[162] **606**

1. Form der Entscheidung

Die Entscheidung ergeht durch Beschluss, auch wenn eine mündliche Verhandlung stattgefunden hat. Zwar bestimmt § 47 Abs. 5 S. 1 VwGO, dass das OVG über den Normenkontrollantrag nach mündlicher Verhandlung durch Urteil entscheidet. Dies kann jedoch nicht auf das Verfahren auf Erlass einer einstweiligen Anordnung übertragen werden, zumal inzwischen für die einstweilige Anordnung nach § 123 VwGO ausnahmslos die Form des Beschlusses vorgeschrieben ist. Es kann nicht angenommen werden, dass für die einstweilige Anordnung nach § 47 Abs. 6 VwGO etwas anderes gelten soll, wobei auch ins Gewicht fällt, dass die Entscheidung über den Antrag auf Erlass einer einstweiligen Anordnung unanfechtbar ist, so dass die Form der gerichtlichen Entscheidung keine Auswirkung hinsichtlich eines Rechtsmittels hat.[163] **607**

---

[155] VGH Kassel BRS 55 Nr. 33; NVwZ-RR 1991, 588; OVG Lüneburg BRS 50 Nr. 53; BRS 52 Nr. 40; BRS 48 Nr. 24; OVG Münster NJW 1980, 1013.

[156] OVG Lüneburg NVwZ-RR 2004, 332; OVG Greifswald Beschl. v. 19.7.2016 – 2 M 61/16.

[157] OVG Lüneburg Beschl. v. 1.2.2006 – 9 M 40/05; NVwZ-RR 2004, 332; VGH München Beschl. v. 3.1.2013 – 1 N 12.2152; NVwZ-RR 2013, 392; OVG Schleswig Beschl. v. 21.8.2014 – 1 MR 7/14.

[158] VGH Kassel NuR 1991, 437.

[159] VGH München NJW 1995, 979.

[160] OVG Münster NVWBl 1993, 29; VGH Kassel NVwZ-RR 1991, 590; *Erichsen/Scherzberg* DVBl. 1987, 168 (176).

[161] *Ziekow* in Sodan/Ziekow VwGO § 47 Rn. 390 mwN.

[162] Ebenso *Redeker/von Oertzen* VwGO § 47 Rn. 53; *Ziekow* in Sodan/Ziekow VwGO § 47 Rn. 390; Kopp/*Schenke* VwGO § 47 Rn. 152.

[163] So im Ergebnis auch Kopp/*Schenke* VwGO § 47 Rn. 159.

2. Inhalt der Entscheidung

608 Wird der Antrag nicht als unzulässig verworfen oder als unbegründet abgelehnt, erlässt das OVG eine einstweilige Anordnung. Über den Inhalt der einstweiligen Anordnung sagt § 47 VwGO nichts aus.[164] Für ihren Inhalt gilt:

609 **a) Aussetzung des Vollzuges.** Durch einstweilige Anordnung kann nicht, wie in der Hauptsache (§ 47 Abs. 5 S. 2 VwGO), eine Rechtsvorschrift für unwirksam erklärt werden, da dies die Hauptsache vorweg nehmen würde. Sie verbietet lediglich die zukünftige Anwendung der Norm.[165] Das Normenkontrollgericht kann dementsprechend lediglich den Vollzug oder die Wirksamkeit[166] der Rechtsvorschrift vorläufig, längstens bis zur Entscheidung in der Hauptsache, aussetzen.[167]

610 **b) Umfang der Aussetzung.** Die Außervollzugsetzung kann die gesamte Rechtsvorschrift umfassen, kann sich aber auch auf einen Teil der Rechtsnorm beschränken, etwa auf den räumlich begrenzten Teil eines Bebauungsplans.[168] Die Begrenzung der Außervollzugsetzung rechtfertigt sich aus dem Grundsatz der Verhältnismäßigkeit sowie daraus, dass auch im Normenkontrollverfahren die Unwirksamkeitserklärung nicht die gesamte Rechtsvorschrift erfassen muss, sondern sich auf Teile beschränken kann.[169]

611 **c) Generelle oder individuelle Aussetzung.** Es ist streitig, ob die Außervollzugsetzung der angegriffenen Rechtsvorschrift generell, also mit Wirkung gegenüber jedermann, oder individuell, also nur gegenüber dem Antragsteller, zu erfolgen hat oder darf. Hierzu hat *Schenke*[170] überzeugend nachgewiesen, dass die generelle Außervollzugsetzung zulässig und in der Regel geboten ist. Zwar dient der Antrag des normbetroffenen Bürgers auf Erlass einer vollzugsaussetzenden einstweiligen Anordnung, soweit dadurch schwere Nachteile abgewendet werden sollen, dem individuellen Rechtsschutz. Dies könnte dafür sprechen, die Norm nur gegenüber dem Antragsteller außer Vollzug zu setzen. Bedenkt man jedoch, dass auch die Erklärung der Unwirksamkeit der Rechtsvorschrift gegenüber jedermann wirkt, dass bei der Abwägung, ob der Erlass der einstweiligen Anordnung dringend geboten ist, auch die Interessen anderer Normbetroffener und der Allgemeinheit an der weiteren Anwendbarkeit der Norm berücksichtigt werden, dass die gegenüber § 123 VwGO strengeren Voraussetzungen des § 47 Abs. 6 VwGO nur verständlich sind vor dem Hintergrund einer Normaussetzung mit Wirkung gegenüber jedermann und dass die Gewährung effektiven Rechtsschutzes gegenüber einer Rechtsvorschrift zumeist deren Aussetzung gegenüber jedermann erfordert, spricht alles dafür, im Regelfall der generellen Normaussetzung den Vorzug zu geben.[171] Soweit eine Behörde, die die Rechtsvorschrift anzuwenden hat (§ 47 Abs. 2 S. 1 VwGO), den Antrag auf Erlass der einstweiligen Anordnung gestellt hat, folgt dies auch daraus, dass die Behörde mit Normenkontrolle und einstweiliger Anordnung nicht subjektiven Rechtsschutz begehrt, sondern ein objektives Normprüfungsverfahren betreibt. Ist es allerdings im Einzelfall zur Gewährung hinreichend effektiven Rechtsschutzes ausreichend, die Norm nur gegenüber dem Antragsteller auszusetzen und sprechen keine sonstigen Gründe, insbesondere

---

[164] Kopp/*Schenke* VwGO § 47 Rn. 155.

[165] OVG Lüneburg NVwZ-RR 2005, 691; OVG Münster Beschl. v. 10.4.2015 – 2 B 177/15.NE.

[166] S. OVG Münster, ZUR 2006, 209; OVG Magdeburg Beschl. v. 14.1.2015 – 3 R 397/14.

[167] Vgl. etwa OVG Bremen NVwZ-RR 2005, 814; OVG Münster NVwZ-RR 2006, 94; BauR 2006, 1696; Beschl. v. 6.5.2005 – 10 B 2657/04. NE.

[168] So in OVG Lüneburg BRS 39 Nr. 44.

[169] Vgl. etwa OVG Münster BRS 36 Nr. 36; BRS 29 Nr. 11; OVG Lüneburg BRS 32 Nr. 18; OVG Bremen BRS 35 Nr. 28.

[170] DVBl. 1979, 169 (175 ff.).

[171] So außer *Schenke* aaO auch *Rasch* BauR 1981, 407 (415); kritisch hierzu *Grave* BauR 1981, 156 (162).

solche der Rechtssicherheit und der Rechtsklarheit gegen eine nur personenbezogene Aussetzung, kann das Gericht die Wirkung der Normaussetzung auf das Verhältnis Antragsteller/Antragsgegner beschränken.

d) Kein Verbot von Vollzugsmaßnahmen. Da sich im Verfahren des vorläufigen Rechtsschutzes nicht mehr und nichts anderes erreichen lässt als im Hauptsacheverfahren, gestattet § 47 Abs. 6 VwGO nur die Außervollzugsetzung der angefochtenen oder anzufechtenden Rechtsvorschrift. Damit ist künftigen Vollzugsakten, etwa der Erteilung weiterer Baugenehmigungen, vorläufig die Rechtsgrundlage entzogen.[172] Dagegen ist es nicht zulässig, der Behörde durch einstweilige Anordnung nach § 47 Abs. 6 VwGO den weiteren Vollzug der Rechtsnorm zu untersagen, selbst wenn die Gefahr besteht, dass sie die Außervollzugsetzung nicht respektieren wird.[173] Dem kann nur mit Widerspruch und Anfechtung der unzulässigen Vollzugsakte und über §§ 80, 80a, 123 VwGO begegnet werden.[174] Auch der Vollzug bereits erlassener Verwaltungsakte kann nicht untersagt werden.[175] In diesem Fall kann vorläufiger Rechtsschutz nur über die §§ 80, 80a, 123 VwGO erreicht werden. 612

e) Keine Normergänzung oder Normverhinderung. Unzulässig ist es, durch einstweilige Anordnung zum Erlass einer Rechtsverordnung oder Satzung zu verpflichten oder eine für unvollständig erachtete normative Regelung zu ergänzen.[176] Es können auch keine Maßnahmen begehrt werden, die das Inkrafttreten einer Rechtsvorschrift verhindern.[177] 613

f) Kostenentscheidung und Kosten. (1) Für die Kostenentscheidung gelten die §§ 154 ff. VwGO entsprechend. 614

(2) Wie im Verfahren des vorläufigen Rechtsschutzes üblich (Streitwertkatalog 1996, I Nr. 6), beläuft sich der Streitwert auf 1/2 des Streitwertes der Hauptsache. Nimmt die einstweilige Anordnung die Hauptsache vorweg, etwa weil sie die Durchführung eines Bebauungsplans praktisch endgültig verhindert, entspricht der Streitwert des Eilverfahrens dem des Normenkontrollverfahrens.[178] Der Streitwert des Normenkontrollverfahrens hängt von dem Gegenstand der angegriffenen Rechtsvorschrift ab. Für Bebauungspläne nennt der Streitwertkatalog (II 7.7) 5000 EUR bis 50 000 EUR. 615

(3) Der Rechtsanwalt erhält im Verfahren nach § 47 Abs. 6 VwGO gem. § 2 Abs. 2 RVG in Verbindung mit Ziffer 3302 VV entsprechend der für das Hauptsacheverfahren geltenden Regelung eine Verfahrensgebühr von 1,6.[179] 616

3. Wirkung und Dauer der Entscheidung

§ 47 Abs. 6 VwGO verhält sich nicht zu den Wirkungen einer stattgebenden einstweiligen Anordnung. 617

[172] OVG Münster BRS 46 Nr. 40 lässt mit Recht trotz Außervollzugsetzung eines Bebauungsplans die Erteilung der Baugenehmigung zu, wenn über die planungsrechtlichen Fragen bereits durch Bebauungsgenehmigung entschieden worden war.

[173] Anders wohl *Redeker/von Oertzen* VwGO § 47 Rn. 54; *Grooterhorst* DVBl. 1989, 1176 (1179), die Auflagen an die Behörde für zulässig halten, die die Aussetzung des Normvollzuges sicherstellen sollen. In besonders gelagerten Fällen mag dies über § 173 VwGO iVm § 938 Abs. 1 ZPO zur Gewährleistung effektiven Rechtsschutzes zulässig sein.

[174] Ebenso Kopp/*Schenke* VwGO § 47 Rn. 148 f.

[175] OVG Lüneburg NVwZ-RR 2005, 691; OVG Münster NVwZ 1997, 1006.

[176] OVG Magdeburg Beschl. v. 3.7.2006 – 3 R 120/06; VGH Mannheim VBlBW 1981, 114; VGH Kassel NVwZ 1984, 45; weniger zurückhaltend VGH München BayVBl. 1980, 209 mit Anm. *Würtenberger,* S. 662.

[177] VGH München BayVBl. 1978, 438.

[178] OVG Hamburg BRS 47 Nr. 14.

[179] *Müller-Rabe* in Gerold/Schmidt VV 3302 f. Rn. 2.

618 a) Hat das OVG den Vollzug der im Normenkontrollverfahren angegriffenen Rechtsvorschrift ausgesetzt, darf für die Dauer des Bestandes der einstweiligen Anordnung die Rechtsvorschrift nicht mehr zur Grundlage von Verwaltungsentscheidungen oder Verwaltungsmaßnahmen gemacht werden. Es ist so zu verfahren, als bestehe die Norm derzeit nicht.[180] Die verfassungsrechtliche Bindung an Gesetz und Recht (Art. 20 Abs. 3 GG) verpflichtet jede zum Vollzug der Rechtsvorschrift zuständige Behörde, also nicht nur den Antragsgegner des Anordnungsverfahrens, diese nicht anzuwenden. Deshalb kann es geboten sein, die gerichtliche Entscheidung über die Aussetzung des Vollzuges amtlich zu veröffentlichen.[181] Dagegen ist es nicht zulässig, die Aussetzungsentscheidung analog § 47 Abs. 6 S. 2 VwGO für allgemeinverbindlich zu erklären,[182] da dies eine der materiellen Rechtskraft zugängliche Entscheidung voraussetzt. Vollzieht eine Behörde gleichwohl die ausgesetzte Norm, muss der hiervon in seinen Rechten Betroffene verwaltungsgerichtlichen Individualrechtsschutz (Widerspruch, Anfechtungsklage, vorläufigen Rechtsschutz gemäß §§ 80, 80a, 123 VwGO) in Anspruch nehmen. Aus der einstweiligen Anordnung kann er gegen die sie missachtende Behörde nicht vorgehen, da die den Vollzug aussetzende einstweilige Anordnung keinen vollzugsfähigen Inhalt hat.[183]

619 b) Verwaltungsakte, die bereits erlassen worden sind, werden von der Aussetzung des Vollzuges der normenkontrollbefangenen Rechtsvorschrift ebenso wenig berührt wie von einer späteren Ungültigerklärung der Rechtsvorschrift.[184] Von ihnen darf weiterhin Gebrauch gemacht und sie dürfen für sofort vollziehbar erklärt[185] und vollzogen werden.[186] Dies kann nur im Wege des Individualrechtsschutzes (Widerspruch und Anfechtungsklage) und vorläufig über §§ 80, 80a, 123 VwGO verhindert werden.

620 c) Der Rechtsklarheit dient es, wenn das Gericht die Dauer der einstweiligen Anordnung befristet oder bedingt, etwa bis zum Erlass einer Entscheidung in der Hauptsache.[187] Aber auch ohne dies verliert die einstweilige Anordnung, aus ihrer Vorläufigkeit folgend, ihre Wirkung, sobald das Hauptsacheverfahren endet, gleichgültig, ob dies durch eine Entscheidung in der Hauptsache oder durch die Rücknahme des Normenkontrollantrags erfolgt.[188]

V. Rechtsmittel

621 Die Entscheidung des Normenkontrollgerichts ist unanfechtbar (arg. § 152 Abs. 1 VwGO). Anders als im Verfahren der verfassungsgerichtlichen einstweiligen Anordnung (§ 32 Abs. 3 BVerfGG) kann auch kein Widerspruch erhoben werden, wenn das Normenkontrollgericht ohne mündliche Verhandlung die einstweilige Anordnung erlassen oder abgelehnt hat.[189]

VI. Abänderung

622 Auch im Verfahren nach § 47 Abs. 6 VwGO kommt dem Normenkontrollgericht eine Abänderungsbefugnis zu. Während zunächst zur Frage der Abänderbarkeit einstweiliger Anordnungen in Normenkontrollverfahren auf die nach § 123 VwGO geltenden Grund-

---

[180] VGH München BRS 42 Nr. 35; im Ergebnis ebenso OVG Koblenz NVwZ 1984, 43.

[181] *Schenke* DVBl. 1979, 169 (176).

[182] Zutreffend daher *Schoch* in Schoch/Schneider/Bier VwGO § 47 Rn. 185.

[183] VGH München BRS 42 Nr. 35.

[184] OVG Münster NWVBl. 1993, 29; OVG Koblenz NVwZ 1984, 43.

[185] VGH München BRS 52 Nr. 41.

[186] AA *Hahn* JuS 1983, 678 (684), der den §§ 47 Abs. 5 S. 3, 183 VwGO ein Vollzugsverbot entnimmt. Dabei wird verkannt, dass § 47 Abs. 5 S. 3 VwGO die Erklärung der Rechtsvorschrift als unwirksam voraussetzt.

[187] Ebenso *Redeker/von Oertzen* VwGO § 47 Rn. 54.

[188] *Ziekow* in Sodan/Ziekow VwGO § 47 Rn. 410; VGH München BayVBl. 1992, 245.

[189] Im Ergebnis ebenso *Redeker/von Oertzen* VwGO § 47 Rn. 52.

sätze,[190] insbesondere auf die gemäß § 173 VwGO entsprechend anwendbaren §§ 927, 936 ZPO verwiesen wurde,[191] wird nunmehr aus dogmatischen Gründen überwiegend einer analogen Anwendung des § 80 Abs. 7 VwGO der Vorrang gegeben.[192] Die damit zur Anwendung kommende Vorschrift des § 80 Abs. 7 S. 2 VwGO bedeutet zunächst, dass eine Abänderung bei veränderten Umständen in Betracht kommt. Eine Veränderung der Umstände kann in nachträglich eingetretenen tatsächlichen Verhältnissen liegen, die die Interessenabwägung beeinflussen können. Hierzu zählen beispielsweise nachträglich zur Verfügung stehende Beweismittel[193], veränderte Umstände können aber auch etwa darin zu sehen sein, dass die Gemeinde Mängel des angegriffenen Bebauungsplanes nachträglich heilt.[194]

Allerdings wird man auch eine Abänderungsbefugnis des Normenkontrollgerichtes in analoger Anwendung des § 80 Abs. 7 S. 1 VwGO bejahen müssen. Stellt sich beispielsweise heraus, dass sich bei Eintritt „anderer wichtiger Gründe" im Sinne des § 47 Abs. 6 VwGO eine geänderte Interessenabwägung ergibt, ist das Normenkontrollgericht befugt, seine Entscheidung auch ohne Antrag jederzeit zu ändern oder aufzuheben.[195] **623**

VII. Schadensersatz

Eine Anwendung des in § 123 Abs. 3 VwGO in Bezug genommenen § 945 ZPO – Gefährdungshaftung des Antragstellers gegenüber dem Antragsgegner bei ungerechtfertigter einstweiliger Anordnung – ist über § 173 VwGO nicht möglich, da es sich bei § 945 ZPO nicht um eine Verfahrensvorschrift, sondern um eine Vorschrift des materiellen Rechts handelt und überdies die normaussetzende einstweilige Anordnung mit der einzelfallbezogenen einstweiligen Anordnung des § 123 VwGO nicht vergleichbar ist.[196] Auch § 32 BVerfGG kennt keine Schadensersatzpflicht. **624**

§ 31 Personalvertretungssachen

Schrifttum: *Albers,* Vorläufiger Rechtsschutz und objektives Beschlussverfahren, Die Personalvertretung 1993, 487; *Haas,* Die einstweilige Verfügung im personalvertretungsrechtlichen Beschlussverfahren, Zeitschrift für Tarifrecht 1994, 3; *Simianer,* Vorläufiger Rechtsschutz in Beteiligungssachen?, Die Personalvertretung 1994, 481. S. auch Anmerkung zu OVG Saarlouis Beschl. v 2.6.2004 – 1 W 13/04, ZfPR 2005, Nr. 7, 4–5; *Vallendar,* Vorläufiger Rechtsschutz für Personalräte, Der Personalrat 1993, 61.

In Personalvertretungssachen entscheiden die Verwaltungsgerichte[197] in besonderer Besetzung (Fachkammern, Fachsenate). Für ihr Verfahren gilt nicht die VwGO, sondern gelten, wie jeweils ausdrücklich bestimmt ist, die Vorschriften des Arbeitsgerichtsgesetzes über das Beschlussverfahren entsprechend. Nach dem demnach maßgebenden § 85 Abs. 2 ArbGG wird vorläufiger Rechtsschutz durch einstweilige Verfügung nach Maßgabe der §§ 935 ff. ZPO gewährt.[198] **625**

---

[190] OVG Lüneburg NVwZ 1984, 185.

[191] VGH Mannheim VBlBW 1990, 182; so auch Voraufl. Rn. 634.

[192] OVG Schleswig NVwZ-RR 2003, 774; VGH München Beschl. v. 6.9.2002 – 1 NE 02.2220; OVG Lüneburg NVwZ-RR 1998, 421; OVG Münster NVwZ-RR 1999, 473; s. zur analogen Anwendung von § 80 Abs. 7 VwGO → Rn. 489 ff.

[193] OVG Münster NVwZ-RR 1999, 473.

[194] VGH München Beschl. v. 6.9.2002 – 1 NE 02.2220.

[195] Siehe hier Kopp/*Schenke* VwGO § 47 Rn. 159; *Schoch* in Schoch/Schneider/Bier VwGO § 47 Rn. 186.

[196] Ebenso *Hahn* JuS 1983, 678.

[197] § 83 BPersVG sowie entsprechend der rahmenrechtlichen Bestimmung des § 106 BPersVG sämtliche Personalvertretungsgesetze der Länder.

[198] Dazu *Haas* Zeitschrift für Tarifrecht 1994, 3; *Albers* Die Personalvertretung 1993, 487; *Vallendar* Der Personalrat 1993, 61; *Simianer* Die Personalvertretung 1994, 481.

Dritter Teil: Die aufschiebende Wirkung

Schrifttum: Für das ältere Schrifttum zur aufschiebenden Wirkung und den damit zusammenhängenden verfahrens- und verwaltungsprozessualen Fragen wird auf die umfangreichen Nachweise in der Vorauflage (S. 277–279) verwiesen. Von dem neuen Schrifttum zur aufschiebenden Wirkung sind außer der Kommentarliteratur zu nennen: *Bausch,* Reichweite des Rechtsschutzes nach § 80 V VwGO zur Vermeidung der Kostenbelastung nach Ersatzvornahme, NVwZ 2006, 158; *Beckmann,* Die Kostenforderung im Focus des § 80 II 1 Ziffer. 1 VwGO, VR 2003, 181; *ders.,* Welche Rechtswirkungen löst ein Widerspruch gegen eine eingeschränkte Erlaubnis bzw. Genehmigung aus?, VR 2003, 253; *ders.,* Sind die in der Literatur und Judikatur vertretenen diversen Theorien zur Zuständigkeitskonkurrenz zwischen Erlass- und Widerspruchsbehörde gem. § 80 II 1, 4 VwGO nachvollziehbar und schlüssig?, NVwZ 2004, 184; *Brühl,* Vorläufiger Rechtsschutz im Verwaltungsstreitverfahren, JuS 1995, 627, 722, 818; *Budrowiet/Wuttke,* Der vorläufige Rechtsschutz bei Verwaltungsakten mit Drittwirkung (§§ 80, 80a VwGO), JuS 2006; *Burmeister,* Der einstweilige Rechtsschutz des Nachbarn gegen Baugenehmigungen im Lichte der verwaltungsprozess- und baurechtlicher Novellierungen, NordÖR 1999, 330; *Debus,* Überwiegendes Vollzugsinteresse wegen gesetzlichen Ausschlusses der aufschiebenden Wirkung?, NVwZ 2006, 49; *Ebert,* Darlegungslasten der Verwaltungsbehörde mit Blick auf verwaltungsrechtliche Eilverfahren, ThürVBl. 2007, 25, 49; *Emrich,* Rechtsschutz gegen Verwaltungskostenentscheidungen, NVwZ 2000, 163; *Erbguth,* Einstweiliger Rechtsschutz gegen Verwaltungsakte, JA 2008, 357; *Ekardt/Beckmann,* Polizeivollzugsbeamte und aufschiebende Wirkung – grammatische versus teleologische Auslegungsmethode im öffentlichen Recht, VerwArch 2008, 241; *Grigoleit,* Die Anordnung der sofortigen Vollziehbarkeit gem. § 80 II Nr. 4 VwGO als Verwaltungshandlung, 1997; *Günther,* Gerichtlicher Vollziehbarkeitsaufschub vor Erhebung von Widerspruch, DÖD 1999, 121; *Happ,* Verfassungsrechtliches zu einer Interessenabwägung im Verfahren nach § 80 V VwGO, NVwZ 2005, 282; *Heckmann,* Der Sofortvollzug staatlicher Geldleistungen, 1992; *Hellriegel/Malmendier,* Isolierte Anfechtung von Nebenbestimmungen und vorläufiger Rechtsschutz: ein Unterfall des faktischen Vollzugs? DVBl. 2010, 486; *N. Huber,* § 212a I BauGB und die Auswirkungen auf den einstweiligen Rechtsschutz nach § 80 V VwGO, NVwZ 2004, 915; *Hummel,* Der vorläufige Rechtsschutz im Verwaltungsprozess, JuS 2011, 317, 413, 704; *Jansen/Wesseling,* Der Beschluss nach § 80 V VwGO, JuS 2009, 322; *Kamp,* Das gerichtliche Abänderungsverfahren im einstweiligen Rechtsschutz – insbesondere sein Verhältnis zu Beschwerdeverfahren, NWVBl. 2005, 248; *Koch,* Säumniszuschläge als Anforderung öffentlicher Abgaben i. S. des § 80 II 1 Nr. 1?, NVwZ 2007, 782; *Kotulla,* Der Suspensiveffekt des § 80 I VwGO, ein Rechtsschutzinstrument auf Abruf?, DV 2000, 521; *Kuhla,* Der vorläufige Rechtsschutz im Planfeststellungsrecht, NVwZ 2002, 542; *Loos,* Vorläufiger Rechtsschutz im Verwaltungsrecht: Das Verfahren nach § 80 V, JA 2001, 698; *Mainczyk/Bonnmann,* Ausschluss der aufschiebenden Wirkung im Städtebaurecht, ZfBR 1997, 281; *Mampel,* Baurechtlicher Drittschutz nach der Deregulierung, UPR 1997, 267; *ders.,* Vorläufiger Rechtsschutz gegen Verwaltungsakte mit Doppelwirkung nach dem 6. VwGOÄndG, DVBl 1997, 1155; *ders.,* Teilweise Aussetzung der Vollziehung einer Baugenehmigung?, BauR 2000, 1817; *Nolte,* Zur Verkürzung des einstweiligen Rechtsschutzes gegen Entscheidungen der Energieregulierungsbehörden, NVwZ 2009, 365; *Peter,* Rechtsschutz gegen Kostenbescheid nach Ersatzvornahme, JuS 2008, 512; *Petsch,* Die leichte Erledigung durch § 8 Abs. 6 S. 1 VwGO – verfassungsrechtlich bedenklich?, NWVBl. 2011, 303; *Pietzcker,* Richtervorlage im Eilverfahren?, in: Verfassungsrecht im Wandel, 1995, S. 623; *Pöcker,* Die Rechtsfolgen der Einlegung von Widerspruch und Anfechtungsklage, 2001; *Proppe,* Die Methodik der gerichtlichen Entscheidung nach § 80 V VwGO, JA 2004, 324; *K. Redeker,* Die Neugestaltung des vorläufigen Rechtsschutzes in der Verwaltungsgerichtsordnung, NVwZ 1991, 526; *ders.,* Bauvorbescheid und aufschiebende Wirkung von Rechtsmitteln, NVwZ 1998, 589; *Reimer,* Zur Dogmatik des Abänderungsverfahrens nach § 80 Abs. 7 VwGO, DÖV 2010, 688; *Renck,* Verwaltungsaktwirkungen, Rechtsmittelwirkungen und vorläufiger Rechtsschutz, BayVBl 1994, 161; *ders.,* Ernstliche Zweifel an der Rechtmäßigkeit des angefochtenen Verwaltungsakts, NVwZ 1992, 338; *Ronellenfitsch,* Vorläufiger Rechtsschutz im Verwaltungsprozeß, Staatswissenschaften und Staatspraxis (StWStPR) 1993, 683; *Ruffert,* Suspensiveffekt und Wirtschaftsstandort Deutschland – Vorläufiger Rechtsschutz nach dem 6. VwGOÄndG, NVwZ 1997, 654; *Schlarman/Karkaj,*Vorläufiger Rechtsschutz gegen die Zurückstellung von Baugesuchen, VBlBW

2011, 464; *A. Schmitt Glaeser,* Die Unzulänglichkeiten der Richternorm des § 80 V VwGO, ZAR 2002, 409; *Schoch,* Grundfragen des verwaltungsgerichtlichen vorläufigen Rechtsschutzes, VerwArch 82 (1991), 145; *ders.,* Der vorläufige Rechtsschutz im 4. VwGO-Änderungsgesetz, NVwZ 1991, 1121; *ders.,* Der verwaltungsprozessuale vorläufige Rechtsschutz (Teil I): Die aufschiebende Wirkung und Anordnung der sofortigen Vollziehung, Jura 2001, 671; *ders.,* (Teil II): Das gerichtliche Aussetzungsverfahren, Jura 2002, 37; *Spranger,* Der widerrufene Einberufungsbescheid – zur Suspensivwirkung des unzulässigen Widerspruchs, NVwZ 1999, 147; *Stadtler,* Unmittelbare Ausführung einer Maßnahme durch sofortigen Vollzug, DVBl. 2009, 292; *v. Stülpnagel,* Der einstweilige Rechtsschutz nach § 80 VwGO und die Durchführung von gemeinschaftsrechtlichen Verordnungen, DÖV 2001, 932; *Tietje,* Die Heilung von Begründungsmängeln nach § 80 Abs. 3 S. 1 VwGO im verwaltungsgerichtlichen Verfahren, DVBl 1998, 124; *Timmler,* Maßstab und Rechtsnatur der Aussetzungsentscheidung nach § 80 Abs. 5 S. 1 VwGO, 1993; *M. Weber,* Vorläufiger Rechtsschutz bei subventionsrechtlichen Konkurrentenklagen, 1990; *Weidemann/Barthel,* Die behördliche Anordnung der sofortigen Vollziehung, DVP 2003, 165.

A. Die aufschiebende Wirkung im System des vorläufigen Rechtsschutzes

§ 32 Funktion und Begriff der aufschiebenden Wirkung

I. Rechtsschutz vor dem Verwaltungsakt durch aufschiebende Wirkung

626 Mit der aufschiebenden Wirkung, die § 80 Abs. 1 VwGO Widerspruch und Anfechtungsklage beilegt oder die nach § 80 Abs. 5 VwGO vom Gericht angeordnet oder wiederhergestellt werden kann, gewährt die VwGO vorläufigen Rechtsschutz bei der Anfechtung von belastenden, rechtsgestaltenden oder feststellenden Verwaltungsakten sowie beim Verwaltungsakt mit Doppelwirkung.

1. Der Verwaltungsakt und seine Wirksamkeit

627 Ein Verwaltungsakt, nach § 35 VwVfG eine Verfügung, Entscheidung oder andere hoheitliche Maßnahme, die eine Behörde zur Regelung eines Einzelfalles auf dem Gebiet des öffentlichen Rechts trifft und die auf unmittelbare Rechtswirkung nach außen gerichtet ist, wird nach § 43 Abs. 1 VwVfG gegenüber demjenigen, für den er bestimmt ist oder der von ihm betroffen wird, in dem Zeitpunkt wirksam, in dem er ihm bekannt gegeben wird. Mit der amtlichen Bekanntgabe erlangt der Verwaltungsakt seine „äußere" Wirksamkeit. Die Rechtsmittelfrist (§§ 70, 74 VwGO) beginnt zu laufen, innerhalb derer der Betroffene den Verwaltungsakt durch Widerspruch oder Anfechtungsklage anfechten und dadurch im Regelfall (§ 80 Abs. 1 VwGO) die aufschiebende Wirkung herbeiführen kann.[1] Mit der äußeren Wirksamkeit des Verwaltungsakts tritt zumeist auch seine innere Wirksamkeit ein:[2] Das in dem Verwaltungsakt enthaltene Gebot oder Verbot, die angeordnete Rechtsgestaltung, die getroffene Feststellung oder die gewährte Begünstigung werden wirksam. Ist der Verwaltungsakt aufschiebend bedingt oder befristet, kann seine innere Wirksamkeit zu einem späteren Zeitpunkt als die äußere Wirksamkeit eintreten oder, falls das materielle Recht es zulässt, sogar zu einem vor der Bekanntgabe des Verwaltungsakts liegenden Zeitpunkt.[3] Die innere Wirksamkeit des Verwaltungsakts,

[1] BVerwGE 44, 294 (297) = NJW 1974, 1260.

[2] Zur Unterscheidung von äußerer und innerer Wirksamkeit BVerwGE 13, 1 (7) = NJW 1962, 602; 55, 212 (215).

[3] BVerwGE 88, 278 (281) = NVwZ 1992, 473.

seine Rechtswirkung, tritt unbeschadet der Tatsache ein, dass der Verwaltungsakt zunächst noch der Anfechtung durch Widerspruch (§ 68 VwGO) und Klage (§ 42 VwGO) unterliegt und daher nur schwebend wirksam ist. Lediglich die zwangsweise Durchsetzung, die Vollstreckung, ist zunächst ausgeschlossen, da sie nach den Verwaltungsvollstreckungsgesetzen des Bundes und der Länder[4] voraussetzt, dass der Verwaltungsakt unanfechtbar ist oder die Behörde seine sofortige Vollziehung angeordnet hat (§ 80 Abs. 2 S. 1 Nr. 4 VwGO) oder den gegen den Verwaltungsakt gerichteten Rechtsbehelfen kraft Gesetzes keine aufschiebende Wirkung zukommt (§ 80 Abs. 2 S. 1 Nr. 1 bis 3 VwGO). Das Verwaltungsvollstreckungsrecht respektiert damit die aufschiebende Wirkung möglicher Rechtsbehelfe bereits vor deren Einlegung.

2. Die aufschiebende Wirkung als Instrument vorläufiger Rechtsschutzgewährung

Will der Betroffene den Verwaltungsakt nicht hinnehmen, muss er ihn fristgerecht mit **628**
den gesetzlich vorgesehenen Rechtsbehelfen, mit Widerspruch oder, falls der Widerspruch ausgeschlossen ist (§ 68 Abs. 1 S. 2 VwGO), unmittelbar mit der Anfechtungsklage anfechten. Dadurch tritt nach § 80 Abs. 1 grundsätzlich aufschiebende Wirkung ein. Die VwGO gewährt dem Betroffenen durch § 80 Abs. 1 einen selbst zu bewirkenden vorläufigen Rechtsschutz. Allein dadurch, dass er gegen den ihn beschwerenden Verwaltungsakt Widerspruch oder Anfechtungsklage erhebt, wird der Behörde kraft Gesetzes verboten, den Verwaltungsakt zu vollziehen oder in anderer Weise zu verwirklichen.[5] Der Betroffene wird vorläufig vor dem Verwaltungsakt geschützt. Anders als bei der einstweiligen Anordnung bedarf es zur Herbeiführung der aufschiebenden Wirkung keiner Anrufung des Gerichts. Nur wenn die Behörde die sofortige Vollziehung angeordnet und damit die aufschiebende Wirkung ausgeschlossen hat (§ 80 Abs. 2 S. 1 Nr. 4 VwGO), oder wenn Widerspruch oder Anfechtungsklage kraft Gesetzes keine aufschiebende Wirkung besitzen (§ 80 Abs. 2 S. 1 Nr. 1–3 VwGO), muss der Betroffene, will er vorläufigen Rechtsschutz erlangen, gem. § 80 Abs. 5 VwGO das Gericht der Hauptsache anrufen und die Anordnung oder Wiederherstellung der aufschiebenden Wirkung beantragen oder bei der Ausgangs- oder Widerspruchsbehörde gem. § 80 Abs. 4 VwGO einen Antrag auf Aussetzung der Vollziehung stellen. Beim Verwaltungsakt mit Doppelwirkung muss er diesen Weg über § 80a VwGO gehen. Die aufschiebende Wirkung ergänzt und komplettiert Widerspruch und Anfechtungsklage und verleiht ihnen Effektivität. Mit der aufschiebenden Wirkung erfüllt die VwGO das Gebot des Art. 19 Abs. 4 S. 1 GG auf Gewährung effektiven vorläufigen Rechtsschutzes.[6] Daher sind die Gerichte von Verfassungs wegen gehalten, über Anträge auf Gewährung vorläufigen Rechtsschutzes nach §§ 80 Abs. 5, 80a Abs. 3 VwGO alsbald, jedenfalls aber so rechtzeitig zu entscheiden, dass keine irreparablen Zustände geschaffen werden können. Über Monate bei Gericht unbeschieden bleibende Anträge, die aufschiebende Wirkung anzuordnen oder wiederherzustellen, sind verfassungsrechtlich äußerst bedenklich, sofern nicht das Gericht die Zusicherung der Behörde einholt, bis zu einer gerichtlichen Entscheidung über den begehrten vorläufigen Rechtsschutz den Verwaltungsakt nicht zu vollziehen, oder es durch eine Zwischenentscheidung, einen sog. „Hängebeschlusss", die Vollziehung des Verwaltungsakts bis zur Entscheidung über den Antrag auf Anordnung oder Wiederherstellung der aufschiebenden Wirkung aussetzt.[7] Die fundamentale rechtsstaatliche

---

[4] § 6 VwVG Bund; ebenso die Verwaltungsvollstreckungsgesetze der Länder.

[5] So die herrschende „Vollziehbarkeitstheorie".

[6] So schon zu der Rechtslage vor Erlass der VwGO BVerwGE 1, 11 = NJW 1953, 1607; NJW 1953, 1963.

[7] Zum „Hängebeschluss" s. BVerfG NVwZ 2014, 363; VGH Kassel NVwZ 2015, 447; *Guckelberger* NVwZ 2001, 275; *MacLean* LKV 2001, 107.

Bedeutung der aufschiebenden Wirkung verbietet darüber hinaus jede Maßnahme, die darauf abzielt oder geeignet ist, die Herbeiführung der aufschiebenden Wirkung durch rechtzeitige Einlegung von Rechtsbehelfen zu erschweren. Mit Recht hat das BVerwG eine unangemessen kurze Frist zur Befolgung einer Abrissverfügung als rechtswidrig angesehen, da sie es ausschloss, vor Vollziehung der Abrissverfügung gerichtlichen Rechtsschutz in Anspruch zu nehmen.[8]

II. Begriff und Bedeutung der aufschiebenden Wirkung

629 § 80 VwGO definiert den Begriff der aufschiebenden Wirkung nicht, sondern beschränkt sich in Abs. 1 auf die Feststellung, dass als Folge der Erhebung von Widerspruch und Anfechtungsklage aufschiebende Wirkung eintritt. Begriff und Bedeutung der aufschiebenden Wirkung sind deshalb streitig. Während die Rechtsprechung einhellig der Auffassung ist, dass die aufschiebende Wirkung nur die Vollziehung des angefochtenen Verwaltungsakts, nicht aber seine Wirksamkeit hemmt (Vollziehbarkeitstheorie), nimmt ein Teil der Literatur eine Hemmung auch der Wirksamkeit des Verwaltungsakts (Wirksamkeitstheorie) an oder versteht die aufschiebende Wirkung als jedenfalls zeitweilige Hemmung der Wirksamkeit des Verwaltungsakts.

1. Die aufschiebende Wirkung als Hemmung der Vollziehung

630 Der Wortlaut des § 80 Abs. 1 S. 1 VwGO, von dem, wie bei jeder Gesetzesauslegung, auszugehen ist, spricht eindeutig für die Vollziehbarkeitstheorie: Die Beseitigung der aufschiebenden Wirkung erfolgt nach § 80 Abs. 2 S. 1 Nr. 4 VwGO durch Anordnung der „sofortigen Vollziehung". Nach Abs. 3 ist das besondere Interesse an der „sofortigen Vollziehung" schriftlich zu begründen und nach Abs. 4 sowie nach § 80a Abs. 1 Nr. 2 VwGO kann die Behörde die „Vollziehung" aussetzen. Dieses Ergebnis wird von § 43 Abs. 2 VwVfG bestätigt. Danach bleibt ein Verwaltungsakt wirksam, solange und soweit er nicht zurückgenommen, widerrufen, anderweitig aufgehoben oder durch Zeitablauf oder auf andere Weise erledigt ist. Der Eintritt der aufschiebenden Wirkung durch Anfechtung eines Verwaltungsakts wird hier nicht als Grund für die Beseitigung oder vorläufige Beseitigung seiner Wirksamkeit genannt. Die aufschiebende Wirkung berührt mithin ersichtlich die Wirksamkeit des Verwaltungsakts nicht, sondern hemmt nach alledem nur seine Vollziehung. Dass seit dem 4. VwGOÄndG auch bei Anfechtung eines feststellenden Verwaltungsakts, der einer Vollziehung nicht zugänglich ist, aufschiebende Wirkung eintritt, ändert an dieser Auslegung des § 80 Abs. 1 S. 1 VwGO nichts. Das 4. VwGOÄndG wollte mit der Unterstellung des feststellenden Verwaltungsakts unter die aufschiebende Wirkung die verfassungsrechtlich gebotene Effizienz des Rechtsschutzes erhöhen und außerdem die seinerzeit strittige Frage entscheiden, ob bei Anfechtung eines feststellenden Verwaltungsakts aufschiebende Wirkung eintritt. Dagegen war es nicht das Anliegen dieser Gesetzesnovelle, Begriff und Bedeutung der aufschiebenden Wirkung zu ändern. Hierfür gibt es im Gesetzgebungsverfahren keinen Anhaltspunkt. Für eine Hemmung nur der Vollziehung, nicht auch der Wirksamkeit des Verwaltungsakts, durch Eintritt aufschiebender Wirkung spricht auch ihr Zweck: Die aufschiebende Wirkung soll effektiven vorläufigen Rechtsschutz vor dem Verwaltungsakt gewähren. Dazu bedarf es des Aufschubs seiner Wirksamkeit nicht. Es reicht aus, wenn die Vollziehung umfassend gehemmt wird. Die Hemmung der Wirksamkeit würde ein Übermaß an Rechtsschutz gewähren und nähme das Ergebnis des Hauptsacheverfahrens vorläufig vorweg, ein für Verfahren des vorläufigen Rechtsschutzes

[8] BVerwGE 16, 289 (293) = NJW 1964, 314, das für diese Entscheidung allerdings vier Jahre (!) benötigte.

systemfremdes Ergebnis. Nach Wortlaut, Zweck und Systematik bedeutete „aufschiebende Wirkung“ deshalb Hemmung der Vollziehung, nicht Wirksamkeitshemmung.[9] Der Verwaltungsakt bleibt trotz der Anfechtung existent, doch hindert die aufschiebende Wirkung die Behörde, aufgrund des Verwaltungsakts Maßnahmen zu treffen, die rechtlich als Vollziehung des nach wie vor wirksamen Verwaltungsakts zu qualifizieren sind.[10]

2. Der Begriff der „Vollziehung“ in § 80 VwGO

Der Umfang des vorläufigen Rechtsschutzes, den die als „Hemmung der Vollziehung“ zu verstehende aufschiebende Wirkung von Widerspruch und Anfechtungsklage gewährt, hängt von dem Begriff der Vollziehung ab, der dem Verbot des § 80 Abs. 1 VwGO, den angefochtenen Verwaltungsakt zu vollziehen, zugrunde liegt, und den das Gesetz nicht definiert. Sicher ist, dass unter den Begriff der Vollziehung die Durchsetzung des belastenden Verwaltungsakts mit den Mitteln des Verwaltungszwanges fällt. Da aber aufschiebende Wirkung nach § 80 Abs. 1 S. 2 VwGO auch bei der Anfechtung eines rechtsgestaltenden oder feststellenden Verwaltungsakts eintritt, die einer zwangsweisen Vollziehung nicht zugänglich sind, da die angeordnete Rechtsgestaltung oder die getroffene Feststellung unmittelbar mit der inneren Wirksamkeit des Verwaltungsakts eintreten, sie „ihre Vollziehung gleichsam in sich tragen“,[11] muss der Begriff der Vollziehung in § 80 VwGO mehr umfassen als nur die zwangsweise Durchsetzung des Verwaltungsakts. Auch beim begünstigenden Verwaltungsakt mit drittbelastender Doppelwirkung wird die Begünstigung nicht „vollzogen“. Von ihr wird vielmehr Gebrauch gemacht, wodurch zugleich eine Drittbelastung eintreten kann. Berücksichtigt man schließlich, dass die aufschiebende Wirkung die verfassungsrechtliche Aufgabe hat, effektiven vorläufigen verwaltungsgerichtlichen Rechtsschutz zu gewähren, drängt sich der Schluss auf, dass § 80 Abs. 1 VwGO von einem umfassenden Begriff der Vollziehung ausgeht.[12] Vollziehung des Verwaltungsakts bedeutet in § 80 VwGO jegliches Gebrauchmachen von dem Verwaltungsakt, jegliche Verwirklichung seines materiellen Regelungsinhalts,[13] gleichgültig, ob diese Verwirklichung durch die erlassende oder eine andere Behörde erfolgt, ob sie freiwillig oder zwangsweise geschieht, es einer behördlichen 631

[9] So die einhellige Auffassung der Rechtsprechung seit BVerwGE 13, 1 = NJW 1962, 602. Ebenso BVerwGE 24, 92 (98); 66, 218 = NJW 1983, 776; 99, 109 = NVwZ 1996, 1026 (Ls.); BVerwG DÖV 1968, 418; NvwZ 1989, 48 (49); BVerfGE 35, 263 (264) = NJW 1973, 1491 (beiläufig); OVG Berlin OVGE 14, 151 (154); OVG Bremen NVwZ-RR 1993, 216 (217); NVwZ 1986, 59; VGH Kassel NVwZ 1992, 798 (799); OVG Koblenz NJW 1977, 597; AS 14, 266 (279); OVG Lüneburg NVwZ 1990, 270 (271); NVwZ 1987, 65; VGH Mannheim VBlBW 1987, 141 (142); VGH München NVwZ-RR 1990, 328 (330); NVwZ-RR 1990, 594; OVG Schleswig NVwZ-RR 1993, 437 (438). Ebenso *Redeker/von Oertzen* VwGO § 80 Rn. 4; *Sachs* in Stelkens/Bonk/Sachs VwVfG § 43 Rn. 154; *Pietzner/Ronellenfitsch,* Assessorexamen, § 53 Rn. 3, 14. Für Hemmung der Wirksamkeit Eyermann/*Schmidt* VwGO § 80 Rn. 6. Eine „vorläufige Wirksamkeitshemmung“ vertreten *Schoch* in Schoch/Schmidt/Assmann/Pietzner VwGO § 80 Rn. 73; *Puttler* in Sodan/Ziekow VwGO § 80 Rn. 35; *Funke-Kaiser* in Bader VwGO § 80 Rn. 20; ähnlich Kopp/*Schenke* VwGO § 80 Rn. 27: „eingeschränkte Wirksamkeitshemmung“. Die praktischen Unterschiede von Vollziehbarkeits- und Wirksamkeitstheorie sind, wie noch gezeigt wird, gering. Die Warnung *Puttlers* aaO unter Hinweis auf *Bachof* JZ 1966, 473 (475) vor der Gefahr eines begriffsjuristischen Streites oder eines „Gefechts um Worte“, ist deshalb nicht gänzlich von der Hand zu weisen; s. ferner *Kopp* BayVBl. 1972, 649; *Erichsen/Klenke* DÖV 1976, 833.

[10] BVerwGE 66, 218 (222) = NJW 1983, 776.

[11] BVerwGE 13, 1 (8) = NJW 1962, 602.

[12] Für einen umfassenden Begriff der Vollziehung erstmals *Quaritsch* VerwArch. 51 (1960), 210 (226); ferner BVerwGE 99, 109 (112); BVerfGK 9, 37 (41 f.).

[13] OVG Lüneburg NVwZ-RR 1997, 655 (656).

Ausführungsmaßnahme bedarf oder die Rechtswirkung durch den Verwaltungsakt selbst eintritt. Die aufschiebende Wirkung untersagt jedermann, aus dem angefochtenen Verwaltungsakt unmittelbare oder mittelbare,[14] tatsächliche oder rechtliche Folgerungen zu ziehen, die rechtlich als Vollziehung des nach wie vor wirksamen Verwaltungsaktes zu qualifizieren sind.[15]

III. Die Bedeutung der aufschiebenden Wirkung bei den verschiedenen Arten von Verwaltungsakten

632 Die Hemmung der Vollziehung, die durch den Eintritt der aufschiebenden Wirkung ausgelöst wird, bedeutet im Einzelnen:

1. Die aufschiebende Wirkung beim belastenden Verwaltungsakt

633 – Der belastende Verwaltungsakt ist dadurch gekennzeichnet, dass er seinem Adressaten ein Tun, Dulden oder Unterlassen auferlegt, das, wenn es nicht befolgt wird, mit den Mitteln des Verwaltungszwanges durchgesetzt werden kann. Aufschiebende Wirkung bedeutet beim belastenden Verwaltungsakt ein Verbot der Vollziehung. Weder darf ein Zwangsmittel angedroht, noch darf es festgesetzt oder das festgesetzte Zwangsmittel durch Beitreibung von Zwangsgeld, Ersatzvornahme oder unmittelbaren Zwang vollstreckt werden. Alledem steht die aufschiebende Wirkung entgegen. Vollzugsmaßnahmen wären rechtswidrig und auf Widerspruch oder Anfechtungsklage hin aufzuheben.[16]
– Die Behörde darf den mit aufschiebender Wirkung angefochtenen belastenden Verwaltungsakt auch nicht zum Anlass für Folgemaßnahmen nehmen: Den ausgewiesenen Ausländer darf sie nicht wegen der erfolgten Ausweisung hindern, erneut in das Bundesgebiet einzureisen und sich darin aufzuhalten.[17] Säumniszuschläge wegen Nichtzahlung einer Abgabe entstehen nicht, solange aufschiebende Wirkung besteht,[18] während vor Eintritt der aufschiebenden Wirkung entstandene Säumniszuschläge bestehen bleiben.[19]
– Der Adressat des belastenden Verwaltungsakts ist während der Dauer der aufschiebenden Wirkung nicht verpflichtet, das ihm auferlegte Gebot oder Verbot zu befolgen. Der ausgewiesene Ausländer braucht nicht auszureisen.[20] Der Abgabenschuldner braucht die Abgabe während der Dauer der aufschiebenden Wirkung nicht zu entrichten.[21]
– Dagegen bleiben Folgemaßnahmen, die den mit aufschiebender Wirkung angefochtenen Verwaltungsakt zur Voraussetzung haben, möglich, soweit sie nicht als dessen Vollziehung zu qualifizieren sind. Wer sich selbstschuldnerisch für einen möglichen öffentlich-rechtlichen Rückforderungsanspruch verbirgt und verspricht, „auf erste Anforderung" zu zahlen, kann von dem öffentlichen Gläubiger, der den Rückforderungsanspruch durch Verwaltungsakt gegenüber dem Drittschuldner geltend macht, auch dann im Zivilrechtsweg aus der Bürgschaft in Anspruch genommen werden,

[14] AA OVG Berlin OVG 14, 151: mittelbare Folgen des Verwaltungsakts werden von der aufschiebenden Wirkung nicht erfasst.
[15] So BVerwGE 99, 109 (112); ferner OVG Schleswig NVwZ-RR 1993, 437 (438); OVG Lüneburg NVwZ 1990, 270; NVwZ 1997, 655 (656).
[16] VG München GewArch. 1982, 373.
[17] OVG Schleswig NVwZ-RR 1993, 437 zu § 8 AuslG aF.
[18] VGH München NVwZ-RR 1990, 329.
[19] VGH München, aaO; ebenso OVG Lüneburg NVwZ 1987, 65; anders OVG Lüneburg NJW 1990, 270, wenn die gerichtliche Aussetzung der Vollziehung ex tunc wirkt.
[20] OLG Schleswig NVwZ-RR 1993, 437.
[21] OVG Lüneburg NVwZ 1990, 270.

wenn der Drittschuldner den Rückforderungsbescheid mit aufschiebender Wirkung angefochten hat.[22] Die Aufrechnung mit einer in einem mit aufschiebender Wirkung angefochtenen Leistungsbescheid festgesetzten Forderung gegen eine Forderung des Schuldners ist zulässig, da die Aufrechnung keine Vollziehung des Leistungsbescheides ist, sondern die Geltendmachung eines „von der Privatrechtsordnung gewährleisteten Mittels der Rechtsverteidigung gegenüber einem vom Gegner erhobenen Anspruch".[23] Für eine mit Verwaltungsakt geltend gemachten Rückforderung einer zu Unrecht empfangenen Beihilfe können die im Gesetz vorgesehenen Zinsen trotz der mit aufschiebender Wirkung erfolgten Anfechtung des Rückforderungsbescheides erhoben werden. Denn der Bescheid, mit dem die Zinsen festgesetzt werden, dient nicht der Durchsetzung des Rückforderungsbescheids, sondern ist Teil der Rückabwicklung der zu Unrecht empfangenen Beihilfe.[24]

– Die Hemmung der Vollziehung des belastenden Verwaltungsakts kann Nebenfolgen zu Lasten des Anfechtenden auslösen: Eine durch den Verwaltungsakte bestimmte Frist kann durch die aufschiebende Wirkung gegenstandslos werden.[25] Die Behörde kann sie, ohne durch die aufschiebende Wirkung daran gehindert zu sein, ändern und bestimmen, dass sie erst mit dem Eintritt der Bestandskraft des Verwaltungsakts beginnt,[26] oder abwarten und nach Eintritt der Bestandskraft eine neue Frist setzen,[27] die dann isoliert erneut anfechtbar ist. Hindert die aufschiebende Wirkung die Geltendmachung einer Geldforderung, tritt entsprechend § 204 BGB eine Hemmung der Verjährung ein.[28] Die Forderung kann von der Behörde, ohne Verjährung befürchten zu müssen, nach Wegfall der aufschiebenden Wirkung geltend gemacht werden.
– Ist das mit dem belastenden Verwaltungsakt dem Adressaten auferlegte Tun, Dulden oder Unterlassen straf- oder bußgeldbewehrt und handelt der Adressat dem Verwaltungsakt zuwider, ist zu unterscheiden: War im Zeitpunkt der Zuwiderhandlung gegen den Verwaltungsakt durch Erhebung von Widerspruch oder Anfechtungsklage aufschiebende Wirkung eingetreten, ist eine Ahndung nicht möglich.[29] Bleiben Widerspruch oder Klage erfolglos, entfällt rückwirkend die aufschiebende Wirkung. Die Zuwiderhandlung wird damit nicht nachträglich verfolgbar, da zum Zeitpunkt der Zuwiderhandlung, auf den es allein ankommt (Art. 103 Abs. 2 GG), die Pflicht, den Verwaltungsakt zu befolgen, durch die aufschiebende Wirkung gehemmt war.[30] War zum Zeitpunkt der Zuwiderhandlung gegen den Verwaltungsakt noch kein Rechtsbehelf eingelegt oder fehlte dem Rechtsbehelf nach § 80 Abs. 2 VwGO die aufschiebende Wirkung, ist die Zuwiderhandlung strafbar und ordnungswidrig.[31] Sie soll es auch bleiben, wenn der Verwaltungsakt später auf Widerspruch oder Anfechtungsklage hin

---

[22] Vgl. VGH Kassel NVwZ 1992, 798.

[23] BVerwGE 66, 218 (222) = NJW 1983, 776; 132, 250. Vgl. auch OVG Magdeburg NVwZ-RR 2009, 226; OVG Lüneburg NVwZ-RR 2008, 336. Gegen die Zulässigkeit der Aufrechnung bei eingetretener aufschiebender Wirkung OVG Lüneburg NVwZ-RR 2007, 293. Zur Aufrechnung im öffentlichen Recht *Ehlers* JuS 1990, 777.

[24] BVerwGE 99, 109.

[25] VGH München BayVBl. 1980, 50; aA VGH München, VGH nF 28, 64.

[26] BVerwG NJW 1979, 1054 (Fahrtenbuchauflage).

[27] VGH München BayVBl. 1980, 50.

[28] BVerwG NJW 1977, 823 zu § 202 BGB aF.

[29] BGHSt. 23, 86 = NJW 1969, 2023 m. krit. Anm. *Schreven* NJW 1970, 155.

[30] Im Ergebnis ebenso AG Bonn NJW 1967, 1480 m. Anm. *Honnacker* NJW 1967, 1769.

[31] BGH NJW 1982, 189; OLG Hamburg NJW 1980, 1007; OLG Karlsruhe NJW 1978, 116. Nach OLG Hamm NJW 1980, 1476 soll weitergehend eine Ahndung auch dann nicht möglich sein, wenn der Betroffene noch aufschiebende Rechtsbehelfe hätte einlegen können. Dies widerspricht § 80, der nicht den möglichen, sondern nur den eingelegten Rechtsbehelf mit aufschiebender Wirkung ausstattet.

aufgehoben wird.[32] Dies ist richtig, wenn die Straf- oder Bußgeldbewehrung, wie beim Verkehrszeichen, aus formellem Ordnungsinteresse die Respektierung des Verwaltungsakts um seiner selbst willen sicherstellen soll. Dient sie hingegen der Durchsetzung materiell-rechtlicher Pflichten, etwa einer immissionsschutzrechtlichen Auflage, entfällt die Strafbarkeit, wenn sich im Rechtsbehelfsverfahren herausstellt, dass eine materiell-rechtliche Pflicht nicht bestand, weil der sie festsetzende Verwaltungsakt rechtswidrig ist.[33]

2. Die aufschiebende Wirkung beim rechtsgestaltenden Verwaltungsakt

634 Nach § 80 Abs. 1 S. 2 VwGO haben Widerspruch und Anfechtungsklage auch beim rechtsgestaltenden Verwaltungsakt aufschiebende Wirkung.[34] Rechtsgestaltend ist ein Verwaltungsakt, durch den Rechtsbeziehungen unmittelbar begründet, aufgehoben oder geändert werden: die durch Verwaltungsakt erfolgende Rücknahme (§ 48 VwVfG) oder der Widerruf (§ 49 VwVfG) eines Verwaltungsakts, die Entlassung des Beamten aus dem Beamtenverhältnis oder seine Versetzung in den Ruhestand.[35] Der rechtsgestaltende Verwaltungsakt entfaltet seine Gestaltungswirkung unmittelbar mit Eintritt seiner inneren Wirksamkeit, in der Regel also sogleich mit seinem Erlass.[36] Aufgrund der aufschiebenden Wirkung hat jede Maßnahme zu unterlassen, die gegen den von dem Verwaltungsakt Betroffenen gerichtet ist und den Eintritt der in dem rechtsgestaltenden Verwaltungsakt verfügten Rechtsänderung voraussetzt.[37] Die Behörde wird durch die aufschiebende Wirkung daran gehindert, nach widerrufener Gaststättenerlaubnis die Gaststätte zu schließen,[38] dem entlassenen Beamten die Bezüge zu sperren,[39] nach Widerruf eines Bewilligungsbescheides die Zahlung einzustellen,[40] nach zurückgenommener Baugenehmigung die Einstellung der Bauarbeiten anzuordnen[41] oder einem zwangsweise exmatrikulierten Studenten die Zulassung zur Abschlussprüfung zu versagen.[42] Der Fortbestand der ursprünglichen Rechtslage wird durch die aufschiebende Wirkung jedoch nur quasi fingiert.[43] Die rechtliche Gestaltungswirkung des Verwaltungsakts bleibt von der aufschiebenden Wirkung unberührt: Die Gaststättenerlaubnis ist erloschen, der Beamte ist entlassen, der Bewilligungsbescheid ist widerrufen. Nur Folgerungen tatsächlicher oder rechtlicher Art darf die Behörde aus der durch den rechtsgestaltenden Verwaltungsakt veränderten Rechtslage nicht ziehen. Dazu ist sie nur befugt, wenn nach § 80 Abs. 2 S. 1 Nr. 4 VwGO die sofortige Vollziehung des Verwaltungsakts angeordnet ist. Ist der Verwaltungsakt unanfechtbar geworden, entfällt rückwirkend die aufschiebende Wirkung

[32] BGHSt. 23, 86 = NJW 1969, 2023 m. krit. Anm. *Schreven* NJW 1970, 155; *Schmidt* DÖV 1970, 663; *Schenke* JR 1970, 449. Ferner BayObLG BayVBl. 1969, 329; NJW 1968, 1849; OLG Hamburg MDR 1968, 1027; OLG Karlsruhe NJW 1978, 116; aA OLG Frankfurt NJW 1967, 262.

[33] Grundlegend zu dieser Unterscheidung *Lorenz* DVBl. 1971, 165.

[34] § 80 Abs. 1 S. 2 hat damit die Streitfrage der Verwaltungsgerichtsbarkeit aus der Zeit vor der VwGO beseitigt. Gegen aufschiebende Wirkung beim rechtsgestaltenden Verwaltungsakt früher beispielsweise OVG Münster OVGE 10, 302 (304); VGH Kassel DVBl. 1951, 125, während andere Oberverwaltungsgerichte schon damals aufschiebende Wirkung bei der Anfechtung des rechtsgestaltenden Verwaltungsakts annahmen.

[35] BVerwG DÖV 1968, 417.

[36] BVerwGE 13, 1 (8) = NJW 1962, 602.

[37] BVerwG Buchholz 310 § 80 VwGO Nr. 23.

[38] BVerwG DVBl. 1973, 861 (863); OVG Saarlouis AS 14, 196.

[39] BVerwGE 18, 72; 24, 92; OVG Koblenz AS 9, 280 = NJW 1965, 881.

[40] VGH Mannheim ESVGH 11, 18 = NJW 1962, 1172 m. Anm. *von Oertzen.*

[41] OVG Saarlouis BauR 1985, 299; vgl. auch OVG Saarlouis BRS 28 Nr. 122.

[42] OVG Berlin OVGE 13, 162.

[43] Von der „Fiktion des einstweilig fortbestehenden Beamtenverhältnisses" spricht BVerwGE 24, 92 (98).

und der Verwaltungsakt entfaltet ungeschmälert seine Rechtsgestaltung. Die dem entlassenen Beamten mit Rücksicht auf die eingetretene aufschiebende Wirkung gezahlten Dienstbezüge müssen zurückgezahlt werden.[44] Nach der Wirksamkeitstheorie würden die Bezüge dem Beamten verbleiben, da während der Dauer der aufschiebenden Wirkung die angefochtene Entlassungsverfügung ihre Wirksamkeit verloren hätte und der entlassene Beamte vorübergehend in das Beamtenverhältnis zurückgekehrt wäre.

3. Die aufschiebende Wirkung beim feststellenden Verwaltungsakt

Der feststellende Verwaltungsakt dient der Feststellung von Tatsachen oder Rechtsfolgen: Er stellt fest, ob ein Unternehmen den Vorschriften des KWG unterliegt (§ 4 KWG) oder ob es im Sinne von § 2 VAG Versicherungsgeschäfte betreibt. Nach § 44 VwVfG kann die Nichtigkeit eines Verwaltungsakts, nach § 29 Abs. 2 BBG die Beendigung des Beamtenverhältnisses festgestellt werden. Die Abmeldung von Amts wegen im Melderegister ist ein feststellender Verwaltungsakt, mit dem die Meldebehörde verbindlich feststellt, dass der Betroffene keine Wohnung in der Gemeinde hat.[45] Wird der feststellende Verwaltungsakt mit Widerspruch oder Anfechtungsklage angegriffen, unterliegt er nach § 80 Abs. 1 S. 2 VwGO der aufschiebenden Wirkung.[46] Dies hat zur Folge, dass aus der getroffenen Feststellung keine rechtlichen oder tatsächlichen Folgerungen gezogen werden dürfen.[47] So darf die Behörde nicht davon ausgehen, dass das Unternehmen Bank- oder Versicherungsgeschäfte betreibt. Bei angefochtenem atomrechtlichen Vorbescheid dürfen zwar Teilgenehmigungen erteilt werden, da sie den Erlass des feststellenden Vorbescheides nicht voraussetzen. Die Behörde darf jedoch nicht davon ausgehen, dass durch den Vorbescheid die Vereinbarkeit bestimmter Regelungen mit den öffentlich-rechtlichen Bestimmungen bindend festgestellt ist.[48] 635

4. Die aufschiebende Wirkung beim Verwaltungsakt mit Doppelwirkung

Nach § 80 Abs. 1 S. 2 VwGO haben Widerspruch und Anfechtungsklage auch beim Verwaltungsakt mit Doppelwirkung aufschiebende Wirkung.[49] 636

- Der Verwaltungsakt mit Doppelwirkung, den die VwGO nicht definiert, ist ein Verwaltungsakt, der entweder einen Beteiligten begünstigt und gleichzeitig einen anderen belastet oder einen Beteiligten belastet und dadurch einen anderen begünstigt. Die Baugenehmigung oder die immissionsschutzrechtliche Genehmigung, die den Bauherrn oder den Vorhabenträger begünstigen und den Nachbarn in seinen Rechten beeinträchtigen, sind Beispiele eines begünstigenden Verwaltungsakts mit drittbelastender Doppelwirkung. Die Betriebsuntersagung, die den Betriebsinhaber belastet und den Nachbarn von schädlichen Immissionen des Betriebs entlastet, ist ein belastender Verwaltungsakt mit drittbegünstigender Doppelwirkung.
- Ficht der von dem begünstigenden Verwaltungsakt mit drittbelastender Doppelwirkung nachteilig in seinen Rechten Betroffene den Verwaltungsakt an, tritt nach § 80 Abs. 1 S. 2 VwGO aufschiebende Wirkung ein. Sie erfasst den ganzen Verwaltungsakt, da vorläu-

---

[44] BVerwGE 18, 72; 24, 92.

[45] VGH München NVwZ 1998, 1318.

[46] Erst seit dem 4. VwGOÄndG wird der feststellende Verwaltungsakt in § 80 Abs. 1 2 erwähnt. Die frühere Kontroverse, ob die Anfechtung eines feststellenden Verwaltungsakts aufschiebende Wirkung auslöst, hat sich damit erledigt.

[47] VGH Mannheim DVBl. 1976, 538; OVG Münster OVGE 20, 47 = DVBl. 1964, 834 m. Anm. *K. Redeker;* OVG Münster OVGE 17, 205 (208); VGH Kassel ESVGH 26, 237 (238).

[48] VGH Mannheim NJW 1979, 1528.

[49] Erst seit dem 4. VwGOÄndG vom 17.12.1990 (BGBl. I S. 2809) wird der Verwaltungsakt mit Doppelwirkung in § 80 Abs. 1 S. 2 erwähnt und in § 80a näher geregelt. Davor, obwohl in der Rechtsprechung anerkannt, gab es ihn in der VwGO nicht.

figer Rechtsschutz vor der drohenden Belastung nur dadurch gewährt werden kann, dass von der Begünstigung vorerst kein Gebrauch gemacht wird, die Errichtung des Bauvorhabens oder der emittierenden Anlage also vorerst zu unterbleiben hat. Deshalb bedeutet aufschiebende Wirkung beim begünstigenden Verwaltungsakt mit drittbelastender Doppelwirkung, dass von der Begünstigung kein Gebrauch gemacht werden darf.[50]

– Ficht der von einem belastenden Verwaltungsakt mit drittbezogener Doppelwirkung Betroffene den Verwaltungsakt an, tritt aufschiebende Wirkung ein, wie bei der Anfechtung eines einseitig belastenden Verwaltungsakts. Die Vollziehung wird gehemmt. Dies hat Auswirkungen auf die drittbegünstigende Doppelwirkung des angefochtenen Verwaltungsakts. Die faktische Begünstigung tritt nicht ein, solange die belastende Seite des Verwaltungsakts nicht vollzogen werden darf. Der das Objekt der angeordneten Schließung bildende emittierende Betrieb kann im Schutz der aufschiebenden Wirkung vorerst weitergeführt werden und die Nachbarn bleiben bis auf Weiteres den schädlichen Immissionen ausgesetzt.

§ 33 Die Rechtsbehelfe mit aufschiebender Wirkung

637 Die VwGO knüpft die Form des vorläufigen Rechtsschutzes an die Form des Rechtsschutzes in der Hauptsache. Nur wenn in der Hauptsache Rechtsschutz durch Anfechtungsklage und den ihr nach § 68 Abs. 1 VwGO vorausgehenden (Anfechtungs-)Widerspruch gewährt wird, tritt nach § 80 Abs. 1 S. 1 VwGO aufschiebende Wirkung ein. Keine aufschiebende Wirkung besitzen die anderen Klagearten der VwGO wie Verpflichtungs-,[51] allgemeine Leistungs-,[52] Unterlassungs- und Feststellungsklage. Im Anwendungsbereich dieser Klagearten wird vorläufiger Rechtsschutz durch einstweilige Anordnung nach § 123 VwGO gewährt. Die Rechtsbehelfe, die nach der VwGO mit aufschiebender Wirkung ausgestattet sind, werden nachfolgend in den Blick genommen.

I. Die Anfechtungsklage

638 § 80 Abs. 1 S. 1 VwGO bestimmt lapidar, dass die Anfechtungsklage aufschiebende Wirkung hat. Dies bedarf der Differenzierung.

1. Unmittelbare oder latente aufschiebende Wirkung der Anfechtungsklage

639 Anfechtungsklage ist nach § 42 Abs. 1 VwGO die auf Aufhebung eines Verwaltungsakts gerichtete Klage. Gegenstand der Anfechtungsklage muss objektiv ein Verwaltungsakt sein, eine, wie es in § 35 S. 1 VwVfG heißt, Verfügung, Entscheidung oder andere hoheitliche Maßnahme, die eine Behörde zur Regelung eines Einzelfalls auf dem Gebiet des öffentlichen Rechts trifft und die auf unmittelbar Rechtswirkung nach außen gerichtet ist, oder eine Allgemeinverfügung im Sinne von § 35 S. 2 VwVfG. Die Anfechtung einer Maßnahme, die objektiv kein Verwaltungsakt ist, wie etwa ein behördlicher Realakt,[53] eine innerdienstliche Maßnahme[54] oder ein Dienstbefehl,[55] löst keine aufschiebende Wirkung aus, auch wenn die Klage als Anfechtungsklage bezeichnet ist. Der Gegenstand des

[50] Regelungen des geltenden Rechts, die hier „gegensteuern“, beispielsweise § 212a Abs. 1 BauGB, bleiben bei diesen Beispielen ausgeblendet.

[51] BVerwG LKV 1996, 246 (248); OVG Weimar LKV 1993, 347 (348); VGH Kassel NVwZ-RR 1991, 426 (427).

[52] OVG Münster OVGE 29, 1 (2) (obiter dictum); OVG Hamburg NJW 1987, 1215.

[53] OVG Koblenz VerwRspr. 17 Nr. 56.

[54] BVerwG NVwZ 1997, 72; 1982, 103.

[55] OVG Lüneburg NVwZ-RR 2000, 161.

angefochtenen Verwaltungsakts ist für den Eintritt der aufschiebenden Wirkung von bestimmender Bedeutung. Denn entgegen dem Wortlaut des § 80 Abs. 1 S. 1 VwGO hat keineswegs jede Anfechtungsklage unmittelbare aufschiebende Wirkung. Richtet sich die Anfechtungsklage gegen einen der unter § 80 Abs. 2 VwGO fallenden Verwaltungsakte, tritt durch die Erhebung der Anfechtungsklage zunächst keine aufschiebende Wirkung ein. Die Anfechtungsklage löst in diesem Fall nur eine latente aufschiebende Wirkung aus, die erst durch eine verwaltungsgerichtliche Entscheidung nach § 80 Abs. 5 VwGO aktiviert werden muss. Nur bei Anfechtung eines Verwaltungsakts, der nicht unter § 80 Abs. 2 VwGO fällt, tritt sofort die Rechtsfolge des § 80 Abs. 1 S. 1 VwGO ein, hat die Anfechtungsklage unmittelbar aufschiebende Wirkung.

2. Gegenstand der Anfechtungsklage

- Der klassische Gegenstand der Anfechtungsklage ist der belastende Verwaltungsakt, 640
der Verwaltungsakt, durch den dem Adressaten ein Tun, Dulden oder Unterlassen auferlegt wird. Ob der Verwaltungsakt rechtmäßig und die Anfechtungsklage offensichtlich unbegründet ist, ist für den Eintritt der aufschiebenden Wirkung unerheblich.[56] Auch bei Anfechtung eines nichtigen Verwaltungsakts (vgl. § 43 Abs. 2 VwGO) tritt aufschiebende Wirkung ein. Wendet sich der Betroffene gegen einen „Nichtakt", macht er geltend, ihm gegenüber sei entgegen der Auffassung der Behörde kein Verwaltungsakt ergangen, muss er in der Hauptsache eine Feststellungsklage erheben[57] und erhält vorläufigen Rechtsschutz durch einstweilige Anordnung nach § 123 VwGO.[58]
- Auch der rechtsgestaltende und der feststellende Verwaltungsakt werden mit der Anfechtungsklage nach § 42 Abs. 1 VwGO angegriffen. Folgerichtig bestimmt § 80 Abs. 1 S. 2 VwGO, dass die Anfechtungsklage, die sich gegen einen rechtsgestaltenden[59] oder feststellenden Verwaltungsakt richtet, aufschiebende Wirkung hat, unmittelbar oder latent, wenn der Verwaltungsakt unter § 80 Abs. 2 VwGO fällt.
- Auch der begünstigende Verwaltungsakt mit drittbelastender Doppelwirkung unterliegt der Anfechtung durch die Begünstigten. Seine Klage hat unmittelbare oder latente aufschiebende Wirkung (§ 80 Abs. 1 S. 2 VwGO).
- Die Allgemeinverfügung und der ihr zuzurechnende „dingliche Verwaltungsakt", beispielsweise die Widmung einer Straße, werden mit der Anfechtungsklage angegriffen, die unmittelbar oder latent aufschiebende Wirkung besitzt.[60] Soweit die Allgemeinverfügung rechtlich eine Bündelung von Verwaltungsakten darstellt, tritt aufschiebende Wirkung nur gegenüber dem Kläger ein, während die Allgemeinverfügung im Übrigen vollziehbar bleibt. Faktisch schließt jedoch die Vollziehbarkeitshemmung gegenüber einem Kläger zumeist die Vollziehung generell aus, sofern nicht die Auswirkungen der Allgemeinverfügung personell teilbar sind. So ist die Ausführung eines planfestgestellten Vorhabens nur zulässig, wenn der Verwaltungsakt im Verhältnis zu keinem der von ihm Betroffenen mehr gehemmt ist.[61]

---

[56] So ausdrücklich BVerwGE 13, 1 (8) = NJW 1962, 602; OVG Lüneburg NVwZ 1987, 999 (1000); VGH Mannheim NVwZ-RR 1991, 176 (177); aA OVG Koblenz NJW 1976, 908.

[57] BVerwG NVwZ 1987, 330.

[58] VGH Mannheim NVwZ 1991, 1195; für aufschiebende Wirkung Hk-VerwR/*Bücken-Thielmeyer/Knöringer* § 80 VwGO Rn. 5.

[59] Rechtsgestaltend ist etwa der Widerruf eines Leistungsbescheides. Zur früheren Sozialhilfe (laufende Hilfe zum Lebensunterhalt), die zumeist eine Kette von monatlichen Bewilligungsbescheiden gewährt wird, so dass die Einstellung der Leistung rechtlich nicht als Widerruf eines Dauerverwaltungsakts, sondern als Versagung des Erlasses eines weiteren Verwaltungsakts anzusehen ist, so dass aufschiebende Wirkung ausscheidet, BVerwGE 57, 237 (239); 28, 216 (217); 25, 307 (308).

[60] BVerwG DVBl. 1978, 640.

[61] BVerwGE 64, 347 (353) = NVwZ 1982, 370.

– Organisationsakte, wie die Auflösung oder Umwandlung einer Schule oder die Ausgliederung eines Amtes aus einer Abteilung, sind Verwaltungsakte. Die gegen sie gerichteten Rechtsbehelfe haben aufschiebende Wirkung.[62] Dies ist mit der Begründung bezweifelt worden, § 80 VwGO verlange ein zweipoliges Rechtsverhältnis, in welchem sich die Interessen des einzelnen und der staatlichen Gemeinschaft gegenüberstehen,[63] was bei Organisationsakten nicht der Fall sei. Diese Auffassung findet im Gesetz keine Stütze. § 80 Abs. 1 VwGO misst jeder Anfechtungsklage ohne Rücksicht auf ihren Gegenstand unmittelbare oder latente aufschiebende Wirkung zu. Dem öffentlichen Interesse an der Verwirklichung der Organisationsmaßnahme kann durch Anordnung der sofortigen Vollziehung Rechnung getragen werden.

3. Die Anfechtung von Ablehnungsbescheiden

641 Aus der ausdrücklichen Benennung der Anfechtungsklage in § 80 Abs. 1 S. 1 VwGO, ebenso wie aus der Nichterwähnung der Verpflichtungsklage, folgt, dass die Verpflichtungsklage keine aufschiebende Wirkung hat.[64] Dies kann nicht dadurch umgangen werden, dass zugleich mit der Verpflichtungsklage auf Erlass des abgelehnten Verwaltungsakts der Ablehnungsbescheid angefochten wird. Dies ist keine eigenständige Anfechtung, da Ziel der Anrufung des Gerichts nicht die Abwehr des Ablehnungsbescheides, sondern die Verpflichtung zum Erlass eines Verwaltungsakts ist (§ 42 Abs. 1 VwGO). Aufschiebende Wirkung tritt daher durch die Anfechtung des Ablehnungsbescheides nicht ein.[65] Eine Suspendierung des Ablehnungsbescheides durch aufschiebende Wirkung würde im Übrigen zugunsten des Klägers auch nichts bewirken, da es ihn seinem Ziel, dem Erlass des Verwaltungsakts, nicht näher bringt. Wird der ursprünglich erstrebte Verwaltungsakt nicht mehr begehrt und hat der Kläger nur noch den Wunsch, den Ablehnungsbescheid aus der Welt zu schaffen, etwa wegen einer damit verbundenen Kostenpflicht, dann ist die Anfechtung des Ablehnungsbescheides das Klageziel und die Klage eine Anfechtungsklage mit aufschiebender Wirkung.

4. Anfechtung bei angemaßter Rechtsposition

642 Wird durch Verwaltungsakt die Ausübung einer Rechtsposition untersagt, die dem Adressaten materiell-rechtlich nicht zusteht, etwa der Betrieb einer ungenehmigten genehmigungsbedürftigen Anlage – sogenannte „angemaßte Rechtsposition“ –, kommt der Anfechtungsklage, je nach der Rechtsmaterie, unmittelbare (§ 80 Abs. 1 VwGO) oder latente (§ 80 Abs. 2 VwGO) aufschiebende Wirkung zu. Dass die aufschiebende Wirkung dazu führt, dass eine angemaßte Rechtsposition weiter ausgeübt werden kann, ist nach dem Gesetz kein Grund, der Anfechtungsklage contra legem die aufschiebende Wirkung zu versagen.[66] Die Behörde hat es in der Hand, die sofortige Vollziehung der Untersagungsverfügung nach § 80 Abs. 2 S. 1 Nr. 4 anzuordnen und damit die „angemaßte Rechtsposition“ zu beenden.

---

[62] BVerfGE 51, 268 = NJW 1980, 35; BVerwG NJW 1978, 2211; OVG Hamburg NJW 1980, 2146; DÖV 1980, 384; OVG Münster DVBl. 1979, 563. Allgemein zum vorläufigen Rechtsschutz bei Schulorganisationsakten *Petermann* DVBl. 1978, 94; *Thiele* DÖD 1978, 117 und → Rn. 1411 ff.

[63] OVG Münster NJW 1978, 286; anders OVG Münster DÖV 1979, 303.

[64] BVerwG LKV 1996, 246 (248); OVG Weimar LKV 1993, 347 (348); VGH Kassel NVwZ-RR 1991, 426 (427).

[65] *Redeker/von Oertzen* VwGO § 80 Rn. 6.

[66] *Funke-Kaiser* in Bader VwGO § 80 Rn. 15; Eyermann/*J. Schmidt* VwGO § 80 Rn. 10; HK-VerwR/ *Bücken-Thielmeyer/Kröninger* § 80 VwGO Rn. 9.

II. Die Aufsichtsklage

In Rheinland-Pfalz und im Saarland, in denen über den Widerspruch gegen Verwaltungsakte ein unabhängiger Kreis- oder Stadtrechtsausschuss entscheidet (§§ 6 ff. AGVwGO-RP, §§ 7 ff. AGVwGO Saar), kann die staatliche Aufsichtsbehörde den Widerspruchsbescheid des Ausschusses mit Klage im Verwaltungsrechtsweg anfechten, wenn sie geltend macht, der Widerspruchsbescheid sei rechtswidrig (§ 17 AGVwGO-RP und § 17 AGVwGO Saar).[67] Diese „Aufsichtsklage“ ist ihrer Rechtsnatur nach eine Anfechtungsklage und hat daher aufschiebende Wirkung.[68] 643

III. Die Verbandsklage

Da § 80 VwGO keine Einschränkung für Rechtsbehelfe enthält, die ohne Rücksicht auf eine Betroffenheit in subjektiven Rechten ergriffen werden können, kommt auch der Verbandsklage und einem ihr vorausgehenden Widerspruch unmittelbare oder latente aufschiebende Wirkung zu,[69] wenn es sich um eine Anfechtungsklage handelt. 644

IV. Widerspruch

Nach § 80 Abs. 1 S. 1 VwGO hat auch der Widerspruch aufschiebende Wirkung. Dies trifft so apodiktisch, wie es das Gesetz formuliert, nicht zu. Nicht jeder Widerspruch besitzt aufschiebende Wirkung. Aus dem Wortlaut des § 80 Abs. 1 S. 1 VwGO („Widerspruch *und* Anfechtungsklage“) sowie aus § 123 Abs. 5 VwGO ergibt sich, dass in § 80 Abs. 1 S. 1 VwGO nicht der der Verpflichtungsklage, sondern nur der der Anfechtungsklage vorausgehende, der Anfechtungswiderspruch gemeint ist.[70] Nur er löst aufschiebende Wirkung aus, die, wie bei der Anfechtungsklage, teils unmittelbar, teils aber latent eintritt, je nach dem, ob der Verwaltungsakt, gegen den sich der Widerspruch richtet, unter § 80 Abs. 1 oder Abs. 2 VwGO fällt. Da mithin nicht jeder Widerspruch, sondern nur der Anfechtungswiderspruch aufschiebende Wirkung besitzt, ist es ein immer wieder anzutreffender Irrtum, wenn Behörden die Auffassung vertreten, wer gegen die nur eingeschränkte Erteilung einer Genehmigung Widerspruch erhebe, löse damit eine aufschiebende Wirkung aus, die ihn hindere, von der erteilten Genehmigung Gebrauch zu machen. Da dem Verpflichtungswiderspruch keine aufschiebende Wirkung zukommt, kann der Widerspruchsführer trotz des von ihm eingelegten Widerspruchs von der Genehmigung Gebrauch machen, allerdings nur in dem ihm erteilten, nicht in dem mit dem Widerspruch erstrebten Umfang. 645

V. Aufschiebende Wirkung bei unzulässigem Rechtsbehelf?

§ 80 Abs. 1 S. 1 VwGO lässt offen, ob Widerspruch und Anfechtungsklage, denen er aufschiebende Wirkung beilegt, zulässig sein müssen, damit die aufschiebende Wirkung eintritt, oder ob auch unzulässige Rechtsbehelfe aufschiebende Wirkung besitzen.[71] Dies nimmt nicht Wunder, da es nicht der Sprache der Verfahrensgesetze entspricht, die 646

[67] Hessen, das ebenfalls die Entscheidung über Widersprüche einem Ausschuss übertragen hat (§ 7 Hess.AGVwGO), hat eine Aufsichtsklage nicht eingeführt.

[68] BVerwGE 37, 47; 35, 172. Vgl. auch BVerfGE 20, 238 = NJW 1967, 435 m. Anm. *Bettermann;* OVG Saarlouis AS 13, 71.

[69] OVG Bremen NVwZ 1985, 55 = DVBl. 1984, 1181 m. Anm. *Landeur.*

[70] So auch VGH Kassel ESVGH 26, 237 (242).

[71] Zum Suspensiveffekt unzulässiger Rechtsbehelfe *Löwer* DVBl. 1963, 343; *von Mutius* VerwArch 66 (1975) S. 405; *Schoch* BayVBl. 1983, 353; *Schwerdtner* BWVPr. 1976, 26; *Wilhelm* BayVBl. 1965, 199.

Folgen einer Verfahrenshandlung ausdrücklich an deren Zulässigkeit zu knüpfen oder hervorzuheben, dass sie auch bei unzulässiger Verfahrenshandlung eintreten. Auch ein Blick auf das Verfassungsrecht gibt keine verlässliche Antwort. Der vorläufige Rechtsschutz, den Art. 19 Abs. 4 S. 1 GG gebietet, soll den Eintritt irreparabler Nachteile verhindern, bevor eine gerichtliche Entscheidung in der Hauptsache ergangen ist. Zu einer gerichtlichen Entscheidung in der Sache kann es bei Unzulässigkeit von Widerspruch oder Anfechtungsklage nicht kommen, so dass eine aufschiebende Wirkung unzulässiger Rechtsbehelfe verfassungsrechtlich nicht geboten erscheint. Doch kann es streitig sein, ob die eingelegten Rechtsbehelfe des Widerspruchs oder der Anfechtungsklage zulässig oder unzulässig sind, oder ob eine Unzulässigkeit noch geheilt werden kann, etwa durch Wiedereinsetzung in den vorigen Stand. Dies kann vorläufigen Rechtsschutz durch aufschiebende Wirkung gebieten, um das Entstehen irreparabler Nachteile zu verhindern, bevor gerichtlich entschieden ist, ob der Rechtsbehelf zulässig oder unzulässig ist. Die Rechtsprechung, die nicht einhellig ist, differenziert. Geht man davon aus, dass offensichtliche Unzulässigkeit keine aufschiebende Wirkung eintreten lässt, während bei Zulässigkeitsbedenken, die nicht offensichtlich oder eindeutig sind, das Gebot effektiver Rechtsschutzgewährung des Art. 19 Abs. 4 S. 1 GG die aufschiebende Wirkung gebietet, ergibt sich folgendes Bild:[72]

647 – Ist für die Anfechtung des Verwaltungsakts der Verwaltungsrechtsweg nicht gegeben, tritt keine aufschiebende Wirkung ein.[73] Niemand kann sich den vorläufigen Rechtsschutz des § 80 Abs. 1 S. 1 VwGO dadurch verschaffen, dass er einen nicht vor die Verwaltungsgerichte gehörenden Verwaltungsakt mit Widerspruch oder Anfechtungsklage angreift. Er muss in dem zulässigen Rechtsweg um vorläufigen Rechtsschutz nachsuchen.

648 – Ist die angefochtene Maßnahme kein Verwaltungsakt, sind Widerspruch und Anfechtungsklage unzulässig. Aufschiebende Wirkung tritt nicht ein.[74]

649 – Scheitert die Anfechtung an § 44a VwGO, weil sich der Rechtsbehelf gegen eine behördliche Verfahrenshandlung richtet, ist aufschiebende Wirkung ausgeschlossen.[75]

650 – Widerspruch und Anfechtungsklage sind nach § 42 Abs. 2 VwGO unzulässig, wenn der Anfechtende nicht geltend machen kann, durch den angefochtenen Verwaltungsakt in seinen Rechten verletzt zu sein, wenn „offensichtlich und eindeutig nach keiner Betrachtungsweise die von ihm behaupteten Rechte bestehen oder ihm zustehen können".[76] Den Rechtsbehelfen des nicht Betroffenen kommt deshalb auch keine aufschiebende Wirkung zu.[77] Sie ist weder notwendig noch verfassungsrechtlich geboten. Auch würde ein von dem angefochtenen Verwaltungsakt Begünstigter, der sich in aller Regel auf materielle Grundrechte (Art. 2, 12, 14 GG) berufen kann, in sachlich nicht gerechtfertigter Weise beeinträchtigt, gäbe man einem Nichtbetroffenen die rechtliche Möglichkeit, die durch Verwaltungsakt gewährten Rechte oder Vergünstigungen mit auf-

---

[72] Zum folgenden OVG Hamburg NVwZ 1987, 1002; OVG Koblenz AS 14, 71; VGH Mannheim NJW 1978, 719; NVwZ 1984, 254; VBlBW 1990, 137; UPR 1997, 110; VGH München BayVBl. 1994, 407; OVG Münster NVwZ-RR 1990, 378; OVG Schleswig, NordÖR 2001, 304.

[73] OVG Münster JZ 1979, 677.

[74] OVG Berlin OVGE 13, 188; VGH Mannheim VBlBW 1984, 156 (Umsetzung eines Schülers) und VBlBW 1981, 227 (Umsetzung eines Beamten); OVG Münster NJW 1975, 784 = DVBl. 1975, 917 mit zustimmender Anm. *Skouris* und teilweise kritischer Anm. *Maetzel* DVBl. 1976, 83.

[75] BVerwG NVwZ-RR 1997, 663.

[76] BVerwGE 44, 1 (3) = NJW 1974, 203.

[77] BVerwG NJW 1993, 1610; VGH Mannheim ESVGH 46, 131; OVG Berlin LKV 1994, 298. Vgl. auch VGH Mannheim NVwZ 1984, 254: Anfechtung der Zulassung eines Schaustellers zum Volksfest durch einen Konkurrenten; VGH Mannheim NVwZ 1983, 41: Anfechtung der Beamtenernennung durch den Mitbewerber; VGH Kassel VerwRspr. 21 Nr. 199: Anfechtung der Beförderung durch einen Mitbewerber.

schiebender Wirkung anzufechten. Ist es dagegen nicht offensichtlich oder eindeutig, dass eine Rechtsverletzung fehlt, tritt aufschiebende Wirkung ein.

– Widerspruch und Anfechtungsklage sind fristgebunden (§§ 70, 74 VwGO). Mit Frist- 651
ablauf wird der Verwaltungsakt unanfechtbar. Ein nach Fristablauf eingelegter Rechtsbehelf findet einen bestandskräftigen Verwaltungsakt vor, dem gegenüber er begrifflich keine aufschiebende Wirkung entfalten kann.[78] Dass Wiedereinsetzung in den vorigen Stand gewährt werden kann, steht nicht entgegen. Erst die gewährte Wiedereinsetzung beseitigt die eingetretene Bestandskraft, macht den Rechtsbehelf zulässig und lässt die aufschiebende Wirkung entstehen. Die bloße Möglichkeit der Wiedereinsetzung hat diese Rechtswirkung nicht. Vorläufigen Rechtsschutz vor der drohenden Vollstreckung des unanfechtbar gewordenen Verwaltungsakts, etwa im Hinblick auf einen noch nicht beschiedenen Wiedereinsetzungsantrag, gewährt § 123 VwGO.

Der Betroffene, dessen Rechtsbehelfen wegen tatsächlicher oder vermeintlicher Un- 652
zulässigkeit die aufschiebende Wirkung versagt wird, kann gegenüber drohender oder begonnener Vollziehung analog § 80 Abs. 5 VwGO bei Gericht die Feststellung begehren, dass sein Rechtsbehelf aufschiebende Wirkung habe. Das Gericht prüft dann, ob der Rechtsbehelf zulässig ist und aufschiebende Wirkung entfaltet oder ihm wegen Unzulässigkeit keine aufschiebende Wirkung zukommt. Dies ist ein aus der Sicht des Art. 19 Abs. 4 S. 1 GG ausreichender Rechtsschutz. Dagegen ist es der Behörde verwehrt, analog § 80 Abs. 5 VwGO präventiv vom Gericht feststellen zu lassen, ob Widerspruch oder Anfechtungsklage aufschiebende Wirkung haben. § 80 Abs. 5 VwGO ist kein Rechtsbehelf der Verwaltung. Sie muss selbst entscheiden, ob sie handeln darf. Dabei unterliegt sie verwaltungsgerichtlicher Kontrolle. Einen präventiven gerichtlichen Freibrief für die Behörde kennt die VwGO nicht.

§ 34 Beginn und Ende der aufschiebenden Wirkung

Der vorläufige Rechtsschutz, den die aufschiebende Wirkung gegenüber belastenden, 653
rechtsgestaltenden oder feststellenden Verwaltungsakten oder Verwaltungsakten mit Doppelwirkung gewährt, tritt nicht von selbst, gewissermaßen begleitend mit dem Erlass des Verwaltungsakts ein, sondern muss von dem von dem Verwaltungsakt Betroffenen herbeigeführt werden. Dies geschieht durch Einlegung von mit aufschiebender Wirkung ausgestatteten Rechtsbehelfen (§ 80 Abs. 1 VwGO) oder in den Fällen des § 80 Abs. 2 VwGO, der bei Anfechtung der darin genannten Verwaltungsakte die aufschiebende Wirkung entfallen lässt, durch einen an das Gericht der Hauptsache zu richtenden Antrag, die aufschiebende Wirkung anzuordnen oder wieder herzustellen (§ 80 Abs. 5 VwGO).Einmal herbeigeführt, dauert die aufschiebende Wirkung grundsätzlich bis zum Eintritt der Unanfechtbarkeit des Verwaltungsakts an, sofern sie nicht vorzeitig von der Behörde (§ 80 Abs. 2 S. 1 Nr. 4 VwGO) oder dem Gericht (§ 80 Abs. 7 VwGO oder § 80a Abs. 3 VwGO) oder in Folge Ablaufs der Dreimonatsfrist des § 80b Abs. 1 S. 1 VwGO beendet wird.

I. Der Eintritt der aufschiebenden Wirkung

Die aufschiebende Wirkung von Widerspruch oder Anfechtungsklage wird gem. § 80 654
Abs. 1 VwGO durch die Erhebung dieser Rechtsbehelfe seitens des Betroffenen herbei-

[78] BVerwGE 20, 240 (243); VGH Kassel ESVGH 21, 97 (99); VGH Mannheim DVBl. 19597, Nr. 171; OVG Weimar LKV 1994, 408 = NVwZ 1995, 94 (Ls.).; einschränkend VGH Mannheim NJW 1978, 719. AA OVG Koblenz AS 12, 311 = NJW 1972, 1213; für aufschiebende Wirkung bei nicht aussichtslosem Wiedereinsetzungsantrag OVG Koblenz AS 14, 71 = NJW 1976, 908.

geführt oder durch gerichtliche Entscheidung nach § 80 Abs. 5 VwGO. Man kann jene als die selbstbewirkte, diese als die gerichtsbewirkte aufschiebende Wirkung bezeichnen

1. Die selbstbewirkte Herbeiführung der aufschiebenden Wirkung

655 Wird gegen einen nicht unter § 80 Abs. 2 VwGO fallenden Verwaltungsakt Widerspruch oder Anfechtungsklage erhoben, tritt nach § 80 Abs. 1 S. 1 VwGO kraft Gesetzes aufschiebende Wirkung ein. Diese aufschiebende Wirkung ist selbstbewirkt, da sie allein durch die Verfahrenshandlung des Widerspruchs oder der Anfechtungsklage ausgelöst wird. Einer auf die Herbeiführung der aufschiebenden Wirkung gerichteten Erklärung des Betroffenen bedarf es nicht.[79] Anders als bei der gerichtsbewirkten aufschiebenden Wirkung nach § 80 Abs. 5 VwGO, die in einem Beschluss des Gerichts verbrieft ist, wird die selbstbewirkte aufschiebende Wirkung nicht dokumentiert. Sie tritt gewissermaßen als „unsichtbare" Folge der Einlegung der Rechtsbehelfe ein, was bei Unkenntnis von der Erhebung von Widerspruch oder Klage – die Zustellung der Klageschrift an die Behörde verzögert sich bei Gericht – zu wegen der eingetretenen aufschiebenden Wirkung unzulässigen Maßnahmen der Vollziehung, sog. „faktische Vollziehung", führen kann. Ihr kann mit einem Antrag auf gerichtliche Feststellung der aufschiebenden Wirkung entgegengetreten werden. Erhebt der von einem begünstigenden Verwaltungsakt mit Doppelwirkung belastete Dritte Widerspruch oder Anfechtungsklage, tritt die aufschiebende Wirkung mit Eingang des Rechtsbehelfs bei der Behörde oder dem Gericht ein, auch wenn der Begünstigte hiervon keine Kenntnis hat.[80] Auch dies kann zu faktischer Vollziehung seitens des Begünstigten führen.

2. Herbeiführung der aufschiebenden Wirkung durch das Gericht

656 Fällt der angefochtene Verwaltungsakt unter § 80 Abs. 2 VwGO, lösen Widerspruch und Anfechtungsklage unmittelbar keine aufschiebende Wirkung aus. Der Betroffene kann eine aufschiebende Wirkung seiner Rechtsbehelfe nicht selbst bewirken, sondern muss sie dadurch herbeiführen, dass er beim Gericht der Hauptsache gem. § 80 Abs. 5 VwGO die Anordnung oder Widerherstellung der aufschiebenden Wirkung seines Rechtsbehelfs beantragt. Gibt das Gericht seinem Antrag statt, tritt mit Zustellung des gerichtlichen Beschlusses aufschiebende Wirkung ein, die in Bedeutung und Wirkung der selbstbewirkten aufschiebenden Wirkung gleicht. Im Unterschied zur selbstbewirkten aufschiebenden Wirkung, die stets den ganzen Verwaltungsakt ergreift und bei der begrifflich keine Einschränkungen durch Auflagen oder Sicherheitsleistung möglich sind, kann die gerichtsbewirkte aufschiebende Wirkung auf Teile des Verwaltungsakts beschränkt werden („ganz oder teilweise wieder herstellen") und kann von der Erfüllung von Auflagen, insbesondere von der Leistung einer Sicherheit abhängig gemacht werden.

3. Der Begünstigte der aufschiebenden Wirkung

657 Die aufschiebende Wirkung tritt zugunsten des Betroffenen ein, der den mit unmittelbarer aufschiebender Wirkung ausgestatteten Rechtsbehelf des Widerspruchs oder der Anfechtungsklage erhoben oder der den die aufschiebende Wirkung anordnenden oder wiederherstellenden gerichtlichen Beschluss (§ 80 Abs. 5 VwGO) erwirkt hat.[81] Bei Verwaltungsakten, durch die mehrere Personen betroffen sind, wie einer Allgemeinverfügung (§ 35 S. 2 VwVfG) oder einem Planfeststellungsbeschluss (§ 74 VwVfG), tritt die auf-

---

[79] *Puttler* in Sodan/Ziekow VwGO § 80 Rn. 44.

[80] *Schoch* in Schoch/Schmidt-Aßmann/Pietzner VwGO § 80 Rn. 100.

[81] *Funke-Kaiser* in Bader VwGO § 80 Rn. 16; Hk-VerwR/*Bücken-Thielmeyer/Knöringer* § 80 Rn. 12.

schiebende Wirkung nicht gegenüber den Betroffenen ein, die keine mit aufschiebender Wirkung ausgestattete Rechtsbehelfe eingelegt oder keinen Beschluss nach § 80 Abs. 5 VwGO erwirkt haben.[82] Die zugunsten anderer Betroffener eingetretene aufschiebende Wirkung kann ihnen jedoch im Reflex zugute kommen, da eine Vollziehung der Allgemeinverfügung oder des Planfeststellungsbeschlusses nur möglich ist, wenn die Vollziehung im Verhältnis zu keinem Betroffenen mehr gehemmt ist.[83]

4. Rückwirkender Eintritt der aufschiebenden Wirkung

Die selbstbewirkte ebenso wie die gerichtsbewirkte aufschiebende Wirkung treten rückwirkend auf den Zeitpunkt des Erlasses des Verwaltungsakts, also ex tunc ein.[84] Dies folgt zwar nicht aus dem Wortlaut des § 80 Abs. 1 VwGO, dem nicht zu entnehmen ist, ob die aufschiebende Wirkung ex nunc oder ex tunc eintritt, aber aus einer wegen des verfassungsrechtlichen Gebots effektiver Rechtsschutzgewährung (Art. 19 Abs. 4 S. 1 GG) folgenden Aufnahme des Gedankens des § 80 Abs. 5 S. 3 VwGO. Wenn das Gericht danach berechtigt ist, im Aussetzungsverfahren des § 80 Abs. 5 die Aufhebung einer bereits erfolgten Vollziehung anzuordnen, setzt dies begrifflich den rückwirkenden Eintritt der aufschiebenden Wirkung voraus.[85] Da das Gericht nach § 80 Abs. 5 S. 1 VwGO die aufschiebende Wirkung auch nur „teilweise" anordnen oder wiederherstellen kann, ist es befugt, im Aussetzungsbeschluss einen späteren Zeitpunkt für den Eintritt der angeordneten oder wieder hergestellten aufschiebenden Wirkung festzusetzen, etwa zu bestimmen, dass die aufschiebende Wirkung ex nunc eintritt. 658

Die Behörde, die den Verwaltungsakt alsbald, noch bevor aufschiebende Wirkung eingetreten ist, vollzieht, handelt hierbei auf eigenes Risiko. Tritt selbstbewirkte aufschiebende Wirkung ein, wird der erfolgten Vollziehung nachträglich die Rechtsgrundlage entzogen. Die Behörde hat die getroffenen Maßnahmen der Vollziehung rückgängig zu machen.[86] Bereits entstandene Säumniszuschläge entfallen.[87] Dies gilt auch, wenn dem Verwaltungsakt freiwillig Folge geleistet wurde. Bei der gerichtsbewirkten aufschiebenden Wirkung muss der Betroffene beantragen, dass das Gericht die Aufhebung der Vollziehung anordnet (§ 80 Abs. 5 S. 3 VwGO). Das Gericht ist hierzu grundsätzlich verpflichtet, da nur bei Aufhebung der Vollziehung der vorläufige Rechtsschutz wahrhaft effektiv ist. 659

II. Das Ende der aufschiebenden Wirkung

§ 80b, geschaffen durch das 6. ÄndGVwGO,[88] bestimmt, wann die aufschiebende Wirkung des angefochtenen Verwaltungsakts endet: mit Eintritt seiner Unanfechtbarkeit oder, falls die Anfechtungsklage im ersten Rechtszug abgewiesen worden ist und hiergegen Rechtsmittel eingelegt wird, drei Monate nach Ablauf der gesetzlichen Frist zur Begründung dieses Rechtsmittels. Außerdem kann die aufschiebende Wirkung durch behördliche (§ 80 Abs. 2 S. 1 Nr. 4 VwGO) oder gerichtliche (§ 80 Abs. 7, 80a Abs. 3 VwGO) Entscheidung beendet werden. Der Betroffene kann auf die aufschiebende Wirkung verzichten.[89] Nach Ende der aufschiebenden Wirkung ist der Verwaltungsakt 660

[82] BVerwGE 64, 347 (353) = NVwZ 1982, 370.
[83] BVerwGE 64, 347 (353) = NVwZ 1982, 370.
[84] BVerwG DÖV 1973, 785 (787); NJW 1961, 90; VGH Mannheim ESVGH 16, 183 (185); VBlBW 1983, 21 (22); VGH München GewArch. 1984, 164; OVG Münster OVGE 34, 240; 28, 128; DÖV 1983, 1024 (1025).
[85] Dazu auch *Schoch* in Schoch/Schmidt-Aßmann/Pietzner VwGO § 80 Rn. 100.
[86] Eyermann/*J. Schmidt* VwGO § 80 Rn. 15; *Funke-Kaiser* in Bader VwGO § 80 Rn. 18.
[87] OVG Bautzen NVwZ-RR 2007, 54.
[88] Vom 1.11.1996 (BGBl. I S. 1626). Kritisch zu § 80b insgesamt *Beckmann* NVwZ 1998, 372.
[89] So auch *Puttler* in Sodann/Ziekow VwGO § 80 Rn. 44.

vollziehbar, ist zu befolgen, seine rechtsgestaltende oder seine feststellende Wirkung können sich ungeschmälert entfalten, von dem begünstigenden Verwaltungsakt mit drittbelastender Doppelwirkung darf Gebrauch gemacht werden.

1. Ende der aufschiebenden Wirkung durch Eintritt der Unanfechtbarkeit des Verwaltungsakts

661 Nach § 80b Abs. 1 S. 1 VwGO endet die aufschiebende Wirkung von Widerspruch und Anfechtungsklage spätestens mit dem Eintritt der Unanfechtbarkeit oder, anders gewendet, mit der Bestandskraft des Verwaltungsakts. Dies ist eine rechtliche Selbstverständlichkeit, war daher auch bereits vor Schaffung des § 80b VwGO so, dem deshalb insoweit nur deklaratorische Bedeutung zukommt.[90] Damit ist zugleich klargestellt, dass die Zurückweisung des Widerspruchs oder die Abweisung der Klage als solche die aufschiebende Wirkung nicht beenden,[91] sondern die aufschiebende Wirkung während des Laufes der anschließenden Rechtsmittelfrist andauert und erst endet, wenn kein Rechtsmittel fristgerecht eingelegt und der Verwaltungsakt dadurch bestandskräftig wird.[92] Von dem Ende der aufschiebenden Wirkung mit Eintritt der Bestandskraft des Verwaltungsakts gibt es keine Ausnahme. § 80b Abs. 2 VwGO, der dem OVG die Befugnis verleiht, die Fortdauer der aufschiebenden Wirkung anzuordnen, bezieht sich nur auf den noch nicht bestandskräftig gewordenen Verwaltungsakt, bei dem in Folge der Abweisung der Anfechtungsklage in erster Instanz die aufschiebende Wirkung gem. § 80b Abs. 1 S. 1 Hs. 2 VwGO vorzeitig endet. Der Verwaltungsakt wird insbesondere unanfechtbar/bestandskräftig:

- wenn Widerspruch oder Anfechtungsklage oder ein im gerichtlichen Verfahren eingelegtes Rechtsmittel zurückgenommen werden; Entsprechendes gilt bei einem Rechtsmittelverzicht des Betroffenen oder nach einem gerichtlichen Vergleich, der das Verfahren beendet und den Verwaltungsakt aufrecht erhält;
- nach Zurückweisung des Widerspruchs mit Ablauf der Klagefrist des § 74 VwGO, wenn keine Klage erhoben wird. Die Zurückweisung des Widerspruchs als solche führt noch nicht zur Bestandskraft des Verwaltungsakts und beendet die aufschiebende Wirkung nicht;
- nach Abweisung der Anfechtungsklage mit Ablauf der einmonatigen Rechtsmittelfrist, wenn kein Rechtsmittel eingelegt wird. Auch hier führt die Abweisung der Klage als solche noch nicht zur Bestandskraft des Verwaltungsakts und damit noch nicht zur Beendigung der aufschiebenden Wirkung. Rechtsmittel, die sich an die Abweisung der Klage anschließen können, und durch die die aufschiebende Wirkung aufrechterhalten wird, sind die Berufung (§ 124 VwGO), der Antrag auf Zulassung der Berufung (§ 124a VwGO), die Sprungrevision (§ 134 VwGO), die Ersatzrevision oder der Antrag auf Zulassung der Ersatzrevision (§ 135 VwGO);
- mit Ablehnung des Antrags auf Zulassung der Berufung (§ 124a Abs. 5 S. 4 VwGO);
- nach Zurückweisung der Berufung mit Ablauf der einmonatigen Rechtsmittelfrist, wenn kein Rechtsmittel eingelegt wird. Dann wird der Verwaltungsakt bestandskräftig und die aufschiebende Wirkung endet. Rechtsbehelfe nach Zurückweisung der Berufung sind die Revision (§ 132 VwGO) und der Antrag auf Zulassung der Revision (§ 133 VwGO). Mit Eintritt der Rechtskraft des Urteils im Revisionsverfahren oder mit Ablehnung der Beschwerde gegen die Nichtzulassung der Revision (§ 133 Abs. 5 S. 3

---

[90] So auch *Redeker/von Oertzen* VwGO § 80b Rn. 2; Hk-VerwR/*Bücken-Thielmeyer/Knöringer* § 80b VwGO Rn. 2.

[91] VGH Kassel NVwZ-RR 2007, 822.

[92] Ebenso schon zur Rechtslage vor Schaffung des § 80b BVerwGE 78, 192 (209) = NVwZ 1988, 251 mwN.

VwGO) wird der Verwaltungsakt unanfechtbar. Damit endet zugleich die aufschiebende Wirkung und der Verwaltungsakt ist unbeschränkt vollziehbar;
- eine nach Erschöpfung des Rechtswegs beim BVerfG eingelegte Verfassungsbeschwerde (§§ 90 ff. BVerfGG) hemmt den Eintritt der Rechtskraft der den Verwaltungsrechtsweg abschließenden Entscheidung nicht. Sie lässt daher auch die dadurch bewirkte Beendigung der aufschiebenden Wirkung unberührt. Durch einstweilige Anordnung des BVerfG (§ 32 BVerfGG) kann der Vollzug des bestandskräftigen Verwaltungsaktes unterbunden werden;
- die aufschiebende Wirkung endet mit dem Eintritt der Bestandskraft/Unanfechtbarkeit des Verwaltungsakts rückwirkend.[93]

2. Ende der aufschiebenden Wirkung durch behördliche Entscheidung

Die aufschiebende Wirkung von Widerspruch oder Anfechtungsklage kann bereits vor Eintritt der Unanfechtbarkeit/Bestandskraft des mit diesen Rechtsbehelfen angegriffenen Verwaltungsakts durch behördliche Entscheidung beendet werden. Nach § 80 Abs. 2 S. 1 Nr. 4 VwGO kann die Behörde im öffentlichen Interesse oder im überwiegenden Interesse eines Beteiligten die sofortige Vollziehung des Verwaltungsakts anordnen.[94] Trifft sie diese Entscheidung bereits bei Erlass des Verwaltungsakts, tritt aufschiebende Wirkung gar nicht erst ein. Widerspruch und Anfechtungsklage lösen dann nur eine latente aufschiebende Wirkung aus, die durch eine gerichtliche Entscheidung nach § 80 Abs. 5 VwGO aktiviert werden kann, indem das Gericht die aufschiebende Wirkung „wieder herstellt", richtigerweise: „herstellt". Die Behörde kann die sofortige Vollziehung des Verwaltungsakts auch nachträglich nach § 80 Abs. 4 VwGO oder § 80a Abs. 1 Nr. 2 oder Abs. 2 VwGO anordnen. Sie beendet dann die durch Widerspruch oder Anfechtungsklage zunächst ausgelöste aufschiebende Wirkung. Auch hier kann das Gericht der Hauptsache nach § 80 Abs. 5 VwGO oder § 80a Abs. 3 VwGO angerufen werden, das die aufschiebende Wirkung – jetzt sprachlich korrekt – „wieder" herstellen kann. **662**

3. Ende der aufschiebenden Wirkung durch gerichtliche Entscheidung

Das Gericht der Hauptsache, das gem. § 80 Abs. 5 VwGO in den Fällen des § 80 Abs. 2 VwGO, in denen Widerspruch und Anfechtungsklage keine unmittelbare aufschiebende Wirkung auslösen, die aufschiebende Wirkung anordnen oder wieder herstellen kann. kann seine Entscheidung jederzeit von Amts wegen oder auf Antrag ändern oder aufheben[95] und damit die zuvor von ihm angeordnete oder wieder hergestellte aufschiebende Wirkung beenden. Dies ist ein Ende der aufschiebenden Wirkung vor Eintritt der Bestandskraft des Verwaltungsakts. Eine ähnliche Befugnis besitzt das Gericht nach § 80a Abs. 3 VwGO beim Verwaltungsakt mit Doppelwirkung. **663**

4. Kein Ende der aufschiebenden Wirkung während des erfolgreichen Rechtsmittelverfahrens

Während des gerichtlichen Hauptsacheverfahrens bleibt eine durch die Erhebung von Widerspruch oder Anfechtungsklage ausgelöste oder gem. § 80 Abs. 5 VwGO vom Gericht angeordnete oder wiederhergestellte aufschiebende Wirkung in allen Instanzen bestehen, solange der Kläger erfolgreich ist, gleichgültig, wie lange sich das Verfahren hinzieht. Das Gesetz begrenzt die aufschiebende Wirkung für den erfolgreichen Kläger zeitlich nicht. Allerdings hat auch hier die Behörde nach § 80 Abs. 2 S. 1 Nr. 4 VwGO **664**

[93] BVerwGE 66, 75 (77); 55, 280 (287); 24, 92 (98); 18, 72 (75).
[94] Hierzu im Einzelnen → § 39 Rn. 724 ff. und § 40 Rn. 793 ff.
[95] Zum Abänderungsverfahren → § 54 Rn. 1169 ff.

jederzeit die Möglichkeit, die sofortige Vollziehung des Verwaltungsakts anzuordnen, damit die aufschiebende Wirkung zu beenden und den Weg für eine Vollziehung des Verwaltungsakts freizugeben. Da es jedoch kein öffentliches Interesse an der Vollziehung eines rechtswidrigen Verwaltungsakts gibt, wird sie, solange der Betroffene vor Gericht erfolgreich ist, von dieser Möglichkeit in der Regel keinen Gebrauch machen. Ihre Entscheidung hätte im Verfahren des § 80 Abs. 5 VwGO schwerlich Bestand.

665 Hatte der Betroffene nur im ersten Rechtszug mit der Anfechtungsklage Erfolg und gibt das OVG anschließend der Berufung der Behörde statt, dauert die aufschiebende Wirkung auch während des Verfahrens auf Zulassung der Revision oder des Revisionsverfahrens fort. § 80b VwGO sieht für diesen Fall kein gesetzliches Ende der aufschiebenden Wirkung vor. Die Behörde kann jedoch nach einem ihr günstigen Berufungsurteil die sofortige Vollziehung des Verwaltungsakts nach § 80 Abs. 2 S. 1 Nr. 4 VwGO anordnen. Ihre Aussichten, damit in einem Verfahren nach § 80 Abs. 5 VwGO zu bestehen, sind gut.

5. Ende der aufschiebenden Wirkung durch Zeitablauf nach erfolglosem Klageverfahren

666 Wurde die Anfechtungsklage gegen den Verwaltungsakt im ersten Rechtszug abgewiesen und legt der unterlegene Kläger hiergegen ein Rechtsmittel ein – Berufung (§ 124 VwGO) oder Antrag auf Zulassung der Berufung (§ 124a VwGO), Sprungrevision (§ 134 VwGO), Ersatzrevision oder Beschwerde gegen die Nichtzulassung der Ersatzrevision (§ 135 VwGO) – endet nach § 80b Abs. 1 S. 1 VwGO eine bestehende aufschiebende Wirkung drei Monate nach Ablauf der gesetzlichen Begründungsfrist des gegen die abweisende gerichtliche Entscheidung gerichteten Rechtsmittels.

- Das Verfahren des ersten Rechtszuges ist regelmäßig das Verfahren beim VG, das nach § 45 VwGO im ersten Rechtszug für alle Streitigkeiten zuständig ist, für die der Verwaltungsrechtsweg offen steht. Hiervon gibt es Ausnahmen: In den Fällen des § 48 VwGO ist das OVG, in den Fällen des § 50 VwGO das BVerwG das Gericht des ersten Rechtszuges. Sie können außerdem spezialgesetzlich zu Gerichten des ersten Rechtszuges bestimmt sein.[96]
- Während des gesamten erstinstanzlichen Verfahrens bei VG, OVG oder BVerwG bleibt eine durch die Erhebung von Widerspruch oder Klage ausgelöste, gewissermaßen in das Verfahren „mitgebrachte“ aufschiebende Wirkung erhalten. Die Behörde kann sie durch Anordnung nach § 80 Abs. 2 S. 1 Nr. 4 VwGO beenden. Auch eine gerichtlich nach § 80 Abs. 5 VwGO angeordnete oder wieder hergestellte aufschiebende Wirkung bleibt erhalten, kann jedoch nach § 80 Abs. 7 oder § 80a Abs. 3 VwGO vom Gericht aufgehoben oder abgeändert werden. Geschieht dies nicht, besteht die aufschiebende Wirkung während des ganzen Verfahrens des ersten Rechtszuges.
- Dies ändert sich, wenn die gegen den Verwaltungsakt gerichtete Klage im ersten Rechtszug abgewiesen wird, gleichgültig, ob VG, OVG oder BVerwG als Gericht des ersten Rechtszuges entschieden haben.[97] War das BVerwG das Gericht des ersten Rechtszuges, ist sein Urteil mit seiner Verkündung oder Zustellung rechtskräftig. Der Verwaltungsakt wird dadurch bestandskräftig und die aufschiebende Wirkung endet, eine Selbstverständlichkeit, die § 80b Abs. 1 S. 1 VwGO ausdrücklich feststellt. Gegen das die Klage abweisende Urteil des VG oder des erstinstanzlichen OVG ist ein Rechts-

[96] Erstinstanzliche spezialgesetzliche Zuständigkeiten des BVerwG finden sich etwa in § 10a G über die Errichtung eines Bundesaufsichtsamtes für das Versicherungswesen, § 13 Abs. 2 PatG, § 58a AufenthG oder § 5 VerkPBG. Auch dem OVG können spezialgesetzlich erstinstanzliche Zuständigkeiten zugewiesen werden, etwa in § 31 Abs. 1 Stasi-UnterlG.

[97] So auch Kopp/*Schenke* VwGO § 80b Rn. 5, 6.

mittel gegeben (Berufung, Antrag auf Zulassung der Berufung, Revision, Beschwerde gegen die Nichtzulassung der Revision, Sprungrevision, Ersatzrevision, Beschwerde wegen nicht Zulassung der Ersatzrevision). Legt der unterlegene Kläger kein Rechtsmittel ein, wird der Verwaltungsakt mit Ablauf der Rechtsmittelfrist, die jeweils einen Monat beträgt, bestandskräftig. Damit endet die aufschiebende Wirkung. Der Verwaltungsakt wird vollziehbar. Legt der Kläger hingegen ein Rechtsmittel ein, bleibt eine bestehende aufschiebende Wirkung vorerst erhalten. Das VG, das die Klage abgewiesen hat, kann, solange kein Devolutiveffekt eingetreten ist, als – immer noch – Gericht der Hauptsache eine während des Verfahrens angeordnete aufschiebende Wirkung der Klage gem. § 80 Abs. 7 VwGO aufheben. [98] Kraft Gesetzes (§ 80b Abs. 1 S. 1 VwGO) endet die aufschiebende Wirkung der Klage drei Monate nach Ablauf der gesetzlichen Begründungsfrist des Rechtsmittels. Die Rechtsmittel sind jeweils innerhalb von zwei Monaten nach Zustellung des vollständigen Urteils zu begründen (§§ 124a Abs. 3, 124a Abs. 4, 139 Abs. 3, 133 Abs. 2, 135 VwGO). Mit Ablauf dieser Frist[99] beginnt die dreimonatige „Auslauffrist“ des § 80b Abs. 1, gleichgültig, wann das Rechtsmittel (fristgerecht) begründet worden ist. Eine richterliche Verlängerung der Begründungsfrist, die nach §§ 124a Abs. 3 S. 3, 139 Abs. 3 S. 3 VwGO möglich ist, verändert die Frist des § 80b Abs. 1 S. 1 nicht, da die Vorschrift an die „gesetzliche“ Begründungsfrist anknüpft. Dies bedeutet, dass fünf Monate (zwei „Begründungsmonate“ und drei „Auslaufmonate“) nach Zustellung des klageabweisenden Urteils die aufschiebende Wirkung von Widerspruch/Anfechtungsklage kraft Gesetzes endet. Dies gilt gleichermaßen für die selbstbewirkte wie für die gerichtsbewirkte (§ 80 Abs. 5 VwGO) aufschiebende Wirkung und auch, wenn die Behörde gem. § 80 Abs. 5 VwGO oder § 80a Abs. 1 Nr. 2 VwGO die Vollziehung ausgesetzt hatte, es sei denn, sie hatte die Vollziehung ausdrücklich bis zur Unanfechtbarkeit ausgesetzt (§ 80b Abs. 1 S. 3 VwGO). Einen das Ende der aufschiebenden Wirkung feststellenden behördlichen Akt oder gerichtlichen Beschluss sieht das Gesetz nicht vor.[100] In einer von Transparenz und Vertrauensschutz geprägten Rechtsordnung ist dies nicht unbedenklich.[101] Die Behörde kann vom Zeitpunkt des Fristablaufs an, also nach den genannten fünf Monaten, den Verwaltungsakt vollziehen, als hätte niemals aufschiebende Wirkung bestanden. Denn der nachträgliche Wegfall der aufschiebenden Wirkung kraft Gesetzes ist nicht anders zu beurteilen, als wäre dem Rechtsbehelf von vornherein keine aufschiebende Wirkung zugekommen.[102] Dies gilt auch gegenüber dem „ahnungslosen“ Betroffenen, dem das gesetzliche Ende der aufschiebenden Wirkung nicht bewusst ist.

– Mit der gesetzlichen Befristung der aufschiebenden Wirkung durch § 80b Abs. 1 VwGO soll, wie es in der amtlichen Begründung zu § 80b VwGO heißt,[103] verhindert werden, dass Rechtsmittel gegen das klageabweisende Urteil von dem Kläger nur zu dem Zweck eingelegt werden, sich den Schutz der aufschiebenden Wirkung zu erhalten. Ob dadurch wirklich die erhoffte Entlastung der Gerichte eintritt, ist zweifelhaft. Zunehmend wird das gegen das klageabweisende Urteil gerichtete Rechtsmittel mit einem Antrag nach § 80b Abs. 2 VwGO, die Fortdauer der aufschiebenden Wirkung

[98] VG Sigmaringen NVwZ 2009, 1319.

[99] Die allerdings nach § 58 nur läuft, wenn eine zutreffende Rechtsmittelbelehrung erfolgt ist.

[100] OVG Greifswald NVwZ-RR 1999, 519; *Redeker/von Oertzen* VwGO § 80b Rn. 5.

[101] Kritisch auch *Beckmann* NVwZ 1998, 373 (374).

[102] Kopp/*Schenke* VwGO § 80b Rn. 5, 6 („wie ein weiterer Fall des § 80 Abs. 2 zu behandeln“); aA *Beckmann* NVwZ 1998, 146 (147); NVwZ 1998, 373 (374), der für die Vollstreckung des belastenden Verwaltungsakts eine Ergänzung der in den Verwaltungsvollstreckungsgesetzen normierten Vollstreckungsvoraussetzungen um den Fall der „vorzeitigen Beendigung der aufschiebenden Wirkung“ für erforderlich hält.

[103] BT-Drs. 13/3993.

anzuordnen, verbunden, was zu einer zusätzlichen Belastung des OVG führt. Die gesetzliche Begrenzung der aufschiebenden Wirkung nach erstinstanzlichem klageabweisenden Urteil wird daher allgemein kritisch beurteilt.[104] Die Vorschrift ist in der Tat entbehrlich, da die Behörde nach Abweisung der Klage über § 80 Abs. 2 S. 1 Nr. 4 VwGO das Ende der aufschiebenden Wirkung und damit die sofortige Vollziehbarkeit des Verwaltungsakts herbeiführen kann, wenn dies im öffentlichen Interesse geboten ist. Hiergegen wäre dann allerdings wieder ein Antrag nach § 80 Abs. 5 VwGO möglich.

III. Gerichtlich angeordnete Fortdauer der aufschiebenden Wirkung

667 Wird die gegen einen Verwaltungsakt gerichtete Anfechtungsklage abgewiesen, endet mit der Unanfechtbarkeit des verwaltungsgerichtlichen Urteils die aufschiebende Wirkung der Klage. Legt der Betroffene gegen das klageabweisende Urteil Berufung ein, bleibt die aufschiebende Wirkung der Klage zunächst erhalten, und zwar gleichgültig, ob die aufschiebende Wirkung unmittelbar auf § 80 Abs. 1 VwGO beruht oder auf einer gerichtlichen Entscheidung nach § 80 Abs. 5 VwGO. Sie endet jedoch nach § 80b Abs. 1 S. 1 VwGO drei Monate nach Ablauf der gesetzlichen Begründungsfrist des gegen die abweisende Entscheidung gegebenen Rechtsmittels. Nach § 80b Abs. 2 VwGO kann jedoch das Rechtsmittelgericht (OVG oder BVerwG) auf Antrag anordnen, dass die aufschiebende Wirkung nicht endet, sondern fortdauert. Dies wirft vielfältige Fragen auf.

1. Antragstellung

668 Die Fortdauer der aufschiebenden Wirkung kann vom OVG/BVerwG nur auf Antrag, nicht von Amts wegen angeordnet werden. Antragsbefugt ist der von dem noch nicht bestandskräftigen Verwaltungsakt Betroffene, zu dessen Lasten sich die durch den Wegfall der aufschiebenden Wirkung möglich werdende Vollziehbarkeit des Verwaltungsakts auswirken würde. Für den Antrag besteht nach § 67 Abs. 4 S. 1 und 2 VwGO Vertretungszwang.[105]

2. Zuständigkeit

669 Zuständig für die Anordnung der Fortdauer der aufschiebenden Wirkung ist nach dem Wortlaut des § 80b Abs. 2 VwGO das OVG. Das ist sachgerecht, wenn gegen das die Klage abweisende Urteil Berufung eingelegt (§ 124 VwGO) oder ein Antrag auf Zulassung der Berufung (§ 124a Abs. 4 VwGO) gestellt worden ist, da das OVG dann das Gericht der Hauptsache ist. Wurde hingegen Sprungrevision (§ 134 VwGO) oder Ersatzrevision (§ 135 VwGO) gegen das Urteil des VG oder Beschwerde gegen die Nichtzulassung der Ersatzrevision eingelegt oder hatte das OVG als Gericht erster Instanz (§ 48 VwGO) die Klage abgewiesen und geht der unterlegene Kläger gegen dieses Urteil mit der Revision (§ 132 VwGO) oder der Beschwerde gegen die Nichtzulassung der Revision (§ 133 VwGO) vor, ist das BVerwG das Gericht der Hauptsache. Es ist dann auch zuständig, über den Antrag auf Fortdauer der aufschiebenden Wirkung zu entscheiden.[106] Die Ratio des § 80b Abs. 2 VwGO, die Entscheidung über die Fortdauer der aufschiebenden Wirkung in die Hand des Gerichts der Hauptsache zu legen, setzt sich gegenüber dem keine Ausnahme von der Zuständigkeit des OVG kennenden Wortlaut

[104] *Redeker/von Oertzen* VwGO § 80b Rn. 1 (kein Bedürfnis der Praxis; rechtspolitisch verfehlt); *Puttler* in Sodan/Ziekow VwGO § 80b Rn. 3 (nicht geboten, keine Entlastung der Gerichte); Kopp/*Schenke* VwGO § 80b Rn. 2; *Funke-Kaiser* in Bader VwGO § 80b Rn. 1.

[105] *Schoch* § 80b Rn. 41.

[106] BVerwG NVwZ 2011, 1342 unter Hinweis auf BVerwGE 129, 58 = NVwZ 2007, 1097.

des § 80b Abs. 2 VwGO durch. Der Gesetzgeber hat offenbar übersehen oder nicht bedacht, dass das BVerwG nach Abweisung der Klage durch das VG oder durch das erstinstanzlich entscheidende OVG unmittelbar Rechtsmittelgericht und als solches Gericht der Hauptsache sein kann. Der Antrag auf Anordnung der Fortdauer der aufschiebenden Wirkung ist in diesen Fällen an das BVerwG zu richten. Ein an das nicht zuständige OVG gerichteter Antrag ist, da der Antrag nicht fristgebunden ist, formlos an das BVerwG weiterzuleiten. Der Antragsteller, der keiner Rechtsmittelbelehrung entnehmen kann, dass er einen Antrag nach § 80b Abs. 2 VwGO stellen kann und wer für die Entscheidung über diesen Antrag zuständig ist, kann diese aus der Sicht des Art. 19 Abs. 4 S. 1 GG zwar nicht gebotene, aber als nobile officium auch nicht verbotene Hilfeleistung erwarten.

3. Zeitpunkt der Antragstellung

Der Antrag an das Gericht, gem. § 80b Abs. 2 VwGO die Fortdauer der aufschiebenden Wirkung anzuordnen, ist nicht fristgebunden.[107] Er kann gestellt werden, sobald das OVG durch Einlegung der Berufung oder Stellung des Antrags auf Zulassung der Berufung zum Gericht der Hauptsache geworden ist. Entsprechendes gilt, wenn das BVerwG durch Einlegung eines bei ihm anzubringenden Rechtsmittels Gericht der Hauptsache ist. Der Antrag kann schon vor Ende der auslaufenden aufschiebenden Wirkung gestellt werden, da nur so ein lückenloser vorläufiger Rechtsschutz möglich ist. Er kann auch bereits mit der Einlegung der Berufung oder mit dem Antrag auf Zulassung der Berufung verbunden werden. Auch nach dem Ende der aufschiebenden Wirkung gem. § 80b Abs. 1 S. 1 VwGO ist die Antragstellung noch möglich,[108] die dann genau genommen nicht auf Fortdauer der bereits beendeten aufschiebenden Wirkung, sondern auf erneute Anordnung der aufschiebenden Wirkung zielt. Dies gebietet das aus Art. 19 Abs. 4 S. 1 GG folgende Gebot der Gewährung effektiven vorläufigen Rechtsschutzes, zumal der Betroffene möglicherweise erst durch die Einleitung von Vollstreckungsmaßnahmen Kenntnis von dem Ende der aufschiebenden Wirkung erlangt hat. Ihm dann den Antrag nach § 80b Abs. 2 VwGO zu versagen,[109] wäre unvereinbar mit Art. 19 Abs. 4 S. 1 GG. Erst mit rechtkräftigem Abschluss des gerichtlichen Verfahrens endet die Befugnis des Gerichts, die Fortdauer der aufschiebenden Wirkung anzuordnen. Ein darauf abzielender Antrag ist dann nicht mehr statthaft.[110] Die Vollziehung des Verwaltungsakts kann gerichtlich nicht mehr gehemmt werden, außer natürlich durch Entscheidung des BVerfG im Verfahren der Verfassungsbeschwerde (§§ 90 ff. BVerfGG) oder durch verfassungsgerichtliche einstweilige Anordnung (§ 32 BVerfGG). 670

4. Kein behördliches Vorverfahren

Für das Verfahren über den Antrag, die Fortdauer der aufschiebenden Wirkung anzuordnen, verweist § 80b Abs. 3 VwGO ua auf § 80 Abs. 5 bis 8 VwGO, also auch auf dessen Abs. 6, der vorschreibt, dass bei der Anforderung von öffentlichen Abgaben und Kosten ein Antrag auf Anordnung der aufschiebenden Wirkung nach § 80 Abs. 5 nur zulässig ist, wenn die Behörde zuvor einen Antrag auf Aussetzung der Vollziehung ganz oder zum Teil abgelehnt hat. Es macht jedoch keinen Sinn, Anträgen nach § 80b Abs. 2 671

[107] BVerwGE 129, 48 = NVwZ 2007, 1097.

[108] BVerwGE 129, 58 = NVwZ 2007, 1097; OVG Bremen NVwZ 2000, 942; OVG Münster NVwZ-RR 2002, 76.

[109] So aber *Eyermann/J.Schmidt* § 80b Rn. 6 in zu engem Verständnis des Wortes „fortdauern", wie hier BVerwGE 129, 58 = NVwZ 2007, 1097; OVG Münster NVwZ-RR 2002, 76; OVG Bremen NVwZ 2000, 942.

[110] OVG Münster NVwZ-RR 2002, 76.

VwGO, die auf Anordnung der Fortdauer der aufschiebenden Wirkung zielen, ein behördliches Verfahren vorausgehen zu lassen. Die Verweisung des § 80b Abs. 3 VwGO auf § 80 Abs. 6 VwGO ist deshalb verfehlt,[111] da sie das gesetzgeberische Anliegen des § 80b Abs. 2 VwGO, einen lückenlosen vorläufigen Rechtsschutz durch das Rechtsmittelgericht der Hauptsache zu ermöglichen, verwässert. Eine vorherige Anrufung der Behörde ist trotz der Verweisung des § 80b Abs. 3 VwGO auf § 80 Abs. 6 VwGO nicht geboten, auch wenn der Verwaltungsakt der Anforderung von öffentlichen Abgaben oder Kosten dient.

5. Das gerichtliche Verfahren

672 Für das Verfahren des OVG[112] bei der Entscheidung über den Antrag, die Fortdauer der aufschiebenden Wirkung anzuordnen, gelten aufgrund der Verweisung des § 80b Abs. 3 VwGO die für das Aussetzungsverfahren maßgebenden Bestimmungen des § 80 Abs. 5 bis Abs. 8 VwGO sowie beim Verwaltungsakt mit Doppelwirkung das Verfahren des § 80a VwGO entsprechend. Das Verfahren über den Antrag, die Fortdauer der aufschiebenden Wirkung anzuordnen, ist damit ein eigenständiges und speziell geregeltes Verfahren des vorläufigen Rechtsschutzes,[113] kein unselbstständiger Teil des Berufungs- oder sonstigen Rechtsmittelverfahrens. Aufgrund der Verweisung in § 80b Abs. 3 VwGO ist das Verfahren entsprechend § 80 Abs. 5 VwGO und § 80a VwGO gestaltet. Ergänzend ist anzumerken:

673 Das Verfahren ist nur statthaft, wenn die Anordnung der Fortdauer einer nach § 80b Abs. 1 VwGO endenden oder beendeten aufschiebenden Wirkung begehrt wird. Es ist nicht dazu bestimmt, aufschiebende Wirkung anzuordnen, die aufgrund von § 80 Abs. 2 S. 1 Nrn. 1 bis 3 VwGO nicht besteht oder aufschiebende Wirkung wieder herzustellen, die gem. § 80 Abs. 2 S. 1 Nr. 4 VwGO durch Anordnung der sofortigen Vollziehung ausgeschlossen worden ist.[114] Hierfür ist nur ein Antrag nach § 80 Abs. 5 VwGO statthaft. Andererseits ist das Verfahren nach § 80 Abs. 5 VwGO nach seinem Wortlaut auf die Fälle des § 80 Abs. 2 VwGO beschränkt und daher nicht statthaft, wenn die Fortdauer einer gem. § 80b Abs. 2 VwGO durch Zeitablauf endenden oder beendeten aufschiebenden Wirkung angeordnet werden soll. Dies ist nur im Verfahren nach § 80b Abs. 2 VwGO möglich. Die beiden Verfahren unterschieden sich insbesondere nach dem Entscheidungsmaßstab, so dass es durchaus einen Unterschied macht, ob über die Anordnung, Wiederherstellung oder Fortdauer der aufschiebenden Wirkung in einem Verfahren nach § 80 Abs. 5 VwGO oder nach § 80b Abs. 2 VwGO zu entscheiden ist.

6. Entscheidungsmaßstab

674 § 80b Abs. 2 VwGO enthält keinen Hinweis, nach welchem Maßstab über den Antrag auf Anordnung der Fortdauer der aufschiebenden Wirkung zu entscheiden ist. Die pauschale Verweisung des § 80b Abs. 3 VwGO ua auf § 80 Abs. 5 VwGO könnte dafür sprechen, den zu § 80 Abs. 5 VwGO entwickelten Entscheidungsmaßstab anzuwenden,[115] so dass eine umfassende gerichtliche Abwägung der für die sofortige Vollzieh-

---

[111] *Eyermann/J.Schmidt* sprechen § 80b Rn. 9 von einer „weiteren Fehlleistung des Gesetzgebers".

[112] Gleiches gilt, wenn das BVerwG Rechtsmittelgericht der Hauptsache ist, BVerwGE 129, 58 = NVwZ 2007,1097.

[113] *Beckmann* NVwZ 1998, 373 (374).

[114] Ebenso OVG Münster NVwZ-RR 1998, 312.

[115] So BVerwGE 129, 58 = NVwZ 2007, 1097 und in NVwZ 2011, 1342; *Redeker/von Oertzen* VwGO § 80b Rn. 10; Eyermann/*J. Schmidt* VwGO § 80b Rn. 8; *Puttler* in Sodan/Ziekow VwGO § 80b Rn. 32; OVG Greifswald NVwZ-RR 1999, 591.

barkeit einerseits und für die Fortdauer der aufschiebenden Wirkung andererseits sprechenden Interessen vorzunehmen wäre. Dagegen spricht jedoch der Zweck des § 80b VwGO, der nach Klageabweisung ersichtlich die aufschiebende Wirkung beenden will, sofern nicht das Gericht der Hauptsache, das über das Rechtsmittel gegen das klageabweisende Urteil zu entscheiden hat, die Fortdauer anordnet.[116] Maßstab kann daher nur die Erfolgsaussicht des Rechtsmittels sein.[117] Bestehen ernstliche Zweifel an der Rechtmäßigkeit des Verwaltungsakts und damit auch an der Richtigkeit des klageabweisenden Urteils, ist, nicht zuletzt mit Blick auf Art. 19 Abs. 4 S. 1 GG, die Fortdauer der aufschiebenden Wirkung anzuordnen. Verspricht das Rechtsmittel nach Einschätzung des Gerichts keine oder nur geringe Aussicht auf Erfolg, ist entsprechend dem § 80b VwGO zugrunde liegenden Gedanken der Antrag auf Anordnung der Fortdauer der aufschiebenden Wirkung zurückzuweisen. Nur bei nach Auffassung des Gerichts offenem Ausgang des Rechtsmittelverfahrens hat es die beiderseitigen Interessen gegeneinander abzuwägen. Dagegen ist die Zulassung der Berufung als solche noch kein ausreichender Grund für die Anordnung der Fortdauer der aufschiebenden Wirkung,[118] da nach § 124 Abs. 2 VwGO vielerlei Gründe zu der Zulassung der Berufung führen können, die, sieht man vom Zulassungsgrund der ernstlichen Zweifel an der Richtigkeit des angefochtenen Urteils ab, keineswegs zwingend das Rechtsmittel als erfolgversprechend erscheinen lassen.

7. Der Inhalt der Entscheidung

Für die im Verfahren nach § 80b Abs. 2 VwGO zu treffende Entscheidung gilt: 675

- Gibt das OVG oder BVerwG dem Antrag statt, ordnet es die Fortdauer oder die Wiederherstellung der durch Zeitablauf beendeten aufschiebenden Wirkung an. Die auf diese Weise angeordnete aufschiebende Wirkung dauert bis zur Unanfechtbarkeit des Bescheides fort, also auch noch nach Zurückweisung der Berufung und während des Verfahrens zur Zulassung der Revision und während des Revisionsverfahrens.[119] Eine Änderung des seinerzeitigen Beschlusses ist nach § 80 Abs. 3 VwGO möglich. Aus der Verweisung des § 80b Abs. 3 VwGO auf § 80 Abs. 5 VwGO folgt, dass es die Fortdauer oder die Wiederherstellung der durch Zeitablauf beendeten aufschiebenden Wirkung auch nur teilweise, insbesondere gegenständlich oder zeitlich beschränkt, anordnen kann. Es kann seine Anordnung von der Leistung einer Sicherheit oder anderen Auflagen abhängig machen. Dies gilt auch zugunsten des von einem begünstigenden Verwaltungsakt drittbetroffenen Klägers.
- Ist der Verwaltungsakt zwischenzeitlich bereits vollzogen worden, kann das Gericht die Aufhebung der Vollziehung anordnen (§ 80b Abs. 3 VwGO, § 80 Abs. 5 S. 3 VwGO).
- Das Gericht kann seine Entscheidung jederzeit wieder ändern oder aufheben und damit das Ende der aufschiebenden Wirkung herbeiführen (§ 80b Abs. 3 VwGO, § 80 Abs. 7 VwGO).
- Ist streitig, ob noch aufschiebende Wirkung besteht und daher ein Fall faktischer Vollziehung vorliegt, falls der Verwaltungsakt vollzogen wird, kann das Gericht im Verfahren nach § 80b Abs. 2 VwGO auch feststellen, dass aufschiebende Wirkung besteht.[120]

---

[116] Ähnlich und gegen die Anwendung des zu § 80 Abs. 5 entwickelten Entscheidungsmaßstabs OVG Bremen NVwZ 2000, 942; OVG Münster NVwZ-RR 2002, 76; ferner OVG Koblenz NVwZ 1999, 896, das im Übrigen darauf abstellt, ob das Verlangen nach Fortdauer der aufschiebenden Wirkung missbräuchlich erscheint.

[117] Ebenso OVG Münster NVwZ-RR 2002, 76.

[118] So aber im Ergebnis OVG Koblenz NVwZ 1999, 896; OVG Bremen NVwZ 2000, 942.

[119] BVerwG BeckRS 2011, 54744.

[120] Eyermann/*J. Schmidt* VwGO § 80a Rn. 8.

– Die Entscheidung ergeht als Beschluss des Senats, der zu begründen ist (§ 122 VwGO). In dringenden Fällen kann gem. § 80b Abs. 3 VwGO, § 80 Abs. 8 VwGO der Vorsitzende entscheiden. Der Beschluss ist unanfechtbar (§ 152). Das Verfahren ist gerichtskostenfrei.[121]

B. Der Ausschluss der aufschiebenden Wirkung durch § 80 Abs. 2 Nrn. 1 bis 3 VwGO

676 § 80 Abs. 2 S. 1 Nr. 1 bis 3 VwGO zählt Fälle auf, in denen kraft Gesetzes der Anfechtung eines Verwaltungsakts entgegen der Grundregel des § 80 Abs. 1 S. 1 VwGO keine aufschiebende Wirkung zukommt: bei der Anforderung öffentlicher Abgaben und Kosten (Nr. 1) und bei unaufschiebbaren vollzugspolizeilichen Anordnungen und Maßnahmen (Nr. 2). Außerdem verweist Nr. 3 nach Art einer Blankettnorm auf den spezialgesetzlichen Ausschluss der aufschiebenden Wirkung durch Gesetze des Bundes und, auf dem Gebiet des Landesrechts, der Länder.

677 In diesen von § 80 Abs. 2 S. 1 VwGO teils selbst geregelten (Nr. 1 und 2), teils nur angemerkten (Nr. 3) Fällen, besitzen Widerspruch und Anfechtungsklage nur eine latente aufschiebende Wirkung, die sich erst entfaltet, wenn sie vom Gericht durch einen Beschluss nach § 80 Abs. 5 VwGO, der die aufschiebende Wirkung der eingelegten Rechtsbehelfe ganz oder teilweise anordnet, aktiviert wird.[1] Solange eine gerichtliche Entscheidung nach § 80 Abs. 5 VwGO nicht ergangen und das Gericht die aufschiebende Wirkung nicht – ganz oder teilweise – angeordnet hat, kann die Behörde den Verwaltungsakt vollziehen. Der Gesetzgeber hat damit, abstrakt und generalisierend abwägend, dem öffentlichen Interesse an der sofortigen Vollziehbarkeit des Verwaltungsakts den Vorrang eingeräumt vor dem individuellen Suspensivinteresse des Betroffenen. Die Behörde wird dadurch der Notwendigkeit enthoben, die sofortige Vollziehung des Verwaltungsakts nach § 80 Abs. 2 S. 1 Nr. 4 VwGO besonders anzuordnen und das besondere Interesse an der sofortigen Vollziehung schriftlich zu begründen (§ 80 Abs. 3 S. 1 VwGO). Dem Betroffenen wird die Möglichkeit genommen, durch Widerspruch/Anfechtungsklage selbst aufschiebende Wirkung auszulösen (§ 80 Abs. 1 VwGO) und sich damit aus eigener Kraft vorläufigen Rechtsschutz zu schaffen. Er wird stattdessen auf den gerichtsbewirkten vorläufigen Rechtsschutz des § 80 Abs. 5 VwGO verwiesen. Art. 19 Abs. 4 S. 1 GG lässt dies zu. Zwar ist von Verfassungs wegen die Gewährung effektiven vorläufigen Rechtsschutzes geboten, doch ist der Gesetzgeber frei, in welcher Form er diesen Rechtsschutz gewährt, selbstbewirkt oder gerichtsbewirkt.

§ 35 Der Ausschluss der aufschiebenden Wirkung bei der Anforderung von öffentlichen Abgaben und Kosten (§ 80 Abs. 2 S. 1 Nr. 1 VwGO)

678 Nach § 80 Abs. 2 S. 1 Nr. 1 VwGO entfällt die aufschiebende Wirkung von Widerspruch und Klage, wenn Gegenstand der Anfechtung ein Verwaltungsakt ist, mit dem öffentliche Abgaben oder öffentliche Kosten angefordert werden. Dagegen verbleibt es

---

[121] OVG Münster NVwZ-RR 2002, 76; OVG Bremen NVwZ 2000, 942; OVG Bautzen NVwZ-RR 1999, 616.

[1] *Schoch* § 80 Rn. 106 weist mit sprachlichem Scharfsinn darauf hin, dass § 80 Abs. 2 S. 1 ungenau formuliert ist, wenn es dort heißt, dass die aufschiebende Wirkung „entfällt". Sie tritt gar nicht erst ein!

bei der aufschiebenden Wirkung des § 80 Abs. 1 S. 1 VwGO, wenn eine Geldleistung angefordert wird, die nicht zu den öffentlichen Abgaben oder Kosten im Sinne des § 80 Abs. 2 S. 1 Nr. 1 VwGO gehört.[2] Es ist daher unerlässlich, die Begriffe „öffentliche Abgaben" und „öffentliche Kosten" exakt zu bestimmt, um zu wissen, wann der Anfechtung eines Verwaltungsakts, mit dem eine Geldleistung angefordert wird, nach § 80 Abs. 2 S. 1 Nr. 1 VwGO die aufschiebende Wirkung fehlt, und in welchen Fällen die Anfechtung eines solchen Verwaltungsakts ungeschmälert die aufschiebende Wirkung des § 80 Abs. 1 S. 1 VwGO auslöst.

I. Die Anforderung öffentlicher Abgaben

Der Begriff der „öffentlichen Abgaben", bei deren Anforderung § 80 Abs. 2 S. 1 Nr. 1 **679**
VwGO im Falle einer Anfechtung die aufschiebende Wirkung entfallen lässt, wird von § 80 Abs. 2 S. 1 Nr. 1 VwGO nicht definiert. Es findet sich jedoch in den Gesetzesmaterialien der VwGO der Hinweis, dass in § 80 Abs. 2 S. 1 Nr. 1 VwGO die aufschiebende Wirkung „mit Rücksicht auf die Steuergesetzgebung, die eine aufschiebende Wirkung nicht kennt", ausgeschlossen worden ist.[3] Hieraus folgert das BVerwG[4] und ihm einhellig folgend die obergerichtliche Rechtsprechung[5], dass § 80 Abs. 2 S. 1 Nr. 1 VwGO alle Abgaben betrifft und erfasst, durch die, Steuern vergleichbar, die Befriedigung des öffentlichen Finanzbedarfs sichergestellt wird. Unerheblich ist es, wie die Abgabe, die ein Hoheitsträger anfordert, ihrem materiellen Gehalt nach zu qualifizieren ist. Entscheidend ist vielmehr, „ob sie ebenso wie die Steuer, die Gebühr oder der Beitrag eine Finanzierungsfunktion erfüllt". Das ist der Fall, wenn der Hoheitsträger sich mit ihrer Hilfe eine Einnahmequelle erschließt, die es ihm ermöglicht, seine eigenen Ausgaben voll oder teilweise zu decken.[6] Die Finanzierungsfunktion für den Haushalt muss nicht der ausschließliche oder vorrangige Zweck der Geldleistung sein, darf aber auch nicht von nur untergeordneter Bedeutung, gewissermaßen unerhebliche Nebenfolge sein. Erforderlich ist, um die Vergleichbarkeit mit der Steuer zu wahren, dass der Zweck der Einnahmenerzielung zumindest gleichrangig zu anderen mit der Aufgabe verfolgten Zwecken ist. Ist dies nicht der Fall, fällt die angeforderte Geldleistung nicht unter § 80 Abs. 2 S. 1 Nr. 1 VwGO. Für sie hat der Gesetzgeber dann nicht dem öffentlichen Vollzugsinteresse den Vorrang vor dem individuellen Suspensivinteresse eingeräumt.

1. Geldleistungen mit Finanzierungsfunktion

Wie dargelegt, rechnen zu den öffentlichen Abgaben Steuern, Gebühren und Beiträge, **680**
die sämtlich eine Finanzierungsfunktion für den öffentlichen Haushalt haben, sowie sonstige Abgaben, wenn ihnen ebenfalls eine Finanzierungsfunktion für den Haushalt zukommt.

a) **Steuern.** Steuern sind Geldleistungen, die nicht eine Gegenleistung für eine beson- **681**
dere Leistung der öffentlichen Hand darstellen und die von einem öffentlich-rechtlichen Gemeinwesen zur Erzielung von Einnahmen allen auferlegt werden, bei denen der Tatbestand zutrifft, an den das Gesetz die Leistungspflicht knüpft (§ 3 Abs. 1 AO). Steuern, bei deren Einforderung Rechtsschutz im Verwaltungsrechtsweg (§ 40 VwGO) und nicht,

[2] BVerwG NVwZ 1993, 1112; OVG Koblenz NVwZ-RR 1999, 27.

[3] BT-Drs. 3/55, 14.

[4] BVerwG NVwZ 1993, 1112.

[5] Vgl. etwa OVG Berlin NVwZ 1987, 61; OVG Hamburg NVwZ-RR 1992, 1426 und NVwZ-RR 1990, 1002; VGH Kassel NVwZ-RR 1995, 158 und NVwZ-RR 1992, 378; OVG Koblenz NVwZ 1987, 64; OVG Lüneburg NVwZ 1989, 1095; VGH München NVwZ-RR 1992, 320; OVG Münster NVwZ-RR 1994, 617 und NVwZ 1994, 198; OVG Greifswald NVwZ-RR 2000, 63.

[6] So wörtlich BVerwG NVwZ 1993, 1112.

wie zumeist, im Finanzrechtsweg gewährt wird und auf die daher § 80 Abs. 2 S. 1 Nr. 1 VwGO anwendbar ist, sind vor allem die Gemeindesteuern, wie etwa die Gewerbesteuer,[7] die Schankerlaubnissteuer,[8] die Getränkesteuer,[9] die Vergnügungssteuer,[10] die Grundsteuer[11] oder die Zweitwohnsteuer.[12]

682 **b) Gebühren.** Gebühren sind öffentlich-rechtliche Geldleistungen, die als Gegenleistung für die Inanspruchnahme einer Leistung der öffentlichen Verwaltung dem Gebührenschuldner auf gesetzlicher Grundlage auferlegt werden und die dazu bestimmt sind, in Anknüpfung an diese Leistungen deren Kosten ganz oder teilweise zu decken.[13] Hierzu rechnen die Benutzungsgebühren, die für die Inanspruchnahme öffentlicher Einrichtungen erhoben werden, wie Kanalanschlussgebühren[14] oder die Gebühren für die Benutzung einer Kindertagesstätte.[15] Des Weiteren zählen hierzu Verleihungsgebühren (Konzessionsabgaben), wie die Grundwasserförderungsgebühr.[16] Die ebenfalls unter den Begriff „Gebühren" fallenden Gebühren eines Verwaltungsverfahrens gehören zu den in § 80 Abs. 2 S. 1 Nr. 1 VwGO des Weiteren genannten „Kosten".

683 **c) Beiträge.** Beiträge sind Abgaben, die zur Deckung oder Verringerung der Kosten einer öffentlichen Einrichtung ohne Rücksicht auf deren tatsächliche Inanspruchnahme von demjenigen erhoben werden, dem die Einrichtung besondere, anderen nicht oder nicht in gleichem Maße zufließende Vorteile bringt. Der Beitrag ist seinem Wesen nach Vorteilsausgleich. Derjenige, der aus einer öffentlichen Einrichtung besonderen wirtschaftlichen Nutzen zieht, soll auch zu deren Kosten beitragen.[17] Zu nennen sind Erschließungsbeiträge[18] einschließlich ihrer Vorauszahlungen,[19] Herstellungsbeiträge[20], Fremdenverkehrsbeiträge,[21] Beiträge zu öffentlich-rechtlichen berufsständischen Versorgungswerken,[22] zu einem Pensions-Sicherungs-Verein,[23] an den Stabilisierungsfonds für Wein,[24] oder Beiträge zur Industrie- und Handelskammer.[25] Beitragsähnlich ist der Ausgleichsbetrag nach § 154 Abs. 1 BauGB. Wird er geltend gemacht, schließt neben § 80 Abs. 2 S. 1 Nr. 1 VwGO auch § 212a Abs. 2 BauGB die aufschiebende Wirkung von Widerspruch und Klage aus.[26]

---

[7] VGH Kassel ESVGH 26, 184.

[8] VG Koblenz KStZ 1974, 195.

[9] OVG Bremen KStZ 1963, 95.

[10] VGH Mannheim ESVGH 19, 91; VGH Kassel ESVGH 28, 48; VG Minden KStZ 1966, 52; VG Schleswig KStZ 1964, 79.

[11] Voraussetzung der Vollziehung eines Grundsteuerbescheides über § 123 siehe BVerwG NVwZ 1982, 193.

[12] OVG Magdeburg NVwZ-RR 2008, 817; VGH Mannheim NVwZ-RR 2013, 658.

[13] BVerfGE 50, 217 (266) mwN; OVG Münster OVGE 38, 23.

[14] VGH Kassel ESVGH 18, 83, während Grundstücksanschlusskosten, die als solche keine Finanzierungsfunktion haben, nicht unter § 80 Abs. 2 S. 1 Nr. 1 fallen.

[15] Vgl. OVG Münster NVwZ 1994, 198 (offengelassen, ob Gebühr oder Beitrag); VG Berlin NVwZ 1984, 396 (gebührenähnlich).

[16] OVG Hamburg NVwZ 1990, 1003.

[17] BVerfGE 42, 223 (228); vgl. auch BVerwG NVwZ 1993, 1112; OVG Bremen NVwZ 1988, 752; VGH Kassel NVwZ 1989, 393; OVG Lüneburg DVBl. 1983, 984; OVG Münster NVwZ 788, 751.

[18] Hierzu allgemein *Driehaus,* Erschließungs- und Ausbaubeiträge, 9. Aufl. 2012; BVerwG NVwZ 1983, 472.

[19] VGH Kassel ESVGH 22, 93.

[20] VGH München NVwZ-RR 1994, 543.

[21] OVG Koblenz DÖV 1982, 648.

[22] VGH Kassel NVwZ 1994, 301.

[23] OVG Koblenz NVwZ 1996, 90.

[24] OVG Koblenz DÖV 1969, 400.

[25] VG Frankfurt NVwZ-RR 2007, 523.

[26] OVG Berlin-Brandenburg NVwZ 2012, 711. Daher ist die frühere Streitfrage, ob dieser Ausgleichsbetrag unter § 80 Abs. 2 S. 1 Nr. 1 fällt, obsolet. Zu ihr BVerwG NVwZ 1993, 1112.

d) Sonstige Abgaben mit Finanzierungsfunktion. Öffentlich-rechtliche Geldleistungen, die keine Steuern, Gebühren oder Beiträge sind, fallen unter § 80 Abs. 3 S. 1 Nr. 1 VwGO, wenn sie eine Finanzierungsfunktion für den öffentlichen Haushalt haben und diese den etwaigen anderen Funktionen der Geldleistung zumindest gleichrangig ist. Dazu gehören etwa die Umlagen, die ein Zweckverband zur Deckung seines Finanzbedarfs bei seinen Mitgliedern erhebt,[27] die Sonderabfallabgabe nach dem Hessischen Sonderabfallgesetz,[28] die Beiträge zum Abwrackfonds in der Binnenschifffahrt[29] sowie der gesetzlich bestimmte Elternbeitrag zu den Kosten einer Kindertagesstätte.[30] Auch der Abschöpfungsabgabe nach dem AFWoG (Fehlbelegungsabgabe) wird seit ihrer Charakterisierung durch das BVerfG als „Instrument der Subventionsregelung"[31] eine vornehmliche Finanzierungsfunktion zuerkannt.[32] Aussetzungs- oder Stundungszinsen auf unter § 80 Abs. 2 S. 1 Nr. 1 VwGO fallende Abgaben dienen als Nebenleistung dieser Abgaben ebenfalls der Finanzbedarfsdeckung, da sie, anders als Säumniszuschläge, kein Druckmittel zur Durchsetzung der Zahlung darstellen.[33] Zu nennen sind ferner Kostenbeiträge gem. §§ 91 ff. SGB VIII[34] oder die Maut nach § 1 ABMG.[35] 684

2. Abgaben, die nicht unter § 80 Abs. 2 S. 1 Nr. 1 VwGO fallen

Abgaben, die überwiegend einem anderen Zweck als der Finanzierung des öffentlichen Haushalts dienen, bei denen der Mittelzufluss an den Haushalt daher allenfalls nachrangiger Nebeneffekt ist, fallen nicht unter § 80 Abs. 2 S. 1 Nr. 1 VwGO. Zu nennen ist etwa die Schwerbehindertenausgleichsabgabe[36], die den Arbeitgeber zur Erfüllung seiner Beschäftigungspflicht nach den SchwbG anhalten soll und die dem Kostenausgleich zwischen den Arbeitgebern dient, die der Pflicht zur Beschäftigung Schwerbehinderter nachgekommen sind und denen, die keine Schwerbehinderten eingestellt haben. Einnahmeerzielung ist nicht der Zweck der Schwerbehindertenausgleichsabgabe. Hierher rechnen ferner wirtschaftslenkende Ausgleichsabgaben, etwa nach § 8 GetreideG[37] oder die Abgaben auf Milch. Weitere Beispiele sind die Nebentätigkeitsabgabe eines Beamten an seinen Dienstherrn, die pauschalierter Aufwendungsersatz ist,[38] Ausgleichsbeträge für nicht zu bauende Stellplätze.[39] Aufwendungsersatz wie die Kostenerstattung für den Grundstücksanschluss an die Wasser- oder Abwasserleitung.[40] Ebenfalls nicht unter § 80 Abs. 2 S. 1 Nr. 1 VwGO fallen Säumniszuschläge, da sie in erster Linie Druckmittel zur Beitreibung des geschuldeten Beitrags sind[41] sowie Zwangsgeld, da es Beugemittel 685

[27] VGH Kassel NVwZ-RR 1992, 37.

[28] VGH Kassel NVwZ-RR 1995, 235; NVwZ 1995, 1027.

[29] OVG Münster NVwZ-RR 1998, 515.

[30] OVG Münster, NWVBl. 1994, 29.

[31] BVerfGE 78, 249 = NJW 1988, 2529.

[32] OVG Berlin NVwZ 1987, 61; OVG Hamburg NVwZ-RR 1993, 430; VGH München NVwZ-RR 1992, 320; OVG Münster NVwZ-RR 1993, 269.

[33] VGH Kassel NVwZ-RR 1995, 235; VGH München NVwZ 1987, 63.

[34] OVG Lüneburg NVwZ-RR 2008, 113; OVG Schleswig NVwZ-RR 2010, 25.

[35] VG Berlin NVwZ-RR 2008, 492.

[36] VG Berlin NJW 1980, 77; aA VGH München NJW 1980, 720.

[37] BVerwG DVBl. 1961, 42.

[38] OVG Münster DVBl. 1986, 475.

[39] OVG Hamburg NVwZ-RR 2000, 106; OVG Münster NVwZ 1987, 62; OVG Greifswald BRS 67 Nr. 159. Zum Wesen der Stellplatzablöse BVerwG BRS 67 Nr. 158.

[40] OVG Greifswald NVwZ-RR 2001, 401; VGH Kassel NVwZ-RR 1989, 329; OVG Lüneburg NVwZ-RR 2004, 894; VG Potsdam NVwZ-RR 2001, 402. Unzutreffend VG Dresden NVwZ-RR 1997, 189 und VG Chemnitz NVwZ-RR 1999, 681, die letztlich jeder Leistung an die öffentliche Hand eine Finanzierungsfunktion beimessen.

[41] OVG Magdeburg NVwZ-RR 2011, 846 (Säumniszuschläge bei Rundfunkgebühren); VGH Kassel NVwZ 1994, 301; OVG Koblenz NVwZ 1987, 64; VGH München NVwZ 1987, 63; aA

ist.[42] Zumeist ergibt sich der Ausschluss der aufschiebenden Wirkung hier auch aufgrund der landesrechtlich für Akte der Verwaltungsvollstreckung angeordneten sofortigen Vollziehbarkeit. Weitere Beispiele für Aufwendungsersatz sind die von der Gemeinde verauslagen Beerdigungskosten, [43] Kosten für den Einsatz der Feuerwehr[44] oder für die Unterbringung von dem Halter weggenommenen Tieren.[45]

3. Die Anforderung öffentlicher Abgaben

686 Die unter § 80 Abs. 2 S. 1 Nr. 1 VwGO fallenden öffentlichen Abgaben werden durch Verwaltungsakt angefordert, der, je nach der Rechtsmaterie, als Heranziehungsbescheid, Steuerbescheid, Gebührenbescheid oder Beitragsbescheid bezeichnet wird und der die Zahlungspflicht des Betroffenen begründet. Rechtsbehelfe des Betroffenen haben nach § 80 Abs. 2 S. 1 Nr. 1 VwGO keine aufschiebende Wirkung. Will er vorläufigen Rechtsschutz in Anspruch nehmen, muss er nach § 80 Abs. 5 VwGO beim Gericht der Hauptsache die Anordnung der aufschiebenden Wirkung beantragen. Zuvor muss der Betroffene nach § 80 Abs. 6 VwGO bei der Behörde erfolglos einen Antrag auf Aussetzung der Vollziehung gestellt haben.[46] Ein erfolgloses verwaltungsbehördliches Aussetzungsverfahren ist Zugangsvoraussetzung für ein gerichtliches Verfahren der Gewährung vorläufigen Rechtsschutzes nach § 80 Abs. 5 VwGO.[47] Kein Akt der Anforderung öffentlicher Abgaben im Sinne von § 80 Abs. 2 S. 1 Nr. 1 VwGO ist die Rücknahme eines Bescheides, mit dem die Abgabe von der Behörde gestundet wurde. Wird die Rücknahme der Stundung angefochten, tritt nach § 80 Abs. 1 VwGO aufschiebende Wirkung ein.[48]

II. Kosten

687 Nach § 80 Abs. 2 S. 1 Nr. 1 VwGO entfällt die aufschiebende Wirkung ferner bei der Anforderung öffentlicher Kosten.

1. Begriff der öffentlichen Kosten

688 § 80 Abs. 2 S. 1 Nr. 1 VwGO bestimmt nicht, was unter „öffentlichen[49] Kosten" zu verstehen ist. Der Begriff stammt aus den Verwaltungsgerichtsgesetzen, die vor der VwGO galten und die mit übereinstimmendem Wortlaut bei „Streitigkeiten über öffentliche Abgaben und Kosten" die aufschiebende Wirkung entfallen ließen.[50] Unter „Öffentlichen Kosten" wurden die Gebühren und Auslagen eines Verwaltungsverfahrens verstanden.[51] Da die VwGO in § 80 Abs. 2 S. 1 Nr. 1 VwGO den Begriff aus den früheren Verwaltungsgerichtsgesetzen unverändert übernommen hat, ist er im gleichen Sinne wie dort zu verstehen. Dies bedeutet: Öffentliche Kosten im Sinne von § 80 Abs. 2 S. 1 Nr. 1

(neben Druckmittel auch Finanzierungsfunktion) OVG Bremen NVwZ 1987, 65 (Ls.); VGH Kassel NVwZ-RR 1995, 158; OVG Münster NVwZ 1984, 395. Allgemein hierzu *Wüterich* NVwZ 1987, 959.

[42] OVG Bautzen SächsVBl 1996, 258.

[43] VGH Mannheim NVwZ-RR 2000, 189.

[44] VG Cottbus NVwZ-RR 1998, 174.

[45] VGH Mannheim NVwZ-RR 2007, 298; aA VGH München NVwZ-RR 2006, 305.

[46] Zur behördlichen Aussetzung der Vollziehung beim einseitig belastenden Verwaltungsakt → § 41.

[47] OVG Münster NVwZ-RR 2012, 748; s. auch OVG Bremen NVwZ-RR 2010, 866.

[48] OVG Greifswald NVwZ-RR 2015, 283.

[49] Das Wort „öffentliche" Kosten ist missverständlich; gemeint sind „öffentlich-rechtliche" Kosten.

[50] § 51 MRVO Nr. 165, § 51 südd.VGG, § 45 SaarlVGG, § 43 VGG RP.

[51] *Ule* VwGO § 80 Anm. 2a.

VwGO sind die in einem Verwaltungsverfahren für die öffentlich-rechtliche Amtstätigkeit einer Behörde entstehenden Gebühren und Auslagen.[52] Werden Kosten angefordert, die nicht in einem Verwaltungsverfahren angefallen sind, findet § 80 Abs. 2 S. 1 Nr. 1 VwGO keine Anwendung.[53]

a) Verwaltungsverfahren. Es geht bei § 80 Abs. 2 S. 1 Nr. 1 VwGO mithin um die in einem Verwaltungsverfahren entstehenden Kosten. Nicht erforderlich ist, dass es sich um ein „förmliches" Verwaltungsverfahren handelt, wie gelegentlich, wohl in unreflektierter Übernahme eines überkommenen Begriffs, letztlich aber unzutreffend, formuliert wird.[54] Früher wurden rechtlich geordnete Verwaltungsverfahren häufig als „förmliche" Verwaltungsverfahren bezeichnet. Unter der Geltung des VwVfG ergeht grundsätzlich jeder Verwaltungsakt in einem rechtlich geordneten Verwaltungsverfahren (vgl. § 9 VwVfG). Der Begriff des „förmlichen" Verwaltungsverfahrens bezeichnet dagegen die in den §§ 63 ff. VwVfG geregelten besonderen Verfahren, die sich von dem allgemeinen Verwaltungsverfahren durch ihre größere Förmlichkeit unterscheiden. § 80 Abs. 2 S. 1 Nr. 1 VwGO macht keinen Unterschied zwischen diesen beiden Verfahren, dem allgemeinen und dem förmlichen Verwaltungsverfahren. „Kosten" im Sinne von § 80 Abs. 2 S. 1 Nr. 1 VwGO können in jedem dieser Verwaltungsverfahren entstehen, gleichgültig, ob es sich um ein allgemeines oder ein förmliches Verwaltungsverfahren handelt. 689

b) Verwaltungsgebühren und Auslagen. Die Kosten eines Verwaltungsverfahrens bestehen aus Gebühren und Auslagen (vgl. §§ 2 Abs. 1, 3 Abs. 4, 5 BGebG). Sie können erhoben werden, wenn dies durch Gesetz oder durch Gebührenverordnung vorgesehen ist, bedürfen mithin einer gesetzlichen oder auf gesetzlicher Ermächtigung beruhenden normativen Grundlage. In einer Vielzahl von Gesetzen des besonderen Verwaltungsrechts des Bundes und der Länder findet sich eine Kostenpflicht für Amtshandlungen oder eine Ermächtigung, durch Rechtsverordnung die gebührenpflichtigen Tatbestände und die Höhe der Gebühren zu bestimmen, beispielsweise in § 24 GenTK, § 65 BtMG, § 46a LMBG oder in § 11 Abs. 1 Nr. 5 GS. Normativ muss bestimmt sein, welche Amtshandlungen gebührenpflichtig sind und in welcher Höhe. Die Gebühren können durch feste Sätze (Festgebühren), nach dem Zeitaufwand für die individuell zurechenbare öffentliche Leistung (Zeitgebühren) oder durch Rahmensätze (Rahmengebühren) bestimmt werden (§ 11 BGebG). Welche Auslagen der Gebührenschuldner zu erstatten hat, ist ebenfalls normativ zu bestimmen, beispielsweise die Aufwendungen für Dolmetscher oder Übersetzer, für die Leistungen anderer Behörden oder Dritter, für Dienstreisen und Dienstgänge (§ 12 BGebG). Nicht zu den Kosten des Verwaltungsverfahrens gehören die Gebühren und Auslagen der späteren Vollstreckung des Verwaltungsakts. Insbesondere gehören die im Rahmen der Vollstreckung eines Verwaltungsakts anfallenden Kosten der Ersatzvornahme nicht zu den Kosten des Verwaltungsverfahrens,[55] werden also nicht von § 80 Abs. 2 S. 1 Nr. 1 VwGO erfasst. Werden sie von der Behörde geltend gemacht 690

[52] Allgem. Meinung. Vgl. aus der umfangreichen Judikatur etwa VGH Mannheim NVwZ-RR 2000, 189; OVG Schleswig NVwZ-RR 2001, 586; OVG Greifswald NVwZ-RR 2001, 401; OVG Koblenz NVwZ-RR 1999, 27; OVG Lüneburg BRS 81 Nr. 213; ferner *Gersdorf* in Posser/Wolff § 80 Rn. 53; *Schoch* § 80 Rn. 139; *Kopp/Schenke* § 80 Rn. 4.

[53] Vgl. VGH Mannheim NVwZ 1986, 933; NVwZ 1985, 202 betreffend Kosten der unmittelbaren Ausführung einer polizeilichen Maßnahme; OVG Hamburg NVwZ Beil. 2000, 146 betreffend Kosten der Abschiebung.

[54] So etwa *Eyermann/J. Schmidt* § 80 Rn. 23; *Puttler* in Sodan/Ziekow § 80 Rn. 61; *Gersdorf* in Posser/Wolff § 80 Rn. 53; VGH Mannheim NVwZ 1986, 933; OVG Greifswald NVwZ-RR 2001, 401; VG Neustadt NVwZ 1991, 705; dagegen mit Recht VGH München NVwZ-RR 1994, 471.

[55] VGH Mannheim NVwZ-RR 2000, 181; NVwZ-RR 1997, 74; OVG Schleswig NVwZ-RR 2001, 586; OVG Koblenz NVwZ-RR 1999, 27; OVG Berlin NVwZ-RR 1995, 575; OVG Münster NJW 1984, 2844; OVG Lüneburg BRS 81 Nr. 213; ebenso zur Anforderung einer Vorauszahlung

und erhebt der Betroffene hiergegen Widerspruch/Anfechtungsklage, tritt nach § 80 Abs. 1 VwGO aufschiebende Wirkung ein, sofern nicht ein landesrechtlicher Ausschluss der aufschiebenden Wirkung von Rechtsbehelfen auf dem Gebiet der Verwaltungsvollstreckung greift.[56]

2. Anfordern

691 Die Behörde setzt die Gebühren von Amts wegen schriftlich oder elektronisch fest (vgl. für die Behörden des Bundes § 13 Abs. 1 BGebG; entsprechende Regelungen finden sich im Landesrecht), ebenso die Auslagen (§ 12 Abs. 3 iVm § 13 BGebG). Diese Kostenfestsetzung soll zusammen mit der Sachentscheidung erfolgen (§ 13 Abs. 1 BGebG). Möglich ist aber auch eine selbständige Festsetzung der Gebühren und Auslagen.

692 **a) Anforderung der Kosten im Sachbescheid.** Zumeist werden die Gebühren und Auslagen, die „Kosten" des Verwaltungsverfahrens, nicht durch selbständigen Festsetzungsbescheid, sondern in der das Verwaltungsverfahren abschließenden Sachentscheidung festgesetzt. So bestimmt § 13 Abs. 1 BGebG ausdrücklich, dass die Gebührenfestsetzung zusammen mit der Sachentscheidung erfolgen soll. Auch wenn die Kosten- und Gebührengesetze der Länder eine vergleichbare Bestimmung nicht enthalten, ist die Festsetzung der Kosten im Sachbescheid weitgehend üblich. Rechtsbehelfe gegen eine Sachentscheidung erstrecken sich dann auch auf die Gebührenfestsetzung (§ 20 Abs. 1 BGebB) und die Festsetzung der Auslagen (§ 12 Abs. 3 i. V. m. § 20 BGebG). Der Betroffene kann seinen Rechtsbehelf auf die Kostenentscheidung beschränken und sie damit selbständig anfechten (so ausdrücklich § 20 Abs. 1 BGebG), etwa, wenn der von ihm begehrte Verwaltungsakt antragsgemäß erteilt worden ist, er aber die dafür festgesetzten Kosten beanstandet.

693 Wird nur die in dem Sachbescheid enthaltene Kostenentscheidung, die Festsetzung der Verwaltungsgebühren und Auslagen, angefochten, was eher selten vorkommt, schließt § 80 Abs. 2 S. 1 Nr. 1 VwGO die aufschiebende Wirkung des Rechtsbehelfs aus. Dies gilt, beschränkt auf die Festsetzung der Gebühren und Auslagen, auch, wenn der Betroffene sich mit Widerspruch und Klage gegen die Sachentscheidung und damit zugleich gegen die mit ihr verbundene Kostenentscheidung wendet. Dann lösen Widerspruch und Anfechtungsklage gegenüber der Sachentscheidung nach § 80 Abs. 1 S. 1 aufschiebende Wirkung aus, sofern kein Fall des § 80 Abs. 2 S. 1 Nr. 1 bis 4 VwGO vorliegt, während hinsichtlich der zusammen mit der Sachentscheidung erfolgten Festsetzung der Gebühren und Auslagen § 80 Abs. 2 S. 1 Nr. 1 VwGO den Eintritt der aufschiebenden Wirkung ausschließt.[57] Weder der Wortlaut des § 80 Abs. 2 S. 1 Nr. 1 VwGO noch dogmatische Gründe zwingen dazu, die aufschiebende Wirkung, die der Anfechtung des Sachbescheides zukommt, auf die mit der Sachentscheidung verbundene Festsetzung der Gebühren und Auslagen zu erstrecken. Die aufschiebende Wirkung ist eine teilbare Rechtsbehelfsfolge, die begrifflich nicht den gesamten Verwaltungsakt erfassen muss. Wie § 80 Abs. 5

---

auf die Kosten der Ersatzvornahme OVG Koblenz NVwZ-RR 1999, 27; OVG Münster NJW 1983, 1441; VGH Mannheim NVwZ-RR 1997, 74; VG Hannover NVwZ-RR 1998, 311.

[56] OVG Berlin NVwZ-RR 1999, 156; VGH Kassel NVwZ-RR 1998, 534.

[57] So inzwischen die hM in der Rechtsprechung, etwa OVG Berlin NVwZ-RR 1995, 433; OVG Koblenz NVwZ-RR 2004, 157 und NVwZ-RR 1992, 221; VGH Kassel NVwZ-RR 1998, 463; OVG Lüneburg NVwZ-RR 1993, 279; VGH Mannheim VBlBW 2004, 352; OVG Münster DÖV 2003, 864; OVG Weimar NVwZ-RR 2004, 393; *Emrich* NVwZ 2000, 163 (164). Für Erstreckung der aufschiebenden Wirkung der gegen die Sachentscheidung gerichteten Rechtsbehelfe auch auf die Kostenentscheidung und damit für eine Verdrängung des § 80 Abs. 2 S. 1 Nr. 1 die ältere Rechtsprechung, etwa OVG Hamburg NVwZ 1986, 141; OVG Lüneburg DÖV 1954, 321; VGH Mannheim NVwZ 1985, 202; OVG Saarlouis NVwZ-RR 1995, 365.

S. 1 VwGO zeigt, ist es durchaus möglich, die aufschiebende Wirkung auch nur teilweise anzuordnen, wodurch der Verwaltungsakt teils vollziehbar bleibt und teils in seiner Vollziehbarkeit gehemmt wird.

b) Anforderung der Kosten durch selbständigen Verwaltungsakt. Erfolgt die Fest- 694
setzung der Gebühren und Auslagen durch selbständigen Festsetzungsbescheid, sind gegen die Kostenfestsetzung als Rechtsbehelf Widerspruch und Anfechtungsklage gegeben, denen § 80 Abs. 2 S. 1 Nr. 1 VwGO die aufschiebende Wirkung nimmt. Die festgesetzten und damit angeforderten Gebühren und Auslagen sind zehn Tage nach der Bekanntgabe der Gebührenfestsetzung an den Gebührenschuldner fällig, sofern die Behörde keinen anderen Zeitpunkt festlegt (§ 14 BGebG). Will der Kostenschuldner gegen die Gebührenfestsetzung vorläufigen Rechtsschutz in Anspruch nehmen, muss er nach § 80 Abs. 5 VwGO beim Gericht der Hauptsache die Anordnung der aufschiebenden Wirkung seines Rechtsbehelfs beantragen. Zuvor muss er nach § 80 Abs. 6 VwGO bei der Behörde einen Antrag auf Aussetzung der Vollziehung gestellt haben. Denkbar ist auch, dass aufgrund gesetzlicher Bestimmung die Fälligkeit des durch selbständigen Verwaltungsakt festgesetzten Kostenbetrages erst eintritt, wenn der Sachbescheid, um dessen Kosten es geht, bestandskräftig geworden ist (so § 17 Abs. 3 HbgGebG). § 80 Abs. 2 S. 1 VwGO wird insoweit verdrängt. Mangels Fälligkeit ist der Bescheid, der die Kosten festsetzt, dann noch nicht vollziehbar.

§ 36 Der Ausschluss der aufschiebenden Wirkung bei unaufschiebbaren vollzugspolizeilichen Maßnahmen (§ 80 Abs. 2 S. 1 Nr. 2 VwGO)

Nach § 80 Abs. 2 S. 1 Nr. 2 VwGO entfällt die aufschiebende Wirkung von Wider- 695
spruch und Anfechtungsklage bei unaufschiebbaren Anordnungen und Maßnahmen von Polizeivollzugsbeamten. Der von einer solchen Maßnahme Betroffene hat damit praktisch keine Möglichkeit, vorläufigen Rechtsschutz in Anspruch zu nehmen. Denn bevor er das Verwaltungsgericht mit einem Antrag nach § 80 Abs. 5 auf Wiederherstellung der von § 80 Abs. 2 S. 1 Nr. 2 VwGO ausgeschlossenen aufschiebenden Wirkung anrufen kann, ist die Maßnahme längst beendet: die Demonstration ist aufgelöst, der Platz geräumt, die Einkesselung aufgehoben. § 80 Abs. 2 S. 1 Nr. 2 VwGO erweist sich damit letztlich als ein vom Gesetzgeber bewusst geschaffenes Hindernis, vorläufigen gerichtlichen Rechtsschutz gegenüber unaufschiebbaren vollzugspolizeilichen Maßnahmen zu erlangen. Mit der verfassungsrechtlichen Rechtsschutzgarantie des Art. 19 Abs. 4 GG, die auch einen Anspruch auf Gewährung vorläufigen Rechtsschutzes umfasst, ist dies vereinbar. Wie das BVerfG wiederholt ausgesprochen hat, können „überwiegende öffentliche Belange" – hier: die Unaufschiebbarkeit der vollzugspolizeilichen Maßnahme – es rechtfertigen, den Rechtsschutzanspruch des Betroffenen einstweilen zurückzustellen, um unaufschiebbare Maßnahmen im Interesse des allgemeinen Wohls rechtzeitig in die Wege leiten zu können.[58] Ein solcher Fall liegt bei den unter § 80 Abs. 2 S. 1 Nr. 2 VwGO fallenden Maßnahmen vor. Der Betroffene ist auf den nachträglichen Rechtsschutz eines Hauptsacheverfahrens verwiesen: Er kann auf Feststellung klagen, dass die vollzugspolizeiliche Maßnahme, von der er betroffen wurde, rechtswidrig gewesen ist (§ 113 Abs. 1 S. 4 VwGO). Ein Schadensersatzanspruch kann sich anschließen, wenn sich die vollzugspolizeiliche Maßnahme als rechtswidrig erweist.

---

[58] So wörtlich BVerfG NVwZ-RR 2011, 420.

I. Unaufschiebbare vollzugspolizeiliche Anordnungen oder Maßnahmen

696 Zwei Voraussetzungen müssen erfüllt sein, damit § 80 Abs. 2 S. 1 Nr. 2 VwGO von vornherein die aufschiebende Wirkung eines etwaigen Widerspruchs oder einer etwaigen Anfechtungsklage entfallen lässt: es muss sich um eine vollzugspolizeiliche Anordnung oder Maßnahme in Form eines Verwaltungsakts handeln, und sie muss „unaufschiebbar" sein.

1. Vollzugspolizeilicher Verwaltungsakt

697 § 80 Abs. 2 S. 1 Nr. 2 VwGO schließt die aufschiebende Wirkung von Widerspruch und Klage nicht generell bei Maßnahmen auf dem Gebiet der öffentlichen Sicherheit und Ordnung aus, sondern nur bei Maßnahmen von „Polizeivollzugsbeamten". Dies ist eine bewusste Einschränkung, auch wenn der Begriff des „Polizeivollzugsbeamten" nicht eindeutig und seine Bezugnahme auf den Beamtenstatus eher missverständlich ist. Der persönliche Status des handelnden Amtsträgers – Beamter oder sonstiger Angehöriger des öffentlichen Dienstes – ist sicher nicht das entscheidende Kriterium. Gemeint ist die herkömmliche Unterscheidung zwischen dem Polizeivollzugsdienst einerseits sowie den allgemeinen Ordnungs-, Sicherheits- und Polizeibehörden, dem allgemeinen „Verwaltungsdienst" andererseits,[59] wie sie sich im Recht des Bundes und der Länder über die Jahrzehnte herausgebildet hat. § 80 Abs. 2 S. 1 Nr. 2 VwGO betrifft nur die „Vollzugspolizei im institutionellen Sinne".[60] Zu ihr rechnen etwa die Schutzpolizei, die Bereitschaftspolizei oder die Wasserschutzpolizei. Zumeist, wenn auch nicht immer (Zivilstreife) ist die Vollzugspolizei durch Uniform oder anderer äußerer Merkmale erkennbar. Polizeibeamte des Innendienstes,[61] Mitarbeiter der Ordnungsämter oder ein Bürgermeister in Ausübung des (öffentlich-rechtlichen) Hausrechts,[62] fallen nicht unter § 80 Abs. 2 S. 1 Nr. 2 VwGO. Ist eine verwaltungsbehördliche Maßnahme unaufschiebbar, muss sie nach § 80 Abs. 2 S. 1 Nr. 4 VwGO für sofort vollziehbar erklärt werden.

2. Unaufschiebbarkeit

698 Die vollzugspolizeiliche Anordnung oder Maßnahme muss „unaufschiebbar" sein. Das Privileg, das § 80 Abs. 2 S. 1 Nr. 2 VwGO der Polizeivollzugsbehörde einräumt, indem er ihr gestattet, ohne vorherige Anordnung der sofortigen Vollziehung (§ 80 Abs. 2 S. 1 Nr. 4 VwGO) handeln zu können, hat die Vollzugspolizei nur in Eilfällen, die keinen Aufschub dulden. Nur bei strikter Beachtung des Merkmals der Unaufschiebbarkeit ist § 80 Abs. 2 S. 1 Nr. 2 VwGO mit der Rechtsschutzgarantie des Art. 19 Abs. 4 GG zu vereinbaren. Wird der unaufschiebbare und daher nach § 80 Abs. 2 S. 1 Nr. 2 VwGO sofort vollziehbare Verwaltungsakt nicht befolgt, muss er, sei es durch unmittelbaren Zwang, sei es nach Maßgabe der Verwaltungsvollstreckungsgesetze, durchgesetzt werden: das falsch geparkte Auto wird abgeschleppt, der Platz wird geräumt. Rechtsbehelfe, die sich gegen Maßnahmen zur Umsetzung unaufschiebbarer Anordnungen oder Maßnahmen richten, fallen ebenfalls unter § 80 Abs. 2 S. 1 Nr. 2 VwGO, abgesehen davon, dass aufgrund landesrechtlicher Bestimmungen (§ 80 Abs. 2 S. 1 Nr. 3 Fall 2 VwGO; früher § 187 Abs. 3 VwGO) Rechtsbehelfe gegen Vollstreckungsmaßnahmen in der Regel ebenfalls keine aufschiebende Wirkung haben. Unaufschiebbar ist eine vollzugspolizeiliche Maßnahme, wenn auch die kleinste Zeitverzögerung zur Folge hätte oder haben könnte, dass die durch die Maßnahme bezweckte Regelung mit hoher Wahrscheinlichkeit ihren

[59] So zutreffend *Schoch* § 80 Rn. 147.
[60] *Schoch* aaO.
[61] Dazu OVG Münster OVGE 34, 240 (242) betreffend Kreisordnungsbehörde.
[62] Bejahend aber OLG Karlsruhe DÖV 1980, 99.

Zweck nicht mehr erreichen würde.[63] Anschauliche Beispiele sind unmittelbar gefahrenbekämpfende Anordnungen: die Auflösung einer gewalttätigen Versammlung oder verkehrspolizeiliche Maßnahmen wie die Sperrung einer Straße nach einem Unfall oder die Handzeichen des den Verkehr regelnden Polizeibeamten. Diese Maßnahmen erreichen ihren Zweck nur, wenn sie unverzüglich, ohne Verzug, umgesetzt werden. Unter § 80 Abs. 2 S. 1 Nr. 2 VwGO fallen in der Praxis vor allem Anordnungen und Maßnahmen, die aufgrund ihrer Eilbedürftigkeit mündlich oder durch tatsächliches Handeln ergehen, da keine Zeit bleibt, einen schriftlichen Verwaltungsakt zu erlassen und das besondere Vollzugsinteresse zur Anordnung seiner sofortigen Vollziehung darzulegen.[64] Hatte die Vollzugspolizei die Zeit, einen schriftlichen Verwaltungsakt zu erlassen, deutet dies darauf hin, dass keine Unaufschiebbarkeit der Maßnahme vorgelegen hat. Die getroffene Anordnung unterliegt vielmehr bei Anfechtung der aufschiebenden Wirkung. Sie kann nach § 80 Abs. 2 S. 1 Nr. 4 VwGO im öffentlichen Interesse, das schriftlich zu begründen ist (§ 80 Abs. 3 VwGO), für sofort vollziehbar erklärt werden. § 80 Abs. 2 S. 1 Nr. 2 VwGO ist dann nicht anwendbar. Daher fallen die Anordnung einer Fahrtenbuchauflage oder die Entziehung der Fahrerlaubnis niemals unter § 80 Abs. 2 S. 1 Nr. 2 VwGO[65], ebenso wenig wie die Anordnung einer erkennungsdienstlichen Behandlung für Zwecke des Erkennungsdienstes.[66]

II. Entsprechende Anwendung des § 80 Abs. 2 S. 1 Nr. 2 VwGO auf Verkehrszeichen

Große praktische Bedeutung hat § 80 Abs. 2 S. 1 Nr. 2 VwGO in einem Bereich **699**
erlangt, der von dem Wortlaut des Gesetzes nicht erfasst wird,[67] dem Bereich der Verkehrszeichen. Die gem. § 39 StVO durch Verkehrszeichen getroffenen Verkehrsregelungen sind ihrer Rechtsnatur nach Verwaltungsakte in der Form der Allgemeinverfügung.[68] Werden sie von einem Betroffenen mit Widerspruch oder Klage angefochten, tritt an sich nach § 80 Abs. 1 S. 1 VwGO aufschiebende Wirkung ein, was, da der Eintritt der aufschiebenden Wirkung nicht nach außen erkennbar ist, zu erheblicher und nicht hinnehmbarer Rechtsunsicherheit führt. Da der Gesetzgeber es bisher versäumt hat, den gegen Verkehrszeichen gerichteten Rechtsbehelfen die aufschiebende Wirkung abzuerkennen, wird von der Rechtsprechung einhellig § 80 Abs. 2 S. 1 Nr. 2 VwGO entsprechend angewandt.[69] Dies ist dogmatisch nicht zu rechtfertigen,[70] entspricht aber einem praktischen Bedürfnis. Rechtsstaatlich geboten wäre ein Handeln des Gesetzgebers. Die entsprechende Anwendung des § 80 Abs. 2 S. 1 Nr. 2 VwGO wird, außer mit dem praktischen Bedürfnis, damit gerechtfertigt, dass Verkehrszeichen die gleiche Rechtsnatur wie die ihnen von der Funktion her vergleichbaren verkehrsregelnden Maßnahmen der Polizeivollzugsbeamten haben, deren Stelle die Verkehrszeichen gleichsam vertreten.

---

[63] Ähnlich der Begriff der Gefahr im Verzug bei BVerwGE 68, 267 (272) = NVwZ 1984, 577.

[64] *Gersdorf* in Posser/Wolff § 80 Rn. 56.

[65] BVerwG NJW 1979, 1054.

[66] VG Schleswig NVwZ-RR 2004, 848.

[67] Zum Rechtsschutz gegen Verkehrszeichen *Lorz* DÖV 1993, 129; *Schmidt* DÖV 1970, 663; *Janicki* JZ 1968, 34.

[68] BVerfG NJW 1965, 2395; BVerwGE 59, 221; 27, 181; OLG Düsseldorf NVwZ 1985, 685; OVG Koblenz NVwZ 1985, 666. Zur Rechtsnatur von Verkehrsregelungen durch amtliche Verkehrszeichen *Prutsch* JuS 1980, 566.

[69] BVerwG NJW 1978, 656 (Halteverbot); BVerwG NVwZ 1988, 623 (abgelaufene Parkuhr und dadurch ausgelöstes Gebot, das Fahrzeug alsbald wegzufahren); OVG Lüneburg GewArch. 1992, 357 (Sperrung einer Straße anlässlich eines Weihnachtsmarktes); ferner BGHSt 23, 86 (89) = NJW 1969, 2023; OVG Münster OVGE 24, 200; VGH Mannheim ESVGH 24, 81 (83). Ebenso zum Entfernen von Verkehrszeichen OVG Münster NJW 1998, 329; VGH Mannheim NJW 1978, 1279.

[70] Kritisch auch *Schoch* § 80 Rn. 150; *Gersdorf* in Posser/Wolff § 80 Rn. 57

Diese „Funktionsgleichheit und wechselseitige Vertauschbarkeit einer Verkehrsregelung durch Verkehrszeichen einerseits und durch Polizeibeamte andererseits“[71] gebiete und rechtfertige es, § 80 Abs. 2 S. 1 Nr. 2 VwGO auch auf durch Verkehrszeichen oder verkehrsregelnde Einrichtungen wie Parkuhren oder Ampeln getroffene Regelungen entsprechend anzuwenden. Rechtsstaatliche Bedenken wegen mangelnder Erkennbarkeit der sofortigen Vollziehbarkeit bestehen nicht, da es für jedermann einsichtig ist, dass ein Verkehrszeichen um seiner Ordnungsfunktion willen der sofortigen und uneingeschränkten Befolgung bedarf. Dies bedeutet, dass bei Verstößen gegen Verkehrszeichen kein Verwaltungsakt erlassen zu werden braucht, sondern das durch Verkehrszeichen getroffene Gebot oder Verbot unmittelbar mit Mitteln des Verwaltungszwanges durchgesetzt werden kann.[72]

§ 37 Bundesgesetzlicher Ausschluss der aufschiebenden Wirkung (§ 80 Abs. 2 S. 1 Nr. 3 Fall 1 VwGO)

700 Nach § 80 Abs. 2 S. 1 Nr. 3 Fall 1 VwGO entfällt die aufschiebende Wirkung in den durch Bundesgesetz vorgeschriebenen Fällen.

I. Bedeutung und Grenzen eines bundesgesetzlichen Ausschlusses der aufschiebenden Wirkung

1. Nur deklaratorische Bedeutung für die Bundesgesetzgebung

701 § 80 Abs. 2 S. 1 Nr. 3 VwGO hat, soweit er vom Ausschluss der aufschiebenden Wirkung durch Bundesgesetz handelt, nur deklaratorische Bedeutung, nur die Funktion eines Hinweises auf die Möglichkeit, dass sich ein Ausschluss der aufschiebenden Wirkung auch außerhalb der VwGO in sonstigen Bundesgesetzen finden kann. Auch ohne § 80 Abs. 2 S. 1 Nr. 3 VwGO wäre der Bundesgesetzgeber aufgrund seiner Gesetzgebungsbefugnis für das gerichtliche Verfahren (Art. 74 Abs. 1 Nr. 1 GG) und zusätzlich aufgrund seiner Sachkompetenz auf den seiner Gesetzgebung zugewiesenen Gebieten befugt, die aufschiebende Wirkung von Rechtsbehelfen auszuschließen. Das verfassungsrechtliche Gebot effektiver Rechtsschutzgewährung (Art. 19 Abs. 4 S. 1 GG) ist durch die Möglichkeit, bei Gericht die Anordnung der ausgeschlossenen aufschiebenden Wirkung zu beantragen, hinreichend gewahrt.

2. Ausschluss durch förmliches und ausdrückliches Gesetz

702 Ob § 80 Abs. 2 S. 1 Nr. 3 VwGO dadurch eine eigenständige Bedeutung für die Bundesgesetzgebung zukommt, dass er den Ausschluss der aufschiebenden Wirkung nur durch Bundesgesetz („vorgeschrieben“) zulässt und damit einen Wegfall der aufschiebenden Wirkung durch auf hinreichender Ermächtigungsgrundlage beruhender Rechtsverordnung ausschließt, ist nicht zweifelsfrei, da § 80 Abs. 2 S. 1 Nr. 3 VwGO dem Bundesgesetzgeber keine Vorgaben machen kann.[73] Wegen der verfassungsrechtlichen Bedeutung des vorläufigen Rechtsschutzes ist es aber im Ergebnis vertretbar, für den Ausschluss der aufschiebenden Wirkung eine ausdrückliche bundesgesetzliche Regelung zu verlangen.[74]

---

[71] So BVerwG NJW 1978, 652.

[72] BVerwG NJW 1982, 348; NJW 1978, 656.

[73] So auch *Puttler* in Sodan/Ziekow VwGO § 80 Rn. 66.

[74] So im Ergebnis auch OVG Münster NVwZ-RR 2000, 121. Ebenso Kopp/*Schenke* VwGO § 80 Rn. 65; *Funke-Kaiser* in Bader VwGO § 80 Rn. 35; Hk-VerwR/*Bücken-Thielmeyer*/*Knöringer* § 80

3. Der vorläufige Rechtsschutz in den Fällen des § 80 Abs. 2 S. 1 Nr. 3 VwGO

Vorläufigen Rechtsschutz erhält der von einem unter § 80 Abs. 2 S. 1 Nr. 3 Fall 1 VwGO fallenden Verwaltungsakt Betroffene über § 80 Abs. 5 VwGO. Er muss beim Gericht der Hauptsache beantragen, die aufschiebende Wirkung seines Rechtsbehelfs anzuordnen. Bei der vom Gericht vorzunehmenden Abwägung des öffentlichen Vollzugsinteresses mit dem individuellen Suspensivinteresse ist die gesetzgeberische Entscheidung, den Rechtsbehelfen des Betroffenen die aufschiebende Wirkung zu nehmen, Rechnung zu tragen. Sie hat insbesondere bei offenem Prozessausgang erhebliches Gewicht.[75] Darin unterscheidet sich die Interessenabwägung des Gerichts in den Fällen des § 80 Abs. 2 S. 1 Nr. 3 VwGO von derjenigen, die stattzufinden hat, wenn sich der von einem Verwaltungsakt Betroffene im Verfahren des § 80 Abs. 5 VwGO gegen die behördliche Anordnung der sofortigen Vollziehung nach § 80 Abs. 2 S. 1 Nr. 4 VwGO wendet. Es bedarf besonderer, vom Betroffenen geltend zu machende Umstände, um von der gesetzgeberischen Entscheidung, durch Ausschluss der aufschiebenden Wirkung die sofortige Vollziehbarkeit des Verwaltungsakts zu ermöglichen, abzuweichen.[76] 703

II. Beispiele für den Ausschluss der aufschiebenden Wirkung durch Bundesgesetz

Der Bundesgesetzgeber hat die aufschiebende Wirkung vielfältig, aber ohne systematische Ordnung ausgeschlossen. So gibt es Fälle, in denen zwar nicht die verfassungsrechtliche Zulässigkeit, wohl aber die praktische Notwendigkeit des Ausschlusses der aufschiebenden Wirkung zweifelhaft erscheint. In anderen Bereichen, etwa dem Baurecht und dem Fachplanungsrecht, ist die aufschiebende Wirkung von Widerspruch und Anfechtungsklage nahezu vollständig beseitigt. Nachfolgend einige Beispiele: 704

1. Bau- und Raumordnungsrecht[77]

- § 212a Abs. 1 BauGB schließt bei Widerspruch und Anfechtungsklage eines Dritten gegen die bauaufsichtliche Zulassung eines Vorhabens die aufschiebende Wirkung aus. Gleiches gilt nach § 212a Abs. 2 BauGB bei Widerspruch und Anfechtungsklage gegen die Geltendmachung des Kostenerstattungsbetrages nach § 135a Abs. 3 BauGB sowie des Ausgleichsbetrages nach § 154 BauGB durch die Gemeinde. Unter den Begriff der „bauaufsichtlichen Zulassung“ fällt die Baugenehmigung, die Teilbaugenehmigung, die Nachtragsbaugenehmigung und die bauaufsichtliche Zustimmung. Ob auch der Vorbescheid, der das Vorhaben noch nicht zulässt, sondern nur, wie es in den Bauordnungen heißt, „zu einzelnen Fragen des Bauvorhabens“ ergeht, unter § 212a Abs. 1 BauGB fällt, ist zweifelhaft.[78] Wird eine bauaufsichtliche Zulassung für ein Vorhaben erteilt, für das eigentlich eine immissionsschutzrechtliche Genehmigung erforderlich 705

VwGO Rn. 28; *Schoch* in Schoch/Schmidt-Aßmann/Pietzner VwGO § 80 Rn. 126; teilweise abweichend BVerfGK NVwZ 2007, 1302.

[75] BVerwG NVwZ 2007, 1207 zu § 137 Abs. 1 TKG; BVerwG BRS 69 Nr. 182 zu § 10 Abs. 6 LuftVG.

[76] So ausdrücklich und eingehend BVerfG (Kammerentscheidung) NVwZ 2004, 93; ebenso *Redeker/von Oertzen* VwGO § 80 Rn. 18; aA BVerwG NVwZ-RR 2002, 153, das die Bedeutung des gesetzlichen Ausschlusses der aufschiebenden Wirkung lediglich darin sieht, die Behörde von der Notwendigkeit zu entbinden, das öffentliche Vollzugsinteresse besonders zu begründen; ähnlich *Schoch* in Schoch/Schmidt-Aßmann/Pietzner VwGO § 80 Rn. 125.

[77] Siehe dazu auch → § 58 Rn. 1 ff.

[78] Verneinend VGH München NVwZ 1999, 1363; VGH Mannheim NVwZ 1997, 1008; für Anwendbarkeit des § 212a Abs. 1 BauGB OVG Lüneburg NVwZ-RR 2010, 140; NVwZ-RR 2005, 69 mwN.

gewesen wäre – Baugenehmigung für ein Kleintierkrematorium statt einer Genehmigung nach § 4 BImSchG – soll im Interesse des Nachbarschutzes § 212a Abs. 1 BauGB nicht anwendbar sein.[79] Auch die Anfechtung einer zugunsten des Bauherrn ergangenen selbständigen bauordnungsrechtlichen Abweichungsentscheidung – Zulassung der Abweichung von baurechtlichen Anforderungen bei einem nicht genehmigungsbedürftigen Vorhaben – soll nicht unter § 212a Abs. 1 BauGB fallen, da das Vorhaben genehmigungsfrei ist, die Abweichungsentscheidung mithin das Vorhaben nicht „zulässt".[80] Dritter im Sinne von § 212a Abs. 1 BauGB ist auch die Gemeinde, die sich unter Berufung auf § 36 BauGB gegen die ohne ihr Einvernehmen erteilte Baugenehmigung wendet.[81]

- Nach § 14 Abs. 3 ROG haben Rechtsbehelfe gegen die Untersagung raumbedeutsamer Planungen und Maßnahmen keine aufschiebende Wirkung. Bei Raumordnungsplänen des Bundes siehe § 22 ROG.

2. Fachplanungsrecht[82]

706 Im Fachplanungsrecht, zu dem das Verkehrswegeplanungsrecht, das Bundesschienenwegeausbaugesetz, das Bundesfernstraßengesetz, das Luftverkehrsgesetz, das Personenbeförderungsgesetz und das Bundeswasserstraßengesetz gehören, ist die aufschiebende Wirkung von Widerspruch und Anfechtungsklage bundesgesetzlich weitestgehend ausgeschlossen. Im Einzelnen sind zu nennen:

- FStrG: Die Anfechtung eines Planfeststellungsbeschlusses oder einer Plangenehmigung für den Bau oder die Änderung von Bundesfernstraßen, für die nach dem Fernstraßenausbaugesetz vordringlicher Bedarf festgestellt ist, hat nach § 17e Abs. 2 FStrG keine aufschiebende Wirkung.[83] Ein Antrag nach § 80 Abs. 5 VwGO auf Wiederherstellung der aufschiebenden Wirkung kann nur innerhalb eines Monats nach Zustellung des Planfeststellungsbeschlusses oder der Plangenehmigung gestellt und begründet werden. Vgl. hierzu auch § 17e Abs. 3 bis 5 FStrG sowie § 18 Abs. 6a FStrG: keine aufschiebende Wirkung bei Rechtsbehelfen gegen vorzeitige Besitzeinweisung.
- AEG: Die Anfechtung eines Planfeststellungsbeschlusses oder einer Plangenehmigung für den Bau oder die Änderung von Betriebsanlagen der Eisenbahn hat, sofern nach dem BundesschienenwegeausbauG vordringlicher Bedarf festgestellt ist, keine aufschiebende Wirkung.[84] Der Antrag nach § 80 Abs. 5 VwGO kann nur innerhalb eines Monats nach der Zustellung gestellt und begründet werden, gleiches gilt nach § 21 Abs. 7 AEG für Rechtsbehelfe gegen eine vorzeitige Besitzeinweisung.
- WaStrG: Die Anfechtungsklage gegen einen Planfeststellungsbeschluss oder eine Plangenehmigung für den Neubau und Ausbau der in Anlage 2 WaStrG genannten Bundeswasserstraßen hat nach § 14e Abs. 2 WaStrG keine aufschiebende Wirkung. Ein Antrag nach § 80 Abs. 5 VwGO kann nur innerhalb eines Monats nach der Zustellung gestellt und begründet werden;

---

[79] OVG Lüneburg NVwZ-RR 2011, 139.

[80] OVG Münster NVwZ-RR 2008, 757; aA VGH Mannheim BRS 70 Nr. 180.

[81] OVG Lüneburg NVwZ 1999, 1005; VGH Mannheim NVwZ 1999, 442; OVG Saarlouis NVwZ-RR 2011, 888 und 877 L.

[82] Der vorläufige Rechtsschutz im Fachplanungsrecht ist einheitlich geregelt worden durch das Gesetz zur Beschleunigung von Planungsverfahren für Infrastrukturvorhaben vom 9.12.2006 (BGBl. I S. 2833).

[83] Dazu BVerwG NVwZ 2011, 820; NVwZ 2012, 1226, 1053, 570; OVG Hamburg NVwZ-RR 2011, 854.

[84] Dazu BVerwG NVwZ 2013, 85; OVG Koblenz NVwZ-RR 2010, 735; NVwZ-RR 2015, 280.

– LuftVG: Die Anfechtungsklage gegen einen Planfeststellungsbeschluss oder eine Plangenehmigung für den Bau oder die Änderung von Flughäfen und Landeplätzen mit beschränktem Bauschutzbereich hat nach § 10 Abs. 6 LuftVG keine aufschiebende Wirkung.[85] Ein Antrag nach § 80 Abs. 5 VwGO kann nur innerhalb eines Monats nach der Zustellung gestellt und begründet werden;
– PBefG: Die Anfechtungsklage gegen einen Planfeststellungsbeschluss oder eine Plangenehmigung für den Bau oder die Änderung von Betriebsanlagen für Straßenbahnen hat nach § 29 Abs. 6 PBefG keine aufschiebende Wirkung. Ein Antrag nach § 80 Abs. 5 VwGO kann nur innerhalb eines Monats nach der Zustellung gestellt und begründet werden. Gleiches gilt nach § 29a Abs. 7 PBefG für Rechtsbehelfe gegen eine vorzeitige Besitzeinweisung;
– MagnetschwebebahnplanungsG: Die Anfechtungsklage gegen einen Planfeststellungsbeschluss oder eine Plangenehmigung für den Bau oder die Änderung von Betriebsanlagen einer Magnetschwebebahn hat nach § 2d VwGO des Gesetzes keine aufschiebende Wirkung. Ein Antrag nach § 80 Abs. 5 VwGO muss innerhalb eines Monats nach der Zustellung gestellt und begründet werden.

3. Gesetze der Gefahrenabwehr

Zahlreich, aber, anders als die Gesetze des Fachplanungsrechts, untereinander zumeist ohne Zusammenhang, sind die Gesetze, in denen aus Gründen der Gefahrenabwehr die aufschiebende Wirkung von Widerspruch und Anfechtungsklage ausgeschlossen worden ist. Nachfolgend eine Aufzählung der hier zu nennenden Gesetze und der maßgebenden Vorschriften, ohne diese inhaltlich zu skizzieren: 707

– Bundesseuchengesetz: §§ 35 Abs. 2, 46 S. 2, 48 BSeuchG
– Tierseuchengesetz: § 80 TierSG
– Chemikaliengesetz: § 20 Abs. 3 S. 2 und § 23 Abs. 3 ChemG
– Lebensmittel- und FuttermittelG: § 39 Abs. 7 LFGB[86]
– Infektionsschutzgesetz: § 16 Abs. 8 IfSG
– Arzneimittelgesetz: §§ 28 Abs. 3c, 30 Abs. 3 AMG
– Pflanzenschutzgesetz: § 15 Abs. 1 PflSchG

Auch die folgenden Gesetze dienen in der einen oder anderen Weise der Gefahrenbekämpfung:

– Straßenverkehrsgesetz: §§ 2a Abs. 6, 4 Abs. 7 StVG[87]
– Jungendschutzgesetz: § 25 Abs. 4 JuSchG
– Luftverkehrsgesetz: § 31d Abs. 5 LuftVG
– Passgesetz: § 14 PassG
– Personalausweisgesetz: § 30 PAuswG
– Vereinsgesetz: §§ 6 Abs. 2 und 8 Abs. 2 VereinsG
– Parteiengesetz: § 32 Abs. 4 ParteiG

4. Gesetze auf dem Gebiet der Wirtschaft

Viele Gesetze auf dem Gebiet der Wirtschaft schließen aus unterschiedlichen Gründen die aufschiebende Wirkung von Widerspruch und Anfechtungsklage aus. Nachfolgend einige Beispiele ohne nähere Skizzierung: 708

– Abfallverbringungsgesetz: § 8 Abs. 5 AbfVerbrG;
– Abwasserabgabengesetz: § 12a AbWAG

[85] Dazu BVerwG BRS 69 Nr. 182.
[86] Dazu OVG Hamburg NVwZ-RR 2012, 92.
[87] Dazu VGH Mannheim NJW 2011, 2311 und 2456.

- Außenwirtschaftsgesetz: § 30 Abs. 3 AWG
- Börsengesetz: §§ 3, 20, 25, 27 BörsG
- Bundesstatistikgesetz: § 15 Abs. 6 BStatG
- Elektro- und Elektronikgerätegesetz: § 21 Abs. 2 ElektroG
- Energiesicherungsgesetz: § 5 EnSichG
- Energiewirtschaftsgesetz: § 43e EnWiG[88]
- Filmförderungsgesetz: § 66b FFG[89]
- Finanzmarktstabilisierungsfondsgesetz: § 15 FMStFG
- Gesetz über das Kreditwesen: § 49 KWG
- Pfandbriefgesetz: § 37 PfandBG
- Schornsteinfeger-Handwerksgesetz: § 12 Abs. 2 SchfHwG
- Telekommunikationsgesetz: § 137 Abs. 1 TKW
- Treibhausgas-Emissionshandelsgesetz: § 12 TEHG
- Versicherungsaufsichtsgesetz: § 89a VAG
- Wertpapierhandelsgesetz: §§ 37t und 37u WpHG

5. Öffentliches Dienstrecht

709 Ein gesetzlich angeordneter Wegfall der aufschiebenden Wirkung von Widerspruch und Anfechtungsklage findet sich vielfach im öffentlichen Dienstrecht, wie dem Beamtenrecht, dem Wehrrecht und im Recht des Zivildienstes.

- Beamtenrecht: Nach § 126 Abs. 3 Nr. 3 BRRG keine aufschiebende Wirkung von Widerspruch und Anfechtungsklage gegen die Abordnung oder Versetzung von Beamten generell; nach § 126 Abs. 4 BBG bei der Abordnung oder Versetzung von Bundesbeamten und nach § 54 Abs. 4 BeamtStG bei der Abordnung oder Versetzung der Beamten der Länder, Gemeinden, Gemeindeverbände und der sonstigen landesunmittelbaren Körperschaften, Anstalten und Stiftungen des öffentlichen Rechts.
- Wehrpflichtrecht: Nach § 33 Abs. 2 WPflG hat der Widerspruch gegen den Musterungsbescheid, vom Gesetz ausdrücklich hervorgehoben, aufschiebende Wirkung. Dagegen hat der Widerspruch gegen den Einberufungsbescheid, gegen die Aufhebung eines Einberufungsbescheides und gegen den Tauglichkeitsüberprüfungsbescheid nach § 33 Abs. 4 WPflG keine aufschiebende Wirkung. Diese fehlt nach § 35 WPflG auch der Anfechtungsklage gegen den Musterungsbescheid, gegen den Tauglichkeitsüberprüfungsbescheid, den Einberufungsbescheid und die Aufhebung des Einberufungsbescheides. § 35 Abs. 1 WPflG ist auf die Klage gegen den Widerruf der Katastrophenschutzbehörde nicht entsprechend anzuwenden.[90]
- Zivildienstgesetz: Widerspruch und Anfechtungsklage u. a. gegen den Einberufungsbescheid, die Aufhebung des Einberufungsbescheides und gegen den Umwandlungsbescheid haben nach § 74 ZDG keine aufschiebende Wirkung;
- ArbeitssicherstellungsG: Keine aufschiebende Wirkung hat nach § 27 Abs. 2 VwGO ArbeitssicherstellungsG die Anfechtung von Maßnahmen für Zwecke der Verteidigung einschließlich des Schutzes der Zivilbevölkerung.

---

[88] Dazu OVG Lüneburg NVwZ-RR 2014, 219; OVG Bautzen NVwZ-RR 2010,873; OVG Münster NVwZ-RR 2010, 953.

[89] Dazu OVG Berlin-Brandenburg NVwZ 2010, 724.

[90] BVerwGE 55, 280. Vgl. auch § 48 Abs. 1 Nr. 3 betreffend Widerspruch gegen den Musterungsbescheid, wenn Wehrübungen als Bereitschaftsdienst angeordnet sind.

6. Ausländer- und Asylrecht

Auch das Ausländer- und Asylrecht weist zahlreiche Vorschriften auf, die die aufschiebende Wirkung von Rechtsbehelfen ausschließen. 710

- Aufenthaltsgesetz: Keine aufschiebende Wirkung haben Widerspruch und Anfechtungsklage gegen Ablehnung eines Antrags auf Erteilung oder Verlängerung des Aufenthaltstitels (§ 84 AufenthG) sowie gegen die übrigen in § 84 AufenthG genannten Maßnahmen. Die Klage gegen Maßnahmen im Zusammenhang mit der Verteilung unerlaubt eingereister Ausländer hat nach § 15a Abs. 2 und 4 AufenthG keine aufschiebende Wirkung. Gleiches gilt für die Klage gegen die Zuweisungsentscheidung bei Aufenthaltsgewährung zum vorübergehenden Schutz (§ 24 Abs. 4 AufenthG).
- Asylrecht: Der Widerspruch ist als Rechtsbehelf nach § 11 AsylVfG ausgeschlossen. Der als Rechtsbehelf allein möglichen Anfechtungsklage kommt nach § 75 AsylVfG keine aufschiebende Wirkung zu. Ausnahmen finden sich in § 38 Abs. 1 und § 73 AsylVfG.

7. Sonstige Gesetze

Als weitere Gesetze, die die aufschiebende Wirkung von Widerspruch und Anfechtungsklage ausschließen, sind zu nennen: 711

- § 93 Abs. 3 SGB XII: Anfechtung des Verwaltungsakts, mit dem Unterhaltsansprüche auf den Träger der Sozialhilfe übergeleitet werden;
- § 88 Abs. 4 SGB IX: Anfechtung der Zustimmung des Integrationsamtes zur Kündigung des Arbeitsverhältnisses eines Schwerbehinderten;
- § 5 Abs. 3 S. 1 ErstG: Klage gegen den Erstattungsbeschluss.

§ 38 Ausschluss der aufschiebenden Wirkung durch Landesgesetz (§ 80 Abs. 2 S. 1 Nr. 3 Fall 2 VwGO)

Nach § 80 Abs. 2 S. 1 Nr. 3 Fall 2 VwGO kann auf dem Gebiet des Landesrechts die aufschiebende Wirkung auch durch Landesgesetz ausgeschlossen werden. Ursprünglich war dies nur durch Bundesgesetz möglich.[91] Lediglich auf dem Gebiet der Verwaltungsvollstreckung ermächtigte § 187 Abs. 3 VwGO die Länder, durch Landesgesetz die aufschiebende Wirkung von Rechtsbehelfen auszuschließen. Seit dem 6. VwGOÄndG[92] ist der Landesgesetzgeber durch § 80 Abs. 2 S. 1 Nr. 3 VwGO ermächtigt, auf den seiner Gesetzgebung unterliegenden Gebieten die aufschiebende Wirkung auch durch Landesgesetz auszuschließen. Dafür ist, da nunmehr entbehrlich, § 187 Abs. 3 VwGO aufgehoben worden. 712

I. § 80 Abs. 2 S. 1 Nr. 3 Fall 2 VwGO als Kompetenznorm für den Landesgesetzgeber

Adressat des § 80 Abs. 2 S. 1 Nr. 3 Fall 2 VwGO ist der Landesgesetzgeber. Er wird ermächtigt, auf dem Gebiet des Landesrechts durch Landesgesetz die aufschiebende Wirkung von Widerspruch und Anfechtungsklage auszuschließen. Einen Ausschluss der aufschiebenden Wirkung durch Rechtsverordnung oder Satzung lässt der eindeutige Wortlaut des Gesetzes nicht zu. Es bedarf stets eines förmlichen Gesetzes. Die dem 713

[91] § 80 Abs. 2 Nr. 3a aF bestimmte lapidar, dass die aufschiebende Wirkung „in anderen durch Bundesgesetz vorgeschriebenen Fällen" entfällt. Von einem Ausschluss durch Landesgesetz war nicht die Rede.

[92] Vom 1.11.1996 (BGBl. I S. 1626)

Landesgesetzgeber durch § 80 Abs. 2 S. 1 Nr. 3 Fall 2 VwGO verliehene Suspensivkompetenz umfasst das gesamte Gebiet des Landesrechts. Rechtsbehelfen, die sich gegen Verwaltungsakte richten, die auf landesrechtlicher Grundlage ergehen, kann der Landesgesetzgeber die ihnen an sich nach § 80 Abs. 1 zukommende aufschiebende Wirkung nehmen. Da § 80 Abs. 2 S. 1 Nr. 3 VwGO nur eine Ermächtigung an den Landesgesetzgeber, nicht hingegen eine abschiebende Übertragung der Gesetzgebungsbefugnis des Bundesgesetzgebers auf den Landesgesetzgeber ist, bleibt der Bundesgesetzgeber nach wie vor zuständig, aufgrund seiner Gesetzgebungskompetenz für das Gebiet der Verwaltungsgerichtsbarkeit seinerseits die aufschiebende Wirkung von Rechtsbehelfen auf den Gebieten des Landesrechts auszuschließen.

714 Der Suspensivkompetenz des Landesgesetzgebers unterliegt das gesamte Landesrecht. Auf welchen Rechtsgebieten er im Einzelnen von der ihm eingeräumten Gesetzgebungskompetenz Gebrauch machen will, obliegt allein seiner Entscheidung. Zwar erwähnt § 80 Abs. 2 S. 1 Nr. 3 VwGO ausdrücklich den Ausschluss der aufschiebenden Wirkung von „Widersprüchen und Klagen Dritter gegen Verwaltungsakte, die Investitionen oder die Schaffung von Arbeitsplätzen betreffen". Eine rechtliche Bedeutung kommt dieser Erwähnung indes nicht zu.[93] Weder wird durch sie unmittelbar für diese Sachgebiete die aufschiebende Wirkung von Rechtsbehelfen ausgeschlossen,[94] noch wird der Landesgesetzgeber verpflichtet, Klagen auf diesen Gebieten durch Landesgesetz die aufschiebende Wirkung zu nehmen, noch wird seine Suspensivkompetenz auf diese Bereiche beschränkt. Die Aufnahme der beiden Beispiele in den Gesetzestext ist eine überflüssige Arabeske des Gesetzgebers,[95] die ersatzlos entfallen könnte. Bisher haben die Landesgesetzgeber von der ihnen verliehenen Suspensivkompetenz eher zurückhaltend Gebrauch gemacht, sieht man vom Gebiet der Verwaltungsvollstreckung ab, auf dem bereits der frühere § 187 Abs. 3 VwGO zu zahlreichen landesrechtlichen Regelungen geführt hatte. Die ursprüngliche Sorge, die Ermächtigung des § 80 Abs. 2 Nr. 3 VwGO an den Landesgesetzgeber leiste einer Verkürzung und Zersplitterung des Rechtsschutzes Vorschub, hat sich bisher nicht erfüllt. Dass es zu unterschiedlichen Regelungen in den Ländern kommen kann, ist in einem Bundesstaat die zwangsläufige Folge der eigenständigen Landesgesetzgebung und daher hinzunehmen. Dem Landesgesetzgeber obliegt es auch, den Umfang des Ausschlusses der aufschiebenden Wirkung auf dem Gebiet des Landesrechts zu bestimmen. Er kann nach dem Vorbild von § 80 Abs. 2 S. 2 Nr. 1 und 2 VwGO die aufschiebende Wirkung von Widerspruch und Anfechtungsklage insgesamt ausschließen, kann aber auch differenzieren, etwa die aufschiebende Wirkung des Widerspruchs bestehen lassen und erst, wenn der Verwaltungsakt im Widerspruchsverfahren geprüft und durch Zurückweisung des Widerspruchs bestätigt worden ist, der anschließenden Anfechtungsklage die aufschiebende Wirkung nehmen. Den Rechtsschutz, den § 80 Abs. 5 VwGO gegenüber dem sofort vollziehbaren Verwaltungsakt gewährt, kann der Landesgesetzgeber nicht einschränken. Die ihm von § 80 Abs. 2 S. 1 Nr. 3 VwGO verliehene Gesetzgebungskompetenz beschränkt sich auf den Ausschluss der aufschiebenden Wirkung.[96]

II. Der landesrechtliche Ausschluss der aufschiebenden Wirkung

715 Wie schon erwähnt, machen die Landesgesetzgeber von der ihnen von § 80 Abs. 2 S. 1 Nr. 3 und S. 2 VwGO verliehenen Suspensivkompetenz nur zögernd Gebrauch. Beispiele finden sich im Landesbeamtenrecht – etwa: § 124 Abs. 3 LBG Saar oder § 102 LGB

[93] Ebenso *Kopp/Schenke* § 80 Rn. 69; *Redeker/von Oertzen* § 80 Rn. 18a.
[94] *Schoch* § 80 Rn. 136c.
[95] Ähnlich *Schoch* § 80 Rn. 136b: „Lyrischer Zusatz".
[96] Ähnlich *Redeker/von Oertzen* § 80 Rn. 18b.

Schleswig-Holstein – sowie in den Landesbauordnungen, etwa § 72 Abs. 1 Saarl. Bauordnung und § 64 Abs. 1 Bauordnung Baden-Württemberg. Durchgängig haben sämtliche Länder, mit Unterschieden im Einzelnen, die aufschiebende Wirkung von Rechtsbehelfen auf dem Gebiet der Verwaltungsvollstreckung ausgeschlossen, teils in ihren Ausführungsgesetzen zur VwGO,[97] teils in den die Verwaltungsvollstreckung regelnden Gesetzen.[98] Diese Gesetze beruhen überwiegend auf dem inzwischen von § 80 Abs. 2 S. 1 Nr. 3 und S. 2 VwGO ersetzten § 187 Abs. 3 VwGO, der die Länder ermächtigte zu bestimmen, „dass Rechtsbehelfe keine aufschiebende Wirkung haben, soweit sie sich gegen Maßnahmen richten, die in der Verwaltungsvollstreckung getroffen werden". Die Länder waren daher berechtigt, im gesamten Bereich der Verwaltungsvollstreckung Rechtsbehelfen die aufschiebende Wirkung zu nehmen, auch wenn auf Bundesrecht beruhende Verwaltungsakte oder sich unmittelbar aus dem Bundesrecht ergebende Pflichten von Behörden des Landes vollstreckt wurden. Seit dem 1. Januar 1997 ist § 80 Abs. 2 S. 1 Nr. 3 und S. 2 VwGO Rechtsgrundlage für den landesgesetzlichen Ausschluss der aufschiebenden Wirkung auch von Rechtsbehelfen gegen Maßnahmen der Verwaltungsvollstreckung. Die meisten Länder schließen durch Landesgesetz generalklauselartig die aufschiebende Wirkung von „Rechtsbehelfen" aus, die sich gegen „Maßnahmen in der Verwaltungsvollstreckung richten".[99] Ausgeschlossen wird in den genannten Gesetzen stets die aufschiebende Wirkung der vollstreckungsrechtlichen „Rechtsbehelfe", worunter die Anfechtungsklage und der ihr vorausgehende Widerspruch zu verstehen sind. Denn nur sie haben nach § 80 Abs. 1 VwGO die aufschiebende Wirkung, die hier ausgeschlossen werden soll. Diese Rechtsbehelfe müssen sich gegen Maßnahmen richten, die „in der Verwaltungsvollstreckung" getroffen werden, und zwar von einer Behörde des Landes, einer Gemeinde, einem Kreis oder einer anderen landesunmittelbaren juristischen Person. Gegenüber Vollstreckungsmaßnahmen von Bundesbehörden, die auf der Grundlage von Bundesrecht handeln, steht den Ländern die Suspensivkompetenz des § 80 Abs. 2 S. 1 Nr. 1 und S. 2 VwGO nicht zu. Im Regelfall geht der Verwaltungsvollstreckung der Erlass eines Verwaltungsakts voraus, der auf die Vornahme einer Handlung, Duldung oder Unterlassung gerichtet ist, und der mit den Zwangsmitteln der Verwaltungsvollstreckung durchgesetzt werden soll. Rechtsgrundlage dieses Verwaltungsakts kann Bundesrecht (§ 80 Abs. 2 S. 2 VwGO) oder Landesrecht sein. Die Verwaltungsvollstreckungsgesetze sehen ein abgestuftes Vollstreckungsverfahren vor. Es beginnt mit der schriftlichen Androhung des Zwangsmittels unter Fristsetzung (§ 13 VwVG).[100] Die Androhung, die sich auf ein bestimmtes Zwangsmittel beziehen muss, legt Art und Weise der weiteren Verwaltungsvollstreckung (Ersatzvornahme, Zwangsgeld, unmittelbaren Zwang) fest. Die Androhung ist Verwaltungsakt,[101] dessen Anfechtung nach Maßgabe des Landesrechts keine aufschiebende Wirkung hat. Es folgt die Festsetzung des angedrohten Zwangsmittels.[102] Sie begründet die Verpflichtung zur Zahlung des festgesetzten Zwangs-

[97] Vgl. § 4 AGVwGO Berlin; Art. 11 Bremen; § 8 Hamburg; § 16 Hessen; § 112 JustG NRW; § 20 Rheinland-Pfalz; § 20 Saarland; § 9 Sachsen-Anhalt; § 8 Thüringen.

[98] Vgl. für Baden-Württemberg § 12 LVwVG; Bayern Art. 21a VwZG; Brandenburg § 39 VwVGBbg; Niedersachsen § 66 NVwVG; Sachsen § 11 SächsVG; Schleswig-Holstein §§ 223 Abs. 1, 248 Abs. 1 LVG; Mecklenburg-Vorpommern § 99 SOG-MV.

[99] So die Formulierung in § 6 Hes.AGVwGO, § 112 JusG NRW, § 20 AGVwGO Rheinland-Pfalz, § 9 AGVwGO LSa, § 8 Thür. AGVwGO.

[100] In der folgenden Darstellung wird das VwVG des Bundes zugrunde gelegt, dessen Grundmuster das Verwaltungsvollstreckungsrecht der Länder weitgehend entspricht.

[101] VGH Kassel ESVGH 2, 251; VGH Mannheim ESVGH 32, 36; VGH München BayVBl. 1987, 563.

[102] In einigen Ländern kann der Vollzug unmittelbar aufgrund der Androhung erfolgen; eine gesonderte Festsetzung des Zwangsmittels ist entbehrlich. So ua in Rheinland-Pfalz vgl. OVG Koblenz NVwZ 1985, 201.

geldes, bei der Ersatzvornahme die Befugnis der Behörde zur Vornahme der Handlung auf Kosten des Pflichtigen (§ 10 VwVG), oder die Befugnis der Vollzugsbehörde, den Pflichtigen zum Handeln, Dulden oder Unterlassen zu zwingen oder die Handlung selbst vorzunehmen (§ 12 VwVG). Auch die Festsetzung ist Verwaltungsakt, die angefochten werden kann.[103] Der Verwaltungsakt über die Festsetzung des Zwangsmittels ist Grundlage der weiteren Vollstreckung und hat insoweit einen eigenen Regelungsgehalt. Das festgesetzte Zwangsgeld wird durch Pfändung von Forderungen oder Sachen oder durch Vollstreckung in das unbewegliche Vermögen beigetrieben. Auch dies sind Maßnahmen, die in der Verwaltungsvollstreckung getroffen werden. Allen gegen diese Maßnahmen gerichteten Rechtsbehelfen kann das Landesrecht die aufschiebende Wirkung nehmen.

III. Rechtsschutz bei landesgesetzlichem Ausschluss der aufschiebenden Wirkung

716 Fehlt Rechtsbehelfen, die sich gegen Verwaltungsakte wenden, aufgrund landesgesetzlicher Bestimmungen die aufschiebende Wirkung, erhält der Betroffene vorläufigen gerichtlichen Rechtsschutz über § 80 Abs. 5 VwGO und behördlichen vorläufigen Rechtsschutz, der in der Praxis allerdings nur schwer zu erlangen ist, über § 80 Abs. 4 VwGO. Diesen vorläufigen gerichtlichen oder behördlichen Rechtsschutz des § 80 Abs. 4 und 5 VwGO kann der Landesgesetzgeber nicht ausschließen oder einschränken, da sich seine ihm von § 80 Abs. 2 S. 3 Nr. 3 und Abs. 2 S. 2 VwGO verliehene Gesetzgebungskompetenz auf den Ausschluss der aufschiebenden Wirkung beschränkt. Soweit Landesgesetzes wie § 4 Abs. 1 S. 1 AGVwGO Bln, § 16 S. 2 Hess.AGVwGO oder § 8 S. 2 AGVwGO ua ausdrücklich auf § 80 Abs. 4, 5 VwGO verweisen, ist diese Verweisung deklaratorisch, da sie bestimmt, was bereits unmittelbar kraft Bundesrechts gilt.

717–723 *nicht besetzt*

C. Befugnisse der Behörde

§ 39 Anordnung der sofortigen Vollziehung im öffentlichen Interesse

Schrifttum *Beckmann,* Ist die Notstandsmaßnahme nach § 80 Abs. 3 S. 2 VwGO überflüssig?, VR 2003, 53; *ders.,* Sind die in der Literatur und Judikatur vertretenen diversen Theorien zur Zuständigkeitskonkurrenz zwischen Erlass- und Widerspruchsbehörde gem. § 80 II 1 Nr. 4 VwGO nachvollziehbar und schlüssig?, NVwZ 2004, 184; *ders.,* Beschleunigungsinstrumente in der Bauüberwachung, UPR 2015, 490; *Dietz,* Abwägungslinien bei sofort vollziehbaren Gewerbeuntersagungen, GewArch 2014, 225; *Grigoleit,* Die Anordnung der sofortigen Vollziehbarkeit gemäß § 80 Abs. 2 Nr. 4 VwGO als Verwaltungshandlung, 1997; *Kaltenborn,* Die formellen Anforderungen an eine Anordnung der sofortigen Vollziehbarkeit gem. § 80 Abs. 2 S. 1 Nr. 4, Abs. 3 VwGO, DVBl. 1999, 828; *Kotulla,* Der Suspensiveffekt des § 80 I VwGO – ein Rechtsschutzinstrument auf Abruf?, Verw 33 (2000), 521; *Kusch,* Prozessuale Konsequenzen einer fehlenden Rechtsbehelfsbelehrung in Bezug auf § 80 Abs. 6 VwGO, VR 2004, 361; *Pache/Knauff,* Zum Verhältnis von Ausgangs- und Widerspruchsbehörde nach den Regelungen der VwGO, DÖV 2004, 656; *Schenke,* Probleme der Vollziehungsanordnung gemäß § 80 II S. 1 Nr. 4, § 80a I Nr. 1 und II VwGO, VerwArch 2000, 587; *Schoch,* Der verwaltungsprozessuale vorläufige Rechtsschutz (Teil I) – Aufschiebende Wirkung und Anordnung der sofortigen Vollziehung, Jura 2001, 671; *Tietje,* Die Heilung von Begründungsmängeln nach § 80 Abs. 3 S. 1 VwGO im verwaltungsgerichtlichen Verfahren, DVBl. 1998, 124; *Traumann,* Die sog. Risiko- und Verpflichtungserklärung bei der Vollzugsanordnung nach § 80 VwGO, NVwZ 1988, 415; *Uhlenbrock/Arndt,* Grundfälle der Tenorierung in der verwaltungsrechtlichen Klausur, NdsVBl. 2000, 256; *Weidemann/Barthel,* Die behördliche Anordnung der sofortigen Vollziehung, DVP 2003, 165; zum Unionsrecht s. die Angaben vor → § 43.

[103] BVerwGE 49, 169 (170); OVG Koblenz NVwZ 1985, 201.

Die Behörde kann nach § 80 Abs. 2 Satz 1 Nr. 4 1. Alt VwGO. die sofortige Vollziehung des Verwaltungsakts anordnen, wenn dies im öffentlichen Interesse liegt. Mit der Anordnung entfällt die aufschiebende Wirkung von Widerspruch und Anfechtungsklage. 724

I. Funktion und Bedeutung

Die Behörde muss nach den Verwaltungsvollstreckungsgesetzen grundsätzlich den Eintritt der Unanfechtbarkeit des Verwaltungsakts abwarten, bevor sie vollstreckt. Legt der Betroffene Widerspruch ein und erhebt später Anfechtungsklage, so kommt diesen Rechtsmitteln aufschiebende Wirkung zu;[1] der Verwaltungsakt darf einstweilen – in der Regel bis zum Ende des in § 80b Abs. 1 VwGO bezeichneten Zeitraums – nicht durchgesetzt werden. Dies kann öffentlichen Interessen zuwiderlaufen. Der Gesetzgeber trägt diesen öffentlichen Interessen in einer Vielzahl von Gesetzen Rechnung, indem er die aufschiebende Wirkung ausschließt.[2] 725

Auch in Fällen, in denen die aufschiebende Wirkung nicht gesetzlich ausgeschlossen ist, können öffentliche Interessen die baldige Vollziehung eines Verwaltungsakts fordern. § 80 Abs. 2 Satz 1 Nr. 4 VwGO gestattet es der Behörde, diesen Interessen durch Anordnung der sofortigen Vollziehung Rechnung zu tragen. Ordnet sie die sofortige Vollziehung an, kann sie ihren Verwaltungsakt in kurzer Zeit und ohne vorherige gerichtliche Prüfung durchsetzen. Diese Anordnung regelt die Vollziehung des Verwaltungsakts, ist aber nach ihrer gesetzlichen Ausgestaltung selbst kein Verwaltungsakt.[3] Sie erwächst nicht in Bestandskraft und kann nicht mit Widerspruch oder Anfechtungsklage angegriffen werden. 726

Die Möglichkeit einer Anordnung nach § 80 Abs. 2 Satz 1 Nr. 4 VwGO besteht dann, wenn der jeweilige Verwaltungsakt nicht bereits kraft Gesetzes sofort vollziehbar ist. Nur in Ausnahmefällen verbietet das jeweilige Fachrecht die Anordnung der sofortigen Vollziehung.[4] Allein dass ein Fachgesetz die aufschiebende Wirkung für bestimmte Verwaltungsakte ausschließt, wird in der Regel § 80 Abs. 2 Satz 1 Nr. 4 VwGO im Übrigen nicht sperren.[5] 726a

Die behördliche Praxis ordnet die sofortige Vollziehung häufig an. Ursächlich hierfür ist auch die Dauer behördlicher Widerspruchsverfahren und verwaltungsgerichtlicher Hauptsacheverfahren, die zu einer mehrjährigen Suspensivwirkung von Widerspruch und Anfechtungsklage führen kann. 727

II. Zuständigkeit

Für die Anordnung der sofortigen Vollziehung ist nach § 80 Abs. 2 Satz 1 Nr. 4 VwGO die Behörde zuständig, die den Verwaltungsakt erlassen[6] oder über den Widerspruch zu entscheiden hat. Die Zuständigkeit umfasst auch die Befugnis, die Anordnung aufzuheben. Verfügt die Behörde über mehrere Organe mit unterschiedlichen Zuständigkeiten, so ist das Organ für die Anordnung nach § 80 Abs. 2 Satz 1 Nr. 4 VwGO zuständig, das auch für den Verwaltungsakt zuständig ist.[7] 728

---

[1] Zur Rechtsnatur der aufschiebenden Wirkung → Rn. 629.

[2] → Rn. 704 ff.

[3] BVerwGE 24, 92 (94); OVG Berlin NVwZ 1993, 198; VGH Mannheim NVwZ 1995, 292 (293); OVG Schleswig NVwZ-RR 1993, 587; offen gelassen in OVG Weimar NVwZ 2002, 231; aA *Grigoleit,* Die Anordnung der sofortigen Vollziehbarkeit gemäß § 80 Abs. 2 Nr. 4 VwGO als Verwaltungshandlung, 1997, S. 58 ff.

[4] OVG Greifswald NordÖR 2013, 112 (Mandatsverlust eines Ratsmitglieds).

[5] Vgl. OVG Greifswald NordÖR 2012, 212 (Ls.) zum AufenthG.

[6] Ausnahme bei OVG Münster NVwZ-RR 1994, 223.

[7] OVG Lüneburg NdsVBl. 2015, 24 (26) (Direktor und Vertreter einer Landesmedienanstalt); Sonderfall bei OVG Münster NVwZ-RR 1994, 223 (224) (Entlassung eines politischen Beamten

729 Die Ausgangsbehörde ist vor, während und nach Abschluss des Widerspruchsverfahrens und während des verwaltungsgerichtlichen Verfahrens für die Anordnung der sofortigen Vollziehung zuständig.[8] Die Zuständigkeit der Widerspruchsbehörde beginnt vor Einlegung des Widerspruchs,[9] endet aber mit Abschluss des Widerspruchsverfahrens.[10] Praktische Bedeutung hat die Zuständigkeit der Widerspruchsbehörde vor Einlegung des Widerspruchs kaum: Denn in diesem Zeitraum hat die Widerspruchsbehörde in der Regel weder Kenntnis von dem erlassenen Verwaltungsakt noch liegen ihr die entsprechenden Akten vor, so dass sie keinen Anlass hat, eine Anordnung der sofortigen Vollziehung überhaupt zu erwägen.

730 Die Zuständigkeiten von Ausgangs- und Widerspruchsbehörde stehen selbständig nebeneinander. Die Widerspruchsbehörde ist also befugt, eine Anordnung der sofortigen Vollziehung durch die Ausgangsbehörde aufzuheben.[11] Nach Abschluss des Widerspruchsverfahrens, also nach Ende der Aussetzungsbefugnis der Widerspruchsbehörde, kann die Ausgangsbehörde eine vorangegangene Entscheidung der Widerspruchsbehörde ändern. Eine solche Abänderung korrigiert nicht rückwirkend eine Entscheidung der Widerspruchsbehörde, sondern ist eine originäre Entscheidung, die *ex nunc* wirkt.[12]

III. Zeitpunkt

731 Die Behörde kann die sofortige Vollziehung mit dem Erlass des Verwaltungsakts anordnen, bevor Widerspruch oder Anfechtungsklage erhoben worden sind. Die erstmalige[13] Anordnung der sofortigen Vollziehung kann dem Erlass des Verwaltungsakts auch nachfolgen,[14] und zwar in jedem Stadium des Verwaltungs- oder gerichtlichen Verfahrens bis zum Eintritt der Unanfechtbarkeit des Verwaltungsakts. Der Behörde ist es daher auch gestattet, einen Missstand zunächst hinzunehmen und im Guten zu versuchen, rechtmäßige Zustände herbeizuführen, und später im Wege des Sofortvollzuges vorzugehen.[15] Eine langjährige Duldung eines Zustandes kann allerdings darauf hindeuten, dass ein besonderes öffentliches Interesse an der sofortigen Vollziehung nicht besteht.[16] Ebenso kann eine Anordnung der sofortigen Vollziehung unzulässig sein, wenn sie im Widerspruch zum bisherigen Verwaltungshandeln steht.[17]

---

durch den Bundespräsidenten, Anordnung der sofortigen Vollziehung durch den zuständigen Bundesminister).

[8] VG Kassel NVwZ 2001, 112.

[9] VGH Mannheim VBlBW 1991, 180; NVwZ-RR 1992, 348; VGH München BayVBl. 1988, 152.

[10] OVG Bremen NordÖR 1999, 284; VGH Mannheim VBlBW 1991, 180; VGH München BayVBl. 1988, 86; zum Sonderfall, dass Ausgangs- und Widerspruchsstelle unterschiedliche Stellen einer einheitlichen Behörde sind vgl. OVG Hamburg BRS 79 Nr. 186.

[11] OVG Bautzen LKV 1993, 97.

[12] OVG Bremen NordÖR 1999, 284; aA OVG Saarlouis AS 14, 196 (200); VGH München NVwZ-RR 1990, 594; *Puttler* in Sodan/Ziekow VwGO § 80 Rn 75.

[13] Zu den Folgen eines Unterliegens der Behörde im gerichtlichen Eilverfahren → Rn. 1015.

[14] Vgl. etwa VG Gießen NVwZ-RR 2005, 103.

[15] OVG Greifswald NVwZ-RR 2007, 21 (23); OVG Münster NVwZ-RR 2002, 11 (Duldung einer Wagenburg); VG Frankfurt NVwZ-RR 2002, 736 (738); vgl. auch OVG Lüneburg NVwZ-RR 2005, 93 (95).

[16] In diese Richtung OVG Münster Beschl. v. 22.4.1996 – 7 B 315/96 Rn. 11; OVG Greifswald NVwZ-RR 2008, 669 (Ls.).

[17] OVG Saarlouis NVwZ-RR 2007, 351 (Ls.): Anordnung des Sofortvollzugs einer Ausweisungsverfügung rechtswidrig, wenn die Behörde zunächst monatelang zugewartet hat und der betroffene Ausländer die ihm angebotenen Therapieangebote nach § 35 BtMG tatsächlich wahrnimmt.

IV. Verfahren

732 Obwohl die Anordnung der sofortigen Vollziehung kein Verwaltungsakt ist, gelten die verfahrensrechtlichen Bestimmungen für den Erlass eines Verwaltungsakts entsprechend. Der Betroffene ist – entgegen der überwiegenden Auffassung in der Rechtsprechung – analog § 28 Abs. 1 VwVfG zur Anordnung der sofortigen Vollziehung anzuhören, wenn nicht die Voraussetzungen des § 28 Abs. 2 oder 3 VwVfG vorliegen. Die Anhörung ist rechtsstaatlich geboten, weil die Anordnung der sofortigen Vollziehung in eine von Art. 19 Abs. 4 Satz 1 GG geschützte Rechtsposition eingreift.[18] Dass der Betroffene nach § 28 Abs. 1 VwVfG zum Erlass des Verwaltungsakts angehört wird, rechtfertigt es nicht, auf eine Anhörung zur Anordnung der sofortigen Vollziehung zu verzichten: Denn der Betroffene muss Gelegenheit erhalten, sich zu der über den Verwaltungsakt hinausgehenden Belastung zu äußern, die in der Anordnung der sofortigen Vollziehung liegt.[19] Die Pflicht zur Anhörung gilt unabhängig davon, ob die Behörde die sofortige Vollziehung bereits mit dem Erlass des Verwaltungsakts[20] oder erst später anordnet.[21]

733 Für das gerichtliche Eilverfahren hat der Streit um die Anhörungspflicht der Behörde kaum Bedeutung: In entsprechender Anwendung des § 45 Abs. 1 Nr. 3, Abs. 2 VwVfG kann die erforderliche Anhörung bis zum Abschluss des gerichtlichen Verfahren nachgeholt werden.[22] Mängel der Anhörung bleiben damit regelmäßig folgenlos.[23]

V. Form

734 § 80 Abs. 2 Satz 1 Nr. 4 VwGO verlangt, dass die Behörde die sofortige Vollziehung besonders anordnet.

1. Besondere Anordnung

735 Die Anordnung der sofortigen Vollziehung muss ausdrücklich erfolgen. Es muss eindeutig zum Ausdruck kommen, dass und wofür die sofortige Vollziehung angeordnet wird.[24] Eine stillschweigende oder konkludente Anordnung der sofortigen Vollziehung

---

[18] OVG Bremen NordÖR 1999, 284; OVG Lüneburg NVwZ-RR 1993, 585 (586); VG Berlin NVwZ-RR 1992, 527; gegen eine Pflicht zur Anhörung die überwiegende Rechtsprechung: OVG Berlin NVwZ 1993, 198; OVG Frankfurt (Oder) NVwZ 1997, 202; VGH Kassel NVwZ-RR 2001, 429; OVG Koblenz NVwZ-RR 2014, 721 (722); OVG Lüneburg NVwZ-RR 2007, 348; VGH Mannheim NVwZ-RR 1995, 17 (19); VGH München NVwZ-RR 2004, 342 (343); Beschl. v. 16.3.2016 – 9 CS 16.191 Rn. 7; OVG Münster Beschl. v. 12.10.2001 – 1 B 943/01 Rn. 26; Beschl. v. 22.6.2011 – 13 B 495/11 Rn. 3 f.; OVG Schleswig NVwZ-RR 1993, 587; *Puttler* in Sodan/Ziekow VwGO § 80 Rn. 81; offen gelassen in BGH NVwZ-RR 2004, 466 (467); VGH München IÖD 1998, 53 (54).

[19] Ähnlich VG Berlin NVwZ-RR 1992, 527.

[20] OVG Bremen NordÖR 1999, 284; aA insoweit OVG Lüneburg NVwZ-RR 1993, 585; VG Berlin NVwZ-RR 1992, 527, die eine Anhörungspflicht für die mit dem Verwaltungsakt ergehende Vollziehungsanordnung ablehnen, für die nachträglich ergehende hingegen bejahen.

[21] Wie hier VGH München BayVBl. 1988, 369; *Müller* NVwZ 1988, 702; *Renck* DVBl. 1990, 1038; aA OVG Berlin OVGE 20, 49; VGH Mannheim NVwZ-RR 1991, 491; DVBl. 1994, 354, die eine Anhörungspflicht für die nachträglich ergehende Vollziehungsanordnung ablehnen, und die Frage im Übrigen offen lassen; gegen eine nachträgliche Anhörungspflicht auch VGH München NVwZ-RR 2004, 342 (343); für eine Anhörung nur bei nachträglicher Anordnung zur Vermeidung von Überraschungsentscheidungen *Schoch* in Schoch/Schneider/Bier VwGO § 80 Rn. 259.

[22] VGH Mannheim NVwZ-RR 2002, 818 (819); VG Karlsruhe NVwZ-RR 2002, 270 (272).

[23] OVG Berlin NVwZ Beil. I/2002, 92 (92 f.); VGH München IÖD 1998, 53 (54).

[24] OVG Berlin NVwZ 1995, 399; VGH Mannheim NVwZ 1995, 813; fehlerhaft daher OVG Berlin NVwZ-RR 1990, 194: Nach § 133 BGB sei anzunehmen, dass eine ausdrücklich nur für die Räumung einer Wohnung angeordnete sofortige Vollziehung auch für den Widerruf der Einweisung gelten solle. Zu weit BezGer Dresden GewArch. 1991, 428, das in der Anordnung der sofortigen

scheidet aus.[25] Für eine besondere Anordnung reicht es nicht aus, wenn die Behörde den Verwaltungsakt vollzieht,[26] eine Genehmigung aushändigt,[27] eine Frist zur Ausführung des Verwaltungsakts setzt,[28] in der Begründung des Verwaltungsakts auf ein öffentliches Vollzugsinteresse hinweist, ohne die sofortige Vollziehung anzuordnen, oder nur in der Rechtsmittelbelehrung erklärt, Widerspruch und Anfechtungsklage hätten keine aufschiebende Wirkung.[29]

2. Keine Schriftform

736 Das Gesetz verlangt für die Anordnung der sofortigen Vollziehung keine Schriftform. Da die mündliche oder schriftliche Anordnung der sofortigen Vollziehung aber schriftlich zu begründen ist (§ 80 Abs. 3 Satz 1 VwGO), erfolgt die Anordnung der sofortigen Vollziehung in der Praxis regelmäßig schriftlich. Wird der Verwaltungsakt mündlich erlassen (§ 37 Abs. 2 Satz 1 VwVfG) und unterbleibt eine Begründung der Vollziehungsanordnung nach § 80 Abs. 3 Satz 2 VwGO, wird auch die Anordnung der sofortigen Vollziehung mündlich ergehen.[30]

3. Rechtsbehelfsbelehrung

737 Die VwGO ordnet nicht an, dass mit der Anordnung der sofortigen Vollziehung über die Möglichkeit eines Antrags nach § 80 Abs. 5 belehrt werden muss (vgl. § 37 Abs. 6 VwVfG). Eine solche Belehrung kann unterbleiben, weil der Antrag nach § 80 Abs. 5 VwGO regelmäßig nicht fristgebunden ist.[31] Dass in der Praxis dennoch häufig über das Verfahren nach § 80 Abs. 5 VwGO belehrt wird, ist nicht erforderlich, aus rechtsstaatlichen Gründen aber zu begrüßen.

738 In bestimmten, gesetzlich geregelten Fällen ist der Antrag nach § 80 Abs. 5 VwGO fristgebunden.[32] In den meisten dieser Fälle schreibt das Gesetz die Erteilung einer Rechtsmittelbelehrung vor (vgl. § 18a Abs. 4 Satz 3, § 36 Abs. 3 Satz 2, § 71 Abs. 4, 71a Abs. 4 AsylG, § 18e Abs. 2 Satz 3, Abs. 3 Satz 2 AEG, § 17e Abs. 2 Satz 3, Abs. 3 Satz 2 FStrG, § 14e Abs. 2 Satz 3, Abs. 3 Satz 2 WaStrG, § 6 Abs. 6 Satz 3 LuftVG, § 2d Abs. 2 Satz 2 MBPlG, § 43e Abs. 1 Satz 3 EnWG); gelegentlich fehlt eine entsprechende Belehrungspflicht, es wird aber die Geltung des § 58 VwGO angeordnet (§ 10 Abs. 4 Satz 3 f. LuftVG). Eine Pflicht zur Belehrung fehlt in § 12 Abs. 2 Satz 1 InvVorG sowie in § 29 Abs. 6 Satz 3, § 29a Abs. 7 PBefG. Gilt die Frist für Einlegung und Begründung des Antrags, ist auch über die Begründungsfrist zu belehren.[33] Die Rechtsprechung neigt zutreffend dazu, die Regelungen über die Pflicht zur Rechtsbehelfsbelehrung weit zu interpretieren.[34] Fehlt die Belehrung, gilt § 58 VwGO[35] ebenso wie in Fällen, in denen die Belehrung in einer Weise unrichtig erteilt ist, dass sie (generell) geeignet ist, bei dem

---

Vollziehung eines zurückweisenden Widerspruchsbescheides die Anordnung der sofortigen Vollziehung des Ausgangsverwaltungsakts sieht.

[25] OVG Frankfurt (Oder) NJ 1998, 272 m. Anm. *Grigoleit* NJ 1998, 272; VGH Mannheim NVwZ 1995, 813 (keine Anordnung nach § 80 Abs. 2 Satz 1 Nr. 4 bei „fristloser Kündigung").

[26] VGH Mannheim VBlBW 1966, 156 (158); OVG Münster NJW 1970, 1812.

[27] So OVG Lüneburg BRS 15 Nr. 112; BRS 16 Nr. 102; OVGE 21, 450; NJW 1970, 963.

[28] VGH Kassel VerwRspr. 28 Nr. 34.

[29] VGH Mannheim ESVGH 18, 232 (235); OVG Magdeburg Beschl. v. 19.4.2016 – 3 M 76/16.

[30] So auch OVG Münster OVGE 34, 240.

[31] → Rn. 889.

[32] → Rn. 889.

[33] BVerwG NVwZ 2005, 943; zum notwendigen Inhalt der Belehrung aus verfassungsrechtlicher Sicht BVerfGE 86, 280 = NVwZ 1992, 1080.

[34] Vgl. BVerwG NVwZ 2005, 943 (944) zur Geltung des § 17a Abs. 6 S. 3 FStrG aF.

[35] OVG Greifswald NordÖR 2016, 154 (155).

Betroffenen einen Irrtum über die formellen oder materiellen Voraussetzungen des in Betracht kommenden Rechtsbehelfs hervorzurufen und ihn dadurch abzuhalten, den Rechtsbehelf überhaupt, rechtzeitig oder in der richtigen Form einzulegen.[36] In diesem Fall kann der Betroffene nach § 58 Abs. 2 Satz 1 VwGO binnen eines Jahres nach Zustellung einen Antrag auf Eilrechtsschutz stellen.[37]

Noch nicht geklärt ist, ob § 58 VwGO analog – auf ein Jahr verlängerte Frist bei fehlender Rechtsbehelfsbelehrung – anzuwenden ist, wenn der Gesetzgeber den Antrag nach § 80 Abs. 5 VwGO nur innerhalb einer bestimmten Frist zulässt, ohne eine Rechtsmittelbelehrung anzuordnen.[38] Eine verfassungsrechtliche Pflicht zu einer solchen analogen Anwendung besteht nicht.[39] Auf der Ebene des einfachen Rechts ist aber eine planwidrige Regelungslücke anzunehmen, die über die analoge Anwendung des § 58 VwGO zu schließen ist.[40] 739

VI. Begründung

Nach § 80 Abs. 3 Satz 1 VwGO ist das besondere Interesse an der sofortigen Vollziehung des Verwaltungsakts schriftlich zu begründen; dies gilt nicht für Notstandsmaßnahmen nach § 80 Abs. 3 Satz 2 VwGO. 740

1. Zweck der Begründungspflicht

Die Begründungspflicht des § 80 Abs. 3 Satz 1 VwGO setzt das rechtsstaatliche Gebot um, belastende Maßnahmen gegenüber dem Betroffenen zu begründen.[41] Das Gesetz verfolgt drei Ziele: Die Begründung soll der Behörde den Ausnahmecharakter der Vollzugsanordnung vor Augen führen und sie veranlassen, mit Sorgfalt zu prüfen, ob tatsächlich ein überwiegendes Interesse die Anordnung der sofortigen Vollziehung erfordert *(Warnfunktion)*.[42] Der Bürger soll die Erfolgsaussichten eines Antrags nach § 80 Abs. 5 VwGO abschätzen können *(Rechtsschutzfunktion)*.[43] Das Gericht soll Kenntnis von den Erwägungen der Behörde erlangen, die zur Anordnung der sofortigen Vollziehung geführt haben *(Informationsfunktion)*.[44] 741

2. Formelle Anforderungen

§ 80 Abs. 3 S. 1 VwGO verlangt in formeller Hinsicht eine gesonderte Begründung für die Vollziehungsanordnung.[45] Diese Begründung muss erkennbar eigenständig gegenüber 742

---

[36] BVerwG Buchholz 310 § 58 VwGO Nr. 83; dies kann sogar bei einer fehlerhaften Übersetzung der Rechtsbehelfsbelehrung der Fall sein, vgl. VG Augsburg Beschl. v. 3.12.2004 – Au 7 S 14.50321 Rn. 24 ff.

[37] VG Gelsenkirchen Beschl. v. 4.12.2015 – 5a L 2240/15.A Rn. 4 ff.

[38] Vgl. BVerwG NVwZ 2005, 943 (944); offen gelassen in OVG Weimar NVwZ-RR 1999, 488 (489).

[39] BVerfG VIZ 1998, 339.

[40] Dafür *Schoch* in Schoch/Schneider/Bier VwGO § 80 Rn. 263; Kopp/*Schenke* VwGO § 58 Rn. 5; dagegen OVG Lüneburg NVwZ-RR 1995, 176 (177); offen gelassen in BVerwG NVwZ 2005, 943 (944).

[41] BVerwGE 6, 32 (44); 40, 276 (286).

[42] Dies vor allem hat im Gesetzgebungsverfahren zur Einführung der Begründungspflicht geführt. Vgl. BT-Drs. 3/55, 56. Vgl. auch OVG Greifswald NordÖR 2009, 405 (406); VGH Mannheim NZV 2002, 580; BauR 2016, 1148 (1149); VG Freiburg NVwZ-RR 2003, 113.

[43] BVerfGE 50, 287 (290); OVG Bautzen SächsVBl. 2004, 238; VGH München NVwZ 2000, 454 (455).

[44] VGH Mannheim NZV 2002, 580; NVwZ-RR 2008, 630; ausführlich OVG Weimar ThürVBl 2012, 101 (102 f.).

[45] Ausschließlich formellen Charakter beimessend OVG Koblenz NVwZ-RR 2005, 621 (622); VGH Mannheim NVwZ-RR 1998, 680; VGH München GewArch. 1983, 170; OVG Saarlouis

der Begründung des Verwaltungsakts sein.[46] Es reicht nicht aus, wenn die Behörde allein auf Behördenakten verweist[47] oder auf die den Verwaltungsakt tragenden Gründe;[48] ebenso wenig genügt ein Hinweis auf § 80 Abs. 2 Satz 1 Nr. 4 VwGO[49] oder auf die offensichtliche Aussichtslosigkeit des Widerspruchs gegen den Verwaltungsakt.[50] Auch wenn, wie im Fall des § 39 Abs. 2 Nr. 2 VwVfG, der Adressat die Gründe für die Anordnung der sofortigen Vollziehung bereits kennt, fordert § 80 Abs. 3 Satz 1 VwGO eine eigenständige Begründung. Damit scheidet auch eine Begründung aus, die sich im Verweis auf die Gründe eines anderen Bescheides erschöpft,[51] insbesondere wenn auch dieser Bescheid keine Begründung nach § 80 Abs. 3 Satz 1 VwGO enthält oder der neue Bescheid eine wesentlich abweichende Interessenabwägung zwischen Sofortvollzugs- und Suspensivinteresse fordert.[52]

743 Geringere formelle Anforderungen gelten bei öffentlich bekannt gemachten schriftlichen Verwaltungsakten nach § 41 Abs. 4 VwVfG. Bei diesen reicht zur formellen Erfüllung der Begründungspflicht des § 80 Abs. 3 Satz 1 VwGO der Hinweis in der öffentlichen Bekanntmachung, dass die Begründung der Anordnung der sofortigen Vollziehung wie die des Verwaltungsakts zur Einsichtnahme zur Verfügung steht.[53]

744 Wird die sofortige Vollziehung unter Nebenbestimmungen angeordnet, so bedürfen diese Nebenbestimmungen keiner gesonderten Begründung.[54]

3. Inhaltliche Anforderungen

745 Die Begründung muss einen bestimmten Mindestinhalt haben, um den Zwecken des § 80 Abs. 3 Satz 1 VwGO zu genügen: Das Interesse an der sofortigen Vollziehung des Verwaltungsakts ist regelmäßig ein qualitativ anderes als das Interesse am Erlass des Verwaltungsakts, also ein *aliud.*[55] Dies muss in der Begründung deutlich werden. Die Behörde hat die wesentlichen tatsächlichen und rechtlichen Gründe aus ihrer Sicht anzugeben, die über allgemeine Erwägungen hinaus im konkreten Einzelfall ein besonderes öffentliches Vollziehungsinteresse ergeben.[56] Ob diese Gründe in der Sache zutreffen, ist für die Erfüllung des formellen Erfordernisses von § 80 Abs. 3 Satz 1 VwGO ohne Bedeutung.[57]

746 Als Begründung genügt daher regelmäßig nicht eine formularmäßig verwandte allgemeine Begründung,[58] die Verwendung stereotyper, formelhafter, allgemeiner und daher

---

NVwZ-RR 2009, 727 (Ls.). Sehr zurückhaltend auch OVG Münster DVBl. 2008, 1262 und NWVBl. 2009, 390, wonach jede Begründung genüge, die „– sei sie sprachlich oder gedanklich auch noch so unvollkommen –“ zu erkennen gebe, dass die Behörde aus den Gründen des Einzelfalls eine sofortige Vollziehung ausnahmsweise für geboten hält.

[46] Vgl. OVG Hamburg InfAuslR 1986, 203: Das Gericht brauche einen Bescheid nicht zu durchsuchen, ob sich irgendwo zwischen den Gründen für dessen Erlass die Gründe für die sofortige Vollziehung finden.

[47] OVG Saarlouis AS 18, 107; AS 19, 278.

[48] OVG Bremen DVBl. 1980, 420; OVG Münster NJW 1986, 1894.

[49] Zweifelhaft daher VGH München NVwZ 2000, 222.

[50] VGH München BayVBl. 1989, 117.

[51] OVG Hamburg InfAuslR 1984, 72; aA OVG Saarlouis Beschl. v. 5.10.1983 – 3 W 1619/83.

[52] OVG Greifswald NordÖR 2009, 405 (406).

[53] OVG Bremen NVwZ 1986, 1038.

[54] VG Frankfurt NVwZ 2000, 1324.

[55] Ähnlich OVG Schleswig NVwZ 1992, 689; dazu Rn. 757 ff.

[56] BVerwG Beschl. v. 31.1.2002 – 1 DB 2.02; OVG Greifswald NVwZ-RR 2002, 578; OVG Lüneburg NVwZ-RR 2005, 93 (94 f.); DVBl. 2011, 635 (636); BRS 81 Nr. 114; VGH Mannheim NVwZ-RR 2002, 646; VGH München NVwZ 2000, 454 (455); NVwZ-RR 2005, 242; OVG Schleswig NVwZ-RR 2007, 187; VG Frankfurt NVwZ-RR 2002, 736; VG Freiburg NVwZ-RR 2003, 113; VG Weimar NVwZ-RR 2002, 137.

[57] VGH Mannheim BauR 2016, 1148 (1149)

[58] VGH Kassel DÖV 1983, 386.

nichtssagender Wendungen oder der Hinweis, bei Verwaltungsakten wie dem vorliegenden werde stets die sofortige Vollziehung angeordnet,[59] die Wiederholung des Texts des § 80 Abs. 2 Satz 1 Nr. 4 VwGO[60] oder die Anordnung der sofortigen Vollziehung aufgrund und unter Hinweis auf allgemeine Verwaltungsvorschriften.

Die inhaltlichen Anforderungen an die Begründungspflicht sinken, je mehr sich die Notwendigkeit einer sofortigen Vollziehung aufdrängt: Wenn die Gründe für die sofortige Vollziehung ins Auge springen, kann sich die Behörde kurz fassen.[61] Zudem können das öffentliche Interesse am Erlass eines Verwaltungsakts und das besondere Interesse an der sofortigen Vollziehung – insbesondere in Fällen der Gefahrenabwehr – zusammenfallen.[62] In diesen Fällen ist § 80 Abs. 3 Satz 1 VwGO genügt, wenn die Behörde auf die Begründung des Verwaltungsakts verweist und deutlich macht, dass sich aus diesen Gründen im konkreten Fall auch das Interesse an der sofortigen Vollziehung ergibt.[63] **747**

Erleichterungen bei der Begründungspflicht können sich für Verwaltungsakte ergeben, die in bestimmten Situationen „standardmäßig" ergehen: Wenn bei diesen die Gründe der Anordnung der sofortigen Vollziehung regelmäßig identisch sind, kann § 80 Abs. 3 Satz 1 VwGO durch ein Formblatt genügt sein.[64] Allgemein gilt: Je mehr das öffentliche Interesse an einer sofortigen Vollziehung nicht nur in Einzelfällen, sondern im typischen Anwendungsfall zu erwarten ist, um so eher reicht die Benennung der typischen Gesichtspunkte aus.[65] Eine knappe Begründung genügt auch, wenn der Verwaltungsakt eine Pflicht aufgibt, die alsbald von Gesetzes wegen zu befolgen ist, und sich der regelnde Teil des Verwaltungsakts darauf beschränkt, diese Pflicht dem Betroffenen schon vor Geltung der gesetzlichen Anordnung aufzuerlegen.[66] **748**

4. Die Folgen unzureichender Begründung

Die nicht oder nicht hinreichend begründete Vollziehungsanordnung ist rechtswidrig. Der Mangel führt aber weder zur Rechtswidrigkeit des Verwaltungsakts[67] noch zur Nichtigkeit der Vollziehungsanordnung.[68] Denn der Fehler der fehlenden Begründung wiegt nach dem analog anzuwendenden Maßstab des § 44 Abs. 1 VwVfG nicht so schwer, dass er bei verständiger Würdigung aller in Betracht kommenden Gründe offen- **749**

---

[59] OVG Münster NJW 1986, 1894; VG Freiburg NVwZ-RR 2003, 113.

[60] VGH Mannheim NJW 1977, 165; OVG Münster NJW 1986, 1894; zweifelhaft VGH München NVwZ 2000, 222, der einen ausdrücklichen Bezug auf § 80 Abs. 2 Satz 1 Nr. 4 VwGO ausreichen lässt.

[61] VGH Mannheim NVwZ-RR 2006, 168 (Baueinstellungsverfügung); OVG Münster NVwZ 1982, 455; VGH Kassel NVwZ-RR 2002, 823 (keine hohen Anforderungen bei formeller Baurechtswidrigkeit).

[62] → Rn. 759; wie hier auch OVG Münster NVwZ-RR 2004, 316.

[63] VGH München NVwZ 2000, 454 (455); OVG Münster NVwZ-RR 2003, 297; zu weitgehend OVG Lüneburg NVwZ-RR 2005, 93 (94), das geringere Begründungsobliegenheiten bei einer rechtlich ungesicherten Position des Antragstellers anzunehmen scheint.

[64] VGH München NJW 1987, 2538; OVG Berlin NJW 2003, 2402 (2403); VG Stuttgart NJW 2006, 793 (Fahrtenbuchauflage); OVG Greifswald NordÖR 2016, 161; OVG Magdeburg LKV 2012, 571 (572) (Nutzungsuntersagung eines formell rechtswidrigen Bauvorhabens); zur Entziehung der Fahrerlaubnis: OVG Hamburg NJW 2006, 1367; VGH Mannheim VRS 123, Nr. 87; OVG Münster NZV 2001, 396; Beschl. v. 8.12.2011 – 19 B 872/11 Rn. 4 (Auflösung einer Schule); VGH Mannheim NJW 2010, 2821; in diese Richtung auch OVG Münster NVwZ-RR 2010, 475 (476) (Zurückstellung eines Baugesuchs); abgelehnt für die Sicherstellung eines gefährlichen Hundes von OVG Münster NWVBl 2013, 261 (261 f.).

[65] OVG Hamburg NVwZ-RR 2010, 370; OVG Saarlouis NVwZ-RR 2009, 727 (Ls.); Beschl. v 4.11.2011 – 2 L 413/11 (Beschäftigung eines Beamten bei der Deutschen Telekom AG).

[66] OVG Lüneburg NVwZ-RR 2006, 33 (Eigensicherungsmaßnahmen nach dem LuSiG).

[67] BVerwG DÖV 1969, 755.

[68] So aber VGH Mannheim NJW 1962, 1172; OVG Münster OVGE 17, 45.

sichtlich ist. Die unzureichend begründete Vollziehungsanordnung ist also wirksam, so dass der Verwaltungsakt trotz der fehlenden oder mangelhaften Begründung der Vollziehungsanordnung vollzogen werden kann.

750 Die fehlende oder unzureichende Begründung kann analog § 45 Abs. 1 Nr. 2, Abs. 2 VwVfG nachträglich gegeben werden.[69] Das Gericht kann der Behörde nach § 87 Abs. 1 Satz 2 Nr. 2 VwGO Gelegenheit zur Nachbesserung geben. § 80 Abs. 3 Satz 1 VwGO verbietet der Behörde auch nicht das Nachschieben von (weiteren) Gründen.[70] Notwendig ist aber stets, dass die Behörde deutlich macht, dass ihre Ausführungen die Anordnung des Sofortvollzuges begründen sollen.[71]

751 Die Heilung von Begründungsmängeln lässt sich auf den Rechtsgedanken der § 45 Abs. 1 Nr. 2, Abs. 2 VwVfG, § 114 Satz 2 VwGO stützen. Die Vorschriften erlauben es der Behörde, unzureichende Begründungen von Verwaltungsakten zu heilen. Für diese Analogie spricht vor allem die Prozessökonomie:[72] Würde eine unzureichend begründete Vollziehungsanordnung wegen des formellen Mangels in einem ersten Eilverfahren aufgehoben,[73] müsste der obsiegende Antragsteller nach Erlass einer neuen, ordnungsgemäß begründeten Vollziehungsanordnung[74] alsbald ein zweites Eilverfahren betreiben. Allen Beteiligten ist daher mit einer gerichtlichen Sachentscheidung besser gedient als mit einer Aufhebung wegen eines formellen Fehlers. Für die Annahme einer Heilungsmöglichkeit spricht auch, dass die Behörde jederzeit während des verwaltungsgerichtlichen Eilverfahrens eine (ausreichend begründete) Sofortvollzugsanordnung treffen könnte.[75] Warum soll sie dann *a maiore ad minus* nicht berechtigt sein, allein die Begründung für eine solche Anordnung nachzuholen?[76]

752 Bessert die Behörde die Begründung nach, muss das Gericht dem Antragsteller Gelegenheit geben zu entscheiden, ob er seinen Antrag zurücknimmt oder für erledigt erklärt. Hätte sein Antrag wegen der ursprünglich unzulänglichen Begründung Erfolg gehabt, sind der Behörde bei Rücknahme oder Erledigungserklärung die Verfahrenskosten nach § 155 Abs. 4 VwGO oder § 161 Abs. 2 Satz 1 VwGO aufzuerlegen.

5. Keine Begründungspflicht bei Notstandsmaßnahmen

753 Nach § 80 Abs. 3 Satz 2 VwGO bedarf es keiner besonderen Begründung, wenn die Behörde bei Gefahr im Verzug, insbesondere bei drohenden Nachteilen für Leben, Gesundheit oder Eigentum vorsorglich eine als solche bezeichnete Notstandsmaßnahme im öffentlichen Interesse trifft. Die Notstandsmaßnahme ist damit ein im öffentlichen

---

[69] Umstritten, wie hier: OVG Bremen NordÖR 1999, 284; OVG Greifswald NVwZ-RR 1999, 409; NVwZ-RR 2007, 21 (23); VGH Kassel DÖV 1985, 75; OVG Koblenz BRS 79 Nr. 185; OVG Lüneburg InfAuslR 2002, 13; NdsVBl. 2014, 286 (287); OVG Münster NJW 1986, 1894; OVG Berlin-Brandenburg NVwZ-RR 2008, 727 (m. umf. Nachw.); NVwZ-RR 2009, 98 (99) (Ergänzung im Widerspruchsbescheid); aA OVG Hamburg InfAuslR 1984, 72 (74); OVG Lüneburg RdL 1987, 335; VGH Mannheim NVwZ-RR 2002, 646; VBlBW 2012, 151 (152); VGH München BayVBl. 1999, 466; OVG Weimar ThürVBl 2012, 101 (104); VG Darmstadt NVwZ-RR 1999, 708 (710): Nachholen nicht möglich; VGH München NVwZ-RR 1998, 271; OVG Saarlouis AS 18, 187: Nachholen bis zum Eingang des Antrags nach § 80 Abs. 5.

[70] OVG Berlin BRS 48 Nr. 125; LKV 1992, 333; OVG Bremen DÖV 1980, 572; VG Bremen NVwZ 1997, 1029 (1030).

[71] OVG Greifswald NVwZ-RR 1999, 409.

[72] OVG Berlin LKV 1992, 333 (offen, ob auch vollständiges Fehlen geheilt werden kann); OVG Bremen NJW 1968, 1539; DÖV 1980, 572; VGH Kassel ESVGH 34, 290; OVG Münster NJW 1986, 1894.

[73] → Rn. 1031 ff.

[74] VGH München NJW 2002, 3044.

[75] → Rn. 731.

[76] Vgl. *Puttler* in Sodan/Ziekow VwGO § 80 Rn. 99; *Schenke* VerwArch 91 (2000), 587 (600).

Interesse für sofort vollziehbar erklärter Verwaltungsakt, dessen Vollzugsanordnung keiner Begründung nach § 80 Abs. 3 Satz 1 VwGO bedarf.

§ 80 Abs. 3 Satz 2 VwGO fordert die ausdrückliche Bezeichnung des Verwaltungsakts 754 als „Notstandsmaßnahme" (oder auch „Notstandsverfügung" oder „Notstandsanordnung").[77] Die Bezeichnung muss – mündlich oder schriftlich – spätestens mit der Anordnung der sofortigen Vollziehung erfolgen; sie kann nicht nachgeholt werden.

Ein Notstand liegt vor, wenn für Leben, Gesundheit, Eigentum oder andere wesentliche Rechte oder Rechtsgüter Gefahr im Verzug besteht, also das Fertigen einer Begründung für die Vollziehungsanordnung dazu führen kann, dass die bezweckte Abwendung oder Beseitigung der Gefahr vereitelt wird. Die Notstandsmaßnahme muss im öffentlichen Interesse getroffen werden; Notstandsmaßnahmen allein im Interesse eines Dritten sind nicht zulässig. Nur fiskalische Interessen reichen für die Annahme eines Notstands nicht aus.[78] Der Notstand muss nach dem Wortlaut des § 80 Abs. 3 Satz 2 VwGO bei Erlass des Verwaltungsakts vorliegen. Die Vorschrift ist auch anwendbar, wenn ein bereits erlassener Verwaltungsakt nach Eintritt eines Notstands für sofort vollziehbar erklärt wird, um einer Gefahr im Verzug zu begegnen. 755

§ 80 Abs. 3 Satz 2 VwGO ist bedeutungslos: Die unaufschiebbaren Anordnungen von 756 Polizeivollzugsbeamten sind nach § 80 Abs. 2 Satz 1 Nr. 2 VwGO sofort vollziehbar, ohne dass es einer Anordnung der sofortigen Vollziehung bedarf. Kann ein Verwaltungsakt nicht ergehen, steht den Behörden regelmäßig die Möglichkeit offen, ohne Erlass eines Verwaltungsakts im Wege des Sofortvollzugs vorzugehen.[79] Diese Mittel haben in der Praxis eine weitaus höhere Bedeutung als Notstandsmaßnahmen nach § 80 Abs. 3 Satz 2 VwGO. Die Vorschrift sollte daher entfallen.

VII. Besonderes Vollzugsinteresse

Die sofortige Vollziehung kann nach § 80 Abs. 2 Satz 1 Nr. 4 1. Alt. VwGO an- 757 geordnet werden, wenn sie im öffentlichen Interesse liegt, § 80 Abs. 3 Satz 1 VwGO spricht präzisierend von einem besonderen öffentlichen Interesse. Das Bundesverfassungsgericht sieht die verfassungsrechtliche Bedeutung der aufschiebenden Wirkung darin, die „Selbstherrlichkeit" der vollziehenden Gewalt gegenüber dem Bürger zu beseitigen und irreparable Entscheidungen vor Eintritt der Unanfechtbarkeit des Verwaltungsakts soweit wie möglich auszuschließen. Es lässt daher die sofortige Vollziehung eines Verwaltungsakts nur zu, wenn „überwiegende öffentliche Belange es rechtfertigen, den Rechtsschutzanspruch des Einzelnen einstweilen zurückzustellen, um unaufschiebbare Maßnahmen im Interesse des allgemeinen Wohls rechtzeitig in die Wege zu leiten".[80]

1. Der Begriff des besonderen öffentlichen Vollzugsinteresses

Voraussetzung für die behördliche Anordnung der sofortigen Vollziehung im öffent- 758 lichen Interesse ist nach § 80 Abs. 2 Satz 1 Nr. 4 1. Alt., Abs. 3 VwGO ein besonderes öffentliches Interesse an der Vollziehung des Verwaltungsakts. § 80 Abs. 2 Satz 1 Nr. 4 1. Alt. VwGO fordert also ein Vollzugsinteresse einer bestimmten Qualität mit einem hinreichenden Gewicht.

a) Qualität des Vollzugsinteresses. Das besondere öffentliche Vollzugsinteresse ist 759 grundsätzlich nicht mit dem öffentlichen Interesse am Erlass eines Verwaltungsakts

[77] OVG Hamburg InfAuslR 1984, 72; OVG Weimar ThürVBl. 1994, 137.
[78] VG Hannover NVwZ-RR 1999, 118.
[79] Vgl. etwa § 6 Abs. 2 VwVG.
[80] BVerfGE 51, 268 (284).

identisch. Es ist qualitativ anders,[81] ein *aliud*, das über das für den Erlass des Verwaltungsakts erforderliche Interesse hinausgeht.[82] Daher kann allein die Rechtmäßigkeit eines Verwaltungsakts nicht seine Vollziehung vor Eintritt der Bestandskraft rechtfertigen; die Behörde darf bei ihren Erwägungen über die Anordnung des Sofortvollzugs also nicht berücksichtigen, dass sie ihren Verwaltungsakt für rechtmäßig hält und aus ihrer Sicht ein Rechtsbehelf erfolglos bleiben wird.[83] Ob ein besonderes öffentliches Sofortvollzugsinteresse vorliegt, hat sie vielmehr durch Erwägung aller für und gegen die sofortige Vollziehung sprechenden Gründe zu ermitteln.

Gelegentlich können das öffentliche Interesse an dem Verwaltungsakt und an seiner sofortigen Vollziehung übereinstimmen:[84] Soll ein Verwaltungsakt eine drohende Gefahr abwenden, so kann das Interesse der Gefahrenabwehr auch die sofortige Vollziehung erfordern. Setzt ein Verwaltungsakt eine Wiederholungsgefahr voraus, so kann die sofortige Vollziehung angeordnet werden, um eine Realisierung dieser Gefahr zu verhindern.[85] Dient ein Verwaltungsakt dem Schutz eines unmittelbar bevorstehenden Feiertags, so kann dieser Schutzzweck die sofortige Vollziehung notwendig machen.[86] Verlangte man in derartigen Fällen stets das Vorliegen eines über den Verwaltungsakt hinausgehenden Interesses für die sofortige Vollziehung, könnte eine Anordnung der sofortigen Vollziehung entgegen § 80 Abs. 2 Satz 1 Nr. 4 VwGO nicht ergehen.[87]

760 Die Anordnung der sofortigen Vollziehung nach § 80 Abs. 2 Satz 1 Nr. 4 VwGO ist eine Ausnahme zur Regel des § 80 Abs. 1 Satz 1 VwGO. Eine Verwaltungspraxis, die dieses Regel-Ausnahme-Verhältnis umkehrt, indem etwa Verwaltungsakte generell für sofort vollziehbar erklärt werden, ist mit der Verfassung nicht vereinbar.[88] Der Verwaltung ist aber nicht versagt, in bestimmten Verwaltungsbereichen bei regelmäßig übereinstimmender Interessenlage die sofortige Vollziehung in der Masse der Fälle anzuordnen.[89] Auf diese Weise übt sie ihr Entschließungsermessen über die Anordnung des Sofortvollzuges gleichmäßig aus,[90] ihr obliegt aber stets die Prüfung, ob Besonderheiten des Einzelfalls gegen die Anordnung sprechen.

761 **b) Gewicht des Vollzugsinteresses.** Allein das Vorliegen eines besonderen öffentlichen Vollzugsinteresses rechtfertigt es nicht, die sofortige Vollziehung anzuordnen. Um dem Anspruch auf effektiven Rechtsschutz aus Art. 19 Abs. 4 Satz 1 GG zu genügen, bedarf

[81] BVerwG DVBl. 1966, 273 (274). Ausführlich *Schoch* S. 1253 ff.; offen gelassen in OVG Lüneburg NVwZ-RR 2002, 645 (646).

[82] So etwa BVerfGE 35, 382 (402); 38, 52 (58); 69, 220 (227 f.); DVBl. 1995, 1297; NVwZ 2005, 1053 (1054); NVwZ 2005, 1303; Berl.VerfGH NVwZ 1995, 784; BVerwG NJW 1974, 1294; OVG Magdeburg Beschl. v. 12.1.2011 – 1 M 139/10 Rn. 2 (Gaststättenerlaubnis); VGH Mannheim InfAuslR 2011, 349 (350) (Befristung einer Aufenthaltserlaubnis); VGH München NVwZ 2000, 454 (455); OVG Weimar NVwZ 2002, 231.

[83] BVerfG NVwZ 1982, 241; OVG Bremen DVBl. 1980, 420; OVG Hamburg NJW 1981, 1750; VGH Mannheim VBlBW 1985, 59; VGH München NVwZ 1988, 745.

[84] OVG Greifswald NVwZ-RR 2007, 21 (23); OVG Koblenz NVwZ-RR 2009, 332; OVG Lüneburg NVwZ-RR 2005, 110 (111); NVwZ-RR 2007, 239 (240); VGH Mannheim NZV 2002, 580; VGH München NVwZ 2000, 454 (455); OVG Münster NVwZ-RR 2004, 316; OVG Schleswig NVwZ 1992, 689; speziell zu § 3 Abs. 1 StVG (Entziehung der Fahrerlaubnis): OVG Bautzen LKV 1994, 224; Verbot best. Erwerbstätigkeit nach GewO: VGH Mannheim GewArch. 1993, 81; VGH München GewArch. 1987, 296; GewArch. 1988, 339; OVG Münster DVBl. 1991, 652.

[85] OVG Lüneburg Beschl. v. 29.6.2016 – 11 ME 100/16 Rn. 18 ff.

[86] Vgl. etwa VG Gera NVwZ-RR 1999, 579 (580) (Untersagung eins Kabaretts am Karfreitag).

[87] Deutlich VGH Kassel ESVGH 40, 294; OVG Berlin OVGE 20, 49. Zurückhaltender OVG Schleswig NVwZ 1992, 689.

[88] BVerfGE 51, 268 (285).

[89] OVG Hamburg NJW 2006, 1367 (Entziehung der Fahrerlaubnis).

[90] → Rn. 763.

es stets einer Abwägung der konkurrierenden Interessen.[91] Insbesondere bei Eingriffen in Grundrechte bedarf es zur Annahme eines überwiegenden öffentlichen Interesses solcher Gründe, die im angemessenen Verhältnis zu der Schwere des Eingriffs stehen und ein Zuwarten bis zur Rechtskraft des Hauptsacheverfahrens ausschließen;[92] auch die Möglichkeit milderer Mittel ist zu prüfen.[93] Der Rechtsschutzanspruch des Bürgers ist umso stärker und darf umso weniger zurückstehen, je schwerer die ihm auferlegte Belastung wiegt und je mehr die Maßnahmen der Verwaltung Unabänderliches bewirken.[94] Bei schweren und irreparablen Folgen rechtfertigt nur ein besonders großes öffentliches Vollzugsinteresse die Anordnung der sofortigen Vollziehung. Allein der Umstand, dass irreparable Folgen nicht eintreten, reicht für die Anordnung der sofortigen Vollziehung nicht aus.[95]

Das Interesse an der sofortigen Vollziehung ist besonders groß, wenn die Vollziehung **762**
des Verwaltungsakts nicht ohne schwerwiegende Beeinträchtigung der öffentlichen Interessen aufgeschoben werden kann.[96] Die Unterbindung strafbaren Verhaltens kann ein solches erhebliches öffentliches Interesse sein, das die Anordnung der sofortigen Vollziehung gestattet,[97] ebenso das Ziel, irreparable Schäden des Naturhaushalts zu vermeiden.[98]

Übersteigt als Ergebnis der Abwägung das öffentliche Vollzugsinteresse das Suspensiv- **763**
interesse des Betroffenen, ist eine Anordnung der sofortigen Vollziehung gerechtfertigt. In diesem Fall steht es im pflichtgemäßen Ermessen der Behörde, ob sie die sofortige Vollziehung anordnet.[99] Etwas Anderes gilt nur, wenn eine Bestimmung vorliegt, die das Ermessen der Behörde steuert (etwa: § 105 Abs. 5b Satz 2 AMG). Um dem Übermaßverbot Rechnung zu tragen, kann die Behörde die Anordnung auf einen Teil des Verwaltungsakts beschränken. Bei Interessengleichheit bleibt es bei der aufschiebenden Wirkung des § 80 Abs. 1 VwGO, ebenso bei Überwiegen des privaten Suspensivinteresses.

2. Beispiele überwiegenden öffentlichen Vollzugsinteresses

Jedes öffentliche Interesse kann im Einzelfall ein überwiegendes Vollzugsinteresse **764**
begründen. Dies schließt es aus, die in Betracht kommenden öffentlichen Vollzugsinteressen abschließend aufzuzählen.

a) Interessen der Gefahrenabwehr. Nach § 80 Abs. 2 Satz 1 Nr. 2 VwGO entfällt die **765**
aufschiebende Wirkung bei unaufschiebbaren Anordnungen und Maßnahmen von Polizeivollzugsbeamten. Der Gesetzgeber hält also auch bei Verwaltungsakten der Gefahrenabwehr den Ausschluss der aufschiebenden Wirkung nicht stets für notwendig. Vor einer Anordnung des Sofortvollzugs muss vielmehr für den jeweiligen Einzelfall ermittelt werden, wie gewichtig das gefährdete Rechtsgut ist und in welchem Grade es bedroht ist; allgemeine Überlegungen zur öffentlichen Sicherheit und Ordnung reichen nicht aus.[100]

Das Überwiegen des Vollzugsinteresses ist unter anderem bejaht worden für folgende Fallkonstellationen:

---

[91] BVerfG NVwZ-RR 1991, 365.
[92] BVerfG NJW 1991, 1530; OVG Münster NVwZ-RR 2005, 470 (472) (mwN).
[93] BVerfG NJW 2005, 1418 (Widerruf einer Rechtsanwaltszulassung).
[94] BVerfGE 35, 382 (401 f.); 38, 52 (58); 67, 43; 69, 220; BVerfG NVwZ 1987, 403.
[95] VGH Mannheim ESVGH 39, 234 (Ls.).
[96] So schon BVerwGE 1, 11 (12).
[97] BVerfG NVwZ 2005, 1303.
[98] OVG Lüneburg NVwZ-RR 2007, 239 (241).
[99] *Puttler* in Sodan/Ziekow VwGO § 80 Rn. 89.
[100] VGH Mannheim GewArch. 1971, 255.

766 **aa) Im medizinischen Bereich:** Widerruf der tierärztlichen Approbation bei Verstoß gegen das Arzneimittelgesetz;[101] Ruhen der ärztlichen Approbation bei Betäubungsmittelmissbrauch mit Patientengefährdung[102] oder Medikamentenmissbrauch;[103] nicht dagegen für den Widerruf der Approbation wegen Abrechnungsbetrugs;[104] Widerruf der ärztlichen Approbation nach strafrechtlicher Verurteilung;[105] Ruhen der Approbation als Apotheker wegen Zweifel an der gesundheitlichen Eignung;[106] Rücknahme der Heilpraktikererlaubnis bei Ausnutzung der Stellung als Psychotherapeut für sexuelle Handlungen;[107] Streichung aus der Architektenliste wegen Bestechung;[108]

Untersagung des Vertriebs von Arzneimitteln über das Internet;[109] Untersagung des Vertriebs von nicht zugelassenen Arzneimitteln;[110] Untersagung klinischer Prüfungen vor Bewertung durch die Ethik-Kommission und die Genehmigung der zuständigen Bundesoberbehörde;[111] Untersagung der Führung eines ausländischen Professorentitels.[112]

767 **bb) Im handwerklichen Bereich:** Löschung in der Handwerksrolle bei gefahrgeneigter Handwerkstätigkeit, wenn es der Schutz von Leben, Gesundheit oder erheblichen Vermögenswerten dringend gebietet;[113] Handwerksuntersagung wegen fehlender Meisterprüfung;[114] Schließung eines nicht in die Handwerksrolle eingetragenen Baubetriebs[115] oder eines Radio- und Fernsehreparaturbetriebes[116] wegen der bei unsachgemäßer Arbeit drohenden Gefahren; Untersagung der Ausbildung wegen sexueller Belästigungen.[117]

768 **cc) Im gewerblichen Bereich:** Gewerbeuntersagung wegen Unzuverlässigkeit nach § 35 GewO, wenn Belange der Allgemeinheit gefährdet werden,[118] etwa bei Gesundheitsgefahren,[119] möglichem Drogenhandel in den Geschäftsräumen,[120] drohenden Steueraus-

---

[101] Vgl. BVerfG NJW 1991, 1530, das die Anordnung der sofortigen Vollziehung durch die Behörde billigt und insoweit die Verfassungsbeschwerde nicht zur Entscheidung annimmt, die Zurückweisung des Aussetzungsantrags durch VG und VGH (NJW 1991, 1561) jedoch für unvereinbar mit Art. 12 GG hält, da beide Gerichte keine konkrete Abwägung vorgenommen und sich auch nicht die Abwägung der Behörde zu eigen gemacht hätten.

[102] VGH Mannheim NJW 1991, 2366.

[103] OVG Koblenz NJW 1991, 2984.

[104] OVG Münster NJW 1989, 2343; vgl. auch BVerfG NJW 2003, 3618 = BVerfGK 2, 89 (Apothekerapprobation); VGH Mannheim NVwZ-RR 2004, 545 (Zahnarztapprobation); NVwZ 2006, 1202 (Widerruf der Apothekerapprobation nach Verurteilung wegen Mordes).

[105] OVG Münster NJW 2004, 2034.

[106] OVG Münster NVwZ-RR 2005, 470.

[107] OVG Münster NJW 1999, 762 (Ls.).

[108] VG Düsseldorf NVwZ-RR 2009, 9.

[109] VGH München NJW 2006, 715; zum rechtswidrigen In-Verkehr-Bringen von Medikamenten ebenso OVG Münster GesR 2016, 455 (457).

[110] OVG Lüneburg NVwZ-RR 2005, 322.

[111] OVG Münster Beschl. v. 30.9.2010 – 13 B 1068/10.

[112] OVG Münster DÖD 2014, 228.

[113] OVG Koblenz GewArch. 1987, 162.

[114] VGH München GewArch. 1987, 239 (Fotoatelier).

[115] VG Karlsruhe GewArch. 1963, 60.

[116] VG Stuttgart GewArch. 1970, 36; vgl. auch VGH München GewArch. 1973, 187.

[117] VGH München NVwZ-RR 2005, 49 mit Differenzierung nach männlichen und weiblichen Auszubildenden.

[118] VGH Kassel NVwZ-RR 1994, 324; nicht ausreichend, wenn die Gewerbeuntersagung wegen Unzuverlässigkeit auf den (legalen) Verkauf von Hilfsmitteln zum Drogenkonsum gestützt wird und weitere Anhaltspunkte für Unzuverlässigkeit nicht gegeben sind (VGH München NVwZ-RR 1998, 233); vgl. auch VGH München NVwZ-RR 2005, 32 (kein Widerruf einer Reisegewerbekarte bei länger zurückliegender Verurteilung wegen Totschlags).

[119] VGH München NVwZ 2003, 495 (Verkauf verdorbener Lebensmittel).

[120] OVG Bremen NVwZ-RR 2010, 102.

fällen[121] oder der Verbreitung neonazistischen Gedankenguts;[122] Rücknahme von Gewerbeerlaubnissen wegen Unzuverlässigkeit des Unternehmers;[123] Widerruf einer Fahrlehrererlaubnis wegen sexueller Übergriffe auf Fahrschülerinnen;[124] Verhinderung der Fortführung eines ohne Erlaubnis betriebenen Pflegeheims wegen Gefährdung der Heimbewohner;[125]

Schließung einer Gaststätte bei Prostitution durch Ausländerinnen, die sich illegal in der Bundesrepublik aufhalten,[126] wegen Rauschgifthandels und Rauschgiftkonsums,[127] wegen ruhestörenden Lärms,[128] unzulässigen Animierbetriebs[129] oder wegen Fehlens der Gaststättenerlaubnis, deren Zweck es unter anderem ist, Gäste, Angestellte und Allgemeinheit vor Gefahren zu schützen;[130] Schließung eines Nachtclubs wegen Zurschaustellung von Frauen hinter Gittern;[131] Schließung einer Spielhalle wegen des Verdachts des Heroinhandels;[132] Schließung eines ungenehmigten Container-Terminals;[133] Veränderung der Sperrzeiten einer Gaststätte zum Schutz der Nachbarn;[134]

Anordnung zur Begrenzung von Lärm verursachenden Aktivitäten in einem Bäckereibetrieb zur Nachtzeit;[135] Untersagung von Wanderlagern[136] oder verbotener reisegewerblicher Tätigkeit;[137] Verbot der Vermarktung von Artikeln unter Verstoß gegen das Sammlungsrecht[138] oder von Sammlungen entgegen den Vorschriften des Sammlungsrechts;[139] Verbot des Verkaufs größerer Menge alkoholhaltiger Getränke durch Tankstellen außerhalb der üblichen Ladenöffnungszeiten[140] oder alkoholhaltiger Getränke zu Billigpreisen;[141]

Unterbindung unerlaubten Glückspiels wegen der Gefahr unangemessen hoher Verluste;[142] Anordnung zur Entfernung oder Umrüstung von Automatenspielgeräten, die in unzulässiger Form mit Wertmarken betrieben werden;[143] Betriebsuntersagung bei formell

---

[121] OVG Münster Beschl. v. 21.1.2016 – 4 B 826/15; vgl. VG Cottbus NVwZ-RR 1998, 309 und VG Chemnitz GewArch. 2003, 484 – Insolvenz des Gewerbetreibenden unterbricht das Verfahren nicht nach §§ 173 S. 1 VwGO, 240 ZPO; vgl. aber auch VGH Kassel NVwZ-RR 1992, 546; VGH Mannheim NVwZ-RR 2006, 395: kein Überwiegen des Interesses am Sofortvollzug, wenn bei der gerichtlichen Entscheidung nach § 80 Abs. 5 der Grund für die Untersagung (erhebliche Steuerrückstände) entfallen ist

[122] VG Arnsberg NVwZ-RR 2000, 17.

[123] VGH Mannheim GewArch. 1970, 282 (Güternahverkehr); VGH München GewArch. 1987, 296; GewArch. 1982, 265 (Makler).

[124] OVG Münster NVwZ 2003, 628; anders für die Verletzung der Aufzeichnungspflicht nach § 18 Abs. 1 S. 1 FahrlG: VGH Mannheim NVwZ-RR 2003, 30.

[125] OVG Berlin OVGE 13, 210.

[126] VG Berlin NVwZ-RR 2002, 739; VG Gießen NVwZ-RR 2005, 245.

[127] VGH Kassel GewArch. 1991, 311; VGH München GewArch. 1984, 101.

[128] VGH Mannheim GewArch. 1990, 253; VGH München GewArch. 1987, 386; zur Sperrzeitverlängerung als milderem Mittel VGH München GewArch. 1983, 233.

[129] OVG Koblenz NVwZ-RR 2005, 713; VGH München GewArch. 1988, 232.

[130] OVG Hamburg GewArch. 1982, 384; VGH München GewArch. 1987, 231.

[131] VGH München NVwZ 1992, 76.

[132] OVG Koblenz NVwZ 1999, 244.

[133] OVG Münster NVwZ-RR 2001, 231.

[134] VG Neustadt NVwZ-RR 2007, 172.

[135] OVG Münster NVwZ-RR 2002, 733.

[136] VGH München GewArch. 1975, 121.

[137] OVG Hamburg NVwZ-RR 2007, 170.

[138] OVG Münster NVwZ-RR 1998, 426.

[139] VGH Mannheim NVwZ-RR 1999, 635.

[140] OVG Koblenz NVwZ-RR 2009, 368.

[141] VGH München NVwZ-RR 2008, 26.

[142] VGH Kassel GewArch. 1965, 32; ESVGH 15, 75.

[143] VGH Mannheim NVwZ-RR 2003, 555; OVG Hamburg NVwZ-RR 2004, 570; NVwZ-RR 2004, 744.

rechtswidrigem Betrieb von Spielhallen;[144] Veranstaltung einer Jackpot-Verlosung in einer Spielhalle;[145] Untersagung von Sponsoring zu Gunsten eines verbotenen gewerblichen Glücksspiels;[146]

Verbot der Vermietung von Räumen an Prostituierte bei Verstoß gegen aufenthaltsrechtliche Strafvorschriften;[147] Nutzungsuntersagung eines genehmigten „Relaxzentrums“ als Bordell;[148] Nutzungsuntersagung bei einem nicht genehmigten Beherbergungsbetrieb bei mangelhaftem baulichen Brandschutz;[149]oder fehlender Standsicherheit;[150] Begrenzung der Besucherzahl einer Diskothek;[151] Ordnungsverfügung zum Einbau eines Sicherheitstreppenhauses in einem Mehrfamilienhaus;[152] Anordnung, zur Mitteilung von Informationen zu Einwohnern und Raumverhältnissen in einem Pflegeheim;[153]

sonstiges: Beseitigung von rechtswidrig aufgestellten Anhängern mit Werbetafeln;[154] Anordnung, die Überprüfung einer Gasfeuerungsanlage zuzulassen;[155] Anordnung des Rückrufs technischer Arbeitsmittel;[156] Widerruf der Bestellung eines Sachverständigen;[157] Streichung aus der Dolmetscherliste wegen Unzuverlässigkeit;[158] Ausschluss eines Postnutzers von der Postzustellung, nachdem die Postzustellerin mehrfach von dem auf dem Grundstück herumlaufenden Hund gebissen worden war;[159] Kennzeichnung einer Werbesendung.[160]

769 **dd) Im Bereich des Straßenverkehrs:** Entziehung der Fahrerlaubnis wegen schwerer Ausfälle in der optischen Orientierung,[161] altersbedingter Fahruntüchtigkeit,[162] wiederholter Trunkenheitsfahrten,[163] ständigen verkehrswidrigen Verhaltens;[164] Anordnung einer Fahrtenbuchauflage;[165] das Verbot einer nicht genehmigten straßenrechtlichen Sondernutzung;[166] die Rücknahme einer Baugenehmigung für materiell baurechtswidrige Stellplätze;[167] Gefährdung des Straßenverkehrs durch eine Werbeprismenanlage in der Nähe der Autobahn.[168]

---

[144] VGH Mannheim NVwZ-RR 2004, 101.

[145] OVG Münster NVwZ-RR 2007, 249.

[146] OVG Hamburg NVwZ-RR 2009, 908.

[147] OVG Lüneburg NVwZ 1997, 662.

[148] VGH Kassel NVwZ-RR 2003, 720; ähnlich auch OVG Hamburg NVwZ-RR 2006, 169.

[149] OVG Berlin BRS 63 Nr. 216; vgl. auch OVG Greifswald NordÖR 2015, 322 (unzulässige Nutzung zu Freizeitzwecken).

[150] OVG Greifswald NordÖR 2009, 509.

[151] OVG Münster NVwZ-RR 2001, 430.

[152] OVG Münster NVwZ-RR 2006, 10.

[153] OVG Berlin-Brandenburg NVwZ-RR 2009, 319.

[154] VGH Kassel NVwZ-RR 2002, 489.

[155] VG Gießen NVwZ-RR 2000, 495.

[156] OVG Münster NVwZ-RR 2003, 493.

[157] VGH Kassel NVwZ-RR 2006, 116; VGH München NVwZ-RR 2005, 242.

[158] OVG Lüneburg NJW 2006, 2343.

[159] OVG Koblenz NJW 1990, 64.

[160] OVG Koblenz NVwZ-RR 2009, 332.

[161] VG Braunschweig NJW 1973, 263.

[162] VGH München, VGH nF 18, 26.

[163] VGH Mannheim VBlBW 1982, 21.

[164] OVG Münster DVBl. 1961, 484; vgl. aber auch OVG Bremen NJW 1979, 75; VGH München BayVBl. 1979, 690.

[165] VG Stuttgart NJW 2006, 793.

[166] VGH Mannheim NVwZ 1998, 91; OVG Hamburg NVwZ-RR 2010, 370 (Wohnwagen zur Ausübung der Prostitution); OVG Münster KommJur 2013, 159 (Altkleidersammlung); anders, wenn das Vorliegen einer Sondernutzung ernsthaft zweifelhaft ist: OVG Hamburg NordöR 2009, 412 (Mietfahrräder).

[167] OVG Berlin NVwZ-RR 1999, 9.

[168] OVG Frankfurt (Oder) NVwZ 1997, 202.

ee) Im Bereich des Umweltschutzes: Abfallrecht: Einführung eines einheitlichen Wertstoffsammelkonzeptes;[169] Durchsetzung einer Andienungspflicht für Abfälle,[170] jedenfalls wenn Anhaltspunkte für eine „Scheinverwertung" bestehen;[171] die Anordnung der Überlassung von Gewerbeabfällen;[172] Bestimmung des Aufstellplatzes für einen Abfallbehälter;[173] 770

Bodenschutzrecht: Maßnahmen zum Schutz vor Bodenverunreinigungen[174] oder Grundwasserbelastungen;[175] Anordnung zur Untersuchung und Sanierung von Bodenverunreinigungen nach § 4 Abs. 3 Satz 1 oder 9 Abs. 2 iVm § 10 Abs. 1 Satz 1 BBodSchG;[176]

Immissionsschutz: Stilllegung einer nicht genehmigten Anlage nach dem BImSchG;[177] Widerruf einer immissionsschutzrechtliche Genehmigung für eine Flüssiggasversorgungsanlage, wenn diese der Druckbehälterverordnung nicht entspricht;[178] Maßnahmen zum Schutz gegen toxische Industrieabfälle,[179] gegen die Freisetzung von Chlorakne hervorrufenden Kühlflüssigkeiten;[180] Anordnung einer Abgasreinigung zur Verminderung von Emissionen und Durchsetzung des Schutzkonzeptes der TA Luft;[181] Anordnung, die Wohnbevölkerung über Gefahren bei einem möglichen Störfall nach § 17 Abs. 1 Satz 1 BImSchG zu informieren;[182] Anordnung einer Feststoffmessung bei einem Kamin;[183]

Naturschutzrecht: vorläufige naturschutzrechtliche Sicherstellungsanordnung;[184] Nutzungsuntersagung für eine Gartenhütte in einem Landschaftsschutzgebiet;[185] Einstellungsverfügung bei ungenehmigten Eingriffen in Natur und Landschaft;[186] naturschutzrechtliche Anordnung zur Wiederanlage eines Biotops[187], zur Anbringung von Nisthilfen[188] oder einer Ersatzpflanzung;[189] Anordnung zur Auflösung eines Wildschweingeheges, wenn die Haltung den Anforderungen der Tierseuchenhygiene nicht genügt;[190] Allgemeinverfügung zur Durchsetzung von naturschutzrechtlichen Verhaltensregelungen;[191] Anordnung, bestimmte Drainagemaßnahmen zu dulden;[192] Beschlagnahme von artenschutzrechtlich geschützten Tieren;[193] naturschutzrechtliche Verordnung zum Schutz vor Nährstoffeinträgen;[194]

---

169 OVG Bremen NVwZ 1997, 1022.

170 VGH Mannheim NVwZ 1999, 1243; VGH Kassel NVwZ 2001, 108; VG Karlsruhe NVwZ-RR 2002, 270 (271); VG Frankfurt NVwZ-RR 2002, 736.

171 OVG Münster NVwZ 1999, 1246 (1247).

172 VG Frankfurt NVwZ-RR 1998, 167.

173 OVG Lüneburg NVwZ-RR 2004, 561.

174 VGH Mannheim NVwZ 2000, 1199.

175 VGH Kassel NVwZ-RR 1998, 747 (750); OVG Lüneburg NVwZ 2005, 1207.

176 OVG Berlin NVwZ 2001, 582 (583); OVG Bremen NordÖR 2009, 367; VGH Kassel NVwZ-RR 2006, 780 (insb. zur Störerauswahl); VGH Mannheim NVwZ 2002, 1260; NVwZ-RR 2003, 103; VGH München NVwZ 2001, 458; NVwZ 2003, 1135; NVwZ 2003, 1137.

177 OVG Berlin NVwZ-RR 1998, 412; OVG Münster NVwZ-RR 2009, 462.

178 VGH Mannheim NVwZ-RR 2000, 674.

179 VGH Mannheim UPR 1985, 183.

180 OVG Münster UPR 1992, 35.

181 BVerwG NVwZ 1997, 497.

182 VG Stuttgart NVwZ 2001, 830.

183 VGH München UPR 2016, 274 (276).

184 VGH München NVwZ-RR 1999, 370.

185 VGH Kassel NVwZ-RR 2000, 494.

186 OVG Lüneburg NuR 1982, 200.

187 OVG Lüneburg NVwZ-RR 2002, 346; NVwZ-RR 2007, 239.

188 OVG Lüneburg NVwZ-RR 2005, 316.

189 OVG Lüneburg Beschl. v. 15.1.2016 – 15 MF 21/15.

190 OVG Lüneburg NVwZ-RR 2002, 645.

191 VGH Mannheim NVwZ 2004, 119.

192 VGH München NVwZ-RR 2006, 389.

193 OVG Bautzen NVwZ-RR 2010, 429.

194 OVG Lüneburg NVwZ-RR 2016, 333 (335).

Sonstiges: Anordnung der Keulung von Rindern bei Auftreten einer Infektionskrankheit (BSE);[195] Verbot des In-Verkehr-Bringens von gentechnisch veränderten Lebensmitteln ohne Genehmigung;[196] Anordnung, dass bestimmte Unterlagen nicht der Geheimhaltung nach § 17a GenTG unterliegen;[197] Untersagung der Benutzung einer ungenehmigten und nicht offensichtlich genehmigungsfähigen Brunnenanlage;[198] Anordnung von Legionellen-Prüfungen in einer Wohnanlage.[199]

771 **ff) Im Bereich der öffentlichen Sicherheit:** Ausreiseverbot gegenüber einem Rechtsextremisten, dessen Äußerungen im Ausland dem Ansehen der Bundesrepublik erheblich schaden können,[200] oder einer Person, die der Teilnahme am bewaffneten Dschihad verdächtigt wird;[201] Einschränkung des Geltungsbereichs eines Reisepasses bei einem Hooligan, wenn bei einem Fußballspiel Ausschreitungen drohen;[202] Meldeauflage für einen Hooligan;[203]

Platzverweise, Aufenthaltsverbote oder Betretensverbote wegen der Gefahr eines weiteren Kontakts zur Drogenszene;[204] Verbot des Aufenthalts in einem bestimmten Gemeindegebiet bei Gefahr von Gewaltstraftaten;[205] Wohnungsverweisung nach dem Polizeigesetz;[206] Anordnung von erkennungsdienstlichen Maßnahmen;[207]

Umsetzung von Obdachlosen in eine ebenso geeignete Wohnung, wenn auf dem Grundstück eine Notunterkunft errichtet werden soll[208] oder die Wohnung durch eine mehrköpfige Familie intensiver genutzt werden kann;[209]

Ungültigerklärung und Einziehung eines Jagdscheins wegen Unzuverlässigkeit;[210] Entziehung der waffenrechtlichen Erlaubnis wegen Unzuverlässigkeit;[211] Widerruf einer Waffenbesitzkarte wegen drohender Selbstgefährdung;[212]

Verbot, einen bissigen[213] Hund oder einen Hund ohne die notwendige Erlaubnis[214] zu halten; Einzelregelungen über die Hundehaltung nach bestandenem Wesenstest;[215] Verpflichtung zur Kennzeichnung eines Hundes durch Mikrochip;[216]Anordnung der Tötung

---

[195] OVG Münster NVwZ 1997, 809; OVG Weimar NVwZ 2002, 231.

[196] OVG Münster NVwZ 2001, 110.

[197] OVG Münster NVwZ-RR 2006, 248.

[198] VG Mainz NVwZ-RR 2008, 314.

[199] OVG Münster NJW 2015, 3528.

[200] VG Frankfurt NVwZ 1990, 401.

[201] VG Aachen NVwZ-RR 2009, 781.

[202] VG Stuttgart NJW 2006, 1017.

[203] OVG Lüneburg NVwZ-RR 2006, 613.

[204] OVG Lüneburg NVwZ 2000, 454; VGH Mannheim NVwZ-RR 1998, 428; NVwZ-RR 1998, 680; VGH München NVwZ 2000, 454 (455); OVG Münster NVwZ 2001, 231; NVwZ 2001, 459; VG Göttingen NVwZ-RR 1999, 169; anders VGH Mannheim NVwZ 2003, 115 (Aufenthaltsverbot für Punker); VGH Kassel NVwZ 2003, 1400 („Hütchenspieler") (entgegen VG Frankfurt NVwZ 2003, 1407).

[205] VG Leipzig NVwZ 2001, 1317 (1318).

[206] OVG Münster NJW 2002, 2195; nachfolgend: BVerfG NJW 2002, 2225.

[207] VGH Mannheim NVwZ-RR 2016, 626 (Ls.); OVG Koblenz NVwZ-RR 2001, 238; anders OVG Bautzen NVwZ-RR 2001, 239 (240).

[208] OVG Berlin NVwZ 1989, 989.

[209] OVG Berlin NVwZ 1990, 194.

[210] OVG Lüneburg NVwZ-RR 2005, 110; NVwZ-RR 2006, 796.

[211] VGH Kassel NVwZ-RR 2005, 324.

[212] VGH Mannheim NVwZ-RR 1994, 210.

[213] OVG Münster NVwZ 1997, 806; abweichend für Haltungsuntersagung auf Grund von Rasselisten OVG Hamburg NVwZ 2001, 1308; NVwZ 2001, 1309; für die Verfügung, einen Hund zur Rassebestimmung beim Amtstierarzt vorzuführen, OVG Hamburg NVwZ 2001, 1311.

[214] OVG Münster NVwZ 2000, 458.

[215] VGH München NVwZ 2001, 1313; NVwZ-RR 2004, 490 (Leinenzwang).

[216] OVG Münster NVwZ-RR 2004, 489.

eines sichergestellten gefährlichen Hundes;[217] Sicherstellung eines gefährlichen Hundes;[218]

Räumungsverfügung gegen Bewohner einer „Wagenburg";[219] Anordnung, für eine genehmigungspflichtige bauliche Anlage einen Bauantrag zu stellen,[220] die Anschlussleitungen zum gemeindlichen Entwässerungskanal zu reparieren[221] oder eine Nottreppe als 2. Rettungsweg zu bauen;[222]

Verbot eines Vereins, dessen Zweck sich gegen die verfassungsmäßige Ordnung richtet und daher das Gemeinwesen gefährdet,[223] oder für den der dringende Verdacht eines Verbotsgrundes gem. Art. 9 Abs. 2 GG iVm § 3 Abs. 1 VereinsG besteht.[224]

b) Fiskalische Interessen. Fiskalische Interessen sind öffentliche Interessen und können – auch zusammen mit anderen Umständen – ein öffentliches Interesse an sofortiger 772
Vollziehung begründen.[225] Diesem Interesse trägt der Gesetzgeber in § 80 Abs. 2 Satz 1 Nr. 1 VwGO Rechnung.[226] Fallen Verwaltungsakte nicht unter diese Vorschrift, reicht – § 80 Abs. 2 S. 1 Nr. 1 VwGO *e contrario* – das bloße Interesse an baldiger Zahlung für ein überwiegendes öffentliches Vollzugsinteresse nicht aus.

Ein überwiegendes Interesse an der sofortigen Vollziehung eines Leistungsbescheides 773
kann dagegen bestehen, wenn ohne baldige Vollstreckung die Durchsetzung der Forderung gefährdet erscheint, so etwa wenn ein Beiseite-Schaffen von Geldmitteln zu befürchten ist[227], der Adressat des Verwaltungsakts vor der Insolvenz steht[228] oder der Verwaltungsakt der Durchsetzung von EU-Recht dient.[229] Die Anordnung der sofortigen Vollziehung muss aber der Verwirklichung gerade der Geldforderung dienen, deretwegen vollstreckt werden soll; das bloß allgemeine Interesse an einem zügigen Finanzzufluss reicht nicht.[230] Der Behörde ist gestattet, den ausstehenden Geldbetrag gleichzeitig durch sofort vollstreckbaren Leistungsbescheid und dinglichen Arrest nach dem Verwaltungsvollstreckungsrecht zu sichern.[231] Bei der Interessenabwägung kann berücksichtigt werden, dass der Betroffene bei Obsiegen in der Hauptsache einen Rückzahlungsanspruch gegen die öffentliche Hand erhält, so dass eine ungerechtfertigte Vollstreckung ohne Insolvenzrisiko rückgängig gemacht werden kann.

---

[217] OVG Münster NVwZ 2001, 227 (keine Maßnahme nach § 80 Abs. 2 S. 1 Nr. 3 VwGO).

[218] OVG Koblenz Beschl. v. 8.5.2015 – 7 B 10383/15 Rn. 23.

[219] OVG Lüneburg NVwZ-RR 2005, 93; OVG Münster NVwZ-RR 2002, 11; anders für die Beschlagnahme von Wohnwagen, wenn Räumung ausreichend gewesen wäre: VGH Mannheim NVwZ-RR 1998, 173.

[220] VGH Kassel NVwZ-RR 2001, 429.

[221] OVG Münster NVwZ-RR 2003, 297.

[222] OVG Münster NVwZ-RR 2003, 722; vgl. auch OVG Berlin LKV 1999, 196.

[223] VGH München NVwZ 1992, 76.

[224] BVerwG NVwZ 1995, 587; NJW 1993, 3213; VGH Mannheim NJW 1990, 61; GewArch. 1988, 374.

[225] Ansätze schon bei BVerwG Buchholz 310 § 80 VwGO Nr. 3; ferner Buchholz 310 § 80 VwGO Nr. 4; Buchholz 310 § 80 VwGO Nr. 5; OVG Lüneburg NVwZ 1983, 109; VGH Mannheim NVwZ 1999, 1243 (1246) (Entsorgungsgebühren); OVG Münster NJW 1986, 446; VG Frankfurt NVwZ-RR 2002, 736; VG Karlsruhe NVwZ-RR 2002, 270 (271).

[226] → Rn. 678 ff.

[227] OVG Münster NVwZ-RR 2003, 136 (Leistungsbescheid auf Rückzahlung von angenommenen Bestechungsgeldern in beträchtlicher Höhe).

[228] Nach der Insolvenz darf ein Beitragsbescheid kein Leistungsgebot mehr festsetzen, vgl. OVG Magdeburg NVwZ-RR 2004, 135 (136); Beschl. v. 22.10.2012 – 2 M 22/12 Rn. 42; OVG Münster OVG MüLü 53, 104 (108 ff.).

[229] OVG Lüneburg Beschl. v. 30.6.2016 – 10 ME 35/16 Rn. 9.

[230] VGH München NVwZ-RR 1988, 745 (746); VGH Kassel NVwZ 1983, 747 (Kürzung von Beamtenbezügen, wenn Rückforderung wegen der Höhe des Betrages nicht gefährdet).

[231] OVG Münster NVwZ-RR 2003, 136 (138).

774 Fiskalische Interessen können auch für den Vollzug von Verwaltungsakten streiten, deren Befolgung gebührenpflichtig ist, etwa die Anordnung, bestimmte Abfälle dem öffentlich-rechtlichen Entsorgungsträger anzudienen. Stehen sich in diesen Fällen das fiskalische Interesse am Sofortvollzug und das privatwirtschaftliche Interesse an der aufschiebenden Wirkung gegenüber, reicht dies allein für ein Überwiegen des öffentlichen Interesses nicht aus.[232] Weitere Beispiele: Das Entstehen von Baustillstandskosten allein führt nicht ohne weiteres zum Vorrang des öffentlichen Interesses an der sofortigen Vollziehung einer Genehmigung vor den Interessen eines Betroffenen.[233] Das Ziel, weitere Kosten der Strafvollstreckung zu vermeiden, rechtfertigt nicht die Ausweisung eines Ausländers unter Anordnung des Sofortvollzugs.[234]

775 **c) Verwaltungsakte, die Investitionen oder Arbeitsplätze betreffen.** § 80 Abs. 2 Satz 1 Nr. 3 VwGO macht deutlich, dass das öffentliche Interesse an Investitionen oder der Schaffung von Arbeitsplätzen ein besonderes öffentliches Interesse an der sofortigen Vollziehung begründen kann. Die Behörde kann auf dieses Interesse auch eine Anordnung der sofortigen Vollziehung stützen. In der Praxis wird hiervon häufig Gebrauch gemacht.

In folgenden Fällen hat die Rechtsprechung etwa angenommen, das Interesse am Ausnutzen einer Genehmigung überwiege das entgegenstehende Interesse an der aufschiebenden Wirkung eines Rechtbehelfs: Errichtung einer industriellen Anlage in einem wirtschaftlich und sozial unterentwickelten Gebiet;[235] Inbetriebnahme einer Anlage zur Verringerung von Immissionen;[236] vorläufige Zulassung einer Anlage nach dem BImSchG bei ansonsten bestehender Gefahr für die Schaffung von Arbeitsplätzen;[237] Bau einer Anlage zur Gewährleistung der Elektrizitätsversorgung;[238] Betriebspläne zum Aufschluss und Abbau von Steinkohle, um die Versorgung des Markts mit Steinkohle zu gewährleisten;[239] Aufbau einer Abfallumschlagstation, wenn diese zur terminsgebundenen Umstellung von der Abfalldeponierung zur Abfallverbrennung benötigt wird;[240] Bau einer Biogasanlage zur Verbesserung der Entsorgung von Biomüll;[241] Errichtung eines Landeplatzes für Rettungshubschrauber;[242] bauliche Veränderungen in einem Kernkraftwerk;[243] Bau eines Sperrwerks zur Abwehr von Sturmfluten;[244] Zulassung eines Sandabbaus;[245] Planfeststellungsbeschluss für einen Straßenbau.[246]

---

[232] OVG Koblenz NVwZ-RR 2005, 621 (622); OVG Münster NVwZ 1999, 1246 (1247 f.); OVG Lüneburg NVwZ-RR 2006, 26 (27); großzügiger bei der Anerkennung eines öffentlichen Interesses VGH Mannheim NVwZ 1999, 1243 (1246); VG Frankfurt NVwZ-RR 2002, 736; VG Karlsruhe NVwZ-RR 2002, 270 (271).

[233] Vgl. VGH Kassel DVBl. 1991, 1319.

[234] OVG Hamburg NordÖR 2005, 365; aA OVG Bremen NordÖR 1999, 284.

[235] OVG Münster OVGE 26, 244.

[236] OVG Münster OVGE 26, 199; weitere Beispiele für die Anordnung der sofortigen Vollziehung im Immissionsschutzrecht etwa: VGH München NVwZ 2004, 122 (Bauschutt-Recycling-Anlage); VG Stade NVwZ 2002, 619 (Anlage zur biologischen Verwertung von überwachungsbedürftigen Abfällen).

[237] VG Gießen NVwZ-RR 2001, 304 (305).

[238] VGH Kassel GewArch. 1991, 151.

[239] OVG Münster DVBl. 1989, 1013 (Schlossanlage Cappenberg).

[240] OVG Lüneburg NVwZ-RR 2006, 25 (26).

[241] VGH München NVwZ 1998, 1191; NVwZ 2003, 1138; VG Arnsberg NVwZ-RR 2000, 12.

[242] OVG Hamburg NVwZ-RR 2002, 493.

[243] VGH Mannheim NVwZ-RR 2000, 209.

[244] OVG Lüneburg NVwZ-RR 2001, 362 (364).

[245] OVG Lüneburg NVwZ-RR 2003, 642.

[246] VGH München NVwZ-RR 2006, 217.

d) Termingebundene Verwaltungsakte. Die Anordnung der sofortigen Vollziehung kommt stets in Betracht, wenn ein Verwaltungsakt gerade mit Blick auf einen bestimmten Termin erlassen wird. Ist nicht zu erwarten, dass über einen Rechtsbehelf in der Hauptsache noch vor Ablauf dieses Termins entschieden ist, kann der Verwaltungsakt seine Rechtswirkung nur bei Anordnung des Sofortvollzugs entfalten. 776

Termingebunden sind Verwaltungsakte, die ein Verhalten regeln, dass – nach dem Willen des Betroffenen – gerade an einem bestimmten Tag stattfinden soll. Die Behörde wird daher regelmäßig die sofortige Vollziehung versammlungsrechtlicher Verbote oder Auflagen anordnen. Als Beispiele aus der Rechtsprechung lassen sich anführen: Verbot von neonazistischen Versammlungen;[247] Verbot eines „Cannabis-Weekends", bei drohenden Verstößen gegen das BtMG;[248] Verbot der Durchführung von Probeblockaden auf einem Anschlussgleis zu einem Kernkraftwerk;[249] Untersagung des dauerhaften Aufbaus eines Zeltes im Rahmen einer Versammlung.[250] Alle diese Anordnungen werden sinnlos, wenn sie nicht zum Zeitpunkt der Versammlung durchgesetzt werden können. 777

Andere Beispiele, in denen eine Terminsbindung augenfällig ist: Aufhebung der Zulassung zum Münchener Oktoberfest, nachdem sich die Unzuverlässigkeit des Schaustellers herausgestellt hat;[251] straßenrechtliche Erlaubnis zur Durchführung der Tour de France;[252] immissionsschutzrechtliche Ausnahme für ein Maifest;[253] Ausnahme nach dem Ladenschlussgesetz für eine Großveranstaltung;[254] Rückstellung eines Baugesuchs zur Sicherung einer Planung.[255]

Termingebunden sind auch Verwaltungsakte, bei denen das Gesetz selbst ein bestimmtes Verhalten an einzelnen Tagen missbilligt. Beispiele hierfür sind: Verbot einer Kabarettveranstaltung am Karfreitag[256] oder das Verbot eines Hallenflohmarktes an einem Sonn- oder Feiertag.[257] In diesen Fällen ist offenkundig, dass nur mit einer sofortigen Vollziehung das Regelungsziel erreicht wird. 778

e) Durchsetzung des Unionsrechts. In der Regel vollziehen die nationalen Behörden das Recht der Europäischen Union. Diese haben einerseits das Unionsrecht, andererseits das jeweilige nationale Recht zu beachten. Bei Konflikten genießt das Unionsrecht 779

---

[247] Vgl. OVG Bautzen NVwZ-RR 2001, 443; NVwZ-RR 2002, 435 (versammlungsrechtliche Auflagen); OVG Münster NVwZ 2002, 737 (bestätigt durch BVerfG NVwZ 2002, 714) (Versammlung unter dem Motto „Ruhm und Ehre der Waffen-SS" in der Nähe eines Konzentrationslagers); OVG Frankfurt (Oder) NVwZ 2003, 622, bestätigt durch BVerfG NVwZ 2003, 601 (Versammlung unter dem Motto „Ruhm und Ehre den deutschen Frontsoldaten" am Volkstrauertag); OVG Weimar NVwZ-RR 2003, 208; BVerfG NVwZ 2004, 1112 (zu befürchtender Verstoß gegen § 130 Abs. 1 StGB); anders dagegen BVerfG NVwZ-RR 2000, 554; NVwZ 2002, 982 (kein Verbot einer Versammlung wegen der mangelnder Kooperationsbereitschaft des Anmelders); NVwZ 2002, 983 (unzulässige Auflage, auf schwarze Fahnen zu verzichten); NVwZ-RR 2002, 500; NVwZ 2004, 90 (Versammlungsauflage an Stelle einer Untersagung); NVwZ 2006, 585; NVwZ 2006, 586; NVwZ 2007, 574 (Demonstration an Heiligabend); OVG Weimar NVwZ-RR 1998, 497 (für einen „Kameradschaftsabend"); Übersicht bei *Battis/Grigoleit* NJW 2001, 2051; *Hoffmann-Riem* NVwZ 2002, 257; *Turnit* NVwZ 2016, 873 (880).

[248] VGH Kassel NVwZ 1994, 717.

[249] VGH Mannheim NVwZ 2000, 1201; abweichend für eine Demonstration vor einer US-Airbase: VGH Kassel NVwZ 2003, 874 m. Anm. *Mikešić* NVwZ 2004, 788.

[250] OVG Berlin NVwZ-RR 2002, 435 (436); VG Berlin NVwZ 2004, 761.

[251] VGH München NVwZ-RR 1999, 575.

[252] VG Freiburg NVwZ-RR 2001, 540.

[253] OVG Münster NVwZ-RR 2002, 895.

[254] VGH Kassel NVwZ-RR 2016, 578; VG Hannover NVwZ-RR 2001, 307 (309) (EXPO 2000); ablehnend OVG Magdeburg NJW 1999, 2538 (Bundesgartenschau).

[255] OVG Münster NVwZ-RR 2010, 475.

[256] VG Gera NVwZ-RR 1999, 579.

[257] VG Schleswig NVwZ-RR 2001, 236.

Anwendungsvorrang vor den nationalen Regelungen.[258] Die Rechtsvorschriften des nationalen Rechts dürfen die unmittelbare Wirksamkeit des Unionsrechts und die Durchsetzung unionsrechtlich gewährleisteter Rechte nicht faktisch vereiteln.[259]

780 Erlässt eine nationale Behörde einen Verwaltungsakt zur Umsetzung des Unionsrechts, haben Widerspruch und Anfechtungsklage nach § 80 Abs. 1 aufschiebende Wirkung. Während des Suspensiveffektes wird das Unionsrecht einstweilen nicht vollzogen. Daher ist die Behörde gehalten, das Unionsrecht durch die Anordnung der sofortigen Vollziehung nach § 80 Abs. 2 Satz 1 Nr. 4 VwGO effektiv durchzusetzen.[260] So kann ein überwiegendes öffentliches Interesse an der sofortigen Vollziehung eines Verwaltungsakts bestehen, welcher der Marktöffnung in den Mitgliedstaaten der Europäischen Union dient,[261] zur Umsetzung einer umweltrechtlichen Verordnung notwendig ist[262] oder eine unionsrechtswidrig gewährte Beihilfe zurückfordert.[263]

781 **f) Wahrung der Rechtsordnung.** § 80 Abs. 2 Satz 1 Nr. 4 VwGO fordert ein *besonderes* Interesse an der sofortigen Vollziehung eines Verwaltungsakts, so dass die Anordnung der sofortigen Vollziehung nicht allein damit begründet werden kann, die sofortige Vollziehung des Verwaltungsakts werde das geltende Recht früher und damit effektiver durchsetzen. Der zeitnahe Vollzug behördlicher Anordnungen kann aber Dritte von einem bestimmten Verhalten abhalten. Dieses Ziel der Generalprävention vermag die Anordnung der sofortigen Vollziehung zu rechtfertigen.[264] Die allgemeine Behauptung, die Anordnung sei zur Abschreckung der Allgemeinheit geboten, reicht aber nicht aus. Die Behörde muss vielmehr darlegen, welche abschreckenden Wirkungen sie erwartet, insbesondere, woraus sich die konkrete Gefahr der Nachahmung ergibt.[265]

782 Das öffentliche Interesse an einer Generalprävention hat in der Vergangenheit häufig im Aufenthaltsrecht Bedeutung erlangt.[266] Darüber hinaus kommt es insbesondere im Baurecht und im Wirtschaftsverwaltungsrecht zum Tragen. So ist in den folgenden Fällen ein überwiegendes Vollzugsinteresse bejaht worden:

Baurecht: Anordnung, Bauarbeiten an einem nicht genehmigten Bauvorhaben einzustellen,[267] oder dessen Nutzung zu unterlassen,[268] da ohne Vollziehungsanordnung die Durchsetzung der gesetzlichen Baugenehmigungspflicht erheblich erschwert würde; dies gilt nicht, wenn die baurechtswidrige Nutzung für Außenstehende nicht erkennbar ist und daher keine Vorbildwirkung entfalten kann;[269] Rücknahme einer Baugenehmigung für Stellplätze verbunden mit einer Beseitigungsanordnung, wenn der Behörde bereits Anträge anderer Grundeigentümer vorliegen, die ähnliche Stellplätze zum Gegenstand

---

[258] EuGH Slg 1964, 1251 (Costa/ENEL).

[259] EuGH Slg 1983, 2633 (Milchkontor).

[260] Vgl. EuGH Slg. 1990 I, 2879 (2906 ff.) = EuZW 1990, 384.

[261] OVG Lüneburg NVwZ 1999, 1130 (1131) (Zugang zum Markt für Bodenabfertigungsdienste auf Flughäfen).

[262] OVG Lüneburg NVwZ 2004, 1266 (1267) (Einfuhr von Kälbergülle ohne Genehmigung nach Unionsrecht).

[263] OVG Berlin-Brandenburg NVwZ 2006, 104 (106).

[264] Dafür BVerfG NVwZ 1983, 667; NVwZ 1987, 403; VerfGH Berlin NVwZ 1995, 784; OVG Münster NJW 2000, 891 (892); einschränkend VGH München DVBl. 1980, 197.

[265] OVG Greifswald NVwZ-RR 2007, 21 (23).

[266] → Rn. 1229.

[267] OVG Berlin DÖV 1988, 841; OVG Lüneburg OVGE 21, 385; VGH München BayVBl. 1980, 246; OVG Münster OVGE 24, 124; NVwZ 2000, 1319.

[268] OVG Greifswald NordÖR 2016, 161; OVG Berlin UPR 1996, 275; VGH Kassel NVwZ-RR 1995, 321; MDR 1996, 259; NVwZ-RR 2002, 823 (824); OVG Lüneburg NVwZ-RR 2002, 822 (823) (stark auf die „Breitenwirkung“ abstellend); VGH Mannheim NVwZ-RR 2007, 308 (Ls.); VGH München NVwZ-RR 2005, 611; OVG Münster NVwZ-RR 2003, 483.

[269] OVG Berlin NVwZ-RR 2001, 229 (230 f.).

haben;[270] Beseitigungsverfügung wegen baurechtlicher Illegalität, wenn die Anlage bereits als negatives Vorbild dient oder zu dienen droht und die Anordnung darauf zielt, Fehlschlüsse anderer Bauinteressenten über die Rechtslage zu vermeiden;[271] Anordnung, eine Werbeanlage abzureißen, wenn diese ohne Substanzverlust zurückgebaut werden kann;[272] Baueinstellung zur Durchsetzung einer Veränderungssperre;[273] Anordnung, das Anbringen einer Beleuchtungsanlage zu dulden, um den Innenstadtbereich einer Gemeinde städtebaulich aufzuwerten.[274]

Wirtschaftsverwaltungsrecht: Verfügung, ein Nachtarbeitsverbot zu beachten, um der Signalwirkung vorzubeugen, die ein beharrliches Ignorieren von Gesetzen in der Öffentlichkeit haben kann, und um zu verhindern, dass die Adressaten sich weiterhin eine Rechtsstellung anmaßen, die ihnen kraft Gesetzes nicht zusteht;[275] Verbot, Straßenpassanten im Rahmen erwerbswirtschaftlicher Aktivitäten anzusprechen, weil ein Tolerieren andere Gewerbetreibende zu gleichem Handeln anreizen kann;[276] Untersagung eines gaststättenrechtlich nicht erlaubten Betriebs, um keinen Berufensfall für andere Gaststätteninhaber entstehen zu lassen;[277] Untersagung gewerblicher Sportwettenvermittlung ohne Erlaubnis;[278] Durchsetzung einer Satzungsregelung, die gesetzliche Vorgaben lediglich konkretisiert;[279] Verfügung, Werbesendungen im Fernsehen in bestimmter Weise zu kennzeichnen, um Nachahmungseffekte zu vermeiden.[280]

Gelegentlich sind auch in anderen Rechtsgebieten Situationen denkbar, die zur **783** Wahrung der Rechtsordnung ein unmittelbares Handeln erfordern. So ist die sofortige Vollziehung einer schulrechtlichen Maßnahme gerechtfertigt, mit der die Schule auf einen Gewaltexzess reagiert, der schulintern große Aufmerksamkeit auf sich gezogen hat.[281]

g) Sonstige Interessen des allgemeinen Wohls. Es kann nicht abschließend aufgezählt **784** werden, welche Interessen des allgemeinen Wohls ein öffentliches Vollzugsinteresse begründen können. Es kommt jeweils darauf an, ob es im konkreten Fall einer sofortigen Vollziehung bedarf. Allgemeine Überlegungen zum Gemeinwohl reichen nicht.

Die Rechtsprechung hat etwa in folgenden weiteren Fällen das Überwiegen des Voll- **785** zugsinteresses angenommen:

– aufsichtsbehördliche Ersetzung des gemeindlichen Einvernehmens für Baugenehmigungen;[282] aufsichtsbehördliche Beanstandung eines Ratsbeschlusses über einen Bebauungsplan, der ein Zwischenlager für abgebrannte Brennelemente aus einem Atomkraftwerk

---

270 OVG Berlin NVwZ-RR 1999, 9 (11).

271 OVG Greifswald LKV 2003, 477 (Abriss eines Wintergartens); NordÖR 2016, 365 (mit weiteren Fallgruppen); zurückhaltender VGH München BayVBl. 1989, 117.

272 OVG Berlin NVwZ 2002, 489 (492); OVG Berlin-Brandenburg NVwZ-RR 2009, 15 (negative Vorbildwirkung einer Werbeanlage); NuR 2015, 858 (861); OVG Münster NVwZ-RR 2006, 773 (774); VG Freiburg BauR 2012, 684 (Ls.); in der Regel rechtfertigt die Verletzung des öffentlichen Baurechts allein nicht die sofortige Vollziehung einer Abbruchsanordnung (OVG Münster BauR 1996, 236), es sei denn, die Bauten können ohne Substanzverlust entfernt werden, vgl. OVG Lüneburg NVwZ-RR 2005, 607.

273 VGH München NVwZ-RR 2010, 11.

274 VGH Mannheim NVwZ-RR 2008, 228 (230).

275 VGH Mannheim NVwZ-RR 1990, 561.

276 VGH Mannheim NVwZ 1998, 91 (Straßenwerbung für Scientology).

277 VGH München GewArch. 1987, 386; VG Stuttgart NVwZ-RR 2009, 560 (561) (Durchführung eines gaststättenrechtlichen Erlaubnisverfahrens, um Nachahmungseffekte zu verhindern).

278 OVG Lüneburg NVwZ 2005, 1336 (1341).

279 OVG Koblenz NVwZ-RR 2009, 368.

280 OVG Koblenz NVwZ-RR 2009, 332 (334).

281 VG Hannover NVwZ-RR 2004, 851 (852); NVwZ-RR 2004, 852 (854).

282 OVG Lüneburg NVwZ-RR 2005, 90.

verhindern soll;[283] Widerruf einer Abbruchgenehmigung, um den Verlust eines Baudenkmals zu verhindern;[284]
- kommunalrechtliche Aufsichtsmaßnahme nach Unregelmäßigkeiten bei einer Gemeinderatswahl;[285] dagegen besteht an der sofortigen Vollziehung der Erklärung einer Kreistagswahl für ungültig kein öffentliches Interesse, wenn das Gesetz eine Wiederholungswahl vor rechtskräftigem Abschluss des Klageverfahrens ausschließt;[286]
- Auflösung einer Hauptschule im Wege der Kommunalaufsicht;[287] Anordnung der Kommunalaufsicht, höhere Kindergartenbeiträge festzusetzen;[288]
- Widerruf eines Kindergartenplatzes für ein nicht gemeindeangehöriges Kind;[289]
- Rangfolgenregelung für die Belegung von Kabelprogrammen;[290]
- Stilllegung einer Eisenbahnstrecke;[291] Widerruf der Genehmigung als öffentliches Eisenbahninfrastrukturunternehmen;[292]
- Anordnungen über die Gestaltung des Inkassos durch die Deutsche Telekom;[293]
- Entziehung eines Doktorgrades bei schwerwiegendem Täuschungsversuch und drohendem Ansehensverlust für den betroffenen Fachbereich;[294]
- Rücknahme einer durch Vorlage gefälschter Dokumente erschlichenen Einbürgerung;[295] Rücknahme einer Inobhutnahme bei Neubestimmung des Alters;[296]
- Exmatrikulation bei unterbliebener Zahlung von Gebühren für Langzeitstudierende;[297]
- Hausverbot für ein Gerichtsgebäude;[298]
- Verbot der Führung der Dienstgeschäfte eines Polizeivollzugsbeamten wegen Alkoholsucht;[299]
- Anordnung der Aufnahme in die nach Landesrecht konstitutive Denkmalliste;[300] Veränderungen eines Denkmals ohne Genehmigung;[301]
- Stellung einer Rückbausicherheit für einen Lebensmittelmarkt.[302]

VIII. Regelungsumfang

1. Sachliche Reichweite

786 In der Regel ordnet die Behörde die sofortige Vollziehung für den gesamten Verwaltungsakt uneingeschränkt an. Sie ist nach pflichtgemäßem Ermessen jedoch berechtigt und, falls das öffentliche Vollzugsinteresse nicht den gesamten Verwaltungsakt umfasst,

[283] OVG Lüneburg NVwZ 2004, 1136; vgl. auch VG Weimar NVwZ-RR 2002, 137 (Beanstandung zivilrechtlicher Anstellungsverträge).
[284] OVG Münster NVwZ-RR 2006, 527.
[285] VGH München NVwZ-RR 2002, 681.
[286] OVG Koblenz NVwZ-RR 1991, 502.
[287] OVG Bautzen NVwZ-RR 2003, 36.
[288] OVG Münster NVwZ-RR 2008, 50.
[289] VGH München NVwZ-RR 2000, 815.
[290] VGH Mannheim NVwZ-RR 1998, 651.
[291] VGH Kassel NVwZ 2001, 105 (106).
[292] OVG Greifswald NordÖR 2009, 471.
[293] OVG Münster NVwZ 2001, 700 (701).
[294] VGH Kassel NVwZ-RR 2000, 681.
[295] OVG Hamburg NVwZ 2002, 886 (888).
[296] OVG Berlin-Brandenburg NVwZ-RR 2010, 274.
[297] VG Göttingen NVwZ-RR 2005, 118.
[298] VG Neustadt NJW 2011, 3317 (3319).
[299] OVG Magdeburg NVwZ-RR 2011, 488.
[300] OVG Schleswig Beschl. v. 3.11.2012 – 1 MB 42/12.
[301] OVG Hamburg BauR 2016, 1143 (1148).
[302] OVG Magdeburg Beschl. v. 27.4.2016 – 2 M 169/15 Rn. 12.

verpflichtet, die Anordnung inhaltlich zu begrenzen. So kann sie die sofortige Vollziehung auf einen gegenständlich abgrenzbaren Teil des Verwaltungsakts[303] oder seiner Folgen[304] beschränken.

Die Anordnung der sofortigen Vollziehung kann nach pflichtgemäßem Ermessen von besonderen Voraussetzungen, Bedingungen oder Auflagen[305] abhängig gemacht werden.[306] Dem Betroffenen kann gestattet werden, die sofortige Vollziehung durch Sicherheitsleistung abzuwenden.[307] 787

2. Persönliche Reichweite

Richtet sich ein Verwaltungsakt an mehrere Adressaten, kann dieser gegenüber dem einen Adressaten sofort vollziehbar sein, gegenüber dem anderen nicht.[308] Eine Einheit der sofortigen Vollziehung gibt es nicht. So kann die Behörde bei mehreren Adressaten auf der Grundlage einer konkreten Interessenabwägung die Anordnung der sofortigen Vollziehung auf einen Teil der Adressaten beschränken. Da das Vollzugsinteresse für den jeweiligen konkreten Einzelfall bestehen muss, kann die Vollziehungsanordnung einheitlich nur dann gegenüber allen Adressaten des Verwaltungsakts ergehen, wenn für diese die Interessenabwägung zwischen Vollzugs- und Suspensivinteresse dasselbe Ergebnis hat. 788

IX. Wirkung

1. Materielle Wirkungen

Der für sofort vollziehbar erklärte Verwaltungsakt ist trotz Einlegung eines Rechtsmittels vorläufig verbindlich und daher zu befolgen. Ordnet die Behörde die sofortige Vollziehung an, kann der Verwaltungsakt alsbald nach Bekanntgabe – auch bei eingelegtem Widerspruch oder Anfechtungsklage – im Wege der Verwaltungsvollstreckung durchgesetzt werden.[309] Vollstreckungshandlungen sind in diesem Fall rechtmäßig, ohne dass es auf die Rechtmäßigkeit des Verwaltungsakts ankommt.[310] Allerdings gebietet 789

[303] Zur Teilbarkeit eines straßenrechtlichen Planfeststellungsbeschlusses und der teilweisen Vollziehungsanordnung: VGH Kassel NVwZ-RR 1991, 177. Vgl. auch VGH München BayVBl. 1982, 53 (Anordnung der sofortigen Vollziehung nur der Nebenbestimmungen eines Verwaltungsakts).

[304] Etwa: Anordnung der sofortigen Vollziehung einer beamtenrechtlichen Entlassungsverfügung mit der Maßgabe, dass dem Beamten ein Teil seiner Dienstbezüge verbleibt (als Möglichkeit bejaht, im zu entscheidenden Fall abgelehnt von OVG Koblenz NVwZ 1989, 82; VGH München BayVBl. 1990, 22).

[305] VG Frankfurt NVwZ 2000, 1324; es handelt sich um prozessrechtliche Nebenbestimmungen, auf die § 36 VwVfG nicht anwendbar ist; vgl. *Hamann* DVBl. 1989, 969.

[306] Vgl. VGH München BayVBl. 1980, 117 (Baugenehmigung mit Vollziehungsanordnung unter der Voraussetzung, dass der Adressat eine Risiko- und Verpflichtungserklärung hinsichtlich des Ausgangs der Hauptsache abgibt). Kritisch dazu *Traumann* NVwZ 1988, 415; VGH München NVwZ-RR 1998, 25 (26) (Vollziehungsanordnung für immissionsschutzrechtliche Genehmigung bei Beachtung von Auflagen).

[307] OVG Münster NJW 1961, 1551.

[308] BVerwG DVBl. 1982, 836; OVG Koblenz NVwZ 1987, 246; VGH München BayVBl. 1993, 85.

[309] § 6 VwVG Bund; § 2 LVwVG BW; Art. 19 VwZVG Bay; § 5 Abs. 2 VwVG Bln iVm § 6 VwVG Bund; § 15 VwVG BB; § 11 BremVwVG; § 18 VwVG Hbg; § 2 HessVwVG; § 80 SOG MV; § 3 VwVG Nds; § 55 VwVG NW; § 2 VwVG Saar; § 2 SächsVwVG; § 53 SOG LSA; § 195 LVwG SH; § 19 ThürVwZVG.

[310] BVerfG NVwZ 1999, 290 (292); OVG Bautzen NVwZ-RR 1999, 101 (102); VGH Mannheim NVwZ 1985, 202 (205); VG Weimar NVwZ-RR 2000, 478 (479); aA BayVGH NVwZ-RR 1994, 548; BayVBl. 1984, 599; vgl. *Weiß* DÖV 2001, 274.

Art. 19 Abs. 4 Satz 1 GG der Behörde, dem Betroffenen ausreichend Zeit zu lassen, um vor Durchführung der Vollziehung um vorläufigen gerichtlichen Rechtsschutz nachzusuchen. Etwas Anderes gilt nur bei Gefahr im Verzug.[311]

790 Die vorläufige Verbindlichkeit schließt öffentlich-rechtliche Erstattungs- oder Folgenbeseitigungsansprüche aus.[312] Ist die sofortige Vollziehung eines straf- oder bußgeldbewehrten Verwaltungsakts angeordnet, ist eine Zuwiderhandlung bis zur Entscheidung im Hauptsacheverfahren oder zur Wiederherstellung der aufschiebenden Wirkung strafbar oder ordnungswidrig.[313]

2. Eintritt und Dauer

791 Die Anordnung der sofortigen Vollziehung tritt *ex nunc* ein; für eine Rückwirkung fehlt es an einer Rechtsgrundlage.[314] Die Dauer ihrer Wirksamkeit regelt § 80b Abs. 1 VwGO.[315] Entfallen die Voraussetzungen der Anordnung später, bleibt die Anordnung wirksam, bis die Behörde die Vollziehung aussetzt (§ 80 Abs. 4 Satz 1 VwGO) oder das Gericht die aufschiebende Wirkung wiederherstellt (§ 80 Abs. 5 Satz 1 VwGO). Die Behörde ist berechtigt, die Anordnung aufzuheben oder – nach vorheriger Aufhebung – erneut anzuordnen.[316]

§ 40 Anordnung der sofortigen Vollziehung im Interesse eines Beteiligten

I. Funktion und Bedeutung

792 Verwaltungsakte mit Doppelwirkung können den Adressaten begünstigen und Dritte belasten oder den Adressaten belasten und Dritte begünstigen. Nach § 80 Abs. 1 Satz 2 VwGO haben Widerspruch und Anfechtungsklage auch bei solchen Verwaltungsakten mit Doppelwirkung aufschiebende Wirkung.

793 *Beispiel:* Eine immissionsschutzrechtliche Genehmigung[317] begünstigt den Genehmigungsadressaten und belastet die Anlieger. Greift ein Anlieger die Genehmigung mit Widerspruch oder Anfechtungsklage an, so tritt nach § 80 Abs. 1 Satz 2 VwGO aufschiebende Wirkung ein. Der Begünstigte darf von dem Verwaltungsakt keinen Gebrauch machen, ihm ist einstweilen verboten, die genehmigte Anlage zu errichten und in Betrieb zu nehmen (Fall des *begünstigenden Verwaltungsakts mit drittbelastender Doppelwirkung*). Weitere Beispiele: die Vergabe von Frequenzen im Rundfunkrecht,[318] Genehmigungen im Wirtschaftsverwaltungsrecht,[319] Planfeststellungsbeschlüsse,[320] was-

---

[311] OVG Hamburg NJW 1981, 1750.

[312] BVerwG NVwZ 1983, 472.

[313] BVerfG NJW 1990, 37 (Verstoß gegen ein sofort vollziehbares, noch nicht bestandskräftiges Vereinsverbot).

[314] OVG Bremen DVBl. 1961, 678; VGH Kassel ZBR 1962, 230; aA in einem besonders gelagerten Fall betr. Leistungen nach dem Berliner Pflegegesetz OVG Berlin NVwZ-RR 1997, 575; zur Erklärung eines rückwirkenden Verwaltungsakts für sofort vollziehbar OVG Münster Beschl. v. 12.10.2001 – 1 B 943/01 Rn. 14.

[315] → Rn. 660ff.

[316] VG Hannover NVwZ-RR 2004, 852.

[317] Vgl. OVG Hamburg NVwZ-RR 2002, 493 (Hubschrauberlandeplatz); OVG Lüneburg NVwZ-RR 2006, 25 (Abfallumschlagstation); VG Gießen NVwZ-RR 2001, 304.

[318] BayVerfGH NVwZ-RR 1991, 366; VGH Mannheim NVwZ-RR 1998, 651; NVwZ-RR 2003, 653; VGH München NVwZ-RR 1993, 552; OVG Münster DVBl. 1991, 1320.

[319] VGH München BayVBl. 1994, 407 (Krankentransport).

[320] VGH Mannheim NVwZ-RR 1995, 17; NVwZ 1995, 292.

serrechtliche Genehmigungen,[321] Ausnahmeregelungen nach dem Ladenschlussgesetz,[322] Anordnung einer Bodensanierung, die Nachbarn belasten kann,[323] Ausnahmen von einer Lärmschutzverordnung,[324] gaststättenrechtliche Erlaubnis für einen Biergarten,[325] Ausnahme von einer Sperrzeitverordnung,[326] Aufnahme in einen Krankenhausplan,[327] Freigabe von Umweltinformationen, die Geschäftsgeheimnisse Dritter enthalten.[328] Auch bei In-sich-Prozessen sind Konstellationen denkbar, auf die § 80a VwGO Anwendung findet.[329]

Anders liegt es in folgendem Fall: Die Behörde untersagt zum Schutz der Nachbarschaft Musikdarbietungen in einer Gaststätte.[330] Greift der Gastwirt als Adressat die Verfügung mit Widerspruch und Anfechtungsklage an, hat sein Widerspruch aufschiebende Wirkung (§ 80 Abs. 1 Satz 1 VwGO). Zu Lasten der Anwohner können die Musikdarbietungen fortgesetzt werden (Fall des *belastenden Verwaltungsakts mit drittbegünstigender Doppelwirkung*). Weitere Beispiele: Untersagung des Betriebs eines offenen Kamins,[331] Untersagung von Baumaßnahmen zum Schutz der Nachbarn,[332] Anordnung, einen Rettungsweg wieder herzustellen,[333] Duldungsanordnung gegenüber einem Nachbarn zur Durchsetzung einer Stellplatzauflage,[334] Nutzungsuntersagung für eine Mobilfunkstation,[335] Untersagung übermäßiger Hunde- oder Viehhaltung zugunsten der Nachbarn,[336] Anordnung, dass bestimmte Unterlagen nicht der Geheimhaltung unterliegen und von einem Beteiligten eingesehen werden können.[337] **794**

Die Begünstigten in beiden Konstellationen – etwa: der Genehmigungsadressat, der lärmgeplagte Nachbar – bedürfen einer vorläufigen Regelung, um während des Widerspruchsverfahrens und des gerichtlichen Hauptsacheverfahrens von ihrer Begünstigung zu profitieren. Diesem Bedürfnis hat der Gesetzgeber Rechnung getragen: Die Behörde hat die Befugnis, im Interesse des Begünstigten die sofortige Vollziehung anzuordnen. Nach § 80a Abs. 1 Nr. 1 VwGO kann sie beim begünstigenden Verwaltungsakt mit drittbelastender Doppelwirkung auf Antrag des Begünstigten die sofortige Vollziehung nach § 80 Abs. 2 Satz 1 Nr. 4 VwGO anordnen. Nach § 80a Abs. 2 VwGO kann sie – gleichfalls auf Antrag des Begünstigten – die sofortige Vollziehung eines belastenden Verwaltungsakts mit drittbegünstigender Doppelwirkung nach § 80 Abs. 2 Satz 1 Nr. 4 VwGO anordnen. **795**

Die Möglichkeit, die sofortige Vollziehung im Interesse eines Begünstigten anzuordnen, dient der verfahrensrechtlichen Waffengleichheit: Begünstigter und Belasteter stehen sich als grundsätzlich gleichberechtigte Träger von Grundrechten gegenüber. Die Rechtsposition des Begünstigten verdient daher grundsätzlich den gleichen Schutz wie die des **796**

---

[321] OVG Berlin UPR 2007, 287 (Bau eines Sportbootsteges).

[322] OVG Greifswald NVwZ 2000, 945 (möglicherweise Rechte der Kirchen berührt).

[323] VG Schleswig NVwZ 2002, 754 (755) (im konkreten Fall Antragsbefugnis verneint).

[324] OVG Berlin NVwZ 2002, 1266 („Love Parade"); OVG Koblenz NVwZ-RR 2004, 485 (Karneval).

[325] VG Gießen NVwZ-RR 2001, 739.

[326] VG Meiningen NVwZ-RR 2002, 349; ähnlich VG Gießen NVwZ-RR 2005, 103.

[327] OVG Münster NVwZ 2006, 481.

[328] VG Schleswig EurUP 2007, 51.

[329] OVG Berlin NVwZ-RR 2003, 323 (324) (Streit zwischen Aufsichtsrat und Vorstand um eine stiftungsrechtliche Aufsichtsgenehmigung).

[330] VGH Kassel NVwZ-RR 1992, 615.

[331] OVG Koblenz NVwZ 1992, 280.

[332] VGH Kassel Beschl. v. 26.3.2002 – 3 TG 481/02; VGH Mannheim NVwZ-RR 2001, 574.

[333] OVG Berlin LKV 1999, 196.

[334] VGH München NVwZ-RR 2001, 577.

[335] VGH Mannheim NVwZ-RR 2003, 27.

[336] VGH Mannheim NVwZ-RR 2003, 724; OVG Lüneburg NVwZ 2007, 478.

[337] OVG Münster NVwZ-RR 2006, 248.

jeweils Belasteten.[338] So kann das Ausnutzen einer Genehmigung von Art. 14 Abs. 1 Satz 1 und 12 Abs. 1 GG geschützt sein, die Genehmigung kann aber auch Eigentumsrechte des Nachbarn beeinträchtigen. In dieser Situation trifft die Behörde eine schiedsrichterliche Entscheidung zwischen den konkurrierenden Grundrechtspositionen.[339]

II. Formelle Rechtmäßigkeit

1. Zuständigkeit

797 Zuständig ist nach § 80a Abs. 1 Nr. 1, § 80a Abs. 2 VwGO die nach § 80 Abs. 2 Satz 1 Nr. 4 VwGO zuständige Behörde.[340]

2. Zeitpunkt

798 Der Wortlaut des § 80a Abs. 1 Nr. 1 VwGO und des § 80a Abs. 2 VwGO („Legt ein Dritter einen Rechtsbehelf [. . .] ein, [. . .]“; „Legt ein Betroffener [. . .] einen Rechtsbehelf ein“) ist missverständlich: Die Einlegung des Rechtsbehelfs ist keine tatbestandliche Voraussetzung für die Anordnung der sofortigen Vollziehung, die Behörde kann bereits vor Einlegung des Rechtsbehelfs die sofortige Vollziehung anordnen.[341]

3. Verfahren

799 **a) Antragserfordernis.** § 80a Abs. 1 Nr. 1 VwGO und § 80a Abs. 2 VwGO fordern einen Antrag des Begünstigten, die sofortige Vollziehung anzuordnen. Der eindeutige Wortlaut schließt die Anordnung der sofortigen Vollziehung im (alleinigen) Interesse des Begünstigten ohne vorherigen Antrag aus. Die Behörde kann dem Begünstigten die sofortige Vollziehung also nicht ohne seinen Willen aufdrängen.[342] Dies ist auch sachgerecht: Denn es sind Situationen denkbar, in denen einem Begünstigten mehr an einer endgültigen Klärung der Rechtslage in einem Hauptsacheverfahren liegt als an einer frühzeitigen Ausnutzung einer Genehmigung unter Inkaufnahme eines – in der Praxis oft präjudiziell wirkenden – Eilverfahrens.[343]

800 Ordnet die Behörde die sofortige Vollziehung im öffentlichen Interesse an (§ 80 Abs. 2 Satz 1 Nr. 4 Alt. 1 VwGO), weil etwa eine genehmigte Anlage dem Umweltschutz dient, bedarf es keines Antrags. Dass die Anordnung auch dem Interesse des Begünstigten dient, ändert hieran nichts.

801 Für das gerichtliche Eilverfahren kommt der Frage, ob ein Antrag für erforderlich gehalten wird, keine praktische Bedeutung zu. Nach dem analog anwendbaren § 45 Abs. 1 Nr. 1, Abs. 2 VwVfG kann der erforderliche Antrag bis zum Abschluss der letzten Tatsacheninstanz des verwaltungsgerichtlichen Verfahrens nachgeholt werden. Beteiligt sich der Begünstigte an dem verwaltungsgerichtlichen Eilverfahren und verteidigt die Anordnung der sofortigen Vollziehung, so liegt hierin zugleich die Nachholung des notwendigen Antrages.[344]

---

[338] BVerfG GewArch. 1985, 16; VGH Kassel NVwZ-RR 1990, 185; NVwZ-RR 1990, 458; ESVGH 40, 294; OVG Lüneburg DVBl. 1986, 1112; OVG Münster NVwZ 1988, 551.

[339] So BVerwG DVBl. 1966, 273 (274).

[340] → Rn. 728 ff.

[341] VGH Mannheim NVwZ 1995, 292 (293); VG Gießen NVwZ-RR 2001, 304 (305).

[342] *Schoch* in Schoch/Schneider/Bier VwGO § 80a Rn. 31.

[343] Wie hier OVG Hamburg NVwZ 2002, 356 (357) mwN; VG Frankfurt NVwZ-RR 2000, 844; *Funke-Kaiser* in Bader VwGO § 80a Rn. 14; offen gelassen in OVG Weimar NuR 1997, 515 (516); aA OVG Münster BRS 62 Nr. 191; Kopp/*Schenke* VwGO § 80a Rn. 7; *Puttler* in Sodan/Ziekow VwGO § 80a Rn. 9.

[344] OVG Hamburg NVwZ 2002, 356.

b) Anhörung. Die Behörde hat den Drittbetroffenen – etwa den Nachbarn der genehmigten Anlage – analog § 28 VwVfG zu hören.[345] 802

4. Form

Die Anordnung der sofortigen Vollziehung bedarf derselben Form wie die Anordnung nach § 80 Abs. 2 Satz 1 Nr. 4 Alt. 1 VwGO.[346] 803

5. Begründung

Ordnet die Behörde die sofortige Vollziehung an, ist entsprechend § 80 Abs. 3 VwGO 804 das überwiegende Interesse an der sofortigen Vollziehung des Verwaltungsakts schriftlich zu begründen.[347] Liegen mehrere Widersprüche vor, so muss die Begründung jedem Widerspruchsführer gegenüber erfolgen und erkennen lassen, warum sein Suspensivinteresse hinter dem Vollzugsinteresse des Begünstigten zurücktritt.[348]

Lehnt die Behörde den Antrag eines Begünstigten auf Anordnung der sofortigen Voll- 805 ziehung ab, so hat sie ihre Entscheidung analog § 39 VwVfG zu begründen.

III. Entscheidungsmaßstab

§ 80a Abs. 1 Nr. 1 und Abs. 2 VwGO verweisen auf § 80 Abs. 2 Satz 1 Nr. 4 806 VwGO. Der Gesetzgeber hat mit dieser Verweisung die Chance vertan,[349] die Entscheidungskriterien für die behördliche Anordnung der sofortigen Vollziehung beim Verwaltungsakt mit Doppelwirkung im Einzelnen zu regeln. Der Behörde ist aufgegeben, das Interesse des Begünstigten an sofortiger Vollziehung gegen das Interesse des Belasteten an der aufschiebenden Wirkung abzuwägen. Die besondere Schwierigkeit liegt darin, dass die Behörde für den ergangenen Bescheid zwar die rechtliche Verantwortung trägt, sich aber „im Dreieck" private Interessen gegenüberstehen: das Interesse des Begünstigten an sofortiger Vollziehung und das Interesse des Belasteten an der aufschiebenden Wirkung seines Rechtsbehelfs. Geht es für Begünstigten und Belasteten um die Verwirklichung von Grundrechtspositionen, fehlt es für die Gewichtung der betroffenen Rechte an hinreichenden Maßstäben. Die Behörde hat sich bei ihrer Abwägung daher primär daran zu orientieren, ob der Verwaltungsakt offensichtlich rechtmäßig ist oder der Rechtsbehelf offensichtlich Aussicht auf Erfolg hat. Lassen sich hierüber verlässliche Aussagen nicht treffen, muss es bei einer offenen Interessenabwägung bleiben. Dies darzulegen, ist auch Aufgabe der Begründung nach § 80 Abs. 3 VwGO.[350]

Eine Anordnung im Interesse des Begünstigten nach den allgemeinen Regeln des § 80a 806a Abs. 3 VwGO scheidet aus, wenn speziellere Regelungen weitere Anforderungen aufstellen, so etwa bei der einstweiligen Besitzeinweisung vor einem bestandskräftigen Enteignungsbeschluss.[351]

---

[345] OVG Lüneburg NVwZ-RR 1993, 585; aA VGH Mannheim BRS 54 Nr. 172; NVwZ-RR 1995, 17.

[346] → Rn. 734 ff.

[347] VGH Kassel NVwZ 2001, 105 (106); *Schoch* in Schoch/Schneider/Bier VwGO § 80a Rn. 30, 32.

[348] VGH München NVwZ-RR 1998, 271.

[349] *Sellner* FS Lerche, 815; kritisch auch *Schoch* NVwZ 1991, 1121 (1124 Fn. 50).

[350] OVG Magdeburg Beschl. v. 18.4.2016 – 2 M 89/15 Rn. 14.

[351] OVG Münster Beschl. v. 22.2.2012 – 11 B 1390/11 Rn. 10.

1. Begünstigender Verwaltungsakt mit drittbelastender Doppelwirkung

807 Der praktisch bedeutsamere Fall des Verwaltungsakts mit Doppelwirkung ist der begünstigende Verwaltungsakt mit drittbelastender Doppelwirkung. Zu dieser Fallgruppe gehört insbesondere das Verhältnis eines (begünstigten) Genehmigungsinhabers zu seinem (belasteten) Nachbarn. Hieran orientiert sich die nachfolgende Darstellung. Die dargestellten Maßstäbe gelten aber auch in anderen Fällen des begünstigenden Verwaltungsakts mit drittbelastender Doppelwirkung.

808 **a) Offensichtlich erfolgreicher Rechtsbehelf.** Gelangt die Behörde bei ihrer Prüfung zu dem Ergebnis, der eingelegte Rechtsbehelf werde offensichtlich Erfolg haben, überwiegt das Interesse des belasteten Nachbarn an der aufschiebenden Wirkung seines Rechtsbehelfs das Interesse an der sofortigen Vollziehung der Genehmigung. Ein Antrag auf Anordnung der sofortigen Vollziehung bleibt erfolglos.

809 **b) Offensichtlich rechtmäßiger Verwaltungsakt.** Ist die erteilte Genehmigung offensichtlich rechtmäßig, so überwiegt regelmäßig das Vollzugsinteresse des Genehmigungsinhabers das Interesse des Nachbarn an der aufschiebenden Wirkung des – in der Sache offensichtlich aussichtslosen[352] – Rechtsbehelfs.[353] Die Behörde muss also die Rechtmäßigkeit ihres eigenen Handelns prüfen. Dabei hat sie besonderes Augenmerk auf die Einwände des belasteten Nachbarn zu legen.

810 Die sofortige Vollziehung darf nur angeordnet werden, wenn das Verwirklichungsinteresse überwiegt. Mit anderen Worten: Die Fortdauer der aufschiebenden Wirkung muss dem Begünstigten – also dem Genehmigungsinhaber – gegenüber unbillig sein.[354] Unbilligkeit liegt nach der Rechtsprechung indes regelmäßig vor, wenn einem Genehmigungsinhaber die Nutzung seines Eigentums verwehrt wird, obwohl die nachbarlichen Rechtsbehelfe keine Aussicht auf Erfolg haben.[355] Damit verliert das Kriterium der Unbilligkeit seinen eigenständigen Gehalt gegenüber der Erfolgsprognose. Richtigerweise dürfte das Kriterium der Unbilligkeit nur korrigierende Funktion haben für Fälle, in denen ausnahmsweise ein Sofortvollzugsinteresse trotz offensichtlicher Rechtmäßigkeit des angegriffenen Verwaltungsakts fehlt.

811 Ist der angefochtene Verwaltungsakt offensichtlich rechtmäßig und die Anordnung der sofortigen Vollziehung nicht ausnahmsweise unbillig, ist das in § 80a Abs. 1 Nr. 1, § 80 Abs. 2 S. 1 Nr. 4 VwGO eröffnete Ermessen auf Null reduziert: Der Antragsteller hat einen Anspruch auf die Anordnung der sofortigen Vollziehung, die der Wahrnehmung seiner subjektiven Rechte dient.

812 **c) Sonstige Fälle.** Kann nach den vorgenannten Kriterien über die Anordnung der sofortigen Vollziehung nicht entschieden werden, hat die Behörde eine umfassende Interessenabwägung vorzunehmen. Hierzu berücksichtigt sie dieselben Gesichtspunkte, die auch das Gericht bei seiner Entscheidung über die aufschiebende Wirkung zu erwägen hat.[356] Auf dieser Grundlage hat sie eine Ermessensentscheidung zu treffen. Dem entspricht ein Anspruch der Beteiligten auf fehlerfreie Ausübung dieses Ermessens.[357]

---

[352] BVerwG DVBl. 1966, 273; VGH München BayVBl. 1990, 211.

[353] BVerfG NVwZ-RR 1991, 365; VGH München NJW 1992, 3315; NJW 1992, 3317; OVG Schleswig NordÖR 2010, 266 (Ls.).

[354] BVerwG DVBl. 1966, 273; VGH München BayVBl. 1980, 595.

[355] BVerwG DVBl. 1966, 273; vgl. VGH Mannheim VBlBW 1983, 74; VGH München BayVBl. 1990, 211.

[356] → Rn. 1098.

[357] VGH Mannheim ESVGH 25, 110; VGH München BayVBl. 1980, 117; *Schoch* in Schoch/Schneider/Bier VwGO § 80a Rn. 29.

813 Eine besondere Schwierigkeit entsteht, wenn die Behörde zu der Auffassung gelangt, der angegriffene Verwaltungsakt sei zwar objektiv offensichtlich rechtswidrig, der Rechtsbehelf des belasteten Nachbarn habe aber keine Aussicht auf Erfolg, weil dessen Rechte nicht berührt werden. Die Behörde wird in diesem Fall zunächst eine Ermessensentscheidung treffen, ob sie den Verwaltungsakt (wegen seiner objektiven Rechtswidrigkeit) nach § 48 VwVfG zurücknimmt. Entscheidet sie sich gegen die Rücknahme, kann sie auch die sofortige Vollziehbarkeit anordnen: Denn mit der Entscheidung gegen die Rücknahme verneint die Behörde das Vorliegen eines überwiegenden, gegen die Vollziehung des Verwaltungsakts sprechenden öffentlichen Interesses. Es verstieße gegen das System des subjektiven Rechtsschutzes in der VwGO, zugunsten des belasteten Nachbarn von einer Vollziehungsanordnung abzusehen, obwohl dieser – mangels Rechtsverletzung nach § 113 Abs. 1 Satz 1 VwGO – mit seinem Rechtsbehelf erfolglos bleiben wird.[358] Der Maßstab der behördlichen Entscheidung unterscheidet sich insoweit gegenüber dem Maßstab der gerichtlichen Entscheidung, weil das Gesetz der Behörde in § 48 VwVfG Ermessen auch dahin eröffnet, trotz erkannter Rechtswidrigkeit an einem Verwaltungsakt festzuhalten.

814 Kann bei einer offenen Interessenabwägung kein Überwiegen des Interesses des Genehmigungsinhabers festgestellt werden, verbleibt es entsprechend der Grundregel des § 80 Abs. 1 Satz 2 VwGO bei der aufschiebenden Wirkung.[359]

2. Belastender Verwaltungsakt mit drittbegünstigender Doppelwirkung

815 Beim belastenden Verwaltungsakt mit drittbegünstigender Wirkung – etwa einer Ordnungsverfügung zugunsten der Nachbarn – gelten ähnliche Grundsätze: Wird der eingelegte Rechtsbehelf des Adressaten Erfolg haben, darf die Behörde die sofortige Vollziehung nicht anordnen. Sind die Erfolgsaussichten offen, entscheidet sie auf Grund einer umfassenden Interessenabwägung.

816 Eine Besonderheit gegenüber dem begünstigenden Verwaltungsakt mit drittbelastender Wirkung gilt aber bei einem offensichtlich erfolglosen Rechtsbehelf des Belasteten: Ein Anspruch auf Anordnung der aufschiebenden Wirkung steht dem Begünstigten nur zu, wenn er einen Anspruch auf behördliches Einschreiten hat.[360] Ist dies nicht der Fall, trifft die Behörde die Entscheidung nach pflichtgemäßem Ermessen.

IV. Inhalt

1. Hauptsache

817 Gibt die Behörde dem Antrag statt, ordnet sie die sofortige Vollziehung an. Sie kann die Anordnung auf einzelne trennbare Teile des Verwaltungsakts beschränken. So kann sie sich bemühen, die Dauer einer lärmintensiven Tätigkeit zu beschränken, um einen Interessenausgleich zu schaffen.[361]

---

[358] In diese Richtung BVerfG NVwZ-RR 1991, 365; OVG Berlin NVwZ 1988, 181; VGH Kassel ESVGH 40, 294; DVBl. 1992, 45; OVG Koblenz NVwZ 1995, 611; OVG Münster BauR 1995, 80; VGH München NVwZ-RR 1994, 428; OVG Saarlouis BRS 40 Nr. 218; OVG Schleswig NuR 1994, 148; aA OVG Koblenz NVwZ 1987, 73; NVwZ 1987, 246; NVwZ 1991, 86; *Schoch* in Schoch/Schneider/Bier VwGO § 80a Rn. 28; *Wüstenbecker* BauR 1995, 313 ff.

[359] Ähnlich im Ergebnis OVG Saarlouis BRS 32 Nr. 173; VGH Kassel HessVGRspr. 1984, 57.

[360] VGH Kassel BRS 58 Nr. 167; VGH Mannheim NVwZ-RR 2003, 27; OVG Münster UPR 1994, 38.

[361] VGH München NJW 1990, 2488.

2. Nebenbestimmungen

818 Die Behörde ist analog § 80 Abs. 5 Satz 4 VwGO berechtigt, die Anordnung der sofortigen Vollziehung mit Auflagen zu verbinden. So kann sie verlangen, dass der Begünstigte für den Fall, dass der Verwaltungsakt auf die Anfechtung des Dritten hin aufgehoben wird, auf Schadensersatz gegen die Behörde verzichtet, die Behörde von Schadensersatzansprüchen des Dritten freistellt oder sich verpflichtet, eine aufgrund des Verwaltungsakts errichtete bauliche Anlage auf Anforderung wieder zu beseitigen.[362]

§ 41 Aussetzung der Vollziehung bei einseitig belastenden Verwaltungsakten

Schrifttum: *App,* Zum Sicherheitsverlangen bei der Aussetzung der Vollziehung von Gewerbesteuerbescheiden durch die Gemeinde und zur Stellung des Gewerbesteuerpflichtigen, DB 1997, 2354; *ders.,* Voraussetzung der Aussetzung der Vollziehung eines Bescheids über kommunale Steuern, Gebühren oder Beiträge, KStZ 2002, 161; *Franz,* Die „Gegenleistung" des Abgabenschuldners für das vorläufige Absehen von Vollstreckungs- und Beitreibungsmaßnahmen, NVwZ 2005, 747; *Kutsch,* Prozessuale Konsequenzen einer fehlenden Rechtsbehelfsbelehrung in Bezug auf § 80 Abs. 6 VwGO, VR 2004, 361; *Lemke,* Das vorläufige Absehen von der Verwaltungsvollstreckung, SächsVBl. 1995, 121; *Olgemöller,* Aussetzung der Vollziehung von Abgabenbescheiden, AG 2016, 393; *Renck,* Ernstliche Zweifel an der Rechtmäßigkeit des angegriffenen Verwaltungsakts, NVwZ 1992, 338; *Ruff,* Zur Höhe der Aussetzungszinsen bei Aussetzung der Vollziehung kommunaler Abgabenbescheide, ZKF 2015, 129; *Weber,* Der Bescheid nach § 80 IV im gewerberechtlichen Verfahren, KommJur 2006, 134.

I. Funktion und Bedeutung

819 Die für die Vollstreckung zuständige Behörde kann die Vollziehung eines sofort vollziehbaren Verwaltungsakts schlicht unterlassen, bis dessen Rechtmäßigkeit im Widerspruchs- und Klageverfahren geklärt ist. So vermeidet sie das Risiko von Schadensersatzansprüchen. Die Ausgangs- oder die Widerspruchsbehörde kann darüber hinaus in allen Fällen des § 80 Abs. 2 VwGO die Vollziehung nach § 80 Abs. 4 Satz 1 VwGO förmlich aussetzen. Die förmliche Aussetzung hat Vorteile für beide Beteiligte: Die Behörde bleibt bei einer Aussetzung nach § 80 Abs. 4 VwGO Herrin des Verfahrens: Sie kann die Aussetzung aufheben, ohne ein gerichtliches Abänderungsverfahren nach § 80 Abs. 7 VwGO führen zu müssen. Der von dem Verwaltungsakt Betroffene bedarf im Gegenzug keines gerichtlichen Aussetzungsverfahrens, für das ein Rechtsschutzbedürfnis fehlte. Die Aussetzung nach § 80 Abs. 4 Satz 1 VwGO ermöglicht Betroffenem und Behörde, die Klärung des Streits dem Hauptsacheverfahren vorzubehalten.

820 Der Adressat des Verwaltungsakts kann die Aussetzung bei der Behörde beantragen. In der Praxis wird dieser Weg selten gewählt. Ein Antrag auf Aussetzung bleibt regelmäßig erfolglos, wenn die Behörde von der Rechtmäßigkeit ihres Handelns überzeugt ist. In diesem Fall bleibt das behördliche Aussetzungsverfahren aus Sicht des Betroffenen ein sinnloses Vorspiel zum nachfolgenden gerichtlichen Verfahren nach § 80 Abs. 5 VwGO. Praktische Bedeutung erlangt das behördliche Aussetzungsverfahren nach § 80 Abs. 4 VwGO vor allem bei der Anforderung öffentlicher Abgaben oder Kosten im Sinne von § 80 Abs. 2 Satz 1 Nr. 1 VwGO. Denn in diesen Fällen ist ein Antrag nach § 80 Abs. 5 nur zulässig, wenn die Behörde zuvor einen Antrag auf Aussetzung der Vollziehung ganz oder zum Teil abgelehnt hat (§ 80 Abs. 6 Satz 1 VwGO).

---

[362] VGH München BayVBl. 1980, 117; VG Frankfurt NVwZ 2000, 1324; *Traumann* NVwZ 1988, 415.

II. Formelle Rechtmäßigkeit

1. Zuständigkeit

Zuständig für die Aussetzung nach § 80 Abs. 4 Satz 1 VwGO ist die Behörde, die den Verwaltungsakt erlassen oder über den Widerspruch zu entscheiden hat. Die Zuständigkeit entspricht also der Zuständigkeit für die Anordnung der sofortigen Vollziehung nach § 80 Abs. 2 Satz 1 Nr. 4 VwGO.[363] **821**

Die Ausgangsbehörde kann bereits bei Erlass des Verwaltungsakts – also vor Einlegung des Widerspruchs – bestimmen, dass eine kraft Gesetzes bestehende sofortige Vollziehbarkeit ausgesetzt wird. Die Zuständigkeit der Ausgangsbehörde besteht während des Widerspruchsverfahrens und eines verwaltungsgerichtlichen Verfahrens fort und endet erst mit dem Eintritt der Bestandskraft des Verwaltungsakts oder der Rechtskraft des Urteils.[364] Ob die Ausgangsbehörde im nachfolgenden Zeitraum zuständig ist, die Vollziehung auszusetzen, regelt nicht § 80 Abs. 4 Satz 1 VwGO, sondern das jeweilige Verwaltungsvollstreckungsrecht. **822**

Die Widerspruchsbehörde ist gleichfalls für die Aussetzung zuständig und zwar – seit der Änderung durch das 4. VwGOÄndG (BGBl. 1990 I S. 2809) – ab dem Erlass des Verwaltungsakts. Ihre Zuständigkeit endet mit Abschluss des Widerspruchsverfahrens, da sie nunmehr funktionell nicht mehr Widerspruchsbehörde ist. Fortan ist nur noch die Ausgangsbehörde zuständig.[365] **823**

Da die Zuständigkeiten von Ausgangs- und Widerspruchsbehörde nebeneinander bestehen, kann der Antragsteller wählen, an welche Behörde er sich wendet. Er kann auch bei beiden Behörden die Aussetzung der Vollziehung beantragen. Hinsichtlich möglicher Zuständigkeitskonflikte gilt das oben zu § 80 Abs. 2 Satz 1 Nr. 4 VwGO Gesagte.[366] Setzt die Widerspruchsbehörde die Vollziehung aus, steht der Ausgangsbehörde hiergegen in der Regel kein Rechtsmittel zu.[367] **824**

2. Zeitpunkt

Die Aussetzung ist bis zum Eintritt der Bestandskraft des Verwaltungsakts möglich. Sie kann auch noch erfolgen, wenn der Betroffene bei Gericht erfolglos die Anordnung oder Wiederherstellung der aufschiebenden Wirkung beantragt hat.[368] Denn die Verfahren nach § 80 Abs. 4 und Abs. 5 VwGO sind voneinander unabhängig. Insbesondere kann die Behörde – anders als das Gericht – bei ihrer Aussetzungsentscheidung verwaltungspolitische und Zweckmäßigkeitsgesichtspunkte berücksichtigen. **825**

3. Verfahren

Die Aussetzung der Vollziehung nach § 80 Abs. 4 VwGO ist nicht von einem Antrag abhängig, sondern auch von Amts wegen möglich.[369] **826**

---

[363] → Rn. 728 ff.

[364] Vgl. *Puttler* in Sodan/Ziekow VwGO § 80 Rn. 104; *Schoch* NVwZ 1991, 1121 (1122); *Hörtnagel/Stratz* VBlBW 1991, 326 (327); *K. Redeker* NVwZ 1991, 526 (528).

[365] Wie hier: *Puttler* in Sodan/Ziekow VwGO § 80 Rn. 104; zT abweichend: *Schoch* in Schoch/Schneider/Bier VwGO § 80 Rn. 310 f. (Zuständigkeit der Widerspruchsbehörde auch nach Erlass des Widerspruchsbescheides); Kopp/*W.-R. Schenke* VwGO § 80 Rn. 110 (Zuständigkeit der Widerspruchsbehörde erst nach Einlegung des Widerspruchs).

[366] → Rn. 730.

[367] VGH München NVwZ-RR 1988, 127; anders für die Entscheidung eines Widerspruchsausschusses in einer Selbstverwaltungsangelegenheit OVG Koblenz NVwZ-RR 1992, 206 (207).

[368] OVG Koblenz AS 8, 220 (221); aA VGH München BauR 2003, 669.

[369] BVerwG NVwZ-RR 2002, 153.

III. Maßstab der behördlichen Entscheidung

1. Kein Ausschluss der Aussetzungsbefugnis

827 Eine Aussetzungsbefugnis von Ausgangs- oder Widerspruchsbehörde besteht nur, soweit nicht bundesgesetzlich etwas anderes bestimmt ist. Eine solche Bestimmung trifft § 39 S. 2 BLG.[370]

2. Verwaltungsakte zur Anforderung öffentlicher Abgaben oder Kosten

828 Für die behördliche Aussetzung von Verwaltungsakten, mit denen öffentliche Abgaben oder Kosten angefordert werden (§ 80 Abs. 2 Satz 1 Nr. 1 VwGO), bestimmt § 80 Abs. 4 Satz 3 VwGO den Entscheidungsmaßstab. Die Aussetzung soll erfolgen, wenn ernstliche Zweifel an der Rechtmäßigkeit des angegriffenen Verwaltungsakts bestehen oder wenn die Vollziehung für den Abgaben- oder Kostenpflichtigen eine unbillige, nicht durch überwiegende öffentliche Interessen gebotene Härte zur Folge hätte.

829 Ernstliche Zweifel an der Rechtmäßigkeit des Verwaltungsakts bestehen, wenn die Bedenken gegen die Rechtmäßigkeit des Verwaltungsakts so gewichtig sind, dass ein Obsiegen des Betroffenen im Widerspruchsverfahren wahrscheinlicher ist als ein Unterliegen.[371]

830 Eine unbillige Härte hätte eine Vollziehung für den Abgaben- und Kostenpflichtigen zur Folge, wenn die verlangte Zahlung zur Insolvenz oder zur Existenzvernichtung führen könnte,[372] wenn also wirtschaftliche Nachteile drohen, die durch eine etwaige spätere Rückzahlung nicht ausgeglichen oder schwer gutzumachen sind.[373] Die Härte darf nicht ihrerseits durch überwiegende öffentliche Interessen geboten sein, wie dies der Fall sein kann, wenn vorsätzlich hinterzogene Abgaben beigetrieben werden sollen. Maßgebend für das Vorliegen der unbilligen Härte ist dabei der ansonsten geltende gesetzliche Sofortvollzug, nicht die Forderung als solche.[374]

831 § 80 Abs. 4 Satz 3 VwGO ist eine Soll-Vorschrift. Solche Normen sind im Regelfall für die Behörde rechtlich zwingend. In diesem Regelfall bedeutet das „Soll" ein „Muss". Nur bei Vorliegen von Umständen, die den Fall als atypisch erscheinen lassen, darf die Behörde anders verfahren als im Gesetz vorgesehen und den Fall nach pflichtgemäßem Ermessen entscheiden.[375] Daher hat die Aussetzung zu erfolgen, sofern nicht besondere Umstände ein Abweichen vom gesetzlichen Regelfall rechtfertigen.

832 Die Regelung des § 80 Abs. 4 Satz 3 VwGO trägt der spezifischen Interessenlage bei der Vollstreckung öffentlicher Abgaben und Kosten Rechnung: § 80 Abs. 2 Satz 1 Nr. 1

[370] Der, über seinen Wortlaut hinaus, seit Begründung der Zuständigkeit der Ausgangsbehörde durch das 4. VwGOÄndG auch für die Ausgangsbehörde gilt.

[371] OVG Berlin NVwZ-RR 2002, 306; NVwZ-RR 2005, 304; OVG Berlin-Brandenburg NVwZ 2006, 356; OVG Frankfurt (Oder) NVwZ-RR 2001, 485; NVwZ-RR 2004, 252; OVG Lüneburg NVwZ 1999, 1130; OVG Münster NVwZ-RR 2005, 450; KStZ 2012, 173; VGH Mannheim KStZ 2016, 53; OVG Weimar LKV 2012, 184 (186); aA (ernstliche Zweifel bestehen schon dann, wenn das Obsiegen ebenso wahrscheinlich ist wie das Unterliegen): BVerwG BayVBl. 1982, 442; OVG Lüneburg NVwZ-RR 1989, 328; OVG Schleswig NVwZ-RR 2001, 332 (333); NVwZ-RR 2008, 249; VG Frankfurt NVwZ 2000, 227; VG Lüneburg NVwZ-RR 2004, 217; VG Leipzig NVwZ 2000, 1321; *Windthorst,* Rechtsschutz, S. 643; abweichend für das Steuerrecht BVerfG Beschl. v. 11.10.2010 – 2 BvR 1710/10; BFH NVwZ-RR 2009, 130 (131): Ernstliche Zweifel bereits dann, wenn gewichtige Gründe zutage treten, die Unentschiedenheit oder Unsicherheit in der Beurteilung der Rechts- oder Tatfragen auslösen.

[372] OVG Berlin NVwZ-RR 2002, 306 (307); OVG Münster NVwZ-RR 1994, 617 (618); NVwZ-RR 1999, 210 (211); OVG Schleswig NVwZ-RR 2006, 65 (66).

[373] BVerfG Beschl. v. 11.10.2010 – 2 BvR 1710/10.

[374] VG Gera LKV 2011, 144.

[375] So allgemein zu „Soll"-Vorschriften BVerwGE 90, 275 (278) mwN.

VwGO dient dem steten Zufluss der finanziellen Mittel, die für die Deckung des Finanzbedarfs der öffentlichen Hand erforderlich sind.[376] Die Vorschrift begegnet im Wege abstrakter Missbrauchsabwehr der Gefahr, dass Betroffene sich allein durch das Einlegen von Rechtsmitteln den (Zins-)Vorteil einer später entstehenden Zahlungspflicht verschaffen. Kommt es nicht zu einer unbilligen Härte, trifft die vorläufige Vollstreckung der Geldforderung vor der Bestandskraft den Betroffenen zudem nicht besonders hart, wenn er später im Hauptsacheverfahren obsiegt: Denn der ihm zustehende Rückzahlungsanspruch richtet sich gegen die öffentliche Hand, so dass er die Insolvenz seines Schuldners nicht fürchten muss.[377] Wenn im konkreten Fall ernstliche Zweifel an der Rechtmäßigkeit des Verwaltungsakts bestehen und damit der abstrakte Verdacht ausgeräumt wird, das Rechtsmittel werde allein mit dem Ziel des Zahlungsaufschubs eingelegt, rechtfertigt dies die Aussetzung der Vollziehung.

§ 80 Abs. 4 Satz 3 VwGO zählt die Gründe für eine Aussetzung der Vollziehung nicht **833**
abschließend auf. Die Behörde kann nach ihrem Ermessen stets die Vollziehung aussetzen, etwa bei geringeren Zweifeln an der Rechtmäßigkeit des Verwaltungsakts, selbst dann, wenn die Rechtmäßigkeit des Verwaltungsakts offensichtlich ist, die Behörde aber nach pflichtgemäßem Ermessen meint, die Vollziehung mit Rücksicht auf die Belange des Betroffenen oder aus anderen Gründen aufschieben zu sollen.[378] Denn nach den Verwaltungsvollstreckungsgesetzen liegt es im Ermessen der Behörde, ob und wann sie einen Verwaltungsakt zwangsweise durchsetzt.

3. Verwaltungsakte nach § 80 Abs. 2 Satz 1 Nr. 2, 3 oder Satz 2

Für die Aussetzung der Vollziehung von Verwaltungsakten, die unter die § 80 Abs. 2 **834**
Satz 1 Nr. 2, 3 oder Satz 2 VwGO fallen, findet sich in § 80 Abs. 4 VwGO kein Maßstab. Die Behörde kann sich an der Interessenbewertung des § 80 Abs. 4 Satz 3 VwGO orientieren, dies kann der gesetzlichen Risikoverteilung entsprechen.[379] Eine analoge Anwendung des § 80 Abs. 4 Satz 3 VwGO ist indes abzulehnen: Denn § 80 Abs. 4 Satz 3 VwGO trägt – wie eben dargelegt – einer spezifischen Interessenlage Rechnung, die in den Fällen des § 80 Abs. 2 Satz 1 Nr. 2 und 3 oder Satz 2 VwGO nicht besteht. Es bedarf einer Gesamtabwägung, in die folgende, nicht abschließend benannte Gesichtspunkte einfließen können:

(1) Erfolgsaussichten des Rechtsbehelfs: Die Behörde wird zu prüfen haben, ob Zweifel **835**
an der Rechtmäßigkeit des Verwaltungsakts bestehen und welches Gewicht diese Zweifel haben: Besteht nur eine geringe Chance eines Obsiegens im Hauptsacheverfahren, sind die Chancen offen oder überwiegen die Erfolgsaussichten des Betroffenen? Je größer die Zweifel an der Rechtmäßigkeit des Verwaltungsakts sind, desto eher kommt eine Aussetzung der Vollziehung in Betracht.

(2) Vorliegen einer ungewöhnlichen Härte: Bewirkt die sofortige Vollziehung in dem **836**
konkreten Fall eine Härte, die – gegenüber den vom Gesetzgeber ins Auge gefassten Fällen – ungewöhnlich ist? Belastet die sofortige Vollziehung den Betroffenen also schwerer als im Regelfall, für den der Gesetzgeber die Belastung durch die sofortige Vollziehung für hinnehmbar erachtet hat? So mag die nach § 54 Abs. 4 BeamtStG vorgesehene sofortige Vollziehung der Versetzung eines Beamten eine ungewöhnliche Härte sein, wenn die Versetzung einen Umzug erfordert und die familiäre Situation diesen Umzug außerordentlich schwierig erscheinen lässt.

---

[376] → Rn. 679.

[377] Zutreffend OVG Berlin NVwZ-RR 2005, 304 (305); zu einer vergleichbaren Konstellation in einem Dreiecksverhältnis s. OVG Münster NVwZ-RR 2007, 14 (16).

[378] *Puttler* in Sodan/Ziekow VwGO § 80 Rn. 108.

[379] Ähnlich die vorsichtige Formulierung in BVerwG NVwZ-RR 2002, 153.

837 (3) Zweck der gesetzlichen Vollziehungsanordnung: Besteht das vom Gesetzgeber angenommene Vollzugsinteresse auch in dem konkreten Fall? So zielen gesetzliche Regelungen für Infrastrukturprojekte auf einen zügigen Ausbau von Straßen, Schienenwegen oder dgl. Kann ein entsprechender Planfeststellungsbeschluss indes mangels der notwendigen Haushaltsmittel in absehbarer Zeit ohnehin nicht umgesetzt werden, besteht kein besonderes Vollzugsinteresse.[380]

838 Diese Gesichtspunkte sind gegenüber dem öffentlichen Interesse am Vollzug des Verwaltungsakts abzuwägen. Die Abwägung ist anders als bei § 80 Abs. 4 Satz 3 VwGO nicht durch eine „Soll-„Vorschrift vorgeprägt. Die Behörde hat zu entscheiden, ob die Gesichtspunkte einzeln oder insgesamt ein Gewicht erreichen, das ein Abrücken von der gesetzgeberischen Entscheidung für die sofortige Vollziehung rechtfertigen kann. Dies ist umso eher der Fall, je weniger die Norm des jeweiligen Fachrechts, welche die aufschiebende Wirkung ausschließt, Suspensiv- und Vollzugsinteresse gewichtet. Beschränkt sich die Norm darauf, die prozessualen Rollen zu verteilen, indem sie die Behörde von der Anordnungsobliegenheit des § 80 Abs. 2 Satz 1 Nr. 4 VwGO entbindet und dem Betroffenen die Rolle des Angreifers auferlegt,[381] bedarf es weniger gewichtiger Gesichtspunkte. Die Gesichtspunkte müssen dagegen ein größeres Gewicht erlangen, wenn der gesetzgeberischen Entscheidung – wie regelmäßig – eine Gewichtung von Suspensiv- und Vollzugsinteresse zu Grunde liegt.[382]

4. Verwaltungsakte, deren sofortige Vollziehung angeordnet ist

839 Ist die sofortige Vollziehung nach § 80 Abs. 2 Satz 1 Nr. 4 VwGO angeordnet worden, ist die Aussetzung der Vollziehung nach § 80 Abs. 4 Satz 1 VwGO der *actus contrarius.* Die Entscheidung über die Aussetzung der Vollziehung ist damit eine Überprüfung, ob die Vollzugsanordnung nach den Kriterien des § 80 Abs. 2 Satz 1 Nr. 4 VwGO (weiterhin) gerechtfertigt ist.[383] Eine Aussetzung kann insbesondere in folgenden Fällen in Betracht kommen: Die Widerspruchsbehörde gewichtet Suspensiv- und Vollzugsinteresse anders als die Ausgangsbehörde;[384] Einwände des Betroffenen führen nach Überprüfung zu einer abweichenden Gewichtung von Suspensiv- und Vollzugsinteresse; eine Änderung der Sach- oder Rechtslage zwingt zu einer neuen Bewertung von Suspensiv- und Vollzugsinteresse.

5. Faktische Vollziehung

840 Die faktische Vollziehung, also der Vollzug eines Verwaltungsakts trotz aufschiebender Wirkung,[385] ist rechtswidrig. Einer Aussetzungsentscheidung nach § 80 Abs. 4 Satz 1 VwGO bedarf es nicht. Ausgangs- und Widerspruchsbehörde müssen eine bereits erfolgte Vollziehung einstellen und die getroffenen Vollzugsmaßnahmen entsprechend § 80 Abs. 5 Satz 3 VwGO aufheben.

---

[380] BVerwG NVwZ-RR 2002, 153.

[381] So BVerwGE 96, 239 (241); NVwZ-RR 2002, 153 jeweils zu § 5 Abs. 2 S. 1 VerkPBG (einschränkend BVerwG NVwZ 2005, 689 [690] für § 10 Abs. 6 S. 1 LuftVG); OVG Münster NVwZ 1998, 980 zu § 212a Abs. 1 BauGB (abweichend für § 212a Abs. 1 BauGB: OVG Hamburg DVBl. 1997, 1446; VGH Kassel NVwZ-RR 1996, 361 [362]; OVG Lüneburg NVwZ-RR 1999, 716 [717]; VGH Mannheim VBlBW 1995, 237 [238]).

[382] So etwa BVerwG NVwZ 2007, 1207 (1209) (zu § 137 Abs. 1 TKG).

[383] Zu den dabei geltenden Kriterien → Rn. 757 ff.

[384] OVG Bautzen LKV 1993, 97; umgekehrter Fall: Aufhebung einer Aussetzungsentscheidung der Ausgangsbehörde durch die Widerspruchsbehörde bei OVG Münster NVwZ-RR 2004, 725.

[385] → Rn. 1042.

IV. Inhalt und Wirkung

Die Behörde setzt die Vollziehung aus. Die Aussetzung kann nach § 80 Abs. 4 Satz 2 VwGO gegen Sicherheitsleistung erfolgen. Eine bereits durchgeführte Vollziehung kann analog § 80 Abs. 5 Satz 3 VwGO aufgehoben werden.[386] Die Behörde stellt damit – anders als das Gericht im Verfahren nach § 80 Abs. 5 VwGO – nicht die aufschiebende Wirkung des Rechtsbehelfs her, sondern setzt nur die Vollziehung aus. Sie darf den Verwaltungsakt bis auf Weiteres oder befristet[387] nicht vollziehen. Ihr steht jederzeit die Befugnis zu, ihre Entscheidung zu ändern und die Vollziehung im Anschluss zu beginnen oder fortzusetzen.[388] Die Aussetzungsentscheidung kann im Abgabenrecht verjährungsunterbrechende Wirkung haben; dies setzt aber voraus, dass sie dem Abgabenschuldner nachweislich zugegangen ist.[389] **841**

Lehnt die Behörde einen Antrag ab, die sofortige Vollziehung auszusetzen, ist kein besonderes Rechtsmittel eröffnet. Der Antragsteller kann einen Aussetzungsantrag nach § 80 Abs. 5 VwGO stellen.[390] **842**

§ 42 Aussetzung der Vollziehung bei Verwaltungsakten mit Doppelwirkung

I. Funktion und Bedeutung

Bei *begünstigenden Verwaltungsakten mit belastender Doppelwirkung*[391] hat regelmäßig der belastete Dritte ein Interesse an der Aussetzung der Vollziehung, während der begünstigte Adressat den Verwaltungsakt sofort vollzogen sehen will. Legt etwa der Nachbar gegen eine Baugenehmigung Widerspruch ein, so hat dieser keine aufschiebende Wirkung (§ 212a Abs. 1 BauGB). Der Bauherr darf also, ungeachtet des Widerspruchs, von seiner Baugenehmigung Gebrauch machen. Der Nachbar kann nun nach § 80a Abs. 1 Nr. 2 VwGO bei der Behörde beantragen, die Vollziehung auszusetzen und einstweilige Maßnahmen zur Sicherung seiner Rechte zu treffen. Diese Möglichkeit ist stets dann eröffnet, wenn ein begünstigender Verwaltungsakt mit drittbelastender Doppelwirkung nach § 80 Abs. 2 VwGO sofort vollziehbar ist. **843**

Bei *belastenden Verwaltungsakten mit drittbegünstigender Doppelwirkung*[392] hat dagegen regelmäßig der belastete Adressat Interesse an der Aussetzung der Vollziehung, während der begünstigte Dritte den Verwaltungsakt sofort vollzogen sehen will. Untersagt die Behörde zum Schutz von Anwohnern dem Betreiber einer Gaststätte Musikdarbietungen in bestimmter Lautstärke und ordnet die sofortige Vollziehung an, so wird der Gastwirt regelmäßig Interesse an der Aussetzung der Vollziehung haben. Die sofortige Vollziehung nützt dagegen den Anwohnern. In diesem Fall kann der Adressat des Verwaltungsakts nach § 80 Abs. 4 VwGO behördlichen Rechtsschutz anstreben.[393] **844**

---

386 OVG Bautzen SächsVBl. 2009, 265 (266).

387 Zu einer Befristung bis zum Abschluss des Widerspruchsverfahrens OVG Münster NVwZ-RR 2005, 450.

388 OVG Münster NVwZ-RR 2004, 725; einschränkend wohl BVerwG NVwZ-RR 2002, 153: Keine jederzeitige Änderung oder Aufhebung, sondern nur Änderung bei Veränderung der Umstände.

389 VG Weimar Urt. v. 21.1.2016 – 7 K 334/13 We Rn. 61.

390 VGH München NVwZ-RR 1988, 127.

391 Beispiele → Rn. 793.

392 Beispiele → Rn. 794.

393 Vgl. VGH Kassel NVwZ-RR 1992, 615 (616), der im gerichtlichen Verfahren § 80 Abs. 5 anwendet.

II. Zuständigkeit

845 Zuständig für die Aussetzungsentscheidung ist sowohl die Ausgangsbehörde als auch die Widerspruchsbehörde. Beim begünstigenden Verwaltungsakt mit drittbelastender Doppelwirkung folgt dies aus dem Verweis in § 80a Abs. 1 Nr. 2 VwGO auf § 80 Abs. 4 VwGO, beim belastenden Verwaltungsakt mit drittbegünstigender Doppelwirkung aus § 80 Abs. 4 Satz 1 VwGO unmittelbar. Es gilt das oben Gesagte.[394]

III. Verfahren

1. Antrag

846 Im Fall des begünstigenden Verwaltungsakts mit drittbelastender Wirkung fordert § 80a Abs. 1 Nr. 2 VwGO einen Antrag des belasteten Dritten auf Aussetzung der Vollziehung und Anordnung einstweiliger Maßnahmen zur Sicherung seiner Rechte.[395] Zuvor oder gleichzeitig muss der belastete Dritte, wie § 80a Abs. 1 VwGO ausdrücklich bestimmt, gegen den Verwaltungsakt einen Rechtsbehelf eingelegt haben. Fehlt es an einem Rechtsbehelf, darf die Behörde die Vollziehung nicht aussetzen. Fehlt es an einem Antrag, erkennt die Behörde aber, dass der von ihr erlassene begünstigende Verwaltungsakt mit drittbelastender Doppelwirkung rechtswidrig ist, kann sie den Verwaltungsakt nach § 48 VwVfG zurücknehmen und die Rücknahme mit der Anordnung der sofortigen Vollziehung verbinden. Im Fall des belastenden Verwaltungsakts mit drittbegünstigender Wirkung bedarf es – wie auch sonst bei § 80 Abs. 4 VwGO – keines Antrags.[396]

2. Anhörung und Zeitpunkt

847 Der jeweils von dem Verwaltungsakt Begünstigte ist entsprechend § 28 VwVfG zu hören.

IV. Maßstab der behördlichen Aussetzungsentscheidung

1. Begünstigender Verwaltungsakt mit drittbelastender Doppelwirkung

848 Im Fall des begünstigenden Verwaltungsakts mit drittbelastender Doppelwirkung kann die Behörde die Vollziehung nach § 80 Abs. 4 VwGO aussetzen. § 80 Abs. 4 VwGO bestimmt einen Maßstab für die Aussetzung indes nur für Verwaltungsakte, die der Anforderung von öffentlichen Abgaben oder Kosten dienen. Um solche Verwaltungsakte geht es in den Fällen des § 80a Abs. 1 Nr. 2 VwGO indes im Regelfall nicht, so dass der Verweis kaum Bedeutung hat. Die gesetzgeberische Entscheidung des § 80 Abs. 4 Satz 3 VwGO kann aber eine Orientierungshilfe bieten. Beruht die sofortige Vollziehung auf einer gesetzgeberischen Entscheidung nach § 80 Abs. 2 Satz 1 Nr. 3 VwGO hat die Behörde – ebenso wie bei Aussetzungsanträgen nach § 80 Abs. 4 VwGO – abzuwägen, ob trotz der gesetzgeberischen Entscheidung für die sofortige Vollziehung eine Aussetzung der Vollziehung geboten ist. Danach können Zweifel an der Rechtmäßigkeit des Verwaltungsakts, das Entstehen unbilliger Härten für den Belasteten oder ein Fehlen des vom Gesetz angenommenen Vollzugsinteresses für eine Aussetzung sprechen.[397]

---

[394] → Rn. 821.

[395] Str. wie hier: *Schoch* in Schoch/Schneider/Bier VwGO § 80a Rn. 36a; aA OVG Münster BauR 2000, 80; Kopp/*W.-R. Schenke* VwGO § 80a Rn. 13 und OVG Lüneburg NVwZ-RR 2014, 550 (551) in Fällen, in denen der belastete Nachbar sich bereits an das Gericht gewandt hat.

[396] → Rn. 826.

[397] → Rn. 732.

Die Aussetzung der Vollziehung zugunsten des Belasteten nach § 80a Abs. 1 Nr. 2 VwGO dient dem Schutz subjektiver Rechte. Erkennt die Behörde die objektive Rechtswidrigkeit ihres Verwaltungsakts, hat sie eine Entscheidung darüber zu treffen, ob sie den Verwaltungsakt zurücknimmt (§ 48 VwVfG). Entscheidet sie sich gegen die Rücknahme des Verwaltungsakts, kann sie den Antrag eines belasteten Dritten auf Aussetzung der Vollziehung auch dann ablehnen, wenn der angegriffene Verwaltungsakt zwar rechtswidrig ist, aber keine Rechte des Dritten verletzt. **849**

Beruht die sofortige Vollziehbarkeit auf einer behördlichen Anordnung, hat die Behörde auf den Aussetzungsantrag hin zu prüfen, ob eine Abwägung nach den Kriterien des § 80 Abs. 2 Satz 1 Nr. 4 VwGO (weiterhin) zum Überwiegen des Vollzugsinteresses führt.[398]

2. Belastender Verwaltungsakt mit drittbegünstigender Doppelwirkung

Für die Entscheidung über die Aussetzung eines belastenden Verwaltungsakts mit drittbegünstigender Doppelwirkung gelten die gleichen Maßstäbe wie für die Entscheidung über die Anordnung der sofortigen Vollziehung.[399] **850**

V. Inhalt und Wirkung

1. Aussetzung der Vollziehung nach § 80a Abs. 1 Satz 2 VwGO

Nach § 80a Abs. 1 Satz 2 VwGO kann die Behörde beim begünstigenden Verwaltungsakt mit drittbelastender Doppelwirkung die Vollziehung aussetzen. Die Formulierung führt in die Irre: Denn der Begünstigte vollzieht den Verwaltungsakt nicht, sondern macht von einer Begünstigung Gebrauch. § 80a Abs. 1 Nr. 2 VwGO kann seine Rechtsschutzfunktion zugunsten des belasteten Dritten also nur erfüllen, wenn die Aussetzung der Vollziehung dem Begünstigten verbietet, von dem Verwaltungsakt Gebrauch zu machen. **851**

2. Sicherungsmaßnahmen

Die Behörde kann nach § 80a Abs. 1 Nr. 2 Hs. 2 VwGO einstweilige Maßnahmen zur Sicherung der Rechte des Dritten treffen. Diese Ermächtigung in Form einer Generalklausel dient der Komplettierung des behördlichen Rechtsschutzes, den § 80a Abs. 1 Nr. 2 Hs. 1 VwGO vermittelt,[400] sie ist also eine eigenständige Rechtsgrundlage zum Schutz und zur realen Durchsetzung der aufschiebenden Wirkung.[401] Wird die Aussetzung der Vollziehung nicht respektiert („faktische Vollziehung") – etwa: der Bauherr baut weiter, obwohl die Vollziehung der Baugenehmigung nach § 80a Abs. 1 Nr. 2 Hs. 1 VwGO ausgesetzt ist –, kann die Behörde dem Begünstigten zur Sicherung der Rechte des Dritten auf dessen Antrag hin untersagen, von dem Verwaltungsakt weiter Gebrauch zu machen. Auch konkrete Sicherungsmaßnahmen, wie die Stilllegung einer Baustelle, die Untersagung bestimmter Maßnahmen oder die Stellung von Sicherheiten sind denkbar.[402] **852**

In welcher Weise die Behörde von der Ermächtigung des § 80a Abs. 1 Nr. 2 Hs. 2 VwGO Gebrauch macht, liegt in ihrem Ermessen. In der Regel ist aber nur das Einschreiten eine pflichtgemäße Ermessensausübung, wenn der Begünstigte sich rechtswidrig über die Aussetzung der Vollziehung hinwegsetzt.[403] Die Behörde kann die von ihr **853**

---

[398] → Rn. 807 ff.

[399] → Rn. 815 f.

[400] Vgl. *Schoch* in Schoch/Schneider/Bier VwGO § 80a Rn. 40: eigenständige verfahrensrechtliche Rechtsgrundlage.

[401] OVG Lüneburg NVwZ-RR 2014, 550 (551).

[402] OVG Lüneburg NVwZ-RR 2014, 550 (551).

[403] OVG Lüneburg NVwZ-RR 2014, 550 (551); vgl. auch BVerwGE 89, 357 (362).

verfügten Sicherungsmaßnahmen im Verwaltungswege vollstrecken. Dagegen sind die Sicherungsmaßnahmen nicht dazu bestimmt, bereits eingetretene Verletzungen der Rechte des Drittbetroffenen rückgängig zu machen oder auszugleichen. Die Einstweiligkeit der Sicherungsmaßnahmen und ihr Sicherungscharakter schließen dies aus.

854 Die Behörde kann auch aufgrund materiell-rechtlicher Ermächtigungsgrundlagen einschreiten. So haben die Baubehörden nach den Landesbauordnungen die Befugnis, Bauarbeiten zu untersagen, die ohne (vollziehbare) Baugenehmigung durchgeführt werden. Von diesen Befugnissen können die Behörden von Amts wegen Gebrauch machen, während Sicherungsmaßnahmen nach § 80a Abs. 1 Nr. 2 VwGO einen Antrag voraussetzen. Die materiell-rechtlichen Ermächtigungsgrundlagen treten also neben § 80a Abs. 1 Nr. 2 VwGO.[404]

855 Wer durch die behördliche Aussetzung der Vollziehung (§ 80a Abs. 1 Nr. 2 VwGO) vorläufig daran gehindert wird, von dem ihn begünstigenden Verwaltungsakt Gebrauch zu machen, kann nach § 80a Abs. 3 Satz 1 VwGO bei Gericht die Änderung oder Aufhebung der behördlichen Aussetzungsentscheidung beantragen.[405] Gleiches gilt, wenn er sich gegen angeordnete Sicherungsmaßnahmen wenden will.

D. Der erstinstanzliche gerichtliche Rechtsschutz nach § 80 Abs. 5 VwGO

Schrifttum: *Bausch,* Reichweite des Rechtsschutzes nach § 80 V VwGO zur Vermeidung der Kostenbelastung nach Ersatzvornahme, NVwZ 2006, 158; *Beckmann,* Vorläufiger Rechtsschutz und aufschiebende Wirkung, 2008; *Berkemann,* Rechtsschutz im Naturschutzrecht, EurUP 2014, 148; *Brühl,* Vorläufiger Rechtsschutz in Verwaltungsstreitverfahren, JuS 1995, 722; JuS 1995, 818; *Castellani-Dembélé/Labrune,* Die Eilverfahren in Frankreich, NVwZ 2016, 974; *Cuno,* Einstweiliger Rechtsschutz durch die Verwaltungsgerichte in Frankreich und Deutschland, 2016; *Ekardt/Beckmann,* Vorläufiger Rechtsschutz zwischen Beschleunigungs- und Internationalisierungstendenzen im Verwaltungsrecht, DÖV 2006, 672; *dies.,* Sind verwaltungsgerichtliche Hängebeschlüsse zulässig?, VR 2006, 337; *Erbguth,* Einstweiliger Rechtsschutz gegen Verwaltungsakte, JA 2008, 357; *Fuhrmann,* Sofortvollzug und einstweiliger Rechtsschutz im Arzneimittelrecht, PharmR 2012, 1; *Gusy,* Verfassungsfragen vorläufigen Rechtsschutzes, JZ 1998, 167; *Haraund/Vahle,* Das Eilverfahren in der VwGO, VR 1992, 117; *Holznagel,* Hochgeschwindigkeitsrechtsschutz oder lange Leitung?: ein Vergleich der einstweiligen Rechtsschutzverfahren im Telekommunikations-, Kartell- und Energiewirtschaftsrecht, N&R 2006, 134; *Huba,* Grundfälle zum vorläufigen Rechtsschutz nach der VwGO, JuS 1990, 382 und 805; *Jakobs,* Eine Magna Jurisprudentia des vorläufigen Rechtsschutzes, VBlBW 1990, 446; *Hummel,* Der vorläufige Rechtsschutz im Verwaltungsprozess, JuS 2011, 317; 2011, 413; 2011, 704; *Jansen/Wesseling,* Der Beschluss nach § 80 V VwGO, JuS 2009, 328; *Koehl,* Die aufschiebende Wirkung von Widerspruch und Anfechtungsklage, JA 2016, 610; *Krämer,* Vorläufiger Rechtsschutz in VwGO-Verfahren, 1998; *Limberger,* Probleme des vorläufigen Rechtsschutzes bei Großprojekten, 1985; *Pesch,* Die leichte Erledigung durch § 80 Abs. 6 Satz 1 VwGO – verfassungsrechtlich bedenklich?, NWVBl 2011, 303; *Proppe,* Die Methodik der gerichtlichen Entscheidung nach § 80 V VwGO, JA 1996, 332; *K. Redeker,* Die Neugestaltung des vorläufigen Rechtsschutzes in der Verwaltungsgerichtsordnung, NVwZ 1991, 526; *M. Redeker,* Vorläufiger Rechtsschutz im Verwaltungsprozess – gewusst wie, AnwBl 2012, 870; *Renck,* Sofort vollziehbares Unrecht?, NVwZ 1988, 700; *ders.,* Verwaltungsaktswirkungen, Rechtsmittelwirkungen und vorläufiger Rechtsschutz, BayVBl. 1994, 161; *Sauthoff,* Sofortvollziehung und vorläufiger Rechtsschutz, NVwZ 1988, 697; *Schenke,* Probleme des vorläufigen Rechtsschutzes gemäß § 80 Abs. 5 VwGO, DVBl. 1986, 9; *ders.,* Der vorläufige Rechtsschutz zwischen Rechtsbewahrung und Flexibilitätsanforderungen, VBlBW 2000, 56; *A. Schmitt Glaeser,* Die Unzulänglichkeiten der Richternorm des § 80 Abs. 5 VwGO, ZAR 2002, 409; *Schoch,* Vorläufiger Rechtsschutz und Risikoverteilung im Verwaltungsrecht, 1988; *ders.,* Grundfragen des verwaltungsgerichtlichen vorläufigen Rechtsschutzes, VerwArch. 82 (1991), 145; *ders.,* Der

---

[404] BVerwGE 89, 357 (362); VGH Mannheim NVwZ-RR 2014, 752 (755).

[405] → Rn. 1089 ff.

vorläufige Rechtsschutz im 4. VwGO-Änderungsgesetz, NVwZ 1991, 1121; *ders.*, Der verwaltungsprozessuale vorläufige Rechtsschutz (Teil II) – Das gerichtliche Aussetzungsverfahren, Jura 2002, 37; *ders*, Aufschiebende Wirkung und verwaltungsgerichtliches Aussetzungsverfahren, in: Ehlers/Schoch, Rechtsschutz im öffentlichen Recht, 2009, S. 785 ff.; *Stein*, Der Antrag nach § 80 V VwGO in der verwaltungsgerichtlichen Fallbearbeitung, DVP 2009, 298; *Steiner*, Zum Stand des verwaltungsrechtlichen Rechtsschutzes in Deutschland, BayVBl. 2012, 129; *Széchényi*, Das Verhältnis zwischen Grundverwaltungsakt, Zwangsmittelandrohung und Kostenentscheidung am Beispiel der Erledigung und des vorläufigen Rechtsschutzes, BayVBl. 2013, 9; *A. Versteyl*, „Ernstliche Zweifel" i. S. v. § 4a Abs. 3 UmwRG, I+E 2012, 240; *Windthorst*, Der verwaltungsgerichtliche einstweilige Rechtsschutz, 2009; *Zacharias*, Ausgewählte Grundfragen des vorläufigen Rechtsschutzes im Verwaltungsprozess, JA 2002, 345; zum Unionsrecht: *Buck*, Die Europäisierung des verwaltungsgerichtlichen vorläufigen Rechtsschutzes, 2000; *Dünchheim*, Verwaltungsprozeßrecht unter europäischem Einfluß, 2003; *Finger*, Der Zugang zur deutschen Verwaltungsgerichtsbarkeit unter gemeinschaftsrechtlichem Einfluss, JA 2005, 228; *Götz*, Europarechtliche Vorgaben für das Verwaltungsprozessrecht, DVBl. 2002, 1; *Haibach*, Gemeinschaftsrecht und vorläufiger Rechtsschutz durch mitgliedstaatliche Gerichte, 1995; *ders.*, Vorläufiger Rechtsschutz im Spannungsfeld von Gemeinschaftsrecht und Grundgesetz, DÖV 1996, 60; *Hauser*, Vorläufiger Rechtsschutz, in: Bergmann/Kenntner (Hrsg.), Deutsches Verwaltungsrecht unter Europäischem Einfluss, 2002, Kap. 3, S. 107 ff.; *Huber*, Die Europäisierung des verwaltungsgerichtlichen Rechtsschutzes, BayVBl. 2001, 577; *Jannasch*, Einwirkungen des Gemeinschaftsrechts auf den vorläufigen Rechtsschutz, NVwZ 1999, 495; *Kadelbach*, Gemeinschaftsrecht und (vorläufiger) verwaltungsgerichtlicher Rechtsschutz, KritV 1999, 378; *Rohde*, Vorläufiger Rechtsschutz unter dem Einfluss des Gemeinschaftsrechts, 1998; *Schoch*, Die Europäisierung des Verwaltungsprozessrechts, FG BVerwG, 2003, S. 507; *Schwarze*, Europäische Rahmenbedingungen für die Verwaltungsgerichtsbarkeit, NVwZ 2000, 241; *Sommermann*, Der vorläufige Rechtsschutz zwischen europäischer Anpassung und staatlicher Verschlankung, FS Blümel, 1999, S. 523; *Steinbeiß-Winkelmann*, Europäisierung des Verwaltungsrechtsschutzes, NJW 2010, 1233; *v. Fragstein*, Die Einwirkungen des EG-Rechts auf den vorläufigen Rechtsschutz nach deutschem Verwaltungsrecht, 1997; *v. Stülpnagel*, Der einstweilige Rechtsschutz nach § 80 VwGO und die Durchführung von gemeinschaftsrechtlichen Verordnungen, DÖV 2001, 932.

Nach § 80 Abs. 5 VwGO kann bei dem Gericht der Hauptsache in folgenden Fällen um vorläufigen Rechtsschutz nachgesucht werden: **856**

- Ist ein Verwaltungsakt kraft Gesetzes (§ 80 Abs. 2 Satz 1 Nrn. 1 bis 3, Abs. 2 Satz 2 VwGO) sofort vollziehbar, kann das Gericht die aufschiebende Wirkung von Widerspruch und Anfechtungsklage ganz oder teilweise anordnen (→ §§ 45, 49).
- Ist ein Verwaltungsakt kraft behördlicher Anordnung (§ 80 Abs. 2 Satz 1 Nr. 4 VwGO) sofort vollziehbar, kann das Gericht die aufschiebende Wirkung von Widerspruch und Anfechtungsklage ganz oder teilweise wiederherstellen (→ §§ 45, 49).
- Hat die Behörde die Anordnung der sofortigen Vollziehung nicht ausreichend begründet, kann das Gericht diese Anordnung aufheben (→ § 47).
- Missachtet die Behörde die aufschiebende Wirkung eines Rechtsbehelfs, stellt das Gericht fest, dass der Rechtsbehelf aufschiebende Wirkung hat *(faktische Vollziehung)* (→ § 48).
- Das Gericht kann auf Antrag des Begünstigten eines Verwaltungsakts die sofortige Vollziehung anordnen (§ 80a Abs. 3 Satz 1 3. Alt. VwGO) (→ § 50).

Die Verfahren des § 80 Abs. 5 VwGO schließen in ihrem Anwendungsbereich andere Rechtsbehelfe, insbesondere den Antrag auf Erlass einstweiliger Anordnungen, aus (§ 123 Abs. 5 VwGO). **857**

§ 43 Zulässigkeit des Antrags

Schrifttum: *Berkemann*, Klagebefugnis von Umweltverbänden und einstweiliger Rechtsschutz, NordÖR 2010, 233; *Braun*, Unzulässigkeit der (weiteren) Beschwerde gem. § 17a IV GVG im Eilverfahren?, NVwZ 2007, 49; *Geiger*, Der Einzelrichter im Verwaltungsprozess, BayVBl. 2007, 225; *Goerlich*, Konsentierter Einzelrichter an Verwaltungsgerichten auch im Eilverfahren?, NVwZ 1991,

542; *Holzheuser*, Die Rechtswegverweisung in den verwaltungsgerichtlichen Eilverfahren, DÖV 1994, 807; *Sennekamp*, Die Verweisung summarischer Verfahren an das zuständige Gericht, NVwZ 1997, 642; *Shirvani/Heidebach*, Hauptsacherechtsbehelf und vorläufiger Rechtsschutz, DÖV 2010, 254; *Wilhelm*, Aufbau einer Antragserwiderung nach § 80 Abs. 5 VwGO, DVP 2011, 189

858 Die Zulässigkeit eines Antrags nach § 80 Abs. 5 VwGO unterliegt den nachfolgenden einheitlichen Anforderungen, unabhängig davon, ob der Antrag auf die Anordnung oder Wiederherstellung der aufschiebenden Wirkung, die Anordnung der sofortigen Vollziehung oder deren Aufhebung oder die Feststellung der aufschiebenden Wirkung gerichtet ist.

I. Die Eröffnung des Verwaltungsrechtswegs

859 Ein Antrag nach § 80 Abs. 5 VwGO ist nur zulässig, wenn das in Rede stehende Handeln der deutschen Gerichtsbarkeit unterliegt.[1]

860 Der Verwaltungsrechtsweg muss eröffnet sein.[2] Ist dies nicht der Fall, verweist das Verwaltungsgericht den Rechtsstreit nach § 17a Abs. 2 GVG iVm § 173 Satz 1 VwGO an das zuständige Gericht des zulässigen Rechtswegs.[3] Ein solcher Verweisungsbeschluss widerspricht nicht dem Ziel, das Eilverfahren zügig zu entscheiden. Denn für die Beschleunigung des Verfahrens wäre nichts gewonnen, wenn das unzuständige Verwaltungsgericht den Antrag als unzulässig ablehnte und der Antragsteller sodann erneut einen Antrag beim zuständigen Gericht erheben müsste. Ist der Verwaltungsrechtsweg eröffnet, kann das Gericht dies im Wege einer Vorabentscheidung nach § 17a Abs. 3 Satz 1 GVG iVm § 173 Satz 1 VwGO feststellen; auf Antrag eines Beteiligten ist es hierzu nach § 17a Abs. 3 Satz 2 GVG iVm § 173 Satz 1 VwGO verpflichtet. Eine Vorabentscheidung nach § 17a Abs. 3 GVG darf unterbleiben, wenn eine schnelle Entscheidung geboten ist und dem Rechtsschutzsuchenden im Falle eines Abwartens ein schwerer und nicht wiedergutzumachender Schaden droht.[4]

861 Verweist das Gericht den Rechtsstreit oder stellt es die Eröffnung des Verwaltungsrechtswegs fest, ist die Beschwerde zum OVG nach § 17a Abs. 4 Satz 3 GVG iVm § 146 Abs. 1 VwGO eröffnet.[5] § 17a Abs. 5 GVG steht dem nicht entgegen.[6] Fehlt es an einer Vorabentscheidung über den Rechtsweg und bejaht das VG seine Zuständigkeit in der abschließenden Entscheidung, prüft das Beschwerdegericht nicht mehr, ob der beschrittene Rechtsweg zulässig war (§ 17a Abs. 5 GVG).[7] Etwas Anderes gilt nur, wenn das VG entgegen § 17a Abs. 3 Satz 2 GVG trotz Rüge eines Beteiligten eine

---

[1] Vgl. BVerfGE 59, 63 (85 ff.); VGH München BayVBl. 1990, 469; zu einem kirchlichen Hausverbot s. OVG Lüneburg NordÖR 2010, 264.

[2] OVG Berlin NVwZ 2002, 114; VG Neustadt NJW 2011, 3317 (Hausverbot für ein Gerichtsgebäude).

[3] OVG Berlin NVwZ-RR 1998, 464; VGH Kassel NJW 1997, 211; VGH München NVwZ 1999, 1015; NVwZ-RR 2003, 74; OVG Münster NVwZ 1994, 178; ebenso für Verfahren nach § 123: OVG Greifswald NVwZ 2001, 446 (447); OVG Hamburg NVwZ-RR 2000, 842 (843); VGH Kassel NVwZ 2003, 238; VGH Mannheim NVwZ-RR 2008, 581; aA BVerwG Beschl. v. 12.6.2007 – 7 VR 1.07; OVG Koblenz NVwZ 1993, 381; VG Osnabrück NVwZ-RR 2004, 261; VGH Kassel NVwZ-RR 2016, 247 (249) für die instanzielle Zuständigkeit; Kopp/*W.-R. Schenke* VwGO Anh § 41 Rn. 2a.

[4] OVG Greifswald NVwZ 2001, 446 (447).

[5] OVG Hamburg NVwZ-RR 2000, 842 (843); OVG Lüneburg NVwZ-RR 2006, 843 (844) mwN; OVG Münster NVwZ-RR 2010, 587; offen gelassen in BVerwG NVwZ 2006, 1291; zur (regelmäßig fehlenden) Begründungspflicht für die Nichtabhilfeentscheidung s. VGH Kassel NVwZ-RR 2010, 501.

[6] OVG Münster NVwZ-RR 1994, 179.

[7] VGH Mannheim NVwZ-RR 2008, 581; zu Parallelverfahren s. VGH München NVwZ-RR 2003, 74; aA VGH Kassel NJW 1994, 145.

Vorabentscheidung unterlässt[8] oder die Eröffnung des Verwaltungsrechtswegs ausdrücklich offen lässt.[9]

Das OVG darf in seiner Beschwerdeentscheidung nach § 17a Abs. 4 Satz 4 GVG die Beschwerde an das Bundesverwaltungsgericht zur Klärung der Rechtswegfrage nicht zulassen.[10] Denn der Rechtsweg im Zwischenverfahren über den eröffneten Rechtsweg soll nicht weiter reichen als der Rechtsweg im Hauptsacheverfahren. Auch verfassungsrechtlich ist gegen diese Auffassung nichts zu erinnern.[11] **862**

II. Zuständigkeit des Gerichts der Hauptsache

Nach § 80 Abs. 5 VwGO entscheidet das Gericht der Hauptsache, also das sachlich und örtlich für die Hauptsache zuständige Gericht. Ist das angerufene Gericht sachlich oder örtlich unzuständig, verweist es den Rechtsstreit analog § 83 Satz 1 VwGO iVm § 17a Abs. 2 Satz 1 GVG an das zuständige Gericht.[12] **863**

1. Gericht der Hauptsache vor Klageerhebung

Vor Erhebung der Klage ist Gericht der Hauptsache das Gericht, das für die Anfechtungsklage zuständig wäre, in der Regel also das örtlich zuständige erstinstanzliche Verwaltungsgericht (§ 45 VwGO). **864**

Wäre für die Anfechtungsklage erstinstanzlich ein Gericht höherer Instanz zuständig, entscheidet dieses auch über den Antrag nach § 80 Abs. 5 VwGO. Die Oberverwaltungsgerichte sind in den Fällen des § 48 VwGO zuständig.[13] Das Bundesverwaltungsgericht ist in den Fällen des § 50 Abs. 1 VwGO zuständig. Praktische Bedeutung hat insbesondere § 50 Abs. 1 Nr. 6 VwGO. Danach entscheidet das Bundesverwaltungsgericht über sämtliche Streitigkeiten, die Planfeststellungsverfahren und Plangenehmigungsverfahren für Vorhaben betreffen, die in dem Allgemeinen Eisenbahngesetz, dem Bundesfernstraßengesetz, dem Bundeswasserstraßengesetz, dem Energieleitungsausbaugesetz, dem Bundesbedarfsplangesetz oder dem Magnetschwebebahnplanungsgesetz bezeichnet sind. Die Zuständigkeit erstreckt sich auch auf eigenständige Entscheidungsbestandteile, die von der Ersetzungswirkung des Planfeststellungsbeschlusses nicht erfasst werden;[14] ebenso gilt sie für Verfahren, die mit der Durchführung eines Planfeststellungs- oder Plangenehmigungsverfahren im Zusammenhang stehen.[15] **865**

---

[8] OVG Berlin-Brandenburg Beschl. v. 28.1.2014 – 1 S 282/13 Rn. 3; OVG Greifswald NVwZ 2001, 446 (447); VGH München NVwZ-RR 1993, 668; anders liegt es, wenn die Rechtswegrüge in der Beschwerde nicht mehr verfolgt wird (so VGH München Beschl. v. 15.6.2015 – 5 ZB 14.1919 Rn. 14).

[9] OVG Hamburg NordÖR 2009, 178.

[10] BVerwG NVwZ 2006, 1291 (dagegen *Braun* NVwZ 2007, 49); aA OVG Hamburg NJW 2014, 1196 (Ls.) bei unterschiedlichen Auffassungen oberster Bundesgerichte (Hausverbot in einem Job-Center).

[11] BVerfG NVwZ-RR 2016, 361 Rn. 9.

[12] VGH Kassel NJW 1996, 474; NJW 1997, 211; VG Berlin InfAuslR 1994, 379; dagegen VGH Kassel NJW 1994, 145; VG Köln NVwZ 1998, 315.

[13] Vgl. etwa OVG Bautzen Beschl. v. 30.11.2010 – 4 B 500/09 Rn. 17 (§ 48 Abs. 1 S. 1 Nr. 4 VwGO); VGH Mannheim NVwZ-RR 2006, 840; OVG Münster NVwZ-RR 2010, 348 (§ 48 Abs. 1 S. 1 Nr. 5 VwGO); BVerwG NVwZ 2013, 507 Rn. 13 (Vergabe von Bodenabfertigungsdiensten auf einem Flughafen, § 48 Abs. 1 S. 1 Nr. 6 VwGO); OVG Weimar NVwZ-RR 1999, 488; OVG Bautzen Beschl. v. 4.4.2012 – 1 B 170/11 Rn. 15 (§ 48 Abs. 1 S. 1 Nr. 7 VwGO); OVG Lüneburg NVwZ-RR 2008, 687 (§ 48 Abs. 1 S. 1 Nr. 9 VwGO); OVG Berlin-Brandenburg Beschl. v. 30.10.2013 – 11 S 3.13 Rn. 13 (§ 48 Abs. 1 S. 2 VwGO).

[14] BVerwGE 123, 241 (243).

[15] BVerwG NVwZ 2001, 566; UPR 2006, 392 (393); BVerwGE 144, 44 Rn. 18 ff.; BVerwG NVwZ 2012, 148 (Freimachung eines Baufeldes).

2. Gericht der Hauptsache nach Klageerhebung

866 Nach Rechtshängigkeit der Hauptsache ist Gericht der Hauptsache das Gericht, bei dem die Anfechtungsklage anhängig ist, unabhängig von seiner sachlichen und örtlichen Zuständigkeit.[16]

867 Die gerichtliche Zuständigkeit für das Eilverfahren folgt der Zuständigkeit für das Hauptsacheverfahren: Ist über einen Antrag nach § 80 Abs. 5 VwGO bis zum Wechsel der Instanz in der Hauptsache nicht entschieden, geht nach dem Grundsatz der Verfahrenseinheit die Zuständigkeit für das Eilverfahren auf das Gericht der nächsten Instanz als neuem Gericht der Hauptsache über.[17]

868 Lässt das VG die Berufung zu, so endet seine Zuständigkeit als Gericht der Hauptsache mit Eingang der Berufungsschrift (§ 124a Abs. 2 VwGO), anderenfalls mit Eingang des Antrags auf Zulassung der Berufung (§ 124a Abs. 4 Satz 1 VwGO).[18] Bei Einlegung einer noch nicht zugelassenen Sprungrevision (§ 134 Abs. 1 Satz 1 VwGO) endet die Zuständigkeit mit deren Zulassung; bei zugelassener Sprungrevision endet sie mit Eingang der Sprungrevisionsschrift. In den Fällen des § 135 VwGO – Revision bei Ausschluss der Berufung – wird das Bundesverwaltungsgericht bei zugelassener Revision mit Einlegung der Revision zuständig,[19] bei Nichtzulassung der Revision mit dem Beschluss des VG, der Beschwerde gegen die Nichtzulassung nicht abzuhelfen.

869 Die Zuständigkeit des OVG endet mit Einlegung der Revision, wenn das OVG die Revision zugelassen hat (§ 132 Abs. 1 VwGO). Lässt das OVG die Revision nicht zu und wird Beschwerde gegen die Nichtzulassung der Revision eingelegt, endet die Zuständigkeit des OVG, sobald es beschlossen hat, der Beschwerde nicht abzuhelfen (§ 133 Abs. 5 VwGO).[20] Dies gilt auch, wenn das OVG zwar verfrüht, aber nicht willkürlich verfrüht über die Nichtabhilfe entschieden hat.[21] Endet in diesen Fällen die Zuständigkeit des OVG, wird das Bundesverwaltungsgericht für das Verfahren nach § 80 Abs. 5 VwGO VwGO zuständig.[22] Denn § 80 Abs. 5 VwGO schließt, anders als § 123 Abs. 2 Satz 2 VwGO, die Zuständigkeit des Revisionsgerichts nicht aus.

3. Gericht der Hauptsache bei Massenverfahren

870 Bei einer Vielzahl von Klägern und Antragstellern, etwa bei der Anfechtung der Genehmigung einer Industrieanlage oder der Planfeststellung eines Flughafens, können die Klagen in der Hauptsache in unterschiedlichen Instanzen anhängig sein. Für die Verfahren nach § 80 Abs. 5 VwGO ist in diesen Fällen das Gericht zuständig, bei dem die Hauptsache des jeweiligen Antragstellers anhängig ist.[23]

---

[16] Ebenso OVG Berlin NVwZ 1992, 68 (Ls.) (bei nicht offensichtlicher Unzuständigkeit); aA VGH Kassel HessVGRspr 1984, 43.

[17] BVerwG Buchholz 310 § 80 VwGO Nr. 25; BVerwGE 39, 229 (230).

[18] VGH Mannheim Beschl. v. 9.5.2000 – A 6 S 842.00; VGH München NVwZ 2000, 210; NVwZ 2002, 1268; zu einem Sonderfall OVG Lüneburg OVGE 31, 321: Bei Urteil ohne mündliche Verhandlung nach § 101 Abs. 2 VwGO ist das Verwaltungsgericht bis zur Zustellung des Urteils Gericht der Hauptsache, auch wenn bereits vor der Zustellung ein Rechtsmittel eingelegt worden ist.

[19] Beispiel bei BVerwG NVwZ 1997, 497.

[20] BVerwG Buchholz 310 § 132 VwGO Nr. 32 S. 36 f.; Buchholz 310 § 60 VwGO Nr. 125; InfAuslR 1994, 395; Beschl. v. 14.11.2002 – 4 VR 13.02 (n. v.).

[21] BVerwG NVwZ 2005, 1422.

[22] BVerwG Buchholz 448.0 § 35 WpflG Nr. 16; BVerwGE 39, 229 (230); NVwZ-RR 1998, 489.

[23] BVerwGE 64, 347 (351).

4. Zwischen- und Teilentscheidungen

Wegen der Zuständigkeit nach Zwischen-, Grund- und Teilurteil kann auf die Rechtslage zur einstweiligen Anordnung verwiesen werden.[24] 871

III. Die innergerichtliche Zuständigkeit

1. Zuständigkeit und Besetzung des Spruchkörpers

Das Verwaltungsgericht entscheidet durch Beschluss der Kammer. Ergeht dieser – wie in der Praxis häufig – ohne mündliche Verhandlung, wirken die ehrenamtlichen Richter nach § 5 Abs. 3 Satz 2 VwGO nicht mit. Findet eine mündliche Verhandlung statt, entscheidet die Kammer in der Besetzung des § 5 Abs. 3 Satz 1 VwGO mit drei Berufs- und zwei ehrenamtlichen Richtern. Unter den Voraussetzungen des § 6 Abs. 1 VwGO kann das Eilverfahren auf den Einzelrichter übertragen werden.[25] Dieser kann die Sache nach Maßgabe von § 6 Abs. 3 Satz 1 VwGO auf die Kammer zurückübertragen. 872

In asylrechtlichen Eilverfahren entscheidet ein Mitglied der Kammer als originärer Einzelrichter (§ 76 Abs. 4 Satz 1 AsylG). Dieser hat den Rechtsstreit der Kammer zu übertragen, wenn die Rechtssache grundsätzliche Bedeutung hat oder er von der Rechtsprechung der Kammer abweichen will (§ 76 Abs. 4 Satz 2 AsylG). 872a

Das Oberverwaltungsgericht entscheidet durch Beschluss in der Besetzung mit drei Berufsrichtern (§ 9 Abs. 3 Satz 1 Hs. 1 VwGO), wenn nicht der Landesgesetzgeber nach § 9 Abs. 3 Satz 1 Hs. 2 VwGO etwas Abweichendes bestimmt. Die ehrenamtlichen Richter wirken an Beschlüssen nach § 80 Abs. 5 VwGO nicht mit, soweit diese – wie regelmäßig – außerhalb der mündlichen Verhandlung ergehen.[26] 873

Das Bundesverwaltungsgericht entscheidet durch Beschluss. Ergeht der Beschluss ohne mündliche Verhandlung, trifft der Senat den Beschluss in der Besetzung mit drei Berufsrichtern, sonst in der Besetzung mit fünf Berufsrichtern (§ 10 Abs. 3 VwGO). 874

2. Zuständigkeit des Vorsitzenden oder Berichterstatters

§ 87a Abs. 1, Abs. 3 VwGO regelt die Zuständigkeit des Vorsitzenden oder des Berichterstatters. Die Vorschrift ist in Verfahren nach § 80 Abs. 5 VwGO entsprechend anzuwenden. Dass die Zuständigkeit auf das vorbereitende Verfahren begrenzt ist, steht einer Analogie nicht entgegen: Das vorbereitende Verfahren reicht in Verfahren nach § 80 Abs. 5 VwGO vom Eingang des Antrags bis zum Zeitpunkt vor Ergehen der Sachentscheidung. Diese bleibt dem Spruchkörper vorbehalten.[27] Die Zuständigkeit nach § 87a Abs. 1, Abs. 3 VwGO erlangt Bedeutung bei der Rücknahme des Antrages und bei Erledigung in der Hauptsache (jeweils einschließlich der Entscheidung über die Gewährung von Prozesskostenhilfe), bei Entscheidungen über den Streitwert und die Kosten sowie die Beiladung (§ 87a Abs. 1 Nr. 2 bis 6 VwGO). Eine Aussetzung oder das Ruhen des Verfahrens (§ 87a Abs. 1 Nr. 1 VwGO) kommt in Eilverfahren nicht in Betracht. 875

Eine weitergehende Zuständigkeit des Vorsitzenden oder Berichterstatters können die Beteiligten durch Einverständnis begründen (§ 87a Abs. 2 VwGO),[28] insbesondere dem 876

[24] → Rn. 49ff.

[25] OVG Münster NVwZ-RR 1994, 619; zur Notwendigkeit einer vorherigen Bekanntgabe VGH Mannheim, BeckRS 2016, 45162.

[26] § 2 S. 2 berl. AG VwGO; § 4 Abs. 3 S. 2 BbgVwGG; Art. 2 Abs. 2 S 2 brem. AG VwGO; § 3 S. 2 hmbg. AG VwGO; § 17 HessAGVwGO; § 12 Abs. 2 m.-v. AG Gerichtsstrukturgesetz; § 4 Abs. 2 S. 1 nds. AG VwGO; § 109 Abs. 1 S. 2 JustG NRW; § 2 Abs. 1 S. 2 rh.-pf. AG VwGO; § 4 Abs. 2 S. 1 AG VwGO LSA; § 3 Abs. 2 S. 1 s.-h. AG VwGO.

[27] VGH Mannheim NVwZ 1991, 274; NVwZ 1991, 593; VGH München BayVBl. 1991, 309; aA VGH Mannheim NVwZ 1991, 275.

[28] OVG Münster Beschl. v. 6.5.2005 – 16 B 183/05 Rn. 1.

Vorsitzenden oder Berichterstatter die Befugnis einräumen, über den Antrag in der Sache zu entscheiden.

3. Eilzuständigkeit des Vorsitzenden nach § 80 Abs. 8

877 In dringenden Fällen kann nach § 80 Abs. 8 VwGO statt des vollständig besetzten Spruchkörpers der Vorsitzende entscheiden. Gemeint ist der funktionelle Vorsitzende: Ist der ordentliche Vorsitzende verhindert, so ist sein Vertreter nach dem Geschäftsverteilungsplan zur Entscheidung berufen.[29] Dieser trifft seine Entscheidung nach den gleichen Grundsätzen wie die Kammer. Er entscheidet also über den Antrag, trifft eine Kostenentscheidung und setzt den Streitwert fest.

878 Wann ein „dringender Fall" vorliegt, bestimmt das Gesetz nicht. Es darf aber angesichts der Garantie des gesetzlichen Richters in Art. 101 Abs. 2 GG nicht in das Belieben des Vorsitzenden gestellt werden, eine Sache unter Ausschluss der weiteren Kammermitglieder an sich zu ziehen. Maßgeblich für die Auslegung des § 80 Abs. 8 VwGO ist das gesetzgeberische Ziel: Eilrechtsschutz soll auch gewährleistet sein, wenn eine stattgebende Entscheidung durch die Kammer – und sei es mit den vom Geschäftsverteilungsplan vorgesehenen Vertretern – keinen effektiven Rechtsschutz mehr bewirken könnte.[30] Nur dann ergeht eine Entscheidung durch den Vorsitzenden. Das Vorliegen dieser Voraussetzung sollte in der Entscheidung oder mindestens durch Vermerk zur Gerichtsakte dargelegt werden.

878a Ein Rechtsmittel wird sich auf einen Verstoß gegen § 80 Abs. 8 VwGO nur selten stützen können. Denn die Beschwerdeinstanz hat allein zu prüfen, ob das Verwaltungsgericht die Voraussetzungen des § 80 Abs. 8 VwGO willkürlich bejaht und so gegen Art. 101 Abs. 1 Satz 2 GG verstoßen hat.[31] Dies entspricht dem auch sonst geltenden Prüfungsmaßstab bei der Rüge eines Verstoßes gegen Art. 101 Abs. 1 Satz 2 GG, etwa bei der Auslegung eines Geschäftsverteilungsplans.[32]

879 Gegen die Entscheidung des Vorsitzenden ist – ebenso wie gegen die Entscheidung des Spruchkörpers – die Beschwerde (§ 146 Abs. 4, Abs. 1 VwGO) gegeben. Die Entscheidung kann ebenfalls Gegenstand eines Änderungsantrages nach § 80 Abs. 7 Satz 2 VwGO sein.[33] Über eine Streitwertbeschwerde entscheidet beim OVG der Berichterstatter als Einzelrichter, weil die Entscheidung nach § 80 Abs. 8 VwGO die Entscheidung eines Einzelrichters im Sinne des § 66 Abs. 6 Satz 2 GKG ist.[34]

IV. Statthaftigkeit

880 Welcher Antrag statthaft, bestimmt das Begehren des Antragstellers. Hierzu wird auf die Ausführungen zu möglichen Zielen eines Antrags nach § 80 Abs. 5 VwGO verwiesen.[35]

V. Antragsbefugnis

881 Die Verfahren nach § 80 Abs. 5 VwGO dienen dem Schutz subjektiver Rechte. Ein Antragsteller ist daher nur antragsbefugt, wenn eine Verletzung von eigenen Rechten im Sinne von § 42 Abs. 2 VwGO möglich erscheint[36] und nicht offensichtlich und eindeutig

---

[29] VG Wiesbaden NVwZ 1988, 91.
[30] OVG Münster Beschl. v. 11.4.2011 – 18 B 440/11 Rn. 7 ff.
[31] OVG Berlin-Brandenburg NVwZ-RR 2011, 526 (527 f.).
[32] BVerwG Beschl. v. 22.1.2014 – 4 B 53.13 Rn. 2; NVwZ 2015, 1695 Rn. 14.
[33] VGH München, VGH nF 24, 194.
[34] VGH Mannheim Beschl. v. 11.4.2014 – 1 S 400/14 Rn. 9.
[35] → Rn. 936 ff.; → Rn. 1022 ff.; → Rn. 1033 f.; → Rn. 1045 ff.; → Rn. 1061 f.; → Rn. 1092 f.
[36] Zu den Anforderungen an die Antragsbefugnis vgl. BVerwG NVwZ 2006, 214 (216) (Vereinsverbot); OVG Berlin NVwZ 2002, 114 (115 f.) (Bewilligung der Auslieferung nach § 74 IRG); OVG

nach keiner Betrachtungsweise die von dem Antragsteller geltend gemachten Rechte bestehen oder ihm zustehen können.[37] Erscheint die Verletzung eigener Rechte im Sinne von § 42 Abs. 2 VwGO ausgeschlossen, fehlt die Widerspruchs- oder Klagebefugnis, so dass Widerspruch und Klage unzulässig sind. Ein Antrag auf Aussetzung der Vollziehung ist gleichfalls unzulässig und geht der Sache nach ins Leere, weil die unzulässigen Rechtsbehelfe keine aufschiebende Wirkung entfalten.[38]

Das subjektive Rechtsschutzkonzept der VwGO gilt indes nicht ausnahmslos, sondern **882** nur, wenn gesetzlich nichts anderes bestimmt ist. Der Gesetzgeber darf also auch objektiven Rechtsschutz eröffnen. Diese Möglichkeit steht sowohl dem Bundesgesetzgeber (etwa in § 13 Abs. 1 BBG, § 64 Abs. 1 BNatSchG) als auch dem Landesgesetzgeber offen (etwa § 1 Abs. 1 des brem. Gesetzes über das Verbandsklagerecht für Tierschutzvereine vom 25.9.2007 – Brem.GBl. 2007, 455). Solche objektiven Beanstandungsverfahren werden in der Regel nicht Privatpersonen, sondern Verbänden oder Vereinigungen eröffnet. Der Verband kann in solchen Fällen auch im Eilverfahren nicht nur eigene Rechte, wie etwa Beteiligungsrechte, verfolgen, sondern auch Verletzungen des objektiven Rechts geltend machen.[39] Große praktische Bedeutung hat § 2 Abs. 1 UmwRG erlangt. Danach kann eine anerkannte inländische oder ausländische Vereinigung, ohne eine Verletzung in eigenen Rechten geltend machen zu müssen, Rechtsbehelfe nach der VwGO gegen bestimmte behördliche Entscheidungen einlegen, wenn sie nach § 2 Abs. 1 Nr. 1 UmwRG geltend macht, dass eine solche Entscheidung oder deren Unterlassen, Rechtsvorschriften widerspricht, die dem Umweltschutz dienen[40] und für die Entscheidung von Bedeutung sein können.

VI. Einleitung des Verfahrens

Die Rechtsschutzverfahren nach § 80 Abs. 5 VwGO finden nur auf Antrag statt (§ 80 **883** Abs. 5 Satz 1 VwGO).

1. Form des Antrags

Der Antrag auf Einleitung eines Verfahrens nach § 80 Abs. 5 VwGO ist analog § 81 **884** Abs. 1 VwGO schriftlich zu stellen, beim VG genügt auch Niederschrift des Urkunds-

---

Hamburg NVwZ-RR 2016, 492 (493); ZUR 2016, 497 (498) (zu § 4 Abs. 3 UmwRG); VGH Kassel NVwZ-RR 2001, 374 (375) (Naturschutzbeirat); OVG Lüneburg NVwZ-RR 2003, 478 (479); VGH Mannheim NVwZ-RR 2004, 384 (Teileinziehung einer Straße); VGH München NVwZ-RR 2004, 856 (einem Dritten erteilte Sondernutzungserlaubnis); Beschl. v. 15.7.2010 – 8 CS 10.1527 (Entwidmung eines Militärflughafens); NVwZ-RR 2016, 48 (49) (Sicherstellung von Bargeld; Antragsbefugnis eines Nicht-Adressaten); OVG Saarlouis NVwZ-RR 2008, 95 (96 f.) (Apothekenerlaubnis); OVG Schleswig NordÖR 2010, 216 (Jagdgenossenschaft gegen Flurbereinigungsplan); OVG Münster MMR 2014, 277 (277 f.); (Abschalten einer Rufnummer); VG Schleswig NVwZ 2002, 754 (755 f.); VG Potsdam NVwZ-RR 2000, 279 (Geltungsbereich einer Anordnung zur Nachweisführung bei der Abfallverwertung); VG Hannover NVwZ-RR 2001, 307 (Ausnahmegenehmigung nach dem LadSchlG); zur Antragsbefugnis von Gemeinden s. VGH Kassel NVwZ-RR 2005, 683 (684); OVG Lüneburg NVwZ-RR 2003, 478 (479); NVwZ-RR 2007, 120; VG Hannover NVwZ-RR 2006, 11 (16).

[37] So die Formulierung in BVerwGE 18, 154 (157); 36, 192 (200).

[38] BVerwG DVBl. 1993, 256 (258); ausführlich → Rn. 646 ff.

[39] OVG Hamburg NVwZ 2006, 1076; NordÖR 2010, 206 (207); OVG Koblenz UPR 2016, 237 Rn. 5; OVG Lüneburg NordÖR 2010, 255; Beschl. v. 10.12.2015 – 7 MS 8/15 Rn. 8; zur Begrenzung der Verbandsklageberechtigung auf bestimmte Regelungen, etwa des Naturschutzrechtes, s. OVG Koblenz NVwZ-RR 2002, 420, zur Begrenzung auf bestimmte Verwaltungsakte OVG Bremen NVwZ-RR 2006, 600 (kein Angriff auf eine Plangenehmigung); Beispiel einer Verbandsklage eines Behindertenverbandes BVerwG NVwZ 2006, 817.

[40] Vgl. BVerwGE 144, 243 Rn. 10 ff.; 148, 155 Rn. 23; ob diese Beschränkung völkerrechtlich zulässig ist, ist umstritten, nach BT-Drs. 18/9526, S. 8 soll sie entfallen.

beamten der Geschäftsstelle. Vertretung durch einen Bevollmächtigten ist zulässig (§ 67 Abs. 2 VwGO). Beim OVG und beim BVerwG besteht grundsätzlich Vertretungszwang (§ 67 Abs. 4 Satz 1 VwGO). Die Vollmacht ist schriftlich zu den Gerichtsakten zu reichen; sie kann nachgereicht werden (§ 67 Abs. 6 Satz 1, 2 VwGO). Nach § 82 ZPO iVm § 173 Satz 1 VwGO umfasst die Vollmacht für das Hauptsacheverfahren auch die Nebenverfahren des vorläufigen Rechtsschutzes. Tritt als Bevollmächtigter ein Rechtsanwalt auf, so hat das Gericht den Mangel der Vollmacht nur auf Rüge eines Beteiligten hin zu berücksichtigen (§ 67 Abs. 6 Satz 4 VwGO *e contrario*).

2. Inhalt des Antrags

885 Der Antrag muss analog § 82 VwGO Antragsteller, Antragsgegner und den Verwaltungsakt bezeichnen und erkennen lassen, dass vorläufiger Rechtsschutz gegenüber der Vollziehung des Verwaltungsakts oder zur Beseitigung der aufschiebenden Wirkung eines Rechtsbehelfs begehrt wird.[41] Dem Antrag sollen der Verwaltungsakt und ein etwaiger Widerspruchsbescheid in Ur- oder Abschrift beigefügt werden (§ 82 Abs. 1 Satz 3 VwGO). Die zur Begründung des Antrages dienenden Tatsachen und Beweismittel sollen angegeben werden (§ 82 Abs. 1 Satz 3 VwGO). Entspricht der Antrag nicht diesen Erfordernissen, hat der Vorsitzende gemäß § 82 Abs. 2 Satz 1 VwGO zur Ergänzung innerhalb bestimmter Frist aufzufordern.

886 Eine Bezugnahme auf § 80 Abs. 5 VwGO oder ein konkreter Antrag sind nicht erforderlich, aber ratsam und die Regel. Beantragt ist, was ein verständiger und rechtskundiger Antragsteller begehren würde.[42] Bei einem anwaltlich nicht vertretenen Antragsteller ist bei der Auslegung des Rechtsschutzgesuches – nicht zuletzt im Hinblick auf Art. 19 Abs. 4 Satz 1 GG – ein großzügiger Maßstab anzulegen.[43]

887 Der Vorsitzende hat analog § 86 Abs. 3 VwGO auf einen sachgerechten Antrag, etwa einen hilfsweise zu stellenden Antrag nach § 80 Abs. 5 VwGO, hinzuwirken. Gegebenenfalls kommt auch in Betracht, analog § 88 VwGO einen Antrag auf Erlass einer einstweiligen Anordnung in einen Antrag nach § 80 Abs. 5 VwGO umzudeuten.[44] Dies mag bei einem anwaltlich vertretenen Antragsteller bedenklich erscheinen, ist jedoch wegen der gelegentlichen Schwierigkeiten bei der Abgrenzung von § 80 VwGO und § 123 VwGO sachgerecht,[45] wenn der Prozessbevollmächtigte gegen eine vom Gericht angekündigte Umdeutung keine Einwände erhebt. Widerspricht der Antragsteller allerdings einer Umdeutung, kann sich das Gericht hierüber nicht hinwegsetzen.[46] In diesem Fall geht der Antragsteller eben das Risiko ein, dass sein Rechtsschutzgesuch als unzulässig erfolglos bleibt.

3. Begründungsobliegenheiten

888 Der Antrag bedarf keiner Begründung, eine Begründung ist aber prozesstaktisch ratsam und in der Praxis die Regel. Im Fachplanungsrecht zwingt der Gesetzgeber den Antragsteller zu einer – fristgebundenen – Begründung (§ 17e Abs. 3 Satz 1 FStrG, § 18e

---

[41] Zu den Anforderungen an die Bezeichnung der Beteiligten s. OVG Lüneburg NVwZ-RR 2005, 93 (94); zur Notwendigkeit einer ladungsfähigen Anschrift: BVerwG NJW 1999, 2608; VGH München NVwZ-RR 2006, 151; OVG Hamburg NJW 2006, 3082.

[42] OVG Münster OVGE 17, 205 (210).

[43] Ebenso für die Klage BVerwG NJW 1991, 508 (509).

[44] VGH Kassel NVwZ 1989, 780; VGH München NVwZ-RR 2000, 35; OVG Münster DVBl. 1989, 1013; zu den verfassungsrechtlichen Anforderungen in einem Klageverfahren BVerfG NVwZ 2016, 238.

[45] OVG Magdeburg NVwZ-RR 2010, 53 (54); OVG Münster NVwZ-RR 2009, 1317 (1318).

[46] OVG Greifswald Beschl. v. 19.2.2013 – 2 M 127/12 Rn. 10; strenger OVG Lüneburg NVwZ 2010, 902 (903).

Abs. 3 Satz 1 AEG, § 6 Abs. 6 Satz 2, § 10 Abs. 4 Satz 2 LuftVG, § 29 Abs. 6 Satz 3 PBefG, § 43e Abs. 3 Satz 3 EnWG; § 14e Abs. 2 Satz 2, Abs. 3 Satz 1, Abs. 4 Satz 1 WaStrG), ebenso im Atomrecht (§ 9e Abs. 5 Satz 3 AtG); ein nicht fristgerecht begründeter Antrag ist unzulässig.[47] Die gerichtliche Prüfung ist auf die innerhalb der Antragsfrist vorgebrachten Gründe beschränkt.[48] Zwar enthalten die Vorschriften keine näheren Angaben über den notwendigen Inhalt der Begründung. Nach ihrem Wortsinn und Zweck sind aber jedenfalls die Gründe darzulegen, aus denen nach Auffassung des Antragstellers unter Abweichung des normierten Ausschlusses der aufschiebenden Wirkung die aufschiebende Wirkung seiner Klage anzuordnen ist.[49]

Auch das AsylG legt Antragstellern bei bestimmten Verfahren (§ 36 Abs. 4 Satz 2, **888a**
§ 18a Abs. 4 Satz 6, § 71 Abs. 4, § 71a Abs. 4 AsylG) die Obliegenheit auf, ihren Antrag zu begründen.

4. Antragsfrist

Der Antrag nach § 80 Abs. 5 VwGO ist grundsätzlich nicht fristgebunden. Wichtige **889**
Ausnahmen gelten im Asylrecht (§ 18a Abs. 4 Satz 1, § 34a Abs. 2, § 36 Abs. 3 Satz 1, § 71 Abs. 4, § 71a Abs. 4 AsylG), bei der Abschiebungsanordnung im Aufenthaltsrecht (§ 58a Abs. 4 Satz 2 AufenthG), im Fachplanungsrecht (§ 18e Abs. 2 Satz 2, Abs. 3 Satz 1, Abs. 4 Satz 1 AEG[50], § 17e Abs. 2 Satz 2, Abs. 3 Satz 1, Abs. 4 Satz 1 FStrG,[51] § 14e Abs. 2 Satz 2, Abs. 3 Satz 1, Abs. 4 Satz 1 WaStrG,[52] § 6 Abs. 6 Satz 2, § 10 Abs. 4 Satz 2 LuftVG,[53] § 43e Abs. 1 Satz 2, Abs. 2 Satz 1 EnWG, § 29a Abs. 7 Satz 2 PBefG) [54], im Atomrecht (§ 9e Abs. 5 Satz 3 AtG) und im Recht der offenen Vermögensfragen (§ 12 Abs. 2 Satz 1 InVorG).[55] Auch Landesgesetze kennen Antragsfristen (etwa § 36a Abs. 7 Satz 2 HStrG).

Die Fristbestimmungen des Fachplanungsrechts sind auf Anträge auf die Anordnung **890**
der aufschiebenden Wirkung beschränkt. Daher gelten die Fristbestimmungen nicht, wenn ein Antragsteller begehrt, die aufschiebende Wirkung festzustellen, da nach seiner Auffassung die maßgeblichen Vorschriften etwa des Fachplanungsrechts nicht einschlägig sind und daher ein Fall faktischer Vollziehung vorliegt.[56]

Die gesetzlichen Fristen werden durch einen fristgerecht erhobenen Antrag eines voll- **891**
machtlosen Vertreters gewahrt, wenn der Antragsteller den Antrag mit rückwirkender Kraft genehmigt.[57] Bei Versäumung der Frist ist die Möglichkeit einer Wiedereinsetzung in den vorigen Stand zu prüfen.[58] Über die Antragsfrist ist nach hier vertretener Auffassung zu belehren.[59]

---

[47] BVerwG Buchholz 442.09 § 20 AEG Nr. 9.

[48] BVerwG UPR 2013, 345 Rn. 9; VGH München Beschl. v. 6.5.2015 – 22 AS 15.40002 Rn. 19.

[49] BVerwG NVwZ 2003, 1392 Rn 2.

[50] Vgl. zu § 20 Abs. 5 Satz 3 AEG aF BVerwG NVwZ 1997, 993 (auch zu § 5 Abs. 2 Satz 1 VerkPBG).

[51] BVerwG NVwZ 2000, 554 (555).

[52] OVG Lüneburg NVwZ-RR 1995, 176 (177).

[53] VGH Kassel NVwZ-RR 2003, 420.

[54] VGH Mannheim NVwZ-RR 2000, 657; OVG Weimar NVwZ-RR 1999, 488 (489).

[55] BVerfG VIZ 1998, 339.

[56] VGH Mannheim NVwZ 2000, 1188; *Schoch* in Schoch/Schneider/Bier VwGO § 80 Rn. 473.

[57] Offen gelassen in VGH Mannheim NVwZ-RR 2000, 657; dafür streitet die grundsätzliche Rückwirkung der Genehmigung vollmachtlosen Handelns, vgl. GemSOGB BVerwGE 69, 380 (381); BVerwG Buchholz 402.45 VereinsG Nr. 40; Urt. v. 23.11.2005 – 9 A 28.04; aA BVerwG Buchholz 310 § 67 VwGO Nr. 85 S. 6.

[58] VG Freiburg NVwZ 1999, 798.

[59] → Rn. 739.

VII. Rechtsschutzbedürfnis

891a Der Antrag auf Anordnung der aufschiebenden Wirkung der Klage nach § 80 Abs. 5 Satz 1 VwGO muss gerade das Ziel verfolgen, im Interesse der Gewährung effektiven Rechtsschutzes die vorläufige Hemmung der Vollziehbarkeit des angefochtenen Verwaltungsakts im umfassenden Sinne eines Verwirklichungsverbots zu erreichen. Es muss dem Antragsteller darum gehen, ein spezifisch auf die vorläufige Sicherung seiner Interessen, nämlich die Verhinderung nachteiliger Veränderungen der bestehenden Situation bis zur endgültigen Klärung der Rechtslage, bezogenes Anliegen zu verfolgen.[60]

1. Verwirkung

892 Anträge nach § 80 Abs. 5 VwGO können bis zum Eintritt der Unanfechtbarkeit des Verwaltungsakts jederzeit gestellt werden. Eine Verwirkung des Antragsrechts ist denkbar, wird aber wegen der rechtsstaatlichen Bedeutung eines umfassenden und effektiven Rechtsschutzes nur im Ausnahmefall vorliegen können.[61] Der von einem Verwaltungsakt Betroffene ist deshalb nicht gezwungen, sofort einen Antrag nach § 80 Abs. 5 VwGO zu stellen, sondern kann abwarten, ob die Behörde Vollzugsmaßnahmen beabsichtigt. Ein Rechtsschutzbedürfnis fehlt allerdings, wenn ein Verfahrensbeteiligter von vornherein zu erkennen gibt, er werde von einer erstrebten Begünstigung keinen Gebrauch machen[62] oder die Entscheidung missachten, wenn sie seinem Begehren nicht entspricht.[63] Ein Rechtsschutzbedürfnis kann auch dann fehlen, wenn der Eilantrag anhängig gemacht wird, obwohl der Antragsteller das Verfahren in der Hauptsache über Jahre hin nicht betrieben hat.[64]

892a Ein Rechtsschutzbedürfnis fehlt ferner, wenn auch der Erfolg im Eilverfahren dem Rechtsschutzsuchenden weder einen rechtlichen noch einen tatsächlichen Vorteil bringt. Ist etwa eine Verfügung auf mehrere Gründe gestützt, so kann der Antragsteller nicht die aufschiebende Wirkung hinsichtlich eines Grundes beantragen, wenn die Verfügung ansonsten vollziehbar bleibt und mit dem Wegfall eines Grundes rechtliche Vorteile nicht verbunden sind.[65]

2. Vorherige Antragstellung bei der Behörde

893 **a) Anforderung öffentlicher Abgaben und Kosten. aa) Das Antragserfordernis nach § 80 Abs. 6 Satz 1 VwGO.** In den Fällen des § 80 Abs. 2 Satz 1 Nr. 1 VwGO, also bei der Anforderung von öffentlichen Abgaben und Kosten, ist ein Antrag nach § 80 Abs. 5 VwGO nach § 80 Abs. 6 Satz 1 VwGO grundsätzlich nur zulässig, wenn die Behörde einen Antrag auf Aussetzung der Vollziehung[66] nach § 80 Abs. 4 VwGO ganz oder zum Teil abgelehnt hat.[67] Eine solche vorherige Ablehnung der Aussetzung durch die Behörde ist auch notwendig, wenn ein Vorverfahren nach § 68 Abs. 1 Satz 2 VwGO nicht erforderlich ist.[68] Nimmt die Behörde fälschlich einen Fall des § 80 Abs. 2 Satz 1 Nr. 1 VwGO an, bedarf es keines behördlichen Aussetzungsantrags.[69]

---

[60] BVerwG Beschl. v. 30.12.2010 – 7 VR 3.10 Rn. 3f.; zum Absehen von der Vollstreckung s. OVG Greifswald NVwZ-RR 2017, 123.
[61] OVG Münster PharmR 2015, 366.
[62] VG Frankfurt (Oder) NVwZ-RR 2008, 384.
[63] OVG Bautzen NJW 1999, 2986 (2987).
[64] VGH München NVwZ-RR 2009, 310.
[65] OVG Lüneburg NdsVBl. 2015, 230 (Vereinsverbot).
[66] Zum Antragserfordernis OVG Saarlouis NVwZ 1993, 490.
[67] Zu den Kostenfolgen s. VG Cottbus AGS 2012, 497.
[68] VGH Kassel NVwZ-RR 1995, 235.
[69] OVG Münster Beschl. v. 28.5.2013 – 5 B 1476/12 Rn. 12.

893a Ein (erneuter) Aussetzungsantrag kann in Ausnahmefällen entbehrlich sein, etwa, wenn bereits ein Aussetzungsantrag gestellt und abgelehnt worden ist und die Behörde sodann einen ausdrücklich als Änderungsbescheid bezeichneten Verwaltungsakt erlässt[70] oder die Behörde nach einem bereits abgelehnten ersten Aussetzungsantrag einen Bescheid mit identischem Regelungsgehalt erlässt.[71] Hat die Behörde die Aussetzung dagegen zunächst „bis zum Ergehen der Widerspruchsentscheidung" ausgesetzt, bedarf es eines erneuten Antrags bei der Behörde, der eine weiter gehende Aussetzung zum Gegenstand hat, da die Behörde noch nicht zu erkennen gegeben hat, ob sie etwa auch für die Dauer des Klageverfahrens die Vollziehung aussetzt.[72]

894 Der Aussetzungsantrag bedarf keiner Schriftform. Ob der Betroffene einen Aussetzungsantrag nach § 80 Abs. 4 VwGO gestellt hat, ist gemäß §§ 133, 157 BGB nach dem objektiven Empfängerhorizont zu beurteilen. Ein Antrag auf „Stundung" reicht nicht aus,[73] ebenso wenig der Widerspruch[74] oder der gerichtliche Eilantrag.[75] Die Ablehnung des Antrags bedarf gleichfalls nicht der Schriftform. Da der Antragsteller aber hinsichtlich der Ablehnung beweisbelastet ist, kann er von der Behörde eine schriftliche Ablehnung verlangen.[76]

895 Die Voraussetzungen des § 80 Abs. 6 Satz 1 VwGO müssen erfüllt sein, wenn das Gericht angerufen wird,[77] anderenfalls ist der Antrag unzulässig. Die Antragstellung kann nicht nachgeholt werden. Auch rügeloses Einlassen der Behörde oder die spätere Ablehnung eines Aussetzungsantrages durch die Behörde führen nicht zur Zulässigkeit.[78] Die gegenteilige Auffassung[79] wäre mit dem Zweck des § 80 Abs. 6 S. 1 VwGO nicht vereinbar, die Verwaltungsgerichte zu entlasten. Hat das Gericht den Antrag als unzulässig – und damit ohne Sachentscheidung – abgelehnt, kann der Betroffene einen Antrag bei der Behörde auf Aussetzung stellen und nach dessen Ablehnung erneut das Gericht anrufen.[80]

896 **bb) Die Ausnahmen nach § 80 Abs. 6 Satz 2 VwGO.** § 80 Abs. 6 Satz 1 VwGO gilt nach Satz 2 Nr. 1 der Vorschrift nicht, wenn die Behörde über den Antrag auf Aussetzung ohne Mitteilung eines zureichenden Grundes in angemessener Frist sachlich nicht entschieden hat. Die Rechtsprechung sieht zum Teil als Faustregel einen Monat als angemessene Frist an.[81] Mehr als eine Faustregel ist dies aber nicht: Maßgeblich sind die Umstände des Einzelfalles, etwa die Schwierigkeit der Sache oder ihre wirtschaftliche Bedeutung. Ebenso kann der Umfang der Begründung eine Rolle spielen: Hat der Abgabenschuldner seinen Aussetzungsantrag nur knapp begründet, so kann er eine

---

70 OVG Weimar LKV 2012, 184 (186).

71 OVG Weimar ThürVBl. 2012, 130; 2014, 193 (195 f.).

72 OVG Münster Beschl. v. 25.8.2014 – 9 B 622/14 Rn. 2 ff.

73 OVG Weimar NVwZ-RR 2003, 232; aA VGH Mannheim VBlBW 1992, 374.

74 VGH München Beschl. v. 22.1.2007 – 23 CS 07.68 Rn. 2.

75 VGH München Beschl. v. 1.7.2008 – 20 CS 08.1022 Rn. 12.

76 OVG Münster NVwZ 1997, 87; aA OVG Koblenz NVwZ-RR 1999, 810.

77 OVG Greifswald NVwZ-RR 2004, 797; NordÖR 2016, 19; OVG Lüneburg NVwZ-RR 2005, 69 (70); NordÖR 2009, 355 (356); NVwZ-RR 2010, 865; VGH Mannheim VBlBW 2011, 238; *Schoch* in Schoch/Schneider/Bier VwGO § 80 Rn. 506; aA Eyermann/*Schmidt* VwGO § 80 Rn. 60, zweifelnd: VGH München NVwZ-RR 2009, 135.

78 OVG Koblenz DVBl. 1992, 1296; NVwZ-RR 1999, 810.

79 OVG Koblenz DVBl. 1992, 1296; VGH München BayVBl. 1992, 148; BayVBl. 1993, 214.

80 OVG Greifswald NVwZ-RR 2004, 797; OVG Weimar NVwZ-RR 2003, 232 (233).

81 OVG Bautzen SächsVBl. 2002, 272; OVG Berlin-Brandenburg NVwZ 2006, 356; OVG Münster NVwZ-RR 2008, 594 (595) („Regelfrist"); VG Trier NVwZ-RR 1999, 414 hält eine Frist von einem Monat, beginnend mit dem Eingang der Begründung für den Aussetzungsantrag bei der Behörde, noch für angemessen; eine allgemeine Frist von vier Wochen lehnt OVG Greifswald NVwZ-RR 2004, 798 in Fällen ab, in denen eine Vielzahl von Widersprüchen bei einer Behörde anhängig sind.

zügige Antwort der Behörde erwarten.[82] Wegen des Ziels des § 80 Abs. 6 Satz 1 VwGO, die Verwaltungsgerichte zu entlasten, muss die Untätigkeit der Behörde bereits bei Eingang des Antrages nach § 80 Abs. 5 VwGO vorliegen.[83] Hat der Antragsteller einen Eilantrag also schon vor Ablauf einer angemessenen Frist eingelegt, ist dieser Antrag auch dann unzulässig, wenn die Behörde weiterhin untätig bleibt und im Zeitpunkt der gerichtlichen Eilentscheidung eine angemessene Frist überschritten ist.[84]

897 § 80 Abs. 6 Satz 1 VwGO gilt nach § 80 Abs. 6 Satz 2 Nr. 2 VwGO auch dann nicht, wenn eine Vollstreckung droht. Um die Entlastung der Gerichte zu erreichen und dem Charakter einer Ausnahmeregelung gerecht zu werden, ist die Vorschrift eng auszulegen. Die Vollstreckung droht, wenn Vollstreckungsmaßnahmen so nahe bevorstehen, dass es dem Antragsteller nicht zuzumuten ist, sich mit einem Antrag auf Aussetzung der Vollziehung noch an die Behörde zu wenden,[85] so etwa, wenn die Vollstreckung bereits begonnen hat.[86] Eine Vollstreckung droht auch, wenn die Behörde in ihrem Bescheid den Eindruck erweckt, die Vollstreckung stehe unmittelbar bevor,[87] konkrete Maßnahmen nach dem maßgeblichen Vollstreckungsrecht einleitet[88] oder die Vollstreckung unter Angabe einer weiteren Zahlungsfrist als mögliche Maßnahme ankündigt.[89] Bei Aufforderung zu ratenweiser Zahlung des angeforderten Betrages ist die Androhung der Vollstreckung einer Rate ausreichend.[90] Der Versuch einer Vollstreckung im Zivilrechtsweg reicht nicht aus,[91] ebenso wenig eine Aufrechnung[92] oder eine Mahnung.[93]

898 Anders als § 80 Abs. 6 Satz 2 Nr. 1 VwGO führt § 80 Abs. 6 Satz 2 Nr. 2 VwGO auch dann zur Zulässigkeit des Antrags, wenn die Vollstreckung erst nach einer zunächst „verfrühten“ Einleitung des gerichtlichen Verfahrens zu drohen beginnt und im Zeitpunkt der gerichtlichen Entscheidung noch droht. Es wäre mit Art. 19 Abs. 4 S. 1 GG unvereinbar, in einem solchen Fall den Antragsteller auf den behördlichen Weg zu verweisen.[94]

899 **b) In den Fällen des § 80 Abs. 2 Satz 1 Nr. 2 bis 4 und Satz 2.** Aus der Sonderregelung des § 80 Abs. 6 S. 1 VwGO folgt, dass es dem Antragsteller in anderen Fällen nicht obliegt, bei der Behörde nach § 80 Abs. 4 VwGO die Aussetzung der Vollziehung zu beantragen, bevor er beim Gericht einen Antrag nach § 80 Abs. 5 VwGO stellt.[95] Dies gilt auch für Verwaltungsakte mit Doppelwirkung.[96]

---

[82] Ausführlich: OVG Münster NVwZ-RR 2008, 594.

[83] OVG Münster NVwZ-RR 2012, 748; OVG Lüneburg NVwZ-RR 2010, 865.

[84] OVG Koblenz NVwZ-RR 1992, 589; VGH Mannheim VBlBW 1992, 374; OVG Münster NVwZ-RR 2008, 594; VGH München BayVBl. 1992, 148; NVwZ-RR 1994, 127.

[85] OVG Hamburg MDR 1993, 486; VGH Mannheim VBlBW 1992, 374; VGH München NVwZ-RR 1994, 127; BayVBl. 1995, 277; VG Leipzig NVwZ 2000, 1320.

[86] OVG Lüneburg NordÖR 2009, 355 (356).

[87] Vgl. OVG Greifswald NordÖR 2001, 507 („vorsorglicher“ Hinweis auf die künftige Vollstreckung reicht nicht); VGH München NVwZ-RR 1997, 262 (Erklärung, „dass die Vollstreckung droht“, reicht.).

[88] VGH Mannheim VBlBW 2011, 238 (239); VG Gera LKV 1996, 432.

[89] OVG Schleswig NVwZ-RR 2006, 65.

[90] VG Chemnitz NVwZ-RR 2002, 382.

[91] VG Weimar NVwZ-RR 1999, 480.

[92] VGH Mannheim VBlBW 1992, 374.

[93] OVG Lüneburg Beschl. v. 27.8.2010 – 4 ME 164/10 Rn. 2; OVG Berlin-Brandenburg Beschl. v. 3.8.2006 – 9 S 4.06; OVG Münster NVwZ-RR 2012, 748; Beschl. v. 25.8.2014 – 9 B 622/14 Rn. 7.

[94] VGH Mannheim VBlBW 1992, 374; VG Hamburg NVwZ-RR 2009, 411.

[95] Ausnahmefall bei OVG Lüneburg NVwZ-RR 2012, 533 (534).

[96] → Rn. 1065 mit Nachweisen zur Gegenauffassung.

3. Kein Rechtsschutzbedürfnis bei anderweitiger Anhängigkeit

So lange ein Verfahren nach § 80 Abs. 5 VwGO anhängig ist, fehlt einem weiteren, auf 900
das gleiche Ziel gerichteten Antrag desselben Antragstellers das Rechtsschutzbedürfnis. Anders liegt es, wenn bereits andere Antragsteller einen Antrag nach § 80 Abs. 5 VwGO gestellt haben oder das Gericht zugunsten anderer Antragsteller die aufschiebende Wirkung bereits hergestellt hat. Denn der Beschluss nach § 80 Abs. 5 VwGO wirkt nur zwischen den Beteiligten des jeweiligen Verfahrens.[97] Ist über einen Antrag nach § 80 Abs. 5 VwGO rechtskräftig entschieden, ist ein Änderungsverlangen im Wege des § 80 Abs. 7 Satz 2 VwGO zu verfolgen.[98]

§ 44 Der Ablauf des Verfahrens

Schrifttum: *Bäumerich*, Grundlagen der Schutzschrift im Verwaltungsprozess, DVBl. 2015, 352; *Bode*, Vorlagepflicht nach Art. 100 GG und vorläufiger Rechtsschutz: Inhalt und Grenzen einstweiliger Anordnungen unter besonderer Berücksichtigung von Massenverfahren im Hochschulzulassungsrecht, VerwArch 2016, 206; *Bremkamp*, Klagerücknahme und Erledigung im Zivil- und Verwaltungsprozess, JA 2010, 207; *Burkholz*, Der Untersuchungsgrundsatz im verwaltungsgerichtlichen Eilverfahren, 1988; *Ebert*, Darlegungslasten der Versammlungsbehörde mit Blick auf das verwaltungsgerichtliche Eilverfahren, ThürVBl. 2007, 25; *Exner*, Die Erledigungserklärung im Verwaltungsprozess, JuS 2012, 607; *Guckelberger*, Zulässigkeit und Anfechtbarkeit verwaltungsgerichtlicher Hängebeschlüsse, NVwZ 2001, 275; *Liu*, Die Beiladung in Verfahren des einstweiligen Rechtsschutzes, 2002; *McLean*, Die gerichtliche Zwischenverfügung (Hängebeschluss) im Verfahren des einstweiligen Rechtsschutzes, LKV 2001, 107; *Niedzwicki*, Die einseitige Erklärung der Hauptsache im Verwaltungsprozess, JA 2011, 543; *Pietzcker*, Richtervorlage im Eilverfahren, in: Verfassungsrecht im Wandel, 1995, 623; *Schmitt*, Richtervorlagen in Eilverfahren?, 1997.

I. Die Beteiligten des Verfahrens

Beteiligte der Verfahren nach § 80 Abs. 5 VwGO sind analog § 63 VwGO Antrag- 901
steller, Antragsgegner, der (einfach oder notwendig) Beigeladene sowie nach Maßgabe der §§ 35, 36 VwGO der Vertreter des Bundesinteresses beim Bundesverwaltungsgericht und – entsprechend der landesrechtlichen Vorgaben – der Vertreter des öffentlichen Interesses.

1. Antragsgegner

Da die VwGO nicht bestimmt, gegen wen ein Antrag nach § 80 Abs. 5 VwGO zu 902
richten ist, sind insoweit die für die Anfechtungsklage maßgeblichen §§ 78, 79 VwGO entsprechend anzuwenden. Das Landesrecht bestimmt, ob Antragsgegner die jeweiligen Körperschaften (§ 78 Abs. 1 Nr. 1 VwGO) oder die sie vertretenden Behörden sind (§ 78 Abs. 1 Nr. 2 VwGO). Im Folgenden ist zur Vereinfachung nur von Behörden die Rede.

§§ 78, 79 VwGO behandeln Ausgangsbehörde und Widerspruchsbehörde als Einheit. 903
Nach § 78 Abs. 1 VwGO ist die Klage gegen die Behörde zu richten, die den *angefochtenen* Verwaltungsakt erlassen hat. Gegenstand der Anfechtung ist nach § 79 Abs. 1 Nr. 1 VwGO regelmäßig der ursprüngliche Verwaltungsakt in der Gestalt, die er durch den Widerspruchsbescheid gefunden hat. Anträge nach § 80 Abs. 5 VwGO sind daher grundsätzlich gegen die Ausgangsbehörde zu richten. Dies gilt auch, wenn erst die Widerspruchsbehörde die sofortige Vollziehung angeordnet hat[99] oder die Widerspruchsbehör-

[97] OVG Hamburg NVwZ 2006, 1076 (1078).

[98] → Rn. 1170; BVerwG Beschl. v. 14.2016 – 2 VR 3.15 Rn. 2.

[99] OVG Bautzen NVwZ-RR 2002, 74; OVG Frankfurt (Oder) VIZ 1999, 539; VGH Kassel NVwZ 1990, 677; VGH Mannheim NVwZ 1995, 1220; Kopp/*W.-R. Schenke* VwGO § 80 Rn. 140;

de den Bescheid ergänzt und insoweit die sofortige Vollziehung anordnet.[100] Ist während des gerichtlichen Verfahrens eine neue Behördenzuständigkeit begründet worden und steht der Widerspruchsbescheid noch aus, so ist der Antrag gegen die Behörde zu richten, die nunmehr zuständig geworden ist.[101]

904 Enthält der Widerspruchsbescheid erstmalig eine Beschwer oder eine zusätzliche selbständige Beschwer und wäre er damit alleiniger Gegenstand der Anfechtungsklage nach § 79 Abs. 1 Nr. 2 oder Abs. 2 VwGO, wäre die Klage gegen die Widerspruchsbehörde zu richten (§ 78 Abs. 2 VwGO). In diesen Fällen ist auch der Antrag nach § 80 Abs. 5 VwGO gegen die Widerspruchsbehörde zu richten.[102]

2. Beiladung

905 Die Beiladung findet nach Maßgabe des § 65 VwGO statt.[103] Die einfache Beiladung nach § 65 Abs. 1 VwGO steht im Ermessen des Gerichts. Von ihr kann abgesehen werden, um eilige Verfahren nicht zu verzögern.[104] Die notwendige Beiladung (§ 65 Abs. 2 VwGO) ist zwingend und wird insbesondere bei Verwaltungsakten mit Doppelwirkung erforderlich.

906 Eine Beiladung nach § 65 Abs. 3 Satz 1 VwGO – Beiladung von mehr als fünfzig Personen als notwendig Beizuladende – ist wegen der Frist zur Bekanntmachung nach § 65 Abs. 3 Satz 6 VwGO regelmäßig mit dem Charakter eines Eilverfahrens nicht zu vereinbaren. Beiladungen nach § 65 Abs. 3 Satz 9 VwGO von in besonderem Maße Betroffenen müssen jedoch erfolgen.[105]

II. Keine vorläufige Festsetzung des Streitwerts

907 Eine vorläufige Streitwertfestsetzung findet in Verfahren nach § 80 Abs. 5 VwGO nicht statt: Nach § 63 Abs. 1 Satz 1 GKG setzt das Gericht in bestimmten Fällen sogleich den Streitwert durch Beschluss vorläufig fest, wenn die Gebühren mit der Einreichung der Antragsschrift oder mit der entsprechenden Erklärung zu Protokoll fällig sind. Dies ist nach § 6 Abs. 1 Nr. 5 GKG der Fall bei Prozessverfahren vor den Gerichten der Verwaltungsgerichtsbarkeit. Zu diesen Prozessverfahren gehören nach der maßgeblichen Struktur des Kostenverzeichnisses[106] nicht die unter Teil 5, Hauptabschnitt 2 des Kostenverzeichnisses zum GKG behandelten Verfahren des vorläufigen Rechtsschutzes. Das Gericht setzt den Streitwert daher erst mit der abschließenden Sachentscheidung fest.

---

aA VGH Mannheim DVBl. 1987, 697; OVG Münster UPR 1993, 316; NJW 1995, 2242; zum Streitstand VGH Mannheim NVwZ-RR 1995, 174; *Clausing* JuS 2002, 478 (481 f.); zum Sonderfall einer aufsichtsbehördlichen Ersatzvornahme vgl. OVG Münster NVwZ-RR 1990, 23.

[100] OVG Bautzen NVwZ-RR 2002, 74.

[101] OVG Münster NVwZ-RR 2006, 597 (Wechsel von der Bau- zur Immissionsschutzbehörde).

[102] VGH Kassel NVwZ-RR 2005, 518; VG Leipzig Beschl. v. 17.1.2014 – 4 L 372/13 Rn. 16 ff.

[103] Zur Beiladung einer Aufsichtsbehörde OVG Saarlouis AS 13, 71; eine Behörde, die demselben Rechtsträger angehört wie die Antragsgegnerin, kann auch dann nicht beigeladen werden, wenn der Landesgesetzgeber von § 78 Abs. 1 Nr. 2 VwGO Gebrauch gemacht hat, so BVerwG NVwZ 2003, 216; bei Antrag eines Nachbarn, gerichtet auf Anordnung der aufschiebenden Wirkung seines Nachbarwiderspruchs, wird die Gemeinde, die ihr Einvernehmen nach § 36 BauGB erteilt hat, nicht beigeladen (VGH München NVwZ-RR 1998, 398).

[104] VGH Mannheim NVwZ-RR 1998, 611 (612) zur (abgelehnten) Beiladung einer Gemeinde in einem Baunachbarstreit, in dem inzident die Gültigkeit des gemeindlichen Bebauungsplanes zu prüfen ist; vgl. auch BVerwG NVwZ 2007, 1207 (1208); nach rechtskräftigem Abschluss des Eilverfahrens kann eine Beiladung nicht mehr erfolgen, vgl. VGH München Beschl. v. 19.2.2015 – 10 C 14.2219 Rn. 15.

[105] OVG Greifswald NVwZ 2000, 945 (946) (Beiladung im Fall einer Sonntagsöffnung).

[106] Vgl. BT-Drs. 15/1971, 152.

III. Mündliche Verhandlung

Über Anträge nach § 80 Abs. 5 VwGO entscheidet das Gericht durch Beschluss. 908 Dieser kann nach § 101 Abs. 3 auch ohne mündliche Verhandlung ergehen. Dies ist der in der Praxis der weit überwiegende Fall. Hält es das Gericht für zweckmäßig, kann es mündlich verhandeln. Eine Entscheidung ohne mündliche Verhandlung verstößt nicht gegen Art. 6 Abs. 1 Satz 1 EMRK, da im Eilverfahren nicht das Bestehen eines Anspruchs im Streit steht, sondern nur Fragen der Vollziehung vorläufig geregelt werden. In bestimmten asylrechtlichen Verfahren soll die Entscheidung im schriftlichen Verfahren ergehen (§ 18a Abs. 4 Satz 5, § 36 Abs. 3 Satz 4, § 71 Abs. 4, § 71a Abs. 4 AsylG). Insoweit wird Art. 6 Abs. 1 Satz 1 EMRK gar nicht berührt, weil ausländer- und asylrechtliche Streitigkeiten keine zivilrechtlichen Ansprüche im Sinne dieser Vorschrift zum Gegenstand haben.[107]

Das Gericht kann ein Verfahren nach § 80 Abs. 5 VwGO nicht mit einem Hauptsache- 909 verfahren förmlich nach § 93 Satz 1 verbinden, da die Verfahren unterschiedlichen Prozessarten angehören.[108] Das Gericht kann jedoch über die Hauptsache und den Antrag nach § 80 Abs. 5 VwGO in einem Termin mündlich verhandeln, sofern dies den vorläufigen Rechtsschutz nicht unangemessen verzögert (abweichend § 36 Abs. 4 Satz 3, § 71 Abs. 4, § 71a Abs. 4 AsylG). Denn es ist verfassungsrechtlich nicht geboten, das Verfahren des vorläufigen Rechtsschutzes zeitlich vor der Hauptsache durchzuführen.[109]

IV. Rechtliches Gehör und Akteneinsichtsrecht

1. Rechtliches Gehör

Jeder Beteiligte, also auch der Beigeladene[110] hat nach § 108 Abs. 2 VwGO (analog) 910 Anspruch auf vorheriges rechtliches Gehör.[111] Die gerichtliche Entscheidung darf daher nur auf Tatsachen und Beweisergebnisse gestützt werden, zu denen die Beteiligten sich äußern konnten.[112] Macht ein Beteiligter von dieser Möglichkeit keinen Gebrauch, wird § 108 Abs. 2 VwGO nicht verletzt.

Ausnahmsweise braucht vorheriges rechtliches Gehör nicht gewährt zu werden, wenn 911 der Schutz gewichtiger Interessen dies unabweisbar erfordert. Dies ist in Verfahren nach § 80 Abs. 5 VwGO sehr selten der Fall. Das Gericht zieht regelmäßig vor seiner Entscheidung die Akten der Behörde bei. Reicht hierfür die Zeit, dann reicht sie auch, um dem Antragsgegner und ggf. dem Beigeladenen eine – notfalls kurz bemessene[113] – Frist zur Stellungnahme einzuräumen. In dringenden Fällen kann das Gericht rechtliches Gehör auch telefonisch gewähren. Ein Verzicht auf rechtliches Gehör kommt ausschließlich dann in Betracht, wenn die Vollziehung der behördlichen Maßnahme unmittelbar

---

[107] BVerwGE 111, 69 (74); OVG Bremen Beschl. v. 20.10.2008 – 1 B 452/08.

[108] So auch *Redeker/v. Oertzen* VwGO § 93 Rn. 1; aA Kopp/*W.-R. Schenke* VwGO § 93 Rn. 4.

[109] BVerfGE 78, 7 (19).

[110] VGH Mannheim NVwZ-RR 2000, 728.

[111] BVerfGE 65, 227 (233); vgl. etwa VGH Kassel NVwZ-RR 2005, 519 (Gehörsverstoß bei überraschender Änderung der Rechtsprechung); VGH Mannheim NVwZ 2002, 1260 (1263 f.); VGH Mannheim NVwZ-RR 1999, 696 (Gehörsverstoß bei unterlassener Einführung von Erkenntnismitteln bei Fragen der Abschiebung); VBlBW 2015, 78 (79) (Gehörsverstoß bei unzureichend eingeführten eigenen Kenntnissen des Gerichts zu den örtlichen Verhältnissen); OVG Bautzen AuAS 2016, 113 (kein Gehörsverstoß, wenn Entscheidung nach Eingang einer Stellungnahme eingeht, obwohl die Frist zur Stellungnahme noch nicht abgelaufen ist).

[112] VGH Mannheim InfAuslR 2016, 281 (zu einem aktenwidrigen Sachverhalt).

[113] Unangemessen kurze Fristen können den Anspruch auf rechtliches Gehör verletzen, vgl. BVerfG NVwZ 2003, 859 (33 Stunden).

bevorsteht und der durch die Anhörung entstehende Zeitverlust effektiven Rechtsschutz verhindert.[114]

911a Hat die Behörde begründeten Anlass für die Befürchtung, ein Antragsteller werde „in letzter Sekunde" einen Eilantrag stellen, so ist sie befugt, bei dem Gericht eine Schutzschrift sowie die Verwaltungsakte zu hinterlegen, wenn anderenfalls ihr rechtliches Gehör gefährdet erscheint.[115] So kann sie ihr rechtliches Gehör wahren und zugleich verhindern, dass ein Antragsteller dem Gericht die Möglichkeit nimmt, die – vorrangig zu prüfenden – Erfolgsaussichten eines Rechtsbehelfs einzuschätzen. Praktische Bedeutung kann dies insbesondere bei Abschiebungen im Aufenthaltsrecht erlangen.

2. Akteneinsichtsrecht

912 Die Behörde als Antragsgegnerin ist im Verfahren des vorläufigen Rechtsschutzes zur Vorlage ihrer Akten verpflichtet (§ 99 Abs. 1 Satz 1 VwGO). Unter den Voraussetzungen des § 99 Abs. 1 Satz 2 VwGO kann sie die Vorlage von Akten verweigern. Ob die Verweigerung zu Recht erfolgt ist, kann im *in-camera*-Verfahren des § 99 Abs. 2 VwGO geprüft werden.

913 Die Beteiligten können die Gerichtsakten und die dem Gericht vorgelegten Akten einsehen (§ 100 Abs. 1 VwGO). Sie können sich auch durch die Geschäftsstelle auf ihre Kosten Ausfertigungen, Auszüge und Abschriften erstellen lassen (§ 100 Abs. 2 Satz 1 VwGO). Bei besonders komplexen Verfahren mit großem Aktenumfang und einem auswärtigen Sitz des Prozessbevollmächtigten kann es ein Verstoß gegen das rechtliche Gehör sein, wenn dem Prozessbevollmächtigten die Erstellung von Abschriften verweigert wird.[116]

V. Tatsachenermittlung und Beweis

1. Amtsermittlung

914 Für die Verfahren des § 80 Abs. 5 VwGO gilt der Grundsatz der Amtsermittlung nach § 86 Abs. 1 VwGO.[117] Das Gericht ist nicht an den Tatsachenvortrag der Beteiligten gebunden, sondern berechtigt und verpflichtet, die Tatsachen selbst aufzuklären.[118] Bei dem Umfang der Sachverhaltsaufklärung muss das Gericht die Eilbedürftigkeit des Verfahrens beachten. Es hat insbesondere die vollständigen Verwaltungsvorgänge beizuziehen. Die Beteiligten haben bei der gerichtlichen Sachaufklärung jedenfalls dann mitzuwirken, wenn es sich um in ihren Erfahrungsbereich fallende Tatsachen handelt (§ 86 Abs. 1 Satz 1 VwGO). Dies kann für den Antragsteller insbesondere in Bezug auf das individuelle Suspensivinteresse von Bedeutung sein. Sonderregelungen gelten im Asylrecht (§ 36 Abs. 4 Satz 2, § 71 Abs. 4 AsylG).[119]

915 Die Pflicht zur Amtsermittlung gilt auch für das Bundesverwaltungsgericht. Obwohl dieses in der Hauptsache als Revisionsgericht keine Tatsacheninstanz ist (§ 137 Abs. 2 VwGO), wird es im Verfahren nach § 80 Abs. 5 VwGO als Tatsachengericht tätig.

---

[114] VGH Kassel NVwZ 2000, 1318 (unmittelbar bevorstehende Abschiebung).

[115] VG Oldenburg Beschl. v. 19.4.2013 – 11 B 4651/13 Rn. 7 ff.; ausführlich *Bäumerich* DVBl. 2015, 256.

[116] VGH Kassel NVwZ-RR 2002, 784 (im Hochschulzulassungsrecht).

[117] Einschränkend OVG Münster AGS 2002, 60; VGH München Beschl. v. 7.10.2003 – 26 C 03.1647; zutreffend dagegen *Schoch* in Schoch/Schneider/Bier VwGO § 80 Rn. 405.

[118] OVG Münster DVBl. 2011, 968; vgl. auch VGH Mannheim UPR 2016, 269 (273) zur gelegentlich missverstandenen Warnung des BVerwG vor einer „ungefragten Fehlersuche" (BVerwGE 116, 188 [196 f.]).

[119] → Rn. 1261.

2. Beweisaufnahme

Die pauschale Annahme, für eine Beweisaufnahme sei im Aussetzungsverfahren „kein Raum"[120], trifft nicht zu. Das Gericht ist vielmehr berechtigt, nach pflichtgemäßem Ermessen eine Beweisaufnahme durchzuführen. Die strikte Beschränkung des § 294 Abs. 2 ZPO auf präsente Beweismittel ist mit dem Grundsatz der Amtsermittlung unvereinbar und gilt daher nicht.[121] Das Gericht kann Urkunden beiziehen, Zeugen und Sachverständige hören oder den Augenschein einnehmen. Die Befugnis des Gerichts, Beweise zu erheben, wird durch das Wesen des Eilverfahrens begrenzt: Das Gericht hat sich mit einer summarischen Sachaufklärung zu begnügen. Es ist nicht Aufgabe des Eilverfahrens, die Beweisaufnahme des Hauptsacheverfahrens vorwegzunehmen;[122] so ist etwa eine Ortsbesichtigung in baurechtlichen Eilverfahren nicht zwingend geboten.[123] **916**

3. Glaubhaftmachung

Als Beweismaß genügt es, wenn die für das Verfahren erheblichen Tatsachen glaubhaft gemacht werden. Dabei sind die Beweismittel des ordentlichen Verfahrens um die eidesstattliche Versicherung erweitert. Feststellungen in Behördenakten können, wenn sie in ordnungsgemäßen Verwaltungsverfahren getroffen wurden, als Mittel der Glaubhaftmachung ausreichen.[124] Es genügt, wenn die für den Sofortvollzug streitenden oder die Aussetzungsentscheidung rechtfertigenden Tatsachen überwiegend wahrscheinlich sind. Deshalb kann das Gericht, wenn eine Gesundheits- oder sonstige Gefahr glaubhaft gemacht ist, davon absehen, zu ihrem genauen Ausmaß ein Sachverständigengutachten einzuholen.[125] Werden für das individuelle Suspensivinteresse erhebliche Tatsachen nicht glaubhaft gemacht, so geht das zu Lasten des Antragstellers. **917**

VI. Zwischenentscheidungen

Das Verwaltungsgericht kann der Behörde im Wege einer Zwischenentscheidung Vollstreckungsmaßnahmen bis zur Entscheidung im Eilverfahren untersagen. Praktisch notwendig sind Hängebeschlüsse in Verfahren des vorläufigen Rechtsschutzes nur selten. Die Behörden warten in aller Regel die gerichtliche Eilentscheidung vor einer Vollziehung ab und geben so genannte „Stillhaltezusagen". In einem solchen Fall ist der Erlass eines Zwischenbeschlusses unzulässig.[126] Der Antragsteller kann eine solche Stillhaltezusage von der Behörde fordern,[127] jedenfalls bis zur erstinstanzlichen Entscheidung.[128] Notwendig wird ein Zwischenbeschluss in solchen Fällen nur dann, wenn die Stillhaltezusage in der Sache unzureichend ist oder die Vorbereitung von Vollstreckungsmaßnahmen das Misstrauen des Gerichts weckt. **918**

---

[120] So aber OVG Saarlouis NVwZ-RR 2011, 957.

[121] Vgl. BVerwG Buchholz 310 § 86 VwGO Nr. 4: Der Grundsatz der Amtsermittlung wird durch das Prinzip der Glaubhaftmachung nicht verdrängt.

[122] So auch VGH Mannheim ESVGH 27, 130 (147); zusammenfassend OVG Münster NVwZ-RR 1999, 696.

[123] VGH München NVwZ-RR 2002, 259.

[124] VGH Mannheim ESVGH 16, 171 (172).

[125] VGH München GewArch. 1983, 246.

[126] OVG Bautzen NVwZ 2004, 1134 (krit. *Scheffer* NVwZ 2004, 1081).

[127] BVerfG NVwZ 2014, 363 Rn. 8 (auch zur Pflicht des Gerichts); VGH Mannheim NVwZ-RR 2004, 709 (710).

[128] VGH München NVwZ-RR 2002, 809; OVG Saarlouis NVwZ 2006, 956; OVG Weimar ThürVBl. 2003, 14; weitergehend: VG Berlin InfAuslR 2008, 306 (bis zur zweitinstanzlichen Entscheidung) (zw. wegen § 149 Abs. 1 Satz 1 VwGO); *Fischer-Lescano* InfAuslR 2006, 316; zur noch weitergehenden Wartepflicht im Beamtenrecht s. BVerwGE 138, 102 Rn. 35.

918a Die materiellen Anforderungen an den Erlass einer Zwischenentscheidung sind hoch:[129]

- Das Rechtsschutzbegehren darf nicht offensichtlich unzulässig oder rechtsmissbräuchlich sein.[130]
- Die Zwischenentscheidung muss zur Gewährung effektiven Rechtsschutzes notwendig sein, um vollendete Tatsachen zu verhindern.[131]
- Die Sache darf nicht entscheidungsreif sein. Denn bei Entscheidungsreife haben die Beteiligten Anspruch auf eine instanzbeendende Entscheidung.[132] Das Gericht wird daher bei offenen Erfolgsaussichten in der Hauptsache prüfen, ob es eine instanzbeendende Entscheidung im Wege einer Interessenabwägung treffen kann. Eine einstweilige Regelung darf daher nicht ergehen, um dem Gericht Luft für eine aufwändige Beweisaufnahme zu schaffen.[133]
- Das Interesse des Antragstellers an der Zwischenentscheidung muss überwiegen. Hieran fehlt es, wenn der Antragsteller selbst mit seinem Eilantrag so lange gewartet hat, dass das Gericht eine abschließende Sachentscheidung vor der Vollstreckung nicht mehr treffen kann. Die so entstandene Zeitnot geht also zu Lasten des Antragstellers.[134]

919 Der Zwischenbeschluss ist beschwerdefähig, da er keine prozessleitende Verfügung im Sinne von § 146 Abs. 2 VwGO ist.[135] Da es sachwidrig wäre, gegen die Zwischenentscheidung weiter gehende Beschwerdemöglichkeiten als gegen die Endentscheidung vorzusehen, ist die Beschwerde nur nach Maßgabe von § 146 Abs. 4 VwGO zulässig.[136] Das OVG ist auf die Prüfung des „Hängebeschlusses" beschränkt und darf der Endentscheidung nicht vorgreifen.[137] Weder der Zwischenbeschluss noch eine darauf ergehende Beschwerdeentscheidung bedürfen einer Kostengrundentscheidung[138] oder der Festsetzung eines Streitwerts.[139]

VII. Aussetzung nach § 94 VwGO

920 Eine Aussetzung nach § 94 VwGO wegen Vorgreiflichkeit eines anderen Verfahrens kommt wegen der Eilbedürftigkeit der Verfahren des § 80 Abs. 5 VwGO nicht in Betracht.[140] Es kann daher bereits am Rechtsschutzbedürfnis fehlen, wenn ein Antragsteller

---

[129] Zusammenfassend VGH Kassel NVwZ 2015, 447; zu einem Baunachbarstreit OVG Saarlouis NVwZ-RR 2014, 634 (Ls.).

[130] OVG Münster Beschl. v. 5.11.2008 – 8 B 1631/08 Rn. 8.

[131] Krit. zu dieser Begründung *Windthorst,* Rechtschutz, S. 173; zur Durchsetzung von Unionsrecht OVG Hamburg. NVwZ-RR 2016, 492 (493); zum Nachbarstreit OVG Saarlouis BRS 81 Nr. 201.

[132] OVG Weimar ThürVBl. 2003, 14; ebenso zu § 47 Abs. 6 VwGO: OVG Lüneburg BauR 2009, 476.

[133] OVG Hamburg NVwZ 1989, 479; *Guckelberger* NVwZ 2001, 275 (277f.); ähnlich OVG Saarlouis BRS 81 Nr. 201.

[134] VG Wiesbaden NVwZ-RR 2004, 651; OVG Lüneburg BauR 2009, 476.

[135] OVG Berlin-Brandenburg NVwZ-RR 2007, 719; OVG Hamburg NVwZ 2004, 1135; NVwZ-RR 2016, 492; VGH Kassel NVwZ 2015, 447; VGH Mannheim AUR 2016, 155; OVG Münster NWVBl. 2009, 224; OVG Weimar ThürVBl. 2003, 14; aA OVG Berlin NVwZ-RR 1999, 212 (aufgehoben durch Berl.VerfGH NVwZ 1999, 1332); VGH Kassel NVwZ-RR 1995, 302; OVG Münster IÖD 2014, 97.

[136] OVG Hamburg NVwZ 2004, 1135; NVwZ-RR 2016, 492 (493); aA OVG Weimar ThürVBl. 2003, 14.

[137] Berl.VerfGH NVwZ 1999, 1332; OVG Hamburg NVwZ 2004, 1135; aA VGH München DVBl. 2000, 925.

[138] OVG Hamburg NVwZ-RR 2016, 492 (493); OVG Bautzen Beschl. v. 27.7.2006 – 3 BS 151/06 Rn. 5; Beschl. v. 15.9.2011 – 5 B 135/11 Rn. 2; OVG Münster NWVBl. 2009, 224 (225).

[139] OVG Magdeburg NVwZ-RR 2013, 77.

[140] VGH Kassel VerwRspr 18 Nr. 94.

zwar einen Eilantrag stellt, sodann aber ein Ruhen oder die Aussetzung eines Verfahrens beantragt.[141]

VIII. Aussetzung bei verfassungswidrigem Gesetz

Nach Art. 100 Abs. 1 GG hat ein Gericht, das ein nachkonstitutionelles, formelles und entscheidungserhebliches Gesetz für verfassungswidrig hält, das Verfahren auszusetzen und eine Entscheidung des BVerfG über die Gültigkeit dieses Gesetzes einzuholen. Einzelheiten regeln die § 13 Nr. 11, §§ 80 ff. BVerfGG.[142] 921

Dieses zeitaufwändige Verfahren steht dem Interesse an einer zügigen Rechtsschutzgewährung entgegen und sollte daher tunlichst vermieden werden. Regelmäßig wird es für das Eilverfahren nach § 80 Abs. 5 VwGO auf die Verfassungsmäßigkeit einer Norm nicht entscheidungserheblich ankommen: Reichen – etwa nach dem Maßstab des § 80 Abs. 4 Satz 3 VwGO – für den Erfolg des Eilantrages ernstliche Zweifel an der Rechtmäßigkeit eines Verwaltungsakts aus,[143] so genügt es, wenn das Verwaltungsgericht darlegt, warum es solche ernstlichen Zweifel an der Verfassungsmäßigkeit einer in der Hauptsache entscheidungserheblichen Norm hat.[144] In anderen Fällen kann das Fachgericht die Frage der Verfassungsmäßigkeit offen lassen und sich darauf beschränken, seine diesbezüglichen Zweifel in eine offene Interessenabwägung einzustellen.[145] Die Fachgerichte sind also in der Regel befugt und in der Lage, für den Fall, dass sie eine Regelung für verfassungswidrig halten, vorläufigen Rechtsschutz zu gewähren, obwohl dem BVerfG das Verwerfungsmonopol für formelle, nachkonstitutionelle Gesetze zusteht.[146] Dieses Verwerfungsmonopol wird ausreichend gewahrt, wenn das Fachgericht seine Entscheidung bis zur Entscheidung des BVerfG in der Hauptsache befristet.[147] 922

Allenfalls ausnahmsweise wird danach eine Vorlage an das BVerfG notwendig sein. Das BVerfG hat die Zulässigkeit einer Vorlage angenommen, wenn das Eilverfahren die Hauptsache vorwegnehmen würde.[148] Eine Vorlage ist auch dann unvermeidbar, wenn das Fachgericht die prozessualen Regelungen des einstweiligen Rechtsschutzes selbst für verfassungswidrig hält.[149] 923

IX. Aussetzung zur Vorlage beim Europäischen Gerichtshof

Der EuGH entscheidet im Wege der Vorabentscheidung nach Art. 267 Abs. 1 lit. b AEUV über die Gültigkeit und die Auslegung der Handlungen der Organe der Europäischen Union. Kommt es für ein nationales Gericht auf eine solche Frage an, so kann es die Frage dem EuGH zur Entscheidung vorlegen, ein letztinstanzliches Gericht ist in diesem Fall zur Vorlage verpflichtet (Art. 267 Abs. 3 AEUV). Im Eilverfahren sollte ein solches Vorabentscheidungsverfahren – soweit rechtlich zulässig – unterbleiben. Es verzögert die Rechtsschutzgewährung. Sein Ertrag bleibt zudem begrenzt, weil die abschließende Klärung von Rechtsfragen dem Hauptsacheverfahren vorbehalten ist. Daher be- 924

---

141 OVG Lüneburg NVwZ-RR 2015, 613 (614).

142 Umfassend hierzu *Schmitt,* Richtervorlagen in Eilverfahren?, 1997.

143 → Rn. 980 ff.

144 OVG Berlin-Brandenburg NVwZ 2010, 724; OVG Hamburg NVwZ 2006, 949; VGH Mannheim NVwZ-RR 1999, 35 (36).

145 OVG Bremen Beschl. v. 19.4.1995 – 1 B 84.94 Rn. 10; VGH Mannheim NVwZ-RR 1999, 35 (36); NVwZ-RR 2001, 605 (606); VG Koblenz NVwZ-RR 2006, 331 (333); vgl. VGH München BayVBl. 2015, 390 (391).

146 BVerfGE 86, 382 (389); OVG Bautzen NVwZ 1992, 1228.

147 OVG Münster NJW 1979, 330; NWVBl. 1992, 401.

148 BVerfGE 46, 43 (51) (Aufnahme in den juristischen Vorbereitungsdienst).

149 VG Ansbach NVwZ Beil. I/1993, 6; zu den Begründungsanforderungen BVerfG NVwZ Beil. 2/1994, 10.

steht keine Vorlagepflicht, wenn sich eine Auslegungsfrage im einstweiligen Rechtsschutzverfahren stellt, die Entscheidung im einstweiligen Rechtsschutz das Gericht der Hauptsache aber nicht bindet und es jedem Beteiligten unbenommen bleibt, ein Hauptsacheverfahren einzuleiten, in welchem die Frage des Unionsrechts Gegenstand eines Vorlageverfahrens werden kann.[150]

925 Die Verwaltungsgerichte legen daher in der Regel Fragen des Unionsrechts dem EuGH im Eilverfahren nicht vor. Sie sind hierzu auch nicht verpflichtet.[151] Ist die Hauptsache bei Gericht anhängig, kann das Gericht so vorgehen, dass es im Hauptsacheverfahren die strittigen Fragen dem EuGH vorlegt. Im zeitgleichen Eilverfahren wird es erwägen, welche Folgen eintreten, wenn der EuGH die unionsrechtlichen Fragen anders bewertet als es selbst.[152] Das Verwaltungsgericht kann etwa im Eilverfahren die aufschiebende Wirkung anordnen oder wiederherstellen, damit nicht vor der Entscheidung des EuGH vollendete Tatsachen geschaffen werden.[153] Die Fachgerichte sind zu einer Vorlage an den EuGH auch dann nicht verpflichtet, wenn sie im Eilverfahren bis zu einer gesetzlichen Neuregelung des nationalen Rechts den Anwendungsvorrang des Unionsrechts zurückstellen.[154]

926 Unter den Voraussetzungen des Art. 267 Abs. 3 AEUV besteht dagegen eine Pflicht zur Einholung einer Vorabentscheidung, wenn ein nationales Gericht einen auf Unionsrecht beruhenden Rechtsakt vorläufig außer Kraft setzen will, weil es Zweifel an dessen Gültigkeit hat. Um die effektive Durchsetzung des Gemeinschaftsrechts in diesem Fall zu gewährleisten, darf ein nationales Gericht die Vollziehung eines auf einer Unionsrechtsverordnung beruhenden Rechtsakts nur aussetzen, wenn es erhebliche Zweifel an der Gültigkeit der Unionsrechtsverordnung hat, die Entscheidung dringlich ist und das Gericht die Interessen der Union angemessen berücksichtigt.[155] Zugleich ist es zur Vorlage an den EuGH verpflichtet und kann – für die Dauer des Vorlageverfahrens – einstweiligen Rechtsschutz gewähren.

X. Beendigung des Verfahrens ohne Sachentscheidung

Die Verfahren nach § 80 Abs. 5 VwGO enden ohne Sachentscheidung in folgenden Fällen:

1. Rücknahme des Antrages

927 Die Rücknahme des Antrages ist in entsprechender Anwendung des § 92 Abs. 1 Satz 1 VwGO möglich. Sie ist ausgeschlossen, wenn die gerichtliche Entscheidung über den Antrag unanfechtbar geworden ist.[156] Nach der Rücknahme stellt das Gericht das Verfahren ein (§ 92 Abs. 3 Satz 1 VwGO), legt dem Antragsteller die Kosten auf (§ 155

[150] EuGH Slg. 1977, 972 Tz. 6; Slg. 1982, 3723 Tz. 10; BVerfG NVwZ 1992, 360; NVwZ 2005, 1303; NJW 2007, 1521 (1522); BGH, NJW 2013, 168 Rn. 33.

[151] OVG Koblenz NVwZ 2006, 1426 (1429); NVwZ-RR 2016, 619 (620); VGH Mannheim NJW 2006, 1153 (1157); NJW 2007, 99 (101); VGH München NVwZ 2006, 1430 (1434); OVG Saarlouis NVwZ-RR 2008, 95 (96); OVG Schleswig NVwZ-RR 2001, 663 (664).

[152] *Berkemann* NordÖR 2010, 233.

[153] VGH München NuR 2005, 592 und UPR 2006, 84 (Ls.); *Jannasch* NVwZ 1999, 495 (497); Abwägungen etwa bei OVG Bremen NordÖR 2008, 552; NVwZ-RR 2010, 127 (Ls.); OVG Lüneburg ZAR 2008, 240; zum Verhältnis von Art. 267 AEUV zu Art. 100 Abs. 1 GG s. BVerfG DÖV 2007, 248.

[154] BVerfG NJW 2007, 1521 (1522); OVG Münster NVwZ 2006, 1078 (1081); aA OVG Saarlouis NVwZ-RR 2008, 95 (100).

[155] EuGH Slg. 1991 I-415 = NVwZ 1991, 460 Tz. 33 – Süderdithmarschen.

[156] VGH München BayVBl. 1985, 407 zu einer Absprache über die Kosten BVerwG, Beschl. v. 24.1.2017 – 3 A 1.17 Rn. 2.

Abs. 2 VwGO) und setzt den Streitwert fest. Zuständig ist der Vorsitzende oder, wenn bestellt, der Berichterstatter (§ 87a Abs. 1 Nr. 1, Abs. 3 VwGO). Der Beschluss ist – abgesehen von der Streitwertfestsetzung – unanfechtbar (§§ 92 Abs. 3 Satz 2, 158 Abs. 2 VwGO).

2. Erledigung des Verfahrens

a) Erledigung durch beiderseitige Erledigungserklärung. Erklären Antragsteller und 928
Antragsgegner übereinstimmend – einer Zustimmung des Beigeladenen bedarf es nicht[157] – das Verfahren für erledigt, ist das Verfahren erledigt. Ob tatsächlich ein erledigendes Ereignis eingetreten ist, spielt keine Rolle. Bei beiderseitiger Erledigungserklärung stellt das Gericht das Verfahren durch Beschluss ein (§ 92 Abs. 3 Satz 1 VwGO analog).[158] Nach § 161 Abs. 2 Satz 1 VwGO entscheidet es nach billigem Ermessen unter Berücksichtigung des bisherigen Sach- und Streitstandes über die Kosten.[159] Billigem Ermessen entspricht es grundsätzlich, dem voraussichtlich Unterliegenden die Kosten aufzuerlegen.[160] Es ist aber auch zu berücksichtigen, welche Partei das erledigende Ereignis willentlich herbeigeführt hat,[161] oder ob die Behörde[162] oder ein anderer Beteiligter[163] es in der Hand gehabt hätte, das Eilverfahren zu vermeiden. Das Gericht setzt schließlich den Streitwert fest. Der Beschluss ist zu begründen (§ 122 Abs. 2 Satz 2 VwGO). Zuständig ist der Vorsitzende oder, wenn bestellt, der Berichterstatter (§ 87a Abs. 1 Nr. 1, Abs. 3 VwGO). Der Beschluss ist – abgesehen von der Streitwertfestsetzung – unanfechtbar (§§ 92 Abs. 3 Satz 2, 158 Abs. 2 VwGO).

b) Erledigung durch erledigendes Ereignis. Ein Verfahren nach § 80 Abs. 5 VwGO 929
ist erledigt, wenn sich der angefochtene Verwaltungsakt nach Eingang des Antrags bei Gericht[164] durch Zeitablauf, Aufhebung oder in sonstiger Weise erledigt, die Behörde die Anordnung der sofortigen Vollziehung aufhebt oder die Vollziehung zeitweilig[165] oder bis zum Eintritt der Unanfechtbarkeit des Verwaltungsakts aussetzt. Geben die Beteiligten keine übereinstimmenden Erledigungserklärungen ab, muss das Gericht zur Sache entscheiden. Zuständig ist der Spruchkörper insgesamt, weil § 87a Abs. 1 Nr. 3 VwGO nur für den Fall der beiderseitigen Erledigungserklärung gilt.[166] Folgende Fallvarianten sind denkbar:

---

157 VGH München RdL 1984, 83; ebenso im Klageverfahren, vgl. dazu BVerwGE 30, 27 (28).

158 VGH München NVwZ 2003, 363. Tritt Erledigung in der Beschwerdeinstanz ein, ist die vorinstanzliche Entscheidung für unwirksam zu erklären, VGH München NVwZ 2001, 706 (707).

159 Hierzu OVG Hamburg NJW 1977, 1356; VGH München NVwZ-RR 1998, 337.

160 Vgl. etwa VG Darmstadt IÖD 2000, 244 = NVwZ-RR 2001, 214; zu den Billigkeitsgesichtspunkten *Günther* DVBl. 1988, 612. Bei Erledigung in der Beschwerdeinstanz sind nicht die Erfolgsaussichten des Rechtsmittels, sondern der mutmaßliche Prozessausgang maßgebend, BVerwG Buchholz 310 § 161 VwGO Nr. 57. Bei offenen Erfolgsaussichten sind die Kosten zu teilen, vgl. VGH München NVwZ 2003, 363.

161 VGH München NVwZ 2001, 706 (707); OVG Weimar NVwZ-RR 2001, 205: VGH Mannheim Beschl. v. 9.6.2011 – 10 S 2636/10 Rn. 3 ff. (Wegfall des Rechtsschutzbedürfnisses nach Änderung eines Bescheides).

162 BVerwG NVwZ-RR 2002, 153; Buchholz 310 § 80 VwGO Nr. 82 und 83 (bei fristgebundenem Antrag im Planfeststellungsrecht und unterlassener Aussetzung der Vollziehung nach § 80 Abs. 4 Satz 1, obwohl eine Verwirklichung des Vorhabens nicht unmittelbar bevorstand); VG Schleswig MMR 2003, 811 (bei zunächst unzureichend begründetem Verwaltungsakt).

163 OVG Münster NVwZ-RR 2002, 702 (Kostentragungspflicht des Beigeladenen, wenn dieser auf eine Genehmigung – im Fall: postrechtliche Lizenz – verzichtet und durch rechtzeitige Unterrichtung des Antragstellers und des Gerichts ein unnötiges Verfahren hätte vermeiden können).

164 OVG Lüneburg OVGE 33, 343.

165 VGH München Beschl. v. 29.12.2005 – 11 CS 05.826 Rn. 15 ff.

166 VGH Mannheim NVwZ-RR 1992, 442.

930 (1) Der Antragsteller hält trotz objektiver Erledigung an seinem Antrag fest. Der Antrag ist mangels Rechtsschutzbedürfnisses unzulässig und durch beschwerdefähige Entscheidung abzulehnen.[167]

931 (2) Der Antragsgegner hält nach Erledigung und trotz Erledigungserklärung des Antragstellers an seinem Abweisungsantrag fest.[168] Das Gericht stellt durch beschwerdefähige Entscheidung fest, dass das Verfahren in der Hauptsache erledigt ist und belastet den widersprechenden Antragsgegner mit den Kosten. Für diese Feststellung kommt es – anders als im Zivilprozess – nicht darauf an, ob der Antrag des Antragstellers vor Eintritt des erledigenden Ereignisses zulässig und begründet war.[169] Dieses Entscheidungsprogramm gilt – anders als im Klageverfahren[170] – auch dann, wenn die Behörde als Antragsgegnerin ein Interesse an der gerichtlichen Entscheidung behauptet, dass ein Anspruch auf Herstellung der aufschiebenden Wirkung nicht bestand. Denn eine gerichtliche Klärung, ob in dem konkret gegebenen Fall das öffentliche Interesse überwogen hätte, würde ihre Rechtsposition in anderen Fällen nicht verbessern.[171] Zudem wäre es nicht einzusehen, dem Antragsteller die Möglichkeit eines Fortsetzungsfeststellungsantrages im Eilverfahren zu versagen (sogleich unter c), der Behörde aber eine vergleichbare Möglichkeit einzuräumen.

932 (3) Der Antragsgegner widerspricht der Erledigungserklärung des Antragstellers, weil das Verfahren objektiv nicht erledigt ist. Das Gericht lehnt den in der einseitigen Erledigungserklärung des Antragstellers liegenden Antrag auf Feststellung ab, dass das Verfahren erledigt sei. Über den ursprünglich gestellten Antrag ist nicht zu entscheiden, da er durch die Erledigungserklärung fallen gelassen worden ist.[172]

933 c) **Kein Fortsetzungsfeststellungsantrag.** Nach Erledigung des Aussetzungsverfahrens kann der Antragsteller das Verfahren nicht analog § 113 Abs. 1 Satz 4 VwGO mit dem Antrag fortsetzen, das Gericht möge feststellen, dass die Anordnung der sofortigen Vollziehung durch die Behörde rechtswidrig gewesen sei. § 113 Abs. 1 Satz 4 VwGO soll im Klageverfahren die Möglichkeit eröffnen, bei berechtigtem Interesse trotz Eintritts der Erledigung eine rechtskräftige gerichtliche Entscheidung über die behauptete Rechtswidrigkeit des behördlichen Handelns herbeizuführen. Da im Aussetzungsverfahren nicht mit Rechtskraftwirkung über den angefochtenen Verwaltungsakt und die Rechtmäßigkeit der behördlichen Vollzugsanordnung entschieden wird, sondern das Gericht eine eigene Ermessensentscheidung über die sofortige Vollziehung des Verwaltungsakts trifft, verbietet sich eine analoge Anwendung des § 113 Abs. 1 Satz 4 VwGO.[173] Die rechtliche Klärung der Hauptsache kann im Wege der Fortsetzungsfeststellungsklage erfolgen.[174] Auch die Behörde kann eine entsprechende Klärung im Eilverfahren nicht

---

[167] OVG Münster Beschl. v. 29.6.2011 – 8 B 558/01; OVG Lüneburg NdsVBl. 2012, 166; VG München Beschl. v. 7.4.2016 – M 6 S 16.587 Rn. 4.

[168] Zur Möglichkeit einer Fiktion der Erledigungserklärung s. § 161 Abs. 2 Satz 3 VwGO.

[169] OVG Greifswald BauR 2016, 1305; VGH München NVwZ-RR 2004, 623; VGH Mannheim NVwZ-RR 2011, 932 (933) (für die Zulässigkeit offenlassend); OVG Münster Beschl. v. 28.5.2013 – 5 B 1476/12 Rn. 5.

[170] VGH Mannheim NVwZ-RR 2011, 932 (934); zu solchen Konstellationen s. BVerwGE 20, 146 (150, 154); 31, 318 (320); 82, 41 (44); 87, 62 (67); 114, 149 (154 f.); BVerwG NVwZ 2004, 353.

[171] In diese Richtung auch VGH Mannheim DÖV 1996, 792 (793); NVwZ-RR 2011, 932 (934); VGH München Beschl. v. 29.12.2005 – 11 CS 05.826 Rn. 19.

[172] OVG Münster OVGE 25, 79; Beschl. v. 29.6.2011 – 8 B 558/11 Rn. 4; VG Neustadt Beschl. v. 28.2.2013 – 4 L 44/13 Rn. 4; ebenso zum Klageverfahren BVerwGE 82, 41 (42).

[173] VGH Kassel NVwZ-RR 1989, 518; BeckRS 2011, 56078; OVG Lüneburg OVGE 41, 511; ZfBR 2013, 318; VGH Mannheim DÖV 2010, 238 (Ls.); VGH München Beschl. v. 18.4.2016 – 22 CS 16.256 Rn. 23; OVG Münster OVGE 32, 210.

[174] OVG Hamburg NVwZ-RR 2007, 170.

erlangen, selbst wenn sie geltend macht, für künftige Fälle auf eine gerichtliche Klärung angewiesen zu sein.[175]

3. Vergleich

934 Ein gerichtlicher Vergleich über die Vollziehung des angefochtenen Verwaltungsakts ist im Aussetzungsverfahren nach § 106 VwGO zulässig.[176] Denn die Vollziehung steht prinzipiell im behördlichen Ermessen, so dass Ausgangs- und Widerspruchsbehörde berechtigt sind, von der Vollziehung abzusehen oder sie förmlich auszusetzen (§ 80 Abs. 4 VwGO). Der Vergleich beendet das Verfahren. Hierzu führt auch ein außergerichtlicher Vergleich, sofern daraufhin der Rechtsstreit in der Hauptsache für erledigt erklärt oder der Antrag zurückgenommen wird.

§ 45 Herstellung der aufschiebenden Wirkung bei zweiseitigen Rechtsverhältnissen

Schrifttum: *Blunk/Schroeder,* Rechtsschutz gegen Scheinverwaltungsakte, JuS 2005, 602; *Dahn,* Der Antrag nach § 80 V VwGO in der verwaltungsgerichtlichen Fallbearbeitung, DVP 2009, 398; *Debus,* Überwiegendes Vollzugsinteresse wegen gesetzlichen Ausschlusses der aufschiebenden Wirkung?, NVwZ 2006, 49; *Große,* Roma locuta, causa finita?, NVwZ 2005, 773; *Happ,* Verfassungsrechtliches zu einer Interessenabwägung nach § 80 V VwGO?, NVwZ 2005, 282; *Hellriegel/Malmendier,* Isolierte Anfechtung von Nebenbestimmungen und vorläufiger Rechtsschutz: ein Unterfall des faktischen Vollzugs, DVBl. 2010, 486; *Koch,* Die Grundsätze des intertemporalen Rechts im Verwaltungsprozess, 2009; *Proppe,* Die Methodik der gerichtlichen Entscheidung nach § 80 V VwGO, JA 2004, 324; *Shirvani/Heidebach,* Hauptsacherechtsbehelf und vorläufiger Rechtsschutz, DÖV 2010, 254; *Stüer/Hönig,* Gerichtliche Eilentscheidungen bei Großvorhaben, DVBl. 2005, 953; *A. Versteyl,* „Ernstliche Zweifel" i. S. v. § 4a Abs. 3 UmwRG, I+E 2012, 240; *Windoffer,* Die Klärungsbedürftigkeit und -fähigkeit von Rechtsfragen in verwaltungsgerichtlichen Verfahren des einstweiligen Rechtsschutzes, 2005; *de Witt,* Gerichtliche Eilentscheidung bei Großvorhaben: das Beispiel Schönefeld, DVBl. 2006, 292.

935 Nach § 80 Abs. 5 Satz 1 VwGO kann das Gericht der Hauptsache auf Antrag die aufschiebende Wirkung in den Fällen des § 80 Abs. 2 Satz 1 Nr. 1 bis 3, Satz 2 VwGO ganz oder teilweise anordnen, im Falle des § 80 Abs. 2 Satz 1 Nr. 4 VwGO ganz oder teilweise wiederherstellen. Das Gericht bewirkt so gestaltend die aufschiebende Wirkung eines Rechtsbehelfs, die der Gesetzgeber (§ 80 Abs. 2 Satz 1 Nr. 1 bis 3, Satz 2 VwGO) oder die Behörde (§ 80 Abs. 2 Satz 1 Nr. 4 VwGO) ausgeschlossen hat. Auf diesem Weg kann der Betroffene die Vollziehung eines Verwaltungsakts vor Bestandskraft vorläufig abwehren.

I. Besondere Zulässigkeitsvoraussetzungen

1. Statthaftigkeit

936 Im gerichtlichen Aussetzungsverfahren strebt der Antragsteller die Herstellung der aufschiebenden Wirkung von Widerspruch und Anfechtungsklage an. Das Verfahren ist daher nur statthaft, wenn der Antragsteller sich gegen ein Verwaltungshandeln wendet, das als belastender Verwaltungsakt mit der Anfechtungsklage angegriffen werden kann.[177]

[175] VGH Kassel BeckRS 2011, 56078.

[176] VGH München NVwZ 2003, 363.

[177] OVG Bautzen NVwZ-RR 2010, 519 (Weisung an einen Hochschullehrer); VGH Kassel NVwZ-RR 2005, 683 (Zulassung einer Abweichung von einem Regionalplan); NVwZ-RR 2008, 785 (Sicherstellung einer Sache im Wege unmittelbarer Ausführung); OVG Lüneburg NVwZ-RR 2006, 33; VGH München NVwZ-RR 2001, 364 (365); UPR 2006, 122 (123) (gesetzeskonkretisierende

Ein Verwaltungsakt ist nach der Legaldefinition des § 35 Satz 1 VwVfG jede Verfügung, Entscheidung oder andere hoheitliche Maßnahme, die eine Behörde zur Regelung eines Einzelfalls auf dem Gebiet des öffentlichen Rechts trifft und die auf unmittelbare Rechtswirkung nach außen gerichtet ist.[178] Handelt die Behörde durch Realakt[179], innerbehördliche Weisung[180] oder einen Hinweis zur Rechtslage[181] kann vorläufiger Rechtsschutz nur nach § 123 VwGO erlangt werden. Rechtsschutz gegen Scheinverwaltungsakte ist dagegen nach § 80 Abs. 5 VwGO eröffnet,[182] etwa solchen Akten, denen eine Anordnung der sofortigen Vollziehung beigegeben ist,[183] ebenso der Rechtsschutz gegen nichtige Verwaltungsakte.[184]

937 Der Verwaltungsakt muss der Anfechtungsklage unterliegen. Ist er, wie ein Ablehnungsbescheid, mit der Verpflichtungsklage angreifbar, gewährt § 123 VwGO vorläufigen Rechtsschutz, [185] wenn nicht in der Ablehnung einer Begünstigung ein eigenständiger Rechtsnachteil liegt.[186] Ob einstweiliger Rechtsschutz gegen Nebenbestimmungen zu einem begünstigenden Verwaltungsakt nach § 80 Abs. 5 VwGO gewährt wird, richtet sich nach dem statthaften Antrag in der Hauptsache: Sind Nebenbestimmungen selbständig anfechtbar, so ist im einstweiligen Rechtsschutz das Verfahren nach § 80 Abs. 5 VwGO statthaft.[187] Anderenfalls bleibt dem Antragsteller nur der Weg über § 123 Abs. 1 Satz 2 VwGO mit dem Ziel, einstweilig in den Genuss einer begünstigenden Anordnung zu kommen.[188] Für den Antragsteller günstiger ist der Fall der selbständig anfechtbaren

---

Gebotsverfügung); OVG Schleswig NVwZ-RR 2007, 187 (Widerruf der Bestellung einer Gleichstellungsbeauftragten); VG Karlsruhe VBlBW 2009, 315 (Hausverbot); offen gelassen in VGH München NVwZ-RR 2016, 339 (Zurückweisung einer Versammlungsanzeige).

[178] Umfangreiche Darstellungen bei Kopp/*Ramsauer* VwVfG § 35 Rn. 25 ff.; *U. Stelkens* in Stelkens/Bonk/Sachs VwVfG § 35 Rn. 37 ff.; Kopp/*W.-R. Schenke* VwGO Anh. zu § 42 Rn. 4 ff.

[179] Vgl. OVG Frankfurt (Oder) NVwZ-RR 1999, 117 (Maßnahme nach § 16a Abs. 2 S. 2 Nr. 2 TierSchG als Realakt); OVG Greifswald NordÖR 2010, 263 (Anordnung einer zunächst im Vergleichswege eingestellten Zwangsvollstreckung); OVG Münster NVwZ-RR 1999, 427 (genehmigungsfreies Bauvorhaben); NVwZ-RR 2000, 429 (430) („adressatenneutrales" Einschreiten im Straßenrecht); NVwZ-RR 2008, 487 (Umbenennung einer Straße als Allgemeinverfügung); VG Weimar NVwZ-RR 2000, 478 (unmittelbarer Zwang, zw.); VG Mainz Beschl. v. 27.9.2011 – 1 L 732/11.MZ Rn. 3 (Formularanschreiben).

[180] Vgl. die Fallbeispiele bei → Rn. 1380.

[181] VG Berlin NJW 2000, 1588.

[182] OVG Bremen NordÖR 2002, 420 (Berichtigung des Melderegisters); VGH München NJW 1997, 3392 (Aufrechnung); BayVBl. 2003, 212; OVG Koblenz NVwZ 1999, 679 (Wiederholung einer gesetzlichen Regelung, verbunden mit Mahnung und Zwangsmittelandrohung); *Blunk/Schröder* JuS 2005, 602 (607).

[183] OVG Münster NVwZ-RR 2013, 423 (424).

[184] OVG Münster Beschl. v. 27.11.2008 – 6 B 794/08 Rn. 3.

[185] BVerwG UPR 2016, 264 Rn. 17; OVG Greifswald NJW 1998, 2622 (weiteres Führen eines Professorentitels); OVG Hamburg NordÖR 2005, 214; in diese Richtung auch OVG Bremen NVwZ-RR 2006, 321 (Widerspruch gegen die Abfalleigenschaft feststellenden Verwaltungsakt mit dem weitergehenden Begehren, die Ausfuhr von bestimmten Gütern zu gestatten).

[186] Insbesondere im Aufenthaltsrecht, dazu → Rn. 1210 ff.; ebenso: Ersetzung eines dem Betroffenen günstigen vorläufigen Bescheids durch einen endgültigen, dem Betroffenen ungünstigen Bescheid (OVG Bremen NVwZ 2016, 1188 (1190) zu einer Inobhutnahme nach § 42 SGB VIII); vgl. auch BVerfG NVwZ 2004, 718 (719): Möglichkeit eines Krankenhauses, die Aufnahme eines konkurrierenden Krankenhauses in den Krankenhausplan mit einer Drittanfechtung anzugreifen und einstweiligen Rechtsschutz nach § 80 Abs. 5 VwGO zu erlangen (OVG Lüneburg NordÖR 2014, 141 142 f.).

[187] Vgl. BVerwG NVwZ 2008, 217 (Flugzeitenregelung in einem Planfeststellungsbeschluss); VGH Mannheim NVwZ-RR 2000, 413 (414 f.); OVG Magdeburg NVwZ-RR 2009, 239; NVwZ-RR 2010, 381; Beschl. v. 27.4.2016 – 2 M 169/15 (Rückbausicherheit); allgemein BVerwGE 112, 221 (223).

[188] OVG Bautzen SächsVBl. 1997, 219; VGH Mannheim NVwZ-RR 1997, 679 (Bedingung); OVG Berlin-Brandenburg Beschl. v. 25.5.2016 – 3 S 23/16 Rn. 7 (Abschlagszahlung nach dem

Nebenbestimmung: Denn bei Eintritt des gesetzes- oder gerichtsbewirkten Suspensiveffektes kann er von der erteilten Begünstigung Gebrauch machen, während über die belastende Nebenbestimmung noch gestritten wird. Besteht zwischen dem Antragsteller und der Behörde Streit über den Umfang der aufschiebenden Wirkung, kann der Antragsteller eine Feststellung über die Reichweite der aufschiebenden Wirkung anstreben.[189]

Im Planfeststellungsrecht ist das Verfahren nach § 80 Abs. 5 VwGO auch statthaft, **938** wenn der Antragsteller wegen der fachplanungsrechtlichen Regelung über die Planerhaltung (§ 75 Abs. 1a Satz 2 VwVfG) in der Hauptsache nicht die Aufhebung eines Planfeststellungsbeschlusses, sondern nur die Feststellung seiner Rechtswidrigkeit und Nichtvollziehbarkeit erreichen kann.[190] Verfolgt der Antragsteller dagegen einen Anspruch auf Planergänzung, bleibt der Antrag nach § 80 Abs. 5 VwGO ohne Erfolg.[191] Nicht statthaft ist ein Antrag nach § 80 Abs. 5 VwGO, wenn in der Hauptsache keine Anfechtungsklage, sondern eine (vorhabenbezogene) Verbandsfeststellungsklage nach § 13 Abs. 1 und 2 BGG erhoben wird.[192]

Der Antrag nach § 80 Abs. 5 VwGO kann auf selbständig anfechtbare Teile eines aus **939** mehreren Anordnungen bestehenden Verwaltungsakts beschränkt werden.[193] Der Antragsteller kann seinen Antrag ferner darauf beschränken, die aufschiebende Wirkung gegen Sicherheitsleistung, mit Auflagen oder befristet (§ 80 Abs. 5 Satz 3 bis 5 VwGO) herzustellen oder – bei erfolgter behördlicher Aussetzung mit Sicherheitsleistung – eine Aussetzung ohne Sicherheitsleistung anzuordnen.[194] Ob der Antrag nach § 80 Abs. 5 VwGO sich auch auf Nebenentscheidungen – etwa zu den Verwaltungskosten erstreckt –, bestimmt sich danach, ob das Rechtsmittel in der Hauptsache sich auf die fragliche Nebenentscheidung bezieht.[195]

Das gerichtliche Aussetzungsverfahren zielt darauf, die aufschiebende Wirkung eines **940** Rechtsbehelfs gestaltend herzustellen; dies umfasst auch die aufschiebende Wirkung eines Rechtsbehelfs gegen einen geänderten Bescheid, wenn die Identität des ursprünglichen Bescheides gewahrt bleibt.[196] Hat ein Rechtsbehelf nach § 80 Abs. 1 VwGO ohnehin aufschiebende Wirkung[197] oder dauert diese noch an,[198] geht der gerichtliche Aussetzungsantrag ins Leere und ist daher nicht statthaft.[199] Beginnt die Behörde trotz der aufschiebenden Wirkung mit der Vollstreckung (Fall der *faktischen Vollziehung*), kann der Betroffene analog § 80 Abs. 5 VwGO beantragen, die aufschiebende Wirkung seines Rechtsbehelfs festzustellen.[200]

Das Verfahren nach § 80 Abs. 5 VwGO schließt andere Verfahren zur Herstellung der **941** aufschiebenden Wirkung aus: Da die Anordnung der sofortigen Vollziehung nach § 80 Abs. 2 Satz 1 Nr. 4 VwGO kein Verwaltungsakt ist,[201] sind Widerspruch und Anfech-

---

Parteiengesetz ohne Sicherheitsleistung); OVG Weimar ThürVBl. 2015, 218 (220) (Abschaltzeiten für eine Windenergieanlage).

[189] OVG Magdeburg NVwZ-RR 2010, 381.

[190] BVerwG NVwZ 1998, 1070; UPR 2016, 264 Rn. 20; OVG Lüneburg NVwZ-RR 1998, 719; NVwZ-RR 2007, 120; allgemein BVerwGE 100, 370 (373).

[191] BVerwG NVwZ 2005, 689 (690); NVwZ 2005, 940 (943); NVwZ 2006, 1170; NVwZ 2015, 1328 (Baulärm); VGH Kassel NVwZ-RR 2003, 420; VGH Mannheim NVwZ-RR 2006, 136.

[192] VGH Mannheim NVwZ-RR 2005, 635.

[193] OVG Münster NVwZ 2000, 706.

[194] VGH München NVwZ-RR 1997, 136; aA OVG Bautzen NVwZ-RR 2004, 206 (208).

[195] VG Kassel NVwZ-RR 1999, 5 (Verwaltungsgebühr für den Widerspruchsbescheid).

[196] VGH München NVwZ 2013, 671.

[197] VGH Kassel NVwZ-RR 2004, 900 (901) (fehlendes Rechtsschutzbedürfnis).

[198] BVerwG NVwZ 2012, 376 Rn. 2.

[199] BVerwG NVwZ 2013, 85 Rn. 2.

[200] → Rn. 1045 ff.

[201] → Rn. 726 mwN.

tungsklage gegen die Anordnung nicht statthaft. Ebenso ist die Klage auf Feststellung der Rechtswidrigkeit einer Vollziehungsanordnung unzulässig. Eine einstweilige Anordnung nach § 123 Abs. 1 VwGO scheitert an § 123 Abs. 5 VwGO.[202] Der Antrag nach § 80 Abs. 5 VwGO kann aber, falls zur Gewährung effektiven Rechtsschutzes erforderlich, mit dem Antrag auf Erlass einer einstweiligen Anordnung verbunden werden.

2. Zeitpunkt der Antragstellung

942 **a) Nach Erlass des Verwaltungsakts.** Die VwGO wird geprägt vom Grundsatz nachträglichen Rechtsschutzes. Dies gilt auch für § 80 Abs. 5 VwGO. Gegenüber drohenden Verwaltungsakten ist daher nicht das Aussetzungsverfahren, sondern unter engen Voraussetzungen das Verfahren der einstweiligen Anordnung statthaft.[203] Die einstweilige Anordnung kommt in Betracht, wenn ein nachfolgender Rechtsschutz wegen der Besonderheiten des Einzelfalls nicht oder nicht in ausreichendem Maße wirksam wäre.[204] Gleiches gilt bei einer drohenden nachträglichen Anordnung der sofortigen Vollziehung.[205]

943 Der Verwaltungsakt wird nach § 43 Abs. 1 Satz 1 VwVfG gegenüber demjenigen, für den er bestimmt ist oder der von ihm betroffen wird, erst in dem Zeitpunkt wirksam, in welchem er ihm bekannt gegeben wird. Besteht über die Bekanntgabe Streit, ist verwaltungsrechtlicher Eilrechtsschutz über § 123 VwGO – Feststellung des Nichtbestehens eines Rechtsverhältnisses – zu suchen.[206]

944 Der Antragsteller muss nicht abwarten, bis die Vollziehung unmittelbar bevorsteht. Er kann sich auch an das Gericht wenden, wenn die Behörde die Vollziehung für einen späteren Zeitpunkt ankündigt.[207]

945 **b) Nach Erhebung von Widerspruch oder Anfechtungsklage.** Weil § 80 Abs. 5 VwGO keinen vorbeugenden Rechtsschutz gewährt, ist der Aussetzungsantrag erst zulässig, wenn der Antragsteller Widerspruch oder Anfechtungsklage erhoben hat.[208] Denn nur Widerspruch und Anfechtungsklage lösen die aufschiebende Wirkung aus, die das Gericht anordnen oder wiederherstellen soll. Ein praktisches Bedürfnis für die Ausdehnung des § 80 Abs. 5 VwGO auf die Zeit vor Einlegung des Rechtsbehelfs besteht nicht. Wer einen Aussetzungsantrag stellen kann, hat auch die Zeit, Widerspruch oder Anfechtungsklage zu erheben. In der Praxis hat das Problem nur geringe Bedeutung, weil das Gericht auf eine nachträgliche Erhebung des Widerspruchs oder der Anfechtungsklage hinwirken kann.

---

[202] OVG Münster NJW 2014, 2457 (Fahrerlaubnisrecht).

[203] → Rn. 63, 104; beispielhaft OVG Lüneburg DVBl. 2012, 705.

[204] OVG Berlin NVwZ-RR 2002, 720 (721); VGH München Beschl. v. 13.9.2005 – 11 CS 05.987 Rn. 31; vgl. VGH Mannheim NVwZ-RR 2004, 709 (Anordnung des Ruhens einer Approbation).

[205] BezG Erfurt DVBl. 1992, 778.

[206] VG Berlin NVwZ-RR 2002, 586 (587); vgl. auch VGH Mannheim NVwZ 1991, 1195: § 80 Abs. 5 Satz 1 VwGO scheidet aus, wenn ein Antragsteller geltend macht, ein belastender Verwaltungsakt sei mangels Bekanntgabe ihm gegenüber nicht wirksam geworden; aA VGH Kassel ESVGH 31, 144 (§ 80 Abs. 5 VwGO analog bei Streit um die Bekanntgabe des Verwaltungsakts; fehlt es an einer Bekanntgabe, soll die Feststellung erfolgen, dass die Behörde nicht berechtigt ist, den Verwaltungsakt zu vollziehen).

[207] VG Freiburg NVwZ Beil. 4/1997, 31 (Rechtsschutzbedürfnis für Antrag nach § 80 Abs. 5 VwGO, wenn eine Abschiebung erst nach Ablauf von zwei weiteren Monaten angedroht wird).

[208] OVG Koblenz NJW 1995, 1043; OVG Lüneburg FEVS 29 Nr. 76; OVG Münster NVwZ-RR 1996, 184; OVG Weimar LKV 1994, 408; *Schoch* in Schoch/Schneider/Bier VwGO § 80 Rn. 460 f.; *Windthorst* in Gärditz VwGO § 80 Rn. 203; aA VGH Mannheim NVwZ 1995, 813; VG Leipzig NVwZ 2000, 1321; Kopp/*W.-R. Schenke* VwGO § 80 Rn. 139.

Nach § 80 Abs. 5 Satz 2 VwGO ist der Antrag nach § 80 Abs. 5 Satz 1 VwGO schon vor Erhebung der Anfechtungsklage zulässig. Die Vorschrift regelt die Zeit zwischen der Zurückweisung des Widerspruchs und Erhebung der Anfechtungsklage: In dieser Zeitspanne ist der Aussetzungsantrag nach § 80 Abs. 5 Satz 2 VwGO zulässig, weil die aufschiebende Wirkung über die Zurückweisung des Widerspruchs (vgl. § 80b Abs. 1 Satz 1 1. Alt. VwGO) hinaus erhalten bleibt. Ist ein Widerspruch dagegen von vornherein nicht statthaft, sondern sogleich Anfechtungsklage zu erheben, ist ein Aussetzungsantrag erst mit oder nach Erhebung der Anfechtungsklage zulässig.[209] **946**

c) Während der Wirksamkeit des Verwaltungsakts. Ein Antrag nach § 80 Abs. 5 Satz 1 VwGO ist zulässig, solange der Verwaltungsakt wirksam ist, er also nicht nach § 43 Abs. 2 VwVfG zurückgenommen, widerrufen, anderweitig aufgehoben[210] oder durch Zeitablauf oder auf andere Weise erledigt ist.[211] **947**

Die (zwangsweise oder „freiwillige") Vollziehung des Verwaltungsakts führt nicht zwingend zur Erledigung.[212] Dies zeigt § 80 Abs. 5 Satz 3 VwGO. Danach kann das Gericht die Aufhebung der Vollziehung anordnen, wenn der Verwaltungsakt im Zeitpunkt der gerichtlichen Eilentscheidung schon vollzogen ist.[213] Ob ein vollzogener Verwaltungsakt sich erledigt hat, hängt von seinem Inhalt ab.[214] Nach der zu § 113 Abs. 1 Satz 4 VwGO entwickelten Rechtsprechung hat sich der Verwaltungsakt erledigt, wenn die beschwerende Regelung weggefallen ist und der Verwaltungsakt keine den Betroffenen belastende Wirkungen mehr äußert.[215] Ausreichend für eine belastende Wirkung ist, wenn der Verwaltungsakt zwar wegen Ablauf einer Frist nicht mehr wirksam ist, aber noch Grundlage für Vollstreckungsentscheidungen wie etwa Zwangsgeldfestsetzungen ist.[216] **948**

d) Vor Bestandskraft des Verwaltungsakts. Ist der Verwaltungsakt bestandskräftig, endet die aufschiebende Wirkung nach § 80b Abs. 1 Satz 1 1. Alt. VwGO. Das Aussetzungsverfahren ist nicht mehr statthaft;[217] dies gilt auch, wenn in der Hauptsache noch eine Anhörungsrüge nach § 152a VwGO erhoben worden ist.[218] Vor Annahme der Bestandskraft hat das Verwaltungsgericht allerdings zu prüfen, ob dem Antragsteller Wiedereinsetzung in die versäumte Widerspruchs- oder Klagefrist gewährt werden kann **949**

---

[209] VG Lüneburg Beschl. v. 21.11.2005 – 3 B 84/05 (n. v.) zum niedersächsischen Recht nach der teilweisen Abschaffung des Widerspruchsverfahrens durch § 8a nds. AGVwGO; aA *Shirvani/Heidebach* DÖV 2010, 254; zur Abschaffung des Widerspruchsverfahrens auch *Steinbeiß-Winkelmann* NVwZ 2009, 686; Eyermann/*Rennert* VwGO § 68 Rn. 25.

[210] OVG Magdeburg Beschl. v. 14.10.2011 – 1 M 148/11 Rn. 3.

[211] OVG Münster NVwZ-RR 2002, 895 (896); VG Stuttgart NVwZ-RR 2005, 408 (Tod beschlagnahmter Tiere); ähnlich VGH Kassel NVwZ-RR 2005, 683 (fehlendes Rechtsschutzbedürfnis nach Überholung eines Verwaltungsakts durch einen nachfolgenden Verwaltungsakt); aA VG Leipzig NVwZ-RR 1999, 131.

[212] VGH Mannheim NVwZ-RR 1992, 657; VG Hamburg NVwZ-RR 2009, 84.

[213] Ausführlich → Rn. 1017 ff.

[214] Erledigung bei Auflösung einer Versammlung, Abriss eines Hauses, dazu VGH München BayVBl. 1966, 426; OVG Münster OVGE 25, 79; bei wirksamer Eigentumsübertragung an eingezogenen Tieren: VG Stuttgart NVwZ-RR 2005, 408; anders bei Wegnahme des Führerscheins, Abschiebung des Ausländers. Zu weitgehend VGH Mannheim VBlBW 1993, 298; NVwZ-RR 1989, 515.

[215] BVerwGE 66, 75 (77) mwN; BVerwG Buchholz 310 § 113 VwGO Nr. 22 S. 62.

[216] OVG Münster NVwZ 2001, 231.

[217] VGH Saarlouis Beschl. v. 30.10.2012 – 3 B 229/12 Rn. 7 (Widerspruch nicht statthaft, Klage verfristet); im Ergebnis ebenso BVerwG UPR 2006, 392 (393); OVG Frankfurt (Oder) NVwZ-RR 2004, 315; OVG Greifswald NordÖR 2016, 154 (156); VGH Kassel AuAS 2014, 162; ausführlich VGH Mannheim NJW 2004, 2690.

[218] VGH Kassel NVwZ-RR 2006, 740.

(§ 70 Abs. 2, § 60 Abs. 4 VwGO);[219] dabei gilt für Abgabenbescheide der Maßstab des § 80 Abs. 4 Satz 3 VwGO.[220]

3. Rechtsschutzbedürfnis

950 Das Rechtsschutzbedürfnis für einen gerichtlichen Aussetzungsantrag nach § 80 Abs. 5 VwGO entfällt, wenn die Behörde verbindlich erklärt, dass sie den Verwaltungsakt vorerst nicht vollziehen wird. Es muss aus Sicht des Empfängerhorizontes unmissverständlich klar sein, dass eine Vollziehung des Verwaltungsakts in vollem Umfang[221] unterbleiben wird.[222] Dazu ist regelmäßig eine Aussetzungsentscheidung nach § 80 Abs. 4 Satz 1 VwGO erforderlich;[223] auch eine befristete, aber im Zeitpunkt der gerichtlichen Entscheidung noch vorliegende Aussetzungsentscheidung lässt das Rechtsschutzbedürfnis entfallen.[224]

951 Das Rechtsschutzbedürfnis fehlt (ausnahmsweise), wenn eine Aussetzungsentscheidung für das Begehren des Antragstellers folgenlos bliebe,[225] etwa weil sie weder die Rechtsposition in der Hauptsache berührt noch ihre Durchsetzung im gerichtlichen Verfahren erschwert.[226] Es kann auch am Rechtsschutzbedürfnis fehlen, wenn ein Antragsteller die Aussetzung eines belastenden Verwaltungsakts beantragt, er sein eigentliches Ziel aber nur im Wege einer Verpflichtung der Behörde erreichen kann.[227]

952 Hat die Behörde den Verwaltungsakt vollzogen, kann dennoch ein Rechtsschutzbedürfnis für den Aussetzungsantrag bestehen. Denn mit Herstellung der aufschiebenden Wirkung entfällt *ex tunc* die Grundlage für die Vollstreckung.[228]

II. Entscheidungsmaßstab

1. Entscheidungszeitpunkt

953 Maßgebender Zeitpunkt für die Sach- und Rechtslage ist der Zeitpunkt der gerichtlichen Entscheidung.[229] Wird etwa der angegriffene Verwaltungsakt bis zur gericht-

---

[219] OVG Frankfurt (Oder) NVwZ 2004, 507; OVG Greifswald NordÖR 2016, 154 (156); OVG Hamburg NJW 2006, 2505 (2506); etwas enger, beschränkt auf die Offensichtlichkeit der Verfristung OVG Bremen Beschl. v. 1.11.2013 – 2 B 174/13 Rn. 3.

[220] OVG Münster NVwZ-RR 2011, 753 (754).

[221] Vgl. etwa BVerfG NJW 2006, 3551 (3552): Ein Rechtsschutzbedürfnis für einen Antrag nach § 80 Abs. 5 VwGO besteht, wenn die Behörde einen Studiengebührenbescheid nicht vollstrecken wird, aber – bei Nichtzahlung – die zwangsweise Exmatrikulation droht.

[222] Vgl. OVG Schleswig NVwZ 2000, 1317.

[223] Vgl. OVG Münster NVwZ-RR 2005, 450.

[224] VGH München Beschl. v. 29.12.2005 – 11 CS 05.826 Rn. 15 ff.

[225] OVG Lüneburg NJW 2006, 1158 (1159); VGH München NVwZ-RR 2001, 365 (kein Antrag nach § 80 Abs. 5 VwGO, wenn die Gemeinde sich gegen die Ersetzung ihres Einvernehmens wendet, das aber nach § 36 Abs. 2 S. 2 BauGB als erteilt gilt); VG Mainz NVwZ-RR 2010, 100 (kommunalrechtliche Beanstandung).

[226] VGH Mannheim InfAuslR 2008, 244 (Aufenthaltserlaubnis für einen in der Vergangenheit liegenden Zeitraum); str. für die Zustimmung des Integrationsamtes zur Kündigung eines Schwerbehinderten nach § 85 SGB IX, vgl. OVG Hamburg NZA-RR 2015, 467 (468) mwN; OVG Lüneburg NordÖR 2014, 199 (Ls.); VGH Mannheim NJW 2012, 2603 (Rechtsschutzbedürfnis verneint); aA VGH München Beschl. v. 17.12.2009 – 12 CS 09.2691 Rn. 15 ff.,18; OVG Bremen NordÖR 2002, 35.

[227] Angenommen in VGH Mannheim NVwZ-RR 2003, 333 (isolierter Angriff auf Zurückstellungsbescheid); nunmehr aufgegeben durch VGH Mannheim NVwZ-RR 2011, 932 (933 f.); ebenso OVG Lüneburg BauR 2007, 522; OVG Schleswig NordÖR 2004, 485; OVG Saarlouis BauR 2005, 827.

[228] OVG Münster NVwZ-RR 1998, 155.

[229] VGH München NVwZ-RR 2001, 154; VG München NJW 2006, 1687; aA VGH München NVwZ-RR 1993, 327.

lichen Entscheidung geändert, so hat das Gericht diese Änderung zu berücksichtigen.[230] Entscheidend ist, welche der widerstreitenden Interessen im Zeitpunkt der Entscheidung überwiegt. Dies gilt auch für das Vorliegen eines besonderen Vollzugsinteresses.[231]

Änderungen des Prozessrechts sind zu beachten: Schließt eine Gesetzesnovelle die aufschiebende Wirkung von Rechtsmitteln aus, erfasst dies auch Rechtsmittel, die vor Inkrafttreten der Neuregelung anhängig geworden sind.[232] Etwas Anderes gilt bei Vorliegen eines besonderen Vertrauenstatbestandes.[233] Auch die Auslegung von Übergangsregelungen kann zu der Annahme führen, die einmal entstandene aufschiebende Wirkung bestehe nach einer Neuregelung fort.[234] 954

Änderungen der materiellen Rechtslage können in die Abwägung des Gerichts zwischen dem Interesse des Antragstellers an der aufschiebenden Wirkung seines Rechtsbehelfs und dem öffentlichen Interesse an der sofortigen Vollziehung einfließen: Die Rechtsprechung prüft in einer ersten Stufe, ob der eingelegte Rechtsbehelf in der Hauptsache Erfolg haben wird.[235] Welcher Zeitpunkt für die Beurteilung der Sach- und Rechtslage in der Hauptsache maßgeblich ist, ist eine Frage des materiellen Rechts.[236] Kommt es – wie in Anfechtungssituationen überwiegend – auf den Zeitpunkt der letzten Verwaltungsentscheidung an, so gilt dies auch für die Erfolgsprognose im Aussetzungsverfahren.[237] Zeichnet sich verlässlich ab, dass die Widerspruchsbehörde auf der Grundlage einer geänderten Rechtslage zu entscheiden hat, hat das Gericht dies bei seiner Erfolgsprognose zu berücksichtigen.[238] Ebenso kann zu berücksichtigen sein, dass sich vor Erlass eines ausstehenden Widerspruchsbescheides aus anderen Gründen noch Verbesserungen zugunsten des Antragstellers hinreichend sicher ergeben werden.[239] 955

Auch absehbare Veränderungen durch das Widerspruchsverfahren und den Widerspruchsbescheid sind in den Blick zu nehmen: Leidet der Ausgangsverwaltungsakt an einem nach § 45 VwVfG heilbaren Verfahrensmangel, kann das Gericht die aufschiebende Wirkung befristet bis zum Abschluss des Widerspruchsverfahrens herstellen, um der Widerspruchsbehörde Gelegenheit zur Heilung zu geben.[240] Ganz unterbleiben kann die Wiederherstellung der aufschiebenden Wirkung, wenn der Verwaltungsakt ausschließlich an einem formellen Mangel leidet und mit hinreichender Sicherheit angenommen werden 956

[230] OVG Weimar NVwZ-RR 2003, 91.

[231] OVG Lüneburg NVwZ-RR 2006, 782 (783); VGH Mannheim GewArch. 1993, 291.

[232] VGH Mannheim NVwZ 1998, 987 (Ls.); OVG Münster NVwZ 1998, 759; OVG Saarlouis NVwZ 1999, 1006 (1007); VG Göttingen NVwZ-RR 1999, 52.

[233] Bejaht für § 212a Abs. 1 BauGB OVG Lüneburg NVwZ 1999, 444; VGH München NVwZ 1999, 446 (Ls.); bejaht für den Fortbestand der sofortigen Vollziehbarkeit von Baugenehmigungen von Windkraftanlagen vor dem 1.7.2005 (§ 67 Abs. 9 BImSchG): OVG Münster NVwZ-RR 2006, 173 (174); NVwZ-RR 2006, 244; verneint für § 42f Abs. 3 SGB VIII von OVG Bremen NVwZ 2016, 1188 (1190 f.).

[234] So BVerwGE 96, 239 (241); BVerwGE 129, 58 (61 Rn. 10); vgl. *Koch,* Die Grundsätze des intertemporalen Rechts im Verwaltungsprozess, 2009, S. 78 ff.

[235] → Rn. 967 ff.

[236] St. Rspr. vgl. BVerwGE 34, 155 (157 f.); 51, 15 (24); 78, 243 (244); 120, 246 (250).

[237] Vgl. auch OVG Lüneburg NVwZ-RR 2008, 28 (Gewerbeuntersagung); für den Fall eines Wechsels der Zuständigkeit s. OVG Münster NVwZ-RR 2006, 597; anders für Verpflichtungssituationen, vgl. VGH Kassel NVwZ 2005, 468 (Ausländerrecht).

[238] VGH Kassel NVwZ 2000, 1443; NVwZ 2005, 837 (Rechtsänderung vor Vollstreckung); zu weitgehend OVG Berlin OVGE 23, 36 (*mögliche* Heilung eines Bebauungsplanes).

[239] Erwogen in OVG Koblenz DÖV 2006, 834 (835) (Tilgungsfrist im Fahrerlaubnisrecht); OVG Bremen NordÖR 2006, 313; VG Freiburg NJW 2009, 309 (310) (Drogenabstinenz im Fahrerlaubnisrecht).

[240] OVG Münster NJW 1978, 1764.

kann, dass die absehbare Heilung nicht zu einer Änderung des Verwaltungsakts führen wird. Zu denken ist etwa an eine bisher unterlassene Anhörung, wenn schon aus dem Prozessstoff des Eilverfahrens deutlich wird, dass die Widerspruchsbehörde auch unter Berücksichtigung des Vorbringens des Antragstellers an dem Verwaltungsakt festhalten wird.[241]

957 Bei Ermessensfehlern des Ausgangsverwaltungsakts kann das Gericht die aufschiebende Wirkung befristet bis zum Erlass des Widerspruchsbescheides herstellen, wenn die Widerspruchsbehörde es in der Hand hat, den Ermessensfehler zu heilen und eine solche Heilung auch zu erwarten ist.[242] Ist diese Prognose nicht möglich, stellt das Gericht die aufschiebende Wirkung unbefristet her. Es ist dann Sache der Behörde, ob sie nach der Heilung eines Ermessensfehlers einen Antrag nach § 80 Abs. 7 VwGO stellt. Ist der Ausgangsverwaltungsakt rechtmäßig, hat das Gericht zu erwägen, dass die Widerspruchsbehörde nach § 68 VwGO die Zweckmäßigkeit des Verwaltungsakts und damit die Ermessensausübung zu überprüfen hat. Gibt es konkrete Anhaltspunkte – etwa eine gerichtsbekannte Verwaltungspraxis –, dass die Widerspruchsbehörde dem Widerspruch aus Ermessensgründen stattgeben wird, kann das Gericht dies bei seiner Erfolgsprognose berücksichtigen.[243]

2. Ermittlungstiefe

958 Das verwaltungsgerichtliche Verfahren nach § 80 Abs. 5 VwGO hat summarischen Charakter. Auch wenn für seinen Ausgang die Erfolgsaussichten in der Hauptsache oftmals entscheidende Bedeutung erlangen, ist es kein Ersatz für das Hauptsacheverfahren. Es dient vornehmlich der Verhinderung von Rechtsnachteilen und Rechtsverlusten bis zum (rechtskräftigen) Abschluss des Hauptsacheverfahrens. Die Prognose der Erfolgsaussichten hat daher stets nur vorläufigen Charakter, da sie mit den begrenzten Erkenntnismöglichkeiten des Eilverfahrens getroffen wird.[244] Stützt das Gericht seine Entscheidung auf eine Erfolgsprognose im Hauptsacheverfahren, hat seine Prüfung um so intensiver zu erfolgen, je mehr im Eilrechtsschutzverfahren die Hauptsache vorweggenommen und Unabänderliches bewirkt wird.[245]

959 Die (Zauber-) Formel vom „summarischen Charakter“ darf nicht darüber hinwegtäuschen, dass es in gewissem Umfang Sache des Gerichts ist zu entscheiden, wie „summarisch“ es prüft. Gelegentlich scheint die Formulierung allein den rhetorischen Zweck zu haben, sich eine abweichende Entscheidung im Hauptsacheverfahren vorzubehalten.[246] Stehen Rechtsfragen im Streit, wird regelmäßig eine abschließende Entscheidung möglich sein. Denn die gerichtlichen Erkenntnismöglichkeiten in Rechtsfragen werden nicht durch das Vorliegen eines Eilverfahrens begrenzt.[247] Eine summarische Prüfung von

---

[241] OVG Berlin-Brandenburg NVwZ-RR 2015, 943; OVG Hamburg NVwZ-RR 2007, 364.

[242] OVG Bremen NVwZ-RR 2005, 314; OVG Hamburg NVwZ-RR 2000, 833 (834); OVG Lüneburg NVwZ 2005, 236 (237); aA OVG Bremen NordÖR 2009, 367; EzAR-NF 28 Nr. 44; VGH Mannheim VBlBW 2015, 78 (80): unbeschränkte Herstellung der aufschiebenden Wirkung mit der Möglichkeit der Behörde, nach Heilung des Ermessensfehlers einen Antrag nach § 80 Abs. 7 Satz 1 VwGO zu stellen; in diese Richtung auch VGH Kassel ESVGH 63, 191 (Ls.).

[243] VGH Kassel NVwZ 1990, 583; MDR 1992, 915.

[244] OVG Münster NVwZ-RR 1999, 696; NVwZ-RR 2005, 450.

[245] BVerfG NVwZ 1998, 834 (835); NVwZ 2013, 570 (572) (Versammlungsrecht); OVG Frankfurt (Oder) NVwZ-RR 2004, 844; OVG Münster NVwZ-RR 2006, 248; BRS 78 Nr. 51.

[246] Vgl. OVG Greifswald NordÖR 2009, 509; OVG Münster Beschl. v. 6.5.2016 – 8 B 866/15; vgl. auch Eyermann/*Schmidt* VwGO § 80 Rn. 81: „Hintertürchen“.

[247] In diese Richtung BVerfG NVwZ 2005, 439; OVG Münster BauR 2016, 641 (642) (zu einem Bebauungsplan); die Notwendigkeit einer klaren Subsumtion betont BVerfG NVwZ 2005, 1053 (1055).

Rechtsfragen sollte daher nur bei besonders eiligen Verfahren oder außergewöhnlich schwierigen[248] Rechtsfragen vorgenommen werden.

Auf eine summarische Prüfung von Rechtsfragen beschränkt sich die Rechtsprechung vielfach, wenn der Antragsteller nicht Mängel bei der Rechtsanwendung geltend macht, sondern die angewandten Regelungen selbst angreift. Hier soll sich die Normprüfung auf das Offensichtliche und Eindeutige beschränken,[249] bei formellen Gesetzen seien Rechtsmängel nur von Belang, wenn diese Normen greifbar verfassungswidrig seien.[250] Diese Einschränkungen sind abzulehnen. Es gelten insoweit keine anderen Anforderungen als für den Einwand fehlerhafter Rechtsanwendung.[251] Kann das Gericht sich eine abschließende Überzeugung von der Nichtigkeit eines formellen Gesetzes oder einer anderen Norm nicht bilden, so mag es verbleibende Zweifel in eine Interessenabwägung einstellen. 959a

Begrenzt sind die Erkenntnismöglichkeiten dagegen, soweit die Beteiligten über Tatsachen streiten. 960 Da langwierige Verfahren des vorläufigen Rechtsschutzes zu vermeiden sind,[252] ist eine umfassende Klärung der Sachlage nicht stets notwendig.[253] Ausreichend ist es, eine hinreichend sichere Grundlage zu schaffen.[254] Ist dies in überschaubarer Zeit nicht möglich, kann die Abwägung zwischen den betroffenen Interessen nicht nach Maßgabe der Erfolgsaussichten in der Hauptsache erfolgen. Zur Gewährleistung effektiven Rechtsschutzes nach Art. 19 Abs. 4 Satz 1 GG können die Gerichte ihre Entscheidung dann auf der Grundlage einer Folgenabschätzung treffen.[255] Umgekehrt gilt: Je länger das Eilrechtsschutzverfahren dauert, desto weniger darf das Gericht seinen Prüfungsumfang mit Blick auf den summarischen Charakter des Verfahrens begrenzen.[256] Eine umfassende Prüfung im Eilverfahren ist von Verfassung wegen geboten, wenn das Eilrechtsschutzverfahren vollständig die Bedeutung des Hauptsacheverfahrens übernimmt, eine endgültige Verletzung von Rechten eines Beteiligten droht und insoweit auch Grundrechtspositionen von Gewicht in Rede stehen.[257] Im Übrigen überlässt es die Rechtsordnung aber dem Gericht, ob es auf der Grundlage einer (offenen) Interessenabwägung entscheidet, oder unter Inkaufnahme einer zeitlichen Verzögerung nach Maßstab einer summarischen Prüfung der Sach- und Rechtslage.[258]

3. Materieller Entscheidungsmaßstab

a) Vorüberlegungen. § 80 Abs. 5 bestimmt nicht, welchen Maßstab das Gericht bei seiner Entscheidung über einen Aussetzungsantrag anzulegen hat. 961 Dieses Ermessen hat das Gericht nach den verfassungsrechtlichen Vorgaben des Art. 19 Abs. 4 Satz 1 GG und den Zwecken des § 80 Abs. 5 VwGO auszurichten.

---

248 Etwa: erhebliche unionsrechtliche Unklarheiten: BVerfG NVwZ 2005, 1303 (1304); OVG Münster NWVBl 2006, 103; Fragen des gesetzgeberischen Vertrauensschutzes OVG Bautzen LKV 2015, 468 (470).

249 So OVG Lüneburg NVwZ-RR 2007, 96; OVG Weimar LKV 2012, 184 (187); ähnlich auch OVG Bautzen LKV 2015, 463 (464).

250 VGH Kassel ESVGH 54, 218; VGH München RdL 2009, 13; aA OVG Greifswald NVwZ-RR 2016, 663.

251 BVerfG Beschl. v. 21.10.2010 – 1 BvR 1710/10 zu § 69 FGO.

252 VGH Kassel NVwZ 1991, 88 (89); *Sendler* UPR 1990, 41 (48).

253 In diese Richtung aber: OVG Lüneburg NJW 1980, 307; DVBl. 1983, 184; zu Aufklärungspflichten bei Übersetzungsschwierigkeiten: BVerfG NVwZ 2005, 1053 (1054 f.).

254 VGH München NVwZ-RR 2002, 259; vgl. etwa VGH Kassel NVwZ-RR 2004, 792: keine Ermittlungen zum Vorliegen einer Scheinehe im Eilverfahren.

255 BVerfG NVwZ-RR 2001, 694 (695); NJW 2002, 2225.

256 Vgl. BVerfG NVwZ 2005, 438 (439) bei mehr als einjähriger Dauer eines Eilverfahrens.

257 BVerfGE 69, 315 (363); NVwZ-RR 2009, 945 (zu § 123 VwGO).

258 BVerfG NVwZ 2009, 581 (583); NVwZ-RR 2008, 657 (658).

962 Rechtsbehelfen gegen Verwaltungsakte nach § 80 Abs. 2 Satz 1 Nr. 1 bis 3, Satz 2 VwGO kommt kraft gesetzgeberischer Entscheidung keine aufschiebende Wirkung zu. Diese gesetzgeberische Entscheidung kann mit Blick auf Art. 19 Abs. 4 Satz 1 GG der Korrektur bedürfen, um effektiven Rechtsschutz zu gewähren. Ob dies der Fall ist, unterliegt der verwaltungsgerichtlichen Entscheidung.

963 In den Fällen des § 80 Abs. 2 Satz 1 Nr. 4 VwGO soll das Gericht vorläufigen Rechtsschutz vor der behördlichen Anordnung der sofortigen Vollziehung gewähren. Diesem gesetzgeberischen Ziel hätte es genügt, dem Gericht die Befugnis einzuräumen, die Vollzugsanordnung auf ihre Rechtmäßigkeit zu überprüfen und gegebenenfalls aufzuheben. Die Gerichte sind aber auf eine solche Aufhebung nicht beschränkt, sondern auch befugt, die Rechtslage durch Herstellung der aufschiebenden Wirkung zu gestalten. Das Verwaltungsgericht prüft in den Fällen des § 80 Abs. 2 Satz 1 Nr. 4 VwGO also eigenständig,[259] ob nach seiner Beurteilung aller Umstände die aufschiebende Wirkung von Widerspruch oder Anfechtungsklage zur Gewährung effektiven Rechtsschutzes in der Hauptsache oder aus anderen Gründen wiederherzustellen ist. Daher kommt es für die gerichtliche Überprüfung nicht entscheidend darauf an, ob die Begründung der Behörde für die Anordnung der sofortigen Vollziehung nach § 80 Abs. 3 VwGO zutreffend ist und diese Anordnung sachlich zu rechtfertigen vermag.[260]

964 Die Verwaltungsgerichte wägen bei Entscheidungen nach § 80 Abs. 5 Satz 1 VwGO zwischen dem Interesse des Antragstellers an der aufschiebenden Wirkung seines Rechtsbehelfs und dem Interesse der Behörde an der sofortigen Vollziehung ab. In der Praxis hat sich für diese Abwägung ein Stufenmodell durchgesetzt:[261] Die gerichtliche Prüfung geht zunächst dahin, ob der eingelegte Rechtsbehelf in der Sache offensichtlich Erfolg haben wird. Ist dies der Fall, obsiegt der Antragsteller (b). Wird der Rechtsbehelf dagegen in der Sache offensichtlich erfolglos bleiben, bleibt der Antrag in der Regel erfolglos, es sei denn, es fehlt – ausnahmsweise – ein besonderes Vollziehungsinteresse der Behörde (c). Bestehen ernstliche Zweifel an der Rechtmäßigkeit des Verwaltungsakts, soll in bestimmten gesetzlich geregelten Fällen die aufschiebende Wirkung angeordnet werden (d). Führen die vorgenannten Überlegungen nicht zu einer Entscheidung über den Antrag nach § 80 Abs. 5 VwGO, wägt das Gericht die betroffenen Interessen ab; dabei bezieht es auch seine Überlegungen zur Rechtmäßigkeit des Verwaltungsakts ein (e). Sonderregeln gelten bei Zweifeln an der Gültigkeit von Unionsrecht (f).

965 Ungeachtet aller dogmatischen Überlegungen dient es der Praxis, wenn Gerichte sich vorrangig an den Erfolgsaussichten der Hauptsache orientieren: Denn sie sind gerade zur Rechtskontrolle berufen und befähigt. Bei offenen Interessenabwägungen stoßen sie dagegen oftmals an ihre Funktionsgrenzen, da ihnen die Breite der fachbehördlichen Erfahrung fehlt und ihnen verwaltungspolitische Erwägungen untersagt sind. So fällt bei der Lektüre einer Vielzahl von Entscheidungen auf, dass neben detaillierte und ins

---

[259] OVG Berlin NVwZ-RR 2001, 610.

[260] VGH Mannheim NVwZ-RR 2003, 555 (556); NVwZ-RR 2003, 724; OVG Weimar NVwZ 2002, 231; zw. OVG Münster GewArch 2012, 125.

[261] Zusammenfassend: BVerwG NVwZ 2015, 82 Rn. 10: „In Verfahren vorläufigen Rechtsschutzes nach § 80 Abs. 5 Satz 1 VwGO bzw. § 80a Abs. 3 Satz 2 iVm § 80 Abs. 5 Satz 1 VwGO entscheidet das Gericht auf der Grundlage einer eigenen Abwägung der widerstreitenden Vollzugs- und Suspensivinteressen. Wesentliches Element dieser Interessenabwägung ist die Beurteilung der Erfolgsaussichten des Rechtsbehelfs in der Hauptsache, die dem Charakter des Eilverfahrens entsprechend nur aufgrund einer summarischen Prüfung der Sach- und Rechtslage erfolgen kann. Ist es – namentlich wegen der besonderen Dringlichkeit einer alsbaldigen Entscheidung – nicht möglich, die Erfolgsaussichten des Rechtsbehelfs in der Hauptsache wenigstens summarisch zu beurteilen, so sind allein die einander gegenüberstehenden Interessen unter Berücksichtigung der mit der Anordnung oder Wiederherstellung der aufschiebenden Wirkung einerseits und deren Ablehnung andererseits verbundenen Folgen zu gewichten."

Einzelne gehende Rechtserwägungen eine nur pauschale Abwägung der betroffenen Interessen tritt.[262]

Das vorrangige Abstellen auf die Erfolgsaussichten auf der Grundlage einer summarischen Prüfung ist verfassungsrechtlich nicht zu beanstanden, wenn keine schweren und unzumutbaren Beeinträchtigungen drohen.[263] 966

b) Entscheidung bei offensichtlich erfolgreichem Rechtsbehelf. Ist der angegriffene Verwaltungsakt offensichtlich rechtswidrig und wird der Antragsteller hierdurch in seinen Rechten verletzt, werden Widerspruch und Anfechtungsklage Erfolg haben. In solchen Fällen überwiegt das Suspensivinteresse des Antragstellers das Sofortvollzugsinteresse der Behörde. Dies gilt in den Fällen des § 80 Abs. 2 Satz 1 Nr. 1 bis 3, Satz 2 VwGO[264] ebenso wie bei Fällen nach § 80 Abs. 2 Satz 1 Nr. 4 VwGO.[265] Denn es besteht kein öffentliches Interesse an der sofortigen Vollziehung eines offensichtlich rechtswidrigen Verwaltungsakts,[266] vielmehr steht das öffentliche Interesse einer Vollziehung entgegen.[267] Handelt die Behörde durch einen offensichtlich rechtswidrigen Verwaltungsakt, muss sie sich daran festhalten lassen. Dem Verwaltungsgericht ist eine Umdeutung in eine andere, rechtlich zulässige Handlungsform verwehrt.[268] 967

Das Abstellen auf „offensichtliche" Erfolgsaussichten mag Missverständnisse hervorrufen: So beurteilen Ausgangs- und Beschwerdegericht die Erfolgsaussichten nicht selten unterschiedlich, nehmen aber für ihr Ergebnis jeweils in Anspruch, es sei „offensichtlich". Müssen die Verfahrensbeteiligten hieraus schließen, das Ausgangsgericht habe einen groben Schnitzer begangen, weil es das Offensichtliche, also das „leicht Erkennbare", übersehen hat? Dies ist nicht der Fall. Denn die „Offensichtlichkeit" bezeichnet eine Prognose: Offensichtlich sind die Erfolgsaussichten, wenn das beschließende Gericht im Eilverfahren meint, bereits mit hinreichender Sicherheit den Ausgang in der Hauptsache, also vorrangig seine eigene Entscheidung, prognostizieren zu können. Das Offensichtlichkeitsurteil schließt darüber hinaus die Prognose über den Ausgang eines Rechtsmittelverfahrens in der Hauptsache ein. Ein Antrag nach § 80 Abs. 5 VwGO kann danach selbst dann erfolglos bleiben, wenn das im Eilverfahren zuständige Gericht bereits im Hauptsacheverfahren entschieden hat, es aber den Ausgang eines Rechtsmittelverfahrens noch für offen hält.[269] Liegt dagegen bereits eine Hauptsacheentscheidung eines vorinstanzlichen Gerichts vor, so vermag dessen Entscheidung die vorzunehmende Interessenabwägung zu steuern, jedenfalls dann, wenn 968

---

262 Beispielhaft BVerwG NVwZ-RR 2009, 803 (Verbot „Heimattreue Deutsche Jugend"); OVG Bautzen SächsVBl. 2007, 137; VG Hannover NVwZ-RR 2009, 556 (559) (Umweltzone).

263 BVerfG NVwZ-Beilage I/1999, 9 (10); NVwZ-RR 1999, 217; NJW 2004, 2297.

264 OVG Frankfurt (Oder) NVwZ-RR 2005, 403; OVG Greifswald NordÖR 2010, 249: VGH Kassel NVwZ-RR 1998, 154; OVG Münster NVwZ-RR 1998, 76; die Annahme einer Bagatellgrenze findet im Gesetz keine Stütze (aA VG Potsdam NVwZ 1999, 101).

265 Beispielhaft: BVerwG NVwZ 2006, 597; OVG Berlin NVwZ 2001, 582 (583); OVG Bremen NVwZ-RR 2005, 314; OVG Bautzen NVwZ-RR 2010, 426; OVG Hamburg NVwZ 2001, 1311; VGH Kassel NVwZ-RR 2004, 32; OVG Koblenz NJW 2006, 2714; NVwZ-RR 2010, 129; OVG Lüneburg NVwZ-RR 2001, 19; NVwZ-RR 2006, 397; VGH Mannheim NVwZ-RR 2004, 640; OVG Münster NVwZ 2000, 702; NVwZ-RR 2003, 568; NVwZ-RR 2004, 794; NVwZ-RR 2006, 597 (598); OVG Saarlouis Beschl. v. 11.4.2016 – 2 B 69/16 Rn. 11; OVG Weimar NVwZ-RR 2000, 578.

266 BVerwG NVwZ 2006, 214 (215); NVwZ 2006, 597; VGH Kassel NVwZ 2000, 98 (99); NVwZ 2001, 108; VGH München NVwZ 1999, 1131 (1132); VGH Mannheim NVwZ 2002, 748.

267 VGH München NVwZ-RR 2002, 681.

268 AA VGH München NVwZ 2000, 222 (223): Umdeutung eines rechtswidrigen Verwaltungsakts in eine innerdienstliche Weisung, für die § 80 VwGO nicht gilt.

269 Vgl. OVG Münster Beschl. v. 27.3.2006 – 20 B 31/06.AK Rn. 4; in der Regel bestimmt das Ergebnis des Hauptsacheverfahrens das Ergebnis des Eilverfahrens, vgl. OVG Greifswald Beschl. v. 28.11.2012 – 1 M 83/12 Rn. 29.

das Gericht höherer Instanz die entscheidungserheblichen Rechtsfragen für richtig beantwortet hält.[270]

969 Die Bewertung der Erfolgsaussichten bindet das Gericht im Hauptsacheverfahren nicht. Wegen des Prognosecharakters der Entscheidung ist das Gericht in der Hauptsache aber gehalten, die Beteiligten darauf hinzuweisen, wenn es von seiner Einschätzung im Eilverfahren abrücken will, die es auf offensichtliche Erfolgsaussichten gestützt hat. Unterlässt es einen solchen Hinweis, wird seine Entscheidung regelmäßig als Überraschungsentscheidung den Anspruch auf rechtliches Gehör verletzen.[271] Daran ändert auch eine im Eilverfahren pauschal ausgesprochene Beschränkung auf eine „summarische Prüfung" nichts; anders liegt es, wenn aus dem Beschluss im Eilverfahren substantiiert deutlich wird, hinsichtlich welcher rechtlichen oder tatsächlichen Fragen sich das Gericht noch im Zweifel befindet.

970 **c) Entscheidung bei offensichtlich erfolglosem Rechtsbehelf. aa) Grundsatz.** Das Gericht lehnt den Antrag nach § 80 Abs. 5 Satz 1 VwGO ab, wenn Widerspruch und Anfechtungsklage nach summarischer Prüfung offensichtlich erfolglos bleiben werden. Dies ist der Fall, wenn der angegriffene Verwaltungsakt offensichtlich rechtmäßig ist und/oder offensichtlich keine Rechte des Antragstellers verletzt oder der Antragsteller nach Ablauf materiell-rechtlicher Präklusionsfristen mit Einwendungen gegen einen Verwaltungsakt nicht mehr gehört wird.[272] Dies gilt sowohl in den Fällen des § 80 Abs. 2 Satz 1 Nr. 1 bis 3, Satz 2 VwGO[273] als auch in den Fällen des § 80 Abs. 2 Satz 1 Nr. 4 VwGO.[274]

971 Zur Begründung wird Unterschiedliches vertreten: Es bestehe generell ein besonderes öffentliches Interesse an der Vollziehung eines offensichtlich rechtmäßigen Verwaltungsakts,[275] das Vollzugsinteresse sei höher zu bewerten als das Suspensivinteresse,[276] es fehle ein schutzwürdiges Interesse des Betroffenen, die Vollziehung des Verwaltungsakts zu verhindern[277] oder die Abwägung der wechselseitigen Interessen gehe zu Ungunsten des Betroffenen aus.[278] Am klarsten ist der Hinweis, dass § 80 Abs. 5 VwGO dem Schutz individueller Rechte und ihrer Durchsetzung durch Widerspruch und Anfechtungsklage dient. Dieses Schutzes bedarf derjenige nicht, dessen Rechtsbehelf in der Hauptsache ohnehin erfolglos bleiben wird.[279]

972 Das Gericht hat dabei kritisch zu prüfen, ob Erfolgsaussichten offensichtlich nicht bestehen. Vielfach werden bereits nach der Eilentscheidung Fakten geschaffen, die im

---

[270] BVerwGE 96, 239 (243); NVwZ 2007, 1207 (1208); Beschl. v. 22.3.2010 – 7 VR 1.10 Rn. 7.

[271] AA wohl VGH Kassel NVwZ-RR 2006, 356.

[272] VGH Mannheim NVwZ 1998, 987; NVwZ-RR 2006, 136 (137); zu unionsrechtlichen Bedenken gegen Präklusionsvorschriften s. EuGH NJW 2015, 3495 Rn. 75 ff.

[273] Beispielhaft BVerwG NVwZ 2003, 206; NVwZ 2005, 330; OVG Koblenz NVwZ-RR 2005, 42; OVG Lüneburg NVwZ-RR 2001, 53; NVwZ-RR 2010, 217; OVG Magdeburg NVwZ-RR 2003, 525; VGH Mannheim NVwZ 2004, 1012; OVG Münster NVwZ-RR 2000, 490.

[274] Beispielhaft OVG Berlin NVwZ 2002, 489 (490); OVG Bremen NordÖR 2009, 367; OVG Greifswald NVwZ-RR 1999, 397; OVG Frankfurt (Oder) NVwZ 2001, 585 (586); NVwZ 2003, 623; OVG Koblenz NJW 2006, 2715; OVG Lüneburg NVwZ 2004, 1136; NVwZ 2005, 1336; OVG Magdeburg NVwZ-RR 2010, 620; VGH Mannheim NVwZ 2004, 119; VGH München NVwZ 2003, 1135 (1136); NVwZ 2003, 1137; OVG Münster NVwZ-RR 2004, 843.

[275] BVerwG DVBl. 1974, 566; VGH Kassel ESVGH 22, 201; VGH München BayVBl. 1983, 23; NVwZ 1983, 691; OVG Münster OVGE 35, 125; ZBR 1981, 352.

[276] OVG Berlin GewArch 1982, 372; OVG Bremen DÖV 1979, 141; VGH Kassel RdL 1979, 331; ESVGH 23, 173; OVG Koblenz AS 13, 154; OVG Lüneburg OVGE 34, 466; VGH München NVwZ 1982, 266.

[277] OVG Koblenz AS 15, 198.

[278] OVG Münster NVwZ 1985, 286.

[279] OVG Lüneburg NVwZ 1999, 1130.

Hauptsacheverfahren tatsächlich nicht mehr rückgängig gemacht werden können. Je endgültiger also die Entscheidung im Eilverfahren ist, desto höhere Anforderungen sind an die gerichtliche Kontrolldichte zu stellen und um so sicherer muss das Verwaltungsgericht sein, dass der Antragsteller auch in der Hauptsache unterliegen wird.[280]

bb) Ausnahmen bei unbilliger Härte. Eine Ausnahme von dem vorgenannten Grundsatz kommt – entsprechend dem Gedanken des § 80 Abs. 4 Satz 3 VwGO – in Betracht, wenn sich ausnahmsweise der sofortige Vollzug des offensichtlich rechtmäßigen Verwaltungsakts als gleichheitswidrige, unverhältnismäßige oder unbillige, nicht durch überwiegende öffentliche Interessen gebotene Härte erweist. In diesen Fällen ist das Gericht befugt, die aufschiebende Wirkung anzuordnen, wenn dies mit dem öffentlichen Interesse an der sofortigen Vollziehung des Verwaltungsakts vereinbar ist.[281] Denkbar ist in solchen Fällen auch eine befristete Anordnung oder Wiederherstellung der aufschiebenden Wirkung[282] oder eine gestaltende Regelung des Gerichts im Rahmen seines Entscheidungsermessens.[283] 973

cc) Ausnahmen bei fehlender Eilbedürftigkeit. In den Fällen des § 80 Abs. 2 Satz 1 Nr. 1 bis 3, Satz 2 VwGO hat das Gericht zu prüfen, ob entgegen der gesetzgeberischen Entscheidung[284] ein öffentliches Interesse an der sofortigen Vollziehung fehlt,[285] die Sache also tatsächlich nicht eilbedürftig ist.[286] An der Eilbedürftigkeit kann es insbesondere fehlen, wenn eine fachgesetzliche Regelung nach § 80 Abs. 2 Satz 1 Nr. 3 VwGO nur darauf zielt, die Behörde von der Notwendigkeit zu entheben, die sofortige Vollziehung anzuordnen, ohne dem Vollzugsinteresse grundsätzlich den Vorrang einzuräumen.[287] Wegen der gesetzgeberischen Entscheidung für die sofortige Vollziehung wird die Eilbedürftigkeit allerdings nur in Ausnahmefällen fehlen. Es bedarf also qualifizierter Argumente, die eine Ausnahme von der gesetzlichen Entscheidung für den Sofortvollzug rechtfertigen können.[288] Greift eine hoheitliche Maßnahme in ein grundrechtlich geschütztes Rechtsgut, namentlich die Berufswahlfreiheit ein, bedarf es besonderer öffentlicher Interessen, die es rechtfertigen, den Rechtsschutzanspruch gegen einen Verwaltungsakt einstweilen zurückzustellen; mit einer bloßen Betrachtung der Erfolgsaussichten darf es das Verwaltungsgericht nicht bewenden lassen.[289] 974

dd) Ausnahmen bei fehlendem Vollzugsinteresse nach § 80 Abs. 2 Satz 1 Nr. 4 VwGO. In den Fällen des § 80 Abs. 2 Satz 1 Nr. 4 VwGO bedarf es einer weiteren Kontrollüberlegung: Die Vorschrift fordert für die behördliche Anordnung der sofortigen Vollziehung ein besonderes öffentliches Interesse an der sofortigen Vollziehung, das über das Interesse an der Vollziehung des Verwaltungsakts hinausgeht.[290] Das Gericht hat dies bei seiner Entscheidung nach § 80 Abs. 5 VwGO zu berücksichtigen, so dass die 975

---

[280] OVG Frankfurt (Oder) NVwZ 2003, 623 (Versammlungsverbot).

[281] OVG Berlin VRS 42 Nr. 97; VRS 42 Nr. 98; VRS 42 Nr. 99; VGH Mannheim ZLW 2006, 471 (475); VGH Mannheim ESVGH 32, 361: die Ausweisung der Ehefrau eines Asylbewerbers kann eine unbillige Härte bedeuten. Auch Gründe des Vertrauensschutzes können beachtlich sein, VGH Mannheim VBlBW 1994, 380.

[282] VG Karlsruhe GewArch. 1982, 230; erwogen von VGH Mannheim GewArch. 1974, 350.

[283] Beispielhaft OVG Münster Beschl. v. 25.5.2016 – 4 B 581/16 zu einer Jugendtanzveranstaltung mit „herausragender Bedeutung für die örtliche Gemeinschaft“.

[284] VG Chemnitz NVwZ-RR 2002, 111.

[285] OVG Weimar NVwZ 2002, 231; NVwZ-RR 2004, 393.

[286] VGH Mannheim NVwZ-RR 2003, 184 (190); vgl. auch BVerwG NVwZ-RR 2002, 153; BVerwG NVwZ 2011, 820 Rn. 2.

[287] So für das Fachplanungsrecht: BVerwG NVwZ-RR 2002, 153.

[288] OVG Münster NVwZ-RR 2009, 487 (488) (geringfügiges öffentliches Interesse ausreichend); NVwZ-RR 2010, 223 (225).

[289] BVerfG NVwZ 2012, 104 (105).

[290] → Rn. 757 ff.

offensichtliche Rechtmäßigkeit des Verwaltungsakts allein die sofortige Vollziehung nicht zu rechtfertigen vermag.[291] Diese Sichtweise trägt dem Regel-Ausnahme-Verhältnis von § 80 Abs. 1 und Abs. 2 VwGO Rechnung.[292] Das Gericht kann die behördliche Anordnung daher nur bestehen lassen, wenn nach seiner Beurteilung ein öffentliches Interesse daran besteht, den offensichtlich rechtmäßigen Verwaltungsakt vor Eintritt seiner Bestandskraft zu vollziehen.[293]

976 Zugleich ist Folgendes zu beachten: Ist der angegriffene Verwaltungsakt offensichtlich rechtmäßig, werden durch seinen Vollzug keine Tatsachen geschaffen, die nach Abschluss des Hauptsacheverfahrens rückgängig zu machen sind. Die aufschiebende Wirkung nach § 80 Abs. 1 VwGO ist zum Schutz subjektiver Rechte nicht erforderlich, weil der rechtmäßige Verwaltungsakt keine subjektiven Rechte verletzt. Daher gebietet Art. 19 Abs. 4 Satz 1 GG nicht, die Vollziehung eines Verwaltungsakts auszusetzen, der nach gerichtlicher Einschätzung offensichtlich rechtmäßig ist.[294]

977 Diese gegenläufigen Gesichtspunkte lassen sich vereinbaren, wenn man regelmäßig schon ein Sofortvollzugsinteresse von untergeordnetem Gewicht ausreichen lässt, um die sofortige Vollziehung des offensichtlich rechtmäßigen Verwaltungsakts zu rechtfertigen.[295] Es kann insbesondere zur Annahme eines überwiegenden öffentlichen Vollzugsinteresses ausreichen, wenn es mit dem Interesse an der Einhaltung und Verwirklichung der Rechtsordnung nicht zu vereinbaren ist, im konkreten Fall den Vollzug des Verwaltungsakts auf mehrere Jahre hinauszuschieben. Die Unterbindung strafbaren Verhaltens ist regelmäßig eilbedürftig.[296]

978 Es bedarf damit einer Kontrollüberlegung: Liegen Umstände im Einzelfall vor, die trotz offensichtlicher Rechtmäßigkeit des angegriffenen Verwaltungsakts ein öffentliches Sofortvollzugsinteresse ausschließen?[297] Dies kann in folgenden Konstellationen der Fall sein: Es ergeht eine baurechtliche Rückbauverfügung, eine sofortige Vollziehung der Nutzungsuntersagung reicht aber vorläufig aus;[298] ein Verwaltungsakt soll erst nach etlichen Monaten wirksam werden;[299] eine Regelung wird nur „auf Vorrat" erlassen;[300] die Behörde hat rechtswidrige Zustände über mehrere Jahre hingenommen, ohne überhaupt dagegen vorzugehen;[301] die Ausländerbehörde droht die Abschiebung unter An-

---

[291] VGH Kassel NVwZ-RR 2004, 32; VG Stuttgart NJW 2006, 1017; offen gelassen in VGH Mannheim NVwZ-RR 2003, 555 (557); BGH NVwZ-RR 2004, 466 (467).

[292] VGH Kassel NVwZ-RR 2004, 32.

[293] Ebenso OVG Lüneburg NVwZ-RR 2001, 362 (364); VG Chemnitz NVwZ 1999, 1374 (1375): Wiederherstellung der aufschiebenden Wirkung eines Widerspruchs gegen die Anordnung, ein Grundstück an die öffentliche Abfallentsorgung anzuschließen, ist geboten, wenn die Behörde nicht zugleich sofort vollziehbar auch die Benutzung dieser Anlagen anordnet; vgl. auch die ergänzende Interessenabwägung in OVG Münster NVwZ 2001, 110 (112); NVwZ-RR 2006, 527 (528) (sofortige Vollziehung des Widerrufs einer Abbruchgenehmigung); VG Freiburg BauR 2012, 684 (Ls.).

[294] BVerfG DÖV 1982, 450; BVerwG NVwZ 1991, 159; VGH Mannheim NVwZ 1986, 490.

[295] Vgl. OVG Hamburg NVwZ 1984, 256; OVG Lüneburg NVwZ 1983, 103.

[296] VGH Kassel NVwZ 2006, 1435 (1440); VGH München NVwZ 2006, 1430 (1434).

[297] VGH München NVwZ-RR 2005, 611 (612); vgl. auch OVG Münster NVwZ-RR 2005, 638 (640); VG Düsseldorf NVwZ 2002, 624 (626).

[298] VGH Mannheim NVwZ 1997, 601.

[299] VG Frankfurt NVwZ-RR 1998, 166 (167): kein überwiegendes öffentliches Interesse am Vollzug des Widerrufs einer immissionsschutzrechtlichen Genehmigung, wenn der Widerruf erst neun Monate nach Erlass wirksam werden soll; vgl. dagegen OVG Magdeburg NVwZ-RR 2010, 620 (Sofortvollzug einer Flurbereinigung möglich, wenn das Planfeststellungsverfahren eingeleitet ist).

[300] VGH München VRS 109, 141: sofort vollziehbare Untersagung, einen ausländischen Führerschein zu benutzen, wenn keine Anhaltspunkte bestehen, dass der Betreffende dies beabsichtigt.

[301] Erwogen, aber abgelehnt in OVG Lüneburg NVwZ-RR 2005, 607 (608); OVG Münster Beschl. v. 22.4.1996 – 7 B 315/96 Rn. 11.

ordnung des Sofortvollzugs an, die Bearbeitung des Widerspruchs selbst ruht danach über einen langen Zeitraum[302] oder es ist absehbar, dass der Betroffene von einer bereits verabschiedeten Gesetzesänderung profitieren wird.[303]

Trifft die Anordnung des Sofortvollzugs den Betroffenen schwer in einer grundrechtlich geschützten Position, etwa: der Berufsfreiheit, bedarf es der Feststellung, ob es einer Anordnung der sofortigen Vollziehung als Präventivmaßnahme zur Abwehr konkreter Gefahren für wichtige Gemeinschaftsgüter noch vor Rechtskraft der Hauptsacheentscheidung bedarf.[304] 979

d) Entscheidung bei ernstlichen Zweifeln an der Rechtmäßigkeit des Verwaltungsakts. aa) Anforderung öffentlicher Abgaben und Kosten. Für die Anforderung von öffentlichen Abgaben und Kosten gibt § 80 Abs. 4 Satz 3 VwGO der Behörde einen Maßstab für die Entscheidung über einen Aussetzungsantrag vor: Die Aussetzung soll erfolgen, wenn ernstliche Zweifel an der Rechtmäßigkeit des angegriffenen Verwaltungsakts bestehen oder wenn die Vollziehung für den Abgaben- oder Kostenpflichtigen eine unbillige, nicht durch überwiegende öffentliche Interessen gebotene Härte zur Folge hat. Die Rechtsprechung legt diesen Maßstab zu Recht auch bei der Entscheidung über Anträge nach § 80 Abs. 5 an, soweit die Anforderung von öffentlichen Abgaben und Kosten in Rede steht[305] (zur Auslegung des § 80 Abs. 4 Satz 3 VwGO s. o.[306]). 980

bb) Im Anwendungsbereich des UmwRG. Der Gesetzgeber hat für den Bereich des Umweltrechtsbehelfsgesetzes in § 4a Abs. 3 UmwRG eine Sonderregelung geschaffen. Danach ist § 80 Abs. 5 Satz 1 VwGO mit der Maßgabe anzuwenden, dass das Gericht der Hauptsache die aufschiebende Wirkung ganz oder teilweise anordnen oder wiederherstellen kann, wenn im Rahmen einer Gesamtabwägung ernstliche Zweifel an der Rechtmäßigkeit des Verwaltungsakts bestehen. Die Regelung ist skurril. Denn § 80 Abs. 5 Satz 1 VwGO regelt den Entscheidungsmaßstab ja gerade nicht. Der Verweis kann daher nur als Verweis auf die Interessenabwägung verstanden werden, wie sie sich in der Rechtsprechung herausgebildet hat. § 4a Abs. 3 UmwRG verändert diesen Prüfungsmaßstab nur hinsichtlich der Erfolgsaussichten des Rechtsbehelfs: Die Anordnung bzw. Wiederherstellung der aufschiebenden Wirkung setzt hiernach voraus, dass bei der Beurteilung der Erfolgsaussichten als Element der Interessenabwägung „ernstliche Zweifel an der Rechtmäßigkeit des Verwaltungsakts bestehen". Es bleibt also dabei, dass in eine umfassende Interessenabwägung weitere Gesichtspunkte eingehen können, so dass die Interessenlage je nach Lage des Falles auch losgelöst von den Erfolgsaussichten des Rechtsbehelfs vorgenommen werden kann.[307] § 4a Abs. 3 UmwRG bleibt damit in der Praxis eine folgenlose gesetzgeberische Arabeske. 980a

---

[302] BVerfGE 35, 382 (405); vgl. auch OVG Bremen NordÖR 2001, 507 (schleppende Bearbeitung eines Genehmigungsantrags bei gleichzeitigem Sofortvollzug einer Untersagungsverfügung).

[303] OVG Magdeburg AuAS 2012, 50 (kein Sofortvollzug der Rücknahme einer Aufenthaltserlaubnis, wenn dem Betroffenen voraussichtlich eine Aufenthaltserlaubnis nach einer anderen Norm erteilt werden kann).

[304] BVerfG NJW 2003, 3618 (3619); NJW 2010, 2268 (2269); NVwZ 2012, 104 (105).

[305] Einhellige Auffassung: BVerwG BayVBl. 1982, 442; OVG Bautzen NVwZ-RR 2000, 240; OVG Berlin-Brandenburg NVwZ-RR 2010, 494; OVG Frankfurt (Oder) NVwZ-RR 2004, 252; OVG Greifswald NVwZ-RR 2004, 370; VGH Kassel NVwZ-RR 2006, 143; NVwZ-RR 2006, 284; OVG Lüneburg NVwZ-RR 2003, 674 (675); NVwZ 2004, 755; OVG Magdeburg NVwZ-RR 2004, 135; VGH Mannheim NVwZ-RR 2006, 420; OVG Münster NVwZ-RR 2001, 603; OVG Schleswig NVwZ-RR 2001, 332 (333); OVG Weimar NVwZ-RR 2004, 393.

[306] → Rn. 829 f.

[307] BVerwG NVwZ 2013, 1019 Rn. 4 m. Anm. *Christ* jurisPR-BVerwG 21/2013 Anm. 3; NVwZ 2015, 82 Rn. 10; vgl. BT-Drs. 17/10957, 18; OVG Lüneburg Beschl. v. 22.7.2016 – 7 MS 19/16 Rn. 8.

981 **cc) Sonstige Verwaltungsakte.** In einzelnen Fachgesetzen ist angeordnet, dass die aufschiebende Wirkung wiederhergestellt wird, wenn ernstliche Zweifel an der Rechtmäßigkeit des Verwaltungsakts bestehen (vgl. § 36 Abs. 4 Satz 1 AsylG); dieser Maßstab kann dem Fachrecht auch sonst gelegentlich entnommen werden.[308]

982 Eine allgemeine Wertung, dass die aufschiebende Wirkung bereits bei Bestehen ernstlicher Zweifel angeordnet werden soll, kann dem Gesetz über diese Fälle hinaus für die Verwaltungsakte nach § 80 Abs. 2 Satz 1 Nr. 2 und 3, Satz 2 VwGO nicht entnommen werden.[309] Denn die Regelung des § 80 Abs. 4 Satz 3 VwGO trägt der spezifischen Interessenlage bei der Anforderung der öffentlichen Abgaben und Kosten Rechnung; dies steht einer analogen Anwendung entgegen.[310] Aus den genannten Gründen führen ernstliche Zweifel auch in den Fällen des § 80 Abs. 2 Satz 1 Nr. 4 VwGO nicht „automatisch" zum Obsiegen des Antragstellers.[311] Ernstliche Zweifel können jedoch – abhängig von ihrem Gewicht – bei der folgenden Abwägung den Ausschlag für einen Erfolg des Antrags geben.

983 **e) Entscheidung bei offenem Ausgang der Hauptsache.** Ist nach der summarischen Beurteilung des Ausgangs des Hauptsacheverfahrens keine abschließende Entscheidung über den Antrag nach § 80 Abs. 5 VwGO möglich, so hat das Gericht eine sorgsame[312] Abwägung aller wechselseitigen Interessen vorzunehmen, um zu ermitteln, wessen Interesse für die Dauer des Hauptsacheverfahrens der Vorrang gebührt.[313] Dieser Maßstab ist verfassungsrechtlich nicht zu beanstanden.[314] Dabei hat das öffentliche Vollzugsinteresse nicht regelmäßig Vorrang vor dem Individualinteresse.[315] Vielmehr kommt bei offenem Ausgang in der Hauptsache ein Überwiegen des Suspensivinteresses ebenso in Betracht[316] wie ein Überwiegen des Vollzugsinteresses.[317] Dabei darf aber das Gewicht des einstweiligen Rechtsschutzes nicht unberücksichtigt bleiben.[318]

---

[308] OVG Berlin NVwZ-RR 2002, 306 (zur Ausgleichsabgabe).

[309] Umstritten: Gegen eine analoge Anwendung OVG Lüneburg NVwZ-RR 1989, 328; *Debus* NVwZ 2006, 49 (50); *W.-R. Schenke* VBlBW 2000, 56 (57); *Proppe* JA 2004, 324 (325); ernstliche Zweifel sollen zum Erfolg des Antrags führen nach OVG Berlin NVwZ-RR 2003, 527; OVG Frankfurt (Oder) NVwZ-RR 1999, 146; VGH Mannheim NVwZ-RR 2009, 764; VGH München NVwZ 2003, 358; OVG Saarlouis NVwZ-RR 2008, 275; VG Frankfurt NVwZ 2000, 227; 18; auf eine Differenzierung verzichtet BVerwG NVwZ 2003, 1396 (1397); NVwZ-RR 2003, 618; OVG Münster NVwZ 2002, 496; NVwZ-RR 2004, 383.

[310] → Rn. 832.

[311] Für den Maßstab des § 80 Abs. 4 Satz 3 dagegen VGH Mannheim NVwZ 2003, 1281; VGH München NVwZ 2000, 222; VG Potsdam NVwZ 1999, 1254; nach VGH München NVwZ 1988, 749 kann trotz ernstlicher Zweifel an der Rechtmäßigkeit eines Verwaltungsakts ausnahmsweise dessen sofortige Vollziehbarkeit gerechtfertigt sein; zu Recht ablehnend *Renck* NVwZ 1988, 700.

[312] Zur Sorgfalt bei der Vornahme einer Interessenabwägung vgl. BVerfG DVBl. 1985, 567 (Ausweisung eines Ausländers); BVerwG NVwZ 1991, 159 (Bau einer Autobahn); NVwZ 1993, 266 (Ausbau einer Bahnstrecke); zu Großverfahren s. *Paetow* NVwZ 2007, 36 (39 f.).

[313] Beispiele solcher Abwägung etwa: OVG Berlin NVwZ-RR 2001, 89 (92) (Lagerung pyrotechnischer Gegenstände); OVG Hamburg NVwZ-RR 2002, 276 (Haltung eines gefährlichen Hundes); NordÖR 2016, 219; OVG Koblenz NVwZ-RR 2009, 368 (Beschränkung des Alkoholverkaufs durch Tankstellen zur Nachtzeit); OVG Lüneburg NVwZ-RR 2001, 362 (364) (Bau eines Sperrwerks); VGH München NVwZ 2001, 1313; OVG Münster NJW 2000, 891 (In-Verkehr-Bringen eines Produktes zum Bleichen der Zähne); NVwZ-RR 2003, 297 (298) (Reparatur einer Anschlussleitung bei drohender Umweltgefährdung); NVwZ-RR 2004, 655 (656) (Vermittlung von Sportwetten); NVwZ 2009, 1505 (1508) (Durchsuchen von Restabfällen).

[314] BVerfGE 69, 315 (363); BVerfG NJW 2002, 2225.

[315] BVerfG NVwZ-RR 1991, 365

[316] BVerwG NVwZ-RR 1998, 289 (290)

[317] Zw. daher VGH München NVwZ-RR 2009, 582 mit der Formulierung, die Hauptsache sei offen und *daher* überwiege das Suspensivinteresse.

[318] BVerwG Beschl. v. 10.3.2011 – 8 VR 2.11 Rn. 12; VGH Mannheim InfAuslR 2013, 27 (30).

aa) Einzustellende Gesichtspunkte. In die Interessenabwägung sind – je nach Lage des konkreten Falles – folgende Gesichtspunkte einzustellen: **984**

Welche Erfolgsaussichten bestehen in der Hauptsache, soweit dies bereits absehbar ist?[319] Auch unterhalb der Schwelle eines Offensichtlichkeitsurteils hat das Gericht also zu erwägen, ob Überwiegendes für ein Obsiegen des Antragstellers spricht, ob die Chancen offen sind oder ein Unterliegen des Antragstellers im Ergebnis wahrscheinlicher erscheint.[320] Die aufschiebende Wirkung kann auch anzuordnen sein, wenn dem Beschwerdeführer ein Verhalten als strafbares Verhalten untersagt wird, die Strafbarkeit selbst aber – unter unionsrechtlichen Gesichtspunkten – zweifelhaft ist.[321] **985**

Droht bei sofortiger Vollziehung der Eintritt von Folgen, die nach Abschluss des Hauptsacheverfahrens nicht wieder rückgängig gemacht werden können? Der Rechtsschutzanspruch des Betroffenen wird dabei umso stärker, je mehr der Vollzug des Verwaltungsakts Unabänderliches bewirkt.[322] Zu vergleichen ist damit die Situation der Vollziehung bei späterem Obsiegen des Bürgers in der Hauptsache mit der Situation einer Aussetzung der Vollziehung bei späterem Unterliegen des Anfechtungsklägers.[323] Tatsachen, welche die Behörde unter Missachtung der aufschiebenden Wirkung geschaffen hat, dürfen nicht zu ihren Gunsten berücksichtigt werden.[324] **986**

Welches Gewicht hat die dem Betroffenen auferlegte Belastung? Wird in schwer wiegender Weise in grundrechtlich geschützte Positionen – etwa Art. 12 Abs. 1 GG – eingegriffen?[325] Auch verfahrensrechtliche Positionen sind zu berücksichtigen.[326] Eine **987**

---

319 BVerfGE 51, 268; VGH Kassel NVwZ-RR 2000, 570; OVG Lüneburg NVwZ-RR 2004, 840; VGH München NVwZ-RR 2003, 274 (275); OVG Münster NVwZ 2000, 1445; VG Koblenz NVwZ-RR 2005, 762; anders wohl VGH Kassel NVwZ-RR 1998, 154 („reine Abwägung").

320 Vgl. BVerwG NVwZ 2011, 1342 Rn. 9.

321 BVerfG NVwZ 2005, 1303.

322 BVerfGE 35, 382 (402); 67, 43 (61 f.); 69, 315 (363); BVerwG NVwZ 1991, 159; NVwZ-RR 2011, 420; beispielhaft VGH München ZBR 1999, 68 (Anordnung einer Alkoholentziehungskur bei einem Beamten, der ohnehin keinen Dienst versieht); NVwZ 2002, 1268 (Zweifel an der Rechtmäßigkeit einer Ausweisungsverfügung); NVwZ-RR 2003, 274; VGH Mannheim NVwZ 2004, 119 (120) (naturschutzrechtliche Betretensregelung); VG Stuttgart NVwZ 2004, 1521 (1523) (Untersagung von Sportwetten); VGH Mannheim NVwZ-RR 2000, 283 (drohender Notverkauf); OVG Koblenz NuR 2016, 484 (Rodungsarbeiten); OVG Münster NVwZ-RR 2007, 14 (16) (kein überwiegendes Vollzugsinteresse, wenn finanzielle Interessen inmitten stehen und die Rückabwicklung der Zahlungen nicht gefährdet ist).

323 OVG Hamburg NVwZ 2001, 1308 (1309) (Überwiegen der Interessen eines Hundehalters gegenüber einer Haltungsuntersagung); OVG Koblenz NVwZ 2006, 1426 (1429 f.) (unumkehrbare Marktdynamik, die der Neuregelung eines Rechtsgebietes – hier: Sportwetten – entgegenstehen könnte); OVG Lüneburg NVwZ 2000, 1194 (1196) (Belastung mit erheblichen Sanierungskosten bei Bodenverunreinigungen, die sich nur langsam ausbreiten und keine Gesundheitsgefahr darstellen); Beschl. v. 22.7.2016 – 7 MS 19/16 Rn. 24 ff. (Überwiegen artenschutzrechtlicher Bedenken gegenüber dem Bedarf für eine Deponie); OVG Magdeburg NVwZ 1999, 899 (vorläufiger Besuch einer integrativen Schule bei Annahme eines Sonderschulbedarfs); VGH Mannheim NVwZ-RR 2003, 101 (Überwiegen des öffentlichen Interesses am Vollzug einer bodenrechtlichen Erkundungsauflage, wenn die damit verbundene finanzielle Belastung nicht existenzbedrohend ist); NVwZ-RR 2007, 152 (Ls.) (Sofortvollzug der Rücknahme eines Bauvorbescheides, um die Erteilung einer Baugenehmigung zu verhindern); OVG Münster NJW 1999, 1968 (Rückforderung staatlicher Parteienfinanzierung); NJW 2002, 2195 (Wohnungsverweisung).

324 OVG Hamburg NJW 1980, 2146.

325 BVerfG NJW 1991, 1530; VGH Mannheim VBlBW 2012, 34 (35) (Untersagung von Sportwetten bei unklarer Rechtslage); OVG Hamburg NordÖR 2016, 219 (222) (Versammlungsrecht); OVG Münster NVwZ-RR 2005, 470 (472); OVG Saarlouis NVwZ-RR 2016, 660 (662 f.) (Spielhalle); der Topos verliert an Gewicht, wenn der Betroffene selbst die Unsicherheit der Rechtslage in Kauf nimmt, indem er bei unklarer Rechtslage einen Beruf ergreift, vgl. dazu OVG Schleswig NJW 2007, 1547 (1548) oder ohnehin ein auslaufender Zeitraum in Rede steht, so OVG Magdeburg Beschl. v. 16.2.2011 – 1 M 9/11 Rn. 13 (Entlassung eines Beamten auf Zeit).

326 OVG Saarlouis NJW 1992, 646 (zur Wahrnehmung eines prozessualen Anhörungsrechts).

Untergrenze der Belastung, unterhalb derer ein Eilrechtsschutzantrag stets erfolglos bleiben müsste, kennt das Gesetz nicht.[327] Das Suspensivinteresse ist aber nur gering, wenn auch bei erfolgreichem Eilantrag die Rechtsposition des Antragstellers nicht verbessert wird, weil er auf die Klärung im Hauptsacheverfahren angewiesen ist.[328] Es ist auch zu prüfen, ob der Betroffene Maßnahmen ergreifen kann, die seine Belastung abmildern.[329] Allerdings wird es nicht in Betracht kommen, den Betroffenen im Rahmen der Interessenabwägung auf Ausgleichsansprüche gegen die Behörde zu verweisen.

988 Wie dringlich ist eine baldige Vollziehung?[330] Je gewichtiger die Belastung ist, desto gewichtiger muss auch das Interesse an der sofortigen Vollziehung sein, das dazu führen soll, dass die Entscheidung im Hauptsacheverfahren nicht abgewartet werden kann,[331] dies gilt besonders bei Maßnahmen zum Schutz elementarer Sicherheitsinteressen.[332] Dagegen erscheint eine baldige Vollziehung weniger dringlich, wenn auslaufendes Recht in Rede steht und offen ist, wie die Rechtslage nach einer Neuregelung ist.[333]

989 Kann ein angemessener Interessenausgleich durch eine stattgebende Entscheidung erreicht werden, bei der die aufschiebende Wirkung von Auflagen nach § 80 Abs. 5 Satz 4 VwGO abhängig gemacht wird?[334] Hat der Betroffene die Möglichkeit verstreichen lassen, die drohende Belastung durch eigene Anstrengungen abzuwenden,[335] etwa indem er ein Hauptsacheverfahren mit der gebotenen Konsequenz betreibt.[336] Andererseits verliert das öffentliche Interesse am Sofortvollzug an Gewicht, wenn die Behörde ihrerseits einen anhängigen Widerspruch nur zögerlich bearbeitet.[337]

990 Kann das Gericht bereits absehen, *wann* es in der Hauptsache entscheidet? Eine vorläufige Suspendierung erscheint jedenfalls dann hinnehmbar, wenn das Gericht eine zügige Bearbeitung des Hauptsacheverfahrens in Aussicht stellen kann.[338] Ebenso kann es für die Herstellung der aufschiebenden Wirkung sprechen, wenn es um die Hinnahme eines möglicherweise von der Rechtsordnung missbilligten Verhaltens nur für eine Übergangszeit geht.[339]

991 **bb) Gesetzgeberische Vorprägung.** Diese Gesichtspunkte hat das Gericht zu würdigen unter Beachtung der gesetzgeberischen Wertungen: Der Gesetzgeber schließt in den Fällen des § 80 Abs. 2 Satz 1 Nr. 1 und Nr. 2 VwGO sowie in den einzelnen Fachgesetzen nach § 80 Abs. 2 Satz 1 Nr. 3 und Abs. 2 S. 2 VwGO die aufschiebende Wirkung aus. Ob und inwieweit hierin eine Gewichtung des Sofortvollzugsinteresses liegt, ist eine

---

[327] Unzutreffend VG Potsdam NVwZ 1999, 101.

[328] OVG Münster NVwZ-RR 2006, 244 (246).

[329] VG Hannover NVwZ-RR 2009, 556 (559) (Nutzung von Fahrzeugen innerhalb einer Umweltzone).

[330] Beispielhaft: BVerwG NVwZ-RR 2003, 66 (67); OVG Berlin-Brandenburg NVwZ-RR 2010, 275 (276); OVG Lüneburg NVwZ 2000, 1194 (1196); vgl. auch OVG Lüneburg DVBl. 2011, 1560 für eine Besitzeinweisung in Folge eines Planfeststellungsbeschlusses, der derzeit nicht vollziehbar ist.

[331] BVerfG NJW 1991, 1530; BVerwG Beschl. v. 27.6.2011 – 6 VR 4.10 Rn. 8 (Vereinsverbot).

[332] VG Aachen NVwZ-RR 2009, 781 (Teilnahme am bewaffneten Jihad); OVG Hamburg NordÖR 2016, 219 (223) (Auseinandersetzungen anlässlich einer Demonstration).

[333] OVG Münster NWVBl 2012, 267 (268) (Werbeverbot nach dem Glücksspielstaatsvertrag).

[334] OVG Magdeburg NVwZ 1999, 899; VG Dresden NVwZ-RR 2003, 848 (853).

[335] VGH Mannheim NJW 2006, 1153 (1158) (Fahrerlaubnisrecht, Aufforderung, sich einer medizinisch-psychologischen Begutachtung zu unterziehen).

[336] VGH München NVwZ-RR 2009, 310 (311).

[337] → Rn. 1231.

[338] So in BVerwG NVwZ 2005, 689; vgl. zu einem Verwaltungsakt mit Doppelwirkung VGH München NVwZ-RR 2005, 524 (525); zur Dauer des Widerspruchsverfahrens: VG Freiburg NJW 2006, 3370 (3371).

[339] OVG Schleswig NJW 2007, 1547.

Frage des jeweiligen Fachrechts.[340] Auch bei einer gesetzgeberischen Gewichtung des Sofortvollzugsinteresses nimmt die Entscheidung über den Ausschluss der aufschiebenden Wirkung die Risikoverteilung nicht stets so vorweg, dass sich das Vollzugsinteresse „regelhaft“ durchsetzen müsste. Die gerichtliche Abwägung zwischen individuellem Suspensivinteresse und öffentlichem Vollzugsinteresse ist danach gesetzlich strukturiert, aber nicht präjudiziert.[341]

In den Fällen des § 80 Abs. 2 Satz 1 Nr. 4 VwGO weist die gesetzliche Vorprägung in die entgegengesetzte Richtung. Die gesetzgeberische Entscheidung für die aufschiebende Wirkung nach § 80 Abs. 1 VwGO spricht dafür, bei offenem Ausgang des Hauptsacheverfahrens und Interessegleichheit im Übrigen die aufschiebende Wirkung wiederherzustellen.[342] **992**

f) Zweifel an der Gültigkeit von Unionsrecht. Vollzieht eine nationale Behörde einen Rechtsakt der EU durch belastenden Verwaltungsakt, kann der Betroffene nach § 80 Abs. 5 VwGO um Eilrechtsschutz nachsuchen mit der Begründung, dieser Rechtsakt, etwa eine Verordnung, sei nicht gültig. Dies gilt auch für die nach in Art. 288 Abs. 2 AEUV allgemein, verbindlich und unmittelbar geltenden Verordnungen.[343] **993**

Die Interessenabwägung erhält in diesen Fällen indes eine besondere Struktur: Die Gewährung vorläufigen Rechtsschutzes wegen Zweifeln an der Geltung von Unionsrecht gefährdet dessen Durchsetzung. Die Rechtsprechung des EuGH ist daher von dem Bestreben geprägt, die Durchsetzung des Unionsrechts nicht vorschnell durch vorläufige gerichtliche Regelungen zu gefährden.[344] Maßgebend hierfür sind die Vorgaben des europäischen Prozessrechts aus Art. 278, 279 AEUV. Einstweiliger Rechtsschutz kann nur gewährt werden, wenn im Einzelfall die Belange des Antragstellers das öffentliche Interesse unter besonderer Berücksichtigung des Unionsinteresses überwiegen. **994**

Einstweiliger Rechtsschutz muss daher dringlich sein, um einen schweren und nicht mehr wiedergutzumachenden Schaden des Antragstellers bis zur Klärung der unionsrechtlichen Zweifelsfragen zu vermeiden. Ein reiner Geldschaden ist grundsätzlich reversibel und daher kein schwerer und nicht mehr wiedergutzumachender Schaden.[345] Der drohende Schaden muss ein erhebliches Gewicht im Sinne anhaltender und massiver Beeinträchtigungen aufweisen. In einzelnen Fällen hat der EuGH vom Antragsteller die Darlegung einer Existenzgefährdung gefordert.[346] Prozessual fällt die Ermittlung der „Irreversibilität“ eines drohenden Schadens in die Zuständigkeit des nationalen Gerichts.[347] **995**

---

[340] → Rn. 838 und → Rn. 1075; VG Hamburg NVwZ-RR 2009, 284 (§ 45 Abs. 5 WaffG); VGH Mannheim Beschl. v. 4.3.2016 – 6 S 2239/15 Rn. 8 (§ 10 Abs. 4 SchfHwG); für Zwangsgeldfestsetzungen nimmt OVG Magdeburg Beschl. v. 3.5.2016 – 2 M 6/16 Rn. 32 einen Vorrang des Vollzugsinteresses an.

[341] BVerwG NVwZ 2005, 689 (zu den Hintergründen dieser Entscheidung *Gatz* jurisPR-BVerwG 11/2005 Nr. 6); VGH Kassel NVwZ-RR 2006, 300; vgl. auch OVG Saarlouis DÖV 1993, 124; ferner VGH Mannheim VBlBW 1981, 252: Bei Interessengleichheit soll das Sofortvollzugsinteresse vorgehen; eine stärkere Akzentuierung des Unterschiedes zwischen § 80 Abs. 2 Satz 1 Nr. 1–3 und Abs. 2 Satz 1 Nr. 4 in BVerfG NVwZ 2004, 93 m. krit. Anm. *Happ* NVwZ 2005, 282; *Debus* NVwZ 2006, 49; deutliche Annäherung wiederum in BVerfG NVwZ-RR 2011, 420.

[342] VGH Kassel HessVGRspr 1985, 3.

[343] So ausdrücklich der EuGH Slg. 1990, I-2433, Rn. 21 = NJW 1991, 2271 – Factortame; Slg. 1995, I-3761, Rn. 21 = NJW 1996, 1333; ausführlich *Windthorst,* Rechtsschutz, S. 188 ff.

[344] OVG Koblenz NVwZ 2004, 363; verfassungsrechtliche Bedenken gegen diese erhöhten Anforderungen bestehen nicht, vgl. BVerfG LRE 49, 360 = StoffR 2004, 243 (Ls.).

[345] EuGH Slg. 1991, I-415 Rn. 28, 29 = NVwZ 1991, 460.

[346] EuGH Slg. 1976, 1871 – Simmenthal I.

[347] EuGH Slg. 1991, I-415 Rn. 29 = NVwZ 1991, 460.

996 Das nationale Gericht muss das Interesse der Union angemessen berücksichtigen.[348] Der EuGH fordert dabei die Prüfung, ob einem inzident angegriffenen Unionsrechtsakt nicht jede praktische Wirkung genommen wird, wenn er vorläufig unbeachtet bleibt.[349] Das nationale Gericht darf durch die Gewährung einstweiligen Rechtsschutzes nicht vorschnell eine Zersplitterung der Vollzugspraxis in den Mitgliedstaaten in Kauf nehmen.[350] Dem ist zu entnehmen, dass der EuGH die Gewährung einstweiligen Rechtsschutzes in aller Regel für ausgeschlossen hält, wenn sie den Unionsrechtsakt dauerhaft gegenstandslos machen würde.

997 Die genannten Maßstäbe stärken die Effektivität des Unionsrechtsrechts, drängen aber den Rechtsschutz des Bürgers merklich zurück. Sie sind daher auf den genannten Fall – Annahme der Ungültigkeit eines unionsrechtlichen Rechtsakts – beschränkt. Stehen sonst unionsrechtliche Fragen inmitten, namentlich die Vereinbarkeit nationaler Regelungen mit dem Unionsrecht, so gelten die oben dargestellten allgemeinen Grundsätze.[351]

III. Die gerichtliche Entscheidung

1. Tenor

998 Ist der Aussetzungsantrag zulässig und begründet, ist bei der Fassung des Tenors zwischen den Fällen des § 80 Abs. 2 Satz 1 Nr. 1 bis 3, Satz 2 VwGO und den Fällen nach § 80 Abs. 2 Satz 1 Nr. 4 VwGO zu unterscheiden. In den Fällen des § 80 Abs. 2 Satz 1 Nr. 1 bis 3, Satz 2 VwGO wird die aufschiebende Wirkung angeordnet, in den Fällen des § 80 Abs. 2 Satz 1 Nr. 4 VwGO wird sie wiederhergestellt.

999 Das Gericht kann die Entscheidung sachlich[352] oder zeitlich beschränken. So kann es die aufschiebende Wirkung nur teilweise[353] oder– statt wie regelmäßig rückwirkend – lediglich mit Wirkung *ex nunc*[354] oder zu einem anderen Zeitpunkt[355] herstellen. In der zeitlichen Beschränkung der aufschiebenden Wirkung – etwa bis zum Erlass des Widerspruchsbescheides – liegt eine teilweise Ablehnung eines Antrags, der regelmäßig auf eine zeitlich darüber hinausgehende Aussetzung der Vollziehung gerichtet sein wird;[356] im Beschwerdeverfahren hat das Beschwerdegericht die Ausübung der richterlichen Gestaltungsbefugnis zu prüfen.[357] Stets zeitlich zu beschränken ist eine Entscheidung nach § 80 Abs. 5, wenn die Aussetzung der Vollziehung mit Blick auf eine Entscheidung des EuGH über eine Vorlagefrage erfolgt.[358]

1000 Wurde gegen den Verwaltungsakt Widerspruch eingelegt, wird, auch wenn bereits die Anfechtungsklage anhängig ist, die aufschiebende Wirkung des Widerspruchs angeordnet oder wiederhergestellt.[359] Nur wenn der Klage kein Widerspruchsverfahren vorausgeht,

---

[348] OVG Berlin NVwZ 2006, 104 (106).

[349] EuGH Slg. 1991, I-415 Rn. 31 = NVwZ 1991, 460.

[350] EuGH Slg. 1991, I-415 Rn. 30 = NVwZ 1991, 460.

[351] OVG Koblenz NVwZ 2004, 363 (363 f.).

[352] Zur dann gebotenen Interessenabwägung s. BVerfG NVwZ-RR 2010, 109 (zu § 86b SGG).

[353] Beispielhaft: BVerwGE 123, 241 (242) (aufschiebende Wirkung einer Klage gegen einen Planfeststellungsbeschluss angeordnet, zugleich bestimmte Baumaßnahmen weiterhin zugelassen.).

[354] OVG Lüneburg NVwZ 1990, 270; VG Bremen Beschl. v. 11.2.2005 – 6 V 1/05. Fehlt eine solche Anordnung, wirkt die gerichtliche Entscheidung zurück, vgl. BVerwG LKV 2016, 268 Rn. 14 f.

[355] OVG Bautzen SächsVBl. 2001, 40; VGH Kassel NVwZ-RR 1992, 615; VGH München NVwZ 1987, 63.

[356] Offen gelassen bei OVG Greifswald Beschl. v. 23.2.2015 – 1 M 22/15 Rn. 8.

[357] Beispielhaft OVG Greifswald Beschl. v. 23.2.2015 – 1 M 22/15 Rn. 14 ff.

[358] → Rn. 924 ff.

[359] AA VGH Kassel ESVGH 23, 173 (175); OVG Weimar NVwZ-RR 1999, 698.

wird die aufschiebende Wirkung der Klage angeordnet oder wiederhergestellt. Denn § 80 kennt nur eine einheitliche aufschiebende Wirkung, nicht eine aufschiebende Wirkung des Widerspruchs und eine hiervon zu unterscheidende der Klage. Die gerichtliche Entscheidung gilt daher stets für den ersten Rechtsbehelf, dem aufschiebende Wirkung beikommen kann.

2. Rückgängigmachung des Vollzugs

Ist der Verwaltungsakt vollzogen, kann das Gericht die Aufhebung der Vollziehung nach § 80 Abs. 5 Satz 3 VwGO anordnen.[360] 1001

3. Auflagen und andere Nebenbestimmungen

Nach § 80 Abs. 5 Satz 4, 5 VwGO kann die Wiederherstellung der aufschiebenden Wirkung von der Leistung einer Sicherheit oder von anderen Auflagen abhängig gemacht oder befristet werden.[361] Für die Anordnung der aufschiebenden Wirkung gilt § 80 Abs. 5 Satz 4, 5 VwGO entsprechend. 1002

a) **Funktion.** Die Nebenbestimmungen des Aussetzungsbeschlusses sollen dem Grundsatz der Verhältnismäßigkeit Rechnung tragen.[362] Die sofortige Vollziehung darf nicht stärker in die Rechtssphäre des Betroffenen eingreifen, als dies zur Wahrung des öffentlichen Interesses erforderlich ist. Ist dem öffentlichen Interesse Genüge getan, wenn der Betroffene Sicherheit leistet oder andere Auflagen erfüllt, ist der Vollzug auszusetzen und dem Betroffenen nach § 80 Abs. 5 Satz 4 VwGO die Leistung der Sicherheit oder die Erfüllung der Auflagen aufzugeben. Denkbar sind auch Bedingungen, an die der Eintritt der aufschiebenden Wirkung geknüpft wird.[363] 1003

§ 80 Abs. 5 Satz 4 und 5 VwGO regeln nur den Fall des erfolgreichen Aussetzungsantrags.[364] Es entspricht aber dem Grundsatz der Verhältnismäßigkeit, dem Zweck der Aussetzungsentscheidung und ihrem Charakter als Abwägungsentscheidung, auch trotz einer Ablehnung des Antrags Auflagen zugunsten des Betroffenen zuzulassen[365] Denn so kann die Härte des sofortigen Vollzugs in einer mit dem öffentlichen Interesse zu vereinbarenden Weise gemildert werden. 1004

Auflage und Sicherheitsleistung sind keine mit Zwangsmitteln vollstreckbaren Anordnungen.[366] Ihre Nichterfüllung kann jedoch, ähnlich wie die Nichterfüllung einer behördlichen Auflage in einem Verwaltungsakt nach § 49 Abs. 2 Nr. 2 VwVfG, zum Anlass für eine Abänderungsentscheidung gemäß § 80 Abs. 7 VwGO genommen werden.[367] Als Auflage zu Lasten des Betroffenen sind etwa die Anordnung der Verzinsung der mit dem Verwaltungsakt geforderten Geldleistung,[368] die Anordnung, nachts kein Kraftfahrzeug zu führen, sich auf die Fahrtauglichkeit untersuchen zu lassen[369] oder sich regelmäßig auf 1005

---

[360] Hierzu ausführlich → Rn. 1017 ff.

[361] Was der Antragsteller von vornherein beantragen kann OVG Bremen DÖV 1980, 731 Nr. 107.

[362] So auch VGH Mannheim NJW 1985, 449; BVerfG NVwZ-RR 2010, 109 (110) (zu § 86b Abs. 1 S. 3 SGG).

[363] VGH München, StoffR 2016, 99 (negative Beprobung auf Salmonellen bei einer Legehennenfarm).

[364] OVG Koblenz DVBl. 1988, 891; ebenso VGH Kassel BRS 39 Nr. 225 = ESVGH 32, 315 (Ls.); OVG Münster VerwRspr 21 Nr. 253.

[365] VGH München NVwZ-RR 1991, 159; Beschl. v. 16.12.2005 – 22 AS 15.40042 Rn. 29 (Ablehnung eines Aussetzungsantrags bei gleichzeitiger Auflage eines Gutachtens nach der TA Lärm). AA *Schoch* in Schoch/Schneider /Bier VwGO § 80 Rn. 438 mwN.

[366] VGH Mannheim VBlBW 1983, 332; VGH München NVwZ-RR 1991, 159.

[367] VGH Mannheim NVwZ-RR 2005, 472 (474); VGH München NVwZ-RR 1991, 159.

[368] AA OVG Lüneburg VerwRspr 20 Nr. 69.

[369] VGH Mannheim NJW 1985, 449.

Drogen- oder Alkoholkonsum untersuchen zu lassen,[370] die Verlegung des Ziels eines Demonstrationszuges[371] oder Auflagen zugunsten des Jugendschutzes,[372] des Nichtraucherschutzes[373], des Schutzes vor Spielsucht[374] oder des Verbraucherschutzes[375] angeordnet worden. Als Auflagen zu Lasten der Behörde sind angeordnet worden: bei dem sofortigen Vollzug einer Räumungsverfügung die Bereitstellung einer Ersatzwohnung,[376] beim sofortigen Vollzug der Entziehung einer Fahrerlaubnis die Auflage, dem Betroffenen Gelegenheit zu geben, an einer theoretischen Fahrprüfung teilzunehmen,[377] bei dem Sofortvollzug einer Anlagengenehmigung die Auflage, bestimmte technische Nachweise zu erbringen und zusätzliche Regelungen zu treffen,[378] beim Sofortvollzug einer wasserrechtlichen Erlaubnis eine Auflage zur Entnahme und Untersuchung von Wasserproben.[379]

1006 **b) Entscheidungsmaßstab.** Bei einem offensichtlich rechtswidrigen Verwaltungsakt ist die Anordnung einer Sicherheitsleistung oder einer anderen Auflage ermessensfehlerhaft. Im Übrigen entscheidet das Gericht nach pflichtgemäßem Ermessen, ob es eine Sicherheitsleistung oder sonstige Auflagen anordnet.[380] Maßstab der gerichtlichen Entscheidung ist der Grundsatz der Verhältnismäßigkeit.[381] Dabei sind die persönlichen Verhältnisse des Betroffenen, die besonderen Umstände des Falles und die Erfolgsaussichten des Rechtsmittels in Betracht zu ziehen. Hatte die Behörde die Vollziehung gegen Sicherheitsleistung oder andere Auflagen ausgesetzt, kann das Gericht die Nebenbestimmungen aufheben oder ändern.[382]

1007 Bei der Aussetzung der Vollziehung wegen erheblicher Zweifel an der Gültigkeit einer unionsrechtlichen Verordnung fordert das Unionsrecht, dass das nationale Gericht die Möglichkeit haben muss, von dem Antragsteller hinreichende Sicherheiten, etwa eine Kaution oder eine Hinterlegung, zu verlangen, sofern die Aussetzung der Vollziehung ein finanzielles Risiko für die Union darstellt.[383] Dies entspricht der Ermächtigung in Art. 162 Abs. 2 VerfO EuGH, wonach die Vollstreckung eines Beschlusses im einstweiligen Rechtsschutzverfahren davon abhängig gemacht werden kann, dass der Antragsteller eine Sicherheit leistet, deren Höhe und Art nach Maßgabe der Umstände festzusetzen sind. So können die Interessen des Antragstellers und der Europäischen Union ausgeglichen werden.

1008 **c) Sicherheitsleistung.** Die Anordnung einer Sicherheitsleistung kommt vor allem bei der Aussetzung von Verwaltungsakten in Betracht, mit denen öffentliche Abgaben oder Kosten angefordert werden.[384] Auch bei anderen Verwaltungsakten, wie der Entziehung

---

[370] VGH München SVR 2010, 310; Beschl. v. 12.2.2014 – 11 CS 13.2281; ZfSch 2015, 717.

[371] OVG Berlin NVwZ 2000, 1202; vgl. auch OVG Koblenz NVwZ 2011, 1280 (Auflagen zum Inhalt der Reden auf der Versammlung; keine Trennung der Teilnehmerinnen und Teilnehmer nach dem Geschlecht).

[372] VGH Mannheim NVwZ-RR 2005, 472 (zu einem „Paintball"-Spiel).

[373] VG Sigmaringen NVwZ-RR 2008, 613 (614) (Einrichtung eines Raucherraums).

[374] OVG Koblenz LKRZ 2010, 381.

[375] VG Gießen PharmR 2012, 168 (170) (Verbot des Handels mit synthetischen Cannabinoiden).

[376] VGH Kassel BRS 39 Nr. 225.

[377] OVG Lüneburg NJW 1978, 2523; DÖV 1978, 332.

[378] Kritisch dazu *Breuer* NJW 1980, 1832.

[379] VGH München NVwZ-RR 1991, 159.

[380] VGH Kassel ESVGH 12, 51 (54); VGH Mannheim NVwZ-RR 2005, 472; OVG Münster OVGE 16, 233 (234).

[381] OVG Lüneburg VerwRspr 20 Nr. 69; VGH Mannheim NJW 1985, 449.

[382] OVG Münster NJW 1961, 1551.

[383] EuGH NJW 1996, 1333 (1335).

[384] OVG Berlin NVwZ-RR 2005, 761 (762) (Fall der Übersicherung); OVG Lüneburg NVwZ-RR 1997, 79; VGH Kassel ESVGH 24, 194; OVG Münster OVGE 16, 233 = NJW 1961, 1551.

der Genehmigung zum Güterfernverkehr,[385] Abrissverfügungen, Umweltschutzauflagen oder einer Ausweisungsverfügung kann Sicherheit verlangt werden, wenn zu befürchten ist, dass nach Durchführung des Verwaltungsstreitverfahrens die Mittel für die Erfüllung des Verwaltungsakts nicht zur Verfügung stehen.[386] Ist die Entstehung eines Schadens nicht auszuschließen, kann Sicherheit in Höhe der zur Beseitigung erforderlichen Kosten gefordert werden.[387]

d) Befristung. Eine Befristung (§ 80 Abs. 5 Satz 5 VwGO) der Anordnungsentscheidung kommt insbesondere in Betracht, wenn die unverzügliche Vollziehung unverhältnismäßig ist oder eine unbillige, nicht durch überwiegende öffentliche Interessen gebotene Härte darstellt. Auf diese Weise kann etwa im Falle einer Betriebsschließung die ordnungsgemäße Abwicklung des Betriebes ermöglicht werden.[388] In der Praxis häufig sind Befristungen der aufschiebenden Wirkung bis zum Erlass eines Widerspruchsbescheides, wenn es die Widerspruchsbehörde in der Hand hat, einen Verfahrensfehler der Ausgangsbehörde zu heilen oder fehlerhafte Ermessenserwägungen nachzubessern.[389] Ebenso kommt eine Befristung in Betracht, wenn ein Abwägungsfehler durch einen ergänzenden Bescheid geheilt werden kann.[390] § 80b VwGO steht einer Befristung nicht entgegen.[391] 1009

IV. Wirkung der gerichtlichen Entscheidung

1. Gestaltungswirkung

Das Gericht ordnet die aufschiebende Wirkung von Widerspruch oder Anfechtungsklage an oder stellt sie wieder her.[392] Der Beschluss ist rechtsgestaltender, nicht befehlender Art. Er beseitigt die sofortige Vollziehbarkeit des Verwaltungsakts, ohne dessen Wirksamkeit in Frage zu stellen. Die Entscheidung hat Bindungswirkung entsprechend dem analog anzuwendenden § 121 Nr. 1 VwGO,[393] bezogen auf die aufschiebende Wirkung: Hat etwa das Verwaltungsgericht die aufschiebende Wirkung des Widerspruches gegen einen Verwaltungsakt wiederhergestellt, so darf die Behörde zwar den betreffenden Verwaltungsakt durch einen neuen, im Wesentlichen inhaltsgleichen Bescheid ersetzen; ihr ist es aber untersagt, insoweit die sofortige Vollziehung anzuordnen.[394] 1010

Der gerichtliche Aussetzungsbeschluss wirkt nur zwischen den Parteien. Die aufschiebende Wirkung ist daher – insbesondere bei Allgemeinverfügungen – auf die Regelungen beschränkt, die den jeweiligen Antragsteller betreffen.[395] Ist die aufschiebende Wirkung nicht teilbar, gilt die aufschiebende Wirkung für alle Betroffenen.[396] 1011

---

[385] OVG Koblenz AS 7, 38.

[386] Zu den Grenzen dieser Befugnis bei § 69 Abs. 3 S. 1 iVm Abs. 2 S. 1 FGO s. BVerfG NVwZ-RR 2010, 29.

[387] VGH München BayVBl. 1980, 117; dazu auch *Traumann* NVwZ 1988, 415.

[388] OVG Greifswald NordÖR 2015, 322.

[389] OVG Bremen NVwZ-RR 2005, 314; OVG Hamburg NVwZ-RR 2000, 833 (834); OVG Lüneburg NVwZ 2005, 236 (237); VG Gießen NVwZ-RR 2005, 245; dagegen OVG Bremen NordÖR 2009, 367; EzAR-NF 28 Nr. 44 (unbefristete Anordnung der aufschiebenden Wirkung mit der Möglichkeit der Behörde, nach Heilung eines Ermessensfehlers einen Antrag nach § 80 Abs. 7 Satz 2 zu stellen).

[390] OVG Lüneburg NVwZ-RR 2003, 478 (480).

[391] OVG Hamburg NVwZ-RR 2002, 276 (278).

[392] Zur Reichweite der aufschiebenden Wirkung → Rn. 632 ff.; zum Reichweite gegenüber Vorarbeiten zur Umsetzung eines Planfeststellungsbeschlusses s. BVerwG NVwZ 2012, 570 Rn. 8.

[393] VGH Kassel NVwZ-RR 2005, 190 (191); OVG Lüneburg NVwZ-RR 2004, 170 (171).

[394] OVG Lüneburg NVwZ-RR 2012, 385 (385 f.).

[395] OVG Greifswald NVwZ 2000, 948 (950): örtliche Beschränkung (im Fall einer faktischen Vollziehung).

[396] OVG Magdeburg NVwZ-RR 2003, 112 (113); Sonderfall bei VG Berlin NVwZ 1997, 1032 (1035): bei einer Allgemeinverfügung, betreffend die Überlassung von Baumischabfällen, soll die

1012 Der gerichtliche Aussetzungsbeschluss wirkt auf den Zeitpunkt zurück, in welchem der Bescheid erlassen wurde *(ex tunc)*,[397] es sei denn, das Gericht stellt die aufschiebende Wirkung im Rahmen seiner Ermessensentscheidung zu einem anderen Zeitpunkt, etwa dem der Antragstellung, her.[398] Auch bisher erfolgte Vollzugsmaßnahmen sind damit rechtswidrig.[399] So können Säumniszuschläge nicht mehr verlangt werden, wenn das Gericht die aufschiebende Wirkung des Widerspruchs gegen einen Leistungsbescheid anordnet.[400] Die Wirkung einer stattgebenden Entscheidung reicht grundsätzlich bis zur rechtskräftigen Entscheidung in der Hauptsache, so dass es eines neuen Antrags nicht bedarf, wenn nach erfolgreichem Eilverfahren ein Widerspruchsbescheid ergeht.[401] Ist der Eilantrag während des Widerspruchsverfahrens erfolglos geblieben, kann er nicht erneut erhoben werden, wenn die Klage eingeht; es bleibt nur die Möglichkeit des Abänderungsantrags nach § 80 Abs. 7 Satz 2 VwGO.[402]

2. Vollstreckbarkeit

1013 Der Beschluss über die Herstellung der aufschiebenden Wirkung ist in der Regel nicht vollstreckbar. Denn die rechtsgestaltende Anordnung oder Wiederherstellung der aufschiebenden Wirkung ist ohne Vollstreckung wirksam, ihr Inhalt nicht vollstreckungsfähig.[403]

1014 Einen vollstreckungsfähigen Inhalt kann dagegen die Regelung nach § 80 Abs. 5 Satz 3 VwGO – Aufhebung der Vollziehung – haben. Ein solcher Beschluss ist als Vollstreckungstitel nach § 168 Abs. 1 Nr. 1 VwGO anzusehen.[404] Setzt sich die Behörde über einen Beschluss nach § 80 Abs. 5 VwGO hinweg, kann der Behörde analog § 80 Abs. 5 Satz 3 VwGO der weitere Vollzug eines Verwaltungsakts durch vollstreckbare Entscheidung untersagt werden.[405] Folgt man dieser Auffassung nicht,[406] bleibt nur der Verweis auf § 123 VwGO mit der misslichen Konsequenz, dass der Antragsteller trotz der aufschiebenden Wirkung seines Rechtsbehelfs einen Anordnungsgrund darzulegen hätte.

3. Verbot erneuter Vollzugsanordnung

1015 Der gerichtliche Aussetzungsbeschluss verbietet der Behörde, erneut die sofortige Vollziehung des Verwaltungsakts anzuordnen.[407] Will sie die sofortige Vollziehung herbeifüh-

---

aufschiebende Wirkung gegenüber allen Inhabern von Baumischabfällen wiederhergestellt werden, weil sonst der antragstellende Entsorgungsunternehmer vom Nachschub abgeschnitten wird.

[397] BVerwG LKRZ 2016, 268 Rn. 16; OVG Bautzen NVwZ-RR 2007, 54 (55); OVG Münster NVwZ 2001, 231.

[398] BVerwG LKRZ 2016, 268 Rn. 14.

[399] OVG Bautzen SächsVBl. 2001, 40; OVG Bremen NordÖR 2006, 77 = NVwZ-RR 2006, 692; OVG Münster NVwZ-RR 1998, 155; VG Braunschweig NVwZ-RR 2002, 307; VG Weimar NVwZ-RR 2000, 478.

[400] BVerwG LKV 2016, 268 Rn. 15; ebenso OVG Bautzen NVwZ-RR 2007, 54 (55); OVG Lüneburg NVwZ 1990, 270; aA OVG Greifswald NVwZ-RR 2004, 212 (213); VGH München NVwZ-RR 1990, 328 (330); Beschl. v. 8.1.2010 – 20 C 09.2918 Rn. 13; relativierend OVG Greifswald NVwZ-RR 2004, 797.

[401] OVG Lüneburg NVwZ-RR 2009, 872 (873).

[402] OVG Berlin OVGE 33, 49 (50 f.).

[403] VGH Kassel NVwZ-RR 1999, 138; OVG Lüneburg OVGE 30, 365.

[404] VGH Kassel NVwZ-RR 1999, 138; aA → Rn. 64; zu den Anforderungen an die Beschwerdebegründung s. OVG Greifswald NVwZ-RR 2011, 997 (997 f.).

[405] VGH Kassel NVwZ-RR 2003, 345; Kopp/*W.-R. Schenke* VwGO § 80 Rn. 181; *Funke-Kaiser* in Bader VwGO § 80 Rn. 115; aA *Schoch* in Schoch/Schneider/Bier VwGO § 80 Rn. 363.

[406] VGH Kassel ESVGH 30, 211 (212); OVG Koblenz NJW 1965, 881 (882); OVG Lüneburg OVGE 30, 365; VG Hannover DVBl. 1972, 48; Eyermann/*J. Schmidt* VwGO § 80 Rn. 110.

[407] OVG Lüneburg NVwZ-RR 2001, 362.

ren, muss sie nach § 80 Abs. 7 Satz 2 VwGO bei Gericht eine Aufhebung oder Änderung des Aussetzungsbeschlusses erwirken.

Ändert die Behörde nach dem Eilbeschluss des Gerichts ihren Bescheid, so erstreckt 1016 sich die aufschiebende Wirkung auch auf den Bescheid in seiner geänderten Gestalt, wenn der Inhalt des Bescheides in seinen Grundzügen unverändert bleibt, etwa ein genehmigtes Vorhaben nur so unwesentlich verändert wird, dass es mit dem genehmigten Vorhaben weiterhin identisch ist. Die aufschiebende Wirkung entfällt in einem solchen Fall erst, wenn das Gericht seine Eilentscheidung im Wege des § 80 Abs. 7 VwGO ändert.[408] Wird der Verwaltungsakt dagegen wesentlich geändert, kann die Behörde erneut die sofortige Vollziehung anordnen.[409] Maßgeblich zur Beantwortung der Frage, ob ein Verwaltungsakt im Kern unverändert ist, ist die Regelung in der Hauptsache, nicht die beigegebenen Auflagen.[410] Der Rechtsstreit, ob die eingelegten Rechtsmittel auch gegen den neuen Verwaltungsakt aufschiebende Wirkung entfalten, kann geklärt werden, indem der Antragsteller die Feststellung der aufschiebenden Wirkung seines Rechtsbehelfs analog § 80 Abs. 5 VwGO beantragt.[411]

§ 46 Aufhebung der Vollziehung

I. Funktion und Bedeutung

Hat die Behörde den Verwaltungsakt bereits vollzogen, bevor das Gericht die aufschie- 1017 bende Wirkung des Widerspruchs herstellt, so kann das Gericht nach § 80 Abs. 5 Satz 3 VwGO in seiner Entscheidung die Aufhebung der Vollziehung anordnen. Prozessual liegt hierin – wie in § 113 Abs. 1 Satz 2 VwGO – die Durchsetzung eines Folgenbeseitigungsanspruchs: Weil das Gericht die aufschiebende Wirkung rückwirkend für den Zeitpunkt herstellt, in dem der Verwaltungsakt erlassen wurde,[412] verlieren bereits getroffene Vollzugsmaßnahmen nachträglich ihre Rechtsgrundlage, so dass sie rechtswidrig werden.[413] Der Betroffene kann im Wege des Folgenbeseitigungsanspruchs die Aufhebung der rechtswidrigen Vollziehung verlangen. § 80 Abs. 5 Satz 3 VwGO erlaubt es, diesen Anspruch als Annex zur Entscheidung nach § 80 Abs. 5 Satz 1 VwGO geltend zu machen.[414]

Da § 80 Abs. 5 Satz 3 VwGO als Annexverfahren der Aussetzung der Vollziehung 1018 gedanklich nachfolgt, darf die Aufhebung der Vollziehung nicht angeordnet werden, wenn nicht zugleich oder vorher die aufschiebende Wirkung angeordnet oder wiederhergestellt worden ist.[415] Endet die aufschiebende Wirkung, wird die Anordnung, die

---

[408] OVG Bremen NVwZ 1991, 1194; OVG Koblenz NVwZ-RR 2011, 671; OVG Lüneburg NVwZ-RR 2012, 385; VGH Mannheim BauR 2016, 812 (813); VGH München DVBl. 1999, 624; NVwZ 2013, 671 (672).

[409] OVG Lüneburg NVwZ-RR 2001, 362; OVG Saarlouis NVwZ 1985, 920 (Nachbesserung der Begründung reicht nicht); vgl. dagegen OVG Hamburg NVwZ 2006, 1076 (1078), das für den Fall der Ergänzung eines Planfeststellungsbeschlusses das Weiterbestehen der aufschiebenden Wirkung annimmt, aber den Weg des § 80 Abs. 7 VwGO für gangbar hält.

[410] OVG Lüneburg NVwZ-RR 2004, 170 („im Kern unverändert").

[411] OVG Lüneburg NVwZ-RR 2004, 170.

[412] → Rn. 1012.

[413] OVG Bautzen SächsVBl. 2001, 40; OVG Bremen NordÖR 2006, 77; OVG Münster NVwZ-RR 1998, 155; VG Braunschweig NVwZ-RR 2002, 307; VG Göttingen NVwZ-RR 2005, 71; VG Weimar NVwZ-RR 2000, 478; offen gelassen in OVG Münster NVwZ 2001, 231.

[414] VGH Kassel NVwZ-RR 2011, 474.

[415] OVG Bautzen SächsVBl. 2009, 265 (266); OVG Berlin NVwZ 2003, 239 (240); VGH Kassel NVwZ-RR 1996, 361 (362).

Vollziehung rückgängig zu machen, gegenstandslos.[416] Beantragt ein Antragsteller nur die Aufhebung der Vollziehung, kann dieser Antrag nach § 88 VwGO zugleich als Antrag auf Anordnung oder Wiederherstellung der aufschiebenden Wirkung ausgelegt werden.[417]

1019 Nach § 80 Abs. 5 Satz 3 VwGO wurde die Nachzahlung einbehaltener Dienstbezüge,[418] die Erstattung der Rückreisekosten eines abgeschobenen Ausländers,[419] die Rückgabe einer Sicherheit[420] oder eines einbehaltenen Führerscheins,[421] die Rückgängigmachung schulorganisatorischer Maßnahmen[422] oder einer Pfändung[423] angeordnet.[424]

1020 In der Regel bedarf es eines Ausspruchs nach § 80 Abs. 5 Satz 3 VwGO indes nicht. Ist leicht zu erkennen, wie die Aufhebung zu geschehen hat – etwa: Rückzahlung eines bereits vollstreckten Betrages –, und fehlt es an Anhaltspunkten, dass die Behörde ihrer Pflicht zur Folgenbeseitigung nicht von sich aus genügen werde, so ist ein Ausspruch nach § 80 Abs. 5 Satz 3 entbehrlich.[425] Unterlässt es das Gericht, die Aufhebung der Vollziehung anzuordnen, und hebt die Behörde die Vollziehung nicht im Anschluss an eine Aussetzungsentscheidung auf, so kann der Betroffene einen isolierten Antrag stellen, die Vollziehung rückgängig zu machen.[426] Für einen solchen Antrag ist das Gericht zuständig, das auch für den Antrag nach § 80 Abs. 5 Satz 1 VwGO in dem jeweiligen Entscheidungszeitpunkt zuständig ist.[427]

1021 Die Regelung des § 80 Abs. 5 Satz 3 VwGO begründet keinen Folgenbeseitigungsanspruch, sondern setzt diesen voraus und bietet eine Möglichkeit der prozessualen Geltendmachung.[428] Der Betroffene kann daher an Stelle eines Antrags nach § 80 Abs. 5 Satz 3 VwGO seinen Folgenbeseitigungsanspruch auch im Wege einer allgemeinen Leistungsklage verfolgen.[429]

II. Statthaftigkeit

1022 Die Aufhebung der Vollziehung setzt einen Antrag voraus.[430] § 80 Abs. 5 Satz 3 VwGO regelt den Fall der Vollziehung vor Erlass der gerichtlichen Entscheidung. Die Vorschrift ist unabhängig davon anwendbar, ob die Vollziehung vor oder nach Einlegung von Widerspruch oder Anfechtungsklage stattgefunden hat. Sie ist grundsätzlich auch anwendbar, wenn die Vollziehung durch Verwaltungsakt stattgefunden hat.[431]

---

[416] OVG Lüneburg JurBüro 2015, 479 mwN.

[417] OVG Münster NWVBl. 1989, 61.

[418] VGH Mannheim VBlBW 1966, 156.

[419] VG Frankfurt DVBl. 1972, 875; vgl. aber OVG Berlin NVwZ 2003, 239 (240): Die Rückgängigmachung einer Abschiebung nach § 80 Abs. 5 Satz 3 VwGO soll nicht möglich sein, weil sie über die Vollzugsfolgenbeseitigung der Abschiebungsandrohung hinausgehe.

[420] OVG Münster OVGE 16, 233.

[421] OVG Münster NJW 1987, 1964.

[422] OVG Hamburg DVBl. 1980, 486.

[423] OVG Bautzen NVwZ-RR 2007, 68 f.; VG Göttingen NVwZ-RR 2005, 71.

[424] Vgl. auch VGH Mannheim NVwZ-RR 2003, 30 (Rückgabe einer Erlaubnisurkunde an einen Fahrlehrer); VGH Kassel UPR 2006, 241 (242) (Beseitigung eines Verkehrszeichens).

[425] BVerwG NVwZ 1995, 590 (595); OVG Münster NVwZ-RR 2002, 520 (522); VG Dresden NVwZ-RR 2001, 582 (583).

[426] VG Braunschweig NVwZ-RR 2002, 307.

[427] VG Sigmaringen Beschl. v. 13.9.2012 – 4 K 2410/12 Rn. 1 (Zuständigkeit für den Antrag nach § 80 Abs. 5 Satz 3 VwGO ist das Beschwerdegericht, wenn dort der Antrag nach § 80 Abs. 5 Satz 1 VwGO anhängig ist).

[428] OVG Greifswald GewArch. 1996, 76 (77).

[429] VG Braunschweig NVwZ-RR 2002, 307; in diese Richtung auch OVG Bautzen NVwZ-RR 2001, 40.

[430] BVerwG NVwZ 1995, 590 (595); VGH Mannheim VBlBW 2006, 116; Beschl. v. 15.1.1.2013 – 3 S 2259/12 Rn. 1.

[431] OVG Bautzen NVwZ-RR 2007, 68.

§ 80 Abs. 5 Satz 3 VwGO gilt auch für den Fall der freiwilligen Befolgung eines Verwaltungsakts:[432] Wer einen Verwaltungsakt von sich aus befolgt, verzichtet deshalb nicht auf Rechtsmittel und ihre aufschiebende Wirkung. Er darf daher nicht schlechter gestellt werden als derjenige, der es auf Zwangsmittel ankommen lässt. 1023

Hat sich der Verwaltungsakt durch Vollzug oder auf andere Weise erledigt, so ist ein Antrag nach § 80 Abs. 5 Satz 1 VwGO nicht mehr statthaft.[433] Damit entfällt die Möglichkeit, gemäß § 80 Abs. 5 Satz 3 VwGO die Aufhebung der Vollziehung anzuordnen. Hat der Vollzug nicht zur Erledigung des Verwaltungsakts geführt, bleibt eine Anordnung nach § 80 Abs. 5 Satz 3 VwGO möglich. 1024

Vollzieht die Behörde einen Verwaltungsakt unter Missachtung der aufschiebenden Wirkung eines Rechtsmittels (sog. faktische Vollziehung[434]), findet § 80 Abs. 5 Satz 3 VwGO analoge Anwendung.[435] 1025

III. Maßstab und Inhalt der gerichtlichen Entscheidung

1. Entscheidungsmaßstab

Das Gericht entscheidet über den Antrag auf Aufhebung der Vollziehung in entsprechender Anwendung der für seine Entscheidung im Aussetzungsverfahren geltenden Grundsätze. Es hat das öffentliche Interesse an dem Fortbestand des Vollzuges gegen das Interesse des Antragstellers an der Aufhebung der Vollziehung abzuwägen.[436] Eine Anordnung kann aber unterbleiben, wenn mit der Entscheidung schwierige Fragen aus einem rechtswegfremden Gebiet beantwortet werden müssten.[437] Die gerichtliche Anordnung der Aufhebung der Vollziehung kann mit der Auflage einer Sicherheitsleistung (§ 80 Abs. 5 Satz 4 VwGO) verbunden werden.[438] 1026

Weil § 80 Abs. 5 Satz 3 VwGO lediglich ein Annexverfahren ist, erhöht ein Antrag nach § 80 Abs. 5 Satz 3 VwGO den Streitwert nicht.[439] 1027

Ein Ausspruch nach § 80 Abs. 5 Satz 3 VwGO unterbleibt, wenn der geltend gemachte Folgenbeseitigungsanspruch aus materiellen Gründen nicht besteht. Beispiele hierfür: Die Behörde ist zur Rückgängigmachung nicht in der Lage oder die Vollzugsmaßnahme erfolgte durch einen zwischenzeitlich bestandskräftigen Verwaltungsakt.[440] 1028

2. Der Begriff der Aufhebung der Vollziehung

Aufhebung der Vollziehung in § 80 Abs. 5 Satz 3 VwGO bedeutet Rückgängigmachung der Vollziehung.[441] Hat das Gericht die Aufhebung der Vollziehung angeordnet, liegt es im pflichtgemäßen Ermessen der Behörde, wie sie die Vollziehung rückgängig macht. Das Gericht kann aber über die abstrakte Anordnung der Aufhebung der Voll- 1029

---

[432] OVG Bautzen SächsVBl 2001, 178; VGH Kassel NVwZ 1995, 1029; VGH München NVwZ-RR 1990, 329; VG Braunschweig NVwZ-RR 2002, 307; VG Dresden NVwZ-RR 2001, 582; VG Stuttgart NVwZ-RR 2001, 336 (338).

[433] → Rn. 947 f.; vgl. VG Stuttgart NVwZ-RR 2005, 408 (§ 80 Abs. 5 Satz 3 VwGO ausgeschlossen bei rechtswirksamer Eigentumsübertragung von beschlagnahmten Tieren).

[434] → Rn. 1042.

[435] → Rn. 1052 ff.

[436] VGH Mannheim DÖV 1974, 605.

[437] OVG Frankfurt (Oder) NVwZ 2000, 577 (578) (für das Verhältnis von öffentlich-rechtlicher Bewilligung und zivilrechtlicher Kündigung eines Darlehensvertrages).

[438] OVG Lüneburg NVwZ-RR 1997, 79.

[439] OVG Lüneburg JurBüro 2015, 479.

[440] OVG Münster NVwZ-RR 1992, 670 (anders, wenn noch weitere Vollzugsmaßnahmen zu erwarten sind); vgl. OVG Münster NJW 1987, 1964 (Herausgabe des Führerscheins nach Verzicht auf die Fahrerlaubnis).

[441] Im Ergebnis ebenso OVG Bremen MDR 1972, 720 (721); VGH Mannheim FEVS 18, 98.

ziehung hinausgehen und selbst bestimmen, wie die Vollziehung rückgängig zu machen ist.[442] Zwar sieht § 80 Abs. 5 Satz 3 VwGO dies im Gegensatz zu § 113 Abs. 1 Satz 2 VwGO nicht ausdrücklich vor. Art. 19 Abs. 4 Satz 1 GG gebietet jedoch insoweit eine entsprechende Anwendung des § 113 Abs. 1 Satz 2 VwGO, falls dies zur Effektivität des vorläufigen Rechtsschutzes erforderlich ist.

3. Durchsetzung einer Anordnung nach § 80 Abs. 5 Satz 3 VwGO

1030 Die Aufhebung der Vollziehung ist nach § 168 Abs. 1 Nr. 1, §§ 170, 172 VwGO durchsetzbar.[443]

§ 47 Aufhebung der unzureichend begründeten Vollzugsanordnung

Schrifttum: *Terwiesche,* Der Verstoß gegen die Begründungspflicht in § 80 Abs. 3 S. 1 VwGO und seine Rechtsfolgen, NWVBl. 1996, 461; *Niedzwicki,* Aus der Praxis: Aufhebung der Vollziehbarkeitsanordnung vs. Wiederherstellung der aufschiebenden Wirkung, JuS 2009, 226.

I. Funktion und Bedeutung

1031 Ordnet die Behörde die sofortige Vollziehung nach § 80 Abs. 2 Satz 1 Nr. 4 VwGO an, so hat sie das besondere öffentliche Interesse an der sofortigen Vollziehung nach § 80 Abs. 3 Satz 1 VwGO schriftlich zu begründen. Fehlt eine Begründung oder verfehlt diese die rechtlichen Anforderungen,[444] ist die Anordnung der sofortigen Vollziehung rechtswidrig. In der Praxis spielen solche Fälle nur eine untergeordnete Rolle. Denn zum einen legen die Gerichte bei der Prüfung der Begründung einen eher großzügigen Maßstab an, zum anderen erlaubt es die überwiegende Rechtsprechung, eine unzureichende Begründung noch während des verwaltungsgerichtlichen Verfahrens nachzubessern.[445]

1032 Dennoch kommen Verstöße gegen die Begründungspflicht des § 80 Abs. 3 Satz 1 VwGO vor. Der Wortlaut des § 80 Abs. 5 Satz 1 VwGO legt es nahe, bei einer unzureichenden Begründung die aufschiebende Wirkung durch das Gericht wiederherzustellen.[446] Diese Tenorierung könnte indes dazu zwingen, die Behörde nach einer erneuten Anordnung der sofortigen Vollziehung mit ausreichender Begründung auf das Abänderungsverfahren nach § 80 Abs. 7 S. 2 VwGO zu verweisen.[447] Dieses Ergebnis ist nicht interessegerecht, weil es die Beteiligten ohne Not in erneutes gerichtliches Verfahren zwingt. Es sollte der Behörde daher gestattet werden, nach einer gerichtlichen Beanstandung (allein) der formellen Rechtmäßigkeit der Anordnung der sofortigen Vollziehung eine solche Anordnung erneut zu treffen und so die aufschiebende Wirkung ohne erneutes gerichtliches Verfahren auszuschließen.[448]

1032a Aus Gründen der Rechtsklarheit sollte diese Möglichkeit bereits im Tenor zum Ausdruck kommen. Die Rechtsprechung beschränkt sich daher überwiegend darauf, die Anordnung der sofortigen Vollziehung aufzuheben, ohne die aufschiebende Wirkung des

[442] VGH Mannheim NVwZ-RR 1991, 409; VG Frankfurt DVBl. 1972, 875.

[443] VGH Mannheim VBlBW 1966, 156 (157).

[444] → Rn. 740 ff.

[445] → Rn. 751.

[446] So OVG Bremen NordÖR 2010, 107; OVG Lüneburg OVGE 19, 374 (379); OVG Magdeburg DÖV 1994, 352; Beschl. v. 3.4.2013 – 1 M 19/13 Rn. 12; VGH München BayVBl. 1999, 466; OVG Schleswig NVwZ 1992, 688 (690); ebenso *Schoch* in Schoch/Schneider/Bier VwGO § 80 Rn. 442 ff.; *Puttler* in Sodan/Ziekow VwGO § 80 Rn. 87.

[447] So insbesondere OVG Bremen NordÖR 2010, 107.

[448] OVG Lüneburg NVwZ-RR 2001, 362; VGH Mannheim NVwZ-RR 2002, 646; VGH München BayVBl. 1999, 466; OVG Schleswig NVwZ-RR 2002, 540.

Widerspruchs wiederherzustellen.[449] Mit der gerichtlichen Kassation tritt die aufschiebende Wirkung ein. Der Tenor der gerichtlichen Entscheidung macht indes deutlich, dass der Erlass einer ausreichend begründeten Vollzugsanordnung erlaubt ist und ohne weiteres gerichtliches Verfahren zum Entfall der aufschiebenden Wirkung führt. Dieses Vorgehen dient der Praxis mehr als eine gerichtliche Entscheidung, welche die aufschiebende Wirkung wiederherstellt, eine erneute Vollziehungsanordnung aber nach Maßgabe der Entscheidungsgründe gestattet, wenn diese sich auf die Beanstandung eines Begründungsmangels beschränken.

Gelegentlich verfährt die Rechtsprechung in dieser Weise auch bei anderen formellen **1032b** Mängeln der Sofortvollzugsanordnung, so etwa bei einer Anordnung durch eine unzuständige Behörde.[450]

II. Zulässigkeit

Der Betroffene wird regelmäßig die Wiederherstellung der aufschiebenden Wirkung **1033** beantragen und allenfalls hilfsweise die Aufhebung der Vollzugsanordnung. Der Hilfsantrag ist entbehrlich: Wird die Wiederherstellung der aufschiebenden Wirkung beantragt, so liegt hierin zugleich der Antrag auf Aufhebung der Anordnung der sofortigen Vollziehung.[451] Beantragt der Antragsteller dagegen – etwa aus Kostengründen – nur die Aufhebung der Vollzugsanordnung, so darf das Gericht darüber nicht hinausgehen (Grundsatz des *ne ultra petita*) und die aufschiebende Wirkung des Rechtsmittels wiederherstellen.

Der Antrag auf Aufhebung einer nicht hinreichend begründeten Vollzugsanordnung **1034** kann gestellt werden, nachdem der Verwaltungsakt für sofort vollziehbar erklärt worden ist. Der Antragsteller braucht nicht abzuwarten, ob aufgrund der Vollzugsanordnung Vollzugsmaßnahmen ergriffen werden. Im Übrigen gilt zur Statthaftigkeit das zum Aussetzungsantrag Gesagte.[452]

III. Maßstab und Inhalt der gerichtlichen Entscheidung

Auf einen Antrag auf Wiederherstellung der aufschiebenden Wirkung sollte das Ge- **1035** richt zunächst prüfen,[453] ob nach den oben entwickelten Maßstäben[454] die aufschiebende Wirkung wiederherzustellen ist, weil das private Interesse des Antragstellers an der aufschiebenden Wirkung seines Rechtsbehelfs das öffentliche Interesse oder das Interesse eines Beteiligten am Vollzug des in Rede stehenden Verwaltungsakts überwiegt. Ist dies der Fall, stellt das Gericht die aufschiebende Wirkung des Widerspruchs wieder her.[455]

---

[449] Etwa OVG Bautzen SächsVBl. 1995, 287; OVG Hamburg InfAuslR 1995, 314; OVG Koblenz NVwZ-RR 2016, 331; OVG Lüneburg InfAuslR 2010, 295; VGH Mannheim VBlBW 2012, 151; VGH München NVwZ-RR 1998, 271; Beschl. v. 9.12.2013 – 10 CS 13.1782 Rn. 15; OVG Münster NWVBl. 1994, 425; OVG Weimar LKV 2014, 91 (92); VG Freiburg NVwZ-RR 2003, 113; offen gelassen in OVG Greifswald NVwZ-RR 2010, 266 (268); *Windthorst* in Gärditz VwGO § 80 Rn. 245; Eyermann/*Schmidt* VwGO § 80 Rn. 93.

[450] VGH München MMR 2012, 67 (68); OVG Lüneburg NdsVBl. 2015, 24 (26); VGH Mannheim VBlBW 1991, 180.

[451] VGH Mannheim BauR 2016, 1148 (1149).

[452] → Rn. 936 ff.

[453] Bleibt der Antrag nach § 80 Abs. 5 VwGO erfolglos, wird – entsprechend dem Aufbau bei Prüfung einer Anfechtungsklage – allerdings regelmäßig die Frage einer ausreichenden Begründung vor der Interessenabwägung dargestellt werden.

[454] → Rn. 958 ff.

[455] VGH München Beschl. v. 4.1.2006 – 11 CS 05.1878 Rn. 19 ff.; VG Berlin InfAuslR 1996, 197; VG Hannover NVwZ-RR 1999, 118; aA OVG Weimar ThürVBl 2012, 101 (104 f.); VG Freiburg NVwZ-RR 2003, 113 (114).

Ob die Anordnung der sofortigen Vollziehung den Anforderungen des § 80 Abs. 3 VwGO genügt, bleibt in diesem Fall offen. Denn es kann nicht zu Lasten des Betroffenen gehen, dass die Anordnung der sofortigen Vollziehung nicht nur inhaltlich fehlerhaft ist, sondern darüber hinaus auch nicht oder nur unzureichend begründet wurde.

1036 Kann das Gericht ein Überwiegen des privaten Interesses an der Suspensivwirkung dagegen nicht feststellen, hebt es die Anordnung der sofortigen Vollziehung auf, wenn die Vollzugsanordnung nicht den Anforderungen des § 80 Abs. 3 VwGO genügt. Der formelle Mangel der Begründung reicht aus. Ob der Widerspruch oder die Anfechtungsklage in der Hauptsache Erfolg versprechen, spielt keine Rolle.

1037 Das Gericht kann mit der Aufhebung der Vollzugsanordnung zugleich analog § 80 Abs. 5 Satz 3 VwGO die Aufhebung getroffener Vollzugsmaßnahmen anordnen.[456]

IV. Wirkung der gerichtlichen Entscheidung

1038 Die Aufhebung der Vollzugsanordnung stellt die aufschiebende Wirkung des § 80 Abs. 1 VwGO wieder her. Hat das Gericht die behördliche Vollzugsanordnung aufgehoben, ist die Behörde berechtigt, durch erneute und nunmehr hinreichend begründete Anordnung der sofortigen Vollziehung den Vollzug des Verwaltungsakts wiederum einzuleiten.[457] Eines Änderungsverfahrens nach § 80 Abs. 7 VwGO bedarf es nicht, da das Gericht keine Aussetzungsentscheidung getroffen hat, die aufgehoben oder abgeändert werden müsste.[458] Bei der erneuten Anordnung der sofortigen Vollziehung dürfen tatsächliche Verhältnisse, die in Ausführung der vorangegangenen rechtswidrigen Vollzugsanordnung geschaffen wurden, nicht für die Begründung der neuen Vollzugsanordnung herangezogen werden.[459]

1039 Hat der Antragsteller – wie regelmäßig – nicht die Aufhebung der Vollziehungsanordnung, sondern darüber hinaus die aufschiebende Wirkung beantragt, hebt das Gericht aber nur die Vollziehungsanordnung auf, so wird der Antrag im Übrigen abgelehnt. Der damit formell beschwerte Antragsteller ist beschwerdebefugt.[460]

§ 48 Feststellung der aufschiebenden Wirkung

Schrifttum: *Kirste,* Rechtsschutz bei faktischer Vollziehung, DÖV 2001, 397; *Niedzwicki,* Aus der Praxis: Vorläufiger Rechtsschutz und faktische Vollziehung, JuS 2010, 695.

I. Funktion und Bedeutung

1040 Entfalten Widerspruch und Anfechtungsklage aufschiebende Wirkung, ist der Betroffene auf verwaltungsgerichtlichen Eilrechtsschutz nicht angewiesen. Denn er hat es selbst in der Hand, den Suspensiveffekt der aufschiebenden Wirkung herbeizuführen. Was gilt indes, wenn die Beteiligten über den Eintritt dieses Suspensiveffekts streiten? Ein Antrag, die aufschiebende Wirkung gerichtlich anzuordnen oder wiederherzustellen (§ 80 Abs. 5 Satz 1 VwGO), wäre nicht statthaft:[461] Wenn die aufschiebende Wirkung ohnehin eingetreten ist, kann das Gericht sie nicht rechtsgestaltend anordnen oder wiederherstellen.

[456] AA VGH Kassel DÖV 1968, 255.

[457] BVerwG Beschl. v. 31.1.2002 – 1 DB 2.02; VGH Mannheim VBlBW 1996, 297; OVG Schleswig NVwZ-RR 1992, 591; OVG Weimar ThürVBl. 1994, 137.

[458] VGH Mannheim VBlBW 1996, 297.

[459] OVG Münster DÖV 1974, 607 Nr. 22.

[460] VGH München NVwZ 1985, 663; aA VGH München NVwZ-RR 1997, 445 m. abl. Anmerkung *Ehle* BayVBl. 1997, 344; OVG Hamburg NVwZ 2007, 964 (965).

[461] BVerwG NVwZ 2013, 85 Rn. 2.

Der – notwendige – gerichtliche Rechtsschutz muss daher auf anderem Wege herbeigeführt werden. In der Praxis hat sich die *Feststellung der aufschiebenden Wirkung* durchgesetzt.

Die so skizzierte Fallgruppe wird vielfach als *„faktische Vollziehung"* bezeichnet.[462] 1040a
Dieser Begriff ist einprägsam, führt aber in die Irre: Denn die Vollziehung erfolgt nicht faktisch, sondern – wie sonst auch – durch Rechtsakte, nämlich Maßnahmen der Verwaltungsvollstreckung. Das Entscheidende der Fallgruppe liegt im Zeitpunkt der Vollziehung: Die Behörde vollzieht oder beabsichtigt eine Vollziehung, obwohl die aufschiebende Wirkung dies noch nicht gestattet. Besser erscheint daher die Bezeichnung „voreilige Vollziehung". Mit Rücksicht auf den allgemeinen Sprachgebrauch soll indes auch hier von faktischer Vollziehung gesprochen werden.

In der Regel kommt es zum Streit, wenn die Behörde über den Eintritt der aufschie- 1041
benden Wirkung irrt. Die Rechtsprechung bietet reiches Anschauungsmaterial:

- Die Behörde hält den eingelegten Rechtsbehelf wegen fehlender Widerspruchs- oder Klagebefugnis oder aus anderen Gründen für unzulässig und misst ihm daher keine aufschiebende Wirkung zu;[463]
- sie hält den Widerspruch fälschlich für verfristet;[464]
- sie missachtet eine Aussetzungsentscheidung nach § 80 Abs. 4 Satz 1 VwGO;[465]
- sie erkennt nicht, dass sie durch Verwaltungsakt handelt;[466]
- sie nimmt fälschlich an, die aufschiebende Wirkung sei kraft Gesetzes ausgeschlossen (§ 80 Abs. 2 VwGO);[467]

---

[462] *Puttler* in Sodan/Ziekow VwGO § 80 Rn. 164; *Schoch* in Schoch/Schneider/Bier VwGO § 80 Rn. 352; Kopp/*W. R. Schenke* VwGO § 80 Rn. 181; *Gersdorf* in Posser/Wolff VwGO § 80 Rn. 156 ff.; etwas abweichend Eyermann/*Schmidt* VwGO § 80 Rn. 109 f., der zwischen faktischem Vollzug und bewusster Missachtung der aufschiebenden Wirkung unterscheidet; BVerwG NVwZ 2012, 570 Rn. 6 spricht von faktischem Vollzug.

[463] OVG Greifswald NVwZ 2000, 948; zur aufschiebenden Wirkung bei jedenfalls nicht offensichtlich unzulässigen Widersprüchen s. auch VGH Kassel NZI 2009, 695 (696); vgl. OVG Magdeburg NVwZ-RR 2009, 239 (Anfechtung einer Nebenbestimmung).

[464] Vgl. OVG Münster NVwZ 1987, 334.

[465] VGH Mannheim VBlBW 1993, 222.

[466] OVG Lüneburg NVwZ-RR 2001, 419 (Suspendierung von der Freiwilligen Feuerwehr); VGH Mannheim NVwZ 2000, 1060 (Einleitung eines Verfahrens nach § 12 Abs. 2 Satz 1 BauGB kein Verwaltungsakt); NVwZ-RR 2010, 463 (feststellender Verwaltungsakt); VGH München NVwZ 1998, 1318 (melderechtliche Abmeldung von Amts wegen; aA OVG Greifswald NVwZ-RR 2000, 93 für die Berichtigung des Melderegisters).

[467] Beispiele: Aus dem Bereich des § 80 Abs. 2 Satz 1 Nr. 1 VwGO: OVG Bautzen NVwZ-RR 2003, 475; OVG Greifswald NVwZ-RR 2001, 401 (Hausanschlusskosten); OVG Hamburg NVwZ-RR 2000, 106 (Stellplatzabgabe); VGH Kassel NJW 2007, 241 (Kostenbeitragsbescheid im Jugendhilferecht); VGH Mannheim NVwZ-RR 2000, 189 (Bestattungskosten); NVwZ-RR 2006, 816 (Ausgleichsbeitrag zur Finanzierung einer Ausbildungsvergütung); NVwZ-RR 2007, 296 (Kosten für die Unterbringung eines Tieres nach dem TierSchG); VGH München NVwZ-RR 2005, 679 (Teilnehmerentgelte); Beschl. v. 18.8.2011 – 4 C 11.504 (Kostenersatz für einen Feuerwehreinsatz); OVG Schleswig NVwZ-RR 2001, 586; VG Potsdam LKV 2012, 288 (tierschutzrechtlicher Kostenbescheid);
aus dem Bereich des § 80 Abs. 2 Satz 1 Nr. 2 VwGO: VG Schleswig NVwZ-RR 2004, 848 (erkennungsdienstliche Behandlung); VGH Mannheim VBlBW 2012, 116 (sofort vollziehbare Kostenentscheidung bei einem mit aufschiebender Wirkung angegriffenen Widerspruchsbescheid); OVG Bremen NordÖR 2011, 395 (396) (sofort vollziehbare Festsetzung einer Abgabe für einen Business Improvement District).
aus dem Bereich des § 80 Abs. 2 Satz 1 Nr. 3 VwGO: OVG Berlin-Brandenburg NVwZ-RR 2009, 951 (verneint); VGH Mannheim NVwZ-RR 2010, 277 (Disziplinarrecht); VGH München NVwZ 1999, 1363 (Bauvorbescheid, vgl. Rn. 1282); NVwZ 2000, 1188 (Widerspruch gegen luftverkehrsrechtliche Planfeststellung unter Einschluss einer Umgehungsstraße); OVG Münster NVwZ-RR 2000, 121 (122); OVG Lüneburg GewArch 2011, 166 (Feuerstättenbescheid, verneint); VG Hamburg NVwZ-RR 2009, 284 (285); aus dem Bereich des intertemporalen Prozessrechts (→ Rn. 954): OVG

– sie irrt hinsichtlich der sachlichen Reichweite[468] oder der zeitlichen Dauer[469] der aufschiebenden Wirkung;
– sie ist nicht rechtzeitig über die Erhebung einer Klage unterrichtet worden.

1042 Nur selten wird eine Behörde dagegen die aufschiebende Wirkung bewusst missachten.

1043 Die rechtliche Würdigung der faktischen Vollziehung liegt auf der Hand: Vollzugsmaßnahmen trotz aufschiebender Wirkung verstoßen gegen § 80 Abs. 1 VwGO und sind daher rechtswidrig. Auf Widerspruch oder Anfechtungsklage hebt das Gericht sie auf.[470] Auch eine nachträgliche Anordnung der sofortigen Vollziehbarkeit nach § 80 Abs. 2 Satz 1 Nr. 4 VwGO führt nicht zu einer Heilung, weil die Vollzugsanordnung nicht zurückwirkt.[471] Die Behörde kann ebenso wenig geltend machen, mit der Vollziehung werde zugleich – gleichsam konkludent – die Anordnung nach § 80 Abs. 2 Satz 1 Nr. 4 VwGO getroffen. Dies verbieten sowohl die Notwendigkeit einer besonderen Anordnung nach § 80 Abs. 2 Satz 1 Nr. 4 VwGO als auch der Begründungszwang des § 80 Abs. 3 VwGO.

II. Besondere Zulässigkeitsvoraussetzungen

1. Statthaftigkeit

1044 Art. 19 Abs. 4 Satz 1 GG verlangt vorläufigen Rechtsschutz auch in den Fällen faktischer Vollziehung. Vorläufiger Rechtsschutz wird notwendig, sobald die Behörde trotz eingetretener aufschiebender Wirkung mit dem Vollzug droht,[472] zum Vollzug ansetzt, einen begonnenen Vollzug fortsetzt, androht, bei Missachten einer Verhaltenspflicht einen Bußgeldbescheid zu erlassen[473] oder Strafverfolgungsmaßnahmen anregt.[474] Der Antrag kann ferner darauf gerichtet sein, den sachlichen Umfang der aufschiebenden Wirkung festzustellen, so etwa, wenn ein Antragsteller gegen eine belastende Nebenbestimmung Widerspruch einlegt, die Behörde aber den gesamten Verwaltungsakt als suspendiert ansieht.[475] Vorläufiger Rechtsschutz kann schließlich auf die Rückgängigmachung eines bereits durchgeführten Vollzuges gerichtet sein.

1045-1046 Statthaft ist der Antrag, die aufschiebende Wirkung des Widerspruchs oder der Anfechtungsklage festzustellen. Abweichende konstruktive Ansätze haben sich nicht durchgesetzt: Einer einstweiligen Anordnung, die faktische Vollziehung zu untersagen,[476] steht

Lüneburg NVwZ 1999, 444; VGH München NVwZ 1999, 446 (Ls.) (zu § 212a Abs. 1 BauGB bei Widerspruch vor dem 1.1.1998) (aA OVG Münster NVwZ 1998, 759; VGH Mannheim 1998, 987 [Ls.]); OVG Greifswald NVwZ 2002, 1258.

[468] BVerwG NVwZ 2012, 570 (Baufeldfreimachung bei planfestgestelltem Vorhaben); VGH Mannheim NVwZ-RR 1991, 176 (straßenrechtliche Planfeststellung); OVG Frankfurt (Oder) NVwZ 2000, 577 (Kündigung eines Darlehensvertrages während Suspendierung des Widerrufs eines Bewilligungsbescheides); OVG Hamburg NVwZ-RR 1999, 145; NVwZ-RR 2011, 854; OVG Magdeburg NVwZ-RR 2010, 381; NVwZ-RR 2011, 846 (847) (Säumniszuschläge auf Rundfunkgebühren); OVG Münster NVwZ-RR 1999, 477; VGH München BayVBl. 2003, 405 (406) (Fortdauer der aufschiebenden Wirkung bei Änderungsbescheid); vgl. auch OVG Bremen NVwZ-RR 2000, 524; OVG Magdeburg NVwZ-RR 2009, 226 (Suspensiveffekt gegen Rückforderungsbescheid verbietet nicht die Aufrechnung).

[469] OLG Rostock NVwZ 2000, 214 (215).

[470] BVerwGE 17, 83 (87); BVerwGE 34, 325 (331).

[471] → Rn. 791.

[472] VGH Kassel DVBl. 1992, 780.

[473] VGH München UPR 2006, 122 (123).

[474] VGH Mannheim NVwZ-RR 2010, 463.

[475] OVG Magdeburg NVwZ-RR 2010, 381 (Kostenübernahme für eine archäologische Grabung).

[476] Vgl. *Tiedemann* MDR 1979, 717; *De Clerck* NJW 1961, 2233; *Czermak* NJW 1974, 1722; *Bender* NJW 1966, 1989; OVG Münster NJW 1963, 2244; DVBl. 1964, 834; VGH Kassel ESVGH 26, 237.

§ 123 Abs. 5 VwGO entgegen. Es wäre auch nicht einsichtig, dem Betroffenen bei – zumindest grundsätzlich rechtmäßig möglichem – Vollzug nach § 80 Abs. 2 VwGO Rechtsschutz nach § 80 Abs. 5 VwGO zu eröffnen, ihn dagegen bei – von vornherein rechtswidriger – faktischer Vollziehung auf § 123 VwGO mit dem Haftungsrisiko des § 945 ZPO zu verweisen. Eine unmittelbare Anwendung von § 80 Abs. 5 Satz 1 VwGO hilft ebenfalls nicht weiter: Für eine Anordnung oder Wiederherstellung der aufschiebenden Wirkung ist kein Raum, wenn die aufschiebende Wirkung bereits besteht, nur von der Behörde missachtet wird.[477] Da dem § 80 Abs. 5 VwGO Verpflichtungsentscheidungen weitgehend fremd sind, kann die Behörde auch nicht verpflichtet werden, die aufschiebende Wirkung zu beachten.[478]

Um effektiven Rechtsschutz zu gewähren, reicht es in der Praxis aus, die Behörde mit **1047** der Autorität des Gerichts auf die nach § 80 Abs. 1 VwGO vorhandene aufschiebende Wirkung hinzuweisen. Die rechtliche Grundlage dieses Vorgehens ist eine Analogie zu § 80 Abs. 5 VwGO.[479] Das Feststellungsverfahren ist damit statthaft, wenn sich der Betroffene mit der Begründung an das Gericht wendet, die Behörde vollziehe einen Verwaltungsakt oder drohe dessen Vollziehung an, obwohl der Verwaltungsakt mit aufschiebender Wirkung angefochten worden sei. Ob diese Behauptung zutrifft, ist eine Frage der Begründetheit, nicht der Zulässigkeit des Antrags.[480] Wegen der Zulässigkeit im Übrigen kann auf das Aussetzungsverfahren verwiesen werden.[481]

Ist ein Antragsteller unsicher, ob seinem Rechtsbehelf in der Hauptsache aufschie- **1048** bende Wirkung zukommt, wird er „hilfsweise" beantragen, die aufschiebende Wirkung anzuordnen oder wiederherzustellen. Dies ist kein echter Hilfsantrag, sondern ein einheitliches Rechtsschutzbegehren, von der Vollziehung des Verwaltungsakts einstweilen verschont zu bleiben. Das Gericht kann daher nach § 88 VwGO einen Aussetzungsantrag als Feststellungsantrag oder einen Feststellungsantrag als Aussetzungsantrag auslegen.[482] Die Kostenentscheidung braucht zwischen den Anträgen nicht zu differenzieren, auch eines Rückgriffs auf § 155 Abs. 1 Satz 3 VwGO – geringfügiges Unterliegen – bedarf es nicht. [483] Schließlich kann das Beschwerdegericht die aufschiebende Wirkung eines Rechtsbehelfs selbst dann feststellen, wenn das erstinstanzliche Gericht den Feststellungsantrag abgelehnt und einem „hilfsweise" gestellten Aussetzungsantrag entsprochen hat, auch wenn ausschließlich der Antragsgegner ein Rechtsmittel einlegt.[484]

---

[477] So früher OVG Münster OVGE 31, 193; OVGE 32, 15 (17); NJW 1977, 214; NVwZ 1987, 334 (335).

[478] So noch OVG Koblenz AS 14, 252.

[479] Vgl. BVerwG NVwZ 2012, 1126 Rn. 5: ob § 80 Abs. 5 unmittelbar oder analog angewandt wird, bleibt oft ungesagt, vgl. BVerwG Buchholz 232 § 44 BBG Nr. 8; OVG Bremen NordÖR 2011, 395; OVG Frankfurt (Oder) NVwZ 2000, 577; OVG Greifswald NVwZ-RR 2001, 181 (182); NVwZ-RR 2001, 401; VGH Kassel NVwZ-RR 2004, 792; OVG Lüneburg NVwZ-RR 2001, 419; VGH Mannheim NVwZ-RR 2000, 189; NVwZ-RR 2010, 463 (464); VGH München NVwZ-RR 2005, 679; UPR 2006, 122 (123); OVG Münster NVwZ-RR 2000, 121 (122); OVG Schleswig NVwZ-RR 2001, 586.

[480] AA VGH Mannheim VBlBW 1993, 222; NVwZ 2000, 1060; VG Gießen NVwZ-RR 2002, 709.

[481] → Rn. 936 ff.

[482] So wohl auch VGH München NVwZ-RR 2006, 305; aA OVG Saarlouis Beschl. v. 11.8.2010 – 3 B 178/10 Rn. 10; OVG Hamburg NVwZ-RR 2012, 92 (94) (keine Umdeutung bei anwaltlich vertretenem Betroffenen).

[483] Insoweit aA OVG Bremen NordÖR 2011, 395.

[484] OVG Schleswig NVwZ-RR 2001, 586; ohne Trennung zwischen Haupt- und Hilfsantrag OVG Berlin NVwZ-RR 2003, 323 (326).

2. Rechtsschutzbedürfnis

1049 Das Rechtsschutzbedürfnis für einen Antrag, die aufschiebende Wirkung festzustellen, entfällt, wenn die Behörde ausdrücklich von der von ihr angenommenen Vollziehbarkeit abrückt und bereit ist, einen bereits erfolgten Vollzug aufzuheben.[485]

III. Maßstab und Inhalt der gerichtlichen Entscheidung

1. Feststellung der aufschiebenden Wirkung

1050 Hat der Betroffene Widerspruch eingelegt oder Anfechtungsklage erhoben und entfällt die aufschiebende Wirkung weder kraft Gesetzes (§ 80 Abs. 2 Satz 1 Nr. 1 bis 3, Satz 2 VwGO) noch kraft behördlicher Anordnung (§ 80 Abs. 2 Satz 1 Nr. 4 VwGO), stellt das Gericht fest, dass der Widerspruch oder die Klage aufschiebende Wirkung hat. Eine Abwägung zwischen öffentlichem Vollzugsinteresse und individuellem Aussetzungsinteresse unterbleibt, weil allein der Suspensiveffekt die Vollziehung verbietet.[486] Das Gericht darf die begehrte Feststellung der aufschiebenden Wirkung auch nicht von einer Auflage nach § 80 Abs. 5 Satz 4 VwGO abhängig machen oder nach § 80 Abs. 5 Satz 5 VwGO befristen, weil das Gericht ohne die in diesen Normen vorausgesetzte Interessenabwägung entscheidet.[487]

2. Aufhebung der Vollziehung

1051 Nach § 80 Abs. 5 Satz 3 VwGO kann das Gericht die Aufhebung der Vollziehung anordnen, wenn der Verwaltungsakt bereits vollzogen ist. Dies gilt auch bei faktischer Vollziehung. Eine Abwägung zwischen Vollzugsinteresse und Wiederherstellungsinteresse findet nicht statt, da der Vollzug des Verwaltungsakts unter Verstoß gegen § 80 Abs. 1 VwGO rechtswidrig gewesen ist.[488]

1052, 1053 *derzeit unbesetzt*

IV. Wirkung der Entscheidung

1. Verbot weiteren Vollzuges

1054 Stellt das Gericht fest, dass Widerspruch oder Anfechtungsklage aufschiebende Wirkung haben, muss die Behörde jede weitere Vollziehung unterlassen. So lange die Behörde dieses Verbot beachtet, besteht für einen erneuten Feststellungsantrag kein Rechtsschutzbedürfnis.[489] Bereits stattgefundene Vollziehungsmaßnahmen muss die Behörde rückgängig machen, auch wenn dies nicht nach § 80 Abs. 5 Satz 3 VwGO angeordnet ist.

2. Vollstreckbarkeit

1055 Die gerichtliche Feststellung der aufschiebenden Wirkung hat keinen vollstreckbaren Inhalt und kann daher nicht im Wege der Zwangsvollstreckung durchgesetzt werden. Beginnt die Behörde trotz gerichtlicher Feststellung mit der Vollstreckung oder setzt sie diese fort, kann effektiver Rechtsschutz nur noch durch eine vollstreckbare Entscheidung gewährt werden. Da ein Beschluss nach § 80 Abs. 5 VwGO jedenfalls dann vollstreckbar ist, wenn er einen vollstreckbaren Inhalt hat, erscheint es sachgerecht, wenn das Gericht auf erneuten Antrag eine weitere Vollziehung in entsprechender Anwendung des § 80 Abs. 5 Satz 3 VwGO untersagt.[490]

---

[485] VGH Mannheim NJW 1974, 917.
[486] VGH Mannheim NVwZ-RR 2010, 463 (464).
[487] VGH Kassel ESVGH 30, 211 (213) (zu § 80 Abs. 5 Satz 4 VwGO).
[488] VGH Kassel NVwZ-RR 2003, 345 (346).
[489] Vgl. VG Berlin NVwZ-RR 2002, 33 (34).
[490] → Rn. 1013 f. auch zur Gegenauffassung.

3. Kein Verbot einer Anordnung nach § 80 Abs. 2 Satz 1 Nr. 4 VwGO

Will die Behörde nach einer gerichtlichen Feststellung der aufschiebenden Wirkung **1056** den Verwaltungsakt vollstrecken, muss sie das Ende der aufschiebenden Wirkung abwarten. Will sie früher vollstrecken, kann sie die sofortige Vollziehung nach § 80 Abs. 2 Satz 1 Nr. 4 VwGO anordnen.[491] Gegen die gerichtliche Feststellungsentscheidung verstößt sie damit nicht. Mit der Anordnung der sofortigen Vollziehung wird diese Entscheidung vielmehr gegenstandslos, ohne dass es einer Änderung im Verfahren nach § 80 Abs. 7 VwGO bedarf.[492] Es ist in diesem Fall Sache des Betroffenen, nach § 80 Abs. 5 Satz 1 VwGO die Wiederherstellung der aufschiebenden Wirkung zu beantragen.[493]

§ 49 Aussetzung der Vollziehung bei Verwaltungsakten mit Doppelwirkung

Schrifttum: *Budroweit/Wuttke,* Der vorläufige Rechtsschutz bei Verwaltungsakten mit Drittwirkung (§§ 80, 80a VwGO), JuS 2006, 876; *Christonakis,* § 80a III 2 VwGO als Verfahrenskonkurrenzregelung, VR 2004, 261; *Jobs,* Aktuelle Rechtsprechung zum Bauordnungsrecht der Länder Berlin und Brandenburg, LKV 2013, 529; *Heberlein,* Der Verwaltungsakt mit Doppelwirkung im Sofortverfahren, BayVBl. 1991, 396; *ders.,* Die Verweisung auf § 80 Abs. 6 VwGO – ein Redaktionsversehen?, BayVBl. 1993, 743; *Heydemann,* Der Vorrang einer behördlichen Entscheidung vor dem einstweiligen Rechtsschutz durch das Verwaltungsgericht, NVwZ 1993, 419; *Huber,* § 212a I BauGB und die Auswirkungen auf den einstweiligen Rechtsschutz nach § 80 V VwGO, NVwZ 2004, 915; *Hörtnagl/Stratz,* Die Neuregelung des vorläufigen Rechtsschutzes durch das 4. VwGO-Änderungsgesetz, VBlBW 1991, 326; *Jäde,* Vorrang der Behördenentscheidung bei einstweiligem Nachbarrechtsschutz?, UPR 1991, 295; *Kopp,* Nochmals: Die Verweisung auf § 80 Abs. 6 VwGO – ein Redaktionsversehen?, BayVBl. 1994, 524; *Mampel,* Vorläufiger Rechtsschutz gegen Verwaltungsakte mit Doppelwirkung nach dem 6. VwGOÄndG, DVBl. 1997, 1155; *ders.,* Baurechtlicher Drittschutz nach der Deregulierung, UPR 1997, 267; *Müller-Wiesenhaken/Götze,* Rechtsgestaltende Wirkung von Eilentscheidungen der Verwaltungsgerichte in tripolaren Konstellationen nach §§ 80 Abs. 5, 80a Abs. 3 VwGO im Anlagenzulassungsrecht und ihre Durchsetzung, BauR 2011, 1910; *K. Redeker,* Vorläufiger Rechtsschutz nach der VwGO-Novellierung, NVwZ 1991, 526; *ders.,* Neuordnung der Verfahrensabläufe bei nachbarlichen Rechtsbehelfen im Baurecht, BauR 1991, 525; *Schoch,* Der vorläufige Rechtsschutz im 4. VwGO-Änderungsgesetz, NVwZ 1991, 1121; *Schmaltz,* Probleme des vorläufigen Rechtsschutzes im Baunachbarrecht, DVBl. 1992, 230; *Schönfelder,* Neue Rechtslage im Baunachbarstreit? – Zum Vorrang der Behördenentscheidung im Verfahren des einstweiligen Rechtsschutzes, VBlBW 1993, 287.

I. Funktion und Bedeutung

Besonderheiten gelten beim begünstigenden Verwaltungsakt mit belastender Doppel- **1057** wirkung.[494] Widerspruch und Anfechtungsklage des belasteten Dritten – etwa des Nachbarn – haben nach § 80 Abs. 1 Satz 2 VwGO aufschiebende Wirkung. Entfällt bei einem begünstigenden Verwaltungsakt mit belastender Doppelwirkung die aufschiebende Wirkung kraft Gesetzes (etwa nach § 212a Abs. 1 BauGB) oder ordnet die Behörde die sofortige Vollziehung des Verwaltungsakts an (§ 80 Abs. 2 Satz 1 Nr. 4 VwGO), kann der Begünstigte – etwa der Genehmigungsinhaber – die Genehmigung ausnutzen. Der belastete Dritte kann zur Sicherung seiner Rechte bei der Behörde beantragen, die Vollziehung auszusetzen und einstweilige Maßnahmen zur Sicherung seiner Rechte zu

[491] VGH Mannheim NVwZ-RR 2010, 277 (278); OVG Münster Beschl. v. 26.3.2004 – 21 B 2399/03.
[492] VGH Mannheim NVwZ-RR 2010, 463 (464); aA VGH München NVwZ 1988, 745.
[493] VGH Mannheim VBlBW 2014, 384 (385).
[494] Beispiele → Rn. 793.

treffen,[495] er kann sich aber auch nach § 80a Abs. 3 Satz 1 VwGO an das Gericht wenden.

1058 § 80a als *lex specialis* schließt andere Formen des Rechtsschutzes zur Verhinderung der sofortigen Vollziehung eines Verwaltungsakts mit Doppelwirkung aus,[496] insbesondere steht § 123 Abs. 5 VwGO dem Erlass einer einstweiligen Anordnung entgegen. So kann nicht etwa verlangt werden, der Behörde im Wege der einstweiligen Anordnung aufzugeben, die Begünstigung eines Dritten zu widerrufen.[497]

1059 Keiner besonderen Darstellung bedarf an dieser Stelle der belastende Verwaltungsakt mit drittbegünstigender Doppelwirkung. Bei einem solchen Verwaltungsakt – etwa einer Ordnungsverfügung zum Schutz der Nachbarschaft[498] – wird der jeweilige Adressat die aufschiebende Wirkung eines von ihm eingelegten Rechtsbehelfs anstreben. Tritt diese aufschiebende Wirkung nicht kraft Gesetzes (§ 80 Abs. 1 VwGO) ein, kann der Adressat sich nach § 80 Abs. 4 Satz 1 an die Behörde wenden oder im Wege des § 80 Abs. 5 VwGO gerichtlichen Rechtsschutz anstreben. Besonderheiten ergeben sich insoweit nicht. Allerdings ist bei der Abwägung von Suspensiv- und Vollzugsinteresse auch das private Interesse des begünstigten Dritten an einer sofortigen Vollziehung des Verwaltungsakts in die Abwägung einzubeziehen.[499]

II. Besondere Zulässigkeitsvoraussetzungen

1. Statthafter Antrag

1060 Nach § 80a Abs. 3 Satz 1 Alt. 1 und 2 VwGO gewährt das Gericht Rechtsschutz vor einer Anordnung der sofortigen Vollziehung durch die Behörde nach § 80a Abs. 1 Nr. 1 und Abs. 2 VwGO. Das Gericht kann diese Maßnahmen aufheben oder – etwa durch Auflagen oder eine Befristung – ändern. Das Gericht kann nach § 80a Abs. 3 Satz 1 Alt. 3 VwGO auch angerufen werden, wenn die Behörde einen Antrag auf Aussetzung der Vollziehung nach § 80a Abs. 1 Nr. 2 VwGO abgelehnt hat. Schließlich gestattet § 80a Abs. 3 Satz 1 Alt. 3 VwGO auch die unmittelbare Anrufung des Gerichts, gerichtet auf die Anordnung oder Wiederherstellung der aufschiebenden Wirkung; dies ist in der Praxis der häufigste Fall.

1061 Das Aussetzungsverfahren soll den Vollzug des Verwaltungsakts hindern. Der Begünstigte soll also – bis zur Klärung der Hauptsache – den Verwaltungsakt nicht ausnutzen können. Der Antrag richtet sich damit gegen einen mit der Anfechtungsklage angreifbaren Verwaltungsakt,[500] einen isoliert angreifbaren Teil[501] oder eine isoliert angreifbare Nebenbestimmung.[502] Der jeweilige begünstigende Verwaltungsakt ist auch wirksam, wenn er dem Belasteten – etwa dem Nachbarn – nicht bekannt gegeben worden ist. Daher steht das Fehlen der Bekanntmachung der Statthaftigkeit des Aussetzungsantrags nicht entgegen.[503] Weicht der Begünstigte wesentlich von dem genehmigten Vorhaben ab, handelt er also nicht in Ausnutzung des begünstigenden Verwaltungsakts, kann Rechtsschutz nur nach § 123 VwGO gewährt werden.[504]

[495] → Rn. 794.
[496] BVerwG DÖV 1995, 384.
[497] OVG Hamburg NordÖR 2011, 464 (465) (Personenbeförderungsgenehmigung).
[498] Weitere Beispiele → Rn. 794.
[499] OVG Münster NVwZ-RR 2006, 248 (251).
[500] → Rn. 936.
[501] OVG Bautzen NVwZ-RR 2013, 14 (14 f.).
[502] OVG Magdeburg NVwZ-RR 2009, 239.
[503] OVG Schleswig NVwZ-RR 2001, 205.
[504] OVG Schleswig NordÖR 2005, 227.

2. Antragsbefugnis

Wie bei dem Antrag nach § 80 Abs. 5 Satz 1 VwGO setzt auch der Antrag nach § 80a Abs. 3 VwGO grundsätzlich analog § 42 Abs. 2 VwGO eine Antragsbefugnis des jeweiligen Antragstellers voraus. Die Frage nach der Antragsbefugnis eines Drittbetroffenen ist bei Eilanträgen wie die Frage der Klagebefugnis bei Klagen eines Drittbetroffenen zu beantworten.[505] **1062**

3. Rechtsschutzbedürfnis

Hinsichtlich des Rechtsschutzbedürfnisses ist – über das oben[506] Gesagte hinaus – Folgendes zu beachten: Die Entscheidung nach §§ 80 Abs. 5, 80a Abs. 3 VwGO wirkt nur zwischen den Parteien. Für den Antrag eines Dritten nach §§ 80 Abs. 5, 80a Abs. 3 VwGO besteht daher auch ein Rechtsschutzinteresse, wenn zugunsten eines anderen Dritten bereits die sofortige Vollziehung entfallen ist.[507] Verzichtet der Genehmigungsinhaber dagegen endgültig oder zumindest bis zum Abschluss des Hauptsacheverfahrens auf die Ausnutzung seiner Genehmigung, fehlt das Rechtsschutzinteresse für einen Antrag nach §§ 80 Abs. 5, 80a Abs. 3 VwGO.[508] Dagegen braucht der Antragsteller nicht abzuwarten, bis der Begünstigte mit den Maßnahmen beginnt, die Rechte des Antragstellers berühren; dies gilt besonders dann, wenn der Antrag auf Herstellung der aufschiebenden Wirkung fristgebunden ist.[509] **1062a**

Das Rechtsschutzbedürfnis für den Aussetzungsantrag eines Drittbetroffenen entfällt, wenn der von dem Verwaltungsakt Begünstigte von diesem umfassend, etwa durch Errichtung der genehmigten baulichen Anlage, Gebrauch gemacht hat.[510] Denn das Gericht hat im Verfahren nach §§ 80 Abs. 5, 80a Abs. 3 VwGO keine Rechtsgrundlage, dem privaten Dritten die Beseitigung eines Vorhabens aufzugeben, das dieser in Ausnutzung einer Genehmigung durchgeführt hat. Anders liegt es, wenn der Dritte sich auch durch die Nutzung einer genehmigten Anlage beeinträchtigt sieht. In diesem Fall besteht ein Rechtsschutzbedürfnis auch nach Errichtung der Anlage.[511] **1063**

Umstritten ist, ob der Dritte sich in dem Verfahren nach §§ 80 Abs. 5 Satz 1, 80a Abs. 3 Satz 1 VwGO vor dem Antrag bei Gericht an die Behörde gewandt haben muss. Hierfür spricht, dass § 80a Abs. 3 Satz 2 VwGO die entsprechende Geltung von § 80 Abs. 5 bis 8 VwGO – und damit auch von § 80 Abs. 6 VwGO – anordnet. Es besteht dennoch keine Obliegenheit, einen vorherigen Antrag bei der Behörde zu stellen: Wie die Gesetzesmaterialien zu § 80a VwGO ergeben,[512] ist es nicht der Sinn dieser Verweisung, die vorherige Anrufung der Behörde auch außerhalb von Rechtsschutz gegen Abgaben- und Kostenbescheide vorzuschreiben; § 80a Abs. 3 Satz 2 VwGO ist eine Rechtsgrund-, **1064**

---

[505] Vgl. etwa VG Koblenz NVwZ-RR 2011, 752 (Ls.) zur (fehlenden) Antragsbefugnis des Mieters bezüglich bauplanungsrechtlicher Regelungen in einem Baunachbarstreit; VGH München NVwZ-RR 2013, 171 (172) (Besitzeinweisung nach Landesenteignungsrecht); OVG Münster NVwZ-RR 2016, 627 (628) (Zulassung nach dem AMG).

[506] → Rn. 950 ff.

[507] OVG Koblenz NVwZ 1987, 246 (247).

[508] OVG Lüneburg NVwZ 2004, 1010.

[509] BVerwG NVwZ-RR 2009, 753 (Planfeststellungsbeschluss; Bau einer Behelfsbrücke).

[510] Nach Fertigstellung des Rohbaus fehlt das Rechtsschutzbedürfnis, wenn sich der Nachbar gegen Beeinträchtigungen durch den Baukörper wendet, vgl. OVG Berlin DÖV 2001, 1055; OVG Bremen NordÖR 2003, 447; OVG Frankfurt (Oder) BRS 65 Nr. 199; OVG Hamburg NordÖR 2010, 266 (Ls.); aA OVG Münster BRS 63 Nr. 198.

[511] OVG Berlin-Brandenburg Beschl. v. 29.1.2007 – 10 S 1.07 Rn. 18; OVG Münster NVwZ-RR 1999, 540.

[512] BT-Drs. 11/7030, 25.

keine Rechtsfolgenverweisung auf § 80 Abs. 6 VwGO. Das Gericht kann deshalb auch beim Verwaltungsakt mit Doppelwirkung unmittelbar angerufen werden.[513]

III. Entscheidungsmaßstab

1065 Das Gericht trifft in den Fällen des § 80a Absatz 3 Satz 1 VwGO eine eigene Ermessensentscheidung.[514] Dies gilt auch, wenn es über die Änderung oder Aufhebung einer behördlichen Maßnahme nach § 80a Abs. 1 Nr. 1 oder Abs. 2 VwGO entscheidet. Denn das gerichtliche Verfahren ist kein Rechtsmittelverfahren gegen die behördliche Entscheidung. Das Gericht hat vielmehr eigenständig zu entscheiden, ob zur Gewährung effektiven Rechtsschutzes zugunsten des Drittbetroffenen die aufschiebende Wirkung herzustellen ist. Dem Gesetz sind für diese Entscheidung keine Maßstäbe zu entnehmen, die Gerichte ziehen daher – mit Modifikationen – die Maßstäbe heran, die bei § 80 Abs. 5 Satz 1 VwGO in zweiseitigen Verhältnissen[515] gelten.

1. Entscheidungszeitpunkt und Ermittlungstiefe

1066 Maßgeblicher Zeitpunkt für die Interessenabwägung ist im Fall des Verwaltungsakts mit Doppelwirkung – wie sonst auch – der Zeitpunkt der gerichtlichen Entscheidung.[516] Hinsichtlich der Ermittlungstiefe gilt das oben[517] Gesagte. Entscheidet das Gericht über den Antrag nach Maßgabe der Erfolgsaussichten in der Hauptsache, kann es geboten sein, wie im Hauptsacheverfahren vorzugehen, etwa eine mündliche Verhandlung oder eine Ortsbesichtigung durchzuführen.[518] Wegen der grundsätzlich gleichrangigen Stellung von Antragsteller und Begünstigten kann es aber gerade in multipolaren Verhältnissen angezeigt sein, nicht bloß summarisch zu prüfen, weil die Gewährung von einstweiligem Rechtsschutz den Rechtsschutz eines anderen Privaten verkürzen kann.[519]

2. Materieller Entscheidungsmaßstab

1067 Maßgeblich für die gerichtliche Entscheidung sind zunächst und ganz vorrangig die Erfolgsaussichten in der Hauptsache,[520] insbesondere weil sich regelmäßig Rechtspositionen gegenüber stehen, die grundsätzlich gleichrangig sind.[521] Dies gilt auch, wenn auf

---

[513] Ebenso OVG Bremen NVwZ 1993, 592; OVG Hamburg NVwZ-RR 1995, 551; VGH Kassel NVwZ 1993, 491; OVG Koblenz NVwZ-RR 2004, 224; VGH Mannheim NVwZ 1998, 766; OVG Saarlouis BRS 79 Nr. 162; aA OVG Lüneburg NVwZ-RR 2005, 69; NordÖR 2005, 313; NVwZ-RR 2010, 140; NVwZ-RR 2010, 552; VGH München BayVBl. 1991, 723; OVG Weimar ThürVBl. 1995, 64; folgt man der Gegenauffassung wird die Frage aufgeworfen, wann die Voraussetzungen des § 80 Abs. 6 S. 2 VwGO vorliegen, vgl. dazu OVG Lüneburg NVwZ-RR 2005, 69 (70) (Stellung des Bauantrages ist kein Vollzug eines vollstreckbaren Vorbescheides); NVwZ-RR 2010, 140; NVwZ-RR 2010, 552 (553) (unmittelbares Bevorstehen bei gerügtem Verstoß gegen Grenzabstände verneint, wenn um die – noch in der Zukunft liegende – Nutzung gestritten wird); zum Fehlen eines Gebührentatbestandes für den Antrag nach § 80 Abs. 4 VwGO im niedersächsischen Landesrecht: OVG Lüneburg NVwZ-RR 2005, 683 (Ls.).

[514] VGH München NVwZ-RR 2003, 9 (10).

[515] → Rn. 953 ff.

[516] VGH Kassel NVwZ 1991, 88.

[517] → Rn. 958 ff.

[518] OVG Lüneburg NVwZ-RR 1999, 716 (716 f.).

[519] OVG NVwZ-RR 2011, 855 (856) (Zugang zu Umweltinformationen).

[520] OVG Hamburg NordÖR 2016, 299 (300); NordÖR 2016, 303; OVG Magdeburg NuR 2016, 360 (362 f.); VGH München NVwZ-RR 2001, 154; VGH Kassel NVwZ-RR 2000, 570; NVwZ-RR 2016, 247; NuR 2016, 258; OVG Lüneburg DVBl. 2011, 635; OVG Saarlouis BRS 78 Nr. 164; wohl auch OVG Koblenz NVwZ-RR 2016, 331 (333), das die Interessen der Beteiligten „im Übrigen" gewichtet.

[521] OVG Münster BRS 78 Nr. 51; VGH Mannheim NVwZ-RR 2011, 355; UPR 2016, 269.

Seiten des Belasteten und des Begünstigten jeweils finanzielle Interessen betroffen sind.[522] Können die Erfolgsaussichten nicht verlässlich beurteilt werden, ist eine offene Interessenabwägung vorzunehmen.[523] Die Abwägung entspricht damit zumindest in ihren Grundzügen der Abwägung nach § 80 Abs. 5 Satz 1 VwGO in zweiseitigen Rechtsverhältnissen.

a) Entscheidung bei offensichtlich erfolgreichem Rechtsbehelf. Wird der eingelegte 1068
Rechtsbehelf aller Voraussicht nach Erfolg haben, ordnet das Gericht auf Antrag des belasteten Dritten die aufschiebende Wirkung des Rechtsbehelfs an oder stellt sie, gegebenenfalls teilweise[524] wieder her.[525] Notwendig ist also, dass der Verwaltungsakt offensichtlich rechtswidrig ist *und* den Antragsteller offensichtlich in seinen (Nachbar-)Rechten verletzt (§ 113 Abs. 1 Satz 1 VwGO).[526] Dies entspricht der Rechtslage beim zweiseitigen Verwaltungsakt, wirft dort aber regelmäßig keine Probleme auf, weil sich die Verletzung eigener Rechte regelmäßig schon aus der Adressatenstellung des Betroffenen ergibt. Allein die offensichtliche Rechtswidrigkeit des Verwaltungsakts reicht also in der Regel für den Erfolg des Eilantrags nicht aus, es sei denn, das materielle Recht gewährt – wie etwa in § 4 Abs. 3 UmwRG oder § 2 Abs. 5 Nr. 1 UmwRG – einen Anspruch auf Aufhebung eines Verwaltungsakts auch ohne Verletzung eines subjektiven Rechts.[527]

Maßgeblich ist, ob derjenige Rechtsbehelf erfolgreich sein wird, dem die aufschiebende 1069
Wirkung zukommt. So kann im Planfeststellungsrecht ein Antrag nach § 80 Abs. 5 VwGO nur Erfolg haben, wenn der Antragsteller in der Hauptsache die Aufhebung des Planfeststellungsbeschlusses[528] erreichen könnte oder die Feststellung seiner Rechtswidrigkeit und Nichtvollziehbarkeit.[529] Hat der Antragsteller dagegen nur einen mit der Verpflichtungsklage durchsetzbaren Anspruch auf Planergänzung, bleibt der Antrag nach § 80 Abs. 5 VwGO ohne Erfolg.[530]

b) Entscheidung bei offensichtlich erfolglosem Rechtsbehelf. Wird der Rechtsbehelf 1070
offensichtlich erfolglos bleiben, überwiegen die Interessen des Begünstigten und – falls berührt – die öffentlichen Interessen an der Ausnutzung der Genehmigung das Interesse des Antragstellers, von der Vollziehung einstweilen verschont zu bleiben.[531] Das Gericht

---

[522] VGH Kassel NVwZ 2001, 105 (106).

[523] BVerwG Beschl. v. 12.7.2016 – 4 VR 13.16 Rn. 8; VGH Kassel NVwZ-RR 2016, 247.

[524] OVG Koblenz ZfBR 2016, 491 (493).

[525] OVG Greifswald NVwZ 2001, 454 (455); NVwZ 2002, 1258; OVG Hamburg NVwZ 2002, 494 (495); NVwZ 2005, 105 (106); OVG Koblenz NVwZ 2005, 1208 (bei einiger Wahrscheinlichkeit der Verletzung nachbarschützender Rechte); OVG Lüneburg NVwZ-RR 2006, 378 (379); VGH Mannheim NVwZ-RR 2005, 89 (90); OVG Münster NVwZ-RR 2006, 306 (309) (Baugenehmigung für ein Fußballstadion); NVwZ-RR 2006, 774 (Bau eines Wolfsgeheges); OVG Saarlouis NVwZ 2003, 1004 (1005); VG Hannover NVwZ-RR 2006, 16 (17); VG Frankfurt NVwZ-RR 2000, 584; im Ergebnis ebenso OVG Greifswald NVwZ 2000, 945 (947); vgl. auch OVG Saarlouis NVwZ-RR 1998, 636 (637): ausreichend für den Erfolg des Aussetzungsantrags sei die „ernst zu nehmende Möglichkeit" einer Verletzung subjektiv-öffentlicher Rechte.

[526] BVerfG NVwZ 2009, 240 (242); OVG Hamburg NVwZ 2007, 604; VGH Kassel NVwZ-RR 2003, 261; VGH Mannheim NVwZ-RR 2002, 263 (264); UPR 2016, 269 (270); NuR 2016, 502; VGH München NVwZ-RR 2002, 259; NVwZ-RR 2008, 80; OVG Münster NVwZ-RR 2003, 721; vgl. auch VGH Mannheim NVwZ-RR 2007, 87 (keine Vermittlung subjektiver Rechte durch Zuständigkeitsregelung); zu (altruistischen) Verbandsklagen → Rn. 872a.

[527] Beispielhaft OVG Hamburg Beschl. v. 24.8.2016 – 2 Bs 113/16.

[528] VGH Kassel NVwZ-RR 2003, 420.

[529] BVerwG NVwZ 1998, 1070; OVG Lüneburg NVwZ-RR 1998, 719.

[530] BVerwG NVwZ 2005, 689 (690); NVwZ 2005, 940 (943); VGH Kassel NVwZ-RR 2003, 420; VGH Mannheim NVwZ-RR 2006, 136.

[531] OVG Bautzen NVwZ 2005, 352 (353); OVG Berlin-Brandenburg LKV 2012, 566; OVG Greifswald NVwZ 1999, 1238; NVwZ-RR 2009, 555; OVG Berlin NVwZ-RR 2001, 722 (722 f.); OVG Hamburg NVwZ-RR 2005, 396; VGH Kassel NuR 2016, 476; OVG Lüneburg NVwZ-RR

lehnt den Antrag also ab, wenn Rechte des Antragstellers offensichtlich nicht verletzt sind.[532] Es erschiene unbillig, den Begünstigten bis zum Abschluss des Hauptsacheverfahrens zu hindern, von dem Verwaltungsakt Gebrauch zu machen, wenn das Hauptsacheverfahren zu Lasten des Antragstellers ausgehen wird.

1071 Der Prüfung eines besonderen Interesses an der Vollziehung bedarf es nicht, weil dieses unmittelbar aus dem privaten Interesse des Begünstigten folgt:[533] Das – auch sofortige – Ausnutzen eines Verwaltungsakts ist grundrechtlich geschützt. Dieses Interesse des Begünstigten und das Interesse des Belasteten stehen sich damit gleichrangig gegenüber. Die Frage, wer bis zur Hauptsacheentscheidung das Risiko vollendeter Tatsache tragen muss, bestimmt sich allein nach den Erfolgsaussichten der Hauptsache.[534]

1072 **c) Entscheidung bei ernstlichen Zweifeln an der Erfolglosigkeit des Rechtsbehelfs.** Das Gesetz verweist über § 80a Abs. 3 Satz 1, Abs. 1 Nr. 2 VwGO unter anderem auf § 80 Abs. 4 Satz 3 VwGO. Danach soll die Aussetzung bei öffentlichen Abgaben und Kosten erfolgen, wenn ernstliche Zweifel an der Rechtmäßigkeit des Verwaltungsakts bestehen oder wenn die Vollziehung eine unbillige, nicht durch überwiegende öffentliche Interessen gebotene Härte zur Folge hätte. Diese Vorschrift ist auf die spezifische Interessenlage bei der Anforderung öffentlicher Abgaben und Kosten zugeschnitten und daher nicht analog anwendbar.[535]

1073 Dies gilt insbesondere für den Rechtsschutz bei Verwaltungsakten mit Doppelwirkung: Hier stehen sich zwei Grundrechtsberechtigte gegenüber.[536] Nicht nur auf Seiten des Belasteten – etwa des Nachbarn – drohen vollendete Tatsachen einzutreten, wenn das Vorhaben verwirklicht wird. Auch auf der Seite des Begünstigten treten solche Folgen ein, wenn das Vorhaben vorläufig unterbleibt: Der durch den Aufschub des Vorhabens eingetretene Zeitverlust kann nicht rückgängig gemacht werden, in dieser Zeit mit einer Anlage realisierbare Gewinne gehen endgültig verloren, die Finanzierung eines Vorhabens kann in Gefahr geraten. Daher kann das Vollzugsinteresse nicht erst dann den Vorrang erlangen, wenn die dem Begünstigten erteilte Genehmigung mehr oder minder zweifelsfrei Rechte des belasteten Antragstellers nicht verletzt.[537] Dabei ist auch zu bedenken, dass der Nachbar nicht das finanzielle Risiko trägt, im Fall einer Aussetzung der Vollziehung Schadenersatz nach § 945 ZPO zu leisten.[538]

2002, 19; NVwZ-RR 2006, 682; OVG Münster NVwZ-RR 2004, 408; NVwZ-RR 2004, 481; NVwZ 2006, 481; VGH Mannheim NVwZ-RR 2003, 335; NVwZ-RR 2005, 397; VGH München NVwZ-RR 2005, 389; NVwZ-RR 2005, 522; VG Gießen NVwZ-RR 2003, 196.

[532] Beispielhaft die Entscheidungen: BVerwG NVwZ-RR 1999, 554 (Rechtsschutz einer Gemeinde gegen straßenrechtliche Planfeststellung); NVwZ 2005, 940; OVG Bremen NVwZ-RR 2000, 204; OVG Hamburg NVwZ 2002, 356 (357); BeckRS 2010, 46557; VGH Kassel NVwZ 2001, 105 (106) (Stilllegung einer Eisenbahnstrecke); OVG Lüneburg NVwZ-RR 2000, 353 (354); NVwZ-RR 2003, 642 (643); VGH Mannheim NVwZ-RR 2000, 348 (kein Nachbarschutz durch eine Baulinie); NVwZ-RR 2010, 387; VGH München NVwZ-RR 2001, 154; OVG Münster NVwZ 2001, 340; NVwZ 2003, 361 (362 f.); OVG Weimar NVwZ-RR 2000, 350; VG Frankfurt NVwZ-RR 2003, 178 (184); VG Gießen NVwZ-RR 2005, 232 (233); VG Osnabrück NVwZ-RR 2000, 141 (bauaufsichtliche Zulassung einer Forensik); VG Schleswig NVwZ 2002, 754 (757).

[533] VGH München NVwZ-RR 2004, 342 (343); VGH Mannheim UPR 2016, 269; NuR 2016, 557 (Ls.).

[534] VGH Mannheim BauR 2016, 1148 (1150).; OVG Lüneburg NVwZ-RR 2008, 688; BVerfG NVwZ 2009, 240 (242).

[535] → Rn. 832, 834.

[536] Vgl. BVerfG GewArch. 1985, 16.

[537] So OVG Lüneburg NVwZ-RR 2004, 131 (132); NVwZ 2005, 233; NVwZ-RR 2005, 17; in diese Richtung auch OVG Saarlouis NVwZ 1999, 1006 (1007 f.); OVG Koblenz BRS 79 Nr. 185.

[538] OVG Lüneburg Beschl. v. 25.1.2007 – 1 ME 177/06.

d) Entscheidung bei offenem Ausgang der Hauptsache. Ist der Ausgang des Hauptsacheverfahrens offen, hat das Gericht unter Abwägung aller Umstände zu prüfen, ob das Interesse des Begünstigten und ggf. zusätzlich ein öffentliches Interesse[539] an der Anordnung der sofortigen Vollziehung das Interesse des Drittbetroffenen an der aufschiebenden Wirkung seines Rechtsbehelfs überwiegt.[540] In diese Abwägung sind je nach Lage des Falles die Gesichtspunkte einzustellen, die auch bei einer Abwägung nach § 80 Abs. 5 Satz 1 VwGO in einem zweiseitigen Verhältnis berücksichtigt werden können.[541] Dabei ist in Rechnung zu stellen, dass die Herstellung der aufschiebenden Wirkung den *status quo* zu Lasten des begünstigten Adressaten festschreibt.[542] Inwieweit dem Gesetz eine Gewichtung der betroffenen Interessen zu entnehmen ist, ist eine Frage des Fachrechts. Sie ist – namentlich für § 212a Abs. 1 BauGB – noch nicht abschließend geklärt;[543] einem gesetzlichen Ausschluss der aufschiebenden Wirkung wird aber regelmäßig der gesetzgeberische Wille zu entnehmen sein, dass das Vollzugsinteresse das Suspensivinteresse überwiegt, wenn nicht besondere Umstände eine andere Gewichtung fordern. Auch hier kann – wie bei den zweiseitigen Verhältnissen – von einer gesetzgeberischen Vorprägung gesprochen werden.[544] 1074

Das Gericht kann zugunsten des Begünstigten ein an der sofortigen Vollziehung bestehendes öffentliches Interesse berücksichtigen.[545] Dient eine Verbandsklage nicht dem Schutz subjektiver Rechte, sondern der objektiven Rechtskontrolle, so sind nur öffentliche Interessen abzuwägen, da die Anfechtungsbefugnis des Verbandes nicht der Verteidigung eigener Rechte dient.[546] Zu Lasten eines Antragstellers ist zu berücksichtigen, wenn er mit seinem Eilantrag so lange zugewartet hat, dass es schon zu einer 1075

---

[539] VGH Mannheim NVwZ 1998, 766 (Teilidentität von privatem und öffentlichem Interesse); zur Interessenlage bei einem nur seltenen Ereignis OVG Hamburg BauR 2016, 1125 (1129).

[540] Beispielhaft BVerwG Beschl. v. 12.7.2016 – 4 VR 13.16 Rn. 9 f. (Überwiegendes Vollzugsinteresse, wenn eine befristet erteilte Baugenehmigung außer Kraft zu treten droht); OVG Hamburg NVwZ 2001, 1074 (1077 ff.) („Mühlenberger Loch"); OVG Koblenz NuR 2016, 484 (Überwiegen des Aussetzungsinteresses bei möglicherweise artenschutzrechtlich unzulässigen Rodungsarbeiten für einen Windpark); VGH Mannheim NVwZ 1997, 1014 (1015 f.) (Ausbau eines Schlachthofes); VGH München NVwZ-RR 2003, 9 (11); NVwZ-RR 2005, 524 (kein Überwiegen des Interesses des Nachbarn bei einer atomrechtlichen Genehmigung, wenn die eigentliche Inbetriebnahme erst in 21 Monate beginnen wird); NVwZ-RR 2009, 840 (Durchführung einer unmittelbar bevorstehenden Musik-Veranstaltung, bei deren Absagen „gravierende Reaktionen" der bereits angereisten Besucher zu erwarten sind); OVG Münster NVwZ 2000, 1064 (1065) (überwiegendes Interesse an der Ausnutzung einer Genehmigung für eine Windenergieanlage, wenn schwerwiegende Gefahren für eine andere Anlage zwar möglich, aber nicht wahrscheinlich sind und weitere Folgen finanziell ausgeglichen werden können); NVwZ 2005, 716 (überwiegendes Interesse an einem Hochbau auf einem Flughafen zum Ausbau der Frachtkapazität, wenn den Interessen eines Anwohners später auch durch Lärmschutzmaßnahmen genügt werden kann); OVG Saarlouis NVwZ-RR 1998, 636 (Aussetzung der Vollziehung einer Genehmigung für eine Autoselbstwaschanlage nach deren Errichtung); VG Karlsruhe NVwZ 1997, 929 (drohender Verlust von Fördergeldern begründet kein überwiegendes Vollzugsinteresse).

[541] → Rn. 983 ff.

[542] BVerfG NVwZ 2009, 240 (242), 2009, 581 (583).

[543] Vgl. OVG Münster NVwZ 1998, 980 (bloße Verfahrensvorschrift); VGH München NVwZ-RR 2003, 9 (11) (nur wenn die individuell-konkrete Abwägung nichts erbringt); gegen einen Vorrang auch *Ortloff* NVwZ 2005, 1381 (1385 m. Fußn. 115); dagegen OVG Hamburg NVwZ-RR 2005, 396 (Vorrang des Bauherrn); OVG Lüneburg NVwZ 2005, 233 („Vorsprung" des Bauherrn); NVwZ-RR 2007, 608 (Ls.); NVwZ-RR 2009, 325; OVG Saarlouis NVwZ 1999, 1006 (1007 f.); *Huber* NVwZ 2004, 915 (mwN).

[544] → Rn. 991.

[545] Vgl. BVerfGE 51, 268: Berücksichtigung auch der Interessen sonstiger Beteiligter; OVG Koblenz NVwZ 1987, 246; OVG Lüneburg NVwZ-RR 2006, 25 (26); VGH München NVwZ 1982, 130; OVG Münster NVwZ 2001, 1182 (1183).

[546] OVG Bremen NVwZ 1985, 55.

weitgehenden Fertigstellung des Vorhabens gekommen ist.[547] Hat der Begünstigte selbst dazu beigetragen, dass nur auf der Grundlage einer offenen Interessenabwägung entschieden werden kann, geht dies zu seinen Lasten.[548]

1076 Schwierigkeiten bereitet die Frage, wie abzuwägen ist, wenn der Verwaltungsakt zwar rechtswidrig ist, aber offen ist, ob er den Kläger in einem subjektiven Recht verletzt: An der Ausnutzung des begünstigenden rechtswidrigen Verwaltungsakts besteht kein öffentliches Interesse, allenfalls ein – rechtlich wenig schützenswertes – privates Interesse des Begünstigten. Stellt das Gericht die objektive Rechtswidrigkeit in seine Abwägung ein,[549] sieht es sich aber dem Einwand ausgesetzt, im Eilverfahren eine objektive Rechtskontrolle durchzuführen, die der Antragsteller selbst im Hauptsacheverfahren nicht verlangen kann.[550] Es muss also mindestens möglich sein, dass der Antragsteller in subjektiven Rechten verletzt wird; ist dies nicht der Fall, bleibt der Eilantrag erfolglos.

IV. Die gerichtliche Entscheidung

1. Tenor

1077 Nach dem Wortlaut des § 80a Abs. 3 Satz 1 iVm § 80a Abs. 1 Nr. 2 VwGO müsste das Verwaltungsgericht in seinem Tenor die „Vollziehung aussetzen". Einer solchen Tenorierung steht indes entgegen, dass nach dem Verweis des § 80a Abs. 3 Satz 2 VwGO auf § 80 Abs. 5 Satz 1 VwGO die aufschiebende Wirkung angeordnet (in den Fällen des § 80 Abs. 2 Satz 1 Nr. 1 bis 3, Satz 2 VwGO) oder wiederhergestellt wird (in den Fällen des § 80 Abs. 2 Satz 1 S. 4 VwGO). Entsprechend spricht der Gesetzgeber in einer Reihe von rechtlichen Regelungen, die begünstigende Verwaltungsakte mit belastender Doppelwirkung betreffen können, von „Anordnung" oder „Wiederherstellung" der aufschiebenden Wirkung (etwa § 18e Abs. 2 Satz 2, Abs. 3 Satz 1 AEG, § 17e Abs. 2 Satz 2, Abs. 3 Satz 1 FStrG, § 10 Abs. 4 Satz 2 LuftVG, 43e Abs. 1 Satz 2 EnWG). Daher ist auch in Fällen nach § 80a Abs. 3 Satz 1 im Tenor die aufschiebende Wirkung anzuordnen oder wiederherzustellen.[551]

2. Einstweilige Sicherungsmaßnahmen

1078 Nach § 80a Abs. 3, Abs. 1 Nr. 2 VwGO kann das Gericht auf Antrag oder von Amts wegen[552] über die Anordnung oder Wiederherstellung der aufschiebenden Wirkung hinaus – aber nicht isoliert hiervon[553] – einstweilige Maßnahmen zur Sicherung der Rechte des Dritten treffen. Solche Maßnahmen dienen der Wahrung des mit Widerspruch bzw. Anfechtungsklage verfolgten Abwehrrechts. Inhalt einer solchen Regelung können alle die Regelungen sein, die auch in einem Verfahren nach § 123 VwGO getroffen werden könnten.[554] Das Gericht ist aber auf einstweilige Maßnahmen beschränkt, daher kann es die Rückgängigmachung des Ausnutzens einer Genehmigung nicht anordnen,[555]

[547] OVG Saarlouis DÖV 2003, 129 (130); ähnlich auch VGH Mannheim NVwZ-RR 2006, 311.

[548] OVG Koblenz NVwZ-RR 2016, 576 Rn. 9 (Verzögerung eines Projektes durch Änderung von Unterlagen).

[549] So OVG Greifswald NVwZ-RR 2000, 559 (562); NVwZ 2000, 945 (947); OVG Koblenz NVwZ 1987, 73 (74); NVwZ 1987, 246 (248).

[550] OVG Hamburg NVwZ 2001, 1174 (1178); VGH Mannheim VBlBW 1985, 59.

[551] BVerwG NVwZ 1995, 903; NVwZ 1995, 904; VGH Mannheim BauR 1992, 45; OVG Münster NVwZ 1991, 1001; aA VGH München NVwZ 1992, 275; VGH Mannheim NVwZ 1995, 716.

[552] VGH München NVwZ-RR 2010, 346.

[553] OVG Münster NVwZ-RR 2001, 297.

[554] VG Kassel NVwZ 2001, 112 (116); hierher gehört auch die Androhung eines Zwangsgeldes für die Missachtung der Aussetzungsentscheidung, vgl. aber OVG Lüneburg NVwZ-RR 2002, 62 (63), das von einer Vollstreckungsmaßnahme nach § 172 VwGO ausgeht.

[555] VGH München, VGH nF 30, 52.

wohl aber – gestützt auf § 80 Abs. 5 Satz 3 VwGO – den einstweiligen Abbau von Anlagen.[556]

Das Gericht kann Sicherungsmaßnahmen sowohl gegenüber der Behörde[557] als auch gegenüber dem Begünstigten anordnen,[558] etwa dem Begünstigten aufgeben, die Bauarbeiten einzustellen. Die Gegenansicht[559] verneint die Befugnis einer Anordnung gegenüber dem Begünstigten, da in der Anordnung gegenüber dem Begünstigten eine dem Verwaltungsrechtsschutz fremde Entscheidung zwischen zwei privaten Beteiligten liege. Dies geht fehl, weil Streitigkeiten zwischen privaten Beteiligten typisch für den Verwaltungsakt mit Doppelwirkung sind. Sicherungsmaßnahmen dürfen aber nur bei Erfolg des Aussetzungsantrags angeordnet werden, bleibt der Aussetzungsantrag dagegen erfolglos, fehlt es an einer gesetzlichen Grundlage für die Anordnung solcher Sicherungsmaßnahmen.[560] 1079

Maßstab für die Entscheidung über Sicherungsmaßnahmen ist entsprechend der Fassung des § 80a Abs. 1 Nr. 2 VwGO als Generalklausel die Frage, ob nach dem pflichtgemäßen Ermessen des Gerichts zur Absicherung der aufschiebenden Wirkung[561] einstweilige Sicherungsmaßnahmen geboten sind. Dieser Maßstab ähnelt dem der einstweiligen Anordnung. Regelmäßig ist aber davon auszugehen, dass die Beteiligten einen gerichtlichen Beschluss auch ohne eine Anordnung nach § 80a Abs. 3 iVm Abs. 1 Nr. 2 VwGO befolgen werden. Daher darf das Gericht eine solche Anordnung nur treffen, wenn es gestützt auf einen konkreten Grund erwartet, dass ein Beteiligter sich über den Eilbeschluss hinwegsetzen werde.[562] 1080

3. Wirkung

Die Wirkung einer stattgebenden Entscheidung nach § 80 Abs. 3 Satz 1, Abs. 5 VwGO entspricht der Wirkung einer stattgebenden Entscheidung nach § 80 Abs. 5 VwGO in einem zweiseitigen Verhältnis.[563] Die Entscheidung gilt rückwirkend *(ex tunc);* auch dann, wenn die Behörde vor der gerichtlichen Entscheidung die sofortige Vollziehung angeordnet hat. Die Entscheidung ist nach § 168 Nr. 1 VwGO vollstreckbar; einen vollstreckungsfähigen Inhalt können aber nur einstweilige Sicherungsmaßnahmen haben.[564] 1081

Ist der Eilantrag eines belasteten Dritten einmal abgewiesen, darf die Behörde die Vollziehung nicht mehr aussetzen.[565] 1082

V. Faktische Vollziehung

1. Funktion und Bedeutung

Es kommt vor, dass der von einem Verwaltungsakt mit Doppelwirkung Begünstigte sich über die aufschiebende Wirkung eines Rechtsbehelfs hinwegsetzt und von seinem 1083

---

556 OVG Münster NVwZ-RR 2003, 637 (Abbau einer Mobilfunkanlage).

557 VG Saarlouis ZMGR 2006, 231 (240).

558 VGH München BeckRS 2016, 43383 Rn. 46; OVG Berlin NVwZ-RR 1993, 458; OVG Koblenz NVwZ 1993, 699; OVG Weimar LKV 1994, 110.

559 VGH Kassel NVwZ 1991, 592; OVG Saarlouis BRS 54 Nr. 173; VGH Mannheim BeckRS 2011, 48632; VGH München NVwZ-RR 2010, 346; VG Frankfurt NVwZ-RR 2003, 178.

560 OVG Magdeburg Beschl. v. 18.4.2016 – 2 M 89/15 Rn. 62.

561 VGH Mannheim NVwZ-RR 2014, 752 (755).

562 VGH München NVwZ-RR 2010, 346; OVG Greifswald LKV 2006, 130; ähnlich OVG Münster NVwZ-RR 2010, 260 (261), wonach die Maßnahme notwendig sein muss, um Rechte des Antragstellers zu sichern.

563 → Rn. 1010 ff.

564 VGH Kassel NVwZ-RR 1999, 158; OVG Münster NVwZ 1993, 383; VGH Mannheim NVwZ-RR 2014, 752 (755).

565 VGH München BauR 2003, 669 = BayVBl. 2003, 406.

Verwaltungsakt Gebrauch macht. Hierin liegt zwar kein Vollzug des Verwaltungsakts, man kann aber – in Anlehnung an den Vollzug eines mit aufschiebender Wirkung angefochtenen belastenden Verwaltungsakts durch die Behörde – von *faktischer Vollziehung* sprechen.[566]

1084 Auf welchem Weg kann der belastete Dritte in diesen Fällen Rechtsschutz erlangen? Einer einstweiligen Anordnung nach § 123 VwGO steht § 123 Abs. 5 VwGO entgegen. Rechtsschutz ist daher innerhalb des Systems von §§ 80, 80a VwGO zu gewähren: Entsprechend den Überlegungen zur faktischen Vollziehung kann der belastete Nachbar die Feststellung der aufschiebenden Wirkung seines Rechtsbehelfs begehren. Ergänzend kann er beantragen, einstweilige Maßnahmen zur Sicherung seiner Rechte zu treffen.[567]

2. Statthafter Antrag

1085 Ist zwischen den Beteiligten streitig, ob aufschiebende Wirkung eingetreten oder der Verwaltungsakt mit Doppelwirkung trotz eingelegten Rechtsbehelfs vollziehbar ist, kann der belastete Dritte im Verfahren nach § 80a Abs. 3 VwGO bei Gericht die Feststellung begehren, dass sein Rechtsbehelf aufschiebende Wirkung hat.[568] Dieser Antrag ist in § 80a VwGO nicht vorgesehen, aber *praeter legem* als sachgerecht zuzulassen.

1086 Der Dritte kann darüber hinaus bei Gericht analog § 80a Abs. 1 Nr. 2 VwGO die Anordnung von Sicherungsmaßnahmen, etwa die Einstellung der Bauarbeiten, beantragen; diese Regelungsmöglichkeit steht gleichberechtigt neben den spezifischen Befugnissen der Behörden nach dem einschlägigen Fachrecht[569]. Ein Rechtsschutzbedürfnis für einen solchen Antrag besteht aber nur, wenn die aufschiebende Wirkung tatsächlich missachtet wird oder Anhaltspunkte dafür bestehen, dass sie missachtet werden wird.[570]

3. Maßstab und Inhalt der gerichtlichen Entscheidung

1087 Hinsichtlich Maßstab und Inhalt der gerichtlichen Entscheidung gilt das oben zur faktischen Vollziehung Gesagte:[571] Das Gericht stellt die aufschiebende Wirkung fest und ordnet ggf. ergänzend Sicherungsmaßnahmen an. Da die Missachtung der aufschiebenden Wirkung rechtswidrig ist, findet eine Abwägung mit den Erfolgsaussichten in der Hauptsache nicht statt.[572] Ein Gestaltungsermessen steht dem Verwaltungsgericht allerdings hinsichtlich der Frage zu, wann und welche Sicherungsanordnung es trifft. Die Position des Begünstigten ist in der Regel aber eher schwach: Denn grundsätzlich hat er die von der Rechtsordnung angeordnete aufschiebende Wirkung zu respektieren.[573] Die Entscheidung ist analog § 168 Nr. 1 VwGO vollstreckbar, soweit sie einen vollstreckungsfähigen Inhalt hat.[574]

---

[566] OVG Koblenz NVwZ-RR 1995, 124; zur faktischen Vollziehung → Rn. 1042 ff.

[567] VGH Kassel NVwZ-RR 1999, 158.

[568] OVG Berlin NVwZ-RR 2003, 324 (325); VGH Mannheim NVwZ 1991, 1008; OVG Münster NVwZ-RR 2008, 757 (bauordnungsrechtliche Abweichungsentscheidung); OVG Schleswig NVwZ 1991, 898.

[569] VGH Mannheim NVwZ-RR 2014, 752 (755).

[570] VGH Kassel NVwZ-RR 1996, 309.

[571] → Rn. 1051 f.

[572] VGH Kassel NVwZ-RR 2003, 345; VGH Mannheim NVwZ-RR 2014, 752 (755); aA OVG Weimar LKV 1994, 110 (113); VGH Mannheim BRS 57, 242; OVG Berlin NVwZ-RR 1993, 458.

[573] VGH Mannheim NVwZ-RR 2014, 752 (756).

[574] VGH Mannheim NVwZ-RR 2014, 752 (755); → Rn. 1013 f. mit Nachweisen zur Gegenauffassung sowie → Rn. 64.

§ 50 Gerichtliche Anordnung der sofortigen Vollziehung

Schrifttum: *Ewer,* Zur Bedeutung der Beurteilung der objektiven Rechtmäßigkeit der Baugenehmigung bei der Entscheidung über einen Sofortvollzugs-Antrag nach § 80a Abs. 1 und Abs. 3 VwGO, SchlHAnz 1992, 201; *Sellner,* Die Anordnung der sofortigen Vollziehung durch das Gericht nach § 80a Abs. 3 VwGO, FS Lerche, 1993, S. 815; *Wüstenbecker,* Die Anordnung der sofortigen Vollziehung rechtswidriger Verwaltungsakte – Irrwege bei der Anwendung des § 80a VwGO, BauR 1995, 313.

I. Funktion und Bedeutung

Widerspruch und Anfechtungsklage gegen einen Verwaltungsakt mit Doppelwirkung **1088** haben grundsätzlich aufschiebende Wirkung (§ 80 Abs. 1 Satz 2 VwGO), es sei denn, die aufschiebende Wirkung entfällt kraft Gesetzes oder die Behörde ordnet die sofortige Vollziehung an. Greift ein belasteter Dritter einen den Adressaten begünstigenden Verwaltungsakt – etwa: eine immissionsschutzrechtliche Genehmigung – mit aufschiebender Wirkung an, ist es dem Genehmigungsinhaber untersagt, von dem Verwaltungsakt Gebrauch zu machen. Der Genehmigungsinhaber kann im Gegenzug bei der Behörde beantragen, die sofortige Vollziehung anzuordnen (§ 80a Abs. 1 Nr. 1 VwGO). Ähnlich liegt es beim belastenden Verwaltungsakt mit drittbegünstigender Wirkung: Legt der Belastete einen Rechtsbehelf mit aufschiebender Wirkung gegen den Verwaltungsakt ein, kann der begünstigte Dritte bei der Behörde beantragen, die sofortige Vollziehung anzuordnen (§ 80a Abs. 2 VwGO).[575]

Bleibt der Antrag bei der Behörde erfolglos, eröffnet § 80a Abs. 3 Satz 1 VwGO **1089** gerichtlichen Rechtsschutz, gerichtet auf das Ziel, die sofortige Vollziehung anzuordnen. § 80a Abs. 3 Satz 1 VwGO gestattet dem Betroffenen auch, sich ohne vorherigen Antrag bei der Behörde an das Gericht zu wenden. Die Vorschrift verhindert, dass der jeweils Begünstigte der aufschiebenden Wirkung eines Drittrechtsbehelfs rechtsschutzlos ausgeliefert ist.

Verfahren um die Anordnung der sofortigen Vollziehung sind in der Praxis seltener als **1090** gerichtliche Aussetzungsverfahren. Bei einer Vielzahl von begünstigenden Verwaltungsakten mit drittbelastender Doppelwirkung hat bereits der Gesetzgeber die aufschiebende Wirkung von Drittrechtsbehelfen ausgeschlossen. Wo dies nicht geschehen ist, ordnen die Behörden häufig mit Blick auf das öffentliche Interesse an Investitionen die sofortige Vollziehung an. In allen diesen Fällen bedarf der Begünstigte keines gerichtlichen Rechtsschutzes.

II. Besondere Zulässigkeitsvoraussetzungen

1. Statthafter Antrag

Nach § 80a Abs. 3 Satz 1 VwGO in Verbindung mit Abs. 1 Nr. 1 oder Abs. 2 VwGO **1091** beantragt der Begünstigte, die sofortige Vollziehung des Verwaltungsakts anzuordnen.[576] Der Antrag ist statthaft, wenn der Antragsteller die Anordnung der sofortigen Vollziehbarkeit eines ihn begünstigenden, im Verwaltungsrechtsweg anfechtbaren Verwaltungsakts begehrt. Der Antrag ist auch statthaft, wenn die Behörde die sofortige Vollziehung unter Nebenbestimmungen angeordnet hat und der Antragsteller sich gegen die erlassenen Nebenbestimmungen wendet.[577] Mit dem Antrag auf sofortige Vollziehung kann der

[575] → Rn. 792 ff.

[576] Vgl. VGH Mannheim NVwZ-RR 2003, 27 (Nutzungsuntersagung einer Mobilfunkstation); OVG Magdeburg NVwZ-RR 2014, 875 (Beseitigungsverfügung für einen Wintergarten).

[577] VG Frankfurt NVwZ 2000, 1324.

Antragsteller auch die sofortige Vollziehung einer Teilgenehmigung erstreben, wenn er – darüber hinaus – in einem anderen Verfahren die Aufhebung von Nebenbestimmungen anstrebt.[578]

1092 Andere Formen des Rechtsschutzes scheiden aus. Namentlich steht § 123 Abs. 5 VwGO einer einstweiligen Anordnung entgegen.

2. Rechtsschutzbedürfnis

1093 Für den Antrag auf Anordnung der sofortigen Vollziehung besteht ein Rechtsschutzbedürfnis, wenn zu erwarten ist, dass ein Drittbetroffener den Verwaltungsakt mit aufschiebender Wirkung angreift. Ferner besteht ein Rechtsschutzbedürfnis, wenn die Behörde die Anordnung der sofortigen Vollziehung abgelehnt oder einen darauf gerichteten Antrag innerhalb angemessener Frist nicht beschieden hat.[579]

III. Entscheidungsmaßstab

1094 Das Gericht entscheidet auf der Grundlage des in § 80 Abs. 2 Satz 1 Nr. 4 VwGO vorgegebenen Maßstabs nach eigenem Ermessen, ob es die sofortige Vollziehung anordnet. Es hat die sofortige Vollziehung anzuordnen, wenn das Interesse des Antragstellers an der sofortigen Vollziehung das Interesse des beschwerten Beteiligten an der aufschiebenden Wirkung überwiegt. Das ist anzunehmen, wenn (1.) der Verwaltungsakt, dessen sofortige Durchsetzung begehrt wird, aller Voraussicht nach rechtmäßig ist, wenn (2.) der durch ihn begünstigte Dritte voraussichtlich einen subjektiven Anspruch auf seinen Erlass hat und wenn er (3.) ein besonderes Interesse an der sofortigen Vollziehung geltend machen kann.[580]

1. Offensichtlich rechtmäßiger Verwaltungsakt

1095 Das Interesse des Begünstigten an der Anordnung der sofortigen Vollziehung eines an ihn gerichteten Verwaltungsakts überwiegt, wenn der angegriffene Verwaltungsakt offensichtlich rechtmäßig ist. Das Ausnutzen einer durch Verwaltungsakt gewährten Vergünstigung ist regelmäßig Grundrechtsausübung, jedenfalls der allgemeinen Handlungsfreiheit nach Art. 2 Abs. 1 GG. Es wäre unbillig, den Begünstigten an dieser Grundrechtsausübung nur deswegen zu hindern, weil ein Dritter den Verwaltungsakt mit einem aussichtslosen Rechtsbehelf angegriffen hat oder dies zu erwarten ist.[581] Verlangt ein begünstigter Dritter bei einem belastenden Verwaltungsakt die Anordnung der aufschiebenden Wirkung, so kann das Gericht dem nur entsprechen, wenn der Verwaltungsakt rechtmäßig ist, der Dritte einen Anspruch auf behördliches Einschreiten hat[582] und ein besonderes Interesse an der sofortigen Vollziehung geltend machen kann.[583]

---

[578] VGH München NVwZ-RR 1998, 25 (26).

[579] Vgl. OVG Münster ZUR 2015, 685 („fraglich"); aA VGH Kassel Beschl. v. 26.3.2002 – 3 TG 481/02; vgl. auch OVG Lüneburg NVwZ 2007, 478: Das OVG Lüneburg hält – entgegen der hier vertretenen Auffassung – bei Rechtsbehelfen Dritter einen Antrag bei der Behörde nach § 80a Abs. 3 Satz 2, Abs. 6 VwGO für erforderlich, lässt aber eine Ausnahme zu, wenn die Behörde bereits auf Antrag eines anderen Beteiligten über die sofortige Vollziehung entschieden hat.

[580] OVG Magdeburg NVwZ-RR 2014, 875.

[581] Vgl. BVerwG DVBl. 1966, 273; OVG Lüneburg NVwZ-RR 2003, 342; VGH München BayVBl. 1991, 723; zur gerichtlichen Anordnung der sofortigen Vollziehung eines Änderungsbescheides OVG Münster Beschl. v. 22.5.2015 – 8 B 1029/14 Rn. 88.

[582] VGH Mannheim NVwZ-RR 2003, 27; OVG Lüneburg NVwZ 2007, 478 (479); OVG Münster UPR 1994, 38.

[583] OVG Lüneburg NVwZ 2007, 478 (479); OVG Berlin LKV 1999, 196 (197); OVG Magdeburg NVwZ-RR 2014, 875 (zu den Anforderungen bei einer Beseitigungsanordnung).

2. Offensichtlich erfolgreicher Rechtsbehelf

Wird der Rechtsbehelf offensichtlich Erfolg haben, überwiegt das Suspensivinteresse des Belasteten das Vollzugsinteresse des Begünstigten. Hierzu ist regelmäßig erforderlich, dass der Verwaltungsakt rechtswidrig ist und den Rechtsbehelfsführer in eigenen Rechten verletzt. Das Gericht lehnt in diesen Fällen einen Antrag auf Anordnung der sofortigen Vollziehung ab.[584] 1096

3. Sonstige Fälle

Kann nach den vorgenannten Kriterien eine Entscheidung nicht herbeigeführt werden, hat das Gericht eine offene Interessenabwägung vorzunehmen. In diese offene Interessenabwägung können – die je nach Lage des Falles unterschiedlich ergiebigen – Gesichtspunkte eingestellt werden, die auch für die offene Interessenabwägung im Aussetzungsverfahren eine Rolle spielen.[585] 1097

Schwierigkeiten bereitet die Frage, wie abzuwägen ist, wenn der Verwaltungsakt zwar objektiv rechtswidrig ist, einen rechtsmittelführenden Dritten aber nicht in eigenen Rechten verletzt. Ordnet das Gericht die sofortige Vollziehung an, gestattet es die Vollziehung eines Verwaltungsakts, obwohl an dessen Verwirklichung weder ein öffentliches Interesse[586] noch ein schützenswertes privates Interesse[587] besteht. Lehnt es den Antrag auf Anordnung der sofortigen Vollziehung ab, profitiert der Dritte entgegen dem subjektiven Rechtsschutzkonzept der VwGO allein von der objektiven Rechtswidrigkeit des Verwaltungsakts. Richtigerweise ist zu differenzieren: Ist der Drittrechtsbehelf offensichtlich aussichtslos, weil Rechte des Dritten nicht berührt werden, ist er mangels Widerspruchs- und Klagebefugnis nach § 42 Abs. 2 VwGO unzulässig und entfaltet keine aufschiebende Wirkung. Das Gericht kann in diesem Fall – entsprechend den Fällen der faktischen Vollziehung – feststellen, dass der fragliche Rechtsbehelf keine aufschiebende Wirkung hat. Der Begünstigte kann den Verwaltungsakt ausnutzen. Kommt die Verletzung von Rechten des Rechtsmittelführers ernsthaft in Betracht, scheidet eine Sofortvollzugsanordnung aus: Das Gericht kann nicht gehalten sein, bei einem als objektiv rechtswidrig erkannten Verwaltungsakt ein besonderes öffentliches oder privates Vollzugsinteresse auszusprechen. Es hat vielmehr bei der Grundregel des § 80 Abs. 1 Satz 2 VwGO zu bleiben. 1098

IV. Die gerichtliche Entscheidung

1. Inhalt

Das Gericht kann nach § 80a Abs. 3 iVm § 80a Abs. 1 Nr. 1, Abs. 2 VwGO unmittelbar die sofortige Vollziehung des begünstigenden Verwaltungsakts mit drittbelastender Doppelwirkung anordnen.[588] Es kann aber auch die Behörde verpflichten, die sofortige Vollziehung anzuordnen oder über den Anordnungsantrag erneut unter Beachtung der Rechtsauffassung des Gerichts zu entscheiden (§ 113 Abs. 5 VwGO analog). Wurde die 1099

[584] VGH München BayVBl. 1977, 567 (568); im Ergebnis ebenso, wenn eine Verletzung von Rechten Dritter ernsthaft in Betracht kommt: VGH München NVwZ-RR 1998, 25 (26).

[585] → Rn. 983 ff.; zu Erfolgsaussichten unterhalb der Offensichtlichkeit OVG Berlin-Brandenburg BeckRS 2016, 45946 Rn. 44.

[586] Dazu OVG Koblenz GewArch. 1983, 340.

[587] Gegen eine Anordnung der sofortigen Vollziehung bei objektiv rechtswidrigem Verwaltungsakt OVG Saarlouis BRS 40 Nr. 218; aA VGH München BayVBl. 1977, 565, der nur prüft, ob der Verwaltungsakt Rechte des anfechtenden Dritten verletzt.

[588] VGH Kassel BRS 58 Nr. 149; OVG Münster BRS 56 Nr. 144; VGH München BayVBl. 1991, 723.

sofortige Vollziehung des Verwaltungsakts von der Behörde zwar angeordnet, aber durch Nebenbestimmungen zu Lasten des Begünstigten eingeschränkt, kann das Gericht die sofortige Vollziehung einschränkungslos, also unter Wegfall der Nebenbestimmungen, anordnen.[589] Das Gericht kann seiner Entscheidung Auflagen beifügen und sie von einer Sicherheitsleistung abhängig machen.

2. Wirkung

1100 Wurde die sofortige Vollziehung des Verwaltungsakts vom Gericht oder aufgrund gerichtlicher Entscheidung von der Behörde angeordnet, kann der Begünstigte trotz der erfolgten Anfechtung von dem Verwaltungsakt Gebrauch machen. Hat das Gericht die sofortige Vollziehung angeordnet, können die Behörde oder der belastete Dritte die Aussetzung der Vollziehung nur noch im Wege der Abänderung (§ 80 Abs. 7 VwGO) erreichen. Lehnt das Gericht die Anordnung der sofortigen Vollziehung ab, wirkt dies wie eine Aussetzungsentscheidung. Die Behörde darf nicht mehr von sich aus die sofortige Vollziehung anordnen, sondern ist auf das Abänderungsverfahren nach § 80 Abs. 7 Satz 2 VwGO verwiesen.[590]

§ 51 Die Sachentscheidung und Nebenentscheidungen

Schrifttum: *Beutling,* Anwaltsvergütung in Verwaltungssachen, 2004, Rn. 449 ff.; *Brehm/Zimmerling,* Die „neuen" Gerichtskosten im Verwaltungsprozess aus anwaltlicher Sicht, NVwZ 2004, 1207; *Geiger,* Die Tenorierung verwaltungsgerichtlicher Entscheidungen, JuS 1998, 343; *Karstens/Kruse/Siebel-Huffmann/Thomsen/Wilke,* Auswirkungen des neuen Kostenrechts auf den Verwaltungsprozess, NordÖR 2004, 269; *Kment,* Grundfälle zur Tenorierung im verwaltungsgerichtlichen Verfahren, JuS 2005, 608; *Mayer,* Die Vergütung nach dem RVG in den Verfahren des vorläufigen Rechtsschutzes nach der VwGO, RVG-Letter 2004, 135; *Rietdorf,* Die Anrechnung der Geschäftsgebühr auf die Verfahrensgebühr im verwaltungsgerichtlichen Kostenfestsetzungsverfahren nach § 164 VwGO, JurBüro 2009, 171; *Schmidt,* Die Tenorierung verwaltungsgerichtlicher Entscheidungen im einstweiligen Rechtsschutz erster Instanz, JA 2002, 885; *Schneider,* Die Änderungen in verwaltungsrechtlichen Angelegenheiten durch das 2. Kostenrechtsmodernisierungsgesetz, NJW 2014, 522; *Seith,* Kostenerstattungsfragen im Verwaltungsverfahren und im Verwaltungsprozess, VBlBW 2015, 145; *Stuttmann,* Auswirkungen des neuen Gerichtskostengesetzes auf den Verwaltungsprozess, DVBl. 2004, 681; *Tysper,* Abrechnung von Tätigkeiten im Verwaltungs(prozess)recht, AnwBl 2004, 644.

I. Die instanzbeendende Entscheidung

1. Form

1101 Das Gericht entscheidet über Anträge nach § 80 Abs. 5 oder § 80a Abs. 3 VwGO durch Beschluss. Dieser ist nach § 122 Abs. 2 Satz 2 VwGO schriftlich[591] zu begründen. Das Gericht kann entsprechend § 117 Abs. 5 VwGO auf den Verwaltungsakt oder den Widerspruchsbescheid verweisen, wenn der Kern der Begründung aus dem Beschluss selbst ersichtlich ist.[592] Der Beschluss ist mit einer Rechtsmittelbelehrung zu versehen. Er ist für die Beteiligten bindend, unabhängig von der umstrittenen Frage, ob er in materielle Rechtskraft erwachsen kann.[593] Ein erneuter Antrag ist unzulässig.[594]

---

[589] Vgl. OVG Lüneburg OVGE 33, 378.
[590] OVG Berlin NVwZ 1990, 681; VGH Mannheim NVwZ-RR 1989, 398.
[591] OVG Münster VerwRspr 30 Nr. 214.
[592] VGH Mannheim NVwZ 2002, 1260 (1262).
[593] OVG Lüneburg NordÖR 2009, 428.
[594] BVerwG UPR 2016, 264 Rn. 12.

2. Hauptsachetenor

Der Tenor in der Hauptsache ist vom jeweiligen Rechtsschutzziel abhängig; hierzu wird auf oben verwiesen.[595] 1102

3. Kostengrundentscheidung

Das Gericht hat in seinem Beschluss über die Kosten des Verfahrens zu entscheiden. Die Kostenentscheidung darf nicht bis zur Entscheidung des Hauptsacheverfahrens zurückgestellt oder von dessen Ausgang abhängig gemacht werden.[596] Wurde eine Kostenentscheidung nicht getroffen, kann sie nach §§ 122 Abs. 1, 120 VwGO durch Beschlussergänzung nachgeholt werden. Wegen der unterschiedlichen Entscheidungsmaßstäbe ist es unzulässig, bei fehlender Kostenentscheidung die Kosten des Aussetzungsverfahrens als Teil der Kosten des Hauptsacheverfahrens zu behandeln.[597] 1103

Für die Entscheidung über die Kostenlast gelten die §§ 154 ff. VwGO Kosten des Beigeladenen sind entsprechend § 162 Abs. 3 VwGO zu behandeln. Es entspricht regelmäßig der Billigkeit, die Kosten des Beigeladenen für erstattungsfähig zu erklären, wenn er durch die Stellung eines Sachantrags das Kostenrisiko des § 154 Abs. 3 VwGO eingegangen ist.[598] Der Beigeladene wird jedoch an dem Kostenrisiko nicht beteiligt, wenn sich der Rechtsstreit erledigt; denn an dieser Erledigung ist er nicht beteiligt.[599] 1104

Nach § 164 VwGO setzt der Urkundsbeamte des Gerichts des ersten Rechtszuges auf Antrag den Betrag der zu erstattenden Kosten fest. Als Sonderregelung hierzu ist es in Hauptsacheverfahren nach § 162 Abs. 2 Satz 2 VwGO Sache des Gerichts, die Hinzuziehung eines Bevollmächtigten für das Vorverfahren für notwendig zu erklären, so dass die im Vorverfahren entstandenen Gebühren und Auslagen erstattungsfähig sind. Die Vorschrift findet in Verfahren nach § 80 Abs. 5 VwGO keine Anwendung,[600] auch nicht in Hinblick auf ein vorausgegangenes Aussetzungsverfahren nach § 80 Abs. 4.[601] Denn den Verfahren nach § 80 Abs. 5 VwGO geht kein Vorverfahren als Verfahrensvoraussetzung voraus. 1105

4. Streitwertfestsetzung

Nach § 53 Abs. 3 Nr. 2 GKG bestimmt sich in Verfahren nach § 80 Abs. 5 bis 8, § 80a Abs. 3 und § 80b Abs. 2 und 3 VwGO der Streitwert nach § 52 Abs. 1 und 2 GKG. Zur Bestimmung des Streitwertes im Eilverfahren ist danach zunächst zu ermitteln, welchen Streitwert die Hauptsache hätte. Der Streitwert ist – soweit nichts Anderes angeordnet ist – nach der sich aus dem Antrag des Antragstellers für ihn ergebenden Bedeutung der Sache nach Ermessen zu bestimmen (§ 52 Abs. 1 GKG). Liegen keine einschlägigen spezialgesetzlichen Regelungen vor (etwa: § 52 Abs. 6 GKG, § 30 RVG), ist zu prüfen, ob die Hauptsache eine bezifferte Geldforderung oder einen hierauf gerichteten Verwaltungsakt betrifft. Ist dies der Fall, ist die Höhe der Geldforderung maßgebend (§ 52 Abs. 3 GKG). Ist § 52 Abs. 3 GKG nicht einschlägig, orientiert sich die Rechtsprechung regelmäßig an dem Streitwertkatalog für die Verwaltungsgerichtsbarkeit.[602] Ergibt sich hieraus kein ausreichender Anhaltspunkt oder steht der dort vorgeschlagene Streitwert in 1106

---

[595] → Rn. 936 ff.; → Rn. 1022 ff.; → Rn. 1033 f.; → Rn. 1045 ff.; → Rn. 1061 f.; → Rn. 1092 f.

[596] OVG Münster OVGE 25, 111.

[597] So aber BVerwGE 29, 115.

[598] Vgl. VGH München NVwZ-RR 2004, 622 (623); aA OVG Lüneburg NVwZ 2007, 478 (480).

[599] VGH Kassel NVwZ-RR 2016, 479 (480)

[600] VGH Kassel NVwZ-RR 1999, 346; OVG Koblenz DVBl. 1989, 892; VGH Mannheim DVBl. 1993, 889; OVG Münster NWVBl. 1993, 312; OVG Weimar NVwZ-RR 2001, 205.

[601] OVG Münster NVwZ-RR 2006, 856.

[602] Abgedruckt etwa in Eyermann VwGO Anhang; *Kopp/Schenke* VwGO Anh § 164.

Widerspruch zu § 52 Abs. 1 GKG, hat das Gericht hiervon losgelöst einen Streitwert zu ermitteln. Fehlt es überhaupt an zureichenden Anhaltspunkten, bleibt es für die Hauptsache beim Regelstreitwert des § 52 Abs. 2 GKG (5000 EUR).

1107 Gedanklich von dem Streitwert der Hauptsache ausgehend ist der Streitwert für das Eilverfahren zu bestimmen. Nach Ziffer 1.5 des Streitwertkataloges beträgt in Verfahren des vorläufigen Rechtsschutzes der Streitwert in der Regel 1/2 des für das Hauptsacheverfahren maßgeblichen Streitwertes.[603] In den Fällen des § 80 Abs. 2 Satz 1 Nr. 1 VwGO und bei sonstigen auf bezifferte Geldforderungen gerichteten Verwaltungsakten ist 1/4 des Hauptsachestreitwertes anzunehmen.[604] Nimmt die Entscheidung allerdings die Hauptsache ganz oder zum Teil vorweg, kann der Streitwert – verfassungsrechtlich unbedenklich[605] – bis zur Höhe des für das Hauptsacheverfahren anzunehmenden Streitwertes angehoben werden.[606] Dies ist etwa der Fall, wenn um eine Maßnahme gestritten wird, deren Folgen nach dem Vollzug nicht mehr rückgängig zu machen sind.

II. Kostenhöhe

1. Gerichtskosten

1108 Die Höhe der Gerichtskosten bestimmt sich nach dem Kostenverzeichnis zum GKG, Teil 5, Hauptabschnitt 2.

1109 Für das erstinstanzliche Verfahren vor dem VG gilt Abschnitt 1: Für das Verfahren im Allgemeinen fallen nach Ziffer 5210 1,5 Gebühren an. Bei Beendigung des gesamten Verfahrens durch Zurücknahme des Antrags vor dem Schluss einer mündlichen Verhandlung oder – wenn eine solche nicht stattfindet – vor Ablauf des Tages, an dem der Beschluss der Geschäftsstelle übermittelt wird, bei gerichtlichem Vergleich oder bei Erledigungserklärungen nach § 161 Abs. 2 VwGO, wenn keine Entscheidung über die Kosten ergeht oder die Entscheidung einer zuvor mitgeteilten Einigung der Beteiligten über die Kostentragung oder der Kostenübernahmeerklärung eines Beteiligten folgt, ermäßigt sich die Gebühr auf 0,5. Diese Regelungen sind auch anzuwenden, wenn nach erstinstanzlicher Zuständigkeit des VG das OVG als Berufungsgericht oder das BVerwG als Revisionsgericht als Gerichte der Hauptsache über Anträge nach § 80 Abs. 5 oder § 80a Abs. 3 VwGO zu entscheiden haben.

1110 Bei erstinstanzlicher Zuständigkeit des Oberverwaltungsgerichts gilt Abschnitt 2. Es fallen nach Ziffer 5220 2,0 Gebühren an; die Gebühr wird unter den Voraussetzungen der Ziffer 5221 ermäßigt auf 0,75 Gebühren. Bei erstinstanzlicher Zuständigkeit des Bundesverwaltungsgerichts gilt Abschnitt 3. Es fallen nach Ziffer 5230 2,5 Gebühren an; die Gebühr wird unter den Voraussetzungen der Ziffer 5231 ermäßigt auf eine 1,0 Gebühr.

2. Rechtsanwaltsgebühren

1111 Die Gebühren und Auslagen eines Rechtsanwaltes oder eines Rechtsbeistandes, in Abgabenangelegenheiten auch eines Steuerberaters oder Wirtschaftsprüfers, sind stets erstattungsfähig (§ 162 Abs. 2 Satz 1 VwGO). Für die Berechnung der anfallenden Kosten gilt Folgendes: Nach § 17 Abs. 4 lit. c RVG sind das Verfahren in der Hauptsache

[603] So auch OVG Lüneburg NVwZ-RR 2009, 406; VGH München NVwZ-RR 2016. 559; OVG Münster NVwZ-RR 2010, 291 (293); VG Frankfurt NVwZ 2000, 1324 (1325); ebenso zu einer einstweiligen Anordnung, VGH Mannheim NVwZ-RR 2004, 619.

[604] OVG Koblenz NVwZ-RR 1992, 110; VGH München NVwZ-RR 1989, 671.

[605] BVerfG NVwZ-RR 1994, 105 (107).

[606] OVG Lüneburg NVwZ-RR 2008, 143 (Beseitigungsanordnung); VGH Mannheim Beschl. v. 27.1.2016 – 3 S 2660/15 Rn. 10 (Baunachbarsache); aA OVG Bautzen NVwZ-RR 2006, 851: bei Verfahren nach § 80 Abs. 5 VwGO soll eine Vorwegnahme der Entscheidung in der Hauptsache konstruktiv ausgeschlossen sein.

und das Verfahren um die Anordnung oder Wiederherstellung der aufschiebenden Wirkung, auf Aufhebung der Vollziehung oder Anordnung der sofortigen Vollziehbarkeit eines Verwaltungsakts verschiedene Angelegenheiten; die Gebühren nach Teil 3 des VV zum RVG entstehen also bei Durchführung von Hauptsacheverfahren und Eilverfahren gesondert.

Im Ausgangsverfahren können folgende Gebühren entstehen: 1112

Bei erstinstanzlicher Zuständigkeit des VG:

Verfahrensgebühr (Nr. 3100 VV zum RVG)	1,3;
(ggf. ermäßigt nach Nr. 3101 VV zum RVG auf	0,8);
(ggf. Terminsgebühr[607] (Nr. 3104 VV zum RVG)	1,2);

bei erstinstanzlicher Zuständigkeit des OVG/des BVerwG:

Verfahrensgebühr (Nr. 3300 VV zum RVG)	1,6;
(ggf. ermäßigt nach Nr. 3301 VV zum RVG auf	1,0);
(ggf. Terminsgebühr (Nr. 3104 VV zum RVG)	1,2);

bei Zuständigkeit des OVG oder des BVerwG als Gericht der Hauptsache nach Berufung bzw. Revision:

Verfahrensgebühr (Nr. 3100 VV zum RVG)	1,3;
(ggf. ermäßigt nach Nr. 3101 VV zum RVG auf	0,8);
(ggf. Terminsgebühr (Nr. 3104 VV zum RVG)	1,2).

Hinzu treten die Auslagen des Rechtsanwalts nach Teil 7 VV zum RVG, regelmäßig jedenfalls die Pauschale für Entgelte für Post- und Telekommunikationsdienstleistungen (Nr. 7002 VV zum RVG) sowie die Umsatzsteuer (Nr. 7008 zum RVG).

Nach Vorbemerkung 3 Abs. 4 VV zum RVG gilt Folgendes: Soweit wegen desselben 1113
Gegenstandes bereits eine Geschäftsgebühr nach den Nr. 2300 bis 2303 VV zum RVG für eine außergerichtliche Tätigkeit – insbesondere im Verwaltungsverfahren – entstanden ist, wird diese Gebühr zur Hälfte, bei Wertgebühren jedoch höchstens mit einem Gebührensatz von 0,75 auf die Verfahrensgebühr des gerichtlichen Verfahrens angerechnet. Diese Vorschriften führen im Verhältnis von Rechtsanwalt und Mandant in Eilverfahren regelmäßig nicht zu einer Anrechnung: Denn die außergerichtliche Tätigkeit – etwa im Widerspruchsverfahren – betrifft nicht denselben Gegenstand wie das Verfahren nach § 80 Abs. 5 VwGO.[608] Etwas Anderes gilt nur, wenn die außergerichtliche Tätigkeit ebenfalls auf die Aussetzung der Vollziehung des Verwaltungsakts oder die Anordnung der aufschiebenden Wirkung gerichtet war, so bei Anträgen bei der Behörde nach § 80 Abs. 6 Satz 1 VwGO oder § 80a Abs. 1 und 2 VwGO. In diesem Fall findet die Anrechnung zwischen Rechtsanwalt und Mandant statt.[609] Bei der gerichtlichen Kostenfestsetzung nach § 164 VwGO ist § 15a Abs. 2 RVG zu beachten. Danach kann sich ein Dritter auf die Anrechnung nur berufen, soweit er den Anspruch auf eine der beiden Gebühren erfüllt hat, wegen eines dieser Ansprüche gegen ihn ein Vollstreckungstitel besteht oder beide Gebühren in demselben Verfahren gegen ihn geltend gemacht werden.

[607] *Schneider* NJW 2014, 522 (524); zu deren Voraussetzungen s. OVG Hamburg NJW 2006, 1543; eine Umdeutung in eine allgemeine Korrespondenzgebühr scheidet aus (OVG Münster Beschl. v. 26.8.2011 – 4 E 760/11 Rn. 6).

[608] OVG Hamburg NJW 2009, 2075 (2076); VGH Kassel NJW 2009, 2077; OVG Münster Beschl. v. 18.10.2006 – 7 E 1339/05 Rn. 3 ff.; VGH Mannheim Beschl. v. 27.7.2006 – 8 S 1621/06 Rn. 3; VGH München JurBüro 2005, 642 Rn. 12; aA VGH Kassel NJW 2006, 1992; offen gelassen von VGH München NJW 2007, 170 (171).

[609] *Beutling,* Anwaltsvergütung in Verwaltungssachen, 2004, Rn. 370.

3. Sonstige Kosten

1114 Nach § 162 Abs. 1 VwGO sind die zur zweckentsprechenden Rechtsverfolgung oder Rechtsverteidigung notwendigen Aufwendungen erstattungsfähig. Danach sind Kosten eines privaten Sachverständigengutachtens nur ausnahmsweise zu erstatten. Denn erstattungsfähig sind die Kosten einer sparsamen, nicht einer optimalen Prozessführung.[610] Notwendig ist die Einholung eines Privatgutachtens, wenn die Partei nicht über ausreichende Sachkunde verfügt, die Prozesssituation ein Gutachten herausfordert und dessen Inhalt auf die Verfahrensförderung zugeschnitten ist.[611] Unter diesen engen Voraussetzungen sind die Kosten eines privaten Sachverständigen im Eilverfahren erstattungsfähig, wenn das eingeholte Gutachten gerade der zweckentsprechenden Rechtsverfolgung im Eilverfahren diente.[612] Dienen sonstige Kosten gleichermaßen dem Hauptsacheverfahren wie dem Eilverfahren, so sind sie dem Hauptsacheverfahren zuzuordnen, da erst in diesem mit Rechtskraft über die Rechtmäßigkeit des Verwaltungshandelns entschieden wird.[613]

III. Prozesskostenhilfe

1115 Für die Verfahren nach § 80 Abs. 5, Abs. 7 VwGO und § 80a Abs. 3 VwGO kann nach § 166 VwGO, §§ 114 ff. ZPO Prozesskostenhilfe gewährt werden.[614] Prozesskostenhilfe wird danach gewährt, wenn eine Partei nach ihren persönlichen und wirtschaftlichen Verhältnissen die Kosten der Prozessführung nicht, nur zum Teil oder nur in Raten aufbringen kann, wenn die beabsichtigte Rechtsverfolgung oder Rechtsverteidigung hinreichende Aussicht auf Erfolg bietet und nicht mutwillig erscheint.[615]

1116 Maßgeblicher Zeitpunkt für die Gewährung der Prozesskostenhilfe ist der Zeitpunkt, in dem der Antrag auf Prozesskostenhilfe entscheidungsreif ist.[616] Zu diesem Zeitpunkt muss die Rechtsverfolgung hinreichende Aussicht auf Erfolg haben. Dabei dürfen die Anforderungen an die Erfolgsaussichten[617] aber auch an die Darlegung der wirtschaftlichen Verhältnisse nicht überspannt[618] werden. Auf Einzelheiten kann hier nicht eingegangen werden.

---

[610] VGH München NVwZ-RR 2001, 69 (70).

[611] BVerwG NVwZ 2001, 919; vgl. auch OVG Schleswig NJW 2010, 393 (Privatgutachten einer Gemeinde); OVG Münster NVwZ-RR 2008, 503 (keine Kostenerstattung, wenn Privatgutachten im Prozess nicht vorgelegt, sondern nur in einem Schriftsatz berücksichtigt wurde).

[612] Plastisch: VGH Mannheim NVwZ-RR 1998, 691 (Einholung eines Sachverständigengutachtens für ein Beschwerdeverfahren, nachdem der erstinstanzliche Beschluss die aufschiebende Wirkung hergestellt hat, da ein solches Gutachten ausstehe); vgl. auch VGH Kassel NVwZ-RR 2006, 837; VGH München NVwZ-RR 2001, 69 (70); wegen der besonderen Substantiierungslast im Eilverfahren halten OVG Münster AGS 2002, 60; VGH München Beschl. v. 7.10.2003 – 26 C 03.1647 – Privatgutachten in Eilverfahren eher für erstattungsfähig als in Hauptsacheverfahren; allgemein zur Erstattung der Kosten von Privatgutachten s. BVerwG NVwZ 2001, 919; OVG Koblenz NJW 2006, 1689; OVG Lüneburg NVwZ-RR 2007, 77; VGH Mannheim NVwZ-RR 2002, 315; VGH München NVwZ-RR 1997, 499.

[613] Ausführlich: BVerwG NJW 2007, 453; ebenso: OVG Münster VerwRspr 32 Nr. 223.

[614] Zum spätesten Zeitpunkt für die Stellung eines Prozesskostenhilfeantrags im Eilverfahren vgl. VGH München BayVBl. 1995, 531.

[615] Grundsätzlich kann einheitlich entschieden werden, das Verwaltungsgericht hat aber zu beachten, dass für die Erfolgsaussichten im Prozesskostenhilfeverfahren ein anderer, großzügigerer Maßstab gilt als für den Eilantrag selbst, dazu BVerfG Beschl. v. 8.7.2016 – 2 BvR 2231/13 Rn. 12 ff.; VGH Mannheim VBlBW 2005, 196.

[616] OVG Bremen NVwZ-RR 1989, 585; NVwZ-RR 2003, 389; OVG Hamburg FamRZ 2005, 464; VGH Mannheim Beschl. v. 30.6.2003 – NC 9 S 4.03 (n. v.); aA OVG Koblenz NJW 1982, 2834; NVwZ-RR 1990, 384.

[617] BVerfG NJW 2003, 1857.

[618] BVerfG NVwZ 2004, 334.

Die Ablehnung eines Antrags auf Prozesskostenhilfe unterliegt der Beschwerde nach § 146 Abs. 1 VwGO. Für diese besteht kein Vertretungszwang (§ 67 Abs. 4 Satz 1 VwGO). 1117

IV. Wirksamwerden der Entscheidung

Der Beschluss ist erlassen, sobald er von den Richtern unterzeichnet und aus dem inneren Gerichtsbetrieb herausgegeben wird.[619] Dies kann außer durch Verkündung dadurch geschehen, dass der Beschluss zur Zustellung gegeben oder den Beteiligten formlos, auch telefonisch, bekannt gegeben wird. 1118

Da der Beschluss des Verwaltungsgerichts die Frist für die Beschwerde (§ 147 Abs. 1 Satz 1 VwGO) und ihre Begründung (§ 146 Abs. 4 Satz 1 VwGO) in Lauf setzt, ist er gemäß § 56 Abs. 1 VwGO von Amts wegen zuzustellen. Ist ein Bevollmächtigter bestellt, ist die Zustellung gemäß § 67 Abs. 6 Satz 5 VwGO an ihn zu richten. Ist der Beschluss im Anschluss an eine mündliche Verhandlung verkündet worden, besteht nach § 56 Abs. 1 VwGO keine Pflicht zur Zustellung, da der Beschluss kein Urteil im Sinne des § 116 Abs. 1 VwGO ist. Es entspricht jedoch der Praxis, auch in diesen Fällen den Beschluss zuzustellen. 1119

§ 52 Erstattungs- und Ersatzansprüche

Schrifttum: Allgemein: *Baldus/Grzeszick/Wienhues,* Staatshaftungsrecht, 4. Aufl., 2013; *Lege,* System des deutschen Staatshaftungsrechts, JA 2016, 81; *Ossenbühl/Cornils,* Staatshaftungsrecht, 6. Aufl., 2013; *Stein/Itzel/Schwall,* Praxishandbuch des Amts- und Staatshaftungsrechts, 2. Aufl., 2012; Rechtsprechungsübersichten bei *Itzel,* Neuere Entwicklungen im Amts- und Staatshaftungsrecht, MDR 2010, 426; 2011, 517; 2012, 564; 2013, 197; 2014, 258; 2015, 191; zum vorläufigen Rechtsschutz: *Dombert,* Sicherung von Schadensersatzansprüchen im Verwaltungsprozess, AnwBl. 2014, 32; *Müller,* Schadensersatz bei ungerechtfertigter Inanspruchnahme vorläufigen Rechtsschutzes nach der VwGO, 1998; *Renck,* Zum Schadensersatz bei Vollstreckung eines zu Unrecht sofort vollziehbaren Verwaltungsakts, NVwZ 1994, 1177; *ders.,* Verwaltungsaktswirkungen, Rechtsmittelwirkungen und einstweiliger Rechtsschutz, BayVBl. 1994, 161; *Schoch,* Folgenbeseitigung und Wiedergutmachung im öffentlichen Recht, VerwArch 79 (1988), 1; *Vietmeier,* Der einstweilige Rechtsschutz im Baunachbarstreit vor dem Hintergrund von Schadensersatz- und Entschädigungsansprüchen, VR 1992, 272.

I. Ersatzansprüche bei Vollziehung eines Verwaltungsakts

1. Kein Schadensersatz nach § 945 ZPO oder § 717 Abs. 2 Satz 1 ZPO

Die §§ 945, 717 Abs. 2 Satz 1 ZPO verpflichten denjenigen verschuldensunabhängig zur Leistung von Schadensersatz, der vor einer endgültigen Klärung der Rechtslage Vollstreckungsmaßnahmen ergreift, wenn der Vollstreckungstitel selbst später keinen Bestand hat. Die Vorschriften finden auf die Vollstreckung eines vollstreckbaren, aber später aufgehobenen Verwaltungsakts weder direkt noch entsprechend Anwendung.[620] 1120

Einfachgesetzlich findet dies seinen Grund darin, dass der Verweis in § 123 Abs. 3 VwGO auf § 945 ZPO – ausweislich von § 123 Abs. 5 VwGO – nicht für die Vollziehung eines angefochtenen Verwaltungsakts gilt. Es gelten allein §§ 80, 80a VwGO, die nicht auf § 945 ZPO oder § 717 Abs. 2 Satz 1 ZPO verweisen. Soweit die Vollstre- 1121

[619] OVG Bremen DVBl. 1991, 1269.

[620] Zu § 945 ZPO s. BVerwG NVwZ 1991, 270; OVG Lüneburg NVwZ 2005, 233; zu § 717 Abs. 2 S. 1 ZPO s. BVerwG NVwZ 1991, 270; BGHZ 83, 190 (196); BGH NJW 2001, 451 (Steuerbescheid); BSGE 76, 233 = SozR 3–1750 § 945 Nr. 1; aA *Renck* NVwZ 1994, 1177; *ders.* BayVBl. 1994, 161 (166).

ckungsgesetze des Bundes und der Länder auf das Achte Buch der ZPO verweisen, bezieht sich dieser Verweis nicht auf die Schadensersatzansprüche nach § 945 ZPO oder § 717 Abs. 2 ZPO.[621] Die Generalverweisung des § 173 Satz 1 VwGO auf GVG und ZPO führt gleichfalls nicht zu § 945 ZPO oder § 717 Abs. 2 Satz 1 ZPO, da die Verweisung nur für Bestimmungen über das Verfahren gilt. § 945 ZPO und § 717 Abs. 2 Satz 1 ZPO sind aber keine verfahrensrechtlichen Bestimmungen, sondern regeln einen materiell-rechtlichen Schadensersatzanspruch. Schließlich sind die Interessenlagen nicht vergleichbar: Der Kläger, der aus einem vorläufig vollstreckbaren Urteil die Zwangsvollstreckung betreibt, handelt in privatem Interesse. Die Behörde, die einen Verwaltungsakt vollzieht, handelt (zumindest vermeintlich) im öffentlichen Interesse, so dass ihr die Freiheit fehlt, sich für oder gegen die vorzeitige Durchsetzung ihrer Rechtsposition zu entscheiden.

2. Amtshaftungsanspruch

1122 Unter den Voraussetzungen des Art. 34 GG, § 839 BGB steht dem Betroffenen ein Schadensersatzanspruch wegen Amtspflichtverletzung zu, wenn die Behörde einen sofort vollziehbaren Verwaltungsakt vollstreckt, der später aufgehoben wird.[622] Amtshaftungsansprüche können ferner entstehen, wenn ein Genehmigungsinhaber von einer für sofort vollziehbar erklärten Genehmigung Gebrauch macht, die später auf Rechtsmittel Dritter aufgehoben wird.[623] Auch die Anordnung des Sofortvollzugs[624], das Unterlassen dieser Anordnung[625] oder die Aussetzung des Sofortvollzugs[626] können einen Amtshaftungsanspruch auslösen. Ein Amtshaftungsanspruch kann auch entstehen, wenn sich ein Amtswalter über einen bereits eingetretenen Suspensiveffekt hinwegsetzt.[627] Einem Amtshaftungsanspruch wegen einer fehlerhaften gerichtlichen Entscheidung wird dagegen regelmäßig das Spruchrichterprivileg des § 839 Abs. 2 BGB entgegenstehen.[628]

1123 Die Zivilgerichte sind hinsichtlich der Prüfung, ob der erlassene Verwaltungsakt rechtmäßig war, an die Beurteilung der Verwaltungsgerichte in einem Hauptsacheverfahren gebunden.[629] Eine Entscheidung nach § 80 Abs. 5 VwGO, die aufgrund einer Interessen-

[621] Vgl. für das bayerische Recht BayObLG NVwZ-RR 2004, 318 (320) zu Art. 26 Abs. 7 bay.VwZVG.

[622] BGHZ 39, 77 (Vollzug eines Steuerbescheides); OLG Koblenz ZfWG 2014, 65 (Ersatz von Prozesskosten eines erfolglosen Eilverfahrens nach Aufhebung des Verwaltungsakts im Hauptsacheverfahren).

[623] Etwa BGHZ 122, 317; NJW 1994, 2087; im Rahmen des Mitverschuldens (§ 254 BGB) ist zu berücksichtigen, dass der Genehmigungsinhaber die Rechtswidrigkeit einer Genehmigung in Betracht zu ziehen hat, wenn Dritte sich mit Widerspruch und Anfechtungsklage sowie Anträgen auf Eilrechtsschutz gegen eine Genehmigung wenden und die angeführten Anfechtungsgründe nicht ohne Weiteres von der Hand zu weisen sind, so BGH NVwZ 1997, 714 (718 f.); NJW 2001, 3054 (3056); NJW 2008, 2502. Die Behörde ist ihrerseits regelmäßig verpflichtet, den Genehmigungsinhaber zum Schutz vor nutzlosen Aufwendungen unverzüglich über den Eingang eines Nachbarwiderspruchs zu informieren, BGH NVwZ 2004, 638 (639). „Kauft" der Genehmigungsinhaber dem widerspruchsführenden Nachbarn den Widerspruch „ab", scheidet ein Anspruch aus (OLG Jena NVwZ-RR 1999, 712).

[624] BGH NVwZ-RR 2000, 744 (745); OLG Rostock OLGR Rostock 2002, 111.

[625] LG Hannover RdE 1995, 84.

[626] OLG Zweibrücken VersR 2001, 1112.

[627] BGH NVwZ 2002, 123 (unterlassene Bearbeitung eines Bauantrags, nachdem die auf § 15 Abs. 1 S. 2 BauGB gestützte Zurückstellung durch Widerspruch mit aufschiebender Wirkung angegriffen worden war); zu den Auswirkungen eines sofort vollziehbaren Zurückstellungsbescheides auf das gerichtliche Verfahren BVerwG NVwZ 2012, 51; vgl. auch OLG Koblenz OLGR Koblenz 2001, 34; BGH UPR 1997, 71 (Einwand rechtmäßigen Alternativverhaltens).

[628] BGHZ 161, 298 (zur einstweiligen Anordnung), skeptisch OLG Frankfurt Urt. v. 13.3.2008 – 1 U 244/07 Rn. 28.

[629] BGHZ 103, 242 (244 f.); OLG Schleswig OLGR Schleswig, 1998, 278.

abwägung ergeht, entfaltet diese Bindungswirkung dagegen weder hinsichtlich der Rechtmäßigkeit des Verwaltungsakts noch der Rechtmäßigkeit des angeordneten oder ausgesetzten Sofortvollzuges.[630]

Der Anspruch ist nach § 839 Abs. 3 BGB ausgeschlossen, wenn der Verletzte es schuldhaft unterlassen hat, den Schaden durch Gebrauch eines Rechtsmittels abzuwenden. Der Aussetzungsantrag nach § 80 Abs. 5 VwGO ist ein Rechtsmittel im Sinne dieser Bestimmung.[631] Strengt ein späterer Geschädigter kein Aussetzungsverfahren an, so steht dies einem Amtshaftungsanspruch allerdings nicht nach § 839 Abs. 3 BGB entgegen, wenn der Antrag nach der wirklichen Rechtslage oder nach der Praxis der Verwaltungsgerichte im Zeitpunkt des Schadenseintritts erfolglos geblieben wäre.[632] 1124

3. Enteignungsgleicher/aufopferungsgleicher Eingriff

Der Vollzug eines rechtswidrigen Verwaltungsakts kann auch einen Anspruch auf Entschädigung nach den richterrechtlich entwickelten Grundsätzen des Anspruchs aus enteignungsgleichem Eingriff auslösen. Nach der Rechtsprechung ist für die unmittelbaren Auswirkungen von hoheitlichen rechtswidrigen Eingriffen in das Eigentum im Interesse der Allgemeinheit von dem begünstigten Hoheitsträger Entschädigung zu leisten. Gleiches gilt für Eingriffe in die Gesundheit unter dem Gesichtspunkt des aufopferungsgleichen Eingriffs. Dagegen lehnt die Rechtsprechung eine Ausdehnung dieser Grundsätze auf Eingriffe in die Berufsfreiheit ab.[633] Ein Anspruch kann sich schließlich aus polizei- und ordnungsrechtlichen Rechtsgrundlagen ergeben, die auf eine Entschädigung wegen rechtswidrigen polizeilichen oder ordnungsbehördlichen Handelns gerichtet sind.[634] 1125

4. Folgenbeseitigungs- und Folgenentschädigungsanspruch

Der Erlass und Vollzug eines Verwaltungsakts, der sich später[635] als rechtswidrig erweist, kann einen (Vollzugs-)Folgenbeseitigungsanspruch auslösen.[636] Der Anspruch auf Folgenbeseitigung besteht, wenn ein hoheitlicher Eingriff in ein subjektives Recht einen noch andauernden rechtswidrigen Zustand geschaffen hat. Er ist gerichtet auf die Wiederherstellung des Zustandes vor dem rechtswidrigen Eingriff – also des *status quo ante.*[637] Der Anspruch entfällt, wenn die Wiederherstellung des ursprünglichen Zustandes für den verpflichteten Rechtsträger unzumutbar ist, weil der Aufwand für die Wiederherstellung in keinem vernünftigen Verhältnis zu dem erreichbaren Erfolg steht.[638] 1126

---

[630] BGHZ 117, 240 (250); 143, 362 (372); NVwZ 2001, 352 (353 f.); NVwZ 2004, 638; OLG Rostock OLGR 2002, 111; OLG Zweibrücken VersR 2001, 1112.

[631] BGH NVwZ 2001, 352 (354); BGHZ 156, 294 (298 f.); LG Köln JAmt 2015, 572; Palandt/*Sprau,* BGB § 839 Rn. 69. § 839 Abs. 3 BGB fordert nicht das weitere Ausnutzen der Genehmigung, nachdem gegen eine Stilllegungsverfügung Widerspruch mit aufschiebender Wirkung eingelegt worden ist, es kommt aber eine Anspruchskürzung nach § 254 BGB in Betracht, vgl. BGH NVwZ 2002, 122.

[632] BGHZ 156, 294 (300 f.); bloß prozesstaktisches Absehen von einem Eilantrag reicht nicht, so VGH München BayVBl. 2014, 661 (663).

[633] BGH NVwZ-RR 2000, 744 (745).

[634] Zum Verhältnis zum richterrechtlichen Institut des enteignungsgleichen Eingriffs s. BGHZ 205, 63 Rn. 34 ff.

[635] Vgl. BVerwG NVwZ 1983, 472: So lange der belastende Verwaltungsakt vollstreckbar und noch nicht aufgehoben ist, scheidet ein Anspruch auf Vollzugsfolgenbeseitigung aus.

[636] So bereits BVerwGE 28, 155 (164).

[637] BVerwGE 69, 366 (371 ff.); 80, 178 (179); 94, 100 (104); BVerwG NVwZ 1991, 270; aus der neueren Rechtsprechung zum Folgenbeseitigungsanspruch vgl. etwa BVerwGE 105, 288 (301 f.); NJW 2001, 1878 (1882 f.); NVwZ 2004, 1511; BVerwGE 151, 228 Rn. 24.

[638] BVerwG 94, 100 (113 f.) = NVwZ 1994, 275; NVwZ 2004, 1511.

1127 Der Anspruch ist im Verwaltungsrechtsweg geltend zu machen. Er kann bereits im Aussetzungsverfahren verfolgt werden (§ 80 Abs. 5 Satz 3 VwGO). Der Betroffene kann den Vollzugsfolgenbeseitigungsanspruch auch durch selbständige Klage oder nach § 113 Abs. 1 Satz 2 VwGO im Rahmen der gegen den Verwaltungsakt gerichteten Anfechtungsklage geltend machen.[639]

1128 Ob bei Unmöglichkeit oder Unzumutbarkeit der Folgenbeseitigung an die Stelle des Folgenbeseitigungsanspruchs ein Folgenbeseitigungsentschädigungsanspruch tritt, ist in der Rechtsprechung bisher nicht geklärt.[640] Es dürfte Überwiegendes gegen die Annahme dieses Anspruchs sprechen, da er in eine nur schwer zu lösende Konkurrenz zum Anspruch aus enteignungsgleichem oder aufopferungsgleichem Eingriff treten müsste; ohne zwingende Notwendigkeit würde das ohnehin dogmatisch sehr komplexe Staatshaftungsrecht weiter verkompliziert.

II. Ersatzansprüche der Behörde oder eines Dritten nach Vollzugshemmung

1129 Hat die Behörde mit Rücksicht auf die kraft Gesetzes oder gerichtliche Entscheidung bestehende aufschiebende Wirkung Leistungen erbracht und erlangt der Verwaltungsakt später, insbesondere nach rechtskräftiger Abweisung der Anfechtungsklage, Bestandskraft, sind folgende Ansprüche zu erwägen:

1. Öffentlich-rechtlicher Erstattungsanspruch

1130 Hat die Behörde einen Verwaltungsakt, aufgrund dessen sie laufende Leistungen erbringt, zurückgenommen oder widerrufen, und werden Rücknahme oder Widerruf angefochten, hat sie die Leistungen aufgrund der nach § 80 Abs. 1 VwGO eingetretenen aufschiebenden Wirkung während der Dauer des Widerspruchs- und Verwaltungsstreitverfahrens weiter zu erbringen. Gleiches gilt, wenn die Behörde die sofortige Vollziehung angeordnet, das Gericht aber die aufschiebende Wirkung ganz oder teilweise wiederhergestellt hat. Wird der Verwaltungsakt nach Durchführung der Rechtsbehelfsverfahren bestandskräftig, entfällt nachträglich die Rechtsgrundlage für die aufgrund der aufschiebenden Wirkung erbrachten Leistungen. Der Behörde steht gegen den Empfänger ein Bereicherungsanspruch analog §§ 812 ff. BGB, gerichtet auf Rückgewähr zu. Auf einen Wegfall der Bereicherung (§ 818 Abs. 3 BGB) kann sich der Empfänger wegen § 820 Abs. 1 Satz 2 BGB nicht berufen. Nach dieser Vorschrift ist, wenn die Leistung aus einem Rechtsgrund, dessen Wegfall nach dem „Inhalt des Rechtsgeschäfts“ als möglich angesehen wurde, erfolgt ist und der Rechtsgrund später tatsächlich wegfällt, der Empfänger der Leistung zur Herausgabe so verpflichtet, wie wenn der Anspruch auf Herausgabe zur Zeit des Empfangs rechtshängig geworden wäre (§ 818 Abs. 4 BGB). Die aufschiebende Wirkung, deretwegen die Leistung erfolgte, steht dem in § 820 Abs. 1 Satz 2 BGB erwähnten „Rechtsgeschäft“ gleich. Nach Wegfall der aufschiebenden Wirkung haftet der Empfänger deshalb verschärft nach § 820 Abs. 1, § 818 Abs. 4 BGB vom Anfang der Leistung an.[641] Begrenzt wird der Rückforderungsanspruch durch den Grundsatz von Treu und Glauben. Er kann im Einzelfall dazu führen, dass der

[639] Vgl. BVerwGE 108, 364 (368 f.) = NVwZ 2000, 77: Prozesszinsen können erst ab Stellung eines bezifferten Leistungsantrags verlangt werden; BVerwGE 22, 314; VGH Kassel DÖV 1963, 389.

[640] Vgl. BVerwGE 82, 24 (26 ff.) = NJW 1989, 2484 (2485); 94, 100 (117) („nahe liegend“); ablehnend dagegen OVG Münster NVwZ 1994, 796; VGH München NVwZ 2002, 365; dagegen auch BVerwG LKV 2008, 561.

[641] BVerwGE 24, 92 (97); ZBR 1998, 281 (282) mwN; ZBR 1999, 126 (127); eines Hinweises des Dienstherrn auf die Vorläufigkeit der Zahlungen bedarf es nicht, so BVerwG ZBR 1998, 281 (282).

Empfänger der Leistung bestimmungsgemäß verbrauchte Beträge nicht zurückzuerstatten braucht.

2. Kein Schadensersatzanspruch der Behörde

Für einen Schadensersatzanspruch der Behörde fehlt es an einer Rechtsgrundlage. § 945 ZPO ist nicht anwendbar, auch nicht entsprechend.[642] Es fehlt in § 80 VwGO an einer Verweisung auf § 945 ZPO. § 123 Abs. 3 VwGO gilt nach § 123 Abs. 5 VwGO nicht für die Vollziehung eines Verwaltungsakts. Für eine analoge Anwendung ist kein Raum. Der Gesetzgeber hat den Rechtsschutz in § 80 VwGO und § 123 VwGO in mehrfacher Hinsicht unterschiedlich ausgestaltet. Daher kann nicht angenommen werden, der Gesetzgeber habe planwidrig übersehen, in § 80 VwGO auf § 945 ZPO oder § 123 Abs. 3 VwGO zu verweisen. 1131

3. Kein Schadensersatzanspruch des Begünstigten

Führt ein Dritter bei einem Verwaltungsakt mit drittbelastender Wirkung die aufschiebende Wirkung seines Rechtsmittels herbei, haftet er dem Begünstigten – etwa dem Genehmigungsinhaber gegenüber – gleichfalls nicht verschuldensunabhängig auf Schadensersatz. Für einen solchen Anspruch fehlt eine Rechtsgrundlage.[643] 1132

E. Rechtsmittel und Rechtsbehelfe

§ 53 Das Beschwerdeverfahren

Schrifttum: *Bath,* Das Beschwerdeverfahren nach dem Rechtsmittelbereinigungsgesetz: vorläufiger Rechtsschutz in der „light"-Version?, FS Wichmann, 2006, S. 1; *Geiger,* Das Berufungs- und Beschwerdeverfahren nach der Neuregelung durch das Gesetz zur Bereinigung des Rechtsmittelrechts im Verwaltungsprozess, BayVBl. 2003, 65; *Geis/Thiermann,* Revision und Beschwerde im Verwaltungsprozess, JuS 2013, 799; *Jäger,* Der Entscheidungsmaßstab der Oberverwaltungsgerichte in Beschwerdeverfahren des einstweiligen Rechtsschutzes, DVBl. 2009, 156; *Just,* Reform der Reform: Das Gesetz zur Bereinigung des Rechtsmittelrechts im Verwaltungsprozess, ThürVBl. 2002, 203; *Kienemund,* Das Gesetz zur Bereinigung des Rechtsmittelrechts im Verwaltungsprozess, NJW 2002, 1231; *Kuhla/Hüttenbrink,* Neuregelungen in der VwGO durch das Gesetz zur Bereinigung des Rechtsmittelrechts im Verwaltungsprozess (RmBereinVpG), DVBl. 2002, 85; *Lotz,* Das Gesetz zur Bereinigung des Rechtsmittelrechts – praktische Verbesserungen und einige neue Probleme, BayVBl. 2002, 353; *Millgramm,* Die Verwaltungsgerichtsbarkeit nach der siebten Novelle zur Verwaltungsgerichtsordnung, SächsVBl. 2003, 104; *Petzold/Heß,* Das Darlegungserfordernis im Sinne des § 146 VwGO n.F., NordÖR 2003, 353; *Ramsauer,* Prozessuale Einbußen beim Rechtsschutz durch weniger Rechtsmittel, AnwBl. 2015, 739; *Seibert,* Änderungen der VwGO durch das Gesetz zur Bereinigung des Rechtsmittelrechts im Verwaltungsprozess, NVwZ 2002, 265; *Szechenyi,* Grundfälle zu den Rechtsmitteln nach der VwGO, JA 2013, 220.

Rechtsmittel gegen Beschlüsse nach § 80 Abs. 5 und 7 Satz 2, § 80a Abs. 3 VwGO ist die Beschwerde nach § 146 Abs. 1 und 4 VwGO. Andere Rechtsmittel sind nicht eröffnet. Eine Wiederaufnahme des Aussetzungsverfahrens entsprechend § 153 VwGO scheidet aus;[1] wegen § 80 Abs. 7 VwGO besteht hierfür kein Bedarf. 1133

---

[642] BVerwGE 18, 72 (78 ff.); 24, 92 (93).

[643] OVG Lüneburg NVwZ-RR 2004, 131 (132).

[1] Vgl. OVG Münster DÖV 1961, 559; VG Dresden NJ 1999, 331 m. zust. Anm. *Flint* NJW 1999, 332; zur Rechtslage bei einstweiliger Anordnung → Rn. 486 ff.

I. Zulässigkeit

1. Statthaftigkeit

1134 Nach § 146 Abs. 1 und 4 VwGO steht den Beteiligten[2] und den sonst von einer Entscheidung Betroffenen gegen die Entscheidung des VG nach §§ 80 und 80a VwGO die Beschwerde an das OVG zu. Beschlüsse des OVG (§ 152 Abs. 1 VwGO) und des BVerwG können nicht mit der Beschwerde angegriffen werden. Die Beschwerde ist auch eröffnet bei Beschlüssen über den Vollzug von Verwaltungsakten, die Abgaben und Kosten zum Gegenstand haben. Denn der Ausschluss der Beschwerde in § 146 Abs. 3 VwGO bezieht sich nur auf Kosten, Gebühren und Auslagen im gerichtlichen Verfahren.[3] Spezialgesetzlich ist die Beschwerde ausgeschlossen im Wehrpflicht- und Kriegsdienstverweigerungsrecht (§ 34 Satz 1 WpflG, § 10 Abs. 2 Satz 1 KDVG, § 75 Satz 1 ZDG), im Lastenausgleichsrecht (§ 339 Abs. 1 Satz 1 LAG), im Investitionsvorranggesetz (§ 23 Abs. 2 InvVorG) und im Asylrecht (§ 80 AsylG).

1135 Die Beschwerde erfordert nach § 146 Abs. 4 Satz 3 VwGO einen konkreten Antrag.[4] Diesem Erfordernis ist genügt, wenn der Beschwerde – unter Berücksichtigung des erstinstanzlichen Vorbringens – das Rechtsschutzziel zweifelsfrei entnommen werden kann,[5] so etwa, wenn der Beschwerdeführer beantragt, den Beschluss der Vorinstanz aufzuheben.[6]

1136 Mit der Beschwerde kann grundsätzlich nur ein Begehren verfolgt werden, das schon Gegenstand der Ausgangsentscheidung des VG war;[7] eine Ausnahme gilt für den Antrag nach § 80 Abs. 5 Satz 3 VwGO, der sogar noch außerhalb der Beschwerdefrist zulässig ist.[8] In diesem Rahmen ist auch in der Beschwerdeinstanz noch eine Auslegung des Antrags zulässig.[9] Änderungen des Antrags innerhalb der Beschwerdebegründungsfrist des § 146 Abs. 4 Satz 1 VwGO sind nach Maßgabe von § 91 Abs. 1 und 2 VwGO möglich.[10] Sachdienlich im Sinne von § 91 Abs. 1 VwGO ist eine Antragsänderung im Beschwerdeverfahren indes nur, wenn sie einer zügigen Entscheidung im Rechtsmittelverfahren nicht entgegensteht.[11] Eine Antragsänderung scheidet daher aus, wenn das Beschwerdevorbringen hinsichtlich des vom VG bereits entschiedenen Streitgegenstandes nach § 146 Abs. 4 Satz 6 VwGO keinen Erfolg hat und eine umfassende Sachprüfung ohne Änderung des Antrags damit unterbleibt.[12] Auch ein neuer Bescheid kann nicht im Wege der Antragsänderung in das Verfahren einbezogen werden, so dass sich das Beschwerdeverfahren erledigt, wenn der bisherige Bescheid wesentlich geändert

---

[2] Hierzu zählt nicht der – fehlerhaft nicht beigeladene – Rechtsnachfolger eines zum Zeitpunkt der Beiladung bereits Verstorbenen (OVG Greifswald NVwZ-RR 2006, 850).

[3] OVG Saarlouis AS 17, 194.

[4] VGH München NVwZ 2003, 766.

[5] OVG Berlin NVwZ 2003, 239; OVG Magdeburg Beschl. v. 2.9.2009 – 1 M 62/09 Rn. 2; VGH Mannheim NVwZ 2002, 1388 (1389); OVG Weimar ThürVBl. 2004, 159.

[6] VGH Kassel NVwZ-RR 2004, 900 (901).

[7] OVG Greifswald Beschl. v. 19.2.2013 – 2 M 127/12 Rn. 11; OVG Lüneburg NVwZ-RR 2006, 650 (651); NVwZ-RR 2007, 356; NVwZ-RR 2010, 902, (903); OVG Münster NVwZ-RR 2003, 72; eine Ausnahme im Aufenthaltsrecht erkennt VGH Mannheim InfAuslR 2011, 443 an.

[8] VGH Kassel. NVwZ-RR 2011, 474; VGH Mannheim NVwZ-RR 2008, 841 (zu den Grundlagen eines Folgenbeseitigungsanspruchs und den Möglichkeiten des Beschwerdegerichts).

[9] OVG Magdeburg NVwZ-RR 2010, 53 (54).

[10] VGH Kassel NVwZ-RR 2012, 201 (202).

[11] VGH München VRS 109, 141 = ZfSch 2005, 471; OVG Münster NVwZ 2009, 1317 (1318) (Antrag nach § 123 statt nach § 80 Abs. 5); enger OVG Hamburg NVwZ 2003, 1529 (Antragserweiterung nur in Ausnahmefällen); NVwZ-RR 2004, 621; VGH Mannheim VBlBW 2004, 483.

[12] OVG Hamburg NVwZ-RR 2004, 621; zur Beschränkung der Prüfung auf die dargelegten Gründe → Rn. 1160 ff.

wird.[13] Übersieht das Verwaltungsgericht einen gestellten Antrag und lässt ihn daher fehlerhaft unbeschieden (verdeckter Teilbeschluss), so steht dem Betroffenen nicht die Beschwerde, sondern der nach § 120 Abs. 2 VwGO fristgebundene Antrag auf Beschlussergänzung offen.[14]

Legt ein teilweise Unterlegener Beschwerde ein, so ist dem anderen, gleichfalls teilweise unterlegenen Beteiligten die Möglichkeit der Anschlussbeschwerde eröffnet (§§ 146, 127 analog, 173 Satz 1 VwGO, 567 Abs. 3 ZPO). Diese unterliegt keiner Fristbindung, weder für ihre Einlegung noch für ihre Begründung. Zur Herstellung prozessualer Waffengleichheit muss aber auch vom Anschlussbeschwerdeführer eine Begründung nach Maßgabe von § 146 Abs. 4 Satz 3 VwGO verlangt werden, auf deren Prüfung das Beschwerdegericht nach § 146 Abs. 4 Satz 6 VwGO beschränkt ist.[15] 1137

2. Beschwerdebefugnis

Beschwerdebefugt ist, wer durch die Entscheidung formell beschwert ist, dessen Antrag also ganz oder teilweise abgelehnt worden ist. Für den Antragsgegner, dem die Stellung eines Sachantrags nicht obliegt, reicht die materielle Beschwer aus.[16] 1138

3. Vertretungszwang

Nach § 67 Abs. 4 Satz 1 VwGO muss sich vor dem OVG jeder Beteiligte, soweit er einen Antrag stellt, durch einen Prozessbevollmächtigten nach § 67 Abs. 2 VwGO vertreten lassen. Erweiternde Sonderregeln gelten für juristische Personen des öffentlichen Rechts und Behörden sowie für bestimmte Sachgebiete (§ 67 Abs. 4 Satz 4 bis 8 VwGO). Der Vertretungszwang gilt bereits für die Einlegung der Beschwerde beim VG, auch dann, wenn mit Einlegung der Beschwerde kein konkreter Antrag gestellt wurde.[17] 1139

Der obsiegende Beteiligte ist nicht gezwungen, im Beschwerdeverfahren einen Antrag zu stellen. Er muss sich daher auch nicht nach § 67 Abs. 1 VwGO vertreten lassen. Das Gericht kann das Vorbringen einer solchen, nicht postulationsfähigen Partei im Wege der Amtsermittlung berücksichtigen.[18] 1140

4. Frist

Die Beschwerde ist nach § 147 Abs. 1 Satz 1 VwGO bei dem Gericht, dessen Entscheidung angefochten wird, schriftlich oder zur Niederschrift des Urkundsbeamten der Geschäftsstelle innerhalb von zwei Wochen nach Bekanntgabe der Entscheidung[19] einzulegen. Die Frist wird auch gewahrt, wenn die Beschwerde fristgerecht bei dem Beschwerdegericht eingeht (§ 147 Abs. 2 VwGO). 1141

5. Rechtsschutzbedürfnis

Für die Durchführung des Beschwerdeverfahrens muss ein Rechtsschutzbedürfnis bestehen. Ein Rechtsschutzbedürfnis kann auch noch vorliegen, wenn sich die Sache nach Abschluss der ersten Instanz erledigt. Unterliegt etwa der Betroffene in erster Instanz und hebt die Behörde sodann den Verwaltungsakt auf, hat sich der Antrag erledigt. Dem 1142

[13] OVG Lüneburg NVwZ-RR 2006, 305 (Ls.).
[14] VGH Mannheim NVwZ-RR 2009, 584 (Ls.).
[15] OVG Hamburg NVwZ 2007, 604 (605).
[16] OVG Lüneburg NVwZ-RR 2002, 62 (63); NVwZ-RR 2005, 437.
[17] OVG Lüneburg NVwZ-RR 2003, 691; VGH München NVwZ-RR 2002, 794.
[18] OVG Frankfurt (Oder) NVwZ-RR 2004, 844.
[19] Unschädlich ist, wenn die Rechtsmittelbelehrung nicht auf die „Zustellung" der Entscheidung abhebt, aA VGH Mannheim NVwZ-RR 1989, 585; vgl. dazu grds. BVerwG NJW 1991, 508.

Antragsteller soll in diesem Fall aber ermöglicht werden, Beschwerde einzulegen und die Sache sodann für erledigt zu erklären. So behält er die Möglichkeit, nach Erledigungserklärung der Behörde eine Korrektur der Kostenentscheidung zu erreichen.[20]

6. Begründung

1143 Die Beschwerde ist nach § 146 Abs. 4 Satz 1 VwGO innerhalb eines Monats nach Bekanntgabe der Entscheidung zu begründen. Die Vorschrift beruht auf einem politischen Kompromiss: Sie verwirklicht das Ziel der Bundesregierung, das frühere Zulassungsverfahren für die Beschwerde abzuschaffen, strafft aber zugleich das Beschwerdeverfahren durch Einführung einer Begründungsfrist und einer Beschränkung des Prüfungsumfanges, um Forderungen des Bundesrates Rechnung zu tragen.[21] § 146 Abs. 4 Satz 1 VwGO hat erhebliche praktische Bedeutung: Verfehlt der Beschwerdeführer bestimmte Mindesterfordernisse, wird die Beschwerde als unzulässig verworfen (§ 146 Abs. 4 Satz 4 VwGO). Genügt er den Mindestanforderungen, ist das OVG in der Sache auf die Prüfung der dargelegten Gründe beschränkt (§ 146 Abs. 4 Satz 6 VwGO).

1144 **a) Frist.** Die Begründung ist, sofern sie nicht bereits mit der Beschwerde vorgelegt worden ist, bei dem OVG einzureichen. Das Gericht kann die Begründungsfrist nicht verlängern (vgl. § 57 Abs. 2 VwGO, § 224 Abs. 2 ZPO).[22] Für die Frage, ob dem Darlegungserfordernis des § 146 Abs. 4 Satz 3 VwGO genügt ist, kommt es nur auf Vorbringen innerhalb der Frist an.[23] Eine ausreichende Begründung fehlt selbst dann, wenn zwar in einem Parallelverfahren eine Begründung vorliegt, auf diese aber nicht zumindest verwiesen wird.[24]

1145 **b) Inhaltliche Anforderungen.** Nach § 146 Abs. 4 Satz 3 VwGO muss die Begründung einen bestimmten Antrag[25] enthalten, die Gründe darlegen, aus denen die Entscheidung abzuändern oder aufzuheben ist und sich mit der angefochtenen Entscheidung auseinandersetzen. Dies stellt einige Anforderungen an den Beschwerdeführer: Die Beschwerde muss erkennen lassen, aus welchen rechtlichen und tatsächlichen Gründen der Ausgangsbeschluss unrichtig sein soll und geändert werden muss. Der Vortrag hat mit rechtlichen Argumenten aufzuzeigen, aus welchen Gründen die Erwägungen des VG fehlerhaft sein sollen.[26] Gefordert ist eine Prüfung, Sichtung und Durchdringung des Streitstoffes und damit eine sachliche Auseinandersetzung mit dem angefochtenen Beschluss. Es reicht daher nicht aus, wenn der Beschwerdeführer eine tragende Erwägung des VG als unrichtig oder nicht nachvollziehbar bezeichnet, allein sein erstinstanzliches Vorbringens wiederholt[27], darauf verweist[28] oder sich auf stichwortartige Hin-

[20] Umstritten, wie hier: OVG Münster NVwZ-RR 1995, 479; NVwZ-RR 2003, 701; Beschl. v. 27.10.2009 – 19 B 1400/09 Rn. 3; OVG Hamburg MDR 1995, 956; dagegen: OVG Bremen NordÖR 2010, 369; OVG Koblenz DVBl. 1987, 851; OVG Münster NVwZ-RR 2002, 895; VGH Mannheim NVwZ-RR 2010, 416 (Erledigung „zwischen den Instanzen“).

[21] Vgl. BT-Drs. 14/6393, 14; BT-Drs. 14/6856, 13; BT-Drs. 14/7779.

[22] OVG Münster NVwZ-RR 2003, 389; ein fehlerhaftes Aktenzeichen kann unschädlich sein, vgl. OVG Magdeburg LKV 2016, 284 (285).

[23] OVG Lüneburg NVwZ-RR 2004, 754; zu einer Ausnahme bei Änderung der höchstrichterlichen Rechtsprechung nach Ablauf der Frist: VGH Mannheim NVwZ 2005, 722 (Ls.).

[24] VGH Mannheim NVwZ-RR 2004, 391.

[25] Es genügt, wenn sich das Rechtsschutzziel klar ergibt, so OVG Münster ZBR 2016, 176.

[26] OVG Bautzen NVwZ-RR 2003, 475; OVG Koblenz NVwZ-RR 2016, 331 (332); OVG Lüneburg NVwZ-RR 2005, 409 (410); OVG Koblenz NVwZ-RR 2016, 331 (332); VGH München NVwZ 2003, 632 (633).

[27] VGH Mannheim NVwZ-RR 2006, 74; VGH München NVwZ-RR 2005, 242; OVG Münster Beschl. v. 16.3.2016 – 1 B 1442/15 Rn. 5; OVG Saarlouis NVwZ-RR 2016, 528.

[28] VGH München NVwZ-RR 2005, 611; OVG Hamburg NVwZ 2007, 604 (608).

weise[29] beschränkt. Ist die angegriffene Entscheidung auf mehrere selbständig tragende Erwägungen gestützt, ist § 146 Abs. 4 Satz 3 VwGO nur genügt, wenn der Beschwerdeführer sich mit allen Erwägungen auseinandersetzt.[30] Weist das VG den Eilantrag als unzulässig ab, fordert die Praxis Ausführungen sowohl zur Zulässigkeit als auch zur Begründetheit des Antrags.[31] Letzteres geht zu weit, weil das Beschwerdegericht umfassend zu prüfen hat, wenn es dem Beschwerdeführer gelingt, die tragende Begründung des VG in Zweifel zu ziehen.

In welchem Umfang eine Auseinandersetzung erforderlich ist, hängt von der Ausgangsentscheidung ab. Fehlt es in dieser an Ausführungen in rechtlicher oder tatsächlicher Hinsicht zu einem Punkt, reicht eine knappe Darlegung der Gründe für die Beschwerde.[32] Rügt der Beschwerdeführer einen Mangel an überprüfbaren Unterlagen, kann von ihm nicht verlangt werden, sich zu dem Inhalt eben dieser Unterlagen zu äußern.[33] Die Anforderungen an die Darlegung dürfen – insbesondere bei einem nicht durch den Beschwerdeführer verursachten Zeitdruck – nicht überspannt werden.[34] Hat das VG aus Zeitgründen zunächst nur den Tenor mitgeteilt, genügt der Beschwerdeführer § 146 Abs. 4 Satz 3 VwGO, wenn er sich mit diesem Tenor auseinandersetzt.[35] **1146**

7. Prozesskostenhilfe

Für das Beschwerdeverfahren kann Prozesskostenhilfe beantragt werden. Zur Darlegung hinreichender Erfolgsaussichten im Sinne von § 173 Satz 1, § 114 ZPO bedarf es der Vorlage einer Beschwerdebegründung, die den Anforderungen des § 146 Abs. 4 Satz 3 VwGO genügt und auf deren Prüfung das OVG beschränkt ist.[36] Stellt der Beschwerdeführer den Antrag innerhalb der Beschwerdefrist und wird – nach Ablauf dieser Frist – Prozesskostenhilfe gewährt, so kann der Beschwerdeführer Wiedereinsetzung in die Beschwerde- und die Beschwerdebegründungsfrist verlangen.[37] **1147**

II. Weiteres Verfahren

1. Zuständigkeit

Das Verwaltungsgericht legt die Beschwerde unverzüglich vor (§ 146 Abs. 4 Satz 5 Hs. 1 VwGO). Die Möglichkeit der Abhilfe ist ihm nicht eröffnet (§ 146 Abs. 4 Satz 5 Hs. 2 VwGO). Über die Beschwerde entscheidet das OVG (§ 150 VwGO). Es bleibt für die Beschwerde zuständig, wenn es zum Gericht der Hauptsache wird[38] und als solches für Anträge nach §§ 80 und 80a VwGO auch außerhalb des Beschwerdeverfahrens zuständig wäre;[39] das OVG verliert seine Zuständigkeit, wenn das BVerwG vor Abschluss **1148**

[29] OVG Bautzen NVwZ 2005, 352 (354).
[30] OVG Lüneburg NVwZ-RR 2006, 650.
[31] OVG Magdeburg NVwZ-RR 2008, 747; OVG Saarlouis NVwZ-RR 2016, 528.
[32] VGH München NVwZ 2003, 632 (633); VRS 109, 141; OVG Weimar ThürVGRspr 2003, 173.
[33] BVerfG NVwZ 2004, 1112 (1113 f.).
[34] BVerfG NVwZ 2004, 90.
[35] VGH München NVwZ 2003, 118.
[36] AA OVG Bremen NordÖR 2005, 159, das geringere Darlegungsobliegenheiten annimmt, weil der Rechtsanwalt noch keinen Vergütungsanspruch gegen die Staatskasse hat. Die Auffassung ist verfehlt, weil die Prozesskostenhilfe der unbemittelten Partei den Zugang zu Gericht eröffnen soll, aber nicht den Vergütungsinteressen des Rechtsanwalts dient; einschränkend auch OVG Lüneburg NVwZ-RR 2009, 784, das eine Darlegung der Beschwerdebegründung in groben Zügen fordert.
[37] BVerwGE 15, 306 (308); VGH Mannheim NVwZ-RR 2003, 789; NVwZ-RR 2007, 277; VGH München BayVBl. 2003, 663; Eyermann/*J. Schmidt* VwGO § 60 Rn. 4; *Strnischa* NVwZ 2005, 267 (269).
[38] Zu den hierfür maßgeblichen Zeitpunkten → Rn. 868.
[39] VGH Mannheim VBlBW 1971, 111; VGH München DVBl. 1982, 35.

des Beschwerdeverfahrens Gericht der Hauptsache wird, wie etwa im Fall der Sprungrevision.[40] In diesem Fall ist das BVerwG entgegen dem Wortlaut des § 146 Abs. 1 VwGO zur Entscheidung über die Beschwerde berufen.[41]

1149 Eine Entscheidung des Vorsitzenden in dringenden Fällen ist im Beschwerdeverfahren nicht vorgesehen. § 80 Abs. 8 VwGO ist nicht entsprechend anwendbar, weil bereits ein Gericht über das Rechtsschutzgesuch entschieden hat.[42]

2. Verfahrensablauf

1150 Für das weitere Verfahren vor dem OVG gelten die Grundsätze des erstinstanzlichen Verfahrens.[43] Das OVG muss den Beteiligten rechtliches Gehör gewähren. Dies gilt immer dann, wenn es eine Entscheidung abändern will.[44] Das Beschwerdegericht hat auch dann auf seine Rechtsauffassung hinzuweisen und eine Möglichkeit zur Stellungnahme einzuräumen, wenn es die erstinstanzliche Entscheidung im Ergebnis bestätigt, aber mit seiner – vom VG abweichenden – Rechtsansicht dem Rechtsstreit eine Wendung gibt, mit der die Beteiligten auch unter Berücksichtigung der Vielfalt vertretbarer Rechtsauffassungen nach dem Gang des bisherigen Verfahrens nicht zu rechnen brauchten.[45] Einer Anhörung des obsiegenden Beteiligten bedarf es dagegen nicht, wenn bereits das Vorbringen in der Beschwerdeschrift deren Erfolglosigkeit ergibt; eine solche, „schlanke" Verfahrensführung verhindert das unnötige Entstehen von Kosten eines Bevollmächtigten in der Beschwerdeinstanz.[46]

3. Vorläufige Regelungen

1151 Die Beschwerde hat nach § 149 Abs. 1 Satz 1 VwGO keine aufschiebende Wirkung. Allerdings sollen die Behörden vor einer Vollstreckung gehalten sein, Rücksicht auf die Beschwerdefristen zu nehmen, wenn nicht besondere Umstände dies entbehrlich erscheinen lassen.[47] Dies kann eine vorläufige Regelung durch das Beschwerdegericht erfordern, welche die Zeitspanne bis zur Entscheidung über die Beschwerde überbrücken soll. Eine solche vorläufige Regelung erfolgt nur auf Antrag.[48]

1152 Zuständig für eine vorläufige Regelung ist allein das OVG. Zwar kann nach § 149 Abs. 1 Satz 2 VwGO im Regelfall der Beschwerde auch das Gericht, dessen Entscheidung angefochten wird, die Vollziehung der angefochtenen Entscheidung einstweilen aussetzen. Diese Befugnis besteht aber bei Beschlüssen nach §§ 80, 80a VwGO nicht, weil das VG auch zur Abhilfe nicht befugt ist (vgl. § 146 Abs. 4 Satz 5 Hs. 2, § 148 Abs. 1 VwGO).[49]

1153 Die Befugnis des OVG folgt aus §§ 173 Satz 1 VwGO, 570 Abs. 3 ZPO. Danach ist das OVG als Beschwerdegericht befugt, vor der Entscheidung eine einstweilige Anordnung zu erlassen; es kann insbesondere die Vollziehung der angefochtenen Entscheidung

[40] Zum maßgeblichen Zeitpunkt → Rn. 869.

[41] BVerwG Buchholz 310 § 80 VwGO Nr. 35; im Ergebnis ähnlich VGH München BayVBl. 1979, 25.

[42] VGH Kassel NVwZ 2000, 1318.

[43] → Rn. 908 ff.

[44] BVerfGE 65, 227 = NJW 1984, 719.

[45] BVerfG NVwZ 2006, 586 (587).

[46] OVG Magdeburg DVBl. 2015, 719 (720).

[47] OVG Bremen NordÖR 2009, 376 (Abschiebung vor Ablauf der Beschwerdefrist).

[48] AA Kopp/*W. R. Schenke* VwGO § 149 Rn. 2; Eyermann/*Happ* VwGO § 149 Rn. 6; das ist systemwidrig, weil der Verwaltungsrechtsschutz grundsätzlich vom Antragsprinzip beherrscht wird. Es ist dem Gericht unbenommen, den Beschwerdeführer zur Antragstellung anzuregen (vgl. § 86 Abs. 3 VwGO).

[49] OVG Hamburg NVwZ 1997, 691; OVG Greifswald NVwZ-RR 2003, 534.

aussetzen.[50] Setzt es im Wege der vorläufigen Regelung die Herstellung der aufschiebenden Wirkung durch das VG aus, ermöglicht es dadurch der Behörde, den Verwaltungsakt zu vollziehen.[51] Das OVG kann aber auch im Wege vorläufiger Regelung die aufschiebende Wirkung anordnen oder wiederherstellen.[52] Denn die Befugnis zu einstweiligen Anordnungen in § 570 Abs. 3 VwGO ist nicht beschränkt.

Das OVG trifft eine Ermessensentscheidung. Eine dem Beschwerdeführer günstige **1154** vorläufige Regelung scheidet von vornherein aus, wenn die Beschwerde offensichtlich unzulässig oder rechtsmissbräuchlich ist.[53] Bei seiner Ermessensentscheidung hat das OVG die Wertung des § 149 Abs. 1 VwGO zu beachten. Die Vorschrift verlangt die Beachtung der erstinstanzlichen Entscheidung bis zur Entscheidung über die Beschwerde. Eine vorläufige Regelung setzt daher voraus, dass sich die Entscheidung der Vorinstanz nach den im Beschwerdeverfahren rechtzeitig erfolgten Darlegungen als offensichtlich rechtswidrig erweist, oder eine vorläufige Regelung aufgrund einer Folgenabwägung dringend geboten erscheint.[54] Maßgeblich ist die Beschwerdebegründung nach § 146 Abs. 4 Satz 6 VwGO, so dass ein Schiebebeschluss nur nach Vorlage einer solchen Begründung ergehen kann.[55] Die Aussetzung kann auf Teile des angefochtenen Beschlusses beschränkt, von einer Sicherheitsleistung oder anderen Auflagen abhängig gemacht oder befristet werden.

Die einstweilige Regelung erfolgt durch Beschluss. Einer Kostenentscheidung bedarf es **1155** nicht, weil das Verfahren auf Erlass einer Zwischenentscheidung keine eigenständige Kostenfolge auslöst.[56] Die Maßnahme wird unwirksam, sobald die Beschwerdeentscheidung ergangen ist.

III. Die Entscheidung des Beschwerdegerichts

1. Form der Entscheidung

Das OVG entscheidet über die Beschwerde durch Beschluss, der zu begründen ist **1156** (§ 150, § 122 Abs. 2 Satz 2 VwGO). Einer weiteren Begründung bedarf es nicht, soweit das OVG die Beschwerde aus den Gründen der angefochtenen Entscheidung als unbegründet zurückweist (§ 122 Abs. 2 Satz 3 VwGO).

2. Maßstab der Sachentscheidung

a) Maßgeblicher Zeitpunkt. Kann das OVG auch Tatsachen und Rechtsänderungen **1157** berücksichtigen, die nach Erlass der angegriffenen Entscheidung eingetreten sind? Richtigerweise ist die Frage zu bejahen, will das Beschwerdegericht nicht in die Situation gelangen, in der es aus prozessualen Gründen gezwungen wäre, eine bereits überholte Entscheidung zu treffen.[57] Es kann daher auch Umstände berücksichtigen, die nach der

[50] VGH Kassel NVwZ-RR 2004, 388; OVG Magdeburg InfAuslR 2005, 421; OVG Weimar NVwZ 1999, 892; vgl. auch OVG Berlin NVwZ 2001, 1424; OVG Greifswald NVwZ-RR 2003, 534; OVG Hamburg NVwZ-RR 2006, 475; (jeweils einstweilige Anordnungen).

[51] OVG Berlin DÖV 1986, 615; VGH München NVwZ 1982, 685.

[52] OVG Lüneburg ET 1980, 699; OVG Weimar NVwZ 1999, 892; *Guckelberger* NVwZ 2001, 275 (280); aA OVG Berlin OVGE 8, 81; VGH München NVwZ 1982, 685.

[53] Vgl. dazu BVerfG NJW 1987, 2219.

[54] VGH Mannheim NVwZ-RR 2014, 29; OVG Münster ZMR 2015, 992; Beispielsfälle für die zweite Fallgruppe etwa VGH Kassel NVwZ 2000, 1318 (drohende Abschiebung binnen weniger Stunden); OVG Lüneburg NVwZ 1999, 209; OVG Saarlouis NVwZ-RR 1993, 391; OVG Weimar NVwZ 1999, 892.

[55] VGH Kassel NVwZ-RR 2008, 61.

[56] OVG Bautzen Beschl. v. 15.9.2011 – 5 B 135/11 Rn. 5;

[57] OVG Frankfurt (Oder) NVwZ-RR 2003, 694.

erstinstanzlichen Entscheidung eingetreten sind, wenn diese innerhalb der Beschwerdebegründungsfrist vorgetragen worden sind.[58] Ob entgegen dem Wortlaut des § 146 Abs. 4 Satz 6 VwGO auch Umstände beachtlich sein können, die nach Ablauf der Beschwerdebegründungsfrist eingetreten sind und daher nicht vorgetragen werden konnten, ist noch nicht abschließend geklärt.[59] Die Frage ist zu bejahen: Für eine solche Berücksichtigung spricht namentlich die Prozessökonomie, da der Beschwerdeführer anderenfalls gezwungen wäre, neue Umstände in einem Abänderungsverfahren vorzubringen.

1158 Neues Vorbringen kann wegen des gesetzgeberischen Ziels einer Verfahrensbeschleunigung und -konzentration nicht mehr berücksichtigt werden, wenn die vorgetragenen Tatsachen bereits während des erstinstanzlichen Verfahrens vorlagen, trotz gerichtlicher Aufforderung dort nicht vorgetragen wurden und erstmals mit der Beschwerde geltend gemacht werden. Solche „aufgesparten" Gründe werden in der Beschwerdeentscheidung nicht mehr geprüft. [60]

1159 **b) Prüfung nur der dargelegten Gründe.** Nach § 146 Abs. 4 Satz 6 VwGO prüft das OVG nur die dargelegten Gründe. Die Vorschrift ist verfassungsgemäß.[61] Zu prüfen sind nur Gründe, die innerhalb der Begründungsfrist nach § 146 Abs. 4 Satz 1 VwGO vorgetragen sind. Nach Ablauf der Frist vorgetragene Gründe, die fristgerecht hätten vorgetragen werden können, bleiben unberücksichtigt.[62] Dies gilt auch für die Prüfung, ob der Verwaltungsrechtsweg eröffnet ist.[63]

1160 Greift der Antragsteller die Entscheidung nur mit Erwägungen an, welche die Rechtswidrigkeit der Ausgangsentscheidung nicht erweisen, bleibt sein Antrag damit auch dann erfolglos, wenn die Ausgangsentscheidung aus anderen Gründen rechtsfehlerhaft ist. Etwas Anderes kann angesichts der klaren Regelung des § 146 Abs. 4 Satz 6 VwGO selbst dann nicht gelten, wenn das Beschwerdegericht damit eine rechtsfehlerhafte Entscheidung des Ausgangsgerichts bestätigt.[64] Dem Beschwerdegericht sind insoweit die Hände gebunden.[65] Stützt sich die Entscheidung des VG auf mehrere tragende Erwägungen, kann die Beschwerde nur Erfolg haben, wenn der Beschwerdeführer alle diese Erwägungen erfolgreich in Frage stellt.[66] Eine Ausnahme zu § 146 Abs. 4 Satz 6 VwGO greift allerdings ein, wenn in Parallelverfahren einige, aber nicht alle Beschwerdeführer bestimmte Gesichtspunkte angreifen: Denn der mit § 146 Abs. 4 Satz 6 VwGO verfolgte

---

[58] VGH Mannheim NVwZ-RR 2006, 74 (75); VGH München VRS 109, 141; OVG Münster ÖffBauR 2005, 59; Beschl. v. 26.3.2004 – 21 B 2399/03 (n. v.).

[59] Dafür: VGH Mannheim NVwZ-RR 2006, 395; VGH München Beschl. v. 23.8.2004 – 12 CE 04.1358; OVG Weimar ThürVBl. 2004, 159; VGH Magdeburg NVwZ-RR 2016, 335 (Ls.); dagegen VGH Mannheim NVwZ-RR 2006, 849 (850); für Beachtlichkeit einer Satzungsänderung VGH Kassel NVwZ-RR 2008, 457 (Ls.).

[60] VGH Mannheim NVwZ-RR 2006, 74 (75); OVG Lüneburg NVwZ-RR 2007, 521; NordÖR 2010, 255 (258); OVG Magdeburg Beschl. v. 29.1.2004 – 2 M 895/093 Rn. 3; in diese Richtung auch OVG Magdeburg Beschl. v. 18.9.2008 – 3 M 511 708 Rn. 4; aA OVG Lüneburg NVwZ-RR 2005, 409 (410).

[61] BVerfG NJW 2003, 3689.

[62] OVG Frankfurt (Oder) Beschl. v. 7.1.2004 – 2 B 296/03 (n. v.); VGH Mannheim NVwZ-RR 2006, 75 (76).

[63] VGH Mannheim NVwZ-RR 2008, 580.

[64] Vgl. VGH München NVwZ-RR 2004, 622 (623); aA OVG Greifswald DÖV 2006, 790 (Ls.); VGH München NVwZ-RR 2003, 154 (155) (bei Umständen, die im Ansatz bereits in den behördlichen oder gerichtlichen Akten benannt sind); VGH Kassel NVwZ-RR 2006, 846 (bei offensichtlicher Unrichtigkeit); offen gelassen von VGH Mannheim NVwZ 2002, 1388 (1390).

[65] OVG Lüneburg NVwZ-RR 2010, 140 (141).

[66] OVG Münster NVwZ-RR 2004, 706.

Beschleunigungszweck wird nicht berührt, wenn diese Gesichtspunkte bei allen Beschwerdeführern Berücksichtigung finden.[67]

1161 Schwierigkeiten treten auf, wenn sich die Entscheidung des VG auf die Subsumtion unter eines von mehreren Tatbestandsmerkmalen stützt und der Antragsteller nach § 146 Abs. 4 Satz 6 VwGO darlegt, dass diese Subsumtion zu seinen Lasten fehlerhaft war. Nimmt man § 146 Abs. 4 Satz 6 VwGO beim Wort, wäre die Prüfungskompetenz des OVG erschöpft; es müsste zur Klärung der anderen Tatbestandsmerkmale auf Antrag zurückverweisen.[68] Dieses Ergebnis ist indes mit dem Ziel eines beschleunigten Eilverfahrens nicht zu vereinbaren und kaum prozessökonomisch. Richtigerweise gilt Folgendes: Gelingt dem Antragsteller, einen tragenden Grund der erstinstanzlichen Entscheidung in Zweifel zu ziehen oder einen Gehörsverstoß darzulegen,[69] muss das Beschwerdegericht in der Sache umfassend entscheiden. Es hat in diesem Fall die Erfolgsaussichten des Antrags auf Gewährung vorläufigen Rechtsschutzes umfassend und über die Darlegungen in der Beschwerdebegründung hinaus zu prüfen.[70] Es prüft mit anderen Worten so, als ob es die Regelung des § 146 Abs. 4 Satz 6 VwGO nicht gäbe.[71] Hat das VG auf der Grundlage einer Interessenabwägung entschieden, so hat das OVG umfassend zu prüfen, wenn die unterlegene Partei diese Interessenabwägung erfolgreich angreift.[72] Das OVG kann dabei auch solche Gesichtspunkte berücksichtigen, die das VG – aus welchen Gründen auch immer – nicht in seine Entscheidung einbezogen hat.[73]

1162 § 146 Abs. 4 Satz 6 VwGO gilt nicht zu Lasten des Beteiligten, der in erster Instanz obsiegt hat. Das Beschwerdegericht hat also unabhängig vom Vortrag der Beteiligten zu prüfen, ob sich die angegriffene Entscheidung aus anderen als den vom erstinstanzlichen Gericht angeführten Gründen im Ergebnis als richtig erweist.[74] Die gegenteilige Auffassung[75] steht im Widerspruch zur systematischen Stellung von § 146 Abs. 4 Satz 6 VwGO, der die Einlegung der Beschwerde regelt. Sie zwingt zudem den Obsiegenden der ersten Instanz zu der kaum zu leistenden Darstellung, warum die ihm günstige Entscheidung wenn schon nicht in der Begründung, dann doch wenigstens im Ergebnis zutrifft. Aus Gründen der Waffengleichheit ist allerdings Vorbringen des Beschwerdegegners nach Ablauf der Beschwerdebegründungspflicht unbeachtlich, das zur Erweiterung des Streitgegenstandes führt.[76]

1163 **c) Inhalt der Entscheidung.** Die unzulässige Beschwerde wird verworfen, die unbegründete zurückgewiesen. Ist die Beschwerde begründet, kann das Beschwerdegericht die aufschiebende Wirkung ganz oder teilweise, gegen Sicherheitsleistung, unter Auflagen oder befristet anordnen oder wiederherstellen, die unzureichend begründete Vollzugs-

---

[67] OVG Hamburg NVwZ-RR 2004, 34 (Hochschulzulassungsrecht); aA OVG Lüneburg NVwZ-RR 2004, 800 (Ls.); NVwZ-RR 2006, 256.

[68] In diese Richtung VGH Mannheim NVwZ-RR 2003, 532 (533).

[69] VGH Mannheim VBlBW 2015, 78 (79); InfAuslR 2016, 281 = BeckRS 2016, 45162.

[70] OVG Hamburg NordÖR 2006, 110; VGH Kassel NVwZ-RR 2003, 756 (757); NVwZ-RR 2005, 127; VGH Mannheim BRS 81 Nr. 90; OVG Münster NVwZ-RR 2003, 50; OVG Weimar ThürVGRspr 2003, 173.

[71] Plastisch OVG Hamburg NordÖR 2003, 67 (69); NVwZ-RR 2004, 744 (745); NJW 2007, 1225; eine Einschränkung deutet OVG Lüneburg NordÖR 2010, 255 (258) an.

[72] OVG Hamburg NVwZ 2005, 105 (106).

[73] OVG Münster NVwZ 2002, 1390; NVwZ-RR 2003, 493: zur Änderung einer Entscheidung nach § 80 Abs. 7 Satz 2 VwGO s. OVG Greifswald NVwZ-RR 2006, 365 (367).

[74] VGH Kassel NVwZ-RR 2003, 458 (459); OVG Lüneburg NVwZ-RR 2008, 412; VGH Mannheim NVwZ-RR 2005, 655; NVwZ-RR 2006, 75 (76); KStZ 2013, 236 (237); KStZ 2014, 92; VGH München NVwZ 2004, 251; NVwZ-RR 2010, 206; OVG Münster NVwZ 2002, 1390; OVG Weimar NVwZ-RR 2004, 624; ThürVBl. 2012, 101 (102 f.).

[75] VGH Kassel EzAR 037 Nr. 7.

[76] VGH Kassel NVwZ-RR 2008, 467 (469).

anordnung aufheben, das Vorliegen der aufschiebenden Wirkung feststellen und/oder die Aufhebung getroffener Vollzugsmaßnahmen anordnen oder den Antrag ablehnen.

1164 Das Beschwerdegericht kann die Sache entsprechend § 130 VwGO zurückverweisen, wenn die Voraussetzungen des § 130 Abs. 2 Nr. 1 oder Nr. 2 VwGO vorliegen und ein Beteiligter dies beantragt.[77] Die Zurückverweisung ist aber problematisch, weil sie sich mit der Eilbedürftigkeit des vorläufigen Rechtsschutzes nicht verträgt.[78] Sie ist nur bei schweren Verfahrensmängeln (§ 130 Abs. 1 Nr. 2 VwGO analog) vertretbar oder bei zwingenden sachlichen Gründen.[79] Eine Zurückverweisung, weil das VG in einer rechtlichen Vorfrage die Weichen falsch gestellt und sich infolgedessen den Zugang zum eigentlichen Gegenstand des Streits versperrt hat, kommt im Eilverfahren nicht in Betracht.[80]

3. Kosten

1165 Das Beschwerdegericht trifft eine Kostengrundentscheidung nach Maßgabe der §§ 154 ff. VwGO Kosten des Beigeladenen sind entsprechend § 162 Abs. 2 VwGO zu behandeln.

1166 Nach Ziff. 5240 der Anlage 1 zum GKG fallen 2,0 Gerichtsgebühren für ein Verfahren über die Beschwerde an. Die Gebühr ermäßigt sich bei Beendigung des gesamten Verfahrens durch Zurücknahme der Beschwerde auf 1,0 Gerichtsgebühren (Ziffer 5241 der Anlage 1 zum GKG).

1167 Hinsichtlich der Rechtsanwaltsgebühren gilt Folgendes: Die Beschwerde ist eine selbständige Angelegenheit nach § 15 Abs. 2 S. 2 RVG. Es können folgende Gebühren anfallen:

Verfahrensgebühr (Nr. 3500 VV zum RVG)	0,5
(ggf. Terminsgebühr (Nr. 3513 VV zum RVG)	0,5)

Hinzu treten die Auslagen des Rechtsanwalts nach Teil 7 VV zum RVG.

4. Abschluss ohne Sachentscheidung

1168 Wird die Beschwerde zurückgenommen, wird das Verfahren entsprechend § 92 Abs. 3 VwGO eingestellt und die Entscheidung des Verwaltungsgerichts für wirkungslos erklärt; die Kosten trägt der Beschwerdeführer (§ 155 Abs. 2 VwGO). Erklären die Beteiligten im Beschwerdeverfahren übereinstimmend den Rechtsstreit in der Hauptsache für erledigt, stellt das Gericht das Verfahren entsprechend § 92 Abs. 3 VwGO ein, erklärt die

[77] OVG Berlin NVwZ 2002, 1267; VGH Mannheim NVwZ-RR 2003, 532 (533); *Seibert* NVwZ 2002, 265 (268); Fälle der Zurückverweisung etwa: OVG Berlin NVwZ 1987, 61 (irrige Annahme der aufschiebenden Wirkung nach § 80 Abs. 1 VwGO); NVwZ 2002, 1267 (Fehlen einer „ganz besonderen Eilsituation"); VGH Kassel NVwZ 1987, 525 (schwere Verfahrensmängel); NVwZ-RR 1990, 671 (unrichtige Annahme einer verspäteten Klage); NVwZ 1999, 891 (892) (unzureichende Sachaufklärung); VGH Mannheim DVBl. 1987, 696 (fehlerhafter Parteiwechsel); NVwZ-RR 2003, 532 (fehlerhafte Einschätzung der unionsrechtlichen Lage durch das VG, das die Ermittlung der nationalen Regelungen daher fehlerhaft unterlässt); OVG Münster OVG MüLü 22, 209 (213) (unrichtige sachliche Beurteilung); NVwZ-RR 1999, 540 (541) (fehlerhafte Annahme materiell-rechtlicher Verwirkung durch VG); NVwZ-RR 1997, 759 (fehlende Gewährung rechtlichen Gehörs); OVG Greifswald NVwZ 2000, 945 (946) lässt offen, ob § 130 VwGO in Eilverfahren Anwendung findet.

[78] Grds. ablehnend VGH Mannheim VBlBW 1995, 313; VGH München VerwRspr. 29 Nr. 141.

[79] Vgl. OVG Greifswald NVwZ-RR 1999, 542; OVG Magdeburg NVwZ-RR 1998, 694 (695) (Zurückverweisung, um weitere Studienplatzbewerber in die Verlosung außerkapazitärer Studienplätze einzubeziehen).

[80] So aber VGH Mannheim NVwZ-RR 2003, 532 (533); VGH München BayVBl, 2014, 637 (637 f.); OVG Weimar NVwZ-RR 1999, 542 (543).

Entscheidung des Verwaltungsgerichts für wirkungslos und trifft eine Kostenentscheidung nach dem Maßstab des § 162 Abs. 2 Satz 1 VwGO.[81] Stellt das Gericht die Erledigung des Rechtsstreits fest, weil nach objektiver Erledigung eines statthaften Rechtsmittels[82] nur der Antragsteller die Hauptsache für erledigt erklärt hat, so erklärt es ferner die vorhergehende Entscheidung für wirkungslos und trifft eine Kostenentscheidung nach §§ 154 ff. VwGO.[83]

§ 54 Das Abänderungsverfahren

Schrifttum: *Kamp,* Das gerichtliche Abänderungsverfahren im einstweiligen Rechtsschutz – insbesondere sein Verhältnis zum Beschwerdeverfahren, NWVBl. 2005, 248; *Reimer,* Zur Dogmatik des Abänderungsverfahrens nach § 80 Abs. 7 VwGO, DÖV 2010, 688; *Roeser/Hänlein,* Das Abänderungsverfahren nach § 80 VII VwGO und der Grundsatz der Subsidiarität der Verfassungsbeschwerde, NVwZ 1995, 1082.

I. Funktion und Bedeutung

Nach § 80 Abs. 7 Satz 1 VwGO kann das Gericht der Hauptsache Beschlüsse über Anträge nach § 80 Abs. 5 VwGO jederzeit ändern oder aufheben. Nach Satz 2 der Vorschrift kann jeder Beteiligte die Änderung oder Aufhebung wegen veränderter oder im ursprünglichen Verfahren ohne Verschulden nicht geltend gemachter Umstände beantragen. Dieses Abänderungsverfahren ermöglicht es dem Gericht und den Beteiligten, Veränderungen der Sach- und Rechtslage Rechnung zu tragen, die nach rechtskräftigem Abschluss eines Eilverfahrens, aber vor Abschluss des Hauptsacheverfahrens eintreten. Es können auch Umstände Berücksichtigung finden, die in einem ersten Eilverfahren ohne Obliegenheitsverletzung eines Beteiligten nicht berücksichtigt worden sind. Das Abänderungsverfahren vervollständigt so den Rechtsschutz des Bürgers. Es bietet aber auch einen Weg, einem nachträglich entstandenen öffentlichen Interesse an dem Vollzug des Verwaltungsakts Raum zu geben. **1169**

Das Änderungsverfahren ist weder eine Fortsetzung des Aussetzungsverfahrens[84] noch Rechtsmittelverfahren,[85] sondern ein eigenständiges Verfahren,[86] in dem über die Fortdauer der im Verfahren nach § 80 Abs. 5 VwGO getroffenen Entscheidung befunden wird. Es zielt zwar wie das Beschwerdeverfahren nach § 146 Abs. 1 und 4 VwGO darauf, einen im Verfahren nach § 80 Abs. 5 VwGO ergangenen Beschluss zu ändern. Sein Ziel ist aber nicht die Prüfung, ob die frühere Entscheidung zu Recht ergangen ist, sondern die Entscheidung, ob die frühere Entscheidung für die Zukunft aufrechterhalten werden kann. **1170**

II. Zuständigkeit

Nach § 80 Abs. 7 Satz 1 VwGO ist für das von Amts wegen einzuleitende Abänderungsverfahren das Gericht der Hauptsache zuständig.[87] Dies gilt auch für das Antrags- **1171**

[81] OVG Berlin NVwZ-RR 2005, 762; VGH München NVwZ-RR 2004, 622 (623); VGH Mannheim NVwZ-RR 2007, 356 (Fall nach § 123 VwGO: objektive Erledigung des Rechtsschutzbegehrens ohne Erledigungserklärung des Beschwerdeführers).

[82] OVG Saarlouis NVwZ-RR 2016, 528.

[83] VGH München Beschl. v. 29.12.2005 – 11 CS 05.826 Rn. 20 f.

[84] So aber OVG Münster DVBl. 1987, 699.

[85] BVerwGE 80, 16 (17); VGH Mannheim NVwZ-RR 2002, 911.

[86] VGH Mannheim NVwZ-RR 1998, 611; VGH München NVwZ 1999, 448.

[87] VGH Kassel NJW 1997, 211; dem Beschwerdegericht steht eine Abänderungsbefugnis von Amts wegen nicht zu, OVG Hamburg DVBl. 1995, 929; OVG Lüneburg NordÖR 2009, 428; zum Gericht der Hauptsache → Rn. 863 ff.

verfahren nach § 80 Abs. 7 Satz 2 VwGO. Geht die Hauptsache auf das Gericht der nächsten Instanz über, bevor ein Gericht über einen bei ihm anhängigen Abänderungsantrag entschieden hat, begründet dies die Zuständigkeit des nunmehr für die Hauptsache zuständigen Gerichts zur Entscheidung über den Abänderungsantrag.[88] Ist die Entscheidung nach § 80 Abs. 5 VwGO von einem Gericht höherer Instanz getroffen worden, unterliegt sie, falls ein niedrigeres Gericht das Gericht der Hauptsache ist, dessen Abänderung oder Aufhebung.[89]

III. Zulässigkeit

1. Statthaftigkeit

1172 **a) Grundsätze.** Das Abänderungsverfahren ist statthaft nach einer gerichtlichen Entscheidung im Verfahren nach § 80 Abs. 5 VwGO. Von wem die Entscheidung stammt, ist gleichgültig. Dem Abänderungsverfahren unterliegen Entscheidungen des Gerichts der Hauptsache, des Beschwerdegerichts oder des Vorsitzenden gem. § 80 Abs. 8 VwGO.[90] Auch Entscheidungen des OVG und des BVerwG, die keiner Beschwerde unterliegen, können einem Abänderungsverfahren unterzogen werden. Das Antragsverfahren wird auch durch die Sonderregelungen des § 17e Abs. 4 FStrG nicht verdrängt.[91]

1173 Das Abänderungsverfahren findet gegenüber allen Entscheidungen statt, die über Anträge nach § 80 Abs. 5 VwGO ergangen sind. Hierzu zählen insbesondere Entscheidungen über Anträge auf Anordnung oder Wiederherstellung der aufschiebenden Wirkung nach § 80 Abs. 5 Satz 1 VwGO und Anträge auf Anordnung der sofortigen Vollziehung.[92] Es spielt keine Rolle, wie über diese Anträge entschieden worden ist, etwa ob ihnen ganz oder teilweise, gegen Sicherheitsleistung, unter sonstigen Auflagen oder befristet entsprochen worden ist oder sie abgelehnt wurden. Eine Beschwerdeentscheidung, die allein die Zurückweisung einer Beschwerde gegen einen Beschluss nach § 80 Abs. 5 VwGO zum Gegenstand hat, kann dagegen nicht Gegenstand eines Änderungsverlangens nach § 80 Abs. 7 Satz 2 VwGO sein; dieses ist vielmehr gegen die Ausgangsentscheidung zu richten.[93]

1174 Auch eine Abänderungsentscheidung sperrt oder eröffnet bindend für die Beteiligten den Vollzug des Verwaltungsakts. Bei erneuter Änderung der Verhältnisse kann eine weitere Abänderung notwendig sein. Daher kann auf eine Abänderungsentscheidung ein weiteres Abänderungsverfahren folgen.[94]

1174a **b) Verhältnis zu § 80b Abs. 2 VwGO.** Hat das Verwaltungsgericht zunächst die aufschiebende Wirkung eines Rechtsbehelfs angeordnet oder wiederhergestellt, weist die Klage aber sodann in der Hauptsache ab, mag die Behörde erwägen, einen Antrag nach § 80 Abs. 7 VwGO auf Abänderung des Beschlusses im Eilverfahren und Ablehnung des Eilantrages zu stellen. Zuständig wäre das Gericht der Hauptsache, vor Eingang des Antrags auf Zulassung der Berufung oder der Berufungsschrift also das erstinstanzliche Verwaltungsgericht. Dieses Vorgehen wäre indes mit § 80b Abs. 2 VwGO nicht vereinbar: Nach Abweisung der Klage obliegt allein dem Rechtsmittelgericht die Entscheidung darüber, ob die aufschiebende Wirkung fortdauert.[95] Denn der Gesetzgeber hatte

---

[88] OVG Bautzen NVwZ-RR 2016, 472.

[89] VGH Mannheim NVwZ 2006, 219; BauR 2016, 652; VG Stuttgart NVwZ Beil. I/1999, 8; aA OVG Magdeburg ZBR 2001, 256 (Ls.).

[90] VGH München VGH nF 24, 194.

[91] OVG Koblenz NVwZ-RR 2003, 315 (zur Vorgängerregelung).

[92] VGH Kassel ESVGH 38, 102; OVG Koblenz NVwZ 1987, 426.

[93] OVG Greifswald NVwZ-RR 2011, 959.

[94] Vgl. BVerwG VerwRspr. 28 Nr. 145.

[95] OVG Lüneburg NdsVBl. 2009, 209; aA VG Sigmaringen NVwZ 2009, 1319.

bei Erlass des § 80b Abs. 2 VwGO seine ursprüngliche Absicht aufgegeben, dem Verwaltungsgericht die Befugnis einzuräumen über die Fortdauer der aufschiebenden Wirkung zu entscheiden.[96] § 80b Abs. 2 VwGO verändert aber nicht die Maßstäbe für die Entscheidung des Rechtsmittelgerichts über einen Abänderungsantrag nach § 80 Abs. 7 VwGO: Das Rechtsmittelgericht kann also nach einem klageabweisenden Urteil der ersten Instanz als Gericht der Hauptsache einen vorherigen Eilbeschluss auch abändern, wenn dies zur Verkürzung der in § 80b Abs. 1 Satz 1 VwGO geregelten Dauer der aufschiebenden Wirkung führt.[97]

c) Verhältnis zur Beschwerde. Solange die Entscheidung nach § 80 Abs. 5 VwGO nicht unanfechtbar ist, besteht nach richtiger Auffassung kein Rechtsschutzbedürfnis für einen Abänderungsantrag.[98] Diese Auffassung vermeidet die sich sonst stellenden Konkurrenzfragen. Sie ist zudem sachgerecht, weil mögliche neue Umstände sogleich der abschließenden Entscheidung des Beschwerdegerichts unterworfen werden können.[99] Dagegen entfällt das Rechtsschutzbedürfnis für eine Beschwerde nicht allein deshalb, weil nach Beschwerdeeinlegung ein Abänderungsantrag gestellt worden ist.[100] Dies folgt nach der hier vertretenen Auffassung schon aus dem für den Abänderungsantrag fehlenden Rechtsschutzbedürfnis. **1175**

d) Verhältnis zur Anhörungsrüge. Vor Einführung des § 152a VwGO konnten auch Verstöße gegen den Anspruch auf rechtliches Gehör nach Art. 103 Abs. 1 GG im Wege des § 80 Abs. 7 Satz 2 VwGO geltend gemacht werden.[101] Dieser Weg ist versperrt. Gegenüber einer Verletzung des Anspruchs auf rechtliches Gehör durch das Verwaltungsgericht steht die Beschwerde offen. Für ein Abänderungsverfahren nach § 80 Abs. 7 Satz 2 VwGO fehlt das Rechtsschutzbedürfnis;[102] es verbleibt aber die Befugnis des Gerichts zur Änderung von Amts wegen nach § 80 Abs. 7 Satz 1 VwGO.[103] Nach Abschluss des Eilverfahrens in der Beschwerdeinstanz ist nach § 152a Abs. 1 Satz 1 Nr. 2 VwGO auf die Anhörungsrüge eines durch eine gerichtliche Entscheidung beschwerten Beteiligten das Verfahren fortzuführen, wenn das Gericht seinen Anspruch auf rechtliches Gehör verletzt hat. Die Möglichkeit der Anhörungsrüge schließt das Abänderungsverfahren auf Antrag aus. Nur so kann den Unterschieden zwischen den Verfahrensarten Rechnung getragen werden: Die Anhörungsrüge nach § 152a VwGO ist fristgebunden (§ 152a Abs. 2 Satz 1 VwGO), der Abänderungsantrag nach § 80 Abs. 7 Satz 2 VwGO nicht. Für eine Entscheidung nach § 80 Abs. 7 Satz 2 VwGO ist das Gericht der Hauptsache zuständig, während das Verfahren nach § 152a VwGO beim *iudex a quo* fortgesetzt wird.[104] **1176**

---

[96] BT-Drs. 13/3993, 12.

[97] AA OVG Münster Beschl. v. 23.5.2003 – 1 B 411/03 (nur, wenn neben das klageabweisende Urteil weitere Umstände treten).

[98] OVG Bautzen NVwZ-RR 1996, 423 (aufgegeben in OVG Bautzen NVwZ-RR 2000, 124 [125]); VGH München BayVBl. 1988, 306; OVG Weimar NVwZ-RR 1995, 179; Eyermann/*J. Schmidt* VwGO § 80 Rn. 103; aA OVG Koblenz NVwZ-RR 2005, 748; OVG Magdeburg ZUM 1994, 371 (374); VGH München VerwRspr. 30 Nr. 116; *Kamp* NWVBl. 2005, 248 (251 f.).

[99] Zur Möglichkeit, noch Umstände zu berücksichtigen, die nach Ablauf der Beschwerdebegründungsfrist eingetreten sind, → Rn. 1158 f.; zu einer Sonderkonstellation vgl. VGH München NVwZ-RR 2004, 648: Beschwerde des Antragstellers gegen einen ablehnenden Beschluss des VG mit gleichzeitigem Antrag des Antragsgegners nach § 80 Abs. 7 VwGO, erneut die sofortige Vollziehung anordnen zu dürfen, nachdem in einem früheren Verfahren die aufschiebende Wirkung wiederhergestellt worden war.

[100] VGH Mannheim NVwZ 1998, 202; OVG Hamburg Beschl. v. 23.7.2014 – 2 Bs 111/14 Rn. 19.

[101] BVerfGE 70, 180 (188 f.) = NJW 1986, 371; BVerfG NVwZ 2003, 859 (861).

[102] Umstritten, → Rn. 1175.

[103] VGH Kassel InfAuslR 2015, 53 (54).

[104] VGH Mannheim NVwZ 2006, 219; aA *Zuck* NVwZ 2006, 1119 (1121).

2. Einleitung von Amts wegen

1177 Nach § 80 Abs. 7 Satz 1 VwGO kann das Gericht Beschlüsse über Anträge nach § 80 Abs. 5 VwGO jederzeit ändern oder aufheben. Eines Antrags bedarf es nicht. In der Praxis wird die Abänderung häufig auf der Anregung eines Beteiligten beruhen; namentlich wird das Gericht eine Änderung von Amts wegen prüfen, wenn es keine veränderten Umstände im strengen Sinne von § 80 Abs. 7 Satz 2 VwGO erkennt.[105] Denn das Gericht hat in der Regel weder Zeit noch Anlass, den weiteren Fortgang einer im Eilverfahren abgeschlossenen Angelegenheit von sich aus weiter zu verfolgen. Entscheidet sich das Gericht, ein Abänderungsverfahren von Amts wegen durchzuführen, so hat es die Beteiligten zur Gewährung rechtlichen Gehörs (Art. 103 Abs. 1 GG, § 108 Abs. 2 VwGO) hiervon in Kenntnis zu setzen.

1178 § 80 Abs. 7 Satz 1 VwGO erlaubt die Abänderung jederzeit. Weitere Erfordernisse regelt das Gesetz nicht. Insbesondere unterliegt die Änderung von Amts wegen nicht den Beschränkungen des § 80 Abs. 7 Satz 2 VwGO. Die Abänderung kommt etwa in Betracht, wenn sich das Gericht bei der Aussetzungsentscheidung in einem erheblichen Tatsachenirrtum befunden hat[106], ihm ein schwerer Verfahrensfehler, insbesondere eine Verletzung des Rechts auf rechtliches Gehör (Art. 103 Abs. 1 GG, § 108 Abs. 2 VwGO) unterlaufen ist[107] oder sich die gesetzliche Lage geändert hat.[108] Ein bloßer Meinungswandel des Gerichts – etwa infolge eines Wechsels in der Besetzung des Spruchkörpers – reicht aber nicht aus.[109] Anderenfalls würde – insbesondere wenn die Entscheidung nach § 80 Abs. 5 VwGO auf einer offenen Interessenabwägung beruht – die Rechtssicherheit schwerwiegend beeinträchtigt, ohne dass dem ein entsprechender Gewinn an Einzelfallgerechtigkeit gegenüberstände. Zudem wäre eine beliebige Änderbarkeit einer Entscheidung mit der einer Aussetzungsentscheidung eigenen Rechtskraft unvereinbar.[110] Es müssen also gewichtige Gründe dafür sprechen, den Belangen der materiellen Einzelfallgerechtigkeit und inhaltlichen Richtigkeit den Vorrang vor der Rechtssicherheit einzuräumen.[111]

1179 Die Befugnis nach § 80 Abs. 7 Satz 1 VwGO steht allein dem Gericht der Hauptsache zu. Das gegen einen Beschluss nach § 80 Abs. 7 VwGO angerufene Beschwerdegericht kann daher nur die Entscheidung über einen Antrag nach § 80 Abs. 7 Satz 2 VwGO prüfen, nicht dagegen die Entscheidung über eine Abänderung von Amts wegen nach § 80 Abs. 7 Satz 1 VwGO.[112] Ist das Beschwerdegericht inzwischen Gericht der Hauptsache geworden, steht es ihm frei, eine Entscheidung nach § 80 Abs. 7 Satz 1 VwGO zu treffen.

3. Einleitung auf Antrag

1180 In der Regel leitet ein Antrag das Abänderungsverfahren ein. Antragsberechtigt ist jeder Beteiligte, der durch die seinerzeit getroffene Entscheidung beschwert wird. Ein Dritter, der am Aussetzungsverfahren nicht beteiligt war, kann einen Abänderungsantrag stellen, wenn er, würde der Verwaltungsakt erneut ergehen, nach § 42 Abs. 2 VwGO

---

[105] BVerwG Beschl.10.3.2011 – 8 VR 2.11 Rn. 7.

[106] Dazu (nach § 80 Abs. 6 VwGO aF) VGH Kassel NVwZ-RR 1989, 590.

[107] OVG Koblenz NJW 1986, 1706; ferner BVerfGE 70, 180 (187 f.); BVerfG NVwZ 2003, 859 (861).

[108] VGH Mannheim NVwZ-RR 2015, 637.

[109] In diese Richtung aber die hM, vgl. VGH Kassel NVwZ-RR 1997, 446; VGH Mannheim NVwZ-RR 1996, 603; OVG Weimar DVBl. 1999, 480; OVG Magdeburg Beschl. v. 2.5.2011 – 2 M 34.11 Rn. 8.

[110] Ausführlich OVG Greifswald NVwZ-RR 2006, 365 (367); OVG Münster NVwZ 1999, 894.

[111] OVG Greifswald Beschl. v. 28.11.2012 – 1 M 83.12 Rn. 24.

[112] OVG Hamburg NVwZ 1995, 1004 (1005); OVG Lüneburg NordÖR 2009, 428 (429); VGH Mannheim NVwZ-RR 2002, 908 (910).

klagebefugt wäre und er sein Anfechtungsrecht inzwischen nicht durch Fristablauf, Verzicht, Verwirkung oder in sonstiger Weise verloren hat.

a) **Veränderte Umstände.** § 80 Abs. 7 Satz 2 Alt. 1 VwGO eröffnet die Möglichkeit eines Abänderungsantrags wegen veränderter Umstände. Es muss also eine nach der Entscheidung im Aussetzungsverfahren eingetretene Veränderung entscheidungserheblicher Umstände geltend gemacht werden. Die veränderten Umstände können tatsächlicher oder rechtlicher Art sein. Es bedarf gegebenenfalls einer Analyse der Ausgangsentscheidung, ob der nunmehr geltend gemachte veränderte Umstand für die vorangehende Entscheidung entscheidungserheblich war. Ist dies nicht der Fall, kommt nur eine Änderung von Amts wegen nach § 80 Abs. 7 Satz 1 VwGO in Betracht.[113] **1181**

Eine Veränderung in diesem Sinne liegt vor, **1182**

- wenn sich eine für die Rechtmäßigkeit des angefochtenen Verwaltungsakts bedeutsame Tatsache nachträglich ändert,[114] etwa bisher fehlerhaft ausgeübtes Ermessen in einem Widerspruchsverfahren nunmehr fehlerfrei ausgeübt,[115] eine Umweltverträglichkeitsprüfung nachgeholt[116] oder der Bescheid ergänzt wird[117], eine dort gesetzte Frist abgelaufen ist[118] oder neue Erkenntnisse im Verwaltungsverfahren gewonnen werden;[119]
- wenn neue Beweismittel zur Verfügung stehen,[120] etwa ein – auch inhaltlich neues – Gutachten vorgelegt wird;[121]
- wenn die Rechtsgrundlage nachträglich geändert oder geheilt wird;[122]
- wenn sich eine entscheidungserhebliche Vorschrift des nationalen Rechts aufgrund einer Entscheidung des EuGH als unanwendbar erweist;[123]
- satzungsrechtliche Regelungen nach § 47 Abs. 6 VwGO außer Vollzug gesetzt werden,[124]
- wenn das Gericht im Hauptsacheverfahren zu einer anderen Beurteilung als bei summarischer Prüfung im Aussetzungsverfahren gelangt,[125] insbesondere wenn der im Aussetzungsverfahren unterlegene Antragsteller im Hauptsacheverfahren eine ihm günstige Entscheidung erreicht[126] oder wenn die im Aussetzungsverfahren unterlegene Behörde im Hauptsacheverfahren eine die Klage abweisende Entscheidung erstreitet;[127] es kann

---

[113] BVerwG UPR 2016, 264 Rn. 14.

[114] OVG Berlin NVwZ-RR 2002, 762 (neues medizinisches Gutachten); VGH Mannheim NVwZ 1987, 625 (nachträgliche Verlängerung einer Ausreisefrist); VGH Kassel BeckRS 2013, 45068; OVG Lüneburg NVwZ 1999, 1005 (1006) (Abänderung, nachdem die aufschiebende Wirkung eines Widerspruchs gegen eine Ersetzungsentscheidung nach § 36 Abs. 2 S. 3 BauGB wiederhergestellt worden ist); vgl. aber auch OVG Münster Beschl. v. 1.9.2011 – 6 B 934/11 Rn. 3: Ist eine Rechtsänderung nach dem maßgeblichen materiellen Recht für die Beurteilung eines Verwaltungsaktes unerheblich, so kann hierauf auch kein Abänderungsantrag nach § 80 Abs. 7 Satz 2 VwGO gestützt werden,

[115] OVG Bremen EzAR NF 28 Nr. 44.

[116] OVG Magdeburg NVwZ 2009, 340 (342).

[117] OVG Hamburg NVwZ 2006, 1076 (1078) (Planänderung); VGH München NVwZ-RR 2004, 649.

[118] OVG Bautzen NVwZ-RR 2016, 472 (473) (Ablauf einer Abschiebungsfrist).

[119] VGH Kassel NVwZ 1982, 452.

[120] VGH Mannheim VBlBW 1983, 301.

[121] BVerfG NVwZ 2008, 417 (ärztliches Gutachten); OVG Lüneburg NordÖR 2009, 228.

[122] VGH München NVwZ-RR 1990, 328 (rückwirkende Heilung einer Satzung).

[123] OVG Münster ZUR 2016, 364 (365) (Wegfall von Präklusionsregeln durch EuGH NJW 2015, 3495 Rn. 77 ff.).

[124] VGH München Beschl. v. 14.8.2008 – 1 NE 08.1074 Rn. 71.

[125] VGH Kassel NVwZ-RR 1993, 465 (466); offen gelassen in BVerwG Beschl. v. 10.3.2011 – 8 VR 2.11 Rn. 7; eine nicht rechtskräftige Entscheidung erster Instanz reicht dagegen nicht aus, vgl. VGH München NVwZ-RR 2015, 198 (199).

[126] BVerwG NJW 1978, 2211; VGH Kassel NJW 1978, 182.

[127] VGH Mannheim VBlBW 1984, 244.

ausreichen, dass sich die Prozesslage im Hauptsacheverfahren maßgeblich geändert hat;[128]
- wenn Musterverfahren abgeschlossen sind, aufgrund derer die Erfolgsaussichten in der Hauptsache für das Gericht nunmehr sicher zu beurteilen sind;[129]
- wenn eine zwischenzeitliche anderweitige Klärung einer Rechtsfrage zu einer anderen Beurteilung der Erfolgsaussicht im Hauptsacheverfahren führt[130] oder eine für die Beurteilung der Hauptsache bedeutsame Grundsatzentscheidung des BVerwG,[131] des BVerfG[132] oder des EuGH[133] ergangen ist;
- wenn eine dem Aussetzungsbeschluss beigefügte Auflage nicht erfüllt wird;[134] ein Verstoß gegen eine Nebenbestimmung des vollziehbaren Verwaltungsakts ist dagegen kein veränderter Umstand im Sinne von § 80 Abs. 7 Satz 2 VwGO.[135]

1182a Beanstandet das Gericht in einem ersten Eilverfahren einen Bescheid und stellt die aufschiebende Wirkung daher wieder her, tragen Behörden nicht selten diesen Bedenken durch Änderung des Bescheides Rechnung. Ob es nunmehr aus Sicht der Behörde eines Abänderungsantrags bedarf, hängt davon ab, ob die Identität eines Bescheides gewahrt bleibt, so dass sich die aufschiebende Wirkung eines Widerspruchs und einer Klage auf den Bescheid in der Gestalt des Änderungsbescheides erstreckt.[136] In diesem Fall obliegt es der Behörde unter Hinweis auf die Änderung des Bescheides einen Antrag nach § 80 Abs. 7 Satz 2 VwGO mit dem Ziel zu stellen, den ursprünglichen Aussetzungsantrag abzulehnen.

1183 Folgen mehrere Abänderungsverfahren hintereinander, so ist die Prüfung nach § 80 Abs. 7 Satz 2 VwGO (veränderte Umstände) jeweils auf den Zeitpunkt der vorhergehenden Abänderungsentscheidung bezogen.[137]

1184 Der Antragsteller muss die Veränderung der Umstände in seinem Abänderungsantrag geltend machen. Liegt tatsächlich eine Veränderung der Umstände vor, ist der Abänderungsantrag statthaft, sonst ist er unzulässig.[138] Ob der Abänderungsantrag begründet ist, hängt von einer erneuten Abwägung ab, die nach den Grundsätzen wie im Ausgangsverfahren durchzuführen ist.[139]

1185 **b) Ohne Verschulden nicht geltend gemachte Umstände.** Ein Abänderungsantrag kann nach § 80 Abs. 7 Satz 2 Alt. 2 VwGO ferner gestellt werden, wenn im ursprünglichen Verfahren ohne Verschulden Umstände nicht geltend gemacht wurden, so etwa, wenn der Abänderungsantrag auf Tatsachen gegründet wird, die im Zeitpunkt der Aussetzungsentscheidung bereits vorlagen, aber erst nachträglich bekannt geworden sind. Bei Durchführung eines Beschwerdeverfahrens ist der Abschluss des Beschwerdeverfahrens

---

[128] OVG Greifswald NVwZ-RR 2006, 365 (366) (erhebliche Anhaltspunkte für das Fehlen einer Kalkulation, deren Vorliegen im Eilverfahren noch angenommen worden war).

[129] BVerwG Beschl. v. 26.4.2006 – 4 VR 1001.06 (n. v.).

[130] VGH Kassel ESVGH 38, 102 (105 f.); VGH Mannheim NVwZ 1999, 785.

[131] OVG Lüneburg NVwZ 2005, 236 (237).

[132] VGH Kassel NVwZ-RR 1996, 713; zur Entscheidung eines Landesverfassungsgerichts eines anderen Bundeslandes s. OVG Magdeburg ZfWG 2015, 134 (135).

[133] BVerfG NVwZ 2005, 438 (439); VGH Mannheim NVwZ 1999, 785; OVG Münster NZV 2014, 598 (599); offen gelassen in OVG Lüneburg NVwZ-RR 2006, 287.

[134] VGH München BayVBl. 1978, 182.

[135] BVerwG NVwZ 2008, 1010; VG Kassel Beschl. v. 18.8.2015 – 3 L 2012/14.KS Rn. 84 ff.

[136] VGH Mannheim BauR 2016, 812 (813); OVG Münster Beschl. v. 16.11.2012 – 2 B 1095/12 Rn. 10; VGH München NVwZ 2013, 671.

[137] VGH Mannheim NVwZ-RR 2002, 911.

[138] VGH Mannheim VBlBW 1984, 374.

[139] BVerwG VerwRspr. 28 Nr. 145; OVG Hamburg DVBl. 1981, 51; OVG Münster NVwZ 1983, 353.

maßgeblich.[140] Nicht ausreichend ist dagegen ein Sinneswandel des Antragstellers hinsichtlich des statthaften prozessualen Antrags.[141]

c) Umdeutung. Ein unzulässiger Antrag kann in eine nicht an besondere Darlegungs- **1186** erfordernisse gebundene Anregung umgedeutet werden, ein Abänderungsverfahren von Amts wegen einzuleiten, und dem Gericht Anlass geben, seine Entscheidung von Amts wegen nach § 80 Abs. 7 Satz 1 VwGO abzuändern.[142] Ebenso kann ein Antrag nach § 80 Abs. 5 VwGO in einen Änderungsantrag nach § 80 Abs. 7 Satz 2 VwGO umgedeutet werden, wenn bereits ein Beschluss nach § 80 Abs. 5 VwGO ergangen ist.[143] Leidet der Beschluss nach § 80 Abs. 5 VwGO an einem schweren Verfahrensmangel, so kann sich das grundsätzlich bestehende gerichtliche Ermessen auf die Verpflichtung verengen, das Abänderungsverfahren einzuleiten.

4. Beteiligte

Die Stellung der Beteiligten im Abänderungsverfahren kann sich gegenüber dem Aus- **1187** gangsverfahren verändern. Hat ein Antragsteller – etwa ein Nachbar – die Aussetzung der Vollziehung einer begünstigenden Genehmigung erreicht, so kann der bisherige Beigeladene – etwa der Bauherr – einen Antrag auf Abänderung stellen. Richtiger Antragsgegner ist in diesem Fall der Nachbar, nicht die Behörde, die ja im vorausgehenden Verfahren mit dem Beigeladenen von der Rechtmäßigkeit der erlassenen Baugenehmigung ausgegangen ist und daher als Verfahrensgegner ausscheidet.[144] Für diese Umstellung spricht, dass die Kostenerstattung zwischen Nachbar und Bauherr zu erfolgen hat und Nachbar und Bauherr es auch ohne Beteiligung der Behörde in der Hand haben müssen, das Verfahren auf Abänderung durch übereinstimmende Erledigungserklärung zu beenden.[145]

5. Antragsfrist

Der Abänderungsantrag ist an keine Frist gebunden, § 80 Abs. 7 Satz 2 VwGO sieht **1188** eine Frist nicht vor. Der Abänderungsantrag kann damit solange gestellt werden, bis der Verwaltungsakt rechtskräftig bestätigt worden ist oder sich durch Aufhebung oder in sonstiger Weise erledigt hat.[146] Danach entfällt wie im Verfahren nach § 80 Abs. 5 VwGO das Rechtsschutzbedürfnis.[147] Besonderheiten gelten, wenn wegen Sonderregeln schon der Antrag nach § 80 Abs. 5 VwGO fristgebunden war:[148] In diesem Fall unterliegt ein Antrag auf Abänderung einer gerichtlichen Entscheidung regelmäßig den Fristen, die

---

[140] OVG Lüneburg NordÖR 2009, 428.

[141] VG Darmstadt NVwZ 2000, 591.

[142] VGH Kassel NVwZ 2005, 99 (100); OVG Lüneburg NVwZ-RR 2006, 287.

[143] OVG Magdeburg Beschl. v. 2.5.2011 – 2 M 34.11 Rn. 5; OVG Berlin-Brandenburg OVGE 33, 49 (50f.).

[144] BVerwG NVwZ-RR 2016, 357 Rn. 4; VGH Mannheim NVwZ-RR 1998, 611; OVG Bautzen Beschl. v. 28.12.2009 – 1 B 400/09 Rn. 5; OVG Bremen Beschl. v. 24.7.2013 – 1 B 118/13 Rn. 2; Eyermann/*J. Schmidt* § 80 Rn. 107; aA OVG Magdeburg Beschl. v. 19.10.1994 – 2 M 57/94 Rn. 22; OVG Münster Beschl. v. 16.6.2000 – 7 B 715/00 Rn. 3; OVG Koblenz NVwZ-RR 2005, 748; Beschl. v. 27.6.2016 – 8 B 10519/16 Rn. 3; VGH München Beschl. v. 15.10.2012 – 1 CS 12.2118 Rn. 6; OVG Lüneburg BauR 2015, 478; *Schoch* in Schoch/Schneider/Bier VwGO § 80 Rn. 548; Kopp/*W.-R. Schenke* VwGO § 80 Rn. 200; *Reimer* DÖV 2010, 688 (689).

[145] Dazu *Külpmann*, jurisPR-BVerwG, 6/2016 Anm. 4; denkbar ist auch eine Behandlung des Antragstellers nach § 80 Abs. 7 Satz 2 VwGO als „Änderungs-Antragsteller", so OVG Magdeburg Beschl. v. 19.10.1994 – 2 M 57.94 Rn. 22; OVG Koblenz Beschl. v. 27.6.2016 – 8 B 10519/16 Rn. 4; *Reimer* DÖV 2010, 688.

[146] Dazu OVG Münster NJW 1962, 72.

[147] → Rn. 948 ff.

[148] Beispiele solcher Regelungen bei → Rn. 889.

auch für einen Antrag nach § 80 Abs. 5 VwGO gelten.[149] Die Abänderung von Amts wegen (§ 80 Abs. 7 Satz 1 VwGO) ist auch ohne Bindung an die Fristen gestattet, denn sie ist nach dem Wortlaut des Gesetzes jederzeit möglich.[150]

6. Rechtsschutzbedürfnis

1189 Für einen Antrag nach § 80 Abs. 7 Satz 2 VwGO fehlt ein Rechtsschutzbedürfnis, wenn der Antragsteller es selbst in der Hand hat, die Wirkung des Beschlusses nach § 80 Abs. 5 VwGO zu beseitigen. Ein Rechtsschutzbedürfnis für einen Abänderungsantrag entfällt damit insbesondere in zwei Fällen: (1) Hat das Gericht eine nicht hinreichend begründete behördliche Vollzugsanordnung aufgehoben,[151] hat es die Behörde in der Hand, die sofortige Vollziehung erneut und nunmehr ausreichend begründet anzuordnen, ohne ein Abänderungsverfahren durchzuführen.[152] (2) Hat das Gericht bei faktischer Vollziehung festgestellt, dass aufschiebende Wirkung besteht,[153] kann die Behörde die sofortige Vollziehung (§ 80 Abs. 2 Satz 1 Nr. 4 VwGO) anordnen und so den Vollzug ermöglichen. Ein Abänderungsverfahren ist nicht notwendig.[154]

IV. Das gerichtliche Verfahren

1190 Für das Abänderungsverfahren gelten die für das Aussetzungsverfahren maßgebenden Bestimmungen entsprechend.

V. Die gerichtliche Entscheidung

1. Form

1191 Über den Abänderungsantrag wird durch Beschluss entschieden.

2. Maßstab

1192 Die gerichtliche Entscheidung im Abänderungsverfahren hängt von der Abwägung aller im Zeitpunkt der Abänderungsentscheidung vorliegenden Umstände ab. Sie ist nach den gleichen Maßstäben zu treffen wie eine Entscheidung nach § 80 Abs. 5 VwGO.[155] Tatsachen, die die Behörde unter Missachtung der aufschiebenden Wirkung herbeigeführt hat, sind nicht zu ihren Gunsten zu berücksichtigen;[156] das Gleiche gilt für Maßnahmen, die ein Dritter unter Missachtung der aufschiebenden Wirkung durchführt.[157]

3. Inhalt

1193 Das Gericht kann die gleichen Entscheidungen treffen wie im Verfahren nach § 80 Abs. 5 VwGO. Es trifft aber keine Rechtsmittelentscheidung, sondern ändert eine formell rechtskräftige gerichtliche Aussetzungsentscheidung. Nach dem Rechtsgedanken des § 323 Abs. 3 Satz 1 ZPO iVm § 173 Satz 1 VwGO ist dies nur für die Zukunft, gerechnet

[149] Vgl. BVerwG NVwZ 1999, 650; NVwZ-RR 2003, 618; VGH Kassel NVwZ-RR 2003, 462; OVG Koblenz NVwZ-RR 2003, 315 (316).

[150] BVerwG NVwZ 2003, 618 (619).

[151] → Rn. 1038.

[152] VGH Kassel DÖV 1974, 606.

[153] → Rn. 1057.

[154] AA VGH München NVwZ 1988, 745.

[155] BVerwGE NVwZ 1995, 383; NVwZ 2005, 1422; OVG Münster Beschl. v. 31.3.2016 – 8 B 1341/15 Rn. 49

[156] BVerwG Beschl. v. 10.3.2011 – 8 VR 2.11 Rn. 13.

[157] VGH München NVwZ-RR 2015, 197.

ab Eingang des Abänderungsantrags, möglich.[158] Einer Rückwirkung über diesen Zeitpunkt hinaus steht die formelle Rechtskraft der Entscheidung nach § 80 Abs. 5 VwGO entgegen. Daher ist auch eine Aufhebung einer bereits erfolgten Vollziehung analog § 80 Abs. 5 Satz 3 VwGO nicht möglich.[159] Die Behörde kann im Abänderungsverfahren keine Erstattungsansprüche geltend machen.[160]

Der Streitwert des Abänderungsverfahrens ist derselbe wie im Ausgangsverfahren. **1193a**
Denn der Streitgegenstand im Verfahren des § 80 Abs. 7 VwGO knüpft wegen der Neuregelung der Vollziehbarkeit des Verwaltungsakts an den des Ausgangsverfahrens nach § 80 Abs. 5 VwGO an. Abgesehen von der zusätzlichen Frage, ob die Voraussetzungen gemäß § 80 Abs. 7 Satz 2 VwGO für die Änderung gegeben sind und Anlass zu einer erneuten Sachprüfung besteht, ist der Streitgegenstand derselbe wie im Ausgangsverfahren. Dies rechtfertigt es, auch bei Beteiligung Dritter den ursprünglichen Streitwert zugrunde zu legen, auch wenn das wirtschaftliche Interesse des Abänderungs-Antragstellers ein anderes sein mag als das des ursprünglichen Antragstellers.[161]

4. Kostenentscheidung

Das Gericht trifft gem. §§ 154 ff. VwGO eine Kostenentscheidung;[162] dies gilt auch bei **1194**
einer Abänderung von Amts wegen nach § 80 Abs. 7 Satz 1 VwGO.[163]

5. Kostenhöhe

Das Abänderungsverfahren gilt mit dem Ausgangsverfahren innerhalb eines Rechts- **1195**
zuges als ein Verfahren (Vorbemerkung 5.2 Abs. 2 S. 2 KV des GKG), so dass Gerichtsgebühren in diesem Fall nicht erneut erhoben werden.[164]

Nach § 16 Nr. 5 RVG ist das Verfahren auf Anordnung oder Wiederherstellung der **1196**
aufschiebenden Wirkung, auf Aufhebung der Vollziehung oder Anordnung der sofortigen Vollziehung eines Verwaltungsakts und jedes Verfahren auf Änderung oder Aufhebung solcher Beschlüsse dieselbe Angelegenheit. Der Rechtsanwalt kann für das Abänderungsverfahren also nicht erneut Gebühren verlangen;[165] etwas Anderes gilt nur dann, wenn er im Ausgangsverfahren nicht tätig war.[166]

VI. Rechtsmittel

Soweit es sich um das Antragsverfahren (§ 80 Abs. 7 Satz 2 VwGO) handelt, ist gegen **1197**
die Entscheidung des VG im Abänderungsverfahren die Beschwerde (§ 146 Abs. 1 und 4 VwGO) gegeben. Abänderungsentscheidungen eines OVG und des BVerwG sind unanfechtbar. Die in einem Abänderungsverfahren von Amts wegen (§ 80 Abs. 7 Satz 1 VwGO) getroffene Entscheidung des Gerichts, seinen Beschluss nicht zu ändern, kann im Beschwerdeweg nicht überprüft werden.[167]

---

[158] OVG Koblenz DÖV 1965, 674; OVG Münster OVGE 17, 222.

[159] VGH Mannheim InfAuslR 2005, 313 (314).

[160] BVerwG Buchholz 232 § 44 BBG Nr. 8.

[161] Wie hier VGH München NVwZ-RR 2012, 910 mwN.; aA VGH Mannheim NVwZ-RR 1998, 787 (788); OVG Lüneburg NVwZ-RR 1999, 812.

[162] VGH Kassel NVwZ-RR 2016, 479 mwN.; VGH Mannheim NVwZ-RR 2015, 637 Rn. 24; aA OVG Bautzen BeckRS 2015, 56043 Rn. 15.

[163] VGH Kassel ZAR 2015, 70 (72).

[164] BVerwG Beschl. v. 26.4.2006 – 4 VR 1001.06 (n. v.); OVG Bautzen Beschl. v. 10.7.2009 – 2 BS 369/07 Rn. 7.

[165] VGH München NJW 2007, 2715 (auch bei Abänderungsverfahren in höherer Instanz).

[166] OVG Münster NVwZ-RR 2015, 359 (360).

[167] OVG Hamburg NVwZ 1995, 1004.

§ 55 Anhörungsrüge und Verfassungsbeschwerde

Schrifttum: *Desens,* Die subsidiäre Verfassungsbeschwerde und ihr Verhältnis zur fachgerichtlichen Anhörungsrüge, NJW 2006, 1243; *Guckelberger,* Die Anhörungsrüge nach § 152a VwGO nF, NVwZ 2005, 11; Lechner/*Zuck,* BVerfGG, 7. Aufl., 2015; *Heinrichsmeier,* Probleme der Zulässigkeit der Verfassungsbeschwerde im Zusammenhang mit dem fachgerichtlichen Anhörungsrügeverfahren, NVwZ 2010, 228; *Klein/Sennekamp,* Aktuelle Zulässigkeitsprobleme der Verfassungsbeschwerde, NJW 2007, 945; *Papier,* Verhältnis des Bundesverfassungsgerichts zu den Fachgerichtsbarkeiten, DVBl. 2009, 473; *Roeser/Hänlein,* Das Abänderungsverfahren nach § 80 VII VwGO und der Grundsatz der Subsidiarität der Verfassungsbeschwerde, NVwZ 1995, 1082; *Zuck,* Das Verhältnis von Anhörungsrüge und Verfassungsbeschwerde, NVwZ 2005, 739; *ders.,* Gehört die Anhörungsrüge zum Rechtsweg nach § 90 II 1 BVerfGG?, NVwZ 2006, 1119.

I. Anhörungsrüge

1198 Ist gegen die Entscheidung im Eilverfahren ein Rechtsmittel nicht gegeben, so kann ein Beteiligter mit der Anhörungsrüge geltend machen, das Gericht habe seinen Anspruch auf rechtliches Gehör verletzt (§ 152a Abs. 1 Satz 1 Nr. 1 VwGO). Diese Regelung setzt einen Gesetzgebungsauftrag des Bundesverfassungsgerichts um,[168] fachgerichtlichen Rechtsschutz gegen Verletzungen des Anspruchs auf rechtliches Gehör zu regeln. Der Gesetzgeber hat sich entschieden, die Anhörungsrüge auch im Eilverfahren zu eröffnen; verfassungsrechtlich war ihm dies nicht aufgegeben.[169] Eine Gegenvorstellung gegen eine letztinstanzliche Entscheidung des OVG ist dagegen nicht statthaft, weil dem Gericht die Befugnis fehlt, seinen abschließenden Beschluss zu ändern.[170]

1199 Die Anhörungsrüge ist nur bei Verstößen gegen den Anspruch auf rechtliches Gehör eröffnet.[171] Angesichts des Wortlauts und der insoweit eindeutigen Gesetzesmaterialien ist auch eine Erstreckung auf das Gebot des gesetzlichen Richters (Art. 101 Abs. 1 Satz 2 GG) nicht statthaft.[172] Der Antrag ist innerhalb von zwei Wochen nach Kenntnis von der Verletzung des rechtlichen Gehörs zu stellen. Eine Belehrung über die Anhörungsrüge ist nicht erforderlich, weil sich § 58 VwGO nicht auf außerordentliche Rechtsbehelfe bezieht.[173] Ist der Antrag begründet, wird das Verfahren fortgesetzt (§ 152a Abs. 1 Satz 1 VwGO).

1199a Es steht im Ermessen des Gerichts, die Vollziehung der angegriffenen Entscheidung auszusetzen (§ 152a Abs. 6, § 149 Abs. 1 Satz 2 VwGO). Dies scheidet freilich aus, sobald feststeht, dass die Anhörungsrüge keinen Erfolg hat.[174]

1200 Die Möglichkeit der Anhörungsrüge schließt einen Abänderungsantrag nach § 80 Abs. 7 Satz 2 VwGO aus, der auf die Verletzung des Anspruchs auf rechtliches Gehör gestützt wird.[175] Solange über die Anhörungsrüge noch nicht entschieden ist, steht einem erneuten Eilantrag die Rechtshängigkeit des bisherigen Antrags entgegen.[176] Bedeutung hat die Anhörungsrüge besonders im Verhältnis zur Verfassungsbeschwerde: Eine Ver-

[168] BVerfGE 107, 395 (411 ff.).
[169] BVerfGE 107, 395 (412 f.).
[170] OVG Lüneburg NVwZ-RR 2009, 983.
[171] BT-Drs. 15/3706, 14; OVG Frankfurt (Oder) NVwZ 2005, 1213; aA OVG Lüneburg NJW 2006, 2506.
[172] BT-Drs. 15/3706, 14; erwogen aber in OVG Lüneburg NVwZ-RR 2006, 295; NJW 2006, 2506; VGH Mannheim NJW 2005, 920; BGH NJW 2006, 1978.
[173] BT-Drs. 15/3706, 22; OVG Hamburg NVwZ 2006, 484; VGH München Beschl. v. 27.6.2005 – 7 ZB 05.1118.
[174] OVG Lüneburg NVwZ-RR 2010, 502 (Ls.).
[175] VGH Mannheim NVwZ 2006, 219; ausführlich → Rn. 1177.
[176] OVG Lüneburg NVwZ-RR 2006, 295.

fassungsbeschwerde, mit der ein Verstoß gegen den Anspruch auf rechtliches Gehör geltend gemacht wird oder ausreichend geltend gemacht werden könnte,[177] ist wegen des Grundsatzes der Subsidiarität unzulässig, solange der Beschwerdeführer kein Anhörungsrügenverfahren nach § 152a Abs. 1 VwGO durchgeführt hat. Dies gilt auch, wenn der Beschwerdeführer neben dem Gehörsverstoß weitere Grundrechtsverletzungen geltend macht, sich der Gehörsverstoß aber auf den gesamten Streitgegenstand bezieht. Denn bei einer erfolgreichen Anhörungsrüge können auch die weiteren Grundrechtsverstöße im (dann fortgesetzten) fachgerichtlichen Verfahren geheilt werden.[178]

II. Verfassungsbeschwerde

1. Grundsätze

Nach Art. 93 Abs. 1 Nr. 4a GG, § 13 Nr. 8a, §§ 90 ff. BVerfGG kann jedermann mit 1201
der Behauptung, durch die öffentliche Gewalt in einem seiner Grundrechte oder einem seiner in Art. 20 Abs. 4, 33, 38, 101, 103 und 104 GG enthaltenen Rechte verletzt zu sein, das BVerfG mit der Verfassungsbeschwerde anrufen. Verfassungsbeschwerden können damit auch gegen gerichtliche Entscheidungen nach § 80 Abs. 5 und Abs. 7 und § 80a Abs. 3 VwGO gerichtet werden. Die Verfassungsbeschwerde dient der Verteidigung der Grundrechte und grundrechtsgleicher Rechte, aber auch der Auslegung und Fortbildung des objektiven Verfassungsrechts.[179]

2. Erschöpfung des Rechtswegs

Ist gegen eine Grundrechtsverletzung der Rechtsweg zulässig, kann die Verfassungs- 1202
beschwerde nach § 90 Abs. 2 Satz 1 BVerfGG erst nach Erschöpfung des Rechtswegs erhoben werden. Vor Erhebung der Verfassungsbeschwerde gegen einen Beschluss eines Verwaltungsgerichts ist daher das Beschwerdeverfahren durchzuführen.[180] Eine Ausnahme gilt nach § 90 Abs. 2 Satz 2 BVerfGG, wenn die Verfassungsbeschwerde von allgemeiner Bedeutung ist oder dem Beschwerdeführer ein schwerer und unabwendbarer Nachteil entstünde, falls er zunächst auf das Beschwerdeverfahren verwiesen würde.[181] Auch bei der Behauptung schwerer und unabwendbarer Nachteile nach § 90 Abs. 2 Satz 2 BVerfGG müssen die maßgeblichen Fragen bereits Gegenstand des fachgerichtlichen Eilverfahrens gewesen sein.[182]

3. Subsidiarität der Verfassungsbeschwerde

Über § 90 Abs. 2 Satz 1 BVerfGG hinaus hat das BVerfG insbesondere bei Verfas- 1203
sungsbeschwerden, die sich gegen Entscheidungen des vorläufigen Rechtsschutzes richten, den einschränkenden Grundsatz der Subsidiarität der Verfassungsbeschwerde entwickelt.[183] Er zwingt dazu, nicht nur den Rechtsweg zu erschöpfen, sondern zunächst auch noch alle sonstigen zur Verfügung stehenden prozessualen Möglichkeiten zu ergreifen, um eine Korrektur der geltend gemachten Grundrechtsverletzung zu erreichen.[184] Bei Verfassungsbeschwerden gegen gerichtliche Entscheidungen nach § 80 Abs. 5 und

[177] BVerfGE 134, 106 Rn. 29.
[178] BVerfG NJW 2005, 3059.
[179] BVerfGE 51, 130 (138 ff.) = NJW 1979, 1541.
[180] → Rn. 1134 ff.
[181] Dazu allgemein BVerfGE 59, 1 (19) = NVwZ 1982, 97.
[182] BVerfG NVwZ Beil. I/1999, 33.
[183] Vgl. BVerfGE 70, 180 (186); 79, 275 (278 f.); 86, 15 (22 f.); BVerfG NVwZ 1995, 471.
[184] BVerfGE 63, 77 (78) = NJW 1983, 1900; vgl. auch BVerfG NVwZ 2006, 326 (Obliegenheit nach einer Untersagungsverfügung einen behördlichen Antrag auf Genehmigung zu stellen.).

Abs. 7, § 80a Abs. 3 VwGO bedeutet dies: Der Betroffene muss nach erfolgloser Inanspruchnahme des vorläufigen Rechtsschutzes zunächst versuchen, die Beseitigung der Grundrechtsverletzung im Verfahren der Hauptsache[185] – ggf. im Rahmen einer Fortsetzungsfeststellungsklage[186] oder einer vorbeugenden Unterlassungsklage[187] – zu erreichen. Ebenso kann es ihm obliegen, eine ihm günstige Entscheidung in einem Abänderungsverfahren nach § 80 Abs. 7 VwGO anzustreben.[188] Wichtig: Dient der eingelegte Rechtsbehelf – namentlich ein Antrag nach § 80 Abs. 7 VwGO – nicht der Beseitigung einer Grundrechtsverletzung, läuft die Monatsfrist des § 93 Abs. 1 Satz 1 BVerfGG für die Einlegung der Verfassungsbeschwerde trotz des eingelegten Rechtsbehelfs.[189]

1204 Eine Verfassungsbeschwerde unmittelbar gegen gerichtliche Entscheidungen des vorläufigen Rechtsschutzes steht der Gesichtspunkt der Subsidiarität nicht entgegen, wenn die Verletzung verfahrensrechtlicher Grundrechte durch die Entscheidung selbst geltend gemacht wird, wie die Versagung rechtlichen Gehörs[190] oder die Verletzung des Art. 19 Abs. 4 Satz 1 GG durch die Verweigerung vorläufigen Rechtsschutzes.[191] Auch eine fehlerhafte Interessenabwägung kann eine spezifische Rechtsverletzung im einstweiligen Rechtsschutzverfahren sein.[192] Dabei obliegt es dem Beschwerdeführer schon im fachgerichtlichen Verfahren, alle Mittel des Prozessrechts zu nutzen, um eine Verletzung von Verfahrensgrundrechten, insbesondere aus den Art. 101 Abs. 1 Satz 2 GG und 103 Abs. 1 GG, zu verhindern oder zu beseitigen.[193]

1205 Rügt der Beschwerdeführer eine Verletzung des Anspruchs auf rechtliches Gehör, so hat er zunächst eine Anhörungsrüge zu erheben (§ 152a VwGO).[194] Die Erhebung anderer Rechtsbehelfe – etwa einer Gegenvorstellung – ist keine Zulässigkeitsvoraussetzung für eine Verfassungsbeschwerde.[195]

1206 Einer Einlegung von Rechtsbehelfen, die nicht zum Rechtsweg im Sinne des § 90 Abs. 2 Satz 1 BVerfGG gehören, kann dem Beschwerdeführer unzumutbar sein. Auch in diesem Fall kann er unmittelbar gegen die Entscheidung im vorläufigen Rechtsschutz Verfassungsbeschwerde erheben. Solche Fälle können vorliegen, wenn der Rechtsbehelf im Hinblick auf eine entgegenstehende Rechtsprechung der Fachgerichte von vornherein als aussichtslos erscheint[196] oder die Behörde eine Förderung des Hauptsacheverfahrens

---

[185] BVerfGE 51, 130 (138 ff.); 77, 381 (401 f.); 79, 275 (278 f.); 86, 15 (22 f.) = NJW 1992, 1676; InfAuslR 1998, 490; NVwZ 1998, 834; BVerfGE 104, 65 (71) = NJW 2002, 741; NVwZ 2002, 1230 (1231); NVwZ 2005, 78. Anders im Asylverfahren: BVerfGE 74, 51 (56). Zur Subsidiarität der Verfassungsbeschwerde zum BayVerfGH gegen Entscheidungen nach § 80 Abs. 5, Abs. 7 VwGO vgl. BayVerfGH BayVBl. 1985, 398.

[186] BVerfGE 79, 275 (280) = NVwZ 1989, 451; BVerfG NVwZ 2001, 796 (auch, wenn eine Entscheidung über die Hauptsache für einen längeren Zeitraum unterbleibt).

[187] BVerfG NVwZ 2002, 1230 (1231) („Dosenpfand").

[188] BVerfGE 69, 233 (242 f.); 70, 180 (187 f.); NVwZ 2002, 848; Beschl. v. 20.7.2016 – 2 BvR 1385/16; offen gelassen für das Landesverfassungsprozessrecht: HessStGH NVwZ 2005, 683.

[189] BVerfG NVwZ 1998, 1174.

[190] BVerfG NVwZ 2003, 860 (861) (unzulässig kurze Fristsetzung durch Gericht); BVerfGE 65, 227.

[191] BVerfGE 59, 63 (84); 69, 315 (340); 79, 275 (279); 93, 1 (12); aus jüngerer Zeit etwa: BVerfG NVwZ 1998, 834 (Auflagen bei einer Demonstration); NVwZ 2003, 856 (Verweis auf das Bußgeldverfahren); NVwZ 2003, 857 f. (fachgerichtliche Auslegung von § 123 VwGO im Hochschulzulassungsrecht); NVwZ 2004, 1112 (Darlegungsanforderungen im Beschwerdeverfahren); NVwZ 2005, 1303 (unionsrechtliche Zweifelsfragen).

[192] BVerfG NVwZ 2005, 1053 (1055).

[193] BVerfGE 112, 50 (62).

[194] BVerfG NJW 2005, 3059; zur Subsidiarität der landesrechtlichen Grundrechtsklage gegenüber der Anhörungsrüge s. HessStGH NJW 2005, 2217.

[195] BVerfGE 107, 395 (417); 122, 190 (202).

[196] BVerfGE 70, 180 (186); NVwZ 2005, 78.

unterlässt.[197] Ebenso kann dies der Fall sein, wenn die Entscheidung von keiner weiteren tatsächlichen Aufklärung abhängt und diejenigen Voraussetzungen gegeben sind, unter denen nach § 90 Abs. 2 Satz 2 BVerfGG wegen allgemeiner Bedeutung oder der Gefahr schwerer und unabwendbarer Nachteile vom Erfordernis der Erschöpfung des Rechtsweges abgesehen werden kann.[198]

---

[197] BVerfG NVwZ 2005, 438.

[198] BVerfGE 77, 381 (400 f.); 86, 15 (22); 93, 1 (12); 104, 65 (71) = NJW 2002, 741; NVwZ 2005, 78; zum Landesverfassungsrecht BerlVerfGH NVwZ-RR 2001, 60.

Vierter Teil: Der vorläufige Rechtsschutz in der praktischen Anwendung

§ 56 Ausländerrecht

Schrifttum: Allgemein: *Bauer/Beichel-Benedetti,* Das neue Ausweisungsrecht, NVwZ 2016, 416; *Bergmann/Dienelt,* Ausländerrecht, 11. Aufl., 2016; *Brühl,* Das Ausweisungsrecht in Studium und Praxis, JuS 2016, 23; *Fritz/Vormeier,* Gemeinschaftskommentar zum Aufenthaltsgesetz, GK-AufenthG, Losebl.; *Hailbronner,* Ausländerrecht, Losebl.; *ders.,* Asyl- und Ausländerrecht, 3. Aufl., 2014; *Hofmann,* Ausländerrecht, 2. Aufl., 2016; *Huber* (Hrsg.), AufenthG, 2. Aufl., 2016; *Kloesel/Christ/Häußer,* Deutsches Aufenthalts- und Ausländerrecht, Losebl.; *Marx,* Aufenthalts-, Asyl- und Flüchtlingsrecht, 5. Aufl., 2015; *ders.,* Zur Reform des Ausweisungsrechts, ZAR 2015, 245; *Roeser,* Die Rechtsprechung des Bundesverfassungsgerichts zum Grundrecht auf Asyl und zum Ausländerrecht, EuGRZ 2011, 445; 2013, 369; 2015, 637.

Zum vorläufigen Rechtsschutz: *Fehrenbacher,* Die Vollziehbarkeit von Nebenbestimmungen einer Aufenthaltsgenehmigung oder Duldung, ZAR 2002, 193; *Fischer-Lescano,* Verfahrensgrundrecht: Abschiebungsverbot für die Dauer von erst- und zweitinstanzlichem Eilverfahren, InfAuslR 2006, 316; *Gutmann,* Suspensivwirkung gerichtlicher Entscheidungen, InfAuslR 2004, 150; *Jacob,* Ausländerrechtliche Eilverfahren – ein Überblick, VBlBW 2008, 418; *Pfersich,* Zur Anordnung der sofortigen Vollziehung der nachträglichen Fristverkürzung einer Aufenthaltserlaubnis, ZAR 2008, 68; *A. Schmitt Glaeser,* Die Unzulänglichkeiten der Richternorm des § 80 Abs. 5 VwGO, ZAR 2002, 409; *Strieder,* Gerichtliche Bestätigung der Anordnung des Sofortvollzugs im Ausländerrecht und Ermessen, InfAuslR 2006, 211; *ders.,* Der ausländerrechtliche Status während der Dauer des Suspensiveffekts, InfAuslR 2014, 132; *Welte,* Die beschränkte Reduktion des Suspensiveffekts nach § 84 II 1 AufenthG, ZAR 2007, 283.

Das Bundesverfassungsgericht hat in Entscheidungen zum vorläufigen Rechtsschutz **1207**
im Ausländerrecht die verfassungsrechtlichen Anforderungen aus Art. 19 Abs. 4 Satz 1 GG an den Sofortvollzug von Ausweisungsverfügungen näher umrissen[1] und dem vorläufigen Rechtsschutz gegenüber anderen, den Aufenthalt beendenden Maßnahmen schärfere Konturen gegeben.[2] Seine Erwägungen haben die Rechtsprechung zum Ausländerrecht maßgeblich beeinflusst und sind darüber hinaus für den vorläufigen Rechtsschutz insgesamt richtungweisend geworden.[3]

I. Versagung des Aufenthaltstitels

1. Ausschluss des Suspensiveffektes

Nach § 4 Abs. 1 Satz 1 AufenthG bedürfen Ausländer für die Einreise und den Auf- **1208**
enthalt im Bundesgebiet eines Aufenthaltstitels, sofern nicht durch Recht der Europäischen Union oder durch Rechtsverordnung etwas Anderes bestimmt ist oder aufgrund des Assoziationsabkommens EWG/Türkei[4] ein Aufenthaltsrecht besteht. Die Aufenthaltstitel werden erteilt als Visum (§ 6 Abs. 1 Nr. 1, Abs. 3 AufenthG), als (befristete) Aufenthaltserlaubnis (§ 7 AufenthG), als Blaue Karte EU (§ 19a AufenthG), (unbefristete) Niederlassungserlaubnis (§ 9 AufenthG) oder Erlaubnis zum Daueraufenthalt EU (§ 9a AufenthG). Lehnt die Ausländerbehörde einen Antrag (§ 81 Abs. 1 AufenthG) auf

[1] BVerfGE 35, 382; 38, 52; BVerfG NVwZ 1987, 403; InfAuslR 1993, 8; NVwZ 1996, 58. Vgl. weiterhin BVerfGE 34, 211; 35, 177; 43, 212.

[2] BVerfGE 67, 43; 85, 127 (aufenthaltsbeendende Maßnahmen im Asylrecht).

[3] BVerfG, NJW 1985, 2395 (2402) zum Sofortvollzug im Demonstrationsrecht.

[4] Vom 12.9.1963 (BGBl. 1964 II S. 509).

Erteilung oder Verlängerung des Aufenthaltstitels ab, so haben Widerspruch und Klage nach § 84 Abs. 1 Nr. 1 AufenthG keine aufschiebende Wirkung.[5] Die Regelung ist verfassungsgemäß.[6]

1209 Auf Unionsbürger und Staatsangehörige der EWR-Staaten sowie deren Familienangehörige findet § 84 Abs. 1 Nr. 1 AufenthG nach § 11 Abs. 1 S. 1, 12 FreizügG/EU keine Anwendung.[7] Ob die Norm für türkische Arbeitnehmer mit einem Aufenthaltsrecht nach dem Beschluss 1/80 des Assoziationsrates EWG/Türkei gilt, ist umstritten.[8] Wird der Aufenthaltstitel nachträglich befristet,[9] zurückgenommen[10] oder sein Erlöschen durch belastenden Verwaltungsakt festgestellt,[11] greift der gesetzliche Ausschluss der aufschiebenden Wirkung nach § 84 Abs. 1 Nr. 1 AufenthG nicht ein, da die Vorschrift einer erweiternden Auslegung nicht zugänglich ist. Gleiches gilt für die Anfechtung von Nebenbestimmungen, wie etwa auflösenden Bedingungen.[12] Greift § 84 Abs. 1 AufenthG nicht ein, bleibt der Behörde die Möglichkeit, eine Anordnung nach § 80 Abs. 2 Satz 1 Nr. 4 zu treffen.[13]

2. Vorläufiger Rechtsschutz

1210 Der Anspruch auf Erteilung eines Aufenthaltstitels, insbesondere einer Aufenthaltserlaubnis, muss in der Hauptsache mit der Verpflichtungsklage verfolgt werden. Dennoch wird Eilrechtsschutz häufig im Wege des § 80 Abs. 5 VwGO gewährt. Denn nach § 81 Abs. 3 Satz 1 AufenthG gilt der Aufenthalt eines Ausländers bis zur Entscheidung der Ausländerbehörde als erlaubt, wenn der Ausländer, der sich rechtmäßig im Bundesgebiet aufhält, ohne einen Aufenthaltstitel zu besitzen, die Erteilung eines Aufenthaltstitels beantragt (sog. *Erlaubnisfiktion*). Wird der Antrag verspätet gestellt, gilt ab dem Zeitpunkt der Antragstellung bis zur Entscheidung der Ausländerbehörde die Abschiebung als ausgesetzt (§ 81 Abs. 3 Satz 2 AufenthG) (*Aussetzungsfiktion*). Ein bisheriger Aufenthaltstitel gilt nach § 81 Abs. 4 Satz 1 AufenthG als vom Zeitpunkt seines Ablaufs bis zur Entscheidung der Ausländerbehörde als fortbestehend, wenn ein Ausländer die Verlängerung seines Aufenthaltstitels oder die Erteilung eines anderen Aufenthaltstitels beantragt (*Fortbestehensfiktion*). Der Ausländer erhält eine Bescheinigung über diese Fiktionswirkung nach § 81 Abs. 5 AufenthG.[14] Lehnt die Ausländerbehörde die Erteilung des begehrten Aufenthaltstitels ab, enden diese Fiktionswirkungen.[15] Die Ablehnung bewirkt also einen eigenständigen Rechtsnachteil. Vorläufiger Rechtsschutz ist in solchen Fällen § 80 Abs. 5 VwGO zu suchen.[16] Ordnet das Gericht die aufschiebende Wirkung an, so

---

[5] Zum Ausschluss des Suspensiveffektes nach § 84 Abs. 1 Nr. 3 AufenthG vgl. VG Koblenz NVwZ 2005, 724: Nach Ablauf der Frist einer befristeten Arbeitserlaubnis ist das Ziel einer neuen Arbeitserlaubnis im Wege des § 123 Abs. 1 Satz 2 VwGO zu verfolgen.

[6] BVerfG NVwZ 1982, 241; NVwZ 1984, 165 (jeweils zu § 21 Abs. 3 S. 2 AuslG 1965).

[7] Vgl. OVG Hamburg NVwZ 2000, 1446; VGH Kassel NVwZ-RR 2004, 792.

[8] Dafür OVG Münster InfAuslR 2008, 290 ff.; *Samel* in Bergmann/Dienelt AuslR § 84 AufenthG Rn. 26; dagegen OVG Hamburg NVwZ-RR 2008, 61.

[9] BVerfG AuAS 1996, 62; OVG Münster InfAuslR 2014, 225.

[10] VG Frankfurt NVwZ-RR 2002, 540 (Ls.).

[11] VGH Mannheim NVwZ-RR 1990, 513 (zu § 21 Abs. 3 Satz 2 AuslG 1965); vgl. OVG Münster NVwZ-RR 1989, 104.

[12] VGH Mannheim InfAuslR 2014, 42 (44).

[13] OVG Greifswald Beschl. v. 2.11.20011 – 2 M 180/11 Rn. 4.

[14] Zu deren Rechtscharakter BVerwG NVwZ-RR 2010, 330 (331).

[15] VG Göttingen NVwZ 2000, 348; zur Situation noch offener Anträge auf Aufenthaltserlaubnisse nach anderen Aufenthaltszwecken OVG Münster AuAS 2013, 14.

[16] OVG Bremen NordÖR 2010, 506; OVG Berlin NJW 2007, 1546; VGH Kassel NVwZ-RR 2006, 826; OVG Lüneburg NVwZ-RR 2010, 582 (Ls.); VGH Mannheim ZAR 2006, 112; vgl. auch OVG Hamburg Beschl. v. 23.9.2016 – 1 Bs 100/16 Rn. 16: Nach Ablehnung des Eilantrags kann die

wird zwar die Fiktionswirkung nicht wiederhergestellt, es entfällt aber deren Vollziehbarkeit, so dass der Ausländer so zu behandeln ist, als bestände die Fiktionswirkung noch.[17] Diese Rechtsposition des Ausländers ist stärker als die bloße Aussetzung der Abschiebung, so dass für einen Anspruch nach § 80 Abs. 5 VwGO auch dann ein Rechtsschutzbedürfnis besteht, wenn der betroffene Ausländer im Besitz einer Duldung ist.[18] Mit Blick auf das Bleibeinteresse im Rahmen der Entscheidung über eine Ausweisung werden Aufenthalte auf der Grundlage von § 81 Abs. 3 Satz 1 und Abs. 4 Satz 1 AufenthG als rechtmäßiger Aufenthalt nach § 55 Abs. 3 AufenthG nur berücksichtigt, wenn dem Antrag auf Erteilung oder Verlängerung des Aufenthaltstitels entsprochen wurde.

Die prozessuale Situation ist anders, wenn keine der Fiktionswirkungen des § 81 Abs. 3 oder 4 AufenthG eingetreten ist, etwa weil der Ausländer ausgewiesen (§ 51 Abs. 1 Nr. 5 AufenthG) oder unerlaubt eingereist ist, sich zwischenzeitlich rechtswidrig im Bundesgebiet aufhält[19], ein Asylantrag nach § 55 Abs. 2 AsylG zum Erlöschen einer Fiktionswirkung geführt hat[20] oder der Ausländer allein die Feststellung eines erlaubten visumsfreien Aufenthalts begehrt.[21] In diesem Fall kann vorläufiger Rechtsschutz nur nach § 123 Abs. 1 Satz 2 VwGO erlangt werden,[22] regelmäßig gerichtet darauf, die Behörde zu verpflichten, bis zur Entscheidung über die Erteilung eines Aufenthaltstitels von Abschiebungsmaßnahmen abzusehen.[23] Die – auch nur vorläufige – Erteilung eines Aufenthaltstitels scheidet dagegen aus, weil es hierfür regelmäßig an einem Anordnungsgrund fehlt.[24] Ist der Antragsteller unsicher, ob § 81 Abs. 3 oder Abs. 4 AufenthG zu seinen Gunsten gelten, sollte er hilfsweise zu einem Antrag nach § 80 Abs. 5 VwGO einen Antrag nach § 123 Abs. 1 Satz 2 VwGO stellen. In der Beschwerde ist es ausnahmsweise zulässig, einen Antrag nach § 80 Abs. 5 VwGO auf einen Antrag nach § 123 Abs. 1 Satz 2 VwGO umzustellen.[25] 1211

Ein Antrag auf Verlängerung einer Aufenthaltserlaubnis kann die Fiktionswirkung des § 81 Abs. 4 VwGO nicht auslösen, wenn dieser erst zu einem Zeitpunkt gestellt wird, zu dem der bisherige Aufenthaltstitel bereits erloschen ist und daher der Aufenthalt des Antragstellers rechtswidrig geworden ist. Verspätete Anträge lösen die Fiktionswirkung nicht aus.[26] Bei der Verlängerung einer Aufenthaltserlaubnis „auf Probe" nach § 104a AufenthG findet § 81 Abs. 4 AufenthG nach § 104a Abs. 5 Satz 5 AufenthG keine Anwendung. Der Ausländer soll in diesem Fall also auf den Weg der einstweiligen Anordnung nach § 123 Abs. 1 Satz 2 VwGO verwiesen werden. Dies gilt allerdings nicht, wenn der Ausländer seinen Antrag auch auf Aufenthaltserlaubnisse nach Kapitel 5 des 1212

---

aufschiebende Wirkung einer nach Abschluss des Widerspruchsverfahrens erhobenen Klage nur im Wege des § 80 Abs. 7 VwGO verfolgt werden.

[17] OVG Bremen Beschl. v. 17.9.2010 – 1 B 140/10; VGH Mannheim InfAuslR 2008, 81 (82); zur Beantragung einer Aufenthaltsgenehmigung mit neuem Aufenthaltszweck VGH Mannheim NVwZ-RR 2016, 238 (239).

[18] VGH Mannheim VBlBW 2008, 355.

[19] OVG Münster InfAuslR 2006, 137; OVG Lüneburg NVwZ-RR 2010, 902 (903); NVwZ-RR 2014, 157 (158).

[20] OVG Bremen NordÖR 2009, 506; VGH München InfAuslR 2009, 23.

[21] VG Saarlouis NVwZ-RR 2010, 333 (334).

[22] OVG Greifswald NVwZ-RR 1997, 256; OVG Hamburg EzAR 622 Nr. 12; VGH Kassel InfAuslR 1991, 272; NVwZ-RR 1991, 667; NVwZ-RR 1993, 213; NVwZ-RR 1998, 777 (779); VGH Mannheim InfAuslR 1992, 352; NVwZ-RR 2010, 289.

[23] Aus gesetzessystematischen Gründen soll in solchen Fällen regelmäßig eine Duldung für die Dauer des Erteilungsverfahrens ausscheiden, so OVG Münster Beschl. v. 11.1.2016 – 17 B 890/15 Rn. 6 mwN; Zur Möglichkeit einer Befristung entsprechend § 80b Abs. 1 VwGO s. VGH Mannheim NVwZ-RR 2010, 289.

[24] VGH Kassel NVwZ-RR 1998, 777 (779).

[25] VGH Mannheim InfAuslR 2011, 443.

[26] BVerwGE 140, 64 Rn. 14 ff.; aA zuvor OVG Münster InfAuslR 2006, 448.

AufenthG erstreckt: In diesem Fall ist einheitlich Rechtsschutz im Wege des § 80 Abs. 5 VwGO zu gewähren.[27]

1212a Für die Zwecke der Aufnahme oder Ausübung einer Erwerbstätigkeit gilt ein Aufenthaltstitel als fortbestehend, solange die Widerspruchs- oder Klagefrist noch nicht abgelaufen ist, während eines gerichtlichen Verfahrens über einen zulässigen Antrag nach § 80 Abs. 5 VwGO und während der Dauer der aufschiebenden Wirkung (§ 84 Abs. 2 Satz 2 AufenthG). Greift diese Vorschrift nicht ein, weil der Ausländer bisher nicht im Besitz eines Aufenthaltstitels war, kann er das Ziel, vorläufig eine Erwerbstätigkeit aufzunehmen, nur im Wege des § 123 VwGO verfolgen.[28]

3. Interessenabwägung

1213 Nach der Entscheidung des Gesetzgebers in § 84 Abs. 1 Nr. 1 AufenthG besteht im Regelfall ein besonderes öffentliches Interesse an der sofortigen Ausreise des Ausländers. Ein besonderes Vollzugsinteresse braucht die Behörde nicht darzulegen. Dennoch ist die Aussetzung der Vollziehung keine seltene Ausnahme, weil – wie in jedem Verfahren nach § 80 Abs. 5 VwGO – auch in diesen Fällen die gegensätzlichen Interessen abzuwägen sind. Eine strikt gehandhabte „Regelvermutung“ für ein überwiegendes öffentliches Interesse am Wegfall der aufschiebenden Wirkung eines Rechtsbehelfs ist verfassungsrechtlich unzulässig.[29]

1214 Das Gericht ordnet die aufschiebende Wirkung an, wenn der Ausländer ein überwiegendes privates Interesse an einem weiteren Aufenthalt im Inland geltend machen kann. Für die Entscheidung gelten die allgemeinen Maßstäbe: Über die Anordnung der aufschiebenden Wirkung wird vorrangig nach den Erfolgsaussichten in der Hauptsache entschieden, soweit diese offensichtlich sind.[30] Maßgeblicher Zeitpunkt für die Beurteilung der Sach- und Rechtslage für den Ausgang des Hauptsacheverfahrens ist der Zeitpunkt der gerichtlichen Entscheidung im Eilverfahren, da es im Hauptsacheverfahren auf die Sach- und Rechtslage in der letzten mündlichen Verhandlung ankäme.[31] Dies gilt auch, soweit die Behörde Ermessen ausgeübt hat.[32]

1215 Sind die Erfolgsaussichten offen, entscheidet das Gericht aufgrund einer Interessenabwägung. In diese Interessenabwägung ist einzustellen, ob ein konkretes öffentliches Interesse an der sofortigen Ausreise des Ausländers besteht. Bei der Prüfung der persönlichen Belange des Ausländers sind alle Umstände zu berücksichtigen, die für seinen weiteren Verbleib im Inland sprechen. Je länger familiäre, wirtschaftliche und soziale Bindungen gewachsen und je enger sie sind, ferner je weniger Störungen der öffentlichen Ordnung von dem betreffenden Ausländer ausgehen,[33] desto stärker wiegt sein Interesse. Der generelle Ausschluss der aufschiebenden Wirkung verpflichtet die Gerichte in besonderem Maße, die persönlichen Belange des Ausländers im Einzelnen zu prüfen, weil nur dann der durch Art. 19 Abs. 4 Satz 1 GG verbürgte Rechtsschutz gewährleistet ist.[34] Dies gilt auch für die Dauer der vorläufigen Gestattung des Aufenthalts, die in der Regel bis zum Abschluss des Hauptsacheverfahrens reichen sollte.

---

[27] OVG Bremen Beschl. v. 22.11.2010 – 1 B 154/10 Rn. 16.

[28] VGH Mannheim NVwZ-RR 2007, 277 (278); ebenso OVG Münster InfAuslR 2006, 222 (für geduldete Ausländer); VGH Kassel InfAuslR 2006, 453.

[29] Vgl. BVerfGE 69, 220 (229); BVerfG NVwZ 1982, 242.

[30] Etwa: OVG Berlin NJW 2007, 1546 (Fall des § 5 Abs. 4 S. 1 AufenthG); OVG Bremen NordÖR 2010, 24; NordÖR 2010, 240 (Vorrang des Visumsverfahrens).

[31] BVerwGE 56, 249 (249); 94, 35 (40 f.); NVwZ 2002, 1512.

[32] BVerwGE 133, 329 (346 Rn. 21 ff.).

[33] OVG Hamburg NVwZ-RR 2009, 940 (942); OVG Berlin-Brandenburg AuAS 2015, 161.

[34] Zur Bedeutung des Art. 6 Abs. 1 GG in diesem Zusammenhang BVerfG DVBl. 1994, 1406; VGH Kassel NVwZ-RR 1999, 343; VG Göttingen NVwZ 2000, 349.

II. Ausweisung

Die Ausweisung ist eine ordnungsrechtliche Maßnahme.[35] Ihre Voraussetzungen sind durch Gesetz vom 27.7.2015 (BGBl. I S. 1386) zum 1.1.2016 in den §§ 53 ff. AufenthG grundsätzlich neu geregelt worden: Das bisherige dreistufige System von Ist-, Regel- und Ermessensausweisung ist aufgegeben worden zu Gunsten einer Ausweisung auf der Grundlage einer umfassenden Abwägung (§ 53 Abs. 1 AufenthG). Es handelt sich um eine gebundene Entscheidung, die voller gerichtlicher Kontrolle unterliegt.[36] Mit der Ausweisung erlischt der Aufenthaltstitel nach § 51 Abs. 1 Nr. 5 AufenthG, so dass der Ausländer zur Ausreise verpflichtet ist (§ 50 Abs. 1 AufenthG). Ein Aufenthaltstitel darf für eine von Amts wegen zu befristende Dauer (vgl. § 11 Abs. 2 Satz 1 AufenthG) nicht erteilt werden (§ 11 Abs. 1 AufenthG).[37] Gegen die Ausweisung als belastender Verwaltungsakt ist Eilrechtsschutz nach § 80 VwGO anzustreben.[38] 1216

1. Begrenzter Suspensiveffekt

Widerspruch und Anfechtungsklage gegen die Ausweisung haben aufschiebende Wirkung. Der Gesetzgeber hat den Suspensiveffekt ausdrücklich auf eine Vollziehbarkeitshemmung beschränkt: Ein Vollzug der Ausweisung durch Abschiebung ist nicht erlaubt (§ 58 Abs. 1, Abs. 2 Satz 2 AufenthG); Widerspruch und Anfechtungsklage lassen indes nach § 84 Abs. 2 Satz 1 AufenthG unbeschadet ihrer aufschiebenden Wirkung die Wirksamkeit der Ausweisung unberührt.[39] An die Ausweisung anknüpfende Regelungen gelten also während der Dauer des Suspensiveffektes weiterhin: Einreise und Aufenthalt sind nach § 11 Abs. 1 AufenthG nicht erlaubt,[40] so dass ein Familiennachzug ausscheidet (§ 29 Abs. 1 Satz 1 AufenthG). Ein Aufenthaltstitel wird auch bei Bestehen eines Anspruchs nicht erteilt (§ 11 Abs. 1 AufenthG).[41] 1217

Will die Behörde die Ausweisung vor Eintritt der Bestandskraft und vor Ablauf des in § 80b VwGO bezeichneten Zeitraums vollstrecken, so kann sie die sofortige Vollziehung nach Maßgabe des § 80 Abs. 2 Satz 1 Nr. 4 VwGO anordnen. 1218

(Vorläufig nicht besetzt.) 1219

2. Prozessuale Besonderheiten

a) Stellung der Familienangehörigen. Die Ausweisung ist auch gegenüber Familienangehörigen ein belastender Verwaltungsakt.[42] Denn sie stellt den Fortbestand der Ehe- oder Familiengemeinschaft in Frage, so dass die Angehörigen im Schutzbereich des Art. 6 Abs. 1 GG betroffen werden.[43] Daher sind neben dem ausgewiesenen Ausländer auch dessen Ehegatte sowie dessen eheliche und nichteheliche Kinder für einen verwaltungsgerichtlichen Eilantrag antragsbefugt.[44] Die Antragsbefugnis eines Ehegatten entsteht, 1220

---

[35] BVerwGE 106, 302 (305) = NVwZ 1998, 740 (741).

[36] BT-Drs. 18/4097, 1, 23, 29.

[37] BVerwGE 106, 302 (305) = NVwZ 1998, 740 (741).

[38] VGH Kassel NVwZ-RR 2003, 897 (898).

[39] Für aufenthaltsberechtigte türkische Arbeitnehmer gilt die Vorschrift nicht, VGH Mannheim NVwZ-RR 2011, 172 (173).

[40] OVG Magdeburg Beschl. v. 7.3.2006 – 2 M 130/06; VGH Mannheim VBlBW 2006, 116.

[41] OVG Lüneburg Beschl. v. 29.11.2005 – 9 ME 345/05.

[42] BVerwGE 102, 12 (15).

[43] BVerfGE 35, 382 (401); BVerwGE 48, 229 (302); vgl. auch OVG Saarlouis NVwZ-RR 2016, 793 Rn. 9 f.: einer gesonderten Anordnung des Sofortvollzugs gegenüber Angehörigen bedarf es nicht.

[44] BVerwGE 102, 12 (14); VGH Kassel NVwZ 1993, 204; OVG Lüneburg NVwZ-RR 2004, 791; VGH Mannheim ESVGH 49, 237 (Ls.) = InfAuslR 1999, 419.

sobald die Ehe geschlossen ist; ob das behördliche Ausweisungsverfahren zu diesem Zeitpunkt abgeschlossen ist, ist unerheblich.[45] Die Familienangehörigen sind aber zu dem von dem Ausländer betriebenen Rechtsschutzverfahren nicht notwendig beizuladen.[46]

1221 **b) Rechtsschutzbedürfnis.** Für einen Eilantrag nach § 80 Abs. 5 VwGO fehlt das Rechtsschutzbedürfnis, wenn der Antragsteller ohnehin vollziehbar ausreisepflichtig[47] oder untergetaucht ist.[48] Die Abschiebung eines Ausländers lässt das Rechtsschutzbedürfnis dagegen nicht entfallen: Denn die Wiederherstellung der aufschiebenden Wirkung durch das Gericht wirkt *ex tunc*, so dass die Abschiebung als Vollstreckungsmaßnahme rechtswidrig wird.[49]

1222 Für einen Abänderungsantrag nach § 80 Abs. 7 VwGO fehlt dagegen das Rechtsschutzbedürfnis, wenn der Ausländer nach rechtskräftigem Abschluss eines Eilverfahrens abgeschoben worden ist. Denn eine Abänderung des vorherigen Beschlusses würde die sofortige Vollziehbarkeit nur *ex nunc* beseitigen, so dass die durchgeführte Abschiebung rechtmäßig bliebe und daher auch ein Anspruch auf Vollzugsfolgenbeseitigung nach § 80 Abs. 5 S. 3 VwGO ausschiede.[50] Ebenso fehlt es am Rechtsschutzbedürfnis, wenn der Antragsteller bereits freiwillig und endgültig ausgereist ist.[51]

3. Interessenabwägung

1223 Für die Interessenabwägung nach § 80 Abs. 5 VwGO gelten die allgemeinen Grundsätze.[52] Bei der Entscheidung über den Sofortvollzug der Ausweisung ist stets sorgfältig zu prüfen, ob ein besonderes Vollzugsinteresse vorliegt, das über das Interesse an dem Erlass der Ausweisung hinausgeht.[53]

1224 **a) Offensichtliche Lage der Hauptsache.** Maßgeblich für die Beurteilung der Rechtmäßigkeit der Ausweisungsverfügung ist die Sach- und Rechtslage im Zeitpunkt der Entscheidung in der letzten Tatsacheninstanz.[54]

1225 Bei offensichtlichen Erfolgsaussichten des Ausländers in der Hauptsache fehlt das öffentliche Vollzugsinteresse, da an der sofortigen Vollziehung einer rechtswidrigen Ausweisungsverfügung kein schutzwürdiges Interesse besteht.

1226 Ist der gegen die Ausweisungsverfügung eingelegte Rechtsbehelf offensichtlich aussichtslos, spricht Vieles für ein Überwiegen des öffentlichen Vollzugsinteresses.[55] Offensichtlichkeit liegt aber nicht bereits dann vor, wenn die Verwaltungsgerichte bei summa-

---

[45] BVerfGE 19, 394 (398).

[46] BVerwGE 55, 8 (10); Buchholz 402.24 § 10 AuslG aF Nr. 115.

[47] OVG Berlin Beschl. v. 27.6.2003 – 8 SN 236/01; OVG Bremen NVwZ-RR 1999, 204; VGH Kassel AuAS 1999, 161 (162); OVG Münster NVwZ-RR 1996, 173 (im Rahmen der Interessenabwägung); AuAS 2002, 148; NWVBl. 2005, 358; aA VGH Kassel InfAuslR 1995, 200; OVG Schleswig NVwZ-RR 1993, 437; VGH Lüneburg InfAuslR 2010, 295; VGH Mannheim VBlBW 2009, 37; InfAuslR 2010, 228.

[48] BVerfG NVwZ 2000, 59; OVG Saarlouis Beschl. v. 21.8.2000 – 3 W 3/00 Rn. 8; OVG Weimar ThürVBl. 1999, 285; für die Duldung auch VGH München AuAS 1999, 98; Beschl. v. 15.11.2006 – 24 C 06.2666 Rn. 13; im Ergebnis ebenso (fehlender Anordnungsgrund) OVG Münster InfAuslR 2005, 146.

[49] BVerwG InfAuslR 2005, 103; InfAuslR 2005, 462; VGH Kassel InfAuslR 2004, 141 = DVBl. 2004, 716; aA VGH Mannheim InfAuslR 2005, 313.

[50] VGH Mannheim VBlBW 2006, 116; BVerwG InfAuslR 2005, 103 greift diesen Gesichtspunkt nicht auf und entscheidet in der Sache.

[51] OVG Bautzen SächsVBl. 1999, 90 (Ls.); OVG Münster Beschl. v. 11.6.1996 – 18 B 1095/95; OVG Weimar ThürVBl. 1999, 88; aA OVG Hamburg EzAR 622 Nr. 34.

[52] → Rn. 961 ff.

[53] OVG Hamburg HmbJVBl 1998, 37.

[54] BVerwGE 130, 20 (22).

[55] So insbes. BVerfG NVwZ 1982, 241 u. → Rn. 970 ff.

rischer Prüfung davon ausgehen, dass die Ausweisungsverfügung voraussichtlich rechtmäßig ist. Die Gerichte müssen sie vielmehr intensiver prüfen und das Gesamtgeschehen erschöpfend klären.[56] Dabei kann es geboten sein, über eine summarische Prüfung hinaus Beweis zu erheben und den Antragsteller umfassend anzuhören.[57] Dies gilt umso mehr, je schwerwiegender der Sofortvollzug den Ausländer trifft, und je mehr er zu irreparablen Folgen führt. Mit diesen Anforderungen wird einer verfassungsrechtlich bedenklichen Ausuferung des Sofortvollzuges entgegengewirkt.

b) Besonderes öffentliches Vollzugsinteresse. Für die Anordnung der sofortigen Voll- 1227
ziehung der Ausweisungsverfügung ist ein besonderes öffentliches Interesse erforderlich, das über jenes Interesse hinausgeht, das den Verwaltungsakt selbst rechtfertigt. Der Rechtsschutzanspruch des Ausländers ist dabei umso stärker und darf umso weniger zurücktreten, je schwerwiegender die ihm auferlegte Belastung ist und je mehr die Maßnahme der Verwaltung Unabänderliches bewirkt.[58] Wann der Rechtsschutzanspruch des Ausländers ausnahmsweise hinter den öffentlichen Belangen zurücktreten muss, lässt sich nicht allgemein, sondern nur für den Einzelfall bestimmen. Mit diesen Grundsätzen wäre eine Verwaltungspraxis nicht zu vereinbaren, die Ausweisungsverfügungen generell für sofort vollziehbar erklärte. Auch die Begründung der Vollziehungsanordnung nach § 80 Abs. 3 Satz 1 VwGO muss diesen Anforderungen gerecht werden.[59]

Wird die Sofortvollzugsanordnung auf spezialpräventive Erwägungen gestützt, besteht 1228
ein besonderes öffentliches Vollzugsinteresse, wenn eine konkrete Gefahrenlage erkennbar ist, die die sofortige Ausreise des Ausländers erforderlich macht.[60] Es muss die begründete Besorgnis bestehen, dass sich die von dem Ausländer ausgehende Gefahr schon vor Abschluss des Hauptsacheverfahrens realisieren wird.[61] Ob eine solche akute Gefahr besteht, muss anhand konkreter Tatsachen beurteilt werden.[62] Eine unbestimmte Vermutung oder die abstrakte Möglichkeit einer Gefährdung reichen dagegen nicht aus, um das besondere Vollzugsinteresse zu begründen.[63] Zugunsten des Ausländers ist zu berücksichtigen, dass von ihm bis zum Abschluss des Hauptsacheverfahrens zumindest vorübergehend ein betont gesetzmäßiges Verhalten erwartet werden kann, um die Erfolgsaussichten seines Rechtsmittels nicht zu verschlechtern.[64] Nimmt die Ausländerbehörde das Gegenteil an, hat sie darzulegen, weshalb nach Art und Umfang der festgestellten Gesetzesverstöße sowie nach der Persönlichkeit des Ausländers im konkreten Fall etwas Anderes gilt.

Zum alten Ausweisungsrecht ist angenommen worden, das besondere öffentliche Voll- 1229
zugsinteresse könne sich auch auf generalpräventive Erwägungen stützen,[65] wenn auch mit deutlicher Beschränkung etwa auf Fälle schwerer Kriminalität[66] oder bei gehäuftem

---

[56] Vgl. BVerfG NVwZ 1985, 409 (411); OVG Weimar InfAuslR 2003, 383; vgl. zum Asylverfahren BVerfGE 67, 43 (61 f.).

[57] BVerfGE 67, 43 (62); vgl. auch VGH München DVBl. 1980, 197; zuletzt BVerfG, NVwZ 2017, 230.

[58] BVerfGE 35, 382 (401 f.) = NJW 1974, 227; BVerfGE 69, 220 (227 f.) = NVwZ 1985, 409; NVwZ 1996, 58; NVwZ 2005, 1053 (1054).

[59] Vgl. dazu OVG Lüneburg, Nds.VBl. 1996, 137; zu gemeinschaftsrechtlichen Anforderungen in diesem Zusammenhang EuGH NVwZ 2006, 1151 (1155).

[60] Vgl. etwa OVG Münster Beschl. v. 1.3.2004 – 18 B 444/04.

[61] BVerfGE 35, 382 (404); BVerfGE 38, 52 (58).

[62] So zB BVerfGE 38, 52 (59); 43, 212 (213); 34, 211 (216); BVerfG NVwZ 1987, 403.

[63] BVerfGE 35, 382 (404).

[64] So BVerfGE 38, 52 (59); VGH Kassel VerwRspr. 26 Nr. 11; anders VGH Kassel ESVGH 24, 72.

[65] So insbes. VGH Mannheim VBlBW 1984, 29 (30); VGH München DÖV 1979, 457 = BayVBl. 1979, 433; NVwZ 1982, 266 (267); vgl. auch BVerfG NVwZ 1987, 403.

[66] Vgl. die ausführliche Begründung für die generalpräventiven Erwägungen bei BVerfG NVwZ 1987, 403; Berl.VerfGH NVwZ 1995, 784 (Ausweisung wegen Heroinhandels bzw. Steuerhehlerei); zur Strafbarkeit falscher Angaben gegenüber den Meldebehörden AG Bremen NStZ-RR 2005, 341.

Auftreten bestimmter Delikte.[67] Die Anordnung der sofortigen Vollziehung aus generalpräventiven Gründen hatte zu unterbleiben, wenn der Ausländer in familiärer Lebensgemeinschaft mit einer deutschen Staatsangehörigen lebt.[68] Eine weitere Ausnahme galt für Angehörige der Mitgliedstaaten der EU.[69] Für sie sind generalpräventive Erwägungen bei der Begründung des Sofortvollzuges durch § 6 Abs. 2 Satz 2 FreizügG/EU ausgeschlossen, der für die Ausweisung und damit auch für den Sofortvollzug auf das „persönliche Verhalten" abstellt. Gleiches gilt für assoziationsberechtigte türkische Staatsangehörige.[70]

1230 Ob und in welchem Umfang auch im neuen Ausweisungsrecht generalpräventive Erwägungen zulässig sind, ist bisher ungeklärt.[71]

1231 **c) Zeitablauf.** Eine an sich gerechtfertigte sofortige Vollziehung kann durch Zeitablauf rechtswidrig werden,[72] auch kann eine Ausweisung lange nach dem Ausweisungsanlass Zweifel wecken, ob ein besonderes öffentliches Vollzugsinteresse vorliegt.[73] Wird das Hauptsacheverfahren von der Behörde nicht zügig betrieben, so wird der beim Sofortvollzug geminderte Rechtsschutz weiter entwertet. Dies kann dazu führen, dass die aufschiebende Wirkung des Rechtsbehelfs nachträglich wiederhergestellt werden muss, um noch wirksamen Rechtsschutz gewähren zu können. Die Widerspruchsbehörde geht also ein erhebliches Risiko ein, wenn sie nicht unverzüglich über den Widerspruch des Ausländers entscheidet, sondern den Abschluss des gerichtlichen Aussetzungsverfahrens abwartet.

1232 **d) Persönliche Belange des Ausländers.** Bei der Abwägung des besonderen öffentlichen Vollzugsinteresses mit den persönlichen Belangen des Ausländers ist zu beachten, dass die Ausweisung den Betroffenen erheblich belastet. Wichtige Belange sind insbesondere der Schutz von Ehe und Familie nach Art. 6 Abs. 1 GG und der Schutz des Privatlebens nach Art. 8 EMRK (vgl. auch § 55 Abs. 1 Nr. 3 und 4 AufenthG)[74] oder das unmittelbare Bevorstehen einer Eheschließung.[75] Die Angehörigen können auch in ihrer psychischen Gesundheit betroffen sein.[76] Wenn sich der Ausländer längere Zeit berechtigt im Inland aufgehalten hat (§ 55 Abs. 1 Nr. 1 AufenthG) oder im Inland aufgewachsen ist (§ 55 Abs. 1 Nr. 2 AufenthG),[77] können aufenthaltsbeendende Maßnahmen seine persönliche Existenz ernstlich gefährden oder zerstören.[78] Derartige tief greifende Nachteile, die mit einem vorzeitigen Abbruch seines Aufenthalts im Inland verbunden sind und die

---

[67] OVG Hamburg HmbJVBl 1998, 37; deutliche Zurückhaltung bei BVerfG Beschl. v. 10.8.2007 – 2 BvR 535/06.

[68] OVG Hamburg InfAuslR 1998, 222.

[69] EuGH NJW 1975, 1096; BVerfGE 50, 166 (177).

[70] Zu den europarechtlichen Vorgaben s. EuGH NVwZ 2006, 1151; BVerwGE 124, 217 = NVwZ 2006, 472.

[71] Dafür BT-Drs. 18/4097, 39; *Bauer* in Bergmann/Dienelt AuslR § 53 AufenthG Rn. 34 ff.; Kritik bei *Beichel-Benedetti* in Huber AufenthG § 53 Rn. 6 ff.; *Cziersky-Reis* in Hofmann AuslR § 53 AufenthG Rn. 24 ff.; zum früheren Recht BVerwGE 142, 29 Rn. 16 ff.

[72] BVerfGE 35, 382 (405).

[73] BVerfG NVwZ 1996, 58 (60).

[74] Zum „regelmäßigen" Vorrang dieser Belange vor einwanderungspolitischen Zielen vgl. BVerfG NVwZ 2006, 682; zum Zurücktreten dieser Belange bei schwerer Straffälligkeit s. BVerwG NVwZ 1999, 303; OVG Münster NVwZ-RR 2000, 721; im Übrigen BVerfGE 35, 178; NVwZ 1983, 667; NVwZ 1985, 410; EuGH InfAuslR 1994, 86; nicht geschützt ist in der Regel, wenn die familiäre Beziehung nicht gelebt wird, vgl. OVG Münster NVwZ 2006, 717.

[75] OVG Saarlouis NVwZ 2006, 718.

[76] VGH Mannheim InfAuslR 1998, 335.

[77] BVerfGE 43, 212. Vgl. hierzu auch VGH München NVwZ 1982, 266 (267).

[78] BVerfGE 35, 382 (404); BVerfG NVwZ 1985, 410; grundsätzlich zum besonderen Ausweisungsschutz BVerwG NVwZ 1995, 1129.

seine soziale Wiedereingliederung nach einer Rückkehr erheblich beeinträchtigen können, müssen nach dem Verhältnismäßigkeitsgrundsatz zu seinen Gunsten berücksichtigt werden. Auch das Fehlen von Bindungen des Ausländers zu seinem Geburtsland ist in die Abwägung einzubeziehen.[79] Daneben können Gründe, die der sofortigen Ausreise nur vorübergehend entgegenstehen, ein überwiegendes persönliches Interesse begründen. Dies gilt zB für den unmittelbar bevorstehenden Abschluss einer Ausbildung[80] oder für eine akute Erkrankung.

Ein überwiegendes persönliches Interesse kann weiterhin dann gegeben sein, wenn der Antragsteller durch die sofortige Ausreise in seiner Rechtsverteidigung im Hauptsacheverfahren unzumutbar behindert würde.[81] Ein weiterer Inlandsaufenthalt ist geboten, wenn der Ausländer sich vom Ausland aus nur unzureichend rechtliches Gehör verschaffen könnte, oder wenn seine Anwesenheit in einer mündlichen Verhandlung erforderlich ist, um seine prozessualen Rechte wahrnehmen zu können oder damit das Gericht einen persönlichen Eindruck von ihm gewinnen kann.[82] **1233**

Vorläufig nicht besetzt **1234**

4. Kumulativer vorläufiger Rechtsschutz

Begehrt ein Ausländer vorläufigen Rechtsschutz sowohl gegen die sofortige Vollziehung der Ausweisungsverfügung als auch gegen die Versagung oder Nichtverlängerung eines Aufenthaltstitels, so muss er hinsichtlich der Ausweisung einen Aussetzungsantrag nach § 80 Abs. 5 VwGO stellen und gegenüber der Ablehnung der Aufenthaltstitels mit einem Antrag nach § 80 Abs. 5 VwGO, bei Nichteintritt einer Fiktionswirkung nach § 81 Abs. 3 oder 4 AufenthG mit einem Antrag nach § 123 VwGO vorgehen.[83] **1235**

Das Gericht entscheidet zunächst darüber, ob es die aufschiebende Wirkung des Widerspruchs oder der Klage gegen die Ausweisung wiederherstellt.[84] Bleibt es bei der sofortigen Vollziehung der Ausweisung, ist auch der vorläufige Rechtsschutz gegen die Versagung des Aufenthaltstitels erfolglos (vgl. § 51 Abs. 1 Nr. 5 und § 11 Abs. 1 AufenthG). **1236**

Wird die aufschiebende Wirkung des Widerspruchs oder der Klage gegen die Ausweisung wiederhergestellt, so lässt dies die Wirksamkeit der Ausweisung nach § 84 Abs. 2 S. 1 AufenthG unberührt. Der betroffene Ausländer darf sich nicht im Bundesgebiet aufhalten, ein Aufenthaltstitel kann ihm nicht erteilt werden (§ 11 Abs. 1 AufenthG). Das Gebot effektiven Rechtsschutzes aus Art. 19 Abs. 4 Satz 1 GG führt indes dazu, dass bei ernstlichen Zweifeln an der Rechtmäßigkeit der Ausweisungsverfügung auch der Eilantrag nach § 80 Abs. 5 VwGO gegen die Versagung des Aufenthaltstitels Erfolg haben kann.[85] Denn anderenfalls hätte es die Ausländerbehörde in der Hand, allein durch Erlass einer Ausweisungsverfügung die Versagung des Aufenthaltstitels der Überprüfung im Wege des Eilrechtsschutzes zu entziehen. **1237**

Das Vorgesagte gilt entsprechend, wenn die Ausländerbehörde den Ausländer ohne Anordnung der sofortigen Vollziehung ausweist und zugleich die Erteilung oder Ver- **1238**

[79] BVerfG InfAuslR 1993, 8 (10); BVerwG InfAuslR 1994, 98.

[80] BVerfGE 34, 211 (215); 35, 178.

[81] BVerfGE 35, 382 (406); BVerfGE 38, 52 (59); BVerfG NVwZ 1985, 410. Vgl. ferner BVerfGE 86, 127 (129).

[82] Zu Einzelheiten BVerfG NVwZ 1983, 668; VGH München NVwZ 1982, 267.

[83] → Rn. 1210 f.

[84] So VGH Mannheim VBlBW 1985, 432 (433).

[85] BVerfG NVwZ 2007, 948; OVG Bremen NVwZ-RR 2006, 643 (644); Urt. v. 10.11.2015 – 1 LB 10/15 Rn. 31; VGH Kassel NVwZ-RR 1996, 112 (113); VGH Mannheim InfAuslR 2008, 81; OVG Weimar InfAuslR 2003, 383.

längerung der Aufenthaltsgenehmigung ablehnt: Einstweiliger gerichtlicher Rechtsschutz kommt in diesem Fall lediglich gegenüber der letztgenannten ausländerrechtlichen Maßnahme in Betracht.[86] Im Rahmen dieses Rechtsschutzbegehrens ist auch die Rechtmäßigkeit der Ausweisungsverfügung zu prüfen.[87]

III. Abschiebung

1239 Mit der Abschiebung setzt die Behörde die Ausreiseverpflichtung (§ 58 Abs. 1 AufenthG) im Wege der Vollstreckung durch.[88] Die Abschiebung ist – ebenso wie ihre Androhung (§ 59 Abs. 1 AufenthG) – ein selbständig anfechtbarer Verwaltungsakt.[89] Rechtsschutz ist daher nach § 80 Abs. 5 VwGO zu suchen. Da es sich bei der Abschiebung und ihrer Androhung um Maßnahmen der Vollstreckung handelt, haben Rechtsbehelfe nur dann aufschiebende Wirkung, wenn nicht landesrechtliche Regelungen aufgrund von § 80 Abs. 2 S. 2 VwGO diese Wirkung ausschließen.[90]

1240 Das Rechtsschutzbedürfnis für einen Antrag nach § 80 Abs. 5 VwGO entfällt, wenn der Ausländer abgeschoben worden ist.[91] In der Sache hat der Antrag auf Eilrechtsschutz gegen die Abschiebungsandrohung jedenfalls dann Erfolg, wenn der Ausländer nicht mehr vollziehbar ausreisepflichtig ist;[92] dem Erlass der Abschiebungsandrohung steht nach § 59 Abs. 3 Satz 1 AufenthG das Vorliegen von Abschiebungsverboten und Gründen für die vorübergehende Aussetzung der Abschiebung nicht entgegen.[93] Der Antrag nach § 80 Abs. 5 VwGO allein führt dagegen nicht zur rechtlichen Unmöglichkeit mit einem daraus folgenden Anspruch auf Erteilung einer Duldung nach § 60a Abs. 2 Satz 1 AufenthG.[94]

1241 Ist die Abschiebungsandrohung bereits bestandskräftig, kann im Wege des § 80 Abs. 5 VwGO kein Rechtsschutz mehr erlangt werden.[95] Der Ausländer kann eine Aussetzung der Abschiebung erreichen, wenn ihm eine Duldung (§ 60a AufenthG) erteilt wird.[96] Vorläufiger Rechtsschutz ist insoweit nach § 123 Abs. 1 S. 2 VwGO zu gewähren.[97]

---

[86] VGH Mannheim NVwZ 1992, 700.

[87] VGH Kassel NVwZ-RR 1996, 112 (113).

[88] Hierzu im Einzelnen OVG Saarlouis AS 16, 390 (391) = NVwZ 1982, 139; zur Abschiebungsandrohung auf Vorrat: BVerwGE 124, 166.

[89] OVG Hamburg DVBl. 1989, 200; VGH Kassel NVwZ-RR 2003, 897 (898).

[90] VGH Mannheim NVwZ-RR 2001, 478; NVwZ-RR 2003, 304 (305); VGH München NVwZ 2004, 1013; OVG Schleswig NVwZ-RR 2004, 381 (382).

[91] OVG Berlin NVwZ 2003, 239 (240); zur Möglichkeit eines Anspruchs auf Rückführung im Wege der Folgenbeseitigung OVG Münster NWVBl 2015, 342 (343).

[92] Vgl. etwa OVG Greifswald NVwZ-RR 2003, 192 (193); OVG Hamburg NVwZ-RR 2001, 270 (272); auch: OVG Münster InfAuslR 2006, 137 (keine vollziehbare Ausreisepflicht wegen der aufschiebenden Wirkung einer Klage gegen die nachträgliche Befristung einer Aufenthaltserlaubnis).

[93] OVG Berlin-Brandenburg AuAS 2013, 128.

[94] OVG Hamburg NVwZ-RR 1999, 73.

[95] → Rn. 949.

[96] Vgl. BVerfG NVwZ 2006, 682 (683) (Geburt eines Kindes); VGH Kassel NVwZ-RR 2009, 306 (Ls.) OVG Bautzen NVwZ 2006, 613 und OVG Hamburg NVwZ-RR 2009, 133 (bevorstehende Geburt eines Kindes); OVG Bautzen NVwZ-RR 2010, 78; OVG Berlin NVwZ-RR 2005, 208; VGH Mannheim NVwZ 1992, 702 (703); NVwZ-RR 2005, 209; zu den Unterschieden gegenüber der Anordnung der aufschiebenden Wirkung des Widerspruchs gegen die Ausweisung s. OVG Magdeburg Beschl. v. 7.3.2006 – 2 M 130/06; ferner VGH Mannheim NVwZ-RR 2007, 350; InfAuslR 2008, 213; OVG Hamburg NordÖR 2009, 432 (Ls.); VG Düsseldorf NVwZ-RR 2007, 280. Zum Streitwert: OVG Bautzen NVwZ-RR 2016 (719) (zw.).

[97] Beispiele: OVG Bautzen Beschl. v. 16.5.2006 – 3 BS 61/06 und OVG Saarlouis, Beschl. v. 7.7.2009 – 2 B 393/09 (unmittelbar bevorstehende Eheschließung); OVG Berlin Beschl. v. 21.6.2005 – 8 S 171/04 (nichteheliche Lebensgemeinschaft); OVG Bremen NordÖR 2009, 506 (507); NordÖR 2009, 398 (Anspruch auf Duldung eines ausgewiesenen und abgeschobenen Ausländers bei Betroffenheit von Art. 6 Abs. 1 GG bis über einen Befristungsantrag hinsichtlich der Sperrwirkung der Aus-

Einem solchen Antrag fehlt das Rechtsschutzinteresse, wenn der Antragsteller „untertaucht“ und sich so eigenmächtig der Abschiebung entzieht.[98] Der gegen die Ausländerbehörde gerichtete Antrag kann allerdings nicht darauf gestützt werden, eine Abschiebung sei aus Gründen unmöglich, über die bereits im Asylverfahren bestandskräftig entschieden worden ist. Denn die Ausländerbehörde ist nach § 42 AsylG an die Entscheidung des Bundesamtes für Migration und Flüchtlinge über das Vorliegen der Voraussetzungen des § 60 Abs. 5 oder 7 AufenthG gebunden;[99] auch für weitere zielstaatsbezogene Abschiebungshindernisse ist das Bundesamt zuständig (vgl. § 60 Abs. 2 Satz 1 und 2, Abs. 1 Satz 3 AufenthG iVm § 4 Abs. 1 Satz 2 Nr. 1 AsylG).[100] Angesichts der gesetzlichen Regelung der § 81 Abs. 3 und 4 AufenthG besteht auch kein Anspruch auf Duldung, um den Ausgang eines Verfahrens auf Erteilung einer Aufenthaltserlaubnis im Inland abzuwarten: Der Gesetzgeber hält es – ausweislich des § 81 Abs. 3 und 4 AufenthG – grundsätzlich für zumutbar, den Ausgang eines solchen Verfahrens im Ausland abzuwarten. Anderes kann nur gelten, wenn die Aufenthaltserlaubnis weit überwiegend wahrscheinlich erteilt werden muss oder die erzwungene Ausreise einen Anspruch auf Aufenthaltserlaubnis zunichte machen würde.[101] Daher können in die Interessenabwägung über die Abschiebungsandrohung die Erfolgsaussichten des Aufenthaltsbegehrens nicht eingestellt werden.[102]

Eilrechtsschutz gegen die Befristung der Wirkungen einer Abschiebung wie das Ein- 1241a
reise- und Aufenthaltsverbot ist ebenso wie eine Betretenserlaubnis nach § 11 Abs. 8 AufenthG im Wege des § 123 VwGO zu verfolgen.[103]

Erstrebt der Antragsteller ergänzend zu einer Duldung eine Beschäftigungserlaubnis, 1241b
bedarf es gleichfalls eines Antrags nach § 123 Abs. 1 S. 2 VwGO.[104] Ebenso ist im Wege des § 123 Abs. 1 S. 2 VwGO das Ziel zu verfolgen, eine Bescheinigung über die Aussetzung einer Abschiebung nach § 60a AufenthG zu erhalten.[105]

§ 57 Asylrecht

Schrifttum: *Fritz/Vormeier* (Hrsg.), Gemeinschaftskommentar zum Asylverfahrensgesetz, GK-AsylVfG, Losebl.; *Fuerst*, Rechtsschutz gegen offensichtlich unbegründete Asylanträge, NVwZ 2012, 213; *Geiger*, Sonderprozessrecht in Asylstreitigkeiten, BayVBl. 2003, 673; *Heberlein*, Grundfragen des Asyl- und Asylprozeßrechts, JuS 1998, 1117; *Hoppe*, Eilrechtsschutz gegen Dublin II-Überstellungen, 2013; *Jobst*, Verfassungsrechtliche Anforderungen an verwaltungsgerichtliche Asylentschei-

---

weisung ermessensfehlerfrei entschieden ist, zw.); OVG Greifswald NVwZ-RR 2000, 641; NordÖR 2010, 242 (länderübergreifende Duldung); VGH Kassel NVwZ-RR 1993, 666; OVG Lüneburg Beschl. v. 11.5.2006 – 12 ME 138/06 (langjähriger geduldeter Inlandsaufenthalt); OVG Magdeburg NVwZ-RR 2010, 539 (Erkrankung eines Angehörigen, Ls.); EzAR NF 51, 210 (Risikoschwangerschaft); VGH Mannheim NVwZ-RR 2009, 617 (Betroffenheit von Art. 8 Abs. 2 EMRK); VGH München NVwZ-RR 2001, 477; OVG Münster NVwZ-RR 2008, 284 (Reiseunfähigkeit); NVwZ-RR 2009, 539 (Doppelehe); VG Freiburg NVwZ-RR 2004, 693; ebenso für die Erteilung einer Duldungsbescheinigung VGH Kassel NVwZ-RR 2006, 727.

[98] OVG Bautzen NVwZ-RR 2010, 500 (Ls.); vgl. auch BVerfG DVBl. 1996, 611.

[99] OVG Lüneburg NVwZ 2006, 362; zur grundsätzlichen Bindung der Ausländerbehörde an die Feststellung des Bundesamtes bei Erteilung einer Aufenthaltserlaubnis aus humanitären Gründen: BVerwGE 124, 326.

[100] VGH Kassel InfAuslR 2016, 228 (230).

[101] OVG Magdeburg ZAR 2010, 200; OVG Bremen NordÖR 2009, 506; OVG Münster InfAuslR 2008. 211.

[102] OVG Münster Beschl. v. 28.1.2016 – 17 B 1343/15 – Rn. 5; Beschl. v. 11.1.2016 – 17 B 890/15 Rn. 6.

[103] OVG Lüneburg NVwZ-RR 2016, 276.

[104] OVG Münster NVwZ-RR 2007, 60.

[105] VGH Kassel InfAuslR 2006, 363.

dungen, ZAR 2002, 219; *Lehnert/Pelzer*, Effektiver Rechtsschutz im Rahmen des Asylzuständigkeitssystems der Dublin II-Verordnung, ZAR 2010, 41; *Leiner*, Rechtsschutz binnen Wochenfrist: Die Eilentscheidung nach § 36 AsylVfG, NVwZ 1994, 239; *Marx*, AsylG, 9. Aufl., 2016; *König*, Der Streit um die Anwendbarkeit des § 80 AsylVfG – Wann liegt eine Streitigkeit nach dem Asylverfahrensgesetz vor?, NVwZ 2000, 268; *Neidhardt/Ehrbeck*, Das BVerfG als Beschwerdeinstanz in Dublin-Eilsachen?, NVwZ 2015, 761; *Weinzierl/Hruschka*, Effektiver Rechtsschutz im Lichte Deutscher und Europäischer Grundrechte, NVwZ 2009, 1540.

1242 Die Ausgestaltung des Asylrechts in Art. 16a GG beschränkt sich nicht auf materiellrechtliche Regelungen. Eher unerwartet finden sich im Grundrechtsteil des Grundgesetzes Regelungen des Verwaltungsprozessrechts und des einstweiligen Rechtsschutzes (vgl. Art. 16a Abs. 2 Satz 3 und Abs. 4 GG). Auf dieser Grundlage hat der einfache Gesetzgeber ein strenges prozessuales Sonderrecht für asylrechtliche Eilverfahren geschaffen.

I. Allgemeine verfahrensrechtliche Besonderheiten

1243 Der Eilrechtsschutz nach dem AsylG ist – je nach Ausgang des Verwaltungsverfahrens – unterschiedlich ausgestaltet. Einige Besonderheiten gelten für alle Eilverfahren nach dem AsylG.

1. Ausschluss der aufschiebenden Wirkung

1244 Gegen Maßnahmen und Entscheidungen nach dem AsylG findet nach § 11 AsylG kein Widerspruch statt. Klagen gegen Entscheidungen nach dem AsylG haben nach § 75 Abs. 1 AsylG grundsätzlich keine aufschiebende Wirkung. Etwas Anderes gilt nur für die Klage gegen die Ausreisefrist bei einem (schlicht) unbegründeten Asylantrag (§ 38 Abs. 1 AsylG[106]), den Widerruf und die Rücknahme der Asylberechtigung und der Flüchtlingseigenschaft (§ 73 AsylG), des subsidiären Schutzes (§ 73b AsylG) und von Abschiebungsverboten (§ 73c AsylG). Als Gegenausnahme entfällt nach § 75 Abs. 2 AsylG in den Fällen des § 73 AsylG und des § 73b AsylG die aufschiebende Wirkung, wenn der Widerruf oder die Rücknahme auf den Gründen des § 60 Abs. 8 AufenthG, des § 3 Abs. 2 AsylG oder des § 4 Abs. 2 AsylG beruht, namentlich also bei schweren Straftaten. Im Übrigen besteht auch in Fällen aufschiebender Wirkung stets die Möglichkeit einer Anordnung der sofortigen Vollziehung nach § 80 Abs. 2 Satz 1 Nr. 4 VwGO. Dies stellt § 75 Abs. 2 Satz 3 AsylG klar.

2. Zuständigkeit

1245 Nach § 76 Abs. 4 Satz 1 AsylG entscheidet in Verfahren des vorläufigen Rechtsschutzes ein Mitglied der Kammer als Einzelrichter. Er überträgt den Rechtsstreit auf die Kammer, wenn die Sache grundsätzliche Bedeutung hat oder wenn er von der Rechtsprechung der Kammer abweichen will (§ 76 Abs. 4 Satz 2 AsylG). Die Praxis macht von der Möglichkeit der Rückübertragung nur selten Gebrauch.

3. Akteneinsicht

1246 Abweichend von § 100 Abs. 1, Abs. 2 Satz 2 VwGO ist die Einsicht der Akten – der Gerichtsakten und der dem Gericht vorgelegten Akten – in der Regel auf der Geschäftsstelle des Gerichts zu gewähren (§ 82 Satz 1 AsylG). Die Ermessensentscheidung des Vorsitzenden, ob dem bevollmächtigten Rechtsanwalt Akten zur Mitnahme in seine Woh-

---

[106] Zur Geltung dieser Vorschrift für den Verzicht auf ein Asylverfahren nach § 14a Abs. 3 AsylG: VG Düsseldorf NVwZ-RR 2006, 290 (zw., da eine Analogie zu § 38 Abs. 2 AsylG naheliegt); zur Bestimmung eines neuen Zielstaates VG Bremen InfAuslR 2008, 279 (aA VG Neustadt Beschl. v. 5.3.2010 – 1 L 203/10).

nung oder Geschäftsräume übergeben werden, ist eingeschränkt. Die Akten werden nur übergeben, wenn eine Verzögerung des Verfahrens ausgeschlossen ist (§ 82 Satz 2 AsylG).

4. Ausschluss der Beschwerde

Nach § 80 AsylG können Entscheidungen in Rechtsstreitigkeiten nach dem AsylG **1247** nicht mit der Beschwerde angefochten werden; eine Ausnahme gilt nur für die Beschwerde gegen die Nichtzulassung der Revision (§ 133 Abs. 1 VwGO). Dieser verfassungsgemäße[107] Rechtsmittelausschluss gilt auch für Verfahren des vorläufigen Rechtsschutzes, so dass Beschwerden nach § 146 Abs. 1 und 4 VwGO gegen Entscheidungen im einstweiligen Rechtsschutz nach §§ 80, 123 VwGO unzulässig sind. Der Rechtsmittelausschluss nach § 80 AsylG erfasst auch Nebenverfahren zum Eilverfahren, die sich auf Prozesskostenhilfe,[108] die Streitwertfestsetzung,[109] Kostenangelegenheiten[110] und Befangenheitsanträge[111] beziehen, dagegen nicht die Auseinandersetzung um eine ordnungsrechtliche Maßnahme anlässlich eines Asylverfahrens.[112] § 80 AsylG schließt auch eine (außerordentliche) Beschwerde wegen – behaupteter – greifbarer Gesetzeswidrigkeit aus.[113]

Eine Entscheidung nach dem AsylG liegt immer vor, wenn das Bundesamt für Migra- **1248** tion und Flüchtlinge eine Entscheidung in Wahrnehmung der ihm vom AsylG übertragenen Aufgaben trifft. Ob das Handeln anderer Behörden seine rechtliche Grundlage im Asylgesetz hat, ist im Einzelfall nach dem Gefüge und Sinnzusammenhang der einzelnen Regelungen zu bestimmen.[114] So gilt § 80 AsylG etwa für den Streit um eine Passauflage nach § 15 Abs. 2 Nr. 4 und 6 AsylG[115] oder die örtliche Zuweisung eines Asylbewerbers nach § 50 Abs. 4 Satz 1 AsylG.[116]

§ 80 AsylG gilt dagegen nicht, wenn ein Ausländer sich gegen eine Abschiebungs- **1249** androhung des Bundesamtes für Migration und Flüchtlinge wendet, aber geltend macht, einer Abschiebung stünden aufenthaltsrechtliche Gründe – insbesondere § 60a Abs. 2 AufenthG – entgegen;[117] auch dann nicht, wenn in diesem Zusammenhang über § 43

---

[107] BVerfGE 87, 48 (61 f.).

[108] OVG Frankfurt (Oder) InfAuslR 2000, 510 (Untätigkeitsbeschwerde); OVG Magdeburg Beschl. v. 10.8.2010 – 4 O 172/10; VGH Mannheim VBlBW 1994, 202; OVG Münster Beschl. v. 9.5.2014 – 13 E 523/14.A.

[109] OVG Lüneburg Beschl. v. 9.12.1992 – 12 O 5280/92; VGH Mannheim VBlBW 1994, 202; VGH München Beschl. v. 3.6.2003 – 15 C 03.30 699; OVG Münster NVwZ-RR 2005, 138 (139).

[110] Str. wie hier OVG Münster NVwZ-RR 2015, 359 (allerdings abweichend für die Kostenerinnerung); NJW-Spezial 2016, 445 (Ls.); aA wegen § 1 Abs. 3 RVG OVG Berlin-Brandenburg Beschl. v. 26.7.2016 – 3 K 40.16 Rn. 4.

[111] BVerwG Beschl. v. 24.2.2000 – 9 B 74.00.

[112] VGH München NVwZ 2003, 883.

[113] OVG Bautzen NVwZ-RR 2010, 125; OVG Hamburg NVwZ 2009, 62; OVG Lüneburg Beschl. v. 6.1.2010 – 11 ME 588/09; OVG Bautzen NVwZ-RR 2010, 125; VGH München BayVBl. 2009, 476; OVG Schleswig Beschl. v. 27.11.2014 – 2 O 32/14 Rn. 3.

[114] BVerwG NVwZ 1998, 299 (300); OVG Münster NVwZ-RR 2005, 138 (139).

[115] VGH Mannheim NVwZ-RR 2000, 394; VG Meiningen Beschl. v. 26.7.2002 – 1 E 20 372/02.ME; VG Oldenburg NdsRpfl 2005, 130; VG Trier Beschl. v. 18.11.2011 – 5 L 1478/11.TR.

[116] Umstritten ist, ob auch der Eilrechtsschutzantrag einer Gemeinde gegen eine Zuweisung unter § 80 AsylVfG fällt, bejahend: VGH Kassel ESVGH 47, 192 = NVwZ-RR 1997, 751 (Ls.); zum Rechtsschutz gegen eine Zuweisung auch VerfGH Berlin InfAuslR 2014, 26 (27).

[117] Umstritten, wie hier: BVerwG NVwZ 1998, 299 (300); BVerwGE 105, 232 (233); OVG Hamburg AuAS 2005, 142; NVwZ-RR 2006, 827 (828); OVG Koblenz NVwZ Beil. I/2004, 21; VGH Mannheim NVwZ 2000, 589; OVG Münster NVwZ-RR 1999, 402; in diese Richtung auch OVG Bremen Beschl. v. 22.1.1996 – 1 B 106/95 (bei asylverfahrensunabhängigen Duldungsgründen); OVG Lüneburg AuAS 2004, 34; VGH München NVwZ Beil. I/2004, S. 14 (bei inlandsbezogenem Vollstreckungshindernis); aA VGH Kassel DVBl. 1996, 212; NVwZ-RR 2004, 690; OVG Lüneburg DVBl. 2000, 1545; OVG Magdeburg Beschl. v. 3.4.2000 – 2 M 126/00; VGH Mannheim VBlBW 1998, 317; VBlBW 1999, 106; § 80 AsylVfG bejaht auch OVG Bremen Beschl. v. 22.1.1996 – 1 B 112/96 (bei

Abs. 3 AsylG (Abschiebung von Familienangehörigen) entschieden wird.[118] § 80 AsylG gilt ferner nicht in folgenden Fällen: Aufforderung zur Wohnsitznahme auf der Grundlage des AufenthG gegenüber einem unanfechtbar abgelehnten Asylbewerber;[119] Streit um die Erteilung eines Reiseausweises nach Art. 28 Abs. 1 GenfKonv;[120] Auflagen zur Passbeschaffung nach Abschluss des Asylverfahrens.[121]

II. Der vorläufige Rechtsschutz im Einzelnen

1250 Der Umfang des vorläufigen Rechtsschutzes ist im AsylG unterschiedlich ausgestaltet: Während bei (schlicht) unbegründeten Asylanträgen noch weitgehend die allgemeinen Regelungen gelten (1.), hat der Gesetzgeber den vorläufigen Rechtsschutz bei offensichtlich unbegründeten Asylanträgen (2.), bei Folge- oder Zweitanträgen (3.), im sog. Flughafenverfahren (4.) und bei Abschiebungsandrohungen für einen sicheren Drittstaat (5.) in jeweils spezifischer Weise eingeschränkt.

1. (Schlicht) unbegründeter Asylantrag

1251 Nach § 34 Abs. 1 Satz l AsylG erlässt das Bundesamt für Migration und Flüchtlinge die Abschiebungsandrohung nach §§ 59 und 60 Abs. 10 AufenthG, wenn der Ausländer weder als Asylberechtigter noch als Flüchtling anerkannt, ihm kein subsidiärer Schutz gewährt wird, Abschiebungsverbote nicht festgestellt werden und er keine Aufenthaltsgenehmigung besitzt. Bei einem (schlicht) unbegründeten Asylantrag beträgt die Ausreisefrist 30 Tage (§ 38 Abs. 1 Satz 1 AsylG). Die Klage gegen diese Ausreisefrist hat aufschiebende Wirkung (§ 75 Abs. 1 AsylG).[122]

2. Unzulässiger oder offensichtlich unbegründeter Asylantrag

1252 **a) Materiellrechtliche Ausgangslage.** Ein Asylantrag ist nach § 29 AsylG unter bestimmten Voraussetzungen unzulässig, insbesondere wenn ein anderer Mitgliedstaat bereits internationalen Schutz gewährt hat (§ 29 Abs. 1 Nr. 2 AsylG) oder ein Drittstaat Schutz gewährt und der Antragsteller dort vor politischer Verfolgung sicher ist (§ 29 Abs. 1 Nr. 4 AsylG).

1253 Offensichtlich unbegründet ist grundsätzlich der Asylantrag eines Ausländers aus einem sicheren Herkunftsstaat im Sinne des § 29a Abs. 1 AsylG, Art. 16a Abs. 3 Satz 1 GG. Der Gesetzgeber bestimmt solche Staaten als sichere Herkunftsstaaten, bei denen aufgrund der Rechtslage, der Rechtsanwendung und der allgemeinen politischen Verhältnisse gewährleistet erscheint, dass dort weder politische Verfolgung noch unmenschliche oder erniedrigende Bestrafung oder Behandlung stattfindet. Etwas anderes gilt nur dann, wenn die von dem Ausländer angegebenen Tatsachen oder Beweismittel die Annahme begründen, dass ihm abweichend von der allgemeinen Lage im Herkunftsstaat politische

---

Suizidgefahr während der Vollstreckung der Abschiebung); differenzierende Lösung bei *König* NVwZ 2000, 268 ff.; zur ausschließlichen Zuständigkeit des Bundesamtes für Migration und Flüchtlinge bei zielstaatbezogenen Abschiebungshindernissen s. BVerwG 105, 383 (385 f.) = NVwZ 1998, 524; NVwZ 2006, 830.

[118] VGH Mannheim AuAS 2016, 124.

[119] OVG Koblenz InfAuslR 2004, 255; VGH Mannheim AuAS 2008, 22

[120] OVG Münster NVwZ-RR 1999, 402.

[121] OVG Weimar InfAuslR 2005, 227; OVG Koblenz AuAS 2007, 43.

[122] Auch, wenn die Abschiebungsandrohung erst später ergeht oder geändert wird, vgl. VG Stuttgart Beschl. v. 27.10.2005 – 4 K 13 055/05; VG Karlsruhe Beschl. v. 17.12.2004 – 9 K 12 103/04; aA VG Aachen Beschl. v. 21.2.2003 – 4 L 166/03. A.; anders dagegen, wenn die Abschiebungsandrohung auf § 39 AsylG gestützt wird, vgl. VG Leipzig Beschl. v. 20.8.2002 – 4 A 30 476/02. A.

Verfolgung droht (§ 29a Abs. 1 a. E. AsylG, Art. 16a Abs. 3 Satz 2 GG). Hierzu muss der Betroffene in Bezug auf ein individuelles Verfolgungsschicksal Umstände seiner politischen Verfolgung schlüssig und substantiiert vortragen.[123]

Ein Asylantrag ist ferner offensichtlich unbegründet, wenn die Voraussetzungen für eine Anerkennung als Asylberechtigter und die Voraussetzungen für die Zuerkennung des internationalen Schutzes offensichtlich nicht vorliegen (§ 30 Abs. 1 AsylG). Das Gesetz zählt in § 30 Abs. 2–5 AsylG beispielhaft Gründe auf, in denen ein Asylantrag offensichtlich unbegründet ist. Jedenfalls in der Fassung des Integrationsgesetzes vom 5.8.2016 (BGBl. I S. 1939) kann auch der Antrag auf subsidiären Schutz als offensichtlich unbegründet abgelehnt werden.[124] Bei nach § 29 Abs. 1 Nr. 2 oder Nr. 4 AsylG unzulässigen oder offensichtlich unbegründeten Asylanträgen beträgt die Ausreisefrist nach § 36 Abs. 1 AsylG eine Woche. 1254

b) Verfahrensrechtliche Besonderheiten. In den Fällen eines nach § 29 Abs. 1 Nr. 2 AsylG (anderweitiger Schutz) und § 29 Abs. 1 Nr. 4 AsylG (anderweitiger Schutz außerhalb der EU) unzulässigen oder offensichtlich unbegründet abgelehnten Asylantrags sind Anträge nach § 80 Abs. 5 VwGO gemäß § 36 Abs. 3 Satz 1 AsylG innerhalb einer Woche nach Bekanntgabe zu stellen; dem Antrag soll der Bescheid des Bundesamtes beigefügt werden. Der Antragsteller ist über den Rechtsbehelf und die Fristbindung zu belehren (§ 36 Abs. 3 Satz 2 AsylG, § 58 VwGO). Wird wegen der Versäumung der Antragsfrist um Wiedereinsetzung in den vorigen Stand nachgesucht, so sind mangelnde Sprachkenntnisse des Ausländers zu berücksichtigen.[125] Eine Ungereimtheit liegt darin, dass die Frist für das Wiedereinsetzungsgesuch in solchen Fällen nach § 60 Abs. 2 Satz 1 VwGO zwei Wochen beträgt, die Frist für das Wiedereinsetzungsgesuch also länger als die Antragsfrist ist, in die Wiedereinsetzung gewährt werden soll.[126] 1255

Die Entscheidung im Eilverfahren soll im schriftlichen Verfahren ergehen; eine mündliche Verhandlung, in der zugleich über die Klage verhandelt wird, ist unzulässig (§ 36 Abs. 3 Satz 4 AsylG). 1256

Die Entscheidung im Verfahren nach § 80 Abs. 5 VwGO soll innerhalb von zwei Wochen nach Bekanntgabe der Abschiebungsandrohung ergehen (§ 36 Abs. 3 Satz 4 AsylG).[127] Die Kammer des Verwaltungsgerichts kann die Frist um jeweils eine weitere Woche verlängern; eine zweite Verlängerung und weitere Verlängerungen sind nur bei Vorliegen schwerwiegender Gründe zulässig, insbesondere, wenn eine außergewöhnliche Belastung des Gerichts eine frühere Entscheidung nicht möglich macht (§ 36 Abs. 3 Satz 6–7 AsylG). Die sanktionslose Entscheidungsfrist hat keine praktische Bedeutung erlangt, Es muss auch bezweifelt werden, ob ein Richter in jedem Einzelfall eine hinreichend sorgfältige Entscheidung in der kurzen Regelzeit treffen kann. 1257

Nach § 36 Abs. 3 Satz 8 AsylG ist im Fall einer rechtzeitigen Antragstellung eine Abschiebung unzulässig, die vor der gerichtlichen Entscheidung durchgeführt werden soll. Eines „Hängebeschlusses" bedarf es daher nicht.[128] 1258

Die Entscheidung ist ergangen, wenn die vollständig unterschriebene Entscheidungsformel der Geschäftsstelle der Kammer vorliegt (§ 36 Abs. 3 Satz 9 AsylG). Abweichend vom allgemeinen Verfahrensrecht ist für das Wirksamwerden der Entscheidung nach dem 1259

---

[123] BVerfGE 94, 115 (146 f.).

[124] Zur vorherigen Rechtslage VG Gelsenkirchen Beschl. v. 15.3.2016 – 2a L 557/16.A; VG Aachenn Beschl. v. 1.3.2016 – 4 A L 35/16.A; aA VG Düsseldorf Beschl. v. 22.12.2015 – 7 L 3863/15.A.

[125] Vgl. dazu, aber auch zur Sorgfaltspflicht des Ausländers bei Wahrnehmung seiner Rechte BVerfGE 86, 280.

[126] Vgl. dazu VG Sigmaringen VBlBW 1993, 312.

[127] Zur Aktenvorlage an das VG noch vor Einlegung eines Rechtsbehelfs s. § 36 Abs. 2 AsylG.

[128] Zur Zulässigkeit solcher Beschlüsse → Rn. 918.

AsylG nicht erforderlich, dass diese den Beteiligten zumindest formlos bekannt gegeben wird. Gleichwohl kann aus rechtsstaatlichen Gründen auf die Bekanntgabe der Entscheidung nicht verzichtet werden.[129]

1260 c) **Entscheidungsmaßstab.** § 36 Abs. 4 Satz 1 AsylG beruht auf Art. 16a Abs. 4 Satz 1 Halbs. 1 GG und regelt den Entscheidungsmaßstab. Die Aussetzung der Abschiebung darf nur angeordnet werden, wenn ernstliche Zweifel an der Rechtmäßigkeit des angegriffenen Verwaltungsakts bestehen. Die Vorschrift schließt eine Aussetzung wegen einer unbilligen, nicht durch überwiegende öffentliche Interessen gebotenen Härte (vgl. § 80 Abs. 4 Satz 3 VwGO) oder – bei offenem Ausgang des Hauptsacheverfahrens – auf der Grundlage einer offenen Interessenabwägung aus. Ernstliche Zweifel an der Rechtmäßigkeit des Verwaltungsakts bestehen, wenn die Zweifel so gewichtig sind, dass ein Obsiegen des Antragstellers im Hauptsacheverfahren wahrscheinlicher ist als ein Unterliegen.[130]

1261 Art. 16a Abs. 4 Satz 2 iVm S. 1 Halbs. 2 GG ermächtigt den Gesetzgeber, den Prüfungsumfang einzuschränken und zu bestimmen, dass verspätetes Vorbringen unberücksichtigt bleibt. In Wahrnehmung dieser Ermächtigung ist § 36 Abs. 4 Satz 2 und 3 AsylG ergangen, der den Grundsatz der Amtsermittlung einschränkt. Danach bleiben Tatsachen und Beweismittel unberücksichtigt, es sei denn, sie sind gerichtsbekannt oder offenkundig. Ein Vorbringen, das im Verwaltungsverfahren wegen Verspätung unberücksichtigt bleiben konnte, sowie Tatsachen und Umstände, die der Ausländer im Verwaltungsverfahren nicht angegeben hat, kann das Gericht unberücksichtigt lassen, wenn anderenfalls die Entscheidung verzögert würde.

1262 Der Eilantrag nach § 80 Abs. 5 VwGO hat Erfolg, wenn ernstliche Zweifel an der Richtigkeit der Feststellung über die Unzulässigkeit des Asylantrages (§ 29 Abs. 1 AsylG) oder des Offensichtlichkeitsurteils (§ 29a Abs. 1, § 30 AsylG) bestehen. Der Eilantrag hat also auch dann Erfolg, wenn sich nach der Einschätzung des erkennenden Gerichts das Asylbegehren im Hauptsacheverfahren als (schlicht) unbegründet erweisen wird.[131] Die im Aussetzungsverfahren vorzunehmende Überprüfung muss dabei die Frage der „Offensichtlichkeit" erschöpfend beantworten, eine lediglich summarische Würdigung genügt nicht.[132] Offensichtlichkeit im Sinne des § 30 Abs. 1 AsylG liegt nur vor, wenn an der Richtigkeit der tatsächlichen Feststellungen des Gerichts vernünftigerweise kein Zweifel bestehen kann und sich bei einem solchen Sachverhalt nach allgemein anerkannter Rechtsauffassung die Abweisung der Klage geradezu aufdrängt.[133] Ein solcher Ablehnungsgrund kann auch zu bejahen sein, wenn sich das Vorbringen des Asylbewerbers insgesamt als unglaubwürdig erweist.[134]

1263 Nimmt das Bundesamt für Migration und Flüchtlinge an, der unbegründete Asylantrag sei aus den in § 30 Abs. 3 AsylG genannten Gründen *offensichtlich* unbegründet, so kann das Gericht auch prüfen, ob aus anderen als den von dem Bundesamt angenommenen Gründen das Asylbegehren offensichtlich unbegründet ist.[135]

1264 d) **Entscheidungswirkungen.** Hat der Eilantrag Erfolg, kann der Ausländer einstweilen nicht abgeschoben werden. Im Übrigen ist zu differenzieren: Im Fall eines nach § 29

---

[129] Ebenso *Schoch* DVBl. 1993, 1161 (1169 f.).

[130] Dahin gehend BVerfGE 94, 166 (194). Dies deckt sich mit dem richtigen Verständnis des § 80 Abs. 4 S. 3, vgl. dazu → Rn. 829 (auch mit Nachweisen zur Gegenauffassung).

[131] VG Leipzig Beschl. v.26.9.2011 – A 1 L 451/11.

[132] BVerfG InfAuslR 1993, 105; InfAuslR 1992, 149.

[133] BVerfGE 65, 76 (95 f.); 67, 43 (56 f.) = NJW 1984, 2028 (2029); 71, 276 (293); InfAuslR 1993, 196; DVBl. 1994, 1405; NVwZ Beil. 9/1997, 65 f.; NVwZ Beil. 12/2000, 145.

[134] BVerfG InfAuslR 1993, 105; vgl. auch § 30 Abs. 3 Nr. 1 AsylVfG.

[135] VG Freiburg NVwZ-RR 2004, 537 (Ls.); aA VG Frankfurt NVwZ Beil. I/1999, 60.

Abs. 1 Nr. 2 oder 4 AsylG uzulässigen Asylantrags wird die Entscheidung über die Unzulässigkeit und die Abschiebungsandrohung unwirksam nach § 37 Abs. 1 Satz 1 AsylG; ein anhängiges Klageverfahren erledigt sich. Das Asylverfahren ist nach § 37 Abs. 1 S. 2 AsylG fortzuführen. Wird dem Eilantrag nach § 80 Abs. 5 VwGO im Fall eines als offensichtlich unbegründet abgelehnten Asylantrags stattgegeben, so endet die Ausreisefrist 30 Tage nach dem unanfechtbaren Abschluss des Asylverfahrens (§ 37 Abs. 2 AsylG); die ursprüngliche Ausreisefrist von einer Woche (§ 36 Abs. 1 AsylG) wird damit von Gesetzes wegen geändert.[136]

3. Erfolgloser Folgeantrag und Zweitantrag

Stellt ein Ausländer nach Rücknahme oder unanfechtbarer Ablehnung eines früheren Asylantrages erneut einen Asylantrag (Folgeantrag), so ist ein weiteres Asylverfahren nur durchzuführen, wenn die Voraussetzungen des § 51 Abs. 1 bis 3 VwVfG vorliegen (§ 71 Abs. 1 Satz 1 AsylG). Liegen diese Voraussetzungen nicht vor, ist der Asylantrag unzulässig nach § 29 Abs. 1 Nr. 5 AsylG. Das Bundesamt droht sodann die Abschiebung an (§ 71 Abs. 4 Halbs. 1 AsylG iVm §§ 34 und 35 AsylG); eine dagegen erhobene Klage hat keine aufschiebende Wirkung (§ 75 AsylG). Für das verwaltungsgerichtliche Eilverfahren findet über § 71 Abs. 4 Halbs.1 AsylG der § 36 AsylG Anwendung, so dass das zum offensichtlich unbegründeten Asylantrag Gesagte entsprechend gilt.[137] 1265

Die Frage, ob die Voraussetzungen des § 51 Abs. 1 bis 3 VwVfG vorliegen, insbesondere eine Änderung der Sachlage nach § 51 Abs. 1 Nr. 1 VwVfG eingetreten oder ein neues Beweismittel im Sinne von § 51 Abs. 1 Nr. 2 VwVfG verfügbar ist, muss das Gericht erschöpfend beantworten; es gelten dieselben verfassungsrechtlichen Anforderungen wie in den Fällen offensichtlich unbegründeter Asylanträge.[138] Eine glaubhafte und substantiierte Darlegung der Gründe für das Wiederaufgreifen des Verfahrens ist damit beachtlich.[139] 1266

Wird bei einem erfolglos gebliebenen Folgeantrag keine Abschiebungsandrohung oder -anordnung erlassen, weil eine im Falle eines früheren Asylantrages ergangene gleichartige Maßnahme vollziehbar geworden ist (§ 71 Abs. 5 S. 1 AsylG), scheidet Rechtsschutz nach § 80 Abs. 5 VwGO mangels eines Verwaltungsakts aus.[140] Allerdings darf die Abschiebung erst nach der Mitteilung des Bundesamtes für Migration und Flüchtlinge an die Ausländerbehörde erfolgen, dass die Voraussetzungen des § 51 Abs. 1–3 VwVfG nicht vorliegen. (Abweichendes gilt nach § 71 Abs. 5 S. 2 AsylVfG nur bei beabsichtigter Abschiebung in einen sicheren Drittstaat.) Einstweiliger Rechtsschutz kann in diesen Fällen durch eine Regelungsanordnung nach § 123 Abs. 1 S. 2 VwGO erreicht werden mit dem Ziel, dem Bundesamt für Migration und Flüchtlinge die genannte Mitteilung an die Ausländerbehörde vorläufig zu untersagen.[141] Dem Antrag darf das Verbot der Vorwegnahme der Hauptsache nicht entgegengehalten werden. Eine abweichende Auslegung verstößt gegen Art. 19 Abs. 4 S. 1 GG.[142] 1267

Ein im Bundesgebiet gestellter Asylantrag ist ein sog. Zweitantrag nach § 71a Abs. 1 Satz 1 AsylG, wenn der Ausländer diesen Antrag nach erfolglosem Abschluss eines Asyl- 1268

[136] BVerwGE 114, 122 (126); zur Ausreisefrist bei Verzicht auf ein Asylverfahren nach § 14 Abs. 3 AsylVfG s. VG Düsseldorf InfAuslR 2006, 163.

[137] → Rn. 1255; zur analogen Anwendung des § 37 Abs. 2 AsylG bei Folgeverfahren s. BVerwGE 114, 122 (127 f.).

[138] BVerfG InfAuslR 1992, 122; DVBl. 1993, 1004; InfAuslR 1995, 19 (21 f.); DVBl. 1995, 846; *Schütze* VBlBW 1995, 347.

[139] BVerfG InfAuslR 1992, 122.

[140] VG Freiburg NVwZ 1995, 197 = VBlBW 1994, 160; *Schütze* VBlBW 1995, 348.

[141] OVG Münster AuAS 2000, 107.

[142] BVerfG NVwZ Beil. I/1999, 49 (51).

verfahrens in einem sicheren Drittstaat (§ 26a) stellt, für den Rechtsvorschriften der Europäischen Gemeinschaft über die Zuständigkeit für die Durchführung von Asylverfahren gelten oder mit dem die Bundesrepublik Deutschland darüber einen völkerrechtlichen Vertrag geschlossen hat. Zum vorläufigen Rechtsschutz in diesen Fällen gilt das zum Folgeantrag Gesagte (vgl. § 71a Abs. 4 AsylG).

4. Flughafenverfahren

1269 Bei Ausländern aus einem sicheren Herkunftsstaat nach § 29a AsylG, die über einen Flughafen einreisen wollen und bei der Grenzbehörde um Asyl nachsuchen, ist das Asylverfahren grundsätzlich (zu Ausnahmen: s. § 18a Abs. 1 Satz 1 2. Halbs. AsylG) vor der Entscheidung über die Einreise durchzuführen. Gleiches gilt für Ausländer, die bei der Grenzbehörde auf einem Flughafen um Asyl nachsuchen und sich dabei nicht mit einem gültigen Pass oder Passersatz ausweisen (§ 18a Abs. 1 Satz 2 AsylG). Lehnt das Bundesamt für Migration und Flüchtlinge den Asylantrag als offensichtlich unbegründet ab, verweigert die Grenzbehörde dem Ausländer die Einreise (§ 18a Abs. 3 Satz 1 AsylG). Das Bundesamt für Migration und Flüchtlinge droht – für den Fall der Einreise – nach Maßgabe der §§ 34 und 36 Abs. 1 AsylG die Abschiebung unter Setzung einer Ausreisefrist von einer Woche an (§ 18a Abs. 2 AsylG).

1270 Ein Antrag auf Gewährung einstweiligen Rechtsschutzes nach § 18 Abs. 4 und 5 AsylG ist in diesen Fällen nach § 18a Abs. 4 Satz 1 AsylG innerhalb von drei Tagen nach der Zustellung der Entscheidungen des Bundesamtes und der Grenzbehörde zu stellen. Der Ausländer ist über diese Frist zu belehren (§ 18a Abs. 4 Satz 3, 4 AsylG, § 58). Dem Asylbewerber ist auf dessen Verlangen eine zusätzliche Frist von weiteren vier Tagen zur Begründung seines Antrages einzuräumen.[143] In Bezug auf den Prüfungsmaßstab und -umfang gelten die Regelungen des § 36 Abs. 4 AsylG (§ 18a Abs. 4 Satz 6 AsylG). Soweit zu prüfen ist, ob ernstliche Zweifel an der Rechtmäßigkeit des angefochtenen Verwaltungsakts bestehen, sind die Anforderungen nicht gemindert.[144] Das gerichtliche Verfahren ist grundsätzlich als noch verfassungsgemäß angesehen worden.[145]

1271 Nach § 18a Abs. 6 Nr. 3 AsylG ist dem Ausländer die Einreise zu gestatten, wenn das Gericht nicht innerhalb von vierzehn Tagen über einen Antrag nach § 18a Abs. 4 AsylG auf vorläufigen Rechtsschutz entschieden hat.

5. Anordnung der Abschiebung in einen Drittstaat oder zuständigen Staat

1272 Ein Ausländer, der aus einem sicheren Drittstaat im Sinne des Art. 16a Abs. 2 Satz 1 GG eingereist ist, kann sich nicht auf das Grundrecht auf Asyl nach Art. 16a Abs. 1 GG berufen; er wird nicht als Asylberechtigter anerkannt (§ 26a Abs. 1 Satz 1, 2 AsylG, Art. 16a Abs. 2 Satz 1 GG). Zu den sicheren Drittstaaten gehören nach § 26a Abs. 2 AsylG außer den Mitgliedstaaten der Europäischen Union alle in Anlage I zum AsylG bezeichneten Staaten; insbesondere sind alle Nachbarstaaten der Bundesrepublik Deutschland sichere Drittstaaten. Für § 26a Abs. 1 Satz 1, 2 AsylG kommt es nicht darauf an, über welchen Drittstaat der Ausländer eingereist ist.[146] Soll der Ausländer in einen sicheren Drittstaat abgeschoben werden, ordnet das Bundesamt für Migration und Flüchtlinge die Abschiebung in diesen Staat an, sobald feststeht, dass sie durchgeführt werden kann (§ 34a Abs. 1 Satz 1 AsylG).

---

[143] BVerfGE 94, 166 (207).

[144] BVerfGE 94, 166 (208); vgl. auch BVerfG InfAuslR 1998, 363 (bei geltend gemachter Foltergefahr).

[145] BVerfGE 94, 166 (205 ff.).

[146] BVerwGE 105, 194.

Ein Asylantrag ist dagegen unzulässig nach § 29 Abs. 1 Nr. 1 AsylG, wenn ein anderer Staat nach der Dublin III Verordnung[147] oder auf Grund von anderen Rechtsvorschriften der Europäischen Union oder eines völkerrechtlichen Vertrages für die Durchführung des Asylverfahrens zuständig ist. Auch in diesem Fall ordnet das Bundesamt die Abschiebung nach § 34a Abs. 1 AsylG an; die vollziehende Ausländerbehörde hat aber den Grundsatz der Verhältnismäßigkeit zu beachten.[148] 1272a

Anträge nach § 80 Abs. 5 VwGO gegen die Abschiebungsanordnung sind innerhalb einer Woche zu stellen. Die Abschiebung ist nach § 34a Abs. 2 Satz 2 AsylG bei rechtzeitiger Antragstellung vor der gerichtlichen Entscheidung nicht zulässig.[149] Mit dieser Regelung durch das Richtlinienumsetzungsgesetz vom 28.8.2013 (BGBl. I S. 3474) eröffnete der Gesetzgeber die Möglichkeit gerichtlichen Eilrechtsschutzes; in den erstinstanzlichen gerichtlichen Verfahren stand vielfach die Frage im Raum, ob eine Abschiebung durchgeführt werden kann oder diese wegen systemischer Mängel im Zielstaat undurchführbar ist;[150] hinsichtlich der Dublin III – Verordnung sind zudem auch Fristverstöße rügefähig.[151] Für die Prüfung des Antrags gelten die allgemeinen Grundsätze für Entscheidungen nach § 80 Abs. 5 VwGO, nicht die Sondervorschrift des § 36 Abs. 4 Satz 1 AsylG.[152] 1273

§ 58 Baurecht

Schrifttum: *Bamberger,* Die verwaltungsgerichtliche vorläufige Einstellung genehmigungsfreier Bauvorhaben, NVwZ 2000, 983; *Burmeister,* Der einstweilige Rechtsschutz des Nachbarn gegen Baugenehmigungen im Lichte verwaltungsprozeß- und baurechtlicher Novellierungen, NordÖR 1999, 330; *Erichsen/Scherzberg,* Die einstweilige Anordnung im Verfahren der verwaltungsgerichtlichen Normenkontrolle (§ 47 Abs. 7 VwGO), DVBl. 1987, 168; *Ewer,* Zur Bedeutung der Beurteilung der objektiven Rechtmäßigkeit der Baugenehmigung bei der Entscheidung über ein Sofortvollzugsantrag nach § 80a Abs. 1 und Abs. 3 VwGO, SchlHAnz. 1992 Teil A, S. 201; *Finkelnburg/Ortloff,* Öffentliches Baurecht, Bd. II, 5. Aufl., 2005, §§ 20 ff.; *Füßer,* Fristlauf der Widerspruchsfrist bei Bekanntgabe der Baugenehmigung an Drittbetroffene, LKV 1996, 314; *Grave,* Vorläufiger Rechtsschutz gem. § 37 Abs. 7 VwGO, BauR 1981, 157; *Grosse Hündfeld,* Zum vorläufigen Rechtsschutz im Baurecht nach §§ 80, 80a VwGO, FS Gelzer, 1991, S. 303; *Heieck,* Zum Sofortvollzug der Baugenehmigung für gewerbliche Vorhaben – Vorrang behördlicher Sofortvollzugsentscheidungen?, VBlBW 1996, 134; *Huber,* § 212a I BauGB und die Auswirkungen auf den einstweiligen Rechtsschutz nach § 80 V VwGO, NVwZ 2004, 915; *Jäde,* Vorrang der Behördenentscheidung bei einstweiligem Nachbarrechtsschutz?, UPR 1991, 295; *ders.,* Sofortvollzug bei aussichtslosem Nachbarwiderspruch?, NVwZ 1986, 101; *Karpen,* Einstweiliger Rechtsschutz des Nachbarn im Baurecht, NJW 1986, 881; *Kerkmann,* Die einstweilige Anordnung gegen Bebauungspläne, BauR 2011, 1921; *König,* Der Rechtsschutz Drittbetroffener gegen Bau- und Anlagengenehmigungen im öffentlichen Baurecht, Immissionsschutzrecht und Atomrecht, 1993; *Mass,* Baugenehmigung durch einstweilige Anordnung nach § 123 VwGO?, NVwZ 2004, 572; *Mainczyk/Bonnmann,* Ausschluß der aufschiebenden Wirkung im Städtebaurecht – Anmerkungen zu den Neuregelungen im Bau- und Raumordnungsgesetz 1998 – ZfBR 1997, 281; *Mampel,* Vorläufiger Rechtsschutz gegen Verwaltungsakte mit Doppelwirkung nach dem 6. VwGOÄndG, DVBl. 1997, 1155; *ders.,* Teilweise Aussetzung der Vollziehung einer Baugenehmigung?, BauR 2000, 1817; *ders.,* Baurechtlicher Drittschutz nach der Deregulierung, UPR 1997, 267; *Martini,* Baurechtsvereinfachung und Nachbarschutz, DVBl. 2001, 1488; *Müller-Wiesenhaken/Götze,* Rechtsgestaltende Wirkung von Entscheidungen der Verwaltungsgerichte in tripolaren Konstellationen nach §§ 80 Abs. 5, 80a Abs. 3 VwGO im Anlagenzulassungsrecht und ihre Durch-

[147] Verordnung (EU) Nr. 604/2013 des Europäischen Parlaments und des Rates vom 26.6.2013 (ABl. L 180/31)

[148] BVerwGE 153, 24 Rn. 23 f.

[149] Zum Lauf der Überstellungsfrist bei Eilanträgen BVerwG NVwZ 2016, 1186; Urt. v. 9.8.2016 – 1 C 6.16 Rn. 15.

[150] BVerfG NVwZ 2016, 1242; EuGH NVwZ 2012, 417 (420); NVwZ 2014, 208; vgl. *Berlit* jurisPR-BVerwG 12/2014 Anm. 3.

[151] EuGH NVwZ 2016, 1157 m. Anm. *Hoppe* NVwZ 2016, 1160.

[152] VG Bremen BeckRS 2014, 49169.

setzung, BauR 2011,1910; *Oeter,* Baurechtsvereinbarung, Drittschutz und die Erfordernisse wirksamen Rechtsschutzes, DVBl. 1999, 189; *Pechstein,* Der einstweilige Rechtsschutz des Nachbarn im Baurechtsstreit, JuS 1989, 194; *K. Redeker,* Fragen des Rechtsschutzes gegen Maßnahmen der Raumordnung und Landesplanung, in: Festschrift für Schlichter, 1995, S. 541; *ders.,* Bauvorbescheid und aufschiebende Wirkung von Rechtsmitteln, NVwZ 1998, 589; *ders.,* Neuordnung der Verfahrensabläufe bei nachbarlichen Rechtsbehelfen im Baurecht, BauR 1991, 525; *Rieger,* Rechtsschutz gegen die Zurückstellung von Baugesuchen, BauR 2003, 1512; *Rolshoven,* Baugenehmigung im Eilverfahren?, BauR 2003, 646; *Schenke,* Die einstweilige Anordnung in Verbindung mit der verwaltungsgerichtlichen Normenkontrolle (§ 47 Abs. 7), DVBl. 1979, 169; *Schlez,* Rechtsschutz im Baurecht. Die gerichtliche Überprüfung von Behördenentscheidungen und Bebauungsplänen, 1993; *Schmaltz,* Probleme des vorläufigen Rechtsschutzes im 4. VwGO-ÄndG, NVwZ 1991, 1121; *Schönfelder,* Neue Rechtslage im Baunachbarstreit? Zum Vorrang der Behördenentscheidung im Verfahren des einstweiligen Rechtsschutzes, VBlBW 1993, 287; *Sellner,* Die Anordnung der sofortigen Vollziehung durch das Gericht nach § 80a Abs. 3 VwGO, in: FS Lerche, 1993, S. 815; *Traumann,* Die sog. Risiko- und Verpflichtungserklärung bei der Vollzugsanordnung nach § 80 VwGO, NVwZ 1988, 415; *Uechtritz,* Vorläufiger Rechtsschutz eines Nachbarn bei genehmigungsfreigestellten Bauvorhaben – Konkurrenz zwischen Zivil- und Verwaltungsprozeß?, BauR 1998, 719; *Vietmeier,* Der einstweilige Rechtsschutz im Baunachbarstreit vor dem Hintergrund von Schadensersatz und Entschädigungsansprüchen, VR 1992, 272; *Wüstenbecker,* Die Anordnung der sofortigen Vollziehung rechtswidriger Verwaltungsakte – Irrwege bei der Anwendung des § 80a VwGO, BauR 1995, 313; *Zloch,* Genehmigungsfreies Bauen und Rechtsschutz, SächsVBl. 1996, 45; *Zuck,* Die einstweilige Anordnung im Normenkontrollverfahren nach § 47 Abs. 7 VwGO, DÖV 1977, 848.

1274 In der Praxis des öffentlichen Baurechts spielt der vorläufige Rechtsschutz vor allem eine Rolle im Zusammenhang mit der städtebaulichen Planung, bei Widerspruch und Anfechtungsklage eines Dritten gegen die bauaufsichtliche Zulassung eines Vorhabens und bei bauaufsichtlichen Eingriffsakten.

I. Vorläufiger Rechtsschutz im Zusammenhang mit der städtebaulichen Planung

1275 Im Bereich der städtebaulichen Planung kann sich die Notwendigkeit vorläufigen Rechtsschutzes gegenüber dem Bebauungsplan, gegenüber einer Veränderungssperre nach § 14 BauGB und im Zusammenhang mit der Zurückstellung von Baugesuchen nach § 15 BauGB ergeben.

1. Vorläufiger Rechtsschutz gegenüber einem Bebauungsplan

1276 Wer sich gegen einen Bebauungsplan zur Wehr setzen will, durch den er sich in seinen Rechten verletzt sieht oder befürchtet, in absehbarer Zeit verletzt zu werden, kann nach § 47 innerhalb eines Jahres nach der ortsüblichen Bekanntmachung, mit der der Bebauungsplan nach § 10 Abs. 3 S. 3 BauGB in Kraft tritt, beim Oberverwaltungsgericht einen Antrag auf Normenkontrolle, auf Überprüfung der Gültigkeit des Bebauungsplans, stellen. Zur Gewährung vorläufigen Rechtsschutzes, der hier allein in den Blick zu nehmen ist, kann das Gericht gem. § 47 Abs. 6 VwGO[153] auf Antrag eine einstweilige Anordnung erlassen und den Bebauungsplan vorläufig außer Vollzug setzen.

1277 **a) Zuständigkeit.** Zuständig für den Erlass einer einstweiligen Anordnung ist nach § 47 Abs. 6 VwGO „das Gericht". Gemeint ist damit, wie in § 123 Abs. 2 und § 80 Abs. 5 VwGO, das „Gericht der Hauptsache". Das ist das OVG als das Normenkontrollgericht. Ist das Normenkontrollverfahren in der Revisionsinstanz anhängig, ist das BVerwG für den Erlass der einstweiligen Anordnung zuständig.[154] Es ist auch zuständig, wenn gegen die Nichtzulassung der Revision Nichtzulassungsbeschwerde nach § 133

---

[153] Ursprünglich war die einstweilige Anordnung gleichlautend mit dem heutigen Absatz 6 in Absatz 8, später in Absatz 7 des § 47 VwGO geregelt.

[154] BVerwG NVwZ 1998, 1065.

VwGO eingelegt worden ist und das OVG beschlossen hat, der Beschwerde nicht abzuhelfen.

b) Allgemeine Verfahrensvoraussetzungen. Eine einstweilige Anordnung nach § 47 Abs. 6 VwGO setzt voraus, dass der Normenkontrollantrag zulässig ist. Deshalb kommt eine einstweilige Anordnung nach § 47 Abs. 6 VwGO von vornherein nicht in Betracht, wenn nach jeder denkbaren Betrachtungsweise ausgeschlossen ist, dass der Antragsteller durch den von ihm angegriffenen Bebauungsplan in seinen Rechten verletzt wird.[155] Unzulässig wäre der Normenkontrollantrag, wenn der Bebauungsplan noch nicht in Kraft getreten ist. Es gibt keine vorbeugende Normenkontrolle vor Inkrafttreten des Bebauungsplans und keine vorläufige Außervollzugssetzung eines planreifen, aber noch nicht in Kraft getretenen Bebauungsplans.[156] Wie bei jedem gerichtlichen Verfahren muss der Antragsteller ein Rechtsschutzbedürfnis für seinen Normenkontrollantrag haben. Es kann fehlen, wenn die Planfestsetzungen des Bebauungsplans durch Baugenehmigungen im Wesentlichen ausgenutzt worden sind,[157] da diese auch bei vorläufiger Aussetzung des Bebauungsplans vollziehbar bleiben.[158] Nur weitere Baugenehmigungen können nach Außervollzugssetzung des Bebauungsplans durch einstweilige Anordnung nicht mehr erteilt werden.[159] Das Rechtsschutzbedürfnis fehlt nicht, wenn der Antragsteller gegen auf den Bebauungsplan gestützte Maßnahmen mit Widerspruch oder Klage vorgehen könnte. Dieser Individualrechtsschutz und der der Rechtsschutz nach § 47 stehen selbständig nebeneinander.[160] 1278

c) Die speziellen Voraussetzungen des § 47 Abs. 6 VwGO. Nach § 47 Abs. 6 VwGO kann auf Antrag eine einstweilige Anordnung erlassen werden, wenn dies zur Abwehr schwerer Nachteile oder aus anderen wichtigen Gründen dringend geboten ist. Dies sind wesentlich strengere, an die bundesverfassungsgerichtliche einstweilige Anordnung des § 32 BVerfGG angelehnte Voraussetzungen für den Erlass einer einstweiligen Anordnung im Normenkontrollverfahren als die Voraussetzungen, unter denen nach § 123 VwGO eine einstweilige Anordnung im allgemeinen Verwaltungsstreitverfahren erlassen werden kann. Es ist jedoch streitig, ob sich die Auslegung und Anwendung des § 47 Abs. 6 VwGO eher, ihrem Wortlaut folgend, an § 32 BVerfGG auszurichten hat, oder ob sie als Instrument der Verwaltungsgerichtsbarkeit eher an § 123 VwGO ausgerichtet werden soll.[161] Einigkeit besteht darin, dass in Anlehnung an § 32 BVerfGG § 47 Abs. 6 VwGO einen strengen Maßstab bei der Beurteilung der Voraussetzungen für den Erlass einer einstweiligen Anordnung verlangt.[162] Im Ergebnis lässt sich die Rechtsprechung wie folgt zusammenfassen: 1279

- Ist der Normenkontrollantrag unzulässig oder offensichtlich unbegründet, kommt eine einstweilige Anordnung nach § 47 Abs. 6 VwGO von vornherein nicht in Betracht.
- Anderenfalls nimmt die Rechtsprechung nunmehr eine Folgenabwägung vor, bei der die Erfolgsaussichten des Hauptsacheverfahrens außer Betracht bleiben. Abgewogen werden die Folgen, die eintreten würden, wenn die beantragte einstweilige Anordnung nicht erginge, der Normenkontrollantrag aber später erfolgreich wäre und zur Aufhebung des Bebauungsplans führte, mit den Folgen, die entstehen, wenn die einstweilige Anordnung erlassen und der Bebauungsplan vorläufig außer Vollzug gesetzt

---

[155] Vgl. OVG Lüneburg BRS 82 Nr. 11.
[156] OVG Berlin-Brandenburg BRS 79 Nr. 70.
[157] OVG Lüneburg BRS 81 Nr. 79 mwN; VGH München BRS 81 Nr. 80.
[158] OVG Münster BRS 81 Nr. 80.
[159] OVG Münster BRS 81 Nr. 81.
[160] OVG Lüneburg BRS 81 Nr. 79; VGH München BRS 70 Nr. 69.
[161] So etwa OVG Lüneburg NVwZ 2002, 109 (110) → Rn. 162.
[162] Vgl. etwa OVG Saarlous BRS 79 Nr. 69: „besonders strenger Maßstab".

würde, der Normenkontrollantrag aber später erfolglos bliebe.[163] Ergibt diese Abwägung, dass bei Nichterlass der einstweiligen Anordnung dem Antragsteller schwere Nachteile drohen, ist der Erlass der einstweiligen Anordnung in der Regel dringend geboten. Die einstweilige Anordnung zur Abwehr schwerer Nachteile dient dem Individualrechtsschutz.[164]

– Eine einstweilige Anordnung kann nach § 47 Abs. 6 VwGO auch ergehen, wenn dies aus „anderen wichtigen Gründen" dringend geboten ist. Dies ist ein „generalklauselartiger Auffangtatbestand", der dem Normenkontrollgericht insbesondere die Möglichkeit gibt, im öffentlichen Interesse dringend gebotene einstweilige Anordnungen zu erlassen. So kann bei einem offensichtlich unwirksamen Bebauungsplan, der für den Antragsteller zwar zu Nachteilen führt, die aber noch nicht die Schwelle „schwerer Nachteile" erreichen, die einstweilige Anordnung je nach den Gegebenheiten „aus anderen wichtigen Gründen" erlassen werden.[165] „Andere wichtige Gründe" wurden angenommen, um eine mit großer Wahrscheinlichkeit rechtswidrige Veränderungssperre vorläufig außer Vollzug zu setzen, um damit das Entstehen vollendeter Tatsachen im Plangebiet zu vermeiden.[166]

1280 **d) Die gerichtliche Entscheidung.** Gibt das Gericht dem Antrag auf Erlass einer einstweiligen Anordnung statt, setzt es durch Beschluss, der zu begründen ist, den Bebauungsplan vorläufig außer Vollzug. Eine Änderung des Bebauungsplans, etwa die Aufhebung einzelner Festsetzungen, kann im Verfahren der einstweiligen Anordnung nicht erreicht werden.[167] Wird der Bebauungsplan im Laufe des Normenkontrollverfahrens im Rahmen eines ergänzenden Verfahrens zur Behebung von Fehlern geändert und in geänderter Fassung rückwirkend in Kraft gesetzt (§ 214 Abs. 4 BauGB), bleibt die zuvor ergangene einstweilige Anordnung wirksam und erstreckt sich auch auf die geänderte Fassung des Bebauungsplans. Will die Gemeinde erreichen, dass der geänderte Bebauungsplan vollzogen werden kann, muss sie analog § 80 Abs. 7 S. 2 VwGO beim Gericht einen Antrag auf Aufhebung der einstweiligen Anordnung wegen veränderter Umstände stellen.[168]

2. Vorläufiger Rechtsschutz gegenüber einer Veränderungssperre

1281 Hat die Gemeinde einen Beschluss über die Aufstellung oder (§ 1 Abs. 8 BauGB) die Änderung, Ergänzung oder Aufhebung eines Bebauungsplans gefasst, kann sie nach § 14 Abs. 1 BauGB zur Sicherung der Planung für den künftigen Planbereich eine Veränderungssperre mit dem Inhalt beschließen, dass Vorhaben im Sinne von § 29 BauGB nicht durchgeführt und bauliche Anlagen nicht beseitigt werden und genehmigungsfreie erhebliche oder wesentlich wertsteigernde Veränderungen von Grundstücken und baulichen Anlagen nicht vorgenommen werden dürfen. Die Veränderungssperre ist gemeindliche Satzung (§ 16 Abs. 1 BauGB). Sie kann mit der Normenkontrolle des § 47 VwGO angegriffen werden. Der Normenkontrollantrag hat keine aufschiebende Wirkung. Durch einstweilige Anordnung nach § 47 Abs. 6 VwGO kann das Oberverwaltungsgericht oder, wenn sich das Normenkontrollverfahren in der Revisionsinstanz (§ 132 Abs. 1 VwGO) befindet, das BVerwG[169], die Veränderungssperre vorläufig außer Vollzug setzen.

---

[163] So etwa VGH Mannheim NVwZ 2001, 827; NVwZ-RR 2000, 529; NVwZ-RR 1992, 418; OVG Saarlouis NVwZ-RR 1992, 626 unter Hinweis auf BVerfGE 82, 310 (313) und BVerfG NVwZ 1992, 52; OVG Weimar NVwZ-RR 2001, 234.

[164] OVG Saarlouis BRS 79 Nr. 69.

[165] OVG Münster BRS 82 Nr. 74.

[166] OVG Lüneburg NVwZ-RR 2004, 332.

[167] OVG Lüneburg NVwZ-RR 2005, 691.

[168] VGH München BRS 79 Nr. 68.

[169] BVerwG NVwZ 1998, 1065.

a) Die Voraussetzungen für den Erlass einer Veränderungssperre. Die Veränderungssperre dient der Sicherung der städtebaulichen Planung. Sie darf daher erst erlassen werden, wenn die Planung, die sie sichern soll, ein Mindestmaß dessen erkennen lässt, was Inhalt des zu erwartenden Bebauungsplans sein soll.[170] Dabei genügt es, wenn der Beschluss über den zu sichernden Bebauungsplan gemeinsam mit dem Beschluss über die Veränderungssperre gefasst und ortsüblich bekannt gemacht wird.[171] Die Gemeinde muss bereits positive Vorstellungen über den Inhalt des Bebauungsplans entwickelt haben.[172] Eine Negativplanung, die sich darin erschöpft, einzelne Vorhaben auszuschließen, rechtfertigt nicht den Erlass einer Veränderungssperre.[173] Auch ein offensichtlich unzulässiger Bebauungsplan kann nicht durch Veränderungssperre gesichert werden.[174] 1282

b) Die zeitlichen Grenzen der Veränderungssperre. Die Veränderungssperre ist nach § 17 BauGB zeitlich begrenzt. Sie tritt außerdem nach § 17 Abs. 5 BauGB außer Kraft, sobald die Satzung über den zu sichernden Bebauungsplan ihrerseits in Kraft getreten ist. Auf die Wirksamkeit des Bebauungsplans kommt es insoweit nicht an.[175] Grundsätzlich tritt die Veränderungssperre nach § 17 Abs. 1 S. 1 BauGB nach Ablauf von zwei Jahren außer Kraft. Hierauf ist nach Satz 2 der seit der ersten Zurückstellung eines Baugesuchs nach § 15 Abs. 1 BauGB abgelaufenen Zeitraum anzurechnen. Auf sog. faktische Bausperren ist § 17 Abs. 1 S. 2 BauGB entsprechend anzuwenden.[176] Beschließt die Gemeinde anstelle des ursprünglich durch die Veränderungssperre gesicherten Bebauungsplans erneut die Aufstellung eines Bebauungsplans, kann sie diesen mit einer neuen Veränderungssperre sichern.[177] 1283

c) Die Voraussetzungen einer einstweiligen Anordnung. Der in seinen Bauabsichten von der Veränderungssperre Betroffene kann mit einem Antrag auf Normenkontrolle nach § 47 VwGO gegen die Veränderungssperre vorgehen. Nach § 47 Abs. 6 VwGO kann das Gericht auf Antrag des Betroffenen eine einstweilige Anordnung erlassen und den Vollzug der Veränderungssperre aussetzen, wenn dies zur Abwehr schwerer Nachteile für den Betroffenen oder aus anderen wichtigen Gründen dringend geboten ist. Diese Voraussetzungen sind äußerst eng, entsprechend weitgehend den Voraussetzungen, unter denen nach § 32 BVerfGG das BVerfG eine einstweilige Anordnung erlassen kann. Sie sind wesentlich enger als die Voraussetzungen, unter denen § 123 VwGO im allgemeinen Verwaltungsstreitverfahren eine einstweilige Anordnung zulässt. Bei der Veränderungssperre, die, anders als der Bebauungsplan, zeitlich begrenzt ist (§ 17 BauGB), liegen die Voraussetzungen des § 47 Abs. 6 VwGO für den Erlass einer einstweiligen Anordnung nur selten vor: „Schwere Nachteile“, die es abzuwehren gilt, gehen von einer Veränderungssperre, die inhaltlich ein zeitlich begrenztes Bau-, Abriss- und Veränderungsverbot enthält, in der Regel nicht aus. Diese Verbote sind die regelmäßigen gesetzlichen Folgen einer Veränderungssperre.[178] Jeder Baugenehmigungsantrag ist nach § 14 BauGB der Gefahr ausgesetzt, durch eine Veränderungssperre aufgehalten zu werden. Dies muss ein Bauherr bei seinen Dispositionen in Rechnung stellen. Die gesetzlichen 1284

---

[170] So wörtlich BVerwGE 144, 82 = NVwZ 2013, 305 unter Hinweis ua auf BVerwG NVwZ 2010, 42 und BVerwGE 120, 138 = NVwZ 2004, 858; ferner BVerwGE 51, 121.

[171] BVerwG NVwZ 1989, 661; OVG Koblenz BRS 79 Nr. 120.

[172] Dazu BVerwG BRS 81 Nr. 130.

[173] BVerwGE 144, 82 = NVwZ 2013, 305; OVG Koblenz BRS 78 Nr. 122; OVG Münster BRS 82 Nr. 121; vgl. aber auch OVG Lüneburg BRS 78 Nr. 125.

[174] BVerwG BRS 82 Nr. 120; OVG Münster BRS 82 Nr. 121; ebenso VGH Mannheim BRS 82 Nr. 8.

[175] BVerwG BRS 81 Nr. 99 unter Hinweis auf BVerwG BRS 50 Nr. 99.

[176] BVerwG BRS 81 Nr. 134 mwN; dazu auch OVG Münster BRS 81 Nr. 135.

[177] BVerwG NVwZ 2007, 954; VGH Mannheim BRS 79 Nr. 23.

[178] OVG Münster BRS 82 Nr. 121.

Folgen, die § 14 BauGB mit der Veränderungssperre verbindet, sind daher grundsätzlich kein „schwerer Nachteil", sondern sind ein Nachteil, den der Gesetzgeber jedem Bauherrn zumutet. Nur wenn die Veränderungssperre für den Betroffenen ungewöhnliche, irreversible wirtschaftliche Schäden oder andere schwerwiegende Beeinträchtigungen rechtlich geschützter Positionen zur Folge hat oder haben könnte, käme eine einstweilige Anordnung zur Abwehr schwerer Nachteile in Betracht. Dies ist angesichts der beschränkten Geltungsdauer der Veränderungssperre jedoch eher unwahrscheinlich.

„Andere wichtige Gründe", die nach § 47 Abs. 6 VwGO eine einstweilige Anordnung ebenfalls rechtfertigen können, liegen nach der Rechtsprechung insbesondere vor, wenn der gegen die Veränderungssperre gerichtete Normenkontrollantrag mit großer Wahrscheinlichkeit Erfolg haben wird. Es ist deshalb stets summarisch zu prüfen, ob die Veränderungssperre, deren vorläufige Aussetzung begehrt wird, aus formellen oder materiellen Gründen offensichtlich unwirksam ist. Liegen diese Voraussetzungen vor, wird die Dringlichkeit („dringend geboten") aus rechtsstaatlichen Gründen zu bejahen sein. Es gibt keine Rechtfertigung, eine offensichtlich unwirksame Rechtsnorm in Kenntnis ihrer Unwirksamkeit noch zu vollziehen.

3. Vorläufiger Rechtsschutz bei der Zurückstellung eines Baugesuchs oder der vorläufigen Untersagung eines Vorhabens

1285 Hat die Gemeinde noch keine Veränderungssperre nach § 14 BauGB beschlossen, obwohl die Voraussetzungen hierfür gegeben sind, oder ist eine beschlossene Veränderungssperre noch nicht in Kraft getreten, hat die Baugenehmigungsbehörde auf Antrag der Gemeinde[179] nach § 15 Abs. 1 BauGB unter den dort genannten Voraussetzungen die Entscheidung über die Zulässigkeit von Vorhaben im Einzelfall für einen Zeitraum bis zu zwölf Monaten auszusetzen. Auch ein Antrag auf Erteilung eines Vorbescheids fällt wegen der einem Vorbescheid zukommenden Bindungswirkung unter § 15 Abs. 1 BauGB. Die „Aussetzung" wird zumeist in Anlehnung an den Gesetzeswortlaut in Abs. 2 und 3 als „Zurückstellung" bezeichnet. Ist das Vorhaben genehmigungsfrei, wird auf Antrag der Gemeinde von der Baugenehmigungsbehörde eine vorläufige Untersagung nach § 15 Abs. 1 S. 2 BauGB ausgesprochen. Zurückstellung und vorläufige Untersagung sind nur zulässig, wenn zu befürchten ist, dass die Durchführung der städtebaulichen Planung durch das Vorhaben unmöglich gemacht oder wesentlich erschwert werden würde. Dies ist konkret zu prüfen.[180] Dabei sind die Planungskonzeption der Gemeinde und der Stand der Planungsarbeiten[181] und das beantragte Vorhaben in den Blick zu nehmen. Ist nicht belegbar, dass das beantragte Vorhaben der künftigen Planung widerspricht und deren Durchführung dadurch unmöglich gemacht oder wesentlich erschwert werden würde, ist eine Zurückstellung oder eine vorläufige Untersagung nach § 15 Abs. 1 BauGB nicht möglich. Dies ist auch der Fall, wenn die städtebaulichen Gründe der Bebauungsplanung noch nicht hinreichend bestimmt sind. Dann liegt keine nach § 15 BauGB sicherungsfähige Planung vor.[182]

1286 Die Zurückstellung der Entscheidung über den Bauantrag/Vorbescheid und die vorläufige Untersagung des genehmigungsfreien Vorhabens erfolgen durch Verwaltungsakt der Baugenehmigungsbehörde auf die Dauer von längstens einem Jahr (§ 15 Abs. 3 BauGB). Zeiten faktischer Zurückstellung sind auf die Höchstfrist anzurechnen.[183] Die

[179] Ist die Gemeinde zugleich Baugenehmigungsbehörde, kann das gemeindliche Planungsamt von dem gemeindlichen Bauaufsichtsamt die Zurückstellung verlangen; vgl. BVerwG BRS 22 Nr. 156 zu § 36 BBauG.

[180] Vgl. etwa VG Minden BRS 82 Nr. 124.

[181] OVG Münster BRS 82 Nr. 123.

[182] VGH München BRS 81 Nr. 15 mwN.

[183] OVG Lüneburg BRS 70 Nr. 117.

„Regelung" des Zurückstellungsbescheides, nach § 35 VwVfG notwendiger Bestandteil eines jeden Verwaltungsakts, besteht darin, dass der Zurückstellungsbescheid die Baugenehmigungsbehörde von der Pflicht zur Bescheidung des gestellten Baugesuchs befreit.[184] Rückstellungsbescheid und vorläufige Untersagung können von dem Bauherrn mit Widerspruch und Anfechtungsklage angegriffen werden. Die Zurückstellung des Baugesuchs ist keine nach § 44a VwGO der selbständigen Anfechtung entzogene Verfahrenshandlung des Baugenehmigungsverfahrens.[185] Der der Zurückstellung/vorläufigen Untersagung nach § 15 BauGB vorausgehende Antrag der Gemeinde ist ein verwaltungsinterner Akt, kein Verwaltungsakt, da er nicht, wie nach § 35 VwVfG erforderlich, auf unmittelbare Rechtswirkung nach außen gerichtet ist. [186] Der Bauherr kann den Antrag der Gemeinde daher nicht anfechten. Erst gegen den Zurückstellungsbescheid/die vorläufige Untersagung kann sich der Bauherr wenden.

Erhebt der Bauherr gegen den Zurückstellungsbescheid oder die vorläufige Untersa- **1287**
gung Widerspruch oder Klage, tritt nach § 80 Abs. 1 aufschiebende Wirkung ein. Die Baugenehmigungsbehörde ist aufgrund dieser aufschiebenden Wirkung verpflichtet, die Bearbeitung des Baugesuchs fortzusetzen.[187] Unterlässt sie dies, macht sie sich schadensersatzpflichtig.[188] Die vorläufige Untersagung wird durch den Eintritt der aufschiebenden Wirkung unbeachtlich.

Die Baugenehmigungsbehörde kann gem. § 80 Abs. 2 Nr. 4 VwGO im öffentlichen **1288**
Interesse oder im Interesse eines Beteiligten, insbesondere im Interesse der antragstellenden Gemeinde, die sofortige Vollziehung ihres Verwaltungsakts anordnen. Hiergegen kann der Bauherr nach § 80 Abs. 5 VwGO beim Gericht der Hauptsache einen Antrag auf Wiederherstellung der aufschiebenden Wirkung seines Rechtsbehelfs stellen.[189] Dieser Antrag ist erfolgreich, wenn der Zurückstellungsbescheid/die vorläufige Untersagung offensichtlich rechtswidrig sind. Er bleibt erfolglos, wenn der Zurückstellungsbescheid/die vorläufige Untersagung offensichtlich rechtmäßig sind. Anderenfalls findet eine Abwägung zwischen dem öffentlichen Interesse an der ungestörten Durchführung der Planung und dem Interesse des Bauherrn an der alsbaldigen Verwirklichung seines Vorhabens statt. Angesichts der zeitlichen Begrenzung der Zurückstellung von Baugesuchen auf einen Zeitraum von höchstens zwölf Monaten dürfte bei rechtmäßigem Zurückstellungsbescheid die Abwägung in der Regel nicht zugunsten des Bauherrn ausgehen.

Spätestens mit Ablauf der Jahresfrist des § 15 BauGB verliert der Zurückstellungs- **1289**
bescheid seine Wirksamkeit. Ein zu diesem Zeitpunkt noch anhängiges Verfahren des vorläufigen Rechtsschutzes – die Behörde hatte nach § 80 Abs. 2 Nr. 4 VwGO die sofortige Vollziehung des Zurückstellungsbescheides angeordnet, das hiergegen von dem Beklagten nach § 80 Abs. 5 VwGO angerufene Gericht der Hauptsache hat noch nicht entschieden – erledigt sich in der Hauptsache.[190] Ändert die Gemeinde ihre Planung, kann sie dies zum Anlass nehmen, den Zurückstellungsbescheid aufzuheben und einen neuen Zurückstellungsbescheid zu erlassen, für den dann wieder die Jahresfrist des § 15 BauGB gilt.[191]

---

[184] VGH Kassel BRS 74 Nr. 170.

[185] *Rieger* BauR 2003, 1512 (1517).

[186] *Battis/Mitschang* BauGB § 15 Rn. 9.

[187] BGH NVwZ 2001, 123; OVG Berlin NVwZ 1995, 399; OVG Münster NVwZ-RR 2001, 17; OVG Lüneburg BRS 49 Nr. 156; VGH Kassel BRS 74 Nr. 17.

[188] BGH aaO.

[189] Einem Antrag nach § 80 Abs. 5 fehlt nicht das Rechtsschutzbedürfnis, auch wenn er dem Antragsteller nicht zu der letztlich begehrten Baugenehmigung verhilft; wie hier OVG Lüneburg BRS 70 Nr. 117; aA OVG Schleswig NordÖR 2004, 439.

[190] Dazu VGH Mannheim NVwZ-RR 2011, 932.

[191] Näheres hierzu OVG Koblenz NVwZ-RR 2011, 671.

1290 Wird ein gem. § 15 Abs. 1 S. 1 BauGB von der Gemeinde zulässigerweise gestellter Antrag auf Zurückstellung des Baugesuchs von der Baugenehmigungsbehörde nicht beachtet und ergeht eine positive Entscheidung über den Bauantrag/die Bauvoranfrage, kann die Gemeinde wegen Verletzung ihrer Planungshoheit gegen die erteilte Baugenehmigung vorgehen, notfalls mit der Anfechtungsklage.[192] Die Baugenehmigungsbehörde kann die von ihr erteilte Baugenehmigung, die wegen der Nichtbeachtung des Zurückstellungsantrags der Gemeinde rechtswidrig ist, gem. § 48 Abs. 1 VwVfG zurücknehmen.[193]

II. Vorläufiger Rechtsschutz bei Nachbarstreitigkeiten

1291 Zahlreich sind in der baurechtlichen Praxis Streitigkeiten mit Nachbarn, die sich gegen ein Vorhaben oder gegen die Nutzung baulicher Anlagen wenden. Auch die Standortgemeinde kann sich gegen die von der Baugenehmigungsbehörde erteilte Baugenehmigung wenden, durch die sie sich in ihren Rechten, insbesondere in ihrem Recht aus § 36 BauGB verletzt fühlt.[194]

1. Ausschluss der aufschiebenden Wirkung durch § 212a Abs. 1 BauGB

1292 Grundsätzlich hat die Anfechtung eines an einen anderen gerichteten, diesen begünstigenden Verwaltungsakts durch einen Dritten nach § 80 Abs. 1 S. 2 und § 80a VwGO aufschiebende Wirkung. Bei der Anfechtung einer Baugenehmigung schließt jedoch § 212a Abs. 1 BauGB die aufschiebende Wirkung aus.[195] Er bestimmt, dass Widerspruch und Anfechtungsklage eines Dritten gegen die bauaufsichtliche Zulassung eines Vorhabens keine aufschiebende Wirkung haben. Der Bauherr kann trotz der Anfechtung von der Baugenehmigung Gebrauch machen. Der Bundesgesetzgeber hat mit § 212a Abs. 1 BauGB von der in § 80 Abs. 2 S. 1 Nr. 3 angesprochenen Möglichkeit Gebrauch gemacht, die aufschiebende Wirkung entfallen zu lassen. § 212a Abs. 1BauGB dient der zügigen Verwirklichung der Bauvorhaben, die nicht durch vielleicht gänzlich ungerechtfertigten Nachbarwiderspruch/Nachbarklage aufgehalten werden sollen.

1293 **a) Inhaltliche Reichweite des § 212a Abs. 1 BauGB.** Vom Gegenstand her erfasst § 212a Abs. 1 BauGB, wie aus seinem systematischen Standort innerhalb des BauGB folgt, alle Vorhaben im Sinne des BauGB. Der Begriff des Vorhabens ist dort in § 29 Abs. 1 VwGO bestimmt. Er umfasst die Errichtung, Änderung oder Nutzungsänderung von baulichen Anlagen, ferner Aufschüttungen und Abgrabungen größeren Umfangs sowie Ausschachtungen und Ablagerungen einschließlich Lagerstätten. Ausgenommen sind alle Vorhaben, für die die Geltung des § 29 Abs. 1 BauGB ausgeschlossen ist. Dies sind nach § 38 BauGB insbesondere Vorhaben von überörtlicher Bedeutung, die einem Planfeststellungsverfahren unterliegen, an denen die Gemeinde beteiligt ist. Sie fallen nicht unter § 212a BauGB, doch ist auch bei ihnen fachplanungsrechtlich die aufschiebende Wirkung von Widerspruch und Anfechtungsklage ausgeschlossen.

Der Widerspruch oder die Anfechtungsklage des Dritten müssen sich, um von § 212a Abs. 1 BauGB erfasst zu werden, gegen die „Zulassung" eines solchen Vorhabens richten. Damit ist jeder bauaufsichtliche Verwaltungsakt gemeint, der das Vorhaben „zulässt": die Baugenehmigung, die Teilbaugenehmigung, die Nachtrags- oder Tecturgenehmigung, die Baugenehmigung im vereinfachten Baugenehmigungsverfahren, und, da auf die Zulassung

---

[192] VGH Kassel BRS 82 Nr. 175.
[193] VGH Kassel aaO.
[194] Dazu OVG Saarlouis NVwZ-RR 2011, 888.
[195] Geschaffen durch das BauROG 1998. Zu der Rechtslage davor, die heute keine Rolle mehr spielt, *Uechtritz* BauR 1992, 1.

des Vorhabens zielend, die Befreiungsentscheidung nach § 31 Abs. 2 BauGB[196] oder nach den Bauordnungen.[197] Auch der Vorbescheid, der, obwohl er das Vorhaben noch nicht zur Verwirklichung zulässt, sondern nur einzelne Fragen seiner baurechtlichen Zulässigkeit beantwortet, fällt als vorweggenommener Teil der Baugenehmigung unter § 212a Abs. 1 BauGB[198] ebenso die Zustimmung der oberen oder höheren Baubehörden zu baulichen Anlagen des Bundes oder der Länder.

b) Bedeutung des § 212a Abs. 1 BauGB für Bauherrn und Dritten. § 212a Abs. 1 BauGB hat die Rechtsposition des Bauherrn wesentlich verstärkt. War er früher dem genehmigungssuspendierenden Zugriff nachbarlicher Rechtsbehelfe ausgesetzt, was zu einer unübersehbaren Zahl von Anträgen der Bauherren an Behörden oder Gerichte geführt hat, die sofortige Vollziehung der Baugenehmigung anzuordnen, kann er nunmehr unter dem schützenden Dach des § 212a Abs. 1 BauGB von der ihm erteilten Baugenehmigung zunächst Gebrauch machen, auch wenn ein Dritter sie mit Widerspruch oder Anfechtungsklage angreift. Er kann mit dem Bauen beginnen und abwarten, ob Behörde oder Gericht die Baugenehmigung durch Anordnung der aufschiebenden Wirkung der eingelegten Rechtsbehelfe suspendieren, sollte aber diese Möglichkeit bei seinen Dispositionen in Rechnung stellen. Erst wenn auf Antrag des Dritten die Behörde nach § 80a Abs. 1 Nr. 1 VwGO oder das Gericht nach § 80a Abs. 3 VwGO die Vollziehung aussetzt, ist der Bauherr gehindert, von der Baugenehmigung weiter Gebrauch zu machen. Der praktische Vorteil des § 212a Abs. 1 VwGO liegt für den Bauherrn vor allem darin, dass er ihn von den unmittelbaren Auswirkungen der Anfechtung, insbesondere bei unzulässigen oder offensichtlich unbegründeten Rechtsbehelfen, abschirmt, da ihn eine aufschiebende Wirkung erst erreicht, wenn sie das „Nadelöhr" des behördlichen oder gerichtlichen Aussetzungsverfahrens passiert hat. Die Last überlanger Verfahrensdauer bei Behörde oder Gericht trifft nach Erteilung der Baugenehmigung nunmehr den Dritten. Er hat die „Angriffslast". Will er eine vorläufige Aussetzung der von ihm mit Widerspruch oder Anfechtungsklage angegriffenen bauaufsichtlichen Zulassung erreichen, hat er zwei Möglichkeiten: Er kann bei der Baugenehmigungsbehörde oder bei der Widerspruchsbehörde gem. § 80a Abs. 1 Nr. 3 VwGO beantragen, die Vollziehung der bauaufsichtlichen Zulassung – in der Regel also der Baugenehmigung – auszusetzen und erforderlichenfalls einstweilige Maßnahmen wie etwa die Anordnung der Einstellung der Bauarbeiten zu treffen. Er kann sich aber auch unmittelbar gem. § 80a Abs. 3 iVm § 80 Abs. 5 VwGO an das Gericht der Hauptsache wenden und beantragen, die aufschiebende Wirkung seines Rechtsbehelfs anzuordnen. Beide Wege sind nachfolgend zu betrachten. 1294

2. Antrag des Dritten auf behördliches Einschreiten

Nach § 80a Abs. 1 Nr. 2 VwGO kann, wenn ein Dritter einen Rechtsbehelf gegen den an einen anderen gerichteten, diesen begünstigenden Verwaltungsakt – die bauaufsichtliche Zulassung – einlegt, die Behörde auf Antrag des Dritten nach § 80 Abs. 4 VwGO die Vollziehung aussetzen und einstweilige Maßnahmen zur Sicherung der Rechte des Dritten treffen. 1295

a) Einlegung von Rechtsbehelfen. Maßnahmen der Behörde nach § 80a Abs. 1 Nr. 2 VwGO setzen nach dem eindeutigen Wortlaut des Gesetzes voraus, dass der Dritte zuvor einen Rechtsbehelf eingelegt hat. In der Regel wird dies ein Widerspruch nach § 68 sein. 1296

[196] VGH München BRS 63 Nr. 199.
[197] VGH Mannheim BRS 70 Nr. 180.
[198] Ebenso OVG Lüneburg NVwZ-RR 2010; 140; NVwZ-RR 1999, 716 und OVG Münster BRS 60 Nr. 156; aA VGH München NVwZ 1999, 1363; VG Dessau BRS 63 Nr. 200; VG Giessen NVwZ-RR 2005, 232; VGH Mannheim NVwZ 1997, 1008 zu § 10 II 1 BauGB-MaßnG.

Der Rechtsbehelf muss zulässig, insbesondere fristgerecht sein.[199] Wird der Dritte durch die von ihm angefochtene bauaufsichtliche Zulassung nicht in seinen Rechten verletzt, ist es ebenfalls unzulässig, Maßnahmen nach § 80a Abs. 1 Nr. 2 VwGO zu treffen. Auch im Hauptsacheverfahren würde die Anfechtungsklage des Dritten erfolglos bleiben, wenn die streitgegenständliche Baugenehmigung keine drittschützenden Vorschriften verletzt.[200] Ob die Behörde nach Einlegung eines Rechtsbehelfs auch ohne Antrag des Dritten, also von Amts wegen, die Vollziehung der Baugenehmigung aussetzen darf, ist streitig.[201]

1297 **b) Aussetzung der Vollziehung.** Die Behörde kann, wie § 80a Abs. 1 Nr. 2 VwGO ausdrücklich bestimmt und durch die Verweisung auf § 80 Abs. 4 VwGO unterstreicht, die Vollziehung der bauaufsichtlichen Zulassung aussetzen. Entsprechend der in § 80 Abs. 4 für die Anforderung von Abgaben und Kosten getroffenen Regelung, die aufgrund der ausdrücklichen Verweisung des § 80a Abs. 1 Nr. 2 auf § 80 Abs. 4 VwGO hier entsprechend anzuwenden ist, soll die Aussetzung der Vollziehung der bauaufsichtlichen Zulassung erfolgen, wenn ernstliche Zweifel an der Rechtmäßigkeit des angegriffenen Verwaltungsakts bestehen oder wenn die Vollziehung der bauaufsichtlichen Zulassung für den Dritten eine unbillige, nicht durch überwiegende öffentliche Interessen gebotene Härte zur Folge hätte. Dies bedeutet, dass die Behörde, wenn diese Voraussetzungen vorliegen, die Vollziehung grundsätzlich aussetzen muss, sofern nicht besondere Umstände den Fall als atypisch erscheinen lassen. Gibt die Behörde dem Aussetzungsantrag statt, ist der Bauherr gehindert, von der Baugenehmigung Gebrauch zu machen. Die Behörde kann außerdem flankierende Sicherungsmaßnahmen treffen, etwa die Fortsetzung der Bauarbeiten untersagen oder die Baustelle stilllegen, notfalls auch versiegeln. Als Rechtsgrundlage für diese Maßnahmen kommt neben den bauordnungsrechtlichen Maßnahmen unmittelbar § 80a Abs. 1 Nr. 2 VwGO in Betracht.[202] Setzt die Behörde gem. § 80a Abs. 1 Nr. 2 VwGO die Vollziehung der Baugenehmigung aus, kann der Bauherr gem. § 80a Abs. 3 S. 2 VwGO beim Gericht der Hauptsache beantragen, die behördlichen Anordnungen aufzuheben oder zu ändern. In der Praxis sind Verfahren nach § 80a Abs. 1 Nr. 2 VwGO eher selten. Zumeist ruft der Dritte unmittelbar das Gericht an.

3. Antrag des Dritten auf gerichtliche Anordnung der aufschiebenden Wirkung

1298 Der Dritte kann sich, statt gem. § 80a Abs. 1 Nr. 2 VwGO die Behörde anzurufen, auch gem. § 80a Abs. 3 VwGO unmittelbar an das Gericht der Hauptsache wenden und die Anordnung der aufschiebenden Wirkung seines Widerspruchs/Klage beantragen. Eine vorherige Anrufung der Behörde nach § 80a Abs. 1 Nr. 2 VwGO ist nicht erforderlich. Zwar verweist § 80a Abs. 3 S. 2 VwGO ua auf § 80 Abs. 6 VwGO, der bei der Anfechtung von Abgaben- und Kostenbescheiden eine Anrufung des Gerichts erst zulässt, wenn zuvor erfolglos ein Aussetzungsantrag bei der Behörde gestellt worden ist. Die nahezu einhellige Rechtsprechung sieht die Verweisung auf § 80 Abs. 6 VwGO jedoch als ein gesetzgeberisches Versehen an und lässt die unmittelbare Anrufung des Gerichts zu.[203]

[199] Bei verspätetem Widerspruch tritt keine aufschiebende Wirkung ein und § 80a Abs. 1 Nr. 2 ist unanwendbar. Hinsichtlich der Widerspruchsfrist gilt: Wurde dem Dritten die Baugenehmigung nicht amtlich bekannt gemacht, läuft von dem Zeitpunkt an, von dem er sichere Kenntnis von der Erteilung der Baugenehmigung erlangte hatte oder hätte erlangen können, die einjährige Widerspruchsfrist der §§ 70 Abs. 2, 58 Abs. 2. Vgl. BVerfGE 78, 85 = NJW 1988, 839 und 44, 294 = NJW 1974, 1260.

[200] Vgl. etwa VGH München BRS 82 Nr. 179; OVG Lüneburg BRS 82 Nr. 180.

[201] Bejahend OVG Münster BRS 62 Nr. 191.

[202] OVG Lüneburg NVwZ-RR 2014, 550.

[203] OVG Bremen NVwZ 1993, 592; OVG Hamburg NVwZ-RR 1995, 551; VGH Kassel NVwZ 1993, 491; OVG Koblenz BRS 66 Nr. 162; VGH Mannheim NVwZ 1995, 103; aA OVG Lüneburg NVwZ-RR 2005, 69.

a) Entscheidungsmaßstab für das Gericht. Maßstab für die Entscheidung des Gerichts über den Antrag des Dritten sind die §§ 80a Abs. 3 S. 2, 80 Abs. 5 VwGO.[204] Danach hat das Gericht eine Abwägung nach Art der im Aussetzungsverfahren des § 80 Abs. 5 VwGO üblichen Abwägung vorzunehmen. Die Rechtsprechung stellt in erster Linie auf die Erfolgsaussichten des von dem Nachbarn eingelegten Rechtsbehelfs ab, die summarisch zu prüfen sind.[205] Ergibt die Prüfung eine überwiegende Wahrscheinlichkeit dafür, dass die Baugenehmigung rechtmäßig ist oder sie, auch wenn objektiv rechtswidrig, keine Nachbarrechte verletzt, kommt eine Anordnung der aufschiebenden Wirkung des Widerspruchs oder der Klage des Dritten nicht in Betracht.[206] Dabei wird vielfach von der Wirksamkeit des der Baugenehmigung zugrunde liegenden Bebauungsplans ausgegangen, sofern dieser nicht offensichtlich unwirksam ist.[207] Ergibt die summarische Prüfung hingegen, dass mit überwiegender Wahrscheinlichkeit[208] die angefochtene Baugenehmigung rechtswidrig ist und den anfechtenden Dritten in seinen Rechten verletzt, ist die aufschiebende Wirkung anzuordnen.[209] Lassen sich die Erfolgsaussichten des Rechtsbehelfs nicht abschätzen, ist die Erfolgsaussicht offen, findet eine Interessenabwägung statt. Hierbei ist zu berücksichtigen, dass der Gesetzgeber mit § 212a Abs. 1 BauGB dem Interesse einer Verwirklichung des genehmigten Vorhabens den Vorrang vor der aufschiebenden Wirkung nachbarlicher Rechtsbehelfe eingeräumt hat, so dass nur ein überwiegendes Suspensivinteresse des Nachbarn zu einer Anordnung der aufschiebenden Wirkung führt.[210] Der Aussetzungsbeschluss des Gerichts kann auf einen Teil der Baugenehmigung beschränkt werden, wenn diese rechtlich und tatsächlich teilbar ist.[211] 1299

Die Entscheidung des Gerichts, die aufschiebende Wirkung des Rechtsbehelfs des Dritten anzuordnen, bleibt wirksam, auch wenn im Laufe des Verfahrens der Bescheid über die bauaufsichtliche Zulassung von der Behörde geändert worden ist, etwa um ihn der vom Gericht für richtig gehaltenen Rechtslage anzupassen.[212] Will der Bauherr erreichen, dass er von der geänderten Baugenehmigung Gebrauch machen darf, muss er einen Änderungsantrag nach § 80 Abs. 7 S. 2 VwGO stellen, mit dem Ziel, dass der zunächst erfolgreiche Antrag des Dritten nach § 80 Abs. 5 VwGO abgelehnt wird.[213] 1300

b) Rechtsbehelfe des Bauherrn gegen die gerichtliche Entscheidung. Gegen die Entscheidung des Verwaltungsgerichts, die aufschiebende Wirkung der Rechtsbehelfe des Dritten anzuordnen, kann der Bauherr nach § 146 VwGO Beschwerde zum OVG einlegen. Nach § 173 iVm § 570 Abs. 3 ZPO kann er beantragen, bis zur Entscheidung des OVG über die Beschwerde die Vollziehung des Beschlusses des VG auszusetzen.[214] Dem Antrag ist stattzugeben, wenn die Entscheidung des VG offensichtlich fehlerhaft ist oder 1301

---

[204] Dazu OVG Mannheim NVwZ-RR 2014, 265.

[205] OVG Lüneburg BRS 66 Nr. 181; OVG Saarlouis BRS 64 Nr. 191; VGH Mannheim NVwZ-RR 2014, 265.

[206] Vgl. etwa OVG Greifswald BRS 63 Nr. 165; OVG Lüneburg BRS 67 Nr. 188; OVG Mannheim BRS 67 Nr. 181; OVG Münster BRS 67 Nr. 187; 67 Nr. 182; 66 Nr. 183; 66 Nr. 168.

[207] OVG Münster ZfBR 2009, 372; BRS 70 Nr. 181.

[208] Ähnlich OVG Saarlouis BRS 64 Nr. 191: „ernstzunehmende Möglichkeit der Verletzung von Nachbarrechten".

[209] Vgl. OVG Berlin BRS 66 Nr. 170; OVG Münster BRS 66 Nr. 173 und Nr. 176; OVG Saarlouis BRS 64 Nr. 191; OVG Magdeburg NVwZ 2009, 340 (unterbliebene Umweltverträglichkeitsprüfung).

[210] Ähnlich OVG Lüneburg BRS 66 Nr. 181; OVG Saarlouis BRS 64 Nr. 191; BRS 60 Nr. 197; aA VGH München BRS 65 Nr. 197: § 212a Abs. 1 BauGB begründet kein überwiegendes Vollzugsinteresse des Bauherrn.

[211] OVG Bautzen NVwZ-RR 2013, 14.

[212] VGH München NVwZ 2013, 671.

[213] So wörtlich VGH München aaO.

[214] VGH Mannheim NVwZ-RR 2014, 292; VGH Kassel NVwZ-RR 2004, 388.

die Vollziehung des Beschlusses des VG vor der Entscheidung des OVG über die Beschwerde den Bauherrn – verfahrensrechtlich: den Beigeladenen – unzumutbar belastet.

4. Vorläufiger Rechtsschutz bei genehmigungsfreien Vorhaben

1301a Gegenüber einem Vorhaben, das nach Bauordnungsrecht ohne Genehmigung ausgeführt werden darf, versagt der Rechtsschutzweg des § 80a VwGO. Der Nachbar, der sich durch die Ausführung des Bauvorhabens in seinen Rechten verletzt sieht, kann nur durch eine einstweilige Anordnung nach § 123 VwGO das Bauvorhaben verhindern.[215] Da die Freistellung des Vorhabens von der Genehmigungspflicht nicht dazu führen darf, den Rechtsschutz des Nachbarn zu verkürzen, steht diesem gegen die Baugenehmigungsbehörde ein Anspruch auf Einschreiten gegen ein Bauvorhaben zu, wenn das Vorhaben gegen nachbarschützende öffentlich-rechtliche Vorschriften verstößt und der Nachbar hierdurch in seinen Belangen mehr als nur geringfügig berührt wird.[216] Durch einstweilige Anordnung ist der Baugenehmigungsbehörde aufzugeben, das Bauvorhaben vorläufig stillzulegen, wenn ernstliche Zweifel an der Vereinbarkeit des Vorhabens mit nachbarschützenden Vorschriften bestehen.[217]

5. Vorläufiger Rechtsschutz für die Gemeinde

1301b Als Trägerin der Planungshoheit kann sich die Gemeinde, wenn sie nicht zugleich Baugenehmigungsbehörde ist, gegen baubehördliche Maßnahmen zur Wehr setzen, die ihre Planungshoheit beeinträchtigen. Folgende Fälle sind hier zu nennen:

1301c a) **Baugenehmigung.** Im Geltungsbereich eines Bebauungsplans verletzt eine Baugenehmigung, die entgegen § 30 Abs. 1 BauGB den Festsetzungen des Bebauungsplans widerspricht oder bei der die Erschließung nicht gesichert ist, die Planungshoheit der Gemeinde. Die Gemeinde kann die Baugenehmigung anfechten.[218] Widerspruch und Klage haben nach § 212a Abs. 1 BauGB keine aufschiebende Wirkung.[219] Soll das Bauvorhaben in einem im Zusammenhang bebauten Ortsteil (§ 34 BauGB) oder im Außenbereich (§ 35 BauGB) errichtet werden, bedarf es zur Erteilung der Baugenehmigung nach § 36 BauGB des Einvernehmens der Gemeinde. Wird die Baugenehmigung erteilt, ohne dass die Gemeinde ihr Einvernehmen erteilt hat oder es als erteilt gilt, kann die Gemeinde die Baugenehmigung anfechten.[220] Auch hier schließt § 212a Abs. 1 BauGB die aufschiebende Wirkung aus.[221] Die Gemeinde kann nach § 80 Abs. 5 VwGO beim Gericht der Hauptsache die Anordnung der aufschiebenden Wirkung verlangen. Für die vom Gericht zu treffende Entscheidung gelten die gleichen Grundsätze wie bei Anfechtung durch einen privaten Drittbetroffenen. Gleiches gilt, wenn eine Baugenehmigung im Bereich der Nachbargemeinde wegen Verletzung des interkommunalen Abstimmungsgebots (§ 2 Abs. 2 BauGB) angefochten wird.[222]

---

[215] Dazu eingehend *Mampel* UPR 1997, 267; OVG Bautzen BRS 58 Nr. 157; VG Gießen NVwZ-RR 2005, 166; VGH München NVwZ 2013, 301 L; OVG Hamburg NVwZ-RR 2014, 373 betreffend einVorhaben, bei dessen baurechtlicher Genehmigung die denkmalrechtliche Zulässigkeit nicht Gegenstand der Prüfung war.

[216] VGH Mannheim BauR 1995, 219.

[217] VGH Mannheim BauR 1995, 219; vgl. auch OVG Bautzen BRS 58 Nr. 197.

[218] BVerwG BRS 38 Nr. 155; VGH Mannheim BRS 52 Nr. 219.

[219] OVG Lüneburg NVwZ 1999, 1005.

[220] BVerwGE 22, 342 = NJW 1966, 513. Falls die Baugenehmigung erst aufgrund des Widerspruchsverfahrens erteilt wird, kann nach OVG Lüneburg NVwZ-RR 1999, 367 nur der Widerspruchsbescheid, nicht aber die Baugenehmigung von der Gemeinde angefochten werden.

[221] VGH Mannheim NVwZ 1999, 442.

[222] OVG Koblenz NVwZ 1999, 435; VG Neustadt NVwZ 1999, 101.

b) Ersetzung des gemeindlichen Einvernehmens. Verweigert die Gemeinde für ein Bauvorhaben ihr nach § 36 BauGB erforderliches Einvernehmen, kann es, wenn rechtswidrig versagt, nach § 36 Abs. 2 S. 3 BauGB von der nach Landesrecht zuständigen Behörde ersetzt werden. Hiergegen stehen der Gemeinde Widerspruch und Anfechtungsklage zu, die nicht unter § 212a Abs. 1 BauGB fallen, da die Ersetzung des Einvernehmens nicht der „Zulassung" eines Vorhabens gleichzusetzen ist.[223] Sie haben aufschiebende Wirkung. Nach § 80 Abs. 2 S. 1 Nr. 4 VwGO kann die Behörde im öffentlichen Interesse oder im überwiegenden Interesse eines Beteiligten die sofortige Vollziehung anordnen. Die Gemeinde kann sich hiergegen mit dem Antrag nach § 80 Abs. 5 VwGO, die aufschiebende Wirkung wieder herzustellen, an das Gericht der Hauptsache wenden. 1301d

c) Ungenehmigte Bauvorhaben. Bei ungenehmigten Bauvorhaben kann die Gemeinde verlangen, dass die Bauaufsichtsbehörde hiergegen einschreitet. Sie kann diesen Anspruch unter den Voraussetzungen des § 123 VwGO mit Hilfe einer einstweiligen Anordnung durchsetzen.[224] 1301e

III. Vorläufiger Rechtsschutz bei bauaufsichtsbehördlichen Maßnahmen

Als bauaufsichtsbehördliche Maßnahmen gegenüber dem Bauherrn/Eigentümer kommen nach den Bauordnungen vor allem eine Baueinstellung, eine Versiegelung der Baustelle, eine Nutzungsuntersagung und eine Anordnung der Beseitigung baulicher Anlagen in Betracht. Widerspruch und Anfechtungsklage, mit denen sich der Betroffene gegen diese Maßnahmen der Baubehörde wendet, haben nach § 80 Abs. 1 S. 1 VwGO aufschiebende Wirkung. Die Behörde muss – und wird in der Regel –, um die getroffene Maßnahme alsbald umzusetzen, gem. § 80 Abs. 2 S. 1 Nr. 4 VwGO im öffentlichen Interesse die sofortige Vollziehung anordnen. Hiergegen kann der Betroffene nach § 80 Abs. 5 VwGO beim Gericht der Hauptsache einen Antrag auf Wiederherstellung der aufschiebenden Wirkung seine Rechtsbehelfe stellen. 1301f

1. Baueinstellung

Nach den Bauordnungen kann eine Einstellung von Bauarbeiten angeordnet werden, wenn bauliche Anlagen im Widerspruch zu öffentlich-rechtlichen Vorschriften errichtet werden. Dies ist der Fall, wenn eine bauliche Anlage ohne die erforderliche Baugenehmigung[225] oder ohne eine erforderliche weitere Genehmigung[226] oder abweichend von der erteilten Genehmigung[227] oder trotz Rücknahme der Baugenehmigung[228] oder unter Verstoß gegen eine Veränderungssperre[229] errichtet wird. Gleiches gilt, falls die Baumaßnahme durchgeführt wird, obwohl die Baugenehmigung von einem Dritten mit Widerspruch oder Klage angefochten worden ist und die Baugenehmigungsbehörde oder das Gericht daraufhin die Vollziehung der Baugenehmigung ausgesetzt hat (§ 80a Abs. 1 Nr. 2 VwGO). In allen diesen Fällen sind die Bauarbeiten illegal. Diese formelle Illegalität genügt, um die Einstellung der Bauarbeiten anzuordnen.[230] Ob sie materiell dem gelten- 1301g

[223] OVG Lüneburg NVwZ 1999, 1005; 2000, 106; NVwZ-RR 2004, 91; VGH Kassel NVwZ 2001, 823.

[224] OVG Weimar NVwZ-RR 1999, 279; VGH Mannheim BRS 59 Nr. 99; VGH Kassel BRS 49 Nr. 225; VGH München BRS 39 Nr. 99.

[225] Dazu VGH München BRS 39 Nr. 228.

[226] Etwa ohne die nach § 144 BauGB erforderliche sanierungsrechtliche Genehmigung, OVG Berlin BRS 57 Nr. 257; OVG Weimar BRS 60 Nr. 168.

[227] OVG Berlin BRS 58 Nr. 200; NVwZ 1995, 1009; OVG Saarlouis BRS 71 Nr. 185.

[228] OVG Berlin BRS 62 Nr. 202.

[229] BVerwG BRS 79 Nr. 18; dazu auch VGH München BRS 74 Nr. 120.

[230] OVG Berlin BRS 58 Nr. 200; OVG Münster BRS 69 Nr. 188.

den Baurecht entsprechen und daher letztlich zu genehmigen sind, ist für die Anordnung der Einstellung der Bauarbeiten ohne Bedeutung.[231] Bei einem genehmigungsfreien oder genehmigungsfrei gestellten Bauvorhaben ist die Anordnung der Baueinstellung nur möglich, wenn das Bauvorhaben gegen materielles Baurecht verstößt.[232] An der sofortigen Vollziehung des die Baueinstellung anordnenden Verwaltungsakts besteht in der Regel ein öffentliches Interesse iSd § 80 Abs. 2 S. 1 Nr. 4 VwGO.[233] Es ergibt zum einen aus den Gefahren, die von der Ausführung nicht genehmigter Bauten ausgehen können.[234] Außerdem ist die Durchsetzung der baurechtlichen Genehmigungspflicht kaum möglich, wenn im Schutz der aufschiebenden Wirkung ungenehmigte Bauten errichtet werden könnten. Auch kann nur bei umgehender Durchsetzung der Baueinstellung ihr Zweck erreicht werden, die Schaffung eines möglicherweise materiell baurechtswidrigen Zustandes zu verhindern, der später nur schwer rückgängig gemacht werden kann. Die Wahrung der baurechtlichen Ordnung begründet deshalb ebenfalls ein öffentliches Interesse an der sofortigen Vollziehung der angeordneten Baueinstellung.[235] Ein Antrag auf Wiederherstellung der aufschiebenden Wirkung nach § 80 Abs. 5 VwGO hat daher in der Regel nur geringe Aussicht auf Erfolg.

2. Versiegelung der Baustelle

1301h Verschiedene Bauordnungen (ua Baden-Württemberg, Berlin, Niedersachsen) sehen vor, dass, wenn nach angeordneter Einstellung der Bauarbeiten diese fortgesetzt werden, die Baustelle versiegelt und die Baustelleneinrichtung (Geräte, Maschinen, Bauhilfsmittel, Bauprodukte) in amtlichen Gewahrsam gebracht werden kann. Die Versiegelung ist ein spezialgesetzlich geregelter Fall des unmittelbaren Zwanges.[236] Daher müssen die allgemeinen verwaltungsvollstreckungsrechtlichen Voraussetzungen, nämlich die Unanfechtbarkeit oder sofortige Vollziehbarkeit der Baueinstellungsverfügung oder die vorherige Androhung des Zwangsmittels, nicht vorliegen. Wird die Anordnung der Baueinstellung angefochten, schließt jedoch das der aufschiebenden Wirkung (§ 80 Abs. 1 VwGO) innewohnende Vollziehungsverbot eine Versiegelung aus.[237] Eine Versiegelung ist auch auf der Grundlage der Verwaltungsvollstreckungsgesetze als Maßnahme des unmittelbaren Vollzuges ohne vorausgehenden Verwaltungsakt (vgl. § 6 Abs. 2 VwVG Bund)[238] möglich. Soweit die Versiegelung eine Vollstreckungsmaßnahme ist, tritt bei ihrer Anfechtung in der Regel kraft Landesrechts keine aufschiebende Wirkung ein. Der Betroffene muss dann, will er vorläufigen Rechtsschutz erlangen, gem. § 80 Abs. 5 S. 1 VwGO die Anordnung der aufschiebenden Wirkung und gem. § 80 Abs. 5 S. 3 VwGO die Aufhebung der Vollziehung beantragen. Im Rahmen der vom Gericht vorzunehmenden Abwägung ist zu beachten, dass es regelmäßig im öffentlichen Interesse liegen wird, die Fortsetzung ungenehmigter Bauarbeiten zu verhindern, da die Beseitigung eines illegalen Bauwerks erfahrungsgemäß auf erhebliche rechtliche und tatsächliche Schwierigkeiten stößt, oft Jahre in Anspruch nimmt und die negative Vorbildwirkung eines nicht verhinderten Schwarzbaus beträchtlich sein kann.[239] Der Nachbar hat einen Anspruch auf Einschreiten gegen die Bauaufsichtsbehörde, den er notfalls

[231] VGH Mannheim BRS 67 Nr. 205; BRS 69 Nr. 168; OVG Berlin UPR 1988, 156.
[232] OVG Bautzen BRS 60 Nr. 167.
[233] VGH Mannheim BRS 69 Nr. 186; dazu auch OVG Bremen BRS 16 Nr. 129; OVG Lüneburg BRS 16 Nr. 130.
[234] OVG Münster OVGE 26, 89.
[235] Dazu auch OVG Berlin BRS 58 Nr. 200; VGH München BayVBl. 1980, 246.
[236] OVG Lüneburg BRS 40 Nr. 227; VGH Mannheim BRS 49 Nr. 155.
[237] VGH Kassel BRS 17 Nr. 152.
[238] OVG Münster BRS 24 Nr. 204; vgl. auch VGH Mannheim BRS 49 Nr. 155.
[239] VGH München BayVBl. 1977, 735.

durch einstweilige Anordnung durchsetzen kann, wenn ihm gegenüber deren Untätigkeit ermessensfehlerhaft wäre.[240]

3. Nutzungsuntersagung

Wird eine bauliche Anlage ohne die baurechtlich erforderliche Genehmigung genutzt, 1301i
ist die Nutzung formell illegal. Dies allein, die formelle Illegalität der Nutzung, begründet nach Maßgabe des Bauordnungsrechts die Befugnis der zuständigen Behörde, die formell illegale Nutzung zu untersagen. Wenn die Nutzung die aufschiebende Wirkung von gegen die Nutzung gerichteten Rechtsbehelfen missachtet, ist eine behördliche Nutzungsuntersagung in entsprechender Anwendung von § 80a Abs. 1 Nr. 2 VwGO möglich.[241] Auf die Frage, ob die ungenehmigte, aber genehmigungsbedürftige Nutzung genehmigungsfähig, ob sie materiell legal oder illegal ist, kommt es nicht an.[242] Nur wenn die Behörde die Nutzungsuntersagung ausschließlich auf materiell rechtliche Gesichtspunkte, nämlich auf die fehlende Genehmigungsfähigkeit der Nutzung gestützt hat, ist für die Beurteilung der Nutzungsuntersagung die materielle Rechtslage von Bedeutung.[243] Da zur Wahrung der Effektivität des Baugenehmigungsverfahrens ein öffentliches Interesse an der alsbaldigen Unterbindung der genehmigungsbedürftigen, aber ungenehmigten Nutzung besteht, ist es in der Regel gerechtfertigt, die Nutzungsuntersagung gem. § 80 Abs. 2 S. 1 Nr. 4 VwGO für sofort vollziehbar zu erklären,[244] sofern dies nicht wegen besonderer Umstände unverhältnismäßig ist.[245] Der Betroffene kann nach § 80 Abs. 5 VwGO beim Gericht der Hauptsache die Wiederherstellung der aufschiebenden Wirkung seines Rechtsbehelfs beantragen. Er wird, wie die Rechtsprechung zeigt, allerdings nur Erfolg haben, wenn ernstliche Zweifel an der Rechtmäßigkeit der Nutzungsuntersagung bestehen. Anderenfalls wird das öffentliche Vollzugsinteresse regelmäßig gegenüber dem individuellen Suspensivinteresse überwiegen.[246]

4. Beseitigungsanordnung

Ist eine genehmigungsbedürftige bauliche Anlage nicht genehmigt oder weicht sie 1301j
wesentlich von der erteilten Genehmigung ab (formelle Illegalität) und ist sie zugleich materiell rechtswidrig, weil sie den öffentlich-rechtlichen Vorschriften insbesondere des Bauplanungs- oder Bauordnungsrechts widerspricht (materielle Illegalität), kann die Bauaufsichtsbehörde nach Maßgabe des Bauordnungsrechts ihre Beseitigung (Abriss) verlangen, sofern nicht auf andere Weise ein rechtmäßiger Zustand hergestellt werden kann. Ob die Behörde von der rechtlichen Befugnis, die Beseitigung der formell und materiell illegalen baulichen Anlage Gebrauch macht, steht in ihrem Ermessen. Das Ermessen ist entsprechend dem Zweck der Ermächtigung auszuüben. Das bei jeder Ermessensausübung zu beachtende Willkürverbot des Art. 3 Abs. 1 GG[247] verlangt, dass die Behörde beim Erlass von Beseitigungsverfügungen ihr Ermessen nicht ohne einleuchtenden Grund

---

[240] OVG Saarlouis BRS 56 Nr. 191; OVG Münster BRS 63 Nr. 205.

[241] OVG Lüneburg NVwZ-RR 2014,550.

[242] Vgl. OVG Münster BRS 74 Nr. 203; 71 Nr. 187; OVG Bremen BRS 56 Nr. 211; VGH Kassel NVwZ-RR 2002, 823; BRS 67 Nr. 203; OVG Koblenz BRS 58 Nr. 202; VGH München BRS 67 Nr. 204; OVG Saarlouis NVwZ 1985, 122; OVG Lüneburg BRS 65 Nr. 203.

[243] OVG Saalouis BRS 74 Nr. 201.

[244] OVG Münster BRS 71 Nr. 187 mwN; VGH Kassel BRS 67 Nr. 203 und BRS 74 Nr. 199; OVG Bautzen BRS 81 Nr. 175; VGH Mannheim BRS 71 Nr. 186.

[245] OVG Münster BRS 82 Nr. 202.

[246] S. aber OVG Münster BRS 82 Nr. 202: Unverhältnismäßigkeit einer Nutzungsuntersagung, die wegen der besonderen Umstände einer Beseitigungsanordnung gleichkommen würde.

[247] Hierzu im Zusammenhang mit einer bauordnungsrechtlichen Beseitigungsverfügung BVerwG BRS 82 Nr. 195.

unterschiedlich, systemwidrig oder planlos ausübt.[248] Sie darf sich auf die Regelung von Einzelfällen nur beschränken, wenn sie hierfür sachliche Gründe anzuführen vermag.[249]

1301k Gegen die Beseitigungsanordnung sind als Rechtsbehelfe Widerspruch und Anfechtungsklage gegeben, die nach § 80 Abs. 1 S. 1 VwGO aufschiebende Wirkung haben. Will die Behörde schon vor Bestandskraft ihrer Anordnung die bauliche Anlage beseitigen, muss sie gem. § 80 Abs. 2 S. 1 Nr. 4 VwGO die sofortige Vollziehung anordnen. Hierfür ist, da die Beseitigung des Bauwerks in der Regel irreparabel ist, ein überwiegendes öffentliches Interesse an der Vollziehung erforderlich, das nur ausnahmsweise vorliegen wird. In der Regel überwiegt das Interesse des Betroffenen, dass bis zu einer endgültigen gerichtlichen Entscheidung über die Beseitigungsanordnung ein Abriss der baulichen Anlage nicht stattfindet.[250] Ein besonderes öffentliches Interesse, das die sofortige Vollziehung der Beseitigungsverfügung rechtfertigt, kann jedoch bestehen,[251] wenn von der baulichen Anlage Gefahren ausgehen, die ein sofortiges Einschreiten erfordern,[252] wenn die Vorbildwirkung eines illegal ausgeführten Vorhabens eine Nachahmung befürchten lässt,[253] so dass der Störung der öffentlichen Sicherheit oder Ordnung zügig vorgebeugt werden muss, oder „wenn ein beharrlicher und notorischer Schwarzbauer" nur auf diese Weise erfolgversprechend an der Fortsetzung seiner rechtswidrigen Betätigung gehindert werden kann.

1301l Bei Werbetafeln wird häufig ein besonderes öffentliches Interesse an der alsbaldigen Beseitigung angenommen, weil die Werbeanlage durch ihr bloßes Vorhandensein den mit ihr verfolgten Zweck erfüllt, dies in besonderer Weise zur Nachahmung anreizt und der bei einer Beseitigung entstehende Substanzverlust regelmäßig gering ist.[254]

1301m Bleibt die Behörde in Kenntnis des baurechtswidrigen Zustandes jahrelang untätig, kann sie zwar nach wie vor die Beseitigung verlangen, die nicht verjährt. Es ist ihr jedoch in aller Regel verwehrt, die sofortige Vollziehung anzuordnen, da kein Sofortvollzugsinteresse besteht, eine erst nach Jahren ergehende Beseitigungsverfügung noch vor ihrer Unanfechtbarkeit zu vollziehen.[255]

§ 59 Umweltrecht

Schrifttum: *Alleweldt,* Verbandsklage und gerichtliche Kontrolle von Verfahrensfehlern: Neue Entwicklungen im Umweltrecht, DÖV 2006, 621; *Allgaier,* Bau und Betrieb von Mobilfunkanlagen – Rechtsschutzmöglichkeiten und Anspruchsgrundlagen, AUR 2006, 196; *Battis/Ingold,* Der Umweltinformationsanspruch im Planfeststellungsverfahren – Anmerkung zu VGH Kassel, Beschluss vom 4.1.2006, Az. 12 Q 2828/05, DVBl 2006, 463; *Ewer,* Ausgewählte Rechtsanwendungsfragen des Entwurfs für ein Umwelt-Rechtsbehelfsgesetz, NVwZ 2007, 267; *Franßen,* Zum Anspruch des Deponiebetreibers auf Laufzeitverlängerung, AbfallR 2004, 108; *Kment,* Das neue Umwelt-Rechtsbehelfsgesetz und seine Bedeutung für das UVPG, NVwZ 2007, 274; *Krohn,* Keine subjektiven Ansprüche bei übermäßiger Feinstaubbelastung durch Diesel-Lkw , ZUR 2005, 371; *Rothfuchs,* Zum effektiven Rechtsschutz des in seinen Betriebs- oder Geschäftsgeheimnissen Betroffenen bei drohendem Zugang seines Konkurrenten zu Umweltinformationen UPR 2006, 343; *Schlacke,* Aarhus-Kon-

[248] BVerwG BRS 60 Nr. 163 und BRS 82 Nr. 195.

[249] So ausdrücklich BVerwG aaO.

[250] OVG Münster BRS 57 Nr. 252 und BRS 69 Nr. 188; VGH München BRS 42 Nr. 221; VGH Mannheim BRS 29 Nr. 173.

[251] Vgl. die Zusammenfassung dieser Gründe bei OVG Greifswald NVwZ-RR 2008, S. 669 (L) = BeckRS 2008, 36699.

[252] VGH München BRS 71 Nr. 193 betr. sofortige Entfernung einer Wildfütterungsanlage wegen einer erheblichen Gefährdung von Bergschutzwald durch Wildverbiss.

[253] VGH Kassel BRS 30 Nr. 182; aA VGH München BRS 42 Nr. 221; VGH Mannheim BRS 29 Nr. 173.

[254] OVG Hamburg BRS 40 Nr. 173; OVG Münster BRS 35 Nr. 143; OVG Berlin-Brandenburg NVwZ-RR 2009, 15.

[255] VGH München BRS 32 Nr. 187. Vgl. auch OVG Lüneburg BRS 56 Nr. 210.

vention – Quo vadis?, ZUR 2004, 129; *dies.*, Das neue Umwelt-Rechtsbehelfsgesetz, ZUR 2007, 8; *Schrader*, Neue Entwicklungen in der Verbandsmitwirkung und Verbandsklage, UPR 2006, 205; *Schulz*, Vorbeugender gerichtlicher Rechtsschutz gegen FFH-Gebiete – Entscheidungsbesprechung zu VG Schleswig, Beschluss vom 13.1.2000 – Az. 1 B 104/99, und VG Oldenburg, Beschluss vom 2.2.2000 – Az. 1 B 82/00, NVwZ 2001, 289; *v. Danwitz*, Aarhus-Konvention: Umweltinformation, Öffentlichkeitsbeteiligung, Zugang zu den Gerichten, NVwZ 2004, 272; *Willand/Buchholz*, Feinstaub: Die ersten Gerichtsentscheidungen, NJW 2005, 2641; *Zeiss*, Anwohnerklage wegen Feinstaub abgewiesen – Ist der Fall erledigt?, UPR 2005, 253; *Ziekow*, Das Umwelt-Rechtsbehelfsgesetz im System des deutschen Rechtsschutzes, NVwZ 2007, 259.

Fragen des einstweiligen Rechtsschutzes stellen sich im Umweltrecht – angesprochen 1302 sind nachstehend die Materien des Bodenschutz- und Altlastenrechtes, des Kreislaufwirtschafts- und Abfallrechtes, des Immissionsschutz- wie Wasserrechtes und schließlich des Naturschutzrechtes – vor allem in Bezug auf den durch § 80 Abs. 5 VwGO gewährleisteten Eilrechtsschutz. Es sind vor allem Konstellationen, in denen sich der Adressat eines ihn belastenden und für sofort vollziehbar erklärten Verwaltungsakts gegen Maßnahmen der zuständigen Umweltbehörden wendet; ferner sind damit die Sachverhalte angesprochen, in denen ein Dritter einstweiligen Rechtsschutz gegenüber ihn belastenden, ihren Adressaten aber begünstigenden Verwaltungsakten – namentlich umweltrechtlichen Genehmigungen – verlangt.

Konstellationen, in denen es dem Antragsteller in einem umweltrechtlichen Genehmi- 1303 gungsverfahren – beispielsweise nach den Vorschriften des Bundes-Immissionsschutzgesetzes – darum geht, über § 123 VwGO vorzeitig eine ihm seiner Meinung nach zustehende Genehmigung zu erhalten, sind eher selten. Das in der Praxis herkömmlicherweise zur Anwendung kommende Rechtsinstitut des Vorwegnahmeverbotes[256] steht dem Erfolg derartiger Anträge im Regelfall entgegen. Geht es aber um die Entscheidungsformen des einstweiligen Rechtsschutzes nach § 80 Abs. 5 VwGO in umweltrechtlichem Zusammenhang, lassen sich – nachstehend differenziert nach den jeweiligen Rechtsgebieten – für das Gebiet des Umweltrechtes durchaus einzelne aus den Besonderheiten des Rechtsgebietes resultierende Akzentuierungen feststellen.

I. Bodenschutz- und Altlastenrecht

Einstweilige Rechtsschutzverfahren sind im bodenschutzrechtlichen Kontext vielfach 1304 davon geprägt, dass materiell-rechtliche Rechtsfragen in das Aussetzungsverfahren nach § 80 Abs. 5 VwGO verlagert werden und damit den Kern der Auseinandersetzung ausmachen. Die jüngere Rechtsprechung zum Bodenschutz- und Altlastenrecht[257] ist nach Inkrafttreten des Bundes-Bodenschutzgesetzes vom 1.3.1998 und damit durch die Schaffung einer erstmals bundeseinheitlichen Rechtsgrundlage und eine Vielzahl materieller und in Hauptsacheverfahren noch nicht geklärter Rechtsfragen gekennzeichnet. Diese Feststellung hat zwei Ursachen. Zum einen ist das Bodenschutz- und Altlastenrecht nach wie vor als Materie des Gefahrenabwehrrechtes durch Maßnahmen der Eingriffsverwaltung, also durch behördliche Anordnungen gekennzeichnet, mit denen die zuständige Bodenschutzbehörde einem Verantwortlichen im Sinne des § 4 Abs. 3 BBodSchG die Durchführung bestimmter Untersuchungs- oder Sanierungsmaßnahmen aufgibt. Zum anderen ist die Anordnung des Sofortvollzuges, also der Ausschluss der bei Widerspruchseinlegung oder Klageerhebung nach § 80 Abs. 1 VwGO eintretenden aufschiebenden Wirkung, angesichts der in Bodenschutz- wie Altlastenfällen auftretenden Umweltgefährdung regelmäßig gegeben. Insbesondere die Schaffung des Art. 20a GG[258] hat

[256] Dazu näher → Rn. 175 ff., 183 ff.

[257] Zu den unterschiedlichen Begriffen s. § 2 Abs. 1, 5 BBodSchG.

[258] Art. 20a eingefügt durch Art. 1 Nr. 2 des Gesetzes vom 27.10.1994 (BGBl. I 3146); in der Fassung des Art. 1 des Gesetzes vom 26.7.2002 (BGBl. I S. 2862)

dazu geführt, dass das öffentliche Interesse am sofortigen Vollzug der behördlichen Anordnung in vielen Fällen das Verschonungsinteresse des Antragstellers überwiegt und daher dann bei der dem Verwaltungsgericht überantworteten Abwägung nach § 80 Abs. 5 VwGO Fragen des materiellen Bodenschutzrechtes im Vordergrund der Beurteilung stehen.[259]

1. Zu den Voraussetzungen einer Drittanfechtung bodenschutzrechtlicher Maßnahmen

1305 Die Anfechtungsbefugnis spielt auch im Verfahren nach § 80 Abs. 5 VwGO so lange keine Rolle, als sich der Adressat eines belastenden Verwaltungsakts gegen die ihm gegenüber angeordnete Maßnahme wendet.[260] Allgemeine Grundsätze zur Feststellung der Antragsbefugnis greifen aber dann ein, wenn sich ein Dritter gegen bodenschutzrechtliche Maßnahmen, beispielsweise gegen die Sanierung einer Deponie wendet und im Wege einstweiligen Rechtsschutzes beantragt, die genehmigte Sanierung der Deponie wegen behaupteter Gesundheits- und Eigentumsgefährdung zu stoppen.[261] Als drittschützende Norm ist im bodenschutzrechtlichen Zusammenhang regelmäßig § 4 Abs. 3 BBodSchG anzusehen. § 4 Abs. 3 BBodSchG sieht die Verpflichtung des Verantwortlichen vor, den Boden und Altlasten sowie durch schädliche Bodenveränderungen oder Altlasten verursachte Verunreinigungen von Gewässern so zu sanieren, dass dauerhaft keine Gefahren, erhebliche Nachteile oder erhebliche Belästigungen für den Einzelnen oder die Allgemeinheit entstehen.[262] Der Wortlaut macht deutlich, dass die Vorschrift eben nicht nur dem Schutz und Interesse der Allgemeinheit dient, sondern auch den Schutz von Individualinteressen eines klar bestimmten und von der Allgemeinheit abzugrenzenden Kreises geschützter Personen bezweckt.[263] Ähnliche Wirkung hat §§ 5 Abs. 1 Nr. 1, 22 Abs. 1 S. 1 Nr. 1 BImSchG iVm § 3 Abs. 1 Nr. 11, Abs. 3 BBodSchG. Das BImSchG gilt gem. § 2 Abs. 1 Nr. 1 BImSchG für den Betrieb von Anlagen, zu denen gem. § 3 Abs. 5 Nr. 3 BImSchG Grundstücke gehören, auf denen Arbeiten durchgeführt werden, die Emissionen, wie etwa Luftverunreinigung oder Geräusche, verursachen können. Die emissionsträchtigen Tätigkeiten liegen bei Sanierungsgrundstücken regelmäßig im Rahmen von deren Zweckbestimmung. Sanierungen sind daher so zu betreiben, dass schädliche Umwelteinwirkungen verhindert werden.[264]

---

[259] Zum verfassungsrechtlichen Rückwirkungsverbot bei Inkrafttreten des Bundes-Bodenschutzgesetzes s. OLG Karlsruhe AbfallR 2015, 91; VGH Mannheim NVwZ 2002, 1260; zu den Anforderungen an den Nachweis einer relevanten (Mit-)Verursachung einer Altlast BVerwG Beschl. v. 22.2.2016 – 7 B 36/15; VGH Mannheim GewArch 2015, 506, NVwZ-RR 2003, 103; VG Düsseldorf ZUR 2010, 85; zur Verpflichtung zur Erstellung eines Sanierungsplans VGH Kassel NVwZ 2005, 718; zur Inanspruchnahme des Gesellschafters einer OHG nach § 128 HGB VGH München NVwZ-RR 2005, 465; zur Betreiberhaftung nach § 4 Abs. 3 BBodSchG, OVG Lüneburg NVwZ 2005, 1207; zur Berücksichtigung zivilrechtlicher Regelungen bei der behördlichen Ermessensausübung VGH München NVwZ 2001, 458.

[260] Zur Klagebefugnis im Zusammenhang mit § 4 Abs. 3 S. 3 BBodSchG s. VG Aachen Urt. v. 16.2.2005 – 6 K 2019/99; zur möglichen Rechtsverletzung durch die Verbindlicherklärung des Sanierungsplanes nach § 13 Abs. 6 BBodSchG VGH München ZUR 2013, 40; VG München Urt. v. 5.3.2002 – M 2 K 01.1797.

[261] Dazu ausführlich VG Gera Beschl. v. 27.8.2003 – 2 E 762/03 GE.

[262] Wie hier VG Gera, aaO.

[263] VG Gera, aaO.

[264] VG Gera, aaO.

2. Zum Erfordernis eines Aussetzungsantrages nach §§ 80a Abs. 3 S. 2, 80 Abs. 6 VwGO

In bodenschutzrechtlichem Zusammenhang kann auch die Bestimmung des § 80 Abs. 6 S. 2 Nr. 2 VwGO Bedeutung erlangen. Ein Teil der Rechtsprechung[265] verlangt einen Antrag gegenüber der Behörde auf Aussetzung der Vollziehung, bevor bei Gericht um einstweiligen Rechtsschutz bei einem Verwaltungsakt mit Doppelwirkung nachgesucht wird. Dies gilt nach § 80 Abs. 6 S. 2 Nr. 2 VwGO nicht, wenn eine Vollstreckung droht. Eine Vollstreckung soll auch drohen, wenn es um das bereits stattfindende Gebrauchmachen von Erlaubnissen geht. Sind sanierungsvorbereitende Maßnahmen des Genehmigungsempfängers festzustellen, die darauf abzielen, von der Sanierungsgenehmigung Gebrauch zu machen, geht die Praxis von einem Fall des § 80 Abs. 6 S. 2 Nr. 2 VwGO aus. Eines vorherigen Antrages bei der Behörde bedarf es dann nicht mehr.[266] 1306

3. Zu den Auswirkungen des Art. 20a GG auf die Abwägung zwischen Vollzugs- und Verschonungsinteresse

Geht es um den wirkungsvollen Schutz des Bodens und des Grundwassers als natürlicher Lebensgrundlage sind nach ständiger Rechtsprechung Gemeinwohlbelange von hohem Rang berührt.[267] Art. 20a GG macht den Stellenwert dieser Belange deutlich. Art. 20a GG verpflichtet den Staat von Verfassungs wegen, Boden und Grundwasser als Bestandteile der natürlichen Lebensgrundlagen zu schützen. Verwaltung und Gerichte haben diese Vorgabe als verfassungsrechtliche Wertentscheidung sowohl bei der Auslegung als auch bei der Anwendung der Bestimmungen des einfachen Rechtes, namentlich bei der Anwendung des BBodSchG und der Wahrnehmung der von diesem Gesetz zugewiesenen Entscheidungs- und Ermessensspielräume zu berücksichtigen. Im Verfahren nach § 80 Abs. 5 VwGO und der hierbei vorzunehmenden Abwägung entfaltet Art. 20a GG nach der Rechtsprechung „lenkende Wirkung".[268] Im Falle von Boden- und Grundwasserverunreinigungen wird hierdurch die Verpflichtung bekräftigt, insbesondere die Verantwortlichkeit nach § 4 BBodSchG zeitnah umzusetzen. Das finanzielle Interesse der Verantwortlichen nach § 4 Abs. 1 S. 1 BBodSchG, nämlich von den Kosten bestimmter Maßnahmen zumindest so lange verschont zu bleiben, bis die Verantwortlichkeit sowie die Zweck- und Verhältnismäßigkeit der angeordneten Maßnahmen abschließend geklärt ist, wirkt demgegenüber regelmäßig weniger schwer.[269] Dabei reduzieren sich die Interessen im Falle der Drittanfechtung schon dadurch erheblich, dass es bei der für sofort vollziehbar erklärten Sanierung darum geht, eine Verbesserung der Grundstückssituation gerade auch mit Blick auf die von der Vorbelastung betroffene Nachbarschaft herbeizuführen. Die Verschärfung der Grundstückssituation durch Durchführung einer Altlastensanierung wird sich regelmäßig nicht feststellen lassen, das Interesse eines derart betroffenen Grundstücksnachbarn wird regelmäßig nur geringes Gewicht beanspruchen können.[270] Dass die Bodenschutzbehörde in vielen Fällen angesichts erkannter Sanierungsbedürftigkeit über einen längeren Zeitraum untätig geblieben ist, hindert die Anordnung des Sofortvollzuges nicht.[271] 1307

---

[265] Vgl. die Nachweise bei → Rn. 1065.

[266] VG Gera Beschl. v. 27.8.2003 – 2 E 762/03 GE.

[267] BVerfGE 102, 1 (18).

[268] VGH Mannheim VBlBW 2016, 108; NVwZ-RR 2003, 103; VG Düsseldorf ZUR 2010, 85.

[269] VGH Mannheim VBlBW 2016, 108; NVwZ-RR 2003, 103; VG Düsseldorf ZUR 2010, 85; dazu auch VG Augsburg Beschl. v. 26.11.2004 – Au 7 S 03.1447; Beschl. v. 26.9.2002 – Au 7 S 02.918.

[270] VG Gera Beschl. v. 27.8.2003 – 2 E 762/03 GE.

[271] VG Wiesbaden NVwZ-RR 2004, 651; vgl. auch → Rn. 731.

1308 Das finanzielle Interesse des Adressaten eines belastenden Sanierungsbescheides hat damit regelmäßig kein hohes Gewicht. Dies soll jedenfalls dann gelten, wenn die zu erwartenden Kosten nicht so hoch sind, dass die wirtschaftliche Existenz des Adressaten als gefährdet anzusehen wäre.[272] Finanzielle Aspekte können bei der Abwägung vor allem dann keine ausschlaggebende Bedeutung haben, wenn dem Antragsteller bei einem Obsiegen im anschließenden Hauptsacheverfahren ein Anspruch auf Ersatz der aufgewandten Kosten zustehen würde (dazu § 24 Abs. 1 S. 2 BBodSchG).[273]

4. Zum Begründungserfordernis nach § 80 Abs. 3 VwGO

1309 Auch in bodenschutzrechtlichem Zusammenhang gilt, dass § 80 Abs. 3 S. 1 VwGO mit der darin vorgeschriebenen Begründung des Sofortvollzuges die Behörde dazu anhalten soll, sich des Ausnahmecharakters der Vollziehungsanordnung gegenüber dem Suspensiveffekt des § 80 Abs. 1 VwGO bewusst zu werden.[274] Hat die Behörde dem Begründungserfordernis genüge getan, ist das entscheidende Gericht allerdings nicht darauf beschränkt, nur anhand der Überlegungen der Behörde die Berechtigung des Sofortvollzuges zu prüfen. Das Gericht trifft eine in Würdigung aller einschlägigen Gesichtspunkte eigene Ermessensentscheidung.[275]

5. Zum Rechtsschutzinteresse

1310 Für eine gerichtliche Klärung fehlt dem Antragsteller das Rechtsschutzinteresse, wenn die angeordnete Sanierungsmaßnahme zwischenzeitlich im Wege der Ersatzvornahme durch die Bodenschutzbehörde umgesetzt worden ist. Der Antrag nach § 80 Abs. 5 VwGO kann in diesem Falle seinen Erfolg, nämlich durch die Wiederherstellung der aufschiebenden Wirkung die Vollziehung zu verhindern, nicht mehr erreichen.[276] Das Rechtsschutzinteresse soll fehlen, wenn Antragsteller gegenüber angeordneten Sanierungsbohrungen erst drei Arbeitstage vor dem festgelegten Termin um gerichtlichen Eilrechtsschutz nachsuchen. Die Rechtsprechung hat – freilich aufgrund der Besonderheiten des einzelnen Falles – in einem solchen Fall das Interesse der Antragsteller an rechtzeitigem Rechtsschutz als nicht schutzwürdig gewertet.[277]

6. Zum Umfang der gerichtlichen Sachverhaltsaufklärung in bodenschutzrechtlichen Eilfällen

1311 Die systematische Klassifizierung als Eilverfahren ändert nichts daran, dass gerade Anfechtungsfälle und Verfahren nach § 80 Abs. 5 VwGO in der Praxis der Verwaltungsgerichte durch längere Verfahrenslaufzeiten gekennzeichnet sind. Die Laufzeiten dieser Verfahren zum einen, die wirtschaftliche Bedeutung der regelmäßig in Rede stehenden Maßnahmen zum anderen führen vielfach zu der Frage, ob das Verwaltungsgericht nicht angesichts beider Aspekte im Rahmen der ihm obliegenden Amtsermittlungspflicht (§ 86 Abs. 1 VwGO) gehalten ist, etwa durch Einholung von Sachverständigengutachten

[272] Zur Folgenbetrachtung VGH Mannheim VBlBW 2016, 108; NVwZ-RR 2003, 103; VG Düsseldorf ZUR 2010, 85; VG Augsburg Beschl. v. 19.10.2004 – Au 7 S 04.1334; VG Würzburg Beschl. v. 24.8.2005 – W 4 S 05.747.

[273] Näher VGH Mannheim VBlBW 2016, 108; NVwZ-RR 2003, 103; VG Düsseldorf ZUR 2010, 85; VG Würzburg Beschl. v. 24.8.2005 – W 4 F 05.747.

[274] OVG Berlin-Brandenburg Beschl. v. 9.9.2005 – 11 S 13.05.

[275] Zur sofortigen Vollziehung bei der Sanierung einer Grundwasserkontamination und der daraus folgenden Interessenabwägung OVG Berlin-Brandenburg Beschl. v. 9.9.2005 – 11 S 13.05; dazu auch OVG Münster NWVBl. 1994, 424 (425).

[276] VG München Beschl. v. 8.11.2000 – M 2 S 00.1886.

[277] So VG Wiesbaden NVwZ-RR 2004, 651.

eigene Ermittlungen, beispielsweise zu Kontaminationsursachen und Verursachungsbeiträgen durchzuführen. Die Rechtsprechung lehnt eine derartige Verpflichtung ab und reduziert die Sachverhaltskontrolle des Gerichtes auf eine reine Plausibilitätskontrolle, aufgrund derer die Verwaltungsgerichte regelmäßig nur als verpflichtet angesehen werden, den Inhalt der Behördenakten sowie den Sachvortrag der Beteiligten zu würdigen (§§ 108 Abs. 1 S. 1, 122 Abs. 1 VwGO).[278]

II. Kreislaufwirtschafts- und Abfallrecht

Ähnliche Rechtsprechungsakzente wie sie für das Bodenschutz- und Altlastenrecht festgestellt worden sind, zeigen sich auch in einstweiligen Rechtsschutzverfahren, in deren materiell-rechtlichem Mittelpunkt Fragen des KrW-/AbfG stehen. Dabei sind es nicht die Fragen des Anlagenzulassungsrechtes, die die gerichtliche Praxis prägen. Nachdem das spezifisch abfallrechtliche Genehmigungs- oder Planfeststellungsverfahren lediglich für die Errichtung oder wesentliche Änderung von Deponien stattfindet (§§ 31 Abs. 2, 3 KrW-/AbfG), bedürfen alle anderen Anlagen der immissionsschutzrechtlichen Zulassung. Fragen der Zulassung anderer Abfallentsorgungsanlagen als der Deponie sind daher immissionsschutzrechtlich zu beurteilen, gleiches gilt für Fragen des einstweiligen Rechtsschutzes.[279] Die jüngere Rechtsprechung weist Auseinandersetzungen im Wege einstweiligen Rechtsschutzes damit vor allem in Bezug auf die Durchsetzung von Entsorgungsverpflichtungen aus.[280] Spezifische Fragestellungen, die aus einstweiligen Rechtsschutzverfahren resultieren, lassen sich wie folgt klassifizieren: 1312

1. Zur Begründung nach § 80 Abs. 3 VwGO

Auch in abfallrechtlichem Zusammenhang ist das besondere Vollzugsinteresse ausreichend zu begründen (§ 80 Abs. 3 S. 1 VwGO). Die Rechtsprechung verlangt auch hier, dass eine Auseinandersetzung mit Aspekten des Einzelfalles stattfindet. Geht es um die Durchsetzung einer ordnungsgemäßen Abfallentsorgung, obliegt der Behörde die Darlegung, dass und warum diese nicht länger hinausgezögert werden darf. Ist eine negative Vorbildwirkung zu befürchten, reicht deren generelle Annahme nicht aus. Stattdessen ist diese konkret darzulegen.[281] Ähnlich wie in bodenschutzrechtlichem Zusammenhang lässt das längere Zuwarten der Behörde das besondere Vollzugsinteresse nicht ohne weiteres entfallen. Auch wenn die zu beseitigenden Abfälle bereits geraume Zeit vor Bekanntgabe des Verwaltungsakts auf dem Grundstück gelagert haben, kann eine Dringlichkeit in Bezug auf die Umsetzung der Beräumungsanordnung gegeben sein.[282] Die Befürchtung, dass bei Eingreifen der aufschiebenden Wirkung dem öffentlichen Entsorgungsträger finanzielle Ausfälle drohen, kann ein überwiegendes öffentliches Interesse begründen.[283] 1313

2. Zur gerichtlichen Sachverhaltsaufklärung

Parallelen zum bodenschutzrechtlichen Eilverfahren zeigen sich auch in Bezug auf die Frage, ob und inwieweit das Gericht gehalten ist, in abfallrechtlichem Zusammenhang weitere Erkenntnismöglichkeiten zu nutzen. Eine eigene Sachverhaltsaufklärung lehnen die Verwaltungsgerichte auch im Zusammenhang mit abfallrechtlichen Eilverfahren regel- 1314

[278] Dazu etwa VGH Mannheim NVwZ 2002, 1260.
[279] Näher dazu → Rn. 1316.
[280] OVG Münster NVwZ 1999, 674; OVG Münster NVwZ 2004, 1384; VGH München Beschl. v. 14.7.2004 – 20 CS 04.1179.
[281] OVG Greifswald UPR 2006, 397; DÖV 2003, 637; NVwZ 1995, 608.
[282] OVG Greifswald UPR 2006, 397; dazu auch VG Schwerin Beschl. v. 12.1.2000 – 8 B 953/99.
[283] OVG Koblenz NVwZ-RR 2005, 621; vgl. dazu auch → Rn. 774.

mäßig ab. Geht es etwa um die Frage konkreter Feststellungen zur Zusammensetzung eines Abfallgemisches, auch zur Frage etwaiger Bewertungsschwankungen, wird eine weitere Sachverhaltsaufklärung – freilich ohne nähere Begründung – oftmals verwehrt und gegebenenfalls dem Widerspruchsverfahren überantwortet.[284] Dies soll auch dann gelten, wenn es um bisher ungeklärte Fragestellungen geht. Die Rechtsprechung verweist darauf, es sei nicht Aufgabe des Gerichtes, „neuen Erkenntnissen mit Mitteln des Prozessrechts zum Durchbruch zu verhelfen".[285]

3. Zur Anwendung des § 123 VwGO in abfallrechtlichem Zusammenhang

1315 Dass von der Rechtsprechung regelmäßig praktizierte Verbot der Vorwegnahme der Hauptsache kann dem Erfolg eines Antrages nach § 123 VwGO entgegenstehen, wenn dieser auf die endgültige Entscheidung einer Genehmigung nach Art. 5 Abs. 1 AbfVerbrVO gerichtet ist, sofern nicht das Gebot effektiven Rechtsschutzes nach Art. 19 Abs. 4 S. 1 GG das Abwarten der Hauptsacheentscheidung als schlechterdings unzumutbar ansehen lässt.[286] Effektiver Rechtsschutz rechtfertigt den Erlass einer einstweiligen Anordnung beispielsweise dann, wenn die von der Behörde unterlassene Anerkennung eines abfallrechtlichen Verwertungsverfahrens im erheblichen Umfang in die Berufsausübung des Antragstellers eingreift.[287] Ein Abfallzweckverband kann wegen der ihm obliegenden Wahrung des verfassungsrechtlichen Wirtschaftlichkeitsgebotes effektiven Rechtsschutz gegen den Vollzug potentiell nichtiger oder unanwendbarer Rechtsnormen verlangen, die Investitionserfordernisse auslösen.[288]

III. Immissionsschutzrecht

1316 Auch die Sichtung der Rechtsprechung in immissionsschutzrechtlichen Eilverfahren ergibt, dass der einstweilige Rechtsschutz vor allem im Zusammenhang mit § 80 Abs. 5 VwGO eine Rolle spielt. Die Wiederherstellung oder Anordnung der aufschiebenden Wirkung gegenüber Anordnungen, die auf die Ermächtigungsgrundlagen des BImSchG gestützt sind, dominiert. Anträge auf Erlass einer einstweiligen Anordnung nach § 123 VwGO spielen in untergeordnetem Umfang vor allem dann eine Rolle, wenn es um das Vorgehen eines Dritten gegenüber immissionsschutzrechtlich relevanten Sachverhalten, beispielsweise um einen vermeintlich ungenehmigten Anlagenbetrieb[289] oder um verkehrsrechtliche Maßnahmen zur Reduzierung der Feinstaubbelastung geht.[290]

1. Zum Erfordernis eines Aussetzungsantrags nach §§ 80a Abs. 3 S. 2, 80 Abs. 6 S. 1 VwGO

1317 Die Frage, ob es vor Einleitung eines gerichtlichen Eilverfahrens erforderlich ist, einen Aussetzungsantrag nach §§ 80a Abs. 3 S. 2, 80 Abs. 6 S. 1 VwGO zu stellen, ist umstritten.[291] Einzelne Judikate verneinen das Rechtsschutzbedürfnis für einen gerichtlichen Eilantrag, wenn sich der Antragsteller nicht zuvor vergeblich mit seinem Begehren an die Behörde gewandt hat. Dem anfechtenden Dritten stehe ein Rechtsschutzbedürfnis nur zur Seite, wenn dieser sein Begehren grundsätzlich zunächst an die Behörde herangetra-

---

[284] OVG Münster NVwZ 1999, 674 (676).
[285] VG Frankfurt Beschl. v. 4.2.2002 – 4 G 4807/01.
[286] Dazu VG Köln Beschl. v. 21.1.2004 – 13 L 3149/03.
[287] VGH München NVwZ-RR 2004, 95.
[288] OVG Koblenz NVwZ 2004, 363.
[289] OVG Saarlouis Beschl. v. 23.5.2001 – 3 U 1/01; VG Augsburg Beschl. v. 23.1.2002 – Au 4 E 02.43; VHG München NVwZ 2005, 719 (Freizeitlärm); NVwZ-RR 2005, 23 (Verkehrslärm).
[290] VG München NVwZ 2005, 842; dazu auch *Zeiss* UPR 2005, 253; *Krohn* ZUR 2005, 371.
[291] → Rn. 1065.

gen hat.[292] Dem gegenüber verweisen andere Entscheidungen darauf, dass ein vorheriger Aussetzungsantrag bei der Behörde im Falle eines Drittwiderspruchs gegen eine immissionsschutzrechtliche Genehmigung jedenfalls nicht Zulässigkeitsvoraussetzung für das gerichtliche Eilverfahren sei, wenn die Behörde in Kenntnis der wesentlichen Einwendungen gegen das Vorhaben die sofortige Vollziehung der Genehmigung angeordnet habe.[293] Ein behördlicher Aussetzungsantrag soll nach dieser Rechtsprechung von vornherein nur in den Fällen notwendig sein, in denen der betreffende Verwaltungsakt – wie im Falle der Anforderung von öffentlichen Abgaben und Kosten – kraft Gesetzes sofort vollziehbar ist. Nach dieser Rechtsprechung soll aber ein an die Behörde gerichteter Aussetzungsantrag regelmäßig keinen Sinn machen, wenn die Genehmigungsbehörde bereits in Kenntnis der wesentlichen Einwendungen die sofortige Vollziehbarkeit eines Verwaltungsakts mit Drittwirkung angeordnet hat.[294]

2. Zur Antragsbefugnis

Die Antragsbefugnis bestimmt sich auch in immissionsschutzrechtlichen Eilverfahren nach entsprechender Anwendung des § 42 Abs. 2 VwGO. Drittschutz vermittelt vor allem eine mögliche Verletzung des § 5 Abs. 1 S. 1 BImSchG, nach dem genehmigungsbedürftige Anlagen so zu errichten und so zu betreiben sind, dass schädliche Umwelteinwirkungen und sonstige Gefahren, erhebliche Nachteile und erhebliche Belästigungen für die Allgemeinheit und die Nachbarschaft nicht hervorgerufen werden können. Diese Bestimmung ist für Nachbarn nach allgemeiner Auffassung drittschützend.[295] „Nachbarn" im Sinne dieser Vorschrift können auch Gemeinden sein, sofern sie Eigentümer von Grundstücken im Einwirkungsbereich der jeweiligen Anlage sind.[296] Auch wenn sich Gemeinden nicht auf den Grundrechtsschutz nach Art. 14 Abs. 1 GG berufen können, da Gemeinden nach gefestigter Rechtsprechung insoweit keine Grundrechtsfähigkeit besitzen,[297] können sie nach Maßgabe des einfachen Rechtes aus §§ 903 ff. BGB einen uneingeschränkten Anspruch auf den durch § 5 Abs. 1 S. 1 BImSchG für die Nachbarschaft gewährleisteten Schutz vor schädlichen Umwelteinwirkungen geltend machen.[298] Drittschutz vermitteln im immissionsschutzrechtlichen Zusammenhang gegenüber Feinstaubbelastungen auch die Grenzwerte der 22. BImSchV, die der menschlichen Gesundheit dienen und damit subjektive Rechte begründen.[299] 1318

Keine Drittschutzrelevanz haben demgegenüber Zuständigkeitsvorschriften.[300] Zuständigkeitsvorschriften dienen in erster Linie dem öffentlichen Interesse, einen reibungslosen und fachlich kompetenten Gesetzesvollzug durch eine sachgerechte Bestimmung der jeweiligen behördlichen Zuständigkeit zu gewährleisten; ihnen obliegt es nicht, Schutz und Rücksichtnahme im Interesse Dritter bzw. von Nachbarn zu gewährleisten.[301] 1319

---

[292] VG München Beschl. v. 4.10.2001 – M 1 SN 01.3831; VG München BayVBl. 1993, 565.

[293] VG Osnabrück Beschl. v. 20.6.2016 – 2 B 4/16; OVG Weimar Beschl. v. 22.2.2006 – 1 EO 707/05; Abgrenzung zu OVG Weimar Beschl. v. 27.6.1994 – 1 EO 133/03.

[294] OVG Weimar Beschl. v. 22.2.2006 – 1 EO 707/05; OVG Koblenz Beschl. v. 18.3.2004 – 8 B 12 060/93.

[295] OVG Weimar Beschl. v. 22.2.2006 – 1 EO 707/05.

[296] OVG Weimar Beschl. v. 22.2.2006 – 1 EO 707/05; VG Aachen Beschl. v. 26.1.2004 – 6 L 440/03.

[297] BVerfGE 61, 82 ff. NVwZ 1982, 554.

[298] Zur Rechtsposition der Gemeinden als Grundstückseigentümer gegenüber schädlichen (Lärm-) Immissionen: BVerwGE 51, 6.

[299] VG München NVwZ 2005, 842; BVerwG NVwZ 2004, 1237.

[300] VGH München Beschl. v. 4.5.2000 – 22 CS 96.3183; VG Aachen Beschl. v. 26.1.2004 – 6 L 440/03; zum Fehlen des Drittschutzes der Vorschriften über die sachliche Zuständigkeit zur Erteilung einer immissionsschutzrechtlichen Genehmigung im vereinfachten Genehmigungsverfahren s. auch OVG Münster NVwZ 2003, 361.

[301] VG Aachen Beschl. v. 26.1.2004 – 6 L 440/03; OVG Münster NVwZ 2003, 361.

1320 Umstritten war bisher, ob und inwieweit gerade in immissionsschutzrechtlichem Zusammenhang aus der Verletzung von Verfahrensvorschriften Anfechtungsbefugnisse resultieren konnten. Herkömmlicherweise wurde darauf verwiesen, dass Verstöße gegen Verfahrensrecht zunächst noch keine Rechtsposition des Nachbarn gegen immissionsschutzrechtliche Genehmigungen begründen. Insbesondere § 10 BImSchG wurde nach dieser Rechtsprechung nicht zu den Verfahrensvorschriften gezählt, bei denen Nachbarrechtsschutz allein aufgrund der Möglichkeit zu gewähren ist, dass in Folge des verkürzten Verfahrens der erforderliche Nachbarschutz nicht sichergestellt ist.[302] Aktualität hat diese Problematik unter dem Einfluss der einschlägigen europarechtlichen Bestimmungen erlangt, die – wie die UVP-Änderungsrichtlinie 2003/35/EG – die Aarhus-Konvention zur Grundlage haben, und die dem verbesserten Zugang zu den Gerichten dienen sollen.[303] Eine – zur Anfechtung berechtigende – Verfahrensstellung ist dem Nachbarn dann eingeräumt worden, wenn aus dem europäischen Recht die Absicht zur Einräumung einer solchen selbstständigen Verfahrensstellung abzuleiten ist. Aus dem Bedürfnis, das bestehende deutsche Rechtssystem mit dem Konzept der gemeinschaftsrechtlichen Vorgaben strukturell zu harmonisieren, wurde etwa im Zusammenhang mit der Umsetzung von Umweltverträglichkeitsprüfungsvorschriften die drittschützende Bedeutung von Verfahrensregeln abgeleitet.[304] Diesen Gedanken greift nunmehr § 4 Abs. 1 des Gesetzes über ergänzende Vorschriften zu Rechtsbehelfen in Umweltangelegenheiten nach der EG-Richtlinie 2003/35/EG (Umwelt-Rechtsbehelfsgesetz)[305] auf. Nach § 4 Abs. 1 kann die Aufhebung einer Entscheidung über die Zulässigkeit eines Vorhabens nach § 1 Abs. 1 Satz 1 Nr. 1 UmwRBehG verlangt werden, wenn eine nach den Bestimmungen des Gesetzes über die Umweltverträglichkeitsprüfung, nach der Verordnung über die Umweltverträglichkeitsprüfung bergbaulicher Vorhaben oder nach entsprechenden landesrechtlichen Vorschriften erforderliche Umweltverträglichkeitsprüfung (§ 4 Abs. 1 Nr. 1 UmwRBehG) oder erforderliche Vorprüfung des Einzelfalls über die UVP-Pflichtigkeit (§ 4 Abs. 1 Nr. 2 UmwRBehG) nicht durchgeführt und nicht nachgeholt worden ist; zu den Vorhaben im Sinne des § 1 Abs. 1 S. 1 Nr. 1 UmwRBehG zählen die Vorhaben nach § 2 Abs. 3 UVPG, für die – kurz gesagt – die Durchführung einer Umweltverträglichkeitsprüfung notwendig ist.[306] Ist dieses Erfordernis auch für die Zulassung immissionsschutzrechtlicher Anlagen einschlägig, erlangt damit § 4 Abs. 1 UmwRBehG Bedeutung.

1321 Die Darlegung der Möglichkeit einer Verletzung in eigenen Rechten reicht nicht aus, wenn ein Dritter die Anordnung der sofortigen Vollziehbarkeit einer ihn begünstigenden Nutzungsuntersagung begehrt. Er muss neben der Verletzung eigener Rechte in diesem Fall geltend machen, dass ihm ein Anspruch auf behördliches Einschreiten zusteht und dass der Sofortvollzug der auch objektiv rechtmäßigen Verfügung in seinem überwiegenden Interesse geboten ist.[307]

3. Zum Begründungserfordernis nach § 80 Abs. 3 VwGO

1322 Auch im immissionsschutzrechtlichen Zusammenhang betonen die Gerichte, dass die Begründung nach § 80 Abs. 3 VwGO die konkreten Erwägungen erkennen lassen muss,

[302] OVG Münster NVwZ-RR 2004, 408.

[303] OVG Koblenz NVwZ 2005, 1207; s. dazu *von Danwitz* NVwZ 2004, 272; *Alleweldt* DÖV 2006, 621; *Schlacke* ZUR 2004, 129; *Schrader* UPR 2006, 2005; s. auch OVG Münster NuR 2006, 320.

[304] OVG Koblenz NVwZ 2005, 1207; s. dazu *von Danwitz* NVwZ 2004, 272; *Alleweldt* DÖV 2006, 621; *Schlacke* ZUR 2004, 129; *Schrader* UPR 2006, 2005; s. auch OVG Münster NuR 2006, 320.

[305] Vom 7.12.2006 (BGBl. I S. 2816).

[306] Zu alledem näher – teilweise noch zu den Vorschlägen des Gesetzgebungsverfahrens – *Ziekow* NVwZ 2007, 259; *Ewer* NVwZ 2007, 267; *Kment* NVwZ 2007, 274; *Schlacke* ZUR 2007, 8.

[307] VG Mannheim NVwZ 2003, 27; VGH Kassel BRS 58 Nr. 167; OVG Münster UPR 1994, 38.

die die Behörde dazu veranlassen, das besondere Interesse an der sofortigen Vollziehung zu bejahen. Aspekte, die bei der Vorhabenzulassung das öffentliche Interesse an einer zeitnahen Verwirklichung begründen können, sind beispielsweise im Falle einer Feuerungsanlage für Holzgas, der Verzicht auf die Verbrennung fossiler Brennstoffe und geplante Einsatz von Holz als erneuerbare Energie, mit dem ein Beitrag zum Klimaschutz geleistet wird.[308] Allerdings kann es nicht die Aufgabe von Eilverfahren sein, ungesicherten wissenschaftlichen Erkenntnissen nachzugehen. Fehlen Nachweise zu behaupteten Anlageauswirkungen – wie etwa im Zusammenhang mit der Windenergie bei geltend gemachten Gesundheitsgefahren durch Infraschall – ist es nicht Aufgabe des Eilverfahrens, nicht geklärten Kausalitätsbeziehungen nachzugehen.[309]

4. Zum Umfang der gerichtlichen Sachverhaltsaufklärung in immissionsschutzrechtlichen Eilverfahren

Auch in einstweiligen Rechtsschutzverfahren mit immissionsschutzrechtlichem Zusammenhang lehnen die Verwaltungsgerichte es im Regelfall ab, fachtechnischen Fragen etwa durch Einholung von Sachverständigengutachten nachzugehen. Lässt sich die Frage, ob unzumutbare Immissionen vorliegen, nicht feststellen, weil entsprechende Immissionsdaten fehlen, wird die Klärung dieser Genehmigungsvoraussetzungen dem Hauptsacheverfahren überantwortet. Die Rechtsprechung verweist darauf, dass eine Beweisaufnahme im Verfahren des einstweiligen Rechtsschutzes grundsätzlich nicht stattfinde.[310] Dieser pauschale – und nicht näher begründete – Hinweis ist angesichts der immer wieder anzutreffenden Laufzeiten einstweiliger Rechtsschutzverfahren mit Skepsis zu sehen, denn es dürfte nichts dagegen sprechen, angesichts der unumgänglichen Verfahrensdauern diese zur Sachverhaltsaufklärung beispielsweise durch Einholung von Sachverständigengutachten zu nutzen. 1323

IV. Wasserrecht

Analysiert man Entscheidungen in einstweiligen Rechtsschutzverfahren, die in wasserrechtlichem Zusammenhang ergangen sind, zeigen sich auch hier deutliche Parellelen zu anderen Gebieten des materiellen Umweltrechtes. Vielfach dienen auch Eilverfahren vor allem der Klärung materiell-rechtlicher Rechtsfragen,[311] Konstellationen, bei denen es um die Wiederherstellung der aufschiebenden Wirkung nach § 80 Abs. 5 VwGO geht, dominieren; einstweilige Rechtsschutzverfahren nach § 123 VwGO fallen weniger ins Gewicht.[312] 1324

Bei den einstweiligen Rechtsschutzverfahren nach § 80 Abs. 5 VwGO fallen vor allem die Judikate ins Auge, die sich mit dem Begründungserfordernis des § 80 Abs. 3 VwGO befassen. Die Begründungsanforderungen für den Sofortvollzug werden vor allem durch § 7a WHG bestimmt. Vermeidbare Verunreinigungen von Oberflächengewässern oder des Grundwassers dürfen nicht zu besorgen sein.[313] Diese gesetzliche Hervorhebung rechtfertigt ebenso wie die Bedeutung der Versorgung mit einwandfreiem Trinkwasser 1325

[308] VG Aachen Beschl. v. 26.1.2004 – 6 L 440/03; dazu auch VG Stuttgart Beschl. v. 26.3.2002 – 6 K 371/02; VG München Beschl. v. 23.12.2005 – M1 S 05.5336; OVG Weimar Beschl. v. 22.2.2006 – 1 EO 707/05.

[309] VG Frankfurt Beschl. v. 4.2.2002 – 4 G 4807/01.

[310] VG München Beschl. v. 4.10.2001 – M1 SN 01.3831.

[311] Dazu etwa nur VG München NVwZ 2004, 648.

[312] Dazu etwa VGH München Beschl. v. 11.8.1998 – 8 AE 98.40024; VG Greifswald Beschl. v. 13.1.1999 – 2 B 2432/98; VG Greifswald NuR 2005, 739; VG Leipzig Beschl. v. 29.2.2012 – 6 L 289/11; OVG Greifswald Beschl. v. 2.12.2014 – 3 M 51/14.

[313] OVG Schleswig Beschl. v. 27.7.2000 – 2 N 3/00.

regelmäßig die Anordnung des Sofortvollzuges.[314] In formaler Hinsicht soll es der Behörde gestattet sein, sich zur Rechtfertigung nach § 80 Abs. 3 VwGO auf standardisierte Begründungselemente zu stützen.[315]

1326 Antragsbefugt im einstweiligen Rechtsschutzverfahren sind auch anerkannte Naturschutzverbände. Sie können aus der Verletzung ihres Mitwirkungsrechtes eine Antragsbefugnis nach §§ 80 Abs. 5, 123 VwGO herleiten.[316] Das Beteiligungsrecht von anerkannten Naturschutzverbänden wird als sicherungsfähiges Recht im Sinne des § 123 VwGO anerkannt.[317] Dabei soll nach der Rechtsprechung im Verfahren nach § 123 VwGO die Anwendung des Vorwegnahmeverbotes regelmäßig ausscheiden. Geht man davon aus, dass eine Vorwegnahme der Hauptsache jedenfalls dann in Betracht kommt, wenn die Erfolgsaussichten des Begehrens feststehen,[318] hat sich die Prüfung an § 6 Abs. 1 WHG auszurichten. Wasserrechtliche Erlaubnisse sind nach § 6 Abs. 1 WHG zu versagen, soweit von der beabsichtigten Benutzung eine Beeinträchtigung des Wohls der Allgemeinheit, insbesondere eine Gefährdung der öffentlichen Wasserversorgung, zu erwarten ist, die nicht durch Auflagen oder Maßnahmen einer Körperschaft des öffentlichen Rechts ausgeglichen wird. Sind die Versagungsvoraussetzungen des § 6 Abs. 2 WHG erfüllt, kommt der Wasserbehörde ein Ermessen nicht zu. Bei einer Gefährdung der öffentlichen Wasserversorgung im Sinne des § 6 Abs. 1 WHG können sonstige Gemeinwohlaspekte nicht im Sinne einer Abwägung oder Bilanzierung dazu führen, dass eine Gefährdung des Wohls der Allgemeinheit entfällt.[319]

V. Naturschutzrecht

1327 Entscheidungen in verwaltungsgerichtlichen Eilverfahren mit naturschutzrechtlichen Akzenten finden sich in zwei Ausprägungen. Vor allem im Zusammenhang mit Fachplanungsvorhaben finden sich in Judikaten immer wieder Auseinandersetzungen zu naturschutzrechtlichen Fragestellungen, was bei der Bedeutung, die der Naturschutz auch und gerade in diesem Zusammenhang genießt, wenig verwundert. Auf sie soll erst im Zusammenhang mit der Darstellung des Eilrechtsschutzes im Zusammenhang mit dem Fachplanungsrecht eingegangen werden. Nachfolgend sollen die Besonderheiten dargestellt werden, bei denen es losgelöst von den Besonderheiten des Fachplanungsrechtes in verwaltungsgerichtlichen Eilverfahren um Fragen des Naturschutzrechtes geht. Bezogen auf die Anwendung der §§ 80 Abs. 5, 123 VwGO lassen sich drei Akzentuierungen feststellen.

1. Zum Vollzugsinteresse

1328 Der besondere Stellenwert, den der Gesetzgeber dem Naturschutz im umweltrechtlichen Zusammenhang eingeräumt hat, zeigt sich besonders deutlich bei der vom Verwaltungsgericht nach § 80 Abs. 5 VwGO zu treffenden Abwägungsentscheidung. Der Naturschutz wird als eines der Rechtsgebiete verstanden, bei denen das besondere Vollzugsinteresse durch das einschlägige materielle Fachrecht bereichsspezifisch vorgeprägt ist.[320] Diese rechtliche Vorprägung führt dazu, dass das Erlassinteresse mit dem Vollzugs-

[314] Dazu VG München Beschl. v. 11.11.2003 – M2 S 03.4 994.

[315] OVG Schleswig Beschl. v. 27.7.2000 – 2 M 3/00, so bereits OVG Bremen NordÖR 1999, 374; dazu auch VG Augsburg Beschl. v. 29.11.2000 – AU 7 S 00.939; nur auf der Grundlage von § 2 Abs. 1 UmwRG: VG Berlin NuR 2015, 58.

[316] OVG Weimar NuR 2004, 325; OVG Berlin NVwZ 1998, 1093; VG Greifswald NuR 2005, 739.

[317] VG Schleswig NuR 2000, 390.

[318] Im wasserrechtlichen Zusammenhang dazu VG Düsseldorf Beschl. v. 4.4.2002 – 6 L 638/02, unter Hinweis auf BVerwG NVwZ 2000, 189.

[319] VG Düsseldorf Beschl. v. 4.4.2002 – 6 L 638/02.

[320] OVG Lüneburg ZUR 2007, 41; NVwZ-RR 2006, 646; dazu auch OVG Schleswig Beschl. v. 9.2.2005 – 1 MB 16/05; OVG Koblenz Beschl. v. 23.1.2006 – 8 B 11 686/05.

interesse des Verwaltungsakts identisch sein kann, so dass die Gründe, die den Erlass eines Verwaltungsakts rechtfertigen, zugleich auch dessen sofortigen Vollzug fordern.[321] Von einem solchen Fall ist jedenfalls dann auszugehen, wenn es in naturschutzrechtlichem Zusammenhang darum geht, natürliche Verhältnisse baldmöglichst wiederherzustellen und die Herbeiführung einer irreparablen Zerstörung der zu schützenden Natur und Landschaft zu verhindern.[322] Ein solcher Fall liegt vor, wenn es bei rechtswidrigen Eingriffen in ein geschütztes Biotop darum geht, durch eine Wiederherstellungsverfügung irreparable Auswirkung auf den Naturhaushalt zu verhindern oder ungenehmigte Eingriffe in ein Gewässer im Wege der sofortigen Vollziehung zu unterbinden.

2. Zur Antragsbefugnis

Aus den allgemeinen Grundsätzen, die zur Feststellung der Antragsbefugnis auch in naturschutzrechtlichem Zusammenhang zur Anwendung kommen, folgt, dass das Bestehen einer Befreiungsmöglichkeit nach Vorschriften einer Landschaftsschutzverordnung nicht mit der Antragsbefugnis gleichgesetzt werden kann. Landschaftsschutzverordnungen schützen nur die Interessen der Allgemeinheit. Dritt- oder nachbarschützende Wirkung kommen ihnen regelmäßig nicht zu.[323] Die – nach § 123 VwGO zu sichernde – Beteiligung von anerkannten Naturschutzverbänden schafft hingegen die Anfechtungsbefugnis und bewirkt ein selbstständig durchsetzbares, subjektiv-öffentliches Recht des Verbandes.[324] **1329**

3. Zum Umfang der Sachverhaltsaufklärung

Auch für naturschutzrechtliche Fragen gilt, dass ihre Tatsachengrundlagen regelmäßig nicht im Verfahren des Eilrechtschutzes geklärt werden. Die Rechtsprechung lehnt die Klärung umstrittener Tatsachenfragen ab und verweist deren Aufklärung regelmäßig in das Hauptsacheverfahren.[325] **1330**

§ 60 Fachplanungsrecht

Schrifttum: *Battis/Ingold,* Der Umweltinformationsanspruch im Planfeststellungsverfahren – Anm. zu VGH Kassel, B. v. 4.1.2006 – 12 Q 2828/05, DVBl 2006, 463; *Brandner,* Planfeststellungs- bzw. Plangenehmigungsverfahren – Anm. zu BVerwG, B. v. 11.1.2001 – Az. 11 VR 16/00, NJ 2001, 386; *Ewer,* Ausgewählte Rechtsanwendungsfragen des Entwurfs für ein Umwelt-Rechtsbehelfsgesetz, NVwZ 2007, 267; *Kment,* Das neue Umwelt-Rechtsbehelfsgesetz und seine Bedeutung für das UVPG, NVwZ 2007, 274; *Kuhla,* Der vorläufige Rechtsschutz im Planfeststellungsrecht, NVwZ 2002, 542; *o. V.,* Eilrechtsschutz gegen die Untersagung eines Bauvorhabens aus landesplanerischen Gründen – Anm. zu OVG Magdeburg, B. v. 13.7.2004 – Az. 2 M 366/04, ZNER 2004, 377; *Peters,* Planfeststellungsverfahren mit integrierter Umweltverträglichkeitsprüfung bei Rohrleitungsanlagen, ZfW 2002, 146; *Schlacke,* Das neue Umwelt-Rechtsbehelfsgesetz, ZUR 2007, 8; *Schrader,* Neue Entwicklungen in der Verbandsmitwirkung und Verbandsklage, UPR 2006, 205; *Stüer/Hönig,* Gerichtliche Eilentscheidungen bei Großvorhaben, DVBl. 2005, 953; *de Witt,* Gerichtliche Eilentscheidung bei Großvorhaben: das Beispiel Schönefeld, DVBl. 2006, 292; *Ziekow,* Das Umwelt-Rechtsbehelfsgesetz im System des deutschen Rechtsschutzes, NVwZ 2007, 259.

Nachstehend geht es um die Darstellung der Besonderheiten des verwaltungsgerichtlichen Eilrechtsschutzes im Zusammenhang mit Vorschriften des Fachplanungsrechts. **1331**

[321] OVG Lüneburg ZUR 2007, 41.

[322] OVG Lüneburg ZUR 2007, 41; dazu auch VGH Kassel NVwZ-RR 1993, 613.

[323] VG München Beschl. v. 28.7.2015 – M 8 S 15.2643; Beschl. v. 26.7.2005 – M 11 SN 05.2262.

[324] OVG Schleswig NuR 2000, 390, 590; dazu auch VGH München NVwZ-RR 2005, 705; s. auch VGH Kassel NVwZ-RR 2003, 420.

[325] Dazu nur OVG Koblenz Beschl. v. 26.5.2006 – 1 B 10 405/06.

Mit dem Begriff des Fachplanungsrechts wird hier die Summe der Vorschriften zur Zulassung von Infrastrukturvorhaben, vornehmlich des Straßen-, Eisenbahn-, Luftverkehrs- und Wasserrechts gekennzeichnet. Gegenstand verwaltungsgerichtlicher Eilverfahren in fachplanungsrechtlichem Zusammenhang sind daher regelmäßig raumbedeutsame Großvorhaben, die eine Vielzahl von betroffenen Belangen berühren, vor allem aber dazu führen, dass Dritte sich unter Berufung auf ihnen zustehende Rechtspositionen gegen die Zulassung von Vorhaben oder einzelne Zulassungsmodalitäten zur Wehr setzen. Auch in fachplanungsrechtlichem Zusammenhang wird vielfach der summarische Charakter einstweiliger Rechtsschutzverfahren betont.[326] Nicht zu verkennen ist freilich, dass in Folge von Drittbetroffenheiten und berührter Rechtsgüter die verwaltungsgerichtliche Prüfung in vielen Fällen hinter der eines Hauptsacheverfahrens nicht zurücksteht und durch eine erhebliche Prüfungstiefe gekennzeichnet sein kann.[327]

I. Statthaftigkeit

1332 Auch in verwaltungsgerichtlichen Eilverfahren im Zusammenhang mit Fachplanungsvorhaben gilt, dass vorläufiger Rechtsschutz vorrangig nach § 80 Abs. 5 VwGO zu gewähren ist.[328] Dies setzt allerdings voraus, dass der Planfeststellungsbeschluss, der die Zulassung des Fachplanungsvorhabens vorsieht, noch nicht bestandskräftig ist. Ist Bestandskraft eingetreten, ist auch bei Fachplanungsvorhaben für eine Anordnung der aufschiebenden Wirkung kein Raum.[329] Dabei ist der Antrag nach § 80 Abs. 5 VwGO nicht nur statthaft, wenn der vom Antragsteller eingelegte Rechtsbehelf auf Aufhebung des Planfeststellungsbeschlusses gerichtet ist. § 80 Abs. 5 VwGO kommt entsprechend auch dann zur Anwendung, wenn der Antragsteller einen Anspruch auf ein ergänzendes Verfahren geltend macht.[330] Ein solcher Fall liegt immer dann vor, wenn nach der Rechtsprechung des BVerwG[331] erhebliche Abwägungsmängel nicht durch eine schlichte Planergänzung, sondern durch ein ergänzendes Verfahren behoben werden können.[332] In einem solchen Fall ist auf entsprechende Klage festzustellen, dass der Planfeststellungsbeschluss nach Maßgabe der Entscheidungsgründe rechtswidrig ist und insoweit nicht vollzogen werden darf. In diesen Fällen gewährt die Rechtsprechung – auch ohne Anfechtungsklage – vorläufigen Rechtsschutz in entsprechender Anwendung des § 80 Abs. 5 VwGO.[333]

1333 Zu beachten ist, dass auch im Eilverfahren nicht zwingend der gesamte Planfeststellungsbeschluss Gegenstand der gerichtlichen Überprüfung sein muss. Ebenso wie im Hauptsacheverfahren die Teilanfechtung eines Planfeststellungsbeschlusses möglich ist,[334] kommt diese auch im vorläufigen Rechtsschutzverfahren in Betracht. Dementsprechend kann der Antragsteller die teilweise Anordnung/Wiederherstellung der aufschiebenden Wirkung beantragen.[335]

---

[326] BVerwG NVwZ 2001, 566; VGH Kassel NVwZ 1989, 278; NVwZ 1989, 1183.

[327] S. dazu nur VG Dresden Beschl. v. 10.10.2005 – 3 K 999/05; Beschl. v. 7.7.2005 – 3 K 922/04; Beschl. v. 24.5.2005 – 3 K 1031/04.

[328] Dazu nur BVerwG NuR 2006, 707.

[329] Vgl. § 123 Abs. 5 VwGO.

[330] Dazu BVerwG NVwZ 1998, 1070; ZUR 2015, 163; DVBl 2012, 1102.

[331] BVerwGE 100, 370 (372 f.).

[332] Dazu etwa nur § 18d AEG.

[333] BVerwG NVwZ 1998, 1070; NVwZ-RR 1997, 63; Buchholz 442.09 § 18 AEG, Nr. 17, S. 64; dazu auch VGH Mannheim NVwZ 1999, 550; § 29 Abs. 8 S. 2 PBefG.

[334] OVG Koblenz NuR 2002, 615.

[335] Etwa weil Grundstücke teilweise als Ersatzfläche im Rahmen der naturschutzrechtlichen Eingriffsregelung einbezogen worden sind, s. dazu OVG Koblenz NuR 2002, 615.

§ 80 Abs. 5 VwGO kommt auch dann zur Anwendung, wenn das Verwaltungsgericht die aufschiebende Wirkung einer Klage gegen einen Planfeststellungsbeschluss durch Beschluss nach § 80 Abs. 5 VwGO wiederhergestellt hat, nachträglich aber die Planungsentscheidung zwar im Ergebnis bestätigt, die zu Grunde liegende Abwägung aber in einem „zentralen" Punkt geändert wird.[336] In diesem Fall entfällt die bindende Wirkung des Gerichtsbeschlusses. Der angefochtene Planfeststellungsbeschluss wird durch die wesentliche Änderung in seiner ursprünglichen Fassung einschließlich einer in ihm angeordneten sofortigen Vollziehung prozessual erledigt, so dass der Gerichtsbeschluss gegenstandslos wird.[337] Die Anwendung des § 80 Abs. 5 VwGO scheidet hingegen aus, wenn es um eine vom Planfeststellungsbeschluss abweichende Bauausführung geht. In diesem Falle ist vorläufiger Rechtsschutz über § 123 VwGO zu beantragen.[338] 1334

II. Antrags- und Antragsbegründungsfrist

Es kennzeichnet die einstweiligen Rechtsschutzverfahren im fachplanungsrechtlichen Zusammenhang, dass Anträge nach § 80 Abs. 5 VwGO – anders als sonst[339] – regelmäßig fristgebunden sind. Bereits §§ 5 Abs. 2 S. 2 VerkPBG,[340] 17 Abs. 6a S. 2 FStrG (aF), 10 Abs. 6 S. 2 LuftVG hatten vorgesehen, dass der Antrag nach § 80 Abs. 5 VwGO innerhalb eines Monats nach Bekanntgabe bzw. Zustellung des Planfeststellungsbeschlusses zu stellen war. Eine Antragsbegründungsfrist kannte das VerkPBG nicht. Erfüllte ein Vorhaben nach § 1 Abs. 1 S. 1 VerkPBG zugleich die Voraussetzungen des § 17 Abs. 6a S. 2 FStrG aF, oblag es dem Antragsteller, seinen Antrag nach § 80 Abs. 5 VwGO nach § 17 Abs. 6a S. 2 FStrG binnen eines Monats zu stellen und zu begründen.[341] 1335

Das Gesetz zur Beschleunigung von Planungsverfahren für Infrastrukturvorhaben[342] hat mit §§ 18e AEG, 17e FStrG, 14e WaStrG in den genannten Fachgesetzen Rechtsbehelfsbestimmungen eingeführt, die für den einstweiligen Rechtsschutz des Antragstellers einheitliche Antrags- wie Antragsbegründungsfristen bewirken. Gleichlautend legen nunmehr §§ 18e Abs. 2 S. 2 AEG, 17e Abs. 2 S. 2 FStrG, 14e Abs. 2 S. 2 WaStrG in Übereinstimmung mit § 10 Abs. 4 S. 2 LuftVG fest, dass Anträge auf Anordnung der aufschiebenden Wirkung der Anfechtungsklage gegen einen Planfeststellungsbeschluss oder eine Plangenehmigung nur innerhalb eines Monats nach der Zustellung des Planfeststellungsbeschlusses oder der Plangenehmigung gestellt und begründet werden können. Die genannten Fristen haben zwingende Wirkung. Versäumt der Antragsteller die Begründungsfrist, ist sein Antrag unzulässig.[343] Die Rechtsbehelfsbelehrung des Planfeststellungsbeschlusses oder der Plangenehmigung hat auf Antrags- und Antragsbegründungsfristen hinzuweisen. § 58 VwGO gilt entsprechend.[344]

Treten nach Bekanntgabe des Planfeststellungsbeschlusses oder der Plangenehmigung Tatsachen ein, die die Anordnung der aufschiebenden Wirkung rechtfertigen, so kann der 1336

[336] OVG Lüneburg NVwZ-RR 2001, 362, unter Hinweis auf BVerwG Buchholz 316 § 76 VwVfG Nr. 4.

[337] OVG Lüneburg NVwZ-RR 2001, 362.

[338] Dazu etwa VG Stade Beschl. v. 24.7.2002 – 1 B 1319/02 zu § 2 Niedersächsisches Deichgesetz – NDG (vom 16.7.1974, Nds GVBl. S. 387, zuletzt geändert durch das Gesetz vom 20.11.2001, Nds GVBl. S. 701).

[339] → Rn. 889.

[340] Gesetz zur Beschleunigung der Planungen für Verkehrswege in den neuen Ländern sowie im Land Berlin (Verkehrswegeplanungsbeschleunigungsgesetz) vom 16.12.1991 (BGBl. I S. 2174).

[341] BVerwG NVwZ 2005, 943; s. zur entsprechenden Regelung des § 20 Abs. 5 AEG BVerwG Buchholz 442.09 § 20 AEG Nr. 9.

[342] Vom 9.12.2006 (BGBl. I S. 2833), in Kraft getreten zum 17.12.2006.

[343] Buchholz 442.09 § 20 AEG Nr. 9.

[344] BVerwG NVwZ 2005, 943; s. nunmehr §§ 18e Abs. 2 S. 4 AEG, 17e Abs. 2 S. 4 FStrG, 14e Abs. 2 S. 4 WaStrG, § 10 Abs. 6 S. 3 LuftVG.

durch den Planfeststellungsbeschluss oder die Plangenehmigung Beschwerte nach §§ 18e Abs. 4 AEG, 17e Abs. 4 FStrG, 14e Abs. 4 WaStrG, 10 Abs. 4 S. 4 LuftVG einen auf § 80 Abs. 5 S. 1 gestützten Antrag stellen.[345] Es handelt sich bei den genannten Bestimmungen um Ausnahmeregelungen. Sie sind eng zu handhaben, weil anderenfalls der mit den Regelungen angestrebte Beschleunigungszweck vereitelt würde.[346] Von den Regelungen erfasst sind aber nicht die Umstände, die sich lediglich aus der nunmehr drohenden Vollziehung des Planfeststellungsbeschlusses ergeben. Dem Gesetzgeber geht es mit den Beschleunigungsvorschriften darum, zu einem möglichst frühen Zeitpunkt Rechtssicherheit darüber zu schaffen, ob mit der Realisierung des Bauwerkes begonnen werden kann.[347] Die Rechtsprechung hat dabei schon bisher in Bezug auf § 17 Abs. 6a S. 2 FStrG aF anerkannt, dass insbesondere die Begründungsfrist kurz bemessen ist. Sie wird allerdings unter verfassungsrechtlicher Würdigung als angemessen angesehen.[348] Entscheidend ist für die Rechtsprechung, dass die Begründungsfrist auf die beschleunigte Abwicklung der im Anschluss an eine Planfeststellung bei Gericht anhängig werdenden Aussetzungsverfahren zielt. Der Antragsteller soll gezwungen werden, die von ihm geltend gemachten Einwände unverzüglich darzulegen. Der Gesetzgeber will ihm bewusst die Möglichkeit abschneiden, zunächst ohne weitere Begründung um einstweiligen Rechtsschutz nachzusuchen, um dann mit Vorlage einer erst später erfolgenden Antragsbegründung das Verfahren in die Länge zu ziehen und die Entscheidung zu verzögern.[349]

III. Zur Antragsbefugnis

1337 Eigentümern von Grundstücken, die infolge fachplanungsrechtlicher Planfeststellung von einer Enteignung betroffen sind, steht die notwendige Antragsbefugnis nach § 42 Abs. 2 VwGO analog und damit ein Anspruch auf eine umfassende Prüfung der Rechtmäßigkeit der Planungsentscheidung zu. Anfechtungsbefugt sind Eigentümer, aber auch dinglich Berechtigte. Anfechtungsbefugt können auch Personen sein, die sich vorhabenbezogenen Auswirkungen nicht nachhaltig entziehen können, weil sie nach ihren Lebensumständen, etwa infolge Wohnorts, Arbeitsplatzes oder Ausbildungsstätte der Einwirkung dauerhaft ausgesetzt sind.[350] Dabei muss die Rechtsbetroffenheit nicht aktuell sein. Es reicht aus, dass eine bloße Wahrscheinlichkeit oder gar nur eine nicht auszuschließende Möglichkeit späterer eigener Rechtsbetroffenheit besteht.[351] Ein solcher Fall liegt dann vor, wenn die Betroffenheit gegen ein Fachplanungsvorhaben – beispielsweise im Straßenbau – noch nicht durch einen bereits ergangenen Planfeststellungsbeschluss vermittelt, wohl aber durch diesen ein Zwangspunkt geschaffen wird, der im weiteren Planungsverlauf unmittelbar zu einer Rechtsbetroffenheit führen muss.[352] Dies ist dann der Fall, wenn wegen topografischer oder technischer Gegebenheiten die Festlegungen in einem vorangegangenen Planungsabschnitt unausweichlich sind und nachfolgender gerichtlicher Rechtsschutz hierdurch praktisch unmöglich gemacht würde.[353] Hinsichtlich der Besonderheiten, die § 4 Abs. 1 des Gesetzes über ergänzende Vorschriften zu Rechtsbehelfen in Umweltangelegenheiten nach der EG-Richtlinie 2003/35/EG (Umwelt-Rechtsbehelfs-

---

[345] Dazu BVerwG NVwZ 2012, 571; Beschl. v. 20.4.2004 – 9 VR 7/04.

[346] BVerwG NVwZ 2000, 553; Beschl. v. 20.4.2004 – 9 VR 7/04.

[347] BVerwG Beschl. v. 20.4.2004 – 9 VR 7/04; Begründung zu § 5 VerkPBG, BT-Drs. 12/1092, 10.

[348] Zu § 17 Abs. 6a S. 2 FStrG s. OVG Münster Beschl. v. 22.3.2001 – 11 B 1656/00.AK; zu § 20 Abs. 5 S. 2 AEG, BVerwG Buchholz 42.09 § 20 AEG Nr. 9.

[349] BVerwG NVwZ 1997, 993; OVG Münster Beschl. v. 22.3.2001 – 11 B 1656/00.AK.

[350] BVerwG DVBl. 1983, 183; NVwZ 2004, 1237; VG Dresden Beschl. v. 24.5.2005 – 3 K 913/04.

[351] BVerwG DVBl 1993, 161; Beschl. v. 14.7.2005 – 9 VR 23/04; Buchholz 407.4 § 17 FStrG Nr. 92, S. 102.

[352] BVerwG Urt. v. 24.3.2004 – 9 A 34.03.

[353] BVerwG Beschl. v. 14.7.2005 – 9 VR 23/04; NVwZ 1997, 491.

gesetz)[354] für die Antragsbefugnis im Falle der Verletzung von Verfahrensvorschriften mit sich gebracht hat, wird auf oben verwiesen.[355]

Die Antragsbefugnis einer Gemeinde erfordert, dass – wie auch ansonsten üblich und gefordert – die Gemeinde die Möglichkeit einer Verletzung ihrer Planungshoheit aufzeigt und hierbei die Möglichkeit eines Eingriffs in ihre Rechtsposition substantiiert darlegt.[356] **1338**

IV. Vorprägung der Abwägung durch das Fachplanungsrecht

Infolge des öffentlichen Interesses an der raschen Umsetzung von Planungsentscheidungen ist die aufschiebende Wirkung nach § 80 Abs. 1 VwGO vielfach gesetzlich ausgeschlossen.[357] Der Gesetzgeber macht hierdurch deutlich, dass dem Vollzugsinteresse erhebliches Gewicht zukommt. Die nach § 80 Abs. 5 VwGO gebotene Abwägung wird hierdurch gesetzlich „vorstrukturiert", gleichwohl aber nicht präjudiziert.[358] Dies bedeutet allerdings nicht, dass damit der individuelle Rechtsschutz an „abstrakten Vorrangregeln" scheitert. Trotz des gesetzlichen Ausschlusses der aufschiebenden Wirkung muss bei der Interessenabwägung der Einzelfallbezug gewahrt bleiben. Der Rechtsschutzanspruch schlägt umso stärker zu Buche und darf umso weniger zurücktreten, je schwerer die dem Einzelnen auferlegte Belastung wiegt und je mehr die Maßnahmen der Verwaltung Unabänderliches bewirken.[359] Für die Behörde folgt hieraus, dass sie von der ihr sonst nach § 80 Abs. 2 S. 1 Nr. 4 VwGO obliegenden Pflicht entbunden wird, das öffentliche Interesse an der sofortigen Vollziehung anhand der konkreten Planungssituation besonders zu begründen. **1339**

V. Zu Abänderungsanträgen gem. § 80 Abs. 7 VwGO

Ungeachtet der in den Fachplanungsgesetzen enthaltenen Abänderungsvorschriften bleibt auch im fachplanungsrechtlichem Zusammenhang § 80 Abs. 7 VwGO Beurteilungsgrundlage für Abänderungsanträge. Dem Gericht der Hauptsache kommt damit auch die Befugnis zu, Beschlüsse nach § 80 Abs. 5 VwGO „jederzeit" zu ändern. Diese Befugnis wird nicht etwa aus Gründen der Planungsvereinfachung und Verfahrensbeschleunigung verdrängt.[360] Wird die Abänderung von den Beteiligten beantragt, sind allerdings die in den Fachplanungsgesetzen enthaltenen Antragsfristen zu beachten.[361] Die Rechtsprechung hatte bisher schon die für Anträge nach § 80 Abs. 5 VwGO geltenden Antragsfristen auf Abänderungsanträge nach § 80 S. 7 S. 2 VwGO entsprechend angewandt.[362] Der Fristenlauf beginnt mit dem Zeitpunkt, in dem der Beschwerte von **1340**

---

354 Vom 7.12.2006 (BGBl. I S. 2816).

355 → Rn. 1320.

356 OVG Lüneburg NVwZ-RR 2007, 121; BVerwGE 81, 95 (106); 90, 96 (100); NVwZ 2003, 207; NVwZ 1994, 371.

357 Vgl. §§ 10 Abs. 4 S. 1 LuftVG, 18e Abs. 2 S. 1 AEG, 17e Abs. 2 S. 1 FStrG, 14e Abs. 2 S. 1 WaStrG.

358 BVerwG Beschl. v. 7.8.2014 – 9 VR 2/14; BVerwG Beschl. v. 27.4.2005 – 4 VR 1004/04 (4 A 1013/04); NVwZ 2005, 689; OVG Koblenz Beschl. v. 23.1.2006 – 8 B 11 686/05.

359 BVerwG Beschl. v. 27.4.2005 – 4 VR 1004/04 (4 A 1013/04); dazu auch BVerfGE 35, 382 (402); 69, 220 (228); NVwZ 2004, 93.

360 Zu § 17 Abs. 6a FStrG aF; s. BVerwG NVwZ-RR 2003, 618; NVwZ-RR 2003, 315.

361 §§ 10 Abs. 4 S. 4 LuftVG, 18e Abs. 4 S. 1 AEG, 17e Abs. 4 S. 1 FStrG, 14e Abs. 4 S. 1 WaStrG.

362 BVerwG NVwZ 1999, 650; VGH Kassel NVwZ-RR 2003, 462; OVG Koblenz NVwZ-RR 2003, 315. Ablehnend aber wohl BVerwG NVwZ-RR 2003, 618, das die durch § 80 Abs. 7 VwGO eingeräumte Befugnis, den Beschluss „jederzeit" abändern zu können, als vorrangig vor den Fristbestimmungen der Fachplanungsgesetze ansieht.

den die Abänderung rechtfertigenden Tatsachen Kenntnis erlangt.[363] Vergleichsverhandlungen verlängern die Frist nicht. Die Rechtsprechung hat diese Frage zwar nicht abschließend entschieden, das BVerwG hat es aber als zweifelhaft angesehen, ob außergerichtliche Vergleichsverhandlungen es rechtfertigen könnten, von einer fristwahrenden Stellung des Aussetzungsantrages abzusehen.[364] Das BVerwG weist darauf hin, dass ein Scheitern von Vergleichsbemühungen nie auszuschließen sei. Wenn man Vergleichsverhandlungen eine fristverlängernde Wirkung beilegen wolle und davon ausgehen müsse, dass erst mit Scheitern der Vergleichsverhandlungen die Monatsfrist in Gang gesetzt werde, sei damit eine erhebliche Verzögerung verbunden.[365] Dies mache den vom Gesetzgeber angestrebten Beschleunigungseffekt zunichte.

1341 Soweit in Folge der gesetzlichen Anordnung in § 50 Abs. 1 Nr. 6 VwGO das BVerwG als erste und letzte Instanz über die Rechtmäßigkeit von Planfeststellungsverfahren und Plangenehmigungsverfahren nach den fachplanungsrelevanten Bestimmungen des AEG, FStrG, WaStrG und LuftVG entscheidet,[366] ist das BVerwG nach § 80 Abs. 7 S. 1 VwGO als Gericht der Hauptsache anzusehen und damit zur Entscheidung über Abänderungsanträge berufen. Das BVerwG wird auch zum Gericht der Hauptsache, wenn die Zuständigkeit zur Entscheidung beim OVG liegt, aber Beschwerde gegen die Nichtzulassung der Revision eingelegt worden ist.[367]

§ 61 Beamtenrecht

Schrifttum: *Battis,* Neukonzeption des beamtenrechtlichen Konkurrentenstreits (BVerwGE 138, 102), DVBl. 2013, 673; *Battis/Grigoleit/Hebeler*, Entwicklung des Beamtenrechts 2010–2015, NVwZ 2016, 194; *Bracher*, Abbau des einstweiligen Rechtsschutzes im Konkurrentenstreit um Funktionsämter, DVBl. 2016, 1236; *Brinktrine*, Konkurrentenstreitverfahren im Beamtenrecht, Jura 2015, 1192; *Bürger,* Konkurrentenklage bei der Konkurrenz um Beförderungsdienstposten, ZBR 2003, 267; *Dehoust*, Beamtenrechtlicher Konkurrentenstreit, SächsVBl. 2013, 35; *Eckstein,* Der Grundsatz der Bestenauslese nach Art. 33 II GG in der neuesten verfassungs- und verwaltungsgerichtlichen Rechtsprechung, ZBR 2009, 86; *Günther,* Etwaiger Bewährungsvorsprung des rechtswidrig ausgewählten Beförderungsbewerbers als „Anordnungsgrund"?: Detail im vorläufigen Konkurrentenstreit, RiA 2006, 6; *ders.*, Beiladung im vorläufigen Rechtsschutz der Beförderungskonkurrenz, ZBR 2006, 117; *ders.*, Vollziehbarkeit von Versetzung und Abordnung – Skizze mit Schwerpunkt Eilrechtsschutz, DÖD 1996, 173; *von Glasenapp*, Konkurrentenstreit und Schadenersatz im beamtenrechtlichen Beförderungsverfahren, NordÖR 2011, 253; *Herrmann*, Neue Risiken bei vorzeitiger Ernennung im beamtenrechtlichen Konkurrentenstreit, NJW 2011, 635; *ders.*, Der Streitwert im Konkurrentenstreit, VBlBW 2014, 422; *Hoof,* Die Freihaltung bzw. Schaffung sogenannter dritter, streitunbefangener Stellen im beamtenrechtlichen Konkurrentenstreit, ZBR 2007, 156; *ders.*, Die Streitwertfestsetzung in beamtenrechtlichen Konkurrentenverfahren, ZBR 2007, 338; *Kenntner*, Rechtsstruktur und Gestaltung von Konkurrentenstreitigkeiten um die Vergabe öffentlicher Ämter, ZBR 2016, 181; *Kühling,* Vereinfachte Glaubhaftmachung im einstweiligen Rechtsschutz konkurrierender Beamter, NVwZ 2004, 656; *Laubinger,* Die Konkurrentenklage im öffentlichen Dienst – eine unendliche Geschichte, ZBR 2010, 289; ZBR 2010, 332; *Leupold,* Rechtsschutz bei beamtenrechtlichen Umsetzungen, DÖD 2002, 136; *Lindner*, Darf der Dienstherr im beamtenrechtlichen Konkurrentenstreit die Gründe für die Auswahlentscheidung erstmals vor Gericht vortragen?, NVwZ 2013, 547; *Munding*, Die beamtenrechtliche Konkurrentenklage im Wandel der Rechtsprechung von BVerwG und BVerfG, DVBl. 2011, 1512; *von Roetteken*, Konkurrenzschutz im Beamtenrecht nach dem Urteil des BVerwG vom 4.11.2010 – 2 C 16.09, ZBR 2011, 73; *Scheffer,* Zum

[363] BVerwG NVwZ-RR 2003, 618; VGH Kassel NVwZ-RR 2003, 462; OVG Koblenz NVwZ-RR 2003, 315.

[364] BVerwG NVwZ 2000, 553.

[365] BVerwG NVwZ 2000, 553.

[366] → Rn. 42.

[367] BVerwGE 124, 201; NVwZ 2005, 689; NVwZ-RR 2003, 618; s. aber auch BVerwG DVBl. 2001, 1861; in diesem Sinne auch OVG Koblenz Beschl. v. 23.1.2006 – 8 B 11 686/05.

Zwischenbeschluss im beamtenrechtlichen Konkurrenteneilverfahren, NVwZ 2004, 1081; *Schefzik*, Zum beamtenrechtlichen Konkurrentenstreit – vor und nach dem Urteil des BVerwG vom 4.11.2010 (- 2 C 16.09 -), VBlBW 2012, 411; *W.-R. Schenke*, Neuestes zur Konkurrentenklage, NVwZ 2011, 321; *Schlottbohm*, Der Rechtsstaat blockiert sich selbst, ZBR 2015, 368; *Schnellenbach*, Konkurrenzen im öffentlichen Dienst, 2015; *Schönrock*, Rechtsqualität von Auswahlentscheidungen im Stellenbesetzungsverfahren, ZBR 2013, 26; *Tegethoff*, Zulässigkeit und Erforderlichkeit der beamtenrechtlichen Konkurrentenklage, ZBR 2004, 341.

I. Ernennung, Beförderung

Wer bei einer Bewerbung um ein Eingangs- oder Beförderungsamt gegen einen konkurrierenden Bewerber unterliegt, kann gegen die Entscheidung der Behörde gerichtlichen Eilrechtsschutz beantragen. Da der Behörde bei der Auswahl zwischen verschiedenen Bewerbern ein Beurteilungsspielraum eröffnet ist, besteht regelmäßig nur ein Anspruch des Unterlegenen auf eine erneute Entscheidung (1.), ein „Durchverpflichtungsanspruch" auf Ernennung oder Beförderung kommt nur ausnahmsweise in Betracht (2.). **1342**

1. Sicherung eines Bewerberverfahrensanspruchs

a) **Prozessuale Situation und Anordnungsgrund.** Die Auswahlentscheidung zu Gunsten eines Bewerbers und damit zu Lasten aller anderen Bewerber ist ein sowohl begünstigender als auch belastender Verwaltungsakt, der mit dem Widerspruch angegriffen werden kann.[368] Mit diesem Widerspruch verfolgt der Bewerber das Ziel einer Neubescheidung seiner Bewerbung. Dieser Verpflichtungswiderspruch entfaltet keine aufschiebende Wirkung[369] und hindert den Dienstherrn nicht, den Konkurrenten zu ernennen. Denn rechtlich fordert der Unterlegene eine Neubescheidung der eigenen Bewerbung und wendet sich nur inzident gegen die Auswahl des Konkurrenten. Wird dieser nunmehr (erstmalig) ernannt oder befördert, endet das Stellenbesetzungsverfahren. Denn die Ernennung oder Beförderung – in der Regel unter Einweisung in eine entsprechende Planstelle[370] – kann selbst durch Verfassungsbeschwerde[371] wegen des Grundsatzes der Ämterstabilität jedenfalls dann nicht mehr rückgängig gemacht werden, wenn die Rechtsschutzmöglichkeiten des Unterlegenen nicht vereitelt worden sind.[372] Daher erledigt sich zugleich der Widerspruch gegen die Ablehnung des Unterlegenen.[373] Das BVerwG hält an dieser Rechtsprechung nach zwischenzeitlichen Zweifeln fest.[374] Das BVerfG hat sie verfassungsrechtlich nicht beanstandet.[375] **1343**

Der Bewerber kann indes verlangen, dass über seine Bewerbung beurteilungs- und ermessensfehlerfrei entschieden wird (sog. Bewerberverfahrensanspruch).[376] Die effektive Sicherung dieses Rechts ist nur durch einstweiligen Rechtsschutz nach § 123 Abs. 1 VwGO möglich und stellt besondere Anforderungen an den Dienstherrn, den unterlegenen Bewerber und das erkennende Gericht.

---

[368] BVerwGE 80, 127 (129 f.); VGH Kassel NVwZ-RR 2001, 8; OVG Lüneburg ZBR 2008, 422.

[369] → Rn. 641; aA *Kenntner* ZBR 2016, 181 (191).

[370] Vgl. OVG Magdeburg ZBR 2000, 62 (63): für die Erledigung des Beförderungsbegehrens spielt es keine Rolle, ob die Einweisung in eine Planstelle erfolgt ist.

[371] BVerfG ZBR 2001, 171; ThürVerfGH NVwZ 2004, 608.

[372] Zu diesen Voraussetzungen s. BVerwGE 138, 102 Rn. 31 ff.; → Rn. 1355.

[373] BVerwGE 80, 127 (129 f.).

[374] BVerwGE 118, 370 (373) m. Anm. *Schnellenbach* ZBR 2004, 104; BVerwGE 136, 140 Rn. 19; 138, 102 Rn. 30; 151, 14 Rn. 16; zweifelnd zuvor BVerwGE 115, 89 (91 f.).

[375] BVerfG NJW 1990, 501; ZBR 2002, 427 (428).

[376] BVerwGE 118, 370 (372).

1344 Der Dienstherr muss dem Unterlegenen die getroffene Auswahlentscheidung zeitlich ausreichend[377] vor der Ernennung des Mitbewerbers unter Nennung dessen Namen[378] und der maßgeblichen Wertungskriterien[379] mitteilen, um ihm die Inanspruchnahme vorläufigen Rechtsschutzes zu ermöglichen. Die Pflicht zur Information gilt auch für einen „außenstehenden" Bewerber[380] oder im Falle einer „Massenbeförderung".[381] Fehlt es an einer Ausschreibung, sind diejenigen zu informieren, die in die Auswahl einbezogen werden mussten.[382] Während eines laufenden gerichtlichen Eilrechtsverfahrens darf der Dienstherr keine Ernennung oder Beförderung vornehmen.[383] Dieses Verbot gilt auch noch nach Abschluss des Eilverfahrens, wenn der unterlegene Bewerber eine Verfassungsbeschwerde angekündigt hat.[384]

1345 Will der nicht berücksichtigte Bewerber seinen Bewerberverfahrensanspruch verfolgen, muss er vorläufigen Rechtsschutz in Anspruch nehmen. Sein Antrag muss darauf gerichtet sein, dem Dienstherrn einstweilen aufzugeben, die ausgeschriebene Stelle bis zu einer abschließenden Entscheidung über seinen Bewerberverfahrensanspruch freizuhalten. Nur so kann verhindert werden, dass durch die Ernennung des ausgewählten Konkurrenten vollendete Tatsachen geschaffen werden.[385] Für diesen Antrag ist ein Antrag nach § 123 Abs. 1 Satz 1 VwGO statthaft, nicht dagegen ein Antrag nach § 80 Abs. 5 VwGO.[386] Hat der unterlegene Beamte von den in § 123 Abs. 1 Satz 1 VwGO eröffneten Rechtsschutzmöglichkeiten keinen Gebrauch gemacht, so steht einem Antrag nach § 80 Abs. 1 VwGO auf Feststellung der aufschiebenden Wirkung eines Widerspruchs gegen die Ernennung der Grundsatz der Ämterstabilität entgegen. Dem Beamten obliegt es, von den ihm zur Verfügung stehenden Rechtsschutzmöglichkeiten vor der Ernennung Gebrauch zu machen.[387]

1346 Da das beamtenrechtliche Eilverfahren in weitem Umfange das Hauptsacheverfahren ersetzt, hat das Gericht bereits im Eilverfahren tatsächlich und rechtlich eingehend zu prüfen und darf sich nicht auf eine summarische Prüfung beschränken.[388] Droht nach Abschluss des verwaltungsgerichtlichen Eilverfahrens ein irreparabler Rechtsverlust, kommt bei einer möglichen Verletzung von Art. 33 Abs. 2 GG und Art. 19 Abs. 4 GG ein Antrag auf einstweilige Anordnung nach § 32 BVerfGG verbunden mit einer Verfassungsbeschwerde in Betracht.[389]

1347 **b) Prozessuale Einzelfragen.** Für Anträge von Arbeitnehmern im öffentlichen Dienst, die mit einem Beamten konkurrieren und dessen Ernennung verhindern wollen, ist der

---

[377] Die Praxis sieht zwei Wochen als ausreichend an; BVerwGE 138, 102 Rn. 34.

[378] VGH Kassel NVwZ-RR 2001, 8 (9); VG Sigmaringen NVwZ-RR 2002, 281 (282).

[379] OVG Schleswig NVwZ-RR 1994, 350; OVG Koblenz NVwZ 2007, 109 lässt einen Hinweis auf den Besetzungsbericht ausreichen.

[380] BGH DVBl. 1995, 923.

[381] BVerwG NVwZ 2004, 1257; OVG Münster NVwZ-RR 2015, 350 (350 f.) (Topfwirtschaft).

[382] In diese Richtung OVG Münster NVwZ-RR 2006, 348 (Ls.).

[383] OVG Frankfurt (Oder) ZBR 2002, 407; OVG Greifswald LKV 2006, 417; OVG Saarlouis NVwZ-RR 2012, 692; vgl. auch VGH Kassel ZBR 2013, 56 (zur Freihaltung „weiterer Stellen").

[384] BVerfG Beschl. v. 9.7.2007 – 2 BvR 206/07 Rn. 18; NVwZ 2008, 70; BVerwG DVBl. 2011, 228 Rn. 35.

[385] BVerwGE 118, 370 (372) = NJW 2004, 870.

[386] VGH Kassel NVwZ-RR 2012, 151; OVG Lüneburg NVwZ 2012, 891 (892); VGH Mannheim VBlBW 2012, 224.

[387] OVG Münster NVwZ-RR 2016, 548 (549).

[388] BVerfG NVwZ 2003, 200 (201); NVwZ 2004, 95 = BVerfGK 1, 292 m. Anm. *Otte* ZBR 2004, 46; BVerwGE 118, 370 (373); OVG Weimar NVwZ-RR 2006, 746 (747); allerdings bleibt es für den Streitwert bei der Halbierung nach §§ 53 Abs. 3 Nr. 1, 52 Abs. 1 GKG, vgl. OVG Lüneburg NVwZ-RR 2009, 454 (455).

[389] BVerfG NVwZ 2004, 1109.

Rechtsweg zu den Arbeitsgerichten eröffnet,[390] es sei denn, der Dienstherr bedient sich gegenüber seinem Arbeitnehmer einer Handlungsform des Verwaltungsrechts, indem er etwa einen Widerspruchsbescheid erlässt.[391]

Grundsätzlich besteht der Anordnungsgrund erst, wenn die Auswahlentscheidung erfolgt ist, bei Hochschulprofessoren, wenn das Verwaltungsverfahren mit Ausnahme der Ernennung abgeschlossen ist.[392] Vorverlagerter vorbeugender Rechtsschutz kommt nur ausnahmsweise in Betracht,[393] etwa wenn im Wege einer Abschichtung einzelne Bewerber vorab ausgeschieden werden.[394] So kann die Ausschreibung einer Stelle nicht im Wege des § 123 Abs. 1 VwGO verhindert werden, da die Ausschreibung Verfahrenshandlung nach § 44a VwGO ist.[395] 1348

Der Abbruch eines Auswahlverfahrens mit dem Ziel, nach einem erneuten Auswahlverfahren eine Ernennung vorzunehmen, bedarf eines sachlichen Grundes, der den Vorgaben aus Art. 33 Abs. 2 GG genügt. Der Dienstherr kann demnach das Auswahlverfahren abbrechen, wenn es fehlerhaft ist und nicht mehr zu einer ordnungsgemäßen Auswahlentscheidung führen kann oder wenn eine erneute Ausschreibung erforderlich wird, um eine hinreichende Anzahl leistungsstarker Bewerber zu erhalten.[396] Genügt die Abbruchentscheidung diesen Vorgaben nicht, ist sie unwirksam und das in Gang gesetzte Auswahlverfahren nach dessen Maßgaben fortzuführen.[397] Eilrechtsschutz ist in diesen Fällen nach § 123 Abs. 1 VwGO zu suchen. Das Erfordernis einer zeitnahen Klärung für Dienstherrn und Beamten verlangt es, den Eilantrag binnen einer Monatsfrist nach Zugang der Mitteilung über den Abbruch zu stellen; anderenfalls ist die Rechtsschutzmöglichkeit verwirkt.[398] 1348a

Antragsbefugt sind Bewerber, die eine Verletzung des Bewerberverfahrensanspruchs geltend machen können. Im Fall einer Ausschreibung sind dies die Bewerber;[399] hat der Dienstherr eine Stelle nicht ausgeschrieben, sind diejenigen antragsbefugt, die der Dienstherr in die Auswahl hätte einbeziehen müssen.[400] Nicht antragsbefugt ist eine Frauenbeauftragte, die eine unterlassene Beteiligung rügt.[401] 1349

Ein Rechtsschutzbedürfnis besteht nicht mehr, wenn der unterlegene Bewerber den Bescheid über die Ablehnung seiner Bewerbung hat unanfechtbar werden lassen.[402] Dagegen hat ein Antragsteller ein Rechtsschutzbedürfnis, der zu seinen Gunsten eine einstweilige Anordnung erwirkt hat, sobald die Behörde eine neue Auswahlentscheidung trifft. Denn in diesem Fall steht die bereits ergangene einstweilige Anordnung einer Ernennung eines Konkurrenten nicht mehr entgegen.[403] 1350

---

[390] OVG Koblenz NVwZ-RR 1999, 51; anders für den Antrag eines Beamten in Konkurrenz zu einem Angestellten, vgl. OVG Münster NVwZ-RR 2004, 771; VGH Kassel NVwZ-RR 2009, 527.

[391] OVG Münster NVwZ-RR 2010, 587.

[392] BVerfG NVwZ 2014, 785; OVG Münster ZBR 2009, 60; NVwZ 2016, 868 (869).

[393] OVG Koblenz ZBR 1988, 390 (Vorgehen gegen eine Beförderungspraxis im Vorfeld einer Entscheidung); VGH München NVwZ-RR 1999, 641 (bei Ausgestaltung eines Auswahlverfahrens, das im Widerspruch zu Art. 19 Abs. 4 GG steht – Berufung von Fachhochschulprofessoren).

[394] VGH Kassel ZBR 2016, 172; VGH Mannheim VBlBW 2016, 70.

[395] OVG Bautzen NVwZ-RR 1999, 209.

[396] BVerwGE 145, 185 Rn. 17.

[397] BVerwGE 151, 14 Rn. 19; vgl. VGH München BayVBl. 2016, 166.

[398] BVerwGE 151, 14 Rn. 24.

[399] Zur Einbeziehung verspätet eingegangener Bewerbungen OVG Münster NVwZ-RR 2011, 700.

[400] *Schnellenbach* ZBR 1997, 169 (170); zur Verwirkung VGH Kassel NVwZ-RR 1994, 398 (399).

[401] VGH Kassel NVwZ-RR 1998, 186; OVG Saarlouis NVwZ-RR 1999, 457 (Beteiligung am Beurteilungsverfahren); OVG Bautzen NVwZ-RR 2000, 728 (Bestellung der Frauenbeauftragten); anders für den Bereich des Bundes § 22 BGleiG.

[402] OVG Münster RiA 1993, 156.

[403] VGH München NVwZ-RR 2007, 286.

1351 Der Streit um die Auswahl betrifft den ausgewählten Bewerber in seinen Rechten, so dass dieser nach § 65 Abs. 2 VwGO notwendig beizuladen ist. Häufig beabsichtigt der Dienstherr, mehrere Planstellen auf Grund einer einheitlich getroffenen Auswahl mit anderen Bewerbern zu besetzen. Ob in diesem Fall alle ausgewählten Bewerber beizuladen sind und – darüber hinaus – bei fehlerhafter Auswahl dem Dienstherrn die Ernennung aller dieser Bewerber vorläufig untersagt werden soll, kann nicht einheitlich entschieden werden: Wendet sich der Unterlegene gegen die Entscheidung zugunsten eines bestimmten Bewerbers – etwa wegen mangelnder Erfüllung des Anforderungsprofils – oder beschränkt sich sein Begehren ausschließlich auf die Reihung nach dem Beurteilungsergebnis, so reicht die Beiladung des benannten Bewerbers oder des Bewerbers mit der schlechtesten Beurteilung unter den Ausgewählten aus. Das Gericht hat sich darauf zu beschränken, dem Dienstherrn die Ernennung dieses Bewerbers vorläufig zu untersagen.[404] Wendet sich der Antragsteller dagegen gegen die Auswahl insgesamt, so ist denkbar, dass nach Abschluss des verwaltungsgerichtlichen Eilverfahrens eine Wettbewerbssituation eintritt, die eine neue Entscheidung in Bezug auf alle Bewerber erfordert. In diesem Fall sind alle konkurrierenden Bewerber beizuladen; die Sicherungsanordnung muss in diesem Fall, um effektiven Rechtsschutz zu ermöglichen, die Ernennung aller konkurrierenden Bewerber vorläufig untersagen.[405] Erstrebt der Betroffene die Beförderung auf einer von mehreren Planstellen, so ist der Bewerberverfahrensanspruch in Bezug auf alle Planstellen und die dazu ergangenen Auswahlentscheidungen zu prüfen und ggf. zu sichern.[406]

1352 Fehlt es bei Ergehen der Auswahlentscheidung an hinreichenden dienstlichen Beurteilungen oder einer ausreichenden Dokumentation der Auswahlentscheidung, kann die Behörde diese Dokumentation nicht im gerichtlichen Verfahren nachholen.[407] Kann der Fehler der Auswahlentscheidung im Widerspruchsverfahren geheilt werden – dies ist bei Ermessensfehlern regelmäßig der Fall – ist es ausreichend, der Behörde die Freihaltung der Stelle bis zum Ablauf von einem Monat nach Zustellung des Widerspruchsbescheides aufzugeben.[408] In diesem Fall ist maßgebender Zeitpunkt für die Beurteilung der Sach- und Rechtslage der Zeitpunkt der verwaltungsgerichtlichen Entscheidung.[409]

1353 Verhindert der Dienstherr die Inanspruchnahme effektiven Rechtsschutzes, indem er etwa einen Mitbewerber unter Missachtung einer einstweiligen Anordnung befördert[410] oder durch eine vorschnelle Ernennung Rechtsschutzmöglichkeiten vereitelt,[411] so kann er sich gegenüber dem Unterlegenen nicht auf den Grundsatz der Ämterstabilität berufen. Wird in einem solchen Fall der Bewerberverfahrensanspruch aus Art. 33 Abs. 2 GG verletzt, kann der unterlegene Bewerber die bereits erfolgte Ernennung des Mitbewerbers mit Wirkung für die Zukunft anfechten.[412]

1354 **c) Anordnungsanspruch.** Die begehrte Freihaltung einer Planstelle dient der Durchsetzung des Bewerberverfahrensanspruchs. Art. 33 Abs. 2 GG gewährt jedem Deutschen

[404] BVerwG DVBl. 1994, 118 (120).

[405] BVerwGE 145, 112 Rn. 19; VGH Kassel DÖD 1992, 211; NVwZ-RR 1996, 49; zur Vervielfachung des Streitwerts in diesen Fällen s. OVG Lüneburg NVwZ-RR 2010, 293; krit. *Wittkowski* NVwZ 1995, 345 (346 f.); zu Recht nach dem Stand des Verfahrens differenzierend *Schnellenbach* ZBR 1997, 169 (176).

[406] OVG Lüneburg NVwZ-RR 2008, 552 (553).

[407] BVerfG NVwZ 2007, 1178; BVerwG NVwZ-RR 2009, 604; VGH Mannheim NVwZ-RR 2009, 216; VGH Kassel NVwZ 2016, 1424 (1426); zum Umfang der Akteneinsicht umfassend vgl. OVG Koblenz NVwZ 2016, 1342; zur Dokumentationspflicht OVG Münster NVwZ 2016, 868 (869).

[408] OVG Lüneburg ZBR 1997, 188 (190).

[409] OVG Koblenz NVwZ-RR 2015, 862 (862 f.); VGH Mannheim NVwZ-RR 2011, 909 (910).

[410] BVerwGE 118, 370 (374).

[411] BVerwGE 138, 102 Rn. 34 ff.

[412] BVerwGE 138, 102 Rn. 41.

ein grundrechtsgleiches Recht auf gleichen Zugang zu jedem öffentlichen Amt nach Eignung, Befähigung und Leistung.[413] Art. 33 Abs. 2 GG gilt auch für Verbeamtungsaktionen, bei denen eine Vielzahl von Angestellten zu Beamten ernannt werden soll;[414] die Vorschrift gilt aber nicht im Verhältnis von Versetzungs- und Beförderungsbewerber, es sei denn, der Dienstherr selbst verpflichtet sich auf eine Entscheidung nach Maßgabe der Bestenauslese.[415] Der Dienstherr kann sich aus finanziellen Gründen auf eine hausinterne Ausschreibung beschränken.[416] Der Bewerberverfahrensanspruch besteht nur, solange der Dienstherr noch eine Ernennung beabsichtigt[417] und eine Planstelle zur Verfügung steht.[418] Ein Antrag nach § 123 Abs. 1 VwGO auf Freihaltung einer Planstelle hat Erfolg, wenn die Auswahl des Antragstellers zumindest möglich erscheint, also die Erfolgsaussichten offen sind.[419]

Um den Bewerberkreis zu beschränken, kann der Dienstherr in einem Anforderungs- 1355
profil Eignungsmerkmale festsetzen,[420] soweit diese nicht in Widerspruch zu Art. 33 Abs. 2 GG stehen[421] und das bestehende Organisationsermessen nicht missbräuchlich ausgeübt wird.[422] Hat der Dienstherr ein Anforderungsprofil aufgestellt, ist er daran gebunden.[423] Ob er diese Bindung beachtet, unterliegt voller gerichtlicher Kontrolle;[424] auch hinsichtlich der Frage, ob ein einzelnes Merkmal konstitutiv ist, so dass dessen Nichtvorliegen zum Ausschluss aus der Konkurrenz führt.[425]

Die Beurteilung von Eignung, Befähigung und fachlicher Leistung ist gerichtlicher 1356
Nachprüfung nur eingeschränkt zugänglich. Denn es ist dem pflichtgemäßen Ermessen des Dienstherrn überlassen, welchen (sachlichen) Umständen er bei seiner Auswahlentscheidung das größere Gewicht beimisst und in welcher Weise er den Grundsatz des gleichen Zugangs zu dem Beförderungsamt nach Eignung, Befähigung und fachlicher

[413] BVerwGE 118, 370 (372); für eine Amtszulage VGH Mannheim NVwZ-RR 2009, 967.

[414] So VG Berlin ZBR 1997, 130 (131) (aufgehoben durch OVG Berlin ZBR 1997, 131).

[415] OVG Greifswald NVwZ-RR 2003, 577; OVG Münster NWVBl. 2004, 466; NVwZ-RR 2010, 28; OVG Koblenz NVwZ-RR 2002, 364; VGH Kassel ZBR 2016, 172; ebenso, wenn ein Versetzungsbewerber einem Beförderungsbewerber vorgezogen wird, VGH Mannheim NVwZ-RR 1993, 93; OVG Koblenz ZBR 1998, 61; NVwZ-RR 1999, 592; IÖD 2000, 270; iÜ BVerwGE 122, 237 (240 f.); OVG Münster NVwZ-RR 2006, 340; VGH Mannheim NVwZ-RR 2008, 550.

[416] VGH Kassel NVwZ-RR 2003, 664; zu den Grenzen OVG Bremen NordÖR 2010, 35; zur Beförderung in Organisationseinheiten OVG Magdeburg ZBR 2010, 136.

[417] BVerwGE 101, 112 (115); 151, 14 Rn. 16; OVG Münster NVwZ-RR 2004, 184 (185); VGH München NVwZ-RR 2006, 345 (346); OVG Koblenz NVwZ-RR 2008, 196 (197); BVerfG NVwZ-RR 2009, 344 (345).

[418] OVG Koblenz IÖD 2000, 173; VGH Mannheim NVwZ-RR 2011, 776 (777); zur Schaffung von Teilzeitstellen OVG Lüneburg ZBR 2013, 416.

[419] BVerfG NVwZ 2003, 200 (201); vgl. die einstweilige Anordnung BVerfG NVwZ 2002, 1367 m. Anm. *Otte* ZBR 2002, 395; NVwZ 2006, 1401 (1403); BVerwGE 118, 370 (373).

[420] Vgl. OVG Koblenz ZBR 2000, 98 (Mindestlebensalter); OVG Münster ZBR 2000, 100 (gesundheitliche Eignung); IÖD 2000, 196 (Änderung des Anforderungsprofils); VGH Kassel NVwZ-RR 1999, 49 (50) (Studienfach). VGH Kassel NVwZ-RR 2001, 459 nimmt eine Pflicht zur Formulierung eines Anforderungsprofils an; zur Auslegung eines Anforderungsprofils BVerwG NVwZ-RR 2014, 885 Rn. 8.

[421] OVG Koblenz NVwZ-RR 1998, 246 (Mindestwartezeiten); VG Trier NVwZ-RR 1998, 449 (Dienstalter); OVG Münster NVwZ-RR 2002, 362 (Ausschluss von Versetzungsbewerbern); NVwZ-RR 2004, 236 (Ausschluss von internen Bewerbern).

[422] VGH Kassel NVwZ-RR 1999, 49 (50).

[423] OVG Münster NVwZ-RR 2003, 52; zur Besetzung von Spitzenämtern etwa VG Potsdam ZBR 1997, 197 (Direktor des Landtags) und VG Saarlouis NVwZ-RR 2009, 646 (Vizepräsident eines OVG); zum Verhältnis von Anforderungsprofil und dienstlicher Beurteilung VGH München IÖD 2000, 182 (183); OVG Schleswig ZBR 2000, 105 (Ls.); VG Braunschweig ZBR 2004, 288 (Ls.); zur Notwendigkeit einer Ausschreibung OVG Bautzen ZBR 2001, 368; ZBR 2001, 372.

[424] BVerwGE 115, 58 (61).

[425] VGH Kassel ZBR 2016, 351.

Leistung verwirklicht, sofern nur das Prinzip der Bestenauslese selbst nicht in Frage gestellt wird.[426]

1357 Maßgebend für die Auswahl nach Art. 33 Abs. 2 GG sind regelmäßig die dienstlichen Beurteilungen der Bewerber,[427] deren Bezugspunkt das Amt im statusrechtlichen Sinn ist.[428] Ältere Beurteilungen sind als Leistungskriterien vorrangig zu nicht leistungsbezogenen Hilfskriterien zu berücksichtigen.[429] Bei einem Leistungsvergleich im Auswahlverfahren sind für die in die Auswahl einbezogenen Bewerber hinreichend aktuelle Beurteilungen zu Grunde zu legen.[430] Die für die getroffene Auswahlentscheidung maßgebenden Erwägungen des Dienstherrn müssen in der Regel schriftlich niedergelegt werden[431] und nachvollziehbar sein.[432] Der Berücksichtigung von Auswahlgesprächen oder „Assessment-Centern" steht die Rechtsprechung bisher zurückhaltend gegenüber,[433] wenn es nicht um die erstmalige Einstellung von Beamten geht, für die dienstliche Beurteilungen noch nicht vorliegen können.[434]

1358 Greift der unterlegene Bewerber im Konkurrenteneilverfahren seine Beurteilung an, so ist für den Erfolg seines Eilantrages ausreichend, wenn er glaubhaft macht, dass die Beurteilung an einem Rechtsmangel leidet und seine Aussichten bei einer erneuten Auswahlentscheidung offen sind.[435] Allein gegen die Beurteilung eines Konkurrenten kann

---

[426] BVerfG NVwZ 2016, 764 Rn. 70; BVerwGE 68, 109 (110); BVerwG DVBl. 1994, 118; BVerwGE 115, 58 (61); OVG Bautzen ZBR 2002, 62; OVG Magdeburg ZBR 2002, 405; VGH Kassel NVwZ-RR 2001, 459; für die Aufnahme in den Vorbereitungsdienst können abweichende Regeln getroffen werden, wenn eine öffentliche Ausbildungsstätte in Rede steht, vgl. VGH Kassel NVwZ-RR 1999, 180; zur Bewertung von Disziplinarmaßnahmen VGH Kassel NVwZ-RR 2016, 546 (547 ff.).

[427] BVerfG NVwZ 2004, 95; ebenso BVerwGE 111, 318 (320); BVerwG ZBR 2003, 420; ZBR 2004, 260; OVG Koblenz ZBR 1997, 193; ZBR 1998, 60; OVG Magdeburg ZBR 1997, 297; VGH Mannheim ZBR 1998, 58; OVG Bautzen ZBR 2002, 62; zur Notwendigkeit, Binnendifferenzierungen zu berücksichtigten OVG Koblenz ZBR 1997, 193; NVwZ-RR 2000, 803; zum Wegfall von Beurteilungen OVG Münster ZBR 2016, 176.

[428] BVerwGE 147, 20 Rn. 18, 28.

[429] BVerwG NVwZ 2003, 1398 (1399); ZBR 2003, 420 (421); OVG Magdeburg ZBR 2015, 391; OVG Münster ZBR 2004, 182 (Ls.).

[430] Zur zeitlichen Grenze s. OVG Koblenz NVwZ-RR 2014, 809 (810 f.); OVG Münster NVwZ-RR 2002, 594; NVwZ-RR 2003, 373; NWVBl. 2014, 265; VGH Mannheim NVwZ-RR 2004, 120 (drei Jahre); VGH Kassel NVwZ-RR 2001, 255; NVwZ-RR 2007, 42 (43); OVG Schleswig NVwZ-RR 1999, 652 (ein Jahr); VG Gießen NVwZ-RR 2000, 807 (fünf Jahre zu alt); zur (fehlenden) Vergleichbarkeit von Beurteilungen nach unterschiedlichen Beurteilungsrichtlinien VGH Kassel NVwZ 2016, 1424 (1426).

[431] VGH Kassel NVwZ 1990, 284; DVBl. 1994, 593.

[432] VGH Mannheim VBlBW 1994, 68; zur Verwertung von einer dienstlichen Beurteilung widersprechenden Erkenntnissen vgl. OVG Hamburg NVwZ-RR 1992, 669.

[433] OVG Bautzen NVwZ-RR 2005, 372 (Auswahlgespräch vor Kommission statt persönlichen Gesprächs); OVG Berlin NVwZ-RR 2001, 395; OVG Bremen ZBR 2001, 221; OVG Lüneburg DÖD 2004, 164 (165); VGH Karlsruhe Beschl. v. 21.12.2011 – 4 S 2543/11; VGH München NVwZ-RR 2006, 344; OVG Weimar NVwZ-RR 2004, 52; zur Dokumentationspflicht VGH Kassel ZBR 1994, 347.

[434] OVG Bremen NVwZ-RR 2013, 811 (812); OVG Lüneburg NVwZ-RR 2013, 223 (224).

[435] Vgl. BVerfG NVwZ 2003, 200; OVG Weimar NVwZ-RR 2006, 745 (746); zur eingeschränkten gerichtlichen Prüfung von Beurteilungen: BVerwGE 60, 245 (246); Einzelfragen etwa BVerwG NVwZ 2006, 465 (Richtwerte); OVG Koblenz NVwZ-RR 1998, 245 (Statusamt) (einschränkend BVerfG NJW 2007, 692 [693]); VGH Kassel ZBR 1999, 286 (Ls.) (inzidente Prüfung der Beurteilungsrichtlinien); OVG Magdeburg ZBR 2000, 321 (unzulässige Einflussnahme auf die Beurteilung); VGH Mannheim ZBR 2001, 145; OVG Schleswig ZBR 2002, 99; VGH München IÖD 2000, 182 (Vergleich unterschiedlicher Beurteilungen); OVG Koblenz IÖD 2000, 92; OVG Saarlouis ZBR 2004, 328 (Ls.) (freigestelltes Personalratsmitglied); OVG Münster NVwZ-RR 2003, 216 (Notwendigkeit eines Unterrichtsbesuchs); NVwZ 2016, 332 (333 f.) (Wiedereingliederung); zur gerichtlichen Prüfung von dienstlichen Beurteilungen in Eilverfahren s. VGH Mannheim NVwZ-RR 2005, 585; OVG Weimar LKV 2006, 419.

sich ein Bewerber dagegen regelmäßig nicht wenden,[436] wohl aber gegen Rechtsfehler in dieser Beurteilung, die auf die Auswahlentscheidung durchschlagen.[437]

Erweisen sich nach Ausschöpfung aller leistungsbezogenen Erkenntnismittel[438] die Bewerber als im Wesentlichen gleich geeignet, darf der Dienstherr die Auswahlentscheidung auf nicht leistungsbezogene Hilfskriterien stützen.[439] 1359

Auch formelle Rechtsmängel, etwa Verfahrensmängel, können zum Erfolg eines Antrages nach § 123 Abs. 1 S. 1 VwGO führen,[440] insbesondere bei der Auswahlentscheidung für die Besetzung von Wahlämtern.[441] Besondere Regelungen können sich aus dem einschlägigen Fachrecht ergeben. Dies gilt insbesondere, wenn die Besetzung herausgehobener Ämter in Rede steht.[442] 1360

2. Sicherung eines Anspruchs auf erstmalige Ernennung oder Beförderung

Ein Anspruch auf erstmalige Ernennung oder Beförderung kommt nur ganz selten in Betracht, etwa bei Zusicherung oder Reduzierung des Auswahlermessens auf Null.[443] Ein solcher Anspruch kann nicht im Wege einstweiliger Anordnung durchgesetzt werden. Denn eine – auch nur vorläufige – Ernennung wäre mit beamtenrechtlichen Grundsätzen unvereinbar. Gleiches gilt für die Ernennung zum Beamten auf Probe, die nicht im Wege einstweiliger Anordnung durchgesetzt werden kann.[444] Denn das Probebeamtenverhältnis kann nur unter eingeschränkten Voraussetzungen beendet werden (vgl. etwa § 34 Abs. 1 BBG) und ist – nach einer gewissen Zeit – bei Bewährung in ein Beamtenverhältnis auf Lebenszeit umzuwandeln (vgl. etwa § 11 Abs. 2 S. 1 BBG).[445] 1361

Anderes gilt für einen Anspruch auf Ernennung zum Beamten auf Widerruf (vgl. § 6 Abs. 4 BBG, § 4 Abs. 4 BeamtStG). Ein solcher Anspruch kann im Wege des § 123 Abs. 1 Satz 2 VwGO zugesprochen werden, wenn damit die Aufnahme in einen Vorbereitungsdienst verbunden ist, der nicht nur laufbahnrechtliche Bedeutung hat, sondern Voraussetzung für eine Berufsaufnahme außerhalb des öffentlichen Dienstes ist.[446] Dies 1362

[436] VGH München NVwZ 1983, 755 (756).

[437] In diese Richtung BVerwGE 118, 370 (377); ausdrücklich OVG Greifswald NordÖR 2009, 408 (409) sowie VG Schleswig NordÖR 1998, 162 (offensichtliche Verfahrensfehler); offen gelassen in VGH Mannheim NVwZ-RR 2010, 967 (969).

[438] BVerwG ZBR 2003, 420 (421) zu Binnendifferenzierungen; OVG Münster NVwZ-RR 2004, 626.

[439] Zu Hilfskriterien etwa VGH Mannheim ZBR 2004, 362 (Erfahrung auf einem Dienstposten); OVG Münster ZBR 2000, 222; NJW 1999, 1203 (Kinderreichtum); NVwZ-RR 1999, 593 (persönliche Spannungen); zur Begrenzung bei Massenbeförderungen OVG Koblenz NVwZ-RR 2015, 224 (226 f.).

[440] Etwa VG Wiesbaden NVwZ-RR 2009, 734 (verspätete Bewerbung).

[441] OVG Weimar ThürVBl. 2007, 187.

[442] Beispiele: OVG Bremen NordÖR 2009, 364 (Direktor der bremischen Bürgerschaft); OVG Schleswig ZBR 2000, 101; VGH München NVwZ-RR 1999, 119 (Lehrstuhl); OVG Schleswig NVwZ-RR 1999, 420 (Präsident eines obersten Landesgerichts); VGH Mannheim ZBR 2001, 339; VGH München DVBl. 2000, 925 (Gleichstellungsbeauftragte); VGH Kassel NVwZ-RR 2000, 787 (Präsident einer Fachhochschule); zur Wahlentscheidung bei der Auswahl von Richtern an obersten Bundesgerichten s. BVerfG Beschl. v. 20.9.2016 – 2 BvR 2453/15; OVG Lüneburg NVwZ 2016, 786.

[443] Beispiele bei *Schnellenbach/Bodanowitz*, Beamtenrecht in der Praxis, Rn. 27 ff.

[444] So auch VGH München IÖD 1998, 245 (246) unter Hinweis auf das Verbot der Vorwegnahme der Hauptsache; offen gelassen in OVG Lüneburg NVwZ-RR 2004, 434.

[445] VG Lüneburg NVwZ-RR 2000, 373; s.a. VGH Kassel NVwZ-RR 2001, 49 (keine einstweilige Anordnung zur Ernennung zum Bürgermeister).

[446] Vgl. OVG Bremen NordÖR 2005, 485; VGH Kassel DÖD 1995, 83; vgl. auch OVG Münster DÖD 1990, 94 (auswärtiger Dienst); OVG Lüneburg OVGE 34, 428 (430); VGH Mannheim ESVGH 25, 87 (89); VGH München NJW 1976, 1858; OVG Münster NVwZ 1984, 126.

gilt insbesondere für den Vorbereitungsdienst auf das Lehramt.[447] Der Anordnungsgrund folgt aus der Dringlichkeit: Muss der Bewerber ein möglicherweise mehrere Jahre dauerndes Hauptsacheverfahren abwarten, so erleidet er durch den Zeitverlust unzumutbare Nachteile, weil er erst wesentlich später eine Berufstätigkeit aufnehmen kann.[448] Die baldige[449] Aufnahme in den Vorbereitungsdienst unter Vorwegnahme der Hauptsache[450] ist deshalb die einzige Möglichkeit, wirksamen Rechtsschutz zu gewährleisten. Ein Anordnungsanspruch auf Zulassung zum Vorbereitungsdienst kann sich aus Art. 12 Abs. 1 GG ergeben, insbesondere wenn die bestehenden Ausbildungskapazitäten nicht erschöpfend genutzt worden sind,[451] das Auswahlverfahren zu Lasten des Bewerbers rechtsfehlerhaft ist[452] oder die Behörde fälschlich von fehlender Eignung eines Bewerbers ausgeht.[453] Hat der Bewerber seinen Vorbereitungsdienst schon in einem anderen Bundesland angetreten, verliert er seinen Anordnungsanspruch.[454] Die in der Verpflichtung zur Aufnahme liegende Vorwegnahme der Hauptsache belastet den Dienstherrn regelmäßig nicht unzumutbar, da das Beamtenverhältnis auf Widerruf jederzeit beendet werden kann (vgl. § 37 Abs. 1 Satz 1 BBG).[455]

1363 Ein Anspruch auf Verlängerung eines Beamtenverhältnisses auf Zeit – etwa wegen Erziehungsurlaubs –[456] kann mit einer einstweiligen Anordnung nach § 123 VwGO durchgesetzt werden.

3. Übertragung eines höherwertigen Dienstpostens

1364 Ein Beamter hat keinen Anspruch auf einen bestimmten Dienstposten. Er muss daher Änderungen seines dienstlichen Aufgabenbereichs nach Maßgabe seines Amtes im statusrechtlichen Sinne grundsätzlich hinnehmen.[457] Einstweiligen Rechtsschutz mit dem Ziel einer Veränderung des dienstlichen Aufgabenbereichs kann der Beamte regelmäßig nur unter denselben engen Voraussetzungen erlangen, unter denen er sich erfolgreich gegen eine solche Veränderung wehren kann.

1365 Häufig bereitet der Dienstherr indes eine Beförderung vor, indem er nach vorheriger Auswahl zunächst nur einen höherwertigen Dienstposten besetzt. Die Beförderung erfolgt später, nachdem sich der Ausgewählte bewährt oder eine laufbahnrechtliche

---

[447] OVG Bremen NVwZ-RR 2006, 402; VGH Kassel ZBR 1998, 216; NVwZ-RR 1998, 180; OVG Magdeburg Beschl. v. 8.8.2013 – 3 M 202/13; der juristische Vorbereitungsdienst wird in fast allen Bundesländern nicht mehr im Beamtenverhältnis auf Widerruf absolviert, dazu krit. *Lecheler* ZBR 2000, 325.

[448] VGH Kassel NJW 1997, 959; NVwZ-RR 1997, 415; NVwZ-RR 1999, 180; DÖD 1999, 41 = DRiZ 1999, 22; OVG Schleswig NVwZ-RR 1995, 279 (280); OVG Koblenz Beschl. v. 22.5.1998 – 2 B 11 064/98; OVG Münster IÖD 2000, 75; ein Anspruch auf Schaffung neuer Ausbildungskapazitäten kann allenfalls bei evidenter Verfassungswidrigkeit angenommen werden und ist bisher stets verneint worden, vgl. VGH Kassel DÖD 1995, 83 (85); VGH Mannheim VBlBW 1998, 69; OVG Schleswig RiA 1997, 47.

[449] Zur Befugnis des Gesetzgebers, bestimmte Einstellungstermine zu bestimmen vgl. VG Berlin NVwZ-RR 1999, 181 (182); VGH Kassel DÖD 1995, 83.

[450] OVG Münster IÖD 2008, 146.

[451] VGH Kassel NJW 1997, 959; OVG Schleswig NVwZ-RR 1995, 279 (280); VG Darmstadt NVwZ-RR 1999, 760.

[452] OVG Münster IÖD 2000, 75 (77).

[453] VGH Kassel NVwZ-RR 2000, 695.

[454] VG Neustadt NVwZ-RR 2000, 696; schon für die Möglichkeit einer anderweitigen Zulassung verneint OVG Bremen NJW 1986, 1062 den Anordnungsgrund.

[455] OVG Schleswig SchlHA 1999, 245; VGH München ZBR 1973, 29.

[456] VG Würzburg IÖD 1998, 187.

[457] Hierzu BVerwG NVwZ 1991, 572; NVwZ 1992, 1096; OVG Greifswald NVwZ-RR 2001, 457; Ausnahme bei „unterwertiger" Umsetzung VGH München ZBR 1992, 111; ferner VGH Kassel DÖD 1990, 150.

Wartezeit absolviert hat. Nach der früher herrschenden Auffassung konnte ein unterlegener Konkurrent in diesem Fall die Übertragung des Dienstpostens auf den Ausgewählten nicht im Wege des § 123 Abs. 1 S. 2 VwGO verhindern: Es fehle am Anordnungsgrund. Die Übertragung eines – auch höherwertigen[458] – Dienstpostens sei eine innerbehördliche Organisationsmaßnahme ohne Außenwirkung,[459] die jederzeit rückgängig gemacht werden könne.[460] Dies gelte auch, wenn dadurch eine Beförderung vorbereitet werde.[461] Da der nicht berücksichtigte Beamte keinen Rechtsverlust erleide, sei eine einstweilige Regelung nicht dringlich.[462] Der Dienstherr sei auch nicht gehalten, dem unterlegenen Beamten das negative Ergebnis der Auswahlentscheidung vor der Vergabe des höherwertigen Dienstpostens mitzuteilen.[463]

Um Art. 33 Abs. 2 GG und Art. 19 Abs. 4 S. 1 GG Rechnung zu tragen und die **1366** Verfestigung der Auswahlentscheidung zugunsten des ausgewählten Bewerbers zu verhindern, wich die Praxis zunehmend von diesen Grundsätzen ab und erkannte einen Anordnungsgrund auch bei Dienstpostenkonkurrenzen an.[464] Danach liegt ein Anordnungsgrund in folgenden Fällen vor: Der Dienstherr fordert für eine Beförderung die Erprobung auf höherwertigen Dienstposten, so dass er über die Dienstposten auch künftige Beförderungen steuert;[465] der ausgewählte Bewerber erlangt auf dem Dienstposten einen Bewährungsvorsprung, der bei einer erneuten Auswahl den Ausschlag geben kann;[466] der obsiegende Konkurrent soll nach Einweisung in den Dienstposten später ohne erneute Ausschreibung ernannt werden.[467] Ein Anordnungsgrund besteht auch dann, wenn der Dienstposten im Wege der Umsetzung mit einem Konkurrenten besetzt worden ist: Denn der Beamte hat ein schutzwürdiges Interesse daran, dass sein Konkurrent nicht infolge einer rechtswidrigen Umsetzung einen Erfahrungsvorsprung gewinnt.[468] Bei einer reinen Dienstpostenkonkurrenz soll ein Anordnungsgrund nur dann zu verneinen sein, wenn die Vermittlung eines relevanten Erfahrungsvorsprungs ausnahmsweise ausgeschlossen werden kann.[469]

Es deutet sich indes eine (erneute) „Trendwende" an: Das Bundesverwaltungsgericht **1366a** hat angenommen, ein Dienstherr könne auch während des beamtenrechtlichen Konkurrentenverfahrens einen Beförderungsdienstposten vorläufig besetzen. Bei einer späteren Auswahlentscheidung dürfe der dort erlangte Bewährungsvorsprung aber nicht zu Lasten eines anderen Bewerbers berücksichtigt werden; vielmehr sei die Beurteilung fiktiv fortzuschreiben, indem eine hypothetische Beurteilung der erbrachten Leistung erfolge, bei der die aus der Wahrnehmung des höherwertigen Dienstpostens folgenden Besonderhei-

---

[458] BVerwG DVBl. 1989, 1150.

[459] So insbes. BVerwG NVwZ 1982, 103 = DVBl. 1981, 495.

[460] BVerwG DVBl. 1989, 1150; OVG Magdeburg Beschl. v. 17.2.2006 – 1 M 24/06.

[461] Hierzu VGH Kassel NVwZ 1982, 638; OVG Saarlouis ZBR 1990, 27 (28 f.) (zweifelnd: OVG Saarlouis IÖD 2008, 38); anders BVerwG NVwZ 1985, 587 = DVBl. 1985, 747; BVerwGE 53, 23 = DVBl. 1976, 335.

[462] Vgl. dazu OVG Koblenz NVwZ-RR 1996, 51.

[463] VGH Kassel NVwZ 1992, 195.

[464] VGH Kassel NVwZ 1986, 766 (767); VGH Mannheim NVwZ-RR 2006, 489 (490); OVG Münster NVwZ-RR 2003, 50; IÖD 2015, 30; NVwZ-RR 2016, 708 (711); VGH München NVwZ-RR 2006, 346.

[465] Vgl. VGH Kassel ZBR 2001, 413; OVG Münster IÖD 2003, 111; ZBR 2005, 318 (Ls.); dagegen OVG Weimar DÖV 1998, 607 (Ls., offen gelassen für die sog. „Topfwirtschaft").

[466] VGH Kassel NVwZ-RR 2009, 527 (528); (inzident) OVG Münster NVwZ-RR 2002, 291; NVwZ-RR 2003, 50; ZBR 2016, 176 (178); Beschl. v. 21.6.2016 – 1 B 201/16 Rn. 47.

[467] BVerfG NVwZ 2008, 69; OVG Bautzen Beschl. v. 16.12.2008 – 2 B 254/08 Rn. 2; OVG Weimar NVwZ-RR 2004, 52.

[468] BVerwG ZBR 2009, 411; NVwZ-RR 2012, 71 Rn. 17; aA OVG Münster NVwZ-RR 2003, 50.

[469] OVG Münster NVwZ-RR 2016, 708 (711) mwN; so auch für das Bundesrecht OVG Berlin-Brandenburg NVwZ-RR 2014, 655 (656).

ten unberücksichtigt blieben.[470] Hiervon ausgehend fehlt es für eine einstweilige Anordnung bei einer Dienstpostenkonkurrenz an einem Anordnungsgrund.[471] Es bleibt indes abzuwarten, ob die vom Bundesverwaltungsgericht erhoffte Verhinderung einer Stellenblockade durch die zusätzlichen Schwierigkeiten bei der Erstellung dienstlicher Beurteilungen in Gestalt teilweise hypothetischer Beurteilungen nicht zu teuer erkauft ist.

1367 Hinsichtlich des Anordnungsanspruchs ist zu beachten, dass ein Beamter regelmäßig keinen Anspruch auf die Übertragung eines Dienstpostens hat, der gegenüber seinem innegehabten Statusamt höherwertig ist.[472] Dies gilt auch, wenn er einen solchen Dienstposten schon längere Zeit kommissarisch verwaltet hat. Anders liegt es aber, wenn sich der Dienstherr dafür entscheidet, einen Dienstposten nach dem Kriterium der Bestenauslese zu besetzen: In diesem Fall ist er an diese Entscheidung auch gegenüber den Bewerbern gebunden.[473] Eine Bindung an das Kriterium der Bestenauslese besteht auch dann, wenn mittels der Vergabe höherwertiger Dienstposten über spätere Beförderungen entschieden wird.

II. Veränderungen im funktionellen Amt

1368 Bei Veränderungen des funktionellen Amtes richtet sich der Eilrechtsschutz nach der Rechtsnatur der belastenden Maßnahme: Handelt es sich um einen Verwaltungsakt, ist Rechtsschutz nach § 80 Abs. 5 VwGO anzustreben (1.). Fehlt es an einem Verwaltungsakt, ist einstweiliger Rechtsschutz nach § 123 VwGO eröffnet (2.).

1. Verwaltungsakte

1369 Der Dienstherr kann unter bestimmten Voraussetzungen den Beamten versetzen oder abordnen. Diese Maßnahmen sind belastende Verwaltungsakte. Trotz Widerspruch oder Anfechtungsklage hat der Beamte einer Versetzung oder Abordnung zunächst Folge zu leisten, da die Rechtsbehelfe nach § 54 Abs. 4 BeamtStG, § 126 Abs. 4 BBG und § 126 Abs. 3 Nr. 3 BRRG keine aufschiebende Wirkung haben. Dies soll die Verwaltung in die Lage versetzen, personelle Planungen unabhängig von der „Ungewissheit der Dauer der Erledigung eines Rechtsmittels" umzusetzen.[474] Die Vorschriften gelten auch, wenn sich der Betroffene gegen eine nachträgliche Befristung der Abordnung wendet.[475]

Der Beamte kann nach § 80 Abs. 5 VwGO beantragen, die aufschiebende Wirkung des Widerspruchs anzuordnen.[476] Örtlich zuständiges Gericht für diesen Antrag ist das Gericht, das nach § 52 Nr. 4 Satz 1 VwGO für den neuen dienstlichen Wohnsitz des Beamten zuständig ist. Denn § 52 Nr. 4 Satz 1 VwGO soll dem Beamten ermöglichen, sich an das für seinen Dienstort zuständige Gericht zu wenden. Dies ist im Falle der Versetzung und Abordnung, der zunächst Folge zu leisten ist, das Gericht des neuen Dienstortes.[477]

---

[470] BVerwG ZBR 2016, 317 Rn. 33.

[471] VGH Mannheim Beschl. v. 27.7.2016 – 4 S 1083/16 Rn. 9 f.; OVG Saarlouis Beschl. v. 9.6.2016 – 1 B 60/16 Rn. 15, 37; aA OVG Münster Beschl. v. 14.7.2016 – 6 B 653/16 Rn. 13.

[472] Hierzu im Einzelnen BVerwG DVBl. 1985, 746.

[473] OVG Schleswig NVwZ-RR 2002, 289; OVG Münster NVwZ-RR 2016, 708 (709); zum Ausschluss von Bewerbern, gegen die ein Disziplinarverfahren anhängig ist OVG Münster NVwZ-RR 2016, 63.

[474] So – sprachlich verunglückt – die Begründung auf BR-Drs. 885/95, 58 zu § 126 Abs. 3 Nr. 3 BRRG.

[475] OVG Greifswald NVwZ-RR 2003, 665.

[476] VG Frankfurt NVwZ-RR 2001, 397.

[477] VG Bremen Beschl. v. 26.8.2003 – 6 K 1523/02; VG Schleswig Beschl. v. 28.1.2011 – 12 B 4/11 Rn. 3; ebenso für eine zweijährige Abordnung VG Gelsenkirchen Beschl. v. 11.11.2013 – 12 L 1324/

a) Versetzung. Eine Versetzung liegt vor, wenn bei unveränderter Behördenzugehörigkeit dem Beamten ein anderes statusrechtliches Amt übertragen wird.[478] Eine Versetzung erfolgt auch, wenn dem Beamten auf Dauer ein anderes Amt im funktionellen Sinn bei einer anderen Behörde[479] desselben oder eines anderen Dienstherrn übertragen wird (vgl. etwa § 28 Abs. 1 BBG und § 15 BeamtStG).[480] Die Versetzung greift unmittelbar in die individuelle Rechtssphäre des Beamten ein und ist daher ein Verwaltungsakt.[481] 1370

Nach der Regelung der § 54 Abs. 4 BeamtStG, § 126 Abs. 4 BBG und § 126 Abs. 3 Nr. 3 BRRG besteht für die sofortige Vollziehung regelmäßig ein besonderes Interesse. Die Gerichte sollen nur bei „erheblichen Zweifeln an der Rechtmäßigkeit der Personalmaßnahme" die aufschiebende Wirkung anordnen.[482] Damit ist der Entscheidungsmaßstab für die Entscheidung nach § 80 Abs. 5 VwGO vorgeprägt: Ist die Versetzung offensichtlich rechtmäßig, bleibt der Antrag erfolglos; ist sie offensichtlich rechtswidrig, ordnet das Gericht die aufschiebende Wirkung an. Die offensichtliche Rechtswidrigkeit kann auf Verfahrensfehlern, wie der fehlenden Anhörung des Personalrates (vgl. § 76 Abs. 1 Nr. 4 BPersVG) oder der fehlenden Zustimmung des aufnehmenden Dienstherrn, beruhen.[483] Materiell-rechtlich gilt: Besteht ein dienstliches Bedürfnis für die Versetzung, so kann der Dienstherr aus jedem sachlichen Grund den dienstlichen Aufgabenbereich des Beamten ändern, solange diesem ein seinem Amt im statusrechtlichen Sinne entsprechender Dienstposten verbleibt.[484] Dieses weite Ermessen gilt auch im Falle von Versetzungen.[485] Eine Versetzung ist aber dann rechtswidrig, wenn der Beamte auf einen Dienstposten versetzt wird, in der eine amtsangemessene Beschäftigung in absehbarer Zeit nicht erfolgt.[486] Ebenso ermessensfehlerhaft ist eine Versetzung, die von Ermessensmissbrauch maßgeblich geprägt ist.[487] 1371

Sind die Erfolgsaussichten offen, ist bei der Interessenabwägung die Entscheidung des Gesetzgebers in § 54 Abs. 4 BeamtStG, § 126 Abs. 4 BBG und § 126 Abs. 3 Nr. 3 BRRG zu beachten, der dem öffentlichen Interesse jedenfalls dann regelmäßig den Vorrang einräumt, wenn erhebliche rechtliche Bedenken an der Maßnahme nicht bestehen. Eine Anordnung der aufschiebenden Wirkung wird daher bei offenen Erfolgsaussichten nur in Betracht kommen, wenn dem Beamten unzumutbare Nachteile drohen.[488] 1372

---

13 Rn. 4; anders die hM, vgl. BVerwG Buchholz 310 § 83 Nr. 11; VG Wiesbaden Beschl. v. 18.6.2013 – 3 K 314/13.WI (für eine einjährige Abordnung).

[478] BVerwGE 65, 270 (276); 69, 303 (307).

[479] Maßgeblich für den Behördenbegriff ist die Behördenorganisation, vgl. OVG Hamburg NVwZ-RR 1998, 54 (Schulwechsel eines Lehrers); OVG Münster OVGE 36, 215; OVG Koblenz Beschl. v. 29.3.1979 – I TH 15/79; OVG Saarlouis NVwZ 1986, 769 (770) (Wechsel des Polizeireviers); Schwierigkeiten bereitet der Begriff der „Behörde" bei Beamten, die privatrechtlichen Unternehmen zur Dienstleistung zugewiesen sind, s. VGH München ZBR 2004, 288 (Ls.); auch OVG Saarlouis Beschl. v. 10.3.1997 – 1 V 2/97 – (Zustellbasis bei der Deutschen Post AG); OVG Lüneburg Beschl. v. 8.8.2003 – 2 ME 2081/03 (Reisezentren bei der Deutschen Bahn); VG Bremen PersR 2004, 361 (Niederlassungen einer GmbH); zT wird allein bei Wechsel des Dienstortes eine Versetzung bejaht, so etwa VGH Kassel PersR 2003, 420.

[480] BVerwGE 69, 303 (307).

[481] BVerwGE 60, 144 (147); 65, 270 (276); 69, 303 (307).

[482] So BR-Drs. 885/95, S. 58 (zu § 126 Abs. 3 Nr. 3 BRRG).

[483] BVerwG NVwZ-RR 2003, 370.

[484] BVerwGE 89, 199 (201).

[485] BVerwG Buchholz 232 § 26 BBG Nr. 40.

[486] BVerwG NVwZ 2006, 1291; NVwZ 2007, 101; VGH Kassel NVwZ-RR 2005, 124; OVG Koblenz NVwZ 2007, 110; OVG Münster NVwZ 2005, 354 m. zust. Anm. *Stehr* NVwZ 2005, 285.

[487] OVG Bautzen NVwZ-RR 2002, 53 (55); zu Teilzeitbeamten OVG Berlin-Brandenburg ZBR 2009, 101.

[488] Ausführlich OVG Magdeburg Beschl. v. 7.11.2013 – 1 M 108/13 Rn. 4 ff.; vgl. auch BVerwG NZWehrR 1994, 27 (Ls.); OVG Münster Beschl. v. 8.9.2011 – 6 B 950/11.

1373 **b) Abordnung.** Die Abordnung ist die vorübergehende Zuweisung einer dem Amt des Beamten entsprechenden Tätigkeit bei einer anderen Dienststelle desselben oder eines anderen Dienstherrn; es handelt sich um einen Verwaltungsakt.[489] Einstweiliger Rechtsschutz wird nach § 80 Abs. 5 VwGO gewährt. Widerspruch und Anfechtungsklage haben nach § 54 Abs. 4 BeamtStG, § 126 Abs. 4 BBG und § 126 Abs. 3 Nr. 3 BRRG keine aufschiebende Wirkung.

1374 Die Abordnung erfolgt aus dienstlichen Gründen (vgl. etwa § 14 Abs. 1 BeamtStG). Sie kann dazu dienen, Spannungen innerhalb der Dienststelle zu begegnen[490] oder einen personellen Engpass kurzfristig und zeitlich begrenzt zu überbrücken.[491] Nach der gesetzgeberischen Wertung des § 54 Abs. 4 BeamtStG und den entsprechenden Regelungen des BBG und des BRRG ist die Abordnung regelmäßig so eilbedürftig, dass sie bereits vor Abschluss des Hauptsacheverfahrens vollzogen werden soll.[492] Ein Zurücktreten des öffentlichen Interesses an der sofortigen Vollziehung gegenüber dem Suspensivinteresse des Beamten nimmt die Rechtsprechung daher nur in Fällen offensichtlicher Rechtswidrigkeit[493] oder unzumutbarer Härte[494] an. Besonderheiten gelten für eine Abordnung, die mit dem Ziel der Versetzung angeordnet wird. Hier sind bereits bei der Abordnung die Interessen des Beamten zu berücksichtigen, die einer späteren Versetzung entgegenstehen würden.[495]

2. Organisationsakte

1375 **a) Umsetzung.** Eine Umsetzung ist gegeben, wenn dem Beamten ohne Änderung seines statusrechtlichen Amtes ein anderer Dienstposten innerhalb derselben Behörde zugewiesen wird. Die Umsetzung ist kein Verwaltungsakt,[496] sondern eine bloße innerbehördliche Organisationsmaßnahme. Sie berührt die individuelle Rechtsstellung des Beamten auch dann nicht, wenn sie im Einzelfall belastend wirkt, wie dies beim Entzug von Leitungsfunktionen der Fall sein kann.[497] Vorläufiger Rechtsschutz kann allein nach § 123 Abs. 1 VwGO gewährt werden,[498] der dem Beamten einen ausreichenden wirksamen Rechtsschutz vermittelt[499]. Ein Antrag nach § 80 Abs. 5 VwGO kommt dagegen

---

[489] BVerwGE 60, 144 (147); BVerwG ZBR 1981, 339.

[490] BVerwGE 26, 65 (zur Versetzung); OVG Münster ZBR 2004, 397; Beschl. v. 14.1.2004 – 6 B 2534/03; VG Göttingen NVwZ-RR 1998, 667 (Alkoholabhängigkeit).

[491] VGH München BayVBl. 1970, 104 = VerwRspr 21 Nr. 130.

[492] OVG Münster NVwZ-RR 2010, 73; Beschl. v. 2.5.2011 – 6 B 88/11 Rn. 10; Beschl. v. 1.7.2014 – 6 B 689/14 Rn. 18.

[493] Vgl. etwa VG Frankfurt NVwZ-RR 2001, 397 (398) (Beteiligung des Personalrats); OVG Koblenz NVwZ-RR 2002, 856 (857) (keine Angaben zur künftigen Tätigkeit bei funktionsgebundenem Amt); OVG Bautzen LKV 2009, 277 (amtsangemessene Beschäftigung).

[494] Vgl. BVerfG NVwZ 2005, 926: Rechtswidrigkeit einer Abordnung bei drohender Gesundheitsgefahr; allgemein zum Maßstab OVG Bremen NVwZ-RR 2007, 337.

[495] OVG Koblenz NVwZ-RR 2003, 133.

[496] BVerwGE 60, 144 (146); BVerwGE 65, 273; für die Zuweisung zu einer anderen Schule nach hmbg. Schulrecht: OVG Hamburg NVwZ-RR 1998, 54; anders für die Zuweisung nach § 6 PostPersRG: OVG Hamburg NVwZ-RR 2008, 806.

[497] BVerwGE 60, 146; OVG Saarlouis RiA 1985, 260. Vgl. auch VGH Kassel DÖD 1990, 150; OVG Koblenz ZBR 1999, 284; VGH Mannheim ZBR 2000, 358 (Oberarzt).

[498] OVG Hamburg NVwZ-RR 2005, 125; OVG Magdeburg LKV 2006, 425; OVG Münster Beschl. v. 11.7.2013 – 6 B 96/13; Beschl. v. 15.12.2014 – 6 B 1220/14; Beschl. v. 7.1.2016 – 6 B 1348 Rn. 1; OVG Saarlouis IÖD 2000, 171 (Abberufung des Leiters eines Rechnungsprüfungsamtes); vgl. auch OVG Münster Beschl. v. 14.9.2016 – 6 B 920/16 (vorläufiger Rechtsschutz nach § 123 VwGO mit dem Ziel der Versetzung).

[499] Hierzu BVerfGE 51, 268 (285); VGH Mannheim ZBR 1981, 204.

bei den von der Umsetzung abzugrenzenden und als Verwaltungsakt anzusehenden „versetzungsähnlichen Maßnahmen" in Betracht.[500]

1376 Solange die Umsetzung nicht vollzogen ist, kann der Beamte mit einem Antrag nach § 123 Abs. 1 VwGO erreichen, dass er vorläufig auf seinem Dienstposten verbleibt.[501] Ist er bereits umgesetzt, kann er nach § 123 Abs. 1 S. 2 VwGO die vorläufige Verpflichtung seines Dienstherrn erstreben, den Dienstposten nicht neu zu besetzen,[502] seine Rückumsetzung anzuordnen[503] oder über die Umsetzung neu zu entscheiden.[504] Ob im Falle einer bereits erfolgten Umsetzung eine auf Rückumsetzung oder auf eine weniger weitgehende Maßnahme gerichtete einstweilige Anordnung in Betracht kommt, richtet sich nach der Art des Rechtsmangels.[505] Beim Vorliegen eines Ermessensfehlers kommt eine Verpflichtung zur Rückumsetzung nur ausnahmsweise in Betracht.[506] Lässt sich eine Rückumsetzung nicht mehr durchsetzen, weil der Dienstposten inzwischen unentziehbar anderweitig vergeben worden ist, kommt auch eine vorläufige Weiterumsetzung[507] auf einen vergleichbaren Dienstposten in Betracht, wenn dies dem Rechtsschutzinteresse des Beamten entspricht.

1377 Häufig fehlt es indes bereits am Anordnungsgrund. Die Umsetzung betrifft nur den internen dienstlichen Aufgabenbereich, die Dienststelle des Beamten bleibt unverändert, so dass regelmäßig auch der Dienstort erhalten bleibt. Dem Beamten kann grundsätzlich zugemutet werden, diese Änderungen bis zur Entscheidung der Hauptsache hinzunehmen. Weder die Notwendigkeit, sich in ein neues Sachgebiet einzuarbeiten, noch der zeitweilige Wegfall von Zulagen[508] führen zu einem Anordnungsgrund. Ein Anordnungsgrund kann dagegen bestehen, wenn die Umsetzung einen Wohnsitzwechsel erfordert.[509]

1378 Hinsichtlich des Anordnungsanspruchs ist von Folgendem auszugehen: Der Beamte hat keinen Anspruch auf die unveränderte und ungehinderte Ausübung des ihm übertragenen Amtes im funktionellen Sinne. Vielmehr hat er Änderungen seines dienstlichen Aufgabenbereichs nach Maßgabe seines Amtes im statusrechtlichen Sinne grundsätzlich hinzunehmen.[510] Der Dienstherr kann den Beamten innerhalb seiner Beschäftigungsbehörde daher aus jedem sachlichen Grund auf einen anderen, seinem statusrechtlichen Amt gemäßen[511] Dienstposten umsetzen. Auf das Vorliegen eines dienstlichen Bedürfnisses kommt es nicht an.[512] Die Umsetzung ist aber rechtswidrig, wenn Verfahrensfehler

---

[500] Vgl. OVG Saarlouis NVwZ 1986, 769; OVG Berlin ZBR 1987, 375; VGH Mannheim DVBl. 1987, 424.

[501] VG Bremen PersR 2004, 361.

[502] OVG Münster NVwZ 1985, 923.

[503] OVG Hamburg DÖD 1979, 61; VGH München BayVBl. 1981, 466; OVG Münster NVwZ 1985, 923. Zweifelnd OVG Saarlouis RiA 1985, 261.

[504] VG Schleswig Beschl. v. 15.10.2004 – 11 B 46/04; allgemein hierzu → Rn. 209 ff.; ablehnend OVG Münster NVwZ 1985, 923.

[505] Für die Verpflichtung zur Rückumsetzung bei nicht ordnungsgemäßer Beteiligung der Personalvertretung BVerwG NVwZ 1987, 502; VGH Kassel NVwZ-RR 1989, 258; OVG Saarlouis NVwZ 1986, 769 (772).

[506] VGH Kassel NVwZ-RR 1989, 258; OVG Münster NVwZ-RR 1988, 102; aA OVG Bautzen ZBR 2002, 437 (438), das bei Verletzung des Anspruchs auf amtsangemessene Beschäftigung einen Anspruch auf Rückumsetzung bejaht.

[507] OVG Münster NVwZ 1985, 923; OVG Saarlouis RiA 1985, 262.

[508] VG Frankfurt Beschl. v. 9.5.2003 – 9 G 1540/03.

[509] Vgl. BVerwG NVwZ 2001, 329 (militärische Verwendungsentscheidung); OVG Hamburg NVwZ-RR 2005, 125; VG Bremen PersR 2004, 361; vgl. für einen lediglich längeren Arbeitsweg: VG Göttingen Beschl. v. 2.7.2003 – 3 B 80/03.

[510] Hierzu BVerwGE 65, 273; BVerwG NVwZ 1991, 572; NVwZ 1992, 1096; OVG Greifswald NVwZ-RR 2001, 457; OVG Magdeburg LKV 2006, 425; NVwZ-RR 2013, 768 (769).

[511] Vgl. OVG Koblenz ZBR 2012, 59.

[512] BVerwGE 60, 144 (150 f.); 89, 199 (201); Beschl. v. 25.6.1997 – 2 B 123.96.

vorliegen[513] oder die Gründe des Dienstherrn vorgeschoben sind, um eine in Wahrheit maßgebend auf anderen Beweggründen beruhende Entscheidung zu rechtfertigen,[514] sie also von Rechtsmissbrauch maßgeblich geprägt ist.[515] Ferner ist eine Umsetzung rechtswidrig, wenn der Beamte nicht mehr amtsangemessen oder überhaupt nicht mehr beschäftigt wird.[516] Eine Ermessensreduzierung auf Null, die den Dienstherrn verpflichtet, den Beamten auf seinem Dienstposten zu belassen, wird sich nur unter ganz besonderen Umständen feststellen lassen.[517]

1379 **b) Änderung des Aufgabenbereichs.** Ändert der Dienstherr den Aufgabenbereich eines Beamten durch einen Organisationsakt, ohne dem Beamten einen neuen Dienstposten zuzuweisen, gelten die gleichen Grundsätze wie für die Umsetzung:[518] Die Änderung des Aufgabenbereichs ist kein Verwaltungsakt, sondern eine behördeninterne Maßnahme, so dass Eilrechtsschutz nach § 123 Abs. 1 VwGO anzustreben ist. Der Beamte kann bei einer rechtsfehlerhaften Umorganisation verlangen, dass es bis zur Entscheidung der Hauptsache bei der bisherigen Aufgabenverteilung verbleibt.[519] Ist die Umorganisation bereits vollzogen, kann er beantragen, dass ihm sein früherer Aufgabenbereich einstweilen zurückübertragen wird. Die Erfolgsaussichten sind aus den für die Umsetzung dargelegten Gründen gering, es sei denn, die Ausgestaltung verletzt den Anspruch des Beamten auf amtsangemessene Beschäftigung.[520]

3. Maßnahmen im Rahmen der Dienstausübung

1380 Anordnungen gegenüber dem Beamten im Rahmen seiner Dienstausübung sind in der Regel keine Verwaltungsakte. Sie treffen den Beamten nur als Amtswalter, so dass ihnen die für den Verwaltungsakt begriffsnotwendige Außenwirkung fehlt. Dies gilt etwa für die Weisungen, die Führung von Dienstfahrzeugen oder den Genuss von Alkohol zu unterlassen,[521] nach Feststellung der Dienstfähigkeit den Dienst wieder aufzunehmen,[522]

[513] OVG Magdeburg DÖD 2009, 227.

[514] VG Chemnitz ZBR 2004, 285; OVG Bremen NordÖR 2014, 491.

[515] BVerwGE 60, 144 (152); 89, 199 (202); OVG Koblenz IÖD 1998, 208 (209); OVG Greifswald NVwZ-RR 2001, 457; zur Vermeidung innerdienstlicher Spannungen etwa VGH Mannheim IÖD 1999, 270.

[516] OVG Hamburg NVwZ-RR 2008, 485 (486).

[517] Hierzu zB OVG Münster DÖD 1985, 67 (68); NVwZ 1985, 923.

[518] Vgl. OVG Münster NWVBl. 2004, 348 = DÖD 2004, 222 m. krit. Anm. *Müller* DÖD 2005, 55 (Entzug der Funktion als Kämmerer); OVG Lüneburg NVwZ-RR 2005, 124; VGH München ZBR 1997, 194; BVerwG DVBl. 1994, 1070; DVBl. 1995, 1245; abweichend für die Änderung des Lehramtes eines Universitätsprofessors OVG Lüneburg NVwZ 2000, 954 = ZBR 2003, 253; zu „versetzungsähnlichen Maßnahmen" → Rn. 1375 und VGH Mannheim DVBl. 1987, 424; zur Änderung der gerichtlichen Geschäftsverteilung VGH Mannheim NJW 2006, 2424.

[519] Hierzu VGH München BayVBl. 1981, 465.

[520] OVG Lüneburg NVwZ-RR 2005, 124 (Übergangssituation); OVG Münster NVwZ-RR 2001, 760 (Realschullehrer); VG Braunschweig IÖD 1998, 268 (Erster Stadtrat); eine „lupenreine" Erfüllung dieses Anspruchs kann regelmäßig nicht verlangt werden, vgl. OVG Greifswald NVwZ-RR 2001, 457; VGH Mannheim NVwZ-RR 2004, 751 (Entbindung eines Universitätsprofessors der Medizin von Aufgaben der Krankenversorgung).

[521] So VGH München NVwZ 2000, 222; offen gelassen in BVerwG ZBR 2000, 166 (167); anders für die Anordnung, einer Entziehungskur: VGH München NVwZ-RR 1998, 666 (667).

[522] BVerwG ZBR 1999, 424; ZBR 2000, 384 (386); OVG Koblenz NVwZ-RR 2003, 223; bei Feststellung des Verlustes von Dienstbezügen wegen unentschuldigten Fernbleibens vom Dienst ist Rechtsschutz nach dem Disziplinarrecht und nicht nach § 123 VwGO anzustreben, wenn der Dienstherr bereits den Verlust der Dienstbezüge festgestellt hat, vgl. OVG Saarlouis IÖD 2000, 88; die Anordnung, sich einer Kur zu unterziehen, ist ein Verwaltungsakt, s. OVG Münster NVwZ-RR 1998, 765.

ein bestimmtes Dienstzimmer zu nutzen,[523] eine Klausuraufgabe zu überarbeiten,[524] Unterlagen der Unterrichtsvorbereitung vorab vorzulegen,[525] Unterrichtsbesuche des Schulleiters zu dulden,[526] eine Klassenfahrt durchzuführen,[527] an einer Schulbushaltestelle Aufsicht zu führen[528] oder in bestimmten Ferienwochen anwesend zu sein.[529] Die Anordnung, sich auf Dienstfähigkeit untersuchen zu lassen (etwa: § 44 Abs. 6 BBG), ist regelmäßig kein Verwaltungsakt,[530] auch nicht die Anordnung, die Dienstunfähigkeit bereits am ersten Tag durch amtsärztliches Attest nachzuweisen[531] oder behandelnde Ärzte von der Schweigepflicht zu entbinden.[532] Eilrechtsschutz ist in diesen Fällen nur nach § 123 VwGO zu erlangen.

Etwas Anderes gilt für Maßnahmen, welche die persönliche Rechtsstellung des Be- **1381**
amten betreffen. Verwaltungsakte sind etwa: eine Bleibeverpflichtung,[533] die Anordnung an einen Hochschullehrer, Lehrveranstaltungen außerhalb seines Faches anzubieten;[534] das Verbot gegenüber einem Lehrer, in der Schule bhagwan-typische Kleidung[535] oder Ohrschmuck zur Dienstkleidung zu tragen[536] oder die Anordnung, aus privaten Mitteln Arbeitshilfen zu beschaffen.[537] Auch das Verbot, eine dienstliche Telefonnummer im privaten Bereich anzugeben, betrifft den Beamten persönlich und ist daher Verwaltungsakt.[538] Die Anordnung, im Rahmen eines Arbeitszeitkontenmodells übergangsweise eine größere Stundenzahl leisten zu müssen, kann nach Maßgabe des Landesrechts ein Verwaltungsakt sein,[539] ebenso der Widerruf einer Deputatsverminderung für Lehrer[540] oder einer Beurlaubung.[541] Einstweiliger Rechtsschutz ist nach § 80 Abs. 5 VwGO eröffnet.

Erstrebt der Beamte eine Begünstigung, steht ihm Eilrechtsschutz nach § 123 Abs. 1 **1382**
VwGO offen, so etwa zur Durchsetzung eines Anspruchs auf Sonderurlaub[542] oder auf Gewährung von Erholungsurlaub.[543]

---

[523] VGH Mannheim NVwZ-RR 2006, 802.
[524] OVG Koblenz NVwZ-RR 2000, 371.
[525] OVG Lüneburg NVwZ-RR 2000, 160.
[526] OVG Lüneburg NVwZ-RR 2009, 808.
[527] OVG Hamburg NVwZ-RR 2003, 859; etwas anderes kann sich aus der dienstrechtlichen Stellung ergeben, vgl. VG Darmstadt NVwZ-RR 2005, 116 (Durchführung einer Vorlesung).
[528] OVG Koblenz NVwZ-RR 2004, 421.
[529] OVG Koblenz NVwZ-RR 2004, 421; VG Gelsenkirchen NVwZ-RR 2006, 405.
[530] BVerwGE 111, 246 (251); Buchholz 237.6 § 226 NdsLBG Nr. 1 Rn. 14f.; BVerwGE 146, 347 Rn. 16; NVwZ 2014, 892 Rn. 8; zur Hinzuziehung einer Begleitperson s. OVG Koblenz NVwZ-RR 2000, 626.
[531] OVG Bautzen Beschl. v. 17.11.2005 – 3 BS 222/05.
[532] OVG Bautzen NVwZ 2006, 715.
[533] OVG Münster NVwZ-RR 2013, 423.
[534] OVG Bautzen NVwZ-RR 2010, 519.
[535] OVG Hamburg NVwZ 1986, 406; VGH München NVwZ 1986, 405.
[536] OVG Münster NJW 1989, 2770; vgl. auch BVerwGE 84, 287; ZBR 1999, 277; zur Anordnung einer bestimmten Haarlänge s. BVerwGE 125, 85 (86 Rn. 10: kein Verwaltungsakt); Rechtsschutz nach § 80 Abs. 5 VwGO ist eröffnet, wenn der Dienstherr durch Verwaltungsakt handelt, VGH München BayVBl. 2003, 212.
[537] OVG Münster NVwZ-RR 2007, 108.
[538] VGH Mannheim IÖD 1998, 206.
[539] VG Berlin ZBR 1998, 451; über die Auslegung einer Regelung über Arbeitszeitkonten kann im Verfahren nach § 123 VwGO entschieden werden, vgl. VGH Kassel IÖD 1998, 198.
[540] VGH Mannheim IÖD 1999, 75.
[541] VGH Mannheim NVwZ-RR 2007, 46.
[542] VG Potsdam NVwZ-RR 2001, 171.
[543] OVG Münster NVwZ-RR 2010, 74.

III. Beendigung des aktiven Beamtenverhältnisses

1. Verbot der Dienstgeschäfte

1383 Nach § 39 Satz 1 BeamtStG und den entsprechenden landesrechtlichen Normen kann dem Beamten aus zwingenden dienstlichen Gründen die Führung seiner Dienstgeschäfte verboten werden. Das Verbot ist ein Verwaltungsakt. Ordnet die Behörde die sofortige Vollziehung an, kann der Beamte vorläufigen Rechtsschutz nach § 80 Abs. 5 VwGO erlangen.[544] Das Verbot ist nur gerechtfertigt, wenn zu befürchten ist, dass die weitere Amtsführung zu schwerwiegenden dienstlichen Nachteilen führt, die sich zunächst nicht anders abwenden lassen.[545] Das Rechtsschutzbedürfnis entfällt, wenn die disziplinarrechtliche Anordnung der vorläufigen Dienstenthebung die beamtenrechtliche Untersagung der Dienstgeschäfte gegenstandslos macht[546], der Beamte in den Ruhestand versetzt worden ist[547] oder entlassen worden ist.[548]

2. Entlassung

1384 **a) Kraft Gesetzes.** Der Beamte auf Widerruf ist mit Ablauf des Tages entlassen, an dem ihm das endgültige Nichtbestehen der Prüfung oder einer vorgeschriebenen Zwischenprüfung bekanntgegeben wird (vgl. § 37 Abs. 2 Satz 2 BBG und die entsprechenden Regelungen des Landesbeamtenrechts). Die Mitteilung des Dienstherrn über das Ende des Beamtenverhältnisses ist kein Verwaltungsakt, da es an einer Regelung fehlt. Widerspruch und Anfechtungsklage gegen den das Prüfungsergebnis feststellenden Verwaltungsakt haben zwar aufschiebende Wirkung, das Beamtenverhältnis wird aber dennoch nicht fortgesetzt, wenn – wie regelmäßig – das Ende des Beamtenverhältnisses nicht an die Rechtmäßigkeit des Prüfungsergebnisses, sondern an seine Mitteilung gebunden wird. Hält die Prüfungsentscheidung der gerichtlichen Prüfung nicht stand, führt dies also nicht zu einem rückwirkenden Wiederaufleben des Beamtenverhältnisses.[549] Der Beamte kann daher im Wege des Eilrechtsschutzes gegen die Prüfungsentscheidung keine Fortsetzung seines Beamtenverhältnisses erstreiten.

1385 **b) Kraft Verwaltungsakt.** Beamte auf Probe oder auf Widerruf können unter bestimmten Voraussetzungen entlassen werden. Insbesondere kann der Beamte auf Probe nach § 23 Abs. 3 Satz 1 BeamtStG (bzw. § 34 Abs. 1 Satz 1 BBG) entlassen werden, wenn er eine Handlung begeht, die bei einem Beamten auf Lebenszeit mindestens eine Kürzung der Dienstbezüge zur Folge hätte (Nr. 1) oder er sich in der Probezeit nicht bewährt (Nr. 2). Der Beamte auf Widerruf ist noch weniger geschützt. Er kann jederzeit entlassen werden (§ 23 Abs. 4 Satz 1 BeamtStG, § 37 Abs. 1 Satz 1 BBG). Bei Ausübung des Ermessens hat der Dienstherr zu beachten, dass dem Beamten Gelegenheit gegeben werden soll, den Vorbereitungsdienst abzuleisten und die Prüfung abzulegen (§ 23 Abs. 4 Satz 1 BeamtStG, § 37 Abs. Abs. 2 Satz 1 BBG).

---

[544] OVG Lüneburg NVwZ-RR 2009, 566 (567); NVwZ-RR 2010, 492;. OVG Münster NVwZ 2009, 927; VG Karlsruhe VBlBW 2009, 315; zur aufschiebenden Wirkung bei vorläufiger Dienstenthebung nach dem Landesdisziplinarrecht s. VGH Mannheim NVwZ-RR 2010, 277.

[545] OVG Magdeburg NVwZ-RR 2011, 488 (490) (Alkoholsucht); OVG Münster NVwZ 2009, 927; Beschl. v. 14.6.2012 – 6 B 442/12 (Täuschung über Staatsprüfung); Beschl. v. 12.8.2013 – 6 B 817/13 (sexuelle Belästigung); Beschl. v. 14.7.2016 – 6 B 649/16 Rn. 31.

[546] VGH München BayVBl. 1987, 87.

[547] VGH Mannheim Beschl. v. 7.5.2013 – 4 S 70.13 Rn. 3.

[548] OVG Münster Beschl. v. 15.5.2012.

[549] Grundlegend BVerwGE 72, 207 (208 ff.); vgl. etwa OVG Magdeburg NVwZ-RR 2012, 553 (557); OVG Münster Beschl. v. 12.3.2010 – 1 B 1685/09 Rn. 11 mwN.

Widerspruch und Anfechtungsklage gegen die Entlassung durch Verwaltungsakt haben aufschiebende Wirkung. Ordnet die Behörde die sofortige Vollziehung an, wird vorläufiger Rechtsschutz nach § 80 Abs. 5 VwGO gewährt.[550] Für die Entscheidung über diesen Antrag gelten die allgemeinen Grundsätze.[551] Hinsichtlich der Interessenabwägung ist zu beachten: Allein das abstrakte Ziel einer funktionsfähigen Verwaltung rechtfertigt kein besonderes Vollzugsinteresse. Vielmehr müssen konkrete Erwägungen der weiteren Tätigkeit des Beamten entgegenstehen. Ein besonderes Vollzugsinteresse hat die Rechtsprechung angenommen, wenn mit der Weiterbeschäftigung des Beamten ein Sicherheitsrisiko verbunden ist,[552] wenn der Beamte schwerwiegend gegen die demokratische Grundordnung verstoßen hat,[553] wenn er akut erkrankt ist und dadurch Gefährdungen für die Allgemeinheit drohen,[554] wenn er durch grobe Täuschungshandlungen und Disziplinlosigkeit das Vertrauensverhältnis zu seinem Dienstherrn zerstört hat,[555] wenn er zu überdurchschnittlichen Fehlleistungen bei der Wahrnehmung seiner Dienstgeschäfte neigt oder wenn sich in der Probezeit seine mangelnde Eignung eindeutig herausgestellt hat.[556] 1386

Stellt das Gericht die aufschiebende Wirkung eines Rechtsbehelfs gegen eine Entlassungsverfügung wieder her, so ist der Beamte weiterhin amtsangemessen zu beschäftigen[557] und zu besolden.[558] 1387

c) Besoldungsrechtliche Folgen. Erfolgt die Entlassung durch Verwaltungsakt, so haben Widerspruch und Anfechtungsklage aufschiebende Wirkung. Während der Dauer der aufschiebenden Wirkung erhält der Beamte weiterhin Besoldung. Wird im Hauptsacheverfahren die Entlassung gerichtlich bestätigt, steht fest, dass der Dienstherr die Besoldung ohne Rechtsgrund geleistet hat und diese auf der Grundlage des § 12 Abs. 2 S. 1 BBesG zurückfordern darf.[559] Auf Entreicherung kann sich der Beamte in diesen Fällen nicht berufen, da die Leistung aus einem Rechtsgrund erfolgt ist, dessen Wegfall 1388

---

[550] VGH Kassel NVwZ-RR 2000, 236 (237) (mehrfache Trunkenheit im Verkehr); OVG Hamburg NVwZ-RR 2006, 410 (Täuschungsversuch); OVG Koblenz NVwZ-RR 2000, 309 (außerdienstliches Fehlverhalten); NVwZ-RR 2005, 253 (Studienreferendar); NVwZ 2006, 1320 (Verweigerung eines Unterrichtsbesuchs); OVG Münster Beschl. v. 25.4.2005 – 6 B 360/05 (sportliche Leistungen); NVwZ-RR 2006, 630 (gesundheitliche Eignung); Schütz BeamtR ES/A II 5.1 Nr. 106 (Verhalten in einem Chat); Beschl. v. 14.7.2016 – 6 B 649/16 (mangelnde Befolgung dienstlicher Weisungen); Beschl. v. 28.7.2016 – 6 B 698/16 (charakterliche Eignung); Beschl. v. 14.9.2016 – 6 B 892/16 (dienstliche Beurteilungen); Sonderfall bei OVG Lüneburg NVwZ-RR 2001, 419 (Suspendierung eines Mitglieds der Freiwilligen Feuerwehr). Zur Rücknahme einer Ernennung unter Anordnung der sofortigen Vollziehung s. OVG Magdeburg ZBR 1997, 192; zum Widerruf der Ausbildung zum Aufstieg in die nächsthöhere Laufbahn s. OVG Schleswig NVwZ-RR 1998, 507 (Fall charakterlicher Nichteignung).

[551] Ausführlich dazu → Rn. 961 ff.; zu den Anforderungen an die Begründung nach § 80 Abs. 3 Satz 1 VwGO s. OVG Koblenz ZBR 2013, 95.

[552] BVerwG Buchholz 310 § 80 VwGO Nr. 20 S. 16.

[553] OVG Bremen ZBR 1975, 222.

[554] OVG Lüneburg ZBR 1975, 92.

[555] VG Potsdam LKV 1994, 229 (Tätigkeit für das MfS).

[556] So OVG Bautzen SächsVBl. 2004, 238 (Cannabis-Konsum eines Polizeibeamten auf Probe); OVG Magdeburg ZBR 2002, 65 (kinderpornographische Darstellungen auf einem privaten PC); VGH München IÖD 1998, 53 (55) (Dienstunfähigkeit); VG Göttingen NVwZ-RR 2003, 445 (Entlassung eines Polizeibeamten auf Probe wegen mehrerer Dienstvergehen); zur Maßgeblichkeit der Leistungen während der gesamten Probezeit OVG Münster Beschl. v. 23.3.2016 – 6 B 6/16 Rn. 7; betreffend Richter auf Probe BayDGH NVwZ-RR 1991, 154; allgemein zum Prüfungsumfang s. BVerwGE 106, 264 (267 f.); IÖD 1998, 242.

[557] OVG Münster NVwZ-RR 2001, 761.

[558] OVG Münster NVwZ-RR 2002, 520 (522).

[559] BVerwG NJW 1983, 2042; NVwZ 1985, 905; ZBR 1986, 87 = DÖD 1986, 36; ZBR 1998, 281; ZBR 2000, 126 (127); anders für Leistungen aus der freien Heilfürsorge VG Göttingen NVwZ-RR 1997, 250.

als möglich angesehen wurde und der tatsächlich weggefallen ist (§ 820 Abs. 1 S. 2 BGB).[560]

1389 Den Schwierigkeiten bei der Rückforderung der zu viel gezahlten Bezüge beugt die behördliche Praxis vor, indem im fiskalischen Interesse die sofortige Vollziehung der Entlassungsverfügung angeordnet wird.[561] Dabei kann die Fürsorgepflicht des Dienstherrn gebieten, dem entlassenen Beamten einstweilen einen Teil seiner Dienstbezüge zu belassen, bis über die Rechtmäßigkeit der Entlassung bestandskräftig entschieden ist.[562] Sind im Verfahren nach § 80 Abs. 5 VwGO die Erfolgsaussichten des Rechtsbehelfs gegen die Entlassungsverfügung offen, kann vorläufiger Rechtsschutz allein zum Erhalt der Alimentation gewährt werden.[563]

3. Vorzeitige Versetzung in den Ruhestand

1390 Hält der Dienstvorgesetzte den Beamten für dienstunfähig, erfolgt die Versetzung in den Ruhestand schon vor Erreichen der Altersgrenze (§ 44 Abs. 1 Satz 1 BBG, § 26 Abs. 1 Satz 1 BeamtStG). Die Versetzung in den Ruhestand ist ein Verwaltungsakt; Widerspruch und Anfechtungsklage haben aufschiebende Wirkung, verschaffen dem Beamten aber zunächst keinen Anspruch auf Zahlung der vollen Besoldung anstelle des Ruhegehalts. Denn die Dienstbezüge, die das Ruhegehalt übersteigen, werden mit dem Ende des Monats einbehalten, in welchem dem Beamten die Versetzung in den Ruhestand mitgeteilt worden ist (§ 47 Abs. 4 Satz 2 BBG), ohne dass es auf die materielle Rechtmäßigkeit dieser Mitteilung ankäme.[564] Die vorläufige Weiterzahlung einer höheren Besoldung kann nur im Wege des § 123 Abs. 1 Satz 2 VwGO erstritten werden.[565]

1391 Die Behörde hat es in der Hand, die sofortige Vollziehung der Versetzung in den Ruhestand anzuordnen. Trifft sie keine solche Anordnung, hat der Beamte einen Anspruch, vorläufig weiterhin amtsangemessen beschäftigt zu werden; dieser Anspruch kann durch einen Antrag auf Feststellung der aufschiebenden Wirkung verfolgt werden.[566] Ob das öffentliche Interesse an einer sofortigen Vollziehung das private Suspensivinteresse übersteigt, bestimmt sich nach den gleichen Grundsätzen wie bei der Entlassung.[567] Bei politischen Spitzenämtern, die eine fortdauernde politische Übereinstimmung mit den politischen Ansichten und Zielen der Regierung erfordern („politische Beamte"), besteht ein überwiegendes öffentliches Interesse an der sofortigen Vollziehung der Versetzung in den einstweiligen Ruhestand, wenn das politische Vertrauensverhältnis nicht mehr besteht.[568]

1391a Das Ziel, über die gesetzliche Altersgrenze hinaus beschäftigt zu werden, kann ein Beamter im Wege der einstweiligen (Sicherungs-) Anordnung nach § 123 Abs. 1 Satz 1 VwGO verfolgen.[569]

---

560 BVerwGE 24, 92 (100); Buchholz 240 § 12 BBesG Nr. 19; OVG Lüneburg ZBR 2014, 422.
561 OVG Bautzen SächsVBl. 2004, 238.
562 BVerfG NVwZ 1990, 853.
563 OVG Lüneburg NVwZ-RR 2007, 483.
564 Vgl. BVerwGE 88, 332; OVG Bautzen ZBR 2004, 327.
565 VGH Mannheim NVwZ-RR 2007, 542; OVG Berlin-Brandenburg Beschl. v. 16.8.2013 – 6 S 9.13 Rn. 3 beschränkt die Prüfung insoweit auf Willkür (zw.).
566 Vgl. VGH München Beschl. v. 22.7.2016 – 6 CE 16.1095.
567 Vgl. OVG Saarlouis ZBR 1998, 217.
568 OVG Münster DVBl. 1994, 120; NVwZ-RR 2000, 804.
569 OVG Greifswald NVwZ-RR 2009, 23; OVG Lüneburg DÖD 2011, 162; OVG Münster DÖD 2012, 206; DÖD 2013, 272.

§ 62 Schulrecht

Schrifttum: *Avenarius/Füssel,* Schulrecht, 8. Aufl., 2010; *Beaucamp,* Neues zum Rechtsschutz gegen die verbindliche Schulwahlempfehlung, NVwZ 2009, 280; *ders.*, Rechtsfragen des Fremdsprachenunterrichts in der Schule, LKV 2013, 68; *Böhm,* Überblick über die Schwerpunkte der Rechtsprechung im Schulrecht der letzten Jahre, RdJB 2000, 314; *Budach,* Das Mandat im Schulrecht, in: Johlen/Oerder (Hrsg.), Münchener Anwaltshandbuch Verwaltungsrecht, 3. Aufl., 2012, § 15; *Cremer*, Das Schulverhältnis zwischen exekutiver Verantwortung, gesetzlicher Determinierung und gerichtlicher Kontrolle, Verw 2012, 359; *Faßbender/Herbrich*, Rechtliche Anforderungen an schulische Ordnungsmaßnahmen wegen Fehlverhaltens im Internet, DVBl. 2016, 226; *Füßer/Wolfrum*, Der Zugang zur weiterführenden Schule zwischen Wunschdenken und Wirklichkeit: Verfassungsrechtliche Determinanten der Gewährleistung und Umsetzung staatlich legitimierter Beschulung, SächsVBl. 2015, 53; *Grünberg*, Rechtsprechung des Sächsischen Oberverwaltungsgerichts zum Schulrecht, LKV 2014, 433; *K. Niehues,* Die Entwicklung des Schulrechts in den Jahren 1999–2000, NVwZ 2001, 872; *Rennert,* Entwicklungen in der Rechtsprechung zum Schulrecht, DVBl. 2001, 504; *Niehues/Rux*, Schulrecht, 5. Aufl., 2013; *Staupe,* Schulrecht von A-Z, 5. Aufl., 2001; *Steenhoff*, Das Internet und die Schulordnung, NVwZ 2013, 1190; *Wallrabenstein,* Rechtsschutz gegen Grundschulempfehlungen, DVBl. 2010, 147; *Weber*, Entscheidungen über sonderpädagogischen Förderbedarf, NWVBl 2012, 463 *Winkler*, Die Entwicklung des Schulrechts in Hessen, in Rheinland-Pfalz und im Saarland von 2004 bis 2013, LKRZ 2014, 309.

I. Verfahrensrechtliche Besonderheiten

1392 Das Schulrecht der öffentlichen Schulen ist öffentliches Recht. Streitigkeiten sind daher im Verwaltungsrechtsweg zu verfolgen.[570]

1393 Ein von Maßnahmen der Schule betroffener Schüler ist antragsbefugt, wenn er die Möglichkeit einer Rechtsverletzung geltend machen kann. Ergibt sich diese Möglichkeit nicht aus dem einfachen Recht, so kann sie aus Grundrechten (insbesondere Art. 2 Abs. 1, 12 Abs. 1 GG) folgen.[571] Eine Antragsbefugnis der Eltern kann sich aus ihrem Recht auf Pflege und Erziehung ihrer Kinder (Art. 6 Abs. 2 Satz 1 GG) ergeben,[572] soweit und solange sie erziehungsberechtigt sind.[573] Bei schulorganisatorischen Maßnahmen können auch Gebietskörperschaften, insbesondere Gemeinden, antragsbefugt sein.[574]

1394 Minderjährige Schüler sind grundsätzlich nicht prozessfähig (§ 62 Abs. 1 VwGO). Sie werden durch ihre gesetzlichen Vertreter, also die Eltern (§ 1629 Abs. 1 BGB) oder andere Erziehungsberechtigte, vertreten.[575] Da die Eltern das Kind gemeinschaftlich vertreten (§ 1629 Abs. 1 Satz 2 BGB), müssen diese einen Antrag auf gerichtlichen Eilrechtsschutz gemeinsam stellen, soweit nicht eine abweichende Entscheidung des Familiengerichts vorliegt oder durch Gesetz etwas Anderes bestimmt ist.[576] Dritte können das Elternrecht nicht für sich in Anspruch nehmen.[577]

---

[570] Im Einzelnen: *Niehues/Rux,* Schulrecht Rn. 1435 ff. (dort auch zum Rechtsweg bei Streitigkeiten in Privatschulen, für die der ordentliche Rechtsweg eröffnet ist).

[571] Fall fehlender Antragsbefugnis: Hess.StGH NVwZ 1992, 1185 (Klage von Schülern gegen die Herabsetzung der Pflichtstundenzahl für Lehrer); allgemein: *Niehues/Rux,* Schulrecht, Rn. 1456 ff.

[572] OVG Bremen NVwZ-RR 1993, 144; OVG Hamburg NVwZ-RR 2016, 698; VGH Mannheim NVwZ-RR 1991, 73; VGH München BayVBl. 1992, 343 (344); OVG Münster NVwZ-RR 1990, 23.

[573] VGH Mannheim VBlBW 1992, 224 (225); OVG Münster NJW 1996, 1769; BVerfGE 58, 257 (274) (Erlöschen des Erziehungsrechts mit Volljährigkeit des Schülers).

[574] OVG Bautzen LKV 2006, 326 (Feststellung fehlenden öffentlichen Bedürfnisses für eine Mittelschule); OVG Münster NVwZ-RR 2004, 130 (Eilantrag einer Gemeinde gegen kommunalaufsichtlich angeordnete Auflösung einer Schule); anders, wenn das Schulwesen nicht zum eigenen Wirkungskreis gehört, vgl. VG Dessau Beschl. v. 7.9.2004 – 2 B 198/04.

[575] Hierzu zB VGH Kassel, SPE nF 928 Nr. 1; VGH Mannheim NVwZ 1984, 808.

[576] VGH Kassel NJW 1997, 2970 (2971).

[577] VGH Mannheim NVwZ-RR 1993, 481.

II. Schulrechtliche Maßnahmen

1. Aufnahme in die Schule – Teilnahme am Unterricht

1395 Ordnet die Schulbehörde die Aufnahme in eine Schule an, um die Erfüllung der Schulpflicht sicherzustellen, haben Widerspruch und Anfechtungsklage gegen diesen Verwaltungsakt nach § 80 Abs. 1 Satz 1 VwGO aufschiebende Wirkung. Ist der Sofortvollzug angeordnet, kann vorläufiger Rechtsschutz nach § 80 Abs. 5 VwGO erlangt werden.[578] Das besondere öffentliche Interesse am Sofortvollzug folgt regelmäßig aus dem Interesse an einer zeitnahen Durchsetzung der öffentlichen Schulpflicht,[579] es stimmt also in diesen Fällen mit dem Interesse am Vollzug des Verwaltungsakts überein, so dass die von § 80 Abs. 3 Satz 1 VwGO geforderte Begründung knapp ausfallen kann.

1396 Wird die Einschulung,[580] ein Schulwechsel,[581] der Übergang auf eine weiterführende Schule, eine besondere Schulformempfehlung,[582] die Aufnahme in eine besondere Klasse[583], besonderer Unterricht[584] oder die Regelbeschulung anstelle einer Förderbeschulung[585] angestrebt, kann vorläufiger Rechtsschutz nach § 123 Abs. 1 Satz 2 VwGO[586] unter den Voraussetzungen einer vorläufigen Vorwegnahme der Hauptsache[587] gewährt werden. Der Rechtsschutz zielt auf eine vorläufige Aufnahme, nicht nur auf die vorläufige faktische Teilnahme am Unterricht.[588] An der besonderen Dringlichkeit der begehrten Regelung und damit am Anordnungsgrund kann es fehlen, wenn der Schüler die Möglichkeit hat, in eine gleichwertige Schule aufgenommen zu werden.[589]

1397 Die (vollständige oder teilweise) Befreiung von der allgemeinen Schulpflicht kann vorläufig im Wege einer Regelungsanordnung nach § 123 Abs. 1 Satz 2 VwGO durchgesetzt

---

[578] VGH München BayVBl. 1992, 343; VGH Mannheim NVwZ-RR 1996, 206 (Rückstellung vom Schulbesuch).

[579] VGH München BayVBl. 1992, 345; vgl. auch BVerfG NJW 1987, 180.

[580] VGH Kassel ESVGH 60, 191 (Ls.); vorzeitige Einschulung: OVG Münster NVwZ-RR 2007, 30; VG Hannover NVwZ-RR 2009, 205; vgl. auch OVG Bautzen NVwZ-RR 2016, 462; OVG Münster NVwZ-RR 2016, 581 (katholische Bekenntnisschule).

[581] VG Schwerin Beschl. v. 17.7.2013 – 6 B 350/13 Rn. 4.

[582] OVG Münster NVwZ-RR 2008, 109.

[583] VG Braunschweig NVwZ-RR 2007, 324 (bilingualer Unterricht).

[584] OVG Münster NVwZ-RR 2009, 561 (muttersprachlicher Unterricht); NJW 2016, 2519 (Förderung wegen Lese-/Rechtschreibschwäche).

[585] OVG Münster Beschl. v. 19.8.2014 – 19 B 849/14 Rn. 3, 7; VGH München BayVBl. 1997, 561.

[586] OVG Bautzen NVwZ-RR 2010, 478 (Gymnasium); OVG Berlin NVwZ-RR 2002, 577; NVwZ-RR 2003, 118 (Vorklasse); OVG Bremen NVwZ 2003, 122 (bilinguales Gymnasium); OVG Greifswald NVwZ-RR 2000, 169 (Kinderhort); OVG Hamburg NVwZ-RR 2000, 679 (Schulwechsel); NVwZ-RR 2006, 401 (Wunschschule); VGH Kassel NVwZ-RR 2009, 958 (Sprengelpflicht); OVG Koblenz NVwZ-RR 1993, 143; OVG Magdeburg Beschl. v. 8.8.2001 – 2 M 225/01; Beschl. v. 20.11.2007 – 3 M 241/07; VGH Mannheim NVwZ-RR 2000, 162; NVwZ-RR 2003, 214; NVwZ-RR 2010, 105 (Wunsch-Gymnasium); VGH München BayVBl. 1997, 431; OVG Münster Beschl. v. 28.9.2001 – 19 E 691/00 (Aufnahme in ein Gymnasium); OVG Schleswig NVwZ 1992, 81 (Gesamtschule); NVwZ-RR 1995, 664 (vorzeitige Einschulung).

[587] VGH Kassel NVwZ-RR 1992, 361; OVG Koblenz NVwZ-RR 2000, 680 (Härtefall); OVG Lüneburg NVwZ-RR 2004, 258; VGH Mannheim NVwZ-RR 1996, 262; NVwZ-RR 2000, 162; VG Hamburg NVwZ-RR 2009, 208.

[588] → Rn. 1399. Anders zB VGH Kassel NVwZ-RR 1992, 361; VGH Mannheim VBlBW 1990, 314.

[589] VGH Kassel NVwZ-RR 1992, 361; vgl. hierzu auch BVerfG NVwZ 1984, 781; ob hinsichtlich der Schulart – etwa Gymnasium oder Gesamtschule – ein Wahlrecht besteht, entscheidet das Landesrecht, vgl. OVG Bremen NVwZ 2003, 122. Zum Anordnungsgrund, vor allem bei Grundrechtsverstößen (Art. 6 Abs. 1, 12 Abs. 1 GG) OVG Bremen NVwZ-RR 1989, 547; NVwZ-RR 1993, 145; VGH München BayVBl. 1994, 81 (82); OVG Schleswig NVwZ-RR 1995, 664; vgl. auch VGH Mannheim NVwZ-RR 1996, 263; zum Anordnungsanspruch VGH Mannheim NVwZ-RR 1996, 206.

werden;[590] ebenso das Begehren, die Erfüllung der Schulpflicht durch Besuch einer ausländischen Schule oder einer Hausschule[591] zu genehmigen.[592]

2. Versetzung

1398 Ein Schüler wird nach Maßgabe der jeweiligen Ausbildungs- und Prüfungsordnung in die nächste Klasse versetzt, wenn er die Leistungsanforderungen der bisherigen Klasse erfüllt hat. Wird der Schüler nicht versetzt, hemmen Widerspruch und Klage zwar die Vollziehung der Nichtversetzung, bewirken aber nicht, dass der Schüler die nächste Klasse besuchen kann. In der Hauptsache kann er dies nur im Wege einer Verpflichtungs- oder Bescheidungsklage, gerichtet auf eine Versetzung, erreichen. Im Eilverfahren bedarf er einer Regelungsanordnung nach § 123 Abs. 1 Satz 2 VwGO.[593] Gleiches gilt, wenn der Schüler anstrebt, trotz Versetzung freiwillig einen Schuljahrgang zu wiederzuholen.[594] Anders liegt es, wenn die Schule durch sofort vollziehbaren Verwaltungsakt den Schulbesuch in der bisherigen Jahrgangsstufe anordnet: In diesem Fall bedarf es eines Antrags nach § 80 Abs. 5 VwGO; ein Antrag nach § 123 Abs. 1 Satz 2 VwGO ist daneben notwendig, wenn die Versetzung nicht kraft Gesetzes durch automatisches Vorrücken eintritt.[595]

1399 Rechtsschutzziel des Schülers ist es, bis zur Entscheidung der Hauptsache wie ein versetzter Schüler am Unterricht der nächsten Klasse teilzunehmen. Hierfür genügt die tatsächliche Teilnahme als Gast nicht. Vielmehr muss der Schüler mit gleichen Rechten und Pflichten in den Unterricht einbezogen werden, damit er wie seine Mitschüler gefördert und beurteilt werden kann. Nur dann lässt sich feststellen, ob er erfolgreich mitgearbeitet und Leistungen erbracht hat, die bei einem für ihn günstigen Ausgang des Hauptsacheverfahrens anrechnungsfähig sind. Schulintern ist die Unterrichtsteilnahme damit eine vorläufige Versetzung.

1400 Die Unterrichtsteilnahme wird nur vorläufig gestattet, steht also unter dem Vorbehalt des Ergebnisses der Hauptsache. Unterliegt der Antragsteller mit der Klage, so verliert die ihm eingeräumte Rechtsposition ihre Wirksamkeit.[596] Dies gilt allerdings nicht, wenn der Schüler inzwischen das Klassenziel der nächsten Klasse erreicht hat; in diesem Fall wird die frühere Versetzungsentscheidung gegenstandslos.[597]

1401 Eine begehrte Regelungsanordnung setzt überwiegende Erfolgsaussichten in der Hauptsache voraus, also die Glaubhaftmachung eines Anordnungsanspruchs. Dem Schüler wird es aber nur ausnahmsweise gelingen, einen Anspruch auf Versetzung glaubhaft zu machen.[598] In diesem Fall nimmt die begehrte Regelungsanordnung die Hauptsache

---

[590] OVG Lüneburg NVwZ 1992, 79 (80) (Befreiung vom Sportunterricht); VG Hamburg NVwZ-RR 2006, 121 und OVG Münster NVwZ-RR 2009, 923 (jeweils Befreiung vom Schwimmunterricht); VGH Mannheim NVwZ-RR 1996, 206 (Zurückstellung vom Schulbesuch); VG Hannover NVwZ 1998, 316 (Freistellung vom Ethik-Unterricht); zur materiellen Rechtslage s. BVerwGE 94, 82 (Befreiung vom koedukativen Sportunterricht); 147, 362 (koedukativer Schwimmunterricht); NVwZ 2014, 237 (Filmvorführung).

[591] OVG Lüneburg NVwZ-RR 1997, 291; BVerfG NVwZ 2003, 1113.

[592] OVG Koblenz NVwZ-RR 2005, 116.

[593] So zB VGH Kassel NVwZ-RR 1993, 386 (387); VGH Mannheim NVwZ-RR 1993, 358; OVG Lüneburg NVwZ-RR 2001, 241; NVwZ-RR 2010, 63 (Ls.); OVG Münster Beschl. v. 30.10.2014 – 19 B 1055/14 Rn. 2; VG Braunschweig NVwZ-RR 2004, 110; VG Oldenburg NVwZ-RR 2009, 164; *Schoch* in Schoch/Schneider/Bier VwGO § 123 Rn. 32, 57, 75.

[594] VG Braunschweig Beschl. v. 10.8.2010 – 6 B 150/10 Rn. 2.

[595] OVG Hamburg NVwZ-RR 2016, 698 (698 f.).

[596] Faktisch einschränkend OVG Schleswig NVwZ-RR 1995, 664.

[597] *Niehues/Rux,* Schulrecht, Rn. 1499; zum Fortsetzungsfeststellungsinteresse BVerwG NVwZ 2007, 227.

[598] So zB VGH Mannheim NVwZ-RR 1993, 359; OVG Lüneburg NVwZ-RR 2001, 241.

teilweise vorweg. Regelmäßig wird dagegen in der Hauptsache nur ein Anspruch auf beurteilungsfehlerfreie Neubescheidung bestehen. In diesem Fall überschreitet die begehrte Regelungsanordnung die Hauptsache. Die Regelungsanordnung kann nur ergehen, wenn – über die Rechtswidrigkeit der Nichtversetzungsentscheidung hinaus – überwiegend wahrscheinlich ist, dass der Schüler bei der erneuten Entscheidung die Versetzung erreichen wird.[599]

1402 Ein Anordnungsgrund wird regelmäßig gegeben sein.[600] Der Anschluss an die nächste Klasse geht bereits nach wenigen Wochen verloren.[601] Innerhalb dieses Zeitraums lässt sich das Hauptsacheverfahren nicht abschließen. Wegen des Zeitverlustes von einem Jahr wäre es aber unzumutbar, den Schüler auf den Besuch seiner bisherigen Klassenstufe zu verweisen.

3. Überweisung in eine andere Schulart

1403 Die von der Schulbehörde angeordnete Überweisung in eine andere Schulart ist für den betroffenen Schüler ein belastender Verwaltungsakt mit Dauerwirkung.[602] Sie beendet das bisherige und begründet ein neues Schulverhältnis. Vorläufiger Rechtsschutz ist bei Anordnung des Sofortvollzugs nach § 80 Abs. 5 VwGO zu gewähren. Besondere Bedeutung kommt der Überweisung in eine Schule für Kinder mit besonderem Förderbedarf zu.[603] Ein öffentliches Vollzugsinteresse ist anzunehmen, wenn die Überweisung erforderlich ist, um einen geordneten Unterricht an der bisher besuchten Regelschule aufrechterhalten zu können.[604] Mitschüler und Lehrer, aber auch die Allgemeinheit können erhebliche Nachteile erleiden, wenn ein für die bisherige Schulart nicht geeigneter Schüler bis zum Abschluss des Hauptsacheverfahrens weiter am Unterricht teilnimmt. Auch der angeordnete Schulbezirkswechsel ist ein belastender Verwaltungsakt.[605]

1404 Behinderte Schüler können zur sonderpädagogischen Förderung nur dann unter Anordnung des Sofortvollzuges in eine Sonderschule überwiesen werden, wenn der Regelschule die erforderlichen persönlichen oder sachlichen Mittel fehlen oder schutzwürdige Belange anderer Schüler oder deren Eltern einer integrativen Beschulung entgegenstehen.[606] Der Sofortvollzug kann hier damit begründet werden, dass die Förderung in der Sonderschule aus sonderpädagogischen Erwägungen unter Beachtung des Benachteiligungsverbots aus Art. 3 Abs. 3 Satz 2 GG zwingend geboten ist und damit sofort einzusetzen hat.

---

[599] VGH Kassel NVwZ-RR 2008, 537; NVwZ-RR 2010, 318; DÖV 2010, 236 (Ls.); OVG Lüneburg NVwZ-RR 2010, 63 (Ls.); VG Braunschweig NVwZ-RR 2004, 110; aA VG Frankfurt NVwZ-RR 1990, 248 (249), das es ausreichen lässt, dass das Ergebnis der Neubescheidung offen ist und auch in diesem Fall eine vorläufige Zulassung bis zur Entscheidung über den Widerspruch anordnet.

[600] VGH Kassel NVwZ-RR 1993, 387 (389); VGH Mannheim NVwZ-RR 1993, 359.

[601] Damit entfällt das Rechtsschutzbedürfnis für den Eilantrag, vgl. VGH Mannheim NVwZ-RR 2010, 269.

[602] VGH Mannheim NVwZ-RR 1991, 479 (480); OVG Münster NVwZ-RR 1989, 303 (304).

[603] OVG Münster Beschl. v. 21.5.2010 – 19 B 239/10 Rn. 2.

[604] VGH Kassel NVwZ-RR 1989, 303; VGH Mannheim ESVGH 41, 93 (98).

[605] VGH Mannheim NVwZ-RR 2016, 341.

[606] Hierzu BVerfG NJW 1997, 1062; NJW 1997, 1844; NJW 1998, 131; OVG Lüneburg NJW 1997, 1087; ein Anspruch auf sonderpädagogische Förderung ist nach § 123 VwGO zu verfolgen, vgl. VGH Kassel NVwZ-RR 2005, 189; OVG Magdeburg NVwZ 1999, 898 (899); OVG Schleswig NVwZ-RR 2007, 106; ebenso für den vorläufigen Besuch der Regelschule VGH München NVwZ-RR 2007, 327. Zu den Anforderungen an die Inklusion aus dem Bereich des Landesrechts s. VG Arnsberg Beschl. v. 26.1.2015 – 10 L 1403/14.

4. Entlassung

Wird ein Schüler wegen Leistungsmängeln entlassen, ist hinsichtlich des Eilrechtsschutzes zu unterscheiden: 1405

(1) Ergeht eine für sofort vollziehbar erklärte Entlassungsverfügung, ist vorläufiger Rechtsschutz nach § 80 Abs. 5 VwGO zu gewähren. Die Entlassung ist für den Schüler ein belastender Verwaltungsakt, da sie das Schulverhältnis beendet.[607] Das für die Anordnung des Sofortvollzugs erforderliche besondere öffentliche Vollzugsinteresse wird grundsätzlich gegeben sein, da es Mitschüler und Lehrer unzumutbar belasten kann, wenn ein nicht leistungsfähiger Schüler bis zum rechtskräftigen Abschluss des Hauptsacheverfahrens am Unterricht teilnimmt.[608] Mit der Wiederherstellung der aufschiebenden Wirkung wird die Vollziehung der Entlassung aufgeschoben. Der Schüler verbleibt an der Schule und darf weiter seine bisherige Klasse besuchen.[609] Regelmäßig wird der Schüler zugleich beantragen, ihm im Wege der Regelungsanordnung den Schulbesuch in einer höheren Klassenstufe zu gestatteten.[610] 1406

(2) Ist die Entlassung aus der Schule gesetzliche Folge einer mehrfachen Nichtversetzung, so ist die Mitteilung der Schule über die Beendigung des Schulverhältnisses kein Verwaltungsakt, sondern nur ein informatorischer Hinweis auf die bestehende Rechtslage.[611] Vorläufiger Rechtsschutz ist in diesem Fall nicht nach § 80 Abs. 5 VwGO, sondern nach § 123 Abs. 1 Satz 2 VwGO zu gewähren.[612] Der Anordnungsantrag ist auf vorläufige Versetzung in die nächste Klasse oder, wenn nur die Wiederholung der bisherigen Klasse erreicht werden soll, auf vorläufige Gestattung des Besuchs dieser Klasse bis zu einer Entscheidung über die hierfür erforderliche Genehmigung der Schulbehörde zu richten.[613] 1407

5. Schulordnungsmaßnahmen

Förmliche Ordnungsmaßnahmen sollen ordnungswidriges Verhalten eines Schülers ahnden. Sie sind belastende Verwaltungsakte, weil sie die Handlungsfreiheit des Schülers durch verbindliche und unmittelbar nach außen gerichtete Regelungen beschränken.[614] Ihre Zulässigkeit bestimmen die landesgesetzlichen Regelungen abschließend. Bei Anordnung des Sofortvollzugs ist vorläufiger Rechtsschutz nach § 80 Abs. 5 VwGO zu gewähren.[615] Zu diesen förmlichen Ordnungsmaßnahmen gehören – je nach Landesrecht – die Anordnung einer Attestpflicht,[616] der Ausschluss von Klassenfahrten,[617] der schriftliche 1408

[607] VGH Mannheim NVwZ 1985, 593.

[608] VGH Kassel SPE II C VII S. 21 B.

[609] VGH Mannheim NVwZ 1985, 593.

[610] VGH Kassel NVwZ-RR 1989, 547 (548); DVBl. 1993, 53.

[611] VGH München NVwZ-RR 1994, 160 (161); VGH Mannheim NVwZ-RR 1993, 358 (359) hält die Mitteilung wegen ihrer verbindlichen Konkretisierungswirkung für einen Verwaltungsakt. Vorläufiger Rechtsschutz gegen die Vollziehung der Schulentlassung ist danach nach § 80 Abs. 5 VwGO zu gewähren. Will der Schüler zugleich die Versetzung in die nächsthöhere Klasse erreichen, richtet sich der Rechtsschutz nach § 123 Abs. 1 Satz 2 VwGO. Ebenso VGH Kassel NVwZ-RR 1989, 547 (548) für das weitere Verbleiben in der Schule. Vgl. *Schoch* in Schoch/Schneider/Bier VwGO § 80 Rn. 65 mit dem Hinweis auf die Bedeutung des materiellen Landesrechts für die Form des vorläufigen Rechtsschutzes.

[612] So zB VGH München NVwZ 1986, 399.

[613] OVG Koblenz AS 18, 86; vgl. auch VGH Kassel NVwZ-RR 1989, 548.

[614] *Niehues/Rux,* Schulrecht, Rn. 438 ff.; vgl. auch VGH München NVwZ-RR 1990, 609.

[615] OVG Koblenz NJW 1996, 1690; VGH Mannheim NVwZ-RR 1996, 441; OVG Münster NVwZ-RR 2006, 615; VG Stuttgart Beschl. v. 5.11.2009 – 12 K 3961/09 (Ausschluss vom Schulbesuch); Nachweis landesrechtlicher Regelungen zum Ausschuss der aufschiebenden Wirkung bei *Niehues/ Rux,* Schulrecht, Rn. 1490 Fn. 75.

[616] VGH München NVwZ-RR 2008, 787.

[617] OVG Greifswald NJW 1997, 1721; OVG Münster Beschl. v. 17.6.2014 – 19 B 679/14.

Verweis, die förmliche Umsetzung in eine Parallelklasse,[618] der zeitweilige Ausschluss vom Unterricht,[619] der Ausschluss von der besuchten Schule,[620] die Überweisung in eine andere Schule[621] oder der Ausschluss vom Schulbesuch überhaupt.[622]

1409 Regelmäßig wird das für die Anordnung des Sofortvollzugs erforderliche besondere öffentliche Vollzugsinteresse gegeben sein. Ordnungsmaßnahmen dienen dazu, den Schulbetrieb aufrecht zu erhalten und die Erziehungsaufgabe der Schule zu erfüllen und sind daher auf sofortige Durchsetzung angelegt.[623] Dennoch ist die Schule gehalten, die maßgeblichen Gründe unter Beachtung des Grundsatzes der Verhältnismäßigkeit konkret darzulegen.[624]

1410 Erzieherische Einwirkungen sind Maßnahmen im Vorfeld einer förmlichen Ordnungsmaßnahme. Sie treffen keine rechtliche Regelung und sind daher keine Verwaltungsakte. Vorläufiger Rechtsschutz kann nur nach § 123 Abs. 1 Satz 1 VwGO gewährt werden,[625] insbesondere gegen willkürliche Maßnahmen. Zu solchen Maßnahmen gehört etwa das Nachsitzen zur Aufarbeitung von Lernrückständen[626], die Verweisung aus dem Unterrichtsraum, die Eintragung im Klassenbuch, die Wiederholung nachlässig gefertigter Arbeiten, das formlose Umsetzen in eine Parallelklasse[627] oder innerhalb einer Klasse.[628]

6. Schulorganisationsakte

1411 Die Schulorganisation geschieht durch Verwaltungsakt, wenn Organisationsmaßnahmen getroffen werden, die sich unmittelbar auf die Rechtsstellung eines derzeitigen oder

[618] OVG Koblenz NVwZ-RR 1993, 480; OVG Lüneburg NVwZ-RR 2015, 34 (auch zur Berücksichtigung generalpräventiver Erwägungen); OVG Münster NWVBl. 2015, 157; VG Braunschweig NVwZ-RR 2009, 765 (766).

[619] VGH Mannheim NVwZ-RR 1996, 441; NVwZ-RR 2009, 764 (Beleidigungen); VGH München BayVBl. 1990, 629; OVG Saarlouis Beschl. v. 12.9.2014 – 2 B 339/14 (Drohung mit einem Brandanschlag); *Schoch* in Schoch/Schneider/Bier VwGO § 80 Rn. 65. Vgl. auch VG Braunschweig NJW 1994, 1549 (Ausschluss von der Schülerbeförderung); NVwZ-RR 1998, 754 (3 ½-wöchiger Ausschluss von der Schule wegen rechtsextremistischen Verhaltens); VG Berlin NVwZ-RR 2002, 33 (34) (dreitägiger Ausschluss wegen Verstoßes gegen Bekleidungsvorschriften); VG Hannover NVwZ-RR 2004, 851 (dreimonatiger Ausschluss und Versetzung in eine Parallelklasse wegen eines Gewaltexzesses); NVwZ-RR 2004, 852; VG Sigmaringen NVwZ-RR 2006, 615 (dreiwöchiger Ausschluss wegen Darstellung eines Lehrers in einem Internet-Forum).

[620] VGH Mannheim NVwZ-RR 2007, 251 (Einbruchsdiebstahl); NVwZ-RR 2008, 788 (heimliches Beobachten von Mitschülerinnen unter der Dusche durch einen 14-Jährigen); OVG Münster NVwZ-RR 2006, 615.

[621] OVG Greifswald NVwZ-RR 2002, 578; OVG Lüneburg NVwZ-RR 2010, 394; VG Osnabrück NVwZ-RR 2006, 124.

[622] OVG Münster NVwZ-RR 2001, 163; NVwZ-RR 2003, 568 (Eilantrag erfolgreich bei mehrfachem Täuschungsversuch); OVG Koblenz NJW 1996, 1690; VGH Mannheim NVwZ 1987, 701 (702); NVwZ-RR 2009, 924; NVwZ-RR 2010, 62 (Eilantrag erfolgreich bei Hilfe bei einem Diebstahl); VGH München NVwZ-RR 1990, 609; BayVBl. 1994, 346; NVwZ-RR 1998, 239.

[623] OVG Lüneburg NVwZ-RR 2010, 394 (396) (Androhung eines Amoklaufs); VGH Kassel NVwZ 1990, 101; VGH München NVwZ-RR 1990, 609; BayVBl. 1994, 347.

[624] VGH München NVwZ-RR 1990, 609; NVwZ-RR 1998, 239 (240); OVG Münster Beschl. v. 30.1.1992 – 19 B 3616/91 (Weitergabe von Rauschgift rechtfertigt regelmäßig die Entlassung von der Schule); OVG Münster NVwZ-RR 2001, 163 (keine Entlassung von der Schule bei Erpressung von „Schutzgeld"); VG Osnabrück NVwZ-RR 2006, 124 (keine Überweisung in eine andere Schule am Ende des abschließenden Schuljahres bei Besitz von Drogen und Alkohol auf einer Klassenfahrt).

[625] VGH Mannheim ESVGH 34, 23; VG Braunschweig NVwZ-RR 1989, 549.

[626] VGH Mannheim NVwZ 1984, 808 (809); ebenso das Zurückhalten von Schülern zur Säuberung eines von ihnen verschmutzten Schulraums, OVG Schleswig NJW 1993, 952.

[627] OVG Koblenz NVwZ-RR 1993, 481; VGH Mannheim ESVGH 34, 23.

[628] VG Braunschweig NVwZ-RR 1989, 549.

künftigen Schülers, seiner Erziehungsberechtigten[629] oder eines Schulträgers auswirken.[630] Dies ist etwa für die Auflösung einer Schule,[631] den Widerruf einer Betriebserlaubnis für eine Schule,[632] die Zusammenlegung oder Verlegung von Schulen[633] oder für den Wechsel der Schulform[634] angenommen worden. Diese Verwaltungsakte regeln nicht unmittelbar ein individuelles Schulverhältnis, sondern treffen die Schüler und deren Erziehungsberechtigte nur als Folge, und zwar insgesamt und ohne Rücksicht darauf, ob diese damit einverstanden sind.[635] Gerichtlicher Eilrechtsschutz ist im Wege des § 80 Abs. 5 VwGO anzustreben.[636]

Die sofortige Vollziehung eines solchen Organisationsaktes kann regelmäßig angeordnet werden. 1412 Denn die beschlossene Veränderung im Interesse aller Betroffenen und der Allgemeinheit an einer effektiven Schulausbildung kann nicht für die Dauer eines mehrjährigen Hauptsacheverfahrens zurückgestellt werden.[637] Organisationsakte regeln eine Vielzahl von Rechtsbeziehungen mit unterschiedlichen Betroffenen und sind deshalb in höherem Maße als Einzelakte auf eine sofortige Durchsetzung angewiesen. Individualinteressen, die im Einzelfall ausnahmsweise überwiegen, lassen sich im Verfahren nach § 80 Abs. 5 VwGO berücksichtigen.[638]

Ergehen Schulorganisationsakte nicht als Verwaltungsakte, richtet sich der vorläufige 1413 Rechtsschutz nach § 123 Abs. 1 Satz 1 VwGO.[639] Auch auf diesem Wege kann tatsächlich wirksamer Rechtsschutz im Sinne von Art. 19 Abs. 4 Satz 1 GG gewährt werden.[640] Hierzu gehören insbesondere die Einrichtung, Neuaufteilung, Zusammenlegung oder Auflösung von Klassen,[641] die organisatorische Gestaltung des Unterrichts,[642] die Ausstattung der Schulräume,[643] die Umbenennung der Schule,[644] die Durchführung eines Anmeldeverfahrens zur Errichtung einer Schule[645] oder die Gewährung von Zugang zu Schulräumen für muttersprachlichen Konsulatsunterricht.[646]

---

629 So insbes. BVerfGE 51, 282; NJW 1978, 2211; VGH München NVwZ-RR 1993, 355.

630 OVG Bautzen LKV 2006, 326; OVG Münster NVwZ-RR 2004, 130.

631 BVerfGE 51, 268 (282); OVG Bautzen NVwZ-RR 2003, 36; VGH Mannheim NVwZ-RR 1991, 73; VGH München NVwZ-RR 1993, 355; OVG Münster NWVBl. 1992, 167; NVwZ-RR 1992, 21; NVwZ-RR 1996, 90 (91); OVG Saarlouis SPE nF 132 Nr. 31.

632 OVG Saarlouis LKRZ 2010, 396.

633 VGH Mannheim NVwZ-RR 1996, 89; OVG Münster Beschl. v. 10.8.2009 – 19 B 1129/08; NVWBl. 2014, 38.

634 OVG Hamburg NJW 1980, 2146; DVBl. 1981, 51.

635 Hierzu BVerfGE 51, 268 (286); NJW 1980, 35.

636 BVerwG NJW 1978, 2211; OVG Hamburg NJW 1980, 2146; OVG Münster SPE 134 Nr. 6.

637 So zB OVG Münster NWVBl. 1991, 341 (342); Beschl. v. 8.12.2011 – 19 B 872/11 Rn. 4.

638 Ausführlich OVG Münster Beschl. v. 10.8.2009 – 19 B 1129/08 Rn. 11 ff.

639 Vgl. noch *Schoch* in Schoch/Schneider/Bier VwGO § 123 Rn. 23, 32; *Kuhla/ Hüttenbrink,* Verwaltungsprozess, K Rn. 347 weisen zu Recht darauf hin, dass in der Regel weder ein Anordnungsanspruch noch ein Anordnungsgrund gegeben sein wird, weil organisatorische Maßnahmen unterhalb des Verwaltungsakts dem elterlichen Selbstbestimmungsrecht entzogen sind und deshalb auch die entstehenden Nachteile gering sein werden. Ebenso VGH München NVwZ-RR 1993, 355.

640 BVerfGE 51, 268 (286); VGH München NVwZ-RR 1993, 355.

641 OVG Berlin-Brandenburg LKV 2008, 181 (Ls.); OVG Hamburg NVwZ-RR 2005, 40; VGH Kassel NVwZ-RR 1995, 33; VGH Mannheim NVwZ-RR 1996, 89; VGH München Beschl. v. 31.3.1999 – 7 ZE 99.12.

642 BVerwG NVwZ-RR 1993, 355; OVG Bremen NVwZ-RR 2008, 111 (Ganztagsschule); VGH Mannheim NVwZ 1998, 309; VGH München NVwZ-RR 1990, 478 (Stundenplangestaltung); Beschl. v. 10.9.2001 – 7 ZE 01.2252; anders OVG Bautzen SächsVBl. 1997, 298 (299); OVG Schleswig NJW 1997, 2536 für die Einführung der Rechtschreibreform.

643 BVerfGE 93, 1 (15); VGH München NJW 1996, 1554 (1555); OVG Münster NVwZ 1994, 597.

644 VG Frankfurt (Main) NVwZ-RR 1999, 379 (zur Antragsbefugnis der Schulkonferenz).

645 OVG Münster Beschl. v. 29.1.2010 – 19 B 4/10 Rn. 1.

646 VGH Mannheim NVwZ-RR 2008, 179.

1414 Schüler oder deren Erziehungsberechtigte, die eine bestimmte innerorganisatorische Gestaltung wie die Einrichtung einer Jahrgangsstufe[647] oder einer Parallelklasse,[648] die Änderung eines Schulsprengels, die Ablösung einer Lehrkraft,[649] die Erteilung von Unterrichtsbefreiung,[650] die Errichtung einer Gesamtschule[651] oder die Erteilung von besonderem Unterricht[652] erreichen wollen, sind auf die Gewährung vorläufigen Rechtsschutzes nach § 123 Abs. 1 Satz 2 VwGO angewiesen.[653] Wird die Abwehr benachteiligender Maßnahmen ohne Verwaltungsaktsqualität begehrt,[654] kann der Erlass einer Sicherungsanordnung nach § 123 Abs. 1 Satz 1 VwGO in Betracht kommen.

§ 63 Prüfungsrecht

Schrifttum: *Beaucamp/Seifert,* Wann lohnt sich die Anfechtung einer Prüfungsentscheidung?, NVwZ 2008, 261; *Fischer/Birnbaum,* Aktuelle Entwicklungen im Prüfungsrecht, 17. Dt. Verwaltungsgerichtstag, 2014, 71; *Haase,* Das Mandat im Prüfungsrecht, in: Johlen/Oerder (Hrsg.), Münchener Anwaltshandbuch Verwaltungsrecht, 3. Aufl., 2012, § 16; *Jakobs,* Der vorläufige Rechtsschutz im Prüfungsrecht, VBlBW 1984, 129; *Knecht,* Aktuelle Rechtsprechung zum Prüfungsrecht, BayVBl. 2013, 359; *Michaelis,* Kontrolldichte im Prüfungsrecht, VBlBW 1997, 441; *Ost,* Die Bewertung von Prüfungsleistungen und die Gleichheit, NWVBl. 2013, 209; *Niehues/Fischer/Jeremias,* Prüfungsrecht, 6. Aufl., 2014; *Quapp,* Aktuelle Entwicklungen im Hochschulprüfungsrecht, DVBl. 2011, 665; *Reckling,* Leitfaden zum Prüfungsrecht, AL 2011, 350; *Zimmerling,* Prüfungsrecht aus anwaltlicher Sicht, WissR 35 (2002), 154; *ders./Brehm,* Prüfungsrecht, 3. Aufl., 2007; *dies.,* Die Entwicklung des Prüfungsverfahrensrechts seit 1991, NVwZ 1997, 451; *dies.,* Die Entwicklung des Prüfungsrechts seit 1996, NVwZ 2000, 875; *dies.,* Vorläufiger Rechtsschutz im Prüfungsrecht, DVBl. 2001, 27; *dies.,* Der vorläufige Rechtsschutz im Prüfungsrecht, NVwZ 2004, 651; *dies.,* Die aktuelle Rechtsprechung zu den juristischen Prüfungen, NVwZ 2009, 358; *dies,* Kritisches zum juristischen Prüfungsrecht, DVBl. 2012, 265.

1415 In jedem Stadium eines Prüfungsverfahrens kann es für einen Prüfling notwendig werden, verwaltungsgerichtlichen Eilrechtsschutz in Anspruch zu nehmen. Ob ein Antrag nach § 80 Abs. 5 VwGO statthaft oder der Weg der einstweiligen Anordnung nach § 123 VwGO zu beschreiten ist, richtet sich nach dem jeweiligen Rechtsschutzbegehren.

I. Zulassung zur Prüfung

1416 Regelmäßig kann nur derjenige zu einer Prüfung oder zum nächsten Prüfungs- oder Ausbildungsabschnitt zugelassen werden, der bestimmte Voraussetzungen erfüllt, insbesondere bestimmte Vorleistungen erbracht hat. Steht das Vorliegen dieser Voraussetzungen im Streit, lässt sich die vorläufige Zulassung zu einer Prüfung oder einem neuen Prüfungs- oder Ausbildungsabschnitt im Eilrechtsschutz oft nur nach § 123 Abs. 1 VwGO erreichen.[655] Dies gilt auch, wenn die Behörde die Zulassung durch Verwaltungs-

[647] VGH Kassel NVwZ-RR 1995, 33.
[648] VGH München NVwZ-RR 1993, 355.
[649] OVG Münster DVBl. 1995, 1370.
[650] VG Hannover NJW 1991, 1000.
[651] OVG Münster NWVBl. 1990, 383.
[652] VG Düsseldorf NVwZ-RR 2000, 789 (islamischer Religionsunterricht).
[653] Zum Anordnungsgrund BVerfGE 93, 1 (15).
[654] VGH Kassel NJW 1997, 2970 (2971); OVG Schleswig NJW 1997, 2536; VG Weimar NJW 1997, 2403; VG Wiesbaden NJW 1997, 2399 (2400) (Unterlassen der Unterrichtung nach der Rechtschreibreform).
[655] VGH Kassel NVwZ-RR 1998, 661; NVwZ-RR 2005, 330; VGH Mannheim NVwZ-RR 2002, 354; NVwZ-RR 2003, 37; OVG Münster NJW 1988, 1539; NWVBl. 1996, 132; OVG Weimar ThürVBl. 1996, 135 (136); VG Gießen NVwZ-RR 2002, 649.

akt ablehnt. Denn ein Widerspruch gegen die Ablehnung entfaltet zwar aufschiebende Wirkung, verschafft dem Prüfling aber nicht den Zugang zur Prüfung.[656] Anders liegt es, wenn die Zulassung zur Prüfung „automatisch" eintritt, also keiner Entscheidung bedarf; in einem solchen Fall reicht einstweiliger Rechtsschutz nach § 80 Abs. 5 VwGO aus, wenn die Teilnahme an der Prüfung unter Anordnung des Sofortvollzugs abgelehnt wird,[657] oder die Behörde der aufschiebenden Wirkung eines Rechtsbehelfs verkennt, den ein Betroffener gegen einen Prüfungsausschluss einlegt.[658]

1. Rechtsschutzziel

Im Verfahren nach § 123 Abs. 1 Satz 2 VwGO kann die vorläufige Zulassung zur Prüfung erreicht werden. Das Rechtsschutzbegehren des Antragstellers zielt darauf, bis zum Abschluss des Hauptsacheverfahrens so gestellt zu werden, als ob er zur Prüfung zugelassen worden sei.[659] Die bloße faktische Teilnahme an der Prüfung reicht dagegen nicht aus:[660] Um bei einem Erfolg in der Hauptsache die Prüfungsleistungen rechtlich anerkennen zu können, muss dem Antragsteller auf Zeit die gleiche Rechtsstellung wie jedem anderen Prüfling eingeräumt werden, soweit dies zur Sicherung des Zulassungsanspruchs geboten ist.[661] **1417**

Die vorläufige Zulassung berechtigt den Antragsteller, die Prüfung nach den für ihn geltenden Prüfungsbestimmungen abzulegen; in Ausnahmefällen kommt ein Anspruch auf Prüfung nach einer bereits außer Kraft getretenen Prüfungsordnung in Betracht.[662] Die Prüfungsbehörde ist verpflichtet, ihn in eine bereits laufende Prüfung einzubeziehen,[663] wenn dies organisatorisch möglich ist, oder ihn zum nächstmöglichen Prüfungstermin prüfen zu lassen.[664] Das Gericht kann auch eine individuelle Nachprüfung anordnen, wenn dem Antragsteller ein Abwarten der nächsten regulären Prüfung nicht zumutbar ist[665] und die Struktur des Prüfungsverfahrens eine individuelle Nachprüfung zulässt.[666] Die Anordnung, den Prüfling zur Prüfung zuzulassen, umfasst die Verpflichtung der Behörde, die erbrachten Prüfungsleistungen zu bewerten.[667] Denn die Prüfer müssen die Leistungen unter dem unmittelbaren Eindruck des Prüfungsgeschehens und – bei mehreren Prüflingen – im Vergleich mit den anderen Prüfungsleistungen beurteilen.[668] Das Gericht sollte in seiner Entscheidung festlegen, welche Verpflichtungen die Prüfungsbehörde bei der Abnahme der Prüfung hat. Rechtsgrundlage für solche Anordnungen sind §§ 123 Abs. 3 VwGO, 938 Abs. 1 ZPO.[669]

Besteht der Prüfling auf der Grundlage einer vorläufigen Zulassung die Prüfung, so kann er jedenfalls eine als vorläufig zu kennzeichnende Bescheinigung über die erbrachten **1418**

[656] Inzident OVG Münster Beschl. v. 4.3.2011 – 14 B 174/11 Rn. 4 zu einer nicht bestandenen Modulprüfung.

[657] VGH Kassel Beschl. v. 21.20.2014 – 9 B 1523/14 (Lehramtsreferendar; zweite Staatsprüfung).

[658] VGH Kassel ESVGH 62, 172 (173).

[659] VGH Mannheim ESVGH 33, 45 (46); VGH Kassel NVwZ-RR 1998, 661.

[660] So aber VGH Mannheim ESVGH 33, 45 (47).

[661] So insbes. OVG Lüneburg NVwZ 1983, 106 (Hochschulzulassung); VGH Mannheim DVBl. 1993, 508.

[662] OVG Münster NWVBl 2016, 341.

[663] VGH Mannheim NVwZ-RR 1991, 83.

[664] Dies kann einen Antrag auf Zulassung bei der Prüfung erfordern, vgl. VGH Mannheim DVBl. 1989, 1197.

[665] OVG Koblenz NVwZ 1989, 381 (382); VGH Mannheim DVBl. 1983, 599.

[666] Daran fehlt es bei zentralisierten Prüfungsverfahren, vgl. VGH Mannheim VBlBW 1993, 115 (116).

[667] OVG Hamburg GewArch. 1990, 218.

[668] VGH Mannheim NVwZ-RR 1989, 478 (479).

[669] VGH Mannheim DVBl. 1983, 599; OVG Hamburg GewArch. 1990, 218; → Rn. 349.

Prüfungsleistungen verlangen, wenn ihm sonst unzumutbare Nachteile drohen.[670] Auch bei Fehlen eines unzumutbaren Nachteils stehen der Erteilung eines vorläufigen Prüfungszeugnisses keine durchgreifenden Bedenken entgegen, wenn insbesondere für Dritte erkennbar ist, dass das Zeugnis noch nicht endgültig erteilt ist.[671]

2. Vorwegnahme der Hauptsache?

1419 Nach verbreiteter Auffassung nimmt die nur vorläufige Zulassung zur Prüfung die Hauptsache vorweg.[672] Sie soll daher nur angeordnet werden dürfen, wenn der Antragsteller in der Hauptsache zumindest überwiegende Erfolgsaussichten hat und schlechthin unzumutbaren, anders nicht abwendbaren Nachteilen ausgesetzt wäre, wenn er auf den rechtskräftigen Abschluss des Klageverfahrens verwiesen würde.[673] Dies überspannt die Anforderungen an den Erfolg des Eilantrags: Denn die vorläufige Zulassung zur Prüfung verschafft dem Prüfling gerade keine gesicherte Rechtsposition.[674] Im Eilverfahren kann nur eine vorläufige Zulassung erreicht werden, die unter dem Vorbehalt der endgültigen Entscheidung steht. Erweist sich im Hauptsacheverfahren, dass ein Zulassungsanspruch nicht bestand, entfällt die Zulassung – und damit auch das erzielte Prüfungsergebnis – rückwirkend.[675] Lässt sich die Rechtslage im Eilverfahren nicht ausreichend klären, kommt auch eine Zulassung auf der Grundlage einer Interessenabwägung in Betracht.[676]

3. Anordnungsanspruch

1420 Zur Darlegung des Anordnungsanspruchs reicht es jedenfalls aus, wenn der Antragsteller glaubhaft macht, dass die Prüfungsbehörde zu seiner Zulassung verpflichtet ist, weil er sämtliche Zulassungsvoraussetzungen erfüllt.[677] Ein Anordnungsanspruch besteht auch, wenn ein behördlicher Ermessens- oder Beurteilungsspielraum auf Null reduziert ist, so dass allein die Zulassung rechtmäßig ist.

1421 Häufig stützen Antragsteller ihr Begehren auf vorläufige Zulassung zu einer Prüfung auf die Begründung, die zur Zulassung erforderlichen Prüfungsleistungen seien fehlerhaft bewertet. Ist die Beurteilung fehlerfrei, bleibt der Antrag erfolglos.[678] Liegt dagegen ein Beurteilungsfehler vor, kann der Prüfling im Hauptsacheverfahren wegen des regelmäßig bestehenden Beurteilungsspielraums in aller Regel nur eine Verpflichtung der Prüfungsbehörde zur Neubescheidung beanspruchen; dies reicht für einen Anspruch auf Zulassung zur Prüfung nicht aus. Um effektiven, also auch zeitnahen Rechtsschutz zu gewähren, kann der Antragsteller vorläufig zugelassen werden, wenn er glaubhaft macht, bei

---

[670] Vgl. OVG Schleswig NVwZ 1994, 805 (806); erwogen in OVG Münster DVBl. 2000, 718; abgelehnt in OVG Münster Beschl. v. 12.7.2000 – 14 B 552/01 (vorläufiges Zeugnis über das Bestehen der 1. juristischen Staatsprüfung).

[671] Vgl. auch *Brehm/Zimmerling* NVwZ 2004, 651 (654 f.).

[672] OVG Bautzen SächsVBl. 1997, 217 (218); anders OVG Münster NJW 1988, 1540; VGH Kassel NVwZ-RR 2005, 330 (331).

[673] BFH NJW-RR 1999, 783; OVG Bautzen SächsVBl. 1997, 217 (218) (aufgehoben durch BVerfG NVwZ 1997, 479); Beschl. v. 8.6.2016 – 2 B 154/15 Rn. 8.

[674] Mit Recht gegen die Annahme einer Vorwegnahme der Hauptsache in diesen Fällen *Brehm/Zimmerling* NVwZ 2004, 651 (652).

[675] BVerwG Buchholz 421.0 Prüfungswesen Nr. 139; BVerwGE 94, 352 (356) = NJW 1994, 1601; etwas Anderes gilt, wenn der Zulassung zu einer Prüfung zunächst eine Kapazitätsbeschränkung entgegenstand, und der Prüfling sodann – nach einer vorläufigen Zulassung – die Prüfung bestanden hat (vgl. BVerwGE 114, 149 (152) = NVwZ 2001, 1286).

[676] BVerfG NVwZ 1997, 479 (480); etwa: VGH München Beschl. v. 18.6.2012 – 7 CE 12.1268 Rn. 16 (bei Zweifeln des Gerichts hinsichtlich der sprachlichen Anforderungen).

[677] OVG Bautzen SächsVBl. 1997, 218; VGH Mannheim NVwZ-RR 1992, 419 (420); OVG Weimar ThürVBl. 2005, 241.

[678] OVG Weimar ThürVBl. 2005, 241.

einer Neubewertung die Zulassung zu erreichen[679] oder jedenfalls eine überwiegende Wahrscheinlichkeit für die Zulassung spricht.[680] Die Zulassung ist vorläufig, bis es zu einer ordnungsgemäßen Neubewertung der Leistungen durch die Prüfer oder Ausbilder gekommen ist.[681] Damit wird zwar im Eilverfahren das im Hauptsacheverfahren erreichbare Ergebnis überschritten, dies kann aber mit Blick auf die Vorläufigkeit der Zulassung hingenommen werden. Grundsätzlich anders liegt es, wenn die Zulassung zur Prüfung nur binnen einer bestimmten Frist, etwa einer Zwischenprüfungsfrist möglich ist. Ist diese Frist abgelaufen und bisher nicht vollziehbar verlängert worden, kann auch die Zulassung zur Zwischenprüfung nicht im Wege des vorläufigen Rechtsschutzes gewährt werden.[682]

Eine Verpflichtung zur vorläufigen Neubeurteilung ist nur ausnahmsweise denkbar. **1422**
Leistungsbewertungen können als wissenschaftlich-pädagogische Werturteile nur endgültig vorgenommen werden.[683] Die Verpflichtung zur vorläufigen Neubewertung ist eine endgültige Vorwegnahme der Hauptsache, die nur in Betracht kommt, wenn sie die einzige Möglichkeit ist, wirksam Rechtsschutz zu gewähren.[684] Dies ist der Fall, wenn die neu zu bewertende Teilleistung in eine Gesamtbewertung eingehen muss, die ohne die Neubewertung nicht vorgenommen werden kann,[685] oder eine Bewertung – etwa wegen der schwindenden Erinnerung der Prüfer an eine mündliche Prüfung – unmöglich zu werden droht.[686]

4. Anordnungsgrund

Die besondere Dringlichkeit und damit der Anordnungsgrund können sich aus den **1423**
Anforderungen der Prüfung ergeben. Solange um die Zulassung zur Prüfung gestritten wird, muss ein Prüfling sein Wissen aktuell und präsent erhalten.[687] Steht eine wissenschaftliche Arbeit – etwa eine abgeschlossene Dissertation – im Streit, steht der Prüfling vor der Aufgabe, diese Arbeit auf dem aktuellen Stand zu halten. Auch kann zu befürchten sein, dass ein gewähltes Thema durch die wissenschaftliche Entwicklung überholt wird.[688] Wesentlich verstärkt werden diese Gesichtspunkte durch das Grundrecht der Berufsfreiheit (Art. 12 Abs. 1 GG). Denn ein Prüfling wird in seiner durch Art. 12 Abs. 1 GG geschützten Rechtsposition nicht nur am Rande berührt,[689] wenn er erst in einem mehrjährigen Hauptsacheverfahren klären lassen muss, ob er zur Prüfung zuzulassen ist.[690] Denn in diesem Fall verzögerte sich das Ende der Ausbildung und der Beginn der Berufstätigkeit.[691] Entsprechende Erwägungen gelten für das Promotionsverfahren, wenn

---

[679] VGH Mannheim NVwZ-RR 1991, 83.

[680] VGH Kassel NVwZ-RR 2003, 756; NVwZ-RR 2005, 330; VGH Mannheim DVBl. 1993, 508; OVG Saarlouis NVwZ 2001, 942 (944); VG Hannover Beschl. v. 29.4.2003 – 6 B 1256/03.

[681] VGH Mannheim NVwZ 1985, 595; NVwZ-RR 1991, 83.

[682] OVG Lüneburg NordÖR 2016, 43 (Ls.).

[683] OVG Hamburg NJW 2007, 2874; VGH Kassel NVwZ-RR 2005, 330; VGH Mannheim NVwZ-RR 1991, 82 (83) (anders, wenn der Beurteilungsspielraum nicht berührt ist: VGH Mannheim NVwZ-RR 1995, 329); OVG Münster DVBl. 2001, 820; VG Hannover Beschl. v. 29.1.2003 – 6 B 5865/02; anders OVG Saarlouis NVwZ 2001, 942.

[684] VGH Mannheim NVwZ 1985, 594; VGH Kassel NVwZ-RR 2005, 330.

[685] So insbes. VGH Mannheim NVwZ-RR 1989, 479; NVwZ-RR 1990, 419; anders grundsätzlich VGH München, VGH nF 33, 97 = BayVBl. 1980, 536; NVwZ-RR 1989, 198.

[686] BVerwG NVwZ 1997, 502 (503); OVG Schleswig Urt. v. 3.9.1992 – 3 L 380/91.

[687] OVG Bautzen NVwZ-RR 2003, 853 (854); VGH Kassel NVwZ-RR 2003, 756; NVwZ-RR 2005, 330 (331).

[688] VGH Kassel KMK-HSchR 1982, 352 (354); zu einem Sonderfall (Widerruf der Annahme eines Doktoranden unter Notendispens) OVG Hamburg NordÖR 2011, 467 (468).

[689] BVerfGE 79, 69 (74) = NJW 1989, 827.

[690] BVerfG NVwZ 1997, 481; BFHE 154, 31 (35); OVG Münster NWVBl. 1996, 132; VG Gießen NVwZ-RR 2002, 649; *Schoch* in Schoch/Schmidt-Aßmann/Pietzner VwGO § 123 Rn. 86.

[691] BVerfG NVwZ 1999, 866; OVG Münster NVwZ-RR 1999, 30.

der Antragsteller glaubhaft machen kann, dass ihm die Prüfung eine berufliche Qualifikation vermittelt.[692]

1424 Ein Anordnungsgrund fehlt allerdings, wenn ein Antragsteller binnen einer Frist von sechs Monaten eine Wiederholungsprüfung ablegen kann[693] oder der Abschluss des Hauptsacheverfahrens in der Berufungsinstanz unmittelbar bevorsteht.[694] Bei einer nur jährlich stattfindenden Prüfung soll dagegen ein Anordnungsgrund vorliegen.[695]

II. Ablauf der Prüfung

1425 Wird ein Prüfling durch Maßnahmen der Prüfungsbehörde belastet, die den äußeren Ablauf oder die Ordnung der Prüfung regeln, kann er vorläufigen Rechtsschutz nach § 80 Abs. 5 VwGO oder nach § 123 Abs. 1 VwGO erlangen. Die Rechtsprechung hatte sich etwa zu befassen mit der Anwendung einer bestimmten Prüfungsordnung,[696] der – vorbeugenden – Feststellung eines Freiversuchs,[697] der Auswahl des Prüfungsraums,[698] dem Verbot des Rauchens während der schriftlichen Prüfung,[699] der Ablehnung eines Prüfers wegen Befangenheit, der Anordnung der Wiederholung von Prüfungsleistungen bei Täuschungsversuchen[700] und des Anspruchs auf Anfertigung von Kopien aus einer Prüfungsakte.[701] Regelmäßig wird in diesen Fällen Rechtsschutz nach § 123 Abs. 1 VwGO gewährt, nur bei für sofort vollziehbar erklärten Verwaltungsakten – insbesondere Sanktionsmaßnahmen nach Täuschungsversuchen – ist § 80 Abs. 5 VwGO einschlägig. Ergänzend ist stets zu prüfen, ob sich der Antrag gegen eine unselbstständige Verfahrenshandlung wendet, für die § 44a Satz 1 VwGO eine selbständige Rechtsschutzgewährung ausschließt.[702]

1426 Die Gewährung von Prüfungsvergünstigungen lässt sich allein nach § 123 Abs. 1 VwGO erreichen. Hierzu gehört vor allem die Einräumung erleichterter Prüfungsbedingungen, wie die Gewährung einer längeren Bearbeitungszeit[703] oder die Zulassung von Hilfsmitteln zum Ausgleich von Beeinträchtigungen.

---

692 Zurückhaltend VG München Beschl. v. 2.4.2004 – 3 ME 04.1489; dafür: VGH Mannheim KMK-HSchR 1978, 591 (592); zur Dringlichkeit eines seit mehreren Jahren geführten Habilitationsverfahrens OVG Münster NWVBl. 1994, 137.

693 VGH Kassel DVBl. 1993, 57; OVG Münster NWVBl. 1995, 185; DVBl. 2001, 820; OVG Schleswig NVwZ 1994, 805 (806); in diese Richtung auch BVerfGE 80, 40 (47 ff.) (zur Subsidiarität der Verfassungsbeschwerde); sehr kritisch *Brehm/Zimmerling,* Prüfungsrecht, Rn. 663; offen gelassen in VGH Kassel NVwZ-RR 2005, 330 (bei 61jährigem Prüfling); vgl. auch OVG Münster NVwZ-RR 1995, 329 (zumutbar, eine weitere Hausarbeit in demselben Semester anzufertigen).

694 VGH Mannheim NVwZ-RR 1989, 478.

695 VGH Kassel NVwZ-RR 1998, 661 (Wirtschaftsprüfer-Examen); anders dagegen VGH München BayVBl. 1984, 84 (Jägerprüfung).

696 VGH Mannheim BWVPr 1974, 276.

697 VGH Mannheim NVwZ-RR 1992, 419 (420).

698 VGH München BayVBl. 1987, 182 (Besichtigung des Prüfungsraums).

699 BVerwG NJW 1988, 2813 (kein Anspruch auf Rauchverbot).

700 Hierzu im Einzelnen → Rn. 1429 ff.

701 VG Freiburg Beschl. v. 20.11.2009 – 4 K 2096/09.

702 BVerwG NVwZ-RR 1993, 252; VGH Mannheim NVwZ 1994, 598 (599); VGH München BayVBl. 1989, 343 (344) (Ladung zur Prüfung); VG Köln NJW 1988, 2634 (2635); *Zimmerling/Brehm* NVwZ 1997, 451.

703 OVG Bautzen Beschl. v. 13.7.2011 – 2 B 156/11 Rn. 17 (Belastung durch Erwerbsarbeit); VGH Kassel NJW 2006, 1608; OVG Lüneburg NVwZ-RR 2009, 68 (Schreibzeitverlängerung für einen Legastheniker); VGH Mannheim NVwZ 1994, 599; VGH München Beschl. v. 21.11.2014 – 7 CE 14.2498; *Zimmerling/Brehm* NVwZ 1997, 451 (452) – anders, wenn infolge fehlerhafter Berechnung der Dauer einer Schreibzeitverlängerung eine Prüfung durch Bescheid für nicht bestanden erklärt wird, vgl. OVG Münster NWVBl 1992, 170.

III. Abbruch der Prüfung

Ein begonnener Prüfungsversuch wird beendet, wenn der Prüfling von dem Versuch wirksam zurücktritt oder die Prüfungsbehörde als Sanktion auf ein prüfungs- oder ordnungswidriges Verhalten des Prüflings das Nichtbestehen der Prüfung feststellt. 1427

1. Rücktritt von der Prüfung

Tritt der Prüfling von der Prüfung zurück, bedarf er zumeist der Genehmigung der Prüfungsbehörde.[704] Wird die Genehmigung verweigert, stellt die Prüfungsbehörde fest, dass die Prüfung als nicht bestanden gilt. Die erneute Zulassung zur Prüfung oder die Fortsetzung des abgebrochenen Prüfungsversuchs kann der Prüfling im Hauptsacheverfahren durch die Verpflichtung der Prüfungsbehörde zur Genehmigung des Rücktritts unter gleichzeitiger Anfechtung des negativen Prüfungsbescheides erreichen.[705] Vorläufiger Rechtsschutz, der auf die vorläufige erneute Zulassung zur Prüfung oder deren Fortsetzung gerichtet ist, kann nach § 123 Abs. 1 Satz 2 VwGO gewährt werden.[706] Es muss überwiegend wahrscheinlich sein, dass der Antragsteller einen Anspruch auf Genehmigung des Rücktritts hat, der die negative Prüfungsentscheidung rechtswidrig werden lässt.[707] Außerdem muss zu erkennen sein, dass das Nachholen der Prüfung für ihn besonders dringlich ist. Daran kann es fehlen, wenn er noch einen weiteren regulären Prüfungsversuch innerhalb angemessener Zeit hat.[708] 1428

2. Sanktionen im Prüfungsverfahren

Die Prüfungsbestimmungen ermächtigen die Prüfungsbehörde regelmäßig, die Prüfung vorzeitig zu beenden, wenn sie das Nichtbestehen der Prüfung wegen eines prüfungswidrigen Verhaltens des Prüflings oder unzureichender Teilleistungen feststellt. Entzieht sie damit einen durch die Zulassung zur Prüfung vermittelten Anspruch auf Bewertung der Prüfungsleistungen, so ist ihre Entscheidung ein belastender Verwaltungsakt, der selbständig anfechtbar ist.[709] Bei Anordnung des Sofortvollzugs kann der Prüfling vorläufigen Rechtsschutz nach § 80 Abs. 5 VwGO erlangen.[710] Sanktionsmaßnahmen der Prüfungsbehörde unterhalb der Feststellung des Nichtbestehens der Prüfung bestehen vor allem in der Erteilung einer Sanktionsnote oder in der Anordnung der Wiederholung einer Prüfungsleistung.[711] Beide Maßnahmen sind belastende Verwaltungsakte,[712] die nach § 44a Satz 2 VwGO selbstständig anfechtbar sind.[713] Bei 1429

[704] Das zur Sachaufklärung eingeholte Zeugnis des Gesundheitsamtes ist kein Verwaltungsakt und unterliegt daher nicht der Anfechtung, vgl. BVerwG Beschl. v. 14.7.2004 – 6 B 30.04.

[705] Vgl. BVerwG Buchholz 421.0 Prüfungswesen Nr. 298; OVG Münster NVwZ 1988, 461; NJW 2007, 2652 – gegen die Notwendigkeit der Anfechtung VGH Kassel NVwZ-RR 1989, 547; VGH Mannheim NVwZ-RR 1990, 420 (Ls.); VG Frankfurt NVwZ-RR 1989, 18.

[706] VGH Kassel NVwZ-RR 2002, 533; VGH Mannheim NVwZ-RR 2003, 37; NVwZ-RR 2016, 702 (704) = NJW 2016, 2903 (2906); VGH München Beschl. v. 22.6.2003 – 7 CE 03.1872; OVG Münster Beschl. v. 3.9.2009 – 14 B 940/09 Rn. 10.

[707] OVG Münster NVwZ 1988, 461; wegen der Vorläufigkeit der Zulassung liegt auch in diesen Fällen eine Vorwegnahme der Hauptsache nicht vor (aA OVG Lüneburg Beschl. v. 16.5.2003 – 2 ME 100/03 –).

[708] → Rn. 1424.

[709] VGH Mannheim WissR 10 (1977), 259.

[710] OVG Lüneburg NdsRpfl 2008, 411; OVG Münster NJW 1983, 2278; NVwZ 1988, 455; NWVBl. 1989, 413.

[711] OVG Münster NVwZ 1985, 594; *Jakobs* VBlBW 1984, 129 (131).

[712] VGH Mannheim WissR 10 (1977), 259.

[713] VG Köln NJW 1988, 2634 (2635); *Jakobs* VBlBW 1984, 129 (131 Fn. 11).

Anordnung des Sofortvollzugs kann vorläufiger Rechtsschutz nach § 80 Abs. 5 VwGO gewährt werden.[714]

1430 Sieht die einschlägige Prüfungsordnung bei einem Täuschungsversuch die Beurteilung einer einzelnen Arbeit mit „ungenügend" vor, ohne dass hierüber ein gesonderter Bescheid ergeht, so hat der Antragsteller seinen Anspruch auf rechtsfehlerfreie Durchführung des Prüfungsverfahrens im Wege des § 123 Abs. 1 VwGO zu verfolgen. [715] Denn in diesem Fall wäre in der Hauptsache ein Verpflichtungsantrag zu stellen, der auf Fortsetzung des Prüfungsverfahrens mit dem Ziel einer besseren Bewertung der beanstandeten Prüfungsleistungen gerichtet ist.[716]

1431 Nimmt die Prüfungsbehörde den Bescheid über das Bestehen der Prüfung nachträglich wegen eines festgestellten prüfungswidrigen Verhaltens des Antragstellers zurück und ordnet sie zugleich die sofortige Vollziehung an, wird vorläufiger Rechtsschutz nach § 80 Abs. 5 VwGO gewährt. Ob ein überwiegendes öffentliches Interesse am Sofortvollzug besteht, hängt vor allem davon ab, wie gewichtig das prüfungswidrige Verhalten ist und wie lange der zurückgenommene Bescheid Bestand gehabt hat.[717] Hat die Prüfungsbehörde das Prüfungsverfahren vorzeitig beendet, weil in einzelnen Teilleistungen keine ausreichenden Leistungen erzielt worden sind, muss der Antragsteller mit einem kombinierten Antrag vorgehen: Hat die Behörde die sofortige Vollziehbarkeit der Feststellung des Nichtbestehens angeordnet, bedarf es eines Antrags nach § 80 Abs. 5 VwGO;[718] zugleich muss der Prüfling nach § 123 Abs. 1 Satz 2 VwGO vorgehen, wenn das jeweilige Prüfungsrecht für die Zulassung zu einem weiteren Teil, etwa einer mündlichen Prüfung, bestimmte Leistungen fordert.[719]

IV. Abschluss der Prüfung

1. Bestehen der Prüfung

1432 Reichen die erzielten Noten für ein Bestehen der Prüfung nicht aus, so kann der betroffene Prüfling unter Hinweis auf Beurteilungsfehler Klage erheben. Statthafte Klageart ist die Verpflichtungsklage. Dabei kann der Prüfling allenfalls in seltenen Ausnahmefällen geltend machen, die Prüfung sei für bestanden zu erklären.[720] Denn die Prüfer haben regelmäßig einen Beurteilungsspielraum, in den die Gerichte nicht eingreifen dürfen.[721] Rügt ein Betroffener Beurteilungsfehler, kommt daher in der Hauptsache regelmäßig nur ein Anspruch auf Neubewertung der Leistungen und Neufeststellung des Prüfungsergebnisses in Betracht. Diesen Anspruch kann er im Eilrechtsschutz durch Antrag auf Erlass einer Regelungsanordnung nach § 123 Abs. 1 S. 2 VwGO verfolgen.[722]

---

[714] VGH Mannheim WissR 10 (1977), 259; VGH München BayVBl. 1988, 434 (Sanktionsnote); OVG Münster NJW 1983, 2278 (Wiederholung einer Prüfungsleistung); NVwZ 1985, 594; VG Göttingen Beschl. v. 29.3.2004 – 4 B 32/04; zur Begründung des Vollzugsinteresses OVG Münster NJW 1983, 2279; VG Köln NJW 1988, 2636.

[715] OVG Münster NVwZ 1985, 594.

[716] VGH Mannheim NVwZ 1987, 1014; OVG Münster NVwZ 1985, 593 (594).

[717] OVG Saarlouis NJW 1980, 2775.

[718] Ob in dieser Zeit die Wiederholbarkeitsfrist läuft, ist eine Frage des materiellen Prüfungsrechts, vgl. OVG Lüneburg Urt. v. 8.6.2011 – 8 LB 199/09 Rn. 30.

[719] OVG Münster Beschl. v. 1262/13 Rn. 22; aA OVG Lüneburg NdsRpfl 2008, 411; *Niehues/Fischer/Jeremias*, Prüfungsrecht, Rn. 904.

[720] Denkbar ist dies etwa bei Rechenfehlern der Prüfungsbehörde oder einem von der Prüfungsordnung nicht vorgesehenen Punktabzug. Weitere Beispiele bei *Brehm/Zimmerling*, Prüfungsrecht, Rn. 690; vgl. auch VGH Mannheim NVwZ-RR 1995, 329 (bei Fehlen eines Bewertungsvorrechts).

[721] Vgl. VGH Mannheim NVwZ-RR 1991, 82 (83); grundsätzlich zum Rechtsschutz im Prüfungsstreit BVerfGE 84, 34; 84, 59, dazu *Niehues* NJW 1991, 3001.

[722] BVerwG NVwZ 1993, 686; NVwZ 1997, 502 (503); VGH Mannheim NVwZ-RR 1990, 419.

Das Gleiche gilt, wenn er Mängel der Prüfungsordnung rügt und meint, bei rechtmäßiger Ausgestaltung der Prüfung habe die Prüfung für bestanden erklärt werden müssen.[723]

Eine Leistungsbewertung lässt sich nicht vorläufig vornehmen, sie ist als wissenschaftlich-pädagogisches Werturteil aus der Natur der Sache heraus endgültig.[724] Damit nimmt eine Regelungsanordnung zur Neubewertung einer Prüfungsleistung die Hauptsache endgültig vorweg. Eine solche Vorwegnahme der Hauptsache kommt nur in Betracht, wenn effektiver vorläufiger Rechtsschutz nicht anders geleistet werden kann. Eine besondere Dringlichkeit für die Neubewertung besteht regelmäßig bei der Beurteilung mündlicher[725] oder praktischer[726] Prüfungsleistungen, da die Beurteilung unmöglich wird, sobald die Erinnerung der Prüfer an die Prüfung verblasst ist. Hat die Behörde in solchen Fällen ein Überdenken der Prüfungsleistung nicht ausreichend zeitnah veranlasst, geht dies zu ihren Lasten: Dem Prüfling ist eine erneute Prüfungsmöglichkeit einzuräumen.[727] **1433**

Kann eine Neubeurteilung auch nach Abschluss des Hauptsacheverfahrens noch erfolgen, bedarf es zur Annahme eines Anordnungsgrundes weiterer Gesichtspunkte: Steht eine Prüfung im Verlauf einer Ausbildung in Rede, so kann der drohenden Verzögerung der Ausbildung und damit einem (denkbaren) Eingriff in Art. 12 Abs. 1 GG begegnet werden, indem dem Antragsteller im Eilverfahren zunächst die Teilnahme an dem nächsten Ausbildungsabschnitt[728] oder an einer Wiederholungsprüfung[729] ermöglicht wird, ohne dass der Behörde bereits im Eilverfahren die erneute Bescheidung der Prüfungsleistung aufgegeben wird. Schließt die Prüfung dagegen die Ausbildung ab, ist zu differenzieren: Es fehlt an einem Anordnungsgrund, wenn der Prüfling sich binnen eines angemessenen Zeitraums – regelmäßig eines halben Jahres – einer Wiederholungsprüfung unterziehen kann.[730] Dagegen kommt eine Regelungsanordnung zur Neubescheidung einer Prüfungsleistung dann in Betracht, wenn durch das Abwarten des Hauptsacheverfahrens eine wesentliche Verzögerung des Berufseintritts droht,[731] dem anders nicht begegnet werden kann. **1434**

Hat der Prüfling nach der vorläufigen Einschätzung des Gerichts im Eilverfahren einen Anspruch auf Bestehen der Prüfung, so verpflichtet das Gericht die Prüfungsbehörde im Wege der Regelungsanordnung nach § 123 Abs. 1 Satz 2 VwGO, die Prüfung vorläufig für bestanden zu erklären. Weiterhin kann es anordnen, dass der Prüfling eine vorläufige, keine endgültige[732] Bescheinigung über das Bestehen der Prüfung erhält.[733] Eine Erteilung erfolgt, wenn der Prüfling zur Sicherung seiner beruflichen Existenz auf sie angewiesen ist.[734] Dies ist bei berufsqualifizierenden Abschlussprüfungen grundsätzlich der Fall. Die Vorläufigkeit der Bestätigung muss zum Schutz des Rechtsverkehrs deutlich zum Aus- **1435**

---

[723] OVG Magdeburg Beschl. v. 30.3.2015 – 3 M 7/15 Rn. 3 (verneint).

[724] → Rn. 1422 mwN.

[725] BVerwG NVwZ 1997, 502 (503); OVG Münster DVBl. 2000, 708; OVG Schleswig Urt. v. 3.9.1992 – 3 L 380/91.

[726] OVG Münster EzB GG Art. 12 Prüfungsrecht Nr. 80.

[727] OVG Münster NWVBl. 2010, 328.

[728] VGH Mannheim NVwZ 1985, 595; NVwZ-RR 1991, 82 (Ls. 1); ESVGH 30, 203; *Jakobs* VBlBW 1984, 129 (138).

[729] BVerfGE 80, 40 (47) = NVwZ 1989, 854 (855).

[730] → Rn. 1424 mwN.

[731] Vgl. VGH Mannheim NVwZ-RR 1989, 478 (bei Zulassung zur mündlichen Prüfung); nicht ausreichend ist ein um wenige Monate verzögerter Eintritt in das Referendariat, vgl. OVG Hamburg NJW 2007, 2874; vgl. auch OVG Bremen NordÖR 2009, 411 = BeckRS 2009, 39738 (Anspruch auf neue Prüfung, wenn die Prüfer im Überdenkensverfahren zu erkennen geben, dass sie zu einem solchen Überdenken nicht bereit sind.).

[732] VGH Mannheim KMK-HSchR 1978, 591 (592); *Jakobs* VBlBW 1984, 129 (139 Fn. 76).

[733] VGH Kassel NVwZ-RR 1995, 398; OVG Münster DVBl. 2000, 708; OVG Schleswig NVwZ 1994, 806; VG Mainz NJW 2016, 2357 (mit hohen Anforderungen wegen der Vorwegnahme der Hauptsache).

[734] OVG Hamburg KMK-HSchR 1983, 655; VGH Mannheim KMK-HSchR 1978, 592.

druck gebracht werden.[735] Bei Zwischenprüfungen ist eine Bescheinigung nicht erforderlich, wenn der Prüfling den Übergang in den nächsten Ausbildungsabschnitt auch ohne förmliche Feststellung des Prüfungsergebnisses erreichen kann.[736] Anders kann es liegen, wenn die Vorlage der Bescheinigung Zulassungsvoraussetzung für den nächsten Prüfungsabschnitt ist[737] oder wenn sie zu Beweiszwecken gegenüber anderen öffentlichen oder privaten Einrichtungen benötigt wird.[738]

2. Erneutes Ablegen der Prüfung

1436 **a) Erneute Prüfung nach einem Verfahrensfehler.** Ein Anspruch auf erneute Ablegung einer Erst- oder regulären Wiederholungsprüfung kommt in Betracht, wenn die Abnahme der Prüfung unter Verfahrensfehlern – etwa: Mitwirkung eines befangenen Prüfers – litt, die nicht durch eine Neubewertung der erbrachten Prüfungsleistungen, sondern nur durch einen neuen Prüfungsversuch korrigiert werden können.[739] Hauptsacherechtsschutz kann in diesem Fall durch eine Verpflichtungsklage, vorläufiger Rechtsschutz nach § 123 Abs. 1 Satz 2 VwGO erreicht werden.[740] Ob in der Gewährung von Eilrechtsschutz eine Vorwegnahme der Hauptsache liegt,[741] erscheint zweifelhaft, weil die Zulassung zur Prüfung nur vorläufig erfolgt.

1437 Ein Anordnungsanspruch liegt vor, wenn die Prüfungsentscheidung mit überwiegender Wahrscheinlichkeit auf einem Verfahrensfehler beruht, dessen Einfluss auf das Prüfungsergebnis nicht ausgeschlossen ist[742] und der – soweit gesetzlich gefordert – fristgemäß gerügt wurde.[743] Der notwendige Anordnungsgrund kann sich daraus ergeben, dass der Prüfling sein Wissen aktuell halten muss oder Verzögerungen bei der Aufnahme eines Berufes drohen.[744] Steht noch die Möglichkeit eines regulären Prüfungsversuchs binnen einer Frist von sechs Monaten offen, verneint die Rechtsprechung das Vorliegen eines Anordnungsgrundes.[745]

1438 Sind die Voraussetzungen für den Erlass einer Regelungsanordnung erfüllt, wird die Prüfungsbehörde vorläufig verpflichtet, den Antragsteller erneut zu prüfen.[746] Der Antragsteller darf den misslungenen Prüfungsversuch also ganz oder teilweise[747] wiederholen, ohne dass dieser Versuch auf die Zahl der noch verbleibenden Versuche angerechnet wird. Notfalls kann der Prüfling eine individuelle Nachprüfung in Anspruch nehmen, wenn eine reguläre Wiederholungsmöglichkeit für ihn zu spät kommt.[748]

---

[735] OVG Hamburg KMK-HSchR 1983, 655; OVG Münster DVBl. 1994, 1371; *Jakobs* VBlBW 1984, 129 (136).

[736] OVG Hamburg KMK-HSchR 1983, 655; anders OVG Münster DVBl. 1994, 1371.

[737] VGH Kassel NJW 1983, 358.

[738] OVG Hamburg KMK-HSchR 1983, 655.

[739] Beispiele bei VGH Kassel NVwZ 1989, 890; DVBl. 1995, 1364; ZBR 1996, 118; VGH Mannheim NVwZ 2002, 235; OVG Schleswig NVwZ-RR 1993, 30 (31); VG Berlin Beschl. v. 27.5.2004 – 12 A 1423.03 Rn. 11 f.; OVG Lüneburg NJW 2016, 1116; die Möglichkeit einer vorsorglichen erneuten Prüfung bei einem erst im Hauptsacheverfahren aufzuklärenden Fehler nimmt OVG Bremen SPE nF 214 Nr. 7 = DVBl. 1992, 1056 (Ls.) an.

[740] BVerwG NJW 1980, 2208.

[741] So etwa OVG Schleswig NVwZ-RR 1993, 31.

[742] Vgl. BVerwGE 91, 262 (270) = NVwZ 1993, 677; OVG Bremen SPE nF 214 Nr. 7; VGH Kassel NVwZ 1989, 890; VGH Mannheim VBlBW 1993, 115 (116); OVG Münster NWVBl. 1996, 132; OVG Schleswig NVwZ-RR 1993, 30 (31).

[743] VGH Mannheim DÖV 2007, 434.

[744] Etwa VGH Mannheim VBlBW 1993, 115 (116); OVG Münster NWVBl. 1996, 132; NWVBl. 2010, 328; → Rn. 1423 f.

[745] → Rn. 1424.

[746] VGH Mannheim NVwZ 1989, 890 (891); OVG Münster NWVBl. 1996, 133.

[747] VGH Kassel NVwZ 1989, 891; VGH Mannheim VBlBW 1993, 115 (116).

[748] VGH Mannheim VBlBW 1993, 115 (116).

b) Außerordentliche Wiederholung der Prüfung. Sehen die Prüfungsbestimmungen über die regulären Prüfungsversuche hinaus eine außerordentliche Wiederholungsmöglichkeit vor, kann die vorläufige Zulassung zu dieser Wiederholung nach § 123 Abs. 1 Satz 2 VwGO erreicht werden.[749] Bei einer gebundenen Zulassung muss sich mit zumindest überwiegender Wahrscheinlichkeit ein besonderer Ausnahmefall feststellen lassen.[750] Hat die Prüfungsbehörde bei der Entscheidung über eine außerordentliche Zulassung einen Ermessens- oder Beurteilungsspielraum, muss eine zumindest überwiegende Erfolgswahrscheinlichkeit dafür bestehen, dass eine Neubescheidung zugunsten des Antragstellers ausgehen wird.[751] In diesem Fall wird also das in der Hauptsache erreichbare Ergebnis überschritten, da im Hauptsacheverfahren in aller Regel nur ein Anspruch auf erneute Ermessensentscheidung vorliegen wird.[752] Eine besondere Dringlichkeit dürfte in diesen Fällen meist gegeben sein, weil es um die Zulassung zum letzten möglichen Prüfungsversuch geht. 1439

Hat der Prüfling seinen Prüfungsanspruch verbraucht, weil er von allen regulären Prüfungsversuchen erfolglos Gebrauch gemacht hat, kann er gestützt auf die Prüfungsordnung einen erneuten Versuch nicht verlangen. In diesem Fall sind die Gerichte befugt, einen erneuten Prüfungsversuch zu gewähren, wenn die Prüfungsleistungen wegen Fehlern im Prüfungsverfahren keine geeignete Bewertungsgrundlage bieten oder etwa eine Neubewertung nicht oder nicht mehr möglich ist. Der Anspruch auf Teilnahme an einer Wiederholungsprüfung kann im einstweiligen Rechtsschutzverfahren in der Weise gesichert werden, dass das Gericht eine vorläufige Wiederholungsprüfung anordnet, deren Wirkungen, einschließlich der Folgewirkungen wie des Bestehens von Teilprüfungen, an denen der Prüfling wegen des Bestehens der vorläufigen Wiederholungsprüfung vorläufig teilnehmen durfte, dadurch auflösend bedingt sind, dass der Studierende im Hauptsacheverfahren unterliegt. [753] 1439a

3. Verbesserung des Prüfungsergebnisses

Bei bestandener Prüfung kann eine Verbesserung des Prüfungsergebnisses im Hauptsacheverfahren mit der Verpflichtungsklage,[754] im Anordnungsverfahren nach § 123 Abs. 1 Satz 2 VwGO erreicht werden. Da dies in der Regel eine Neubewertung von Prüfungsleistungen und eine Neufestsetzung des Gesamtergebnisses erfordert, müssen die Voraussetzungen einer endgültigen Vorwegnahme der Hauptsache erfüllt sein.[755] Eine besondere Dringlichkeit liegt in diesen Fällen nur vor, wenn der Antragsteller glaubhaft machen kann, dass ein besseres Prüfungsergebnis für ihn in einer konkreten beruflichen Situation von entscheidender Bedeutung ist.[756] Eine nur abstrakte Verbesserung der beruflichen Chancen reicht dagegen nicht aus.[757] 1440

---

[749] VGH Kassel NVwZ-RR 1989, 371; VGH München NVwZ-RR 1989, 198; VG Schleswig Beschl. v. 27.9.2001 – 9 B 79/01; zur vorläufigen Zulassung zu einer durch die Prüfungsbestimmungen ausgeschlossenen Wiederholungsmöglichkeit BVerfGE 80, 40 (47) = NVwZ 1989, 854.

[750] VGH Kassel NVwZ-RR 1989, 371.

[751] *Jakobs* VBlBW 1984, 129 (137). Einschränkend VGH Mannheim DÖV 1974, 283; VGH München NVwZ-RR 1989, 198.

[752] VGH München NVwZ-RR 1989, 198.

[753] OVG Bremen NordÖR 2014, 352 (353).

[754] BVerwG NVwZ 1993, 686 (688); OVG Münster NVwZ 1993, 95.

[755] → Rn. 1422.

[756] So VGH Mannheim DÖV 1984, 816 (817); VBlBW 1984, 384 für die Verbesserung der Durchschnittsnote im Abiturzeugnis, die für die Bewerbung im ZVS-Verfahren maßgebend war.

[757] VG Lüneburg Beschl. v. 23.3.2006 – 1 B 8/06 (Anhebung einer Bewertung auf „vollbefriedigend").

§ 64 Ausbildungsförderungsrecht

Schrifttum: *Blanke,* BAföG – eine Idee und ihre Gestaltung, 2000; *Bohnert,* BAföG und Betrug – Zur Ahndung von Falschangaben in Anträgen zur Ausbildungsförderung, NJW 2003, 3611; *Lackner,* BAföG – aktuelle Entwicklungen und Rechtsprechungsüberblick, NVwZ 2013, 912 (2010–2012); NVwZ 2015, 1417 (2013–2014); *ders.,* Das Fünfundzwanzigste Gesetz zur Änderung des Bundesausbildungsförderungsgesetzes, NVwZ 2015, 938; *Ramsauer/Stallbaum,* BAföG, 6. Aufl., 2016; *Roth,* Die verwaltungsrechtlichen Probleme des BAföG-Betrugs, NJW 2006, 1707; *Rothe/Blanke,* Bundesausbildungsförderungsgesetz, Losebl.

I. Erstförderung

1. Voraussetzungen

1441 Die erstmalige Gewährung von Ausbildungsförderung lässt sich im Hauptsacheverfahren im Wege der Verpflichtungsklage, im Verfahren des vorläufigen Rechtsschutzes durch Erlass einer Regelungsanordnung nach § 123 Abs. 1 S. 2 VwGO erreichen.[758] Da im Eilverfahren die Hauptsache ganz oder teilweise vorweggenommen wird, kann eine Regelung nur ergehen, wenn der Antragsteller in der Hauptsache zumindest überwiegende Erfolgsaussichten hat und weiterhin schlechthin unzumutbaren, anders nicht abzuwendenden Nachteilen ausgesetzt wäre, wenn er auf den rechtskräftigen Abschluss des Klageverfahrens verwiesen würde.[759]

1442 Überwiegende Erfolgsaussichten in der Hauptsache sind glaubhaft, wenn im Klageverfahren ein erstinstanzliches Urteil zugunsten des Antragstellers ergangen ist, es sei denn, dass diese Entscheidung offensichtlich fehlerhaft war.[760] Das Gleiche gilt, wenn dem Antragsteller ein Vorabbescheid nach § 46 Abs. 5, § 50 Abs. 1 Satz 4 BAföG erteilt worden ist, mit dem über die Förderung dem Grunde nach entschieden worden ist, solange dieser Bescheid nicht unanfechtbar widerrufen ist.[761]

1443 In den übrigen Fällen sind alle Voraussetzungen des materiell-rechtlichen Förderungsanspruchs glaubhaft zu machen. Insbesondere muss der Antragsteller für den streitigen Bewilligungszeitraum einen schriftlichen Förderungsantrag (§ 46 Abs. 1 Satz 1 BAföG) gestellt haben, von dem das Entstehen des Förderungsanspruchs abhängt.[762] Der Antrag nach § 123 Abs. 1 VwGO ersetzt den Förderungsantrag nicht. Zu den materiell-rechtlichen Erfordernissen gehört weiterhin, dass dem Antragsteller die für seinen Lebensunterhalt und seine Ausbildung erforderlichen Mittel nicht anderweitig zur Verfügung stehen (§ 1 BAföG). Er muss anrechenbares eigenes oder fremdes Einkommen oder Vermögen einsetzen, bevor er Ausbildungsförderung beanspruchen kann (§§ 11 Abs. 2 –

---

[758] OVG Berlin-Brandenburg NVwZ-RR 2009, 728 (Master-Studium); OVG Hamburg FamRZ 1997, 774; FamRZ 1997, 191 (hohe Erfolgswahrscheinlichkeit); NVwZ-RR 2002, 121; NVwZ-RR 2007, 321 (Master-Studium); VGH Kassel FamRZ 1995, 320; OVG Magdeburg FamRZ 1997, 254 (hohe Erfolgswahrscheinlichkeit); VGH Mannheim FamRZ 1997, 63 (64); VGH München NJW 1990, 2576; OVG Münster FamRZ 1993, 370; OVG Saarlouis NVwZ-RR 2012, 275 (276); OVG Bremen NVwZ-RR 2012, 274 (275); anders VGH Kassel NVwZ 2003, 627 (Sicherungsanordnung nach § 123 Abs. 1 S. 1 VwGO).

[759] So OVG Magdeburg Beschl. v. 27.6.2007 – 3 M 146/06 Rn. 3; VGH Mannheim FamRZ 1997, 64; OVG Münster Beschl. v. 4.12.2014 – 12 B 1309/14 Rn. 3; VG Dresden Beschl. v. 2.4.2015 – 5 L 215/15 Rn. 34; VG Halle NVwZ-RR 2015, 342; aA VG Hannover Beschl. v. 15.10.2015 – 3 B 3898/15 Rn. 15; vgl. hierzu auch allgemein → Rn. 174 ff.

[760] VGH München NJW 1990, 2576.

[761] OVG Münster FamRZ 1983, 220; FamRZ 1983, 1067.

[762] BVerwG NJW 1992, 2439; NVwZ 1995, 76 (77); NVwZ 1995, 75; OVG Hamburg KMK-HSchR 1981, 516.

Abs. 4, 21 ff. BAföG).[763] Hierzu gehört nicht die Hilfe zum Lebensunterhalt nach dem SGB II oder dem SGB XII, da diese nicht gewährt wird, wenn der Antragsteller Ausbildungsförderung dem Grunde nach beanspruchen kann (§ 7 Abs. 5 Satz 1 SGB II, § 22 Abs. 1 Satz 1 SGB XII). Ein Anspruch auf anderweitige Leistungen schließt die Gewährung von Ausbildungsförderung nur aus, wenn die begründete Aussicht besteht, dass er alsbald in vollem Umfang verwirklicht werden kann.[764]

Mit dem Förderungsanspruch ist grundsätzlich auch die besondere Dringlichkeit der **1444** Förderung glaubhaft gemacht.[765] Ohne verfügbare eigene oder fremde Mittel kann sich der Antragsteller nicht ausbilden lassen, sondern ist gezwungen, für seinen Lebensunterhalt zu sorgen.[766] Bis zum rechtskräftigen Abschluss des Hauptsacheverfahrens würde er deshalb unwiederbringliche Zeit verlieren, wenn er erst danach seine Ausbildung beginnen oder fortsetzen könnte. Er ist deshalb schon aus diesen Erwägungen auf sofortige Hilfe angewiesen, ohne dass weitere erschwerende Umstände hinzutreten müssen. Dem entspricht das Ziel der Ausbildungsförderung. Vor allem § 50 Abs. 4, § 51 Abs. 2 BAföG lassen erkennen, dass nicht nur wirksam, sondern auch schnell geholfen werden soll.[767] Das öffentliche Interesse an einer sparsamen Verwendung von Haushaltsmitteln steht dem nicht entgegen. Die Gefahr eines Unterliegens des Antragstellers in der Hauptsache wird in vertretbaren Grenzen gehalten, indem ein Förderungsanspruch mit zumindest überwiegender Wahrscheinlichkeit bestehen muss. Im Übrigen können Förderungsmittel bei einem für den Antragsteller ungünstigen Verfahrensausgang im Wege der Erstattung oder nach § 123 Abs. 3 VwGO, § 945 ZPO zurückgefordert werden.[768] Zwar dürfte es häufig schwierig sein, diesen Anspruch durchzusetzen, wenn der Antragsteller die zur Verfügung gestellten Mittel bestimmungsgemäß verbraucht hat.[769] Dieses mit der Vorleistung verbundene Risiko ist aber geringer als die Nachteile, die dem Antragsteller entstünden, wenn ihm die Gewährung von Ausbildungsförderung zu Unrecht vorenthalten würde.[770]

In Ausnahmefällen kann auch bei Bestehen eines Förderungsanspruchs die Gewährung **1445** von Ausbildungsförderung nicht besonders dringlich sein. Verfügt der Antragsteller über Einkommen oder Vermögen, das nach §§ 23 ff. BAföG anrechnungsfrei bleibt, so ist ihm zuzumuten, es ganz oder teilweise für seine Ausbildung einzusetzen, um die Zeit bis zum Abschluss des Hauptsacheverfahrens zu überbrücken.[771] Ebenso muss er sich auf die Möglichkeit verweisen lassen, nach § 36 BAföG die Vorausleistung von Ausbildungsförderung zu beantragen.[772] Dagegen kann nicht von ihm verlangt werden, auch weiterhin Leistungen in Anspruch zu nehmen, die er von Dritten lediglich aufgrund einer sittlich-moralischen Verpflichtung erhalten hat.[773]

---

[763] Zu Treuhandverhältnissen BVerwGE 132, 21.

[764] VGH Mannheim ESVGH 25, 166 (169) = FamRZ 1975, 517.

[765] VGH Kassel FamRZ 1992, 1363; VGH Mannheim FamRZ 1987, 1201.

[766] Zur Möglichkeit der Selbsthilfe in einem Ausnahmefall OVG Hamburg FamRZ 1990, 673 (674). Zur Frist, die bis zur Entscheidung der Bewilligungsbehörde abzuwarten ist OVG Lüneburg FamRZ 1974, 280.

[767] So insbes. VGH Mannheim ESVGH 25, 168; FamRZ 1977, 354 (355).

[768] → Rn. 533 ff.; OVG Münster NWVBl. 1992, 368 (369).

[769] OVG Berlin FEVS 27, 233 (235).

[770] OVG Hamburg FamRZ 1979, 974.

[771] VGH München FamRZ 1982, 1244 (1245); zu Leistungen der Eltern OVG Münster Beschl. v. 14.12.2014 – 12 B 1309/14.

[772] VGH Mannheim FamRZ 1997, 63 (64); anders VGH München NJW 1990, 2576 (2577).

[773] VG Gelsenkirchen KMK-HSchR 1980, 479 (Überbrückungshilfe durch Verwandte); anders OVG Saarlouis KMK-HSchR 1989, 744.

2. Maßgeblicher Beurteilungszeitpunkt

1446 Maßgeblicher Zeitpunkt für die Beurteilung des Anordnungsbegehrens ist der Erlass der letzten gerichtlichen Entscheidung.[774] Für den Anordnungsgrund gilt dies ohne Ausnahme. Eine zusprechende erstinstanzliche Entscheidung ist deshalb im Beschwerdeverfahren aufzuheben, wenn die besondere Dringlichkeit bei ihrem Erlass gegeben war, inzwischen aber entfallen ist. Auch für den Anordnungsanspruch kommt es grundsätzlich auf den Entscheidungszeitpunkt an. Etwas anderes gilt nur dann, wenn sich das Anordnungsbegehren auf einen zurückliegenden Bewilligungszeitraum bezieht. In diesem Fall ist dieser Zeitabschnitt für die Beurteilung der Anspruchsberechtigung maßgebend.[775]

3. Art und Umfang der Förderung

1447 Ausbildungsförderung wird auch im Anordnungsverfahren in der Höhe des gesetzlich vorgesehenen Regelbedarfs für den Lebensunterhalt und die Ausbildung (§§ 11 ff. BAföG) gewährt. Ob Ausbildungsförderung als Zuschuss oder als Darlehen zu leisten ist, richtet sich nach dem materiellen Recht (§ 17 BAföG).[776] Die Vorläufigkeit der im Anordnungsverfahren getroffenen Regelung gebietet nicht, die Bewilligungsbehörde zu verpflichten, Leistungen stets als Darlehen oder entsprechend § 20 Abs. 1 Nr. 4 BAföG unter dem Vorbehalt der Rückforderung zu gewähren.[777] Zu Unrecht geleistete Zahlungen kann die Behörde ungeachtet der Förderungsart nach § 123 Abs. 3 VwGO, § 945 ZPO zurückfordern.[778]

4. Beginn und Dauer der Förderung

1448 Ausbildungsförderung wird für Bewilligungszeiträume gewährt, die in der Regel ein Jahr (§ 50 Abs. 3 BAföG) und bei Vorausleistungen nach § 51 Abs. 2 BAföG vier Monate betragen. Die Förderung beginnt frühestens vom Beginn des Antragsmonats an (§ 15 Abs. 1 BAföG).

1449 Die Gerichte gehen davon aus, dass im Anordnungsverfahren allein die Beseitigung einer gegenwärtigen Notlage begehrt werden kann.[779] Förderungsbeginn bei einer bereits begonnenen Ausbildung ist danach entweder die Antragstellung beim Verwaltungsgericht[780] oder der Erlass der jeweiligen gerichtlichen Entscheidung.[781] Von diesem dem Sozialhilferecht entlehnten Ansatzpunkt her sollte grundsätzlich der letztere Zeitpunkt

---

[774] So zB VGH Mannheim FamRZ 1977, 355; VGH München FamRZ 1982, 1245.

[775] VGH München NJW 1990, 2576.

[776] Zur Verfassungsmäßigkeit einer Förderung durch Darlehen s. BVerfG NVwZ-RR 2002, 838; BVerwG FamRZ 1998, 1207; OVG Münster FamRZ 2002, 1369; eine Klärung der Art der Förderung im Wege vorbeugenden Rechtsschutzes ist nicht möglich, vgl. OVG Münster Beschl. v. 19.11.2012 – 12 B 1234/12 Rn. 6.

[777] Anders OVG Hamburg FamRZ 1979, 1088 (1090); VGH Mannheim FamRZ 1979, 750 (751); Raum für richterliche Rechtsfortbildung bei der Annahme eines Anordnungsanspruchs soll im Verfahren nach § 123 Abs. 1 VwGO nicht bestehen, so VGH Mannheim FamRZ 2004, 1827 (zw.).

[778] So zB OVG Berlin FamRZ 1976, 560 (562); OVG Hamburg FamRZ 1979, 974; KMK-HSchR 1981, 516; VGH Mannheim FamRZ 1976, 718 (719); FamRZ 1977, 355; ob daneben ein öffentlich-rechtlicher Erstattungsanspruch entsprechend § 20 Abs. 1 Nr. 4 BAföG besteht, ist umstritten. Dafür: VGH Mannheim FamRZ 1976, 719; FamRZ 1977, 355; dagegen: OVG Hamburg NVwZ 1990, 686; OVG Münster NWVBl. 1992, 368 (369). Vgl. hierzu allgemein → Rn. 533 ff.

[779] So zB VGH Kassel FamRZ 1992, 1361 (1363); OVG Bautzen Beschl. v. 4.3.2013 – 1 B 306/13 Rn. 6; VGH München NJW 1990, 2576 lässt die Gewährung von Ausbildungsförderung auch für einen früheren Bewilligungszeitraum zu.

[780] VGH Kassel FamRZ 1992, 1363; VGH Mannheim FamRZ 1979, 750 (751).

[781] OVG Hamburg Beschl. v. 27.8.2001 – 4 Bs 200/01 Rn. 6; NVwZ-RR 2013, 374 (Ls. – jeweils bezogen auf den Monat, in dem die Entscheidung ergangen ist); VGH München Beschl. v. 25.3.1999 – 12 CE 97.1832 Rn. 25.

maßgebend sein, in dem die besondere Dringlichkeit der Förderung zu beurteilen ist. Zu erwägen ist aber, ob nicht eine Förderung seit der Antragstellung bei der Bewilligungsbehörde in Betracht kommt. Ausbildungsförderung ist nicht auf die Überwindung einer akuten Notlage, sondern darauf gerichtet, die Chancengleichheit durch die finanzielle Sicherstellung einer der Neigung, Eignung und Leistung entsprechenden Ausbildung zu verwirklichen. Dieser Förderungszweck lässt die Bewilligung von Ausbildungsförderung auch für einen in der Vergangenheit liegenden Bedarfszeitraum zu.[782] Er dürfte grundsätzlich auch geeignet sein, die besondere Dringlichkeit der Förderung zu begründen, die für den Antragsteller darin besteht, über die ihm nach materiellem Recht zustehenden Förderungsmittel auch tatsächlich verfügen zu können.[783]

Die Förderung endet, wenn ihre Höchstdauer noch nicht erreicht ist, zumeist mit dem 1450 rechtskräftigen Abschluss des Hauptsacheverfahrens. Dies ist bei langer Verfahrensdauer zu weitgehend. Die Förderung sollte vielmehr auf einzelne Bewilligungszeiträume beschränkt werden, auch wenn dies zu weiteren Anträgen führt. Auf jeden Fall sollte sie mit dem Erlass der erstinstanzlichen Hauptsacheentscheidung enden, da zu diesem Zeitpunkt über die Erfolgsaussichten der Klage nicht nur aufgrund einer summarischen Prüfung entschieden worden ist.[784] Nach Erlass der erstinstanzlichen Entscheidung ist eine Begrenzung bis zur Beendigung des Berufungsverfahrens geboten.[785]

II. Weiterförderung

Stellt die Bewilligungsbehörde eine laufende Förderung ein, so ist zu unterscheiden: 1451 Endet die Förderung mit dem Ende des Bewilligungszeitraums, kann die Weiterförderung für spätere Bewilligungszeiträume allein nach § 123 Abs. 1 Satz 2 VwGO erreicht werden.[786] Der nach § 46 Abs. 1 BAföG erforderliche Antrag ist bei der Bewilligungsbehörde für jeden Förderungsabschnitt neu zu stellen.[787] Bei einer vorzeitigen Einstellung der Förderung aufgrund eines Änderungsbescheides nach § 53 BAföG ist bei Anordnung des Sofortvollzugs vorläufiger Rechtsschutz nach § 80 Abs. 5 VwGO zu gewähren. Der Änderungsbescheid darf nicht durch Zahlungseinstellung vollzogen werden, solange er nicht unanfechtbar oder bestandskräftig ist oder der Sofortvollzug ausdrücklich angeordnet worden ist.[788]

III. Rückforderung, Erstattung, Überleitung

Sind Fördermittel ohne Rechtsgrund geleistet worden, hebt die Bewilligungsbehörde 1452 den Bewilligungsbescheid auf[789] und fordert die gezahlten Beträge zurück (§ 20 Abs. 1 Nr. 3, 4 BAföG). Gegen den Sofortvollzug kann vorläufiger Rechtsschutz nach § 80 Abs. 5 VwGO gewährt werden. Mit der entstehenden Rückforderung kann während der Dauer der aufschiebenden Wirkung nicht aufgerechnet werden, weil der Bestand der

[782] OVG Münster NVwZ 1986, 402 (403).

[783] Ebenso VGH München NJW 1990, 2576 (2577).

[784] OVG Berlin FamRZ 1976, 560 (561); in diese Richtung auch OVG Hamburg Beschl. v. 22.6.2001 – 4 Bs 145/01 – (Förderung bis einen Monat nach Erlass des Widerspruchsbescheides).

[785] OVG Hamburg KMK-HSchR 1981, 516.

[786] VG Freiburg Beschl. v. 11.2.2016 – 7 K 2926/15 Rn. 7.

[787] BVerwG FamRZ 1993, 119 (120); NVwZ 1995, 76 (77); VG Hamburg Beschl. v. 1.8.2005 – 2 E 1759/05; zur Auslegung eines Folgeantrags BVerwG FamRZ 1994, 60; VGH München FamRZ 1994, 1623 (1624); zur weiteren Förderung wegen eines schwerwiegenden Grundes s. OVG Bautzen FamRZ 2006, 1233 (1235) (krankheitsbedingte Nichtteilnahme an einer Wiederholungsklausur).

[788] OVG Berlin FEVS 27, 233 (235); VGH Kassel ESVGH 30, 211 (212); VGH Mannheim FamRZ 1996, 978 (979) (bei Nichtbeachtung der aufschiebenden Wirkung vorläufiger Rechtsschutz entspr. § 80 Abs. 5 VwGO).

[789] BVerwGE 58, 132 (134); NVwZ-RR 1990, 249; OVG Münster NVwZ 1986, 402.

Rückforderung die Aufhebung des Bewilligungsbescheides voraussetzt.[790] Entsprechendes gilt für den vorläufigen Rechtsschutz gegen einen Leistungsbescheid nach § 47a BAföG,[791] mit dem gegen den Ehegatten oder die Eltern des Auszubildenden wegen schuldhaften Verhaltens der Unterhaltspflichtigen Ersatzansprüche geltend gemacht werden.

1453 Zivilrechtliche Unterhaltsansprüche, die der Auszubildende gegen seine Eltern hat, gehen kraft Gesetzes auf das Land über (§ 37 Abs. 1 BAföG). Verwaltungsgerichtlicher vorläufiger Rechtsschutz kommt hiergegen nicht in Betracht, da die Ansprüche auch nach der Überleitung auf dem ordentlichen Rechtsweg zu verfolgen sind.[792]

IV. Auskunftspflichten

1454 Kommt die Ausbildungsstätte ihrer Verpflichtung nicht nach, die für die Förderung erforderlichen gutachtlichen Stellungnahmen abzugeben (§ 47 Abs. 1 Satz 1 BAföG), kann der Auszubildende die Erteilung einer vorläufigen Bescheinigung nach § 123 Abs. 1 Satz 2 VwGO verlangen.[793] Eine besondere Dringlichkeit ergibt sich zB daraus, dass die Weiterförderung vom fünften Fachsemester an grundsätzlich nur bei Vorlage der Bescheinigung möglich ist (§ 48 Abs. 1 Nr. 2 BAföG). Für die Erteilung besteht auch ein Rechtsschutzbedürfnis. Die Förderungswürdigkeit des Auszubildenden kann nicht als Vorfrage in einem Verfahren gegen die Bewilligungsbehörde geklärt werden, sondern lässt sich allein durch die Vorlage einer Stellungnahme der Ausbildungsstätte nachweisen.[794]

1455 Gegen die Anforderung einer gutachtlichen Stellungnahme der Ausbildungsstätte durch die Bewilligungsbehörde (§ 48 Abs. 3 BAföG) kann wegen § 44a VwGO vorläufiger Rechtsschutz nicht gewährt werden, da es sich um eine behördeninterne Maßnahme handelt.[795] Der Auszubildende kann deshalb vorläufigen Rechtsschutz erst dann erlangen, wenn die Bewilligungsbehörde eine gegen ihn gerichtete Maßnahme auf die Stellungnahme stützt.

1456 Das nach § 47 Abs. 4 BAföG gegen die Eltern oder den Ehegatten des Auszubildenden gerichtete Auskunftsverlangen stellt sich dagegen als Verwaltungsakt dar, da es unmittelbar in deren Rechtsstellung eingreift.[796] Wird die sofortige Vollziehung angeordnet,[797] ist vorläufiger Rechtsschutz nach § 80 Abs. 5 VwGO zu gewähren.

§ 65 Straßenverkehrsrecht

Schrifttum: *Berz/Burmann,* Handbuch des Straßenverkehrsrechts, Losebl.; *Burmann/Heß/Jahnke/Janker,* Straßenverkehrsrecht, 24. Aufl., 2016; *Bitter/Konow,* Bekanntgabe und Widerspruchsfrist beim Verkehrszeichen, NJW 2001, 1386; *Buschbell,* Münchener Anwaltshandbuch Straßenverkehrsrecht., 4. Aufl., 2015, Teil B; *Czermak,* Zur aktuellen Problematik von Eignungsüberprüfung, Entziehung der Fahrerlaubnis und vorläufigem Rechtsschutz, NJW 1994, 1458; *Geiger,* Rechtsschutz gegen Maßnahmen der Fahrerlaubnisbehörden, DAR 2001, 488; *ders.,* Aktuelle Rechtsprechung zum Fahrerlaubnisrecht, DAR 2009, 61; DAR 2010, 61; DAR 2013, 61; *ders.,* Gerichtskosten und Streitwerte in verkehrsverwaltungsrechtlichen Streitigkeiten, DAR 2005, 491; *Henn,* Zur aktuellen Problematik von Eignungsüberprüfung, Entziehung der Fahrerlaubnis und vorläufigem

[790] BVerwGE 132, 250 (Rn. 11); OVG Magdeburg Beschl. v. 27.6.2007 – 3 M 146/06 Rn. 9.

[791] VGH Kassel FamRZ 1996, 1179 (1180); ESVGH 39, 68. Einer Aufhebung des Bewilligungsbescheides bedarf es nicht, BVerwG NJW 1993, 2328; OVG Münster NVwZ 1984, 129.

[792] So zB BVerwGE 87, 217 (222 f.).

[793] OVG Bautzen FamRZ 2006, 1233 (1234); OVG Münster KMK-HSchR 1981, 350.

[794] BVerwG Buchholz 436.36 § 48 BAföG Nr. 10; BVerwGE 57, 81; OVG Münster KMK-HSchR 1981, 352.

[795] Hierzu allgemein → Rn. 60 f.

[796] VG Minden FamRZ 1977, 495 (496); OLG Hamm FamRZ 1980, 950 (951).

[797] Zur Begründung des besonderen Vollzugsinteresses VG Gelsenkirchen FamRZ 1982, 747.

Rechtsschutz, NJW 1993, 3169; *Hentschel/König/Dauer,* Straßenverkehrsrecht, 43. Aufl., 2015; *Hillmann,* Rechtsschutz gegen Maßnahmen der Verwaltungsbehörde, DAR 2006, 128; *Koehl,* Effektiver Rechtsschutz gegen die Auferlegung eines Fahrtenbuchs, NZV 2008, 169; *ders.*, Checkliste Verkehrszeichen und Verwaltungsprozess, SVR 2013, 176; *ders.*, Neuere Rechtsprechung zum Fahrerlaubnisrecht, NZV 2015, 526; *Rebler,* Das Verkehrszeichen und die Anordnungsmöglichkeiten nach § 45 StVO, NZV 2006, 113; *ders.*, Rund um das Verkehrszeichen, DAR 2010, 377; DAR 2010, 450; *Schäler,* „Koblenzer Modell" Entziehung der Fahrerlaubnis nach Konsum harter Drogen durch sofortige Vollziehung der Fahrerlaubnisbehörde, DAR 2014, 430; *Schneider,* Streitwert in Verfahren über die Anordnung einer Fahrtenbuchauflage, DAR 2009, 551; *Stelkens,* Das Verkehrsschild, die öffentliche Bekanntgabe, das BVerfG und der VGH Mannheim, NJW 2010, 1184; *Stollenwerk,* Fahrtenbuchauflage: Sofortvollzug bei Wiederholungsgefahr, VD 2001, 53; *Weber,* Zum Verfahren nach § 80 V VwGO in straßenverkehrsrechtlichen Angelegenheiten, SVR 2011, 281; *Weidemann/ Barthel,* Rechtsschutz gegen Verkehrszeichen – Ausgewählte Fragen der Zulässigkeit eines Rechtsbehelfs, JA 2014, 115.

I. Fahrerlaubnis

Wer auf öffentlichen Straßen ein Kraftfahrzeug führt, bedarf einer Fahrerlaubnis (§§ 2 **1457** Abs. 1 Satz 1 StVG, 4 Abs. 1 Satz 1 FeV); die Fahrerlaubnis ist durch eine amtliche Bescheinigung, den Führerschein, nachzuweisen (§ 2 Abs. 1 Satz 3 StVG). Verwaltungsrechtlicher Eilrechtsschutz gewinnt Bedeutung insbesondere bei Verfahren um die Entziehung der Fahrerlaubnis. Geringere Bedeutung haben Verfahren um die Anordnung zur Teilnahme an einer medizinisch-psychologischen Begutachtung und um die vorläufige Erteilung einer Fahrerlaubnis.

1. Entziehung

a) Entziehung nach dem Punktesystem. Mit dem Punktesystem des § 4 StVG werden **1458** bestimmte Straftaten und Ordnungswidrigkeiten bewertet (§ 4 Abs. 2 Satz 1 StVG).[798] Die Fahrerlaubnisbehörde ist an rechtskräftige Entscheidungen über die Straftat oder die Ordnungswidrigkeit gebunden (§ 4 Abs. 5 Satz 4 StVG).[799] An das Punktesystem anknüpfend regelt § 4 Abs. 5 StVG ein abgestuftes Sanktionensystem.[800] Ergeben sich acht oder mehr Punkte so gilt der Betroffene als ungeeignet zum Führen von Kraftfahrzeugen. Die Fahrerlaubnisbehörde hat die Fahrerlaubnis zu entziehen (§ 4 Abs. 5 Satz 1 Nr. 3 StVG).[801] Widerspruch und Anfechtungsklage gegen die Entziehung haben keine aufschiebende Wirkung (§ 4 Abs. 9 StVG).

Eilrechtsschutz ist nach § 80 Abs. 5 VwGO anzustreben mit dem Ziel, die aufschieben- **1459** de Wirkung des Widerspruchs anzuordnen. Für die Entscheidung gelten die allgemeinen Grundsätze;[802] maßgebend ist bis zum Widerspruchsbescheid der Zeitpunkt der gerichtlichen Entscheidung.[803] Umstritten ist, ob der Eilrechtsschutz Erfolg haben kann, wenn im Zeitpunkt der gerichtlichen Entscheidung die Widerspruchsentscheidung noch aus-

[798] Die Mitteilung an das Kraftfahrtbundesamt ist kein angreifbarer Verwaltungsakt, OVG Lüneburg DAR 2001, 471; zum früheren Recht bereits BVerwGE 77, 268 (271); ebenso für die Auskunft aus dem Verkehrszentralregister: VG Frankfurt NJW 2001, 3500.

[799] Zur Bindungswirkung behördlicher Entscheidungen VGH Mannheim NJW 2014, 487 (488).

[800] Zur Notwendigkeit dieser Maßnahmen, insbesondere mit Blick auf § 4 Abs. 5 Satz 2 StVG s. OVG Frankfurt (Oder) VRS 108, 316; OVG Münster NVwZ-RR 2003, 681; NVwZ-RR 2004, 347; zur Annäherung an einen Punktestand „von oben" OVG Weimar VRS 107, 315; OVG Bautzen NJW 2007, 168.

[801] Zu den jeweils maßgeblichen Zeitpunkten OVG Münster NJW 2015, 2136.

[802] → Rn. 961 ff.; etwa: VGH Mannheim VRS 107, 398; NJW 2014, 487; OVG Münster VRS 110, 232 (Vielzahl von Parkverstößen).

[803] OVG Bautzen LKV 2015, 468.

steht und bei deren Erlass wegen ablaufender Tilgungsfristen mit einem geringeren Punktestand als acht Punkten zu rechnen ist.[804]

1460 *zur Zeit nicht besetzt*

1461 **b) Entziehung wegen mangelnder Eignung (§ 3 Abs. 1 Satz 1 StVG).** Die Fahrerlaubnisbehörde hat die Fahrerlaubnis nach § 3 Abs. 1 Satz 1 StVG zu entziehen, wenn sich jemand als ungeeignet oder nicht befähigt zum Führen von Kraftfahrzeugen erweist. Dies gilt insbesondere, wenn Erkrankungen oder Mängel nach der Anlage 4 zur Fahrerlaubnisverordnung vorliegen[805] oder wiederholt gegen verkehrsrechtliche Vorschriften oder Strafgesetze verstoßen wurde und dadurch die Eignung zum Führen von Kraftfahrzeugen ausgeschlossen ist (§ 46 Abs. 1 Satz 2 FeV). Mangelnde Eignung kann insbesondere vorliegen, wenn der Betroffene alkoholisiert[806] oder unter dem Einfluss von Betäubungsmitteln[807] am Straßenverkehr teilnimmt oder krankheits- oder altersbedingten[808] Einschränkungen unterliegt. Maßgeblicher Zeitpunkt für die Überprüfung der Rechtmäßigkeit des belastenden Verwaltungsakts ist die Sach- und Rechtslage im Zeitpunkt der letzten Verwaltungsentscheidung.[809]

1461a Die Anerkennung von Fahrerlaubnissen aus Mitgliedsstaaten der Europäischen Union regelt § 28 FeV, namentlich das Recht von einer im Ausland erworbenen Fahrerlaubnis Gebrauch zu machen. Nach § 28 Abs. 4 Satz 1 Nr. 3 FeV gilt diese Berechtigung zum Führen eines Kraftfahrzeuges aber nicht für solche Inhaber einer EU-Fahrerlaubnis, denen die Fahrerlaubnis rechtskräftig oder vorläufig von einem Gericht oder sofort vollziehbar oder bestandskräftig von einer Verwaltungsbehörde entzogen worden ist. Über die danach fehlende Berechtigung kann die Behörde einen feststellenden Verwaltungsakt erlassen (§ 28 Abs. 4 Satz 2 FeV). Rechtsmittel gegen diese Feststellung haben aufschiebende Wirkung nach § 80 Abs. 1 Satz 2 VwGO.[810] Die damit bewirkte aufschiebende Wirkung suspendiert zwar den Verwaltungsakt, ändert aber nichts an der Rechtsfolge des § 28 Abs. 4 Satz 1 Nr. 3 FeV, also dem Wegfall der Berechtigung, ein Kraftfahrzeug zu führen.

1462 **aa) Begründung der Sofortvollzugsanordnung.** Widerspruch und Anfechtungsklage gegen die Entziehung der Fahrerlaubnis nach § 3 Abs. 1 Satz 1 StVG haben aufschiebende Wirkung. Die Behörde kann die sofortige Vollziehung anordnen; in der Praxis geschieht dies in der Masse der Fälle.[811] Hat die Behörde die sofortige Vollziehung ihrer Verfügung angeordnet, so besteht die Verpflichtung zur Vorlage des Führer-

---

[804] Dagegen OVG Hamburg DAR 2008, 540; VGH Mannheim DÖV 2005, 746; OVG Münster DÖV 2006, 924; VGH München NJW 2008, 1547; erwogen in OVG Koblenz DÖV 2006, 834; dafür OVG Bremen NordÖR 2006, 313 = NJW 2007, 394.

[805] BGBl. I 2010, 1980, zuletzt geändert durch Art. 1 der Verordnung vom 2.10.2015 (BGBl. I S. 1674).

[806] OVG Bremen Beschl. v. 28.4.2006 – 1 B 94/06; VGH München Beschl. v. 12.7.2006 – 11 CS 06.1095; DAR 2006, 413; VG Potsdam NJW 2006, 2793.

[807] Hierzu etwa BVerwG NJW 2002, 78; OVG Frankfurt (Oder) BAK 2006, 161; OVG Greifswald NZV 2010, 531 (Cannabis); OVG Hamburg NordÖR 2006, 110; NJW 2006, 1367; OVG Lüneburg NVwZ-RR 2003, 899; VGH Mannheim VRS 109, 450; VBlBW 2006, 149; NJW 2006, 934; VGH München VRS 110, 310 (m. umf. Nachweisen zum Cannabiskonsum); NJW 2016, 2602; OVG Münster VRS 109, 79; OVG Saarlouis NVwZ-RR 2001, 606; OVG Schleswig VRS 107, 229 (Amphetamin); VG Freiburg NJW 2009, 309 (Kokain).

[808] Etwa OVG Münster Beschl. v. 6.5.2005 – 16 B 183.03.

[809] BVerwG Buchholz 442.10 § 4 StVG Nr. 73; NJW 2005, 3081; zur Bindungswirkung nach § 3 Abs. 4 Satz 1 StVG s. OVG Münster ZFSch 2012, 539; NZV 2014, 543.

[810] OVG Lüneburg NZV 2010, 589; VGH Mannheim NVwZ-RR 2010, 463; zum Vorrang von § 80 Abs. 5 in solchen Fällen OVG Münster NJW 2014, 2457; zu einem Sperrvermerk OVG Münster VRS 124 Nr. 92.

[811] OVG Hamburg VRS 110, 388 (389).

scheins auch, wenn die Entscheidung mit Rechtsmitteln angefochten wird (§ 47 Abs. 1 Satz 2 FeV).[812]

Bei Anordnung der sofortigen Vollziehung hat die Behörde das besondere Interesse an der sofortigen Vollziehung nach § 80 Abs. 3 Satz 1 VwGO zu begründen. Die Anforderungen an diese Begründung dürfen allerdings nicht überspannt werden: Grundsätzlich muss die Behörde zur Begründung einer Anordnung nach § 80 Abs. 2 Satz 1 Nr. 4 VwGO ein Vollziehungsinteresse darlegen, das über das Interesse am Erlass der Entziehungsverfügung hinausgeht.[813] Dennoch ist die Behörde nicht gehalten, stets eine neue, auf den jeweiligen Einzelfall gemünzte Begründung zu formulieren. Denn die Interessenlage wird typischerweise in vielen Fällen gleich gelagert sein: Dem Interesse des Betroffenen an der weiteren Teilnahme im Straßenverkehr steht das öffentliche Interesse gegenüber, Leben, Gesundheit und Eigentum anderer Verkehrsteilnehmer durch einen möglichst baldigen Ausschluss ungeeigneter Verkehrsteilnehmer zu schützen.[814] Es reicht daher aus, wenn die Behörde diese allgemein für die Anordnung des Sofortvollzuges sprechende Interessenlage aufzeigt und darlegt, dass diese Interessenlage auch im jeweiligen Einzelfall gegeben ist.[815] Daher ist auch gegen eine knappe Begründung der Sofortvollzugsanordnung nichts einzuwenden.[816] Diese Grundsätze gelten auch für die Anordnung der sofortigen Vollziehung eines feststellenden Verwaltungsakts nach § 28 Abs. 4 Satz 2 FeV.[817] 1463

bb) Erfolgsaussichten in der Hauptsache. Für die gerichtliche Entscheidung gelten die allgemeinen Grundsätze: Ist die Entziehung offensichtlich rechtmäßig, tritt das Interesse des Betroffenen an der weiteren Nutzung seiner Fahrerlaubnis hinter das öffentliche Interesse eines sicheren Straßenverkehrs zurück. Denn in diesen Fällen ist zu befürchten, dass der Fahrerlaubnisinhaber andere Verkehrsteilnehmer in ihrer Gesundheit oder in ihrem Vermögen ernstlich gefährdet, wenn er bis zum rechtskräftigen Abschluss des Hauptsacheverfahrens weiterhin ein Kraftfahrzeug führen darf.[818] Der Schutz der übrigen Verkehrsteilnehmer hat Vorrang auch vor schwer wiegenden persönlichen, beruflichen oder wirtschaftlichen Nachteilen, denen sich ein Kraftfahrzeugführer beim Entzug der Fahrerlaubnis ausgesetzt sieht.[819] Dies gilt auch, wenn die Behörde die sofortige Vollziehung erst mit erheblicher Verspätung angeordnet hat, solange die Anordnungsgründe fortbestehen.[820] Etwas Anderes kommt nur in Betracht, wenn der betroffene Fahrerlaubnisinhaber die Fahreignung zum Zeitpunkt der gerichtlichen Entscheidung bereits mit hoher Wahrscheinlichkeit zurückerlangt hat.[821] 1464

Erweist sich die Entziehung der Fahrerlaubnis bereits bei der Prüfung im Eilverfahren als offensichtlich rechtswidrig, fehlt ein öffentliches Interesse an dem sofortigen Vollzug der Maßnahme.[822] So ist etwa die Entziehung der Fahrerlaubnis offensichtlich rechts- 1465

---

[812] Zur Auslegung der Vorschrift VGH München VRS 109, 141.

[813] VGH Mannheim VBlBW 1995, 92; OVG Münster Beschl. v. 18.11.2004 – 16 B 1282/14 Rn. 3; VG Sigmaringen NVwZ-RR 2002, 116 (→ Rn. 740 ff.).

[814] VGH München Beschl. v. 27.10.2005 – 11 CS 05.1967 Rn. 13; OVG Münster, BAK 51, 196; VGH Mannheim DAR 2012, 603; in diese Richtung auch OVG Hamburg VRS 102, 393 (400) (der Hinweis auf die Nichteignung trägt auch die Anordnung des Sofortvollzugs).

[815] OVG Greifswald NJW 2008, 3016; OVG Hamburg VRS 110, 388 (390); zur Gefährdung durch Rauschtaten OVG Münster NJW-Spezial 2012, 651 (Ls.).

[816] OVG Saarlouis ZfSch 2003, 47; Beschl. v. 12.12.2005 – 1 W 16/05 Rn. 16 (bei Konsum harter Drogen).

[817] VGH Mannheim NJW 2010, 2821.

[818] VGH Mannheim VRS 108, 157; VG Braunschweig NVwZ 2003, 1284.

[819] OVG Berlin VRS 44, 148 (159); VGH Kassel ESVGH 14, 147 (150); VGH München BayVBl. 1973, 355; VGH nF 18, 26 (27); OVG Münster DAR 1977, 223; OVGE 26, 242.

[820] OVG Lüneburg ZfSch 2005, 48.

[821] OVG Münster NZV 2014, 543 (544).

[822] Hierzu allgemein → Rn. 967 f.

widrig, wenn die Fahrerlaubnisbehörde einen Sachverhalt berücksichtigt, der Gegenstand eines noch anhängigen Strafverfahrens im Sinne von § 3 Abs. 3 Satz 1 StVG ist.[823]

1466 **cc) Interessenabwägung.** Ist die Frage der Rechtmäßigkeit offen,[824] so entscheiden die Gerichte aufgrund einer Interessenabwägung. Entscheidend ist, ob hinreichender Anlass zu der Annahme besteht, dass aus der aktiven Teilnahme des Betroffenen ein Risiko für die Sicherheit des Straßenverkehrs folgt, das deutlich über demjenigen liegt, das allgemein mit der Zulassung von Personen zum Führen von Kraftfahrzeugen im Straßenverkehr verbunden ist.[825]

1467 Bei dieser Interessenabwägung kann zu berücksichtigen sein, ob die Behörde den Zweifeln an der Eignung hinreichend nachgegangen ist und wie weit sich die Eignungszweifel im Rahmen dieser Ermittlungen verdichtet haben;[826] auch kann eine Rolle spielen, wie lange das die Zweifel begründende Verhalten zurückliegt.[827] Zu den ernstlichen Zweifeln an der Fahreignung muss die Besorgnis hinzukommen, der Fahrerlaubnisinhaber werde durch sein Verhalten bis zur abschließenden Entscheidung der Hauptsache den Straßenverkehr gefährden. Dabei kann eine Rolle spielen, ob der Betreffende als Berufskraftfahrer überdurchschnittlich häufig am Straßenverkehr teilnimmt.[828] Zu erwägen ist, ob der Ausgang des Hauptsacheverfahrens abgewartet werden kann, um die Zweifel an der Fahreignung zu klären. Auf der Seite des Betroffenen ist insbesondere zu prüfen, ob gewichtige berufliche Interessen berührt sind[829], ob der Betroffene in der Vergangenheit sich bereits verkehrswidrig verhalten hat[830] oder eine mögliche medizinische Beeinträchtigung bisher weder zu Ordnungswidrigkeiten noch Straftaten im Verkehr geführt hat.[831]

1468 Die aufschiebende Wirkung darf nicht nur vollständig, sondern kann auch teilweise wiederhergestellt werden, wenn der Fahrerlaubnisinhaber nur in beschränktem Maße fahruntauglich erscheint.[832] Dies lässt sich bereits § 46 Abs. 2 Satz 1 FeV entnehmen und entspricht dem verfassungsrechtlichen Grundsatz der Verhältnismäßigkeit. Bei körperlichen Eignungsmängeln, welche die Fahreignung nicht insgesamt in Frage stellen, kann durch Auflagen nach § 80 Abs. 5 Satz 4 VwGO sichergestellt werden, dass der Fahrerlaubnisinhaber bestimmte Gefahrensituationen meidet.[833] Dem Antragsteller kann auch aufgegeben werden, sich regelmäßig körperlich auf die Einnahme von Drogen untersuchen zu lassen[834] oder innerhalb eines bestimmten Zeitraumes ein Fahrtauglichkeitsgutachten beizubringen.[835]

1469 **dd) Vorbereitende Untersuchungen.** Werden Tatsachen bekannt, die Bedenken begründen, dass der Inhaber einer Fahrerlaubnis zum Führen eines Kraftfahrzeugs ungeeig-

---

[823] OVG Koblenz NJW 2006, 2714.

[824] OVG Greifswald NJW 2008, 3016 (Verwertbarkeit einer Alkoholkontrolle im Ausland); OVG Münster Beschl. v. 23.2.2016 – 16 B 45.16 Rn. 34 (Cannabis-Konsum).

[825] So die Formulierung in BVerfG NJW 2002, 2378 (2380); OVG Saarlouis ZfSch 2003, 47; plastisch: OVG Hamburg VRS 105, 466 (470): kein überwiegendes Interesse am Sofortvollzug, wenn die Fahrerlaubnis möglicherweise unter Verstoß gegen § 17 Abs. 3 S. 1 FeV nicht am Hauptwohnort – einer Millionenstadt –, sondern in einer Ferienfahrschule erworben wurde, der Antragsteller aber sonst nicht auffällig geworden ist.

[826] Vgl. VGH Mannheim NZV 1992, 88 (unzureichende Ermittlung von Leberwerten).

[827] OVG Saarlouis NZV 1993, 416.

[828] OVG Saarlouis ZfSch 2003, 47; OVG Bautzen DÖV 2015, 304 (Ls.).

[829] VGH Mannheim DAR 1991, 72.

[830] OVG Greifswald NJW 2008, 3016 (3019).

[831] OVG Münster Beschl. v. 28.2.2013 – 16 B 1416/12.

[832] Hierzu im Einzelnen OVG Bremen NJW 1980, 2371.

[833] OVG Bremen NJW 1989, 2372 (Nachtblindheit).

[834] VGH München Beschl. v. 30.11.2005 – 11 CS 05.1464.

[835] So VGH München NJW 1973, 1208; BayVBl. 1977, 249. Anders VGH Mannheim NJW 1985, 449 = DVBl. 1984, 1180 (1181).

net oder nur bedingt geeignet ist, kann die Fahrerlaubnisbehörde nach §§ 46 Abs. 3, 11 ff. FeV die Beibringung von Gutachten anfordern, u. a. medizinisch-psychologische Gutachten nach § 11 Abs. 3 FeV, Gutachten zur Klärung von Eignungszweifeln bei einer Alkoholproblematik (§ 13 FeV) oder im Hinblick auf Betäubungs- oder Arzneimittel (§ 14 FeV). Eine derartige Anordnung berührt den Schutzbereich des Art. 2 Abs. 1 GG und muss ihrerseits dem Übermaßverbot genügen.[836] Gleichwohl kann sie nicht gesondert angefochten werden, weil es sich um eine bloße Aufklärungsanordnung handelt.[837] Eine Rechtsschutzlücke entsteht jedoch nicht: Verweigert der Betroffene die Untersuchung oder bringt er das geforderte Gutachten nicht fristgerecht bei, darf die Behörde auf die Nichteignung des Betroffenen schließen (§ 11 Abs. 8 Satz 1 FeV). Dieser Schluss ist aber nur zulässig, wenn die Anordnung der Untersuchung rechtmäßig, insbesondere anlassbezogen und verhältnismäßig war.[838] Der Betroffene kann im Eilverfahren nach § 80 Abs. 5 VwGO also geltend machen, die Entziehung der Fahrerlaubnis sei offensichtlich rechtswidrig, weil er zu Unrecht zur Beibringung eines Gutachtens aufgefordert worden sei und aus der unterlassenen Vorlage nicht auf seine Nichteignung geschlossen werden dürfe.[839] Ist das Gutachten dagegen beigebracht worden, können seine Ergebnisse auch dann verwertet werden, wenn die zugrunde liegende Anordnung rechtswidrig war.[840]

c) Entziehung einer Fahrerlaubnis auf Probe. Die Fahrerlaubnis wird bei erstmali- 1470
gem Erwerb auf Probe erteilt; die Probezeit dauert zwei Jahre vom Zeitpunkt der Erteilung an gerechnet (§ 2a Abs. 1 Satz 1 StVG).[841] Begeht der Fahrerlaubnisinhaber innerhalb der Probezeit eine bestimmte Anzahl von Verkehrsverstößen, reagiert die Behörde zunächst mit Maßnahmen geringerer Eingriffsintensität. Bleiben diese erfolglos, ist die Fahrerlaubnis zu entziehen (zu den Voraussetzungen im Einzelnen s. § 2a Abs. 2 Satz 1 Nr. 3 StVG). Kommt der Inhaber der Fahrerlaubnis einer sofort vollziehbaren[842] Anordnung zur Teilnahme an einem Aufbauseminar[843] nicht fristgerecht[844] nach, ist die Fahrerlaubnis gleichfalls zu entziehen (§ 2a Abs. 3 StVG). Widerspruch und Anfechtungsklage gegen die Anordnung eines Aufbauseminars sowie die Entziehung der Fahrerlaubnis haben keine aufschiebende Wirkung (§ 2a Abs. 6 StVG). Rechtsschutz ist nach § 80 Abs. 5 Satz 1 VwGO mit dem Ziel anzustreben, die aufschiebende Wirkung des Rechtsmittels anzuordnen.

2. Erteilung

Die Straßenverkehrsbehörde kann nach § 123 Abs. 1 VwGO zur vorläufigen Erteilung 1471
einer Fahrerlaubnis verpflichtet werden. Die Rechtsprechung hält die vorläufige Erteilung

[836] Vgl. dazu BVerfG DVBl. 1993, 995 mit krit. Anm. *Franßen* DVBl. 1993, 998. Zur Zulässigkeit der „Doppelbegutachtung" VGH Mannheim VBlBW 1994, 244; OVG Koblenz DVBl. 1994, 1207; vgl. auch VGH Kassel DVBl. 1994, 1206.

[837] OVG Hamburg, ZfSch 2003, 262 = VRS 104, 465; OVG Münster NJW 2001, 3427; OVG Schleswig, ZfSch 2014, 540; *Weber* NZV 2006, 399; Kritik etwa bei *Gehrmann* NZV 1997, 10; *Jagow* NZV 2006, 27 (mwN).

[838] BVerwG NJW 2005, 3081 m. Anm. *Driehaus DAR* 2006, 7; OVG Lüneburg NJW 2007, 313; VG Freiburg DAR 2016, 412.

[839] OVG Hamburg NordÖR 2006, 110; VGH München Beschl. v. 19.6.2006 – 11 CS 05.2842 Rn. 13; OVG Weimar VRS 107, 77.

[840] BVerwG NZV 1996, 332; NJW 2002, 522; VGH Mannheim VRS 105, 317 (320); zur Interessenabwägung bei einer rechtswidrig entnommenen Blutprobe s. OVG Schleswig NordÖR 2010, 44 (Ls.).

[841] Zur Bindung an rechtskräftige Entscheidungen vgl. OVG Berlin-Brandenburg Beschl. v. 27.7.2016 – 1 S 50.16 Rn. 5.

[842] Auf die Rechtmäßigkeit kommt es nicht an, OVG Magdeburg NJW 1999, 442.

[843] Zur Anwendung von § 80 VwGO in diesen Fällen: BVerwG NJW 2007, 1225.

[844] Die Teilnahme nach Fristablauf ist nicht ausreichend, VGH Kassel NZV 1993, 87.

für zulässig, stellt aber strenge Anforderungen.[845] Erreichen lässt sich die Erteilung nur im Wege einer Regelungsanordnung nach § 123 Abs. 1 Satz 2 VwGO.[846]

1472 Die Erteilung einer vorläufigen Fahrerlaubnis nimmt die Hauptsache teilweise vorweg.[847] Sie kommt nur in Betracht, wenn es für den Antragsteller schlechthin unzumutbar ist, den Ausgang des Hauptsacheverfahrens abzuwarten. Für ihn muss die Erteilung besonders dringlich sein, außerdem muss er zumindest überwiegende Erfolgsaussichten in der Hauptsache haben.

1473 Eine besondere Dringlichkeit ist gegeben, wenn dem Antragsteller ohne die begehrte Erteilung unzumutbare Nachteile drohen.[848] Derartige Beeinträchtigungen werden im privaten Bereich in aller Regel nicht zu erkennen sein, auch wenn der Antragsteller die Versagung der Fahrerlaubnis als erhebliche Belastung empfindet.[849] Anders kann es dagegen in beruflicher Hinsicht liegen.[850] Überwiegende Erfolgsaussichten sind vorhanden, wenn der Antragsteller einen Anspruch auf Erteilung der Erlaubnis glaubhaft machen kann.[851] Erfordert die Beurteilung der Fahreignung in medizinischer und/oder psychologischer Hinsicht eine Überprüfung, so fehlt dem Gericht in der Regel die Sachkunde, entsprechende fachwissenschaftliche Gutachten zu widerlegen.[852]

II. Fahrtenbuch

1474 Ist die Feststellung eines Fahrzeugführers nach einer Zuwiderhandlung gegen Verkehrsvorschriften nicht möglich gewesen, so kann die Verwaltungsbehörde gegenüber dem Fahrzeughalter nach § 31a Abs. 1 Satz 1 StVZO die Führung eines Fahrtenbuchs anordnen. Die Anordnung kann auf ein oder mehrere Ersatzfahrzeuge erstreckt werden (§ 31a Abs. 1 Satz 2 StVZO).[853] Widerspruch und Klage haben aufschiebende Wirkung nach § 80 Abs. 1 Satz 1 VwGO,[854] wenn nicht die Behörde die sofortige Vollziehung nach § 80 Abs. 2 Satz 1 Nr. 4 VwGO angeordnet hat. Zwar ist die Behörde zu einer Anordnung der sofortigen Vollziehung nicht verpflichtet, in einer Vielzahl von Fällen wird eine Anordnung aber zulässig, wenn nicht sogar geboten sein.[855]

1475 Der Begründungspflicht des § 80 Abs. 3 Satz 1 VwGO genügt die Behörde, wenn das öffentliche Vollzugsinteresse hinreichend erkennbar ist. Da die Interessenlage bei der Anordnung von Fahrtenbuchauflagen regelmäßig übereinstimmen wird, sind die Anforderungen des § 80 Abs. 3 Satz 1 VwGO erfüllt, wenn die Behörde die typische Interessenlage für die Anordnung des Sofortvollzuges aufzeigt und darlegt, dass der konkrete Einzelfall von dieser Interessenlage nicht abweicht.[856] Ebenso kann es ausreichen, wenn die Behörde auf eine drohende Erledigung durch Zeitablauf hinweist.[857]

---

[845] VGH Kassel NZV 2010, 375; VGH Mannheim DAR 1991, 274; NJW 2014, 1833.

[846] OVG Lüneburg DAR 1980, 30.

[847] So VGH Kassel NZV 2010, 375; VGH Mannheim DAR 1991, 274.

[848] So zB OVG Bremen DAR 1974, 308; VGH München VRS 55, 77.

[849] In einem Ausnahmefall hat das OVG Lüneburg DAR 1980, 31 auch familiäre Schwierigkeiten als Grund für die vorläufige Umschreibung einer ausländischen Fahrerlaubnis anerkannt.

[850] OVG Berlin VRS 43, 319.

[851] OVG Münster Beschl. v. 2.12.2013 – 16 B 820/13.

[852] BVerwG Buchholz 442.10 § 2 StVG Nr. 8.

[853] Zur ausreichenden Bestimmtheit dieser Anordnung BVerwG NJW 1989, 1624; OVG Berlin NJW 2003, 2402; zur Verhältnismäßigkeitsprüfung s. OVG Lüneburg DAR 2006, 167; VGH München BayVBl. 2004, 633.

[854] Ein Fall des § 80 Abs. 2 Satz 1 Nr. 2 VwGO liegt nicht vor, vgl. BVerwG NJW 1979, 1054; VG Stuttgart NJW 2006, 792.

[855] BVerwG NJW 1979, 1054 (1055).

[856] VGH München Beschl. v. 17.7.2002 – 11 CS 02.1320 Rn. 9; OVG Bautzen Beschl. v. 25.7.2016 – 3 B 40.16 Rn. 7; OVG Saarlouis Beschl. v. 18.7.2016 – 1 B 131.16 Rn. 7; VG Stuttgart NJW 2006, 793.

[857] OVG Berlin NJW 2003, 2402 (2403).

Für die Abwägung nach § 80 Abs. 5 VwGO gelten die allgemeinen Grundsätze. Maßgebend sind zunächst die Erfolgsaussichten in der Hauptsache. Ist die Fahrtenbuchanordnung nach einer summarischen Prüfung offensichtlich rechtmäßig, so besteht regelmäßig auch ein besonderes Vollzugsinteresse im Sinne von § 80 Abs. 2 Satz 1 Nr. 4 VwGO, weil auf das sofortige Führen eines Fahrtenbuchs nicht verzichtet werden kann.[858] Auch bei einer offenen Interessenabwägung geht regelmäßig das mit der Fahrtenbuchanordnung verfolgte öffentliche Interesse, Verkehrsverstöße mit Bußgeldern ahnden zu können und Verkehrszuwiderhandlungen vorzubeugen, dem privaten Interesse vor, von der lästigen Führung eines Fahrtenbuchs bis zum Abschluss des Hauptsacheverfahrens verschont zu bleiben.[859] Dagegen stellt das Gericht die aufschiebende Wirkung wieder her, wenn sich die Fahrtenbuchanordnung als offensichtlich rechtswidrig erweist. Dies kommt etwa in Betracht, wenn die Anordnung angesichts des Verstoßes unverhältnismäßig ist[860] oder die Behörde selbst keine ausreichenden Ermittlungen zur Aufklärung des Verkehrsverstoßes unternommen hat.[861] Als Streitwert ist wegen der Vorwegnahme der Hauptsache der volle Regelstreitwert anzunehmen.[862] 1476

III. Verkehrszeichen

Verkehrszeichen sind Verwaltungsakte in Form einer Allgemeinverfügung[863] und können daher mit Widerspruch und Anfechtungsklage angegriffen werden.[864] Sie sind nach § 80 Abs. 2 Satz 1 Nr. 2 VwGO sofort vollziehbar, da sie verkehrsregelnden Anordnungen von Polizeibeamten gleichzusetzen sind.[865] Dies gilt auch für Verkehrseinrichtungen, mit denen Verkehrsregelungen getroffen werden,[866] und für die Entfernung von Verkehrszeichen.[867] 1477

Eilrechtsschutz gegen Verkehrszeichen kann nach § 80 Abs. 5 VwGO durch einen Antrag auf Anordnung der aufschiebenden Wirkung erreicht werden. Die Antragsbefugnis folgt daraus, dass der Antragsteller als Verletzung seiner Rechte geltend machen kann, die rechtssatzmäßigen Voraussetzungen für eine auch ihn treffende Verkehrsbeschränkung seien nicht gegeben; hinsichtlich der behördlichen Ermessensausübung kann er verlangen, dass seine eigenen Interessen ohne Rechtsfehler abgewogen werden mit den Interessen der Allgemeinheit und anderer Betroffener.[868] Es ist nicht notwendig, dass der Antragsteller von dem Verkehrszeichen regelmäßig oder nachhaltig betroffen wird.[869] 1478

---

858 VGH Mannheim NZV 1998, 126 (127).

859 VGH München VGH nF 29, 67; OVG Münster NJW 1995, 2242 (2243).

860 Vgl. BVerwGE 98, 227 (229) („Verkehrsverstoß von einigem Gewicht"); NZV 2000, 386; OVG Lüneburg NJW 2004, 1124 (Rotlichtverstoß); VGH Mannheim NZV 2002, 431 (Dauer einer Fahrtenbuchauflage); OVG Münster NZV 2006, 53 (bei Verkehrsunfallflucht); NZV 2006, 223 (mit einem Punkt bewerteter Verstoß kann ausreichen).

861 Zu den Anforderungen BVerwG Buchholz 442.16 § 31a StVZO Nr. 12; Buchholz 442.16 § 31a StVZO Nr. 16; NJW 1988, 1104; OVG Bremen VD 2006, 245; VGH Kassel NJW 2005, 2411 (Anforderungen an Anhörungsschreiben); OVG Magdeburg NVwZ-RR 2004, 104 (Ls.); OVG Münster NZV 2006, 223.

862 VGH Mannheim NZV 2009, 413; aA VGH München Beschl. v. 7.11.2008 – 11 Cs 08.2650 Rn. 25; OVG Münster Beschl. v. 15.3.2007 – 8 B 2746/06 Rn. 38.

863 BVerwGE 59, 221 (224); 92, 32 (34); 102, 316 (318); NJW 2016, 2353 Rn. 16.

864 Zum Fristbeginn s. BVerfG NJW 2009, 3642; BVerwG NJW 2011, 246.

865 St. Rspr., vgl. BVerwG NJW 1978, 656; NJW 2004, 698.

866 BVerwG NVwZ 1988, 623 (624) (Halteverbot nach Maßgabe einer Parkuhr).

867 OVG Münster NJW 1998, 329.

868 BVerwGE 92, 32 (35).

869 BVerwG NJW 2004, 698.

1479 Für die Entscheidung gelten die allgemeinen Maßstäbe:[870] Ist die von dem Verkehrszeichen getroffene Anordnung offensichtlich rechtswidrig, ordnet das Gericht die aufschiebende Wirkung an.[871] Ist sie offensichtlich rechtmäßig, bleibt der Antrag nach § 80 Abs. 5 VwGO erfolglos.[872] Ansonsten findet eine offene Interessenabwägung statt.[873] Dabei hat das Gericht zu beachten, dass die Aufstellung von Verkehrszeichen in der Regel dem hohen Gut der Verkehrssicherheit dient, aber auch andere Zwecke mit Verkehrszeichen verfolgt werden können;[874] auch soll ein steter Wechsel von verkehrsrechtlichen Anordnungen vermieden werden.[875] Obsiegt der Antragsteller, kommt eine auf die Beseitigung des Verkehrszeichens gerichtete Anordnung nach § 80 Abs. 5 Satz 3 VwGO in Betracht, wenn der Betroffene ein entsprechendes schutzwürdiges Interesse (etwa an einer ungehinderten Zufahrt Dritter zu seinem Geschäftsgrundstück) geltend machen kann.[876]

1480 Vorbeugender Rechtsschutz gegen eine unmittelbar bevorstehende Verkehrsregelung, der nach § 123 Abs. 1 VwGO zu gewähren wäre, scheidet in aller Regel aus. Hierfür fehlt es am Rechtsschutzbedürfnis.[877] Dem Betroffenen ist zuzumuten, die beabsichtigte Verkehrsregelung abzuwarten und danach um vorläufigen Rechtsschutz gemäß § 80 Abs. 5 VwGO nachzusuchen. Etwas Abweichendes kann bei kurzzeitigen Anordnungen gelten, gegen die nachträglicher Rechtsschutz zu spät käme.[878]

1481 Die Verpflichtung der Straßenverkehrsbehörde, eine Verkehrsregelung anzuordnen und entsprechende Verkehrsschilder aufzustellen, kann im Wege einer einstweiligen Anordnung nach § 123 Abs. 1 Satz 2 VwGO erreicht werden. Die Erfolgsaussichten sind gering: Zumeist wird es an überwiegenden Erfolgsaussichten in der Hauptsache fehlen. Verkehrsregelungen dienen dem öffentlichen Interesse an einem sicheren und geordneten Straßenverkehr; nur ausnahmsweise werden daneben auch die Interessen Einzelner, insbesondere Gesundheit[879] und Eigentum, geschützt.[880] Dies ist zB für das Interesse eines Anliegers an ungehinderter Zufahrt zu seinem Grundstück,[881] den Schutz vor Erschütterungen[882] oder

---

[870] → Rn. 961 ff.

[871] BVerwG NJW 1978, 2211; VGH Mannheim ESVGH 24, 81 (84); OVG Münster NJW 1998, 329 (330); NuR 2005, 415 (Überschreiten der Grenze des § 45 Abs. 1 Nr. 6 StVO).

[872] Vgl. etwa OVG Saarlouis NJW 2004, 2995 (Einrichtung einer Bushaltestelle).

[873] Zu deren Maßstab im Einzelnen → Rn. 983 ff.

[874] VGH Kassel ZUR 2006, 248 (Verkehrsbeschränkung zum Immissionsschutz).

[875] VG Freiburg NVwZ-RR 2013, 307 (308).

[876] VGH Kassel NVwZ-RR 1993, 389; ZUR 2006, 248; OVG Münster NVwZ-RR 1996, 203 (Beibehaltung eines Parkverbots zum Schutz eines gewerblichen Anliegers); nach OLG Brandenburg NVwZ-RR 2000, 77 (79) soll die einstweilige teilweise Freigabe eines Verkehrsweges nach § 123 Abs. 1 Satz 2 VwGO zu erreichen sein (zw., näher liegt ein Vorgehen nach § 80 Abs. 5 VwGO, gerichtet auf teilweise Anordnung der aufschiebenden Wirkung).

[877] So BVerwGE 59, 310 (318).

[878] VGH München Beschl. v. 13.9.2005 – 11 CS 05.987 Rn. 31 (Maßnahmen zur Sicherung einer Feuerwehrübung).

[879] Vgl. dazu etwa VGH München NVwZ 2005, 1096 (Verkehrsanordnungen zur Bekämpfung von Feinstaub); BVerwG Buchholz 442.151 § 45 StVO Nr. 39 (kein großräumiges Vorgehen gegen Sommersmog).

[880] BVerwG Buchholz 442.151 § 45 StVO Nr. 25.

[881] So BVerwGE 37, 112 (113); Buchholz 442.151 § 45 StVO Nr. 15; Buchholz 442.151 § 45 StVO Nr. 36; abgelehnt hat das BVerwG eine Privilegierung des öffentlichen Nahverkehrs aus § 45 Abs. 1 StVO (Buchholz 442.151 § 45 StVO Nr. 8), einen Anspruch der Anlieger auf das Gehwegparken aus § 45 Abs. 3 S. 1 StVO (Buchholz 442.151 § 45 StVO Nr. 9), auf Freistellung von Parkbeschränkungen vor dem eigenen Grundstück (Buchholz 442.151 § 45 StVO Nr. 10), ferner einen Anspruch auf Zulassung des Anliegerverkehrs bei einem Wohngrundstück in einer innerstädtischen Fußgängerzone (BVerwG DÖV 1994, 345) und einen Anspruch von Anwohnern eines verkehrsberuhigten Bereichs auf reservierte Parkmöglichkeiten (Buchholz 442.151 § 45 StVO Nr. 18).

[882] BVerwG NJW 2003, 601.

Lärm[883] angenommen worden. In einem derartigen Fall hat der Begünstigte einen Anspruch auf ermessensfehlerfreie Entscheidung der Straßenverkehrsbehörde. Dieser Anspruch verdichtet sich zu einer Verpflichtung, die begehrte Verkehrsregelung anzuordnen, wenn das von der Behörde auszuübende Ermessen auf Null reduziert ist.[884]

Hat der Antragsteller überwiegende Erfolgsaussichten glaubhaft machen können, wird **1482**
es häufig an einer besonderen Dringlichkeit fehlen. Da die begehrte Anordnung das Ergebnis der Hauptsache vorwegnimmt, muss der Begünstigte schlechthin unzumutbaren Nachteilen ausgesetzt sein, wenn sie zu seinen Gunsten erlassen werden soll. Dies lässt sich allenfalls bei besonders schwerwiegenden persönlichen oder wirtschaftlichen Benachteiligungen annehmen.

---

[883] BVerwG NJW 2000, 2121.

[884] BVerwG Buchholz 442.151 § 45 StVO Nr. 25; vgl. dazu ferner BVerwG Buchholz 442.151 § 45 StVO Nr. 17 (Lichtzeichenanlage); OVG Lüneburg NJW 1985, 1043 (1044).

Sachregister

Die Zahlen bezeichnen die jeweiligen Randnummern